专利复审和无效审查决定汇编丛书

专利复审和无效审查决定汇编

（2009）

外观设计（第三卷）

国家知识产权局专利复审委员会　编

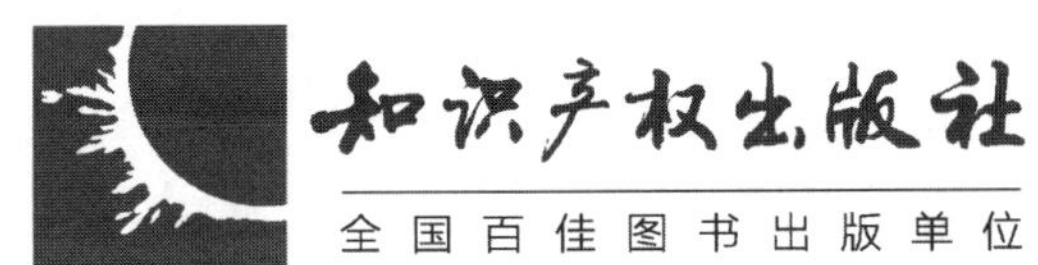

图书在版编目（CIP）数据

专利复审和无效审查决定汇编．2009．外观设计/国家知识产权局专利复审委员会编．—北京：知识产权出版社，2016.6

ISBN 978-7-5130-1595-0

Ⅰ．①专…　Ⅱ．①国…　Ⅲ．①专利权法—案例—中国　Ⅳ．①D923.425

中国版本图书馆 CIP 数据核字（2012）第 249542 号

内容提要

本书汇集了专利复审委员会 2009 年作出的外观设计专利复审和无效审查决定及相关审查决定和司法判决（根据法律规定需要保密的除外），比较全面地反映了专利复审委员会的审查工作和人民法院专利行政案件审理工作取得的进展，对专利工作者具有一定的借鉴和指导作用，也有利于当事人及广大公众对专利复审委员会的审查工作进行监督。

责任编辑：崔开丽　　**责任出版**：孙婷婷

封面设计：品　序

专利复审和无效审查决定汇编丛书

专利复审和无效审查决定汇编（2009）

外观设计（第三卷）

国家知识产权局专利复审委员会　编

出版发行：知识产权出版社有限责任公司　　**网　址**：http：//www.ipph.cn

社　址：北京市海淀区西外太平庄 55 号　　**邮　编**：100081

责编电话：010-82000860 转 8377　　**责编邮箱**：cui_kaili@sina.com

发行电话：010-82000860 转 8101/8102　　**发行传真**：010-82000893/82005070/82000270

印　刷：北京中献拓方科技发展有限公司　　**经　销**：各大网上书店、新华书店及相关专业书店

开　本：880mm×1230mm　1/16　　**印　张**：222.5

版　次：2016 年 6 月第 1 版　　**印　次**：2016 年 6 月第 1 次印刷

字　数：3696 千字　　**定　价**：900.00 元（全 4 卷）

ISBN 978-7-5130-1595-0

本书编委会

前　言

随着经济全球化和我国国民经济的飞速发展，专利制度在经济活动中的作用和地位越来越突出，国民的专利意识也在不断增强。目前，我国专利申请总量超过1170万件，每年专利复审与无效宣告请求案件已超过2万件，2012年达到20261件。作为专利复审和无效宣告请求案件审查的专属机构，专利复审委员会每年都要作出数以千计的审查决定。与之相应，人民法院每年要作出数百篇司法判决。每一篇审查决定和判决书都凝聚着审查员和审判人员的心血和智慧。通过审查员和审判人员结合具体案情的创作型劳动，生硬的法律条文变得鲜活和丰满，形成一笔宝贵的精神财富和公共资源，并不断有专利代理机构、专利代理人以及审查员希望专利复审委员会能够出版专利复审和无效审查决定，作为学习和工作时的重要参考资料。

除根据法律规定需要保密的外，《专利复审和无效审查决定汇编（2009）》汇集了专利复审委员会2009年作出的审查决定，包括针对相应审查决定的司法判决，以便读者了解审查决定的法律状态并对照阅读和分析。本汇编按照技术专业领域将分为8大册，共28分卷：机械（4卷）、电学（5卷）、通信（2卷）、医药（4卷）、化学（2卷）、材料（4卷）、光电（3卷）、外观设计（4卷）。因此，本汇编比较全面地反映了专利复审委员会的审查工作和人民法院专利行政案件审理工作取得的进展。

我们相信，本汇编对专利工作者具有一定的借鉴和指导作用，也有利于当事人及广大公众对专利复审委员会的审查工作进行监督。本汇编也将为推动专利复审委员会的发展，促进专利代理业务水平的提高，为《国家知识产权战略纲要》进一步实施尽微薄之力。

本书编委会

2013年8月

目　　录

272 汇　流　排

无效宣告请求审查决定（第 13390 号） …………………………………………………… 1721

273 锚　　栓

无效宣告请求审查决定（第 13395 号） …………………………………………………… 1726

北京市第一中级人民法院行政判决书（2009）一中行初字第 1960 号 ………………… 1743

274 瓷砖（亚麻砖）

无效宣告请求审查决定（第 13396 号） …………………………………………………… 1760

275 异型铝框条 8652

无效宣告请求审查决定（第 13397 号） …………………………………………………… 1764

北京市第一中级人民法院行政判决书（2009）一中行初字第 1756 号 ………………… 1769

276 螺母（M4）

无效宣告请求审查决定（第 13399 号） …………………………………………………… 1774

277 电热水壶（EJ-10）

无效宣告请求审查决定（第 13401 号） …………………………………………………… 1779

北京市第一中级人民法院行政判决书（2009）一中知行初字第 2290 号 ……………… 1785

278 油墨筒

无效宣告请求审查决定（第 13404 号） …………………………………………………… 1789

279 染色机（A）

无效宣告请求审查决定（第 13405 号） …………………………………………………… 1794

北京市第一中级人民法院行政判决书（2009）一中知行字第 2142 号 ………………… 1802

280 茶叶外包装盒（三）

无效宣告请求审查决定（第 13411 号） …………………………………………………… 1806

281 茶叶泡袋

无效宣告请求审查决定（第 13412 号） …………………………………………………… 1814

282 茶叶外包装盒（四）

无效宣告请求审查决定（第 13413 号） …………………………………………………… 1821

283 茶叶外包装盒（二）

无效宣告请求审查决定（第 13414 号） …… 1830

284 茶叶外包装盒（一）

无效宣告请求审查决定（第 13415 号） …… 1839

285 手柄和阀的组件

无效宣告请求审查决定（第 13418 号） …… 1848

286 机器人（ASIFO）

无效宣告请求审查决定（第 13419 号） …… 1853

287 工艺花布（2）

无效宣告请求审查决定（第 13421 号） …… 1862

288 喷枪（ST2000 型）

无效宣告请求审查决定（第 13430 号） …… 1872

289 阳光房（双坡）

无效宣告请求审查决定（第 13431 号） …… 1877

北京市第一中级人民法院行政判决书（2009）一中知行初字第 2589 号 …… 1882

290 阳光房（内侧）

无效宣告请求审查决定（第 13432 号） …… 1886

291 阳光房（中间多面体）

无效宣告请求审查决定（第 13433 号） …… 1890

292 阳光房（两侧）

无效宣告请求审查决定（第 13434 号） …… 1894

293 阳光房（外角）

无效宣告请求审查决定（第 13435 号） …… 1898

294 标　贴

无效宣告请求审查决定（第 13437 号） …… 1902

295 烤地瓜机

无效宣告请求审查决定（第 13439 号） …… 1908

296 台灯（瀑布）

无效宣告请求审查决定（第 13440 号） …… 1912

北京市第一中级人民法院行政判决书（2009）一中行初字第 1734 号 …… 1916

297 医用安全密闭真空体液引流装置系统

无效宣告请求审查决定（第 13443 号） …… 1920

北京市第一中级人民法院行政判决书（2009）一中知行初字第 2214 号 …… 1925

298 珍珠釉栏杆

无效宣告请求审查决定（第 13444 号） …… 1930

299 包装袋（佳太太鸡精）

无效宣告请求审查决定（第 13447 号） …… 1935

300 洗手盆（ZJ-V）

无效宣告请求审查决定（第 13451 号） …… 1939

301 路灯（鸽灯一）

无效宣告请求审查决定（第 13457 号） …… 1943

302 电子秤（C）

无效宣告请求审查决定（第 13468 号） …… 1947

303 热合板（六边形立体）

无效宣告请求审查决定（第 13469 号） …… 1951

304 吸顶式荧光灯具（秋韵系列）

无效宣告请求审查决定（第 13470 号） …… 1954

305 吸顶灯（朗月）

无效宣告请求审查决定（第 13471 号） …… 1961

306 电子秤（B）

无效宣告请求审查决定（第 13472 号） …… 1968

307 手电筒（0543）

无效宣告请求审查决定（第 13474 号） …… 1973

308 晾衣架顶座（B）

无效宣告请求审查决定（第 13475 号） …… 1978

309 砂带包装盒

无效宣告请求审查决定（第 13480 号） …… 1984

310 食品包装袋（蒸薯坊 1）

无效宣告请求审查决定（第 13486 号） …… 1990

311 包装瓶

无效宣告请求审查决定（第 13487 号） …… 1999

312 包装盒（安莉雅致洗涤用品）

无效宣告请求审查决定（第 13488 号） …… 2004

313 饼　干

无效宣告请求审查决定（第 13489 号） …… 2009

314 食品包装瓶（饮料）

无效宣告请求审查决定（第 13492 号） …………………………………………………… 2013
北京市第一中级人民法院行政判决书（2009）一中知行初字第 2428 号 ……………… 2019
315 装饰玻璃（大时代）
无效宣告请求审查决定（第 13493 号） …………………………………………………… 2024
316 玻璃板（创新空间）
无效宣告请求审查决定（第 13494 号） …………………………………………………… 2028
317 玻璃板（一网情深）
无效宣告请求审查决定（第 13495 号） …………………………………………………… 2032
318 手扣式喷枪
无效宣告请求审查决定（第 13496 号） …………………………………………………… 2036
319 喷雾器喷枪罩壳
无效宣告请求审查决定（第 13499 号） …………………………………………………… 2040
320 玻璃喷砂机（大）
无效宣告请求审查决定（第 13500 号） …………………………………………………… 2045
321 实心轴
无效宣告请求审查决定（第 13503 号） …………………………………………………… 2054
322 空心轴
无效宣告请求审查决定（第 13504 号） …………………………………………………… 2059
323 平开框铝塑复合型材（70 系列 2）
无效宣告请求审查决定（第 13507 号） …………………………………………………… 2064
324 储物整理箱
无效宣告请求审查决定（第 13508 号） …………………………………………………… 2069
325 沙发（二）
无效宣告请求审查决定（第 13509 号） …………………………………………………… 2074
326 药品包装箱
无效宣告请求审查决定（第 13511 号） …………………………………………………… 2081
327 龙　头
无效宣告请求审查决定（第 13516 号） …………………………………………………… 2090
328 摄像机全球护罩
无效宣告请求审查决定（第 13526 号） …………………………………………………… 2094
329 捕鼠笼
无效宣告请求审查决定（第 13530 号） …………………………………………………… 2100
北京市第一中级人民法院行政判决书（2009）一中知行初字第 2416 号 ……………… 2105

330 椅子（3）

无效宣告请求审查决定（第 13531 号） …… 2111

331 标贴（1）

无效宣告请求审查决定（第 13532 号） …… 2115

332 包装袋（大米）

无效宣告请求审查决定（第 13535 号） …… 2120

333 龙　头

无效宣告请求审查决定（第 13537 号） …… 2124

334 铝型材（0408）

无效宣告请求审查决定（第 13539 号） …… 2129

335 垃圾桶（ZYS-42L）

无效宣告请求审查决定（第 13541 号） …… 2134

336 衣挂（四搭）

无效宣告请求审查决定（第 13542 号） …… 2139

337 卫生间隔断

无效宣告请求审查决定（第 13545 号） …… 2143

北京市第一中级人民法院行政判决书（2009）一中行初字第 1920 号 …… 2148

338 枪刷（12M）

无效宣告请求审查决定（第 13550 号） …… 2154

北京市第一中级人民法院行政判决书（2009）一中知行初字第 2445 号 …… 2159

339 枪刷（22M）

无效宣告请求审查决定（第 13551 号） …… 2164

北京市第一中级人民法院行政判决书（2009）一中知行初字第 2447 号 …… 2169

340 枪刷（410M）

无效宣告请求审查决定（第 13552 号） …… 2174

北京市第一中级人民法院行政判决书（2009）一中知行初字第 2446 号 …… 2179

341 枪刷（357T）

无效宣告请求审查决定（第 13553 号） …… 2184

342 枪刷（17T）

无效宣告请求审查决定（第 13554 号） …… 2188

343 枪刷（45T）

无效宣告请求审查决定（第 13555 号） …… 2193

344 瓶

无效宣告请求审查决定（第 13561 号） …… 2198

345 柴油发电机组（静音 1）

无效宣告请求审查决定（第 13569 号） …… 2203

346 车载显示屏

无效宣告请求审查决定（第 13570 号） …… 2212

347 幼儿用便器

无效宣告请求审查决定（第 13574 号） …… 2219

348 风轮（455-180）

无效宣告请求审查决定（第 13585 号） …… 2224

北京市第一中级人民法院行政判决书（2009）一中行初字第 1797 号 …… 2232

349 圆珠笔（国富 1）

无效宣告请求审查决定（第 13587 号） …… 2240

350 包装瓶（DJW-80）

无效宣告请求审查决定（第 13593 号） …… 2245

北京市第一中级人民法院行政判决书（2009）一中知行初字第 2264 号 …… 2251

351 调味瓶（二）

无效宣告请求审查决定（第 13594 号） …… 2257

352 椅子扶手（703）

无效宣告请求审查决定（第 13597 号） …… 2260

353 浇注陶管（明冒口）

无效宣告请求审查决定（第 13599 号） …… 2264

354 浇注陶管（暗冒口）

无效宣告请求审查决定（第 13600 号） …… 2268

355 椅子（37-533）

无效宣告请求审查决定（第 13603 号） …… 2272

356 班椅脚座

无效宣告请求审查决定（第 13606 号） …… 2277

北京市第一中级人民法院行政判决书（2009）一中知行初字第 2654 号 …… 2281

357 汽　车

无效宣告请求审查决定（第 13607 号） …… 2284

北京市第一中级人民法院行政判决书（2009）一中知行初字第 2531 号 …… 2292

358 大班椅脚（E620）

无效宣告请求审查决定（第 13612 号） …… 2301

359 大班椅脚（W650）
无效宣告请求审查决定（第 13613 号） …… 2305
北京市第一中级人民法院行政判决书（2009）一中知行初字第 2655 号 …… 2309

360 气泵（HC617）
无效宣告请求审查决定（第 13615 号） …… 2313

361 椅子扶手架（1）
无效宣告请求审查决定（第 13616 号） …… 2318
北京市第一中级人民法院行政判决书（2009）一中知行初字第 2175 号 …… 2322

362 五轮转椅脚
无效宣告请求审查决定（第 13617 号） …… 2326
北京市第一中级人民法院行政判决书（2009）一中知行初字第 2176 号 …… 2329

363 婴幼儿背兜（圆角背么）
无效宣告请求审查决定（第 13618 号） …… 2333

364 灌槽（2）
无效宣告请求审查决定（第 13621 号） …… 2337

365 灌槽（1）
无效宣告请求审查决定（第 13622 号） …… 2340

366 椅子扶手（615）
无效宣告请求审查决定（第 13623 号） …… 2343

367 手柄（高压锅）
无效宣告请求审查决定（第 13625 号） …… 2348

368 路灯（白玉兰）
无效宣告请求审查决定（第 13627 号） …… 2351
北京市第一中级人民法院行政判决书（2009）一中知行初字第 2439 号 …… 2363

369 卫生棺内饰（鸟归巢）
无效宣告请求审查决定（第 13630 号） …… 2364

370 卫生棺（4）
无效宣告请求审查决定（第 13631 号） …… 2368

371 花洒（A10311）
无效宣告请求审查决定（第 13632 号） …… 2373

372 存储卡读卡器
无效宣告请求审查决定（第 13636 号） …… 2378
北京市第一中级人民法院行政判决书（2009）一中知行初字第 2220 号 …… 2384

373 纸　牌
无效宣告请求审查决定（第 13637 号） …… 2389
374 纸　牌
无效宣告请求审查决定（第 13638 号） …… 2393
北京市第一中级人民法院行政判决书（2009）一中知行初字第 2557 号 …… 2396
375 空气调节器
无效宣告请求审查决定（第 13639 号） …… 2397
376 瓷砖（2661）
无效宣告请求审查决定（第 13641 号） …… 2402
377 包装盒（2）
无效宣告请求审查决定（第 13644 号） …… 2407
378 旋转轴承（1）
无效宣告请求审查决定（第 13645 号） …… 2410
379 酒柜（单门 HB888）
无效宣告请求审查决定（第 13651 号） …… 2418
380 摩托车车轮（82451）
无效宣告请求审查决定（第 13657 号） …… 2424
北京市第一中级人民法院行政判决书（2009）一中知行初字第 2719 号 …… 2429
381 摩托车车轮（82452）
无效宣告请求审查决定（第 13658 号） …… 2436
北京市第一中级人民法院行政判决书（2009）一中知行初字第 2556 号 …… 2442
382 把手式自行车变速控制装置
无效宣告请求审查决定（第 13659 号） …… 2448
383 标贴（1）
无效宣告请求审查决定（第 13660 号） …… 2452
384 方向盘锁（折叠式）
无效宣告请求审查决定（第 13661 号） …… 2455
385 床（821）
无效宣告请求审查决定（第 13662 号） …… 2459
386 床（833）
无效宣告请求审查决定（第 13663 号） …… 2465
387 标贴（Q 香辣风味香肠）
无效宣告请求审查决定（第 13664 号） …… 2470

388 沙发（2968）
无效宣告请求审查决定（第 13665 号） …… 2473

389 卫生棺装饰板（L2720）
无效宣告请求审查决定（第 13669 号） …… 2480

390 广告支架底座（1）
无效宣告请求审查决定（第 13671 号） …… 2484

391 包装袋
无效宣告请求审查决定（第 13681 号） …… 2487

392 蓄热板
无效宣告请求审查决定（第 13684 号） …… 2490

393 轮式拖拉机（28 马力~48 马力系列）
无效宣告请求审查决定（第 13691 号） …… 2496

394 桌上型万年历计算器（AQ716）
无效宣告请求审查决定（第 13701 号） …… 2503

395 桶
无效宣告请求审查决定（第 13702 号） …… 2505

396 标　贴
无效宣告请求审查决定（第 13703 号） …… 2510

397 玻璃水壶（8）
无效宣告请求审查决定（第 13709 号） …… 2514

398 玻璃水壶（10）
无效宣告请求审查决定（第 13710 号） …… 2518

399 玻璃水壶（1）
无效宣告请求审查决定（第 13711 号） …… 2523

400 玻璃水壶（5）
无效宣告请求审查决定（第 13712 号） …… 2528

401 雨靴（801 系列）
无效宣告请求审查决定（第 13719 号） …… 2532
北京市第一中级人民法院行政判决书（2009）一中知行初字第 2578 号 …… 2545

402 冰淇淋车
无效宣告请求审查决定（第 13722 号） …… 2553

403 枪刷（22T）

无效宣告请求审查决定（第 13723 号） …………………………………………………………… 2559
北京市第一中级人民法院行政判决书（2009）一中知行初字第 2451 号 ……………………… 2566
404 挂件（牛）
无效宣告请求审查决定（第 13725 号） …………………………………………………………… 2572
405 汽　车
无效宣告请求审查决定（第 13732 号） …………………………………………………………… 2577
406 床头柜（HB888）
无效宣告请求审查决定（第 13741 号） …………………………………………………………… 2583
北京市第一中级人民法院行政判决书（2009）一中知行初字第 2704 号 ……………………… 2587

272

汇　流　排

无效宣告请求审查决定（第 13390 号）

决　　定　　号　第 13390 号
决　　定　　日　2009 年 5 月 21 日
发明创造名称　汇流排
外观设计分类号　13-03
无效宣告请求人　广东兴发集团有限公司
专　利　权　人　中铁电气化局集团宝鸡器材厂
专　　利　　号　200630089725.9
申　　请　　日　2006 年 1 月 18 日
授 权 公 告 日　2007 年 5 月 9 日
合 议 组 组 长　田　华
主　　审　　员　朱明雅
参　　审　　员　瞿晓峰
附　　　　　图　2 页

法　律　依　据　专利法第 23 条
决　定　要　点

本专利与证据 1 的分类号虽然不同，但本专利的汇流排本身就属于型材的一种，且本专利与证据 1 均可以用于城市地下轨道建设，故它们的用途相同或相近，属于相同或相近种类的产品，故证据 1 可作为在先设计与本专利进行相同或相近似性的比较。

一、案由

本无效宣告请求涉及申请号为 200630089725.9、申请日为 2006 年 1 月 18 日、授权公告日为 2007 年 5 月 9 日、名称为“汇流排”的外观设计专利（下称本专利），专利权人为中铁电气化局集团宝鸡器材厂。

针对上述专利权，广东兴发集团有限公司（下称请求人）于 2008 年 10 月 29 日向专利复审委员会提出无效宣告请求，请求宣告本专利无效，其理由是本专利不符合专利法第 23 条的规定，同时提交了如下证据：

证据 1 授权公告号为 CN3211701 的中国外观设计专利公告文本，公开日为 2001 年 11 月 28 日，复印件 1 页。

请求人认为，证据 1 公开的“型材”的外观设计专利，其公开日为 2001 年 11 月 28 日，早于本专利申请日，证据 1 与本专利完全相同，故在本专利申请日之前，已有相同的型材获得了国家知识产权局的专利授权，故本专利不应获得专利权。

经形式审查合格，专利复审委员会于 2008 年 11 月 28 日受理了上述无效宣告请求并将无效宣告请求书及附件清单中所列附件副本转给了专利权人，同时成立合议组对本案进行审查。

专利复审委员会本案合议组于 2008 年 12 月 12 日向双方当事人发出了合议组成员告知通知书，告知双方当事人如对合议组成员有回避请求，应于指定期限内提交书面的请求书，逾期未答复，视为无回避请求。

合议组于 2009 年 3 月 9 日向请求人和专利权人发出口头审理通知书，定于 2009 年 4 月 1 日进行口头审理。

口头审理如期进行，请求人和专利权人均出席了口头审理。双方当事人对对方出席口头审理人员的身份和资格均无异议，对合议组成员无回避请求。

在口头审理过程中，请求人明确其无效宣告请求的理由是在本专利申请日之前，已有相同的型材获得了国家知识产权局的专利授权，故本专利不应获得专利权。专利权人对证据 1 的真实性没有异议。专利权人主张证据 1 的分类号为 25-01-A0124，而本专利的分类号为 13-03，两者不是同一类别，证据 1 属于建筑类，而本专利属于配电和控制设置类，用于地铁线路；本专利左视图有四个连接孔，下边缘有两个排水小孔，证据 1 没有公开连接孔和排水小孔。因此，本专利与证据 1 的类别和视图完全不同。

合议组于 2009 年 4 月 22 日向请求人和专利权人发出无效宣告请求审查通知书，要求请求人和专利权人针对本专利与证据 1 相比是否相近似陈述意见。

专利权人于 2009 年 5 月 12 日提交意见陈述书，主张本专利与证据 1 相比属于完全不同的外观设计。

至此，合议组认为本案事实清楚，可以作出审查决定。

二、决定的理由

1. 证据认定

请求人提交的证据 1 为名称为“型材（B329）”的外观设计公告，专利权人对其真实性没有异议，合议组经核实，认可该证据的真实性。

2. 关于专利法第 23 条

专利法第 23 条规定，授予专利权的外观设计，应当同申请日以前在国内外出版物上公开发表过或者国内公开使用过的外观设计不相同和不相近似，并不得与他人在先取得的合法权利相冲突。

具体到本案，本专利的名称为汇流排，分类号为 13-03，证据 1 的名称为型材，分类号为 25-01-A0124，虽然本专利与证据 1 的名称不同、分类号也有所不同，但名称、分类号不同并不意味着产品的用途必然不同，本专利的汇流排本身就属于型材的一种，且经合议组核实，本专利与证据 1 均可以用于城市地下轨道建设，具体可用于地铁的架空刚性悬挂，故它们的用途相同或相近，属于相同或相近产品，且证据 1（下称在先设计）授权公告日为 2001 年 11 月 28 日，早于本专利申请日 2006 年 1 月 18 日，故可作为在先设计与本专利进行相同或相近似性的比较。

本专利为一种汇流排，其横截面的一端为扁平弓型，另一端为鞋尖相对的粗高跟鞋形，两端通过两平行横条相连接。从左视图可以看到，本专利在矩形的两端各有四个连接孔，在矩形的下边缘各有一个排水小孔。本专利的其余视图的外轮廓均为常规的矩形（详见本专利附图）。

在先设计为一种型材，其横截面的一端为扁平弓型，另一端为鞋尖相对的粗高跟鞋形，两端通过两平行横条相连接，在先设计的左视图没有公开连接孔和排水小孔，其余视图的外轮廓均为常规的矩形（详见在先设计附图）。

本专利与在先设计相比，两者横截面的整体形状及各部分的形状完全相同，两者的差别在于本专利左视图中，矩形的两端各有四个连接孔，矩形的下边缘各有一个排水小孔，而在先设计则没有。但由于本类产品是在长度方向连续延伸、在长度方向上无其他形状变化，故其横截面的形状对整体视觉效果具有显著影响。因此本专利与在先设计在左视图中的差别对产品外观设计的整体视觉效果不具有显著影响，两者属于相近似的外观设计。

综上所述，本专利不符合专利法第 23 条的规定。

三、决定

宣告 200630089725.9 号外观设计专利权无效。

当事人对本决定不服的，可以根据专利法第 46 条第 2 款的规定，自收到本决定之日起三个月内向北京市第一中级人民法院起诉。根据该款规定，一方当事人起诉后，另一方当事人应当作为第三人参加诉讼。

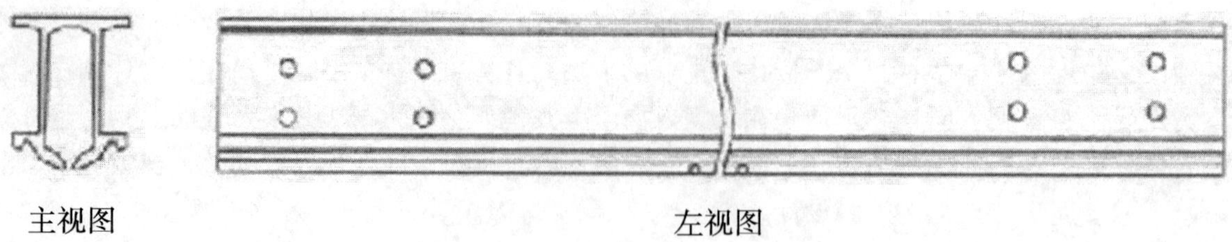

主视图

左视图

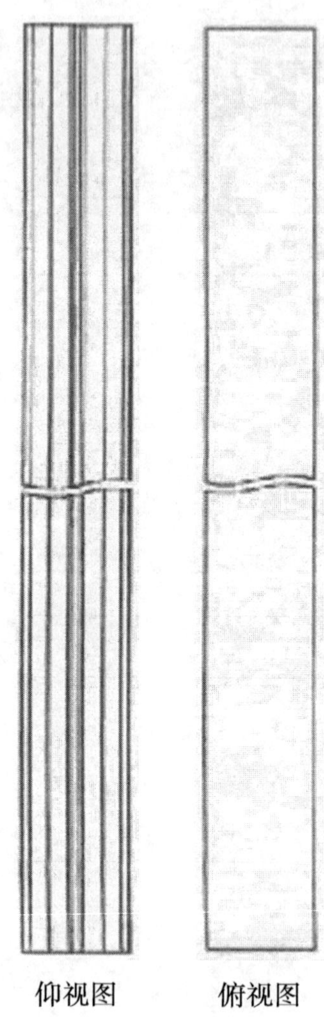

仰视图 俯视图

本专利附图

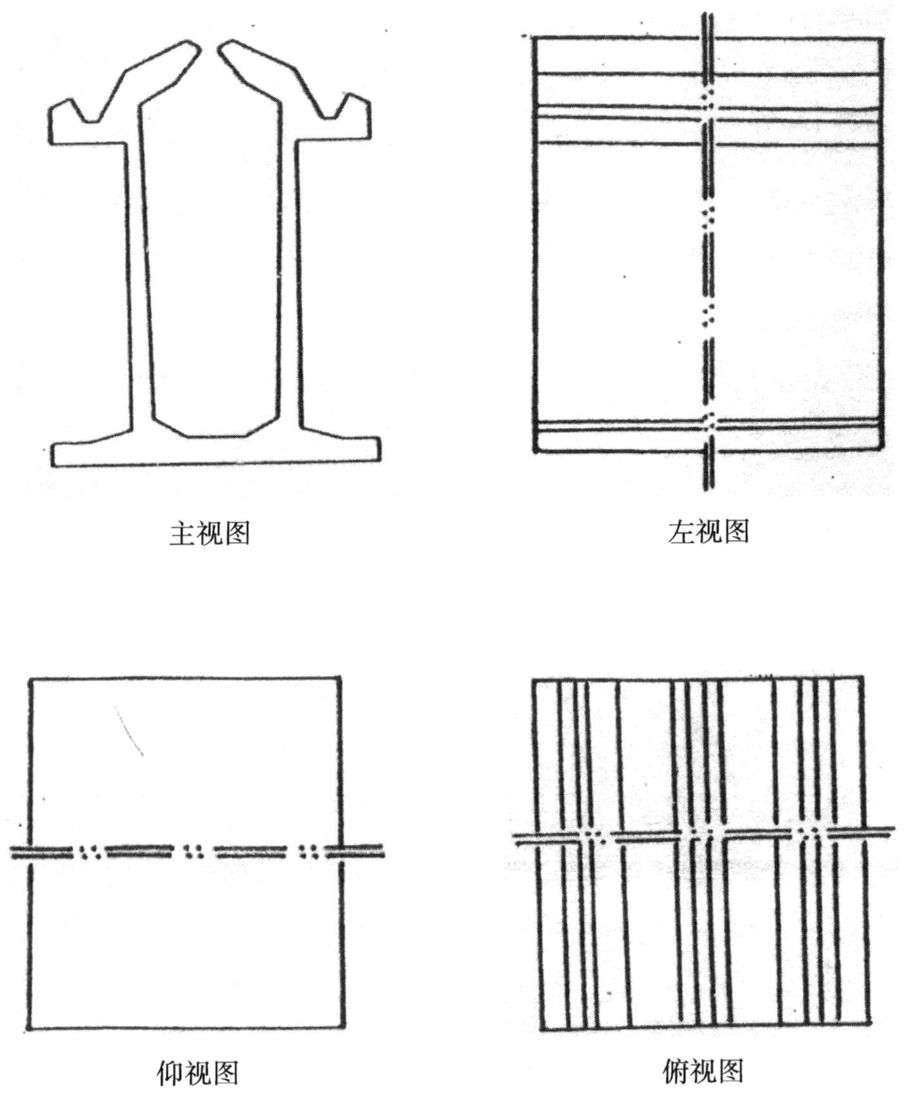

在先设计附图

273

锚　　栓

无效宣告请求审查决定（第 13395 号）

决　定　号　第 13395 号
决　定　日　2009 年 4 月 29 日
发明创造名称　锚栓
外观设计分类号　08-08
无效宣告请求人　北京鑫方盛五金交电有限公司
专　利　权　人　王春华
专　利　号　200530139717. 6
申　请　日　2005 年 7 月 12 日
授权公告日　2006 年 6 月 14 日
合议组组长　张雪飞
主　审　员　李巍巍
参　审　员　雷　婧
附　　图　6 页

法律依据　专利法第 23 条
决定要点

请求人提交的在先设计均与本专利在整体视觉效果上存在着较大的差别，该差别对整体视觉效果具有显著影响，因此，本专利与在先设计均属于不相同且不相近似的外观设计。

一、案由

本无效宣告请求涉及 2006 年 6 月 14 日国家知识产权局授权公告的 200530139717. 6 号外观设计专利，其产品名称是“锚栓”，申请日是 2005 年 7 月 12 日，专利权人是王春华。

针对上述外观设计专利权（下称本专利），北京鑫方盛五金交电有限公司（下称请求人）于 2008 年 10 月 7 日向专利复审委员会提出无效宣告请求，其理由是本专利权的授予不符合专利法第 23 条的规定。请求人认为，在本专利的申请日之前已经有与其相近似的产品在出版物上公开发表过，应当宣告本专利权全部无效。同时，请求人提交了如下附件作为证据：

附件 1 是 2004 年 9 月第 25 次印刷的《机械设计手册》第四版第 2 卷封面、出版信息页、第 5-272、5-289 页复印件共 4 页；

附件 2 是 1991 年 2 月出版《实用五金手册》第四版封面、目录、出版信息页、第 7-26 页、第 7-27 页复印件共 5 页；

附件3是2004年12月出版的《紧固件企业指南》杂志第二期封面、目录及相关页复印件共16页；

附件4是2003年5月出版的《中国螺丝与线材》杂志第八期封面及相关页复印件共2页；

附件5是2004年12月出版的《广东建生五金有限公司》产品价格表复印件共8页；

附件6是1998年2月10日公开的美国US5716177号专利公告文本复印件共2页。

经形式审查合格，专利复审委员会受理了该无效宣告请求，并于2008年10月7日将无效宣告请求书和证据的副本转送给专利权人，限其在指定期限内答复。并告知专利权人如逾期不答复，不影响专利复审委员会的审理。

2008年11月6日，专利复审委员会收到了请求人提交的意见陈述书及补充证据，请求人仍坚持其原主张，并提交了如下附件作为证据（编号续前）：

附件7：请求人声称是2005年4月28日《恒太商情标准件与采购》报纸A1版复印件1页；

附件8：请求人声称是（2008）永证民字第366号公证书复印件7页；

附件9：请求人声称是2006春季刊（第54期）《恒太商情标准件与采购》杂志复印件3页；

附件10：请求人声称是2006秋季刊（第63期）《恒太商情标准件与采购》杂志复印件4页。

2009年1月16日，专利复审委员会向双方当事人发出口头审理通知书，定于2009年3月17日进行口头审理。同时将2008年11月6日收到的请求人意见陈述书及补充证据转送专利权人，告知其在口头审理时一并答复。同日还向双方当事人发出合议组成员告知通知书，指出如对本案合议组人员有回避请求的，应于收到本通知之日起7天内提交书面请求书，逾期未答复，视为无回避请求。

口头审理如期举行，双方当事人及委托的代理人参加了审理，双方当事人对对方参加口头审理人员的身份和资格没有异议，对合议组成员及书记员无回避请求。请求人当庭明确其无效宣告请求的理由为专利法第23条，附件1、附件2、附件4和附件6单独使用，附件3与附件5除各自单独使用外，其中各有一幅图还相互结合使用，附件7~10结合使用，其中附件8是对附件7和附件9的公证，请求人称，虽然附件9和附件10的出版日期在本专利的申请日之后，但可以辅助证明附件7的真实性。并当庭出示了附件1和附件2的完整证据原件，提交了附件3~5、附件7~10的证据原件，其中附件1~5、附件9、附件10为整本原件，由于附件8公证书中的一些日期有误，在口头审理时请求人提交了经河北省永年县公证处更正后的公证书原件，请求人认为，上述证据中所显示的产品外观设计图片均与本专利相近似，其中附件3中彩色插页第18页的膨胀钩（左侧第2个）与附件5第22页膨胀钩显示的是同一产品，二者可以反映整体外形。专利权人对附件1、附件2、附件6的真实性均无异议，认可附件3~5、附件7~10复印件与原件一致，但对真实性有异议，认为附件3、附件5没有出版号和出版单位，可以随意印刷；附件4没有正式的出版号；附件7不是正式的出版物，在邯郸查不到任何有关该出版社、编辑部的信息；报纸与杂志之间的关联性完全是由证人所述，但证人未出庭质证；从附件7（2005年第27期）、附件9（2006年春季第54期）、附件10（2006年秋季第63期）上所记载的期刊号可以看出编辑出版是混乱的，附件8的公证请求人与出具证言的证人有利害关系，故对附件8的真实性不予认可。专利权人认为上述证据所显示的产品外观设计图片均与本专利不相同也不相近似。双方当事人当庭分别演示了锚栓实物。

合议组当庭将更正后的附件8公证书复印件转送专利权人，庭后将附件4有关版权信息页的复印件转送专利权人，专利权人当庭明确表示对附件4及附件8当庭转送的文件不需要答复期，坚持当庭的意见陈述。

在以上审理的基础上，本案合议组经合议，认为本案事实清楚，依法作出本审查决定。

二、决定的理由

1. 法律依据

基于请求人提出的无效宣告请求的理由和提交的证据，本案合议组依据专利法第 23 条的规定对本案进行审理。

专利法第 23 条规定："授予专利权的外观设计，应当同申请日以前在国内外出版物上公开发表过或者国内公开使用过的外观设计不相同和不相近似，并不得与他人在先取得的合法权利相冲突。"

2. 证据的认定

请求人提交的附件 1 是《机械设计手册》第四版第 2 卷的封面页、出版信息页、第 5~272、5~289 页，并在口头审理中出示了该手册的整本原件。专利权人对其真实性无异议。经核实，《机械设计手册》原件完整，所提交的复印件与原件中的相应页一致。该手册出版信息页记载有：刊号：ISBN 7-5025-3520-9、出版单位：化学工业出版社、2004 年 9 月北京第 25 次印刷等信息。经合议组核实，附件 1 所示内容属实，合议组对附件 1 的真实性予以认定，其公开日早于本专利申请日（2005 年 7 月 12 日），属于专利法第 23 条所规定的出版物，可以作为判断本专利是否符合专利法第 23 条规定的证据。

请求人提交的附件 2 是《实用五金手册》第四版封面、目录、出版信息页、第 7~27 页，并在口头审理中出示了该手册的整本原件。专利权人对其真实性无异议。经核实，《实用五金手册》原件完整，所提交的复印件与原件中的相应页一致。该手册出版信息页记载有：刊号：ISBN 7-5323-1515-0/TS · 101、出版单位：上海科学技术出版社、1991 年 2 月第 22 次印刷等信息。经合议组核实，附件 2 所示内容属实，合议组对附件 2 的真实性予以认定，其公开日早于本专利申请日（2005 年 7 月 12 日），属于专利法第 23 条所规定的出版物，可以作为判断本专利是否符合专利法第 23 条规定的证据。

请求人提交的附件 3 是《紧固件企业指南》杂志第二期封面、目录及相关页，并在口头审理中提交了该杂志的整本原件。专利权人对附件 3 的真实性有异议，认为其没有出版号和出版单位。经合议组核实，《紧固件企业指南》杂志原件完整，所提交的复印件与原件中的相应页一致。从该杂志的内容看，其封面记载：中国永年、2004 年 12 月出版、总第 2 期、紧固件行业资讯必备手册；广告彩页第 23 页记载了服务方向及办刊宗旨，以及出版情况、地址、电话、E-mail 等信息。杂志内刊登的是有关紧固件产品的生产厂家和销售商名称、产品图片、地址、电话等内容。合议组认为，根据所述信息，其属于向紧固件制造商、经销商、服务商类的公众不定期发行的广告宣传性杂志，专利权人虽有质疑，但无相反证据足以推翻的情况下，合议组对附件 3 的真实性予以认定，其为本专利申请日前（2005 年 7 月 12 日）的公开出版物，可以作为判断本专利是否符合专利法第 23 条规定的证据。

请求人提交的附件 4 是《中国螺丝与线材》杂志第八期，并在口头审理中提交了该杂志的整本原件。请求人称该杂志是发行商针对比较大的业内客户寄送的，但不能确定是国内还是台湾邮寄的。专利权人认为，该附件没有正式的出版号，无法确定其真实性。经合议组核对，《中国螺丝与线材》杂志原件完整，原件与复印件一致，该附件的封面记载：《中国螺丝与线材》、五月/2003、惠达"螺丝世界杂志"唯一发行"大中国地区"的专业刊物等信息；封脊上记载：惠达杂志、中国螺丝与线材、五月版、May/2003 Volume8/No. 2 等信息；出版信息页记载了"惠达出版发行全中国"、"出版发行：惠达杂志社"、"地址：台湾地区台南市育平路 469 号"、"行政院新闻出版事业登记证：局版台志第 7558 号"、"中华邮政南台字第 1164 号执照登记第一类杂志纸交寄"、"中国螺丝与线材杂志（2、5、10 月出刊）"、"大陆地区联络处：上海旺展贸易有限公司"、"上海市长宁区天山路 198 弄 2

号 10 楼 A 座”、“上述刊物大陆地区采空运方式邮寄，需要挂号者，每期加收人民币 13 元”、“大陆地区订阅户可直接向代理商订购、汇款”。从该杂志的内容看，其刊登的主要是台湾地区及大陆境内厂家生产的有关各类紧固件、螺丝、成型机等产品的图片、规格及联系方式和特别报道、企业发展、论文等信息。合议组认为，根据所述信息，该杂志应属于向该行业制造商、经销商、服务商类的公众定期发行的广告宣传性杂志，虽然其的形成地为台湾地区，但其在大陆境内设有联络处，并可通过该联络处获取该刊物，属于审查指南规定的不需要进行公证、认证的情形之一，专利权人虽有质疑，但无相反证据足以推翻的情况下，合议组对附件 4 的真实性予以认定。该附件为本专利申请日前（2005 年 7 月 12 日）的公开出版物，可以作为判断本专利是否符合专利法第 23 条规定的证据。

请求人提交的附件 5 声称为《广东建生五金有限公司》产品价格表，并在口头审理中提交了该杂志的整本原件。请求人称该产品宣传册是从展览会上获得，但不能说明是何时在何展览会上获得。专利权人认为，该附件没有出版号和出版单位，不是公开出版物。经合议组核对，《广东建生五金有限公司》产品价格表原件完整，原件与复印件一致，该附件的封脊上记载有：广东建生五金有限公司、2004 年 11 月版价格表，从该杂志的内容看，其刊登的是有关广东建生五金有限公司生产的各类紧固件产品的图片、规格及价格，是与本案无利害关系的第三人的产品价格表。合议组认为：从该附件所记载的内容看，因其上没有记载相关出版发行信息，为企业自行印制的企业产品价格表，其印制有一定的随意性，在没有其他相关证据佐证的情况下，不足以被采信。

请求人提交的附件 6 是美国 US5716177 号发明专利公告文本复印件，专利权人对附件 6 的真实性及中文译文的准确性未提出异议，其公开日为 1998 年 2 月 10 日，产品名称为“建筑锚栓式膨胀螺栓”，经合议组核实，该复印件所示内容属实，可确定其真实性。该专利的公开日早于本专利申请日（2005 年 7 月 12 日），属于专利法第 23 条所规定的出版物，适用于本案，可以作为判断本专利是否符合专利法第 23 条规定的证据。

请求人提交的附件 7 声称为 2005 年 4 月 28 日《恒太商情标准件与采购》报纸 A1 版复印件；附件 8 是（2008）永证民字第 366 号公证书复印件；附件 9 声称为 2006 春季刊（第 54 期）《恒太商情标准件与采购》杂志复印件；附件 10 声称为 2006 秋季刊（第 63 期）《恒太商情标准件与采购》杂志复印件。口头审理时请求人提交了附件 7～10 的证据原件，其中附件 7 为 A1～A4 版的整幅原件；附件 9、附件 10 为整体原件，由于附件 8 公证书中的一些日期有误，在口头审理时请求人提交了经河北省永年县公证处更正后的公证书原件。请求人在口头审理时明确，附件 7～10 结合使用，附件 8 是以证人证言的形式对附件 7 和附件 9 的公证，以辅助证明附件 7 的真实性。专利权人对上述附件的真实性均有异议。合议组认为，附件 8 为对证人证言的公证，而在口头审理时该证人未出庭质证，故仅凭单纯的证人证言不足以认定其所述内容的真实性，附件 8 不予采信；附件 9 和附件 10 为本专利申请日之后的证据，不属于专利法意义上的本专利申请日前的公开出版物，附件 9 和附件 10 不适用本案；请求人意通过附件 8 证明附件 7 和附件 9 之间的关联性，以辅助证明附件 7 真实性，但附件 8 证言不足以被采信，附件 9、附件 10 的内容的真实与否与附件 7 内容的真实性认定并无必然的关联。经合议组核对，附件 7 原件与复印件一致，附件 7 中记载有 2005 年 4 月 28 日、本期 12 版、主办：恒太广告、许可证登记号及电话和地址，在 A2 和 A3 版面的下方记载有：欢迎订阅《恒太商情》周刊及订刊电话字样。从请求人当庭提交的整幅原件看，其内刊载的均是厂家的产品广告。本案合议组认为：从该附件所记载的内容看，为单页印刷品，其印制有一定的随意性，在没有其他相关证据佐证的情况下，不足以被采信。附件 7～10 不予采信。

3. 相同和相近似的比较

附件 1《机械设计手册》的第 5～272 页公开了一款 FZA 型后扩底柱锥式锚栓的外观设计（下称

在先设计 1)；第 5~289 页公开了 2 款钢膨胀螺栓的外观设计，即（a）Ⅰ型钢膨胀螺栓（下称在先设计 2)，(b) Ⅱ型钢膨胀螺栓（下称在先设计 3)；附件 2《实用五金手册》的第 7~26 页公开了一款钢膨胀螺栓的外观设计（下称在先设计 4)；附件 3《紧固件企业指南》的插页 5 下图公开了三个钢膨胀螺栓的外观设计，即横置的螺栓（下称在先设计 5)、左侧起第 5 个螺栓（下称在先设计 6)、左侧起第 6 个螺栓（下称在先设计 7)；第 14 页公开了一款膨胀螺栓的外观设计（下称在先设计 8)；彩色插页 1 公开了二组膨胀螺栓的外观设计，左侧一组带有螺母（下称在先设计 9)、右侧一组螺杆一端呈折角状（下称在先设计 10)；彩色插页 2 公开了二款膨胀栓，即上排左侧第 1 个（下称在先设计 11）和下排左侧第 2 个膨胀栓（下称在先设计 12)；彩色插页 10 公开了二款膨胀栓，即下排左侧第 2 个（下称在先设计 13）和右侧第 2 个膨胀栓（下称在先设计 14)；彩色插页 11 公开了二款膨胀栓，即左侧第 3 个（下称在先设计 15）和右侧第 3 个膨胀栓（下称在先设计 16)；彩色插页 13 公开了二款膨胀栓，即下排左侧第 1 个（下称在先设计 17）和下排右侧第 2 个异型膨胀栓（下称在先设计 18)；彩色插页 18 公开了三款膨胀栓，即左侧第 1 个（下称在先设计 19）和第 2 个膨胀钩（下称在先设计 20）及右侧第 1 个膨胀栓（下称在先设计 21)；第 58 页公开了四款膨胀栓，即左下图左侧第 1 个（下称在先设计 22)、左下图右侧第 1 个门窗膨胀栓（下称在先设计 23)、右侧中图右侧第 2 个吊顶胀管（下称在先设计 24)、右下图下排左侧第 1 个（下称在先设计 25)。附件 4《中国螺丝与线材》第 8 期杂志的彩图第 23 页公开了二款膨胀栓，即上排左侧第 2 个（下称在先设计 26）和左侧第 8 个（下称在先设计 27)；附件 6 美国 US5716177 号发明专利公开了一款建筑锚栓式膨胀螺栓（下称在先设计 28)，上述在先设计均与本专利用途相同，属于相同类别的产品，具有可比性。

本专利包括主视图、后视图、左视图、右视图、俯视图、仰视图。从各视图观察，本专利的整体形状呈圆柱体，由锥形螺母和膨胀胀管组成。膨胀胀管上部为防滑纹及楔形膨胀缝，膨胀缝底部为圆形止裂孔，楔形膨胀缝上端部有倒钩设计；锥形螺母上有与膨胀缝对应的棱形凸起（详见本专利附图)。

在先设计 1 整体形状呈圆柱体，由锥形螺杆、扩充套管、垫圈和六角螺母组成。扩充套管上部为条形膨胀缝，膨胀缝底部有圆形止裂孔，螺杆的一端为锥状（详见在先设计 1 附图)。

将本专利与在先设计 1 相比较，二者不同点主要是：本专利的膨胀缝呈楔形设计，胀管上有防滑纹，端部有倒钩设计；在先设计 1 膨胀缝为条形设计，扩充套管上无防滑纹及倒钩设计；本专利锥形螺母上有棱形凸起，在先设计 1 螺杆的锥形端部无棱形凸起设计。合议组认为：从整体视觉观察，虽然二者均含有扩充套管及锥形端部，但由于二者在其上的设计存在着明显差别，该差别对二者的整体视觉效果具有显著的影响，因此，二者应属于不相同且不相近似的外观设计。

在先设计 2 整体形状呈圆柱体，由沉头螺栓、胀管、平垫圈、弹簧垫圈和六角螺母组成。胀管上部为条形膨胀缝设计，沉头螺栓的一端为锥形（详见在先设计 2 附图)。

将本专利与在先设计 2 相比较，二者不同点主要是：本专利的膨胀缝呈楔形设计，胀管上有防滑纹，端部有倒钩设计，底部有圆形止裂孔；在先设计 2 膨胀缝为条形设计，胀管上无防滑纹、圆形止裂孔和倒钩设计；本专利锥形螺母上有棱形凸起，在先设计 2 沉头螺栓的锥形端部无棱形凸起设计。合议组认为：从整体视觉观察，虽然二者均含有胀管及锥形端部，但由于二者在其上的设计存在着明显差别，该差别对二者的整体视觉效果具有显著的影响，因此，二者应属于不相同且不相近似的外观设计。

在先设计 3 整体形状呈圆柱体，由锥形螺母、螺栓、胀管、平垫圈、弹簧垫圈和六角螺母组成。胀管上部为条形膨胀缝设计（详见在先设计 3 附图)。

将本专利与在先设计 3 相比较，二者不同点主要是：本专利的膨胀缝呈楔形设计，胀管上有防滑纹，端部有倒钩设计，底部有圆形止裂孔；在先设计3膨胀缝为条形设计，胀管上无防滑纹、圆形止裂孔和倒钩设计；本专利锥形螺母上有棱形凸起。合议组认为：从整体视觉观察，二者含有胀管和锥形螺母，但由于在先设计3中的胀管和锥形螺母局部为剖视图，无法判定其外轮廓的具体设计，因此，无法就本专利与在先设计3进行相同和相近似对比。

在先设计4整体形状呈圆柱体，由沉头螺栓、胀管、垫圈、弹簧垫圈和六角螺母组成。胀管上部为条形膨胀缝设计，沉头螺栓的一端为锥形（详见在先设计4附图）。

将本专利与在先设计4相比较，二者不同点主要是：本专利的膨胀缝呈楔形设计，胀管上有防滑纹，端部有倒钩设计，底部有圆形止裂孔；在先设计4膨胀缝为条形设计，胀管上无防滑纹、圆形止裂孔和倒钩设计；本专利锥形螺母上有棱形凸起，在先设计4沉头螺栓的锥形端部无棱形凸起设计。合议组认为：从整体视觉观察，二者含有胀管及锥形端部，但由于二者在其上的设计存在着明显差别，该差别对二者的整体视觉效果具有显著的影响，因此，二者应属于不相同且不相近似的外观设计。

在先设计5整体形状均呈圆柱体，均由螺栓、胀管、垫圈、弹簧垫圈和六角螺母组成。胀管上部为条形膨胀缝及三条环形防滑槽，螺栓的一端为锥形（详见在先设计5附图）。

将本专利与在先设计5相比较，二者不同点主要是：本专利的膨胀缝呈楔形设计，胀管上有防滑纹，端部有倒钩设计，底部有圆形止裂孔；在先设计5膨胀缝为条形设计，防滑槽为环形设计，膨胀缝底部无圆形止裂孔设计，胀管上无倒钩设计；本专利锥形螺母上有棱形凸起，在先设计5螺栓的锥形端部无棱形凸起设计。合议组认为：从整体视觉观察，虽然二者均含有胀管及锥形端部，但由于二者在其上的设计存在着明显差别，该差别对二者的整体视觉效果具有显著的影响，因此，二者应属于不相同且不相近似的外观设计。

在先设计6整体形状呈圆柱体，由锥形螺母和胀管组成。胀管上部为条形膨胀缝及三条环形防滑槽（详见在先设计6附图）。

将本专利与在先设计6相比较，二者不同点主要是：本专利的膨胀缝呈楔形设计，胀管上有防滑纹，端部有倒钩设计，底部有圆形止裂孔；在先设计6膨胀缝为条形设计，防滑槽为环形设计，膨胀缝底部无圆形止裂孔，胀管上无倒钩设计；本专利锥形螺母上有棱形凸起，在先设计6无棱形凸起设计。合议组认为：从整体视觉观察，虽然二者均含有胀管和锥形螺母，但由于二者在其上的设计存在着明显差别，该差别对二者的整体视觉效果具有显著的影响，因此，二者应属于不相同且不相近似的外观设计。

在先设计7整体形状呈圆柱体，由锥形螺母和胀管组成。胀管上部为条形膨胀缝及环形防滑槽（详见在先设计7附图）。

将本专利与在先设计7相比较，二者不同点主要是：本专利的膨胀缝呈楔形设计，胀管上有防滑纹，端部有倒钩设计，底部有圆形止裂孔；在先设计7膨胀缝为条形设计，防滑槽为环形设计，膨胀缝其底部无圆形止裂孔设计，胀管上无倒钩设计；本专利锥形螺母上有棱形凸起，在先设计7无棱形凸起设计。合议组认为：从整体视觉观察，虽然二者均含有胀管和锥形螺母，但由于二者在其上的设计存在着明显差别，该差别对二者的整体视觉效果具有显著的影响，因此，二者应属于不相同且不相近似的外观设计。

在先设计8整体形状呈圆柱体，由螺栓、胀管、垫圈、弹簧垫圈和六角螺母组成。胀管上部为条形膨胀缝，螺栓的一端为锥形（详见在先设计8附图）。

将本专利与在先设计8相比较，二者不同点主要是：本专利的膨胀缝呈楔形设计，胀管上有防滑纹，端部有倒钩设计，底部有圆形止裂孔；在先设计8膨胀缝为条形设计，胀管上无防滑纹、圆形止裂孔和倒钩设计；本专利锥形螺母上有棱形凸起，在先设计 8 螺栓的锥形端部无棱形凸起设计。合议组认为：从整体视觉观察，虽然二者均含有胀管及锥形端部，但由于二者在其上的设计存在着明显差别，该差别对二者的整体视觉效果具有显著的影响，因此，二者应属于不相同且不相近似的外观设计。

在先设计 9 整体形状呈圆柱体，由螺栓、胀管、垫圈、弹簧垫圈和六角螺母组成。胀管上部为条形膨胀缝，膨胀缝底部为圆形止裂孔，螺栓的一端为锥形（详见在先设计 9 附图）。

将本专利与在先设计 9 相比较，二者不同点主要是：本专利的膨胀缝呈楔形设计，胀管上有防滑纹，端部有倒钩设计，底部有圆形止裂孔；在先设计 9 膨胀缝为条形设计，胀管上无防滑纹、圆形止裂孔和倒钩设计；本专利锥形螺母上有棱形凸起，在先设计 9 螺栓的锥形端部无棱形凸起设计。合议组认为：从整体视觉观察，虽然二者均含有胀管、膨胀缝底部的圆形止裂孔及锥形端部，但由于二者在其上的设计存在着明显差别，该差别对二者的整体视觉效果具有显著的影响，因此，二者应属于不相同且不相近似的外观设计。

在先设计 10 整体形状呈“7”字形，由螺栓、胀管、垫圈、弹簧垫圈和六角螺母组成。胀管上部为条形膨胀缝，螺栓一端呈折角状、一端呈锥形（详见在先设计 10 附图）。

将本专利与在先设计 10 相比较，二者不同点主要是：本专利的膨胀缝呈楔形设计，胀管上有防滑纹，端部有倒钩设计，底部有圆形止裂孔；在先设计 10 膨胀缝为条形设计，胀管上无防滑纹、圆形止裂孔和倒钩设计；本专利锥形螺母上有棱形凸起，在先设计 10 螺栓的锥形端部无棱形凸起设计。合议组认为：从整体视觉观察，虽然二者均含有胀管及锥形端部，但由于二者在其上的设计存在着明显差别，该差别对二者的整体视觉效果具有显著的影响，因此，二者应属于不相同且不相近似的外观设计。

在先设计 11 整体形状呈圆柱体，由螺栓、胀管、垫圈、弹簧垫圈和六角螺母组成。胀管上部为条形膨胀缝及环形防滑槽，螺栓的一端为锥形（详见在先设计 11 附图）。

将本专利与在先设计 11 相比较，二者不同点主要是：本专利的膨胀缝呈楔形设计，胀管上有防滑纹，端部有倒钩设计，底部有圆形止裂孔；在先设计 11 膨胀缝为条形设计，环形防滑槽，底部无圆形止裂孔，胀管上无倒钩设计；本专利锥形螺母上有棱形凸起，在先设计 11 螺栓的锥形端部无棱形凸起设计。合议组认为：从整体视觉观察，虽然二者均含有胀管及锥形端部，但由于二者在其上的设计存在着明显差别，该差别对二者的整体视觉效果具有显著的影响，因此，二者应属于不相同且不相近似的外观设计。

在先设计 12 整体形状呈圆柱体，由螺栓、胀管、垫圈和六角螺母组成。胀管上部为条形膨胀缝，螺栓的一端为锥形（详见在先设计 12 附图）。

将本专利与在先设计 12 相比较，二者不同点主要是：本专利的膨胀缝呈楔形设计，胀管上有防滑纹，端部有倒钩设计，底部有圆形止裂孔；在先设计 12 膨胀缝为条形设计，胀管上无防滑纹、圆形止裂孔和倒钩设计；本专利锥形螺母上有棱形凸起，在先设计 12 螺栓的锥形端部无棱形凸起设计。合议组认为：从整体视觉观察，虽然二者均含有胀管及锥形端部，但由于二者在其上的设计存在着明显差别，该差别对二者的整体视觉效果具有显著的影响，因此，二者应属于不相同且不相近似的外观设计。

在先设计 13 整体形状呈圆柱体，由螺栓、胀管、垫圈、弹簧垫圈和六角螺母组成。胀管上部为条形膨胀缝，螺栓的一端为锥形（详见在先设计 13 附图）。

将本专利与在先设计 13 相比较，二者不同点主要是：本专利的膨胀缝呈楔形设计，胀管上有防滑纹，端部有倒钩设计，底部有圆形止裂孔；在先设计 13 膨胀缝为条形设计，胀管上无防滑纹、圆形止裂孔和倒钩设计；本专利锥形螺母上有棱形凸起，在先设计 13 螺栓的锥形端部无棱形凸起设计。合议组认为：从整体视觉观察，虽然二者均含有胀管及锥形端部，但由于二者在其上的设计存在着明显差别，该差别对二者的整体视觉效果具有显著的影响，因此，二者应属于不相同且不相近似的外观设计。

在先设计 14 整体形状呈圆柱体，由螺栓、胀管、垫圈、弹簧垫圈和六角螺母组成。胀管上部为条形膨胀缝，螺栓的一端为锥形（详见在先设计 14 附图）。

将本专利与在先设计 14 相比较，二者不同点主要是：本专利的膨胀缝呈楔形设计，胀管上有防滑纹，端部有倒钩设计，底部有圆形止裂孔；在先设计 14 膨胀缝为条形设计，胀管上无防滑纹、圆形止裂孔和倒钩设计；本专利锥形螺母上有棱形凸起，在先设计 14 螺栓的锥形端部无棱形凸起设计。合议组认为：从整体视觉观察，虽然二者均含有胀管及锥形端部，但由于二者在其上的设计存在着明显差别，该差别对二者的整体视觉效果具有显著的影响，因此，二者应属于不相同且不相近似的外观设计。

在先设计 15 和在先设计 16 整体形状均呈圆柱体，均由螺栓、胀管、垫圈和六角螺母组成。胀管上部为条形膨胀缝，膨胀缝底部为圆形止裂孔，螺栓的一端为锥形（详见在先设计 15、在先设计 16 附图）。

将本专利与在先设计 15、在先设计 16 分别相比较，不同点主要是：本专利的膨胀缝呈楔形设计，胀管上有防滑纹，端部有倒钩设计；在先设计 15、在先设计 16 的膨胀缝均为条形设计，胀管上均无防滑纹及倒钩设计；本专利锥形螺母上有棱形凸起，在先设计 15、在先设计 16 螺栓的锥形端部无棱形凸起设计。合议组认为：从整体视觉观察，虽然将本专利与在先设计 15、在先设计 16 均含有胀管、膨胀缝底部的圆形止裂孔及锥形端部，但由于其上的设计存在着明显差别，该差别对整体视觉效果具有显著的影响，因此，本专利与在先设计 15、在先设计 16 应属于不相同且不相近似的外观设计。

在先设计 17 整体形状呈圆柱体，由螺栓、胀管、垫圈、弹簧垫圈和六角螺母组成。胀管上部为条形膨胀缝，膨胀缝底部为圆形止裂孔，螺栓的一端为锥形（详见在先设计 17 附图）。

将本专利与在先设计 17 相比较，二者不同点主要是：本专利的膨胀缝呈楔形设计，胀管上有防滑纹，端部有倒钩设计；在先设计 17 膨胀缝为条形设计，胀管上无防滑纹及倒钩设计；本专利锥形螺母上有棱形凸起，在先设计 17 螺栓的锥形端部无棱形凸起设计。合议组认为：从整体视觉观察，虽然二者均含有胀管、膨胀缝底部的圆形止裂孔及锥形端部，但由于二者在其上的设计存在着明显差别，该差别对二者的整体视觉效果具有显著的影响，因此，二者应属于不相同且不相近似的外观设计。

在先设计 18 为异型膨胀螺栓，其整体形状大致呈“r”形，由锥形螺母、胀管、垫圈、圆头螺栓和“r”形垫套组成。胀管呈圆柱体，上部为条形膨胀缝，垫套一端大致“r”形，另一端为环形与圆头螺柱及胀管连接（详见在先设计 18 附图）。

将本专利与在先设计 18 相比较，二者不同点主要是：本专利的膨胀缝呈楔形设计，胀管上有防滑纹，端部有倒钩设计，底部有圆形止裂孔；在先设计 18 膨胀缝为条形设计，胀管上无防滑纹、圆形止裂孔和倒钩设计；本专利锥形螺母上有棱形凸起，在先设计 18 无棱形凸起。合议组认为：从整体视觉观察，虽然二者均含有胀管及锥形螺母，但由于二者在其上的设计存在着明显差别，该差别对二者的整体视觉效果具有显著的影响，因此，二者应属于不相同且不相近似的外观设计。

在先设计 19 为膨胀钩，其整体形状大致呈“?”形，由锥形螺母、胀管、垫圈、钩形螺栓和弹簧垫圈组成。胀管呈圆柱体，上部为条形膨胀缝（详见在先设计 19 附图）。

将本专利与在先设计 19 相比较，二者不同点主要是：本专利的膨胀缝呈楔形设计，胀管上有防滑纹，端部有倒钩设计，底部有圆形止裂孔；在先设计19膨胀缝为条形设计，胀管上无防滑纹、圆形止裂孔和倒钩设计；本专利锥形螺母上有棱形凸起，在先设计19无棱形凸起。合议组认为：从整体视觉观察，虽然二者均含有胀管及锥形螺母，但由于二者在其上的设计存在着明显差别，该差别对二者的整体视觉效果具有显著的影响，因此，二者应属于不相同且不相近似的外观设计。

在先设计20为膨胀钩，其整体形状大致呈“?”形，由胀管、垫圈、钩形螺栓和弹簧垫圈组成。胀管呈圆柱体，上部为条形膨胀缝及防滑纹（详见在先设计20附图）。

将本专利与在先设计20相比较，二者不同点主要是：本专利的膨胀缝呈楔形设计，端部有倒钩设计，底部有圆形止裂孔；在先设计20膨胀缝为条形设计，无圆形止裂孔及倒钩设计；本专利锥形螺母上有棱形凸起，在先设计20未显示螺母。合议组认为：从整体视觉观察，虽然二者均含有胀管及防滑纹设计，但由于二者在其上的设计存在着明显差别，该差别对二者的整体视觉效果具有显著的影响，因此，二者应属于不相同且不相近似的外观设计。

在先设计21整体形状呈圆柱体，由螺栓、胀管、垫圈、弹簧垫圈和六角螺母组成。胀管上部为条形膨胀缝，螺栓的一端为锥形（详见在先设计21附图）。

将本专利与在先设计21相比较，二者不同点主要是：本专利的膨胀缝呈楔形设计，胀管上有防滑纹，端部有倒钩设计，底部有圆形止裂孔；在先设计21膨胀缝为条形设计，胀管上无防滑纹、圆形止裂孔和倒钩设计；本专利锥形螺母上有棱形凸起，在先设计21螺栓的锥形端部无棱形凸起设计。合议组认为：从整体视觉观察，虽然二者均含有胀管及锥形端部，但由于二者在其上的设计存在着明显差别，该差别对二者的整体视觉效果具有显著的影响，因此，二者应属于不相同且不相近似的外观设计。

在先设计22整体形状呈圆柱体，由螺栓、胀管、垫圈、弹簧垫圈和六角螺母组成。胀管上部为条形膨胀缝，膨胀缝端部呈喇叭口状，底部有圆形止裂孔，螺栓的一端为锥形（详见在先设计22附图）。

将本专利与在先设计22相比较，二者不同点主要是：本专利的膨胀缝呈楔形设计，胀管上有防滑纹，端部有倒钩设计；在先设计22膨胀缝为条形设计，胀管上无防滑纹及倒钩设计；本专利锥形螺母上有棱形凸起，在先设计22螺栓的锥形端部无棱形凸起设计。合议组认为：从整体视觉观察，虽然二者均含有胀管及锥形端部，但由于二者在其上的设计存在着明显差别，该差别对二者的整体视觉效果具有显著的影响，因此，二者应属于不相同且不相近似的外观设计。

在先设计23为门窗膨胀栓，整体形状呈圆柱体，由平头螺栓、胀管和圆头螺母组成。胀管两端交错有条形膨胀缝设计，其与圆头螺母连接端的膨胀缝端部呈喇叭口状，有倒钩设计（详见在先设计23附图）。

将本专利与在先设计23相比较，二者不同点主要是：本专利的膨胀缝呈楔形设计，胀管上有防滑纹，端部有倒钩设计，底部有圆形止裂孔；在先设计23胀管一端的膨胀缝为条形设计，另一端呈喇叭口状，且有倒钩设计，底部无圆形止裂孔，胀管上无防滑纹设计；本专利锥形螺母上有棱形凸起，在先设计23圆头螺母上无棱形凸起设计。合议组认为：从整体视觉观察，虽然二者均含有胀管及螺母，但由于二者在其上的设计存在着明显差别，该差别对二者的整体视觉效果具有显著的影响，因此，二者应属于不相同且不相近似的外观设计。

在先设计24为吊顶胀管，整体形状呈圆柱体，由胀管和锥形螺母组成。胀管一端为楔形膨胀缝，胀管中下部为圆角长形孔设计（详见在先设计24附图）。

将本专利与在先设计24相比较，二者相同点主要是：膨胀缝均为楔形设计，均为锥形螺母。二者不同点主要是：本专利胀管上有防滑纹，端部有倒钩设计，膨胀缝底部有圆形止裂孔；在先设计

24膨胀缝底部无圆形止裂孔设计，胀管上无防滑纹及倒钩设计；本专利锥形螺母上有棱形凸起，在先设计24无棱形凸起设计。合议组认为：从整体视觉观察，虽然二者均含有胀管、锥形螺母，但鉴于二者胀管和锥形螺母上的设计差别较大，该差别对整体视觉效果具有显著的影响，因此，本专利与在先设计24应属于不相同且不相近似的外观设计。

在先设计25整体形状呈圆柱体，由膨胀管和锥形螺母组成。胀管中上部为条形孔设计，锥形螺母上有棱形凸起（详见在先设计25附图）。

将本专利与在先设计25相比较，二者的相同点主要是：二者锥形螺母上均有棱形凸起。二者不同点主要是：本专利的膨胀缝呈楔形设计，胀管上有防滑纹，端部有倒钩设计，底部有圆形止裂孔；在先设计25胀管中上部为条形孔，胀管上无防滑纹及倒钩设计。合议组认为：从整体视觉观察，虽然二者均含有胀管及锥形螺母，但鉴于二者胀管上的设计差别较大，该差别对二者的整体视觉效果具有显著的影响，因此，二者应属于不相同且不相近似的外观设计。

在先设计26整体形状呈圆柱体，由胀管、锥形螺母和卡环组成。胀管一端为楔形膨胀缝，楔形膨胀缝上端部有倒钩设计，在接近膨胀缝底端处镶有卡环及环形防滑槽设计，膨胀缝底部至胀管下部有细缝，锥形螺母上有棱形凸起（详见在先设计26附图）。

将本专利与在先设计26相比较，二者相同点是：膨胀缝均为楔形，锥形螺母上均有棱形凸起。二者不同点主要是：本专利膨胀缝底部有圆形止裂孔，胀管上有网状防滑纹设计，倒钩未端呈喇叭口状；在先设计26膨胀缝底部至胀管下部有细缝，膨胀缝下部有卡环及环形防滑槽设计，倒钩未端无喇叭口设计。合议组认为：从整体视觉观察，虽然二者均含有胀管及锥形螺母，但由于二者在其上的设计存在着明显差别，该差别对二者的整体视觉效果具有显著的影响，因此，二者应属于不相同且不相近似的外观设计。

在先设计27整体形状呈圆柱体，由膨胀管、锥形螺母和六角膨胀柱组成。胀管下部为圆角长形孔设计其上为膨胀缝（详见在先设计27附图）。

将本专利与在先设计27相比较，二者不同点主要是：本专利的膨胀缝呈楔形设计，胀管上有防滑纹，端部有倒钩设计，底部有圆形止裂孔；在先设计27胀管膨胀缝下部为圆角长形孔设计，胀管上无防滑纹及倒钩设计；本专利锥形螺母上有棱形凸起，在先设计27无棱形凸起设计。合议组认为：从整体视觉观察，虽然二者均含有胀管及锥形螺母，但由于二者在其上的设计存在着明显差别，该差别对二者的整体视觉效果具有显著的影响，因此，二者应属于不相同且不相近似的外观设计。

在先设计28整体形状呈圆柱体，由锥形螺母、胀管、螺柱、垫圈和六角螺母组成。胀管一端为条形膨胀缝，底部为圆形止裂孔，胀管的中部相互咬扣的月牙孔设计（详见在先设计28附图）。

将本专利与在先设计28相比较，二者相同点是：膨胀缝均底部均有圆形止裂孔设计。二者不同点主要是：本专利的膨胀缝呈楔形设计，胀管上有防滑纹，端部有倒钩设计，底部有圆形止裂孔；在先设计28胀管中部为相互咬扣的月牙孔设计，无防滑纹及倒钩设计；本专利锥形螺母上有棱形凸起，在先设计28无棱形凸起设计。合议组认为：虽然在先设计28的附图3中所示的膨胀螺栓在钉入墙体后，其上的膨胀缝为楔形，但结合附图1和附件2从整体视觉观察，在先设计28螺母及胀管上的设计与本专利存在着明显差别，该差别对二者的整体视觉效果具有显著的影响，因此，二者应属于不相同且不相近似的外观设计。

综上所述，请求人依据上述附件证明本专利不符合专利法第23条规定的主张不能成立。

请求人针对其提出的无效宣告请求的主张，有责任向专利复审委员会提交充分的证据，如果其提交的证据均不足以支持其无效宣告请求理由，应承担其主张不能成立的法律后果。

三、决定

维持200530139717.6号外观设计专利权有效。

当事人对本决定不服的，可以根据专利法第46条第2款的规定，自收到本决定之日起三个月内向北京市第一中级人民法院起诉。根据该款的规定，一方当事人起诉后，另一方当事人应当作为第三人参加诉讼。

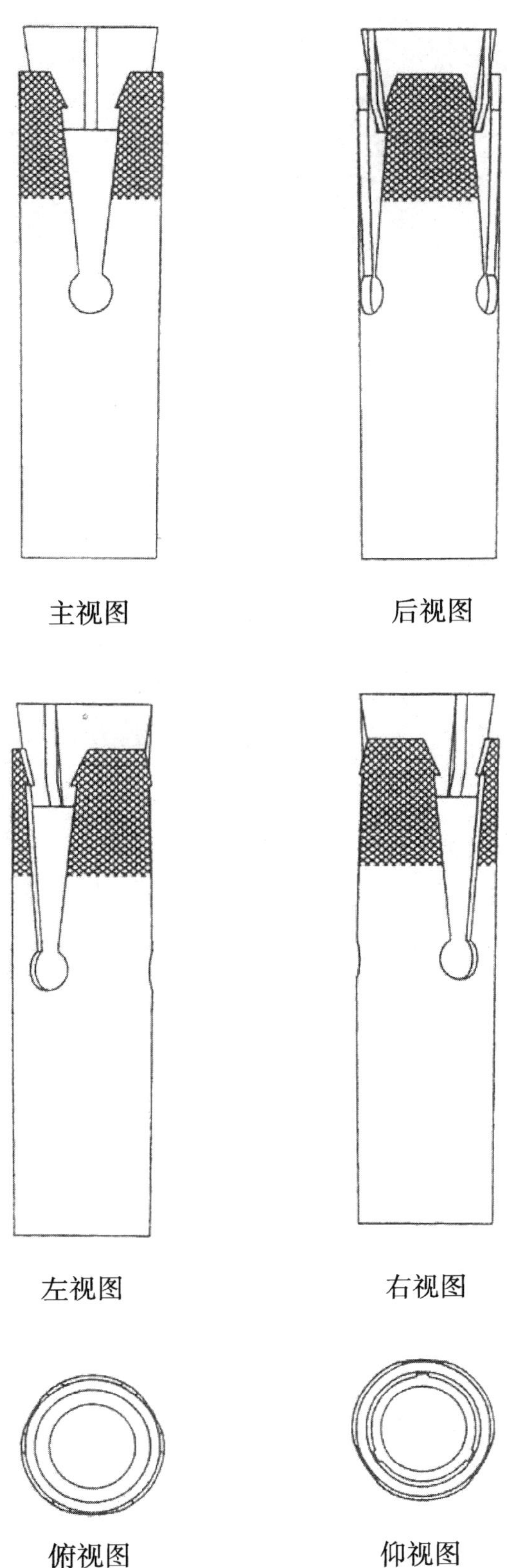

本专利附图

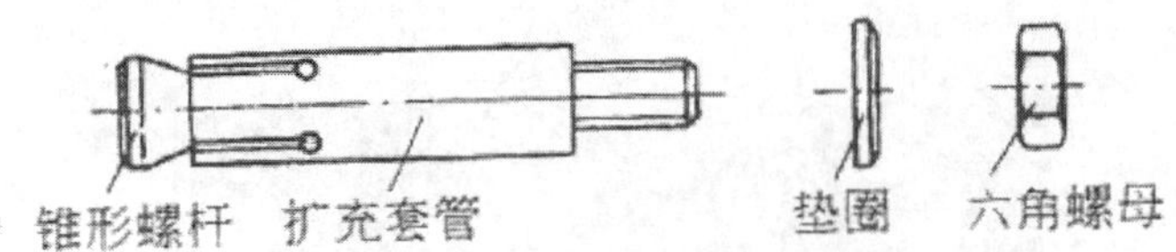

在先设计 1 附图

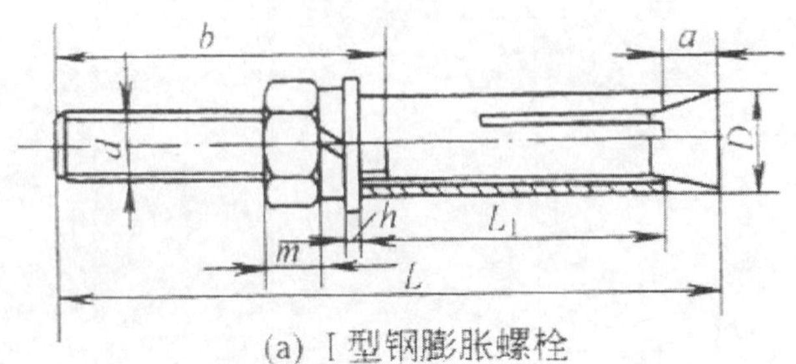

(a) Ⅰ型钢膨胀螺栓

在先设计 2 附图

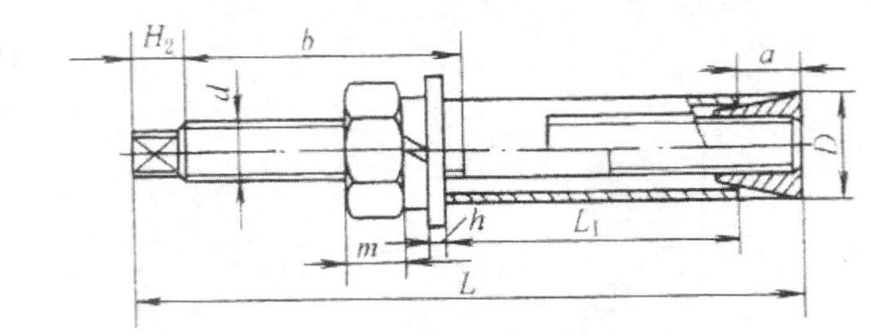

(b) Ⅱ型钢膨胀螺栓

在先设计 3 附图

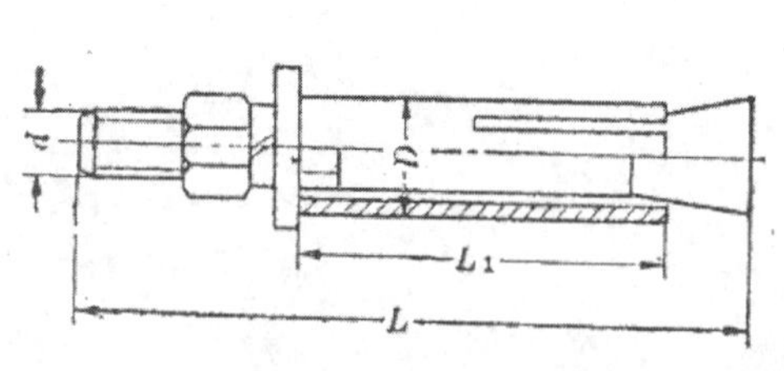

安装示意图

在先设计 4 附图

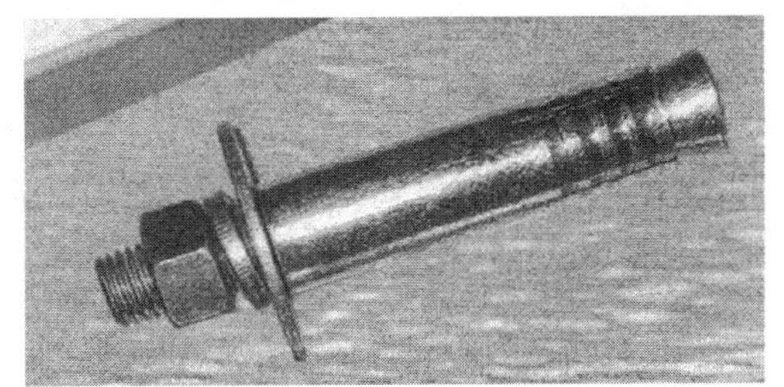

在先设计 5 附图

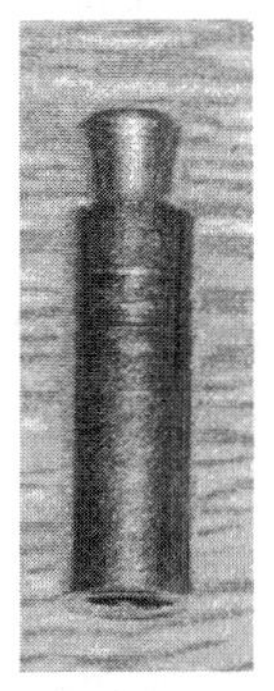

在先设计 6 附图

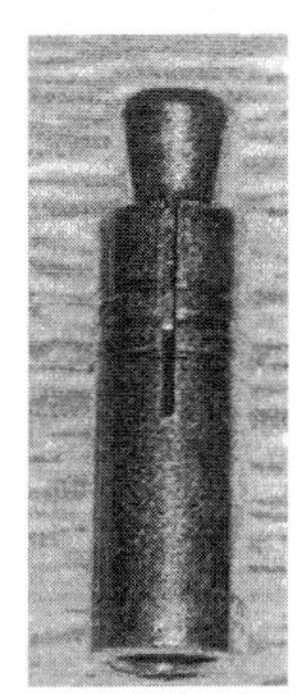

在先设计 7 附图

在先设计 8 附图

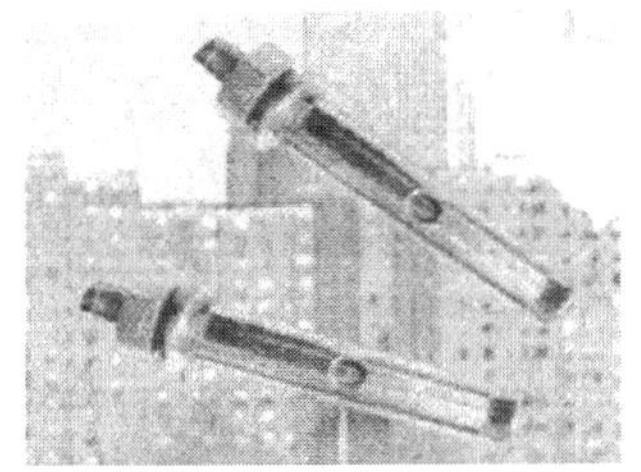

在先设计 9 附图

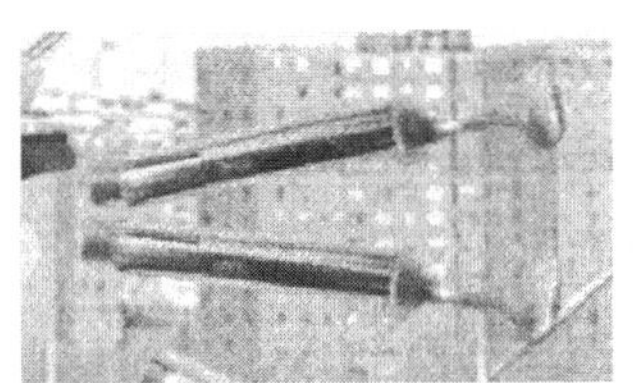

在先设计 10 附图

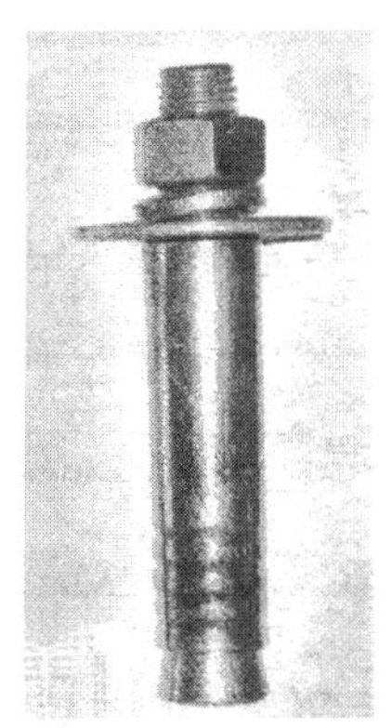

在先设计 11 附图

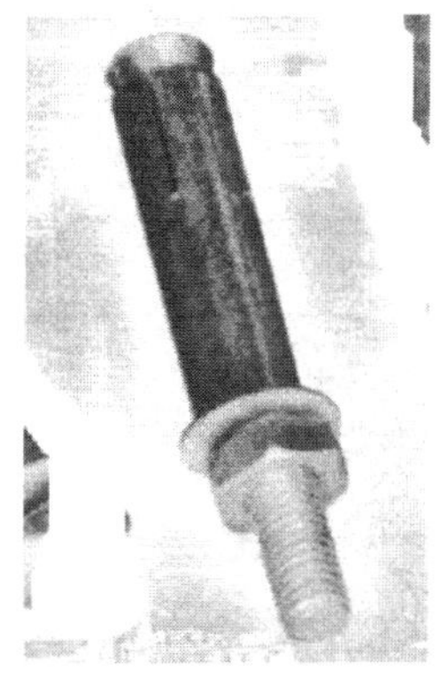

在先设计 12 附图

在先设计 13 附图

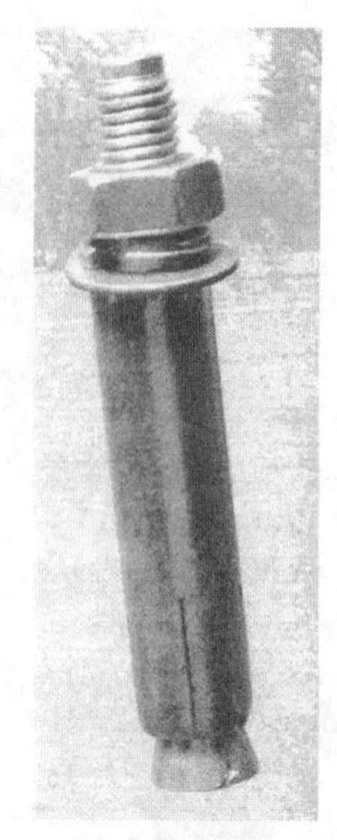

在先设计 14 附图

在先设计 15 附图

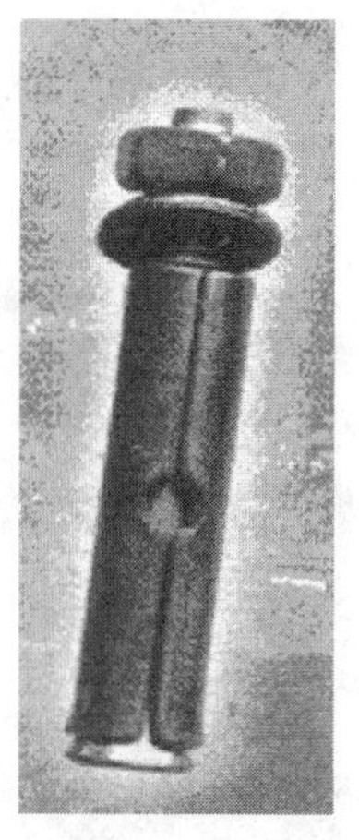

在先设计 16 附图

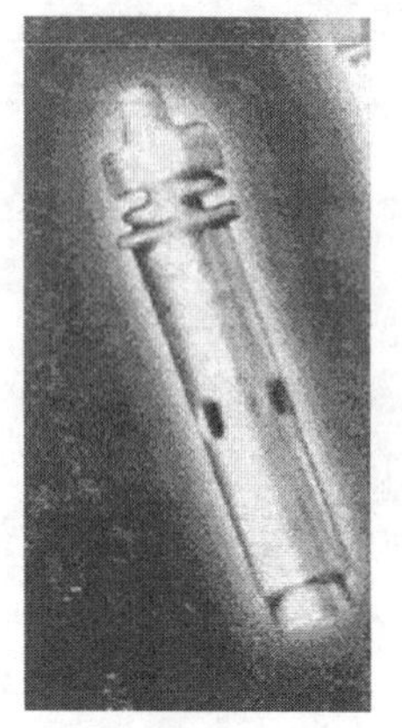

在先设计 17 附图

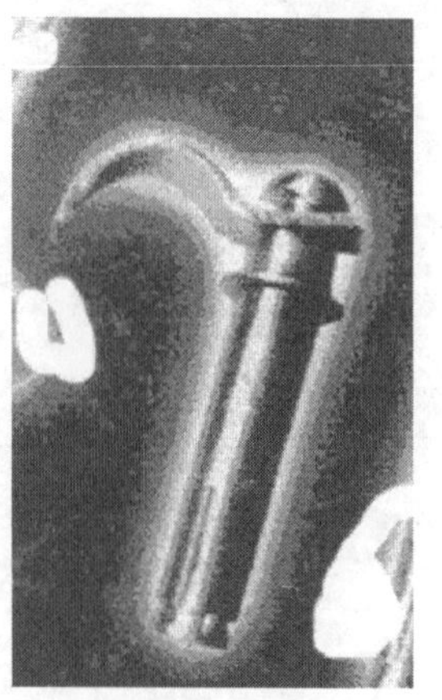

在先设计 18 附图

在先设计 19 附图

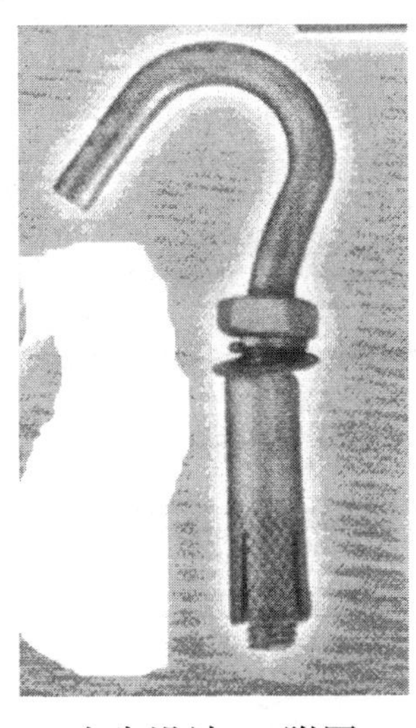

在先设计 20 附图

在先设计 21 附图

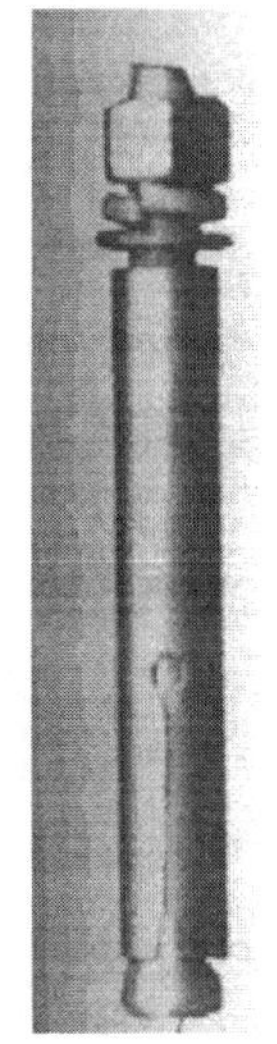

在先设计 22 附图

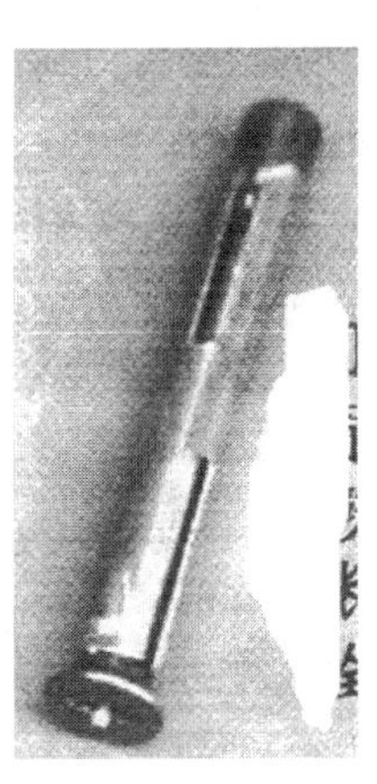

在先设计 23 附图

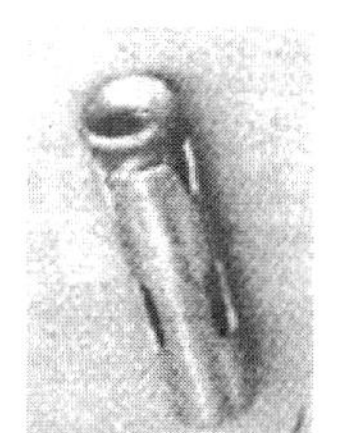

在先设计 24 附图

在先设计 25 附图

在先设计 26 附图

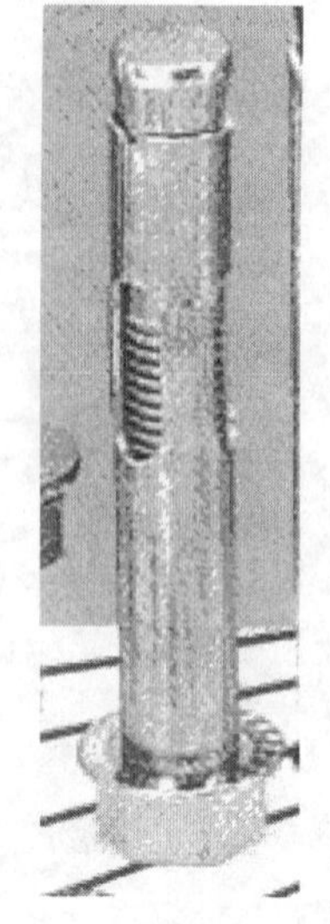

在先设计 27 附图

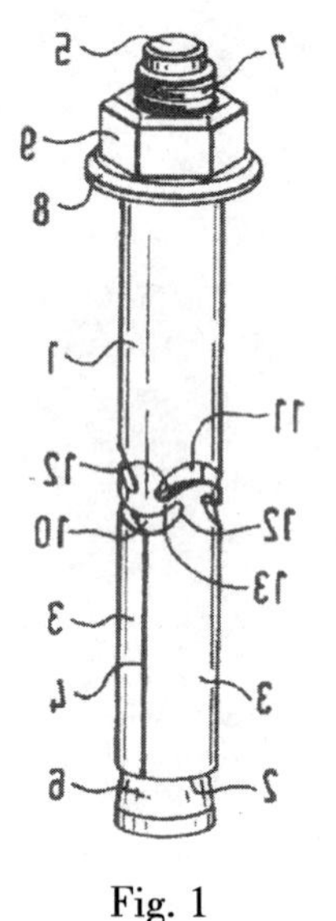

Fig. 1

Fig. 2

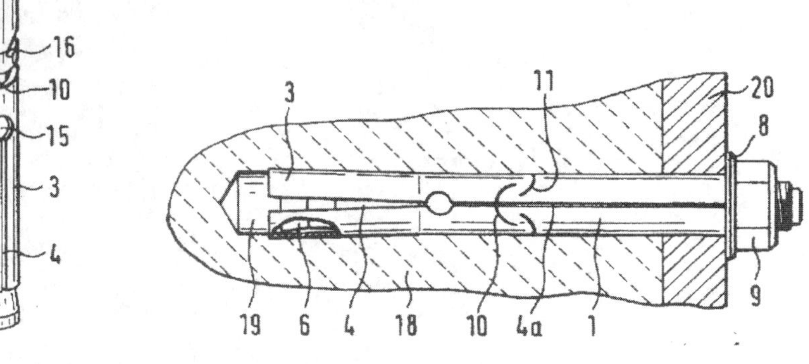

Fig. 3

在先设计 28 附图

北京市第一中级人民法院
行政判决书

（2009）一中行初字第1960号

原告北京鑫方盛五金交电有限公司，住所地北京市大兴区黄村镇海鑫北路9号。

法定代表人赵芳期，董事长。

委托代理人李一民，北京市瑞天律师事务所律师。

委托代理人时烁，男，1988年2月6日出生，北京鑫方盛五金交电有限公司行政经理，住河北省石家庄市裕华区槐安东路。

被告国家知识产权局专利复审委员会，住所地北京市海淀区北四环西路9号银谷大厦10~12层。

法定代表人张茂于，副主任。

委托代理人余心蕾，国家知识产权局专利复审委员会审查员。

第三人王春华，男，1963年8月10日出生，汉族，住河北省承德市双桥区头道牌楼美风77号内7号。

委托代理人尹振启，北京中创阳光知识产权代理有限责任公司专利代理人。

原告北京鑫方盛五金交电有限公司（以下简称鑫方盛公司）因不服被告国家知识产权局专利复审委员会（以下简称专利复审委员会）第13395号无效宣告请求审查决定（以下简称第13395号决定），于法定期限内向本院提起行政诉讼。本院于2009年8月13日受理后，依法组成合议庭，并通知第13395号决定的相对方王春华作为第三人参加本案诉讼，本院于2009年12月3日公开开庭进行了审理。原告鑫方盛公司的委托代理人李一民、时烁，被告专利复审委员会的委托代理人余心蕾，第三人王春华的委托代理人尹振启到庭参加了诉讼。本案现已审理终结。

第13395号决定系专利复审委员会针对鑫方盛公司就王春华拥有的200530139717.6号、名称为"锚栓"的外观设计专利（以下简称本专利）所提出的无效宣告请求作出的。第13395号决定中认为：

第一，证据的认定。

附件1~4、6公开日均早于本专利申请日（2005年7月12日），属于《中华人民共和国专利法》（以下简称《专利法》）第二十三条所规定的出版物，可以作为判断本专利是否符合《专利法》第二十三条规定的证据。

鑫方盛公司提交的附件5声称为《广东建生五金有限公司》产品价格表，并在口头审理中提交了该杂志的整本原件。鑫方盛公司称该产品宣传册是从展览会上获得，但不能说明是何时在何展览会上获得。王春华认为，该附件没有出版号和出版单位，不是公开出版物。经专利复审委员会核对，《广东建生五金有限公司》产品价格表原件完整，原件与复印件一致，该附件的封脊上记载有：广东建生五金有限公司、2004年11月版价格表，从该杂志的内容看，其刊登的是有关广东建生五金有限公司生产的各类紧固件产品的图片、规格及价格，是与本案无利害关系的第三人的产品价格表。专利复审委员会认为：从该附件所记载的内容看，因其上没有记载相关出版发行信息，为企业自行印制的企业产品价格表，其印制有一定的随意性，在没有其他相关证据佐证的情况下，不足以被采信。

鑫方盛公司提交的附件7声称为2005年4月28日《恒太商情标准件与采购》报纸A1版复印件；附件8是（2008）永证民字第366号公证书复印件；附件9声称为2006春季刊（第54期）《恒太商

情标准件与采购》杂志复印件；附件10声称为2006秋季刊（第63期）《恒太商情标准件与采购》杂志复印件。口头审理时鑫方盛公司提交了附件7~10的证据原件，其中附件7为A1版~A4版的整幅原件；附件9、附件10为整体原件，由于附件8公证书中的一些日期有误，在口头审理时鑫方盛公司提交了经河北省永年县公证处更正后的公证书原件。鑫方盛公司在口头审理时明确，附件7~10结合使用，附件8是以证人证言的形式对附件7和附件9的公证，以辅助证明附件7的真实性。王春华对上述附件的真实性均有异议。专利复审委员会认为，附件8为对证人证言的公证，而在口头审理时该证人未出庭质证，故仅凭单纯的证人证言不足以认定其所述内容的真实性，附件8不予采信；附件9和附件10为本专利申请日之后的证据，不属于专利法意义上的本专利申请日前的公开出版物，附件9和附件10不适用本案；鑫方盛公司意通过附件8证明附件7和附件9之间的关联性，以辅助证明附件7真实性，但附件8证言不足以被采信，附件9、附件10的内容的真实与否与附件7内容的真实性认定并无必然的关联。经专利复审委员会核对，附件7原件与复印件一致，附件7中记载有2005年4月28日、本期12版、主办：恒太广告、许可证登记号及电话和地址，在A2和A3版面的下方记载有：欢迎订阅《恒太商情》周刊及订刊电话字样。从鑫方盛公司当庭提交的整幅原件看，其内刊载的均是厂家的产品广告。专利复审委员会认为：从该附件所记载的内容看，为单页印刷品，其印制有一定的随意性，在没有其他相关证据佐证的情况下，不足以被采信。附件7至附件10不予采信。

第二，相同和相近似的比较。

在先设计1~28均与本专利用途相同，属于相同类别的产品，具有可比性。

将本专利与在先设计1相比较，二者不同点主要是：本专利的膨胀缝呈楔形设计，胀管上有防滑纹，端部有倒钩设计；在先设计1膨胀缝为条形设计，扩充套管上无防滑纹及倒钩设计；本专利锥形螺母上有棱形凸起，在先设计1螺杆的锥形端部无棱形凸起设计。专利复审委员会认为：从整体视觉观察，虽然二者均含有扩充套管及锥形端部，但由于二者在其上的设计存在着明显差别，该差别对二者的整体视觉效果具有显著的影响，因此，二者应属于不相同且不相近似的外观设计。

将本专利与在先设计2相比较，二者不同点主要是：本专利的膨胀缝呈楔形设计，胀管上有防滑纹，端部有倒钩设计，底部有圆形止裂孔；在先设计2膨胀缝为条形设计，胀管上无防滑纹、圆形止裂孔和倒钩设计；本专利锥形螺母上有棱形凸起，在先设计2沉头螺栓的锥形端部无棱形凸起设计。专利复审委员会认为：从整体视觉观察，虽然二者均含有胀管及锥形端部，但由于二者在其上的设计存在着明显差别，该差别对二者的整体视觉效果具有显著的影响，因此，二者应属于不相同且不相近似的外观设计。

将本专利与在先设计3相比较，二者不同点主要是：本专利的膨胀缝呈楔形设计，胀管上有防滑纹，端部有倒钩设计，底部有圆形止裂孔；在先设计3膨胀缝为条形设计，胀管上无防滑纹、圆形止裂孔和倒钩设计；本专利锥形螺母上有棱形凸起。专利复审委员会认为：从整体视觉观察，二者含有胀管和锥形螺母，但由于在先设计3中的胀管和锥形螺母局部为剖视图，无法判定其外轮廓的具体设计，因此，无法就本专利与在先设计3进行相同和相近似对比。

将本专利与在先设计4相比较，二者不同点主要是：本专利的膨胀缝呈楔形设计，胀管上有防滑纹，端部有倒钩设计，底部有圆形止裂孔；在先设计4膨胀缝为条形设计，胀管上无防滑纹、圆形止裂孔和倒钩设计；本专利锥形螺母上有棱形凸起，在先设计4沉头螺栓的锥形端部无棱形凸起设计。专利复审委员会认为：从整体视觉观察，二者含有胀管及锥形端部，但由于二者在其上的设计存在着明显差别，该差别对二者的整体视觉效果具有显著的影响，因此，二者应属于不相同且不相近似的外观设计。

将本专利与在先设计5相比较，二者不同点主要是：本专利的膨胀缝呈楔形设计，胀管上有防滑纹，端部有倒钩设计，底部有圆形止裂孔；在先设计5膨胀缝为条形设计，防滑槽为环形设计，膨胀缝底部无圆形止裂孔设计，胀管上无倒钩设计；本专利锥形螺母上有棱形凸起，在先设计5螺栓的锥形端部无棱形凸起设计。专利复审委员会认为：从整体视觉观察，虽然二者均含有胀管及锥形端部，但由于二者在其上的设计存在着明显差别，该差别对二者的整体视觉效果具有显著的影响，因此，二者应属于不相同且不相近似的外观设计。

将本专利与在先设计6相比较，二者不同点主要是：本专利的膨胀缝呈楔形设计，胀管上有防滑纹，端部有倒钩设计，底部有圆形止裂孔；在先设计6膨胀缝为条形设计，防滑槽为环形设计，膨胀缝底部无圆形止裂孔，胀管上无倒钩设计；本专利锥形螺母上有棱形凸起，在先设计6无棱形凸起设计。专利复审委员会认为：从整体视觉观察，虽然二者均含有胀管和锥形螺母，但由于二者在其上的设计存在着明显差别，该差别对二者的整体视觉效果具有显著的影响，因此，二者应属于不相同且不相近似的外观设计。

将本专利与在先设计7相比较，二者不同点主要是：本专利的膨胀缝呈楔形设计，胀管上有防滑纹，端部有倒钩设计，底部有圆形止裂孔；在先设计7膨胀缝为条形设计，防滑槽为环形设计，膨胀缝其底部无圆形止裂孔设计，胀管上无倒钩设计；本专利锥形螺母上有棱形凸起，在先设计7无棱形凸起设计。专利复审委员会认为：从整体视觉观察，虽然二者均含有胀管和锥形螺母，但由于二者在其上的设计存在着明显差别，该差别对二者的整体视觉效果具有显著的影响，因此，二者应属于不相同且不相近似的外观设计。

将本专利与在先设计8相比较，二者不同点主要是：本专利的膨胀缝呈楔形设计，胀管上有防滑纹，端部有倒钩设计，底部有圆形止裂孔；在先设计8膨胀缝为条形设计，胀管上无防滑纹、圆形止裂孔和倒钩设计；本专利锥形螺母上有棱形凸起，在先设计8螺栓的锥形端部无棱形凸起设计。专利复审委员会认为：从整体视觉观察，虽然二者均含有胀管及锥形端部，但由于二者在其上的设计存在着明显差别，该差别对二者的整体视觉效果具有显著的影响，因此，二者应属于不相同且不相近似的外观设计。

将本专利与在先设计9相比较，二者不同点主要是：本专利的膨胀缝呈楔形设计，胀管上有防滑纹，端部有倒钩设计，底部有圆形止裂孔；在先设计9膨胀缝为条形设计，胀管上无防滑纹、圆形止裂孔和倒钩设计；本专利锥形螺母上有棱形凸起，在先设计9螺栓的锥形端部无棱形凸起设计。专利复审委员会认为：从整体视觉观察，虽然二者均含有胀管、膨胀缝底部的圆形止裂孔及锥形端部，但由于二者在其上的设计存在着明显差别，该差别对二者的整体视觉效果具有显著的影响，因此，二者应属于不相同且不相近似的外观设计。

将本专利与在先设计10相比较，二者不同点主要是：本专利的膨胀缝呈楔形设计，胀管上有防滑纹，端部有倒钩设计，底部有圆形止裂孔；在先设计10膨胀缝为条形设计，胀管上无防滑纹、圆形止裂孔和倒钩设计；本专利锥形螺母上有棱形凸起，在先设计10螺栓的锥形端部无棱形凸起设计。专利复审委员会认为：从整体视觉观察，虽然二者均含有胀管及锥形端部，但由于二者在其上的设计存在着明显差别，该差别对二者的整体视觉效果具有显著的影响，因此，二者应属于不相同且不相近似的外观设计。

将本专利与在先设计11相比较，二者不同点主要是：本专利的膨胀缝呈楔形设计，胀管上有防滑纹，端部有倒钩设计，底部有圆形止裂孔；在先设计11膨胀缝为条形设计，环形防滑槽，底部无圆形止裂孔，胀管上无倒钩设计；本专利锥形螺母上有棱形凸起，在先设计11螺栓的锥形端部无棱形凸起设计。专利复审委员会认为：从整体视觉观察，虽然二者均含有胀管及锥形端部，但由于二者在其上的设计存在着明显差别，该差别对二者的整体视觉效果具有显著的影响，因此，二者应属于不相同且不相近似的外观设计。

将本专利与在先设计 12 相比较，二者不同点主要是：本专利的膨胀缝呈楔形设计，胀管上有防滑纹，端部有倒钩设计，底部有圆形止裂孔；在先设计 12 膨胀缝为条形设计，胀管上无防滑纹、圆形止裂孔和倒钩设计；本专利锥形螺母上有棱形凸起，在先设计 12 螺栓的锥形端部无棱形凸起设计。专利复审委员会认为：从整体视觉观察，虽然二者均含有胀管及锥形端部，但由于二者在其上的设计存在着明显差别，该差别对二者的整体视觉效果具有显著的影响，因此，二者应属于不相同且不相近似的外观设计。

将本专利与在先设计 13 相比较，二者不同点主要是：本专利的膨胀缝呈楔形设计，胀管上有防滑纹，端部有倒钩设计，底部有圆形止裂孔；在先设计 13 膨胀缝为条形设计，胀管上无防滑纹、圆形止裂孔和倒钩设计；本专利锥形螺母上有棱形凸起，在先设计 13 螺栓的锥形端部无棱形凸起设计。专利复审委员会认为：从整体视觉观察，虽然二者均含有胀管及锥形端部，但由于二者在其上的设计存在着明显差别，该差别对二者的整体视觉效果具有显著的影响，因此，二者应属于不相同且不相近似的外观设计。

将本专利与在先设计 14 相比较，二者不同点主要是：本专利的膨胀缝呈楔形设计，胀管上有防滑纹，端部有倒钩设计，底部有圆形止裂孔；在先设计 14 膨胀缝为条形设计，胀管上无防滑纹、圆形止裂孔和倒钩设计；本专利锥形螺母上有棱形凸起，在先设计 14 螺栓的锥形端部无棱形凸起设计。专利复审委员会认为：从整体视觉观察，虽然二者均含有胀管及锥形端部，但由于二者在其上的设计存在着明显差别，该差别对二者的整体视觉效果具有显著的影响，因此，二者应属于不相同且不相近似的外观设计。

将本专利与在先设计 15、在先设计 16 分别相比较，不同点主要是：本专利的膨胀缝呈楔形设计，胀管上有防滑纹，端部有倒钩设计；在先设计 15、在先设计 16 的膨胀缝均为条形设计，胀管上均无防滑纹及倒钩设计；本专利锥形螺母上有棱形凸起，在先设计 15、在先设计 16 螺栓的锥形端部无棱形凸起设计。专利复审委员会认为：从整体视觉观察，虽然将本专利与在先设计 15、在先设计 16 均含有胀管、膨胀缝底部的圆形止裂孔及锥形端部，但由于其上的设计存在着明显差别，该差别对整体视觉效果具有显著的影响，因此，本专利与在先设计 15、在先设计 16 应属于不相同且不相近似的外观设计。

将本专利与在先设计 17 相比较，二者不同点主要是：本专利的膨胀缝呈楔形设计，胀管上有防滑纹，端部有倒钩设计；在先设计 17 膨胀缝为条形设计，胀管上无防滑纹及倒钩设计；本专利锥形螺母上有棱形凸起，在先设计 17 螺栓的锥形端部无棱形凸起设计。专利复审委员会认为：从整体视觉观察，虽然二者均含有胀管、膨胀缝底部的圆形止裂孔及锥形端部，但由于二者在其上的设计存在着明显差别，该差别对二者的整体视觉效果具有显著的影响，因此，二者应属于不相同且不相近似的外观设计。

将本专利与在先设计 18 相比较，二者不同点主要是：本专利的膨胀缝呈楔形设计，胀管上有防滑纹，端部有倒钩设计，底部有圆形止裂孔；在先设计 18 膨胀缝为条形设计，胀管上无防滑纹、圆形止裂孔和倒钩设计；本专利锥形螺母上有棱形凸起，在先设计 18 无棱形凸起。专利复审委员会认为：从整体视觉观察，虽然二者均含有胀管及锥形螺母，但由于二者在其上的设计存在着明显差别，该差别对二者的整体视觉效果具有显著的影响，因此，二者应属于不相同且不相近似的外观设计。

将本专利与在先设计 19 相比较，二者不同点主要是：本专利的膨胀缝呈楔形设计，胀管上有防滑纹，端部有倒钩设计，底部有圆形止裂孔；在先设计 19 膨胀缝为条形设计，胀管上无防滑纹、圆形止裂孔和倒钩设计；本专利锥形螺母上有棱形凸起，在先设计 19 无棱形凸起。专利复审委员会认为：从整体视觉观察，虽然二者均含有胀管及锥形螺母，但由于二者在其上的设计存在着明显差别，该差别对二者的整体视觉效果具有显著的影响，因此，二者应属于不相同且不相近似的外观设计。

将本专利与在先设计 20 相比较，二者不同点主要是：本专利的膨胀缝呈楔形设计，端部有倒钩设计，底部有圆形止裂孔；在先设计 20 膨胀缝为条形设计，无圆形止裂孔及倒钩设计；本专利锥形螺母上有棱形凸起，在先设计 20 未显示螺母。专利复审委员会认为：从整体视觉观察，虽然二者均含有胀管及防滑纹设计，但由于二者在其上的设计存在着明显差别，该差别对二者的整体视觉效果具有显著的影响，因此，二者应属于不相同且不相近似的外观设计。

将本专利与在先设计 21 相比较，二者不同点主要是：本专利的膨胀缝呈楔形设计，胀管上有防滑纹，端部有倒钩设计，底部有圆形止裂孔；在先设计 21 膨胀缝为条形设计，胀管上无防滑纹、圆形止裂孔和倒钩设计；本专利锥形螺母上有棱形凸起，在先设计 21 螺栓的锥形端部无棱形凸起设计。专利复审委员会认为：从整体视觉观察，虽然二者均含有胀管及锥形端部，但由于二者在其上的设计存在着明显差别，该差别对二者的整体视觉效果具有显著的影响，因此，二者应属于不相同且不相近似的外观设计。

将本专利与在先设计 22 相比较，二者不同点主要是：本专利的膨胀缝呈楔形设计，胀管上有防滑纹，端部有倒钩设计；在先设计 22 膨胀缝为条形设计，胀管上无防滑纹及倒钩设计；本专利锥形螺母上有棱形凸起，在先设计 22 螺栓的锥形端部无棱形凸起设计。专利复审委员会认为：从整体视觉观察，虽然二者均含有胀管及锥形端部，但由于二者在其上的设计存在着明显差别，该差别对二者的整体视觉效果具有显著的影响，因此，二者应属于不相同且不相近似的外观设计。

将本专利与在先设计 23 相比较，二者不同点主要是：本专利的膨胀缝呈楔形设计，胀管上有防滑纹，端部有倒钩设计，底部有圆形止裂孔；在先设计 23 胀管一端的膨胀缝为条形设计，另一端呈喇叭口状，且有倒钩设计，底部无圆形止裂孔，胀管上无防滑纹设计；本专利锥形螺母上有棱形凸起，在先设计 23 圆头螺母上无棱形凸起设计。专利复审委员会认为：从整体视觉观察，虽然二者均含有胀管及螺母，但由于二者在其上的设计存在着明显差别，该差别对二者的整体视觉效果具有显著的影响，因此，二者应属于不相同且不相近似的外观设计。

将本专利与在先设计 24 相比较，二者相同点主要是：膨胀缝均为楔形设计，均为锥形螺母。二者不同点主要是：本专利胀管上有防滑纹，端部有倒钩设计，膨胀缝底部有圆形止裂孔；在先设计 24 膨胀缝底部无圆形止裂孔设计，胀管上无防滑纹及倒钩设计；本专利锥形螺母上有棱形凸起，在先设计 24 无棱形凸起设计。专利复审委员会认为：从整体视觉观察，虽然二者均含有胀管、锥形螺母，但鉴于二者胀管和锥形螺母上的设计差别较大，该差别对整体视觉效果具有显著的影响，因此，本专利与在先设计 24 应属于不相同且不相近似的外观设计。

将本专利与在先设计 25 相比较，二者的相同点主要是：二者锥形螺母上均有棱形凸起。二者不同点主要是：本专利的膨胀缝呈楔形设计，胀管上有防滑纹，端部有倒钩设计，底部有圆形止裂孔；在先设计 25 胀管中上部为条形孔，胀管上无防滑纹及倒钩设计。专利复审委员会认为：从整体视觉观察，虽然二者均含有胀管及锥形螺母，但鉴于二者胀管上的设计差别较大，该差别对二者的整体视觉效果具有显著的影响，因此，二者应属于不相同且不相近似的外观设计。

将本专利与在先设计 26 相比较，二者相同点是：膨胀缝均为楔形，锥形螺母上均有棱形凸起。二者不同点主要是：本专利膨胀缝底部有圆形止裂孔，胀管上有网状防滑纹设计，倒钩末端呈喇叭口状；在先设计 26 膨胀缝底部至胀管下部有细缝，膨胀缝下部有卡环及环形防滑槽设计，倒钩末端无喇叭口设计。专利复审委员会认为：从整体视觉观察，虽然二者均含有胀管及锥形螺母，但由于二者在其上的设计存在着明显差别，该差别对二者的整体视觉效果具有显著的影响，因此，二者应属于不相同且不相近似的外观设计。

将本专利与在先设计 27 相比较，二者不同点主要是：本专利的膨胀缝呈楔形设计，胀管上有防滑纹，端部有倒钩设计，底部有圆形止裂孔；在先设计 27 胀管膨胀缝下部为圆角长形孔设计，胀管上无防滑纹及倒钩设计；本专利锥形螺母上有棱形凸起，在先设计 27 无棱形凸起设计。专利复审委员会认为：从整体视觉观察，虽然二者均含有胀管及锥形螺母，但由于二者在其上的设计存在着明显差别，该差别对二者的整体视觉效果具有显著的影响，因此，二者应属于不相同且不相近似的外观设计。

将本专利与在先设计 28 相比较，二者相同点是：膨胀缝底部均有圆形止裂孔设计。二者不同点主要是：本专利的膨胀缝呈楔形设计，胀管上有防滑纹，端部有倒钩设计，底部有圆形止裂孔；在先设计 28 胀管中部为相互咬扣的月牙孔设计，无防滑纹及倒钩设计；本专利锥形螺母上有棱形凸起，在先设计 28 无棱形凸起设计。专利复审委员会认为：虽然在先设计 28 的附图 3 中所示的膨胀螺栓在钉入墙体后，其上的膨胀缝为楔形，但结合附图 1 和附件 2 从整体视觉观察，在先设计 28 螺母及胀管上的设计与本专利存在着明显差别，该差别对二者的整体视觉效果具有显著的影响，因此，二者应属于不相同且不相近似的外观设计。

综上所述，鑫方盛公司依据上述附件证明本专利不符合《专利法》第二十三条规定的主张不能成立。

鑫方盛公司针对其提出的无效宣告请求的主张，有责任向专利复审委员会提交充分的证据，如果其提交的证据均不足以支持其无效宣告请求理由，应承担其主张不能成立的法律后果。

据此，专利复审委员会于 2009 年 4 月 29 日作出第 13395 号决定，维持本专利权有效。

原告鑫方盛公司不服第 13395 号决定，在法定期限内向本院提起行政诉讼称：第一，第 13395 号决定对涉案证据的认定错误。(1) 附件 7、8、9、10 为一组证据，四份证据互相印证，组成完整的证据链，证明在本专利申请日之前已经有与本专利产品相近似的产品通过广告向社会公布这一事实。第 13395 号决定对上述四份证据均作为单独证据，独立进行判定，而不考虑四份证据之间的关联性是错误的。(2) 第 13395 号决定认定附件 7 印制有一定的随意性的结论没有事实依据。(3) 附件 8 对证人的证言进行了公证，这份公证证据是编辑部主编确认该编辑部出版物真实性的证据，其与附件 7、9、10 形成相互印证关系，不是“单纯证人证言”。(4) 第 13395 号决定错误理解了附件 9 和 10 的证明目的，是想证明在当时，该编辑部一直在发行附件 7 广告报纸，该报纸具有特定的版式，不是随意印刷的，以此证明广告主身份的真实性，同时证明附件 8 证人宋虎坡身份的真实性。第二，第 13395 号决定对在先设计与本专利进行的相同和相近似比较存在错误。(1) 认定在先设计 3 中的胀管和锥形螺母局部为剖视图，无法判定外轮廓的具体设计是错误的。(2) 对在先设计 10 的产品结构认定是错误的，在先设计 10 是由锥度螺母配合弯钩形丝杠两个部件构成，没有一端呈折角状、另一端呈锥形的螺栓。(3) 本专利与在先设计对比，楔形膨胀缝、圆形止裂孔、端部倒勾、胀管防滑纹、锥形螺母上棱形凸起在产品中所占的比例均很小，属于细微差别，不会带来显著的视觉影响。综上所述，被告专利复审委员会作出的第 13395 号决定认定事实不清、适用法律不当，原告请求法院予以撤销。

被告专利复审委员会辩称：第 13395 号决定中对于证据和相近似性判断的认定正确，结论正确，坚持决定中的相关论述。原告在起诉状后附的证据清单序号为 11 的《证明》未在无效程序中提交过，不是决定所依据的证据，应不予考虑。综上所述，专利复审委员会作出的第 13395 号决定认定事实清楚、适用法律正确，原告的诉讼理由不能成立，请求法院驳回原告诉讼请求，维持第 13395 号决定。

第三人王春华未提交书面意见陈述，在庭审中表示同意专利复审委员会的意见，认为第 13395 号决定认定事实清楚，适用法律正确，程序合法，请求法院予以维持。

本院经审理查明：

本专利是名称为“锚栓”、专利号为200530139717.6的外观设计专利，其申请日为2005年7月12日，授权公告日为2006年6月14日，专利权人为王春华。本专利授权文本包括主视图、后视图、左视图、右视图、俯视图、仰视图。从各视图观察，本专利的整体形状呈圆柱体，由锥形螺母和膨胀胀管组成。膨胀胀管上部为防滑纹及楔形膨胀缝，膨胀缝底部为圆形止裂孔，楔形膨胀缝上端部有倒钩设计；锥形螺母上有与膨胀缝对应的棱形凸起（详见本专利附图）。

针对本专利权，鑫方盛公司于2008年10月7日向专利复审委员会提出无效宣告请求，其理由是本专利权的授予不符合《专利法》第二十三条的规定。同时，提交了如下附件作为证据：

附件1：2004年9月第25次印刷的《机械设计手册》第四版第2卷封面、出版信息页、第5-272、5-289页复印件共4页。

第5-272页公开了一款FZA型后扩底柱锥式锚栓的外观设计（即在先设计1），在先设计1整体形状呈圆柱体，由锥形螺杆、扩充套管、垫圈和六角螺母组成。扩充套管上部为条形膨胀缝，膨胀缝底部有圆形止裂孔，螺杆的一端为锥状（详见在先设计1附图）。

第5-289页公开了二款钢膨胀螺栓的外观设计，即（a）Ⅰ型钢膨胀螺栓（即在先设计2）、（b）Ⅱ型钢膨胀螺栓（即在先设计3）。在先设计2整体形状呈圆柱体，由沉头螺栓、胀管、平垫圈、弹簧垫圈和六角螺母组成。胀管上部为条形膨胀缝设计，沉头螺栓的一端为锥形（详见在先设计2附图）。在先设计3整体形状呈圆柱体，由锥形螺母、螺栓、胀管、平垫圈、弹簧垫圈和六角螺母组成。胀管上部为条形膨胀缝设计（详见在先设计3附图）。

附件2：1991年2月出版《实用五金手册》第四版封面、目录、出版信息页、第7-26页、第7-27页复印件共4页。第7-26页公开了一款钢膨胀螺栓的外观设计（即在先设计4），在先设计4整体形状呈圆柱体，由沉头螺栓、胀管、垫圈、弹簧垫圈和六角螺母组成。胀管上部为条形膨胀缝设计，沉头螺栓的一端为锥形（详见在先设计4附图）。

附件3：2004年12月出版的《紧固件企业指南》杂志第二期封面、目录及相关页复印件共16页。

插页5下图公开了三个钢膨胀螺栓的外观设计，即横置的螺栓（即在先设计5）、左侧起第5个螺栓（即在先设计6）、左侧起第6个螺栓（即在先设计7）。在先设计5整体形状均呈圆柱体，均由螺栓、胀管、垫圈、弹簧垫圈和六角螺母组成。胀管上部为条形膨胀缝及三条环形防滑槽，螺栓的一端为锥形（详见在先设计5附图）。在先设计6整体形状呈圆柱体，由锥形螺母和胀管组成。胀管上部为条形膨胀缝及三条环形防滑槽（详见在先设计6附图）。在先设计7整体形状呈圆柱体，由锥形螺母和胀管组成。胀管上部为条形膨胀缝及环形防滑槽（详见在先设计7附图）。

第14页公开了一款膨胀螺栓的外观设计（即在先设计8），在先设计8整体形状呈圆柱体，由螺栓、胀管、垫圈、弹簧垫圈和六角螺母组成。胀管上部为条形膨胀缝，螺栓的一端为锥形（详见在先设计8附图）。

彩色插页1公开了二组膨胀螺栓的外观设计，左侧一组带有螺母（即在先设计9）、右侧一组螺杆一端呈折角状（即在先设计10）。在先设计9整体形状呈圆柱体，由螺栓、胀管、垫圈、弹簧垫圈和六角螺母组成。胀管上部为条形膨胀缝，膨胀缝底部为圆形止裂孔，螺栓的一端为锥形（详见在先设计9附图）。在先设计10整体形状呈“7”字形，由螺栓、胀管、垫圈、弹簧垫圈和六角螺母组成。胀管上部为条形膨胀缝，螺栓一端呈折角状、一端呈锥形（详见在先设计10附图）。

彩色插页2公开了二款膨胀栓，即上排左侧第1个（即在先设计11）和下排左侧第2个膨胀栓

（即在先设计 12）。在先设计 11 整体形状呈圆柱体，由螺栓、胀管、垫圈、弹簧垫圈和六角螺母组成。胀管上部为条形膨胀缝及环形防滑槽，螺栓的一端为锥形（详见在先设计 11 附图）。在先设计 12 整体形状呈圆柱体，由螺栓、胀管、垫圈和六角螺母组成。胀管上部为条形膨胀缝，螺栓的一端为锥形（详见在先设计 12 附图）。

彩色插页 10 公开了二款膨胀栓，即下排左侧第 2 个（即在先设计 13）和右侧第 2 个膨胀栓（即在先设计 14）。在先设计 13 整体形状呈圆柱体，由螺栓、胀管、垫圈、弹簧垫圈和六角螺母组成。胀管上部为条形膨胀缝，螺栓的一端为锥形（详见在先设计 13 附图）。在先设计 14 整体形状呈圆柱体，由螺栓、胀管、垫圈、弹簧垫圈和六角螺母组成。胀管上部为条形膨胀缝，螺栓的一端为锥形（详见在先设计 14 附图）。

彩色插页 11 公开了二款膨胀栓，即左侧第 3 个（即在先设计 15）和右侧第 3 个膨胀栓（即在先设计 16）。在先设计 15 和在先设计 16 整体形状均呈圆柱体，均由螺栓、胀管、垫圈和六角螺母组成。胀管上部为条形膨胀缝，膨胀缝底部为圆形止裂孔，螺栓的一端为锥形（详见在先设计 15、在先设计 16 附图）。

彩色插页 13 公开了二款膨胀栓，即下排左侧第 1 个（即在先设计 17）和下排右侧第 2 个异型膨胀栓（即在先设计 18）。在先设计 17 整体形状呈圆柱体，由螺栓、胀管、垫圈、弹簧垫圈和六角螺母组成。胀管上部为条形膨胀缝，膨胀缝底部为圆形止裂孔，螺栓的一端为锥形（详见在先设计 17 附图）。在先设计 18 为异型膨胀螺栓，其整体形状大致呈“r”形，由锥形螺母、胀管、垫圈、圆头螺栓和“r”形垫套组成。胀管呈圆柱体，上部为条形膨胀缝，垫套一端大致“r”形，另一端为环形与圆头螺柱及胀管连接（详见在先设计 18 附图）。

彩色插页 18 公开了三款膨胀栓，即左侧第 1 个（即在先设计 19）和第 2 个膨胀钩（即在先设计 20）及右侧第 1 个膨胀栓（即在先设计 21）。在先设计 19 为膨胀钩，其整体形状大致呈“?”形，由锥形螺母、胀管、垫圈、钩形螺栓和弹簧垫圈组成。胀管呈圆柱体，上部为条形膨胀缝（详见在先设计 19 附图）。在先设计 20 为膨胀钩，其整体形状大致呈“?”形，由胀管、垫圈、钩形螺栓和弹簧垫圈组成。胀管呈圆柱体，上部为条形膨胀缝及防滑纹（详见在先设计 20 附图）。在先设计 21 整体形状呈圆柱体，由螺栓、胀管、垫圈、弹簧垫圈和六角螺母组成。胀管上部为条形膨胀缝，螺栓的一端为锥形（详见在先设计 21 附图）。

第 58 页公开了四款膨胀栓，即左下图左侧第 1 个（即在先设计 22）、左下图右侧第 1 个门窗膨胀栓（即在先设计 23）、右侧中图右侧第 2 个吊顶胀管（即在先设计 24）、右下图下排左侧第 1 个（即在先设计 25）。在先设计 22 整体形状呈圆柱体，由螺栓、胀管、垫圈、弹簧垫圈和六角螺母组成。胀管上部为条形膨胀缝，膨胀缝端部呈喇叭口状，底部有圆形止裂孔，螺栓的一端为锥形（详见在先设计 22 附图）。在先设计 23 为门窗膨胀栓，整体形状呈圆柱体，由平头螺栓、胀管和圆头螺母组成。胀管两端交错有条形膨胀缝设计，其与圆头螺母连接端的膨胀缝端部呈喇叭口状，有倒钩设计（详见在先设计 23 附图）。在先设计 24 为吊顶胀管，整体形状呈圆柱体，由胀管和锥形螺母组成。胀管一端为楔形膨胀缝，胀管中下部为圆角长形孔设计（详见在先设计 24 附图）。在先设计 25 整体形状呈圆柱体，由膨胀管和锥形螺母组成。胀管中上部为条形孔设计，锥形螺母上有棱形凸起（详见在先设计 25 附图）。

附件 4：2003 年 5 月出版的《中国螺丝与线材》杂志第八期封面及相关页复印件共 2 页。彩图第 23 页公开了二款膨胀栓，即上排左侧第 2 个（即在先设计 26）和左侧第 8 个（即在先设计 27）。在先设计 26 整体形状呈圆柱体，由胀管、锥形螺母和卡环组成。胀管一端为楔形膨胀缝，楔形膨胀缝上端部有倒钩设计，在接近膨胀缝底端处镶有卡环及环形防滑槽设计，膨胀缝底部至胀管下部有细缝，锥形螺母上有棱形凸起（详见在先设计 26 附图）。在先设计 27 整体形状呈圆柱体，由膨胀管、锥形螺母和六角膨胀柱组成。胀管下部为圆角长形孔设计其上为膨胀缝（详见在先设计 27 附图）。

附件 5：《广东建生五金有限公司》产品价格表复印件共 8 页，其封面载有“广东建生五金有限公司”，内有产品价格表，在封脊上记载有：广东建生五金有限公司、2004 年 11 月版价格表。

附件 6：1998 年 2 月 10 日公开的美国 US5716177 号专利公告文本复印件共 2 页。其公开了一款建筑锚栓式膨胀螺栓（即在先设计 28），在先设计 28 整体形状呈圆柱体，由锥形螺母、胀管、螺柱、垫圈和六角螺母组成。胀管一端为条形膨胀缝，底部为圆形止裂孔，胀管的中部相互咬扣的月牙孔设计（详见在先设计 28 附图）。

2008 年 11 月 6 日，专利复审委员会收到了鑫方盛公司提交的意见陈述书及补充证据，仍坚持其原主张，并提交了如下附件作为证据：

附件 7：鑫方盛公司声称是 2005 年 4 月 28 日《恒太商情标准件与采购》报纸 A1 版复印件 1 页；该附件载有：《恒太商情标准件与采购》、2005 年 4 月 28 日、本期 12 版、垂询热线：0310-6882786、主办：恒太广告、许可证登记号：1304293012571、地址：永年东环路北头（加油站斜对过），其内刊载的均是厂家的产品广告。

附件 8：鑫方盛公司声称是（2008）永证民字第 366 号公证书复印件 7 页，对宋虎坡的证言进行保全；其正文第 2 页载明：本公证书不对前面的宋虎坡《询问笔录》所述内容的真实性作出证明。宋虎坡在《询问笔录》称：我是恒太商情《标准年与采购》编辑部主编，我共有《标准件与采购》杂志、《标准件与采购》报纸、《标准年大世界》广告册、还有恒太商情网站四种出出版物。这份 2005 年 4 月 28 日出版的第 27 期《标准件与采购》报纸和第 54 期 2006 年春季刊《标准件与采购》杂志都是我的编辑部出版发行的。2004 年发行报纸是以恒太的名出版的，（2006）年初因工商局检查无许可证，后和集合美合作重新更换许可证号，杂志是该公司更换许可证后出版的，所以两个号不一样，杂志的期号是按报纸期号排下来的。2006 年初编辑部发行了杂志后，在报纸上做广告的客户就不多了，就改为不定期发行了。

附件 9：鑫方盛公司声称是 2006 春季刊（第 54 期）《恒太商情标准件与采购》杂志复印件 3 页；

附件 10：鑫方盛公司声称是 2006 秋季刊（第 63 期）《恒太商情标准件与采购》杂志复印件 4 页。

专利复审委员会于 2009 年 3 月 17 日进行口头审理，并于 2009 年 4 月 29 日作出第 13395 号决定，维持本专利权有效。另查明，附件 7、9、10 并不是公开发行的报纸，仅仅是以报纸形式发行的宣传资料。

在诉讼阶段，原告为证明附件 7、9、10 的真实性，提供了一份由永年县标准件市场管理委员会出具的证明。同时出具了由永年县工商行政管理局盖章确认的附件 7、9、10，其上载明：此刊物确系我县恒太广告设计制作部印发。

在本案庭审过程中，鑫方盛公司补充诉讼理由称：专利复审委员会应当采信附件 5，该附件是原告于 2004 年 10 月从全国五金订货会上获得，其上附有业务员的名片。

以上事实有本专利授权公告文本、第 13395 号决定、附件 1~10 及各方当事人陈述等在案佐证。

本院认为：

于 2008 年 12 月 27 日修改的《中华人民共和国专利法》（以下简称 2009 年《专利法》）已于 2009 年 10 月 1 日起施行，因此本案审理涉及 2001 年《专利法》与 2009 年《专利法》之间的选择适用问题。《中华人民共和国立法法》第八十四条规定，法律、行政法规、地方性法规、自治条例和单行条例、规章不溯及既往，但为了更好地保护公民、法人和其他组织的权利和利益而作的特别规定除外。国家知识产权局据此制定了《施行修改后的专利法的过渡办法》，并于2009年10月1日起施行。对于专利权是否有效的审查，根据该过渡办法，申请日在2009年10月1日前的专利申请以及根据该专利申请授予的专利权适用2001年专利法的规定；申请日在2009年10月1日以后（含该日）的专利申请以及根据该专利申请授予的专利权适用2009年专利法的规定。本案属于专利确权行政纠纷，本专利的申请日在2009年10月1日前，因此依据《中华人民共和国立法法》第八十四条之规定，并参照上述过渡办法的相关规定，本案应适用2001年专利法进行审理。

2001年《专利法》第二十三条规定：授予专利权的外观设计，应当同申请日以前在国内外出版物上公开发表过或者国内公开使用过的外观设计不相同和不相近似，并不得与他人在先取得的合法权利相冲突。

根据各方当事人的诉辩主张，本案的争议焦点如下：

一、关于附件5的真实性

附件5封面载有“广东建生五金有限公司”，内有产品价格表，在封脊上记载有：广东建生五金有限公司、2004年11月版价格表，本院认为，因其上没有记载相关出版发行信息，其印制有一定的随意性，虽然原告主张于2004年10月从全国五金订货会上获得，但未提交证据证明，并且业务员名片的印制也具有一定的随意性，因此，在没有其他相关证据佐证的情况下，本院对附件5的真实性不予采信。

二、关于附件7的真实性

首先，附件7虽然载有：《恒太商情标准件与采购》、2005年4月28日、本期12版、主办：恒太广告、许可证登记号及电话和地址，其内刊载的均是厂家的产品广告，本院认为，附件7的印制有一定的随意性，在无其他证据佐证的情况下，无法证明其真实性。

其次，原告为辅助证明附件7的真实性，提供了附件8的公证书，其正文第2页载明：本公证书不对前面的宋虎坡《询问笔录》所述内容的真实性作出证明。在无效阶段口头审理中，证人未接受出庭质证，且原告对证人未出庭质证提出合理的理由，因此，仅凭证人证言对其所陈述内容是否真实本院无法确定，故本院认为附件8无法证明附件7的真实性。

再次，原告认为附件9和附件10可以证明其编辑部一直在发行附件7《恒太商情标准件与采购》，且具有特定版式，不是随意印制的。对此，本院认为，附件7、9、10并不是公开发行的报纸，仅仅是以报纸形式发行的宣传资料，虽然附件9、附件10与附件7的名称有一定联系，但并不能证明附件9和附件10与附件7之间的关联性。

最后，为证明附件7、9、10的真实性，原告在诉讼阶段提交的证明以及盖有“永年县工商行政管理局”公章的附件7、附件9和附件10。本院认为，上述证据在无效阶段均未提交，不是专利复审委员会作出具体行政行为的依据，本院不予考虑。即使考虑，由于永年县标准件市场管理委员会和永年县工商行政管理局均不具备确定这三份证据真实性的权力，因此，仅凭该证据仍无法确定附件7、9、10的真实性。

综上，本院认为，专利复审委员会未认定附件7的真实性并无不妥。

三、关于本专利是否符合2001年《专利法》第二十三条的规定

1. 关于在先设计3的认定

原告主张第13395号决定认定在先设计3中的胀管和锥形螺母局部为剖视图，无法判定外轮廓的具体设计是错误的。根据查明的事实，在先设计3的胀管和锥形螺母局部为剖视图，无法确定其外轮廓的具体设计，而外观设计对比对象是产品的外观，因此，在不能确定在先设计3的胀管和锥形螺母外轮廓的情况下，专利复审委员会认定无法就本专利与在先设计3进行相同和相近似对比并无不妥。

2. 关于在先设计 10 的认定

原告主张在先设计 10 是由锥度螺母配合弯钩形丝杠两个部件构成，没有一端呈折角状、一端呈锥形的螺栓。对此本院认为，在对外观设计进行相同或者相近似对比时，应以产品的外观作为判断的对象，由在先设计 10 图片所显示产品可以确定螺栓的一端呈折角状，一端呈锥形，专利复审委员会对在先设计 10 的认定并无不妥。

3. 关于本专利与在先设计 1~28 的区别是否对整体视觉效果具有显著的影响

原告对第 13395 号决定中认定的本专利与在先设计 1~28 存在的区别不持异议，主要集中在以下五个方面：本专利中的膨胀缝呈楔形设计，胀管上有防滑纹，端部有倒钩设计，底部有圆形止裂孔，锥形螺母上有棱形凸起。原告认可本专利与在先设计 1~28 存在上述多个区别或者全部区别，但认为所有的区别在产品中所占的比例均很小，属于细微差别，不会带来显著的视觉影响。对此，本院认为，一般消费者从整体上观察，上述区别对于锚栓整个产品来说所占比例并不小，不属于局部细微差别，对整体视觉效果具有显著的影响。因此，本专利的锚栓产品与在先设计 1~28 均属于不相同且不相近似的外观设计。对于原告的上述主张，本院不予支持。

综上所述，专利复审委员会作出的第 13395 号决定认定事实清楚，适用法律正确，审理程序合法，依法应当予以维持。依照《中华人民共和国行政诉讼法》第五十四条第（一）项的规定，本院判决如下：

维持被告国家知识产权局专利复审委员会作出的第 13395 号无效宣告请求审查决定。

案件受理费 100 元，由原告北京鑫方盛五金交电有限公司负担（已交纳）。

如不服本判决，各方当事人可在本判决书送达之日起 15 日内，向本院提交上诉状并交纳上诉案件受理费 100 元，上诉于北京市高级人民法院。

审　判　长　芮松艳
代理审判员　殷　悦
代理审判员　郝志国
二〇〇九年二月七日
书　记　员　陈文煊

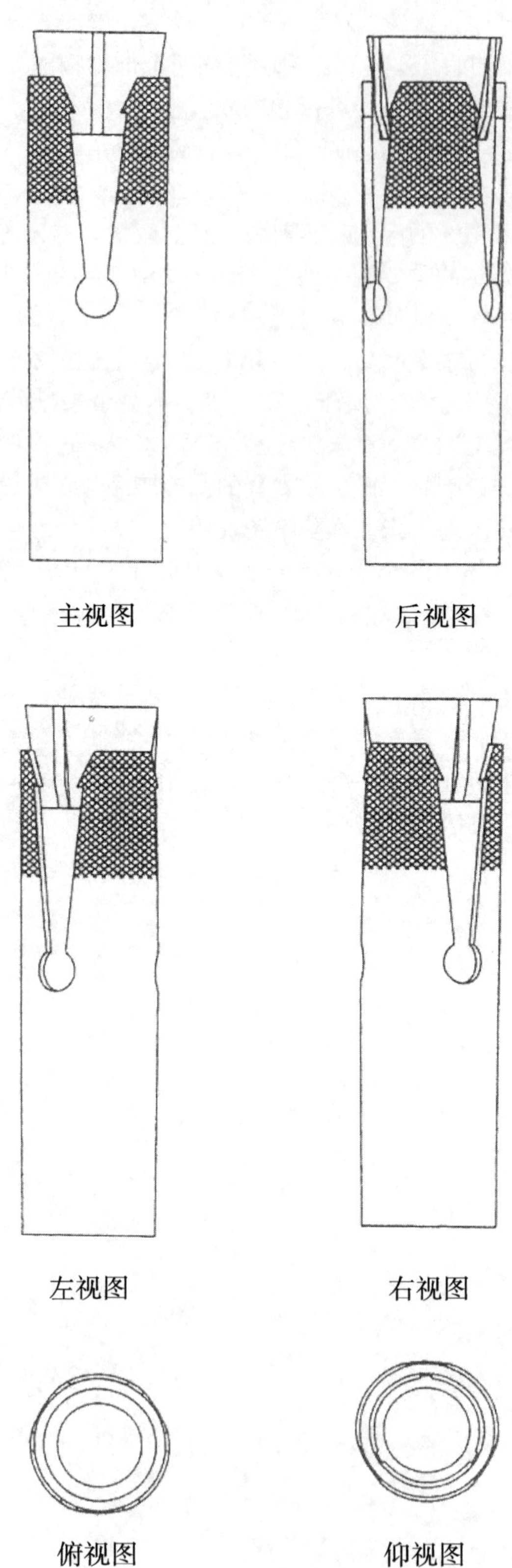

主视图　后视图

左视图　右视图

俯视图　仰视图

本专利附图

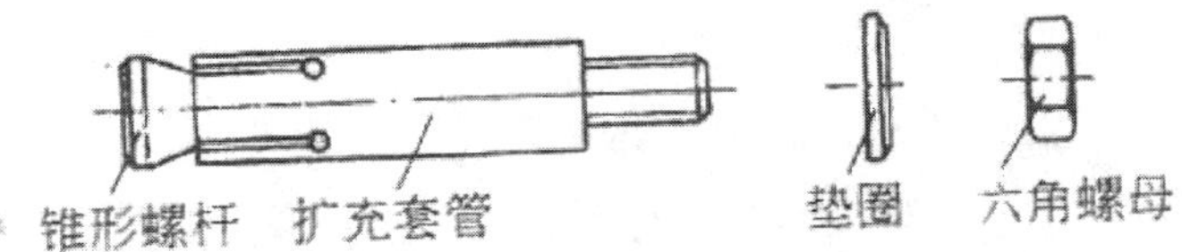

在先设计 1 附图

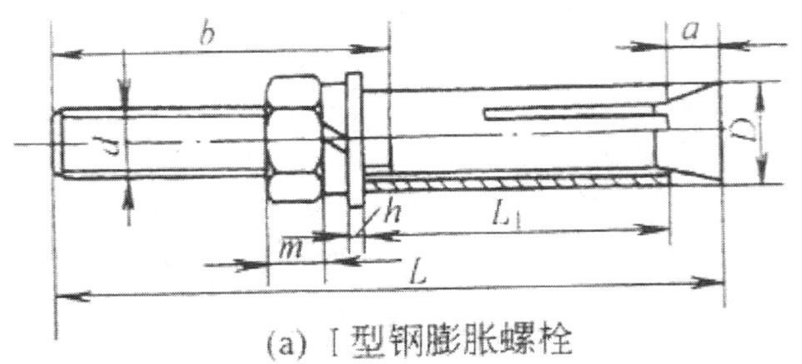

(a) Ⅰ型钢膨胀螺栓

在先设计 2 附图

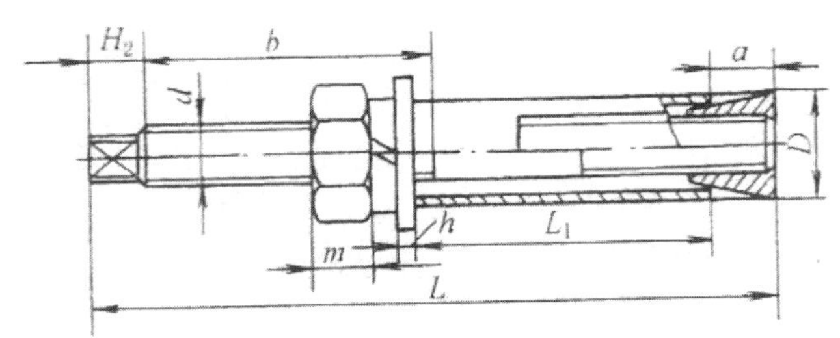

(b) Ⅱ型钢膨胀螺栓

在先设计 3 附图

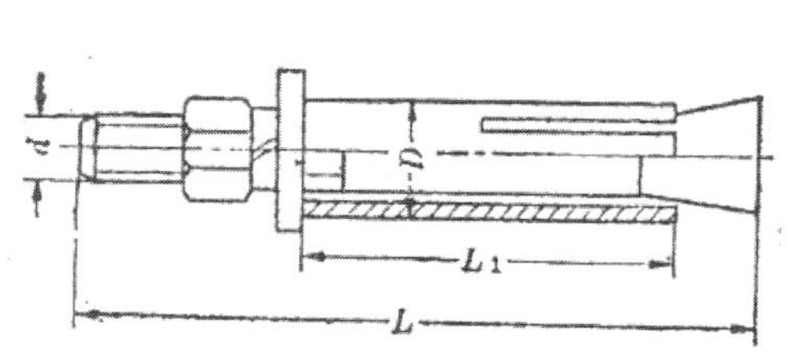

安装示意图

在先设计 4 附图

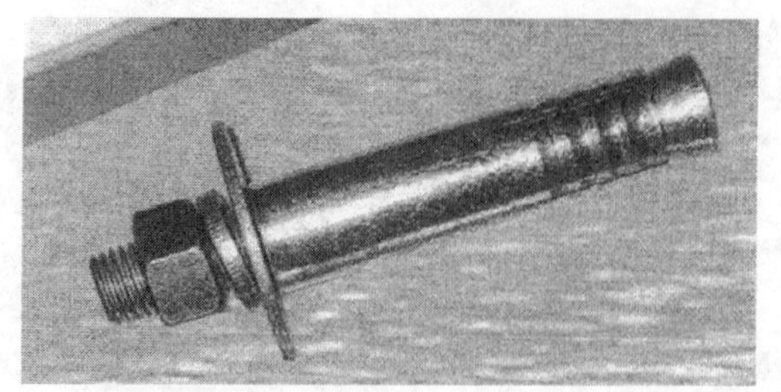

在先设计 5 附图

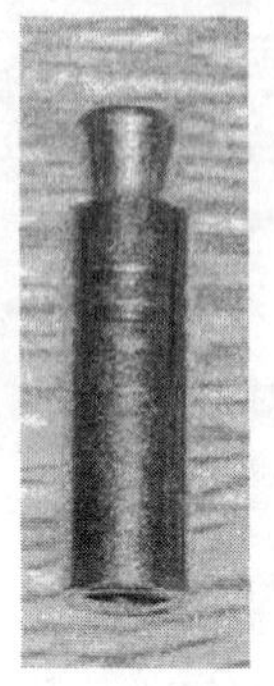

在先设计 6 附图

在先设计 7 附图

在先设计 8 附图

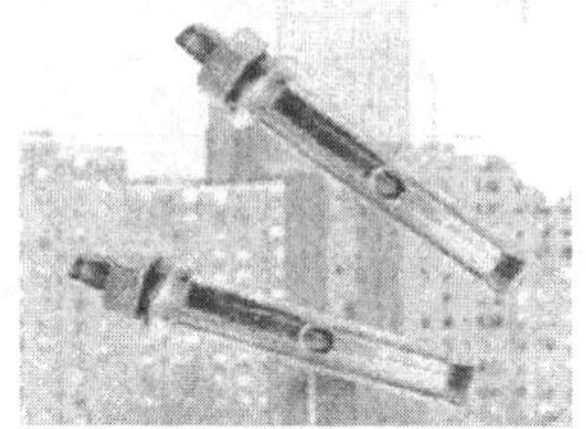

在先设计 9 附图

在先设计 10 附图

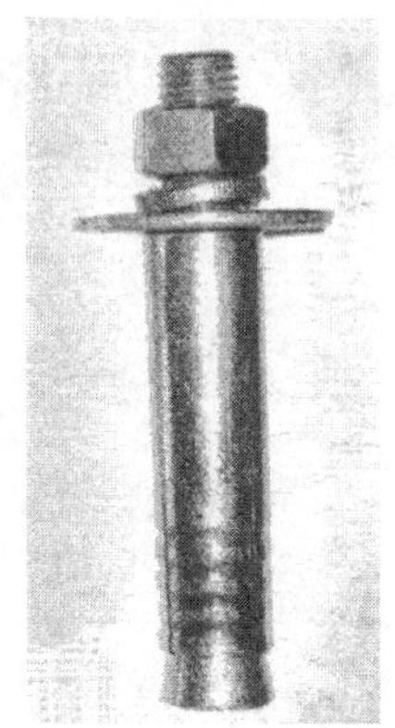

在先设计 11 附图

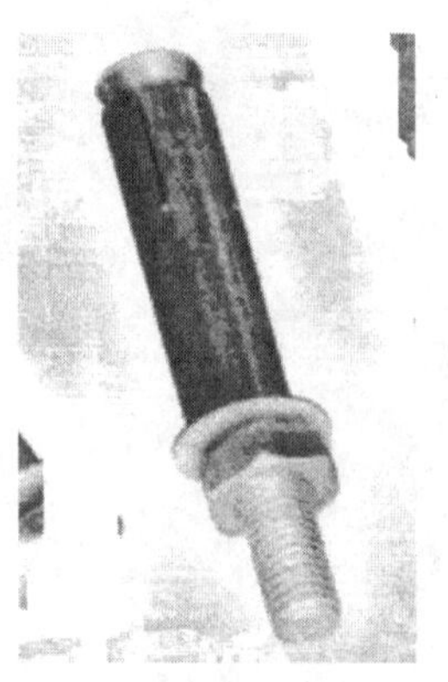

在先设计 12 附图

在先设计 13 附图

在先设计 14 附图

在先设计 15 附图

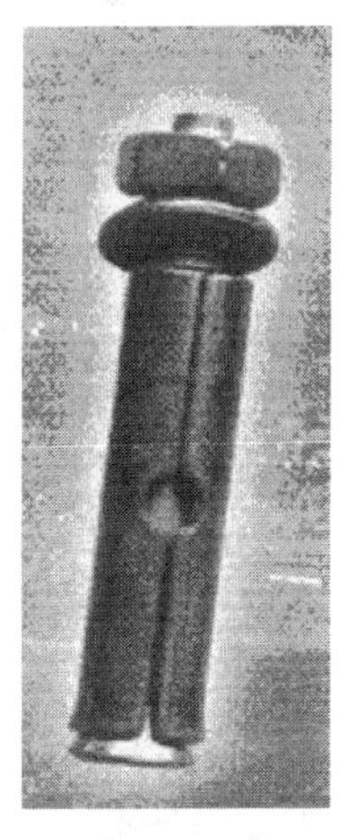

在先设计 16 附图

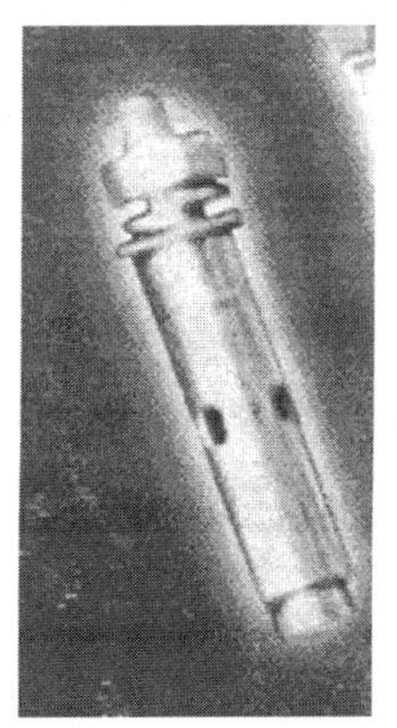

在先设计 17 附图

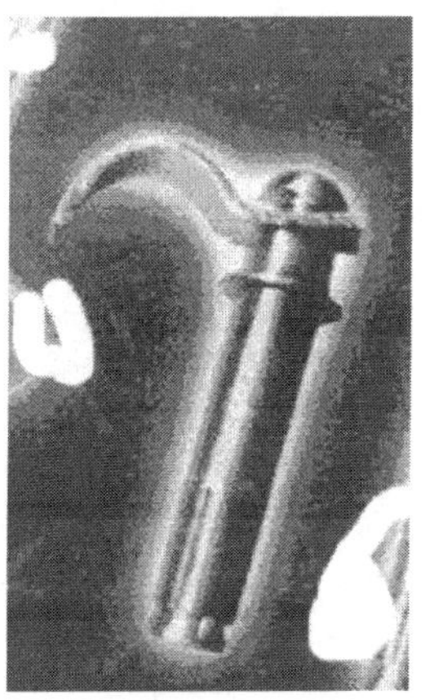

在先设计 18 附图

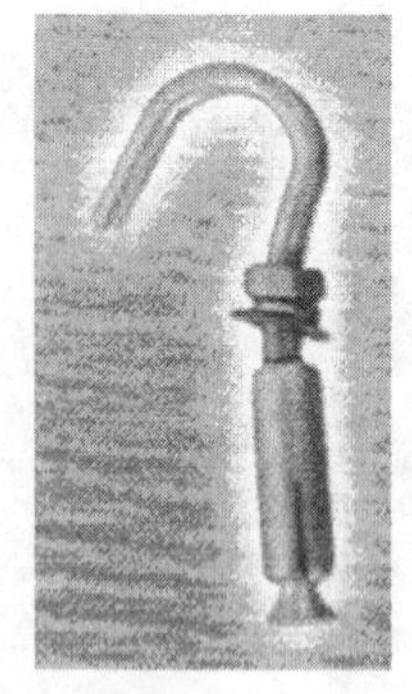
在先设计 19 附图

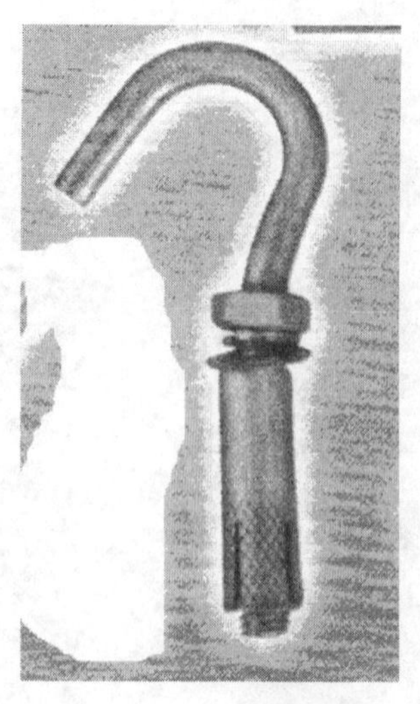
在先设计 20 附图

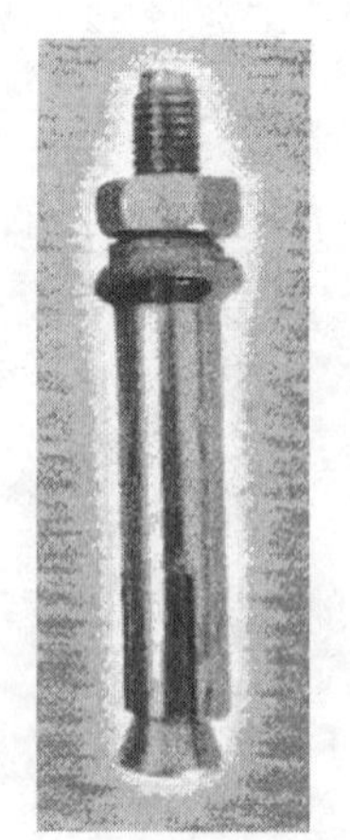
在先设计 21 附图

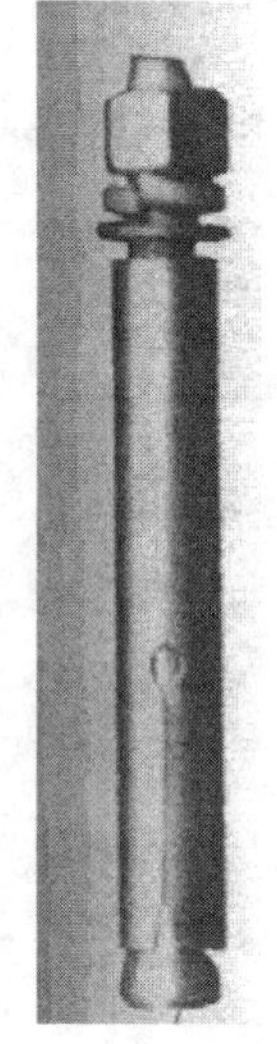
在先设计 22 附图

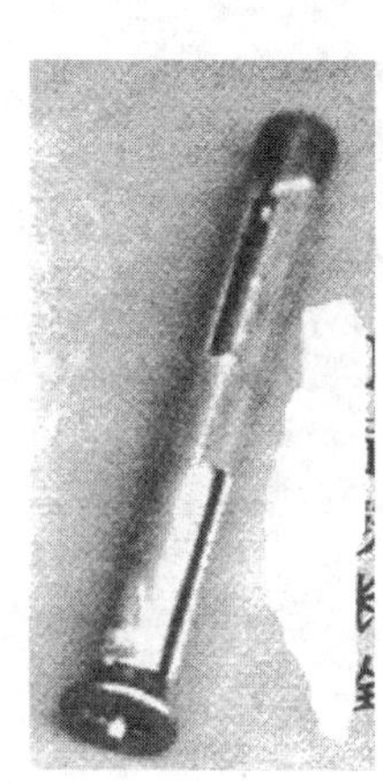
在先设计 23 附图

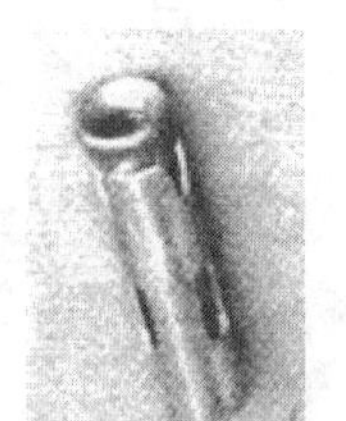
在先设计 24 附图

在先设计 25 附图

在先设计 26 附图

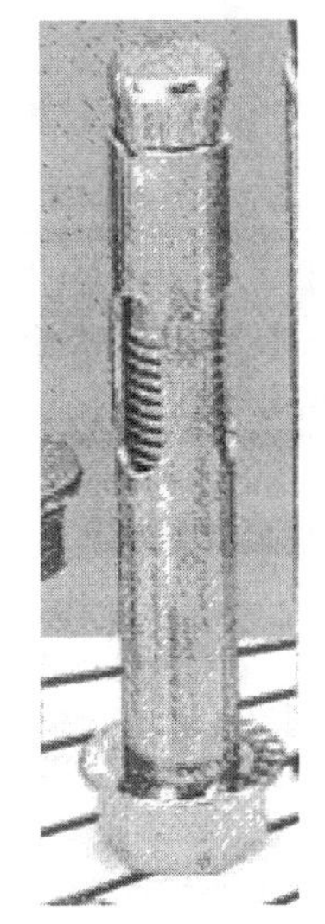

在先设计 27 附图

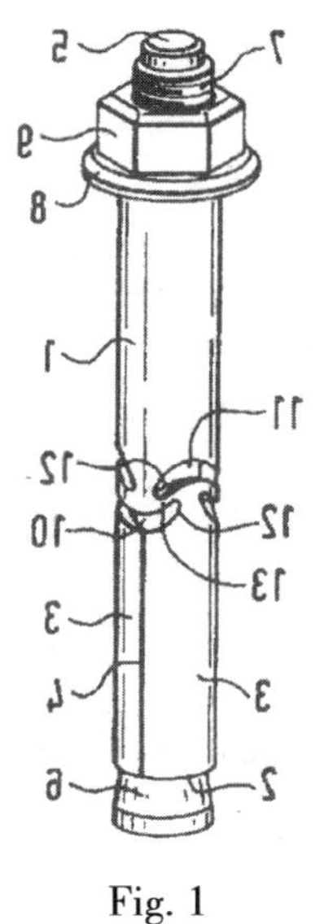

Fig. 1

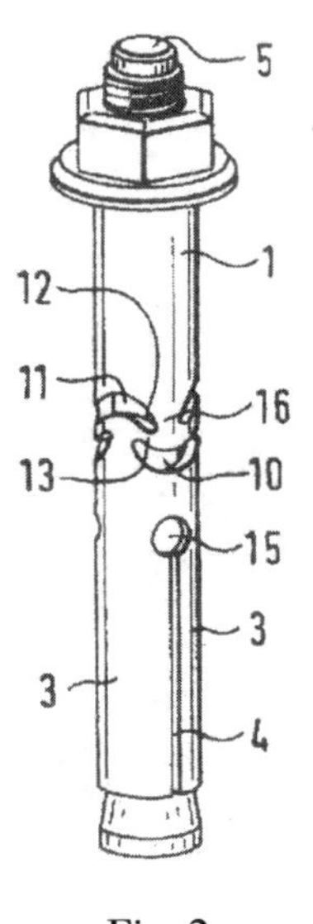

Fig. 2

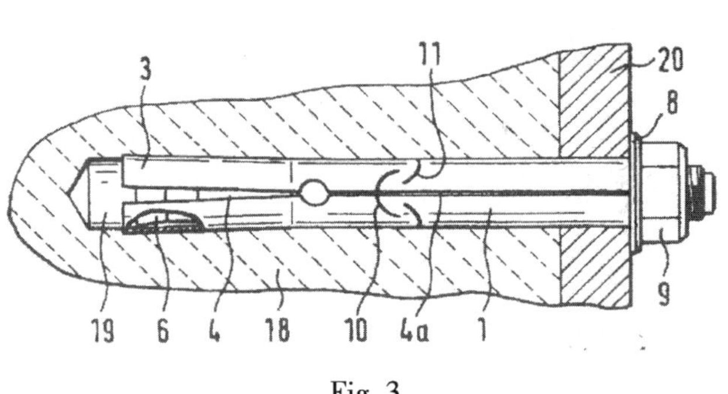

Fig. 3

在先设计 28 附图

274

瓷砖（亚麻砖）

无效宣告请求审查决定（第13396号）

决　定　号　第13396号
决　定　日　2009年5月15日
发明创造名称　瓷砖（亚麻砖）
外观设计分类号　25-01
无效请求人　广东宏威陶瓷实业有限公司
专利权人　唐硕度
专　利　号　200630063487.4
申　请　日　2006年6月15日
授权公告日　2007年4月4日
合议组组长　吴赤兵
主　审　员　沙柏青
参　审　员　雷　婧
附　　　图　1页

法律依据　专利法第23条
决定要点

本专利与在先设计的形状相同，表面图案均为单向排列的条纹，各条纹粗细相等并且间距相同，二者呈现出整体相近似的视觉效果，因此二者应属于相近似的外观设计。

一、案由

本无效宣告请求案涉及国家知识产权局于2007年4月4日授权公告的、名称为“瓷砖（亚麻砖）”的外观设计专利（下称本专利），其专利号是200630063487.4，申请日是2006年6月15日，专利权人是唐硕度。

针对上述专利权，广东宏威陶瓷实业有限公司（下称请求人）于2009年1月14日向国家知识产权局专利复审委员会提出无效宣告请求，认为本专利不符合专利法第23条的规定，并提交了以下附件作为证据：

证据1：200530050104.5号外观设计专利著录项目及图片复印件，共1页。

请求人认为，证据1所示的外观设计公开日为2005年8月31日，在本专利的申请日之前；证据1与本专利属于相同的类别，主要设计特点都在于主视图中具有若干单向条纹，二者属于相近似的外观设计，因此本专利不符合专利法第23条的规定。

经形式审查合格，专利复审委员会依法受理了上述无效宣告请求，并于2009年1月14日将无效宣告请求书及相关文件的副本转送给专利权人，通知其在指定的期限内答复。

2009年2月13日，请求人向专利复审委员会补充提交了意见陈述书，其增加了有关本专利不符合专利法第9条规定的新理由，并提交了如下附件作为证据（编号续前）：

证据2：200430094212.8号外观设计专利著录项目及图片复印件，共1页；

证据3：200430094213.2号外观设计专利著录项目及图片复印件，共1页；

证据4：200530080944.6号外观设计专利著录项目及图片复印件，共1页；

证据5：200530088744.5号外观设计专利著录项目及图片复印件，共1页；

证据6：《建材与设备指南年鉴2002-瓷砖与卫浴产品篇》的封面、第7页、第89页和第121页的复印件及其整本原件。

请求人认为，证据2、证据3、证据4、证据6证明在本专利申请日之前已有相近似的外观设计公开发表，证据5证明在本专利申请日前已有同样的外观设计申请专利。因此，本专利的授权不符合专利法第9条、第23条的规定。

2009年3月5日，专利复审委员会向双方当事人发出了无效宣告请求口头审理通知书，定于2009年4月15日进行口头审理，并将请求人补充提交的意见陈述书及相关文件的副本转送给专利权人，通知其在指定的期限内答复。

2009年3月17日，专利复审委员会收到专利权人提交的意见陈述书，专利权人认为本专利符合专利法第23条的规定。通过证据1所示外观设计与本专利在外观设计创意来源及风格、产品外观及技术参数、应用场所等方面的对比，可知二者在产品形状、图案、颜色等外观特征上存在明显的区别，不会给消费者造成外观设计上的误认、混同。

口头审理如期举行，请求人、专利权人均委托代理人出席了口头审理。在口头审理过程中，双方当事人对对方出庭人员的身份及资格没有异议，对合议组成员没有回避请求。专利权人对请求人提交的证据1~6的真实性均没有异议。双方当事人就外观设计的相同和相近似性进行了意见陈述和辩论，专利权人认为本专利表面的条纹深浅不一，请求人认为外观设计的保护范围应以提交的图片为准，并当庭签字确认对比图片。合议组当庭将2009年3月17日收到的专利权人提交的意见陈述书转送给请求人，限期答复。

2009年4月23日，请求人向专利复审委员会提交了意见陈述书，坚持其原有意见。

在上述审理的基础上，合议组认为本案事实清楚，可以依法作出审查决定。

二、决定的理由

1. 法律依据

基于请求人提出的无效宣告请求的理由和证据，合议组首先依据专利法第23条的规定对本案进行审理。

专利法第23条规定："授予专利权的外观设计，应当同申请日以前在国内外出版物上公开发表过或者国内公开使用过的外观设计不相同和不相近似，并不得与他人在先取得的合法权利相冲突。"

2. 证据认定

请求人提交的证据6是《建材与设备指南年鉴2002-瓷砖与卫浴产品篇》的封面、第7页、第89页、第121页的复印件及其整本原件，专利权人对其真实性没有异议。合议组对其真实性予以认定。在该证据原件的版权页中记载"2002年4月第1版第1次印刷"，其公开日在本专利申请日（2006年6月15日）之前，可以作为评价本专利是否符合专利法第23条规定的证据。

3. 外观设计相同和相近似对比

证据 6 中的第 121 页 0D3838 号图片公开了一种瓷砖的外观设计（下称在先设计），与本专利的用途相同，属于相同类别的产品，具有可比性，故对二者的外观设计作如下对比：

本专利的图片为产品的主视图，简要说明记载“平面产品，省略其他视图”。其所示瓷砖呈正方形，表面带有单向排列的条纹，各条纹粗细相等并且间距相同（详见本专利附图）。

在先设计中公开的瓷砖呈正方形，表面带有单向排列的条纹，各条纹粗细相等并且间距相同（详见在先设计附图）。

将本专利与在先设计相比较，二者整体上均呈正方形，并且表面带有单向排列的条纹，各条纹粗细相等并且间距相同。合议组认为，二者整体形状及图案均基本相同，因此二者属于相近似的外观设计。关于专利权人称本专利中瓷砖表面的条纹有凹槽、深浅不一致的观点，合议组认为，根据专利法第 56 条的规定，外观设计专利权的保护范围以表示在图片或照片中的该外观设计产品为准。本专利的图片为产品主视图，仅依据该视图合议组不能确定其表面的条纹有凹槽、深浅不一致。

综上所述，在本专利申请日以前已有与其相近似的外观设计公开发表过，因此本专利权的授予不符合专利法第 23 条的规定。

鉴于已经得出本专利不符合专利法第 23 条规定的结论，合议组对请求人提出的其他无效宣告请求的理由和证据不再进行评述。

三、决定

宣告 200630063487.4 号外观设计专利权全部无效。

当事人对本决定不服的，可以根据专利法第 46 条第 2 款的规定，自收到本决定之日起 3 个月内向北京市第一中级人民法院起诉。根据该款的规定，一方当事人起诉后，另一方当事人应当作为第三人参加诉讼。

主视图

本专利附图

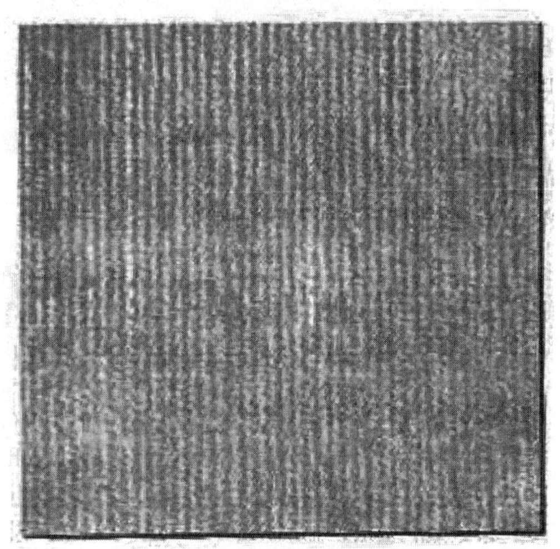

在先设计附图

异型铝框条 8652

无效宣告请求审查决定（第 13397 号）

决　　定　　号　第 13397 号
决　　定　　日　2009 年 5 月 15 日
发明创造名称　异型铝框条 8652
外观设计分类号　25-01
无效宣告请求人　成都阳光铝制品有限公司，广东坚美铝型材厂有限公司
专　利　权　人　苏州罗普斯金铝业有限公司
专　　利　　号　98325676.4
申　　请　　日　1998 年 9 月 28 日
授 权 公 告 日　1999 年 6 月 2 日
合 议 组 组 长　徐清平
主　　审　　员　钱亦俊
参　　审　　员　张　凌
附　　　　　图　1 页

法　律　依　据　专利法第 23 条
决　定　要　点

本专利和在先设计无论是在型材截面的整体形状还是在各主要部分的形状设计上均是相同或者相近似的，足以使二者的整体外观设计产生相近似的视觉效果，本专利与在先设计的区别对整体视觉效果不具有显著影响，因此，二者属于相近似的外观设计。

一、案由

本无效宣告请求涉及国家知识产权局于 1999 年 6 月 2 日授权公告的名称为“异型铝框条 8652”的 98325676.4 号外观设计专利，其申请日为 1998 年 9 月 28 日，专利权人为苏州罗普斯金铝合金花格网有限公司，后变更为苏州罗普斯金铝业有限公司（现名苏州罗普斯金铝业股份有限公司）。

（一）第一次无效宣告请求

针对上述专利权（下称本专利），成都阳光铝制品有限公司（下称第一请求人）于 2008 年 3 月 18 日向专利复审委员会提出无效宣告请求，理由是本专利不符合专利法第 23 条和专利法实施细则第 13 条第 1 款的规定。第一请求人同时提交如下附件作为证据：

附件 1-1：本专利著录项目信息及其外观图片下载打印件，共 1 页；

附件 1-2：《铝合金门窗图集》（合订本，1996 年）相关页复印件，共 3 页；

附件 1-3：98325684.5 号外观设计专利著录项目信息及其外观图片下载打印件，共 1 页。

第一请求人认为本专利与附件 1-2 中所示在先设计的主视图相近似，而主视图又是购买者和使用者最为关注的视图，因此本专利不符合专利法第 23 条的规定；本专利与附件 1-3 的申请日和专利权人均相同，并且本专利与附件 1-3 的各视图也完全相同，因此本专利不符合专利法实施细则第 13 条第 1 款的规定。

经形式审查合格后，专利复审委员会受理了上述无效宣告请求，并于 2008 年 3 月 18 日将无效宣告请求书及相关附件的副本转给专利权人，要求其在指定的期限内答复。

2008 年 4 月 11 日专利权人针对上述无效宣告请求提交了意见陈述。专利权人认为，第一请求人提交的证据所示的外观设计与本专利所显示的型材截面在矩形框的比例、横板数量、螺丝安装孔的位置和毛条夹持槽的形状方面存在不同，二者存在极大差别，本专利符合专利法第 23 条的规定。

2008 年 4 月 18 日请求人针对上述无效宣告请求补充提交如下附件作为证据（编号续前）：

附件 1-4：565336 号日本意匠公报复印件，共 3 页。

第一请求人认为：本专利与附件 1-4 所示在先设计的整体形状和各部件的位置、形状相同，仅在螺丝安装孔的开口方向上存在细微差别，本专利与上述在先设计相近似，其不符合专利法第 23 条的规定。

（二）第二次无效宣告请求

针对本专利，广东坚美铝型材厂有限公司（下称第二请求人）于 2008 年 4 月 7 日向专利复审委员会提出无效宣告请求，理由是本专利与在其申请日前出版物上公开发表过的外观设计相近似，其不符合专利法第 23 条的规定。第二请求人同时提交如下附件作为证据：

附件 2-1：1994 年版《铝合金门窗》（合订本 JH（九））相关页复印件，共 4 页。

第二请求人认为本专利与附件 2-1 所示的 L090508 号产品的外观设计整体形状相同，仅在螺丝定位孔的设置和毛条夹持槽的形状上存在细微差别，该差别对于整体视觉效果无显著影响，本专利与上述在先设计相近似，不符合专利法第 23 条的规定。

经形式审查合格后，专利复审委员会受理了上述无效宣告请求，并于 2008 年 4 月 9 日将无效宣告请求书及相关附件的副本转给专利权人，要求其在指定的期限内答复。

2008 年 5 月 7 日第二请求人针对上述无效宣告请求补充提交的如下附件和意见陈述（编号续前）：

附件 2-2：声称为 1994 年版《铝合金门窗》第 129 页的复印件，共 1 页。

第二请求人认为：从附件 2-2 可以看出本专利的型材截面设计是最常见的设计，本专利的圆形螺栓孔的设置及其位置完全是从功能角度进行考虑的，本专利的技术特征与公知技术一致，所以本专利不具有新颖性和创造性。

2008 年 5 月 9 日专利权人针对上述无效宣告请求提交了意见陈述，认为：本专利与附件 2-1 所示外观设计在矩形框的比例、上端折弯、螺丝安装孔的设置和毛条夹持槽的形状上存在明显差别，一般消费者不会将其混淆，二者不相近似。

（三）口头审理

专利复审委员会经合议，决定将上述两个无效宣告请求合案审理，并于 2008 年 8 月 15 日向三方当事人发出口头审理通知书，定于 2008 年 10 月 29 日对上述案件进行口头审理，同时将专利权人的相关意见陈述分别转送第一请求人和第二请求人，将第一请求人和第二请求人的补充意见陈述及其附件转送专利权人，并告知上述当事人可在口头审理时一并陈述意见。

口头审理如期举行，第一请求人、第二请求人和专利权人均委托其代理人参加了口头审理。第一请求人明确其无效宣告的理由为本专利不符合专利法第 23 条和专利法实施细则第 13 条第 1 款的规定，依据附件 1-2 和附件 1-4 证明在本专利申请日前已有与之相近似的外观设计公开发表，并指定其中与本专利进行对比的图片，依据附件 1-3 证明本专利不符合专利法实施细则第 13 条第 1 款的规定。专利权人对附件 1-2 的真实性无异议，但认为其不是公开出版物，出版日期也无法确定，对附件 1-4 的真实性和在本专利申请日前公开均无异议，承认本专利与附件 1-3 属于同样的外观设计，并表示愿意放弃附件 1-3 所涉及的专利。关于相同和相近似对比，双方当事人坚持其原有意见。

第二请求人明确其无效宣告的理由为本专利不符合专利法第 23 条的规定，依据附件 2-1 证明在本专利申请日前已有与之相近似的外观设计公开发表，附件 2-2 仅用于证明本专利所涉及的型材的使用方式，不将其作为在先设计与本专利进行对比，当庭出示附件 2-1 和附件 2-2 对应的原件一本，并指定以其中公开的代号为 L090508 的型材的图片与本专利进行对比。专利权人对附件 2-1 和附件 2-2的真实性及其在本专利的申请日前公开均无异议。关于相同和相近似对比，双方当事人坚持其原有意见。

在上述审理的基础上，合议组经合议，认为本案事实清楚，依法作出本审查决定。

二、决定的理由

基于第一请求人和第二请求人提出无效宣告请求所依据的理由和证据，合议组进行了审查。

1. 关于专利法第 23 条

专利法第 23 条规定，授予专利权的外观设计，应当同申请日以前在国内外出版物上公开发表过或者国内公开使用过的外观设计不相同和不相近似，并不得与他人在先取得的合法权利相冲突。

2. 证据认定

第二请求人提交的附件 2-1 是 1994 年版《铝合金门窗》（合订本 JH（九））相关页复印件，在口头审理中出示了该附件对应的原件一本；专利权人对该证据的真实性及其在本专利申请日前公开均无异议，故合议组对附件 2-1 予以采信。附件 2-1 的公开时间为 1994 年，早于本专利的申请日（1998 年 9 月 28 日），属于专利法第 23 条规定的公开出版物，适用本案。

3. 相同相近似比较

附件 2-1 与本专利公开的都是型材，二者用途相同，属于相同类别的产品，故将本专利与该附件所示的外观设计（下称在先设计）进行如下相同相近似对比。

本专利所示型材截面为由左右两竖板和上下两横板形成的近似矩形的框体，框体上部有开口，框体中部为封闭的长方形的腔体，该腔体下侧中间设有一个半圆形的螺丝安装孔，框体下部无封口，其底部相对设有两道大致呈条形的毛条夹持槽，其中右侧毛条夹持槽的外壁略向外凸出形成一个条形的台阶，该台阶表面呈锯齿状（详见本专利附图）。

在先设计所示型材截面为由左右两竖板和上下两横板形成的近似矩形的框体，框体上部有开口，框体中部为封闭的长方形腔体，框体下部无封口，其底部相对设有两道大致呈条形的毛条夹持槽（详见在先设计附图）。

将本专利与在先设计相比，两者的相同点是其型材截面的主体均为大致呈矩形的框体，框体的上部均有开口，框体中部为封闭的长方形腔体，框体下部均未封闭，其底部均相对设有两道毛条夹持槽。两者的区别主要在于本专利框体上设有一个半圆形的螺丝安装孔，在先设计则无；本专利与在先设计毛条夹持槽的形状略有差异；本专利右侧毛条夹持槽略向外凸出形成一个条形台阶，该台阶的表面呈锯齿状，在先设计则无；在先设计框体上部开口两侧略向内弯折，本专利则无。对此，合议组认为，是否设置螺丝安装孔主要是出于功能的考虑，特别是根据相应型材与其他部件的连接而确定，该部件在使用状态下并不可见，而本专利所选用的半圆形状的螺丝安装孔是一种惯常的设计，其并未导致型材截面的整体形状发生变化，故本专利与在先设计在螺丝安装孔的设置上的区别对整体视觉效果不具有显著影响；本专利右侧毛条夹持槽向外凸出形成的、表面为锯齿状的凸台相对于型材截面的整体形状在整体外观设计中仅占很小的比例，属于局部细微差别，对整体视觉效果不具有显著影响；本专利与在先设计存在的其他更为细微的差别例如矩形框体的比例差别、毛条夹持槽形状上的区别以及框体上部开口是否向内弯折的差别同样对整体视觉效果不具有显著影响。本专利和在先设计无论是在型材截面的整体形状还是在各主要部分的形状设计上均是相同或者相近似的，足以使二者的整体外观设计产生相近似的视觉效果，因此二者属于相近似的外观设计。

综上，在本专利的申请日前已有与之相近似的外观设计在出版物上公开发表，本专利不符合专利法第 23 条的规定。

鉴于以上已得出本专利不符合专利法第 23 条的规定的结论，本决定对第一请求人和第二请求人提出的其他无效宣告理由和证据不再予以评述。

三、决定

宣告 98325676.4 号外观设计专利全部无效。

当事人对本决定不服的，可以根据专利法第 46 条第 2 款的规定，自收到本决定之日起 3 个月内向北京市第一中级人民法院起诉。根据该款的规定，一方当事人起诉后，另一方当事人应当作为第三人参加诉讼。

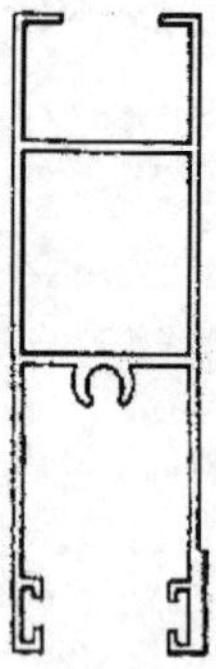

主视图 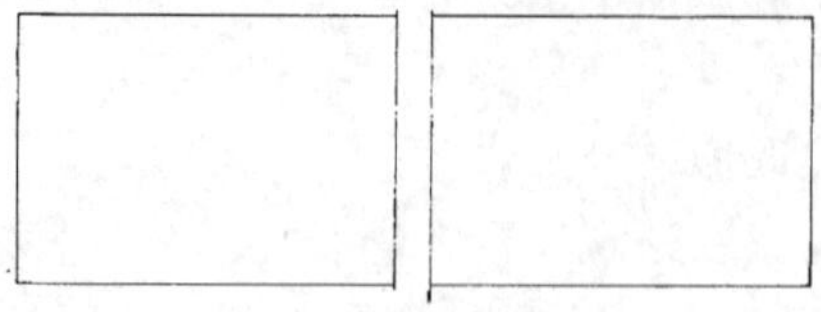　　左视图 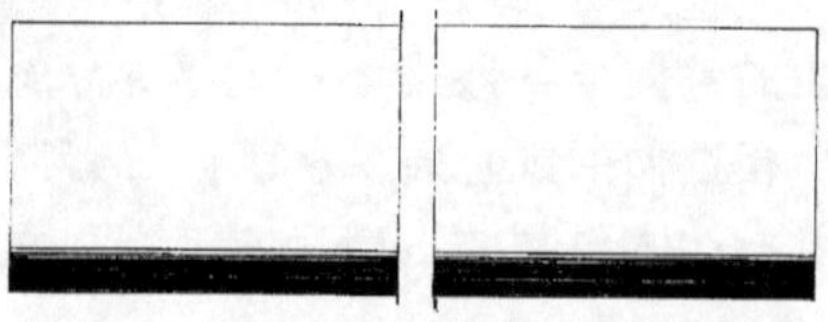　　右视图

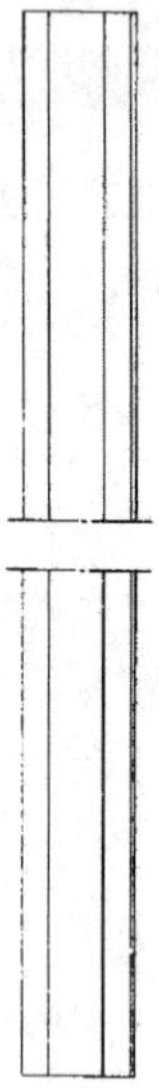

俯视图 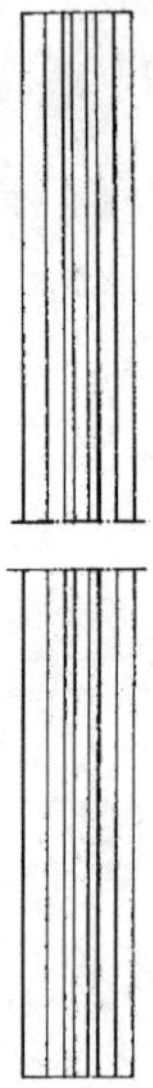　　仰视图 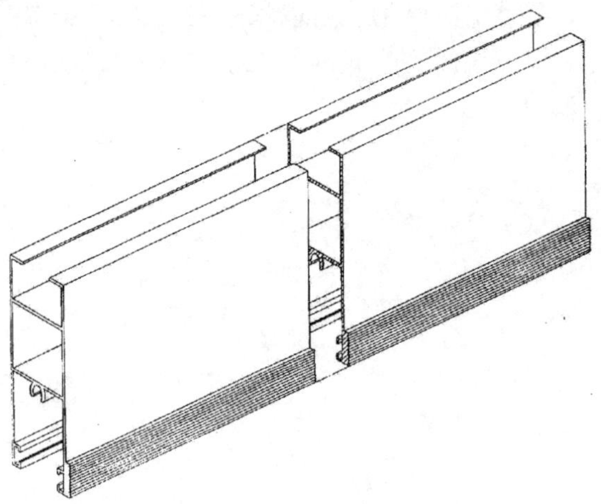　　立体图

本专利附图

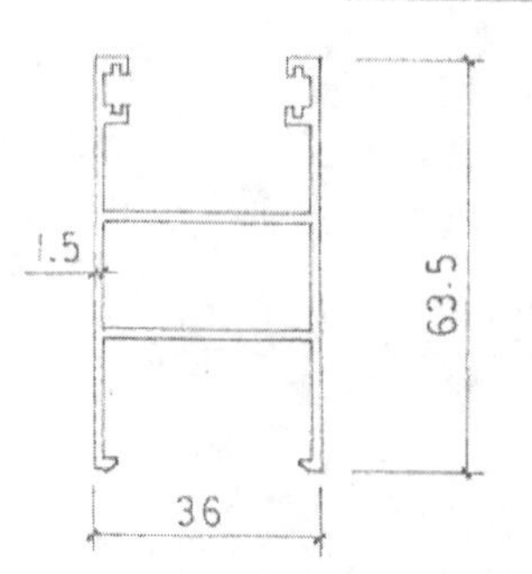

在先设计附图

北京市第一中级人民法院
行政判决书

（2009）一中行初字第1756号

原告苏州罗普斯金铝业股份有限公司（原苏州罗普斯金铝业有限公司），住所地江苏省苏州市相城区阳澄湖中路31号。

法定代表人吴明福，董事长。

委托代理人吴秋星，江苏兴吴律师事务所律师。

委托代理人周建飞，江苏兴吴律师事务所律师。

被告国家知识产权局专利复审委员会，住所地北京市海淀区北四环西路9号银谷大厦10-12层。

法定代表人张茂于，副主任。

委托代理人张凌，国家知识产权局专利复审委员会审查员。

委托代理人解静，国家知识产权局专利复审委员会审查员。

第三人广东坚美铝型材厂有限公司，住所地广东省佛山市南海区大沥凤池工业区。

法定代表人潘杜泉，经理。

委托代理人王树林，广东通法正承律师事务所律师。

第三人成都阳光铝制品有限公司，住所地四川省成都市龙泉驿区同安镇工业小区。

法定代理人廖健，总经理。

委托代理人徐国文，北京安博达知识产权代理有限公司专利代理人。

原告苏州罗普斯金铝业股份有限公司（以下简称罗普斯金公司）不服被告国家知识产权局专利复审委员会（以下简称专利复审委员会）于2009年5月15日作出的第13397号无效宣告请求审查决定（以下简称第13397号决定），于法定期限内向本院提起诉讼。本院于2009年7月13日受理后，依法组成合议庭，并按照法律规定通知广东坚美铝型材厂有限公司（以下简称坚美公司）、成都阳光铝制品有限公司（以下简称阳光公司）作为第三人参加诉讼，于2009年10月14日公开开庭审理了本案。原告罗普斯金公司的委托代理人吴秋星，被告专利复审委员会的委托代理人张凌、解静，第三人坚美公司的委托代理人王树林以及第三人阳光公司的委托代理人徐国文到庭参加诉讼。本案现已审理终结。

专利复审委员会第13397号决定系就坚美公司、阳光公司针对罗普斯金公司享有的专利号为98325676. 4、名称为“异型铝框条8652”的外观设计专利（以下简称本专利）所提出的无效宣告请求作出的。专利复审委员会在该决定中认定：

（1）证据认定。坚美公司提交的附件2-1是1994年版《铝合金门窗》（合订本JH（九））相关页复印件，在口头审理中出示了该附件对应的原件一本。专利权人对该证据的真实性及其在本专利申请日前公开均无异议，故专利复审委员会对附件2-1予以采信。附件2-1的公开时间为1994年，早于本专利的申请日（1998年9月28日），属于《中华人民共和国专利法》（以下简称《专利法》）第二十三条规定的公开出版物，适用于本案。

（2）相同相近似比较。附件2-1与本专利公开的都是型材，二者用途相同，属于相同类别的产品，故将本专利与该附件所示的外观设计（以下简称在先设计）进行如下相同相近似对比。

本专利所示型材截面为由左右两竖板和上下两横板形成的近似矩形的框体，框体上部有开口，框体中部为封闭的长方形的腔体，该腔体下侧中间设有一个半圆形的螺丝安装孔，框体下部无封口，其底部相对设有两道大致呈条形的毛条夹持槽，其中右侧毛条夹持槽的外壁略向外凸出形成一个条形的台阶，该台阶表面呈锯齿状。

在先设计所示型材截面为左右两竖板和上下两横板形成的近似矩形的框体，框体上部有开口，框体中部为封闭的长方形腔体，框体下部无封口，其底部相对设有两道大致呈条形的毛条夹持槽。

将本专利与在先设计相比，两者的共同点是其型材截面的主体均为大致呈矩形的框体，框体的上部均有开口，框体中部为封闭的长方形腔体，框体下部均未封闭，其底部均相对设有两道毛条夹持槽。两者的主要区别在于本专利框体上设有一个半圆形的螺丝安装孔，在先设计则无。本专利与在先设计毛条夹持槽的形状略有差异。本专利右侧毛条夹持槽略向外凸出形成一个条形台阶，该台阶的表面呈锯齿状，在先设计则无。在先设计框体上部开口两侧略向内弯折，本专利则无。对此，专利复审委员会认为，是否设置螺丝安装孔主要是出于功能的考虑，特别是根据相应型材与其他部件的连接而确定，该部件在使用状态下并不可见，而本专利所选用的半圆形状的螺丝安装孔是一种惯常的设计，其并未导致型材截面的整体形状发生变化，故本专利与在先设计在螺丝安装孔的设置上的区别对整体视觉效果不具有显著影响。本专利右侧毛条夹持槽向外凸出形成的、表面为锯齿状的凸台相对于型材截面的整体形状在整体外观设计中仅占很小的比例，属于局部细微差别，对整体视觉效果不具有显著影响。本专利与在先设计存在的其他更为细微的差别例如矩形框体的比例差别，毛条夹持槽形状上的区别以及框体上部开口是否向内弯折的差别同样对整体视觉效果不具有显著影响。本专利和在先设计无论是在型材截面的整体形状还是在各主要部分的形状设计上均是相同或者近似的，足以使二者的整体外观设计产生相近似的视觉效果，因此二者属于相近似的外观设计。综上，在本专利申请日前已有与之相近似的外观设计在出版物上公开发表，本专利不符合《专利法》第二十三条的规定。

鉴于以上已得出本专利不符合《专利法》第二十三条的规定的结论，本决定对阳光公司和坚美公司提出的其他无效宣告理由和证据不再予以评述。据此，专利复审委员会作出第 13397 号决定，宣告本专利权无效。

原告罗普斯金公司不服该决定，向本院起诉称，第一，本专利与在先设计的不同点在于：(1）两者长宽比不同；(2）在先设计玻璃接入口两侧向内弯折，本专利齐平；(3）两者中部连接的横板位置不同，导致腔体的比例不同；(4）本专利下横板连接有螺丝孔，而在先设计则无；(5）两者毛条夹持槽的形状不同；(6）本专利右侧毛条夹持槽连接有锯齿状加强筋，在先设计则无。显然二者是既不相同也不相近似的外观设计。在第 13397 号决定中，被告认为，是否设置螺丝安装孔主要是出于功能的考虑，特别是根据相应型材与其他部件的连接而确定，该部件在使用状态下不可见。这显然是错误的，专利法规定外观设计专利权的保护范围以表示在图片或照片中的该外观设计专利产品为准，本专利的名称为型材而非铝合金窗，型材作为独立销售的产品，型材类的产品外观设计的设计要点主要体现在型材截面的变化，型材作为独立销售的工业产品，其要部截面在一般消费者眼中，其螺丝孔是可见的，足以引起消费者的注意。是否设置螺丝孔，螺丝孔设置的位置不同，都足以引起型材设计美感的变化。《审查指南》明确指出当产品上某些设计被证明是该类产品公认的惯常设计时，则其余设计的变化通常对整体视觉效果更具有显著的影响。例如，在型材的横断面周边构成惯常的矩形的情况下，型材横断面其余部分的变化通常更具有显著的影响。型材作为成熟产品，设计空间小，可变空间有效，本专利和在先设计除了周边惯常矩形外，其他设计要素有诸多不同，上述六点变化足以导致本专利与在先设计产生明显差异，应作为不近似的理由充分考虑，以保护技术创新。第二，在判断外观设计是否相同或者相近似时，应当基于该产品的一般消费者的知识水平和认知能力进行评判。第 13397 号决定未能按照一般消费者的眼光来进行相近似性的判断，型材类的一般消费者是建筑行业和家装市场上对铝型门窗型材有一般知识的购买人员，本专利与在先设计在使用时对玻璃接入口、毛条夹持槽及装配固定时所使用的配件完全不同，而一般消费者在购买和使用时会注意到各种不同的使用插件的方式，本专利和在先设计在视觉效果上构成了显著的差别，一般消费者在购买和使用上述产品时不会混淆，两者明显不相近似。综上，被告作出的第13397号决定认定事实不清，结论错误，请求人民法院予以撤销。

被告专利复审委员会辩称，本专利与附件2-1所示在先设计的差别均过于细微，不足以对整体视觉效果产生显著影响，二者属于相近似的外观设计，具体认定参见第13397号决定。综上，被告认为，第13397号决定认定事实清楚，适用法律正确，审理程序合法，审查结论正确，请求人民法院予以维持。

第三人阳光公司辩称，第一，虽然外观设计以照片或者图片中公开的外观设计产品为准，但《审查指南》中规定，使用时容易看到的部位的设计变化相对于不容易看到或者看不到的设计变化，通常整体视觉效果更具有显著影响。由于螺丝安装孔在使用时并不可见，且半圆形螺丝安装孔在型材的国家标准中属于惯常设计，其并未导致型材截面的整体变化，所以本专利与在先设计在螺丝安装孔的设置上的区别对整体视觉效果不具有显著的影响。第二，本专利右侧毛条夹持槽上的锯齿状加强筋在矩形框体上仅占很小的比例，属于局部细微差别，所以加强筋的设置对整体视觉效果不具有显著影响。本专利与在先设计属于相近似的外观设计。综上，第三人阳光公司认为，被告作出的第13397号决定认定事实清楚，适用法律正确，原告的诉讼理由不能成立，请求人民法院驳回原告的诉讼请求，维持第13397号决定。

第三人坚美公司没有向本院提交书面的陈述意见，其口头表示同意阳光公司的意见。

本院经审理查明，

1998年9月28日，苏州罗普斯金铝合金花格网有限公司（以下简称金花格公司）向国家知识产权局申请第98325676.4号，名称为“异型铝框条8652”的外观设计专利（即本专利）。1999年6月2日，本专利获得授权公告，专利权人为金花格公司。后专利权人变更为苏州罗普斯金铝业有限公司。2007年8月30日，苏州罗普斯金铝业有限公司变更为苏州罗普斯金铝业股份有限公司（即本案原告）。本专利授权公告的视图包括主视图、左视图、右视图、仰视图、俯视图和立体图（见本专利附图）。

针对本专利，阳光公司于2008年3月18日向专利复审委员会提出无效宣告请求，理由是本专利不符合《专利法》第二十三条和《中华人民共和国专利法实施细则》第十三条第一款的规定，并先后提交了附件1-1至1-4作为证据。

针对本专利，坚美公司于2008年4月7日向专利复审委员会提出无效宣告请求，理由是本专利与在其申请日前出版物上公开发表过的外观设计相近似，其不符合《专利法》第二十三条的规定。坚美公司同时提交了附件2-1和附件2-2作为证据。附件2-1是中国建筑标准设计研究所1994年出版的《铝合金门窗》（合订本JH（九））相关页复印件。其中公开了代号为L090508的铝合金门窗型材（见在先设计附图）。

2008年10月29日，专利复审委员会进行了口头审理。在口头审理过程中，坚美公司明确其无效宣告的理由是本专利不符合《专利法》第二十三条的规定，依据附件2-1证明在本专利申请日前已有与之相近似的外观设计公开发表。坚美公司在口头审理过程中出示了附件2-1的原件，并指定以其中公开的代号为L090508的型材图片与本专利进行对比。罗普斯金公司对附件2-1的真实性及其在本专利申请日前公开均无异议。

在本案庭审过程中，原告对第13397号决定中的案由部分没有异议，对决定理由中的证据认定部分没有异议，对决定关于本专利和附件2-1的描述没有异议。其认，在先设计各附图上面有数据，宽36、长63.5，长宽比例是1：1.7。本专利长宽比例是1：4.5，两者差别明显。原告主张，除了被告认定的本专利与在先设计的差别外，二者还存在如下差别：（1）玻璃接入口不同；（2）两块横板之间的距离不同；（3）长宽比例不同。被告认为，本专利的长宽是一个示意图，不代表最后的产品比例就是这样，比例的差别确实存在，但是属于局部的细微差别。

上述事实，有第13397号决定、本专利授权公告文本、附件2-1以及当事人陈述等证据在案佐证。

本院认为，

《专利法》第二十三条规定，授予专利权的外观设计，应当同申请日以前在国内外出版物上公开发表过或者国内公开使用过的外观设计不相同和不相近似，并不得与他人在先取得的合法权利相冲突。

本案中，本专利与在先设计相比，两者的相同点在于型材截面的主体均大致呈矩形的框体，框体上部均有开口，框体中部为封闭的长方形腔体，框体下部均未封闭，两者底部均相对设有两道毛条夹持槽。两者的主要区别包括：本专利框体上设有一个半圆形的螺丝安装孔，在先设计则无。本专利与在先设计毛条夹持槽的形状略有差异。本专利右侧毛条夹持槽略向外凸出形成一个条形台阶，该台阶的表面呈锯齿状，在先设计则无。在先设计框体上部开口两侧略向内弯折，本专利则无。本专利的长宽比例要比在先设计的长宽比例大。本专利中间横板之间的距离与在先设计中间横板的距离有细微的差别。由于本专利与在先设计均大致呈矩形的框体，且框体的开口、横板的数量和位置等均非常近似。两者的区别属于细微的差别，且其中的螺丝安装孔属于使用中不可见的部位，这些细微的差别不足以对购买、使用这类型材的一般消费者的视觉效果产生显著的影响。该类型材的一般消费者在隔离对比的情况下，会认为本专利与在先设计属于相近似的外观设计。被告在第13397号决定中认定本专利权的授予不符合《专利法》第二十三条的规定正确，本院予以维持。原告关于本专利与在先设计的差异明显，两者不相近似的主张缺乏事实和法律依据，本院不予支持。原告关于被告未能按照一般消费者的眼光进行相近似性判断缺乏事实和法律依据，本院不予支持。

综上，专利复审委员会作出的第13397号决定认定事实清楚，适用法律正确，审查结论正确，应予维持。原告罗普斯金公司请求撤销该决定的理由不成立，本院不予支持。依照《中华人民共和国行政诉讼法》第五十四条第（一）项之规定，判决如下：

维持被告国家知识产权局专利复审委员会作出的第13397号无效宣告请求审查决定。

案件受理费100元，由原告苏州罗普斯金铝业股份有限公司负担（已交纳）。

如不服本判决，各方当事人可分别于本判决送达之日起15日内，向本院提交上诉状及其副本，并交纳上诉案件受理费100元，上诉于北京市高级人民法院。

审　判　长　彭文毅
代理审判员　江建中
人民陪审员　郝志国
二〇〇九年十一月十六日
书　记　员　瞿文伟

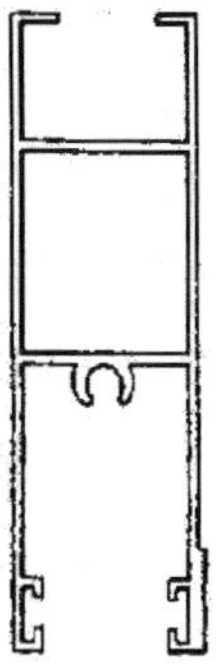

主视图 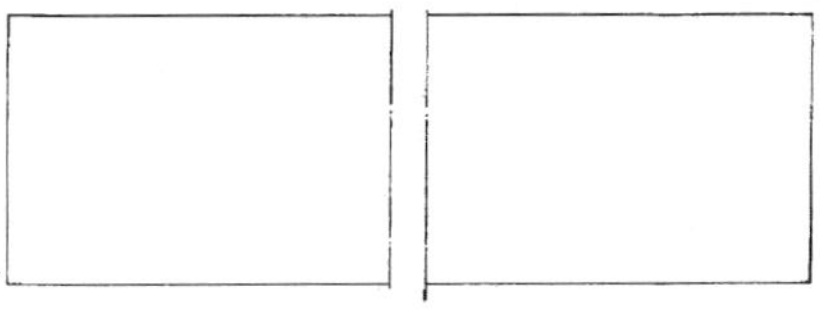　　左视图 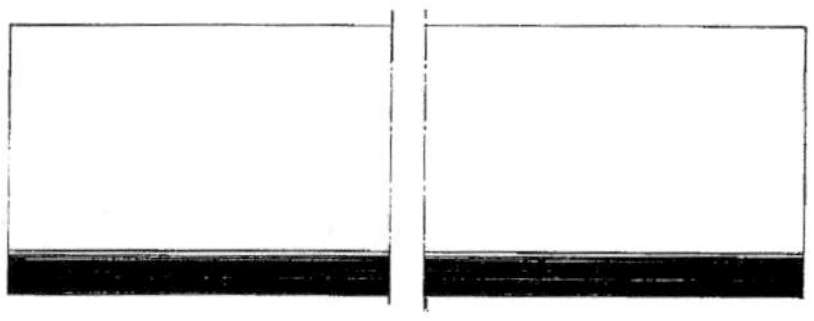　　右视图

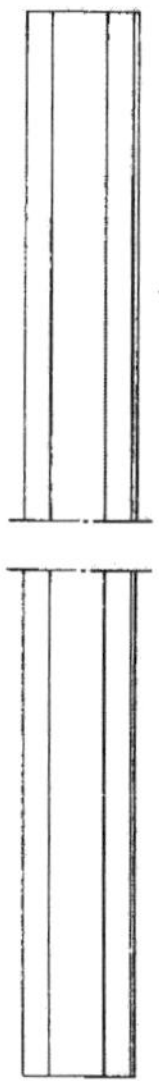

俯视图 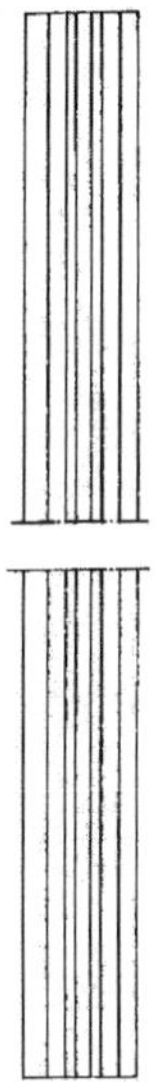　　仰视图 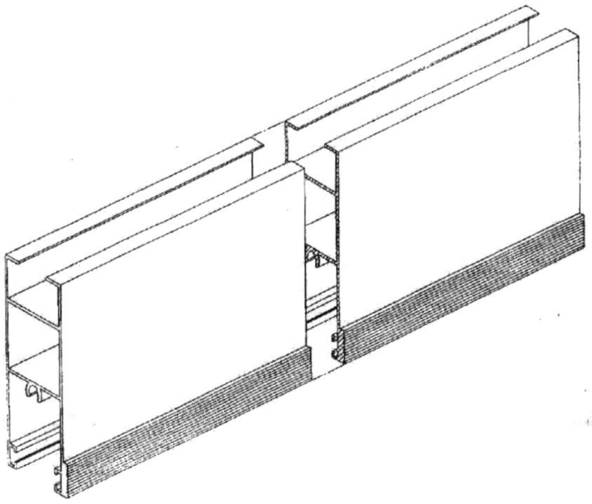　　立体图

本专利附图

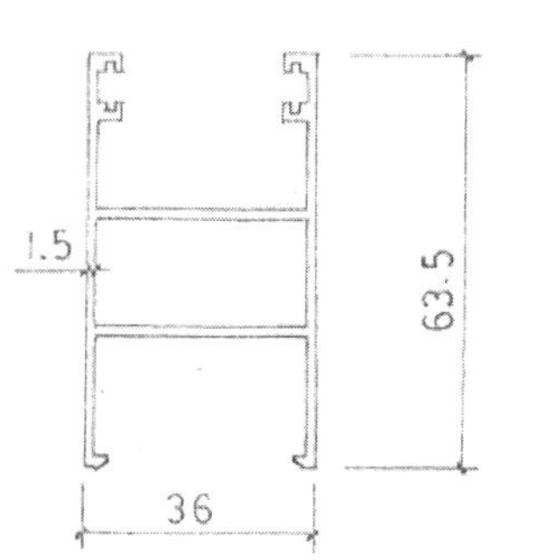

在先设计附图

螺母（M4）

无效宣告请求审查决定（第 13399 号）

决　　定　　号　第 13399 号
决　　定　　日　2009 年 5 月 18 日
发明创造名称　螺母（M4）
外观设计分类号　08-08
无效宣告请求人　张云生
专　利　权　人　项公亮
专　　利　　号　200630038950. X
申　　请　　日　2006 年 7 月 12 日
授权公告日　2007 年 4 月 4 日
合议组组长　徐清平
主　　审　　员　尹春霞
参　　审　　员　雷　婧
附　　　　　图　2 页

法　律　依　据　专利法第 23 条
决　定　要　点

本专利与在先设计的差别属于局部细微变化，不会对整体视觉效果产生显著影响，因此二者属于相近似的外观设计。

一、案由

本无效宣告请求涉及国家知识产权局于 2007 年 4 月 4 日授权公告的 200630038950. X 号外观设计专利，使用该外观设计的产品名称是“螺母（M4）”，其申请日是 2006 年 7 月 12 日，专利权人是项公亮。

针对上述外观设计专利权（下称本专利），张云生（下称请求人）于 2009 年 3 月 4 日向专利复审委员会提出无效宣告请求，其依据的事实和理由是：本专利与在其申请日以前在国内出版物上公开发表的外观设计相近似，因此本专利不符合专利法第 23 条的规定，应予宣告无效。请求人同时提交了如下附件作为证据：

附件 1：99307510. X 号外观设计专利著录项目及图片复印件，共 1 页；

附件 2：02383660. 1 号外观设计专利著录项目及图片复印件，共 1 页；

附件 3：92300130. 1 号外观设计专利著录项目及图片复印件，共 1 页；

请求人认为：本专利与附件1～3均构成相近似的外观设计，本专利不符合专利法第23条的规定，应予宣告无效。

专利复审委员会经形式审查合格受理了该无效宣告请求，并于2009年4月2日将无效宣告请求书及其附件的副本转送专利权人，通知其在指定期限内陈述意见。

2009年3月30日请求人提交补充意见陈述书，认为本专利与在其申请日以前在国内出版物上公开发表的外观设计相近似，因此本专利不符合专利法第23条的规定，应予宣告无效。请求人同时提交了如下附件作为补充证据（编号续前）：

附件4：200530109607.5号外观设计专利的著录项目及图片复印件，共1页；

附件5：200530047283.7号外观设计专利的著录项目及图片复印件，共1页；

附件6：200430036115.3号外观设计专利的著录项目及图片复印件，共1页；

附件7：200530157555.9号外观设计专利的著录项目及图片复印件，共1页；

附件8：200430049997.7号外观设计专利的著录项目及图片复印件，共1页；

附件9：200430039524.9号外观设计专利的著录项目及图片复印件，共1页；

附件10：200430030929.6号外观设计专利的著录项目及图片复印件，共1页；

附件11：00350158.2号外观设计专利的著录项目及图片复印件，共1页；

附件12：99309843.6号外观设计专利的著录项目及图片复印件，共1页；

附件10：00315506.4号外观设计专利的著录项目及图片复印件，共1页。

专利复审委员会成立合议组对本案进行审理，并于2009年4月17日将请求人补充提交的意见陈述及附件转送专利权人，通知其在收到所述文件之日起1个月内陈述意见。同日向无效宣告请求人发出《合议组成员告知通知书》。

专利权人于2009年5月5日提交意见陈述书。专利权人将本专利与附件1至附件13所示外观设计进行了逐一对比，认为本专利与上述外观设计属于既不相同也不相近似的外观设计，本专利符合专利法第23条的规定，应维持本专利有效。

在上述审理的基础上，合议组经合议，认为本案事实清楚，依法作出本审查决定。

二、决定的理由

1. 法律依据

基于请求人提出无效宣告请求所依据的事实和理由，合议组对本专利是否符合专利法第23条的规定进行审查。

专利法第23条规定：授予专利权的外观设计，应当同申请日以前在国内外出版物上公开发表过或者国内公开使用过的外观设计不相同和不相近似，并不得与他人在先取得的合法权利相冲突。

2. 证据认定

请求人提交的附件3是92300130.1号外观设计专利著录项目及图片复印件，其产品名称为“破碎机固定螺栓，螺母”。经合议组核实，该附件所示内容真实。其公告日是1992年11月25日，早于本专利的申请日2006年7月12日，属于在本专利申请日之前公开的外观设计，适用于本案。

3. 外观设计对比

本专利为螺母的外观设计，附件3也公开了螺母的外观设计（下称在先设计），二者用途相同，属于相同类别的产品。

本专利包括主视图、左视图、俯视图、剖视参考图、立体图。本专利主体呈圆柱筒状，内壁为螺纹；外壁中部设置有正六边体凸出部分，其高度大致为圆柱筒的一半，其上下面每边交界处略带倒角（详见本专利附图）。

在先设计包括主视图、左视图、俯视图、剖视图。在先设计主体呈圆柱筒状，内壁为螺纹；外壁中部设置有正六边体凸出部分，其底面每边交界处略带倒角（详见在先设计附图）。

将本专利与在先设计相比较，二者均是由圆柱筒状主体及其外壁所套正六边体凸出部分组成，且圆柱筒及正六边体的形状基本相同。二者的不同点在于：本专利正六边体凸出部分在产品中间位置，在先设计的凸出部分位置偏下；本专利正六边体上下面均有倒角，在先设计的上表面平齐，下表面略带倒角；本专利主体部分与凸出部分的每边相切无间距，在先设计的相应部分有一定间距。合议组认为，在二者整体构成、各部分形状均基本相同的情况下，上述差别为局部细微变化，不会对整体视觉效果产生显著影响，因此二者属于相近似的外观设计。

综上所述，在本专利申请日以前已有与其相近似的外观设计在出版物上公开发表过，本专利不符合专利法第 23 条的规定。

鉴于已经得出上述结论，合议组对请求人提出的其他证据不再进行评述。

三、决定

宣告 200630038950. X 号外观设计专利权全部无效。

当事人对本决定不服的，可以根据专利法第 46 条第 2 款的规定，自收到本决定之日起三个月内向北京市第一中级人民法院起诉。根据该款的规定，一方当事人起诉后，另一方当事人应当作为第三人参加诉讼。

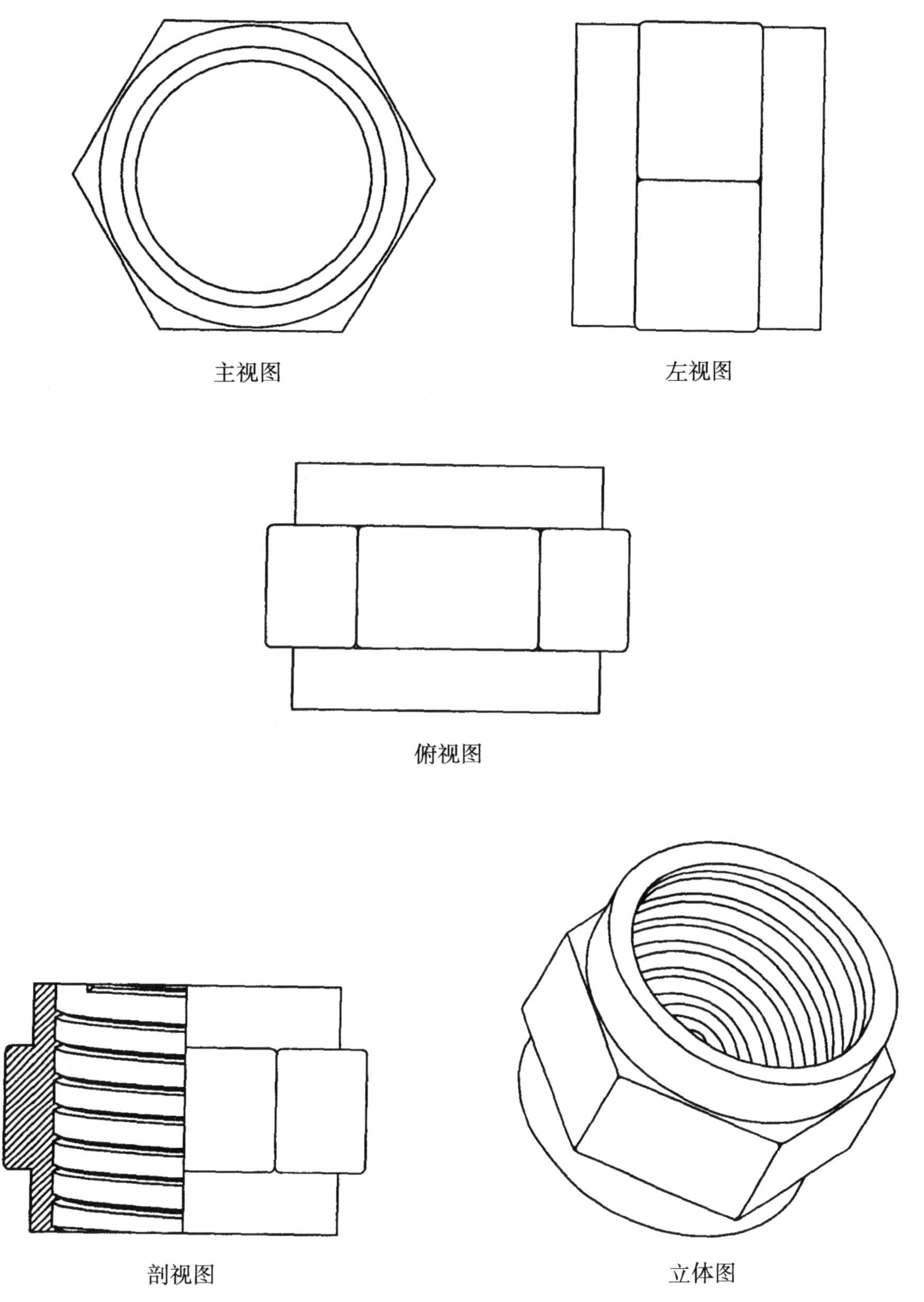

本专利附图

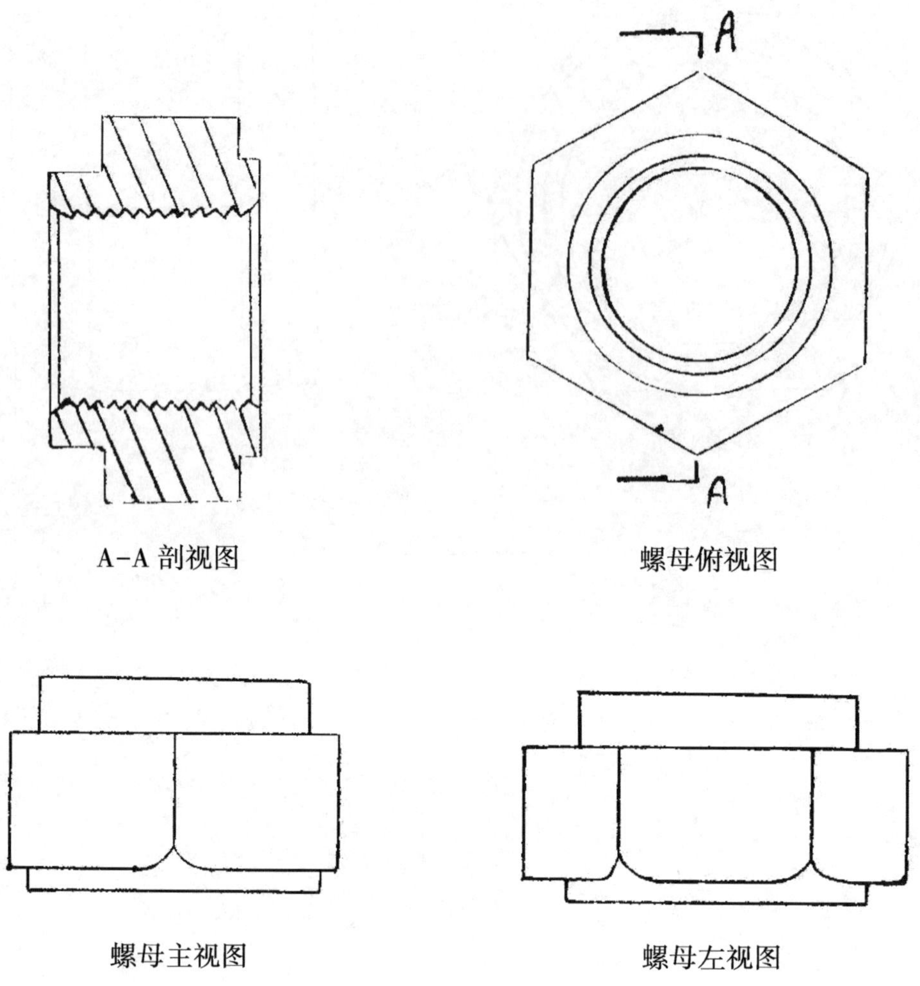

A-A 剖视图　　螺母俯视图

螺母主视图　　螺母左视图

在先设计附图

277

电热水壶（EJ-10）

无效宣告请求审查决定（第13401号）

决　定　号　第13401号
决　定　日　2009年5月7日
发明创造名称　电热水壶（EJ-10）
外观设计分类号　07-01
无效宣告请求人　广州市海和家用电器有限公司
专　利　权　人　广州市拓璞电器发展有限公司
专　利　号　200330118485.7
申　请　日　2003年12月9日
授权公告日　2004年8月4日
合议组组长　钱亦俊
主　审　员　刘路尧
参　审　员　杨　静
附图页数　2页

法律依据　专利法第9条
决定要点

"同样的发明创造"对于外观设计而言，是指外观设计相同或者相近似。对于本专利与在先设计两个电热水壶设计而言，各个部分边缘弧线的细微变化不足以对产品的整体视觉效果产生显著的影响，因此本专利外观设计与在先设计属于同样的发明创造，本外观设计专利权的授予不符合专利法第9条的规定。

一、案由

本无效宣告请求涉及国家知识产权局于2004年8月4日授权公告的、名称为"电热水壶（EJ-10）"的200330118485.7号外观设计专利（下称本专利），其申请日为2003年12月9日，专利权人为广州市拓璞电器发展有限公司。

针对本专利权，广州市海和家用电器有限公司（下称请求人）于2008年12月29日向专利复审委员会提出无效宣告请求，并随无效宣告请求书提交如下附件作为证据：

附件1：编号为08-535号的《外观设计检索报告》复印件，共11页；

附件2：申请号为02362716.6的中国外观设计专利网络打印件，共1页，公开日为2003年7月9日；

附件3：申请号为03307968.4的中国外观设计专利网络打印件，共1页，申请日为2003年4月28日，公开日为2004年1月7日，申请人为欧瑞国际贸易有限公司；

附件4：申请号为200330115090.1的中国外观设计专利网络打印件，共1页，申请日为2003年10月20日，公开日为2004年5月12日，申请人为翟永书；

附件5：申请号为200330116182.1的中国外观设计专利网络打印件，共1页，申请日为2003年10月30日，公开日为2004年7月7日，申请人为招伟国。

请求人认为：本专利不符合专利法第23条的规定，附件2公开了一种电热水壶外观，与本专利各个视图基本相同或相近似，并且两者所示的电热水壶在整体形状、各部分形状其比例关系设计均无明显差别，属于相近似的外观设计；本专利不符合专利法实施细则第13条的规定，附件3~5均公开了一种电热水壶的外观，均与本专利的各个视图基本相同或相近似，并且附件3~5均是在本专利申请日前已经申请，并在本专利申请日后公开的外观设计专利。

经形式审查合格后，专利复审委员会受理了该无效宣告请求，并于2009年2月23日向双方当事人发出无效宣告请求受理通知书，并随上述无效宣告请求受理通知书将请求人提交的无效宣告请求书及其附件清单中所列附件的副本转送专利权人，要求其在指定期限内对该无效宣告请求陈述意见。

合议组于2009年3月16日向双方当事人发出口头审理通知书，定于2009年4月7日对本案进行口头审理。

针对上述无效宣告请求，专利权人未提交书面意见陈述。

口头审理如期举行，双方当事人的代理人均出席了口头审理。在口头审理中，双方当事人声明对合议组成员无回避请求，对对方出庭人员身份无异议；合议组依职权向请求人释明专利法第9条规定的含义，请求人明确其无效理由为本专利相对于附件1结合附件2不符合专利法第23条的规定，本专利分别相对附件3、4、5不符合专利法第9条的规定；请求人放弃使用专利法实施细则第13条的无效理由；专利权人对请求人当庭变更无效理由无异议，对附件1-5的真实性无异议；请求人当庭提交了附件1的原件，专利权人当庭核实了附件1原件和复印件的一致性；在此基础上双方当事人充分陈述了意见。

至此，合议组认为本案事实已经清楚，可以依法作出无效宣告请求审查决定。

二、决定的理由

1. 法律依据及证据认定

专利法第9条规定："两个以上的申请人分别就同样的发明创造申请专利的，专利权授予最先申请的人。"

审查指南第四部分第七章第3.2节规定：请求宣告外观设计专利权无效的，如果申请在先的专利权属于在申请日前已经公开的在先设计的，专利复审委员会可以依据专利法第23条的规定进行审查。如果申请在先的专利权属于他人申请在先公开在后的在先设计的，专利复审委员会可以依据专利法第九条的规定进行审查。

请求人提交的附件4是200330115090.1号中国外观设计专利，申请日为2003年10月20日，在本专利申请日前，公开日为2004年5月12日，在本专利申请日后，申请人为翟永书，与本专利专利权人不同。在口头审理中，经合议组释明，针对该证据请求人变更本案无效理由为专利法第9条，专利权人对此变更无异议。合议组认为该证据属于本专利申请日之前申请、之后公开的中国外观设计专利，可以适用专利法第9条评价本专利的专利性，故合议组依据专利法第9条的规定进行审查。

2. 关于相近似性判断

附件4所示的电热水壶（WKF-818）（下称在先设计）与本专利用途相同，属于相同种类的产品，可以进行外观设计相近似性的对比。

本专利图示有主视图、左视图、右视图、俯视图、仰视图。电热水壶包括壶身、壶嘴、壶盖、把手、底座五个部分，壶身整体呈上窄下宽的半椭圆形，壶身的左右两侧中央各有一上窄下宽的椭圆形线条，壶嘴整体呈 V 字形，壶盖顶部有一突出部分，把手呈上下两端窄、中间宽的半椭圆形，其中中间最宽处相对靠近上方，把手侧部具有由壶盖至壶身下部的分界线，底座与壶身底边缘的宽度相同。其中，从俯视图中可以看出，V 字形壶嘴内具有一半椭圆形；从仰视图中可以看出，底座下面具有若干圆点；从主视图中可以看出，壶身右侧、把手下方具有一锥形凸起，壶嘴的上边缘呈直线，下边缘呈略微外凸的弧线（详见本专利附图）。

在先设计图示有主视图、俯视图、后视图、左视图、右视图、立体图。电热水壶包括壶身、壶嘴、壶盖、把手、底座五个部分，壶身整体呈上窄下宽的半椭圆形，壶身中部靠下的位置有一环绕壶身的线条，壶身自该线条向下至壶身底部略微向内收缩，壶身的左右两侧中央各有一长条状椭圆形线条，该椭圆形线条内具有三个圆点，壶嘴整体呈 V 字形，壶盖顶部具有两段突出部分，把手呈上下两端窄、中间宽的半椭圆形，其中中间最宽处相对靠近上方，把手中间部分具有一向内突出部分，把手侧部具有由壶盖至壶身下部的分界线，底座上窄下宽，其上边缘与壶身底边缘的宽度相同。其中，从俯视图中可以看出，V 字形壶嘴内具有一半椭圆形；从主视图、俯视图、立体图中可以看出，把手靠近壶盖的顶部具有一凸起；从主视图、后视图中可以看出，壶嘴的上边缘呈略微外凸的弧线，下边缘呈略微内凹的弧线（详见在先设计附图）。

将本专利与在先设计进行比较，两者的整体形状和壶嘴、把手的形状基本相同，两者主要不同之处在于：（1）本专利的壶嘴的上边缘呈直线，下边缘呈略微外凸的弧线；在先设计的壶嘴的上边缘呈略微外凸的弧线，下边缘呈略微内凹的弧线；（2）本专利的壶身左右两侧中央各有一上窄下宽的椭圆形线条；在先设计壶身的左右两侧中央各有一长条状椭圆形线条；（3）本专利的底座与壶身底边缘的宽度相同；在先设计的壶身中部靠下的位置具有一环绕壶身的线条，壶身自该线条向下至壶身底部略微向内收缩，底座上窄下宽，其上边缘与壶身底边缘的宽度相同；（4）本专利的壶盖顶部具有一突出部分，在先设计的壶盖顶部具有两段突出部分；（5）本专利的壶身右侧、把手下方具有一锥形凸起，在先设计无此部分；（6）本专利的把手靠近壶盖的顶部为平滑弧线，在先设计的把手靠近壶盖的顶部具有一凸起；（7）本专利仰视图示出了底座底部，在先设计没有披露。

合议组认为：虽然本专利与在先设计中（1）壶嘴的上下边缘、（2）壶身整体呈半椭圆形的宽窄度及壶身左右两侧的椭圆形线条宽窄度、（3）底座的宽窄度、（4）壶盖顶部的凸起有所不同，但是，壶嘴边缘弧线、壶身整体及壶身左右两侧的椭圆形线条、底座、壶盖顶部凸起的变化不足以对产品的整体视觉效果产生显著的影响，本专利的壶身右侧把手下方具有一锥形凸起、在先设计把手靠近壶盖的顶部具有一凸起、在先设计的壶身中部靠下的位置具有一环绕壶身的线条的变化及两者壶嘴位置与壶盖之间距离的差异属于局部的细微变化，并且本专利中底座底部属于不容易看到或者看不到部位的设计变化。经整体观察、综合判断，在壶的整体形状及各部分比例基本相同的情况下，本专利与在先设计的上述差别对产品的整体视觉效果不具有显著的影响，因此基于上述分析判断，两者应当属于相近似的外观设计。

3. 结论

综上所述，本专利与附件 4 属于相同的发明创造，不符合专利法第 9 条的规定，应予以宣告全部无效，因此合议组不再对请求人提出的其他无效理由和证据进行评述。

根据以上事实和理由，合议组作出如下无效宣告请求审查决定。

三、决定

宣告200330118485.7号外观设计全部无效。

当事人对本决定不服的，可以根据专利法第46条第2款的规定，自收到本决定之日起三个月内向北京市第一中级人民法院起诉。根据该款的规定，一方当事人起诉后，另一方当事人应当作为第三人参加诉讼。

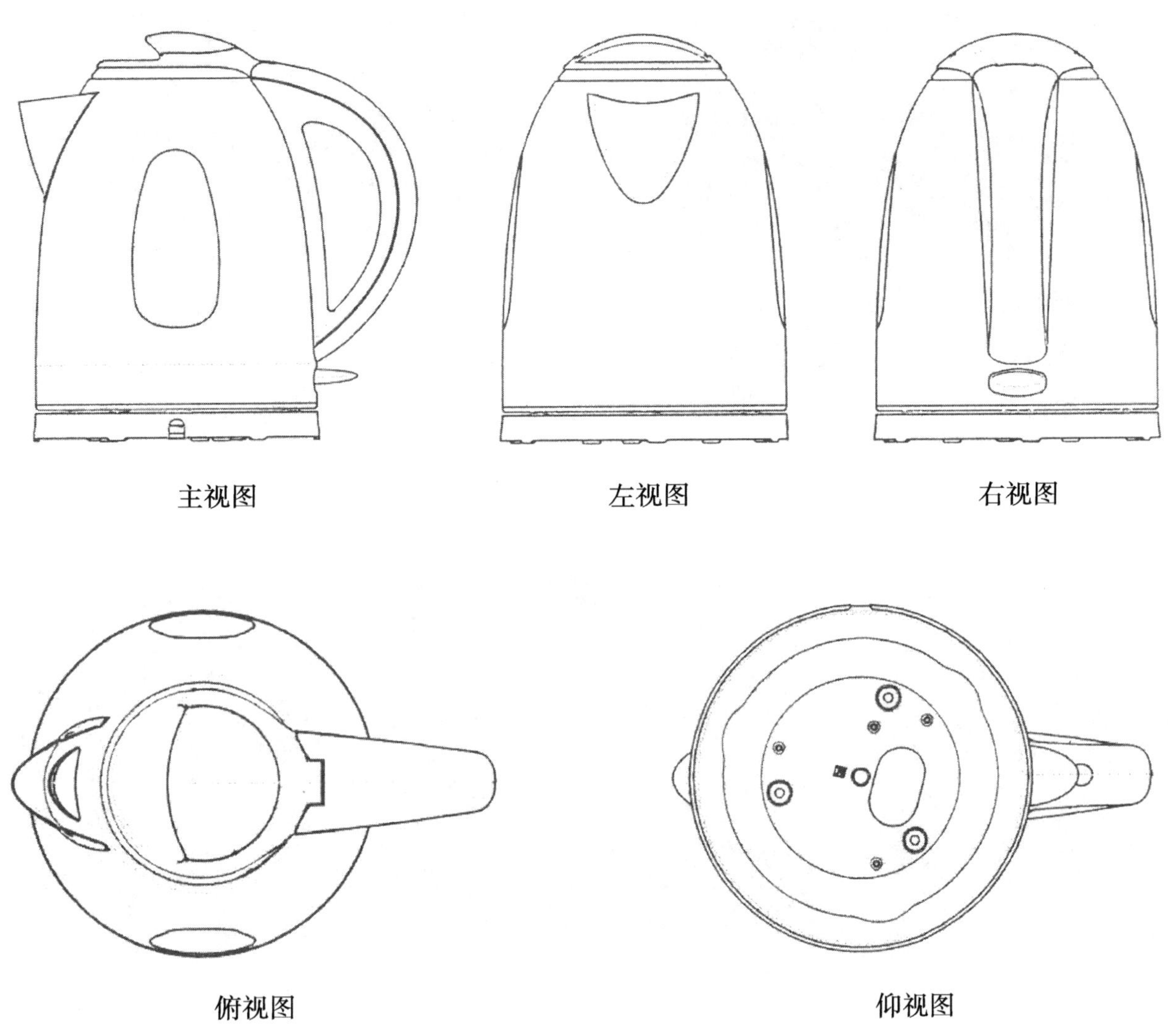

本专利附图

主视图

后视图

左视图

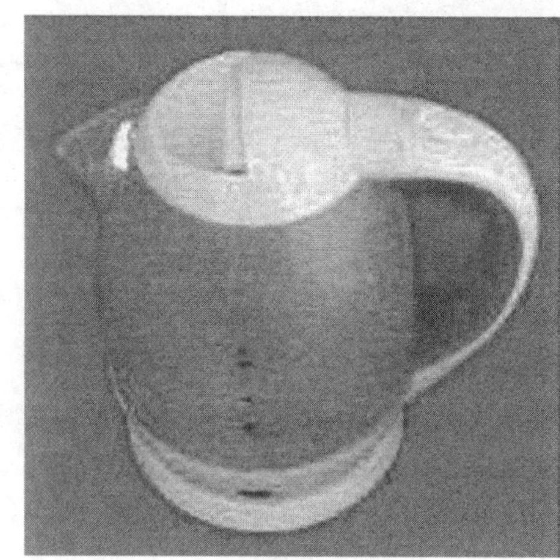

立体图

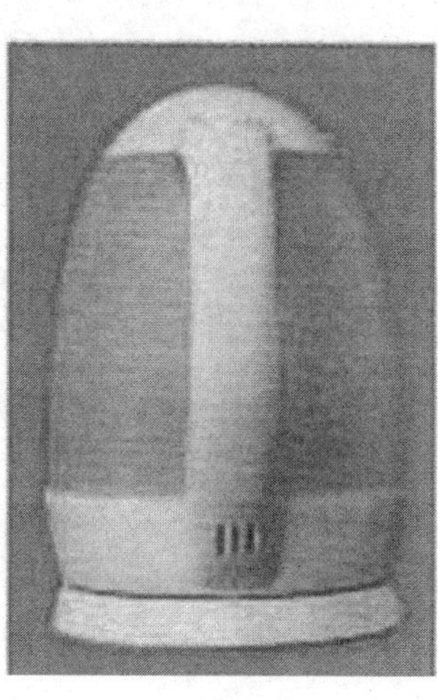

右视图

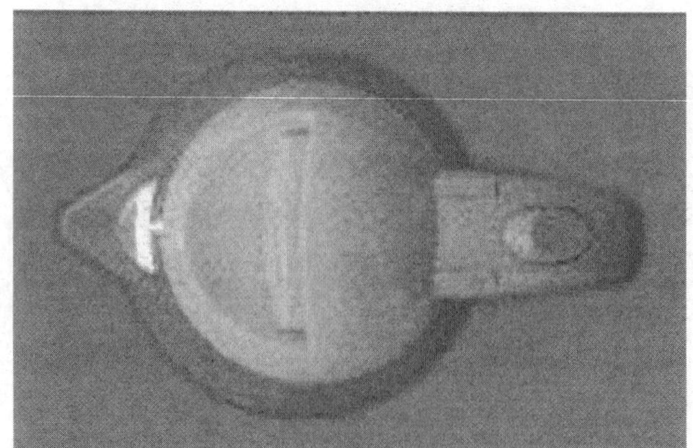

俯视图

在先设计附图

北京市第一中级人民法院
行政判决书

（2009）一中知行初字第 2290 号

原告广州市拓璞电器发展有限公司，住所地广东省广州市花都区北兴镇民昌路 34 号。

法定代表人李卫忠，总经理。

委托代理人盛晓彪，广东博浩律师事务所律师。

被告国家知识产权局专利复审委员会，住所地北京市海淀区北四环西路 9 号银谷大厦 10～12 层。

法定代表人张茂于、副主任。

委托代理人刘路尧，国家知识产权局专利复审委员会审查员。

委托代理人瞿晓峰，国家知识产权局专利复审委员会审查员。

第三人广州市海和家用电器有限公司，住所地广东省广州市花都区新华镇广花一路东镜工业区。

法定代表人蔡盛海，总经理。

委托代理人艾勇，广东国晖律师事务所律师。

原告广州市拓璞电器发展有限公司（以下简称拓璞公司）不服被告国家知识产权局专利复审委员会（以下简称专利复审委员会）于 2009 年 5 月 7 日作出的第 13401 号无效宣告请求审查决定（以下简称第 13401 号决定），于法定期限内向本院提起行政诉讼。本院于 2009 年 9 月 21 日受理后，依法组成合议庭，并通知广州市海和家用电器有限公司（以下简称海和公司）作为本案第三人参加诉讼，于 2009 年 10 月 19 日公开开庭进行了审理。原告拓璞公司的委托代理人盛晓彪，被告专利复审委员会的委托代理人刘路尧、瞿晓峰，第三人海和公司的委托代理人艾勇到庭参加了诉讼。本案现已审理终结。

第 13401 号决定系专利复审委员会针对海和公司就拓璞公司所拥有的 200330118485.7 号外观设计专利（简称本专利）所提出的无效宣告请求而作出的。专利复审委员会在第 13401 号决定中认为：（1）法律依据及证据认定。《中华人民共和国专利法》（以下简称《专利法》）第九条规定：两个以上的申请人分别就同样的发明创造申请专利的，专利权授予最先申请的人。《审查指南》第四部分第七章第 3.2 节规定：请求宣告外观设计专利权无效的，如果申请在先的专利权属于在申请日前已经公开的在先设计的，专利复审委员会可以依据《专利法》第二十三条的规定进行审查。如果申请在先的专利权属于他人申请在先公开在后的在先设计的，专利复审委员会可以依据《专利法》第九条的规定进行审查。海和公司提交的附件 4 是 200330115090.1 号中国外观设计专利，申请日为 2003 年 10 月 20 日，在本专利申请日前，公开日为 2004 年 5 月 12 日，在本专利申请日后，申请人为翟永书，与本专利专利权人不同。在口头审理中，经专利复审委员会释明，针对该证据海和公司变更本案无效理由为《专利法》第九条，拓璞公司对此变更无异议。专利复审委员会认为该证据属于本专利申请日之前申请、之后公开的中国外观设计专利，可以适用《专利法》第九条评价本专利的专利性。（2）关于相近似性判断。将本专利与在先设计进行比较，两者的整体形状和壶嘴、把手的形状基本相同，两者主要不同之处在于：①本专利的壶嘴的上边缘呈直线，下边缘呈略微外凸的弧线；在先设计的壶嘴的上边缘呈略微外凸的弧线，下边缘呈略微内凹的弧线；②本专利的壶身左右两侧中央各有一上窄下宽的椭圆形线条；在先设计壶身的左右两侧中央各有一长条状椭圆形线条；③本专利的底座与壶身底边缘的宽度相同；在先设计的壶身中部靠下的位置具有一环绕壶身的线条，壶身自该线条向下至壶身底部略微向内收缩，底座上窄下宽，其上边缘与壶身底边缘的宽度相同；④本专利的壶盖顶部具有一突出部分，在先设计的壶盖顶部具有两段突出部分；⑤本专利的壶身右侧、把手下方具有一锥形凸起，在先设计无此部分；⑥本专利的把手靠近壶盖的顶部为平滑弧线，在先设计的把手靠近壶盖的顶部具有一凸起；⑦本专利仰视图示出了底座底部，在先设计没有披露。专利复审委员会认为，虽然本专利与在先设计中①壶嘴的上下边缘、②壶身整体呈半椭圆形的宽窄度及壶身左右两侧的椭圆形线条宽窄度、③底座的宽窄度、④壶盖顶部的凸起有所不同，但是，壶嘴边缘弧线、壶身整体及壶身左右两侧的椭圆形线条、底座、壶盖顶部凸起的变化不足以对产品的整体视觉效果产生显著的影响，本专利的壶身右侧把手下方具有一锥形凸起、在先设计把手靠近壶盖的顶部具有一凸起、在先设计的壶身中部靠下的位置具有一环绕壶身的线条的变化及两者壶嘴位置与壶盖之间距离的差异属于局部的细微变化，并且本专利中底座底部属于不容易看到或者看不到部位的设计变化。经整体观察、综合判断，在壶的整体形状及各部分比例基本相同的情况下，本专利与在先设计的上述差别对产品的整体视觉效果不具有显著的影响，因此基于上述分析判断，两者应当属于相近似的外观设计。综上所述，本专利与附件 4 属于相同的发明创造，不符合《专利法》第九条的规定，应予以宣告全部无效，据此，专利复审委员会作出第 13401 号决定，宣告本专利权无效。

拓璞公司不服第 13401 号决定，向本院提起行政诉讼，其诉称：（1）本专利视图包括主视图、左视图、右视图、俯视图、仰视图。电热水壶包括壶身、壶嘴、壶盖、把手、底座五个部分，壶身整体呈上窄下宽的锥形，壶身的左右两侧中央各有一个上窄下宽的椭圆形视窗，壶嘴整体呈 V 字形，壶盖顶部有一凸出部分，把手呈上下两端窄、中间宽大的半椭圆形，其中中间最宽处相对靠近上方，把手侧部具有由壶盖至壶身下部的分界线，底座与壶身底边缘的宽度相同。其中，从俯视图中可以看出，V 字形壶嘴内具有一半椭圆形；从仰视图中可以看出，底座下面具有若干圆点；从主视图中可以看出，壶身右侧、把手下方具有一锥形凸起，壶嘴的上边缘呈直线，下边缘呈略微外凸的弧线。本专利与在先设计有显著不同。在先设计的专利特征包括：壶身分上下两部分，壶身的上部分包括了壶身的中部和上部，由半透明材料制成，下部分由非透明材料制成，两者色块不同的图案结合处形成一水平的分界线；壶身无椭圆形视窗，因为壶身半透明的上部分本身即为视窗，可以看见壶内的水位；壶身这一外观设计是产品的主要部分且占据绝大部分的视觉焦点，对产品的整体视觉效果产生显著的影响。经整体观察、综合判断，本专利与引证的在先专利有明显不同的视觉效果。（2）专利复审委员会在我公司被指定的答辩期限尚未到期的时间内就进行口头审理，使得我公司还未完成答辩就仓促参加口头审理。根据《中华人民共和国专利法实施细则》（以下简称《专利法实施细则》）第六十七条规定，我公司认为专利复审委员会这一做法违反法定程序，没有给予我公司足够的答辩时间，不能客观公正地保护当事人的合法权益。程序是实体审理的根本保障，没有保障的程序就无法实现客观公正的决定。综上，请求法院撤销专利复审委员会作出的第 13401 号决定。

被告专利复审委员会辩称：坚持在第 13401 号决定中的意见，拓璞公司起诉的事实和理由不能成立，请求人民法院依法驳回其诉讼请求，维持第 13401 号决定。

第三人海和公司述称：专利复审委员会作出的第 13401 号决定认定事实清楚，适用法律正确，应当予以维持，请求人民法院依法驳回拓璞公司的诉讼请求。

本院经审理查明：

本案涉及的是国家知识产权局于 2004 年 8 月 4 日授权公告，申请日为 2003 年 12 月 9 日的名称为“电热水壶（EJ-10）”的 200330118485.7 号外观设计专利（即本专利），专利权人为拓璞公司。在本专利外观设计专利公报上载明的视图有 5 幅，包括主视图、左视图、右视图、俯视图、仰视图（见附图 1）。

2008年12月29日，海和公司以本专利不符合《专利法》第二十三条、《专利法实施细则》第十三条的规定为由，向专利复审委员会提出无效宣告请求，并提交了5份附件作为证据。其中附件4电热水壶（WKF-818）（简称在先设计）图示有主视图、俯视图、后视图、左视图、右视图、立体图。电热水壶包括壶身、壶嘴、壶盖、把手、底座五个部分，壶身整体呈上窄下宽的半椭圆形，壶身中部靠下的位置有一环绕壶身的线条，壶身自该线条向下至壶身底部略微向内收缩，壶身的左右两侧中央各有一长条状椭圆形线条，该椭圆形线条内具有三个圆点，壶嘴整体呈V字形，壶盖顶部具有两段突出部分，把手呈上下两端窄、中间宽的半椭圆形，其中中间最宽处相对靠近上方，把手中间部分具有一向内突出部分，把手侧部具有由壶盖至壶身下部的分界线，底座上窄下宽，其上边缘与壶身底边缘的宽度相同。其中，从俯视图中可以看出，V字形壶嘴内具有一半椭圆形；从主视图、俯视图、立体图中可以看出，把手靠近壶盖的顶部具有一凸起；从主视图、后视图中可以看出，壶嘴的上边缘呈略微外凸的弧线，下边缘呈略微内凹的弧线。

专利复审委员会于2009年3月16日向双方当事人发出口头审理通知书，并于2009年4月7日对本案进行口头审理。在口头审理中，专利复审委员会依职权向海和公司释明《专利法》第九条规定的含义，海和公司明确其无效理由为本专利相对于附件1结合附件2不符合《专利法》第二十三条的规定，本专利分别相对附件3、4、5不符合《专利法》第九条的规定；海和公司放弃使用《专利法实施细则》第十三条的无效理由；拓璞公司对海和公司当庭变更无效理由无异议，对附件1-5的真实性无异议。

2009年5月7日，专利复审委员会以本专利不符合《专利法》第九条的规定为由作出第13401号决定，宣告本专利权无效。

以上事实有本专利公报、附件4、第13401号决定和当事人陈述等证据在案佐证。

本院认为：

一、第13401号决定是否存在程序违法

《审查指南》规定专利权人的举证应在专利复审委员会指定的答复期内完成，而口头审理是专利复审委员会设置的听证程序，口头审理日并非答复期届满日。而拓璞公司在口头审理日之后至指定答复期届满时并未再提交新证据，因此，专利复审委员会举行口头审理并未对拓璞公司的实体权利造成损害，拓璞公司关于第13401号决定存在程序违法的主张缺乏事实和法律依据，本院不予支持。

二、本专利是否符合《专利法》第九条的规定

《专利法》第九条规定：两个以上的申请人分别就同样的发明创造申请专利的，专利权授予最先申请的人。基于查明的事实，将本专利与在先设计进行比较，两者的整体形状和壶嘴、把手的形状基本相同，两者主要不同之处在于：（1）本专利的壶嘴的上边缘呈直线，下边缘呈略微外凸的弧线；在先设计的壶嘴的上边缘呈略微外凸的弧线，下边缘呈略微内凹的弧线；（2）本专利的壶身左右两侧中央各有一上窄下宽的椭圆形线条；在先设计壶身的左右两侧中央各有一长条状椭圆形线条；（3）本专利的底座与壶身底边缘的宽度相同；在先设计的壶身中部靠下的位置具有一环绕壶身的线条，壶身自该线条向下至壶身底部略微向内收缩，底座上窄下宽，其上边缘与壶身底边缘的宽度相同；（4）本专利的壶盖顶部具有一突出部分，在先设计的壶盖顶部具有两段突出部分；（5）本专利的壶身右侧、把手下方具有一锥形凸起，在先设计无此部分；（6）本专利的把手靠近壶盖的顶部为平滑弧线，在先设计的把手靠近壶盖的顶部具有一凸起；（7）本专利仰视图示出了底座底部，在先设计没有披露。

虽然本专利与在先设计中（1）壶嘴的上下边缘、（2）壶身整体呈半椭圆形的宽窄度及壶身左右两侧的椭圆形线条宽窄度、（3）底座的宽窄度、（4）壶盖顶部的凸起有所不同，但是，壶嘴边缘弧

线、壶身整体及壶身左右两侧的椭圆形线条、底座、壶盖顶部凸起的变化不足以对产品的整体视觉效果产生显著的影响，本专利的壶身右侧把手下方具有一锥形凸起、在先设计把手靠近壶盖的顶部具有一凸起、在先设计的壶身中部靠下的位置具有一环绕壶身的线条的变化及两者壶嘴位置与壶盖之间距离的差异属于局部的细微变化，并且本专利中底座底部属于不容易看到或者看不到部位的设计变化。经整体观察、综合判断，在壶的整体形状及各部分比例基本相同的情况下，本专利与在先设计的上述差别对产品的整体视觉效果不具有显著的影响，因此基于上述分析判断，两者应当属于相近似的外观设计。

综上，专利复审委员会在第13401号决定中认定本专利不符合《专利法》第九条的规定是正确的，其基于此宣告本专利权无效有事实和法律依据，第13401号决定认定事实清楚，适用法律正确，程序合法，应予维持。拓璞公司请求撤销该决定的理由不能成立，本院不予支持。依照《中华人民共和国行政诉讼法》第五十四条第（一）项之规定，本院判决如下：

维持被告国家知识产权局专利复审委员会作出的第13401号无效宣告请求审查决定。

案件受理费100元，由原告广州市拓璞电器发展有限公司负担（已交纳）。

如不服本判决，各方当事人可在本判决书送达之日起15日内向本院提交上诉状，并交纳上诉案件受理费100元，上诉于北京市高级人民法院。

审 判 长 侯占恒
代理审判员 殷 悦
人民陪审员 牛艳玲
二〇〇九年十二月十五日
书 记 员 卓 锐

278

油墨筒

无效宣告请求审查决定（第13404号）

决　　定　　号　第13404号
决　　定　　日　2009年5月15日
发明创造名称　油墨筒
外观设计分类号　09-02-B0100
无效宣告请求人　张　辉
专　利　权　人　李兴业
专　　利　　号　99308740.X
申　　请　　日　1999年6月29日
授 权 公 告 日　2000年1月5日
合 议 组 组 长　左　一
主　　审　　员　郝海燕
参　　审　　员　党　星
附　　　　　图　2页

法　律　依　据　专利法第23条
决　定　要　点

本专利和在先设计除在一些细微的图案设计上有所不同外，二者在整体布局和设计上构思均是极其相近似的，局部的细微差别不足以对产品的整体视觉效果产生显著的影响，因此二者属于相近似的外观设计。

一、案由

本无效宣告请求涉及国家知识产权局于2000年1月5日授权公告的99308740.X号外观设计专利，其产品名称是"油墨筒"，申请日是1999年6月29日，专利权人是李兴业。

针对上述外观设计专利权（下称本专利），张辉（下称请求人）于2009年2月4日向专利复审委员会提出无效宣告请求，其主要理由是本专利不符合专利法第23条的规定。请求人认为在本专利申请日以前已有与其相近似的外观设计专利被公开，因此，本专利不符合专利法第23条的规定，应予宣告无效。请求人同时提交了以下证据：

证据1是盖有国家知识产权局专利检索咨询中心副本认证专用章的编号为"912378的类似4"的日本外观设计专利权的公报文本复印件，公开日为1997年11月13日其上加盖有国家知识产权局检索咨询中心出具的副本认证专用章，共2页；

证据2是证据1的中文译文，共1页；

证据3是本专利的授权公告文本网络下载打印件，共9页。

无效宣告请求书中的具体无效理由为：本专利与证据1均属于印刷机类产品及其附属产品，将本专利与证据1所公开的外观设计相比较可知，二者在主视图、后视图、左视图、右视图、俯视图上是相同的，在仰视图上是相似的，属于相近似的产品，因此，本专利不符合专利法第23条的规定。

经形式审查合格，专利复审委员会受理了该无效宣告请求，并于2009年2月27日向双方当事人发出无效宣告请求受理通知书，并将请求人提交的专利权无效宣告请求书及其附件中所列副本转送专利权人，要求专利权人在指定期限内陈述意见。

专利权人在指定期限内未提交任何意见陈述。

专利复审委员会依法成立合议组，并于2009年4月7日向双方当事人发出无效宣告请求口头审理通知书，定于2009年4月28日举行口头审理。

口头审理如期举行，仅请求人一方到庭，专利权人未出席口头审理，合议组依法缺席审理本案。在口头审理过程中，请求人对合议组成员无回避请求，对合议组成员变更无异议，请求人表示已经在审理专利复审委内编号为W608676的无效请求案的口头审理中提交了盖有国家知识产权局检索咨询中心出具的副本认证专用章的证据1的原件。请求人明确无效宣告请求理由为：本专利与其申请日前授权公告的证据1的外观设计专利进行比较，二者整体的形状相近似，局部的差别对于整体视觉效果不具有显著的影响，因此本专利不符合专利法第23条的规定。

在上述审理的基础上，合议组认为本案事实清楚，可以依法作出本审查决定。

二、决定的理由

1. 法律依据

基于请求人提出的无效宣告请求的理由，合议组依据专利法第23条的规定对本案进行审理。

专利法第23条规定："授予专利权的外观设计，应当同申请日以前在国内外出版物上公开发表过或者国内公开使用过的外观设计不相同和不相近似，并不得与他人在先取得的合法权利相冲突。"

2. 关于证据

请求人提交的证据1为编号"912378的类似4"的日本外观设计专利公报的复印件，其公开日为1997年11月13日，专利权人未对证据1的真实性提出异议。经合议组核实，对其真实性予以认可。证据2是证据1的中文译文，专利权人未对证据2的译文准确性提出异议，合议组采用证据2作为证据1的中文译文。证据1（下称在先设计）的公开日早于本专利申请日，属于本专利申请日前公开的出版物，可以作为评价本专利是否符合专利法第23条的规定的证据使用，以证据2作为证据1的中文译文。

3. 相同和相近似性判断

使用在先设计的产品名称为"打印机用油墨容器"，本专利与在先设计均为油墨筒的外观设计，其属于相同种类的产品，故进行如下相近似性比较判断。

本专利包括六面视图和两个立体示意，未请求保护色彩。从其视图可以看出，其所示油墨筒整体为圆柱体形状，底部直径略大于顶部直径，在圆柱体上部位置有两个圆环状凸缘；在圆柱体一侧的中部到下部位置有一竖条状突起，在圆柱体底部位置有一较宽的环状凸缘，从俯视图来看，其侧面整体为一圆形，包括由两个圆组成的同心圆，从仰视图来看，其侧面整体为一圆形，包括由外至内的五个同心圆环，在由外至内的第二个圆环内包括互相间隔的三个扇形，三个扇形的边缘处为近似直线，在最内部圆环的内部有一个十字形图案（详见本专利附图）。

在先设计包括九面视图，从其视图可以看出，其所示油墨容器整体为圆柱体形状，底部直径略大于顶部直径，在圆柱体上部位置有两个圆环状凸缘；在圆柱体一侧的中部到下部位置有一竖条状突起，在圆柱体底部位置有一较宽的环状凸缘，从俯视图来看，其侧面整体为一圆形，包括由两个圆组成的同心圆，从仰视图来看，其侧面整体为一圆形，包括由外至内的五个同心圆环，在由外至内的第二个圆环内包括互相间隔的三个扇形，三个扇形的边缘处为近似直线，在最内部圆环的内部没有图案（详见在先设计附图）。

经上述分析对比，合议组认为，本专利仰视图中位于最内侧的圆圈内部显示有十字形图案，而在先设计中没有，因此本专利与在先设计略有不同。但是从整体来观察，在本专利与在先设计的整体形状、上部和下部位置上圆环部分的构成、中下部竖条状突起的构成相同的情况下，由此对二者的整体形状产生了相近似的视觉效果，对于二者的不同点，仅属于局部细微的差异，相对于产品的整体外观设计并未产生明显不同的视觉效果，不足以对产品的整体视觉效果产生显著影响，因此二者属于相近似的外观设计。

综上所述，本专利与其申请日前授权公告的外观设计专利相近似，因此，本专利不符合专利法第23条的规定。

三、决定

宣告99308740.X号外观设计专利权全部无效。

当事人对本决定不服的，可以根据专利法第46条第2款的规定，自收到本决定之日起三个月内向北京市第一中级人民法院起诉。根据该款的规定，一方当事人起诉后，另一方当事人应当作为第三人参加诉讼。

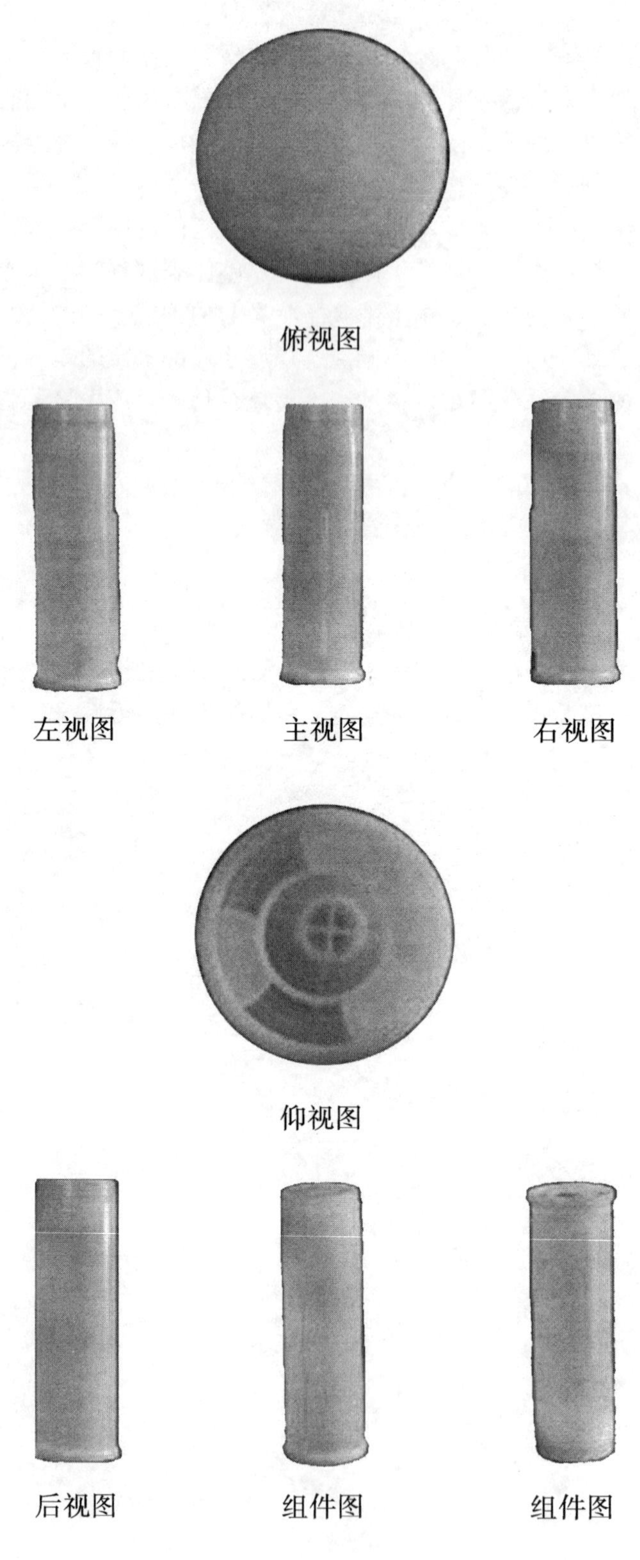

本专利附图

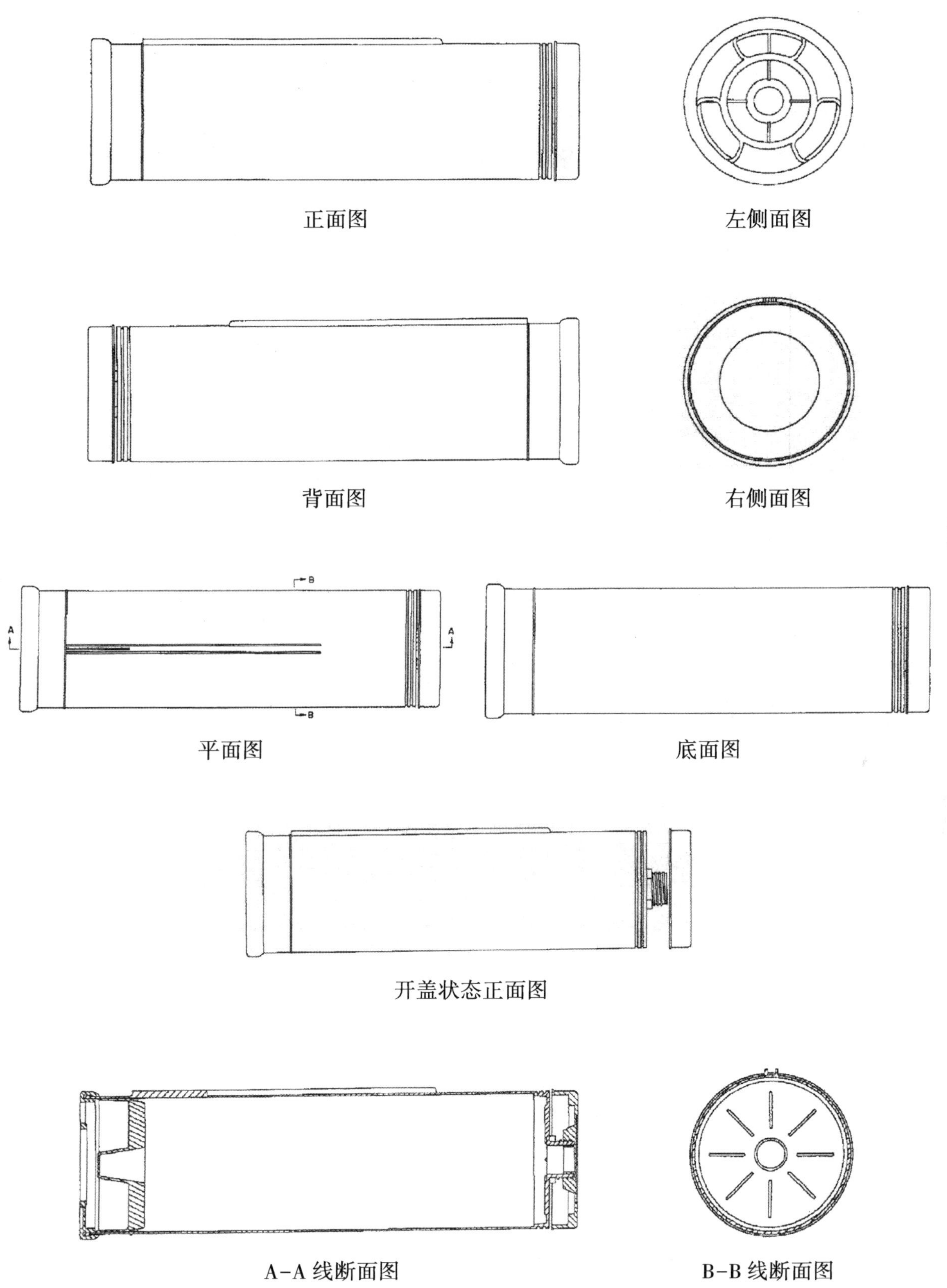

在先设计附图

279

染色机（A）

无效宣告请求审查决定（第13405号）

决　　定　　号　第13405号
决　　定　　日　2009年5月7日
发明创造名称　染色机（A）
外观设计分类号　15－06
无 效 请 求 人　双喜（佛冈）机械有限公司
专　利　权　人　科万商标投资有限公司
申　　请　　号　02332561.5
申　　请　　日　2002年7月19日
授 权 公 告 日　2003年2月12日
合 议 组 组 长　钟　华
主　　审　　员　吴红权
参　　审　　员　危　峰
附　　　　　图　1页

法　律　依　据　专利法第23条
决　定　要　点
本专利与在先设计存在明显差别，这些差别对二者的整体视觉效果具有显著的影响，因此，本专利与在先设计不属于相同或相近似的外观设计。

一、案由

本无效宣告请求案涉及国家知识产权局于2003年2月12日授权公告、申请日为2002年7月19日、名称为“染色机（A）”的02332561.5号外观设计专利（下称本专利），专利权人为科万商标投资有限公司。

针对上述专利权，双喜（佛冈）机械有限公司（下称请求人）于2005年9月27日向专利复审委员会提出无效宣告请求，并提交了如下证据：

证据1：立信产品宣传单，复印件共2页，包括证据1（1）和证据1（2）；
证据2：由桐乡市梧桐万顺毛衫制衣厂出具的书证及附图，复印件共2页；
证据3：标有手写字体ZL02333501.7的一幅立体图，复印件共1页；
证据4：标有手写字体ZL02333400.2的一幅立体图，复印件共1页；
证据5：标有手写字体ZL02333399.5的一幅立体图，复印件共1页；

证据 6：标有手写字体 ZL02333398.7 的一幅立体图，复印件共 1 页；

证据 7：标有手写字体 ZL02333397.9 的一幅立体图，复印件共 1 页。

请求人认为：证据 1 和证据 2 可以证明与本专利相近似的外观设计已在本专利申请日前在国内公开销售，本专利不符合专利法第 23 条的规定；本专利与证据 3~7 所示外观设计属于同样的发明创造，不符合专利法实施细则第 13 条第 1 款的规定。

经形式审查合格后，专利复审委员会受理了上述请求，于 2005 年 9 月 28 日向双方当事人发出了《无效宣告请求受理通知书》，并将《专利权无效宣告请求书》及其附件的副本转送给专利权人，要求其在指定的期限内答复。

2005 年 10 月 25 日，请求人提交了证据 8~13（编号续前）：

证据 8：广东省东莞市公证处出具的编号为（2005）东证内字第 9958 号公证书及由东莞世丽纺织有限公司出具的书证，复印件共 6 页；

证据 9：《针织工业》，2001 年第 3 期，封面和广告页，复印件共 2 页；

证据 10：广东省佛冈县公证处出具的编号为（2005）佛证民字第 187 号公证书及由佛冈永富纺织印染厂出具的书证，复印件共 4 页；

证据 11：编号为 E0062296 的广东省广州市中级人民法院的应诉通知书复印件 1 页以及专利号为 02332561.5 的外观设计专利证书复印件 1 页；

证据 12：立信产品宣传单，复印件 2 页；

证据 13：第 010077124 号海关进口货物报关单，复印件 1 页。

2005 年 10 月 27 日，请求人提交了证据 14~17（编号续前）：

证据 14：据称在中山市大涌镇南村中山公路侧联达染整有限公司拍摄的照片，复印件 2 页；

证据 15：广东省东莞市公证处出具的编号为（2005）东证内字第 1731 号公证书，复印件共 5 页；

证据 16：东莞茶山双喜机械厂第 000008 号送货单，复印件 1 页；

证据 17：双喜机械厂的产品宣传单，复印件 2 页。

2008 年 3 月 31 日，合议组将请求人分别于 2005 年 10 月 25 日和 27 日提交的证据 8~17 转送给专利权人，要求其在一个月期限内进行答复。

2008 年 4 月 28 日，专利权人针对该转送文件陈述了意见，专利权人认为：

（1）证据 1 为产品宣传单，该证据无合法来源，其标注的时间是在本专利申请日之后，不能作为对比文件，在复审委员会第 9404 号决定中，已经放弃该证据；（2）证据 2 为证人证言，没有证人签字，不符合证据要求，所附的图片没有合法来源，不能作为对比文件，在复审委员会第 9404 号决定中，已经放弃该证据；（3）证据 3~7 为公告的专利，同样的事实和理由已经在北京市高级人民法院（2006）高行终字第 470 号行政判决书审理过并维持本专利有效；（4）证据 8 公证的产品没有公开时间，也没有销售发票，不能作为对比文件；照片上的产品与本专利相比，既不相同，也不相近似，附后的证人证言没有证人签字，不符合证据要求；（5）证据 9 为公开出版物，图片有许多产品，请求人没有说明哪个产品与本专利进行对比，其公开的产品与本专利相比，既不相同，也不相近似；（6）证据 10 公证的产品没有公开时间，也没有销售发票，不能作为对比文件；照片上的产品与本专利相比，既不相同，也不相近似，附后的证人证言没有证人签字，不符合证据要求；（7）证据 11 是法院的诉讼须知，与本无效宣告请求没有关联性，在复审委员会第 9404 号决定中已明确其不能作为判断不符合专利法第 23 条的证据；（8）证据 12 为立信公司产品广告，没有合法来源，对真实性存在异议，其标注的印刷时间为 2003 年，在本专利的申请日之后，不能作为对比文件，在复审委员会第

9404 号决定中已明确其不能作为判断不符合专利法第 23 条的证据；（9）证据 13 为报关单复印件，对真实性有异议，其标注的产品为 ECO-38-6T，与本专利没有关联性，也没有相对应的外观设计图，不能作为本专利的对比文件，请求人在复审委员会第 9404 号决定中，已经放弃该证据；（10）证据 14 是照片，没有合法来源，其制造时间在本专利申请日之后，不能作为对比文件；（11）证据 15 为一份公证书，其公证的产品没有公开时间，也没有销售发票，不能作为对比文件，照片上的产品与本专利相比，既不相同，也不相近似；（12）证据 16 是一份送货单，没有图片，不能作为本专利的对比文件；（13）证据 17 是请求人自己提供的产品宣传单，没有印刷单位，也没有印刷合同及印刷费用发票，无合法来源，也没有证据证明产品宣传单于本专利申请日之前各外公开派发，因此不是公开出版物，其标注的印刷时间字体与其他字体不一致，该印刷品完全可以事后印刷，其真实性和合法性值得怀疑，不能作为本专利的对比文件，在复审委员会第 8623 号决定中，请求人已经放弃该证据。

2008 年 9 月 25 日，专利复审委员会本案合议组向双方当事人发出《无效宣告请求口头审理通知书》，定于 2008 年 11 月 19 日对本专利权的无效宣告请求举行口头审理，并将专利权人于 2008 年 4 月 28 日提交的意见陈述书的副本转送给请求人。

2008 年 11 月 6 日，专利复审委员会本案合议组向双方当事人发出《无效宣告请求口头审理暂时中止通知书》，暂时中止定于 2008 年 11 月 19 日举行的口头审理。

2009 年 1 月 22 日，专利复审委员会本案合议组再次向双方当事人发出《无效宣告请求口头审理通知书》，定于 2009 年 3 月 10 日对本无效宣告请求举行口头审理。

2009 年 3 月 10 日，口头审理如期举行。双方当事人的代理人均参加了口头审理，合议组就本无效宣告请求案进行了庭审调查。在口头审理过程中，认定并记录了以下事项：（1）请求人当庭放弃使用证据 2~7、证据 11、证据 12 和证据 16；请求人确认无效宣告理由为专利法第 23 条，放弃专利法实施细则第 13 条第 1 款的无效宣告理由；（2）请求人以证据 1、证据 9、证据 17 证明在先公开发表，以证据 8、证据 10、证据 13 结合证据 14、证据 15 证明在先公开使用；（3）请求人出示了证据 1（1）的原件，出示了证据 1（2）盖有“国家图书馆文献检索专用章”的复印件，出示了证据 9 盖有首都图书馆印章的复印件，出示了证据 8、证据 10、证据 15、证据 17 的原件；（4）专利权人不认可证据 1（1）的公开性和合法性，不认可证据 1（2）的真实性和合法性；对证据 8 公证书本身的真实性无异议，但认为证据 8 不能证明本专利在先公开使用；对证据 9 的真实性、合法性有异议；对证据 10 公证书本身的真实性无异议，但认为证据 10 不能证明本专利在先公开使用；对证据 13 的真实性、关联性有异议；对证据 15 公证书本身的真实性无异议，但认为证据 15 不能证明其公开使用日期；对证据 17 的真实性有异议。

至此，合议组认为本案的事实已经调查清楚，可以依法作出审查决定。

二、决定的理由

1. 关于无效理由

由于在口头审理中，请求人放弃了本专利权利要求不符合专利法实施细则第 13 条第 1 款的无效宣告理由，放弃了证据 2~7、证据 11、证据 12 和证据 16，因此请求人针对本专利所提出的全部无效宣告理由和范围是：以证据 1、证据 9、证据 17 证明与本专利相近似的外观设计在先公开发表过，以证据 8、证据 10、证据 13 结合证据 14、证据 15 证明与本专利相近似的外观设计在先公开使用过。

2. 关于证据

请求人当庭放弃证据 2~7、证据 11、证据 12 和证据 16，合议组对上述证据不再予以评述。

证据 1 为立信产品宣传单，包括第 1 页（下称证据 1（1））和第 2 页（下称证据 1（2）），分别来自两份不同的期刊文献。请求人在口头审理当庭提交了证据 1（1）的整本原件，即《纺织导报》，该文献的封面上标有第4期，2002年7月字样。经合议组核实，该原件第3页标有双月刊字样，该文献的第67页有与证据1（1）内容相同的一页广告页。鉴于证据1（1）的封面仅记载了2002年7月字样，并没有明确记载更具体的公开时间，根据《审查指南》的相关规定，出版物的印刷日视为公开日，印刷日只写明年月的，以所写月份的最后一日为公开日，因此合议组推定证据1（1）的公开日为2002年7月31日。请求人主张证据1（1）的出版日期是2002年7月，但是并没有提供进一步的证据证明证据1（1）的出版时间在本专利申请日2002年7月19日之前。证据1（1）的公开日晚于本专利的申请日，其上记载的外观设计不属于在本专利申请日前公开发表过的外观设计，因此，对于请求人所主张的以证据1（1）证明与本专利相同或相近似的外观设计在先公开发表过的无效宣告理由，合议组不予支持。

请求人当庭提交了盖有国家图书馆文献检索专用章骑缝章的4页复印件，其第3页与附件1（2）一致，其第2页记载了如下内容：《针织工业》，双月刊，2002年第3期，出版日期：双月30日，第3页上有标为ECO-6的黑白图片，第4页上有标为ECO-6的彩色图片。专利权人质疑证据1（2）的真实性和合法性，认为证据1（2）不是一个标准的装订。对此，合议组认为，证据1（2）上盖有国家图书馆文献检索专用章骑缝章红章，4页内容上的骑缝章刚好形成一个完整的国家图书馆文献检索专用章，可以确认请求人对这4页的内容并没有作出更换，在专利权人没有举证证明请求人所提交的证据1（2）不真实的情况下，合议组对证据1（2）的真实性予以认可。由于证据1（2）明确记载了出版日期为双月30日，而且证据1（2）为双月刊的2002年第3期，故合议组认为证据1（2）的公开时间为2002年6月30日，早于本专利的申请日，可用于评价本专利是否符合专利法第23条的规定。

请求人当庭提交了证据8的原件。专利权人对证据8本身的真实性无异议，但对公证的内容和公证的日期的真实性有异议，认为公证书的公证时间在本专利申请日之后，并没有证明所公证产品的公开时间，也没有这些产品的具体销售发票，公证书中的制造日期不能等同于公开使用时间；证明没有公司负责人签字，不满足民事证据规则。

证据8是广东省东莞市公证处出具的编号为（2005）东证内字第9958号公证书复印件6页，及盖有“东莞世丽纺织有限公司”公章的证明的复印件1页。请求人当庭提交了公证书的原件和证明的原件，所述公证书是基于双喜（佛冈）机械有限公司的申请，于2005年10月10日进行的现场勘查，对东莞洪梅世丽针织布厂内的一批染整机械设备的生产厂家及制造日期做保全证据公证，证明事项是与本公证书粘联的相片四十三张与现场实际情况相符。其中公证书中明确同一页照片为同一染整机械，摘录内容与机械标牌相符。请求人引用公证书第17和20页证明与本专利外观设计相同或相近似的产品已经在先公开使用，其中公证书第17页包括两张涉及染整机械的立体图和一张涉及标牌的图，标牌上写有“双喜机械厂，制造日期2001年1月5日”，公证书第20页包括两张涉及染整机械的立体图和一张涉及标牌的图，标牌上写有“双喜机械厂，制造日期2001年11月16日”，结合公证书第21页现场勘查记录可以看出2001年1月5日为标牌上记载的上述两张立体图所显示的染整机械的制造日期，可以看出公证书所公证的是2005年10月10日所述染整机械所显示的信息，由于这些信息具有可更改性，因此请求人同时提交了盖有“东莞世丽纺织有限公司”公章的证明，证明内容是双喜（佛冈）机械有限公司于2005年10月10日在其公司办理证据保全公证的机器上面的标牌为原始标牌，该公司没有作任何改动。由于该证明仅有东莞世丽纺织有限公司的公章，缺少相关负责人的签字，在口头审理中也没有东莞世丽纺织有限公司的人员出庭作证，因此仅凭该证明不能证明该公司的染整机械2005年10月10日所显示的信息没有被更改过，从而证据8不能证明与本专利外观设计相同或相近似的产品已经在本专利申请日前公开使用，所以证据8不能作为判断本专利是否符合专利法第 23 条规定的证据。

证据 9 为《针织工业》，封面和广告页，复印件共 2 页。请求人在口头审理当庭提交了盖有“首都图书馆”印章的复印件，并当庭明确以证据 9 第 2 页第 1 组中的第 2 个图 GMN18 系列与本专利进行对比。专利权人不认可证据 9 的真实性、合法性，并且认为 GMN18 系列与本专利没有关联性也不相近似。经合议组核实，证据 9 为《针织工业》，2001 年第 3 期，请求人当庭提交了盖有“首都图书馆藏书”骑缝章红章的复印件 2 页，2 页内容上的骑缝章刚好形成一个完整的首都图书馆藏书，可以确认请求人对这 2 页的内容并没有作出更换，在专利权人没有举证证明请求人所提交的证据 9 不真实的情况下，合议组对证据 1（2）的真实性予以认可，由于证据 9 的公开日期为 2001 年，早于本专利的申请日，故证据 9 可用于评价本专利是否符合专利法第 23 条的规定。

证据 10 是由广东省佛冈县公证处出具的编号为（2005）佛证民字第 187 号以及由佛冈永富纺织印染厂出具的证明材料，复印件共 4 页，公证内容是所附 29 张照片为现场拍摄、相片反映的情况与实际情况相符，粘贴于同一页纸上的照片系拍摄于同一物，摘录内容与标牌相符；证明内容是佛冈永富纺织印染厂证明染整机械上的标牌为机器的原始标牌，未做过任何改动。请求人当庭提交了证据 10 的原件，并且陈述后面由佛冈永富纺织印染厂出具证明的原件在 6W05612 案件中，并且当庭明确以证据 10 第 3 页的三幅图一起使用。专利权人认为公证书并未公证产品公开的时间，公证书上标牌标的是制造日期而非公开日期，所附证明没有证人签字，不符合证据要求。对此，合议组认为：证据 10 公证书所公证内容仅仅能够证明公证当天 2005 年 10 月 8 日的情况，并不能证明本专利申请日 2002 年 7 月 19 日之前实际的状况，所提供的由佛冈永富纺织印染厂出具的证明缺乏相关负责人的签字，在口头审理当庭也没有佛冈永富纺织印染厂的人员出庭作证，在没有其他佐证的情况下，仅凭该证明不能证明佛冈永富纺织印染厂的染整机械于 2005 年 10 月 8 日所显示的信息没有被更改过，因此，证据 10 不能证明与本专利外观设计相同或相近似的产品已经在本专利申请日之前公开使用，故证据 10 不能用于评价本专利是否符合专利法第 23 条的规定。

请求人以证据 13 结合证据 14 证明与本专利相近似的外观设计使用公开。请求人没有提供证据 13 的原件，专利权人对证据 13 的真实性不予认可。对此，合议组认为，证据 13 为海关报关单复印件 1 页，证据 14 为据称在中山市大涌镇南村中山公路侧联达染整有限公司拍摄的照片复印件 2 页，在请求人没有提交原件以及专利权人不认可证据 13 的真实性的情况下，合议组无法确认证据 13 的真实性，因此对请求人以证据 13 结合证据 14 证明与本专利相近似的外观设计使用公开的无效宣告理由不予支持。

证据 15 是由广东省东莞市公证处出具的编号为（2005）东证内字第 1731 号公证书，复印件共 5 页，公证内容是东莞市公证处于 2005 年 3 月 15 日对东莞世丽纺织有限公司内的型号为 DY38-01 的染缸进行了证据保全，内容是该染缸现状如公证书所附照片所示。请求人当庭提交了证据 15 的原件并当庭确认了所使用的图片，专利权人对证据 15 公证书本身的真实性予以认可，但认为没有提供相应产品的销售发票，不能作为本专利的对比文件，公证的标牌本身就是请求人的标牌，仅凭其标注的制造日期不能证明公开使用日期，并且认为证据 15 中的图片与本专利不相近似。对此，合议组认为，证据 15 仅能证明 2005 年 3 月 15 日公证时所反映的型号为 DY38-01 染缸的真实情况，并不能证明本专利申请日 2002 年 7 月 19 日之前该染缸的状况，因此仅由该公证书不能证明 DY38-01 染缸真实的公开日期，证据 15 不能证明与本专利外观设计相同或相近似的产品已经在本专利申请日之前在先公开使用，故证据 15 不能用于评述本专利是否符合专利法第 23 条的规定。

证据 17 是双喜机械厂的广告复印件 2 页。请求人当庭提交了证据 17 的原件，并且陈述是取之于展会上的宣传页，证据 17 的右下角为出版日期，使用的图片为左上角的图片。专利权人对证据 17 的真实性有异议，认为证据 17 是请求人自己提供的自己的产品宣传单，宣传单上没有印刷单位，没有印刷的印刷合同及印刷费用的发票，也没有证据证明产品宣传单于本专利申请日之前已经公开派发，认为证据 17 不是公开的出版物，标注的印刷日期字体与其他字体不一致，并且没有证据证明在哪个展会上使用过。对此，合议组认为，证据 17 属于广告宣传单，属于形式随意的非正规出版物，在专利权人对其真实性有异议，而请求人没有提供进一步证据佐证证据 17 真实性的情况下，合议组对证据 17 不予采信。

综上所述，证据 1（2）和证据 9 可以用于评价本专利是否符合专利法第 23 条的规定，证据 8、证据 10、证据 13 和证据 14、证据 15、证据 17 不能用于评价本专利是否符合专利法第 23 条的规定。

3. 关于无效审理的文本

本决定以授权公告的文本为审查基础。

4. 关于专利法第 23 条

专利法第 23 条规定，授予专利权的外观设计，应当同申请日以前在国内外出版物上公开发表过或者国内公开使用过的外观设计不相同和不相近似，并不得与他人在先取得的合法权利相冲突。

（1）与证据 1（1）的图 ECO-38（下称在先设计 1）的相近似比较。

本专利为染色机，在先设计 1 也为染色机，二者所属产品种类相同，可以进行相同相近似比较。

请求人认为：本专利的主要特点是一个长方体的容器有四个支架，前部有上下两个窗口，上面的窗口是略大的方形，下部的窗口是稍小的圆形，染色机使用时正面面对使用者，相似性判断以其正面为主。证据 1（1）的图 ECO-38 也是一个长方体的容器，下部也有支架，上部有八个窗口，从外观直接看，与本专利唯一不同是窗口数量不同，容器的大小有差异，大小与其窗口数量的简单增加对于作为染色机特定产品的一般消费者和使用者而言，其差异性不显著，仅仅是数量和容器大小的差异，所对比的图片是使用过程的图片，多了一些支架设施并不影响对染色机主体的对比，因此二者具有相似性。专利权人认为：证据 1 指定的图仅表现了一个侧面图，而本专利是六面视图，本专利是一个上下高左右窄的产品，证据 1 不止四个支架，而本专利只有四个支架，证据 1 有一排多个窗口，而本专利只有一个窗口，证据 1 有向外伸出的结构而本专利没有。

本专利授权图片共有 7 幅视图，即俯视图、后视图、立体图、仰视图、左视图、右视图和主视图。从整体看，其所示染色机基本上是一个长方体；从主视图看，该染色机前表面呈高度约为水平四倍的长方形，该长方形在上部约三分之一处被分成上下两个长方形，上部长方形中有一个正方形窗口，下部长方形上部位置有一个圆形小窗，往下有若干间距逐渐变小的横线；从左、右视图看，本专利染色机的侧壁基本上呈高大于水平边的长方形，顶面呈台阶状，后面呈弧形突起；后视图除了窗口外，基本上与主视图相同；从立体图看，该染色机的前表面下部近似圆弧面，底部有四个支脚（详见本专利附图）。

在先设计 1 是一种染整设备的斜视图，该机器整体表现为长方体，其前表面是水平边长于垂直边的长方形，其上部有水平设置的、等间距的八个正方形窗口，方窗下对应有八个水平设置的圆形窗口，下部呈圆弧面，底部有三个支脚；其右侧面和后表面以及其他配件例如出布辊、楼梯和电机等。(详见证据 1（1）附图）。

将本专利与在先设计 1 对比，本专利的前表面为高度约为水平边的四倍的长方形，有一组由方窗和圆窗构成的窗口，在先设计 1 的前表面是水平边长于垂直边的长方形，有八组由方窗和圆窗构成的窗口；在先设计 1 的前部下方有一个类似梯形的梯子，梯子边设有栏杆，构成一个工作平台，而本专利相应位置没有工作平台；在先设计 1 的染色机上方有一个与染色机长度相同的、向外伸出的出布辊，而本专利相应位置没有该出布辊。通过上述对比可知，染色机操作时其正面朝向操作者，其前表面是最容易引起一般消费者注意的部位，其正面设计对整体视觉效果更具显著影响，而本专利和在先设计 1 前表面在窗口数量、工作平台和出布辊及配件上明显不同，这些正面区别也不属于局部细微设计，对产品的整体视觉效果产生显著影响，因此本专利与在先设计 1 不相同且不相近似，证据 1（1）不能证明本专利不符合专利法第 23 条的规定。

（2）与证据 9 第 2 页 GMN18 系列溢流染色机图（下称在先设计 2）的相似性比较。

本专利为染色机，在先设计 2 也为染色机，二者所属产品种类相同，可以进行相同相近似比较。

请求人认为：本专利与证据 9 的窗口方向是不同的，本专利是上下窗口，证据 9 是左右横向窗口，染色机实际使用过程中供水供电等设施是必不可少的设施，并不影响对机器本身的一些比对。专利权人认为：本专利有六个面，而证据 9 很多面看不到。二者的基本体型是不同的，本专利有四个支架，而证据 9 没有支架，本专利上面是一个方体，证据 9 是左右两个窗口，从形状上有很大差异。

在先设计 2 是染色机的正面立体图，该机器前面有一个梯形的梯子，梯子边有栏杆，构成一个工作平台，染色机上方有一个与染色机长度相同的、向外伸出的出布辊，在染色机的上半部分有两个横向排列的、大小相同的正方形窗口。在先设计 2 的染色机整体基本属于一个正方体（详见在先设计 2 附图）。

将本专利与在先设计 2 对比，本专利的两个窗口是上方下圆垂直放置、下方的圆形窗口比上方的正方形窗口小，在先设计 2 的窗口是两个左右横向放置、大小相同的正方形窗口；在先设计 2 有一个由梯子及其栏杆组成的工作平台，而本专利没有工作平台；在先设计 2 的染色机上方有一个与染色机长度相同的、向外伸出的出布辊，而本专利相应位置没有该出布辊；在先设计的染色机整体基本属于一个正方体，而本专利的整体形状基本是一个长方体，其染色机前表面高度约为水平边长的四倍。这些区别使得二者的整体视觉效果显著不同，故本专利与在先设计 2 既不相同也不相近似，证据 9 不能证明本专利不符合专利法第 23 条的规定。

综上所述，请求人提交的证据均不能证明本专利不符合专利法第 23 条的规定。根据上述事实和理由，合议组作出如下审查决定。

三、决定

维持 02332561.5 号外观设计专利权有效。

当事人对本决定不服的，可以根据专利法第 46 条第 2 款的规定，自收到本决定之日起三个月内向北京市第一中级人民法院起诉。根据该款规定，一方当事人起诉后，另一方当事人应当作为第三人参加诉讼。

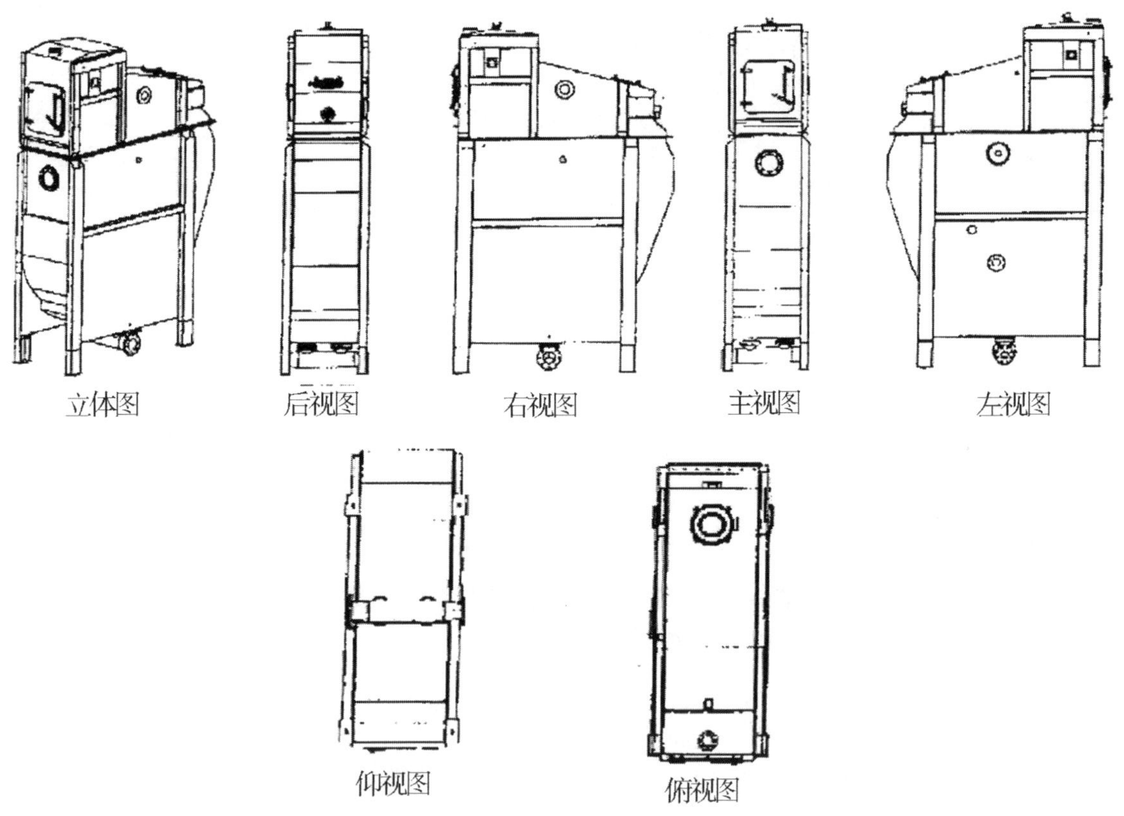

本专利附图

在先设计 1 附图

在先设计 2 附图

北京市第一中级人民法院
行政判决书

（2009）一中知行字第 2142 号

原告双喜（佛冈）机械有限公司，住所地中华人民共和国广东省佛冈县迳头镇罗岗坪工业区。

法定代表人陈振耀，总经理。

委托代理人罗巨厥，北京市丰禾律师事务所律师。

被告中华人民共和国国家知识产权局专利复审委员会，住所地中华人民共和国北京市海淀区北四环西路 9 号银谷大厦 10~12 层。

法定代表人张茂于，副主任。

委托代理人吴红权，中华人民共和国国家知识产权局专利复审委员审查员。

委托代理人郭鹏鹏，中华人民共和国国家知识产权局专利复审委员审查员。

第三人科万商标投资有限公司，住所地英属维尔京群岛托士拉岛路镇威克汉岛 I 欧玛荷吉大楼。

法定代表人李绮莲，总经理。

委托代理人徐静，广东东方金源律师事务所律师。

原告双喜（佛冈）机械有限公司（以下简称双喜公司）不服被告中华人民共和国国家知识产权局专利复审委员会（以下简称专利复审委员会）于 2009 年 5 月 7 日作出的第 13405 号无效宣告请求审查决定（以下简称第 13405 号决定），于法定期限内向本院提起行政诉讼。本院于 2009 年 8 月 27 日受理后，依法组成合议庭，并通知科万商标投资有限公司（以下简称科万公司）作为本案第三人参加诉讼，于 2009 年 10 月 21 日对本案公开开庭进行了审理。原告双喜公司的委托代理人罗巨厥，被告专利复审委员会的委托代理人吴红权、郭鹏鹏，第三人科万公司的委托代理人徐静到庭参加了诉讼。本案现已审理终结。

第 13405 号决定系专利复审委员会针对双喜公司就科万公司拥有的名称为“染色机（A）”的外观设计专利（以下简称本专利）提出的无效宣告请求作出的。

专利复审委员会在该决定中认为：

将本专利与证据 1 对比，本专利的前表面为高度约为水平边的四倍的长方形，有一组由方窗和圆窗构成的窗口，在先设计 1 的前表面是水平边长于垂直边的长方形，有八组由方窗和圆窗构成的窗口；证据 1 的前部下方有一个类似梯形的梯子，梯子边设有栏杆，构成一个工作平台，而本专利相应位置没有工作平台；证据 1 的染色机上方有一个与染色机长度相同的、向外伸出的出布辊，而本专利相应位置没有该出布辊。通过上述对比可知，染色机操作时其正面朝向操作者，其前表面是最容易引起一般消费者注意的部位，其正面设计对整体视觉效果更具显著影响，而本专利和在先设计 1 前表面在窗口数量、工作平台和出布辊及配件上明显不同，这些正面区别也不属于局部细微设计，对产品的整体视觉效果产生显著影响，因此本专利与证据 1 不相同且不相近似，证据 1 不能证明本专利不符合《中华人民共和国专利法》（以下简称《专利法》））第二十三条的规定。

将本专利与证据 2 对比，本专利的两个窗口是上方下圆垂直放置、下方的圆形窗口比上方的正方形窗口小，证据 2 的窗口是两个左右横向放置、大小相同的正方形窗口；证据 2 有一个由梯子及其栏杆组成的工作平台，而本专利没有工作平台；证据 2 的染色机上方有一个与染色机长度相同的、向外伸出的出布辊，而本专利相应位置没有该出布辊；在先设计的染色机整体基本属于一个正方体，而本专利的整体形状基本是一个长方体，其染色机前表面高度约为水平边长的四倍。这些区别使得二者的整体视觉效果显著不同，故本专利与证据 2 既不相同也不相近似，证据 2 不能证明本专利不符合《专利法》第二十三条的规定。

综上，双喜公司提交的证据均不能证明本专利不符合《专利法》第二十三条的规定。专利复审委员会作出第 13405 号决定，维持本专利权有效。

双喜公司不服第 13405 号决定，在法定期限内向本院提起行政诉讼，其诉称：专利复审委员会有关本专利与证据 1 既不相同也不相近似的认定是错误的。（1）染色机产品宽度方向的增加只是为了功能上容积增加的目的，因功能性目的形成的外观形状在外观设计对比中是可以忽略的；（2）染色机的一般消费者均为本技术领域的人员，因此对称、重复的增加窗口数量并不对整体视觉效果产生显著影响；（3）证据 1 中出现的工作平台、出布辊，是染色机处于工作状态的附属设施；（4）染色机使用时正面面对使用者，前表面是最容易引起一般消费者注意的部位，前表面为相似形判断的要部。而本专利前表面要点包括整体形状、窗口分布和上下窗口特点。从正面比对，本专利与证据 1 都是长方形容器，窗口分布规律一致，上下窗口特点高度相似；（5）本专利有四个支脚，证据 1 直接可见的是三个支脚。一方面，支脚在染色机的下部，使用时被工作平台遮挡，往往不可见，不成为要部。另外，证据 1 虽然看到的是三个支脚，但这是由于照片角度的原因，实际上应当是四个支脚。综上，双喜公司认为本专利与证据 1 构成相近似的外观设计。根据《专利法》第二十三条的规定，本专利应当被宣告无效。

专利复审委员会辩称：双喜公司关于功能性部件在外观设计比对中可以忽略的观点无法律依据，并且从证据 1 附图中可以看出，工作平台、出布辊都属于染色设备的一部分。因此，专利复审委员会关于证据 1 的描述并无不妥。此外，由于证据 1 的附图中实际看到的仅有三个支脚，因此专利复审委员会关于证据 1 附图的特征为三个支脚的认定并无不妥。综上，专利复审委员会认为第 13405 号决定认定事实清楚，适用法律法规正确，审理程序合法，原告的诉讼理由不能成立，请求人民法院维持第 13405 号决定。

科万公司未提交书面意见陈述，其在本案庭审过程中述称：双喜公司的起诉理由均不能成立，第 13405 号决定认定事实清楚，适用法律正确，请求人民法院维持第 13405 号决定。

本院经审理查明：

名称为“染色机（A）”的外观设计专利（即本专利）于 2002 年 7 月 19 日向中华人民共和国国家知识产权局专利局提出申请，于 2003 年 2 月 12 日被授权公告，专利号为 02332561. 5，专利权人为科万公司。

本专利授权图片共有 7 幅视图，即俯视图、后视图、立体图、仰视图、左视图、右视图和主视图。从整体看，其所示染色机基本上是一个长方体；从主视图看，该染色机前表面呈高度约为水平四倍的长方形，该长方形在上部约三分之一处被分成上下两个长方形，上部长方形中有一个正方形窗口，下部长方形上部位置有一个圆形小窗，往下有若干间距逐渐变小的横线；从左、右视图看，本专利染色机的侧壁基本上呈高大于水平边的长方形，顶面呈台阶状，后面呈弧形突起；后视图除了窗口外，基本上与主视图相同；从立体图看，该染色机的前表面下部近似圆弧面，底部有四个支脚（详见本专利附图）。

针对上述专利权，双喜公司于 2005 年 9 月 27 日向专利复审委员会提出了宣告本专利权无效的请求，并提交了证据，其中：

证据 1：立信产品宣传单复印件第 2 页。证据 1 是一种染整设备的斜视图，该机器整体表现为长方体，其前表面是水平边长于垂直边的长方形，其上部有水平设置的、等间距的八个正方形窗口，方窗下对应有八个水平设置的圆形窗口，下部呈圆弧面，底部有三个支脚；其右侧面和后表面以及其他配件例如出布辊、楼梯和电机等（详见证据1附图）。证据2：《针织工业》，2001年第3期，封面和广告页，复印件共2页。该证据是染色机的正面立体图，该机器前面有一个梯形的梯子，梯子边有栏杆，构成一个工作平台，染色机上方有一个与染色机长度相同的、向外伸出的出布辊，在染色机的上半部分有两个横向排列的、大小相同的正方形窗口。证据2的染色机整体基本属于一个正方体。

在口头审理中，双喜公司明确其无效宣告请求的理由是本专利不符合《专利法》第二十三条的规定。

庭审过程中，双喜公司对专利复审委员会有关证据方面的认定不持异议，对本专利与上述证据1、2区别技术特征的描述以及有关本专利与证据2既不相同也不相近似的认定亦不持异议。双喜公司表示仅针对专利复审委员会有关本专利与证据1不属于相同或相近似的外观设计的认定有异议。

上述事实有第13405号决定，本专利权利要求书及说明书，口头审理记录表，双喜公司提交的证据1、2及当事人陈述等证据在案佐证。

本院认为：综合各方当事人的诉辩主张，本案主要涉及的焦点问题为本专利与证据1是否构成相同或者相近似的外观设计。

《专利法》第二十三条规定，授予专利权的外观设计，应当同申请日以前在国内外出版物上公开发表过或者国内公开使用过的外观设计不相同和不相近似，并不得与他人在先取得的合法权利相冲突。《审查指南》规定，外观设计应当采用整体观察、综合判断的方式进行相同或者相近似判断。

首先，《审查指南》中第四部分第五章第4节“判断原则”中规定的“产品的功能对整体视觉效果不具有显著的影响”是指在产品的外观设计本身构成相同或者相近似的前提下，某一部分功能上的不同对产品整体视觉效果不具有显著影响。本案中，双喜公司有关因功能性目的形成的外观形状在外观设计对比中是可以忽略的观点是对上述《审查指南》规定的误解，染色机产品宽度方面的增加对整体视觉效果产生了显著影响，不属于可以忽略的部分。其次，本专利不具有证据1中的梯子、工作平台、出布辊等结构，而且从证据1附图中实际看到的支脚数量为三个，而本专利有四个支脚，这些区别对整体视觉效果均产生显著影响。双喜公司有关上述结构均属于附属设施因而对整体视觉效果不具有显著影响的观点不能成立，本院不予支持。综上，本专利与证据1属于不相同也不相近似的外观设计。

鉴于双喜公司对于专利复审委员会针对本专利与证据2不构成相同相近似的外观设计的评述并未提出异议，本院对此将不再作出评述。

综上，第13405号决定证据充分，适用法律正确，程序合法，应予维持。双喜公司的诉讼理由不能成立，其诉讼请求本院不予支持。依照《中华人民共和国行政诉讼法》第五十四条第（一）项之规定，本院判决如下：

维持被告中华人民共和国国家知识产权局专利复审委员会作出的第13405号无效宣告请求审查决定。

案件受理费人民币100元，由原告双喜（佛冈）机械有限公司负担（已交纳）。

如不服本判决，原告双喜（佛冈）机械有限公司和被告中华人民共和国国家知识产权局专利复审委员会可在本判决书送达之日起15日内，第三人科万商标投资有限公司可在本判决书送达之日起30日内向本院提交上诉状，并按对方当事人人数提交副本，交纳上诉案件受理费人民币100元，上诉于中华人民共和国北京市高级人民法院。

审　判　长　侯占恒
代理审判员　王　晫
人民陪审员　牛艳玲
二〇〇九年十一月十三日
书　记　员　张　琳

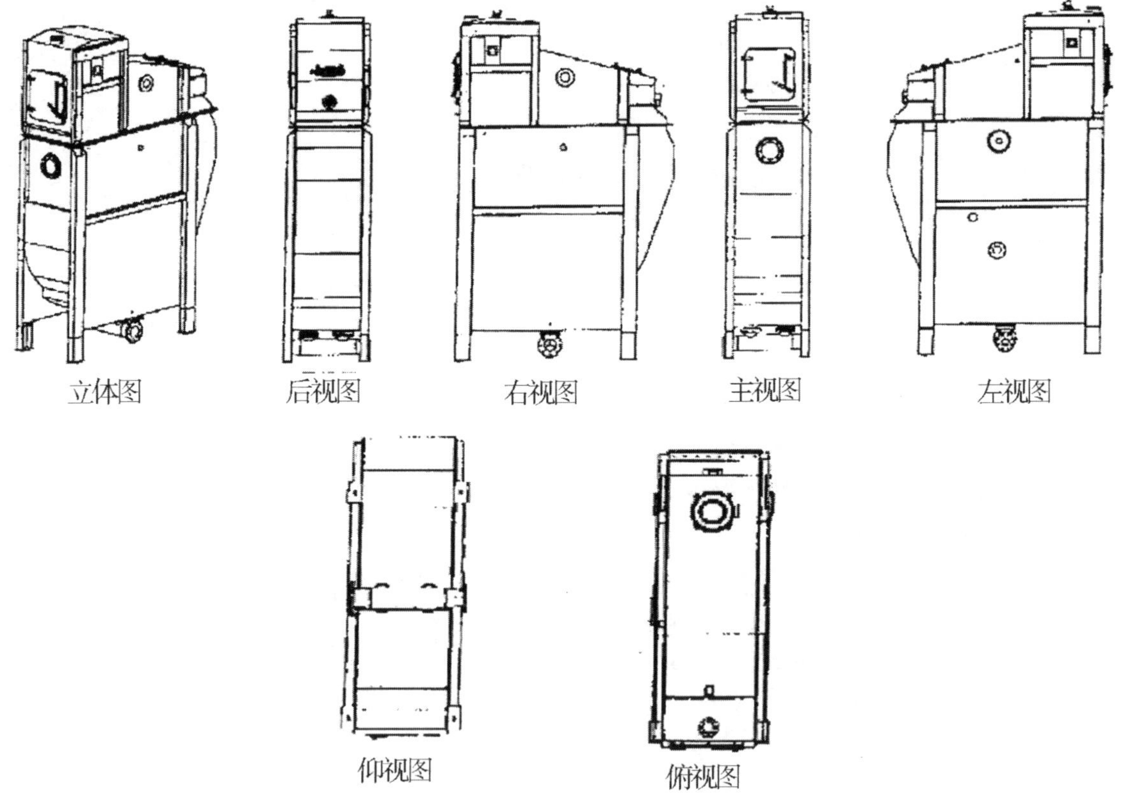

本专利附图

证据 1 附图

茶叶外包装盒（三）

无效宣告请求审查决定（第13411号）

决　　定　　号 第13411号
决　　定　　日 2009年4月24日
发明创造名称 茶叶外包装盒（三）
外观设计分类号 09-03
无效宣告请求人 帝芙特公司
专　利　权　人 上海帝芙特投资有限公司
专　　利　　号 200730080408.5
申　　请　　日 2007年8月30日
授 权 公 告 日 2008年9月10日
合 议 组 组 长 张雪飞
主　　审　　员 李　佳
参　　审　　员 雷连虹
附　　　　　图 2页

法　律　依　据 专利法第23条
决　定　要　点

本专利与在先设计的区别存在于消费者在使用时不容易看到的部位，其设计上的变化对整体视觉效果不具有显著的影响。

一、案由

本无效宣告请求涉及国家知识产权局于2008年9月10日授权公告的名称为“茶叶外包装盒（三）”的外观设计专利（下称本专利），其专利号为200730080408.5，申请日为2007年8月30日，专利权人为上海帝芙特投资有限公司。

针对上述外观设计专利权，帝芙特公司（下称请求人）于2008年11月10日向专利复审委员会提出了无效宣告请求，其无效宣告请求理由为：本专利与在其申请日前在国内外出版物及网页上公开发表的外观设计相近似，不符合专利法第23条的规定。其提交如下附件：

附件1-1：产品宣传册复印件，共12页；

附件1-2：（2007）沪黄一证经字第2486号公证书复印件，共17页。

请求人的具体无效宣告请求理由为：（1）本专利与附件1-1中公开的在先外观设计1茶叶外包装盒（公开日期：2006年）相比存在以下共同点：①各个面均为矩形面；②正面中央设置有一矩形

区域；③矩形区域中央为图案，上下两侧为文字。两者构成区域、区域大小比例均相同或极为相近似，因此两者属相近似的外观设计。（2）本专利与附件 1-2 中公开的在先外观设计 2 茶叶包装盒（公开日期 2007 年 4 月 2 日）相比存在一下共同点：①各个面均为矩形面；②正面中央设置有一矩形区域；③矩形区域中央为图案，上下两侧为文字。两者构成区域、区域大小比例均相同或极为相近似，因此两者属相近似的外观设计。综上，本专利不符合专利法第 23 条的规定。

请求人于 2008 年 11 月 28 日补充提交意见陈述书，认为：在本专利申请日之前已有与其相近似的外观设计产品在国内公开使用过，本专利不符合专利法第 23 条的规定。并提交了如下附件：

附件 2-1：上海市第二中级人民法院 2007 沪二中民五（知）初字第 237 号受理案件通知书复印件，共 1 页；

附件 2-2：2007 沪二中民五（知）初字第 237 号案件审理中的补充证据目录以及目录中所列出的产品宣传册复印件，共 13 页；

附件 2-3：（2007）沪二中民五（知）初字第 237 号法庭审理笔录（第一次）复印件，共 34 页；

附件 2-4：（2007）沪黄一证经字第 4919 号公证书复印件，共 5 页；

附件 2-5：（2008）沪黄证经字第 8405 号公证书复印件，共 12 页；

附件 2-6：（2008）沪黄证经字第 8405 号公证书第 6 页中部、下部两图中生产日期和最佳饮用日期的中文译文，共 1 页。

请求人在补充提交的意见陈述书中认为：附件 2-1 至附件 2-3 用以证明附件 1-1 的产品宣传册的真实性；本专利与附件 2-4 至附件 2-6 中公开的在先外观设计 3 茶叶外包装盒（生产日期：2007 年 1 月 19 日，销售日期：2007 年 6 月 15 日）相比，两者盒盖边缘突出于盒体，盒盖正面为平面设计，整体呈矩形；盒盖表面中央设置有一矩形区域，矩形区域中央为图案，上下两侧为文字；矩形区域外围设置有矩形框线，盒盖表面中央自矩形框线向上、下边沿延伸设置有条形图案。两者易于吸引消费者视觉注意的构成区域、区域大小比例均相同或极为相近似，两者的差异属局部的细微差异，对整体的视觉效果无显著的影响。因此两者属相近似的外观设计，本专利不符合专利法第 23 条的规定。

请求人于 2008 年 11 月 28 日向专利复审委员会提交调查收集证据申请书，说明产品宣传册（附件 2-2）和法庭审理笔录（附件 2-3）是上海市第二中级人民法院审理的不正当竞争纠纷案件中的诉讼文件，该案件案号为 2007 沪二中民五（知）初字第 237 号，原告为帝芙特公司，被告为“庞言良”和“上海帝芙特茶业有限公司”。请求人申请专利复审委员会对法庭审理笔录这一证据进行调查，与上海市第二中级人民法院核实其真实性。

经形式审查合格后，专利复审委员会受理了该无效宣告请求，于 2008 年 12 月 11 日向双方当事人发出无效宣告请求受理通知书，并将上述无效宣告请求书及其附件清单中所列附件副本、请求人于 2008 年 11 月 28 日提交的补充意见及其附件清单中所列附件副本转送专利权人，要求其在指定期限内答复。

专利复审委员会于 2008 年 12 月 25 日向双方当事人发出口头审理通知书，定于 2009 年 3 月 4 日举行口头审理。

2009 年 1 月 19 日专利权人提交意见陈述书以及上海帝芙特投资有限公司企业法人营业执照复印件，共 7 页。专利权人认为：专利权人认为：（1）帝芙特公司没有在中国注册，以中文帝芙特名字在美国的注册公司也是不存在的，因此本专利无效宣告请求人不是无效宣告请求人的适格主体。（2）请求书中的无效宣告请求人或专利代理机构未加盖公章，专利权无效宣告请求书无效。（3）附件 1-1 产品宣传册未经公证，无法证实其公开时间，不能作为证明本专利没有新颖性的证据；附件 1-2（2007）沪黄一证经字第 2486 号公证书中，请求人所称的在先外观设计 2 在网站公开的日期经公证为 2007 年 4 月 3 日，首先应提供公证书原件，其次，网站上公开的产品包装盒中只有两页是外包装，在设计和排版上与本外观专利设计相距甚远。（4）附件 2-1 至附件 2-3 与本案无关；请求人应提出附件 2-2 中宣传册的来源和途径。（5）附件 2-2 中宣传册不是公开出版物。（6）质疑附件 2-4 至附件 2-6 的合法性。（7）本专利主视图底色是单一色块，被比专利有三个三角形的图形作背景。因此本专利和对比文件的主要部分和整体设计是不相同的；本专利主视图中间为淡青色方形色块，对比文件则是显著的三个三角形图形的组合；本专利主视图中上下两根连接线是断开的，对比文件无断开。综上，专利权人认为本专利应予维持。

2009 年 2 月 6 日合议组将专利权人提交的意见陈述书及其附件共 8 页转给请求人，并告知其可在口头审理当庭答复。

口头审理如期举行，双方当事人均委托代理人参加了口头审理，请求人在口头审理当庭提交了授权委托书，盖有 TEA FORTE，INC. 的印章以及上海市华诚律师事务所专利业务专用章。

口头审理当庭记录了如下重要事项：

（1）双方当事人对合议组成员没有回避请求。请求人对对方出庭人员身份无异议，专利权人对对方出庭人员没有异议，但质疑请求人的主体资格、质疑请求人的委托主体的委托人。

（2）请求人明确无效宣告理由以及用以与本专利相比较的图片为：本专利相对于附件 1-1 不符合专利法第 23 条的规定，使用附件 1-1 第 22 页图与本专利进行对比；本专利相对于附件 1-2 不符合专利法第 23 条的规定，使用附件 1-2 第 5 页右二图与本专利进行对比；本专利相对于附件 2-4、2-5、2-6 不符合专利法第 23 条的规定，使用附件 2-5 第 6 页第 1 个图、第 6 页第 2 个图、第 7 页中间的图、第 7 页下方左图，分别与本专利的主视图、后视图、仰视图、左视图进行对比。

（3）请求人在口头审理当庭提交了附件 1-1、附件 1-2、附件 2-1、附件 2-4、附件 2-5 的原件。专利权人对附件 1-2 公证书本身、附件 2-1、附件 2-2 的真实性无异议，并明确庞言良是专利权人上海帝芙特投资有限公司的法人。专利权人对附件 1-1、附件 1-2 中网页内容、附件 2-3、附件 2-4、附件 2-5 的真实性以及合法性有异议，对附件 2-6 中文译文的准确性无异议。

（4）请求人当庭还提交了如下文件，证明其主体资格：

文件 1：马萨诸塞州州务卿于 2007 年 5 月 27 日签名并加盖州印的，证明马萨诸塞州州务卿为 William Francis Galvin、所附文件上其签名真实的证明文件，以及由上海市外事翻译工作者协会翻译的中文译文，共 2 页；

文件 2：马萨诸塞州州务卿于 2007 年 5 月 24 日证明“按照本办公室的记录 TEA FORTE. INC 是于 1998 年 6 月 8 日按照马萨诸塞州普通法成立的一家州内公司”，并且“没有按照马萨诸塞州普通法第 156D 章第 14. 21 条对该公司提起解散的未决诉讼；该公司没有提交解散的章程，该公司已提交了所有的年度报告，并支付了与这些年度报告有关的所有费用；按照本办公室存档的记录，该公司合法存在并且状况良好”。的证明文件，以及由上海市外事翻译工作者协会翻译的中文译文，共 2 页；

文件 3：粘贴于文件 1 的背面，中华人民共和国驻纽约总领馆于 2007 年 5 月 30 日出具的（2007）纽领认字第 0025355 号认证，证明其前面文书上美国马萨诸塞州州政府的印章和该州州务卿 William Francis Galvin 的签字均属实。

专利权人对文件 1~3 的真实性无异议，对文件 1、文件 2 的中文译文的准确性无异议。专利权人对 TEA FORTE，INC. 存在的真实性无异议，但对中文的“帝芙特公司”在美国是否存在有异议，对帝芙特公司是否委托请求人代理人有异议。

合议组向专利权人出示了请求人提交的口头审理资格授权委托书以及随无效宣告请求书提交的授权委托书。专利权人对授权委托书上的签字、公章有异议，认为两份授权委托书上签名不一致、公司名称不一致、没有代理公司公章。对此，请求人陈述意见：提交无效宣告请求的请求人帝芙特公司即TEA FORTE，INC.，因为专利申请文件要求使用中文，无效宣告请求文件中翻译成“帝芙特公司”。授权委托书上有帝芙特公司的签名并加盖有帝芙特公司的公章，表明帝芙特公司的认可；所加盖的“上海市华诚律师事务所专利业务专用章”是在国家知识产权局备案的合法有效的印章，即，审查指南意义上的公章。

专利权人在口头审理当庭向合议组表示，由于当庭收到请求人主体资格的公证认证的上述文件1~文件3，因此需要答复期。经合议，合议组告知专利权人，应自口头审理之日起一个月内提交相关的书面答复。

（5）在相同相近似的判断方面，请求人认为相关图片所示的外观设计与本专利构成相近似。专利权人认为本专利与请求人所提交的外观设计相比是不相近似的。

（6）双方当事人在口头审理当庭表达有和解意愿，经合议，合议组告知双方当事人，应自口头审理之日起一个月内将和解意愿告知合议组。

专利权人于2009年4月3日提交意见陈述书，认为：（1）从补充证据可以看出：TEA FORTE，INC.是在美国马萨诸塞州成立的一家州内公司，它没有在中国注册，也没有以中文“帝芙特”名称在美国注册，所以“帝芙特公司”在法律上是不存在的。因此无效宣告请求人“帝芙特公司”不是适格主体。（2）请求人在无效宣告请求书中未加盖公章，代理机构也未加盖公章，因此专利权无效宣告请求书形式上也不合格。（3）请求人的补充证据已经逾期，应不予考虑。

在双方当事人的意见陈述以及口头审理的基础上，本案合议组认为事实已清楚，可以依法作出审查决定。

二、决定的理由

1. 关于请求人的主体资格

合议组将专利权人于2009年1月19日所提交的意见陈述书及其附件转送给请求人，请求人针对专利权人对其主体资格的质疑，于口头审理当庭提交证明请求人主体资格的文件1~3以及授权委托书，并非针对案件待证事实补充证据或理由，因此合议组对上述文件1~3以及上述授权委托书予以接受。

合议组认为：文件1~3是TEA FORTE，INC.公司的注册地政府出具的证明，并由中华人民共和国驻纽约总领馆认证，能够证明TEA FORTE，INC.是在美国马萨诸塞州注册并存在的一家公司，是真实、有效的证明文件。故TEA FORTE，INC.具备民事诉讼主体资格，可以作为无效宣告请求人提起无效宣告请求。专利法实施细则第4条规定：依照专利法和本细则规定提交的各种文件应当使用中文；国家有统一规定的科技术语的，应当采用规范词；外国人名、地名和科技术语没有统一中文译文的，应当注明原文。合议组认为：请求人在无效宣告请求的相关文件中使用中文，将公司名称“TEA FORTE，INC.”统一翻译为中文“帝芙特公司”，符合专利法实施细则第4条的相关规定。

请求人于口头审理当庭提交的授权委托书上，委托人处加盖有“TEA FORTE，INC.”印章，受委托人处加盖有“上海市华诚律师事务所专利业务专用章”印章。合议组认为：TEA FORTE，INC.，即帝芙特公司；“上海市华诚律师事务所专利业务专用章”是在国家知识产权局进行备案的合法、有效的印章，因此该授权委托书可表明帝芙特公司与上海市华诚律师事务所针对本专利提起的无效宣告请求的事务上存在委托关系，是真实、有效的。故对专利权人的质疑不予支持。

2. 法律依据

基于请求人的无效宣告请求理由和证据，合议组依据专利法第23条进行审理。

专利法第23条规定：“授予专利权的外观设计，应当同申请日以前在国内外出版物上公开发表过

或者国内公开使用过的外观设计不相同和不相近似，并不得与他人在先取得的合法权利相冲突。”

3. 关于证据

附件 2-4 公证书（公证书编号：（2007）沪黄一证经字第 4919 号）的公证事项是保全证据：于 2007 年 6 月 15 日，公证员随申请人的委托代理人到上海市兴业路 123 弄 1 楼 1A 昆明福林堂药业有限公司上海新天地店购买了“TEA FORTE”两种包装茶各两盒，当场付款取得发票和该公司名片各一张。证明与该公证书相粘连的《上海外商投资企业统一发票发票联》（发票号码：00573744）和该公司名片复印件与现场取得的原件相符。附件 2-5 公证书（公证书编号：（2007）沪黄一证经字第 8405 号）的公证事项是保全证据：于 2008 年 10 月 30 日在公证处打开粘有封条（公证书编号：<2007>沪黄一证经字 4919 号）的纸箱取出其内封存的“TEA FORTE”共两种包装茶各一盒，并对取出的两种包装茶拍摄了照片共计 14 张。拍摄结束申请人的委托代理人将上述四种包装茶重新分别封存，由公证人员对上述存放四种包装茶的纸袋分别加贴本处封条交由申请人保管。证明与本公证书相粘连的照片 14 张，系申请人的委托代理人现场拍摄，照片内容与实际情况相符。本公证书所附<2007>沪黄一证经字 4919 号公证书及其附件与原件相符。请求人主张附件 2-4、附件 2-5、附件 2-6 作为证明使用公开的一组证据。

专利权人对附件 2-4、附件 2-5 与原件的一致性无异议，对附件 2-4、附件 2-5 的真实性和合法性有异议，对附件 2-6 中文译文的准确性无异议。但专利权人认为提交的公证书中的物证要有封存，要当庭开启，封存后打开再进行公证的情况，这种公证不能作为本案使用的证据，没有法律效力。

合议组认为：上述两公证书是具备公证资格的中华人民共和国上海市黄浦公证处所作出的合法、有效的公证书；公证内容先是针对购买过程进行公证、封存，而后针对购买的产品拆封后进行拍照、再封存，两次封存同一批物证并无不当之处，上述公证书所公证的内容之间相互关联，程序合法；专利权人虽有质疑，但未提交任何反证否定上述公证书的合法性。因此合议组对上述附件予以采信。

根据公证内容，附件 2-5 后附照片是 2007 年 6 月 15 日所购买的包装茶的照片，包装茶的购买日期早于本专利的申请日，因此附件 2-4、附件 2-5 适用于评价本专利是否符合专利法第 23 条的规定。

4. 相同和相近似的判断

本专利共有 5 幅视图：立体图、主视图、后视图、仰视图、左视图，右视图与左视图对称，省略右视图。从立体图看，茶叶包装盒是立方体，盒盖边缘突出下方的盒体，上下表面均是长方形，其他侧面由分别属于盒盖和盒体的两个长方形构成。从主视图看，该面是长方形，中间有由内外两条框线形成的矩形区域，矩形区域中间有图案，图案由三个三角形构成背景，中央是两片茶叶；矩形区域以外长方形的中央向上、下边沿延伸的条形图案。从后视图看，该面是长方形，中间有矩形区域，矩形区域以外长方形的中央向上、下边沿延伸的条形图案。从仰视图看，该面由上面的盒盖长方形和下面的盒体长方形组成，盒盖长方形大于盒体长方形；盒盖长方形中间有由椭圆形框线形成的椭圆区域，椭圆区域内有文字，椭圆区域以外长方形中央向上、下边沿延伸的条形图案。从左视图看：该面由左边的盒体长方形和右边的盒盖长方形组成，盒盖长方形大于盒体长方形；盒盖长方形中间有由椭圆形框线形成的椭圆区域，椭圆区域内有文字图案（详见本专利附图）。

附件 2-5 中是包装茶的照片，使用附件 2-5 第 6 页第 1 个图、第 6 页第 2 个图、第 7 页中间的图、第 7 页下方左图所显示的茶叶包装盒（下称在先设计）与本专利进行对比。

在先设计的茶叶包装盒是立方体。从在先设计主视图（第 6 页第 1 个图）看，该面是长方形，中间有由内外两条框线形成的矩形区域；矩形区域中间有图案，图案由三个三角形构成背景，中央是两片茶叶；矩形区域以外长方形的中央向上、下边沿延伸的条形图案。从在先设计后视图（第 6 页第 2 个图）看，该面是长方形，中间有由框线组成的矩形区域。从在先设计仰视图（第 7 页中间的图）

看，该面由上下两长方形组成，上面的长方形大于下面的长方形；上面的长方形中间有由椭圆形框线形成的椭圆区域，椭圆区域内有文字，椭圆区域以外长方形中央向上、下边沿延伸的条形图案。从在先设计左视图（第7页下方左图）看，该面由左边的盒体长方形和右边的盒盖长方形组成，盒盖长方形的长边大于盒体长方形的长边；盒盖长方形中间有由椭圆形框线形成的椭圆区域，椭圆区域内有文字图案（详见在先设计附图）。

本专利与在先设计均为包装盒的外观设计，属于相同类别的产品，可以进行相同和相近似的比较。

将本专利与在先设计相比较可知，二者相同点在于：两者整体形状基本相同，均是立方体盒，由盒盖和盒体两部分组成，盒盖边缘突出于盒体，各个面的设计基本相同。

本专利与在先设计的不同之处主要在于：本专利与在先设计的后视图相比，区别在于：本专利的后视图中，矩形区域无框线，矩形区域以外长方形的中央向上、下边沿延伸的条形图案；在先设计的后视图中，中间有由框线组成的矩形区域，矩形区域以外长方形中无条形图案。

将本专利与在先设计比较后，合议组认为：两者均是由盒盖和盒体两部分组成的立方体包装盒，盒盖边缘突出于盒体，盒的上下表面均是长方形，其他侧面分别由盒盖长方形和盒体长方形构成。一般消费者比较关注的主视图图案构图相同，均是长方形中有由内外两条框线形成矩形区域，矩形区域内有图案，图案相同；仰视图、左视图构图均基本相同，构图位置或构图比例基本相同；后视图虽然构图不同，但基本形状相同，并且后视图是消费者在使用时相对不容易看到的部位，其设计上的变化对整体视觉效果不具有显著的影响。

专利权人陈述意见，认为：矩形区域内图案不同、构图比例不同。参见合议组上面的相关评述，合议组对专利权人的意见不予支持。

经过上述分析，采用整体观察、综合判断的方式，本案合议组认为：本专利与先外观设计的区别没有对茶叶包装盒的外观视觉效果产生显著影响，两者外观相近似，因此在本专利申请日之前已有与其相近似的外观设计在国内公开使用、销售，本专利不符合专利法第23条的规定。

5. 关于其他理由和证据

鉴于本案已得出上述结论，合议组对本案所涉及的其他理由和证据不再予以评述。对于请求人提出的调查收集证据申请，合议组认为没有针对该证据进行调查收集的必要，因此对请求人提出的调查收集证据的申请不予支持。

三、决定

宣告200730080408.5号外观设计专利权无效。

当事人对本决定不服的，可以根据专利法第46条第2款的规定，自收到本决定之日起三个月内向北京市第一中级人民法院起诉。根据该款的规定，一方当事人起诉后，另一方当事人应当作为第三人参加诉讼。

主视图

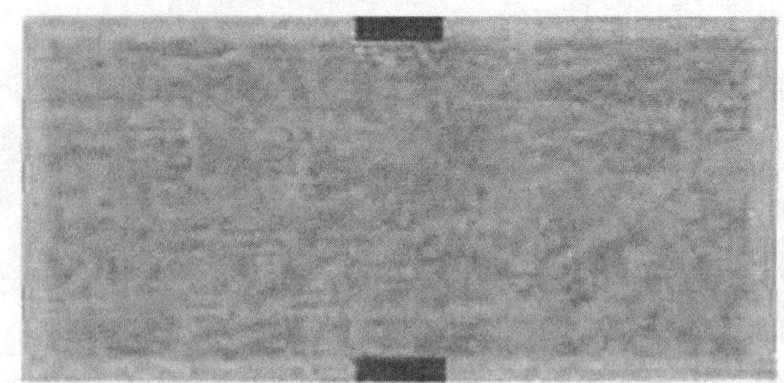

后视图

仰视图

左视图

立体图

本专利附图

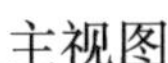
主视图

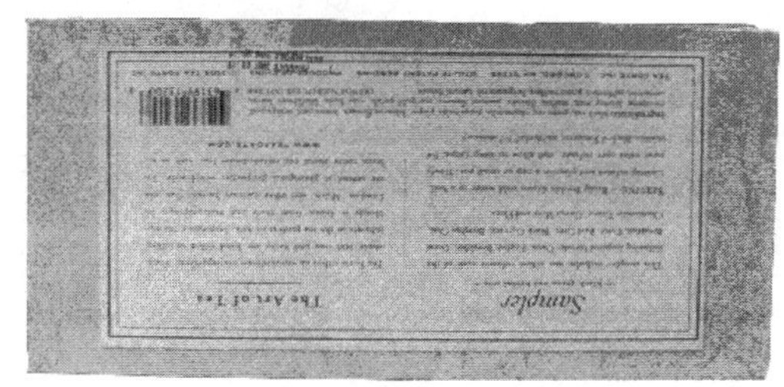

后视图

仰视图

左视图

在先设计附图

281

茶叶泡袋

无效宣告请求审查决定（第13412号）

决　　定　　号 第13412号
决　　定　　日 2009年4月27日
发明创造名称 茶叶泡袋
外观设计分类号 07-07
无效宣告请求人 帝芙特公司
专　利　权　人 浙江帝芙特茶叶有限公司
专　　利　　号 200730008607.5
申　　请　　日 2007年3月19日
授权公告日 2008年5月28日
合议组组长 张雪飞
主　　审　　员 李　佳
参　　审　　员 雷连虹
附　　　　　图 1页

法　律　依　据 专利法第23条
决　定　要　点

如果本专利与在先外观专利相比较区别仅在于该类外观设计产品惯常选择的材料替换，对整体视觉效果不具有显著的影响，则本专利与在先外观设计相近似。

一、案由

本无效宣告请求涉及国家知识产权局于2008年5月28日授权公告的名称为“茶叶泡袋”的外观设计专利（下称本专利），其专利号为200730008607.5，申请日为2007年3月19日，专利权人为浙江帝芙特茶业有限公司，后变更为浙江帝芙特茶叶有限公司。

针对上述外观设计专利权，帝芙特公司（下称请求人）于2008年11月10日向专利复审委员会提出了无效宣告请求，其无效宣告请求理由为：本专利与申请日前公开出版的外观设计相近似，不符合专利法第23条的规定。请求人随该无效宣告请求书提交了以下附件：

附件1-1：第000241427-0001号欧共体外观设计专利说明书网络下载复制件以及部分中文译文，共8页；

附件1-2：第000241435-0001号欧共体外观设计专利说明书网络下载复制件以及部分中文译文，共7页；

附件 1-3：第 004078945 号欧共体商标公告网络下载复制件以及部分中文译文，共 12 页；

附件 1-4：产品宣传册复印件，共 12 页。

具体无效宣告请求理由是：本专利与附件 1-1 中的在先外观设计 1 茶叶泡袋（公告日 2004 年 12 月 28 日）、附件 1-2 中的先外观设计 2 茶叶泡袋（公告日 2005 年 1 月 25 日）、附件 1-3 中的先外观设计 3 茶叶泡袋（注册日 2006 年 1 月 18 日）、附件 1-4 中的在先外观设计 4 茶叶泡袋（公开日期：2006 年）分别单独进行对比：两泡袋均由主体和拎线构成；泡袋主体呈金字塔型，高度约为宽度的两倍，呈纤细造型；泡袋主体的塔尖伸出有拎线，拎线末端为茶叶形状。两者构成、泡袋主体和拎线形状、大小比例均相同或极为相近似，因此，两者属相近似的外观设计。本专利不符合专利法第 23 条的规定。

请求人于 2008 年 11 月 28 日补充提交意见陈述书以及以下附件：

附件 2-1：每页加盖上海图书馆上海科学技术情报研究所文献资料查找复印证明章的第 000241427-0001 号欧共体外观设计专利说明书网络下载复制件的复印件，共 6 页；

附件 2-2：每页加盖上海图书馆上海科学技术情报研究所文献资料查找复印证明章的第 000241435-0001 号欧共体外观设计专利说明书网络下载复制件的复印件，共 4 页；

附件 2-3：每页加盖上海图书馆上海科学技术情报研究所文献资料查找复印证明章的第 004078945 号欧共体商标公告网络下载复制件的复印件，共 10 页；

附件 2-4：上海市第二中级人民法院 2007 沪二中民五（知）初字第 237 号受理案件通知书复印件，共 1 页；

附件 2-5：2007 沪二中民五（知）初字第 237 号案件审理中的补充证据目录以及目录中所列出的产品宣传册复印件，共 13 页；

附件 2-6：（2007）沪二中民五（知）初字第 237 号法庭审理笔录（第一次）复印件，共 34 页；

附件 2-7：（2007）沪黄一证经字第 4918 号公证书复印件，共 4 页；

附件 2-8：（2008）沪黄证经字第 8404 号公证书复印件，共 21 页；

附件 2-9：（2008）沪黄证经字第 8404 号公证书第 13 页中间两图中生产日期和最佳饮用日期的中文译文，共 1 页。

请求人在补充提交的意见陈述书中认为：本专利与附件 2-7 至附件 2-9 中公开的在先外观设计 5 相比，两泡袋均由主体和拎线构成；泡袋主体呈金字塔型，高度约为宽度的两倍，呈纤细造型；泡袋主体的塔尖伸出有拎线，拎线末端为茶叶形状。两者构成、泡袋主体和拎线形状、大小比例均相同或极为相近似，因此，两者属相近似的外观设计。本专利不符合专利法第 23 条的规定。

请求人于 2008 年 11 月 28 日向专利复审委员会提交调查收集证据申请书，说明产品宣传册（附件 2-2）和法庭审理笔录（附件 2-3）是上海市第二中级人民法院审理的不正当竞争纠纷案件中的诉讼文件，该案件案号为 2007 沪二中民五（知）初字第 237 号，原告为帝芙特公司，被告为“庞言良”和“上海帝芙特茶业有限公司”。请求人申请专利复审委员会对法庭审理笔录这一证据进行调查，与上海市第二中级人民法院核实其真实性。

经形式审查合格后，专利复审委员会受理了该无效宣告请求，于 2008 年 12 月 11 日向双方当事人发出无效宣告请求受理通知书，并将上述无效宣告请求书及其附件清单中所列附件副本、请求人于 2008 年 11 月 28 日提交的补充意见及其附件清单中所列附件副本转送专利权人，要求其在指定期限内答复。

专利复审委员会于 2008 年 12 月 25 日向双方当事人发出口头审理通知书，定于 2009 年 3 月 4 日举行口头审理。

2009年1月19日专利权人提交意见陈述书以及上海帝芙特投资有限公司企业法人营业执照复印件，共8页。专利权人认为：(1)帝芙特公司没有在中国注册，以中文“帝芙特”名字在美国的注册公司也是不存在的，因此本专利无效宣告请求人不是无效宣告请求人的适格主体。(2)请求书中的无效宣告请求人或专利代理机构未加盖公章，专利权无效宣告请求书无效。(3)附件1-1至附件1-3的材料为外文，没有有资格的翻译公司的中文译文，不得作为证据使用。(4)①附件1-4产品宣传册未经公证，无法证实其公开时间，不能作为证明本专利没有新颖性的证据。②补充提交的附件2-1至附件2-3没有译文，只有外文和图形，不能作为无效宣告请求的证据。③本专利与对比文件在构成上有显著的区别，对比文件由两部分组成，主要部位有架子，本专利只有一部分组成，没有架子；本专利与对比文件在形状上有显著的区别，对比文件是三边形，本专利是四边形；本专利与对比文件在色彩上有显著区别；本专利与对比文件的主视图、俯视图存在明显的区别；本专利与对比文件在设计要素上不一样，对比文件上有F的字母，本专利的拎线是横放的，对比文件是弯曲向上的。④附件2-4至附件2-6与本案无关，请求人应提出附件2-5中宣传册的来源和途径，附件2-5中宣传册不是公开出版物。(5)质疑附件2-7至附件2-9的合法性。(6)本专利与对比文件主视图中间的图案、色彩明显不同，本专利的拎线是横放的，对比文件是弯曲向上的；对比文件上有F的字母；本专利与对比文件在形状上有显著区别，本专利是四边形的，对比文件是三边形。本专利与对比文件的主要部分和整体设计是不相同的，不会使一般消费者产生混淆。综上，专利权人认为本专利应予维持。

2009年2月6日合议组将专利权人提交的意见陈述书及其附件共8页转给请求人，并告知其可在口头审理当庭答复。

口头审理如期举行，双方当事人均委托代理人参加了口头审理，请求人在口头审理当庭提交了授权委托书，盖有TEA FORTE，INC.的印章以及上海市华诚律师事务所专利业务专用章。

口头审理当庭记录了如下重要事项：

(1)双方当事人对合议组成员没有回避请求。请求人对对方出庭人员身份无异议，专利权人对对方出庭人员没有异议，但质疑请求人的主体资格、质疑请求人的委托主体的委托人。

(2)请求人明确无效宣告理由以及用以与本专利相比较的图片为：本专利相对于附件1-1和附件2-1(下称对比文件1)不符合专利法第23条的规定，本专利相对于附件1-2和附件2-2(下称对比文件2)不符合专利法第23条的规定，本专利相对于附件1-3和附件2-3(下称对比文件3)不符合专利法第23条的规定，本专利相对于附件1-4和附件2-4至附件2-6不符合专利法第23条的规定，使用附件1-4第4页图、第7页上方图、第8页下方图中茶叶泡袋、第9页图中茶叶泡袋、第22页图中茶叶泡袋分别与本专利进行对比；本专利相对于附件2-7至附件2-9不符合专利法第23条的规定，使用附件2-8第14页下方图、第17页上方图和第17页下方图、第16页下方图和第15页上方图中的茶叶泡袋分别与本专利立体图、俯视图和仰视图、主视图和左视图进行对比。

(3)请求人在口头审理当庭提交了对比文件1~3、附件1-4、附件2-4、附件2-7、附件2-8的原件，以及附件2-7、附件2-8所涉及的已封存的产品实物，要求当庭演示。专利权人对对比文件1~3的真实性有异议，对对比文件1中文译文的准确性有异议，对对比文件2、对比文件3的中文译文准确性无异议。专利权人对附件2-4的真实性无异议，对附件2-7、附件2-8的真实性和合法性有异议，对附件2-9中文译文的准确性无异议。专利权人对所演示的实物与照片的对应性不认可。专利权人明确庞言良是专利权人浙江帝芙特茶叶有限公司的法人。

(4)请求人当庭还提交了如下文件，证明其主体资格。

文件1：马萨诸塞州州务卿于2007年5月27日签名并加盖州印的，证明马萨诸塞州州务卿为

William Francis Galvin、所附文件上其签名真实的证明文件，以及由上海市外事翻译工作者协会翻译的中文译文，共2页；

文件2：马萨诸塞州州务卿于2007年5月24日证明“按照本办公室的记录TEA FORTE. INC是于1998年6月8日按照马萨诸塞州普通法成立的一家州内公司”，并且“没有按照马萨诸塞州普通法第156D章第14.21条对该公司提起解散的未决诉讼；该公司没有提交解散的章程，该公司已提交了所有的年度报告，并支付了与这些年度报告有关的所有费用；按照本办公室存档的记录，该公司合法存在并且状况良好”的证明文件，以及由上海市外事翻译工作者协会翻译的中文译文，共2页；

文件3：粘贴于文件1的背面，中华人民共和国驻纽约总领馆于2007年5月30日出具的（2007）纽领认字第0025355号认证，证明其前面文书上美国马萨诸塞州州政府的印章和该州州务卿William Francis Galvin的签字均属实。

专利权人对文件1~3的真实性无异议，对文件1、文件2的中文译文的准确性无异议。专利权人对TEA FORTE，INC. 存在的真实性无异议，但对中文的“帝芙特公司”在美国是否存在有异议，对帝芙特公司是否委托请求人代理人有异议。

合议组向专利权人出示了请求人提交的口头审理资格授权委托书以及随无效宣告请求书提交的授权委托书。专利权人对授权委托书上的签字、公章有异议，认为两份授权委托书上签名不一致、公司名称不一致、没有代理公司公章。对此，请求人陈述意见：提交无效宣告请求的请求人帝芙特公司即TEA FORTE，INC.，因为专利申请文件要求使用中文，无效宣告请求文件中翻译成为“帝芙特公司”。授权委托书上有帝芙特公司的签名并加盖有帝芙特公司的公章，表明帝芙特公司的认可；所加盖的“上海市华诚律师事务所专利业务专用章”是在国家知识产权局备案的合法有效的印章，即，审查指南意义上的公章。

专利权人在口头审理当庭向合议组表示，由于当庭收到请求人主体资格的公证认证的上述文件1~3，因此需要答复期。经合议，合议组告知专利权人，应自口头审理之日起一个月内提交相关的书面答复。

（5）在相同相近似的判断方面，请求人认为相关图片所示的外观设计与本专利构成相近似。专利权人认为本专利与请求人所提交的外观设计相比是不相近似的。

（6）双方当事人在口头审理当庭表达有和解意愿，经合议，合议组告知双方当事人，应自口头审理之日起一个月内将和解意愿告知合议组。专利权人在口头审理当庭向合议组表示，由于当庭收到请求人主体资格的公证认证的相关材料，因此需要答复期。经合议，合议组告知专利权人，应自口头审理之日起一个月内提交相关的书面答复。

专利权人于2009年4月4日提交意见陈述书，认为：（1）从补充证据可以看出TEA FORTE，INC. 是在美国马萨诸塞州成立的一家州内公司，它没有在中国注册，也没有以中文“帝芙特”名称在美国注册，所以“帝芙特公司”在法律上是不存在的。因此无效宣告请求人“帝芙特公司”不是适格主体。（2）请求人在无效宣告请求书中未加盖公章，代理机构也未加盖公章，因此专利权无效宣告请求书形式上也不合格。（3）请求人的补充证据已经逾期，应不予考虑。

在双方当事人的意见陈述以及口头审理的基础上，本案合议组认为事实已清楚，可以依法作出审查决定。

二、决定的理由

1. 关于请求人的主体资格

合议组将专利权人于2009年1月19日所提交的意见陈述书及其附件转送给请求人，请求人针对专利权人对其主体资格的质疑，于口头审理当庭提交证明请求人主体资格的文件1~3以及授权委托书，并非针对案件待证事实补充证据或理由，因此合议组对上述文件 1~3 以及上述授权委托书予以接受。

合议组认为：文件 1~3 是 TEA FORTE，INC. 公司的注册地政府出具的证明，并由中华人民共和国驻纽约总领馆认证，能够证明 TEA FORTE，INC. 是在美国马萨诸塞州注册并存在的一家公司，是真实、有效的证明文件。故 TEA FORTE，INC. 具备民事诉讼主体资格，可以作为无效宣告请求人提起无效宣告请求。专利法实施细则第 4 条规定：依照专利法和本细则规定提交的各种文件应当使用中文；国家有统一规定的科技术语的，应当采用规范词；外国人名、地名和科技术语没有统一中文译文的，应当注明原文。合议组认为：请求人在无效宣告请求的相关文件中使用中文，将公司名称“TEA FORTE，INC.”统一翻译为中文“帝芙特公司”，符合专利法实施细则第 4 条的相关规定。

请求人于口头审理当庭提交的授权委托书上，委托人处加盖有“TEA FORTE，INC.”印章，受委托人处加盖有“上海市华诚律师事务所专利业务专用章”印章。合议组认为：TEA FORTE，INC.，即帝芙特公司；“上海市华诚律师事务所专利业务专用章”是在国家知识产权局进行备案的合法、有效的印章，因此该授权委托书可表明帝芙特公司与上海市华诚律师事务所针对本专利提起的无效宣告请求的事务上存在委托关系，是真实、有效的。故对专利权人的质疑不予支持。

2. 法律依据

基于请求人的无效宣告请求理由和证据，合议组依据专利法第 23 条进行审理。

专利法第 23 条规定：授予专利权的外观设计，应当同申请日以前在国内外出版物上公开发表过或者国内公开使用过的外观设计不相同和不相近似，并不得与他人在先取得的合法权利相冲突。

3. 关于证据

对比文件 1 是每页加盖上海图书馆上海科学技术情报研究所文献资料查找复印证明章的第 000241427-0001 号欧共体外观设计专利说明书网络下载复制件，请求人于口头审理当庭提交了原件。请求人主张对比文件 1 作为出版物公开的证据。

专利权人对对比文件 1 的真实性不予认可，认为：对比文件 1 是域外证据，无公证认证，对证明章无法确认；对比文件 1 是多个单页组成，无骑缝章。

合议组认为：对比文件 1 是欧洲外观设计专利文献，可在我国由公共渠道获得、提供并给予证明，专利权人虽有质疑，但未提交任何反证，经核实，合议组对对比文件 1 予以采信。

专利权人对对比文件 1 中文译文的准确性不予认可，认为：对比文件 1 只做了部分翻译，原文中有多个日期，不能证明其中的 2004 年 12 月 28 日为该外观设计的公开日；有些页面只有图形没有日期，无法说明其均属于在先外观设计专利。

合议组认为：由于对比文件 1 是专利文献，根据专利文献著录项目的规定，其中著录项目标号“45”表示该外观设计的公告日，因此，可以确认 2004 年 12 月 28 日是该外观专利设计的公告日；对比文件 1 由多页组成，经核实，合议组认为均属于该外观专利设计，也即，其中图形的公告日均为 2004 年 12 月 28 日。合议组对对比文件 1 的译文准确性予以认可。

对比文件 1 的公告日早于本专利申请日，因此，对比文件 1 适用于评价本专利是否符合专利法第 23 条的规定。

4. 相同和相近似的判断

本专利共有 5 幅视图：立体图、主视图、俯视图、仰视图、左视图。并且，（1）后视图与主视图对称，省略后视图。（2）右视图与左视图对称，省略右视图。（3）简要说明中指出本外观设计产品采用滤网或滤布制成，袋内可装入茶叶。从立体图看，该茶叶泡袋由主体和拎线构成，拎线在主体顶端，主体呈金字塔状。从俯视图看，泡袋底部为正方形，泡袋主体为金字塔状，拎线在泡袋顶端。

仰视图看，泡袋底部为正方形。从主视图和左视图看：泡袋侧面为等腰三角形，拎线在泡袋顶端（详见本专利附图）。

对比文件 1 中是茶叶泡袋或咖啡泡袋的照片，使用其中的图 0001.1 和 0001.2（下称在先设计）与本专利进行对比。

在先设计的茶叶泡袋由主体部分和拎线两部分组成，主体部分呈金字塔状，底部为四边形，侧面为等腰三角形；主体顶端有叶状拎线，主体内可装入茶叶（详见在先设计图）。

本专利与在先设计均为茶叶泡袋的外观设计，属于相同类别的产品，可以进行相同和相近似的比较。

将本专利与在先设计相比较可知，相同点在于：两者均由主体和拎线两部分构成，拎线在主体顶端，主体和拎线的构成比例、主体形状、拎线形状基本相同，两者整体形状和设计基本相同。

本专利与在先设计的不同之处主要在于：本专利主体由滤布或滤网制成，在先设计中主体是由半透明材料制成，未明确该半透明材料是否滤布或滤网。

将本专利与在先设计比较后，合议组认为：两者均是茶叶泡袋，均由主体和拎线两部分构成，整体形状和设计相同。而使用表面带有孔洞、可以透水的材料制作茶叶泡袋主体，是制作茶叶泡袋惯常选择的材料替换，对整体视觉效果不具有显著的影响。

专利权人陈述意见，认为本专利与在先设计存在两个区别：本专利拎线上茶叶向右，在先设计拎线上茶叶向上；本专利主体有丝网，茶叶放在丝网内，在先设计主体无上述设计。

针对上述意见，合议组认为：拎线上的茶叶方向是随着使用和放置的不同位置而变化的，使用和放置对拎线上的茶叶以及拎线的形状和图案没有影响，因而本专利和在先设计的拎线是相同的；在先设计（参见对比文件 1 图 00001.2）中茶叶放置在半透明材料制成的主体内，而使用与丝网同样性能的材料对茶叶泡袋整体视觉不具有显著的影响。

经过上述分析，采用整体观察、综合判断的方式，本案合议组认为：本专利与先外观设计的区别没有对茶叶泡袋的外观视觉效果产生显著影响，两者外观相近似，因此在本专利申请日之前已有与其相近似的外观设计在国外公开出版，本专利不符合专利法第 23 条的规定。

5. 关于其他理由和证据

鉴于本案已得出上述结论，合议组对本案所涉及的其他理由和证据不再予以评述。对于请求人提出的调查收集证据申请，合议组认为没有针对该证据进行调查收集的必要，因此对请求人提出的调查收集证据的申请不予支持。

三、决定

宣告 200730008607.5 号外观设计专利权无效。

当事人对本决定不服的，可以根据专利法第 46 条第 2 款的规定，自收到本决定之日起三个月内向北京市第一中级人民法院起诉。根据该款的规定，一方当事人起诉后，另一方当事人应当作为第三人参加诉讼。

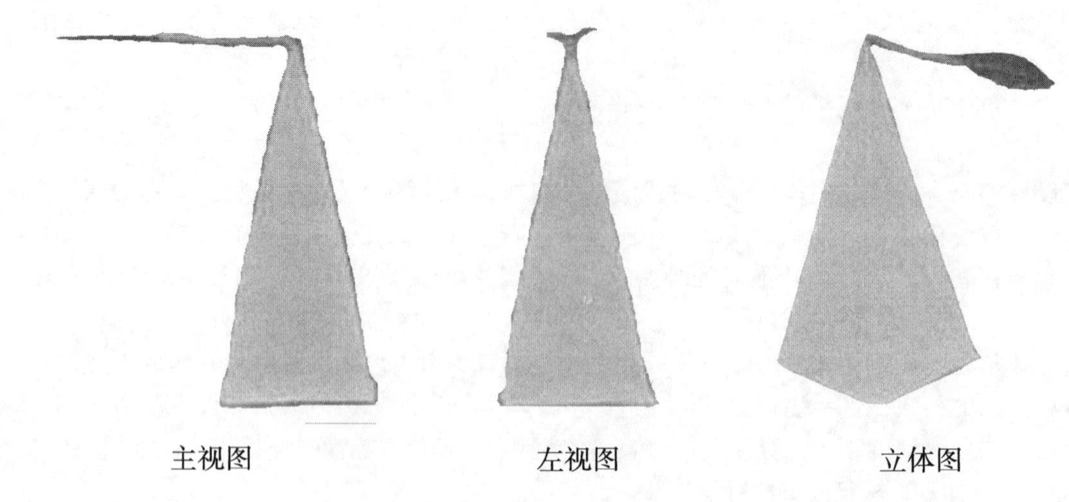

主视图　　　　左视图　　　　立体图

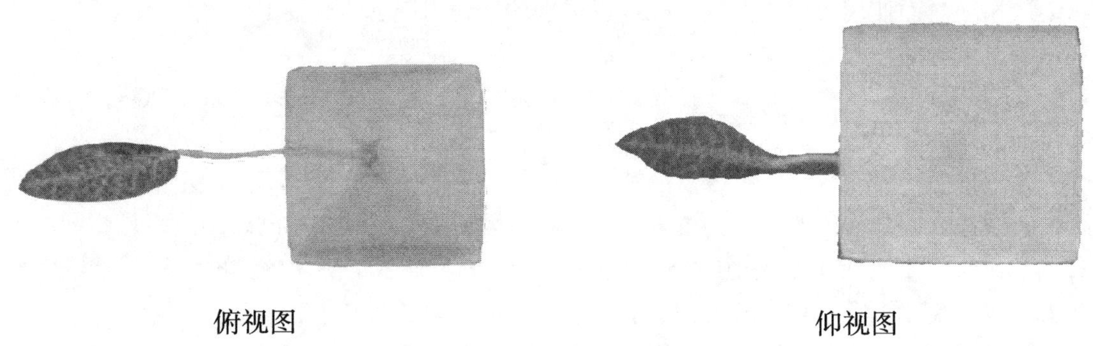

俯视图　　　　仰视图

本专利附图

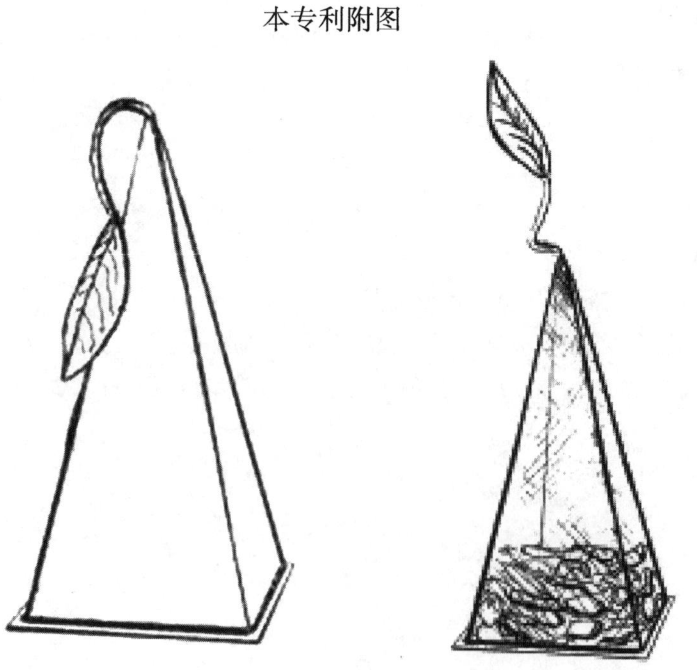

在先设计附图

茶叶外包装盒（四）

无效宣告请求审查决定（第13413号）

决　　定　　号 第13413号
决　　定　　日 2009年4月24日
发明创造名称 茶叶外包装盒（四）
外观设计分类号 09-03
无效宣告请求人 帝芙特公司
专　利　权　人 上海帝芙特投资有限公司
专　　利　　号 200730080409.X
申　　请　　日 2007年8月30日
授权公告日 2008年9月10日
合议组组长 张雪飞
主　　审　　员 李　佳
参　　审　　员 雷连虹
附　　　　图 2页

法　律　依　据 专利法第23条
决　定　要　点
属于局部细微差别或是在使用时不易看到的部位存在的差别对整体视觉效果不具有显著的影响。

一、案由

本无效宣告请求涉及国家知识产权局于2008年9月10日授权公告的名称为“茶叶外包装盒（四）”的外观设计专利（下称本专利），其专利号为200730080409.X，申请日为2007年8月30日，专利权人为上海帝芙特投资有限公司。

针对上述外观设计专利权，帝芙特公司（下称请求人）于2008年11月10日向专利复审委员会提出了无效宣告请求，其无效宣告请求理由为：本专利与在其申请日前在国内外出版物及网页上公开发表的外观设计相近似，不符合专利法第23条的规定。其提交如下附件：

附件1-1：产品宣传册复印件，共12页；

附件1-2：（2007）沪黄一证经字第2486号公证书复印件，共17页。

请求人的具体无效宣告请求理由为：（1）本专利与附件1-1中公开的在先外观设计1茶叶外包装盒（公开日期：2006年），①各个面均为矩形面；②正面中央设置有一矩形区域；③矩形区域中央为图案，上下两侧为文字。两者构成区域、区域大小比例均相同或极为相近似，因此两者属于相近似的外观设计。（2）本专利与附件1-2中公开的在先外观设计2茶叶包装盒（公开日期2007年4月2日）相比，①各个面均为矩形面；②正面中央设置有一矩形区域；③矩形区域中央为图案，上下两侧为文字。两者构成区域、区域大小比例均相同或极为相近似，因此两者属于相近似的外观设计。综上，本专利不符合专利法第23条的规定。

请求人于2008年11月28日补充提交意见陈述书，认为：在本专利申请日之前已有与其相近似的外观设计产品在国内公开使用过，本专利不符合专利法第23条的规定。并提交了如下附件：

附件2-1：上海市第二中级人民法院2007沪二中民五（知）初字第237号受理案件通知书复印件，共1页；

附件2-2：2007沪二中民五（知）初字第237号案件审理中的补充证据目录以及目录中所列出的产品宣传册复印件，共13页；

附件2-3：（2007）沪二中民五（知）初字第237号法庭审理笔录（第一次）复印件，共34页；

附件2-4：（2007）沪黄一证经字第4918号公证书复印件，共4页；

附件2-5：（2008）沪黄证经字第8404号公证书复印件，共21页；

附件2-6：（2008）沪黄证经字第8404号公证书第8页下方图中生产日期和最佳饮用日期的中文译文，共1页；

附件2-7：（2007）沪黄一证经字第4919号公证书复印件，共5页；

附件2-8：（2008）沪黄证经字第8405号公证书复印件，共12页；

附件2-9：（2008）沪黄证经字第8405号公证书第6页中间和下方图中生产日期和最佳饮用日期的中文译文，共1页；

附件2-10：第90302768.2号外观设计专利公告文件复印件，公告日为1991年5月8日，共1页；

附件2-11：第90302187.0号外观设计专利公告文件复印件，公告日为1991年3月27日，共1页；

附件2-12：第98324923.7号外观设计专利公告文件复印件，公告日为1999年9月29日，共1页；

附件2-13：第98324488.X号外观设计专利公告文件复印件，公告日为1999年9月29日，共1页。

请求人在补充提交的意见陈述书中认为：（1）附件2-1至附件2-3用以证明附件1-1的产品宣传册的真实性；附件2-4至附件2-6以及附件2-7至附件2-9分别用以证明本专利不符合专利法第23条的规定；附件2-10至附件2-13用以证明包装盒的盒盖边沿突出于盒体、或盒盖边沿与盒体边沿平齐均属于惯常设计。（2）本专利与附件2-4至附件2-6中公开的在先外观设计3茶叶外包装盒（生产日期：2007年2月7日，销售日期：2007年6月15日）相比，两者各个面均为矩形面，正面中央设置有一矩形区域，矩形区域中央为图案，上下两侧为文字；矩形区域外围设置有框线，表面中央自矩形框线向上、下边沿延伸设置有条形图案。两者易于吸引消费者视觉注意的构成区域、区域大小比例均相同或极为相近似，两者的差异属于局部的细微差异，对整体的视觉效果无显著的影响。因此两者属于相近似的外观设计。（3）本专利与附件2-7至附件2-9中公开的在先外观设计4的茶叶外包装盒（生产日期：2007年1月19日，销售日期：2007年6月15日）相比，两者正面中央设置有一矩形区域，矩形区域中央为图案，上下两侧为文字；矩形区域外围设置有框线，表面中央自矩形框线向上、下边沿延伸设置有条形图案。两者易于吸引消费者视觉注意的构成区域、区域大小比例均相同或极为相近似，而包装盒的盒盖边沿与盒体边沿齐平均属于于惯常设计，此外，两者的其他差异属于于局部的细微差异，对整体的视觉效果均无显著的影响。因此两者属于相近似的外观设计。综上，本专利不符合专利法第 23 条的规定。

请求人于 2008 年 11 月 28 日向专利复审委员会提交调查收集证据申请书，说明产品宣传册（附件 2-2）和法庭审理笔录（附件 2-3）是上海市第二中级人民法院审理的不正当竞争纠纷案件中的诉讼文件，该案件案号为 2007 沪二中民五（知）初字第 237 号，原告为帝芙特公司，被告为“庞言良”和“上海帝芙特茶业有限公司”。请求人申请专利复审委员会对法庭审理笔录这一证据进行调查，与上海市第二中级人民法院核实其真实性。

经形式审查合格后，专利复审委员会受理了该无效宣告请求，于 2008 年 12 月 11 日向双方当事人发出无效宣告请求受理通知书，并将上述无效宣告请求书及其附件清单中所列附件副本、请求人于 2008 年 11 月 28 日提交的补充意见及其附件清单中所列附件副本转送专利权人，要求其在指定期限内答复。

专利复审委员会于 2008 年 12 月 25 日向双方当事人发出口头审理通知书，定于 2009 年 3 月 4 日举行口头审理。

2009 年 1 月 19 日专利权人提交意见陈述书以及上海帝芙特投资有限公司企业法人营业执照复印件，共 8 页。专利权人认为：（1）帝芙特公司没有在中国注册，以中文帝芙特名字在美国的注册公司也是不存在的，因此本专利无效宣告请求人不是无效宣告请求人的适格主体。（2）请求书中的无效宣告请求人或专利代理机构未加盖公章，专利权无效宣告请求书无效。（3）附件 1-1 产品宣传册未经公证，无法证实其公开时间，不能作为证明本专利没有新颖性的证据；附件 1-2（2007）沪黄一证经字第 2486 号公证书中，请求人所称的在先外观设计 2 在网站公开的日期经公证为 2007 年 4 月 3 日，首先应提供公证书原件，其次，网站上公开的产品包装盒中只有两页是外包装，在设计和排版上与本外观专利设计相距甚远。（4）附件 2-1 至附件 2-3 与本案无关；请求人应提出附件 2-2 中宣传册的来源和途径。（5）附件 2-2 中宣传册不是公开出版物。（6）质疑附件 2-4 至附件 2-9 的合法性。（7）本专利主视图中间为淡青色方形单一色块，色块中为 Dftai Tea，而对比文件则是显著的三个倒立三角形并作背景，背景上层为 tea forte，本专利和对比文件的主要部分和整体设计是不相同的，不会使一般消费者产生混淆。综上，专利权人认为本专利应予维持。

2009 年 2 月 6 日合议组将专利权人提交的意见陈述书及其附件共 8 页转给请求人，并告知其可在口头审理当庭答复。

口头审理如期举行，双方当事人均委托代理人参加了口头审理，请求人在口头审理当庭提交了授权委托书，盖有 TEA FORTE，INC. 的印章以及上海市华诚律师事务所专利业务专用章。

口头审理当庭记录了如下重要事项：

（1）双方当事人对合议组成员没有回避请求。请求人对对方出庭人员身份无异议，专利权人对对方出庭人员没有异议，但质疑请求人的主体资格、质疑请求人的委托主体的委托人。

（2）请求人明确无效宣告理由以及用以与本专利相比较的图片为：本专利相对于附件 1-1 和附件 2-1 至附件 2-3 不符合专利法第 23 条的规定，使用附件 1-1 第 16 页下图、第 15 页上图与本专利进行对比；本专利相对于附件 1-2 不符合专利法第 23 条的规定，使用第 5 页右二图与本专利进行对比；本专利相对于附件 2-4 至附件 2-6 的组合不符合专利法第 23 条的规定，使用附件 2-5 第 11 页图、第 8 页第 1 个图、第 9 页第 1 个图、第 9 页第 2 个图、第 8 页第 2 个图、第 10 页第 1 个图作为对比图片，分别与本专利的主视图、后视图、俯视图、仰视图、左视图进行对比；本专利相对于附件 2-7至附件 2-9 的组合不符合专利法第 23 条的规定，使用附件 2-8 第 6 页上图、第 6 页中图、第 7 页上图、第 7 页中图、第 7 页下方左图作为对比图片，分别与本专利主视图、后视图、俯视图、仰视图、左视图进行对比；请求人明确附件 2-10 至附件 2-13 用以说明相关的设计是惯常设计。

（3）请求人在口头审理当庭提交了附件 1-1、附件 1-2、附件 2-1、附件 2-4、附件 2-5、附件 2-7、附件 2-8 的原件。专利权人对附件 1-2 公证书本身、附件 2-1、附件 2-2、附件 2-10 至附件 2-13 的真实性无异议，并明确庞言良是专利权人上海帝芙特投资有限公司的法人。专利权人对附件 1-1、附件 1-2 中网页的内容、附件 2-3、附件 2-4、附件 2-5、附件 2-7、附件 2-8 的真实性以及合法性有异议，对附件 2-6、附件 2-9 中文译文的准确性无异议。

（4）请求人当庭还提交了如下文件，证明其主体资格：

文件 1：马萨诸塞州州务卿于 2007 年 5 月 27 日签名并加盖州印的，证明马萨诸塞州州务卿为 William Francis Galvin、所附文件上其签名真实的证明文件，以及由上海市外事翻译工作者协会翻译的中文译文，共 2 页；

文件 2：马萨诸塞州州务卿于 2007 年 5 月 24 日证明“按照本办公室的记录 TEA FORTE. INC 是于 1998 年 6 月 8 日按照马萨诸塞州普通法成立的一家州内公司”，并且“没有按照马萨诸塞州普通法第 156D 章第 14. 21 条对该公司提起解散的未决诉讼；该公司没有提交解散的章程，该公司已提交了所有的年度报告，并支付了与这些年度报告有关的所有费用；按照本办公室存档的记录，该公司合法存在并且状况良好”的证明文件，以及由上海市外事翻译工作者协会翻译的中文译文，共 2 页；

文件 3：粘贴于文件 1 的背面，中华人民共和国驻纽约总领馆于 2007 年 5 月 30 日出具的（2007）纽领认字第 0025355 号认证，证明其前面文书上美国马萨诸塞州州政府的印章和该州州务卿 William Francis Galvin 的签字均属实。

专利权人对文件 1~3 的真实性无异议，对文件 1、文件 2 的中文译文的准确性无异议。专利权人对 TEA FORTE，INC. 存在的真实性无异议，但对中文的“帝芙特公司”在美国是否存在有异议，对帝芙特公司是否委托请求人代理人有异议。

合议组向专利权人出示了请求人提交的口头审理资格授权委托书以及随无效宣告请求书提交的授权委托书。专利权人对授权委托书上的签字、公章有异议，认为两份授权委托书上签名不一致、公司名称不一致、没有代理公司公章。对此，请求人陈述意见：提交无效宣告请求的请求人帝芙特公司即 TEA FORTE，INC.，因为专利申请文件要求使用中文，无效宣告请求文件中翻译成为“帝芙特公司”。授权委托书上有帝芙特公司的签名并加盖有帝芙特公司的公章，表明帝芙特公司的认可；所加盖的“上海市华诚律师事务所专利业务专用章”是在国家知识产权局备案的合法有效的印章，即，审查指南意义上的公章。

专利权人在口头审理当庭向合议组表示，由于当庭收到请求人主体资格的公证认证的上述文件 1~3，因此需要答复期。经合议，合议组告知专利权人，应自口头审理之日起一个月内提交相关的书面答复。

（5）在相同相近似的判断方面，请求人认为相关图片所示的外观设计与本专利构成相近似。专利权人认为本专利与请求人所提交的外观设计相比是不相近似的。

（6）双方当事人在口头审理当庭表达有和解意愿，经合议，合议组告知双方当事人，应自口头审理之日起一个月内将和解意愿告知合议组。

专利权人于 2009 年 4 月 3 日提交意见陈述书，认为：（1）从请求人提交的补充证据可以看出：TEA FORTE，INC. 是在美国马萨诸塞州成立的一家州内公司，它没有在中国注册，也没有以中文“帝芙特”名称在美国注册，所以“帝芙特公司”在法律上是不存在的。因此无效宣告请求人“帝芙特公司”不是适格主体。（2）请求人在无效宣告请求书中未加盖公章，代理机构也未加盖公章，因此专利权无效宣告请求书形式上也不合格。（3）请求人的补充证据已经逾期，应不予考虑。

在双方当事人的意见陈述以及口头审理的基础上，本案合议组认为事实已清楚，可以依法作出审查决定。

二、决定的理由

1. 关于请求人的主体资格

合议组将专利权人于 2009 年 1 月 19 日所提交的意见陈述书及其附件转送给请求人，请求人针对专利权人对其主体资格的质疑，于口头审理当庭提交证明请求人主体资格的文件 1~3 以及授权委托书，并非针对案件待证事实补充证据或理由，因此合议组对上述文件 1~3 以及上述授权委托书予以接受。

合议组认为：文件 1~3 是 TEA FORTE，INC. 公司的注册地政府出具的证明，并由中华人民共和国驻纽约总领馆认证，能够证明 TEA FORTE，INC. 是在美国马萨诸塞州注册并存在的一家公司，是真实、有效的证明文件。故 TEA FORTE，INC. 具备民事诉讼主体资格，可以作为无效宣告请求人提起无效宣告请求。专利法实施细则第 4 条规定：依照专利法和本细则规定提交的各种文件应当使用中文；国家有统一规定的科技术语的，应当采用规范词；外国人名、地名和科技术语没有统一中文译文的，应当注明原文。合议组认为：请求人在无效宣告请求的相关文件中使用中文，将公司名称"TEA FORTE，INC."统一翻译为中文"帝芙特公司"，符合专利法实施细则第 4 条的相关规定。

请求人于口头审理当庭提交的授权委托书上，委托人处加盖有"TEA FORTE，INC."印章，受委托人处加盖有"上海市华诚律师事务所专利业务专用章"印章。合议组认为：TEA FORTE，INC.，即帝芙特公司；"上海市华诚律师事务所专利业务专用章"是在国家知识产权局进行备案的合法、有效的印章，因此该授权委托书可表明帝芙特公司与上海市华诚律师事务所针对本专利提起的无效宣告请求的事务上存在委托关系，是真实、有效的。故对专利权人的质疑不予支持。

2. 法律依据

基于请求人的无效宣告请求理由和证据，合议组依据专利法第 23 条进行审理。

专利法第 23 条规定："授予专利权的外观设计，应当同申请日以前在国内外出版物上公开发表过或者国内公开使用过的外观设计不相同和不相近似，并不得与他人在先取得的合法权利相冲突。"

3. 关于证据

附件 2-4 公证书（公证书编号：（2007）沪黄一证经字第 4918 号）的公证事项是保全证据：于 2007 年 6 月 15 日，公证员随申请人的委托代理人到上海虹桥友谊商城有限公司茶叶柜台购买了"TEA FORTE"四种包装茶各两盒，当场付款取得了电子收银条，后凭借该收银条开具了发票。证明与该公证书相粘连的电子收银条和《上海虹桥友谊商城有限公司发票联》（发票号码：20230947）复印件与现场取得的原件相符。附件 2-5 公证书（公证书编号：（2007）沪黄一证经字第 8404 号）的公证事项是保全证据：于 2008 年 10 月 30 日在公证处打开粘有封条（公证书编号：（2007）沪黄一证经字 4918 号）的纸箱取出其内封存的"TEA FORTE"共四种包装茶，并拍摄照片共计 37 张（其中二粒袋装洋甘菊茶系打开包装盒拍摄）。拍摄结束申请人的委托代理人将上述四种包装茶重新分别封存，由公证人员对上述存放四种包装茶的纸袋分别加贴本处封条交由申请人保管。证明与本公证书相粘连的照片 37 张，系申请人的委托代理人现场拍摄，照片内容与实际情况相符。本公证书所附（2007）沪黄一证经字 4918 号公证书及其附件与原件相符。请求人主张附件 2-4、附件 2-5、附件 2-6 作为证明使用公开的一组证据。

专利权人对附件 2-4、附件 2-5 与原件的一致性无异议，对附件 2-4、附件 2-5 的真实性和合法性有异议，对附件 2-6 中文译文的准确性无异议。但专利权人认为提交的公证书中的物证要有封存，要当庭开启，封存后打开再进行公证的情况，这种公证不能作为本案使用的证据，没有法律效力。

合议组认为：上述两公证书是具备公证资格的中华人民共和国上海市黄浦公证处所作出的合法、有效的公证书；公证内容先是针对购买过程进行公证、封存，而后针对购买的产品拆封后进行拍照、再封存，两次封存同一批物证并无不当之处，上述公证书所公证的内容之间相互关联，程序合法；专利权人虽有质疑，但未提交任何反证否定上述公证书的合法性。因此合议组对上述附件予以采信。

根据公证内容，附件 2-5 中所附照片是 2007 年 6 月 15 日所购买的包装茶的照片，包装茶的购买日期早于本专利的申请日，因此附件 2-4、附件 2-5 适用于评价本专利是否符合专利法第 23 条的规定。

4. 相同和相近似的判断

本专利共有 6 幅视图：立体图、主视图、后视图、俯视图、仰视图、左视图，右视图与左视图对称，省略右视图。从立体图看，茶叶包装盒是立方体。从主视图看，该面是长方形，中部偏上的位置有由内外两条框线形成的矩形区域，矩形区域内上部和中部有图案；矩形区域以外长方形的中央向上、下边沿延伸的条形图案。从后视图看，该面是长方形，中间有由框线形成的矩形区域，矩形区域以外长方形的中央向上、下边沿延伸的条形图案。从俯视图看，该面是长方形，中间有由内外两条框线形成的矩形区域，矩形区域内有图案；矩形区域以外长方形的中央向上、下边沿延伸的条形图案。从仰视图看，该面是长方形，中央从上至下有条形图案。从左视图看：该面是长方形，中间有由内外两条框线形成的矩形区域，矩形区域内有图案（详见本专利附图）。

附件 2-5 中是包装茶的照片，使用附件 2-5 第 11 页图、第 8 页第 1 个图、第 9 页第 1 个图、第 9 页第 2 个图、第 8 页第 2 个图、第 10 页第 1 个图所显示的茶叶包装盒（下称在先设计）与本专利进行对比。

在先设计的茶叶包装盒是立方体。从在先设计主视图（第 9 页第 2 个图）看，该面是长方形，中央有由内外两条框线形成的矩形区域，矩形区域有由三个三角形组成的背景图案、矩形区域中央有图案；矩形区域以外长方形的中央向上、下边沿延伸的条形图案。从在先设计后视图（第 9 页第 1 个图）看，该面是长方形，中间有由框线组成的矩形区域，矩形区域以外的长方形的中央有向上、下边沿延伸的条形图案，矩形区域内有多个锥形排列。从在先设计俯视图（第 8 页第 1 个图）看，该面是长方形，中间有由内外两条框线形成的矩形区域，矩形区域内有图案，矩形区域以外长方形的中央向上、下边沿延伸的条形图案。从在先设计仰视图（第 8 页第 2 个图）看，该面是长方形，中间有由框线形成的矩形区域，矩形区域以外长方形的中央向上、下边沿延伸的条形图案，矩形区域内有图案。从在先设计左视图（第 10 页第 1 个图）看，该面是长方形，中间有由内外两条框线形成的矩形区域（详见在先设计附图）。

本专利与在先设计均为包装盒的外观设计，属于相同类别的产品，可以进行相同和相近似的比较。

将本专利与在先设计相比较可知，二者相同点在于：两者都是立方体，整体形状基本相同，各个面的形状图案大体相同。

本专利与在先设计的不同之处主要在于：本专利主视图与在先设计主视图相比，区别在于：本专利主视图中框线形成的矩形区域位于长方形的中部偏上的位置，矩形区域上部有图案，在先设计主视图中矩形区域位于长方形的中央，矩形区域上部无图案、矩形区域有背景图案；两者矩形区域中部图案不同。本专利后视图与在先设计后视图相比，区别在于：两者矩形区域与整体长方形、条形图案构图比例不同，本专利后视图中矩形区域内无图案，在先设计后视图中矩形区域内有四个锥形排列。本专利俯视图与在先设计俯视图相比，区别在于：两者矩形区域与长方形构图比例不同，矩形区域内的图案不同。本专利仰视图与在先设计仰视图相比，区别在于：两者整体长方形的长宽比例不同；本专利仰视图中长方形内没有框线以及矩形区域，并且条形图案从上至下贯穿，在先设计仰视图中长方形内有由框线形成的矩形区域，并且条形图案断开。本专利左视图与在先设计左视图相比，区别在于：两者矩形区域与长方形的构图比例不同；本专利左视图中矩形区域内有图案，在先专利左视图中的矩形区域内无图案。

将本专利与在先设计比较后，合议组认为：两者均是立方体形状的包装盒，各个视图均为长方形，一般消费者比较关注的主视图图案构图基本相同，均是长方形中有由内外两条框线形成矩形区域、矩形区域内有图案，后视图、俯视图、左视图构图均基本相同，构图位置或构图比例差别不大；矩形区域内作为背景的图案与底色明暗相差很小、矩形区域上部的图案尺寸小以及与底色明暗色差小，上述图案的差异属于局部的细微差别，对整体视觉效果不具有显著的影响；在先设计后视图所显示的矩形区域内锥形排列应是该茶叶包装盒的内装物，不属于外包装盒本身的外观设计；仰视图虽然构图不同，但基本形状相同，并且仰视图是消费者在使用时相对不容易看到的部位，其设计上的变化对整体视觉效果不具有显著的影响。左视图矩形区域中间的图案和尺寸与整体相比较小、与底色的明暗色差小，因而矩形区域内有无中间的图案属于局部的细微差异，对整体视觉效果不具有显著的影响。

专利权人陈述意见认为：本专利与在先设计相比，矩形区域中间的图案和文字图案不同、构图比例不同。参见合议组上面的相关评述，合议组对专利权人的意见不予支持。

经过上述分析，采用整体观察、综合判断的方式，本案合议组认为：本专利与先外观设计的区别没有对茶叶包装盒的外观视觉效果产生显著影响，两者外观相近似，因此在本专利申请日之前已有与其相近似的外观设计在国内公开使用、销售，本专利不符合专利法第 23 条的规定。

5. 关于其他理由和证据

鉴于本案已得出上述结论，合议组对本案所涉及的其他理由和证据不再予以评述。对于请求人提出的调查收集证据申请，合议组认为没有针对该证据进行调查收集的必要，因此对请求人提出的调查收集证据的申请不予支持。

三、决定

宣告 200730080409. X 号外观设计专利权无效。

当事人对本决定不服的，可以根据专利法第 46 条第 2 款的规定，自收到本决定之日起三个月内向北京市第一中级人民法院起诉。根据该款的规定，一方当事人起诉后，另一方当事人应当作为第三人参加诉讼。

主视图

后视图

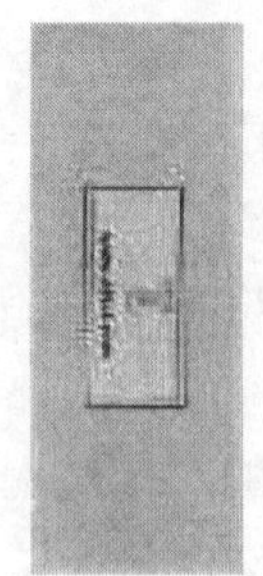
左视图

俯视图

仰视图

立体图

本专利附图

立体图

主视图

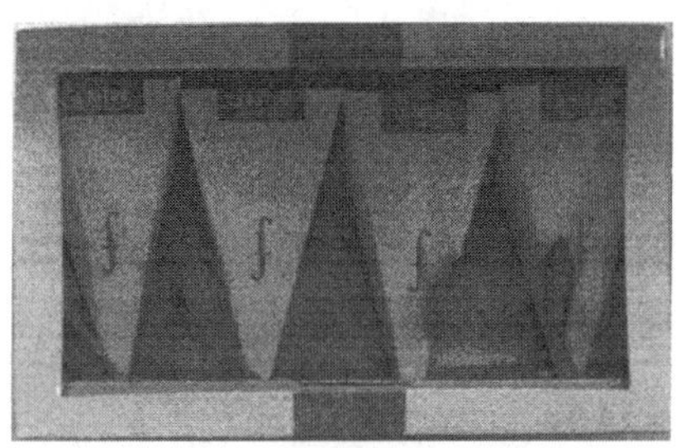

后视图

俯视图

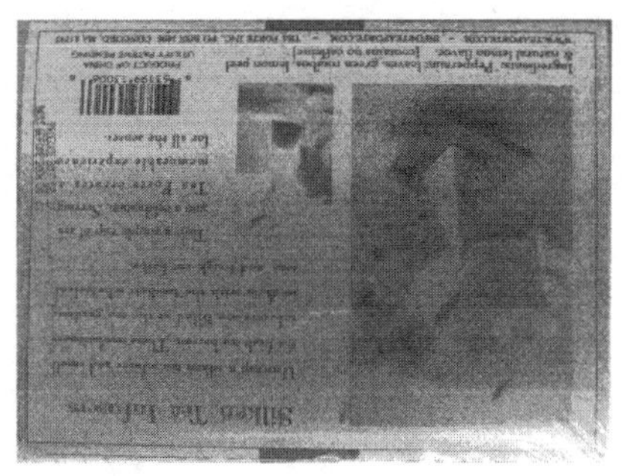

仰视图

左视图

在先设计附图

283

茶叶外包装盒（二）

无效宣告请求审查决定（第13414号）

决　　定　　号　第13414号
决　　定　　日　2009年4月24日
发明创造名称　茶叶外包装盒（二）
外观设计分类号　09-03
无效宣告请求人　帝芙特公司
专　利　权　人　上海帝芙特投资有限公司
专　　利　　号　200730080407.0
申　　请　　日　2007年8月30日
授　权　公　告　日　2008年9月10日
合　议　组　组　长　张雪飞
主　　审　　员　李　佳
参　　审　　员　雷连虹
附　　　　　图　2页

法　律　依　据　专利法第23条
决　定　要　点

对一般消费者而言，将相同图案变换到相对视图的接近位置的设计，不足以对整体视觉效果产生显著的影响；并且，在不容易被看到的部位存在局部的细微差别，也不足以对整体视觉效果产生显著的影响。

一、案由

本无效宣告请求涉及国家知识产权局于2008年9月10日授权公告的名称为“茶叶外包装盒（二）”的外观设计专利（下称本专利），其专利号为200730080407.0，申请日为2007年8月30日，专利权人为上海帝芙特投资有限公司。

针对上述外观设计专利权，帝芙特公司（下称请求人）于2008年11月10日向专利复审委员会提出了无效宣告请求，其无效宣告请求理由为：本专利与在其申请日前在国内外出版物及网页上公开发表的外观设计相近似，不符合专利法第23条的规定。其提交如下附件：

附件1-1：产品宣传册复印件，共12页；

附件1-2：（2007）沪黄一证经字第2486号公证书复印件，共17页。

请求人的具体无效宣告请求理由为：（1）本专利与附件1-1中公开的在先外观设计1茶叶外包

装盒（公开日期：2006 年）相比存在相同点：①盖子正面为平面设计，整体呈矩形；②表面上部为一近似正方形区域，该区域下部表面设计有文字及图形；③正方形区域及文字及图形外围设有矩形框线。两者构成区域、区域大小比例均相同或极为相近似，因此两者属于相近似的外观设计。（2）本专利与附件 1-2 中公开的在先外观设计 2 茶叶包装盒（公开日期 2007 年 4 月 2 日）相比存在相同点：①盖子正面为平面设计，整体呈矩形；②表面上部为一近似正方形区域，该区域下部表面设计有文字及图形；③正方形区域及文字及图形外围设有矩形框线。两者构成区域、区域大小比例均相同或极为相近似，因此两者属于相近似的外观设计。综上，本专利不符合专利法第 23 条的规定。

请求人于 2008 年 11 月 28 日补充提交意见陈述书以及证据：

附件 2-1：上海市第二中级人民法院 2007 沪二中民五（知）初字第 237 号受理案件通知书复印件，共 1 页；

附件 2-2：2007 沪二中民五（知）初字第 237 号案件审理中的补充证据目录以及目录中所列出的产品宣传册复印件，共 13 页；

附件 2-3：（2007）沪二中民五（知）初字第 237 号法庭审理笔录（第一次）复印件，共 34 页；

附件 2-4：（2007）沪黄一证经字第 4918 号公证书复印件，共 4 页；

附件 2-5：（2008）沪黄证经字第 8404 号公证书复印件，共 21 页；

附件 2-6：（2008）沪黄证经字第 8404 号公证书第 7 页中间两图中生产日期和最佳饮用日期的中文译文，共 1 页；

请求人在补充提交的意见陈述书中认为：附件 2-1 至附件 2-3 用以证明附件 1-1 的产品宣传册的真实性；本专利与附件 2-4、附件 2-5、附件 2-6 中公开的在先外观设计 3 茶叶外包装盒（生产日期：2007 年 3 月 20 日，销售日期：2007 年 6 月 15 日）相比，两者盒盖边缘突出于盒体，盒盖正面为平面设计，整体呈矩形；盒盖表面上部为一正方形区域，该区域下部表面设计有文字及图形；正方形区域、文字及图形外围设有矩形框线，盒盖表面中央自矩形框线向上、下边沿延伸设置有条形图案。两者易于吸引消费者视觉注意的构成区域、区域大小比例均相同或极为相近似，两者的差异属于局部的细微差异，对整体的视觉效果无显著的影响。因此两者属于相近似的外观设计，本专利不符合专利法第 23 条的规定。

请求人于 2008 年 11 月 28 日向专利复审委员会提交调查收集证据申请书，说明产品宣传册（附件 2-2）和法庭审理笔录（附件 2-3）是上海市第二中级人民法院审理的不正当竞争纠纷案件中的诉讼文件，该案件案号为 2007 沪二中民五（知）初字第 237 号，原告为帝芙特公司，被告为“庞言良”和“上海帝芙特茶业有限公司”。请求人申请专利复审委员会对法庭审理笔录这一证据进行调查，与上海市第二中级人民法院核实其真实性。

经形式审查合格后，专利复审委员会受理了该无效宣告请求，于 2008 年 12 月 11 日向双方当事人发出无效宣告请求受理通知书，并将上述无效宣告请求书及其附件清单中所列附件副本、请求人于 2008 年 11 月 28 日提交的补充意见及其附件清单中所列附件副本转送专利权人，要求其在指定期限内答复。

专利复审委员会于 2008 年 12 月 25 日向双方当事人发出口头审理通知书，定于 2009 年 3 月 4 日举行口头审理。

2009 年 1 月 19 日专利权人提交意见陈述书以及上海帝芙特投资有限公司企业法人营业执照复印件，共 8 页。专利权人认为：（1）帝芙特公司没有在中国注册，以中文帝芙特名字在美国的注册公司也是不存在的，因此本专利无效宣告请求人不是无效宣告请求人的适格主体。（2）请求书中的无效宣告请求人或专利代理机构未加盖公章，专利权无效宣告请求书无效。（3）附件 1-1 产品宣传册未经公证，无法证实其公开时间，不能作为证明本专利没有新颖性的证据；附件 1-2（2007）沪黄一证经字第 2486 号公证书中，请求人所称的在先外观设计 2 在网站公开的日期经公证为 2007 年 4 月 3 日，首先应提供公证书原件，其次，网站上公开的产品包装盒中只有两页是外包装，在设计和排版上与本外观专利设计相距甚远。(4) 附件 2-1 至附件 2-3 与本案无关；请求人应提出附件 2-2 中宣传册的来源和途径。(5) 附件 2-2 中宣传册不是公开出版物。(6) 质疑附件 2-4 至附件 2-6 的合法性。(7) 本专利主视图中间为淡青色方形单一色块，色块中为 Dftai Tea，而对比文件则是显著的二个倒立三角形并有序间隔三个字母 F 图案的组合方块，方块下方为 tea forte；本专利俯视图中的长方形方块比较大，而对比文件的方块条比较小，只占一小部分。因此本专利和对比文件的主要部分和整体设计是不相同的，不会使一般消费者产生混淆。综上，专利权人认为本专利应予维持。

2009 年 2 月 6 日合议组将专利权人提交的意见陈述书及其附件共 7 页转给请求人，并告知其可在口头审理当庭答复。

口头审理如期举行，双方当事人均委托代理人参加了口头审理，请求人在口头审理当庭提交了授权委托书，盖有 TEA FORTE，INC. 的印章以及上海市华诚律师事务所专利业务专用章。

口头审理当庭记录了如下重要事项：

（1）双方当事人对合议组成员没有回避请求。请求人对对方出庭人员身份无异议，专利权人对对方出庭人员没有异议，但质疑请求人的主体资格、质疑请求人的委托主体的委托人。

（2）请求人明确无效宣告理由以及用以与本专利相比较的图片为：本专利相对于附件 1-1 和附件 2-1 至附件 2-3 不符合专利法第 23 条的规定，使用附件 1-1 第 6 页图与本专利进行对比；本专利相对于附件 1-2 不符合专利法第 23 条的规定，使用附件 1-2 第 5 页右图中的茶叶盒与本专利进行对比；本专利相对于附件 2-4、2-5、2-6 不符合专利法第 23 条的规定，使用附件 2-5 第 6 页上方图、第 6 页下方图、第 7 页上方图、第 7 页中间左图、第 7 页下方左图，分别与本专利的主视图、后视图、俯视图、仰视图、左视图进行对比。

（3）请求人在口头审理当庭提交了附件 1-1、附件 1-2、附件 2-1、附件 2-4、附件 2-5 的原件。专利权人对附件 1-2 公证书本身、附件 2-1、附件 2-2 的真实性无异议，并明确庞言良是专利权人上海帝芙特投资有限公司的法人。专利权人对附件 1-1、附件 1-2 网页中内容、附件 2-3、附件 2-4、附件 2-5 的真实性以及合法性有异议，对附件 2-6 中文译文的准确性无异议。

（4）请求人当庭还提交了如下文件，证明其主体资格：

文件 1：马萨诸塞州州务卿于 2007 年 5 月 27 日签名并加盖州印的，证明马萨诸塞州州务卿为 William Francis Galvin、所附文件上其签名真实的证明文件，以及由上海市外事翻译工作者协会翻译的中文译文，共 2 页；

文件 2：马萨诸塞州州务卿于 2007 年 5 月 24 日证明“按照本办公室的记录 TEA FORTE. INC 是于 1998 年 6 月 8 日按照马萨诸塞州普通法成立的一家州内公司”，并且“没有按照马萨诸塞州普通法第 156D 章第 14. 21 条对该公司提起解散的未决诉讼；该公司没有提交解散的章程，该公司已提交了所有的年度报告，并支付了与这些年度报告有关的所有费用；按照本办公室存档的记录，该公司合法存在并且状况良好”的证明文件，以及由上海市外事翻译工作者协会翻译的中文译文，共 2 页；

文件 3：粘贴于文件 1 的背面，中华人民共和国驻纽约总领馆于 2007 年 5 月 30 日出具的（2007）纽领认字第 0025355 号认证，证明其前面文书上美国马萨诸塞州州政府的印章和该州州务卿 William Francis Galvin 的签字均属实。

专利权人对文件 1~3 的真实性无异议，对文件 1、文件 2 的中文译文的准确性无异议。专利权人对 TEA FORTE，INC. 存在的真实性无异议，但对中文的“帝芙特公司”在美国是否存在有异议，对帝芙特公司是否委托请求人代理人有异议。

合议组向专利权人出示了请求人提交的口头审理资格授权委托书以及随无效宣告请求书提交的授权委托书。专利权人对授权委托书上的签字、公章有异议，认为两份授权委托书上签名不一致、公司名称不一致、没有代理公司公章。对此，请求人陈述意见：提交无效宣告请求的请求人帝芙特公司即TEA FORTE，INC.，因为专利申请文件要求使用中文，无效宣告请求文件中翻译成为“帝芙特公司”。授权委托书上有帝芙特公司的签名并加盖有帝芙特公司的公章，表明帝芙特公司的认可；所加盖的“上海市华诚律师事务所专利业务专用章”是在国家知识产权局备案的合法有效的印章，即，审查指南意义上的公章。

专利权人在口头审理当庭向合议组表示，由于当庭收到请求人主体资格的公证认证的相关材料，因此需要答复期。经合议，合议组告知专利权人，应自口头审理之日起一个月内提交相关的书面答复。

（5）在相同相近似的判断方面，请求人认为相关图片所示的外观设计与本专利构成相近似。专利权人认为本专利与请求人所提交的外观设计相比是不相近似的。

（6）双方当事人在口头审理当庭表达有和解意愿，经合议，合议组告知双方当事人，应自口头审理之日起一个月内将和解意愿告知合议组。

专利权人于2009年4月3日提交意见陈述书，认为：（1）从请求人提交的补充证据可以看出：TEA FORTE，INC. 是在美国马萨诸塞州成立的一家州内公司，它没有在中国注册，也没有以中文“帝芙特”名称在美国注册，所以“帝芙特公司”在法律上是不存在的。因此无效宣告请求人“帝芙特公司”不是适格主体。（2）请求人在无效宣告请求书中未加盖公章，代理机构也未加盖公章，因此专利权无效宣告请求书形式上也不合格。（3）请求人的补充证据已经逾期，应不予考虑。

在双方当事人的意见陈述以及口头审理的基础上，本案合议组认为事实已清楚，可以依法作出审查决定。

二、决定的理由

1. 关于请求人的主体资格

合议组将专利权人于2009年1月19日所提交的意见陈述书及其附件转送给请求人，请求人针对专利权人对其主体资格的质疑，于口头审理当庭提交证明请求人主体资格的文件1~3以及授权委托书，并非针对案件待证事实补充证据或理由，因此合议组对上述文件1~3以及上述授权委托书予以接受。

合议组认为：文件1~3是TEA FORTE，INC. 公司的注册地政府出具的证明，并由中华人民共和国驻纽约总领馆认证，能够证明TEA FORTE，INC. 是在美国马萨诸塞州注册并存在的一家公司，是真实、有效的证明文件。故TEA FORTE，INC. 具备民事诉讼主体资格，可以作为无效宣告请求人提起无效宣告请求。专利法实施细则第4条规定：依照专利法和本细则规定提交的各种文件应当使用中文；国家有统一规定的科技术语的，应当采用规范词；外国人名、地名和科技术语没有统一中文译文的，应当注明原文。合议组认为：请求人在无效宣告请求的相关文件中使用中文，将公司名称“TEA FORTE，INC.”统一翻译为中文“帝芙特公司”，符合专利法实施细则第4条的相关规定。

请求人于口头审理当庭提交的授权委托书上，委托人处加盖有“TEA FORTE，INC.”印章，受委托人处加盖有“上海市华诚律师事务所专利业务专用章”印章。合议组认为：TEA FORTE，INC.，即帝芙特公司；“上海市华诚律师事务所专利业务专用章”是在国家知识产权局进行备案的合法、有效的印章，因此该授权委托书可表明帝芙特公司与上海市华诚律师事务所针对本专利提起的无效宣告请求的事务上存在委托关系，是真实、有效的。故对专利权人的质疑不予支持。

2. 法律依据

基于请求人的无效宣告请求理由和证据，合议组依据专利法第 23 条进行审理。

专利法第 23 条规定："授予专利权的外观设计，应当同申请日以前在国内外出版物上公开发表过或者国内公开使用过的外观设计不相同和不相近似，并不得与他人在先取得的合法权利相冲突。"

3. 关于证据

附件 2-4 公证书（公证书编号：（2007）沪黄一证经字第 4918 号）的公证事项是保全证据：于 2007 年 6 月 15 日，公证员随申请人的委托代理人到上海虹桥友谊商城有限公司茶叶柜台购买了"TEA FORTE"四种包装茶各两盒，当场付款取得了电子收银条，后凭借该收银条开具了发票。证明与该公证书相粘连的电子收银条和《上海虹桥友谊商城有限公司发票联》（发票号码：20230947）复印件与现场取得的原件相符。附件 2-5 公证书（公证书编号：（2007）沪黄一证经字第 8404 号）的公证事项是保全证据：于 2008 年 10 月 30 日在公证处打开粘有封条（公证书编号：（2007）沪黄一证经字 4918 号）的纸箱取出其内封存的"TEA FORTE"共四种包装茶，并拍摄照片共计 37 张（其中二粒袋装洋甘菊茶系打开包装盒拍摄）。拍摄结束申请人的委托代理人将上述四种包装茶重新分别封存，由公证人员对上述存放四种包装茶的纸袋分别加贴本处封条交由申请人保管。证明与本公证书相粘连的照片 37 张，系申请人的委托代理人现场拍摄，照片内容与实际情况相符。本公证书所附（2007）沪黄一证经字 4918 号公证书及其附件与原件相符。请求人主张附件 2-4、附件 2-5、附件 2-6 作为证明使用公开的一组证据。

专利权人对附件 2-4、附件 2-5 与原件的一致性无异议，对附件 2-4、附件 2-5 的真实性和合法性有异议，对附件 2-6 中文译文的准确性无异议。但专利权人认为提交的公证书中的物证要有封存，要当庭开启，封存后打开再进行公证的情况，这种公证不能作为本案使用的证据，没有法律效力。

合议组认为：上述两公证书是具备公证资格的中华人民共和国上海市黄浦公证处所作出的合法、有效的公证书；公证内容先是针对购买过程进行公证、封存，而后针对购买的产品拆封后进行拍照、再封存，两次封存同一批物证并无不当之处，上述公证书所公证的内容之间相互关联，程序合法；专利权人虽有质疑，但未提交任何反证否定上述公证书的合法性。因此合议组对上述附件予以采信。

根据公证内容，附件 2-5 后附照片是 2007 年 6 月 15 日所购买的包装茶的照片，包装茶的购买日期早于本专利的申请日，因此附件 2-4、附件 2-5 适用于评价本专利是否符合专利法第 23 条的规定。

4. 相同和相近似的判断

本专利共有 6 幅视图：立体图、主视图、后视图、俯视图、仰视图、左视图，右视图与左视图对称，省略右视图。从立体图看，茶叶包装盒是立方体，盒盖边缘突出于下方的盒体，上下表面均是长方形，其他侧面由分别属于盒盖和盒体的两个长方形构成。从主视图看，该面是长方形，中间有由内外两条框线形成的矩形区域，矩形区域中有由框线形成的正方形区域，矩形区域内正方形区域下方有帝芙特字样图案和两片茶叶的图案；矩形区域以外长方形的中央向上、下边沿延伸的条形图案。从后视图看，该面是长方形，中间有矩形区域，矩形区域以外长方形的中央向上、下边沿延伸的条形图案。从俯视图看，该面由上面的盒体长方形和下面的盒盖长方形组成，盒盖长方形的长边大于盒体长方形的长边；盒盖长方形中间有由框线形成的矩形区域，矩形区域以外的盒盖长方形中央有向上、下边沿延伸的条形图案。从仰视图看，该面由下面的盒体长方形和上面的盒盖长方形组成，盒体长方形的长边小于盒盖长方形的长边；盒盖长方形中间有由框线形成的矩形区域，矩形区域内有图案，盒盖长方形矩形区域以外的部分中央有向上、下边沿延伸的条形图案。从左视图看：该面由左边的盒体长方形和右边的盒盖长方形组成，盒盖长方形的长边大于盒体长方形的长边（详见本专利附图）。

附件 2-5 中是包装茶的照片，使用附件 2-5 第 6 页上方图、第 6 页下方图、第 7 页上方图、第 7

页中间左图、第 7 页下方左图所显示的茶叶包装盒（下称在先设计）与本专利进行对比。

在先设计的茶叶包装盒是立方体。从在先设计主视图（第 6 页上方图）看，该面大致呈长方形，中间有由内外两条框线形成的矩形区域，矩形区域中有由框线形成的正方形区域，矩形区域内正方形区域下方有三个三角形图案作为背景、有帝芙特字样图案和两片茶叶的图案；矩形区域以外长方形的中央向上、下边沿延伸的条形图案；正方形区域内有多个锥形排列。从在先设计后视图（第 6 页下方图）看，该面大致呈长方形，中间有矩形区域，矩形区域以外长方形的中央向上、下边沿延伸的条形图案。从在先设计俯视图（第 7 页上方图）看，由上面的盒体长方形和下面的盒盖长方形组成，盒盖长方形的长边大于盒体长方形的长边，盒体长方形中间有由框线形成的矩形区域，矩形区域内有图案，矩形区域以外的盒体长方形以及盒盖长方形中央均有向上、下边沿延伸的条形图案。从在先设计仰视图（第 7 页中间左图）看，该面由上面的盒盖长方形和下面的盒体长方形组成，盒盖长方形的长边大于盒体长方形的长边；盒体长方形中间有由框线形成的矩形区域，矩形区域以外的盒体长方形以及盒盖长方形中央均有向上、下边沿延伸的条形图案。从在先设计左视图（第 7 页下方左图）看，该面由左边的盒体长方形和右边的盒盖组成，盒盖长方形的长边大于盒体长方形的长边（详见在先设计附图）。

本专利与在先设计均为包装盒的外观设计，属于相同类别的产品，可以进行相同和相近似的比较。

将本专利与在先设计相比较可知，二者相同点在于：两者都是立方体盒，由盒盖部分和盒体部分组成，盒盖部分边缘突出下方的盒体，盒体各个面的设计大体相同。

本专利与在先设计的不同之处主要在于：（1）盒盖和盒体大小比例不同，本专利盒盖的长边大于盒体的长边，在先设计中盒盖的长边小于盒体的长边。（2）本专利与在先设计的主视图相比，区别在于：在先设计的矩形区域内正方形区域下方有三个三角形图案作为背景，正方形区域内有多个锥形排列。（3）本专利与在先设计的俯视图、仰视图的构图不同，本专利的上述两视图中矩形区域位于盒盖长方形中，在先设计的上述两图中矩形区域位于盒体长方形中；矩形区域内的图案也不相同；此外，在先设计仰视图和俯视图中盒盖和盒体长方形都带有向上、下边沿延伸的条形图案，本专利俯视图和仰视图中仅盒盖长方形中带有向上、下边沿延伸的条形图案。

将本专利与在先设计比较后，针对上述区别（1），合议组认为：两者均是立方体形状的包装盒，上下表面均是长方形，其他侧面分别由盒盖长方形和盒体长方形构成。盒盖和盒体的大小比例不同这一差别对整体视觉效果不具有显著的影响。针对上述区别（2），合议组认为：一般消费者比较关注的主视图图案构图基本相同，两者的构图比例基本相同；正方形区域下方的图案是作为背景的图案，与底色明暗相差很小，图案不明显，属于局部的细微差别，对整体视觉效果不具有显著的影响；在先设计主视图所显示的正方形区域内锥形排列应是该茶叶包装盒的内装物，不属于外包装盒本身的外观设计。针对上述区别（3），合议组认为：本专利俯视图中位于盒盖长方形内的矩形区域部分的构图和图案，与在先设计的仰视图中位于盒体长方形中的构图和图案相同、本专利仰视图中位于盒体长方形内的矩形区域部分的构图和图案，与在先设计俯视图中盒盖长方形中的构图和图案相同，对一般消费者而言，这种将相同图案变换到相对视图的接近位置的设计，不足以对整体视觉效果产生显著的影响。并且，包装盒的俯视图和仰视图是在包装盒相对不容易被看到的部位，其中的一部分是否具有条形图案属于在局部的细微差别，也不足以对整体视觉效果产生显著的影响。

专利权人陈述意见认为：本专利与在先设计相比，矩形区域内文字和三角锥形的图案不同。参见合议组上面的相关评述，合议组对专利权人的意见不予支持。

经过上述分析，采用整体观察、综合判断的方式，本案合议组认为：本专利与先外观设计的区别没有对茶叶包装盒的外观视觉效果产生显著影响，两者外观相近似，因此在本专利申请日之前已有与其相近似的外观设计在国内公开使用、销售，本专利不符合专利法第 23 条的规定。

5. 关于其他理由和证据

鉴于本案已得出上述结论，合议组对本案所涉及的其他理由和证据不再予以评述。对于请求人提出的调查收集证据申请，合议组认为没有针对该证据进行调查收集的必要，因此对请求人提出的调查收集证据的申请不予支持。

三、决定

宣告 200730080407.0 号外观设计专利权无效。

当事人对本决定不服的，可以根据专利法第 46 条第 2 款的规定，自收到本决定之日起三个月内向北京市第一中级人民法院起诉。根据该款的规定，一方当事人起诉后，另一方当事人应当作为第三人参加诉讼。

主视图

后视图

左视图

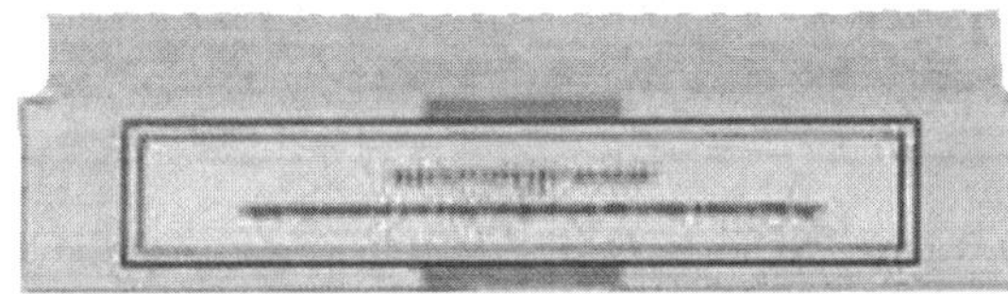

俯视图

仰视图

立体图

本专利附图

主视图

后视图

左视图

俯视图

仰视图

在先设计附图

284

茶叶外包装盒（一）

无效宣告请求审查决定（第 13415 号）

决　　定　　号 第 13415 号
决　　定　　日 2009 年 4 月 24 日
发明创造名称 茶叶外包装盒（一）
外观设计分类号 09-03
无效宣告请求人 帝芙特公司
专　利　权　人 上海帝芙特投资有限公司
专　　利　　号 200730080406.6
申　　请　　日 2007 年 8 月 30 日
授权公告日 2008 年 9 月 10 日
合议组组长 张雪飞
主　　审　　员 李　佳
参　　审　　员 雷连虹
附　　　　图 2 页

法　律　依　据 专利法第 23 条
决　定　要　点

本专利与在先设计构图位置或构图比例差别不大，局部有无图案属于局部的细微差异，对整体视觉效果不具有显著的影响；消费者在使用时不容易看到的部位，其设计上的变化对整体视觉效果不具有显著的影响。

一、案由

本无效宣告请求涉及国家知识产权局于 2008 年 9 月 10 日授权公告的名称为"茶叶外包装盒（一）"的外观设计专利（下称本专利），其专利号为 200730080406.6，申请日为 2007 年 8 月 30 日，专利权人为上海帝芙特投资有限公司。

针对上述外观设计专利权，帝芙特公司（下称请求人）于 2008 年 11 月 10 日向专利复审委员会提出了无效宣告请求，其无效宣告请求理由为：本专利与在其申请日前在国内外出版物及网页上公开发表的外观设计相近似，不符合专利法第 23 条的规定。其提交如下附件：

附件 1-1：产品宣传册复印件，共 12 页；

附件 1-2：（2007）沪黄一证经字第 2486 号公证书复印件，共 17 页。

请求人的具体无效宣告请求理由为：本专利与附件 1-1 中公开的在先外观设计 1 茶叶包装盒

（公开日期 2006 年）相比存在相同点：①正面为平面设计，整体呈矩形；②表面中央为一近似正方形区域，该区域上下部表面设计有文字及图形；③正方形区域及文字及图形外围设有矩形框线。两者构成区域、区域大小比例均相同或极为相近似，因此两者属相近似的外观设计。（2）本专利与附件 1-2 中公开的在先外观设计 2 茶叶包装盒（公开日期 2007 年 4 月 2 日）相比存在相同点：①正面为平面设计，整体呈矩形；②表面中央为一近似正方形区域，该区域上下部表面设计有文字及图形；③正方形区域及文字及图形外围设有矩形框线。两者构成区域、区域大小比例均相同或极为相近似，因此两者属相近似的外观设计。综上，本专利不符合专利法第 23 条的规定。

请求人于 2008 年 11 月 28 日补充提交意见陈述书，认为：在本专利申请日之前已有与其相近似的外观设计产品在国内公开使用过，本专利不符合专利法第 23 条的规定。并提交了如下附件：

附件 2-1：上海市第二中级人民法院 2007 沪二中民五（知）初字第 237 号受理案件通知书复印件，共 1 页；

附件 2-2：2007 沪二中民五（知）初字第 237 号案件审理中的补充证据目录以及目录中所列出的产品宣传册复印件，共 13 页；

附件 2-3：（2007）沪二中民五（知）初字第 237 号法庭审理笔录（第一次）复印件，共 34 页；

附件 2-4：（2007）沪黄一证经字第 4918 号公证书复印件，共 4 页；

附件 2-5：（2008）沪黄证经字第 8404 号公证书复印件，共 21 页；

附件 2-6：（2008）沪黄证经字第 8404 号公证书第 5 页中间两图中生产日期和最佳饮用日期的中文译文，共 1 页；

请求人在补充提交的意见陈述书中认为：（1）本专利与附件 2-4、附件 2-5、附件 2-6 中公开的在先外观设计 3 茶叶外包装盒（生产日期：2005 年 12 月 26 日，销售日期：2007 年 6 月 15 日）相比，两者盒盖边缘突出于盒体，盒盖正面为平面设计，整体呈矩形；盒盖表面中央为一正方形区域，该区域上下部表面设计有文字及图形；正方形区域及文字及图形外围设有矩形框线。两者易于吸引消费者视觉注意的构成区域、区域大小比例均相同或极为相近似，两者的差异属局部的细微差异，对整体的视觉效果无显著的影响。因此两者属相近似的外观设计，不符合专利法第 23 条的规定。（2）本专利主视图显示上下边沿处的条形图案间隔设计，而立体图上显示的上下边沿处的条形图案连贯设计，导致图案不唯一、不确定、不清楚，视图之间的投影关系不对应，无法确定条形图案的形状，其所要求保护的对象是不确定的，因此被比外观设计专利不适于工业应用，不符合专利法实施细则第 2 条第 3 款的规定。

请求人于 2008 年 11 月 28 日向专利复审委员会提交调查收集证据申请书，说明产品宣传册（附件 2-2）和法庭审理笔录（附件 2-3）是上海市第二中级人民法院审理的不正当竞争纠纷案件中的诉讼文件，该案件案号为 2007 沪二中民五（知）初字第 237 号，原告为帝芙特公司，被告为“庞言良”和“上海帝芙特茶业有限公司”。请求人申请专利复审委员会对法庭审理笔录这一证据进行调查，与上海市第二中级人民法院核实其真实性。

经形式审查合格后，专利复审委员会受理了该无效宣告请求，于 2008 年 12 月 11 日向双方当事人发出无效宣告请求受理通知书，并将上述无效宣告请求书及其附件清单中所列附件副本、请求人于 2008 年 11 月 28 日提交的补充意见及其附件清单中所列附件副本转送专利权人，要求其在指定期限内答复。

专利复审委员会于 2008 年 1 月 14 日向双方当事人发出口头审理通知书，定于 2009 年 3 月 4 日举行口头审理。

2009 年 1 月 19 日专利权人提交意见陈述书以及上海帝芙特投资有限公司企业法人营业执照复印

件，共8页。专利权人认为：（1）帝芙特公司没有在中国注册，以中文帝芙特名字在美国的注册公司也是不存在的，因此本专利无效宣告请求人不是无效宣告请求人的适格主体。（2）请求书中的无效宣告请求人或专利代理机构未加盖公章，专利权无效宣告请求书无效。（3）附件1-1产品宣传册未经公证，无法证实其公开时间，不能作为证明本专利没有新颖性的证据；附件1-2（2007）沪黄一证经字第2486号公证书中，请求人所称的在先外观设计2在网站公开的日期经公证为2007年4月3日，首先应提供公证书原件，其次，网站上公开的产品包装盒中只有两页是外包装，在设计和排版上与本外观专利设计相距甚远。（4）附件2-1至附件2-3与本案无关；请求人应提出附件2-2中宣传册的来源和途径。（5）附件2-2中宣传册不是公开出版物。（6）质疑附件2-4~附件2-6的合法性。（7）本专利主视图中间为淡青色方形单一色块，上方主要为Tea Forte，而对比文件则是显著的三个三角形图案的组合方块，方块上、下方由三个三角形组合作为背景；本专利主视图中上下两根连接线是断开的，而对比文件无断开。本专利和对比文件的主要部分和整体设计是不相同的，不会使一般消费者产生混淆。（8）本专利权是国家知识产权局授权的，因此已符合专利法实施细则第2条第3款的规定。综上，专利权人认为本专利应予维持。

2009年2月6日合议组将专利权人提交的意见陈述书及其附件共7页转给请求人，并告知其可在口头审理当庭答复。

口头审理如期举行，双方当事人均委托代理人参加了口头审理，请求人在口头审理当庭提交了授权委托书，盖有TEA FORTE，INC.的印章以及上海市华诚律师事务所专利业务专用章。

口头审理当庭记录了如下重要事项：

（1）双方当事人对合议组成员没有回避请求。请求人对对方出庭人员身份无异议，专利权人对对方出庭人员没有异议，但质疑请求人的主体资格、质疑请求人的委托主体的委托人。

（2）请求人明确无效宣告理由以及用以与本专利相比较的图片为：本专利相对于附件1-1不符合专利法第23条的规定，使用附件1-1第7页下图与本专利进行对比；本专利相对于附件1-2不符合专利法第23条的规定，使用附件1-2第5页右图最大的茶叶盒与本专利进行对比；本专利相对于附件2-4、2-5、2-6不符合专利法第23条的规定，使用附件2-5第4页上方图、第4页下方图、第5页上方图、第5页中间左图、第5页下方中间的图，分别与本专利的主视图、后视图、俯视图、仰视图、左视图进行对比；本专利不符合专利法实施细则第2条第3款的规定。

（3）请求人在口头审理当庭提交了附件1-1、附件1-2、附件2-1、附件2-4、附件2-5的原件。专利权人对附件1-2公证书本身、附件2-1、附件2-2的真实性无异议，并明确庞言良是专利权人上海帝芙特投资有限公司的法人。专利权人对附件1-1、附件1-2网页中内容、附件2-3、附件2-4、附件2-5的真实性以及合法性有异议，对附件2-6中文译文的准确性无异议。

（4）请求人当庭还提交了如下文件，证明其主体资格：

文件1：马萨诸塞州州务卿于2007年5月27日签名并加盖州印的，证明马萨诸塞州州务卿为William Francis Galvin、所附文件上其签名真实的证明文件，以及由上海市外事翻译工作者协会翻译的中文译文，共2页；

文件2：马萨诸塞州州务卿于2007年5月24日证明“按照本办公室的记录TEA FORTE. INC是于1998年6月8日按照马萨诸塞州普通法成立的一家州内公司”，并且“没有按照马萨诸塞州普通法第156D章第14.21条对该公司提起解散的未决诉讼；该公司没有提交解散的章程，该公司已提交了所有的年度报告，并支付了与这些年度报告有关的所有费用；按照本办公室存档的记录，该公司合法存在并且状况良好”的证明文件，以及由上海市外事翻译工作者协会翻译的中文译文，共2页；

文件3：粘贴于文件1的背面，中华人民共和国驻纽约总领馆于2007年5月30日出具的（2007）

组领认字第 0025355 号认证，证明其前面文书上美国马萨诸塞州州政府的印章和该州州务卿 William Francis Galvin 的签字均属实。

专利权人对文件 1～3 的真实性无异议，对文件 1、文件 2 的中文译文的准确性无异议。专利权人对 TEA FORTE，INC. 存在的真实性无异议，但对中文的“帝芙特公司”在美国是否存在有异议，对帝芙特公司是否委托请求人代理人有异议。

合议组向专利权人出示了请求人提交的口头审理资格授权委托书以及随无效宣告请求书提交的授权委托书。专利权人对授权委托书上的签字、公章有异议，认为两份授权委托书上签名不一致、公司名称不一致、没有代理公司公章。对此，请求人陈述意见：提交无效宣告请求的请求人帝芙特公司即 TEA FORTE，INC.，因为专利申请文件要求使用中文，无效宣告请求文件中翻译成为“帝芙特公司”。授权委托书上有帝芙特公司的签名并加盖有帝芙特公司的公章，表明帝芙特公司的认可；所加盖的“上海市华诚律师事务所专利业务专用章”是在国家知识产权局备案的合法有效的印章，即，审查指南意义上的公章。

专利权人在口头审理当庭向合议组表示，由于当庭收到请求人主体资格的公证认证的上述文件 1 至文件 3，因此需要答复期。经合议，合议组告知专利权人，应自口头审理之日起一个月内提交相关的书面答复。

（5）在相同相近似的判断方面，请求人认为相关图片所示的外观设计与本专利构成相近似。专利权人认为本专利与请求人所提交的外观设计相比是不相近似的。

（6）双方当事人在口头审理当庭表达有和解意愿，经合议，合议组告知双方当事人，应自口头审理之日起一个月内将和解意愿告知合议组。

专利权人于 2009 年 4 月 3 日提交意见陈述书，认为：（1）从补充证据可以看出：TEA FORTE，INC. 是在美国马萨诸塞州成立的一家州内公司，它没有在中国注册，也没有以中文“帝芙特”名称在美国注册，所以“帝芙特公司”在法律上是不存在的。因此无效宣告请求人“帝芙特公司”不是适格主体。（2）请求人在无效宣告请求书中未加盖公章，代理机构也未加盖公章，因此专利权无效宣告请求书形式上也不合格。（3）请求人的补充证据已经逾期，应不予考虑。

在双方当事人的意见陈述以及口头审理的基础上，本案合议组认为事实已清楚，可以依法作出审查决定。

二、决定的理由

1. 关于请求人的主体资格

合议组将专利权人于 2009 年 1 月 19 日所提交的意见陈述书及其附件转送给请求人，请求人针对专利权人对其主体资格的质疑，于口头审理当庭提交证明请求人主体资格的文件 1～3 以及授权委托书，并非针对案件待证事实补充证据或理由，因此合议组对上述文件 1～3 以及上述授权委托书予以接受。

合议组认为：文件 1～3 是 TEA FORTE，INC. 公司的注册地政府出具的证明，并由中华人民共和国驻纽约总领馆认证，能够证明 TEA FORTE，INC. 是在美国马萨诸塞州注册并存在的一家公司，是真实、有效的证明文件。故 TEA FORTE，INC. 具备民事诉讼主体资格，可以作为无效宣告请求人提起无效宣告请求。专利法实施细则第 4 条规定：依照专利法和本细则规定提交的各种文件应当使用中文；国家有统一规定的科技术语的，应当采用规范词；外国人名、地名和科技术语没有统一中文译文的，应当注明原文。合议组认为：请求人在无效宣告请求的相关文件中使用中文，将公司名称“TEA FORTE，INC.”统一翻译为中文“帝芙特公司”，符合专利法实施细则第 4 条的相关规定。

请求人于口头审理当庭提交的授权委托书上，委托人处加盖有“TEA FORTE，INC.”印章，受委托人处加盖有“上海市华诚律师事务所专利业务专用章”印章。合议组认为：TEA FORTE，INC.，即帝芙特公司；“上海市华诚律师事务所专利业务专用章”是在国家知识产权局进行备案的合法、有效的印章，因此该授权委托书可表明帝芙特公司与上海市华诚律师事务所针对本专利提起的无效宣告请求的事务上存在委托关系，是真实、有效的。故对专利权人的质疑不予支持。

2. 法律依据

基于请求人的无效宣告请求理由和证据，合议组首先依据专利法第23条进行审理。

专利法第23条规定：“授予专利权的外观设计，应当同申请日以前在国内外出版物上公开发表过或者国内公开使用过的外观设计不相同和不相近似，并不得与他人在先取得的合法权利相冲突。”

3. 关于证据

附件2-4公证书（公证书编号：（2007）沪黄一证经字第4918号）的公证事项是保全证据：于2007年6月15日，公证员随申请人的委托代理人到上海虹桥友谊商城有限公司茶叶柜台购买了“TEA FORTE”四种包装茶各两盒，当场付款取得了电子收银条，后凭借该收银条开具了发票。证明与该公证书相粘连的电子收银条和《上海虹桥友谊商城有限公司发票联》（发票号码：20230947）复印件与现场取得的原件相符。附件2-5公证书（公证书编号：（2007）沪黄一证经字第8404号）的公证事项是保全证据：于2008年10月30日在公证处打开粘有封条（公证书编号：（2007）沪黄一证经字4918号）的纸箱取出其内封存的“TEA FORTE”共四种包装茶，并拍摄照片共计37张（其中二粒袋装洋甘菊茶系打开包装盒拍摄）。拍摄结束申请人的委托代理人将上述四种包装茶重新分别封存，由公证人员对上述存放四种包装茶的纸袋分别加贴本处封条交由申请人保管。证明与本公证书相粘连的照片37张，系申请人的委托代理人现场拍摄，照片内容与实际情况相符。本公证书所附（2007）沪黄一证经字4918号公证书及其附件与原件相符。请求人主张附件2-4、附件2-5、附件2-6作为证明使用公开的一组证据。

专利权人对附件2-4、附件2-5与原件的一致性无异议，对附件2-4、附件2-5的真实性和合法性有异议，对附件2-6中文译文的准确性无异议。但专利权人认为提交的公证书中的物证要有封存，要当庭开启，封存后打开再进行公证的情况，这种公证不能作为本案使用的证据，没有法律效力。

合议组认为：上述两公证书是具备公证资格的中华人民共和国上海市黄浦公证处所作出的合法、有效的公证书；公证内容先是针对购买过程进行公证、封存，而后针对购买的产品拆封后进行拍照、再封存，两次封存同一批物证并无不当之处，上述公证书所公证的内容之间相互关联，程序合法；专利权人虽有质疑，但未提交任何反证否定上述公证书的合法性。因此合议组对上述附件予以采信。

根据公证内容，附件2-5后附照片是2007年6月15日所购买的包装茶的照片，包装茶的购买日期早于本专利的申请日，因此附件2-4、2-5适用于评价本专利是否符合专利法第23条的规定。

4. 相同和相近似的判断

本专利共有6幅视图：主视图、立体图、俯视图、仰视图、后视图、左视图，右视图与左视图对称，省略右视图。从立体图看，茶叶包装盒是立方体，盒盖边缘突出于下方的盒体，上下表面均是近似长方形，其他侧面由分别属于盒盖和盒体的两个长方形构成。从主视图看，该面是大致长方形，中间有由内外两条框线形成的矩形区域，矩形区域上部有三个三角形组成的图案，中部有由框线形成的正方形区域，正方形区域下方有三个三角形组成的背景图案以及一个茶叶图案；矩形区域以外长方形的中央向上、下边沿延伸的条形图案，条形图案不连贯。从后视图看，该面是大致长方形，中间有由内外两条框线形成的矩形区域，矩形区域以外长方形的中央有向上、下边沿延伸的条形图案，矩形区域内上下部各有一个图案。从俯视图看，该面由上面的盒体长方形和下面的盒盖长方形组成，盒盖长方形的长边大于盒体长方形的长边；盒体长方形中间有由框线形成的矩形区域，矩形区域内有图案，矩形区域以外的盒体长方形中央和盒盖长方形中央均有向上、下边沿延伸的条形图案。从仰视图看，该面由下面的盒体长方形和上面的盒盖长方形组成，盒体长方形的长边小于盒盖长方形的长边；盒体长方形中间有由框线形成的矩形区域，矩形区域以外的盒体长方形中央和盒盖长方形中央均有向上、下边沿延伸的条形图案。从左视图看：该面由左边的盒体长方形和右边的盒盖长方形组成，盒盖长方形的长边大于盒体长方形的长边（详见本专利附图）。

附件 2-5 中是包装茶的照片，使用附件 2-5 第 4 页上方图、第 4 页下方图、第 5 页上方图、第 5 页中间左图、第 5 页下方中间的图所显示的茶叶包装盒（下称在先设计）与本专利进行对比。

在先设计的茶叶包装盒是立方体。从在先设计主视图（第 4 页上方图）看，该面是大致长方形，中间有由内外两条框线形成的矩形区域，矩形区域上部有三个三角形组成的图案，中部有由框线形成的正方形区域，正方形区域下方有三个三角形组成的背景图案以及一个茶叶图案；矩形区域以外长方形的中央向上、下边沿延伸的条形图案；正方形区域内有多个锥形排列。从在先设计后视图（第 4 页下方图）看，该面是大致长方形，中间有由内外两条框线形成的矩形区域，矩形区域以外长方形的中央有向上、下边沿延伸的条形图案，矩形区域内上下部各有一个图案。从在先设计俯视图（第 5 页上方图）看，该面由上面的盒体长方形和下面的盒盖长方形组成，盒盖长方形的长边大于盒体长方形的长边；盒体长方形中间有由框线形成的矩形区域，矩形区域内有图案，矩形区域以外的盒体长方形中央和盒盖长方形中央均有向上、下边沿延伸的条形图案。从在先设计仰视图（第 5 页中间左图）看，该面由下面的盒体长方形和上面的盒盖长方形组成，盒体长方形的长边小于盒盖长方形的长边；盒体长方形中间有由框线形成的矩形区域，矩形区域以外的盒体长方形中央和盒盖长方形中央均有向上、下边沿延伸的条形图案。从在先设计左视图（第 5 页下方中间的图）看，该面由左边的盒体长方形和右边的盒盖长方形组成，盒盖长方形的长边大于盒体长方形的长边（详见在先设计）。

本专利与在先设计均为包装盒的外观设计，属于相同类别的产品，可以进行相同和相近似的比较。

将本专利与在先设计相比较可知，二者相同点在于：两者整体形状基本相同，均是立方体盒，由盒盖部分和盒体部分组成，盒盖部分边缘突出下方的盒体，盒体各个面的设计基本相同。

本专利与在先设计的不同之处主要在于：本专利与在先设计的主视图相比，区别在于：本专利主视图中矩形区域以外的条形图案不连贯、正方形区域内无图案，在先设计主视图中矩形区域以外的条形图案连贯、正方形区域内有多个锥形排列；本专利与在先设计的后视图相比，区别在于：两者矩形区域内的图案不同、图案的具体位置不同。

将本专利与在先设计比较后，合议组认为：两者均是由盒盖和盒体两部分组成的大致立方体形状的包装盒，盒盖边缘突出于盒体，盒的上下表面均是长方形，其他侧面分别由盒盖长方形和盒体长方形构成。一般消费者比较关注的主视图图案构图基本相同，两者构图比例基本相同；俯视图、仰视图、左视图基本相同；条形图案在主视图中仅仅是一个局部，其连贯和断开属于局部的细微差别，不足以对整体视觉效果产生显著影响；在先设计主视图所显示的正方形形区域内锥形排列应是该茶叶包装盒的内装物，不属于外包装盒本身的外观设计；后视图基本形状相同，构图基本相同，并且后视图是消费者在使用时相对不容易看到的部位，其设计上的局部变化对整体视觉效果不具有显著的影响。

专利权人陈述意见认为：本专利与在先设计相比，本专利的盒盖突出、主视图正方形区域内没有三个三角形组成的图案，并且左视图和右视图中盒盖大于盒体。参见合议组上面的相关评述，合议组对专利权人的意见不予支持。

经过上述分析，采用整体观察、综合判断的方式，本案合议组认为：本专利与先外观设计的区别没有对茶叶包装盒的外观视觉效果产生显著影响，两者外观相近似，因此在本专利申请日之前已有与其相近似的外观设计在国内公开使用、销售，本专利不符合专利法第 23 条的规定。

5. 关于其他理由和证据

鉴于本案已得出上述结论，合议组对本案所涉及的其他理由和证据不再予以评述。对于请求人提出的调查收集证据申请，合议组认为没有针对该证据进行调查收集的必要，因此对请求人提出的调查收集证据的申请不予支持。

三、决定

宣告 200730080406.6 号外观设计专利权无效。

当事人对本决定不服的，可以根据专利法第 46 条第 2 款的规定，自收到本决定之日起三个月内向北京市第一中级人民法院起诉。根据该款的规定，一方当事人起诉后，另一方当事人应当作为第三人参加诉讼。

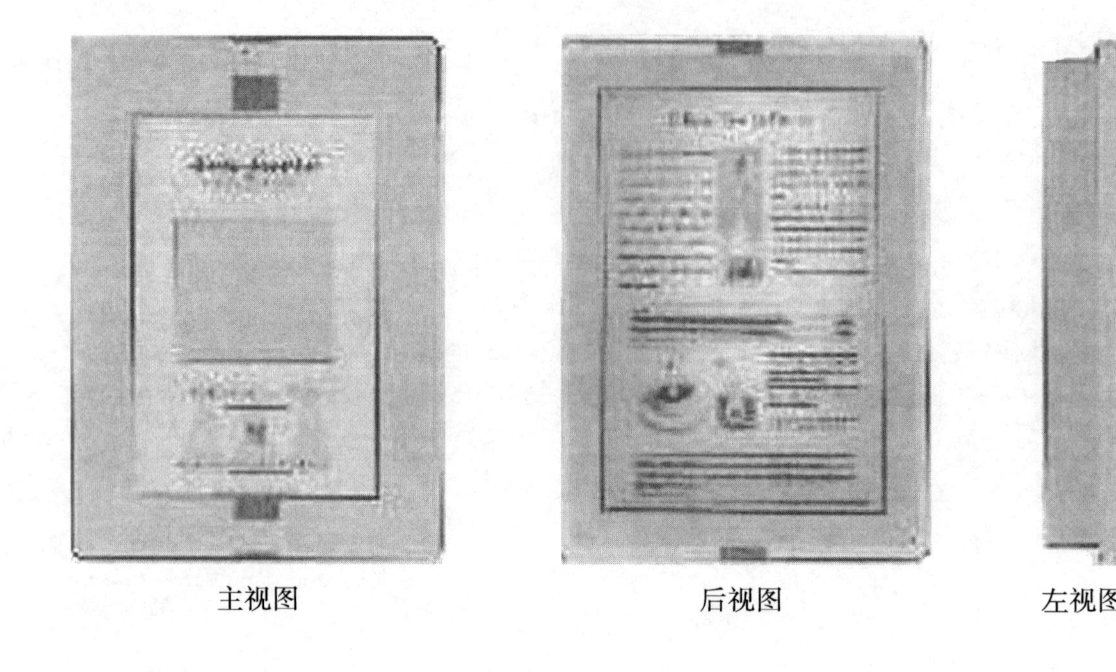

主视图　后视图　左视图

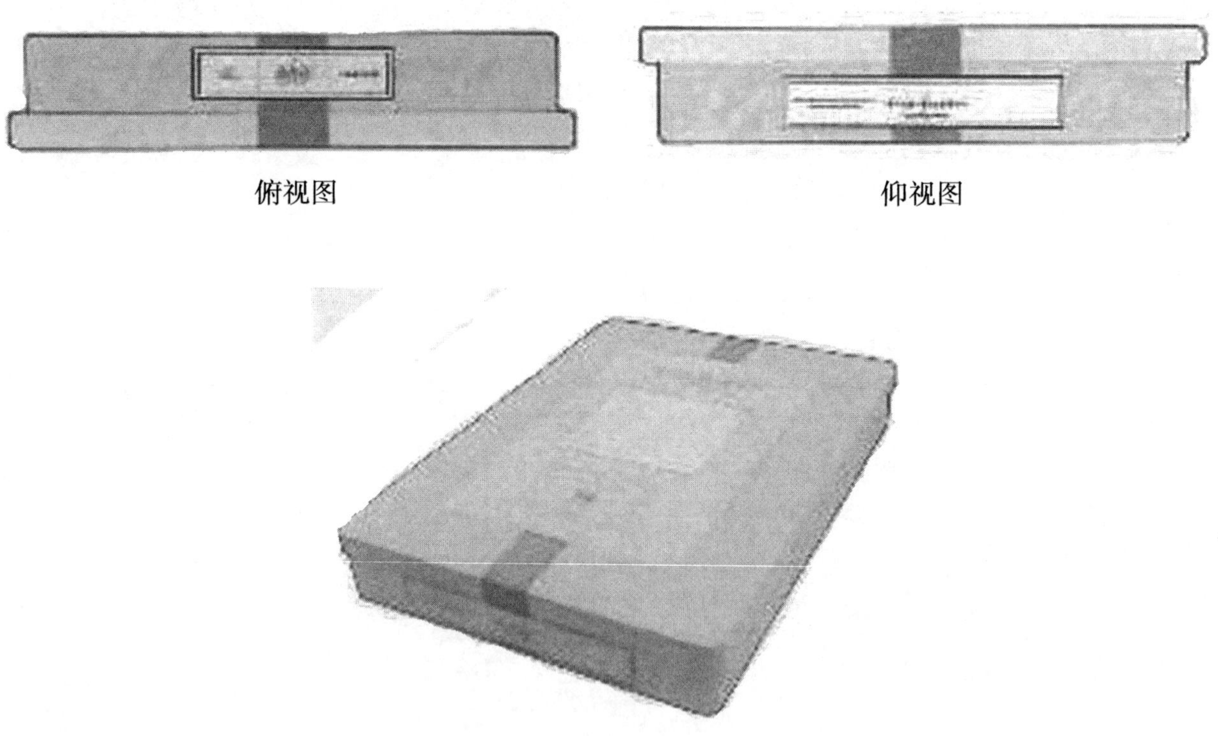

俯视图　仰视图

立体图

本专利附图

主视图

后视图

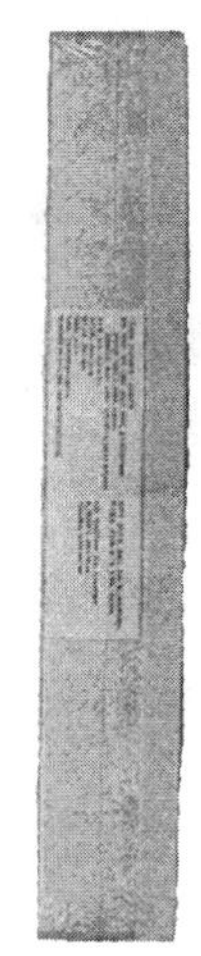

左视图

俯视图

仰视图

在先设计附图

285

手柄和阀的组件

无效宣告请求审查决定（第13418号）

决　　定　　号　第13418号
决　　定　　日　2009年4月27日
发明创造名称　手柄和阀的组件
外观设计分类号　23-01-F0036
无效宣告请求人　宁波万里洁具有限公司
专　利　权　人　科勒公司
专　　利　　号　00337789.X
申　　请　　日　2000年10月8日
授权公告日　2001年8月15日
合议组组长　张雪飞
主　　审　　员　吴　佳
参　　审　　员　乔东峰
附　　　　　图　1页

法　律　依　据　专利法实施细则第2条第3款
决　定　要　点

如果一个产品的可分离部件可独立制造和销售，则该部件具有独立使用价值，属于专利法实施细则第2条第3款保护的客体。

一、案由

本无效宣告请求涉及国家知识产权局于2001年8月15日授权公告的名称为“手柄和阀的组件”的外观设计专利（下称本专利），其专利号为00337789.X，申请日为2000年10月8日，专利权人为科勒公司。

针对上述外观设计专利权，宁波万里洁具有限公司（下称请求人）于2008年10月28日向专利复审委员会提出了无效宣告请求，其无效宣告理由是：本专利不符合专利法实施细则第2条第3款的规定。请求人随该无效宣告请求书提交了以下附件：

附件1：浙江省宁波市中级人民法院应诉通知书（2008）甬民四初字第434号；

附件2：本专利公报的复印件共1页；

附件3：《国际外观设计分类表》第7页和第117页的复印件共2页；

附件4：审查指南（2006）第75、80和392页的复印件共3页；

附件5：专利号为00337800.4的外观设计公报复印件共1页，其授权公告日为2001年8月15日；

附件6：专利号为00337791.1的外观设计公报复印件共1页，其授权公告日为2001年5月23日；

附件7：科勒公司产品图册（龙头系列）的广告宣传图片复印件共4页。

请求人认为：附件3~7综合证明本专利不符合专利法实施细则第2条第3款的规定。本专利的外观设计在附件3的分类表中对应的主分类号为23-01-F0036，由此可知其保护对应的是“龙头”产品，附件4是审查指南的相关规定，本专利对应的产品构件本身没有独立的使用价值，只有与附件5或附件6的外观设计对应的产品构件组合后才能构成附件7的广告宣传图片的产品，因此，本专利不符合专利法实施细则第2条第3款的规定。

经形式审查合格后，专利复审委员会受理了该无效宣告请求，于2008年12月4日向双方当事人发出无效宣告请求受理通知书，并将无效宣告请求书及其附件清单中所列附件的副本转给了专利权人。

专利复审委员会依法成立合议组对本案进行审理。合议组于2009年1月20日向双方当事人发出口头审理通知书，定于2009年2月26日举行口头审理。

专利权人于2009年1月19日提交了意见陈述书，并提交了以下附件作为反证：

反证1：专利号为200730150224.1的外观设计专利的著录项目及图片网络公开信息复印件共1页；

反证2：专利号为01349583.6的外观设计专利的著录项目及图片网络公开信息复印件共1页；

反证3：专利号为02329113.3的外观设计专利的著录项目及图片网络公开信息复印件共1页；

反证4：专利号为97315994.4的外观设计专利的著录项目及图片网络公开信息复印件共1页；

反证5：专利号为98327513.0的外观设计专利的著录项目及图片网络公开信息复印件共1页；

反证6：专利号为99306093.5的外观设计专利的著录项目及图片网络公开信息复印件共1页。

专利权人认为：本专利对应的产品是“手柄和阀的组件”，由于该产品可以单独制造、出售和使用，因此属于外观设计专利保护的客体，从反证1~6可以看出中国专利局对于诸如龙头本体、龙头手柄等产品部件都是可以给予独立的外观设计专利保护的；从本专利的六面视图和立体图来看，本专利是对产品的形状作出的富有美感并适于工业应用的新设计，因此符合专利法实施细则第2条第3款的规定。

口头审理于2009年2月26日如期举行，各方当事人均参加了口头审理。口头审理中的主要事实如下：（1）双方当事人对合议组成员无回避请求，专利权人对于请求人出庭人员的身份及资格没有异议，请求人认为专利权人为涉外机构，其代理人的授权委托书缺少其所在国的公证认证文件，鉴于请求人对专利权人涉外委托书存有质疑，合议组给专利权人一个月的期限，提交关于委托主体的真实性的相关认证文件；（2）合议组将专利权人于2009年1月19日提交的意见陈述书及反证1~6当庭转交给请求人，请求人表示当庭陈述意见，不需要庭后书面答复；（3）请求人明确无效宣告理由是附件3~7综合证明本专利不符合专利法实施细则第2条第3款的规定，具体的无效理由与无效宣告请求书相同；（4）专利权人对于请求人提交的附件3~6的真实性没有异议，由于请求人无法出示附件7的原件，专利人对附件7的真实性有异议，认为本专利的分类号23-01-F0036在国际分类表中对应的是龙头柄，从分类表中可以看出来，龙头柄是外观设计的保护的客体，另外，本专利可以独立进行生产、销售和使用，专利权人还当庭演示证物证明本专利是可以单独使用的，并认为其不仅可以与附件6的龙头座结合，也可以与其他龙头产品的龙头座结合，阀和手柄龙头都是基于专利法可以授权的客体，因此，本专利也是专利法保护的客体。

专利权人于2009年3月16日提交了意见陈述书，并提交了两份公证书作为附件：

公证书1：中华人民共和国北京市长安公证处2009年3月5日出具的（2009）京长安内经证字第2701号公证书；

公证书2：中华人民共和国北京市长安公证处2009年3月5日出具的（2009）京长安内经证字第2702号公证书。

专利权人认为，公证书1内附文件是对科勒公司资质的公证认证文件的复印件，公证书2内附文件是对纳塔莉·A. 布莱克在科勒公司任职的公证认证文件的复印件，由于上述文件的原件已提交给相关法院，因此提交对复印件的公证书以证明复印件与原件相符，中文译本与英文原件内容相符。其中，公证书2可证明纳塔莉·A. 布莱克在科勒公司任总法律顾问一职，这与专利权人之前所提交的委托书中对签字人的职务说明是一致的。

专利复审委员会于2009年3月19日发出口头审理通知书，定于2009年4月13日再次进行口头审理，口头审理的主要内容是核实专利权人的代理人委托手续是否合法。随同口头审理通知书，将专利权人于2009年3月16日提交的意见陈述及公证书1、2的复印件转交给请求人，要求其于口头审理时核实原件并陈述意见。

2009年4月13日，双方当时当事人对委托手续进行了核实，核实过程的主要事实记载如下：（1）请求人核实了公证书1、2的原件，认可收到的复印件与原件相一致；（2）请求人认为，公证书1、2不是对专利权人之前提交的授权委托书的公证认证手续，不能证明其真实性和合法性。公证书2只能证明纳塔莉·A. 布莱克是科勒公司的总法律顾问，但其只是之前某个具体案件的委托人，科勒公司没有将所有法律事务委托给他。因此专利权人委托人不具有专利权人身份，主体资格不具备。专利权人则认为，之前提交的授权委托书符合法定要求，补交的公证书1、2可以证明签字人的身份。

至此，本案合议组认为事实已清楚，可以在此基础上依法作出审查决定。

二、决定的理由

1. 关于专利权人的代理人的委托手续

请求人对专利权人代理人的授权委托书持有异议，其理由主要有以下两点：第一，该份授权委托书中委托人一方签字者纳塔莉·A. 布莱克身份不明，无权代表专利权人进行委托；第二，该份授权委托书未办理公证认证手续。对此，合议组认为，首先，公证书2已经证明纳塔莉·A. 布莱克是专利权人科勒公司的总法律顾问，作为公司法律事务的总负责人，其就本案代表专利权人进行授权委托并无不妥；其次，现行无效宣告程序相关法律规范并未对涉外委托办理公证认证手续作出强制性规定，在未有相反证据的情况下，仅以此否定本案专利权人代理人授权委托书的真实性并不充分。综上，请求人的主张缺少事实及法律依据，合议组不予支持。

2. 法律依据

根据请求人提出的无效宣告请求的范围、理由和证据，本案合议组依据专利法实施细则第2条第3款对本案进行审理。

3. 证据的认定

附件2为本专利公报的复印件，专利权人对其真实性未提出异议，经合议组核实，附件2的内容真实，可用以说明本专利的相关信息。

附件3为《国际外观设计分类表》第7页和第117页的复印件，附件4为审查指南2006版第75、80和392页的复印件，附件5、6为中国外观设计专利公报的复印件，专利权人对附件3~6的真实性均无异议，合议组经审查后对其真实性予以认可。

请求人未能出示附件 7 的原件，且专利权人对附件 7 的真实性有异议，因此合议组对其真实性不予认可。

4. 关于专利法实施细则第 2 条第 3 款

专利法实施细则第 2 条第 3 款规定，专利法所称外观设计，是指对产品的形状、图案或者其结合以及色彩与形状、图案的结合所作出的富有美感并适于工业应用的新设计。

请求人主张本专利不符合上述法律规定，其理由主要为：本专利产品无独立使用价值，只有与附件 5、6 对应的产品组合后，才能构成独立使用价值的产品，因此本专利不符合审查指南第一部分第三章第 6. 2. 1. 2 节第（1）项、第 6. 4. 3 节第（4）项及第四部分第五章第 5. 4. 1 节第（1）项的规定，不属于专利法保护的客体，不符合专利法实施细则第 2 条第 3 款的规定。

请求人引用的审查指南相关规定内容如下：

审查指南第一部分第三章第 6. 2. 1. 2 节第（1）项规定："由数件物品组合为一体的产品，其中每一件单独的构成部分没有独立的使用价值，组合成一体时才能使用的产品为组件产品，例如扑克牌、积木、插接组件玩具等，这些物品应当视为一件产品，只能作为一件申请提出，不属于成套产品。"

审查指南第一部分第三章第 6. 4. 3 节第（4）项规定："对于由多个不同特定形状或图案的构件组成的产品，如果构件本身不能成为具有独立使用价值的产品，则该构件不属于外观设计专利保护的客体。例如，对于一组由不同形状的插接块组成的拼图玩具，只有将所有插接块共同作为一项外观设计申请时，才属于外观设计专利保护的客体。"

审查指南第四部分第五章第 5. 4. 1 节第（1）项规定："对于组装关系唯一的组件产品，例如，由水壶和加热底座组成的电热开水壶组件产品，在购买和使用这类产品时，一般消费者会对各构件组合后的电热开水壶的整体外观设计留下印象；由榨汁杯、刨冰杯与底座组成的榨汁刨冰机，在购买和使用这类产品时，一般消费者会对榨汁杯与底座组合后的榨汁机、刨冰杯与底座组合后的刨冰机的整体形状的外观留下印象，所以，应当以上述组合状态下的整体外观设计为对象，而不是以所有单个构件的外观设计为对象来判断相同或者相近似。"

合议组经审查后认为：首先，外观设计分类号对于产品类别的判定起参考作用，本专利的分类号 23-01-F0036，在国际分类表中对应的是龙头柄，从分类表中可以看出来，龙头柄属于外观设计的保护的客体；其次，本专利的手柄和阀的组件与附件 5 和附件 6 的龙头本体相组合构成龙头产品，并不代表其必然属于无独立使用价值的产品，相反，该手柄和阀的组件能够单独制造和出售，这与审查指南第一部分第三章第 6. 2. 1. 2 节第（1）项和第一部分第三章第 6. 4. 3 节第（4）项所示例的插接玩具等情形不同，且其作为整体龙头产品的可更换部件，具有其特有的控制功能，因而具有相应的使用价值；最后，审查指南第四部分第五章第 5. 4. 1 节第（1）项的规定仅适用外观设计相同相近似比较的判断，而对于判断本专利是否属于专利法实施细则第 2 条第 3 条规定的保护客体并不适用；综上所述，本专利属于外观设计保护的客体，请求人关于本专利不符合专利法实施细则第 2 条第 3 款的主张不能成立。

根据上述的事实和理由，合议组依法作出以下决定。

三、决定

维持 00337789. X 号外观设计专利权有效。

当事人对本决定不服的，可以根据专利法第 46 条第 2 款的规定，自收到本决定之日起三个月内向北京市第一中级人民法院起诉。根据该款的规定，一方当事人起诉后，另一方当事人应当作为第三人参加诉讼。

主视图
后视图
左视图
俯视图
立体图
仰视图
主视图 1
后视图 1
左视图 1
立体图 1
仰视图 1
主视图 2
左视图 2
俯视图 2
仰视图 2
立体图 2

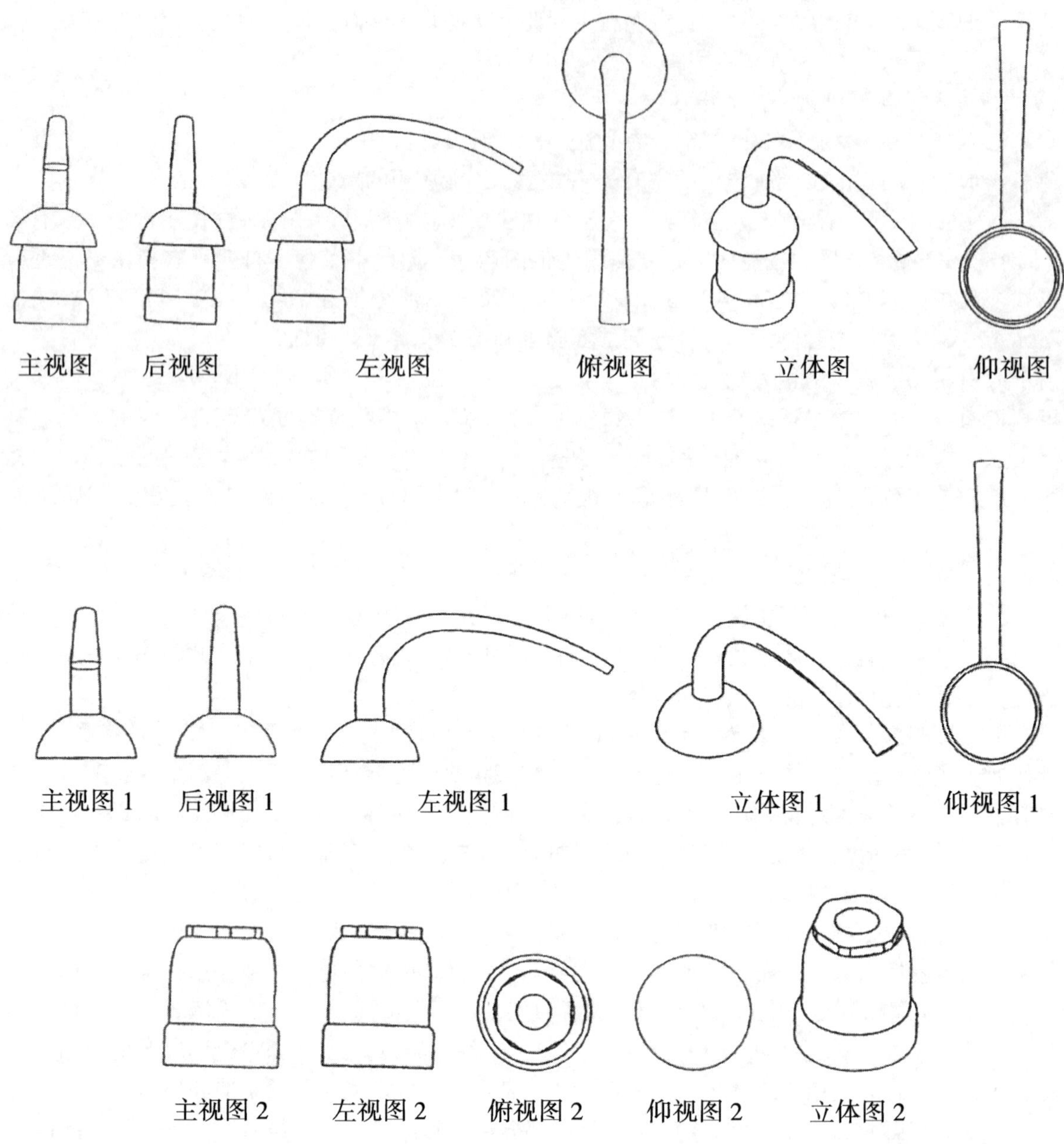

本专利附图

286

机器人（ASIFO）

无效宣告请求审查决定（第13419号）

决　　定　　号　第13419号
决　　定　　日　2009年5月12日
发明创造名称　机器人（ASIFO）
外观设计分类号　21-01
无效宣告请求人　本田技研工业株式会社
专　利　权　人　卢玉新
专　　利　　号　200730052684.0
申　　请　　日　2007年4月10日
授 权 公 告 日　2008年3月12日
合 议 组 组 长　徐清平
主　　审　　员　张汉国
参　　审　　员　吴　佳
附　　　　　图　3页

法　律　依　据　专利法第23条
决　定　要　点

对国外出版的正规出版物，如果原件未见明显造假处，结合经过公证认证的该出版物发行人的证言，可以认定该出版物具有真实性。

一、案由

本无效宣告请求涉及国家知识产权局于2008年3月12日授权公告的名称为"机器人（ASIFO）"的200730052684.0号外观设计专利（下称本专利），其申请日为2007年4月10日，专利权人为卢玉新。

针对上述外观设计专利权，本田技研工业株式会社（下称请求人）于2009年2月11日向专利复审委员会提出无效宣告请求，其理由是本专利分别与证据1、2、3中公开的产品外观设计相近似，本专利不符合专利法第23条的规定。请求人同时提交的证据如下：

证据1：经日本公证和中国驻日使馆认证的2004年5月版的《阿斯基玩具周刊（增刊）》，复印件，共9页，包括：

A：请求人的代理人加藤恒久律师的宣誓书，1页；

B：阿斯基传媒事业株式会社出具的证明书，1页；

C：2004 年 5 月版的《阿斯基玩具周刊（增刊）》封面、封底、第 5 页、第 96 页；

D：日本公证员证明 1 页，认证文件 2 页。

请求人还提交了证据 1 中部分内容的中文译文及其对照部分共 14 页。

证据 2：经日本公证和中国驻日使馆认证的《2006 年阿西莫（ASIMO）商品目录》，复印件，共 23 页，包括：

A：请求人的代理人加藤恒久律师的宣誓书，1 页；

B：本田库姆泰克株式会社出具的证明书，1 页；

C：《2006 年阿西莫（ASIMO）商品目录》，18 页；

D：日本公证员证明 1 页，认证文件 2 页。

请求人还提交了证据 2 中部分内容的中文译文及其对照部分共 14 页。

证据 3：经日本公证和中国驻日使馆认证的 2005 年 1 月版的《泰托》（TITLE）杂志，复印件，共 9 页，包括：

A：请求人的代理人加藤恒久律师的宣誓书，1 页；

B：文艺春秋株式会社出具的证明书，1 页；

C：2005 年 1 月版的《泰托》（TITLE）杂志封面、封底、目录页、第 155 页；

D：日本公证员证明 1 页，认证文件 2 页。

请求人还提交了证据 3 中部分内容的中文译文及其对照部分共 16 页。

证据 4：经日本公证和中国驻日使馆认证的阿斯基传媒事业株式会社和阿斯基株式会社的企业登记资料，复印件，共 33 页，包括：

A：请求人的代理人加藤恒久律师的宣誓书，1 页；

B：阿斯基传媒事业株式会社和阿斯基株式会社的企业登记资料，30 页；

C：认证文件，2 页。

请求人还提交了证据 4 全部内容的中文译文及其对照部分共 64 页。

证据 5：经日本公证和中国驻日使馆认证的本田库姆泰克株式会社和本田直销株式会社的企业登记资料，复印件，共 25 页，包括：

A：请求人的代理人加藤恒久律师的宣誓书，1 页；

B：本田库姆泰克株式会社和本田直销株式会社的企业登记资料，22 页；

C：认证文件，2 页。

请求人还提交了证据 5 全部内容的中文译文及其对照部分共 48 页。

证据 6：经日本公证和中国驻日使馆认证的文艺春秋株式会社的企业登记资料，复印件，共 7 页，包括：

A：请求人的代理人加藤恒久律师的宣誓书，1 页；

B：文艺春秋株式会社的企业登记资料，3 页；

C：日本公证员证明 1 页，认证文件 2 页。

请求人还提交了证据 1 全部内容的中文译文及其对照部分共 12 页。

经形式审查合格，专利复审委员会依法受理了上述无效宣告请求，并于 2009 年 2 月 27 日将无效宣告请求书及其附件转给专利权人，要求其在指定的期限内答复。

2009 年 3 月 12 日，专利复审委员会向双方当事人发出口头审理通知书，定于 2009 年 4 月 22 日进行口头审理。

口头审理如期举行，请求人的代理人陈健、吴磊出席了本次口头审理。专利权人未提交口头审理回执、也未参加口头审理，在无效宣告审查过程中也未提交过任何意见陈述。请求人对合议组成员无回避请求。

在口头审理中，请求人提交了证据1~6的原件，经核实，原件和复印件一致。请求人还提交了证据1中涉及的2004年5月版的《阿斯基玩具周刊（增刊）》原件、证据2中涉及的《2006年阿西莫（ASIMO）商品目录》原件、证据3中涉及的2005年1月版的《泰托》杂志原件。经核实，2004年5月版的《阿斯基玩具周刊（增刊）》杂志原件的封面、第5页、第96页、封底和证据1中该周刊的封面、第5页、第96页、封底一致；《2006年阿西莫（ASIMO）商品目录》原件和证据2中该商品目录一致；2005年1月版的《泰托》杂志原件的封面、封底、目录页、第155页和证据3中该杂志的封面、封底、目录页、第155页一致。请求人还当庭进行了机器人（ASIMO）的实物演示。

请求人认为本专利不符合专利法第23条的规定，理由为：证据1、4能够证明证据1中涉及的2004年5月版的《阿斯基玩具周刊（增刊）》已经在本专利申请日前公开发表，该周刊第96页所示的机器人玩具图片和本专利相近似；证据2、5能够证明证据2中涉及的《2006年阿西莫（ASIMO）商品目录》已经在本专利申请日前公开发表，该商品目录第14页标号为“YX140”、“YX125”的机器人玩具分别和本专利相近似；证据3、6能够证明证据3中涉及的2005年1月版的《泰托》杂志已经在本专利申请日前公开发表，该杂志第155页中公开的机器人玩具和本专利相近似。请求人在口头审理过程中对证据1、2、3中相应的机器人玩具外观设计和本专利进行了具体比对。请求人声明放弃使用证据1中的2004年5月版的《阿斯基玩具周刊（增刊）》第5页。

至此，合议组认为本案事实已经调查清楚，可以依法作出审查决定。

二、决定的理由

1. 法律依据

请求人认为证据1、2、3中的外观设计属于申请日前在国外出版物上公开发表的外观设计，其分别和本专利的外观设计相近似，因此本专利不符合专利法第23条的规定。基于请求人提出的上述无效宣告请求的理由和证据，合议组依据专利法第23条的规定对本案进行审理。

专利法第23条规定：“授予专利权的外观设计，应当同申请日以前在国内外出版物上公开发表过或者国内公开使用过的外观设计不相同和不相近似，并不得与他人在先取得的合法权利相冲突。”

因此，本案的关键在于证据1、2、3中的外观设计是否构成在先设计以及其是否与本专利相近似。

2. 证据认定及在先设计的确定

请求人提交了证据1~6的中文译文，其上盖有《中国对外翻译出版公司翻译业务专用章》，专利权人对证据1~6的中文译文没有提出异议，故合议组认可证据1~6的中文译文的准确性。

请求人以证据1、4作为一组证据，并在口头审理中提交了证据1中涉及的2004年5月版的《阿斯基玩具周刊（增刊）》原件，认为可以证明证据1中的2004年5月的《阿斯基玩具周刊（增刊）》第96页中的机器人图片属于在先设计。合议组对此进行审查后，认定如下：

证据1、4作为经过公证、认证的证明文件，请求人当庭提交了原件，专利权人对其真实性也没有提出异议，合议组经审查，认可其真实性。

证据4是经日本公证和中国驻日使馆认证的阿斯基传媒事业株式会社和阿斯基株式会社的企业登记资料，其能够证明：作为请求人代理人的日本律师加腾恒久于2008年11月11日宣誓：所附的文本是日本法务省地方法务局发行的登记薄副本及封闭的登记薄副本。合议组认为，作为请求人代理人的加腾恒久的这一宣誓书的性质属于证人证言，其本身并不足以证明所附文本——日本法务省地方法务局发行的登记薄副本及封闭的登记薄副本的真实性。但是，鉴于请求人提交了上述登记薄副本的原件，且上述登记薄副本属于外国政府机关的登记文件，其中阿斯基传媒事业株式会社的发行的登记薄副本和封闭的登记薄副本上均有东京法务局新宿办事处登记官的印章，阿斯基株式会社的封闭的登记薄副本上有东京法务局登记官的印章，且专利权人对上述登记薄副本的真实性没有异议，合议组经审查也没有发现上述登记薄副本有明显造假之处，因此结合加腾恒久宣誓的证言，可以确认上述登记薄副本的真实性。

上述登记薄副本可以证明，阿斯基传媒事业株式会社和阿斯基株式会社真实存在，阿斯基传媒事业株式会社成立于1992年，经营书籍、杂志等业务，阿斯基株式会社成立于1991年，从事书籍、杂志的出版、销售、中介及进出口等业务，阿斯基株式会社于2008年4月1日被合并入阿斯基传媒事业株式会社（参见阿斯基传媒事业株式会社发行的登记薄副本的第1页、封闭的登记薄副本第12页，阿斯基株式会社封闭的登记薄副本第1页、第6页）。

证据1是经日本公证和中国驻日使馆认证的2004年5月版的《阿斯基玩具周刊（增刊）》证明文件，其能够证明：作为请求人代理人的日本律师加腾恒久于2008年11月6日宣誓：证据1中所附证明书确实由阿斯基传媒事业株式会社制作，以及证据1中涉及的杂志——2004年5月版的《阿斯基玩具周刊（增刊）》由阿斯基株式会社制作，阿斯基株式会社于2008年4月1日被阿斯基传媒事业株式会社合并。合议组认为，作为请求人代理人的加腾恒久的这一宣誓书的性质属于证人证言，其本身并不足以证明所附证明书确实由阿斯基传媒事业株式会社制作，但是鉴于请求人提交了所附证明书的原件，其上盖有阿斯基传媒事业株式会社及其董事长高野洁的印章，且专利权人对所附证明书的真实性没有异议，因此结合加腾恒久宣誓的证言，可以确认所附证明书的真实性。

所附证明书可以证明：阿斯基传媒事业株式会社于2008年10月14日出具证明书，认可证据1中的2004年5月版的《阿斯基玩具周刊（增刊）》的封底、封面、第5页、第96页的真实性，其于2004年6月11日以阿斯基株式会社的名称发行该周刊。

合议组对2004年5月版的《阿斯基玩具周刊（增刊）》原件进行审查，该周刊原件完整，共计112页，印刷精美，字迹清晰，封面、封底均载明，该周刊于2004年5月11日发行，每周二发行，定价为520日元，该周刊封底还载明，其发行单位是阿斯基株式会社，以及发行人的具体地址、邮政编码和联系电话，并注明该周刊系1990年1月2日第3类邮件认可，属于正规出版物。经审查，合议组认为该周刊并无明显造假之处，可信度高。

合议组认为，所附证明书的性质属于单位证言，其本身并不足以证明证据1中的2004年5月版的《阿斯基玩具周刊（增刊）》的封底、封面、第5页、第96页的真实性，以及阿斯基株式会社于2004年6月11日发行该周刊。但是，鉴于专利权人对该周刊的封底、封面、第5页、第9页的真实性没有异议，且请求人提交了该周刊的原件，经审查该周刊的原件未见明显造假之处，可信度高，结合阿斯基传媒事业株式会社的证明书和证据4的内容，可以确认该周刊的真实性，并进而认可证据1中所附的该周刊封面、第5页、第96页、封底的真实性。

根据2004年5月版的《阿斯基玩具周刊（增刊）》封面、封底的上述记载，可以证明该周刊已经于2004年5月11日发行，从而可以得出，该周刊第96页所载的机器人玩具（ASIMO）的外观设计已经在2004年5月11日被公开，这种公开属于专利法第23条规定的出版物公开。

本专利的申请日是2007年4月10日，因此证据1中的2004年5月版的《阿斯基玩具周刊（增刊）》第96页中公开的机器人玩具（ASIMO）的外观设计构成本专利的在先设计。

3. 相同和相近似比较

请求人认为2004年5月版的《阿斯基玩具周刊（增刊）》第96页中公开的机器人玩具（ASIMO）的外观设计（下称在先设计）与本专利相近似，因此本专利不符合专利法第23条的规定。

专利权人对此没有发表任何意见。

合议组认为，本专利是机器人（ASIFO）的外观设计，分类号是21-01，属于玩具类，而在先设计是机器人玩具的外观设计，可见，二者用途相同，在先设计与本专利产品属于相同种类，因此可以将两者进行相近似性比较，以确定本专利是否符合专利法第23条的规定。

本专利未要求保护色彩，因此合议组对在先设计和本专利的形状和图案进行比较。

本专利的机器人玩具由躯干部、位于躯干部上方的头部、设置于躯干部左右两侧的臂部、从躯干部的下方向下延伸的腿部，以及躯干部后部的背包部分构成；臂部由大臂、小臂和手部顺序构成，腿部由大腿、小腿和脚部顺序构成。机器人玩具的身体各部分的比例与人体各部分的比例近似。躯干部下侧大致呈方形，躯干部上侧大致呈梯形，胸部略向前突出。头部上方和左右两侧呈圆弧面，其下方呈平面；在头部前方形成方形的脸部；脸部在头部的前侧形成圆弧面；在头部的侧面中央部位形成半圆环的耳部。大臂的上端根部呈略带圆弧的大三角形。大腿的上端设置有圆形部分和将该圆形部分嵌入的凹部，臀部由大腿的上端向后方突出而形成，大腿的下端略向后方突出。小腿的下端从侧面观察呈圆形，该小腿下端的中央部分形成凹部。脚部呈较薄的、大致方形板状平面，从正面和背面观察其上方突出的圆形部分与小腿下端的凹部相连接。在躯干部的后方设置有背包部分，该背包部分的厚度与躯干部大致相同，该背包部分的长度为从略高于肩部至臀部；背包部分的上部呈方形，并在顶面和左右两侧形成凹槽，该背包部分的下部逐渐向内侧收缩。机器人玩具的面部、背包、大腿根部、脚掌部相对其他部位有不同的明暗对比关系，形成图案。从变化状态图来看，该机器人玩具的各部分可以像人体那样活动（详见本专利附图）。

在先设计的机器人玩具，由躯干部、位于躯干部上方的头部、设置于躯干部左右两侧的臂部、从躯干部的下方向下延伸的腿部，以及躯干部后部的背包部分构成；臂部由大臂、小臂和手部顺序构成，腿部由大腿、小腿和脚部顺序构成。机器人玩具的身体各部分的比例与人体各部分的比例近似。躯干部下侧呈方形，下侧下部有较大的红色的“HONDA”字样，其上侧呈梯形，胸部略向前突出，胸部下部有比“HONGDA”字样更大的黑色的“ASIMO”字样。头部上方和左右两侧呈圆弧面，其下方呈平面；在头部前方形成方形的脸部；脸部在头部的前侧形成圆弧面；在头部的侧面中央部位形成半圆环的耳部。大臂的上端根部呈略带圆弧的大三角形。肩部有红色的“HONDA”字样。大腿的上端设置有圆形部分和将该圆形部分嵌入的凹部，臀部由大腿的上端向后方突出而形成，大腿的下端略向后方突出。小腿的下端从侧面观察呈圆形，该小腿下端的中央部分形成凹部。脚部呈较薄的、大致方形板状平面，从正面和背面观察其上方突出的圆形部分与小腿下端的凹部相连接。在躯干部的后方设置有背包部分，该背包部分的厚度与躯干部大致相同，该背包部分的长度为从略高于肩部至臀部；背包部分的上部呈方形，并在顶面和左右两侧形成凹槽，该背包部分的下部逐渐向内侧收缩；背包上部靠近凹槽处有红色的“HONDA”字样。机器人玩具的面部、背包、大腿根部、脚掌部相对其他部位有不同的明暗对比关系，形成图案。从变化状态图来看，该机器人玩具的各部分可以像人体那样活动（详见在先设计附图）。

将在先设计与本专利相比较可见，两者的相同点在于整体造型、各组成部分的位置关系、形状和尺寸比例及相关部分由明暗对比形成的图案几乎完全相同，其区别主要在于在先设计的腹部、肩部、背包部分标有红色的“HONDA”字样，胸部下部有黑色的“ASIMO”字样，而本专利的相应部分没有文字字样。

合议组认为，外观设计应当采用整体观察、综合判断的方式进行相同或者相近似比较，即从本专利外观设计的整体来确定是否与在先设计相同或者相近似，而不从外观设计的部分或者局部出发得出与在先设计相同或者相近似的结论。就在先设计和本专利的区别而言，在先设计在腹部、肩部、背包部分、胸部上的字样是一种图案，在这里只考虑其作为图案的装饰作用，不考虑其作为文字的字意。由于这些字样导致的图案的区别相对于整个外观设计所占比例很小，而且本专利的机器人玩具的外观设计以形状为主，在先设计和本专利的形状从整体到局部几乎完全相同，因此对一般消费者而言，通过对在先设计和本专利的整体观察可以看出，两者的上述区别属于局部细微的区别，其不足以对产品的整体视觉效果产生显著影响。因此，在先设计和本专利相近似，本专利不符合专利法第 23 条的规定。

鉴于已经得出本专利不符合专利法第 23 条的规定的结论，合议组对请求人提出的其他理由和证据不再作出评述。

三、决定

依据专利法第 23 条的规定，宣告 200730052684.0 号外观设计专利权无效。

当事人对本决定不服的，可以根据专利法第 46 条第 2 款的规定，自收到本决定之日起三个月内向北京市第一中级人民法院起诉，根据该款规定，一方当事人起诉后，另一方当事人应当作为第三人参加诉讼。

仰视图

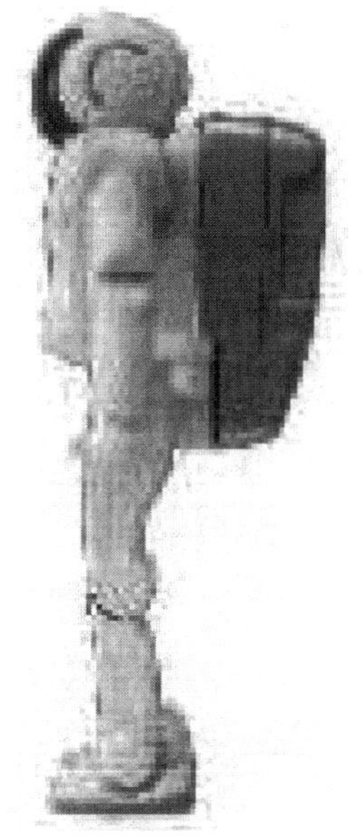

右视图

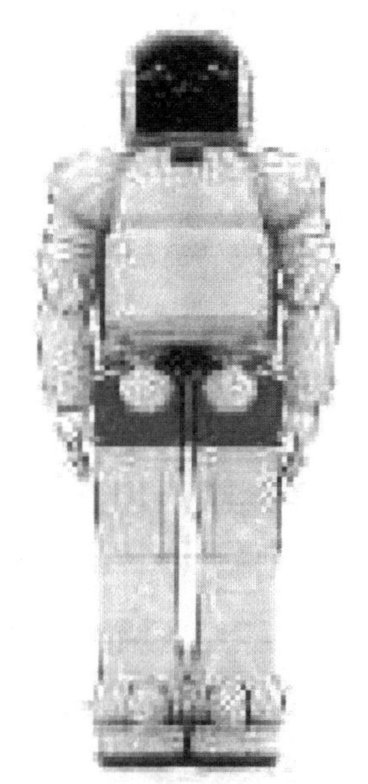

主视图

左视图

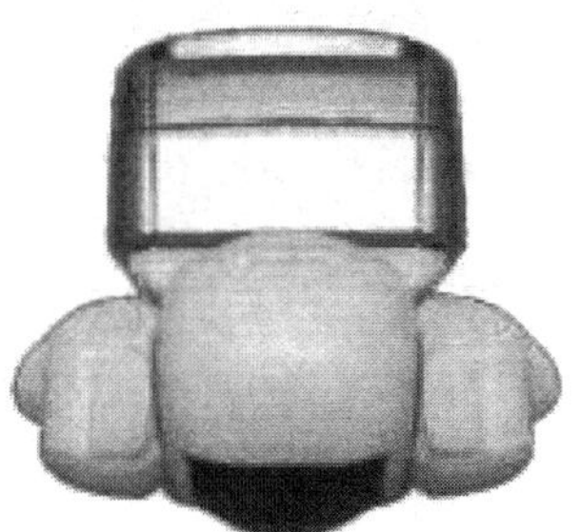

俯视图

本专利附图

后视图

变化状态图

本专利附图

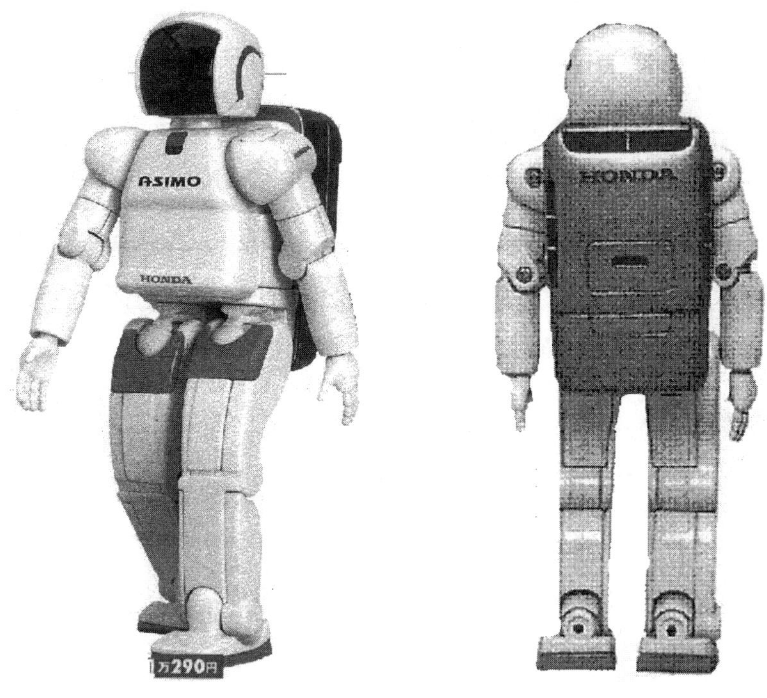

在先设计附图

287

工艺花布（2）

无效宣告请求审查决定（第13421号）

决　　定　　号　第13421号
决　　定　　日　2009年5月15日
发明创造名称　工艺花布（2）
外观设计分类号　05-05
无 效 请 求 人　童汝对
专 利 权 人　王建县
专　　利　　号　200630015480.5
申　　请　　日　2006年4月20日
授 权 公 告 日　2007年2月21日
合 议 组 组 长　张　鹏
主　　审　　员　刘　妍
参　　审　　员　齐宏涛
附　　　　　图　3页

法 律 依 据　专利法第23条
决 定 要 点

出版物作为证明现有技术使用，应当从真实性和证明内容两个方面考察。出版物的真实性需要审核证据是否原件，复印件是否与原件相符，证据的内容是否真实等。出版物的印刷日视为公开日，有其他证据证明其公开日的除外。

网络证据作为证明现有技术使用，应当从真实性和证明内容两个方面考察，真实性需要考察网络打印件本身所载信息是否客观真实，证明内容需要考察网络打印件所载信息的发布时间。对于网络证据真实性，应当主要从网络证据的表现形式、网站的内在管理机制、网站与当事人之间的利害关系、网络证据的形成、网络证据的存储、网络证据的传送与接收、网络证据的收集、网络证据的完整性等方面加以审核认定。对于网络证据的公开时间，在使用上述因素认定网络证据具备真实性的前提下，网页上记载的时间代表了网页的发布时间，可以作为网络证据构成专利法意义上的公开的起始时间，除非当事人能够提供证据证明网页经过修改。

视听资料的真实性认定应当从伪造和篡改的可能性、视听资料的完整性等方面综合考虑，存有疑点的视听资料不应当单独作为认定案件事实的根据。当事人一般应当提交视听资料的原件，但是有其他证据佐证并以合法手段取得的、无疑点的视听资料或者与视听资料核对无误的复印件，如果对方当事人没有足以反驳的相反证据，应当确认其证明力。

一、案由

本无效宣告请求案涉及的是国家知识产权局于2007年2月21日授权公告的、名称为“工艺花布（2）”的200630015480.5号外观设计专利（下称本专利），申请日为2006年4月20日，专利权人为王建县。

针对本专利，童汝对（下称请求人）于2008年3月31日向专利复审委员会提出无效宣告请求，同时提交了如下证据：

证据1-1：《民族画报》2004年第1期封面页、第23页及第23页局部放大页，复印件；

证据1-2：《民族画报》2003年第11期封面页、第10页，复印件；

证据1-3：国家知识产权局专利局网站上公布的03353835.2号外观设计专利信息和照片，打印件；

证据1-4：国家知识产权局专利局网站上公布的03336511.3号外观设计专利信息和照片，打印件；

证据1-5：国家知识产权局专利局网站上公布的200530038884.1号外观设计专利信息和照片，打印件；

证据1-6：声称为魏敏出具的证人证言，复印件；

证据1-7：声称为谷昆林出具的证人证言，复印件。

请求人认为：证据1-1、1-2公开的图片与本专利相近似，证据1-3、1-4、1-5为在本专利申请日前公开的外观设计专利，与本专利相近似，证据1-6、1-7为证人证言，证明与本专利相同或相近似的产品已在申请日前公开生产销售，因此，本专利不符合专利法第23条的规定。

2008年4月29日，请求人补充提交了如下证据：

证据2-1：（2008）浙温华证内字第005825号公证书，复印件；

证据2-2：2005年6月28日出版的《中国民族报》第448期第1版、第6版及第6版局部放大件的复印件及照片原件一张；

证据2-3：声称为“云购网商城”（www.yn268.com）的部分网页，打印件；

证据2-4：声称为“新疆饰品网”（www.xjhuo.com）的部分网页，打印件；

证据2-5：声称为“云贝民族饰品批发网”（www.yunbei.com）的部分网页，打印件；

证据2-6：声称为“淘淘族”（www.taotaozu.com）的部分网页，打印件；

证据2-7：载有电视剧《心花放》第22集的刻录光盘一张，复制件；

证据2-8：谷昆林的身份证明，复印件；

证据2-9：袁义雄的身份证明，复印件。

请求人认为：证据2-1为对“云南藏风小饰品批发网”所作的公证，该证据相关页中公开的民族布包与本专利几乎相同，证据2-2的图片报道“水族小伙儿挎包闯北京”中公开的挎包图案与本专利几乎完全相同，证据2-3、2-4、2-5、2-6的网页中的货物图案与本专利几近相同，证据2-7第21~25分钟显示的女演员的背包与本专利相近似，以上证据均可证明本专利不符合专利法的规定。

经形式审查合格，专利复审委员会于2008年6月17日受理了上述无效宣告请求，并于同日将请求人提出无效宣告请求时提交的《专利权无效宣告请求书》及其证据，以及请求人于2008年4月29日补充提交的意见陈述书和证据的副本转给专利权人，要求其在指定的期限内答复。专利权人逾期未答复。

专利复审委员会依法成立合议组进行审查。合议组于2008年7月25日向双方当事人发出口头审理通知书，定于2008年9月17日对本案进行口头审理。

口头审理如期举行，请求人的代理人出席了本次口头审理，对合议组组成人员没有回避请求。专利权人未出席口头审理。请求人当庭提交了证据1-1、1-2、1-6、1-7、2-1、2-2、2-7及2-8的原件，经合议组核实后取回了证据1-2、2-2原件。请求人当庭演示了证据2-3、2-4、2-5、2-6网址的登陆过程，其中登陆证据2-3、2-4的网址后显示的图片和上架时间与证据2-3、2-4相同，证据2-5、2-6的网址无法登陆。请求人当庭播放了证据2-7。请求人放弃了证据2-9作为证据使用。请求人明确其无效理由和所依据的证据为：证据1-1、1-2及2-2为公开出版物，其中证据1-1第23页、证据1-2第10页及证据2-2第1、6版公开的图案与本专利相近似；证据1-3、1-4、1-5为本专利申请日前公开的在先设计专利，与本专利相近似；证据2-1为公证书，第17页的图可以证明本专利的外观设计已经在申请日前在网络上被公开；证据2-3、2-4、2-5、2-6为网页打印件，证明本专利的外观设计已经在申请日前在网络上被公开；证据2-7为光盘，在该证据第21~25分钟显示的女演员背包与本专利相近似；证据1-6、1-7为证人证言，证据2-8为证人的身份证明，证人证言用于证明与本专利相似的产品在申请日前已经使用公开。总之，依据上述证据可以证明本专利不符合专利法第23条的规定。

至此，合议组认为本案事实已经调查清楚，可以作出如下审查决定。

二、决定的理由

专利法第23条规定，授予专利权的外观设计，应当同申请日以前在国内外出版物上公开发表过或者国内公开使用过的外观设计不相同和不相近似，并不得与他人在先取得的合法权利相冲突。

1. 关于书证

（1）关于证据1-1的审核认定。

证据1-1为《民族画报》2004年第1期。请求人当庭提交了该证据的原件，经核实，复印件与原件相一致，故合议组对其真实性予以认可。同时，由于该证据为月刊，其公开日期间应当推定为2004年1月31日，在本专利申请日前，因此该证据第23页的插图可作为在先设计评价本专利是否符合专利法第23条之规定。

（2）关于相近似对比。

本专利为工艺花布的外观设计，该工艺花布由图案不同的条带交替排列组成，条带大致分为以下几种：①均匀分布菱形图案的条带；②均匀分布类似箭头图案的条带，其中箭头两两一组；③无图案且宽窄不等的条带。在花布左部，无图案且宽窄不等的条带与具有菱形图案的条带交替排列。在花布中右部，以具有菱形图案的条带为中心，向两侧依次对称排列无图案的较宽条带、无图案的较窄条带，具有箭头图案的条带排列在无图案的较窄条带之间。各条带明暗交替变化。该花布四方连续、不限边界，未要求保护色彩。

证据1-1第23页中包含一幅名为“傈僳族夫妇阿石才、王世英的吹拉弹唱在黎明远近闻名”的插图。图片中右边男子身穿一件由花布织成的民族服装，该花布由图案不同的条带交替排列组成，条带大致分为以下几种：①均匀分布菱形图案的条带；②均匀分布类似箭头图案的条带，其中箭头两两一组；③无图案且宽窄不等的条带。在花布左部，无图案且宽窄不等的条带与具有菱形图案的条带交替排列。在花布右部，以具有菱形图案的条带为中心，向两侧依次对称排列无图案的宽窄不等的条带及具有箭头图案的条带。各条带明暗交替变化。

将本专利与证据1-1相比，两者设计风格、组成原素基本相同，条带整体排列方式、明暗变化也非常近似，其区别仅在于局部位置条带的排列略有不同，但这一细微差别对产品外观设计的整体视觉不产生显著影响。因此，根据整体观察、综合判断的原则，本专利与证据1-1相近似，不符合专利法

第23条的规定。

2. 关于网络证据

（1）网络证据的定义及认定的基本原则。

所谓网络证据，系指以数字形式存在的，以通信网络作为传播媒介，公众能够从不特定的网络终端获取，需要借助一定的计算机系统予以展现，并且用于证明案件事实的证据材料。

网络证据作为证明现有技术使用，应当从真实性和证明内容两个方面考察。对于网络证据真实性，应当主要从网络证据的表现形式、网站的内在管理机制、网站与当事人之间的利害关系、网络证据的形成、网络证据的存储、网络证据的传送与接收、网络证据的收集、网络证据的完整性等方面加以审核认定。亦即，由于网络证据所具有的数字性导致的修改不留痕迹的特点，所以网络证据真实性的判断，主要是判断网络证据是否经过修改。对于该判断，应当从主观和客观两个方面考虑，综合分析修改的动机和修改的技术可行性。对于修改动机而言，主要需要考虑网站与当事人之间的利害关系、网站的资质；对于修改可能性而言，应该以网络证据的基本技术作为逻辑起点，综合考虑网络证据的表现形式、网络证据的形成、网络证据的存储、网络证据的传送与接收、网络证据的收集、网络证据的完整性等方面。

网络证据构成专利法意义上的公开的起始时间应为网页的发布时间。通常情况下，网页进入服务器的时间代表了网页的发布时间，而在网页未经修改的前提下，网页上记载的时间又代表了网页进入服务器的时间。因此，除非当事人能够提供证据证明网页经过修改，否则网页上记载的时间可以作为网络证据构成专利法意义上的公开的起始时间。

具体到本案，证据2-1系（2008）浙温华证内字第005825号公证书，在该公证书中记载了使用公证处专用计算机登陆“云南藏风小饰品批发网”www.95hao.net网站的过程，以及相关网页的打印件。证据2-3、证据2-4、证据2-5、证据2-6分别系请求人声称的“云购网商城”（www.yn268.com）、“新疆饰品网”（www.xjhuo.com）、“云贝民族饰品批发网”（www.yunbei.com）、“淘淘族”（www.taotaozu.com）的部分网页。合议组经审查后认为，这些证据均符合上述网络证据的定义，应适用上述网络证据认定的基本原则。

（2）关于证据2-1。

就证据2-1的表现形式，也即网络证据存在的形态进行审查。首先，虽然网络证据具有数字性，从而网页内容的打印件所反映的网络证据具有非正式或者易变的表现形式，但是该公证书中载明的网页打印件完整地反映了公证当时网页的显示情况；其次，该公证书对于下载过程的记载也能够证明该网络证据的证据来源；复次，上述网页打印件系使用公证处专用计算机访问获得；最后，该公证书能够证明在打印页形成的时刻该打印件与网页相一致。因此，该证据的表现形式并不存在瑕疵。

就证据2-1所属网站的内在管理机制而言，根据证据2-1公证书（下称公证书）及附件第1、4页的记载，证据2-1反映的是“云南藏风小饰品批发网”的部分网页，该网站持有“滇ICP备05007105号”许可证，网页上注明的批发地址为“云南省昆明市北京路212号易明坊商场52号商铺”。可见，该网站属于个体商户或较小规模的私营企业网站，该类网站的审核机制较为宽松，通常不进行严格的审核，其监督机制由网站的系统管理员负责，交互性较强。因此，需进一步考察涉案当事人与网站之间是否具有利害关系。

就证据2-1所属网站与当事人之间的利害关系而言，由于专利权人在法定期限内并未提交意见陈述，因此认为其并未对请求人与“云南藏风小饰品批发网”之间具有利害关系提出主张。在此基础上合议组认为，没有相应证据且没有合理怀疑表明请求人与该网站之间具备利害关系。进一步结合网站的内在管理机制，其网页监督机制由网站的系统管理员负责。从而，就网络证据修改的主观方面而言，“云南藏风小饰品批发网”不存在主动修改网页内容以及上架时间之主观动机。

就证据 2-1 的形成、存储、传送与接收而言，根据公证书附件第 5~21 页的记载，该网站部分网页的 URL 地址中包含“/cat. asp? catid=4”或者“/product. asp? id=28”等类似内容，上述 URL 地址表明该网站采用 . NET 的网站架构模式。基于 . NET 标准，用于处理显示逻辑的显示层、用于处理业务逻辑的业务层和用于处理数据逻辑的数据层分离，数据报文的形成、存储、传送与接收均需符合 . NET 标准。由于 . NET 与 J2EE 标准均属于 BS（Brower-Server）结构下的典型网站架构模式，具有一定的安全性，通过非法访问方式修改的可能性极小。

就证据 2-1 的收集以及完整性而言，证据 2-1 系使用公证处专用计算机访问获得，按照公证程序予以收集，并且根据公证书附件第 1~21 页的记载，上述网页具有完整性。从网络证据的收集以及完整性的情况判断，排除了从客户端访问过程中制造虚假报文的可能性。

综合上述因素，结合修改动机和修改可能性两个方面的考虑，在专利权人未提交合理反证并且未提出任何合理怀疑、甚至并未对证据的真实性提出异议的情况下，应当认可该网络证据具备真实性。

在使用上述因素认定证据 2-1 具备真实性的前提下，由于网页上记载的时间通常采用网页进入网站内容发布系统时获得的服务器时间，所以证据 2-1 附件第 16 页所示的“上架时间：2005-11-3 15：58：00”能够表明，该网页进入内容发布系统时服务器的时间系 2005 年 11 月 3 日 15 点 58 分整，故可认定该网页的公开时间系 2005 年 11 月 3 日。同时，由公证书第 2 页第五项可知，该网页包括附件第 16~18 页共 3 页。因此，证据 2-1 附件第 17 页上公开的外观设计构成本专利的在先设计。

如前所述，本专利为一工艺花布，而证据 2-1 附件第 17 页所示的提包中部亦具有工艺花布图案，该工艺花布由图案不同的条带交替排列组成，条带大致分为以下几种：①均匀分布菱形图案的条带；②均匀分布类似箭头图案的条带，其中箭头两两一组；③无图案且宽窄不等的条带。在花布上部，无图案且宽窄不等的条带与具有菱形图案的条带交替排列。在花布中下部，以具有菱形图案的条带为中心，向两侧依次对称排列无图案的较宽条带、无图案的较窄条带，两条具有箭头图案的条带排列在无图案的较窄条带之间。各条带明暗交替变化。

将本专利与证据 2-1 相比，两者设计风格、组成原素基本相同，条带整体排列方式、明暗变化也基本相同，其区别仅在于局部位置条带排列方式的略有不同，但这一细微差别对产品外观设计的整体视觉不产生显著影响。因此，根据整体观察、综合判断的原则，本专利与证据 2-1 相近似，不符合专利法第 23 条的规定。

（3）关于证据 2-3、2-4。

证据 2-3、2-4 分别系请求人声称为“云购网商城”（www. yn268. com）的部分网页打印件、请求人声称为“新疆饰品网”（www. xjhuo. com）的部分网页打印件。请求人并未提供上述网页的公证件。

合议组认为，就证据的表现形式而言，虽然证据 2-3、2-4 系网页打印件，就性质而言属于复印件，但是请求人通过当庭演示的方式，排除了从客户端访问过程中制造虚假报文的可能性，因此能够证明该网络证据的证据来源，且请求人采用专利复审委员会的计算机键入相关网站的网址，获得上述网页的显示内容与上述证据的情况完全相符。根据请求人演示的情况，结合网页打印件，可以认定该证据亦具有完整性。

与上述评述证据 2-1 类似的理由，应当认可证据 2-3、2-4 具备真实性。

在认定证据 2-3、2-4 具备真实性的前提下，合议组认定上述网络证据并未经过修改。在此情形下，由于网页上记载的时间通常采用网页进入网站内容发布系统时获得的服务器时间，网络证据 2-3、2-4 所示的“【上市日期:】2005 年 7 月 27 日”、“上架时间：2005-11-3 16：04：00”能够表明，上述网页进入内容发布系统时服务器的时间分别为2005年7月27日和2005年11月3日，因此，上述网页的公开日期在本专利申请日之前。所以，证据2-3、2-4公开的外观设计构成本专利的在先设计。

证据2-3所示的提包中，主体中间部分具有工艺花布图案，该工艺花布由图案不同的条带交替排列组成，条带大致分为以下几种：①菱形和“×形”图案交替分布的条带；②均匀分布类似箭头图案的条带，其中箭头两两一组；③无图案的条带。从花布整体上看，无图案的条带与菱形和“×形”图案交替分布的条带交替排列，两条具有类似箭头图案的条带排列在无图案的条带之间。各条带明暗交替变化。

将本专利与证据2-3相比，其区别主要在于，①本专利为菱形图案条带，证据2-3为菱形和“×形”交替排列图案条带；②两者条带排列方式略有不同。然而，在两者设计风格、构成原素大致相同的前提下，上述不同仅为细微差别，对产品外观设计的整体视觉不产生显著影响，因此，根据整体观察、综合判断的原则，本专利与证据2-3构成相近似，本专利不符合专利法第23条的规定。

证据2-4所示的提包中，主体中间部分具有工艺花布图案，该工艺花布由图案不同的条带交替排列组成，条带大致分为以下几种：①均匀分布菱形图案的条带；②均匀分布类似箭头图案的条带，其中箭头两两一组；③无图案且宽窄不等的条带。以上三种条带大致以两种方式排列：①无图案且宽窄不等的条带与具有菱形图案的条带交替排列；②以具有菱形图案的条带为中心，向两侧依次对称排列无图案的较宽条带、无图案的较窄条带，具有箭头图案的条带排列在无图案的较窄条带之间。各条带明暗交替变化。

将本专利与证据2-4相比，两者设计风格、组成原素基本相同，条带整体排列方式也基本相同，其区别仅在于局部位置条带排列方式的略有不同，但这一细微差别对产品外观设计的整体视觉不产生显著影响。因此，根据整体观察、综合判断的原则，本专利与证据2-4相近似，不符合专利法第23条的规定。

(4) 关于证据2-5、2-6。

证据2-5、2-6分别系请求人声称为“云贝民族饰品批发网”（www.yunbei.com）的部分网页、请求人声称为“淘淘族”（www.taotaozu.com）的部分网页。但是，请求人在口头审理之时使用专利复审委员会的计算机并不能访问上述网页。亦即，请求人无法证明证据2-5、2-6的证据来源。参照《最高人民法院关于民事诉讼证据的若干规定》第65条的规定，合议组对于上述证据的真实性不予认可。

3. 关于视听资料

证据2-7系电视剧《心花放》第22集的光盘，是以光盘这种科技设备储存的音像信息证明案件事实的证据材料，属于视听资料。

视听资料的真实性认定应当从伪造和篡改的可能性、视听资料的完整性等方面综合考虑，存有疑点的视听资料不应当单独作为认定案件事实的根据。当事人一般应当提交视听资料的原件，但是有其他证据佐证并以合法手段取得的、无疑点的视听资料或者与视听资料核对无误的复印件，如果对方当事人没有足以反驳的相反证据，应当确认其证明力。

(1) 关于证据2-7的真实性。

具体到本案，请求人提交的证据2-7原件为黑龙江文化音像出版社出版，ISRC编号为CN-D17-05-379-00/V.J9的光盘，经核实复制件内容与原件相一致。从光盘本身的物质情况而言，没有伪造或者篡改的痕迹；从光盘的播放情况而言，具有完整性。并且，专利权人对于上述视听资料的真实性并未提出任何异议。综合上述因素，合议组对于证据2-7的真实性予以认可。

（2）关于证据 2-7 的证明内容。

证据 2-7 系以光盘形式存在的记载有技术内容的独立存在的传播载体。并且，证据 2-7 的封面记载有“2005 年发行”，其播放内容中也显示有“? Television Broadcasts Ltd. 2005”标记。据此，合议组认为，最迟到 2005 年 12 月 31 日为止，该证据 2-7 记载的内容已被公开。因此，证据 2-7 的公开日期早于本专利的申请日，可以用于证明本专利是否符合专利法第 23 条之规定。

（3）关于相近似对比。

证据 2-7 第 21~25 分钟显示的女主人公背包中，主体中间部分具有工艺花布图案，该工艺花布由图案不同的条带交替排列组成，条带大致分为以下三种：①均匀分布菱形图案的条带；②均匀分布类似箭头图案的条带，其中箭头两两一组；③无图案且宽窄不等的条带。从花布整体上看，无图案且宽窄不等的条带与具有菱形图案的条带交替排列。各条带明暗交替变化。

将本专利与证据 2-7 相比，两者设计风格基本相同，组成原素和条带排列方式也非常接近，其区别仅在于各条带之间的宽窄比例和排列顺序略有不同，但这一细微差别对产品外观设计的整体视觉不产生显著影响。因此，根据整体观察、综合判断的原则，本专利与证据 2-7 相近似，不符合专利法第 23 条的规定。

综上所述，证据 1-1、2-3、2-4、2-7 证明与本发明相近似的外观设计已经通过印刷出版物、网络出版物以及光盘出版物的方式得以公开，故不符合专利法第 23 条的规定。

三、决定

宣告 200630015480.5 号外观设计专利权无效。

当事人对本决定不服的，可以根据专利法第 46 条第 2 款的规定，自收到本决定之日起三个月内向北京市第一中级人民法院起诉，根据该款规定，一方当事人起诉后，另一方当事人应当作为第三人参加诉讼。

主视图

本专利附图

证据 1-1 附图

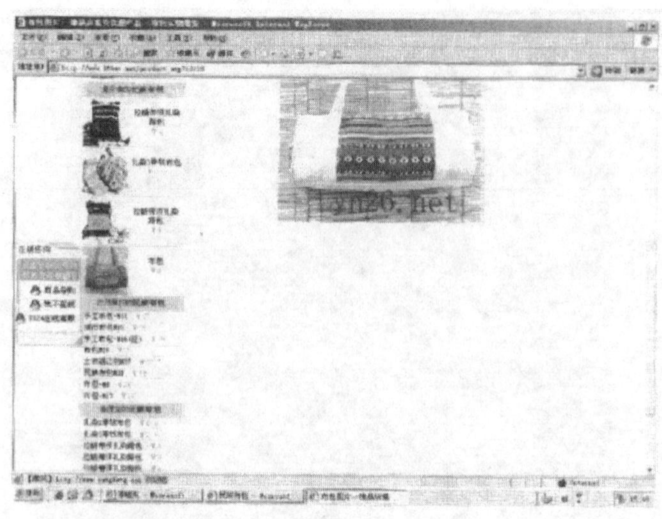

证据 2-1 附图

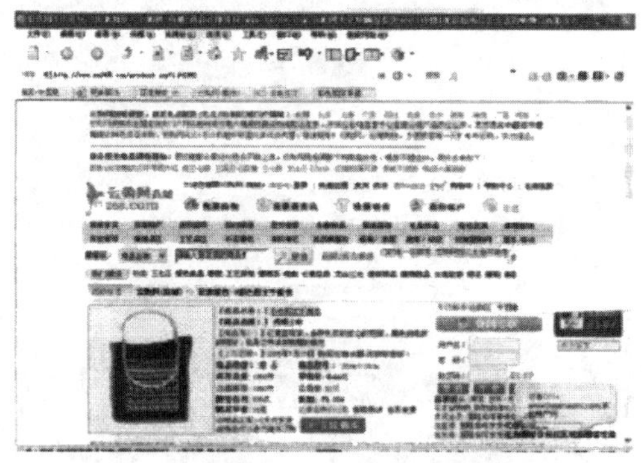

证据 2-3 附图

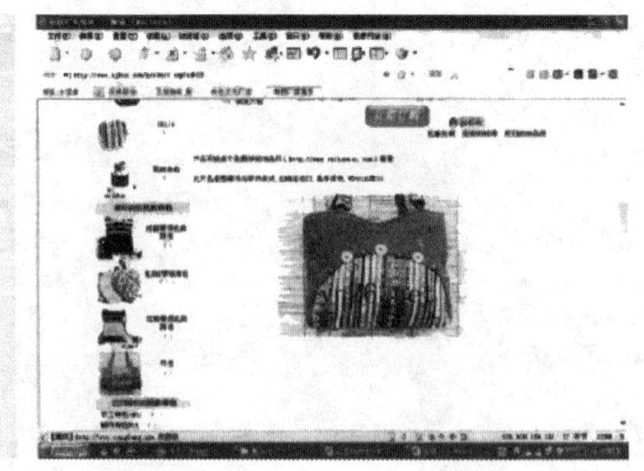

证据 2-4 附图

证据 2-7 附图

喷枪（ST2000型）

无效宣告请求审查决定（第13430号）

决　　定　　号　第13430号
决　　定　　日　2009年5月25日
发明创造名称　喷枪（ST2000型）
外观设计分类号　08-05
无效宣告请求人　德国萨塔喷涂技术有限公司
专　利　权　人　李建崇
专　　利　　号　200530149083.2
申　　请　　日　2005年12月12日
授权公告日　2006年11月15日
合议组组长　张雪飞
主　　审　　员　葛永奇
参　　审　　员　郭　婷
附　　　　　图　2页

法律依据　专利法第23条
决定要点

如果一般消费者经过对被比设计与在先设计的整体观察可以看出，二者的差别对于产品外观设计的整体视觉效果不具有显著的影响，则被比设计与在先设计相近似。

一、案由

本无效宣告请求案涉及国家知识产权局于2006年11月15日公告授予的、名称为“喷枪（ST2000型）”的第200530149083.2号外观设计专利权（下称本专利），其申请日为2005年12月12日，专利权人为李建崇。

针对上述专利权，德国萨塔喷涂技术有限公司（下称请求人）于2008年12月25日向专利复审委员会提出无效宣告请求，认为本专利不符合专利法第23条的规定，并提交了本专利外观设计专利公报网络下载打印件1页和如下证据：

证据1.1：加盖有“国家知识产权局专利检索咨询中心副本认证专用章”的注册号为49904806.7的德国外观设计专利文件，公开日为1999年11月10日，德语，网络下载打印件共4页；

证据1.2：德国专利商标局出具的注册号为49904806.7的德国外观设计专利公报及其认证证书，德语，复印件共5页，及其中文译文共5页；

证据 1.3：德国专利商标局出具的注册号为 49904806.7 的德国外观设计专利登记摘录及其认证证书，德语，复印件共 3 页，及其中文译文共 3 页；

证据 1.4：德国专利商标局出具的注册号为 49904806.7 的德国外观设计申请/申报证明以及认证证书，德语，复印件共 14 页，及其中文译文共 2 页；

证据 1.5：德国专利商标局出具的关于德国外观设计专利申请文件公开情况的说明，德语，复印件共 3 页，及其中文译文 2 页；

证据 2：公开于 2000 年 12 月 21 日的商标注册号为 39947468 的德国商标的注册证明、登记摘录、认证证书，德语，复印件共 4 页，及其中文译文 4 页；

证据 3：九州快讯广告，九州广告有限公司，第 41 期全国版，2001 年 12 月，复印件共 2 页；

证据 4：德国萨塔喷枪使用、维修及保养实用手册，2004 年 9 月第 1 版，复印件共 12 页；

证据 5：SATA NEWS 萨塔通讯，www.sata.com，2005 年 1~3 月第一期第 1~8 版，复印件共 8 页。

其中证据 1.1 至证据 1.5 合称为证据 1。

请求人认为：证据 1 至证据 5 均公开于本专利的申请日之前，可以作为判断本专利是否符合专利法第 23 条规定的在先公开出版物。(1) 本专利的喷枪与证据 1 的喷枪均包括三个主要部分即位于喷枪上部的上壶、位于喷枪下部的扳机，以及连接上壶和扳手的喷枪杆，这三个主要部分形状相同，其中上壶相对于喷枪杆向右侧倾斜成 45 度，而下方的扳手则相对于喷枪杆向同一侧略倾斜，两者整体外观设计基本相同，一般消费者很容易将本专利与证据 1 公开的外观设计误认混同，因此本专利相对于证据 1 不符合专利法第 23 条的规定。(2) 证据 2 和证据 3 公开的外观设计与证据 1 公开的外观设计完全相同，因此，本专利相对于证据 2 和证据 3 也不符合专利法第 23 条的规定；本专利的外观设计与证据 4 和证据 5 公开的外观设计也几乎完全相同，因此，本专利相对于证据 4 和证据 5 同样不符合专利法第 23 条的规定。

经形式审查合格后，专利复审委员会受理了上述请求，于 2009 年 1 月 22 日向双方当事人发出《无效宣告请求受理通知书》，并将《专利权无效宣告请求书》及其附件清单中所列文件的副本转送给专利权人，要求其在指定的期限内答复，同时成立合议组对本无效请求案进行审理。

专利权人没有针对专利复审委员会于 2009 年 1 月 22 日发出的《无效宣告请求受理通知书》作出答复。

2009 年 4 月 2 日，本案合议组向双方当事人发出《无效宣告请求口头审理通知书》，定于 2009 年 4 月 29 日对本无效宣告请求案进行口头审理。

2009 年 4 月 29 日，口头审理如期进行，请求人委托代理人出席了口头审理，专利权人没有参加口头审理，也没有针对口头审理通知书作出书面答复。口头审理过程中确定的事实如下：请求人当庭提交了证据 1.1 至证据 1.5、证据 2 和证据 3 的原件，以及其所声称的证据 4 和证据 5 的原件；请求人指出证据 3 是在展览会上获取的，证据 4 和证据 5 是请求人在说明自己的产品时发放的自己印制的宣传手册及通讯，并分别在证据 3-5 上注明了用于与本专利进行相似性比较的相似产品设计。

至此，合议组认为本案事实已经清楚，可以作出审查决定。

二、决定的理由

1. 法律依据

基于请求人提出的无效理由，合议组依据专利法第 23 条对本案进行审理。

专利法第 23 条规定，授予专利权的外观设计，应当同申请日以前在国内外公开出版物上公开发表过或者国内公开使用过的外观设计不相同和不相近似，并不得与他人在先取得的合法权利相冲突。

2. 证据认定

请求人当庭提交了证据 1.1 至证据 1.5 的原件，经核实，合议组对证据 1.1 至证据 1.5 的真实性予以确认，同时证据 1 中第 49904806.7 号德国外观设计专利公开于本专利的申请日之前，属于本专利申请日之前的公开出版物。因此，证据 1 所示德国外观设计专利的公开文本适用于专利法第 23 条的规定。

3. 相近似判断

本专利和证据 1 中第 49904806.7 号德国外观设计专利均为喷枪的外观设计，用途相同，属于相同类别的产品，具有可比性。

本专利喷枪的外观设计包括三个主要部分：位于喷枪上部的上壶、位于喷枪下部的扳机，以及连接上壶和扳手的喷枪杆，其中上壶相对于喷枪杆向右侧倾斜成约 45°角，而下方的扳手则相对于喷枪杆同样向右侧略倾斜。其中：上壶包括上壶的主体圆柱形部分，下部为类似漏斗形状，上壶的顶部有一圆形壶盖，壶盖的直径略大于主体圆柱，顶端略突起；喷枪杆前端连接有风帽、后端连接有流量调节钮，喷枪杆中部向下连接有扳手，以及与扳手联动的扳机，风帽为圆柱形，其上有螺纹排列，风帽前端有两个突起形成凹口，流量调节钮连接在喷枪杆的后端，为圆柱形螺旋纹调节钮；扳手连接在喷枪杆中部，向下延伸，扳手形状不规则，上细下粗，包括中部向左的尖端突出，右侧边缘的螺纹，在扳手上设有喷幅调节钮和与扳手联动的扳机，在扳手上方右侧有喷涂气压调节钮，下方有空气接口，扳机上的两个铆钉扣将其与喷枪杆连接在一起；在本专利的主视图中，风帽中的两个突起位于水平平面内（详见本专利的视图）。

证据 1 中证据 1.1 所示注册号为 49904806.7 的德国外观设计专利文件公开的喷枪的外观设计（下称在先设计）同样包括三个主要部分：位于喷枪上部的上壶、位于喷枪下部的扳机，以及连接上壶和扳手的喷枪杆，其中上壶相对于喷枪杆向右侧倾斜成约 45°角，而下方的扳手则相对于喷枪杆同样向右侧略倾斜。其中：上壶包括上壶的主体圆柱形部分，下部为类似漏斗形状，上壶的顶部有一圆形壶盖，壶盖的直径略大于主体圆柱，顶端略突起；喷枪杆前端连接有风帽、后端连接有流量调节钮，喷枪杆中部向下连接有扳手，以及与扳手联动的扳机，风帽为圆柱形，其上有螺纹排列，风帽前端有两个突起形成凹口，流量调节钮连接在喷枪杆的后端，为圆柱形螺旋纹调节钮；扳手连接在喷枪杆中部，向下延伸，扳手形状不规则，上细下粗，包括中部向左的尖端突出，右侧边缘的螺纹，在扳手上设有喷幅调节钮和与扳手联动的扳机，在扳手上方右侧有喷涂气压调节钮，下方有空气接口，扳机上的两个铆钉扣将其与喷枪杆连接在一起，风帽的两个突起位于垂直平面内，在扳手上有“HVLP SATAjet NR2000”字样（详见在先设计的视图）。

对于本专利与在先设计中风帽位置的不同，应当指出的是：该风帽是可以旋转的，其在本专利和在先设计中位置的不同是拍照时旋转的位置不同所造成的，实际上本专利和在先设计中的风帽本身并无区别。因此，与在先设计相比，本专利仅缺少了喷枪扳手上的“HVLP SATAjet NR2000”字样，其他各个部分甚至是上壶和扳手相对于喷枪杆的倾斜方向和角度、扳手的不规则形状，以及扳机上两个铆钉扣的形状和位置都完全相同。对于本专利扳手上缺少的“HVLP SATAjet NR2000”字样，合议组认为这些字样属于局部细微的设计，在整体设计中所占比例很小，其变化不足以对整体视觉效果产生显著影响，一般消费者很容易将本专利和在先设计误认混同，因此二者属于相近似的外观设计，本专利不符合专利法第 23 条的规定。

鉴于上述已得出本专利与在先设计相近似、构成出版物公开、不符合专利法第 23 条规定的结论，因此对于请求人提交的其他证据本决定不再予以评述。

基于以上事实和理由，本案合议组作出如下审查决定。

三、决定

宣告第 200530149083.2 号外观设计专利权无效。

当事人对本决定不服的，可以根据专利法第 46 条第 2 款的规定，自收到本决定之日起三个月内向北京市第一中级人民法院起诉。根据该款的规定，一方当事人起诉后，另一方当事人应当作为第三人参加诉讼。

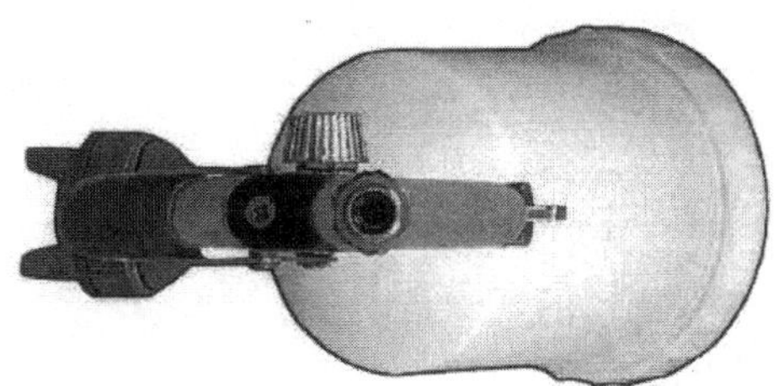

仰视图

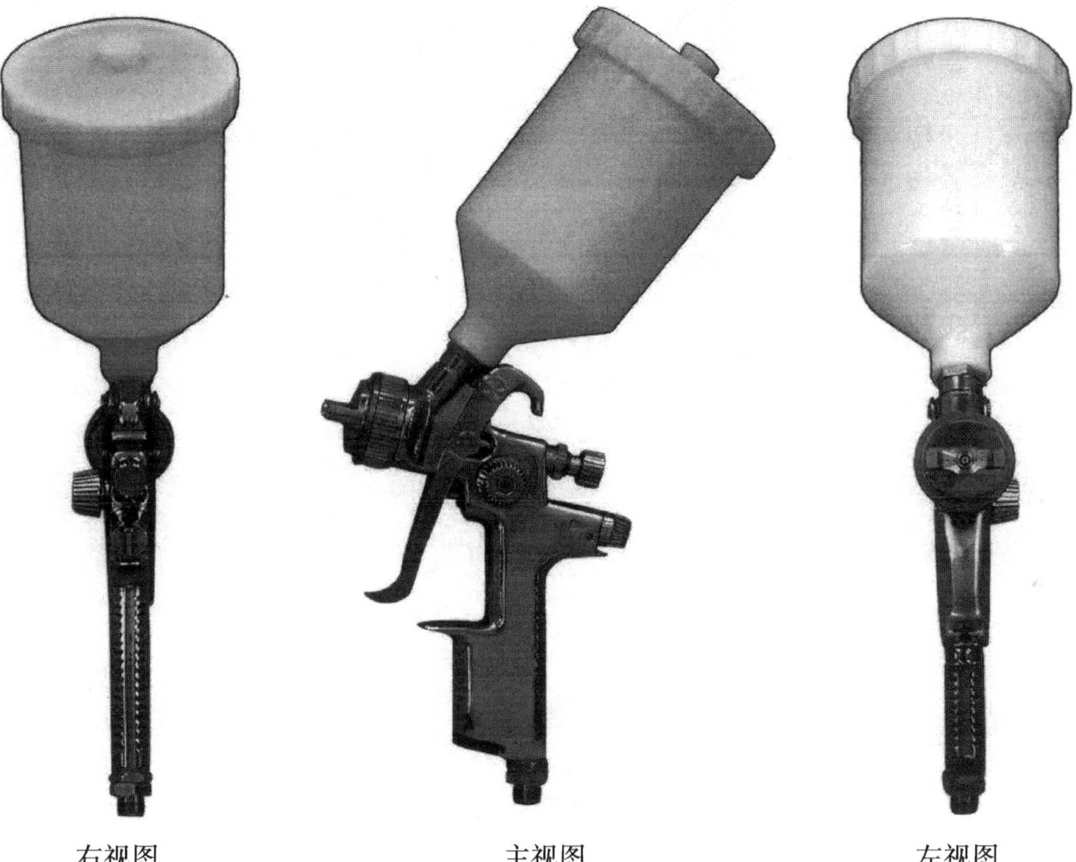

右视图　　主视图　　左视图

俯视图

本专利附图

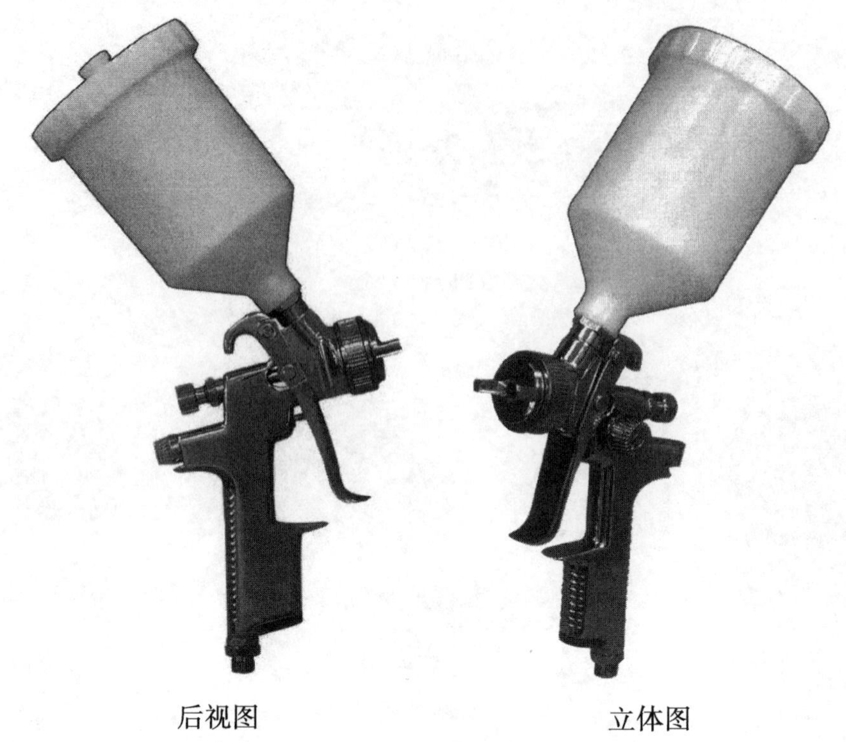

后视图　　　　立体图

本专利附图（续）

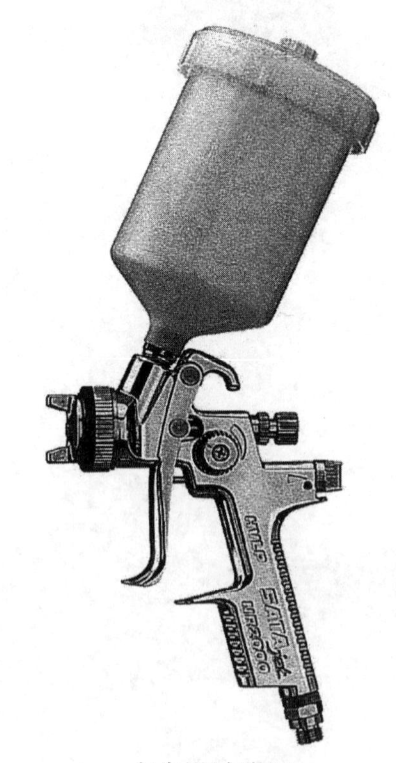

在先设计附图

289

阳光房（双坡）

无效宣告请求审查决定（第13431号）

决　　定　　号 第13431号
决　　定　　日 2009年5月7日
发明创造名称 阳光房（双坡）
外观设计分类号 25-03
无效宣告请求人 上海阳毅新型门窗有限公司
专　利　权　人 上海百明实业有限公司
专　　利　　号 200530041245.0
申　　请　　日 2005年7月8日
授权公告日 2006年6月14日
合议组组长 周雷鸣
主　　审　　员 哈雅坤
参　　审　　员 张美菊
附　　　　　图 1页

法　律　依　据 专利法第23条
决　定　要　点

用于与被比外观设计进行相同和相近似对比的图片类证据应当尽可能是完整的，如果该图片存在被遮挡的部分，并且由于所述被遮挡部分造成无法与被比外观设计的相应视图进行对比，则可能导致该图片类证据没有公开被比外观设计的主要视图外观，从而导致二者在整体视觉效果上存在差别。在此前提下，如果上述差别对被比设计的整体外观的视觉效果产生显著影响，则应当认为被比外观设计与该图片类证据不相同也不相近似。

一、案由

本无效宣告请求涉及申请日为2005年7月8日、授权公告日为2006年6月14日、名称为“阳光房（双坡）”的200530041245.0号外观设计专利，专利权人为上海百明实业有限公司。

针对上述外观设计专利权（下称本专利），上海阳毅新型门窗有限公司（下称请求人）于2008年11月21日向专利复审委员会提出了无效宣告请求，其理由是本专利不符合专利法第23条的规定，同时提交了如下证据：

证据1：2004年11月9日的《深圳特区报》第E3版复印件，共2页。

请求人认为，证据1刊登了上海阳毅新型门窗有限公司的广告图片，本专利与证据1所示图片的整体结构相比，仅在内部玻璃框架设计处有细微差别，对于整体视觉效果不具有显著影响，因此两者相近似，且证据1的出版日期在本专利的申请日以前，因此本专利相对于证据1而言，不符合专利法第23条规定。

经形式审查合格，专利复审委员会于2009年1月20日受理了该无效宣告请求，并将无效宣告请求书及附件清单中所列附件副本转给了专利权人，同时依法成立合议组对本案进行审查。

专利权人针对上述无效宣告请求于2009年2月13日提交了意见陈述书，认为：第一，证据1所示广告图片从其外观及广告词中都无法确定是阳光房；第二，证据1所示广告图片无法与本专利各视图一一对应比较；第三，本专利主视图与后视图对称，其立柱与檩条对应设置为本专利该视图的设计要点，而证据1所示广告图片所对应视图首先不对称，更无该设计要点；第四，证据1所示广告图片的其他视图无法清晰辨别，但从整体外形来看，与本专利不相同。因此，本专利与证据1所示广告图片既不相同，也不相近似，本专利符合专利法第23条的规定。

专利复审委员会本案合议组于2009年3月5日向双方当事人发出了口头审理通知书，定于2009年4月14日举行口头审理。

口头审理如期举行，双方当事人均出席了本次口头审理。双方当事人对对方出庭人员的身份和资格没有异议，合议组当庭告知了合议组成员的变更情况，双方当事人对合议组成员的变更无异议，并且对当前合议组成员没有回避请求。在口头审理过程中，请求人当庭提交了证据1的原件，请求人指定了广告中最左上角的图片与本专利进行相近似对比；专利权人明确表示对证据1复印件与原件的一致性没有异议，且对证据1的真实性和公开时间均没有异议。双方当事人均在坚持原有观点的基础上充分陈述了意见。

至此，合议组认为本案事实已经清楚，可以作出审查决定。

二、决定的理由

1. 证据认定

请求人提交的证据1是2004年11月9日的《深圳特区报》第E3版复印件，并且请求人当庭提交了证据1的原件，专利权人对证据1的真实性和公开日期均表示没有异议，合议组经审查对证据1的真实性予以认可，该报纸属于专利法第23条规定的出版物，其发行日期2004年11月9日早于本专利的申请日2005年7月8日，可以用于评述本专利是否符合专利法第23条的规定。

2. 关于相同和相近似对比

专利法第23条规定："授予专利权的外观设计，应当同申请日以前在国内外出版物上公开发表过或者国内公开使用过的外观设计不相同和不相近似，并不得与他人在先取得的合法权利相冲突。"

用于与被比外观设计进行相同和相近似对比的图片类证据应当尽可能是完整的，如果该图片存在被遮挡的部分，并且由于所述被遮挡部分造成无法与被比外观设计的相应视图进行对比，则可能导致该图片类证据没有公开被比外观设计的主要视图外观，从而导致二者在整体视觉效果上存在差别。在此前提下，如果上述差别对被比设计的整体外观的视觉效果产生显著影响，则应当认为被比外观设计与该图片类证据不相同也不相近似。

本专利是一个阳光房（双坡）的外观设计，其授权公告的外观设计图片共包括4幅视图，分别是主视图、右视图、俯视图、立体图，其后视图、左视图分别与主视图、右视图对称，故省略。从整体上看，本专利的阳光房为上下结构、且上部为双面坡顶的矩形房屋。从主视图可以看出，该阳光房的下部为矩形墙体，且此矩形墙体中部设有立柱，其上部的斜坡顶也为矩形，且此矩形内均匀设有三条立柱；从右视图（左视图与右视图对称）可以看出，该阳光房的下部墙体为矩形，且此矩形墙体中部设有立柱，其上部为由两个斜坡顶组成的等腰三角形，且此三角形底边中部至顶点对应矩形中部立柱设有支撑；从俯视图来看，该阳光房的俯视整体外轮廓为矩形（参见本专利附图）。

证据1的《深圳特区报》第E3版上刊有上海阳毅新型门窗有限公司的广告，该广告的左侧图片公开了一幅被局部遮挡的建筑物立体图，呈玻璃框架结构，结合该建筑物的造型以及证据1所示广告图片下方的广告宣传语可以判定，该建筑物也是一个阳光房，据此可以视为证据1公开了一个三个侧面被局部遮挡的阳光房立体图，因此其整体结构无法描述，仅从图片中可以看出，证据1的阳光房的局部为上下结构，且上部为双面坡顶的矩形房屋。从正面（相当于右视图）可以看出，该阳光房的下部为矩形墙体，且此矩形墙体中部设有立柱，其上部为由斜坡顶组成的三角形，且此三角形上均匀设有四条立柱，其右侧坡面具有隆起面及护栏；从被局部遮挡的右侧面可以看出，该阳光房的下部为竖直面，上部为坡面（详见证据1附图）。

请求人认为：(1) 证据1的阳光房正面相当于右视图、后面相当于左视图，虽然从该阳光房立体图看不到后面，但由于该阳光房是透明的，因此可以理解为左视图和右视图是对称的；(2) 证据1的阳光房屋顶一定是等腰三角形，因为普通的消费者以三角形屋顶的顶点向下画垂线左右肯定是对称的；(3) 证据1的阳光房的主视图虽然没有被示出，但一定是长方形，俯视图虽然也没有被示出，但一定是正方形；(4) 虽然本专利与证据1的檩条数量不同，但不影响整体的外观设计；(5) 虽然证据1的阳光房立体图右侧屋顶处显示出设有栏杆，但这是不属于阳光房本身的部分，是为了与周边实际建筑物安装用的东西，不影响对整个阳光房形状的理解。

专利权人认为，本专利与证据1没有可比性，因为：(1) 证据1的阳光房屋顶是不对称的，从其右侧看有一个相当于栏杆的东西，左侧看不到；(2) 本专利的阳光房与证据1的阳光房整体外形不同，无法将证据1与本专利各视图进行一一对应比较；(3) 仅就证据1可以看到的对应视图来与本专利比较，本专利右视图下部为矩形、上部为等腰三角形，矩形中部设有立柱、三角形底边中部至顶点对应矩形立柱设有支撑，其立柱与支撑对应设置为本专利右视图的设计要点，本专利主视图下部为矩形，矩形中部设有立柱、上部为坡面，坡面中部对应矩形立柱设有檩条，其立柱与檩条对应设置为本专利主视图的设计要点，而证据1的阳光房立体图首先不对称，更无上述设计要点。

合议组认为，虽然本专利与证据1所示广告图片都涉及阳光房，属于同类产品，具有可比性，但二者存在以下区别：

第一，由于证据1没有完全显示出其阳光房的侧面（相当于主视图），即其阳光房的左侧面未示出，且其右侧面有一部分被遮挡，因而导致无法辨别其实际构造，无法判断其下部墙体的中间是否设有立柱以及墙体的整体形状的设计，虽然可以判断出其上部也有坡面，但其坡面也还具有隆起坡面，并且也无法确定其右侧面的整体轮廓，因此证据1所示广告图片没有公开本专利的主视图，更不能推测出其具有与本专利相近似的侧面（相当于主视图）；另外，由于证据1也没有显示出其阳光房的俯视图，并且其右侧面被遮挡造成无法判断右侧面的形状，更无法确定房屋的占地形状是否为矩形，因此证据1所示广告图片没有公开本专利的俯视图，更不能推测出其具有与本专利相近似的俯视矩形轮廓。

第二，即使仅将本专利的右视图与证据1所示广告图片中唯一未被遮挡的正面（相当于右视图）进行对比，也可以看出二者的立柱设置有所不同，即：本专利阳光房的下部墙体为矩形，且此矩形墙体中部设有立柱，其上部为等腰三角形，且此等腰三角形底边中部至顶点对应矩形立柱设有支撑柱，其立柱与支撑柱对应设置；而证据1阳光房的下部为矩形墙体，且此矩形墙体中部设有立柱，且上部为三角形，但此三角形底边中部至顶点对应矩形立柱没有设置任何支撑柱，因此证据1所示广告图片没有公开本专利的右视图当中上部三角形底边中部至顶点对应下部矩形立柱设有支撑柱。

综上所述，根据整体观察、综合判断的原则，由于证据1仅公开了其阳光房的部分外观及外形，并不能反映出其阳光房的整体形状外观，因此不能与本专利进行各个视图上的对比，而对于阳光房这类房屋设计而言，其各个角度、侧面均处于容易看到的部位，其设计对这类产品的整体视觉效果都会产生影响，因此证据 1 并未公开与本专利整体视觉效果上相近似的外观，本专利与证据 1 既不相同也不相近似，故本专利相对于证据 1 符合专利法第 23 条的规定。

三、决定

维持 200530041245.0 号外观设计专利权有效。

当事人对本决定不服的，可以根据专利法第 46 条第 2 款的规定，自收到本决定之日起是三个月内向北京市第一中级人民法院起诉。根据该款的规定，一方当事人起诉后，另一方当事人应当作为第三人参加诉讼。

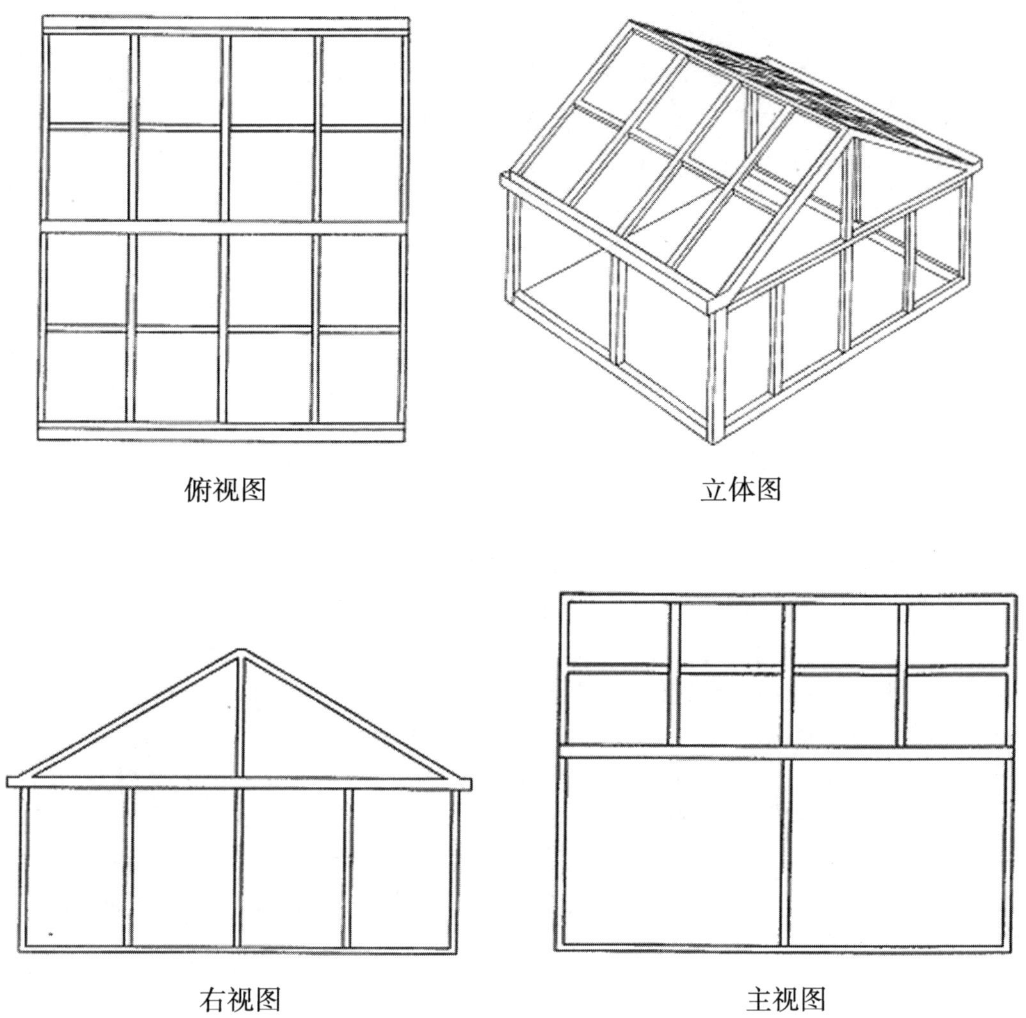

俯视图　　立体图

右视图　　主视图

本专利附图

证据 1 附图

北京市第一中级人民法院
行政判决书

（2009）一中知行初字第2589号

原告上海阳毅新型门窗有限公司，住所地上海市嘉定区安亭镇墨玉路185号。

法定代表人杨俊平，董事长。

委托代理人齐永红，女，1962年8月14日出生，蒙古族，北京英特普罗知识产权代理有限公司职员，住北京市海淀区小单位轻工部情报所。

被告国家知识产权局专利复审委员会，住所地北京市海淀区北四环西路9号银谷大厦10~12层。

法定代表人张茂于，副主任。

委托代理人哈雅坤，国家知识产权局专利复审委员会审查员。

委托代理人齐宏涛，国家知识产权局专利复审委员会审查员。

第三人上海百明实业有限公司。

原告上海阳毅新型门窗有限公司（以下简称上海阳毅公司）不服被告国家知识产权局专利复审委员会（以下简称专利复审委员会）于2009年5月7日作出的第13431号无效宣告请求审查决定（简称第13431号决定），于法定期限内向本院提起行政诉讼。本院于2009年10月30日受理后，依法组成合议庭，于2009年12月1日公开开庭审理了本案。原告上海阳毅公司的委托代理人齐永红，被告专利复审委员会的委托代理人哈雅坤、齐宏涛到庭参加了诉讼。经本院依法通知，第13431号决定的相对方上海百明实业有限公司（以下简称上海百明公司）于庭审前向本院书面声明不作为第三人参加本案诉讼。本案现已审理终结。

第13431号决定系专利复审委员会就原告上海阳毅公司对上海百明公司拥有的第200530041245.0号名称为“阳光房（双坡）”的外观设计专利（以下简称本专利）提出的无效宣告请求而作出的。专利复审委员会在该决定中认为：（1）关于证据。各方当事人对证据1的真实性均无异议，其属于2001年修正的《中华人民共和国专利法》（以下简称《专利法》）第二十三条规定的出版物，其发行日期早于本专利的申请日，可以用于评述本专利是否符合《专利法》第二十三条的规定。（2）关于相同和相近似性对比的问题。虽然本专利与证据1所示广告图片都涉及阳光房，属于同类产品，具有可比性，但二者存在以下区别：第一，由于证据1没有完全显示出其阳光房的侧面（相当于主视图），即其阳光房的左侧面未示出，且其右侧面有一部分被遮挡，因而导致无法辨别其实际构造，无法判断其下部墙体的中间是否设有立柱以及墙体的整体形状的设计，虽然可以判断出其上部也有坡面，但其坡面也还具有隆起坡面，并且也无法确定其右侧面的整体轮廓，因此证据1所示广告图片没有公开本专利的主视图，更不能推测出其具有与本专利相近似的侧面（相当于主视图）；另外，由于证据1也没有显示出其阳光房的俯视图，并且其右侧面被遮挡造成无法判断右侧面的形状，更无法确定房屋的占地形状是否为矩形，因此证据1所示广告图片没有公开本专利的俯视图，更不能推测出其具有与本专利相近似的俯视矩形轮廓。第二，即使仅将本专利的右视图与证据1所示广告图片中唯一未被遮挡的正面（相当于右视图）进行对比，也可以看出二者的立柱设置有所不同，证据1所示广告图片没有公开本专利的右视图当中上部三角形底边中部至顶点对应下部矩形立柱设有支撑柱。综上所述，根据整体观察、综合判断的原则，由于证据1仅公开了其阳光房的部分外观及外形，并不能反映出其阳光房的整体形状外观，不能与本专利进行各个视图上的对比，而对于阳光房这类房屋设计而言，其各个角度、侧面均处于容易看到的部位，其设计对这类产品的整体视觉效果都会产生影响。因此，证据 1 并未公开与本专利整体视觉效果上相近似的外观，本专利与证据 1 既不相同也不相近似，故本专利相对于证据 1 符合《专利法》第二十三条的规定。据此，专利复审委员会作出第 13431 号决定，维持本专利权有效。

原告上海阳毅公司不服第 13431 号决定，在法定期限内向本院提起行政诉讼，其诉称：（1）本专利是一个具有三角形屋顶、下部为矩形的房子。证据 1 完全公开了三角形屋顶、下部为矩形的房子这一根本特征，由于整个结构是透明的，任何一个具有基本生活常识和思考能力的普通人都可以辨识本房屋的基本构造。（2）证据 1 是一个实物广告，隆起坡面是根据客户要求设置的一个小天窗，去掉该小天窗，右侧面的整体轮廓是非常清楚的。而该轮廓具有与本专利相近似的侧面。（3）证据 1 所显示的房屋下部的外立柱都垂直于地面，因此房屋的占地形状必然是矩形的。此外，立柱设置的位置和数量不影响本专利的外轮廓，且本专利要保护的也不在于立柱的位置和数量，而是阳光房的整体形状。综上，第 13431 号决定认定事实错误，适用法律不当，请求人民法院依法予以撤销。

被告专利复审委员会辩称：关于本专利与证据 1 是否相同或者相近似的问题，坚持第 13431 号决定中的意见。第 13431 号决定认定事实清楚，适用法律正确，审查程序合法，请求人民法院依法予以维持。

本院经审理查明如下事实：

本专利涉及的是国家知识产权局于 2006 年 6 月 14 日授权公告的、名称为“阳光房（双坡）”的外观设计专利，申请日是 2005 年 7 月 8 日，申请号为 200530041245.0，专利权人为上海百明公司。本专利授权公告中包括四幅视图，分别为主视图、俯视图、右视图和立体图，其后视图、左视图分别与主视图、右视图对称，故省略。从整体上看，本专利的阳光房为上下结构、且上部为双面坡顶的矩形房屋。从主视图可以看出，该阳光房的下部为矩形墙体，且此矩形墙体中部设有立柱，其上部的斜坡顶也为矩形，且此矩形内均匀设有三条立柱；从右视图可以看出，该阳光房的下部墙体为矩形，且此矩形墙体中部设有立柱，其上部为由两个斜坡顶组成的等腰三角形，且此三角形底边中部至顶点对应矩形中部立柱设有支撑；从俯视图来看，该阳光房的俯视整体外轮廓为矩形。各视图具体如下：

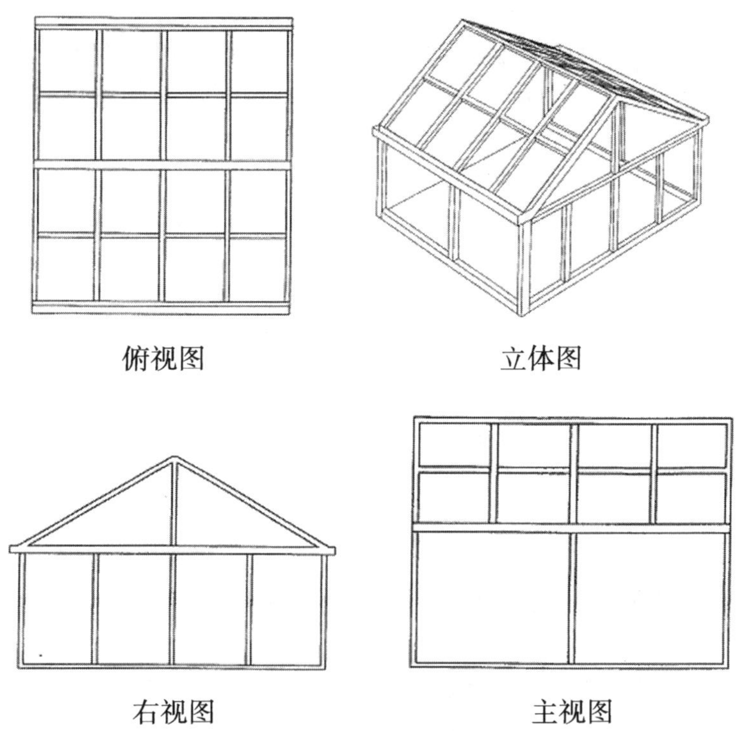

俯视图　立体图

右视图　主视图

针对本专利，上海阳毅公司公司于2008年11月21日向专利复审委员会提出无效宣告请求，其理由为本专利不符合《专利法》第二十三条的规定，其同时提交了如下证据：

证据1：2004年11月9日的《深圳特区报》第E3版复印件，共2页。证据1的《深圳特区报》第E3版上刊有上海阳毅公司的广告，该广告的左侧图片公开了一幅被局部遮挡的建筑物立体图，呈玻璃框架结构，结合该建筑物的造型以及证据1所示广告图片下方的广告宣传语可以判定，该建筑物也是一个阳光房，据此可以视为证据1公开了一个三个侧面被局部遮挡的阳光房立体图。从图片中可以看出，证据1的阳光房的局部为上下结构、且上部为双面坡顶的矩形房屋。从正面可以看出，该阳光房的下部为矩形墙体，且此矩形墙体中部设有立柱，其上部为由斜坡顶组成的三角形，且此三角形上均匀设有四条立柱，其右侧坡面具有隆起面及护栏；从被局部遮挡的右侧面可以看出，该阳光房的下部为竖直面，上部为坡面。

证据1

专利复审委员会受理该无效宣告请求后，于2009年4月14日对本案进行了口头审理。上海阳毅公司在口头审理过程中将无效理由明确为：将证据1广告最左上角的图片与本专利进行相近似性对比。

2009年5月7日，专利复审委员会作出第13431号决定。

上述事实，有证据1、第13431号决定、口头审理记录表、当事人陈述等证据在案佐证。

本院认为：

一、关于本案的法律适用。

2008年12月27日修改的《中华人民共和国专利法》（以下简称2009年《专利法》）已于2009年10月1日起施行，因此本案审理涉及2001年专利法与2009年专利法之间的选择适用问题。《中华人民共和国立法法》第八十四条规定，法律、行政法规、地方性法规、自治条例和单行条例、规章不溯及既往，但为了更好地保护公民、法人和其他组织的权利和利益而作的特别规定除外。国家知识产权局据此制定了《施行修改后的专利法的过渡办法》，并于2009年10月1日起施行。对于专利权是否有效的审查，根据该过渡办法，申请日在2009年10月1日前的专利申请以及根据该专利申请授予的专利权适用2001年《专利法》的规定；申请日在2009年10月1日以后（含该日）的专利申请以及根据该专利申请授予的专利权适用2009年《专利法》的规定。本案属于专利确权行政纠纷，本专利的申请日在2009年10月1日前，因此依据《中华人民共和国立法法》第八十四条之规定，并参照上述过渡办法的相关规定，本案应适用2001年《专利法》进行审理。

二、关于本专利是否符合《专利法》第二十三条的规定。

我国《专利法》第二十三条规定，授予专利权的外观设计，应当同申请日以前在国内外出版物上公开发表过或者国内公开使用过的外观设计不相同和不相近似，并不得与他人在先取得的合法权利相冲突。

证据1的公开日在本专利申请日之前，可以作为评价本专利是否符合《专利法》第二十三条规定的对比文件使用。

鉴于原告对于第13431号决定中对于本专利和证据1中所显示的阳光房的客观描述并无异议，在此基础上本院认为，本专利与证据1经对比后可确认存在的区别设计在于：首先，本专利为上下结构、双面坡顶的矩形房屋，从右视图来看，上部的等腰三角形被正中一根支撑柱平分为两个直角三角形，下部的矩形正中设有一根立柱，立柱与支撑柱对应设置。同时，下部的矩形部分被三根立柱均匀分割为四个部分。证据1中与此相对应的是阳光房的正面，该阳光房正面也为上为三角形下为矩形的设计，但三角形部分被四根纵向、一根横向支撑柱所分割。下部的矩形不仅有一门状设计，也存在横向支撑柱，二者在立柱的设置方式上存在较大差别，视觉效果也有明显不同。所以，本专利的右视图与证据1中相对应的正面的设计并不相同或者相近似；其次，由于证据1中相当于本专利主视图部分的侧面设计被部分遮挡，无法清晰判断其下部墙体中间是否也如本专利一样设有立柱即墙体的整体形状设计是否相近，虽然可以看出证据1的上部也为双向坡面设计，但坡面之上还具有一个本专利中不存在的隆起和扶栏的设计。据此，由于证据1所公开的阳光房多处结构被遮挡，故其右侧面的具体形状及占地形状均无法毫无疑问地确定，不能得出本专利右视图与证据1中所对应部分的外观设计相同或者相近似的结论。由此可见，根据现有证据，被告得出证据1并未公开与本专利整体视觉效果相近似外观的结论正确，本院予以支持。

综上所述，原告的起诉理由均不成立，本院不予支持，被告作出的第13431号决定审查程序合法，认定事实清楚，适用法律正确，本院依法予以维持。根据《中华人民共和国行政诉讼法》第五十四条第（一）项之规定，本院判决如下：

维持被告国家知识产权局专利复审委员会作出的第13431号无效宣告请求审查决定。

案件受理费100元，由原告上海阳毅新型门窗有限公司负担（已交纳）。

如不服本判决，各方当事人可在判决书送达之日起15日内向本院递交上诉状及其副本，并交纳上诉案件受理费100元，上诉于北京市高级人民法院。

审 判 长 佟 姝
代理审判员 毛天鹏
代理审判员 李冰青
二〇〇九年十二月二十日
书 记 员 李 茜

290

阳光房（内侧）

无效宣告请求审查决定（第13432号）

决　定　号　第13432号
决　定　日　2009年5月8日
发明创造名称　阳光房（内侧）
外观设计分类号　25-03
无效宣告请求人　上海阳毅新型门窗有限公司
专　利　权　人　上海百明实业有限公司
专　利　号　200530041243.1
申　请　日　2005年7月8日
授权公告日　2006年6月14日
合议组组长　周雷鸣
主　审　员　哈雅坤
参　审　员　张美菊
附　图　1页

法律依据　专利法第23条
决定要点

专利法意义上的出版物是指记载有技术或设计内容的独立存在的有形传播载体，如果证据本身未表明其公开发表或出版的时间，且也无其他证据加以佐证，则不能作为专利法意义上的公开出版物。

如果将被比外观设计与图片类证据进行对比，根据整体观察、综合判断的原则，二者在整体视觉效果上存在显著差别，则应认为该被比外观设计与该图片类证据既不相同也不相近似。

一、案由

本无效宣告请求涉及申请日为2005年7月8日、授权公告日为2006年6月14日、名称为“阳光房（内侧）”的200530041243.1号外观设计专利，专利权人为上海百明实业有限公司。

针对上述外观设计专利权（下称本专利），上海阳毅新型门窗有限公司（下称请求人）于2008年9月24日向专利复审委员会提出了无效宣告请求，其理由是本专利不符合专利法第23条的规定，同时提交了如下证据：

证据1：德国旭格国际集团的冬季花园阳光房宣传册复印件，共2页。

请求人认为，本专利与其申请日以前在国内出版物上公开发表过的外观设计相同。

2008年10月6日，请求人补充提交了意见陈述书，同时补充了如下证据：

证据 2：2004 年 11 月 9 日的《深圳特区报》第 E3 版复印件，共 2 页。

请求人认为，从证据 2 所示广告图片与本专利的上下结构来比较，均是带有坡度的屋顶及长方形底座，两者相近似，且证据 2 的出版日期在本专利的申请日以前，因此本专利相对于证据 2 而言，不符合专利法第 23 条的规定。

经形式审查合格，专利复审委员会于 2009 年 1 月 20 日受理了该无效宣告请求，并将无效宣告请求书及附件清单中所列附件副本转给了专利权人，同时依法成立合议组对本案进行审查。

专利权人针对上述无效宣告请求于 2009 年 2 月 13 日提交了意见陈述书，认为：证据 1 未表明公开发表或出版时间，不是专利法意义上的公开出版物；证据 2 所示广告图片与本专利相比，既不相同，也不相近似。

专利复审委员会本案合议组于 2009 年 3 月 5 日向双方当事人发出了口头审理通知书，定于 2009 年 4 月 14 日举行口头审理。

口头审理如期举行，双方当事人均出席了本次口头审理。双方当事人对对方出庭人员的身份和资格没有异议，合议组当庭告知了合议组成员的变更情况，双方当事人对合议组成员的变更无异议，并且对当前合议组成员没有回避请求。在口头审理过程中，请求人当庭提交了证据 2 的原件，并指定证据 2 中一幅图片与本专利进行对比。专利权人表示对证据 2 复印件与原件的一致性没有异议，且对证据 2 的真实性和公开时间均没有异议，但认为证据 1 没有表明公开发表或出版的时间，因此不属于专利法意义上的公开出版物，不可作为证据采用。双方当事人均在坚持原有观点的基础上充分陈述了意见。

至此，合议组认为本案事实已经清楚，可以作出审查决定。

二、决定的理由

1. 证据认定

请求人提交的证据 1 是德国旭格国际集团的冬季花园阳光房宣传册复印件。合议组经审查认为：首先，证据 1 是一种产品宣传册，在没有其他证据加以佐证的情况下，无法确认其真实性，并且不能确认证据 1 是否属于域外形成的证据从而无法认定其是否应当履行公证认证手续，如果证据 1 是域外证据，那么在没有履行相应的公证认证手续的前提下，不符合域外证据提交的形式要件而也无法确认其真实性。其次，由于目前的证据 1 上没有表明公开发表或出版的时间，因此该证据 1 不属于专利法意义上的公开出版物，不能作为证据使用。

请求人提交的证据 2 是 2004 年 11 月 9 日的《深圳特区报》第 E3 版复印件，并且请求人当庭提交了证据 2 的原件，专利权人对证据 2 的真实性和公开日期均表示没有异议，合议组经审查对证据 2 的真实性予以认可，该报纸属于专利法第 23 条规定的出版物，其发行日期 2004 年 11 月 9 日早于本专利的申请日 2005 年 7 月 8 日，可以用于评述本专利是否符合专利法第 23 条的规定。

2. 关于相同、相近似对比

专利法第 23 条规定："授予专利权的外观设计，应当同申请日以前在国内外出版物上公开发表过或者国内公开使用过的外观设计不相同和不相近似，并不得与他人在先取得的合法权利相冲突。"

如果将被比外观设计与图片类证据进行对比，根据整体观察、综合判断的原则，二者在整体视觉效果上存在显著差别，则应认为该被比外观设计与该图片类证据既不相同也不相近似。

由于证据 1 不能作为与本专利进行比较的证据使用，因此本专利相对于证据 1 符合专利法第 23 条的规定。

本专利是一个阳光房（内侧）的外观设计，其授权公告的外观设计图片共包括 4 幅视图，分别是主视图、右视图、俯视图、立体图，其后视图、左视图分别与主视图、右视图对称，故省略。从整体上看，该阳光房是上下结构，且从俯视角度上看整体上呈带有内角的“L”形，其上部为朝“L”形内侧倾斜的两个侧面相接的屋顶，其两内角侧面的上部屋顶为梯形且为单面坡顶，其下部为矩形墙体。“L”形的外侧墙体高于内侧墙体，从而坡顶由高的外侧向低的内侧倾斜（参见本专利附图）。

证据2的《深圳特区报》第E3版上刊有上海阳毅新型门窗有限公司的广告，该广告的左侧图片公开了一幅被局部遮挡的建筑物立体图，呈玻璃框架结构，结合该建筑物的造型以及证据1所示广告图片下方的广告宣传语可以判定，该建筑物也是一个阳光房，据此可以视为证据2公开了一个三个侧面被局部遮挡的阳光房立体图。证据2的阳光房正面的上部为由两个斜坡顶相接组成的三角形屋顶、下部为矩形墙体，右侧面的上部屋顶和下部墙体均为矩形，且两侧面的矩形上部屋顶构成双面坡顶（详见证据2附图）。

请求人认为：本专利的阳光房与证据2的阳光房都是上下结构，均是带有坡度的屋顶及矩形墙体，因此二者相近似。

专利权人认为，本专利的阳光房各视图与证据2的阳光房在整体外形上存在显著差别，既不相同，也不相近似。

合议组认为，虽然本专利与证据2所示广告图片都涉及阳光房，属于同类产品，具有可比性，但本专利与证据2存在明显差别，二者的区别为：

本专利阳光房整体上呈“L”形，其两内角侧面的屋顶为梯形单面坡顶；而证据2中阳光房的三个侧面和顶部被局部遮挡，因而不能确定证据2中房屋的整体形状，但可以看出其部分屋顶为双面坡顶，且所述双面坡顶也不是梯形。

综上所述，本专利的阳光房与证据2的阳光房虽然都是上下结构，但是二者在整体形状外观上存在明显差别，根据整体观察、综合判断的原则，由于本专利与证据2在整体视觉效果上存在显著差别，因此本专利与证据2既不相同也不相近似，本专利相对于证据2符合专利法第23条的规定。

三、决定

维持200530041243.1号外观设计专利权有效。

当事人对本决定不服的，可以根据专利法第46条第2款的规定，自收到本决定之日起是三个月内向北京市第一中级人民法院起诉。根据该款的规定，一方当事人起诉后，另一方当事人应当作为第三人参加诉讼。

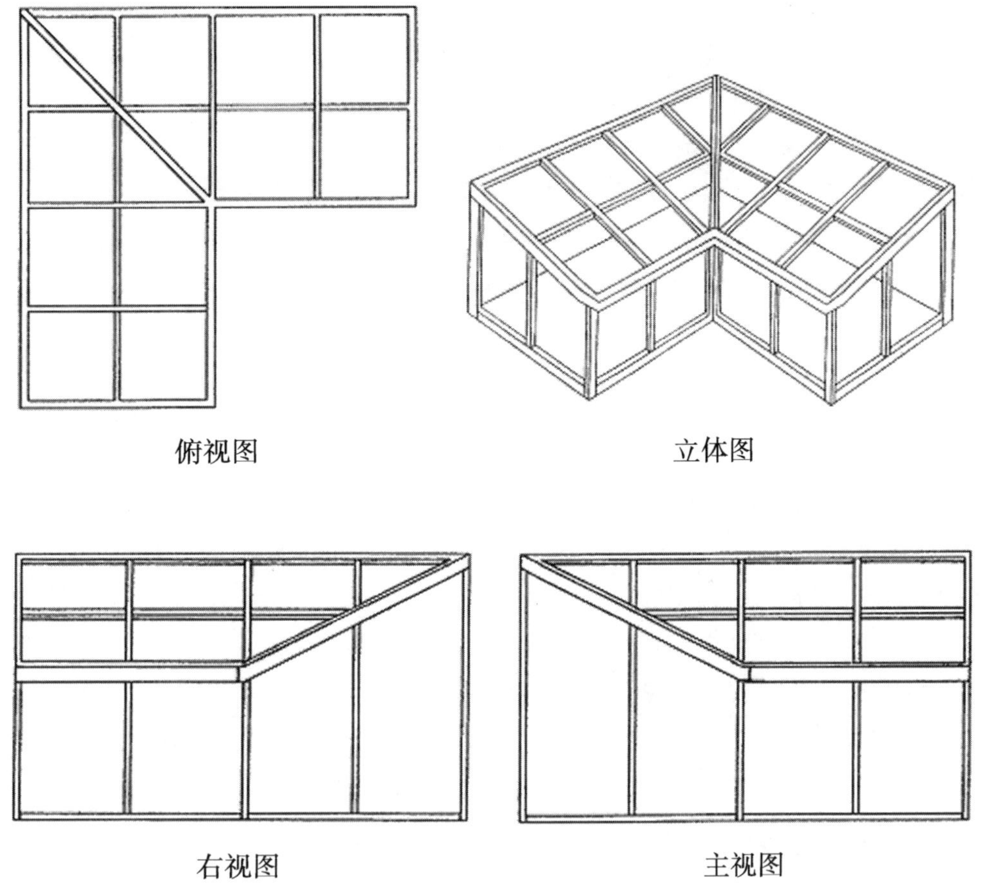

本专利附图

证据 2 附图

阳光房（中间多面体）

无效宣告请求审查决定（第13433号）

决　　定　　号　第13433号
决　　定　　日　2009年5月8日
发明创造名称　阳光房（中间多面体）
外观设计分类号　25-03
无效宣告请求人　上海阳毅新型门窗有限公司
专　利　权　人　上海百明实业有限公司
专　　利　　号　200530041248.4
申　　请　　日　2005年7月8日
授 权 公 告 日　2006年4月26日
合 议 组 组 长　周雷鸣
主　　审　　员　哈雅坤
参　　审　　员　张美菊
附　　　　　图　1页

法　律　依　据　专利法第23条
决　定　要　点

专利法意义上的出版物是指记载有技术或设计内容的独立存在的有形传播载体，如果证据本身未表明其公开发表或出版的时间，且也无其他证据加以佐证，则不能作为专利法意义上的公开出版物。

如果将被比外观设计与图片类证据进行对比，根据整体观察、综合判断的原则，二者在整体视觉效果上存在显著差别，则应认为该被比外观设计与该图片类证据既不相同也不相近似。

一、案由

本无效宣告请求涉及申请日为2005年7月8日、授权公告日为2006年4月26日、名称为“阳光房（中间多面体）”的200530041248.4号外观设计专利，专利权人为上海百明实业有限公司。

针对上述外观设计专利权（下称本专利），上海阳毅新型门窗有限公司（下称请求人）于2008年9月24日向专利复审委员会提出了无效宣告请求，其理由是本专利不符合专利法第23条的规定，同时提交了如下证据：

证据1：德国旭格国际集团的冬季花园阳光房宣传册复印件，共2页。

请求人认为，本专利与其申请日以前在国内出版物上公开发表过的外观设计相同。

2008年10月24日，请求人补充提交了意见陈述书，同时补充了如下证据：

证据 2：2004 年 11 月 9 日的《深圳特区报》第 E3 版复印件，共 2 页。

请求人认为，从证据 2 所示广告图片与本专利的上下结构来比较，均是带有坡度的三角形或长方形屋顶及长方形底座，两者相近似，且证据 2 的出版日期在本专利的申请日以前，因此本专利相对于证据 2 而言，不符合专利法第 23 条的规定。

经形式审查合格，专利复审委员会于 2009 年 1 月 20 日受理了该无效宣告请求，并将无效宣告请求书及附件清单中所列附件副本转给了专利权人，同时依法成立合议组对本案进行审查。

专利权人针对上述无效宣告请求于 2009 年 2 月 13 日提交了意见陈述书，认为：证据 1 未表明公开发表或出版时间，不是专利法意义上的公开出版物；证据 2 所示广告图片与本专利相比，既不相同，也不相近似。

专利复审委员会本案合议组于 2009 年 3 月 5 日向双方当事人发出了口头审理通知书，定于 2009 年 4 月 14 日举行口头审理。

口头审理如期举行，双方当事人均出席了本次口头审理。双方当事人对对方出庭人员的身份和资格没有异议，合议组当庭告知了合议组成员的变更情况，双方当事人对合议组成员的变更无异议，并且对当前合议组成员没有回避请求。在口头审理过程中，请求人当庭提交了证据 2 的原件，并指定证据 2 中一幅图片与本专利进行对比。专利权人表示对证据 2 复印件与原件的一致性没有异议，且对证据 2 的真实性和公开时间均没有异议，但认为证据 1 没有表明公开发表或出版的时间，因此不属于专利法意义上的公开出版物，不可作为证据采用。双方当事人均在坚持原有观点的基础上充分陈述了意见。

至此，合议组认为本案事实已经清楚，可以作出审查决定。

二、决定的理由

1. 证据认定

请求人提交的证据 1 是德国旭格国际集团的冬季花园阳光房宣传册复印件。合议组经审查认为：首先，证据 1 是一种产品宣传册，在没有其他证据加以佐证的情况下，无法确认其真实性，并且不能确认证据 1 是否属于域外形成的证据从而无法认定其是否应当履行公证认证手续，如果证据 1 是域外证据，那么在没有履行相应的公证认证手续的前提下，不符合域外证据提交的形式要件而也无法确认其真实性。其次，由于目前的证据 1 上没有表明公开发表或出版的时间，因此该证据 1 不属于专利法意义上的公开出版物，不能作为证据使用。

请求人提交的证据 2 是 2004 年 11 月 9 日的《深圳特区报》第 E3 版复印件，并且请求人当庭提交了证据 2 的原件，专利权人对证据 2 的真实性和公开日期均表示没有异议，合议组经审查对证据 2 的真实性予以认可，该报纸属于专利法第 23 条规定的出版物，其发行日期 2004 年 11 月 9 日早于本专利的申请日 2005 年 7 月 8 日，可以用于评述本专利是否符合专利法第 23 条的规定。

2. 关于相同、相近似对比

专利法第 23 条规定："授予专利权的外观设计，应当同申请日以前在国内外出版物上公开发表过或者国内公开使用过的外观设计不相同和不相近似，并不得与他人在先取得的合法权利相冲突。"

如果将被比外观设计与图片类证据进行对比，根据整体观察、综合判断的原则，二者在整体视觉效果上存在显著差别，则应认为该被比外观设计与该图片类证据既不相同也不相近似。

由于证据 1 不能作为与本专利进行比较的证据使用，因此本专利相对于证据 1 符合专利法第 23 条的规定。

本专利是一个阳光房（中间多面体）的外观设计，其授权公告的外观设计图片共包括 4 幅视图，分别是主视图、右视图、俯视图、立体图，其后视图、左视图分别与主视图、右视图对称，故省略。

从整体上看，该阳光房是上下结构，且整体上为近似“J”形，其上部为由“J”形高的内侧向低的外侧倾斜的屋顶，其两侧的上部屋顶两端为梯形、中间为三角形，且均为单面坡顶，各侧面的下部均为矩形墙体（参见本专利附图）。

证据2的《深圳特区报》第E3版上刊有上海阳毅新型门窗有限公司的广告，该广告的左侧图片公开了一幅被局部遮挡的建筑物立体图，呈玻璃框架结构，结合该建筑物的造型以及证据1所示广告图片下方的广告宣传语可以判定，该建筑物也是一个阳光房，据此可以视为证据2公开了一个三个侧面和屋顶被局部遮挡的阳光房立体图。证据2的阳光房正面的上部为由两个斜坡顶相接组成的三角形屋顶、下部为矩形墙体，右侧面的上部和下部墙体均为矩形，且两侧面的矩形上部屋顶构成双面坡顶（详见证据2附图）。

请求人认为：本专利的阳光房与证据2的阳光房都是上下结构，均是带有坡度的三角形或长方形屋顶及长方形底座，因此二者相近似。

专利权人认为，本专利的阳光房各视图与证据2的阳光房在整体外形上存在显著差别，既不相同，也不相近似。

合议组认为，虽然本专利与证据1所示广告图片都涉及阳光房，属于同类产品，具有可比性，但本专利与证据2存在明显差别，二者的区别为：

本专利阳光房整体上呈“J”形，其屋顶两端为梯形、中间为三角形，且均为单面坡顶；而证据2中阳光房的三个侧面和顶部被局部遮挡，因而不能确定证据2中房屋的整体形状，但可以看出其部分屋顶构成双面坡顶。

综上所述，本专利的阳光房与证据2的阳光房虽然都是上下结构，但是二者在整体形状外观上存在明显差别，根据整体观察、综合判断的原则，由于本专利与证据2在整体视觉效果上存在显著差别，因此本专利与证据2既不相同也不相近似，本专利相对于证据2符合专利法第23条的规定。

三、决定

维持200530041248.4号外观设计专利权有效。

当事人对本决定不服的，可以根据专利法第46条第2款的规定，自收到本决定之日起是三个月内向北京市第一中级人民法院起诉。根据该款的规定，一方当事人起诉后，另一方当事人应当作为第三人参加诉讼。

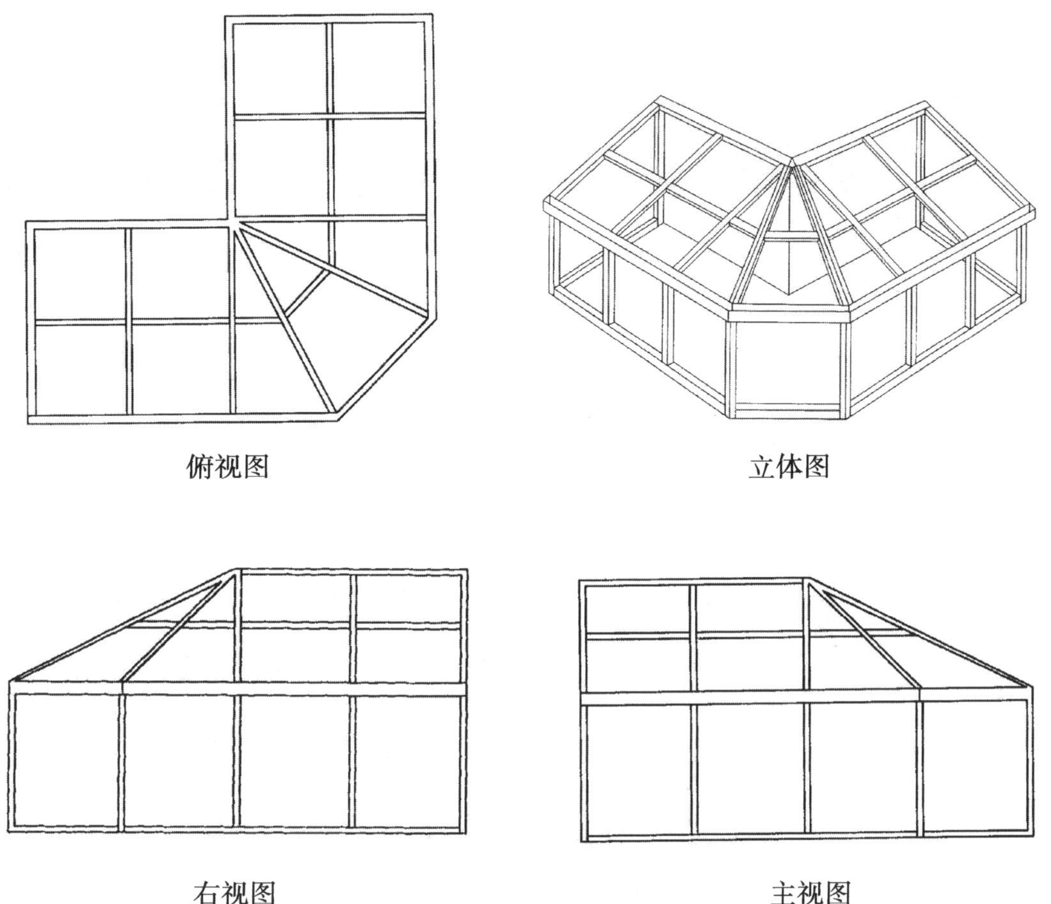

本专利附图

证据 2 附图

292

阳光房（两侧）

无效宣告请求审查决定（第13434号）

决　　定　　号　第13434号
决　　定　　日　2009年5月8日
发明创造名称　阳光房（两侧）
外观设计分类号　25-03
无效宣告请求人　上海阳毅新型门窗有限公司
专　利　权　人　上海百明实业有限公司
专　　利　　号　200530041242.7
申　　请　　日　2005年7月8日
授 权 公 告 日　2006年4月26日
合 议 组 组 长　周雷鸣
主　　审　　员　哈雅坤
参　　审　　员　张美菊
附　　　　　图　1页

法　律　依　据　专利法第23条
决　定　要　点

专利法意义上的出版物是指记载有技术或设计内容的独立存在的有形传播载体，如果证据本身未表明其公开发表或出版的时间，且也无其他证据加以佐证，则不能作为专利法意义上的公开出版物。

如果将被比外观设计与图片类证据进行对比，根据整体观察、综合判断的原则，二者在整体视觉效果上存在显著差别，则应认为该被比外观设计与该图片类证据既不相同也不相近似。

一、案由

本无效宣告请求涉及申请日为2005年7月8日、授权公告日为2006年4月26日、名称为“阳光房（两侧）”的200530041242.7号外观设计专利，专利权人为上海百明实业有限公司。

针对上述外观设计专利权（下称本专利），上海阳毅新型门窗有限公司（下称请求人）于2008年9月24日向专利复审委员会提出了无效宣告请求，其理由是本专利不符合专利法第23条的规定，同时提交了如下证据：

证据1：德国旭格国际集团的冬季花园阳光房宣传册复印件，共2页。

请求人认为，本专利与其申请日以前在国内出版物上公开发表过的外观设计相同。

2008年10月24日，请求人补充提交了意见陈述书，同时补充了如下证据：

证据2：2004年11月9日的《深圳特区报》第E3版复印件，共2页。

请求人认为，从证据2所示广告图片与本专利的上下结构来比较，均是带有坡度的三角形或长方形屋顶及长方形底座，两者相近似，且证据2的出版日期在本专利的申请日以前，因此本专利相对于证据2而言，不符合专利法第23条的规定。

经形式审查合格，专利复审委员会于2009年1月20日受理了该无效宣告请求，并将无效宣告请求书及附件清单中所列附件副本转给了专利权人，同时依法成立合议组对本案进行审查。

专利权人针对上述无效宣告请求于2009年2月13日提交了意见陈述书，认为：证据1未表明公开发表或出版时间，不是专利法意义上的公开出版物；证据2所示广告图片与本专利相比，既不相同，也不相近似。

专利复审委员会本案合议组于2009年3月5日向双方当事人发出了口头审理通知书，定于2009年4月14日举行口头审理。

口头审理如期举行，双方当事人均出席了本次口头审理。双方当事人对对方出庭人员的身份和资格没有异议，合议组当庭告知了合议组成员的变更情况，双方当事人对合议组成员的变更无异议，并且对当前合议组成员没有回避请求。在口头审理过程中，请求人当庭提交了证据2的原件，并指定证据2中一幅图片与本专利进行对比。专利权人表示对证据2复印件与原件的一致性没有异议，且对证据2的真实性和公开时间均没有异议，但认为证据1没有表明公开发表或出版的时间，因此不属于专利法意义上的公开出版物，不可作为证据采用。双方当事人均在坚持原有观点的基础上充分陈述了意见。

至此，合议组认为本案事实已经清楚，可以作出审查决定。

二、决定的理由

1. 证据认定

请求人提交的证据1是德国旭格国际集团的冬季花园阳光房宣传册复印件。合议组经审查认为：首先，证据1是一种产品宣传册，在没有其他证据加以佐证的情况下，无法确认其真实性，并且不能确认证据1是否属于域外形成的证据从而无法认定其是否应当履行公证认证手续，如果证据1是域外证据，那么在没有履行相应的公证认证手续的前提下，不符合域外证据提交的形式要件而也无法确认其真实性。其次，由于目前的证据1上没有表明公开发表或出版的时间，因此该证据1不属于专利法意义上的公开出版物，不能作为证据使用。

请求人提交的证据2是2004年11月9日的《深圳特区报》第E3版复印件，并且请求人当庭提交了证据2的原件，专利权人对证据2的真实性和公开日期均表示没有异议，合议组经审查对证据2的真实性予以认可，该报纸属于专利法第23条规定的出版物，其发行日期2004年11月9日早于本专利的申请日2005年7月8日，可以用于评述本专利是否符合专利法第23条的规定。

2. 关于相同、相近似对比

专利法第23条规定："授予专利权的外观设计，应当同申请日以前在国内外出版物上公开发表过或者国内公开使用过的外观设计不相同和不相近似，并不得与他人在先取得的合法权利相冲突。"

如果将被比外观设计与图片类证据进行对比，根据整体观察、综合判断的原则，二者在整体视觉效果上存在显著差别，则应认为该被比外观设计与该图片类证据既不相同也不相近似。

由于证据1不能作为与本专利进行比较的证据使用，因此本专利相对于证据1符合专利法第23条的规定。

本专利是一个阳光房（两侧）的外观设计，其授权公告的外观设计图片共包括4幅视图，分别是主视图、右视图、俯视图、立体图，其后视图、左视图分别与主视图、右视图对称，故省略。从整体上看，该阳光房是上下结构，上部为单面向下倾斜屋顶、下部为矩形墙体，俯视整体上呈多边形，且具有多面坡顶，即两端为三角形坡顶、中间为梯形坡顶（参见本专利附图）。

证据2的《深圳特区报》第E3版上刊有上海阳毅新型门窗有限公司的广告，该广告的左侧图片公开了一幅被局部遮挡的建筑物立体图，呈玻璃框架结构，结合该建筑物的造型以及证据1所示广告图片下方的广告宣传语可以判定，该建筑物也是一个阳光房，据此可以视为证据2公开了一个三个侧面和屋顶被局部遮挡的阳光房立体图。证据2的阳光房正面的上部为由两个斜坡顶相接的屋顶组成的三角形、下部为矩形墙体，右侧面的上部屋顶和下部墙体均为矩形，且两侧面的矩形上部屋顶构成双面坡顶（详见证据2附图）。

请求人认为：本专利的阳光房与证据2的阳光房都是上下结构，均是带有坡度的三角形或长方形屋顶及长方形底座，因此二者相近似。

专利权人认为，本专利的阳光房各视图与证据2的阳光房在整体外形上存在显著差别，既不相同，也不相近似。

合议组认为，虽然本专利与证据2所示广告图片都涉及阳光房，属于同类产品，具有可比性，但本专利与证据2存在明显差别，二者的区别为：

本专利阳光房整体上呈多边形，且具有由同一侧向另一侧倾斜的多面坡顶；而证据2中阳光房的三个侧面和顶部被局部遮挡，因而不能确定证据2中房屋的整体形状，但可以看出其部分屋顶为双面坡顶。

综上所述，本专利的阳光房与证据2的阳光房虽然都是上下结构，但是二者在整体形状外观上存在明显差别，根据整体观察、综合判断的原则，本专利与证据2在整体视觉效果上存在显著差别，因此本专利与证据2既不相同也不相近似，本专利相对于证据2符合专利法第23条的规定。

三、决定

维持200530041242.7号外观设计专利权有效。

当事人对本决定不服的，可以根据专利法第46条第2款的规定，自收到本决定之日起是三个月内向北京市第一中级人民法院起诉。根据该款的规定，一方当事人起诉后，另一方当事人应当作为第三人参加诉讼。

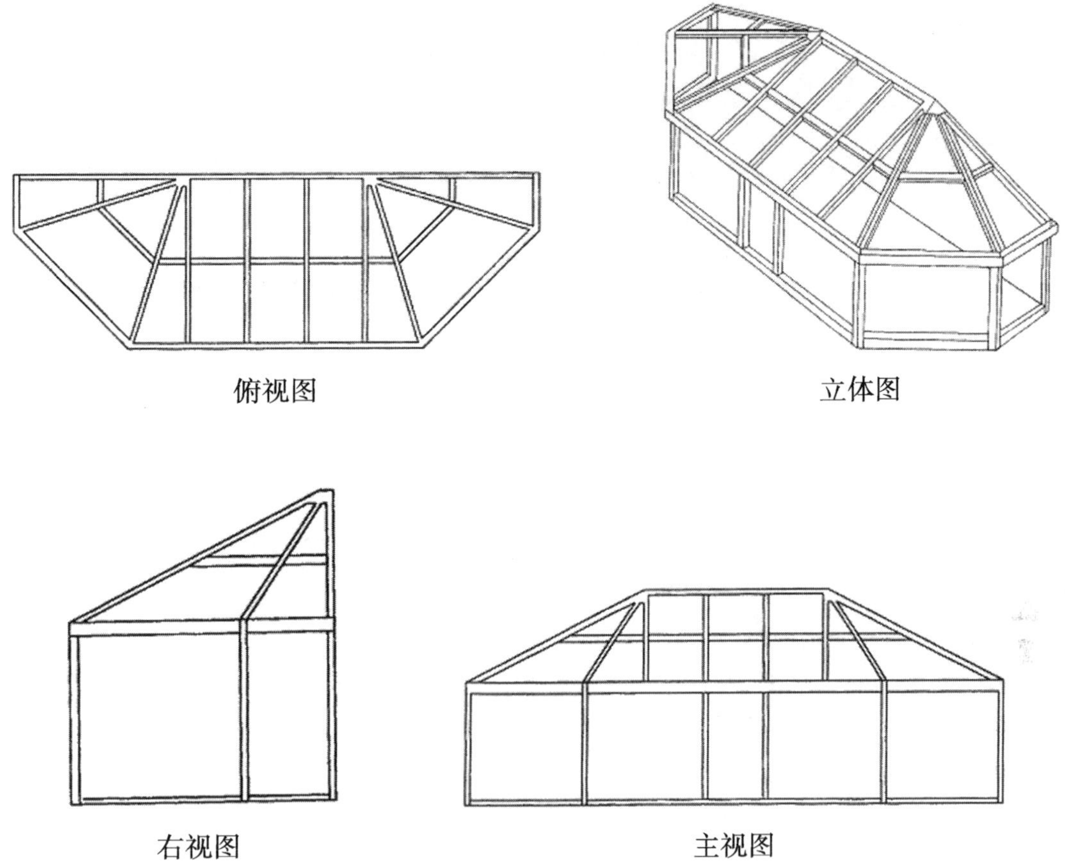

本专利附图

证据 2 附图

293

阳光房（外角）

无效宣告请求审查决定（第13435号）

决　　定　　号　第13435号
决　　定　　日　2009年5月8日
发明创造名称　阳光房（外角）
外观设计分类号　25-03
无效宣告请求人　上海阳毅新型门窗有限公司
专　利　权　人　上海百明实业有限公司
专　　利　　号　200530041249.9
申　　请　　日　2005年7月8日
授权公告日　2006年4月26日
合议组组长　周雷鸣
主　　审　　员　哈雅坤
参　　审　　员　张美菊
附　　　　　图　1页

法　律　依　据　专利法第23条
决　定　要　点

专利法意义上的出版物是指记载有技术或设计内容的独立存在的有形传播载体，如果证据本身未表明其公开发表或出版的时间，且也无其他证据加以佐证，则不能作为专利法意义上的公开出版物。

如果将被比外观设计与图片类证据进行对比，根据整体观察、综合判断的原则，二者在整体视觉效果上存在显著差别，则应认为该被比外观设计与该图片类证据既不相同也不相近似。

一、案由

本无效宣告请求涉及申请日为2005年7月8日、授权公告日为2006年4月26日、名称为“阳光房（外角）”的200530041249.9号外观设计专利，专利权人为上海百明实业有限公司。

针对上述外观设计专利权（下称本专利），上海阳毅新型门窗有限公司（下称请求人）于2008年9月24日向专利复审委员会提出了无效宣告请求，其理由是本专利不符合专利法第23条的规定，同时提交了如下证据：

证据1：德国旭格国际集团的冬季花园阳光房宣传册复印件，共2页。

请求人认为，本专利与其申请日以前在国内出版物上公开发表过的外观设计相同。

2008年10月24日，请求人补充提交了意见陈述书，同时补充了如下证据：

证据2：2004年11月9日的《深圳特区报》第E3版复印件，共2页。

请求人认为，从证据2所示广告图片与本专利的上下结构来比较，均是带有坡度的屋顶及长方形底座，两者相近似，且证据2的出版日期在本专利的申请日以前，因此本专利相对于证据2而言，不符合专利法第23条的规定。

经形式审查合格，专利复审委员会于2009年1月22日受理了该无效宣告请求，并将无效宣告请求书及附件清单中所列附件副本转给了专利权人，同时依法成立合议组对本案进行审查。

专利权人针对上述无效宣告请求于2009年2月13日提交了意见陈述书，认为：证据1未表明公开发表或出版时间，不是专利法意义上的公开出版物；证据2所示广告图片与本专利相比，既不相同，也不相近似。

专利复审委员会本案合议组于2009年3月5日向双方当事人发出了口头审理通知书，定于2009年4月14日举行口头审理。

口头审理如期举行，双方当事人均出席了本次口头审理。双方当事人对对方出庭人员的身份和资格没有异议，合议组当庭告知了合议组成员的变更情况，双方当事人对合议组成员的变更无异议，并且对当前合议组成员没有回避请求。在口头审理过程中，请求人当庭提交了证据2的原件，并指定证据2中一幅图片与本专利进行对比。专利权人表示对证据2复印件与原件的一致性没有异议，且对证据2的真实性和公开时间均没有异议，但认为证据1没有表明公开发表或出版的时间，因此不属于专利法意义上的公开出版物，不可作为证据采用。双方当事人均在坚持原有观点的基础上充分陈述了意见。

至此，合议组认为本案事实已经清楚，可以作出审查决定。

二、决定的理由

1. 证据认定

请求人提交的证据1是德国旭格国际集团的冬季花园阳光房宣传册复印件。合议组经审查认为：首先，证据1是一种产品宣传册，在没有其他证据加以佐证的情况下，无法确认其真实性，并且不能辨别证据1是否属于域外形成的证据从而无法认定其是否应当履行公证认证手续，如果证据1是域外证据，那么在没有履行相应的公证认证手续的前提下，也无法确认其真实性。其次，由于目前的证据1上没有表明公开发表或出版的时间，因此该证据1不属于专利法意义上的公开出版物，不能作为证据使用。

请求人提交的证据2是2004年11月9日的《深圳特区报》第E3版复印件，并且请求人当庭提交了证据2的原件，专利权人对证据2的真实性和公开日期均表示没有异议，合议组经审查对证据2的真实性予以认可，该报纸属于专利法第23条规定的出版物，其发行日期2004年11月9日早于本专利的申请日2005年7月8日，可以用于评述本专利是否符合专利法第23条的规定。

2. 关于相同、相近似对比

专利法第23条规定："授予专利权的外观设计，应当同申请日以前在国内外出版物上公开发表过或者国内公开使用过的外观设计不相同和不相近似，并不得与他人在先取得的合法权利相冲突。"

如果将被比外观设计与图片类证据进行对比，根据整体观察、综合判断的原则，二者在整体视觉效果上存在显著差别，则应认为该被比外观设计与该图片类证据既不相同也不相近似。

由于证据1不能作为与本专利进行比较的证据使用，因此本专利相对于证据1符合专利法第23条的规定。

本专利是一个阳光房（外角）的外观设计，其授权公告的外观设计图片共包括4幅视图，分别是主视图、右视图、俯视图、立体图，其后视图、左视图分别与主视图、右视图对称，故省略。从整体上看，该阳光房是上下结构，其整体上呈“L”形，其外角的两侧面的上部为梯形单面坡顶，其外角的两侧面的下部为矩形墙体。“L”形的外侧墙体低于内侧墙体，进而坡顶从高的内侧向低的外侧倾斜（参见本专利附图）。

证据2的《深圳特区报》第E3版上刊有上海阳毅新型门窗有限公司的广告，该广告的左侧图片公开了一幅被局部遮挡的建筑物立体图，呈玻璃框架结构，结合该建筑物的造型以及证据1所示广告图片下方的广告宣传语可以判定，该建筑物也是一个阳光房，据此可以视为证据2公开了一个三个侧面和屋顶被局部遮挡的阳光房立体图。证据2的阳光房正面的上部为由两个斜坡顶相接的屋顶组成的三角形、下部为矩形墙体，右侧面的上部屋顶和下部墙体均为矩形，且两侧面的矩形上部屋顶构成双面坡顶（详见证据2附图）。

请求人认为：本专利的阳光房与证据2的阳光房都是上下结构，均是带有坡度的三角形或长方形屋顶及长方形底座，因此二者相近似。

专利权人认为，本专利的阳光房各视图与证据2的阳光房在整体外形上存在显著差别，既不相同，也不相近似。

合议组认为，虽然本专利与证据2所示广告图片都涉及阳光房，属于同类产品，具有可比性，但本专利与证据2存在明显差别，二者的区别为：

本专利阳光房整体上呈“L”形，其外角的两侧面的屋顶为梯形单面坡顶；而证据2中阳光房的三个侧面和顶部被局部遮挡，因而不能确定证据2中房屋的整体形状，但可以看出其部分屋顶构成双面坡顶，且所述双面坡顶也不是梯形。

综上所述，本专利的阳光房与证据2的阳光房虽然都是上下结构，但是二者在整体形状外观上存在明显差别，根据整体观察、综合判断的原则，由于本专利与证据2在整体视觉效果上存在显著差别，因此本专利与证据2既不相同也不相近似，本专利相对于证据2符合专利法第23条的规定。

三、决定

维持200530041249.9号外观设计专利权有效。

当事人对本决定不服的，可以根据专利法第46条第2款的规定，自收到本决定之日起是三个月内向北京市第一中级人民法院起诉。根据该款的规定，一方当事人起诉后，另一方当事人应当作为第三人参加诉讼。

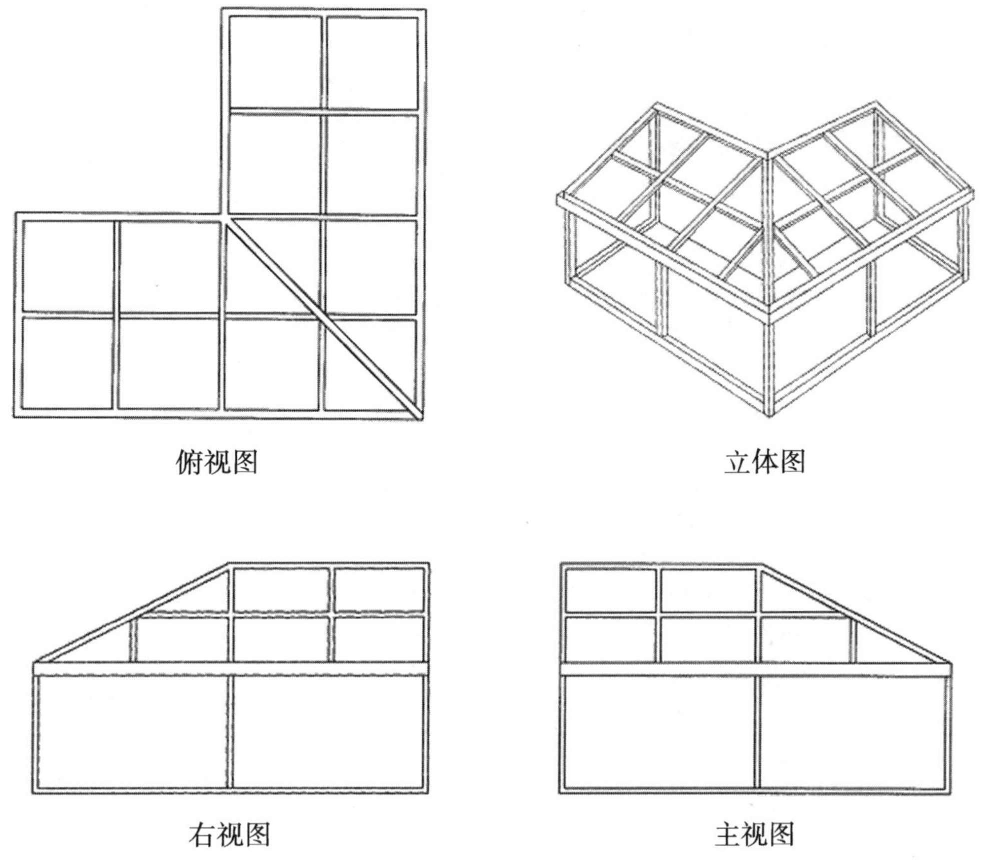

本专利附图

证据 2 附图

294

标　贴

无效宣告请求审查决定（第13437号）

决　　定　　号　第13437号
决　　定　　日　2009年5月21日
发明创造名称　标贴
外观设计分类号　19-08
无效宣告请求人　石家庄康华酒业有限责任公司
专　利　权　人　王通通
专　　利　　号　200530005782.X
申　　请　　日　2005年3月28日
授权公告日　2005年12月28日
合议组组长　钟　华
主　　审　　员　邢文飞
参　　审　　员　张　巍

法　律　依　据　专利法第23条
决　定　要　点

当事人在案件审理过程中承认的对己方不利的事实，当事人反悔，但其提交的证据不足以推翻的，应当予以确认。

一、案由

本无效宣告请求涉及国家知识产权局于2005年12月28日授权公告的、名称为“标贴”的外观设计专利（下称本专利），其申请日为2005年3月28日，专利号为200530005782.X，专利权人为王通通。

针对上述专利权，石家庄康华酒业有限责任公司（下称请求人）于2008年1月18日向专利复审委员会提出了无效宣告请求，其理由是本专利不符合专利法第23条的规定。请求人提交的附件如下：

附件1：请求人企业法人营业执照及相关证明复印件，共5页，包括以下附件：

附件1-1：请求人企业法人营业执照复印件，共1页；

附件1-2：请求人企业卫生许可证复印件，共1页；

附件1-3：请求人企业全国工业产品生产许可证复印件，共1页；

附件1-4：请求人企业法人营业执照复印件，共1页；

附件1-5：酒类商品批发许可证复印件，共1页；

附件2：请求人企业更名证明复印件，共1页；

附件3：请求人的商标注册证复印件，共1页；

附件4：盖有河北省商标事务所公章的《关于“老石门”注册商标被侵权的投诉意见书》复印件，共9页；

附件5：《关于“老石门”注册商标有关问题的批复》，国家工商行政管理总局商标局出具的商标案（2003）52号复印件，共1页；

附件6：石家庄市工商行政管理局【2003】第52号《关于开展“老石门”注册商标专用权保护的通知》复印件，共3页，包括以下附件：

附件6-1：石家庄市工商行政管理局【2003】第52号《关于开展“老石门”注册商标专用权保护的通知》复印件，共1页；

附件6-2：国家工商行政管理总局商标局商标案【2003】52号《关于“老石门”注册商标有关问题的批复》复印件，共1页；

附件6-3侵犯石门烧销售点和侵犯石门烧生产点复印件，共1页；

附件7：请求人宣称其于2004年2月22日印制的“老石门”牌石门烧标贴样稿及票据复印件，共3页，包括以下附件：

附件7-1：河北省宁晋县鹏飞印刷厂出具的“标签”证明复印件，共1页；

附件7-2：请求人企业生产的“石门烧”酒包装复印件，共1页；

附件7-3：出库单复印件，共1页；

附件8：请求人宣称其于2004年7月21日印制的“老石门”牌石门烧标贴样稿及票据复印件，共3页，包括以下附件：

附件8-1：河北省宁晋县鹏飞印刷厂出具的“标签”证明复印件，共1页；

附件8-2：请求人企业生产的“石门烧”酒包装复印件，共1页；

附件8-3：石门烧包装箱的销售收据复印件，共1页；

附件9：辛集市达明酒类经销处出具的“老石门”牌石门烧销售证明及购销合同复印件，共7页，包括以下附件：

附件9-1：辛集市达明酒类经销处出具的证明复印件，共1页；

附件9-2：石家庄康华酒业有限公司与河北省藁城市金秋经贸部的购销合同复印件，共1页，该购销合同上的签订时间为2001年9月15日；

附件9-3：石家庄康华酒业有限公司与河北省藁城市金秋经贸部的购销合同复印件，共1页，该购销合同上的签订日期为2002年3月4日；

附件9-4：石家庄康华酒业有限公司与赵县食品综合批发部的购销合同复印件，共1页，该购销合同上的签订日期为2002年3月10日；

附件9-5：石家庄康华酒业有限公司与元氏县槐阳镇长胜综合批发部的购销合同复印件，共1页，该购销合同上的签订日期为2002年3月15日；

附件9-6：石家庄康华酒业有限公司与河北省新乐市黎明糖酒站的购销合同复印件，共1页，该购销合同上的签订日期为2002年4月3日；

附件9-7：石家庄康华酒业有限公司与石家庄魏哥商贸公司的购销合同复印件，共1页，该购销合同上的签订日期为2002年5月11日；

附件10：石家庄飞宇广告公司出具的康华石门烧白酒电视广告播出及电视广告费用证明复印件，共7页，包括以下附件：

附件 10-1：石家庄飞宇广告公司出具的康华石门烧白酒电视广告播出证明及包装复印件，共 1 页；

附件 10-2：石家庄电视台广告播出通知单复印件，共 1 页；

附件 10-3：石家庄飞宇广告公司出具的播出康华石门烧白酒电视广告的广告费证明及冀石地税字第 0865103 号河北省石家庄市广告业发票复印件，共 1 页；

附件 10-4：冀石地税字第 0811430 号河北省石家庄市广告业发票复印件，共 1 页；

附件 10-5：冀石地税字第 0811445 号河北省石家庄市广告业发票复印件，共 1 页；

附件 10-6：发票号码为第 00239130 号的河北省石家庄市广告业发票复印件，共 1 页；

附件 10-7：发票号码为第 00239105 号河北省石家庄市广告业发票复印件，共 1 页；

附件 11：石家庄市行政处罚案件有关事项审批表复印件，共 13 页，包括以下附件：

附件 11-1：行政处罚案件有关事项审批表复印件，共 1 页；

附件 11-2 至附件 11-3：现场检查笔录复印件，共 2 页；

附件 11-4：证据先行登记保存物品、材料登记表复印件，共 1 页；

附件 11-5 至 11-6：调查询问笔录及其附页复印件，共 2 页；

附件 11-7 至附件 11-8：先行登记保存证据通知书复印件，共 2 页；

附件 11-9：证据先行登记保存物品、材料登记表复印件，共 1 页；

附件 11-10：送达回证复印件，共 1 页；

附件 11-11：现场检查笔录复印件，共 1 页；

附件 11-12 至附件 11-13：调查询问笔录及其附页复印件，共 2 页；

附件 12：盖有“经确认此副本与原件相同国家知识产权局专利检索咨询中心副本认证专用章”的、专利号为 03300101.4 的外观设计公告文本复印件及网络打印件，共 4 页；

附件 13：专利复审委员会第 8864 号无效宣告请求审查决定书及决定正文复印件，共 6 页；

附件 14：本专利授权公告文件复印件，共 3 页。

请求人认为：根据附件 2-10，可知请求人的“石门烧”标贴在该专利申请日前已经公开使用，该专利权人由于侵犯请求人的注册商标“石门烧”受到过有关部门的处理；请求人附件 8 的在先标贴设计与本专利外观设计相近似，故本专利不符合专利法第 23 条的规定；在该专利权人申请专利前，另一侵权人也同样将标贴申请了专利（见附件 12），但最终也被无效掉了（见附件 13），该专利同在先申请的专利外观设计相同。

经形式审查合格，专利复审委员会受理了上述无效宣告请求，并于 2008 年 1 月 28 日发出无效宣告请求受理通知书，并将该无效宣告请求书及其附件的副本转送给专利权人。

针对上述无效宣告请求，专利权人于 2008 年 3 月 21 日提交了意见陈述书，认为：(1) 附件 1-6 和附件 11 主要是与“老石门”注册商标相关的证据，附件 12、附件 13 属于跟“老石门”相关的另一外观专利的无效决定，它们所依据的证据不同，跟本专利无关，附件 7 ~ 10 都是复印件，对附件 7 ~ 9 的真实性、合法性、关联性均有异议、对附件 10 的真实性和关联性有异议。(2) 1792538 商标权利人至今没有提供商标权利人的变更证明，所以本专利跟请求人的在先权利相冲突这一点不能成立。(3) 侵权纠纷涉及商标使用范畴的问题，尤其其公正性严重被质疑的前提条件下，跟本案的外观专利无关。(4) 附件 8-10 的复印件不清楚，无法比对；本专利与附件 7 的背景图案不同，本专利与附件 7 属于不相近似的外观设计。

专利复审委员会依法成立合议组对本案进行审理，本案合议组于 2008 年 4 月 3 日向双方当事人发出口头审理通知书，定于 2008 年 6 月 3 日举行口头审理。

2008 年 4 月 17 日，专利复审委员会发出转送文件通知书，将专利权人于 2008 年 3 月 21 日提交的意见陈述书及其附件的副本转送给请求人。

口头审理如期举行，双方当事人均出席口头审理并各自陈述了意见。

在口头审理中，双方当事人对合议组成员变更无异议，对合议组成员无回避请求，对对方出庭人员身份无异议。请求人以附件 1~6 作为存在权利冲突问题的证据，证明本专利不符合专利法第 23 条的规定，并当庭出示了附件 1、附件 3、附件 5、附件 6 原件；以附件 7~14 作为存在公开使用问题的证据，证明本专利不符合专利法第 23 条的规定，并当庭出示了其宣传的附件 7 中 7-3（出库单）的原件，附件 8 中 8-1、8-3 的原件、附件 9-1 的原件（但其复印件上的手印与原件手印位置不同）、附件 10-1 至附件 10-5 有原件（但附件 10-1 复印件所盖红章位置与原件位置不同）。专利权人当庭指出：对附件 1、附件 3、附件 5、附件 6，附件 8-3 的真实性没有异议；对附件 7、附件 8-1、附件 8-2、附件 9、附件 10 的真实性均有异议；专利权人当庭承认附件 11 上三个地方“王通通”的签名，都是专利权人本人的签名，并且承认附件 11 调查笔录上 42 度枣花香石门烧标贴与本专利的石门烧标贴是一样的，后又反悔认为附件 11 调查笔录上的 42 度石门烧是专利权人的产品，不一定是本专利的石门烧，不清楚到底是不是一种；专利权人认为本专利与请求人提交的附件 12、附件 13 属于不相同也不相近似的外观设计。合议组要求专利权人在口头审理结束之日起 15 日内提供附件 11 查处的“42 度枣花乡石门烧”外观设计的相关证明，逾期未提交的不能反悔其自认。

请求人于 2008 年 6 月 14 日寄交了一份证明，即

附件 15：按有石家庄酒类监督管理局曹又卿和王地动手印的证明原件及身份证明复印件，共 3 页。

专利权人于 2008 年 6 月 19 日提交了意见陈述书及相关附件。

附件 1′：按有标贴设计人李中伦和标贴印刷单位河北省晋州市宏威商标装璜印刷厂负责人苏关中手印及该该印刷厂红章的证明原件，共 1 页；

附件 2′：盖有石家庄奥胜酿造厂红章和专利权人红章的证明原件，共 1 页。

附件 3′：盖有辛集市俊生糖酒副食部专用章红章及按有该副食部负责人王俊生手印并签名的证明原件，共 1 页。

专利复审委员会于 2008 年 6 月 26 日将专利权人于 2008 年 6 月 19 日提交的意见陈述书及其所列附件的副本转送给请求人，同时将请求人于 2008 年 6 月 14 日提交的意见陈述书及其所列附件的副本转送给专利权人，要求双方当事人在指定的期限内答复。

请求人于 2008 年 7 月 16 日提交了意见陈述书以及两份公证书。请求人在意见陈述书中指出：专利权人 2008 年 6 月 19 日提交的三份材料中的外观设计，不是请求人要求撤销的外观设计，与本案无关，也不是当时石家庄市酒类监督管理局查处的申报专利的防冒产品；现提交两份公证材料，以充分证明 2005 年 3 月 14 日石家庄市酒类监督管理局查处专利权人申报专利的防冒产品的真实性。请求人提交的附件如下（编号续前）：

附件 16：河北省石家庄市燕赵公证处出具的（2008）冀石燕证民字第 1472 号公证书原件，共 7 页；

附件 17：河北省石家庄市燕赵公证处出具的（2008）冀石燕证民字第 1473 号公证书原件，共 11 页。

专利复审委员会于 2009 年 3 月 30 日再次发出无效宣告请求口头审理通知书，定于 2009 年 4 月 20 日上午举行口头审理，并随该口头审理通知书将请求人于 2008 年 7 月 16 日提交的意见陈述书及两份公证书原件转送给专利权人。同时向双方当事人发出合议组成员告知通知书，告知双方当事人本案

合议组成员变更情况。

口头审理如期举行，双方当事人均委托代理人出席口头审理并各自陈述了意见。

在口头审理中，双方当事人对合议组成员变更无异议，对合议组成员无回避请求，对对方出庭人员身份无异议。请求人以附件 1-6 作为存在权利冲突问题的证据，并当庭表示放弃附件 2、附件 12 和附件 13 作为证据使用；并出示了其声称的附件 1-1 的原件、附件 3、附件 4、附件 6 原件；附件 7~9结合证明本专利公开使用的事实，本专利分别与附件 7-1、附件 9 相近似，与附件 8 相同，并出示了其声称的附件 7-3 的原件，附件 8-1、附件 8-3 的原件，附件 9-1 的原件；附件 10 与本专利相近似，并出示了其声称的附件 10-1、附件 10-4、附件 10-5 的原件以及附件 10-3 证明部分的原件；附件 11、附件 15~17 证明与本专利相近似，其中具体对比为附件 15 查处的标贴与本专利相同相近似，并指出附件 16 相当于附件 11-1 至附件 11-8，附件 17 相当于附件 11-10 至附件 11-13；请求人认可附件 1′~3′原件与复印件的一致性，但对真实性有异议。专利权人当庭表示：对附件 1、附件 3 的真实性没有异议；对附件 4、附件 5、附件 6 的真实性有异议；对附件 7-3 的原件与复印件的一致性没有异议，但对附件 7-1、附件 7-2 的真实性，附件 7-1 及附件 7-2 与附件 7-3 的关联性有异议；对附件 8-1、附件 8-3 原件与复印件的一致性无异议，但对附件 8 的真实性有异议；对附件 9 的真实性有异议，原件与复印件不一致；对附件 10-1、附件 10-4 复印件与原件的一致性无异议，但对证明的内容不予认可，并对附件 10-4 与附件 10-1 的关联性有异议，对附件 10-2 的真实性、附件 10-3 上面的证明、附件 10-6、附件 10-7 的真实性不予认可，对附件 10-3 下面的发票的真实性有异议；附件 11 没有原件；对附件 14 的真实性没有异议；附件 15 是补充的证据，不能作为证据使用；对附件 16、附件 17 的真实性不予认可。双方当事人在口头审理过程中详细阐述了各自的主张和理由。

在上述工作的基础上，合议组认为双方当事人已经充分发表意见，本案事实清楚，可以依法作出本无效宣告请求审查决定。

二、决定的理由

1. 法律依据

根据请求人提出的无效宣告请求的范围、理由和证据，本案合议组依据专利法第 23 条对本案进行审理。

专利法第 23 条规定："授予专利权的外观设计，应当同申请日以前在国内外出版物上公开发表过或者国内公开使用过的外观设计不相同和不相近似，并不得与他人在先取得的合法权利相冲突。"

2. 关于证据

请求人提交的附件 11 是石家庄市行政处罚案件有关事项审批表，请求人在 2008 年 6 月 30 日举行的口头审理过程中当庭没有出示原件，但专利权人当庭承认附件 11 上三个地方"王通通"的签名，都是专利权人本人的签名，并且调查笔录上 42 度枣花香石门烧标贴与本专利的石门烧是一样的；后又反悔认为附件 11 调查笔录上的 42 度石门烧是专利权人的产品，不一定是本专利的石门烧，不清楚到底是不是一种；合议组要求专利权人在 2008 年 6 月 3 日口头审理结束之日起 15 日内提供附件 11 查处的"42 度枣花乡石门烧"外观设计的相关证明。

请求人于 2008 年 6 月 14 日提交了附件 15，于 2008 年 7 月 16 日提交了附件 16、17；专利权人于 2008 年 6 月 19 日提交了附件 1′~3′，上述附件均是用于说明附件 11 查处的"42 度枣花乡石门烧"外观设计的相关证明，因此合议组对上述附件予以考虑，并于 2009 年 4 月 20 日再次举行口头审理。

请求人提交的附件 15 是按有石家庄酒类监督管理局曹又卿和王地动手印的证明原件及身份证明共 3 页，在口头审理过程中曹又卿和王地动两位证人均未出庭进行质证，且专利权人对请求人提交的附件 15 的真实性有异议；专利权人提交的附件 1′~3′均属证人证言，三份证人证言中除了专利权本人出庭外，其余出具证言的证人均未出庭进行质证，且请求人对该上述三份证人证言的真实性不予认可。合议组认为：证人证言是证人对若干年前所发生事件进行追忆后所作的陈述，而证言的客观性与证人的理解力、记忆力、表述能力以及对所证事实的介入程度等诸多主观因素有关，在证人未出席口头审理接受质证且对方当事人对上述证人证言所证事实的真实性提出异议的情况下，附件15、附件1′~3′均不能作为本案的定案依据。

附件16、附件17分别是河北省石家庄市燕赵公证处出具的（2008）冀石燕证民字第1472、1473号公证书原件，公证了其中的复印件与原件一致，专利权人对上述附件的真实性不予认可。合议组经核实后认为：附件16、附件17均是公证书原件，对上述附件的真实性予以认可。附件16相当于附件11的第1~8页，附件17相当于附件11的第10~13页，可以佐证附件11-1至附件11-8、附件11-10至附件11-13的真实性，因此附件16、附件17可以佐证附件11的真实性。

3. 关于专利法第23条

附件11是对涉及经销的42度枣花香石门烧的查处，在2008年6月3日口头审理过程中，专利权人当庭承认附件11中的三个地方“王通通”的签名，都是专利权人本人的签名，并且调查笔录上42度枣花香石门烧标贴与本专利的石门烧是一样的；在口头审理结束后，专利权人于2008年6月19日提交了3份证人证言；请求人于2008年7月16日提交了附件16、附件17两份公证书，且附件16相当于附件11的第1~8页，附件17相当于附件11的第10~13页。但是在2009年4月20日的口头审理过程中，专利权人提交的3份证人证言涉及的证人中除了专利权本人出席了口头审理，其他证人均未出庭进行质证，因此专利权人补充提交的证据均不足以推翻其于2008年6月3日口头审理中当庭承认的公开销售的事实。

综上所述，专利权人提交的附件1′~3′不能作为本案的定案依据，不能推翻其在2008年6月30日的口头审理中自认附件11中记载的被查处商品就是本专利产品，因而本专利产品在其申请日前已公开销售的事实，而请求人提交的附件16、附件17进一步佐证了附件11的真实性。故合议组根据专利权人的自认可以认定，采用本专利外观设计的商品已在本专利申请日前公开销售的事实确实存在，即本专利在申请日前已公开使用，因此本专利不符合专利法第23条的规定。

鉴于上述已得出本专利不符合专利法第23条规定的结论，本决定对请求人提出的其他理由和证据不作评述。

三、决定

宣告200530005782.X号外观设计专利权全部无效。

当事人对本决定不服的，可以根据专利法第46条第2款的规定，自收到本决定之日起三个月内向北京市第一中级人民法院起诉。根据该款的规定，一方当事人起诉后，另一方当事人应当作为第三人参加诉讼。

295

烤地瓜机

无效宣告请求审查决定（第13439号）

决　　定　　号 第13439号
决　　定　　日 2009年5月26日
发明创造名称 烤地瓜机
外观设计分类号 31-00
无效宣告请求人 宣望月
专　利　权　人 陈永远
专　　利　　号 200730149772.2
申　　请　　日 2007年6月28日
授 权 公 告 日 2008年5月21日
合 议 组 组 长 张雪飞
主　　审　　员 钱亦俊
参　　审　　员 李巍巍
附　　　　　图 2页

法　律　依　据 专利法第23条
决　定　要　点

就本专利和在先设计而言，产品视觉瞩目点在于形状及正面的设计，二者的外形轮廓及正面各部分视觉分割比例基本一致。差别点仅仅在于细微之处。二者应属于相近似的外观设计。

一、案由

本无效宣告请求涉及的是国家知识产权局于2008年5月21日授权公告的，名称为“烤地瓜机”的外观设计专利（下称本专利），其申请号是200730149772.2，申请日是2007年6月28日，专利权人是陈永远。

针对本专利权，宣望月（下称请求人）于2008年9月3日向专利复审委员会提出无效宣告请求，其理由是：本专利与在先公开的外观设计属于相近似的外观设计。因此，本专利不符合专利法第23条规定，请求宣告本专利权无效。与此同时，请求人提交了如下附件作为证据。

附件1：200630145626.8号外观设计专利公开信息，共4页；

附件2：保全证据公证书【（2007）京证内字第07753号】复印件，共14页。

专利复审委员会经形式审查合格受理了该无效宣告请求。于2008年10月6日将请求书及上述证据材料副本转送给专利权人，要求其在指定期限内答复。

针对上述无效宣告请求，专利权人始终没有提交意见陈述。

2009 年 1 月 19 日，专利复审委员会向双方当事人发出合议组成员告知通知书，告知合议组成员，并通知其如有回避请求，应在规定期限内提出，逾期不答复，视为没有回避请求。

针对上述通知书，双方当事人均逾期未答复。至此，合议组认为本案事实清楚，可以依法作出审查决定。

二、决定的理由

根据请求人提出的无效宣告请求的理由和证据合议组对本案进行了审理。

请求人提出的无效宣告请求的理由是：本专利与在先公开的外观设计专利属于相近似的外观设计，因此，本专利不符合专利法第 23 条的规定。

专利法第 23 条规定："授予专利权的外观设计，应当同申请日以前在国内外出版物上公开发表过或者国内公开使用过的外观设计不相同和不相近似，并不得与他人在先取得的合法权利相冲突。"

请求人提交的附件 1 是专利号为 200630145626. 8 号外观设计专利公开信息共 1 页。经核实，其内容属实，本案予以采信。其产品名称为"电烤箱"（下称在先设计），授权公告日为 2007 年 6 月 6 日，在本专利申请日之前。在先设计可以用于评价本专利是否符合专利法第 23 条的规定。

本专利烤地瓜机呈长方体状，四个底角各有一个轮。正面属于视觉瞩目面，中部由上至下分割成五个部分均呈矩形。其中最上部矩形为液晶显示屏，其右侧有矩形控制区域；第二个矩形区域为带透明门的烤箱区域，可见内部的烧烤架。其下部为带有两个纵向把手的矩形区域，最下部矩形区域是带有横向拉手的抽屉。正面两侧由上至下各有一窄长条状矩形，右侧上部深色区域内有四个圆形钮和一个矩形键。其他面无设计内容（详见本专利附图）。

在先设计电烤箱呈长方体状，四个底角各有一个支脚。正面属于视觉瞩目面，中部由上至下分割成五个部分均呈矩形。其中最上部矩形为液晶显示屏，其右侧有矩形控制区域；由简要说明可知，第二个矩形区域为带透明门的烤箱区域，可见内部的烧烤架。其下部为带有两个纵向把手的矩形区域，最下部矩形区域是带有横向拉手的抽屉。正面两侧由上至下各有一窄长条状矩形，右侧上部深色区域内有四个方形钮和一个圆形键。其他面无设计内容（详见在先设计附图）。

本专利与在先设计均可用于烤地瓜，用途相同，由于烤箱还可用作考其他食品，故二者应属于相近种类产品。

将本专利与在先设计进行对比，二者相同点在于：外形轮廓及各部分视觉分割比例基本一致。例如，中部五部分的设计，第二部分的透明设计、其下部的带有纵向把手的门的设计，以及最下部分抽屉带有横向把手的设计，还有右侧边上部调节钮的设计。都给人以相同的视觉印象。二者主要不同之处在于右侧边上部调节钮的形状略有差别。另外，本专利带轮，而在先设计是四个支脚。合议组认为，二者不同点应属于局部的细微差别，二者从整体上给一般消费者的视觉印象是极其相近似的，本专利与在先设计应属于相近似的外观设计。因此，本专利不符合专利法第 23 条的规定。

鉴于已经得出上述结论，本决定不再对请求人提交的其他证据进行评述。

三、决定

宣告 200730149772. 2 号外观设计专利权全部无效。

当事人对本决定不服的，可以根据专利法第 46 条第 2 款的规定，自收到本决定之日起三个月内向北京市第一中级人民法院起诉。根据该款的规定，一方当事人起诉后，另一方当事人应当作为第三人参加诉讼。

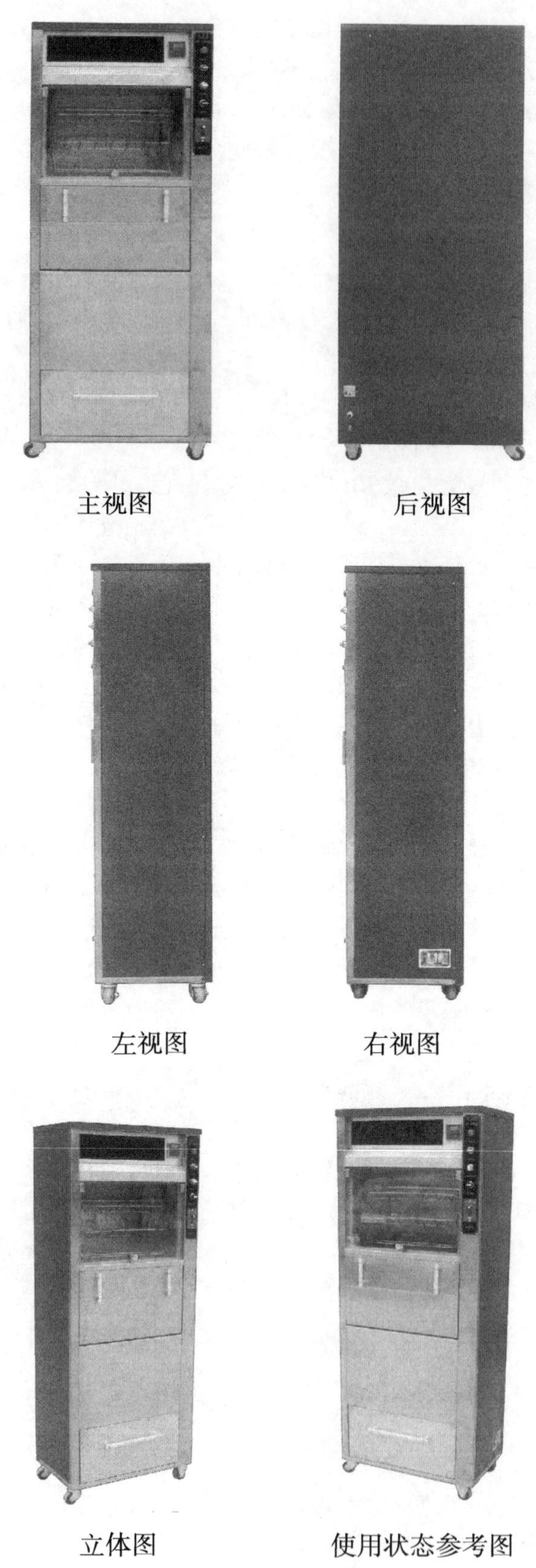

主视图　后视图

左视图　右视图

立体图　使用状态参考图

本专利附图

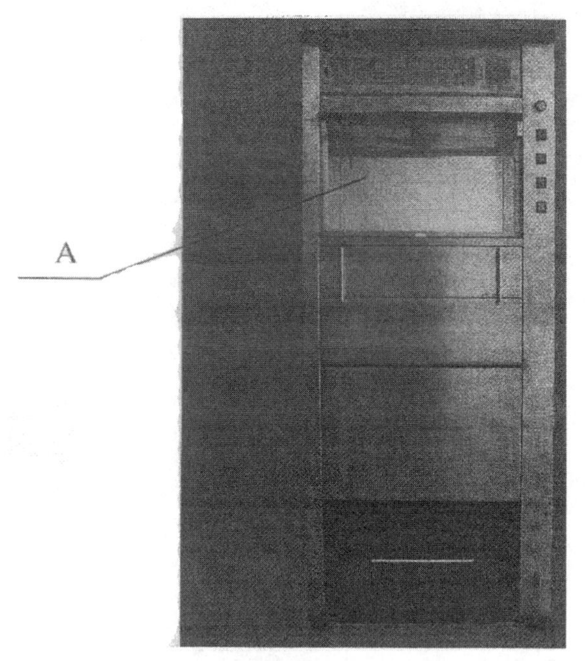

主视图

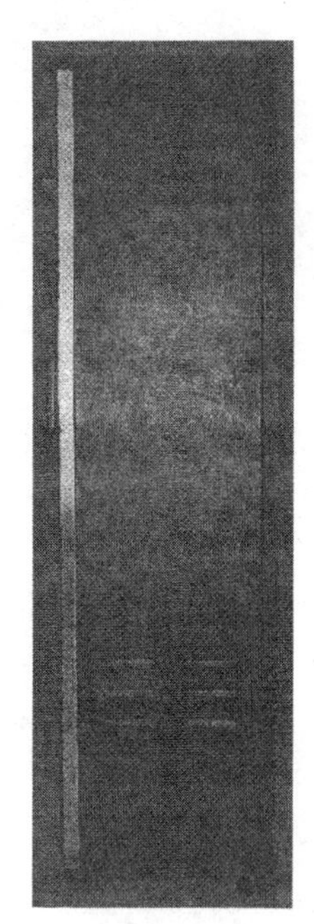

右视图

立体参考图

在先设计附图

296

台灯（瀑布）

无效宣告请求审查决定（第13440号）

决　　定　　号　第13440号
决　　定　　日　2009年5月26日
发明创造名称　台灯（瀑布）
外观设计分类号　26-05
无效宣告请求人　付毅
专　利　权　人　孙闽峰
专　　利　　号　200430037585.1
申　　请　　日　2004年4月1日
授　权　公　告　日　2004年10月13日
合　议　组　组　长　张雪飞
主　　审　　员　钱亦俊
参　　审　　员　李巍巍
附　　　　　图　1页

法　律　依　据　专利法第23条
决　定　要　点

综合本案的证据，根据证据的盖然性判断，可以确认销售事实成立。

本专利属于单纯形状的外观设计专利，将其与在先设计进行比较，二者形状具有相同的视觉效果，因此，二者应当属于相同的外观设计。

本专利不符合专利法第23条的规定。

一、案由

本无效宣告请求涉及的是国家知识产权局于2004年10月13日授权公告的，名称为“台灯（瀑布）”的外观设计专利（下称本专利），其专利号是200430037585.1，申请日是2004年4月1日，专利权人是孙闽峰。

针对本专利权，付毅（下称请求人）于2008年10月10日向专利复审委员会提出无效宣告请求，其理由是：本专利与其申请日之前公开生产、展示、销售及使用的外观设计相同或相近似。因此，本专利不符合专利法第23条及专利法实施细则第2条第3款的规定，请求宣告本专利无效。与此同时，请求人提交了如下附件作为证据：

附件1：中山市古镇玖鼎灯饰厂企业营业执照复印件；

附件2：中山市古镇玖鼎灯饰厂投资人身份证复印件；

附件3：中山市古镇玖鼎灯饰厂定货单复印件；

附件4：中山市古镇玖鼎灯饰厂出货单（灯饰厂存底联）复印件；

附件5：中山市古镇玖鼎灯饰厂出货单（客户赵斯进联）复印件；

附件6：经手人赵斯进购买中山市古镇玖鼎灯饰厂灯饰收据复印件；

附件7：江西省上高县经济贸易委员会证明复印件；

附件8：中山市古镇国鑫玻璃灯罩门市部送货单（送货日期为2003年9月29日，客户为中山市古镇玖鼎灯饰厂）复印件；

附件9：中山市古镇国鑫玻璃灯罩门市部送货单（送货日期为2008年7月25日，客户为中山市横兰镇富饰家照明灯饰厂）复印件；

附件10：中山市横栏镇富饰家照明灯饰厂营业执照复印件；

附件11：中山市横栏镇富饰家照明灯饰厂组织机构代码复印件；

附件12：中山市横栏镇富饰家照明灯饰厂业主付毅的身份证复印件；

附件13：本专利外观设计专利证书复印件；

附件14：本专利授权公告文件复印件。

请求人称，上述附件5、附件6、附件7、附件13、附件14证实型号为A81绿的台灯已经在2003年10月20日由古镇公开展示并且销售给江西省上高县经济贸易委员会。江西省上高县经济贸易委员会的证明是经手人赵斯进提供的，该产品外观设计与本专利相同或相近似。其他证据证明与本专利相同或相近似的外观设计在申请日之前公开销售。

专利复审委员会经形式审查合格受理了该无效宣告请求。于2008年10月10日将请求书及上述证据材料副本转送给专利权人，要求其在指定期限内答复。

2008年11月7日，请求人以相同理由补充如下附件作为证据：（编号续前）

附件15：中山市古镇玖鼎灯饰厂的证明复印件；

附件16：中山市古镇虹心玻璃灯罩门市部证明复印件；

附件17：中山市古镇乔兴玻璃灯罩门市部证明复印件；

附件18：中山市古镇国鑫玻璃灯罩门市部证明复印件。

请求人称，上述证据证明其他销售商在本专利申请日之前也销售过与本专利相同或相近似的外观设计。

针对上述无效宣告请求，专利权人始终未提交书面意见陈述。

2009年1月19日，专利复审委员会向双方当事人发出口头审理通知书，通知双方当事人本案将于2009年3月11日在专利复审委员会进行口头审理。并随口头审理通知将请求人补充的意见陈述及相关证据转送专利权人。

口头审理如期举行，双方当事人均有代理人出席口头审理，请求人将无效宣告请求理由确定为本专利不符合专利法第23条规定。请求人提交了上述附件1~9及附件15~18的原件。附件1、附件2证明出证人的身份，专利权人对其真实性无异议。请求人认为附件3~7及附件15证明：2003年10月20日，中山市古镇玖鼎灯饰厂以现金交易方式销售给江西省上高县经济贸易委员会产品名称为A81绿的台灯三支，买方经手人是赵斯进，卖方经手人是叶敏。针对上述证据的真实性、关联性专利权人都提出了异议，认为订货单上没有写明产品名称，尽管有证言证明图片所示产品就是订单交易产品，但出具证言的经手人没有出庭接受质证，单位证言也没有法人签章，不符合证人出具证言的形式要件。并且证人作为政府采购应该有发票作为证据，其与请求人可能存在利害关系。在口头审理中，专利权人要求当庭演示与本专利侵权、许可获奖等有关的物证，合议组当庭告知，相关反证因超出举证期限本案不予考虑。

至此，合议组认为本案事实清楚，可以依法作出审查决定。

二、决定的理由

根据请求人提出的无效宣告请求的理由和证据合议组对本案进行了审理。

请求人提出的无效宣告请求的理由之一是：本专利与其申请日之前公开生产、展示、销售及使用的外观设计相同或相近似。因此，本专利不符合专利法第 23 条的规定。

专利法第 23 条规定："授予专利权的外观设计，应当同申请日以前在国内外出版物上公开发表过或者国内公开使用过的外观设计不相同和不相近似，并不得与他人在先取得的合法权利相冲突。"

请求人提交的附件 1 是中山市古镇玖鼎灯饰厂企业营业执照复印件；附件 2 是中山市古镇玖鼎灯饰厂投资人身份证复印件；附件 3 是中山市古镇玖鼎灯饰厂定货单复印件；附件 4 是中山市古镇玖鼎灯饰厂出货单（灯饰厂存底联）复印件；附件 5 是中山市古镇玖鼎灯饰厂出货单（客户赵斯进联）复印件；附件 6 是经手人赵斯进购买中山市古镇玖鼎灯饰厂灯饰收据复印件；附件 7 是江西省上高县经济贸易委员会证明复印件；附件 15 是中山市古镇玖鼎灯饰厂的证明复印件。在口头审理中，请求人提交了上述附件的原件。针对附件 1~7 以及附件 15 证明的公开事实，合议组认为，作为经济管理部门的江西省上高县经济贸易委员会出具的证明应当具有一定的可信度，上述证据显示供销双方票据往来清晰，证言并无矛盾之处，尽管是销售收据，但订货单、送货单手续齐全，形成了完整的证明销售的证据链。对于专利权人关于证人与请求人可能存在利害关系的主张因没有事实依据，合议组不予支持。综合分析上述证据，根据证据的盖然性判断，在无相反证据的情况下可以确认销售事实成立。其中双方出具的证言上均显示有一款灯具（下称在先设计），买卖双方均指认该灯具为当时交易对象，由于其公开销售在本专利申请日之前，故可以作为对比文件评价本专利是否符合专利法第 23 条的规定。由于二者都是灯具，用途相同，因此，合议组将在先设计与本专利作如下相同及相近似对比。

本专利台灯由灯罩和灯座两部分构成，其中灯罩形状类似顶部内凹的蘑菇形，灯座呈圆柱形（详见本专利附图）。

在先设计台灯由灯罩和灯座两部分构成，其中灯罩形状类似顶部内凹的蘑菇形，灯座呈圆柱形（详见在先设计附图）。

本专利属于单纯形状的外观设计专利，将其与在先设计进行比较，二者形状具有相同的视觉效果，因此，二者应当属于相同的外观设计。

请求人提交的证据证明本专利不符合专利法第 23 条的规定。

审查指南第四部分第三章第 4. 3. 2 专利权人举证规定："专利权人应当在专利复审委员会指定的答复期限内提交证据，但对于技术词典、技术手册和教科书等所属技术领域中的公知常识性证据或者用于完善证据法定形式的公证书、原件等证据，可以在口头审理辩论终结前补充。专利权人提交或者补充证据的，应当在上述期限内对提交或者补充的证据具体说明。""专利权人提交或者补充证据不符合上述期限规定或者未在上述期限内对所提交或者补充的证据具体说明的，专利复审委员会不予考虑。"因此，专利权人在口头审理中提交的反证因超出举证期限，不予考虑。

鉴于已经得出上述结论，本决定对请求人提交的其他理由及证据不再一一进行评述。

三、决定

宣告 200430037585. 1 号外观设计专利权全部无效。

当事人对本决定不服的，可以根据专利法第 46 条第 2 款的规定，自收到本决定之日起三个月内向北京市第一中级人民法院起诉。根据该款的规定，一方当事人起诉后，另一方当事人应当作为第三人参加诉讼。

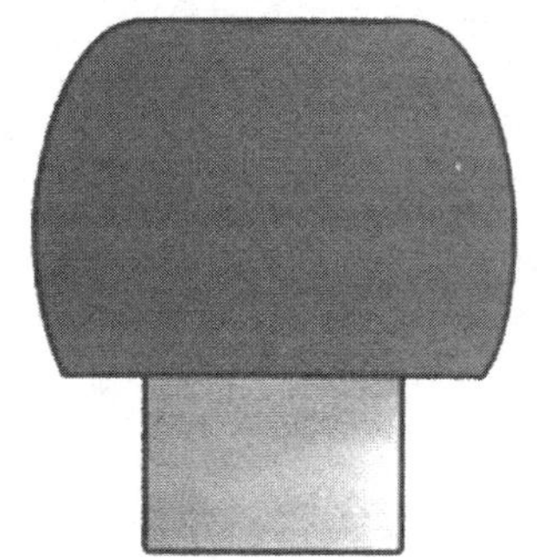

主视图

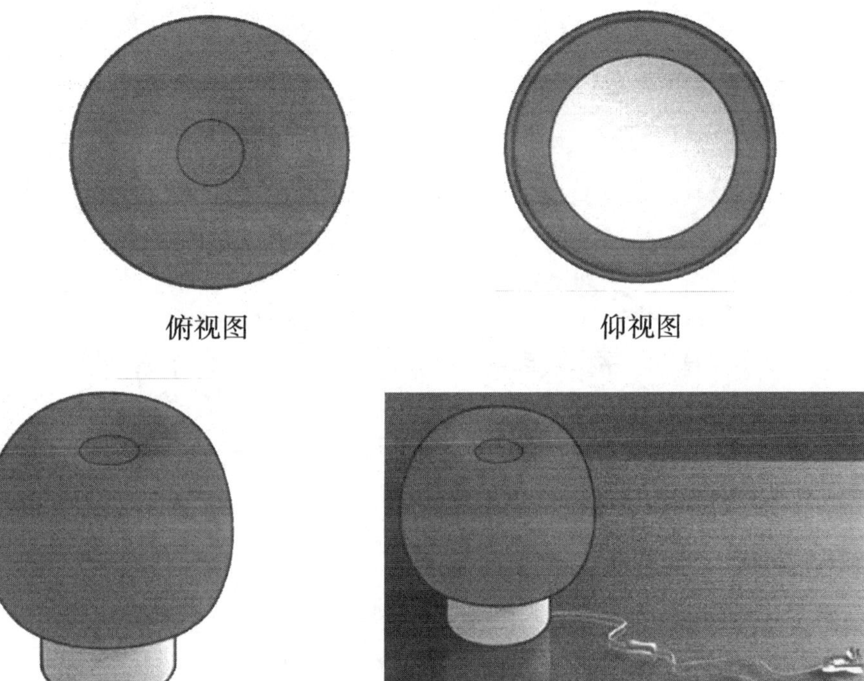

俯视图　　仰视图

立体图　　使用状态参考图

本专利附图

在先设计附图

北京市第一中级人民法院
行政判决书

（2009）一中行初字第 1734 号

原告孙闽峰，男，1965 年 8 月 18 日出生，汉族，中山市地平线灯饰制造有限公司总经理，住广西壮族自治区桂林市秀峰区西凤路 1 号 21 栋 1-3-1。

委托代理人胡冬勤，广东弘力律师事务所律师。

被告国家知识产权局专利复审委员会，住所地北京市海淀区北四环西路 9 号银谷大厦 10-12 层。

法定代表人张茂于，副主任。

委托代理人张雪飞，国家知识产权局专利复审委员会审查员。

委托代理人解静，国家知识产权局专利复审委员会审查员。

第三人付毅，男，1980 年 1 月 8 日出生，汉族，住江西省宜春市上高县墨山垦殖场思泉大道 163 号附 8 号。

委托代理人李华庭，广东广鸿律师事务所律师。

原告孙闽峰不服被告国家知识产权局专利复审委员会（以下简称专利复审委员会）2009 年 5 月 26 日作出的第 13440 号无效宣告请求审查决定（以下简称第 13440 号决定），于法定期限内向本院提起诉讼。本院于 2009 年 7 月 9 日受理本案后，依法组成合议庭，并按照法律有关规定通知付毅作为第三人参加诉讼，于 2009 年 9 月 8 日公开开庭进行了审理。原告孙闽峰的委托代理人胡冬勤，被告专利复审委员会的委托代理人张雪飞、解静，第三人付毅的委托代理人李华庭到庭参加了诉讼。本案现已审理终结。

专利复审委员会作出的第 13440 号决定系就付毅对孙闽峰享有的第 200430037585.1 号外观设计专利（以下简称本专利）所提出的无效宣告请求作出的。专利复审委员会在该决定中认定：针对付毅提交的附件 1~7 以及附件 15，专利复审委员会认为，作为经济管理部门的江西省上高县经济贸易委员会出具的证明应当具有一定的可信度，上述证据显示供销双方票据往来清晰，证言并无矛盾之处，尽管是销售收据，但订货单、送货单手续齐全，形成了完整的证明销售的证据链。对于孙闽峰关于证人与付毅可能存在利害关系的主张因没有事实依据，专利复审委员会不予支持。综合分析上述证据，根据证据的盖然性判断，在无相反证据的情况下可以确认销售事实成立。其中双方出具的证言上均显示有一款灯具（以下简称在先设计），买卖双方均指认该灯具为当时交易对象，由于其公开销售在本专利申请日之前，与本专利均属于灯具，用途相同，故可以作为对比文件评价本专利是否符合《中华人民共和国专利法》（以下简称专利法）第二十三条的规定。将本专利与在先设计进行比较，二者形状具有相同的视觉效果，因此，二者应当属于相同的外观设计。据此，第 13440 号决定宣告本专利权无效。

孙闽峰不服，在法定期限内向本院提起行政诉讼。其诉称：首先，付毅提交的附件 1~7 以及附件 15 均不能证明在本专利申请日之前在先设计曾公开销售。其次，在先设计仅有照片而无实物，付毅未能举证证明照片中的产品就是赵斯进实际购买的产品。再次，在先设计仅有侧视图，无法将其与本专利进行全方位的对比。综上，专利复审委员会认定事实和适用法律均有错误，请求法院判令撤销第 13440 号决定，维持本专利权有效。

被告专利复审委员会辩称：坚持第 13440 号决定认定的事实和理由，孙闽峰的诉讼理由不能成立，请求法院驳回其诉讼请求，维持专利复审委员会的第 13440 号决定。

第三人付毅同意专利复审委员会在第 13440 号决定中认定的事实和理由，请求法院驳回孙闽峰的诉讼请求。

本院经审理查明：

本案涉及国家知识产权局于 2004 年 10 月 13 日授权公告的名称为“台灯（瀑布）”的 200430037585.1 号外观设计专利权（即本专利），其申请日为 2004 年 4 月 1 日，专利权人为孙闽峰。本专利包括主视图、俯视图、仰视图、立体图、使用状态参考图（见附图）。

针对本专利，付毅于 2008 年 10 月 10 日向专利复审委员会提出无效宣告请求。在专利复审委员会进行口头审理时，付毅明确其无效理由为本专利不符合《专利法》第二十三条的规定。付毅针对其提出的无效理由提交了 18 份附件。其中：

附件 1 为《个人独资企业营业执照》，显示中山市古镇玖鼎灯饰厂成立于 2007 年 12 月 19 日，投资人为朱芬妹。

附件 2 为朱芬妹的《身份证》复印件。

附件 3 为《定货单》，证明江西省上高县经济贸易委员会的赵斯进从中山市古镇玖鼎灯饰厂订购型号为 A81（绿）产品（即在先设计）3 个，该厂的经办人为叶敏。

附件 4 至附件 5 为《玖鼎灯饰出货单》，证明赵斯进于 2003 年 10 月 20 日在中山市古镇玖鼎灯饰厂自行提货。

附件 6 为《收据》，证明赵斯进支付灯具款 1302 元，出票人为叶敏。

附件 7 为江西省上高县经济贸易委员会出具的《证明》，《证明》载明：兹证明上述照片所示的台灯为 2003 年 10 月 20 日由本单位从中山市古镇玖鼎灯饰厂采购所得，在本单位主任办公室作台灯使用。

附件 8 为中山市古镇国鑫玻璃灯罩门市部出具的第 7002250 号《送货单》，证明该门市部于 2003 年 9 月 29 日向中山市古镇玖鼎灯饰厂提供了 A81 灯罩（绿）和 A81 灯筒（白）产品，该《送货单》盖有买卖双方的印章。

附件 9 为中山市古镇国鑫玻璃灯罩门市部出具的第 7002260 号《送货单》，证明该门市部于 2008 年 7 月 25 日向中山市横栏镇富饰家照明灯饰厂提供了 A81 灯罩（绿）和 A81 灯筒（白）产品，该《送货单》盖有买卖双方的印章。

附件 15 为中山市古镇玖鼎灯饰厂出具的《证明》，《证明》载明：兹证明图片所示的 A81 台灯（绿），为我厂生产的产品，所示产品及编号与我厂于 2003 年 10 月 20 日出售给江西省上高县经贸委赵斯进的产品及编号一致。

在本案诉讼中，孙闽峰提供了中山市工商行政管理局出具的两份《个体户机读档案登记资料》，显示附件 8 所涉中山市古镇国鑫玻璃灯罩门市部成立于 2006 年 3 月 6 日，附件 9 所涉中山市横栏镇富饰家照明灯饰厂成立于 2005 年 1 月 19 日。

另查，中山市古镇玖鼎灯饰厂原系案外人朱芬妹设立的个体工商户字号，成立于 2003 年 6 月 17 日，因经营不善于 2007 年 12 月 3 日注销。

在本案庭审过程中，附件 3、附件 6 和附件 7 所涉经办人赵斯进和叶敏均未到庭接受质询。本院要求付毅在庭审后三日内通知赵斯进和叶敏到庭接受质询，并要求提供附件 8 和附件 9 的底单原件。2009 年 9 月 11 日，付毅提供《说明》称，附件 3~6 中所盖印章均为中山市古镇玖鼎灯饰厂在付毅提出本案无效申请后补盖的。附件 8 和附件 9 的底单原件均已销毁，无法提供。赵斯进和叶敏均表示工作繁忙，不肯出庭作证。

上述事实，有本专利授权公告文本、第 13440 号决定、附件 1~9、附件 15、《个体户机读档案登记资料》、付毅提供的《说明》和当事人陈述等证据在案佐证。

本院认为：

修改前的专利法的规定适用于申请日在2009年10月1日前的专利申请以及根据该专利申请授予的专利权，本专利的申请日在2009年10月1日之前，因此本案应当适用修改前的专利法。修改前的《专利法》第二十三条规定：授予专利权的外观设计，应当同申请日以前在国内外出版物上公开发表过或者国内公开使用过的外观设计不相同和不相近似，并不得与他人在先取得的合法权利相冲突。

在本案中各方争议的焦点问题在于付毅所称的在先设计是否在本专利申请日之前公开使用过。付毅在无效程序中提交的附件1~9中，附件8和附件9用以证明案外人中山市古镇国鑫玻璃灯罩门市部向包括中山市古镇玖鼎灯饰厂在内的多个主体提供了A81灯罩（绿）和A81灯筒（白）产品配件，附件1~7证明中山市古镇玖鼎灯饰厂将A81（绿）台灯（即在先设计）出售给了江西省上高县经贸委的赵斯进。需要指出的是，虽然附件8和附件9不是专利复审委员会作出第13440号决定的依据，但其与附件1~7所证明的事实是密切联系的，不能割裂，应当作为完整的证据链条中的证据来加以分析和认定。本院认为付毅提交的上述证据并不能形成完整的证据链条，用以证明在先设计在本专利申请日之前公开使用过的事实。理由如下：

首先，中山市古镇玖鼎灯饰厂销售给赵斯进的在先设计来源于中山市古镇国鑫玻璃灯罩门市部，该门市部销售给中山市古镇玖鼎灯饰厂的时间是2003年9月29日，根据孙闽峰向工商部门的查询，该门市部在工商部门注册的时间是2006年3月6日，远远晚于上述销售时间，且该次销售的《送货单》编号为第7002250号，而在付毅提交的附件9中，该门市部曾于2008年7月25日销售了同样的产品，而《送货单》编号为第7002260号，在相隔近五年的时间内，送货单编号仅相差十号。付毅表示《送货单》底单已经销毁，无法提供原件，对中山市古镇国鑫玻璃灯罩门市部销售时间与工商注册时间的矛盾以及《送货单》编号在五年时间仅相差十号的问题亦不能作出合理解释。

其次，中山市古镇国鑫玻璃灯罩门市部销售给中山市古镇玖鼎灯饰厂的是A81灯罩（绿）和A81灯筒（白）产品，即产品的配件，该门市部并未证明上述产品配件与在先设计是一致的。

再次，在先设计是由赵斯进在中山市古镇玖鼎灯饰厂自行提货购买的，当时的经办人是该灯饰厂的工作人员叶敏。而付毅并未提交赵斯进系江西省上高县经济贸易委员会工作人员的证据以及有关赵斯进真实、有效的自然人身份相关证明。在孙闽峰提出赵斯进和叶敏出庭作证的申请后，上述人员亦未能到庭作证。综上，本院认为付毅提交的证明在先设计与本专利申请日之前公开使用的证据存在明显的瑕疵，不能证明其主张的事实和理由。专利复审委员会作出的第13440号决定认定事实不清，适用法律错误，本院予以撤销。孙闽峰请求撤销第13440号决定的理由成立，本院予以支持。依照《中华人民共和国行政诉讼法》第五十四条第（二）项第1目、第2目之规定，本院判决如下：

一、撤销被告国家知识产权局专利复审委员会作出的第13440号无效宣告请求审查决定；

二、被告国家知识产权局专利复审委员会就名称为“台灯（瀑布）”的200430037585.1号外观设计专利权重新作出无效宣告请求审查决定。

案件受理费100元，由被告国家知识产权局专利复审委员会负担（于本判决生效之日起7日内交纳）。

如不服本判决，各方当事人可于本判决送达之日起15日内，向本院提交上诉状及其副本，并交纳上诉案件受理费100元，上诉于北京市高级人民法院。

审　判　长　侯占恒
代理审判员　江建中
人民陪审员　刘世昌
二〇一〇年一月十日
书　记　员　严　哲

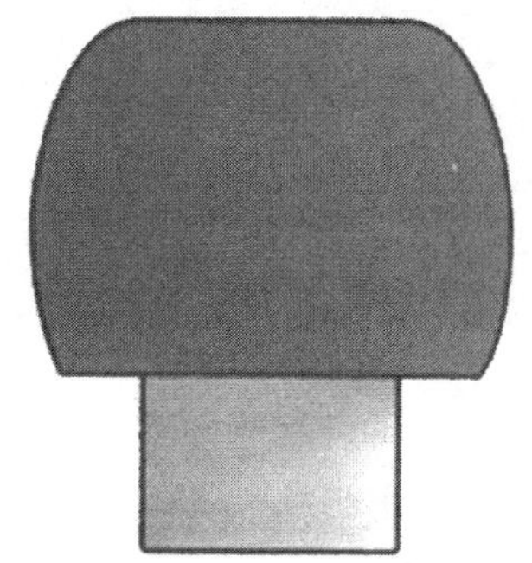

主视图

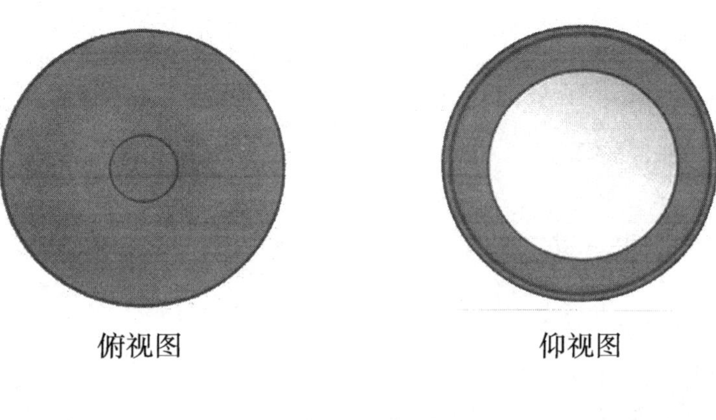

俯视图　　　　仰视图

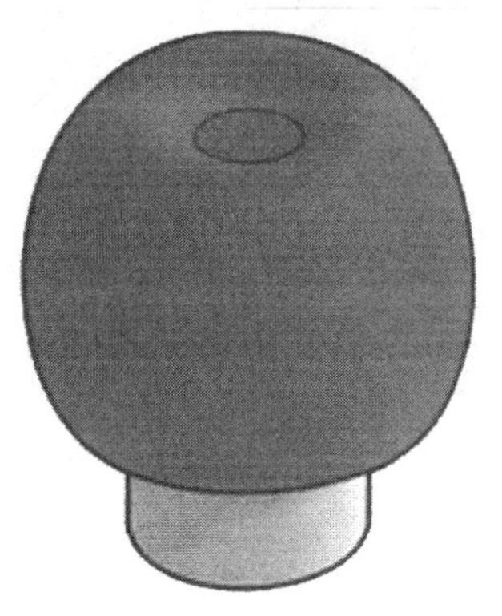

立体图

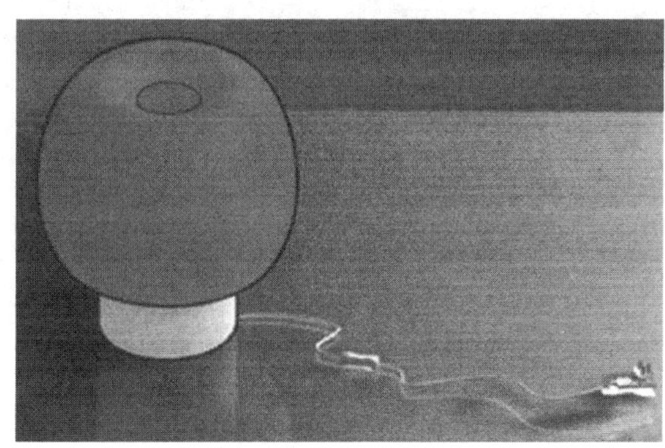

使用状态参考图

本专利附图
在先设计附图

297

医用安全密闭真空体液引流装置系统

无效宣告请求审查决定（第13443号）

决　　定　　号　第13443号
决　　定　　日　2009年5月22日
发明创造名称　医用安全密闭真空体液引流装置系统
外观设计分类号　24-01
无效宣告请求人　美昕医疗器械（上海）有限公司
专　利　权　人　福建美馨医疗器材有限公司
专　　利　　号　200530124362.3
申　　请　　日　2005年9月6日
授 权 公 告 日　2006年6月28日
合 议 组 组 长　徐清平
主　　审　　员　王霞军
参　　审　　员　王美芳
附　　　　　图　2页

法 律 依 据　专利法第23条
决 定 要 点

本专利与在先设计的整体形状已给一般消费者留下了相近似的整体视觉印象，两者盖体上倾倒口等部位的差别属于局部细微的变化，尚不足以对整体外观设计产生显著的影响。因此，本专利与在先设计属于相近似的外观设计。

一、案由

本无效宣告请求涉及的是国家知识产权局于2006年6月28日授权公告的、名称为“医用安全密闭真空体液引流装置系统”的外观设计专利（下称本专利），其专利号是200530124362.3，申请日是2005年9月6日，专利权人是福建美馨医疗器材有限公司。

针对本专利权，美昕医疗器械（上海）有限公司（下称请求人）于2009年3月17日向专利复审委员会提出无效宣告请求，其主要理由是：在本专利申请日以前，已有与本专利相似的外观设计在国外出版物上公开发表。因此，本专利应被宣告无效。与此同时，请求人提交了如下附件作为证据：

附件1：5637104号美国专利公报复印件7页；

附件2：本专利公告复印件2页。

请求人认为本专利与附件1显示的产品属于同一类别的产品，二者整体视觉效果极为近似，区别仅在于本专利盖端面设有7根辐射状筋条，而附件1设有6根辐射状筋条，附件1在盖端面凸台的一侧设有废液倾倒口及其密封盖，而倾倒口及其密封盖受功能限定对其产品外观设计形状的变化不具有显著的影响，二者属于相近似的外观设计，请求宣告本专利无效。

经形式审查合格，专利复审委员会受理了上述无效宣告请求，并于2009年3月17日将无效请求书及相关材料副本转送给专利权人。

2009年4月7日，专利复审委员会向双方当事人发出口头审理通知书，定于2009年5月19日进行口头审理。

2009年4月14日，请求人补充提交了附件1美国专利的中文译文和200420058675.3号实用新型专利公告复印件，请求人认为该实用新型专利的申请日早于本专利的申请日，属于即将生效的新修改专利法第23条中的抵触专利申请。本专利与该实用新型专利整体形状近似，区别点在于实用新型专利在盖的边沿没有突起揿压部。

2009年4月17日，请求人再次补充提交无效宣告请求理由和证据，请求人补充的无效宣告请求理由是：在本专利申请日前已有与本专利产品外观设计相同或相近似的污物收集器在北京市等医院公开使用。补充提交的证据是：进口器械注册证申请表及资料复印件53页和污物收集器（袋）销售发票及产品样本复印件7页。

专利复审委员会于2009年4月22日和2009年4月28日分别将请求人两次补充提交的证据材料和意见陈述转送给专利权人。

口头审理如期举行，双方当事人均委托代理人参加了口头审理，双方当事人对对方出庭人员的身份、资格无异议，对合议组成员无回避请求。合议组当庭告知请求人，对于2009年4月17日补充的无效宣告请求理由和证据，因没有结合证据具体说明无效宣告理由，合议组不予考虑。

请求人当庭对本专利与附件1美国专利附图中的图1、图2、图3进行相近似比较，并称各附图所示的产品为一同产品，专利权人对附件1美国专利的真实性没有异议，并认可本专利与附件1产品的用途相同。但认为二者盖体中部的筋条数量不同，盖体上倾倒口的设置及瓶体底部的形状均与本专利有显著差异，与本专利不相同也不相近似。同时指出200420058675.3号实用新型专利的授权公告日在本专利申请日之后，不能作为评价本专利不符合专利法第23条的证据使用。双方当事人各自坚持原有观点。

在上述审理的基础上，合议组认为本案事实已经清楚，可以依法作出审查决定。

二、决定的理由

1. 法律依据

基于请求人提出的无效宣告请求理由，合议组对本专利是否符合专利法第23条规定进行审查。

专利法第23条规定："授予专利权的外观设计，应当同申请日以前在国内外出版物上公开发表过或者国内公开使用过的外观设计不相同和不相近似，并不得与他人在先取得的合法权利相冲突。"

2. 证据认定

请求人提交的附件1是一篇美国专利公告复印件，专利号为5637104，发明名称为"抽吸容器倾倒口锁紧盖"，授权公告日是1997年6月10日。专利权人对其真实性没有异议。该专利的公开日期早于本专利的申请日（2005年9月6日），属于专利法第23条规定的出版物。其附图中公开了一款医用抽吸容器产品的外观设计（下称在先设计）。本专利与在先设计均属医用抽吸容器，二者用途相同，属于相同种类的产品，可进行相近似比较。

3. 相同和相近似比较

本专利抽吸容器由瓶体和密封盖两部分组成，瓶体的整体形状近似于圆柱体，瓶体底部略带弧度，瓶体顶部盖有密封盖，盖体为半透明状，中部辐射状分布着7根筋条，在盖体边沿有一长方条凸片，盖体表面中间位置设置带缺口的圆形片，其两侧为圆柱状出口和入口，由一根透明管连接着出入口（详见本专利附图）。

请求人指认用在先设计图1产品立体图，图2瓶盖倾倒口和封盖分离图，图3仰视平面图与本专利进行相近似比较。在先设计抽吸容器由瓶体和密封盖两部分组成，瓶体的整体形状近似于圆柱体，瓶体底部略带弧度，瓶体顶部盖有密封盖，盖体中部辐射状分布着6根筋条，盖体边沿有一长条形抽拉片，盖体表面中间位置为圆形片，其上带有两个缺口并在两侧设有圆柱状出口和入口，图2显示出入口由一根透明管连接。圆形片一端装有管状倾倒口，倾倒口上盖着密封盖（详见在先设计附图）。

将本专利与在先设计进行比较，二者瓶体整体形状相同均呈圆柱形，瓶盖体中部均设有加强筋条，盖体边沿有一抽拉片，盖体表面中间位置设有带缺口的圆形片，其两侧设有圆柱状出口和入口。二者主要不同之处在于：（1）在先设计盖体上有一管状倾倒口，倾倒口上有封盖，而本专利盖体上没有倾倒口和封盖；（2）盖体下方的加强筋数量不同，本专利为7根，在先设计为6根。合议组认为，二者瓶体和密封盖相近似的整体形状已给一般消费者留下了相近似的整体视觉印象，二者加强筋排列相同仅有具体数量的不同属于细微的变化，对于有无倾倒口的差异，本专利是相对于在先设计简化了该部分设计，且为局部细微变化，对整体视觉效果不具有显著影响，因此，本专利与在先设计属于相近似的外观设计。

综上所述，在本专利申请日以前已有与其相近似的外观设计在出版物上公开发表过，本专利不符合专利法第23条的规定。

在已经得出上述审查结论的基础上，本审查决定对请求人提交的其他证据和理由不再进行评述。

三、决定

宣告200530124362.3号外观设计专利权全部无效。

当事人对本决定不服的，可以根据专利法第46条第2款的规定，自收到本决定之日起三个月内向北京市第一中级人民法院起诉。根据该款的规定，一方当事人起诉后，另一方当事人应当作为第三人参加诉讼。

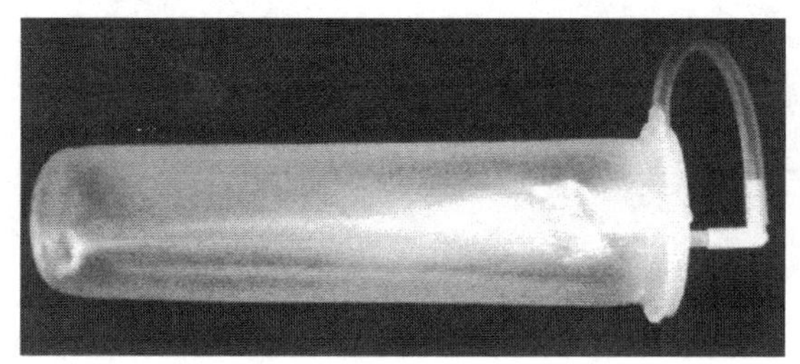

主视图

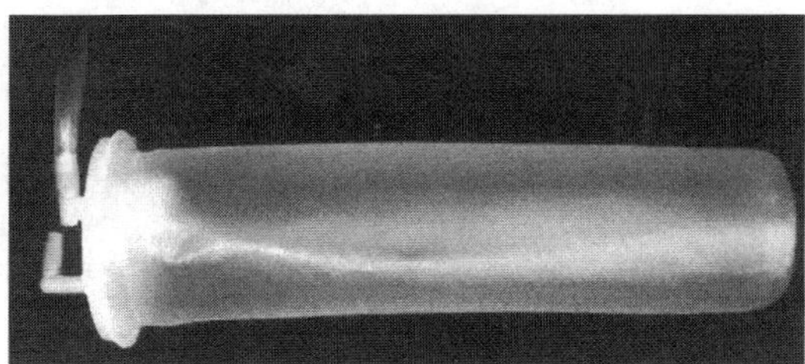

后视图

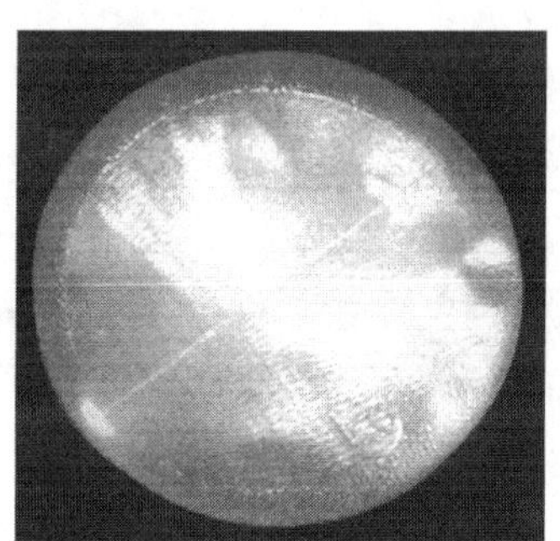

左视图

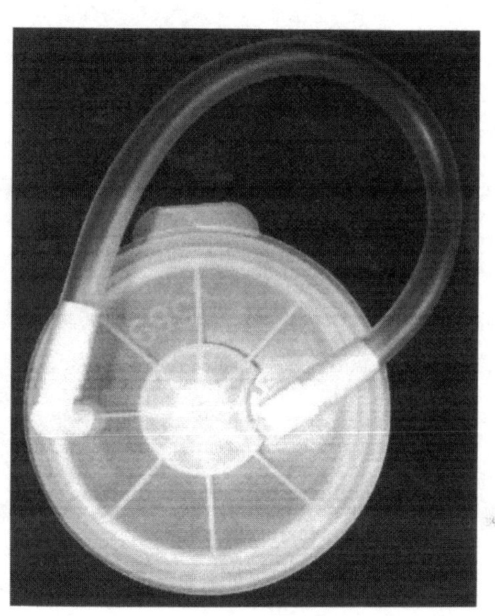

右视图

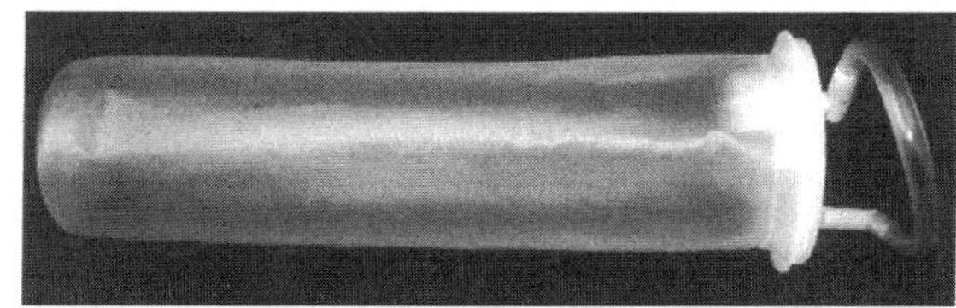

俯视图

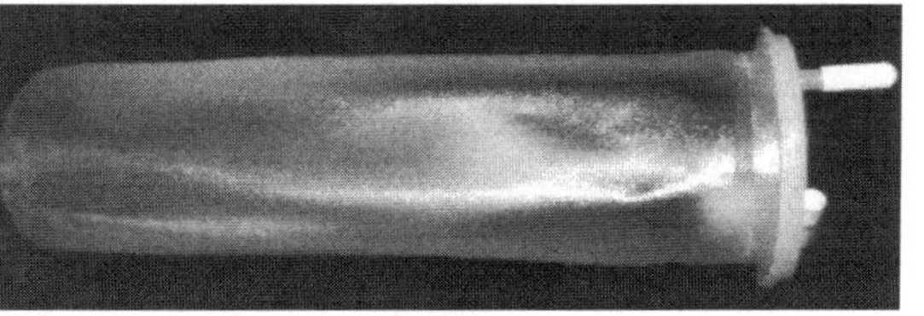

仰视图

本专利附图

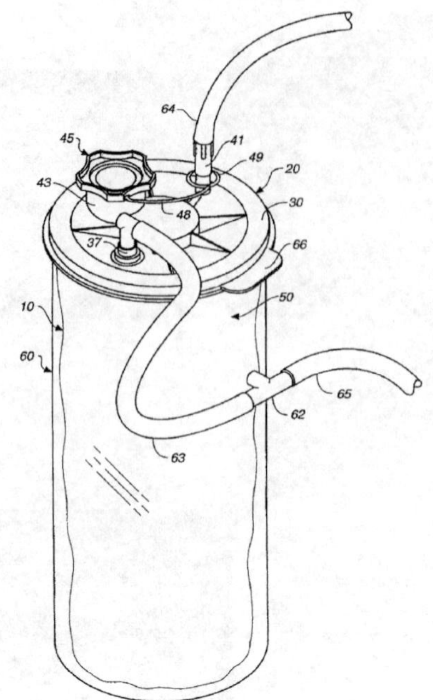

FIG. 1

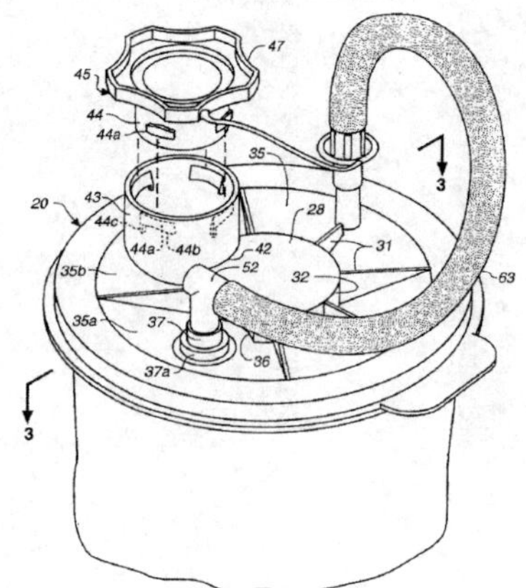

FIG. 2

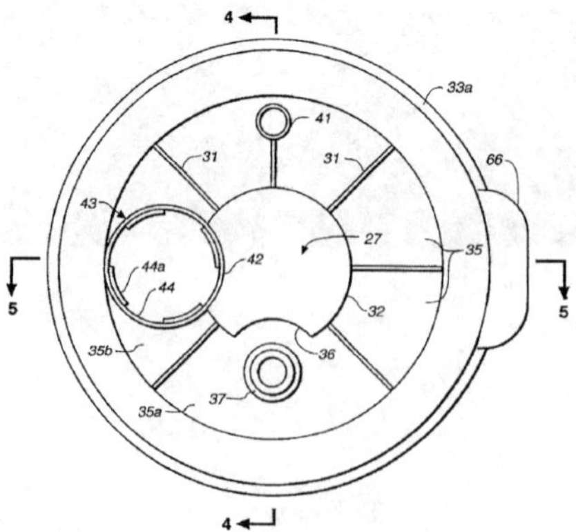

FIG. 3

在先设计附图

北京市第一中级人民法院
行政判决书

（2009）一中知行初字第 2214 号

原告福建美馨医疗器材有限公司，住所地福建省宁德市霞浦县松城街道丁步头。

法定代表人许弄瓦（Nung-Wa Hui），董事长。

委托代理人陈建，男，1977 年 7 月 20 日出生，北京众合诚成知识产权代理有限公司市场部经理，住北京市朝阳区麦子店街 22 号楼。

被告国家知识产权局专利复审委员会，住所地北京市海淀区北四环西路 9 号银谷大厦 10～12 层。

法定代表人张茂于，副主任。

委托代理人王霞军，国家知识产权局专利复审委员会审查员。

委托代理人王婧，国家知识产权局专利复审委员会审查员。

第三人美昕医疗器械（上海）有限公司，住所地上海市松江出口加工区华哲路 355 号 1、2、3、16 号厂房。

法定代表人邹永强（ERIC YONG ZOU），董事长。

委托代理人李东辉，上海市一平律师事务所律师。

委托代理人陈成贵，男，1974 年 5 月 14 日出生，美昕医疗器械（上海）有限公司总经理，住福建省厦门市湖里区昌鸿路 9 号。

原告福建美馨医疗器材有限公司（以下简称福建美馨公司）因不服被告国家知识产权局专利复审委员会（以下简称专利复审委员会）第 13443 号无效宣告请求审查决定（以下简称第 13443 号决定），于法定期限内向本院提起行政诉讼。本院于 2009 年 9 月 8 日受理后，依法组成合议庭，并通知第 13443 号决定的相对方美昕医疗器械（上海）有限公司（以下简称美昕上海公司）作为第三人参加本案诉讼，于 2009 年 11 月 5 日公开开庭进行了审理。原告福建美馨公司的委托代理人陈建，被告专利复审委员会的委托代理人王婧，第三人美昕上海公司的委托代理人李东辉、陈成贵到庭参加了诉讼。本案现已审理终结。

第 13443 号决定系专利复审委员会针对美昕上海公司就福建美馨公司拥有的名称为“医用安全密闭真空体液引流装置系统”的第 200530124362.3 号外观设计专利（以下简称本专利）所提出的无效宣告请求作出的。第 13443 号决定中认为：

将本专利与在先设计进行比较，二者瓶体整体形状相同均呈圆柱形，瓶盖体中部均设有加强筋条，盖体边沿有一抽拉片，盖体表面中间位置设有带缺口的圆形片，其两侧设有圆柱状出口和入口。二者主要不同之处在于：（1）在先设计盖体上有一管状倾倒口，倾倒口上有封盖，而本专利盖体上没有倾倒口和封盖；（2）盖体下方的加强筋数量不同，本专利为 7 根，在先设计为 6 根。专利复审委员会认为，二者瓶体和密封盖相近似的整体形状已给一般消费者留下了相近似的整体视觉印象，二者加强筋排列相同仅有具体数量的不同属于细微的变化，对于有无倾倒口的差异，本专利是相对于在先设计简化了该部分设计，且为局部细微变化，对整体视觉效果不具有显著影响，因此，本专利与在先设计属于相近似的外观设计，不符合《中华人民共和国专利法》（以下简称《专利法》）第二十三条的规定。

据此，专利复审委员会于 2009 年 5 月 22 日作出第 13443 号决定，宣告本专利权无效。

原告福建美馨公司不服第13443号决定，在法定期限内向本院提起行政诉讼称：(1) 专利复审委员会假想“一般消费者”的做法缺乏依据。(2) 专利复审委员会认为本专利相对于在先设计简化了盖体上的倾倒口和封盖设计，且为局部细微变化，对整体视觉效果不具有显著影响，原告认为该判断缺乏说服力，就本案而言这种变化并非局部细微变化，事实上这种变化对于前述的“一般消费者”而言是显然能够注意到和区分的，构成在先设计与本专利外观设计产品的显著区别。综上所述，本专利与在先设计为不相同、不相近似的外观设计，被告专利复审委员会作出的第13443号决定认定事实不清、适用法律不当，请求法院予以撤销。

被告专利复审委员会辩称：第13443号决定中运用整体观察，综合判断的原则，以一般消费者作为判断主体，将本专利与在先设计进行比较，分析了本专利与在先设计整体形状的相同点与不同之处，区别点仅在于在先设计的密封盖上设有倾倒口，而本专利没有，上述差异对整体效果不具有显著影响，得出二者相近似的结论。综上所述，专利复审委员会作出的第13443号决定认定事实清楚、适用法律正确，原告的诉讼理由不能成立，请求法院驳回原告诉讼请求，维持第13443号决定。

第三人美昕上海公司述称：(1) 在先设计为了使抽吸容器可反复利用，在盖体上设有一倾倒口以及与该倾倒口相密封的锁紧盖，其功能是用于可将抽吸容器内的废弃液体倒出再用盖密封。根据审查指南的规定：由产品的功能所限定的特定形状对整体视觉效果不具有显著的影响，因此，倾倒口及其密封盖作为抽吸容器的功能性因素而导致产品外观设计形状的变化对整体视觉效果不具有显著影响。(2) 在先设计与本专利的区别仅在于：盖体加强筋的数量略有不同，前者为6根，后者为7根，这一细微的变化，普通消费者若不施以特别的注意是难以区别的。综上所述，专利复审委员会作出的第13443号决定认定事实清楚，适用法律正确，程序合法，请求法院予以维持。

本院经审理查明：

本专利是名称为“医用安全密闭真空体液引流装置系统”、专利号为200530124362.3的外观设计专利，其申请日为2005年9月6日，授权公告日为2006年6月28日，专利权人为福建美馨公司。本专利授权文本包括六幅视图，分别是主视图、俯视图、后视图、仰视图、左视图（放大)、右视图(放大)。

本专利抽吸容器由瓶体和密封盖两部分组成，瓶体的整体形状近似于圆柱体，瓶体底部略带弧度，瓶体顶部盖有密封盖，盖体为半透明状，中部辐射状分布着7根筋条，在盖体边沿有一长方条凸片，盖体表面中间位置设置带缺口的圆形片，其两侧为圆柱状出口和入口，由一根透明管连接着出入口（详见本专利附图)。

针对本专利权，美昕上海公司于2009年3月17日向专利复审委员会提出无效宣告请求，认为本专利外观设计产品与附件1（即在先设计）属于相近似的外观设计，不符合《专利法》第二十三条的规定。附件1为5637104号美国专利公报，其公开了一种医用抽吸容器产品，图1为产品立体图，图2为瓶盖倾倒口和封盖分离图，图3为仰视平面图。抽吸容器由瓶体和密封盖两部分组成，瓶体的整体形状近似于圆柱体，瓶体底部略带弧度，瓶体顶部盖有密封盖，盖体中部辐射状分布着6根筋条，盖体边沿有一长条形抽拉片，盖体表面中间位置为圆形片，其上带有两个缺口并在两侧设有圆柱状出口和入口，图2显示出入口由一根透明管连接。圆形片一端装有管状倾倒口，倾倒口上盖着密封盖，此倾倒口与盖的联合体在废弃流体抽吸过程中使用时可在啮合的情况下牢牢锁住形成流体密封与气体密封，随后也能将其开启，以便单独处理容器以及容器里的废弃流体（详见在先设计附图)。

专利复审委员会受理该无效宣告请求后，于2009年5月19日举行口头审理，并于2009年5月22日作出第13443号决定，宣告本专利权无效。

另查明，原告对于第13443号决定中有关本专利与在先设计的不同之处不持异议，其同时对加强筋具体数量的不同属于细微变化的认定表示认可。

以上事实有本专利授权公告文本、第 13443 号决定、附件 1 及各方当事人陈述等在案佐证。

本院认为：

《专利法》第二十三条规定：授予专利权的外观设计，应当同申请日以前在国内外出版物上公开发表过或者国内公开使用过的外观设计不相同和不相近似，并不得与他人在先取得的合法权利相冲突。

根据各方当事人的诉辩主张，本案的争议焦点在于：本专利与在先设计相比有无倾倒口的差异是否属于局部细微变化。

本专利和在先设计的抽吸容器均是由瓶体和密封盖两部分组成，在先设计的密封盖上有一管状倾倒口，倾倒口上有封盖，由在先设计附图 1 中可以看出倾倒口及其封盖占整个抽吸容器的比例相对很小，在对抽吸容器进行整体观察时，对于一般消费者来说施以一般注意力时，不容易将本专利与在先设计区别开，因此，对于抽吸容器来说有无倾倒口及其封盖属于局部细微差别，专利复审委员会的认定并无不妥。

美昕上海公司述称倾倒口及其密封盖作为抽吸容器的功能性因素而导致产品外观设计形状的变化对整体视觉效果不具有显著影响。对此，本院认为，《审查指南》第四部分第五章第 4 节规定：由产品的功能唯一限定的特定形状对整体视觉效果通常不具有显著的影响。根据此规定，在被比设计因具有某一功能而唯一限定特定形状的情况下，才考虑功能性限定因素导致产品外观设计形状的变化对整体视觉效果不具有显著的影响，而本专利是因省略了功能而简化相应的形状设计，不属于上述情况，因此，美昕上海公司上述陈述缺乏事实和法律依据，本院不予采信。

综上所述，专利复审委员会认定本专利外观设计产品和在先设计产品相近似并无不当，其作出的第 13443 号决定认定事实清楚，适用法律正确，审理程序合法，依法应当予以维持。依照《中华人民共和国行政诉讼法》第五十四条第（一）项的规定，本院判决如下：

维持被告国家知识产权局专利复审委员会作出的第 13443 号无效宣告请求审查决定。

案件受理费 100 元，由原告福建美馨医疗器材有限公司负担（已交纳）。

如不服本判决，各方当事人可在本判决书送达之日起 15 日内，向本院提交上诉状并交纳上诉案件受理费 100 元，上诉于北京市高级人民法院。

审　判　长　芮松艳
代理审判员　殷　悦
代理审判员　郝志国
二〇〇九年十二月三日
书　记　员　张　莹

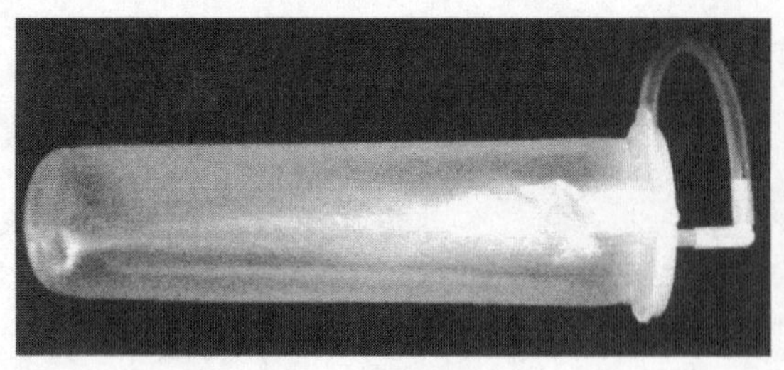

主视图

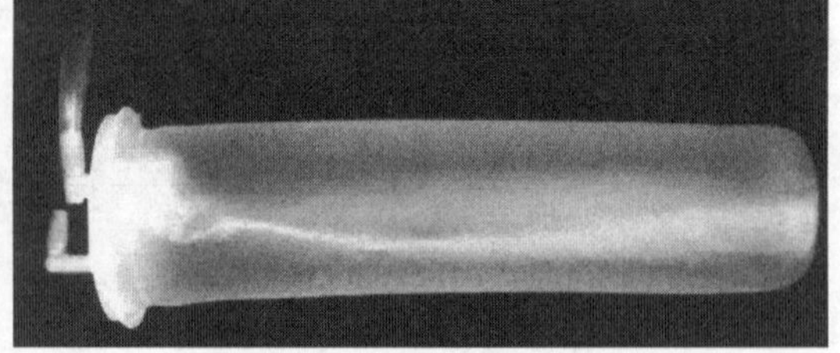

后视图

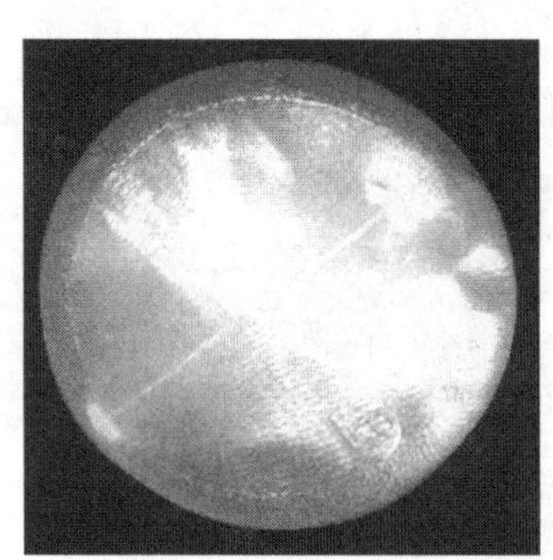

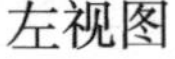

左视图

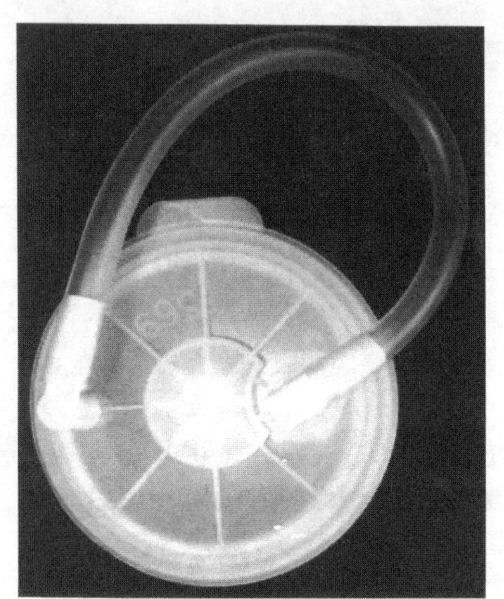

右视图

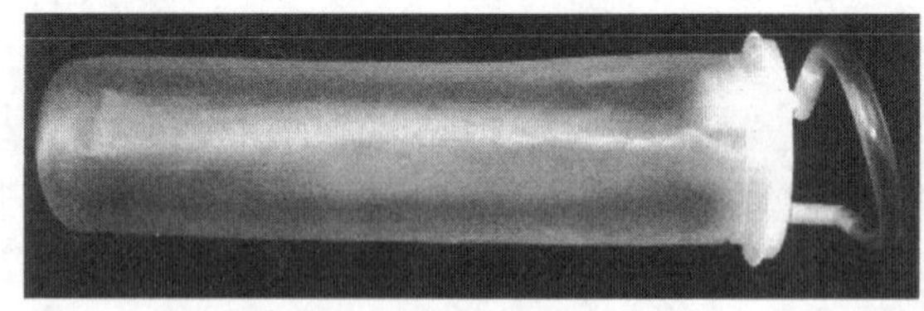

俯视图

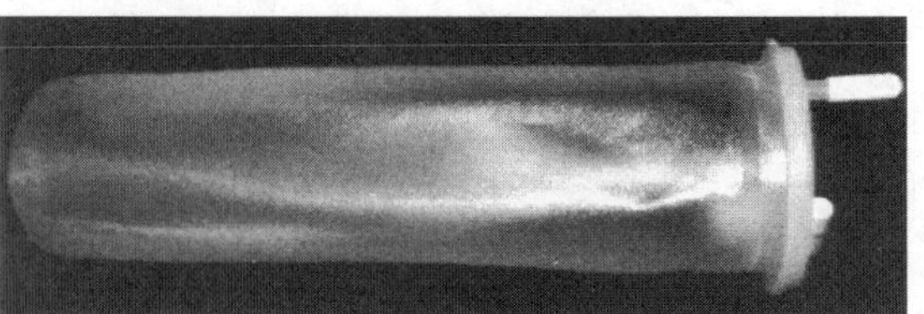

仰视图

本专利附图

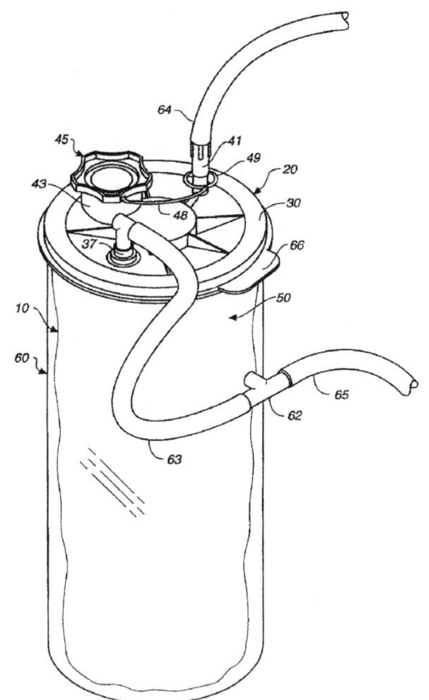

FIG. 1

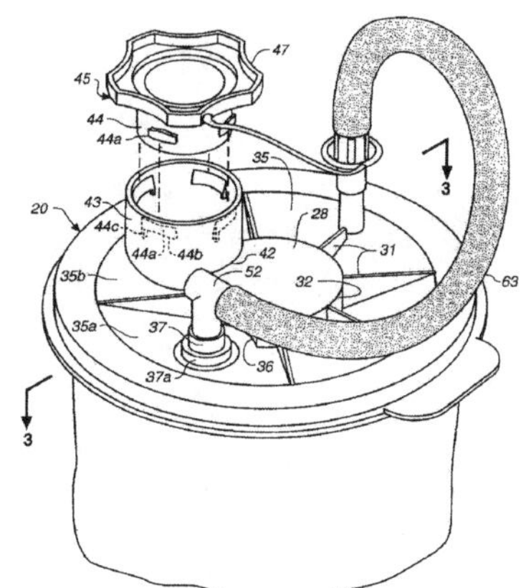

FIG. 2

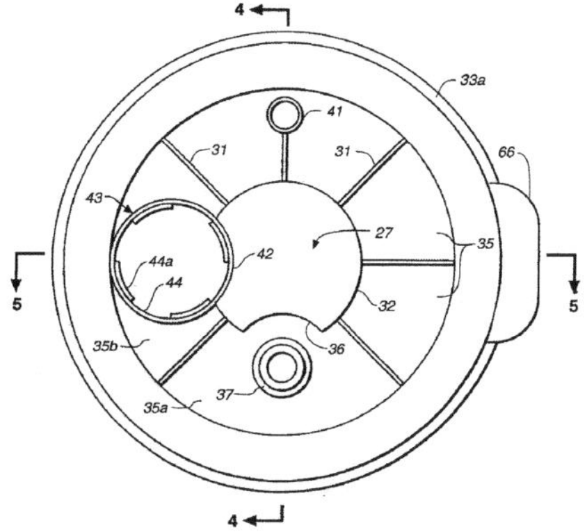

FIG. 3

在先设计附图

298

珍珠釉栏杆

无效宣告请求审查决定（第13444号）

决　　定　　号　第13444号
决　　定　　日　2009年5月25日
发明创造名称　珍珠釉栏杆
外观设计分类号　25-02
无效宣告请求人　易门滇源陶瓷有限公司
专　利　权　人　谢礼荣
专　　利　　号　200630021063.1
申　　请　　日　2006年8月1日
授 权 公 告 日　2007年5月30日
合 议 组 组 长　张雪飞
主　　审　　员　王霞军
参　　审　　员　王　红
附　　　　　图　1页

法　律　依　据　专利法第23条，专利法实施细则第2条第3款、第66条
决　定　要　点

本专利申请日前公开的釉陶瓷的生产工艺及制作方法，并不能证明本专利栏杆的具体外观设计不属于新设计。

请求人提交的证据不能证明在本专利申请日前已有与本专利相近似的产品在出版物上公开发表过，其主张本专利不符合专利法第23条的规定不能成立。

一、案由

本无效宣告请求案涉及的是国家知识产权局于2007年5月30日授权公告的，名称为“珍珠釉栏杆”的外观设计专利（下称本专利），其申请号是200630021063.1，申请日是2006年8月1日，专利权人是谢礼荣。

针对本专利权，易门滇源陶瓷有限公司（下称请求人）于2009年1月21日向专利复审委员会提出无效宣告请求，其理由是：本专利与申请日前授权的发明专利产品（附件4）均为陶瓷上的珍珠釉陶瓷工艺，不符合专利法第23条的规定。本专利权人同日还申请了实用新型专利（附件6），内容与本专利相同和相似，不符合专利法实施细则第13条第1款的规定。与此同时，请求人提交了如下附件：

附件1：请求人营业执照副本复印件1页；

附件2：法定代表人身份证明复印件1页；

附件3：本专利电子公告打印件1页；

附件4：95111833.1号发明专利公报复印件4页；

附件5：试论珍珠釉写意水墨画装饰文章复印件2页；

附件6：200620022252.5号实用新型专利公报复印件5页。

请求人于2009年2月19日补充提交无效理由及证据，认为本专利不符合专利法实施细则第2条第3款关于“新设计”的规定。同时，补充提交了2份证据：（编号续前）

附件7：潮安县2003年统计年鉴复印件4页；

附件8：潮州市陶瓷行业协会的情况证明复印件1页。

请求人认为本专利栏杆的形状是司空见惯的公知技术，且其上的花样不构成主要部分。

经形式审查合格，专利复审委员会受理了此案，并于2009年3月9日将无效宣告请求书及相关材料副本转送给专利权人。

2009年3月23日专利复审委员会向双方当事人发出口头审理通知书，定于2009年5月12日进行口头审理。

专利复审委员会于2009年4月20日收到专利权人的意见陈述书，专利权人认为，本专利请求保护的是产品外观设计，与请求人提交的证据既不相同也不相近似。

口头审理如期举行，请求人的法定代表人及委托代理人参加，专利权人未到庭，合议组依法进行缺席审理。合议组将专利权人的意见陈述书转给请求人。庭审中，请求人补充提交了新华字典第583页中关于“釉”的解释，及两篇专利文献，合议组告知请求人新华字典属于公知常识性证据，合议组予以接受，两篇对比文件提交日期已超出补充提交证据的期限，本次无效请求不予审理。请求人确认，附件4、附件8及补充提交的新华字典第538页证明本专利不属于新设计，不符合专利法实施细则第2条第3款的规定，附件7证明与本专利外观设计相近似的产品在其申请日前已在国内出版物上公开发表，本专利不符合专利法第23条的规定，同时，声明放弃附件5和附件6，放弃本专利不符合专利法实施细则第13条第1款规定的无效宣告请求理由。

在上述审理的基础上，合议组认为本案事实清楚，可以依法作出审查决定。

二、决定的理由

1. 法律依据

基于请求人提出的无效宣告请求的理由，合议组依据专利法实施细第2条第3款、专利法第23条的规定对本案进行审理。

专利法实施细则第2条第3款规定：“专利法所称外观设计，是指对产品的形状、图案或者其结合以及色彩与形状、图案的结合所作出的富有美感并适于工业应的新设计。”

专利法第23条规定：“授予专利权的外观设计，应当同申请日以前在国内外出版物上公开发表过或者国内公开使用过的外观设计不相同和不相近似，并不得与他人在先取得的合法权利相冲突。”

专利法实施细则第66条规定：“在专利复审委员会受理无效宣告请求后，请求人可以在提出无效宣告请求之日起1个月内增加理由或者补充证据。逾期增加理由或者补充证据的，专利复审委员会可以不予考虑。”

2. 关于专利法实施细则第2条第3款的规定

请求人提交附件4、附件8及新华字典第583页证明本专利不属于专利法实施细则第2条第3款所述的新设计的规定。附件4是一篇95111833.1号发明专利，发明名称为“多彩珍珠釉陶瓷工艺品及其制法”，附件8是潮州市陶瓷行业协会出具的情况证明，证明内容是“珍珠釉使用在陶瓷栏杆上的技术，在我市开始于2000年，2003年已相当普通使用，属于陶瓷行业内公知的技术”，新华字典第583页其中有对“釉”字的解释，请求人提交的上述三份证据均是对釉陶瓷的生产工艺及制作方法的说明，并未公开产品的形状，而本专利申请保护的是珍珠釉栏杆的外观设计，因此，请求人提交的上述三份证据不能证明本专利不符合专利法实施细则第2条第3款新设计的规定。

3. 证据认定

请求人提交的附件1、附件2证明请求人的主体资格，附件3是本专利电子公告，附件4、附件8三份证明合议组已进行过评述，本决定对其不再赘述。附件5、附件6请求人在口头审理当庭已声明放弃，合议组不再评述。口头审理当庭请求人补充提交两份对比文件，根据专利法实施细则第66条的规定，合议组不予考虑。

请求人提交的附件7是《2003潮安县统计年鉴》复印件4页，口头审理当庭请求人提交了整体原件。经核实，该年鉴的准印证号为潮内资出准字第211号，年鉴的第2页印有编辑说明，主要内容是：《潮安县2002年统计年鉴》是一部反映潮安县国民经济运行和社会发展情况的资料性年刊。落款为：潮安县统计局2004年4月字样。经请求人解释该年鉴是2002年~2003年的统计年鉴。合议组认为：在无相反证据足以推翻的情况下，合议组对其真实性予以认定。一般情况下，当年发行的都是前一年的年鉴，该本《2003潮安县统计年鉴》是由潮安县统计局2004年4月编辑完成的，发行日期最晚应在2004年年底前，早于本专利申请日（2005年8月1日），属于专利法第23条规定的出版物。请求人指认在年鉴的第115页中公开的栏杆与本专利相近似。年鉴中公开的栏杆与本专利用途相同，属于相同种类的产品，可以与本专利进行相近似比较。

4. 相同和相近似比较

本专利栏杆整体形状呈柱状，栏杆的两端为四方体，通过圆弧过渡面与四方体连接的部分分别设有三个圆弧状凸台，每个凸台的长度和宽度均不相同，位于两端圆弧凸台间有一近似于花瓶状的栏杆，其上细下粗，表面光滑绘有鲜花和孔雀图案（详见本专利附图）。

年鉴第115页中公开的第2个栏杆（下称在先设计1），其整体形状圆柱状，栏杆的两端为四方体，通过圆弧过渡面与四方体连接的部分分别设有两个圆弧状凸台，每个凸台的长度与宽基本相同，位于两端圆弧凸台间有一近似于花瓶的栏杆，其上细下粗，表面刻有旋转式波纹（详见在先设计1附图）。

年鉴第115页中公开的第3个栏杆（下称在先设计2），其整体形状圆柱状，栏杆的两端分别为四方体及圆锥台，位于锥台两端有上细下粗近似花瓶形状的栏杆，栏杆表面刻有竖线条和波纹（详见在先设计2附图）。

年鉴第115页中公开的第4个栏杆（下称在先设计3），其整体形状与在先设计2相同，栏杆表面没有线条和波纹（详见在先设计3附图）。

将本专利与在先设计1进行比较，二者栏杆的造型近似，两端均为四方体，四方体两端连接多个圆弧凸台，栏杆中间形状近似花瓶，主要不同点在于：本专利栏杆由形状和图案结合组成，栏杆中部表面光滑，并呈现鲜花和孔雀图案，而在先设计1栏杆中部表面呈波纹状，瓶体弧度比本专利略大，从而导致二者的整体视觉效果差别明显，二者的差别对于产品外观设计的整体视觉有显著的影响，属于不相同且不相近似的外观设计。

将本专利与在先设计2和在先设计3分别进行比较，其栏杆的两端均为四方体，栏杆中间形状近似花瓶，主要不同点在于：本专利栏杆由形状和图案结合组成，栏杆中部表面光滑，呈现鲜花和孔雀图案，而在先设计2栏杆中部表面为线条和波纹，在先设计3栏杆中部没有图案；栏杆两端圆台形状也不同，从而导致三者的整体视觉效果差别明显，三者的差别对于产品外观设计的整体视觉有显著的影响，均属于不相同且不相近似的外观设计。

综上所述，请求人提交的证据不能证明在本专利申请日前已有与本专利相近似的产品在出版物上公开发表过，其主张本专利不符合专利法第23条的规定不能成立。

三、决定

维持200630021063.1号外观设计专利权有效。

当事人对本决定不服的，可以根据专利法第46条第2款的规定，自收到本决定之日起三个月内向北京市第一中级人民法院起诉。根据该款的规定，一方当事人起诉后，另一方当事人应当作为第三人参加诉讼。

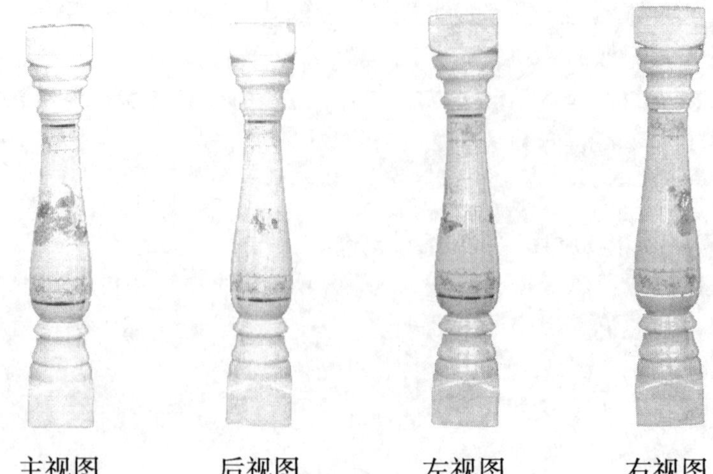

主视图　　后视图　　左视图　　右视图

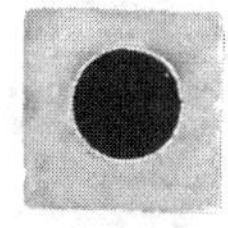

俯视图

本专利附图

在先设计 1　在先设计 2　在先设计 3

在先设计附图

299

包装袋（佳太太鸡精）

无效宣告请求审查决定（第13447号）

决　定　号　第13447号
决　定　日　2009年5月31日
发明创造名称　包装袋（佳太太鸡精）
外观设计分类号　09-05
请　求　人　雀巢产品有限公司
专　利　权　人　金高坡
专　利　号　200430107364.7
申　请　日　2004年12月13日
授权公告日　2005年8月31日
合议组组长　王霞军
主　审　员　徐清平
参　审　员　王　红
附　　　图　1页

法　律　依　据　专利法第23条
决　定　要　点

本专利与在先设计所示包装袋外观设计整体构图基本相同，以相近似的母鸡卡通形象、表示产品名称的较大文字和基本相同的背景图案形成了相近似的整体视觉效果，其局部图案或具体细节部分的设计及文字的差异对整体视觉效果不具显著影响，因此，二者属于相近似的外观设计。

一、案由

本无效宣告请求涉及的是国家知识产权局于2005年8月31日授权公告的200430107364.7号外观设计专利，使用该外观设计的产品名称为“包装袋（佳太太鸡精）”，申请日是2004年12月13日，专利权人是金高坡。

针对上述专利权（下称本专利），雀巢产品有限公司（下称请求人）于2008年9月3日向专利复审委员会提出无效宣告请求，其依据的事实和理由是：本专利与其申请日前授权公告的98312264.4号外观设计专利所示包装外观设计相近似；具体对比可见二者所示包装袋整体图案和色调是同样的，各局部图案在整体视图中的排列顺序、布局比例、分布位置也几乎完全相同或对称，各局部图案也相同或相似，在主视图中字体完全相同的两个艺术字“鸡精”和相似的卡通母鸡形象、草原图案给人以非常强烈的视觉冲击效果，足以造成一般消费者误认和混同；因此，本专利不符合专利法第 23 条的规定。请求人同时提交了以下附件作为证据：

附件 1：本专利的公报复印件 1 页；

附件 2：98312264.4 号外观设计专利的公报复印件 1 页；

附件 3：从国家知识产权局网站下载的本专利著录项目及外观设计图片打印件 3 页；

附件 4：从国家知识产权局网站下载的 98312264.4 号外观设计专利著录项目及外观设计图片打印件 3 页。

经形式审查合格，专利复审委员会受理了该无效宣告请求。并于 2008 年 11 月 17 日将无效宣告请求书及其附件的副本转送给专利权人，通知其在指定期限内陈述意见。因收件人“迁移新址不明”，该通知被邮局退回，专利复审委员会在 2009 年 1 月 14 日的专利公报上以公告方式通知专利权人，自公告之日起满一个月，该通知视为已经送达。

专利复审委员会成立合议组对本案进行审理，于 2009 年 2 月 5 日向请求人和专利权人发出合议组成员告知通知书。双方均逾期未对合议组成员提出回避请求。因收件人“迁移新址不明”，向专利权人发出的通知被邮局退回，专利复审委员会在 2009 年 4 月 8 日的专利公报上以公告方式通知专利权人，自公告之日起满一个月，该通知视为已经送达。

在超出指定期限的情况下，专利权人未针对请求人提出的无效宣告请求作任何答复，双方均未对合议组成员提出回避请求。

合议组经合议，认为本案事实清楚，依法作出本审查决定。

二、决定的理由

（1）基于请求人提出无效宣告请求所依据的事实和理由，合议组对本专利是否符合专利法第 23 条的规定进行审查。

专利法第 23 条规定：“授予专利权的外观设计，应当同申请日以前在国内外出版物上公开发表过或者国内公开使用过的外观设计不相同和不相近似，并不得与他人在先取得的合法权利相冲突。”

（2）请求人提交作为证据的附件 4 是从国家知识产权局网站下载的 98312264.4 号外观设计专利著录项目及外观设计图片打印件，其所示专利公告日为 1999 年 12 月 8 日，使用外观设计的产品名称为“调味品包装袋（13）”，经合议组核实，该附件所示内容属实，该专利公告日在本专利申请日之前，属于本专利申请日之前公开发表的外观设计（下称在先设计），因此，可适用专利法第 23 条的规定作为本案证据。

（3）在先设计与本专利使用外观设计的产品均为包装袋，属于相同种类的产品，现将二者外观设计是否相同或相近似作如下对比认定：

本专利包括主视图和后视图，未要求保护色彩。所示包装袋为长方形，其正面下部为抽象表现的山峦、草原、云朵和树木等背景图案，左下角为母鸡的卡通形象，母鸡带有厨师帽，将翅膀抽象变化成手，其中一支手握有勺子；正面上部有较大的“佳太太鸡精”字样，其上下有较小文字和旗帜、飘带状图案，另在右下角有圆形图案和较小文字；包装袋背面中上部有抽象表现的山峦、草原、小屋、树木等图案，其之上部分正面的上部设计基本相同，背面下部为使用方法示意图案及若干行较小文字（详见本专利附图）。

在先设计包括主视图和后视图。所示包装袋为长方形，其正面下部为抽象表现的山峦、草原、云朵和树木等背景图案，右下角为母鸡的卡通形象，母鸡带有厨师帽和围裙，将翅膀抽象变化成手；正面上部有较大的“鸡精”字样，其上下有较小文字和矩形、飘带状图案；包装袋背面中上部有抽象表现的山峦、草原、小屋、树木等图案，其之上部分有矩形图案和较小文字，背面下部为使用方法示意图案及若干行较小文字（详见在先设计附图）。

将本专利与在先设计相比较，由于本专利未要求保护色彩，故仅将二者形状和图案作对比。二者包装袋形状相同，正面上部均有较大的“鸡精”字样，下部均有抽象表现的山峦、草原、云朵和树木等背景图案以及母鸡卡通形象图案，背面中上部有抽象表现的山峦、草原、小屋、树木等图案，并有较小文字和使用方法示意图案；二者不同之处主要在于，其母鸡卡通形象的位置以及在手、脚、围裙、是否握有勺子等具体设计上有所不同，在先设计无本专利正面上部较大的“佳太太”文字，正面其他较小文字和图案也有所差异，背面在具体文字内容、顶部较小图案、下部示意图案的排列位置有所不同。合议组认为，本专利与在先设计所示包装袋正面的母鸡卡通形象、以山峦和草原等形成的背景图案以及表示产品名称的较大文字具有醒目的视觉效果；二者所示母鸡卡通形象虽在具体设计上有上述差异，但其姿态、各体貌部位的抽象变形相近，所形成的整体形象相近；表示产品名称的较大文“鸡精”二字的字体及变形设计相同，本专利仅增加了常见字体的“佳太太”字样；二者在整体构图上也基本相同，在此情况下，二者在包装袋正面以相近似的母鸡卡通形象、表示产品名称的较大文字和基本相同的背景图案形成了相近似的整体视觉效果，前述局部图案或具体细节部分的设计及文字的差异对整体视觉效果不具显著影响；同时，二者在背面设计的主要图案和整体构图也基本相同或相近，仅有局部的较小图案和文字不同，其背面设计的整体视觉效果亦相近似；因此，本专利与在先设计属于相近似的外观设计。

综上所述，本专利与其申请日前授权公告的外观设计专利相近似，因此，本专利不符合专利法第23条的规定。

鉴于上述已得出本专利不符合专利法第23条规定的结论，本决定对请求人提交的其他证据不作评述。

三、决定

宣告200430107364.7号外观设计专利权全部无效。

当事人对本决定不服的，可以根据专利法第46条第2款的规定，自收到本决定之日起三个月内向北京市第一中级人民法院起诉。根据该款的规定，一方当事人起诉后，另一方当事人应当作为第三人参加诉讼。

主视图

后视图

本专利附图

主视图

后视图

在先设计附图

300

洗手盆（ZJ-V）

无效宣告请求审查决定（第13451号）

决　　定　　号　第13451号
决　　定　　日　2009年5月26日
发明创造名称　洗手盆（ZJ-V）
外观设计分类　23-02
无 效 请 求 人　潮州市枫溪区正皇卫浴陶瓷厂
专 利 权 人　苏惠庆
专　　利　　号　200630076678.4
申　　请　　日　2006年10月24日
授 权 公 告 日　2007年9月5日
合 议 组 组 长　王霞军
主　　审　　员　李巍巍
参　　审　　员　钱亦俊
附　　　　　图　1页

法 律 依 据　专利法第9条
决 定 要 点

本专利与在先设计的主要区别在于水槽形状略有不同，但其仅为惯常的几何形状变化，从正面看不足以对整体视觉效果产生显著影响，在二者整体形状及各部分的设计均基本相同的情况下，二者属于相近似的外观设计，即二者属于同样的发明创造。

一、案由

本无效宣告请求涉及国家知识产权局于2007年9月5日授权公告的、名称为“洗手盆（ZJ-V）”的外观设计专利，其申请号是200630076678.4，申请日是2006年10月24日，专利权人是苏惠庆。

针对上述专利权（下称本专利），潮州市枫溪区正皇卫浴陶瓷厂（下称请求人）于2008年12月19日向专利复审委员会提出无效宣告请求，其理由是：本专利与他人在先外观设计相同，不属于富有美感并适于工业应用的新设计，因此，本专利不符合专利法第23条和专利法实施细则第2条第3款的规定，应当宣告本专利全部无效。同时，请求人提交了以下附件作为证据：

附件1：第200530158987.1号外观设计专利的著录项目及图片网络下载打印件1页；

附件2：第200630069899.9号外观设计专利的著录项目及图片网络下载打印件1页；

附件3：请求人的营业执照复印件1页；

附件4：本专利号的著录项目及图片网络下载打印件和外观设计专利单行本复印件共2页。

请求人认为：本专利与附件1和附件2的用途相同，为同一种类产品，将本专利与附件1及附件2分别对比均完全相同，应当宣告本专利全部无效。

经形式审查合格，专利复审委员会受理了该无效宣告请求，并于2009年1月20日将请求书及证据材料副本转送给专利权人。同时告知专利权人在收到本通知之日起一个月内对该无效宣告请求陈述意见；期满未答复的，不影响专利复审委员会审理。

针对请求人的无效宣告请求及所提交的附件，专利权人至今未答复。

2009年3月18日，专利复审委员会向双方当事人发出了《无效宣告请求口头审理通知书》，定于2009年4月14日进行本案的口头审理，同时告知双方当事人，请求人提出的无效宣告请求与其提交的证据明显不对应，附件1和附件2均为在先申请在后公开的外观设计，不适用专利法第23条的规定，根据审查指南第四部分第三章的规定，请求人可以变更无效宣告请求理由为本专利不符合专利法第9条规定，且本次口头审理将依据变更后的无效宣告理由进行审理。同日还向双方当事人发出《合议组成员告知通知书》，同时告知双方当事人，如对合议组成员有回避请求的请于收到本通知之日起7日内提交书面的回避请求，并且说明理由，必要时附具有关证据。

专利权人在规定的时间内未对合议组成员提出回避请求。

口头审理如期举行。请求人参加了口头审理，专利权人未到庭，合议组依法进行缺席审理。请求人对合议组成员及书记员无回避请求。请求人当庭将无效宣告理由变更为：本专利不符合专利法第9条的规定，放弃本专利不符合专利法实施细则第2条第3款的无效宣告理由。请求人认为，本专利与附件1形状相近似，二者下水孔位置略有区别，二者为相近似外观设计；本专利与附件2的形状、下水孔位等均基本相同，不同点为水盆背面，本专利为长方形，附件2为弧形，但从整体看，二者是相近似的外观设计。

在以上审理的基础上，合议组认为本案事实清楚，依法作出本审查决定。

二、决定的理由

1. 法律依据

基于请求人变更后的无效宣告请求理由和其所提交的证据，合议组根据专利法第九条的规定对本案进行审理。

专利法第9条规定：“两个以上的申请人就同样的发明创造申请专利的，专利权授予最先申请的人。”

2. 证据的认定

请求人提交的附件2是第200630069899.9号外观设计专利的著录项目及图片网络下载打印件。经合议组核实，该专利的申请日是2006年8月21日，授权公告日是2007年6月6日，授权公告号是CN3655235，使用外观设计产品名称为“台盆（PR-3100）”（下称在先设计），专利权人是陈培如。专利权人与本专利的专利权人不相同，该专利申请日早于本专利申请日（2006年10月24日），公开日在本专利申请日之后，相对本专利而言属于他人的在先申请，可适用专利法第9条的规定对本案进行审理。

本专利与在先设计均是洗手盆类的产品，用途相同，属于相同种类的产品，具有可比性。

3. 相同和相近似的比较

本专利包括主视图、仰视图、右视图、立体图，简要说明中记载：左视图与右视图对称，省略左视图；后视图、俯视图无设计要点，省略后视图、俯视图。从各视图观察，本专利的整体形状为矩形翻边，中部为矩形水槽，类似棱台状，水槽中部为圆形下水孔，水槽的背面中部通过下水孔位置有一楔形突起，盆边一侧中部为圆形水龙头安装孔（详见本专利附图）。

在先设计包括主视图、后视图、俯视图、仰视图、左视图、立体图，简要说明中记载：右视图与左视图对称，省略右视图。从各视图观察，在先设计的整体形状为矩形翻边，中部为水槽，从底面观察，纵向边为弧形，水槽中后部为圆形下水孔，水槽背面中后部有一长形突起，盆沿一侧中部为圆形水龙头安装孔，盆沿背面沿水槽纵向及一侧的有棱形凸凹设计（详见在先设计附图）。

将本专利与在先设计相比较，二者整体形状均为矩形、中部为矩形水槽、盆沿一侧中部为圆形水龙头安装孔。二者不同点主要是：本专利水槽略呈棱台状，下水孔位于水槽中部；在先设计水槽纵向边为弧形，下水孔位于水槽中后部。合议组认为，洗手盆背面为销售和使用时不易关注的部位，且从底面观察，二者外侧水槽形状略有不同，但其仅为惯常的几何形状变化，从正面看不足以对整体视觉效果产生显著影响，在二者整体形状及各部分的设计均基本相同的情况下，上述的不同点不足以对产品的整体视觉效果产生显著影响，因此，二者属于相近似的外观设计。同样的发明创造对于外观设计而言是指外观设计相同或者相近似。

综上所述，在本专利申请日以前已有他人就同样的外观设计申请了专利，并在之后被授予了专利权，本专利为在后申请，二者属于同样的发明创造，因此，本专利的授予不符合专利法第 9 条的规定。

鉴于由上述认定已得出本专利不符合专利法第 9 条规定的授予专利权的结论，本决定对请求人提交的其他证据不再作出评述。

三、决定

宣告 200630076678.4 号外观设计专利权全部无效。

当事人对本决定不服的，可以根据专利法第 46 条第 2 款的规定，在收到本决定之日起三个月内向北京市第一中级人民法院起诉，根据该款的规定，一方当事人起诉后，另一方当事人应当作为第三人参加诉讼。

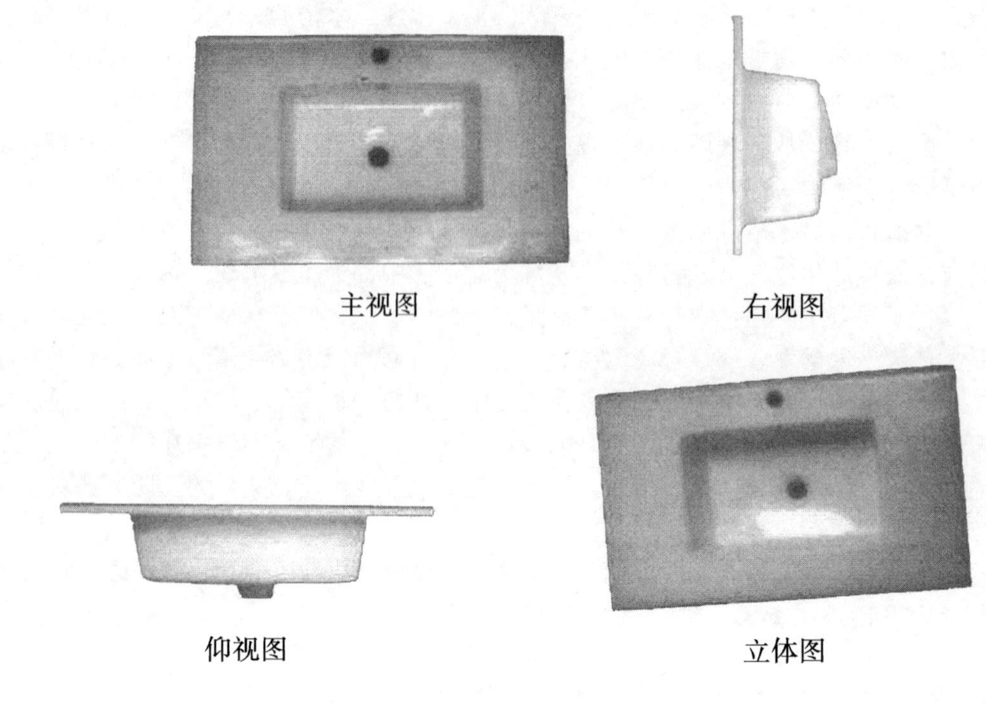

本专利附图

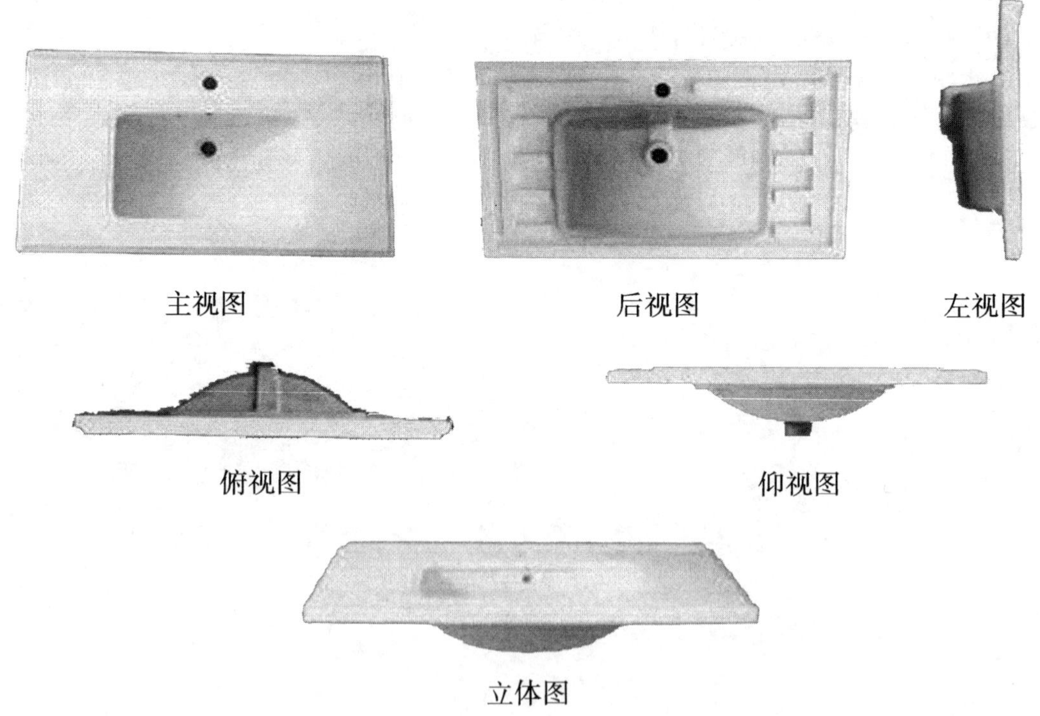

在先设计附图

301

路灯（鸽灯一）

无效宣告请求审查决定（第13457号）

决　　定　　号　第13457号
决　　定　　日　2009年5月14日
发明创造名称　路灯（鸽灯一）
外观设计分类号　26-03
无效宣告请求人　宁波燎原工业股份有限公司
专　利　权　人　胡金松
专　　利　　号　200530086004.8
申　　请　　日　2005年7月1日
授权公告日　2006年5月31日
合议组组长　崔国振
主　　审　　员　王　滢
参　　审　　员　张梅珍
附　　　　　图　1页

法　律　依　据　专利法第9条
决　定　要　点

"同样的发明创造"对于外观设计而言，是指外观设计相同或者相近似。如果一项外观设计专利权与在先设计属于同样的发明创造，则该外观设计专利权的授予不符合专利法第9条的规定。

一、案由

本无效宣告请求涉及的是国家知识产权局于2006年5月31日授权公告的、名称为"路灯（鸽灯一）"的外观设计专利，其申请号是200530086004.8，申请日是2005年7月1日，专利权人是胡金松。

针对上述专利权（下称本专利），宁波燎原工业股份有限公司（下称请求人）于2008年12月31日向专利复审委员会提出无效宣告请求，其理由是本专利分别相对于在先公开的第200430114896.3号外观设计、第200330106797.6号外观设计不符合专利法第23条的规定，因此，应当宣告该外观设计专利权无效。请求人同时提交了如下附件作为证据：

附件1：专利号为200430114896.3号外观设计著录项目和图片复印件，共1页，申请日：2004年12月16日，公开日：2005年7月27日，申请人：宁波燎原灯具股份有限公司；

附件2：专利号为200330106797.6号外观设计著录项目和图片复印件，共1页，申请日：2003

年10月10日，公开日：2004年4月14日，申请人：何乾生。

经形式审查合格，专利复审委员会依法受理了上述无效宣告请求，并于2009年2月16日向双方发出无效宣告请求受理通知书，将无效宣告请求书及其附件清单中所列附件的副本转送给专利权人，并要求专利权人在指定的期限内陈述意见，同时依法成立合议组对本案进行审查。

专利复审委员会本案合议组于2009年4月2日向双方当事人发出无效宣告请求口头审理通知书，定于2009年5月12日在专利复审委员会对本案进行口头审理。

口头审理如期举行，双方当事人均委托代理人出席了本次口头审理。请求人陈述了请求宣告本专利无效的主要理由和事实：（1）由于附件1的公开日晚于本专利的申请日，请求变更原无效宣告理由为本专利相对于附件1不符合专利法第9条、专利法实施细则第13条第1款的规定，认为附件1与本专利相同、相近似，属于同样的发明创造；（2）本专利相对于附件2不符合专利法第23条的规定，并坚持认为本专利与附件2所示外观设计专利相同、相近似。专利权人对附件1和2的真实性没有异议，并针对附件1与本专利是否属于同样的发明创造以及本专利相对于附件2是否符合专利法第23条的规定进行了答辩，认为附件1、2分别与本专利相比均具有显著区别，并演示了其专利产品。

至此，合议组认为事实已经清楚，可以依法作出审查决定。

二、决定的理由

1. 法律依据

请求人在提出无效宣告理由时主张附件1用于评价本专利是否符合专利法第23条的规定，但在口头审理过程中请求人当庭将其变更为附件1用于评价本专利是否符合专利法第9条、专利法实施细则第13条第1款的规定。根据审查指南第四部分第三章第4.2节的规定，请求人可以对明显与其提交的证据不相对应的无效宣告理由进行变更。本案中，由于请求人在无效宣告请求时所提交的附件1的公开日晚于本专利的申请日，不能适用专利法第23条的规定，因此允许其变更无效宣告理由。

因此，基于请求人在口头审理过程中变更后的无效宣告理由，并根据请求人所提交的证据，结合本案案情，合议组决定首先对本专利是否符合专利法第9条的规定进行审查。

专利法第9条规定：两个以上的申请人分别就同样的发明创造申请专利的，专利权授予最先申请的人。

审查指南第四部分第七章第1节规定：专利法第9条和专利法实施细则第13条第1款所述的“同样的发明创造”，对于外观设计而言，是指外观设计相同或者相近似。

2. 证据认定

请求人提交的附件1是专利号为200430114896.3号外观设计著录项目及其外观设计图片复印件，专利权人对其真实性予以认可。经核实，合议组认为其可以作为本案证据使用，属于他人申请在先、公开在后的外观设计专利，适用于专利法第9条的规定。

3. 相同和相近似比较

本专利是关于“路灯”的外观设计，其包括主视图、后视图、左视图、右视图、俯视图、仰视图以及立体图。从整体观察，本专利由灯罩、光源罩以及一小段圆柱形灯杆组成；灯罩整体近似收缩双翼的鸽子，顶面向左右两侧弧形过渡，底面基本平直；灯罩前端灯头部位的突出部分与鸽头部相似，其最前端如鸽嘴，但略平；灯头部位往后延伸如鸽子的一对收拢的翅膀，其外轮廓即由灯罩中前端到末端呈宽至窄的弧线性设计，灯罩最后端为鸽子翅膀和尾部两层设计，并具有一小段圆柱形灯杆；椭圆形光源罩位于灯罩底面，略靠近灯头前端，并呈弧形面略向外凸出（详见本专利附图）。

附件1是一项名称为“道路灯灯头（和平鸽）”的外观设计（下称在先设计）。在先设计公开了6副视图，即主视图、左视图、右视图、俯视图、仰视图以及立体图，简要说明记载：“后视图与主视图对称，省略后视图”。从各视图整体观察，在先设计由灯罩和光源罩两部分组成；灯罩整体近似收缩双翼的鸽子，顶面向左右两侧弧形过渡，底面略有弧度；灯罩前端灯头部位的突出部分与鸽头部相似，其最前端如鸽嘴，但略微下勾；灯头部位往后延伸如同鸽子的一对收拢的翅膀，且翅膀外轮廓即由灯罩中前端到末端呈宽至窄的弧线性设计；椭圆形光源罩位于灯罩底面，略靠近灯头前端，并呈弧形面略向外凸出（详见在先设计附图）。

由此可见，本专利与在先设计均为“路灯”的外观设计，用途相同，属于同一类产品，具有可比性。将本专利与在先设计相比较，二者整体造型都近似于收缩双翼的鸽子，且鸽子的头部、鸽子的一对收拢的翅膀以及光源的整体形状相近似，二者的不同点主要在于：（1）在先设计中灯头嘴前端即鸽嘴略微下勾，而本专利中略平；（2）在先设计中灯罩尾部设计与本专利略有不同；（3）在先设计中灯罩底面略有弧度，而本专利中的底面基本平直。经过上述对比，合议组认为：从整体视觉观察，虽然二者的鸽嘴以及灯罩尾部和底面略有差异，但其设计相对于以具有收缩翅膀的鸽子的整体形状为主的路灯的整体外观设计和近似的各部分形状设计而言属于局部细微的设计变化，不足以对二者整体视觉效果产生显著的视觉影响，因此，二者应属于相近似的外观设计。

综上所述，在本专利申请日以前已有他人就同样的发明创造向专利局提出外观设计专利申请并在本专利申请日之后被授予了专利权，本专利的授权不符合专利法第 9 条的规定。

鉴于根据在先设计（附件 1）已经得出本专利不符合专利授权条件的结论，故对请求人提交的其他证据不再作出评述。

三、决定

宣告 200530086004.8 号外观设计专利权全部无效。

当事人对本决定不服的，可以根据专利法第 46 条第 2 款的规定，自收到本决定之日起三个月内向北京市第一中级人民法院起诉。根据该款的规定，一方当事人起诉后，另一方当事人应当作为第三人参加诉讼。

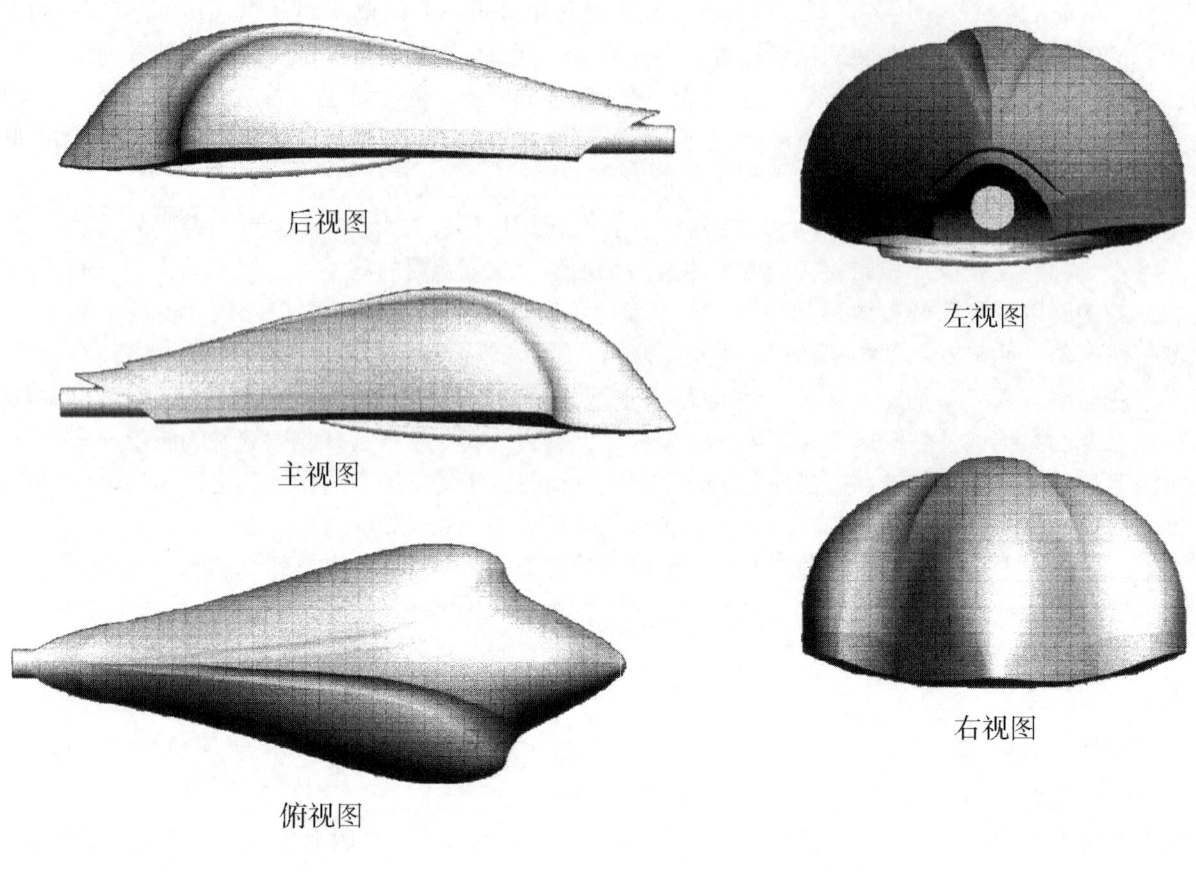

本专利附图

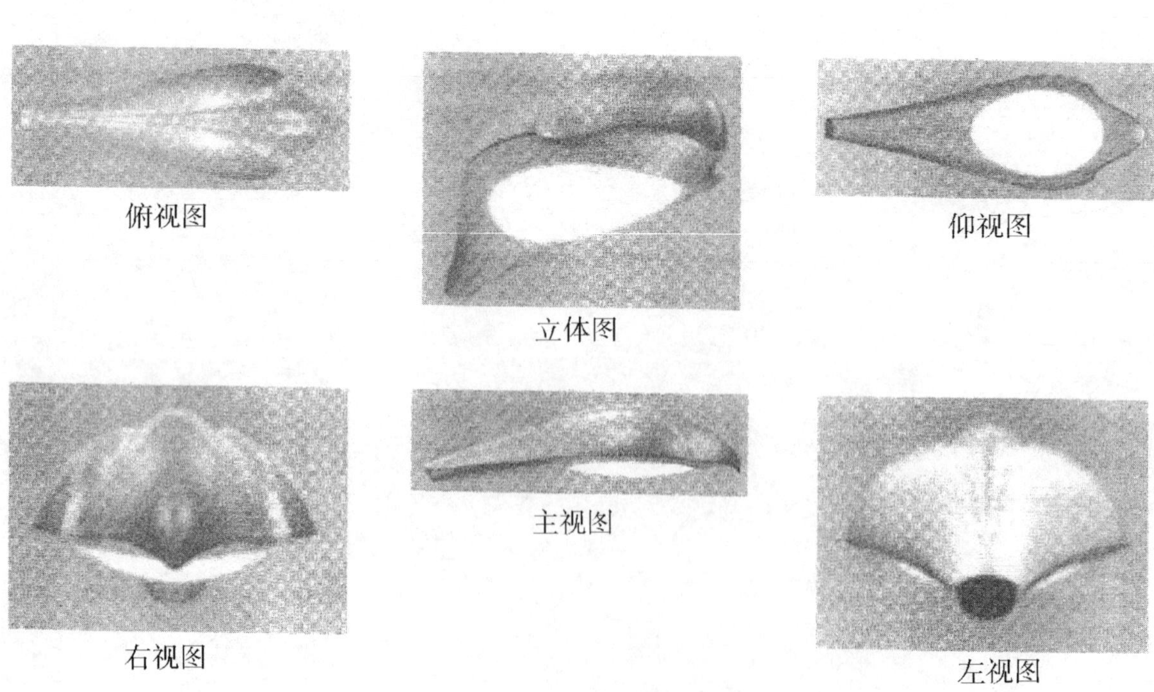

在先设计附图

302

电子秤（C）

无效宣告请求审查决定（第13468号）

决　　定　　号　第13468号
决　　定　　日　2009年4月20日
发明创造名称　电子秤（C）
外观设计分类号　10-04
无 效 请 求 人　永康市方岩新华五金厂
专　利　权　人　上海友声衡器有限公司
专　　利　　号　200530043444.5
申　　请　　日　2005年9月23日
授 权 公 告 日　2006年6月28日
合 议 组 组 长　盛　昭
主　　审　　员　陈　晔
参　　审　　员　李巍巍
附　　　　　图　1页

法　律　依　据　专利法第23条
决　定　要　点

无效宣告请求人提供的在先设计与本专利相比较，其整体形状没有明显的差异，属于相近似的设计，故无效宣告请求人以本专利不符合专利法第23条规定为无效宣告请求的理由成立。

一、案由

本无效宣告请求涉及的是国家知识产权局于2006年6月28日授权公告的专利号为200530043444.5的外观设计专利，其名称是“电子秤（C）”，申请日是2005年9月23日，专利权人是上海友声衡器有限公司。

针对上述外观设计专利权（下称本专利），永康市方岩新华五金厂（下称请求人）于2008年9月25日向专利复审委员会提出无效宣告请求，请求人提出的宣告本专利权无效的事实和理由是：在本专利申请日前，已经有与本专利相近似的产品获得了外观设计专利权，故本专利不符合专利法第23条的规定，请求宣告本专利权无效。同时提供了下列附件作为证据：

附件1：00346206.1号中国外观设计专利的著录项目及图片复印件1页；

经形式审查合格，专利复审委员会受理了此案，并于2008年11月17日将无效宣告请求书及相关材料副本转送给专利权人，要求其在指定的期限内答复。

专利权人于2008年12月28日作出答复。对两个外观设计专利是否相近似提出质疑，并列举了上述证据与本专利的多处区别。

合议组于2008年12月29日向双方当事人发出口头审理通知书，定于2009年3月3日举行口头审理。2009年1月13日将专利权人的上述答复转送给请求人，要求其在规定的期限内答复。

口头审理如期举行，双方当事人的代理人参加了口头审理，双方对对方参加口头审理的代理人的身份和资格均无异议，对合议组成员无回避请求。请求人明确其无效宣告请求的理由为专利法第23条，专利权人当庭出示了涉及本专利的产品样品。双方当事人就本专利与附件1是否构成相近似外观设计进行了辩论。请求人认为：本专利与在先设计相比较，整体相近似，细部的区别没有明显的视觉效果；专利权人认为：本专利与在先设计存在多处区别，二者不相近似。

至此，合议组认为本案事实已经清楚，可以依法作出审查决定。

二、决定的理由

1. 法律依据

根据请求人在无效宣告请求中提出的理由和提交的证据，本案合议组依据专利法第23条进行审理。

专利法第23条规定："授予专利权的外观设计，应当同申请日以前在国内外出版物上公开发表过或者国内公开使用过的外观设计不相同和不相近似，并不得与他人在先取得的合法权利相冲突。"

2. 证据认定

无效请求人所提交的附件1是专利号为00346206.1的中国外观设计专利，名称为"电子秤（SA）"（下称在先设计），其公告日为2001年6月13日，早于本专利的申请日2005年9月23日，适用于本案。

本专利与在先设计均是"电子秤"的外观设计，二者用途相同，属于同一类别的产品，可进行如下相同和相近似的比较。

3. 相同和相近似比较

本专利所示的电子秤包括底座、上盖和秤盘，底座的左右两边各分布有两个圆形的底脚，下边的中部有一个长方形的电池盒，上盖的前部是一个倾斜较大的前屏面板，前屏面板的顶部有一个尖角的突起，后部是一个倾斜较小的后屏面板，前屏面板左侧的长方形框内有三个上下分布的长方形显示屏，其中下面的显示屏比上面两个略长，长方形框的左下角有一个近似方形的框，前屏面板的右侧为一个长方形的按键区，后屏面板上有三个同排列分布的长方形显示屏，秤盘上有一个椭圆形的凹面，上盖和底座的接缝前部是一条始于底座下部1/4处的圆弧，后部是一条略带弧度的近似直线，且延伸至后屏面板（详见本专利附图）。

在先设计所示的电子秤包括底座、上盖和秤盘，底座的左右两边各分布有两个圆形的底脚，中心有一个长方形的电池盒，上盖的前部是一个倾斜较大的前屏面板，后部是一个倾斜较小的后屏面板，上盖的两侧各有一个尖角的突起，前屏面板左侧的长方形框内有三个上下分布的长方形显示屏，其中下面的显示屏与上面两个等长，长方形框的左下角有一个近似方形的框，前屏面板的右侧为一个长方形的按键区，后屏面板上有三个同排列分布的长方形显示屏，上盖和底座的接缝是一条始于底座下部1/4处的圆弧，没有延伸至后屏面板（详见在先设计附图）。

根据整体观察综合判断的原则，从整体视觉观察，本专利与在先设计的不同点主要是：本专利前屏面板上部的尖角突起较在先设计略大；本专利前屏面板左侧的长方形框内的三个长方形显示屏长度略有不同，而在先设计是等长的；本专利的秤盘上有一个椭圆形的凹面；本专利底座与上盖的接缝后部较为平直且延伸至后屏面板，而在先设计较为圆滑且未延伸至后屏面板；底座上的四个底脚和电池盒的分布位置不同。在电子秤的使用过程中一般消费者无法看到其底座，审查指南规定："使用时容易看到部位的设计变化相对于不容易看到或者看不到部位的设计变化，通常对整体视觉效果更具有显著的影响。"因此，底座的区别不足以对整体视觉产生显著影响。上述的其他细部区别也均不足以对整体视觉产生显著影响，故二者属于相近似的外观设计。

综上所述，在本专利申请日前已有与其相近似的外观设计在国内出版物上公开发表过，因此，本专利不符合专利法第23条的规定。

三、决定

宣告200530043444.5号外观设计专利权无效。

当事人对本决定不服的，可以根据专利法第46条第2款的规定，自收到本决定之日起三个月内向北京市第一中级人民法院起诉。根据该款的规定，一方当事人起诉后，另一方当事人应当作为第三人参加诉讼。

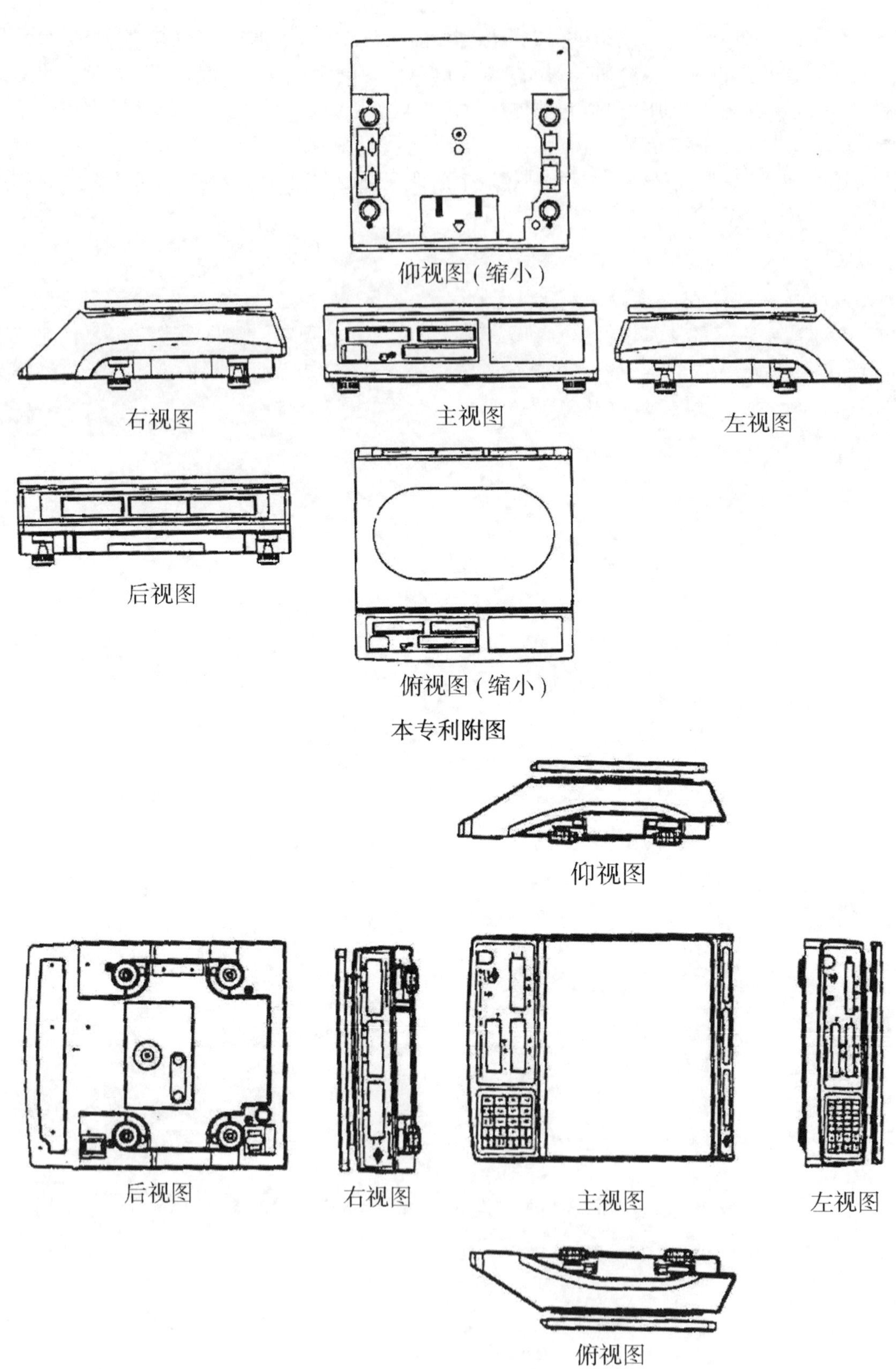

本专利附图

在先设计附图

303

热合板（六边形立体）

无效宣告请求审查决定（第13469号）

决　　定　　号　第13469号
决　　定　　日　2009年6月8日
发明创造名称　热合板（六边形立体）
外观设计分类号　25-01
无效宣告请求人　王　进
专　利　权　人　张成全
专　　利　　号　200530136348.5
申　　请　　日　2005年12月20日
授权公告日　2006年11月29日
合议组组长　吴大章
主　　审　　员　徐清平
参　　审　　员　雷　婧
附　　　　图　1页

法律依据　专利法第9条，专利法实施细则第13条第1款
决定要点

本专利与在先设计均为仅由图案构成的平面产品，二者单元图案及其连续排列的方式均相同，在此情况下仅连续数量的差异对于一般消费者而言不易被觉察到，容易导致误认和混同，因此本专利与在先设计属于相近似的外观设计。

一、案由

本无效宣告请求涉及的是国家知识产权局于2006年11月29日授权公告的200530136348.5号外观设计专利，使用该外观设计的产品名称为“热合板（六边形立体）”，申请日是2005年12月20日，专利权人是张成全。

针对上述专利权（下称本专利），王进（下称请求人）于2008年11月15日向专利复审委员会提出无效宣告请求，其依据的事实和理由是：本专利与请求人在2005年11月29日申请的200530166792.1号外观设计专利的图案相同，因此，本专利不符合专利法第9条和专利法实施细则第13条第1款的规定。为此，请求人提交了如下附件作为证据：

附件1：从国家知识产权局网站下载的200530166792.1号外观设计专利的著录项目及外观设计图片打印件2页；

附件 2：从国家知识产权局网站下载的本专利的著录项目及外观设计图片打印件 2 页。

经形式审查合格，专利复审委员会受理了该无效宣告请求，并于 2008 年 12 月 22 日将无效宣告请求书及其附件的副本转送给专利权人，通知其在指定期限内陈述意见。

专利权人逾期未作答复。

专利复审委员会成立合议组对本案进行审理，于 2009 年 2 月 5 日分别向请求人和专利权人发出合议组成员告知通知书，双方均逾期未对合议组成员提出回避请求。

合议组经合议，认为本案事实清楚，依法作出本审查决定。

二、决定的理由

基于请求人提出无效宣告请求所依据的事实和理由，合议组对本专利是否符合专利法第 9 条、专利法实施细则第 13 条第 1 款的规定进行审查。

专利法第 9 条规定：两个以上的申请人分别就同样的发明创造申请专利的，专利权授予最先申请的人。

专利法实施细则第 13 条第 1 款规定：同样的发明创造只能被授予一项专利。

请求人提交的作为证据的附件 1 是从国家知识产权局网站下载的 200530166792.1 号外观设计专利的著录项目及外观设计图片打印件，其所示专利申请日为 2005 年 11 月 29 日，授权公告日为 2007 年 2 月 28 日，使用外观设计的产品名称为“装饰板（方形花纹）”，申请人为王进；经合议组核实，该附件所示内容属实，属于他人在本专利申请日之前申请、之后授权公告的外观设计专利，因此，可适用专利法第 9 条的规定作为本案证据。

附件 2 是从国家知识产权局网站下载的本专利的著录项目及外观设计图片打印件，经合议组核实，其内容属实，可以证明本专利相关内容。

附件 1 所示为“装饰板”的外观设计（下称在先设计），与本专利使用外观设计的产品“热合板”均为装饰用板材，二者用途相同，属相同种类的产品。

本专利包括主视图、后视图。所示热合板为长方形，其正反两面的图案相同，均为以带有立体效果的六边形单元图案作四方连续拼接排列（详见本专利附图）。

在先设计包括主视图，简要说明记载：后视图与主视图对称，省略后视图。所示装饰板为长方形，其正反两面的图案对称，均为以带有立体效果的六边形单元图案作四方连续拼接排列（详见在先设计附图）。

将本专利与在先设计相比较，二者所示板材均为仅由图案构成的平面产品，其正反两面的图案均为以带有立体效果的六边形单元图案作四方连续拼接排列，二者不同之处在于其每行、列的六边形单元图案数量不完全相同。合议组认为，在二者所示单元图案及连续排列的方式均相同的情况下，仅连续数量的差异对于一般消费者而言不易被觉察到，容易导致误认和混同，因此本专利与在先设计属于相近似的外观设计。

同样的发明创造对于外观设计而言是指外观设计相同或者相近似，综上所述，在本专利申请日前已有他人就同样的外观设计申请了专利并在之后被授予专利权，因此，本专利不符合专利法第 9 条的规定，同时亦不符合专利法实施细则第 13 条第 1 款的规定。

三、决定

宣告 200530136348.5 号外观设计专利权全部无效。

当事人对本决定不服的，可以根据专利法第 46 条第 2 款的规定，自收到本决定之日起三个月内向北京市第一中级人民法院起诉。根据该款的规定，一方当事人起诉后，另一方当事人应当作为第三人参加诉讼。

主视图

后视图

本专利附图

在先设计附图

吸顶式荧光灯具（秋韵系列）

无效宣告请求审查决定（第13470号）

决　　定　　号　第13470号
决　　定　　日　2009年6月2日
发明创造名称　吸顶式荧光灯具（秋韵系列）
外观设计分类号　26-05
无效宣告请求人　广东钜豪照明电器有限公司
专　利　权　人　中山市欧普照明股份有限公司
专　　利　　号　200630076580.9
申　　请　　日　2006年10月24日
授 权 公 告 日　2007年9月12日
合 议 组 组 长　徐媛媛
主　　审　　员　齐宏涛
参　　审　　员　瞿晓峰
附　　　　　图　3页

法　律　依　据　专利法第23条
决　定　要　点

根据整体观察、综合判断的原则，本专利与在先设计的差别对于产品外观设计的整体视觉效果具有显著的影响，因此本专利相对于在先设计符合专利法第23条的规定。

一、案由

本无效宣告请求涉及中华人民共和国国家知识产权局于2007年9月12日授权公告的、名称为"吸顶式荧光灯具（秋韵系列）"的外观设计专利权（下称本专利），其专利号是200630076580.9，申请日是2006年10月24日，专利权人是中山市欧普照明股份有限公司。

针对本专利权，广东钜豪照明电器有限公司（下称请求人）于2008年8月18日向专利复审委员会提出无效宣告请求，认为本专利不符合专利法第23条的规定，请求人同时提交了如下附件作为证据：

证据1：2003年2月的《Lighting》月刊，复印件，共4页；

证据2：2004年4月的《ACG灯饰采购杂志》月刊，复印件，共4页；

证据3：国家知识产权局网站上公布的200430082507.3号外观设计专利授权公告信息，打印件，共1页；

证据4：国家知识产权局网站上公布的200430033405.2号外观设计专利授权公告信息，打印件，共1页；

证据5：国家知识产权局网站上公布的200530076221.9号外观设计专利授权公告信息，打印件，共1页；

证据6：国家知识产权局网站上公布的200430114597.X号外观设计专利授权公告信息，打印件，共1页。

请求人认为：（1）证据1公开于2003年2月，证据2公开于2004年4月，均早于本专利申请日2005年11月9日，将本专利与证据1第109页、证据2第41页公开的产品外观进行比较，三者的整体形状和设计是相同的，其形状都为圆环，环中为圆形突起透明灯罩。因此，在申请日前已有与本专利相近似的产品公开销售和发表；（2）将本专利与证据3~6公开的外观设计进行比较，其整体形状和设计都是相同的，其形状都为圆环，环中为圆形突起透明灯罩，安在天花板及建筑物顶板上容易使人在视觉上产生混淆。因此，在申请日前已有与本专利相近似外观设计公开出版。综上，证据1~6能够证明在本专利申请日前已有与相近似的外观设计在国内公开使用、销售和公开出版，请求宣告本专利无效。

经形式审查合格，专利复审委员会依法受理了上述无效宣告请求，并于2008年8月18日向请求人和专利权人发出无效宣告请求受理通知书，同时将专利权无效宣告请求书及其附件清单中所列附件的副本转送给专利权人，并要求专利权人在指定的期限内陈述意见。

请求人于2008年9月17日提交了补充意见陈述，同时补交了如下附件作为证据：

证据7：环球市场集团（亚洲）有限公司于2008年9月2日出具的证明，复印件，共1页；

证据8：亚洲媒介集团有限公司于2008年9月2日出具的证明，复印件，共1页。

请求人认为，证据7、8可以证明证据1、2的刊号和印刷时间，同时证明请求人如何获得这两份证据。

针对专利复审委员会发出的上述无效宣告请求受理通知书，专利权人于2008年9月28日提交了意见陈述书。专利权人认为：证据1、2均不是中国国内的公开出版物，请求人没有提供公证认证的证明材料，根据审查指南的规定，证据1、2不具有真实性，不能作为证据使用。关于证据3，从整体来看，本专利是由边缘平底加下凸的中心弧面组成，中心弧面与平底边缘之间由外浅内深的倾斜的凹槽连接，而证据3是浑圆的扁状圆饼，两者不相近似。从立体图来看，本专利设计有倾斜的凹槽，有含苞的设计效果，从主视图、左视图、右视图、后视图来看，本专利设计有中间为直边直角突出，上侧为台阶状，下侧为圆弧状的图案，证据3没有这些特征，且这些特征是一般消费者最容易注意到的部分，所以本专利与证据3不构成相近似的外观设计。同理，证据4是金元宝状的扁状圆饼，证据5是两个大的成阶梯状的外圆柱加下凸的中心弧面，证据6是单层图案单一的圆饼，与本专利均不相近似。综上，请求专利复审委员会驳回请求人的无效请求，维持本专利有效。

专利复审委员会依法成立合议组，对本案进行审理。合议组于2008年10月31日向双方当事人发出无效宣告请求口头审理通知书，定于2008年11月24日举行口头审理。随同口头审理通知书，将专利权人于2008年9月28日提交的意见陈述书转送给请求人，将请求人于2008年9月17日提交的补充意见陈述及证据7、8转送给专利权人。

口头审理如期举行，双方当事人均派出代理人参加了口头审理。

在口头审理中：（1）请求人当庭出示了证据1、2、7、8的原件，专利权人认为这些证据属于域外证据，未办理公证认证手续，因此不认可证据1、2、7、8的真实性，专利权人对证据3~6的真实性无异议；（2）请求人明确其无效理由和所依据的证据为，本专利与证据1~6相比相同或相近似，因此不符合专利法第 23 条的规定，专利权人则主张，本专利相对于上述证据符合专利法第 23 的规定。双方当事人均结合证据充分发表了意见，同时明确表示针对随口头审理通知书转送的意见陈述不再进行任何书面答复。

至此，合议组认为本案事实已经清楚，可以作出审查决定。

二、决定的理由

1. 法律依据

专利法第 23 条规定："授予专利权的外观设计，应当同申请日以前在国内外出版物上公开发表过或者国内公开使用过的外观设计不相同和不相近似，并不得与他人在先取得的合法权利相冲突。"

2. 证据的认定

证据 3~6 为国家知识产权局专利局网站上公布的外观设计专利著录项目和照片，专利权人对其真实性无异议，经合议组核实，证据 3~6 的内容真实，且其中记载的外观设计的授权公告日均早于本专利的申请日，因此这些证据可以作为本案的证据使用。

证据 1、2 为使用英文印刷的期刊，专利权人认为，上述证据属于域外证据或中国香港、澳门、台湾地区形成的证据，应当履行相关的证明手续，因此对其真实性不予认可。对此，请求人主张，证据 7、8 可以证明证据 1、2 的真实性，证据 1、2 的 ISSN 号码也说明其是全球出版的。合议组经审查后认为，请求人的主张不能成立，理由如下：（1）证据 7、8 也属于域外证据或中国香港、澳门、台湾地区形成的证据，也未办理相应的证明手续，其本身的真实性亦无法确认；（2）证据 7、8 作为单位出具的证明，并未有单位负责人或经办人的签字或签章，亦未有相应人员出庭作证，同时，证据 7 中记载证据 1 的 ISSN 号为 1029-2853，而证据 1 第 2 页记载的 ISSN 号为 1682-8283，两者互相矛盾，因此证据 1、2、7、8 不能形成完整的证据链证明证据 1、2 的真实性；（3）ISSN 号码仅可说明某一刊物为连续出版物，但并不能证明证据 1、2 在国内公开渠道可以获得。综上，合议组对请求人提交的证据 1、2、7、8 不予考虑。

3. 相同相近似对比

本专利为一吸顶灯，包括主视图、左视图、俯视图、仰视图、A-A 剖视图和立体图六幅视图。从各视图观察，该吸顶灯具有一个大体为圆台状的边缘台阶，台阶中具有向下凸的弧面形灯罩，台阶与灯罩连接部分有一由外至内的倾斜坡度，灯罩背面为一水平面的吸顶灯底部，底部有多个同心圆环，若干螺钉和孔洞均匀分布在圆环间。

证据 3、4、5 均为吸顶灯的外观设计，其与本专利的产品用途相同，属于同一类别的产品，因此，可以进行相近似比较。其中，证据 3 包括俯视图、仰视图、左视图、后视图、立体图、右视图和主视图七幅视图，从各视图观察，该吸顶灯具有一个扁平的圆饼状边缘，边缘之中为一下凸的弧面形灯罩，灯罩背面为一水平面的吸顶灯底部，底部有多个同心圆环，均匀分布有若干孔洞。证据 4 包括俯视图、后视图、仰视图、右视图、主视图和左视图六幅视图，从各视图观察，该吸顶灯具有一个圆盆状的边缘，边缘之中为一表面基本与边缘平齐的灯罩，灯罩中部有一环状凹槽，灯罩背面为一向下凸起的底部，底部中心有一螺钉。证据 5 包括主视图、左视图、俯视图、仰视图、A-A 剖视图和立体图六幅视图。从各视图观察，该吸顶灯具有两个成阶梯状的圆台形边缘台阶，内部台阶较外部台阶下凸，两台阶之间有一过渡部分，内部台阶中具有向下凸的弧面形灯罩，灯罩背面为一水平面的吸顶灯底部，底部有多个同心圆环，若干螺钉和孔洞均匀分布在圆环间，底部中心还有一安装条。

将本专利与证据 3 相比可知，两者的灯罩均为下凸的弧面形，而边缘形状具有较大差异。然而，下凸的弧面灯罩属于吸顶灯产品的常规设计，在此情形下，边缘形状的差异对整体视觉效果更具显著影响。本专利的边缘台阶为圆台状，给人一种层次鲜明的线条感，而证据 3 的边缘部分为较扁的圆饼状，给人一种过渡平滑且浑圆的感觉。因此，根据整体观察、综合判断的原则可知，上述区别对整体视觉效果具有显著的影响，本专利与证据 3 属于不相同也不相近似的外观设计，证据 3 不能证明本专利不符合专利法第 23 条的规定。

将本专利与证据 4 相比可知，两者的区别主要在于：（1）本专利的灯罩为下凸的弧面形，而证据 4 的灯罩表面基本与边缘平齐，中部还有一环状凹槽；（2）本专利的边缘台阶为圆台状，而证据 4 为圆盆状；（3）证据 4 的底部向下凸出，使得其整体较本专利更厚。由此可见，两者的整体造型、灯罩与边缘部分的形状均有较大差异。因此，根据整体观察、综合判断的原则可知，上述区别对整体视觉效果具有显著的影响，本专利与证据 4 属于不相同也不相近似的外观设计，证据 4 不能证明本专利不符合专利法第 23 条的规定。

将本专利与证据 5 相比可知，两者的差别主要在于：（1）本专利的边缘台阶为一层，而证据 5 为内外两层；（2）本专利台阶与灯罩连接部分有一由外至内的倾斜坡度，而证据 5 不具有这一设计；（3）证据 5 的与灯罩相邻的内部台阶向下凸出较多，而本专利与灯罩相邻的台阶向下凸出较少；（4）由于上述区别点（2）、（3）的存在，使得证据 5 灯罩的可视部分相对于本专利较少。对于吸顶灯产品而言，灯罩和边缘属于使用状态下主要可视部分，而本专利与证据 5 在这两方面均存在明显区别。因此，根据整体观察、综合判断的原则可知，上述区别对整体视觉效果具有显著的影响，本专利与证据 5 属于不相同也不相近似的外观设计，证据 5 不能证明本专利不符合专利法第 23 条的规定。

证据 6 涉及的外观设计仅为吸顶灯底壳，未公开吸顶灯的灯罩部分，而灯罩属于吸顶灯类产品使用状态下主要可视部分，因此，本专利与证据 6 相比，其外观有较大差异。根据整体观察、综合判断的原则可知，本专利与证据 6 属于不相同也不相近似的外观设计，证据 6 不能证明本专利不符合专利法第 23 条的规定。

根据上述的事实和理由，合议组依法作出以下决定。

三、决定

维持 200630076580. 9 号外观设计专利权有效。

当事人对本决定不服的，可以根据专利法第 46 条第 2 款的规定，自收到本决定之日起感动三个月内向北京市第一中级人民法院起诉。根据该款的规定，一方当事人起诉后，另一方当事人应当作为第三人参加诉讼。

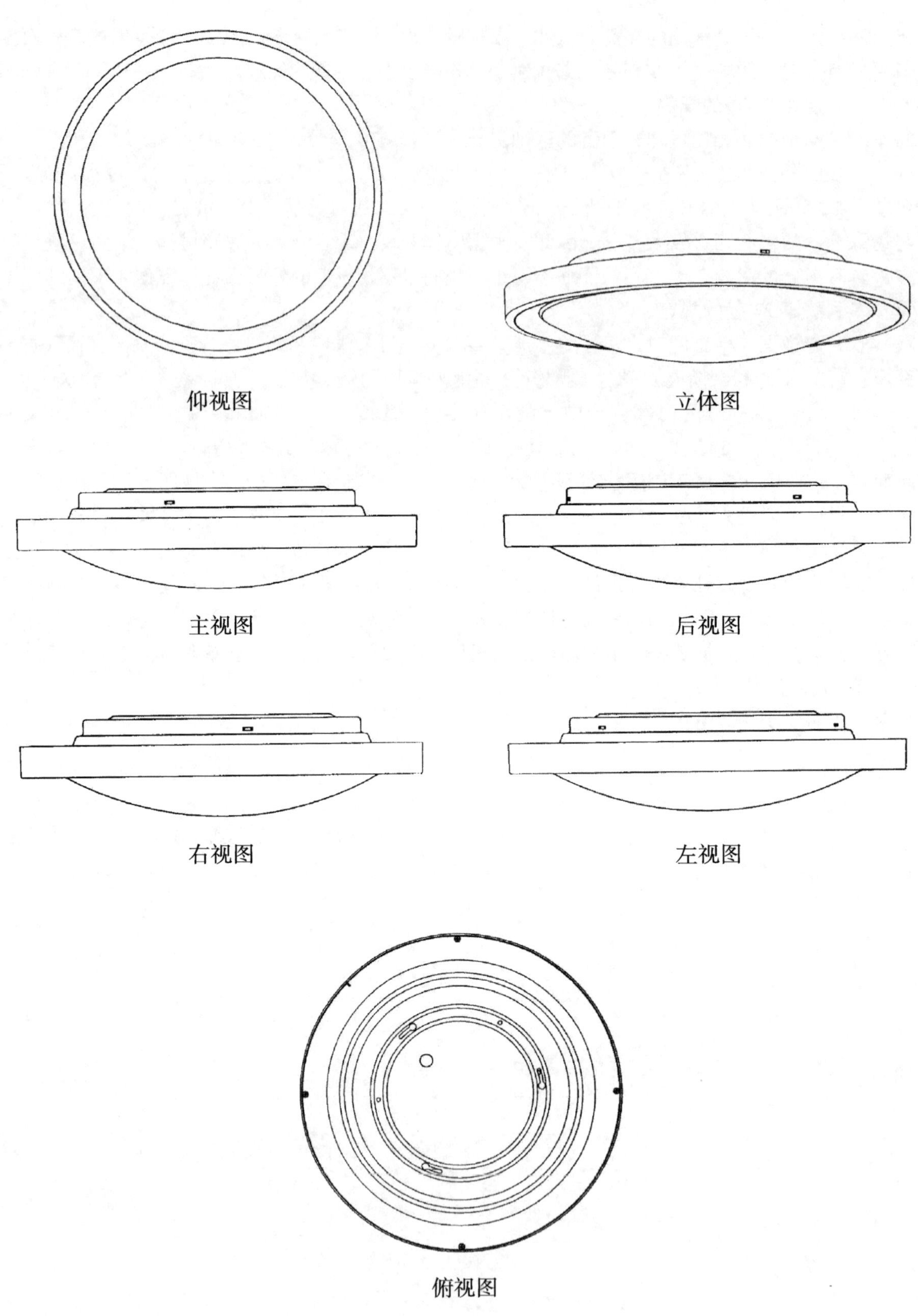

本专利附图

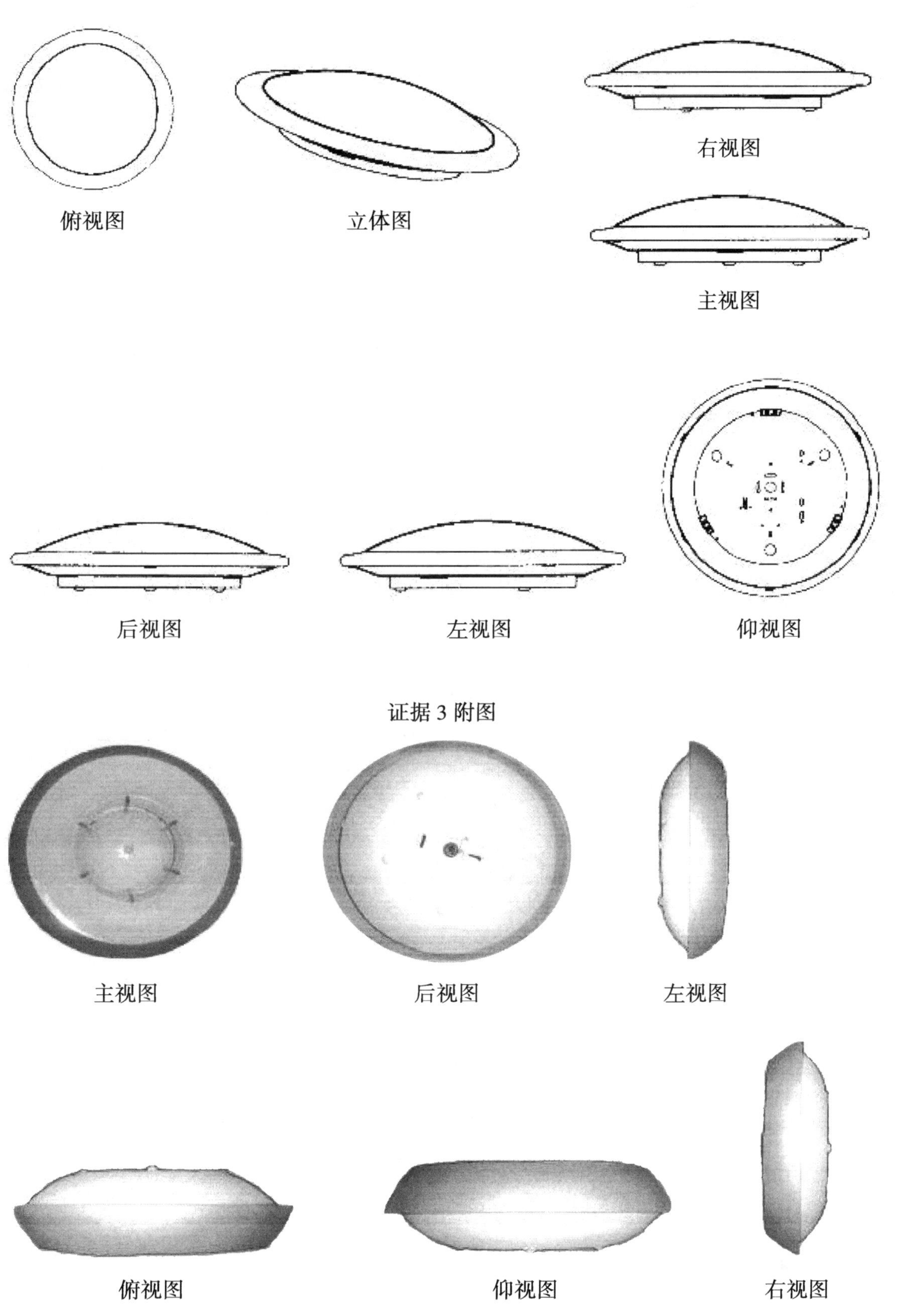

证据 3 附图

证据 4 附图

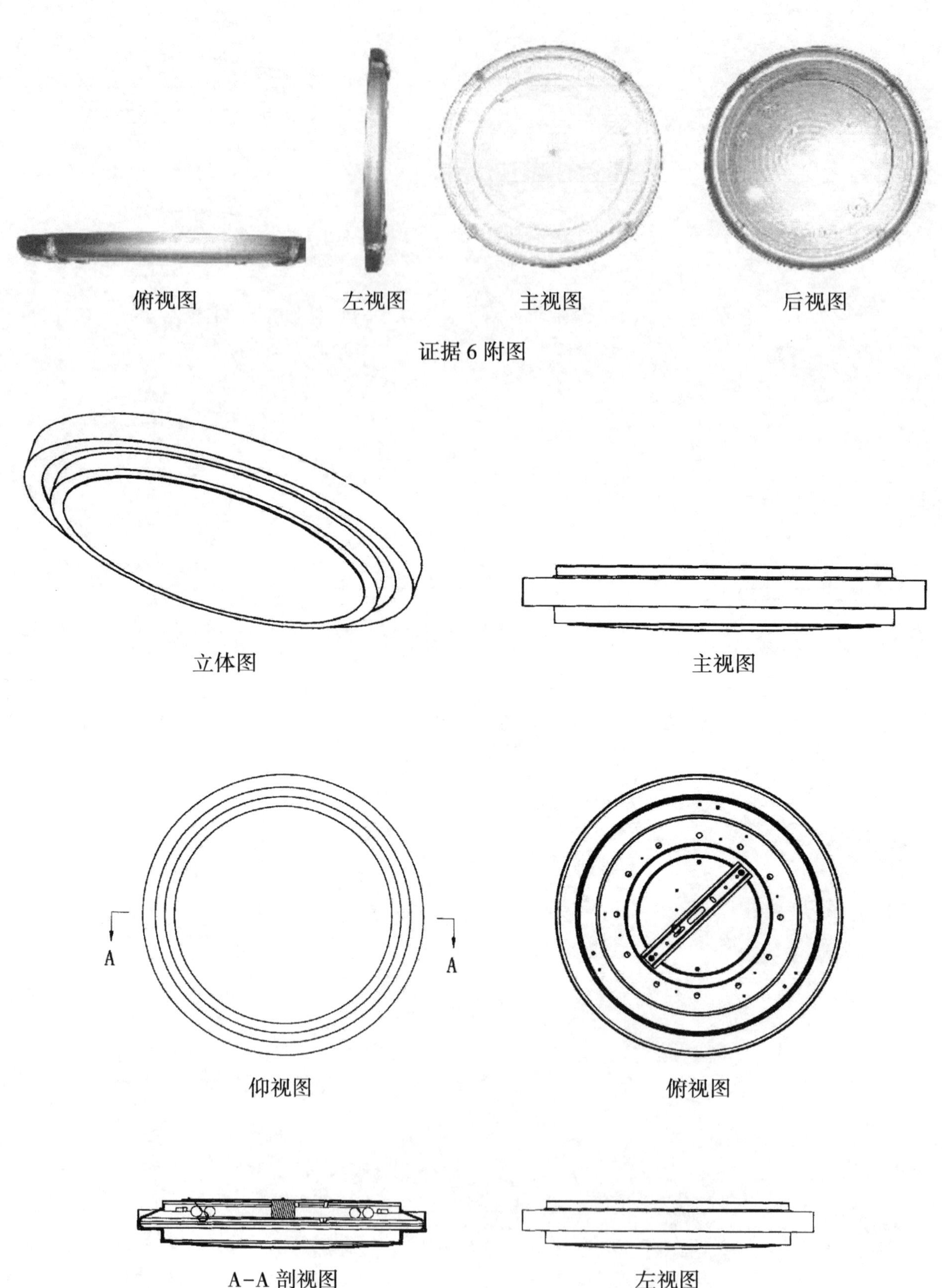

证据 6 附图

证据 5 附图

305

吸顶灯（朗月）

无效宣告请求审查决定（第13471号）

决　　定　　号　第13471号
决　　定　　日　2009年6月2日
发明创造名称　吸顶灯（朗月）
外观设计分类号　26-05
无效宣告请求人　广东钜豪照明电器有限公司
专　利　权　人　王耀海
专　　利　　号　200530076221.9
申　　请　　日　2005年11月9日
授权公告日　2006年9月13日
合议组组长　徐媛媛
主　　审　　员　齐宏涛
参　　审　　员　隋　璐
附　　　　图　3页

法　律　依　据　专利法第23条
决　定　要　点

根据整体观察、综合判断的原则，本专利与在先设计的差别对于产品外观设计的整体视觉效果具有显著的影响，因此本专利相对于在先设计符合专利法第23条的规定。

一、案由

本无效宣告请求涉及中华人民共和国国家知识产权局于2006年9月13日授权公告的、名称为“吸顶灯（朗月）”的外观设计专利权（下称本专利），其专利号是200530076221.9，申请日是2005年11月9日，专利权人是王耀海。

针对本专利权，广东钜豪照明电器有限公司（下称请求人）于2008年8月18日向专利复审委员会提出无效宣告请求，认为本专利的授权不符合专利法第23条的规定，请求人同时提交了如下附件作为证据：

证据1：2003年2月的《Lighting》月刊，复印件，共4页；

证据2：国家知识产权局网站上公布的200430082507.3号外观设计专利授权公开信息，打印件，共1页；

证据3：国家知识产权局网站上公布的200430033405.2号外观设计专利授权公开信息，打印件，共 1 页；

证据 4：国家知识产权局网站上公布的 200430080674.4 号外观设计专利授权公开信息，打印件，共 1 页；

证据 5：国家知识产权局网站上公布的 200430114597.X 号外观设计专利授权公开信息，打印件，共 1 页；

证据 6：国家知识产权局网站上公布的 200430114598.4 号外观设计专利授权公开信息，打印件，共 1 页。

请求人认为：（1）证据 1 公开于 2003 年 2 月，早于本专利申请日 2005 年 11 月 9 日，将本专利与证据 1 第 109 页公开的产品外观进行比较，两者都是由阶梯状的两个圆环平滑连接而成，圆环中间向外突出有透明灯罩。因此，在申请日前已有与本专利相近似的产品公开销售和发表；（2）将本专利与证据 2-6 公开的外观设计进行比较，其整体形状和设计都是相同的，其形状都为圆环，环中为圆形突起透明灯罩，安在天花板及建筑物顶板上容易使人在视觉上产生混淆。因此，在申请日前已有与本专利相近似的外观设计公开出版。综上，证据 1-6 能够证明在本专利申请日前已有与相近似的外观设计在国内公开使用、销售和公开出版，请求宣告本专利无效。

经形式审查合格，专利复审委员会依法受理了上述无效宣告请求，并于 2008 年 8 月 18 日向请求人和专利权人发出无效宣告请求受理通知书，同时将专利权无效宣告请求书及其附件清单中所列附件的副本转送给专利权人，并要求专利权人在指定的期限内陈述意见。

专利复审委员会于 2008 年 9 月 22 日收到了请求人提交的补充意见陈述以及如下补充证据：

证据 7：环球市场集团（亚洲）有限公司于 2008 年 9 月 2 日出具的证明，复印件，共 1 页。

请求人认为，证据 7 可以证明证据 1 的刊号和印刷时间，同时可以证明请求人如何获得证据 7。

针对专利复审委员会发出的上述无效宣告请求受理通知书，专利权人于 2008 年 9 月 28 日提交了意见陈述书。专利权人同时提交了如下附件作为反证：

反证 1：专利产品的照片，复印件，共 1 页。

专利权人认为：证据 1 不是中国国内的公开出版物，请求人没有提供公证认证的证明材料，根据审查指南的规定，证据 1 不具有真实性，不能作为证据使用。关于证据 2，从整体来看，本专利由两个大的呈阶梯状的外圆柱加下凸的中心弧面组成，中心弧面与边缘台阶之间由外浅内深的倾斜的凹槽连接，而证据 2 是浑圆的扁状圆饼，两者不相近似。从仰视图和立体图来看，本专利设计有四个圆圈构成的图案，构成多圈多层的设计效果，从主视图和左视图来看，本专利设计有中间大上下侧小的台阶形状，证据 2 均没有这些特征，且这些特征是一般消费者最容易注意到的部分，所以本专利与证据 2 不构成相近似的外观设计。同理，证据 3 是金元宝状的扁状圆饼，证据 4 是单层圆饼在侧面加以简单的波浪纹，证据 5 是单一的扁状圆饼，证据 6 是设有多个圆弧缺口的扁状圆饼，与本专利均不相近似。综上，请求专利复审委员会驳回请求人的无效请求，维持本专利有效。

专利复审委员会依法成立合议组，对本案进行审理。合议组于 2008 年 10 月 31 日向双方当事人发出无效宣告请求口头审理通知书，定于 2008 年 11 月 24 日举行口头审理。随同口头审理通知书，将专利权人于 2008 年 9 月 28 日提交的意见陈述书及反证 1 转送给请求人，将专利复审委员会 2008 年 9 月 22 日收到的请求人提交的补充意见陈述及证据 7 转送给专利权人。

口头审理如期举行，双方当事人均派出代理人参加了口头审理。

在口头审理中：（1）请求人当庭出示了证据 1、7 的原件，专利权人认为这些证据属于域外证据，未办理公证认证手续，因此不认可证据 1、7 的真实性，专利权人对证据 2-6 的真实性无异议；（2）请求人明确其无效理由和所依据的证据为，本专利与证据 1-6 相比相同或相近似，因此不符合专利法第 23 条的规定，专利权人明确反证不作为证据使用，仅供合议组参考，同时专利权人主张，本专利相对于上述证据符合专利法第 23 条的规定。双方当事人均结合证据充分发表了意见，并表示针对口头审理通知书转送的对方当事人意见陈述及证据不再进行任何书面答复。

至此，合议组认为本案事实已经清楚，可以作出审查决定。

二、决定的理由

1. 法律依据

专利法第 23 条规定："授予专利权的外观设计，应当同申请日以前在国内外出版物上公开发表过或者国内公开使用过的外观设计不相同和不相近似，并不得与他人在先取得的合法权利相冲突。"

2. 证据的认定

证据 2-6 为国家知识产权局专利局网站上公布的外观设计专利著录项目和照片，专利权人对其真实性无异议，经合议组核实，证据 2~6 的内容真实，且其中记载的外观设计的授权公告日均早于本专利的申请日，因此这些证据可以作为本案的证据使用。

证据 1 为使用英文印刷的期刊，专利权人认为，该证据属于域外证据或中国香港、澳门、台湾地区形成的证据，应当履行相关的证明手续，因此对其真实性不予认可。对此，请求人主张，证据 7 可以证明证据 1 的真实性，证据 1 的 ISSN 号码也说明其是全球出版的。合议组经审查后认为，请求人的主张不能成立，理由如下：（1）证据 7 也属于域外证据或中国香港、澳门、台湾地区形成的证据，也未办理相应的证明手续，其本身的真实性亦无法确认；（2）证据 7 中记载证据 1 的 ISSN 号为 1029-2853，而证据 1 第 2 页记载的 ISSN 号为 1682-8283，两者互相矛盾，而且证据 7 作为单位出具的证明，并未有单位负责人或经办人的签字或签章，亦未有相应人员出庭作证，因此证据 1、7 不足以形成完整的证据链，用以证明证据 1 的真实性；（3）ISSN 号码仅可说明某一刊物为连续出版物，但并不能证明证据 1 在国内公开渠道可以获得。综上，合议组对证据 1、7 不予考虑。

3. 相同相近似对比

本专利为一吸顶灯，包括主视图、左视图、俯视图、仰视图、A-A 剖视图和立体图六幅视图。从各视图观察，该吸顶灯具有两个成阶梯状的圆台形边缘台阶，内部台阶较外部台阶下凸，两台阶之间有一过渡部分，内部台阶中具有向下凸的弧面形灯罩，灯罩背面为一水平面的吸顶灯底部，底部有多个同心圆环，若干螺钉和孔洞均匀分布在圆环间，底部中心还有一安装条。

证据 2、3 均为吸顶灯的外观设计，其与本专利的产品用途相同，属于同一类别的产品，因此，可以进行相近似比较。其中，证据 2 包括俯视图、仰视图、左视图、后视图、立体图、右视图和主视图七幅视图，从各视图观察，该吸顶灯具有一个扁平的圆饼状边缘，边缘之中为一下凸的弧面形灯罩，灯罩背面为一水平面的吸顶灯底部，底部有多个同心圆环，均匀分布有若干孔洞。证据 3 包括俯视图、后视图、仰视图、右视图、主视图和左视图六幅视图，从各视图观察，该吸顶灯具有一个圆盆状的边缘，边缘之中为一表面基本与边缘平齐的灯罩，灯罩中部有一环状凹槽，灯罩背面为一向下凸起的底部，底部中心有一螺钉。

将本专利与证据 2 相比可知，两者的灯罩均为下凸的弧面形，而边缘形状具有较大差异。然而，下凸的弧面灯罩属于吸顶灯产品的常规设计，在此情形下，边缘形状的差异对整体视觉效果更具显著影响。本专利的边缘台阶为阶梯状的圆台形，给人一种层次鲜明的线条感，而证据 2 的边缘部分为较扁的圆饼状，给人一种过渡平滑且浑圆的感觉。因此，根据整体观察、综合判断的原则可知，上述区别对整体视觉效果具有显著的影响，本专利与证据 2 属于不相同也不相近似的外观设计，证据 2 不能证明本专利不符合专利法第 23 条的规定。

将本专利与证据 3 相比可知，两者的区别主要在于：（1）本专利的灯罩为下凸的弧面形，而证据 3 的灯罩表面基本与边缘平齐，中部还有一环状凹槽；（2）本专利的边缘台阶为圆台状，而证据 3 为圆盆状；（3）证据 3 的底部向下凸出，使得其整体较本专利更厚。由此可见，两者的整体造型、灯罩与边缘部分的形状均有较大差异。因此，根据整体观察、综合判断的原则可知，上述区别对整体视觉效果具有显著的影响，本专利与证据 3 属于不相同也不相近似的外观设计，证据 3 不能证明本专利不符合专利法第 23 条的规定。

证据 4-6 涉及的外观设计仅为吸顶灯外壳或底壳，均未公开吸顶灯的灯罩部分，而灯罩属于吸顶灯类产品使用状态下主要可视部分，因此，本专利与证据 4-6 分别单独对比，其外观均有较大差异。根据整体观察、综合判断的原则可知，本专利与证据 4-6 属于不相同也不相近似的外观设计，证据 4-6不能证明本专利不符合专利法第 23 条的规定。

根据上述的事实和理由，合议组依法作出以下决定。

三、决定

维持 200530076221.9 号外观设计专利权有效。

当事人对本决定不服的，可以根据专利法第 46 条第 2 款的规定，自收到本决定之日起三个月内向北京市第一中级人民法院起诉。根据该款的规定，一方当事人起诉后，另一方当事人应当作为第三人参加诉讼。

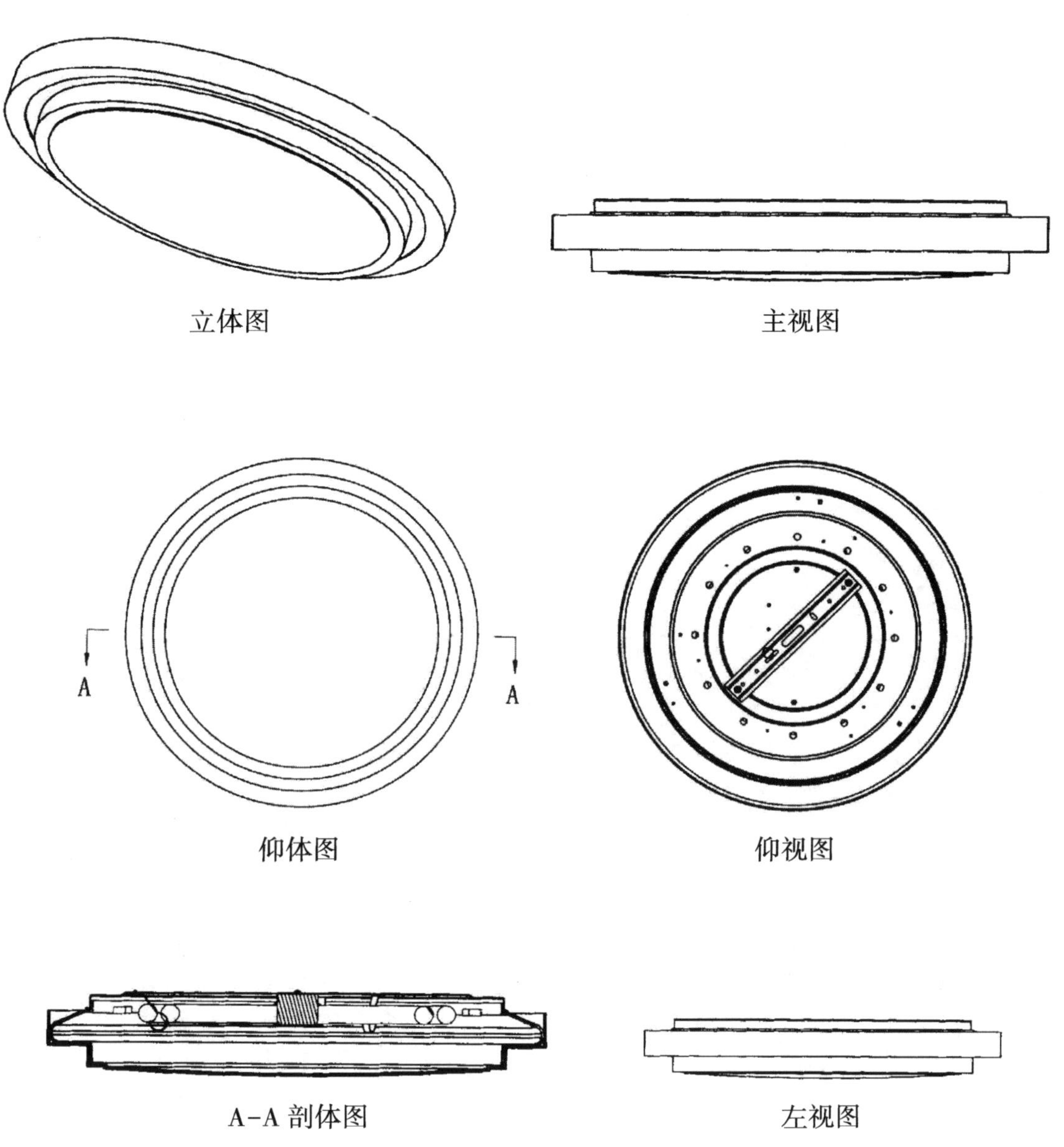

立体图　主视图

仰体图　仰视图

A-A 剖体图　左视图

本专利附图

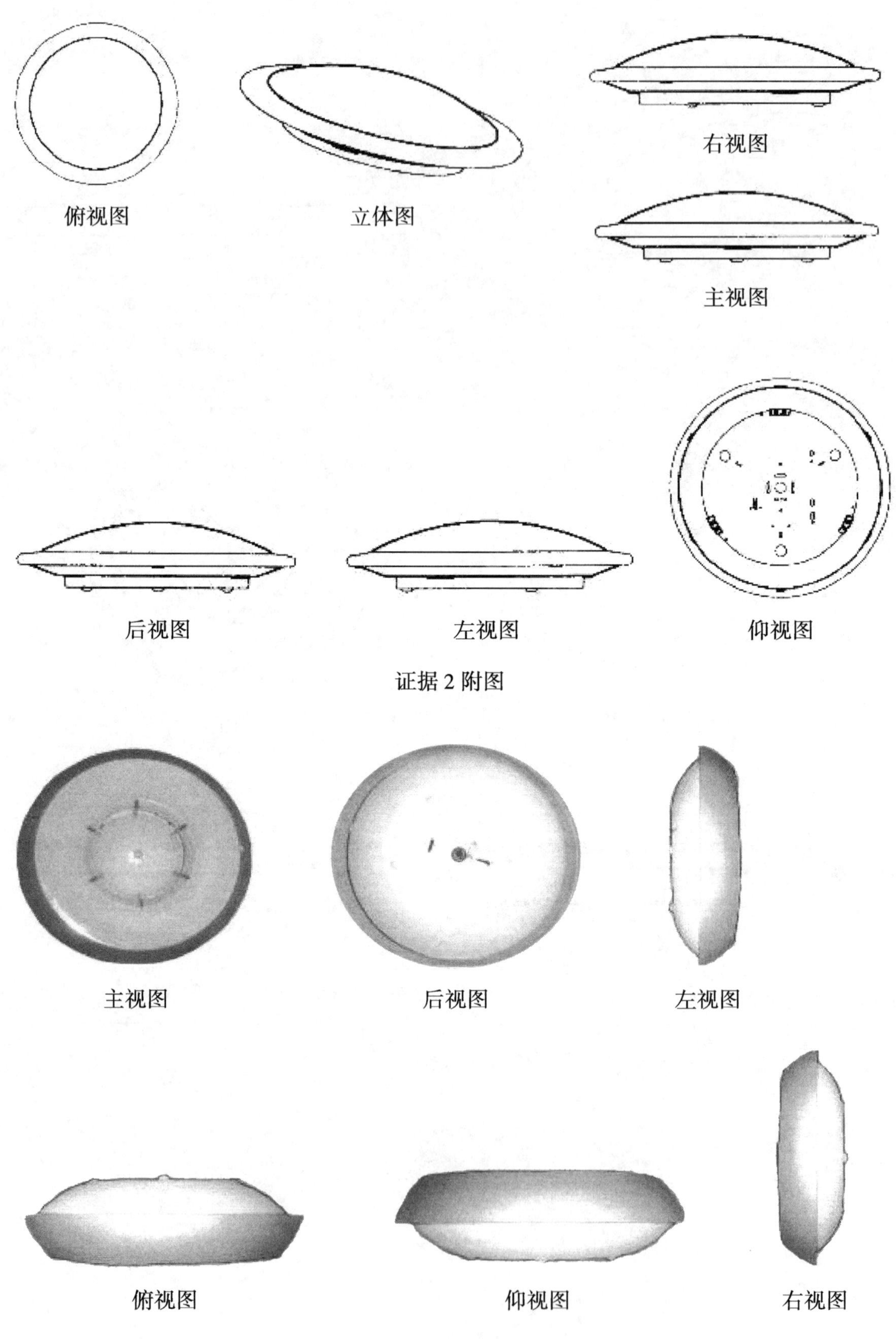

证据 2 附图

证据 3 附图

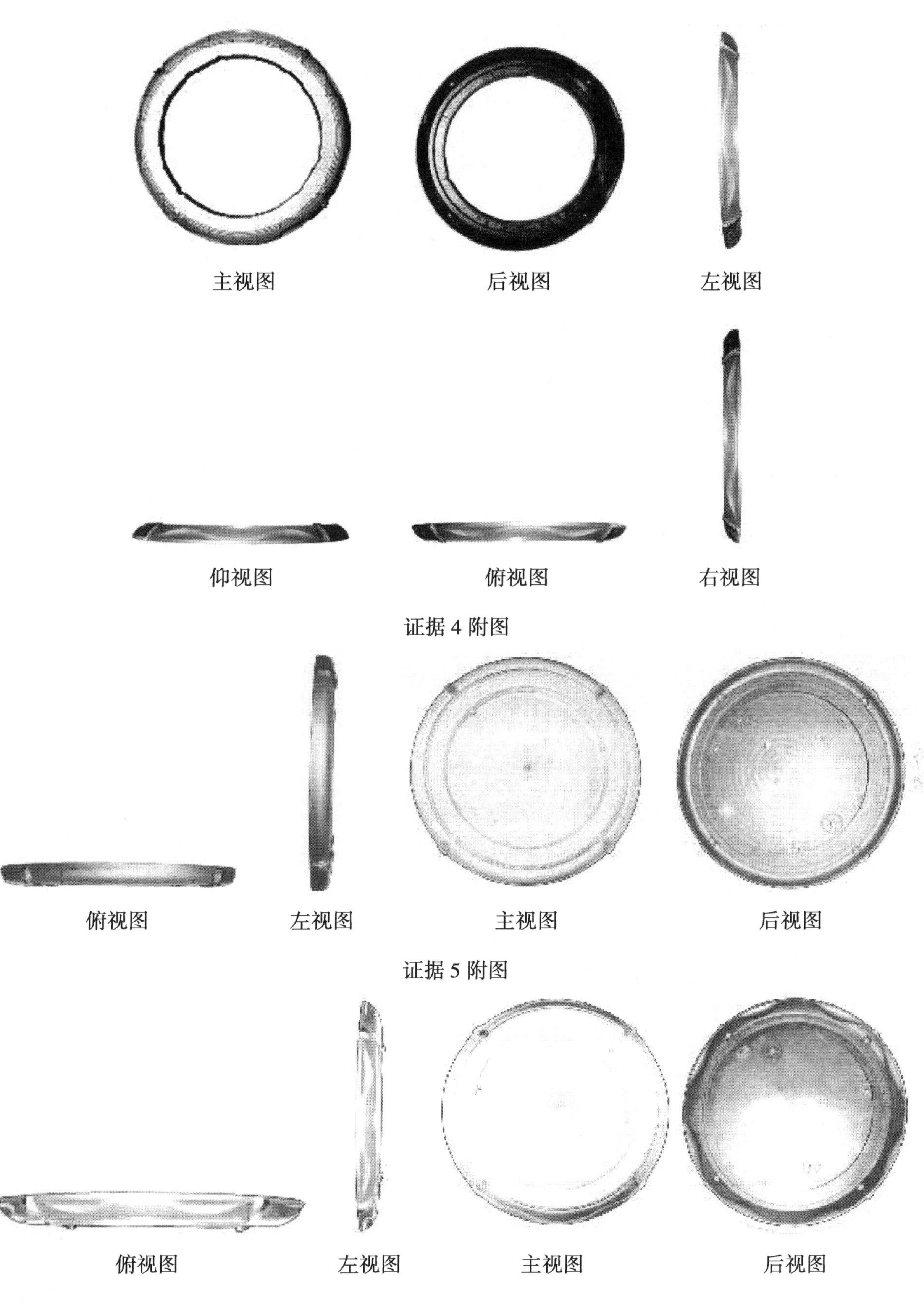

主视图 后视图 左视图

仰视图 俯视图 右视图

证据 4 附图

俯视图 左视图 主视图 后视图

证据 5 附图

俯视图 左视图 主视图 后视图

证据 6 附图

306

电子秤（B）

无效宣告请求审查决定（第13472号）

决　定　号　第13472号
决　定　日　2009年5月15日
发明创造名称　电子秤（B）
外观设计分类号　10-04
无效宣告请求人　永康市方岩新华五金厂
专　利　权　人　上海友声衡器有限公司
专　利　号　200530043443.0
申　请　日　2005年9月23日
授权公告日　2006年10月25日
合议组组长　盛　昭
主　审　员　朱家群
参　审　员　李巍巍
附　　　图　2页

法律依据　专利法第23条
决定要点

在外观设计相近似性判断中，局部的细微差别不足以对整体视觉效果产生显著影响，本专利与在先设计相近似，本专利不符合专利法第23条。

一、案由

本无效宣告请求涉及国家知识产权局于2006年10月25日授权公告的200530043443.0号外观设计专利，使用该外观设计的产品名称是“电子秤（B）”，其申请日是2005年9月23日，专利权人是上海友声衡器有限公司。

针对上述外观设计专利权（下称本专利），永康市方岩新华五金厂（下称请求人）于2008年9月25日向专利复审委员会提出无效宣告请求，其理由是本专利不符合专利法第23条的规定。请求人认为本专利与在先申请的外观设计相近似，并提交了如下证据：

证据1：专利号为02291510.9的实用新型专利说明书复印件，共12页，其授权公告号为CN 2588338Y。

请求人主要的无效宣告理由是：通过整体观察、综合判断，本专利与在先设计相比，二者为同类产品并且形状特征相近似，故该外观设计专利不符合专利法23条的规定，应该依法宣告该外观设计专利无效。

经形式审查合格，专利复审委员会于2008年11月17日依法受理了该无效宣告请求，并将请求人的无效宣告请求书及相关文件的副本转送专利权人，要求其在规定的期限内答复。

专利权人于2008年12月29日提交了意见陈述书。专利权人认为：（1）两种专利均属桌上型电子秤，其外壳主要结构特征都是由上盖和下底座两部分拼合，比较两个专利的侧面视图可以清楚看出，其上盖和下底座的接缝曲线完全不同，而且显示窗、侧面外轮廓线和上托盘也有明显差异；（2）本专利为外观设计专利，对比专利为实用新型专利，没有可比性；（3）针对对方意见陈述书第（二）点中提到的所有形状特征，是所有桌上型电子秤的共同特征，只有少数公司产品的托盘上表面没有凹面，所以没有任何排他性，不能证明本专利不符合专利法第23条的规定；（4）基于以上理由，请求专利复审委员会驳回该无效申请。

2008年12月29日，专利复审委员会向双方当事人发出口头审理通知书，定于2009年3月3日在专利复审委员会进行口头审理。

口头审理于2009年3月3日如期举行，专利权人和请求人均委托代理人参加了口头审理，双方对对方参加口头审理人员的身份和资格均没有异议，对合议组成员没有回避请求。请求人认为本专利与对比文件相比较，二者构成相近似，但有细部差别；专利权人认为本专利与对比文件有整体和多处细部不同，请求人持不同意见。当庭将专利权人于2008年12月29日递交的陈述文件转交请求人，请求人表示一周内作出针对该陈述文件的意见陈述。2009年3月9日请求人将意见陈述递交专利复审委员会。

在以上审理的基础上，合议组经合议，认为本案事实清楚，依法作出本审查决定。

二、决定的理由

1. 法律依据

基于请求人提出的无效宣告请求的理由，合议组依据专利法第23条的规定对本案进行审理。

专利法第23条规定："授予专利权的外观设计，应当同申请日以前在国内外出版物上公开发表过或者国内公开使用过的外观设计不相同或不相近似，并不得与他人在先取得的合法权利相冲突。"

2. 证据认定

请求人提交的证据1是专利号为02291510.9的实用新型专利说明书的复印件。其申请日是2002年12月19日，授权公告日是2003年11月26日，授权公告号是CN 2588338Y，名称是"防止虫类侵入的电子秤"（下称在先设计）。经合议组核实，该证据记载的内容与授权公告文本中记载的一致，该证据内容真实，确系在本专利申请日（2005年9月23日）以前发表的实用新型专利，属于专利法第23条所规定的公开出版物，适用于本案。

合议组认为：本专利和在先设计的附图均涉及电子秤的外观设计，用途相同，属于相同类别的产品，具有可比性。

3. 相同相近似的比较

本专利是电子秤的外观设计，其整体为梯形立方体。本专利提供了主视图、后视图、左视图、右视图、俯视图和仰视图，从这些视图中可以看出本专利由三大部分组成：底座、底座上盖和秤盘。观察主视图可见：右半部分为一矩形框（操作面板），约占整个面的2/5，剩余左半部分整体也为一矩形框，其内部分上下两层，上层有两个大小差不多的条状矩形框（显示屏）并排成一行，下层右侧也为一条状矩形框（显示屏），该矩形框与上层右侧的矩形框右对齐，最左侧为一个带倒角的正方形矩形框，中间则分布着一大一小的圆孔（指示灯孔）；观察后视图可见：三个条形框（显示屏）并排成一行；左视图和右视图成水平镜像，观察他们可见：底座上盖的上面线条的末端都有凸起三角设计，有操作面板主视图的那面的凸起更高些，其倾斜面一直延伸到底座的底平面，而相对的后视图那面的倾斜面只延伸到一半，底座和底座上盖的接缝处为直线，与底座上盖的上沿平行；观察仰视图可见：四个角座呈矩形分布在底面，其中间有一电池盒盖设计；观察俯视图可见：秤盘的中央有一个大致呈环形“跑道”的设计（两头为半圆，中间为矩形，详见本专利附图）。

在先设计为电子秤的实用新型，涉及的附图有图 1、图 2 和图 3。图 1 为该实用新型的分解结构立体示意图，图 2 为俯视图，图 3 为结构剖视图。从这三个附图中可以看出在先设计也由三个部分组成：底座、底座上盖和秤盘。在图 1 中可以观察到该电子秤的前面板（对应本专利的主视图）：右半部分由 20 个小方格组成，其整体呈矩形框，约占前面板的 2/5，左半部分分上下两层，上层由两条行矩形框（显示屏）并列排成一行，下层右侧为一条行矩形框（显示屏），该矩形框处于下层居中对齐，下层左侧有一带倒角的正方形矩形框，中间有一个圆形孔；观察图 1 的侧面（对应本专利的左视图，另一侧面对应本专利的右视图）可见：底座上盖的上沿在延伸到操作面板的末端有比较缓的凸起，底座与底座上盖的接缝处成弧线设计；观察图 1 的秤盘（对应本专利的俯视图）可见：秤盘的前后两边向上外翘，左右两边无形状；观察图 1 的底座（对应本专利的仰视图）：有四个呈矩形分布的底角；观察图 2（可推断出对应本专利后视图的部分）可见：与前操作面板相对应的面有三个条行矩形框（显示屏）设计（详见在先设计附图）。

将本专利与在先设计相比较，二者整体都可分为三部分：底座、底座上盖和秤盘。二者的整体形状相似、布局相同。主要区别在于：前操作面板的左半部分下层右侧的条行矩形框的位置略有不同；侧面的接缝线条不同，本专利为直线、在先设计为弧线；底座上盖上沿前后凸起大小不同，本专利前后都有凸起，在先设计前面略有凸起、后面无凸起；秤盘形状不同，本专利的秤盘中央有大致呈环形“跑道”设计，在先设计为前后两侧边外翘。

合议组认为：从整体观察，本专利和在先设计的不同点属于局部的细微差别，上述的不同点对整体视觉效果不具有显著的影响。因此，二者应属于相近似的外观设计。

综上所述，在本专利申请日前已有与其相近似的外观设计在国内出版物上公开发表过，本专利不符合专利法第 23 条的规定。

三、决定

宣告 200530043443.0 号外观设计专利权全部无效。

当事人对本决定不服的，可以根据专利法第 46 条第 2 款的规定，自收到本决定之日起三个月内向北京市第一中级人民法院起诉。根据该款的规定，一方当事人起诉后，另一方当事人应当作为第三人参加诉讼。

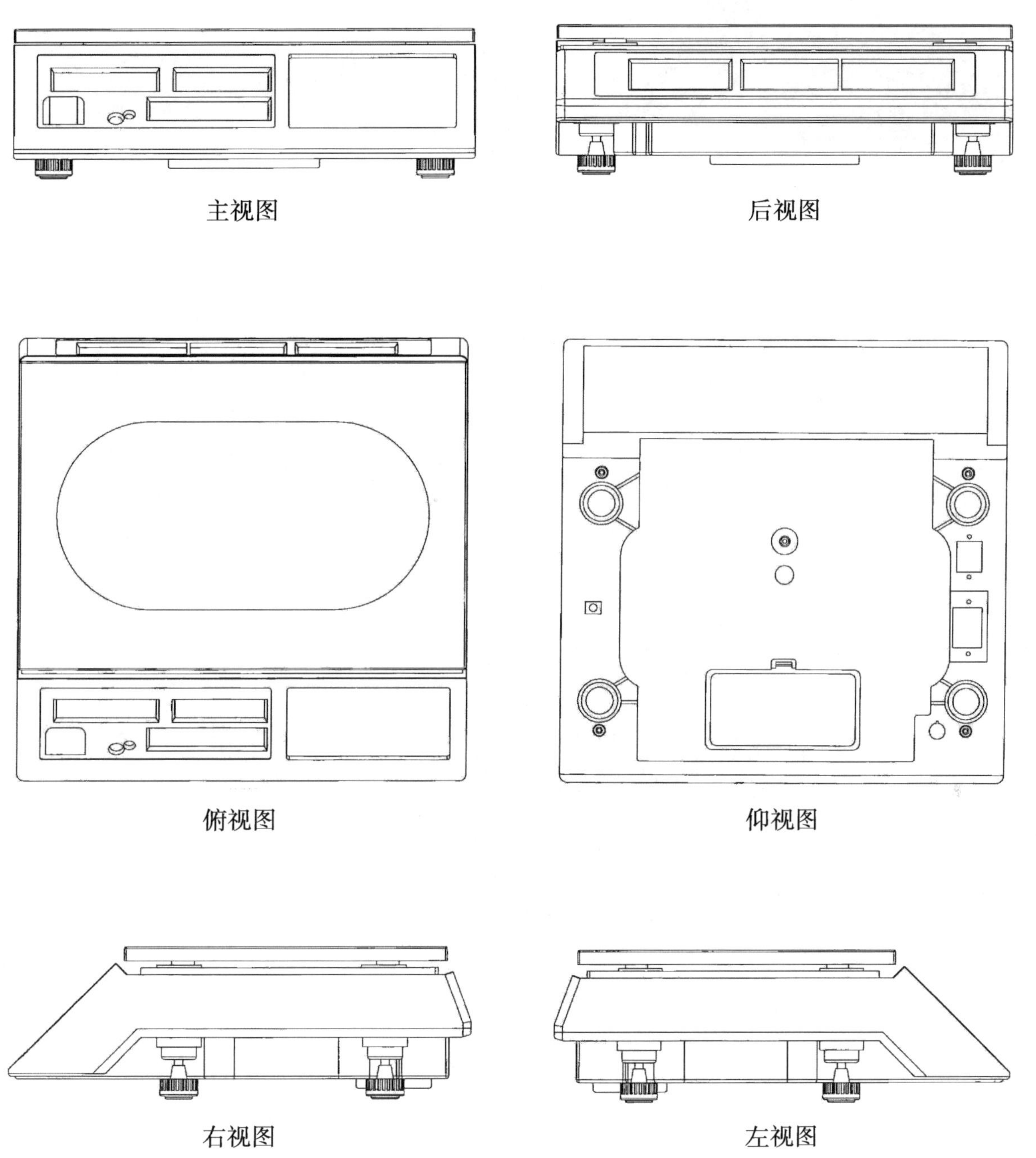

本专利附图

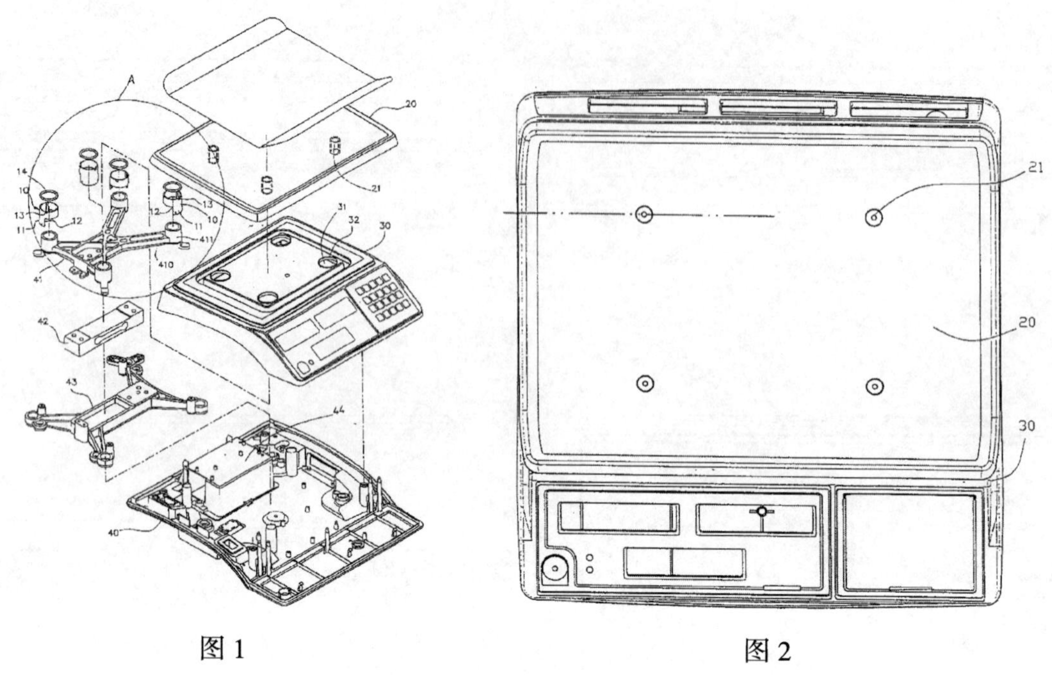

图 1　　　　　　　　　　　　图 2

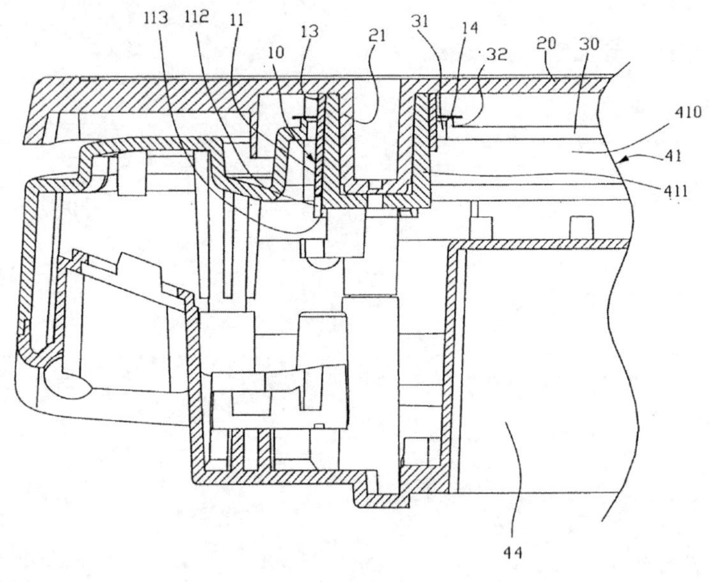

图 3

在先设计附图

307

手电筒（0543）

无效宣告请求审查决定（第13474号）

决　定　号　第13474号
决　定　日　2009年6月2日
发明创造名称　手电筒（0543）
外观设计分类号　26-02
无效宣告请求人　潮州市金源电筒有限公司
专　利　权　人　广州市电筒工业公司
专　利　号　200630055359.5
申　请　日　2006年3月22日
授权公告日　2007年1月10日
合议组组长　徐媛媛
主　审　员　瞿晓峰
参　审　员　隋　璐
附　　　图　2页

法律依据　专利法第23条
决定要点

如果本专利与在先设计的差别属于一般消费者关注的内容，且所述的差别非常明显，对产品的整体视觉效果具有显著的影响，那么本专利与在先设计既不相同也不相近似。

一、案由

本无效宣告请求涉及国家知识产权局于2007年1月10日授权公告的200630055359.5号外观设计专利，该外观设计的名称是“手电筒（0543）”，申请日是2006年3月22日，专利权人是广州市电筒工业公司。

针对上述外观设计专利权（下称本专利），潮州市金源电筒有限公司（下称请求人）于2008年7月12日向专利复审委员会提出无效宣告请求，其理由是本专利的授权不符合专利法第23条的规定。请求人认为：本专利与在先设计均是手电筒，属于同一种类的产品，本专利与在先设计的外轮廓形状为圆柱形、灯头部分形状为八角形、筒身与灯头部分连接过渡的形状为喇叭柱形，两者仅在筒身上的设计有所差异，即本专利为凹形横沟，而在先设计则为直纹，但是筒身在使用时被手掌把握，不容易给一般消费者留下深刻的视觉印象，因此两者的差别只是局部的细微差别，一般消费者很容易将本专利与在先设计相混淆，因此本专利不符合专利法第23条的规定。请求人提交了如下证据：

证据 1：国家知识产权局网站上公布的 96321168.4 号外观设计专利授权公告信息打印件。

经形式审查合格，专利复审委员会受理了该无效宣告请求，并于 2008 年 8 月 28 日向专利权人和请求人发出无效宣告请求受理通知书，同时将上述无效宣告请求书及其附件的副本转送给专利权人，要求其在指定期限内陈述意见。

针对请求人的无效宣告请求，专利权人于 2008 年 10 月 10 日提交了意见陈述书。专利权人认为：筒身是电筒的主体部分，筒身呈圆柱形为该类产品公认的惯常设计，因此筒身上的纹路变化对于整体视觉效果更具有显著影响，本专利筒身的纹路为沿筒身径向方向延伸的凹纹线，而在先设计筒身的纹路是沿筒身横向分布的双环形凹纹线；从灯头部分来看，本专利灯头内部形状为带圆形纹路的反光板内品字形分布三个聚光碗，每个聚光碗底部安置一个 LED 灯，而在先设计灯头内部形状为一个聚光碗，聚光碗底部安置一个白炽灯，因此两者的差别对于整体视觉效果具有显著影响，两者既不相同也不相近似。

专利复审委员会依法成立合议组，对上述无效宣告请求进行审理。

本案合议组于 2008 年 10 月 30 日将专利权人于 2008 年 10 月 10 日提交的意见陈述书转送给请求人，并于 2008 年 10 月 31 日向双方当事人发出口头审理通知书，定于 2008 年 11 月 25 日对本案进行口头审理。

口头审理如期举行，双方当事人及其代理人均参加了口头审理。双方当事人对合议组成员没有回避请求，对对方当事人的身份和资格没有异议。请求人明确表示使用证据 1 证明本专利不符合专利法第 23 条的规定，具体理由与其提交的无效宣告请求书相同。专利权对证据 1 的真实性、合法性没有异议，但认为本专利与证据 1 中的手电筒不相同也不相近似，具体理由与其先前提交的意见陈述书相同。鉴于合议组于 2008 年 10 月 30 日将专利权人的意见陈述转送给请求人，口头审理时请求人的答复期限尚未届满，故同意请求人于口头审理结束后的指定期限内提交相应的意见陈述。

在合议组指定期限内，请求人提交了书面答复意见。请求人认为：本专利与在先设计整体上相近似；手电筒的筒身相对于筒头和尾盖属使用时不容易看到或者看不到的部位，其微小的变化对整体视觉效果不具有显著的影响；筒身呈圆柱形为该类产品公认的惯常设计，故筒头、尾盖、开关等其余设计的变化通常对主题视觉效果更具有显著的影响；筒头不同于灯头，灯头属于产品的内部结构，在相同或者相近似判断时不能作为判断的对象，对整体视觉效果不具有显著的影响；本专利与在先设计的尾盖部分相同。

至此，合议组经合议，认为本案事实清楚，依法作出本审查决定。

二、决定的理由

1. 证据认定

证据 1 是关于手电筒的外观设计专利，合议组经核实，确认其真实性。证据 1 与本专利属于相同类别，且其公开日为 1997 年 11 月 12 日，早于本专利的申请日，故可以作为在先设计与本专利进行相同相近似比较。

2. 关于本专利是否符合专利法第 23 条的规定

专利法第 23 条规定：“授予专利权的外观设计，应当同申请日以前在国内外出版物上公开发表过或者国内公开使用过的外观设计不相同和不相近似，并不得与他人在先取得的合法权利相冲突。”

如果本专利与在先设计的差别属于一般消费者关注的内容，且所述的差别非常明显，对产品的整体视觉效果具有显著的影响，那么本专利与在先设计既不相同也不相近似。

本专利请求保护一种手电筒，主要包括筒头、筒身和尾盖三个部分，其中筒头外轮廓呈八角形，筒头内有一带圆形纹路的反光板，反光板上有呈品字形分布的三个聚光碗，筒身呈圆柱形，筒头与筒身以喇叭柱形过渡，开关设在靠近喇叭柱形过渡部分的筒身上，筒身上均匀分布的凹形纹路与其自身轴线平行，尾盖呈圆柱形（具体参见本专利附图）。

在先设计也公开了一种手电筒，主要包括筒头、筒身和尾盖三个部分，其中筒头外轮廓呈八角形，筒头内有一反光板，反光板中央有一个聚光碗，筒身呈圆柱形，筒头与筒身以喇叭柱形过渡，开关设在靠近喇叭柱形过渡部分的筒身上，筒身上均匀分布的凹形纹路垂直于其自身轴线，尾盖呈圆柱形（具体参见证据1附图）。

合议组认为：透过筒头上的透明材料，通过人的视觉能够观察到反光板的形状，因此筒头内部的反光板也应视为手电筒的外观设计的一部分，所以，将本专利与在先设计相比，两者的主要差别有：（1）本专利筒头内带圆形纹路的反光板上有呈品字形分布的三个聚光碗，而在先设计筒头内的反光板中央只有一个聚光碗；（2）本专利筒身上的凹形纹路沿其轴向分布，而在先设计筒身上的凹形纹路沿其径向分布。对于手电筒这类产品，一般消费者首先会注意手电筒各部分的轮廓形状，筒身作为手电筒的主要构成部分之一，不可避免地会受到一般消费者的注意，虽然在最终使用时，筒身会被手掌握持，但是这并不影响一般消费者在选购、比较手电筒时对筒身保持特有的关注，同时一般消费者也会透过筒头上的透明材料观察到筒头内的反光板的形状，也就是说，筒身的形状和筒头内反光板的形状均属于一般消费者关注的部分，而本专利与在先设计在这两个部分的差别非常明显，对手电筒的整体视觉效果具有显著的影响，因此本专利与在先设计不相同也不相近似，符合专利法第23条的规定。

三、决定

维持200630055359.5号外观设计专利权有效。

当事人对本决定不服的，可以根据专利法第46条第2款的规定，自收到本决定之日起三个月内向北京市第一中级人民法院起诉。根据该款的规定，一方当事人起诉后，另一方当事人应当作为第三人参加诉讼。

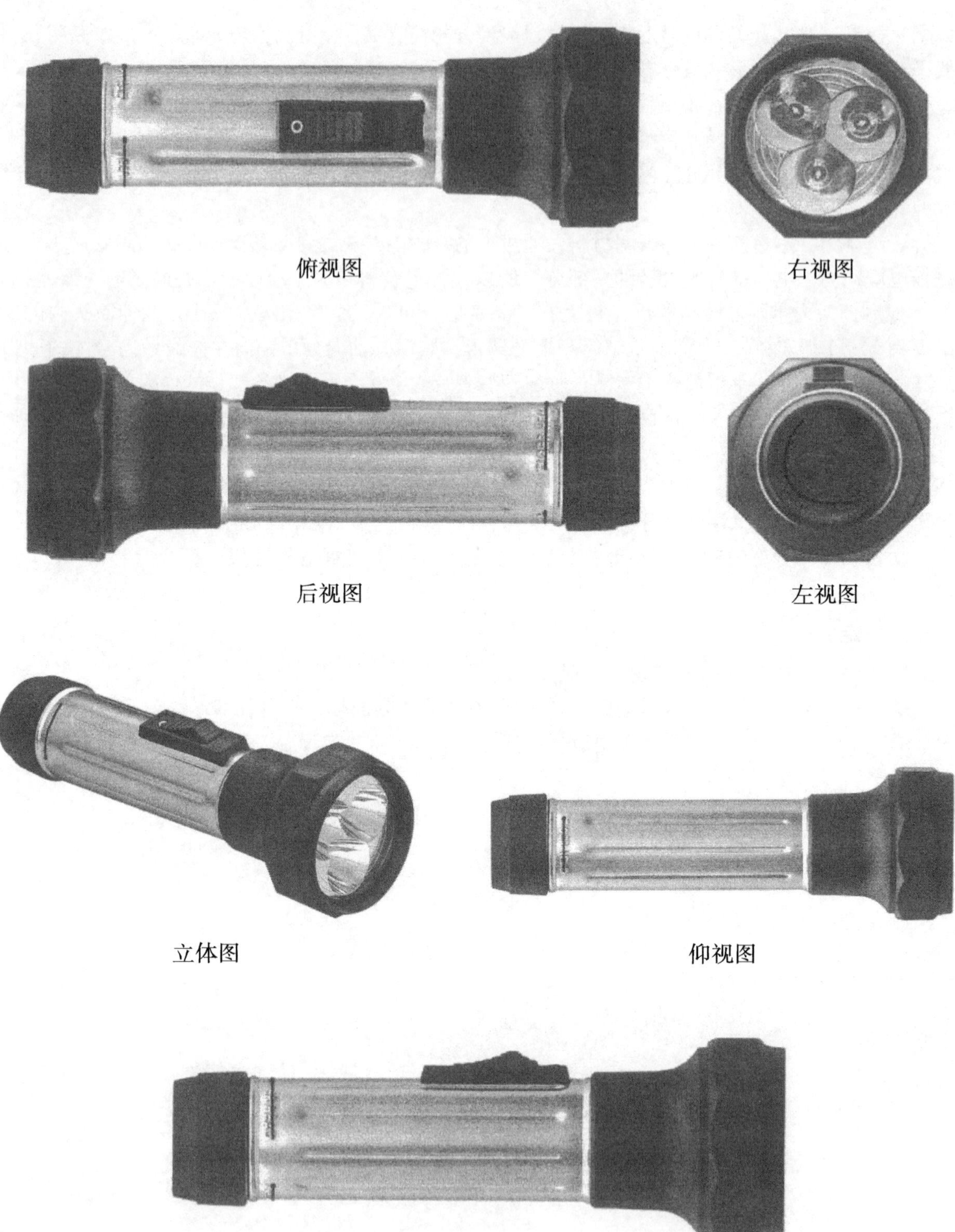

俯视图　右视图

后视图　左视图

立体图　仰视图

主视图

本专利附图

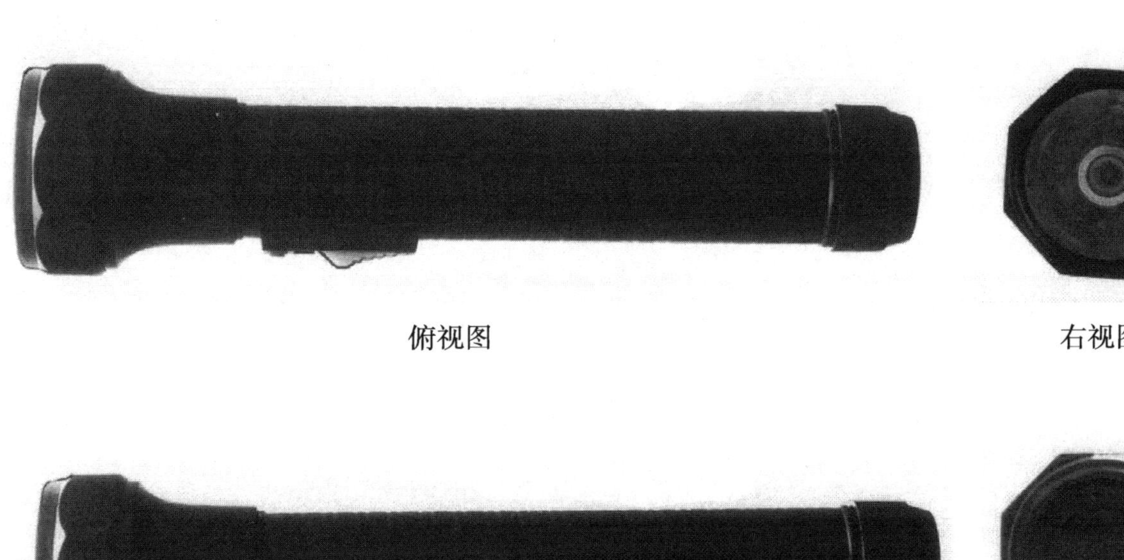

俯视图　　右视图

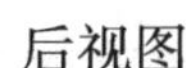

后视图　　左视图

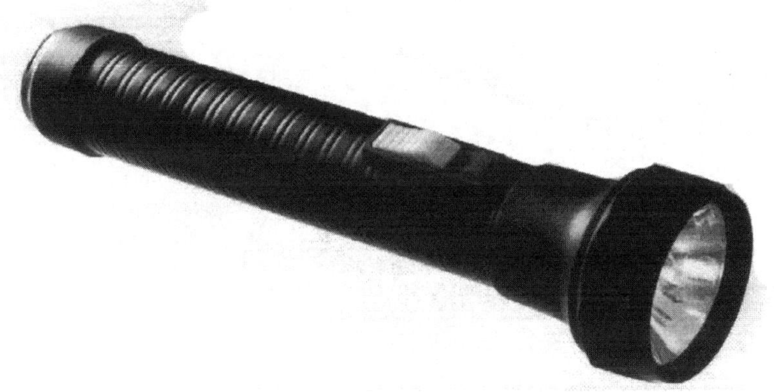

立体图

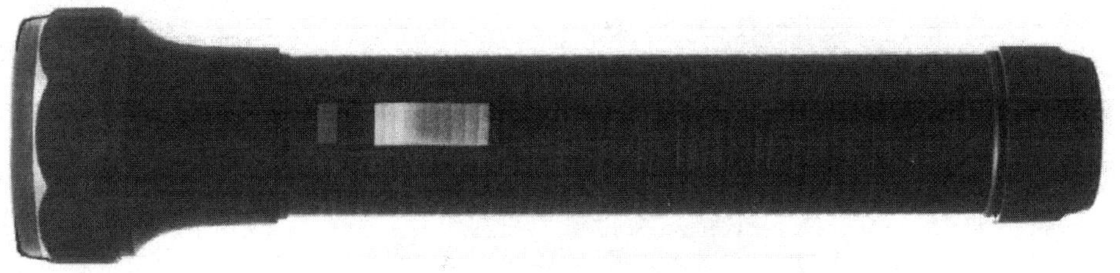

主视图

在先设计附图

晾衣架顶座（B）

无效宣告请求审查决定（第13475号）

决　　定　　号　第13475号
决　　定　　日　2009年6月2日
发明创造名称　晾衣架顶座（B）
外观设计分类号　07-05
无 效 请 求 人　揭阳市南光实业有限公司
专　利　权　人　沈汉标
申　　请　　号　99330406.0
申　　请　　日　1999年5月13日
授 权 公 告 日　2000年2月2日
合 议 组 组 长　詹靖康
主　　审　　员　刘　微
参　　审　　员　涂洪文
附　　　　　图　3页

法　律　依　据　专利法第23条
决　定　要　点

如果一般消费者通过对本专利与在先申请的设计整体观察可以看出，二者的差别对于产品外观设计的整体视觉效果不具有显著的影响，则本专利与在先申请设计相近似。

一、案由

本无效宣告请求涉及中华人民共和国国家知识产权局于2000年2月2日授权公告的名称为“晾衣架顶座（B）”的第99330406.0号外观设计专利（下称本专利），其申请日为1999年5月13日，专利权人为沈汉标。

针对本专利权，揭阳市南光实业有限公司（下称请求人）于2008年11月3日向专利复审委员会提出无效宣告请求，理由是本专利的外观设计相对于证据1~4不符合专利法第23条的规定。其提供的证据为：

证据1：声称为《家具与生活》杂志1997年第3期，封皮、封底和第4页的复印件，共3页；

证据2：声称为《家庭》杂志，1998年第1期，封皮、封底和封底放大页的复印件，共3页；

证据3：声称为《村镇建设》杂志1997年第9期，封皮、封底和第1页图片的复印件，共3页；

证据4：证人于红出具的书面证言1页、证人于红的身份证复印件1页，以及3张晾衣架照片的复印件共 2 页。

请求人认为本专利与证据 1~3 都公开了晾衣架的设计，且本专利与证据 1~3 中公开的设计设计要点相同，每个部件的位置、结构也相同，因此本专利与证据 1~3 所披露的外观设计是相同或相近似的。证据 4 证明照片所示的晾衣架于 1991 年 1 月前已经在国内公开销售使用，照片中所示的晾衣架与本专利的设计要点相同，每个部件的位置、结构也相同，因此本专利与证据 4 所披露的外观设计是相同或相近似的。因此，本专利不符合专利法第 23 条的规定。

经形式审查合格后，专利复审委员会受理了上述无效宣告请求，于 2008 年 12 月 5 日向双方当事人发出无效宣告请求受理通知书，并将上述专利权无效宣告请求书及其证据副本转送给专利权人，要求专利权人在一个月内陈述意见。

针对请求人的无效宣告请求，专利权人在指定的期限内未提交意见陈述书。

2009 年 2 月 18 日，本案合议组向双方当事人发出口头审理通知书，告知双方当事人定于 2009 年 5 月 12 日进行口头审理。

口头审理如期举行，仅请求人一方当事人到庭参加口头审理，专利权人未出席口头审理，请求人对合议组成员没有回避请求，合议组在此情况下就本无效宣告请求案进行了庭审调查：

请求人当庭提交盖有“国家图书馆科技查新中心”骑缝红章的《家具与生活》杂志 1997 年第 3 期、《家庭》杂志 1998 年第 1 期、《村镇建设》杂志 1997 年第 9 期的部分复印件，分别为 4 页、4 页、5 页；以及“国家图书馆科技查新中心”出具的“文献复制证明”1 页和“复印文献清单”1 页。

请求人当庭明确表示其无效理由为：本专利的外观设计相对于证据 1~4 不符合专利法第 23 条的规定。

请求人认为：证据 1~3 是揭阳市南光有限公司的广告，证据 1 用的是写有升降式晾衣架的那页，上面的大图。该图与本专利相比有两个圆台组成的，在圆柱体的一侧有长方形的缺口，下放安装升降器，与本专利相同。证据 2，用“恋衣牌升降式晾衣架”下面的图，是公开了两个圆台中间的圆柱体和圆球体，公开了圆柱体和圆球体的通孔，意见与证据 1 是一致的。证据 3 是“恋衣牌晾衣架阳台新潮流”下面的图，也可以结合下面的小图（NG598），意见和前面的一致。证据 4 证明照片所示的晾衣架于 1991 年 1 月前已经在国内公开销售使用。

证人于红出庭作证，其家庭住址为广州市五山半山雍景苑 4 栋 1706，其工作单位为交通部广州海运管理局。证人当庭回答了合议组及请求人的提问，主要包括以下内容：证人和揭阳市南光有限公司没有利害关系，证人是 1999 年 1 月自愿买的房子，买的原因是小区环境好、装修得很漂亮、里面还有晾衣架，晾衣架在买房时就已经安装。小区有 9 栋楼安装了恋衣牌晾衣架，证人 1999 年 1 月交首付款，于 3 月入住该房，2005 年生病，病好后，住了一段时间，2007 年就不住在那里了，委托中介将房出租了，证人亲自带人照的附件 4 的照片，不记得照相的具体日期。

至此，合议组认为，本案事实已经清楚，可以作出审查决定。

二、决定的理由

1. 关于证据认定

证据 2 为中国的公开出版物，专利权人未对该证据提出异议，经过合议组核实，亦未发现影响其真实性的瑕疵，故确认证据 2 的真实性。证据 2 的公开日为 1998 年 1 月，在本专利的申请日之前，可用作评价本专利是否符合专利法第 23 条的证据。

2. 关于专利法第 23 条

基于请求人提出的无效宣告请求的理由和证据，合议组依据专利法第 23 条的规定对本案进行审理。

专利法第 23 条规定：授予专利权的外观设计，应当同申请日以前在国内外出版物上公开发表过或者国内公开使用过的外观设计不相同和不相近似，并不得与他人在先取得的合法权利相冲突。

如果一般消费者通过对本专利与在先申请的设计整体观察可以看出，二者的差别对于产品外观设计的整体视觉效果不具有显著的影响，则本专利与在先申请设计相近似。

本专利是一种晾衣架顶座的外观设计，证据 2 公开了一种晾衣架的外观设计，二者类别相同，可以进行外观设计相同和相近似比较。

本专利共有 12 幅图，其公开的晾衣架顶座由两个圆台组成的顶部、中间的圆柱体和圆球体组成，圆柱体的一侧设有长方形缺口，缺口内安装有绕线轴，并有晾衣线通过缺口，圆柱下端连接一圆球体，晾衣杆从球体两侧穿过（参见本专利的附图）。

证据 2 “恋衣牌升降式晾衣架” 下面的广告图公开了一种晾衣架的外观设计，其公开了晾衣架顶座由两个圆台组成的顶部、中间的圆柱体和圆球体组成，圆柱体的一侧设有长方形缺口，缺口内有晾衣线通过，圆柱下端连接一圆球体，晾衣杆从球体两侧穿过（参见证据 2 的附图）。

本专利与证据 2 相比较，两者的顶座的顶部都有两个圆台，中间都为圆柱体，圆柱体下端接一圆球体，圆柱体上有长方形缺口，缺口内有晾衣线穿过，圆柱下端连接一圆球体，晾衣杆从球体两侧穿过。虽然证据 2 的外部结构没有显示出缺口内是否安装有绕线轴，但对于一般消费者而言是在使用过程中不容易发现的，因此对外观设计的整体视觉效果不具有显著的影响。而两者圆柱体的长短略有不同的区别属于局部的细微变化，对外观设计的整体视觉效果也不具有显著的影响。

根据整体观察、综合判断，本专利与证据 2 相近似，故本专利不符合专利法第 23 条的规定。

鉴于已经得出本专利相对于证据 2 不符合专利法第 23 条的规定的结论，因此对请求人提出的本专利相对于其他证据不符合专利法第 23 条的无效理由不再进行审查。

在此基础上，本案合议组依法作出如下决定。

三、决定

宣告第 99330406. 0 号外观设计专利权无效。

当事人对本决定不服的，可以根据专利法第 46 条第 2 款的规定，自收到本决定之日起三个月内向北京第一中级人民法院起诉。根据该款的规定，一方当事人起诉后，另一方当事人应当作为第三人参加诉讼。

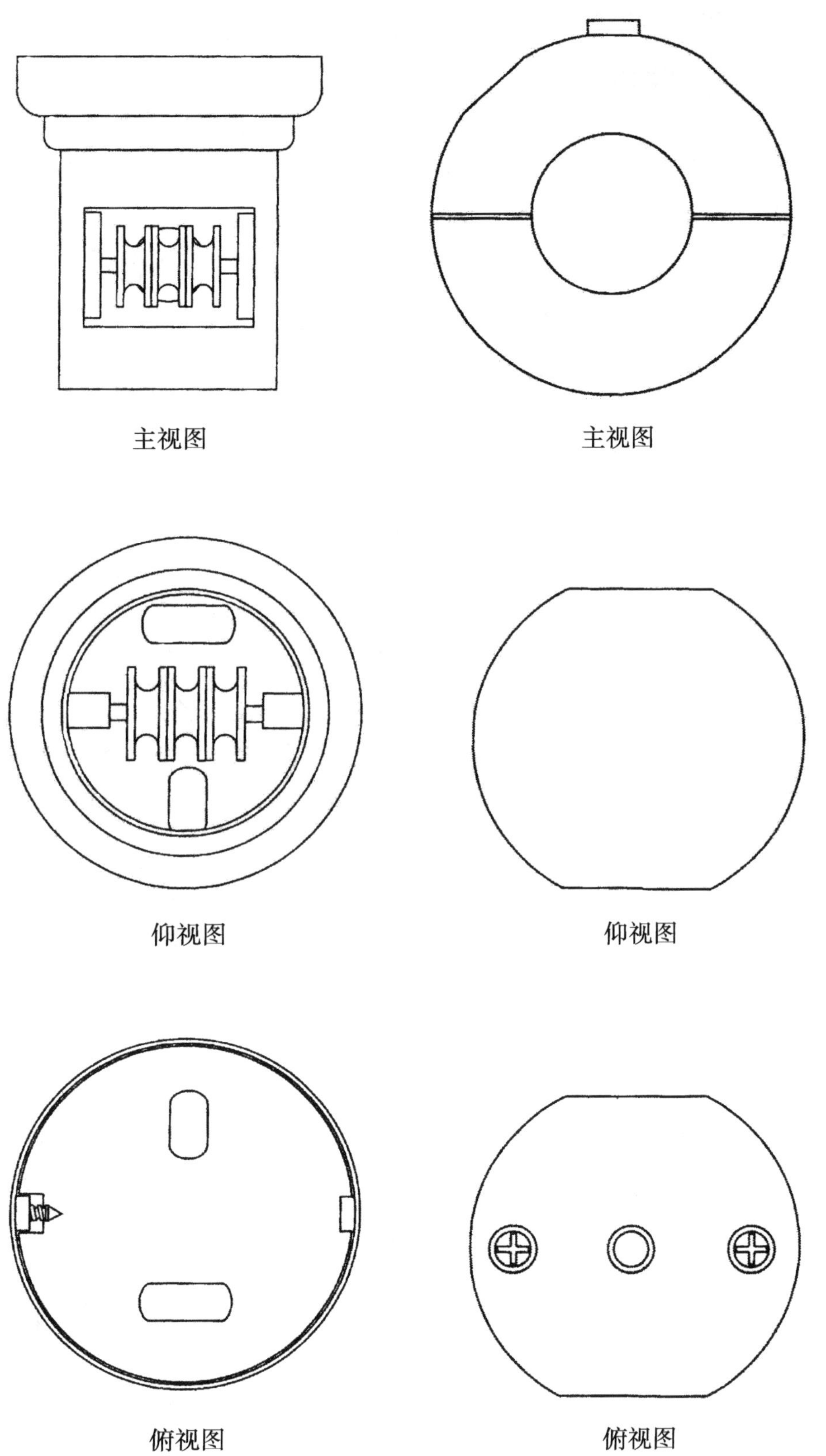

本专利附图

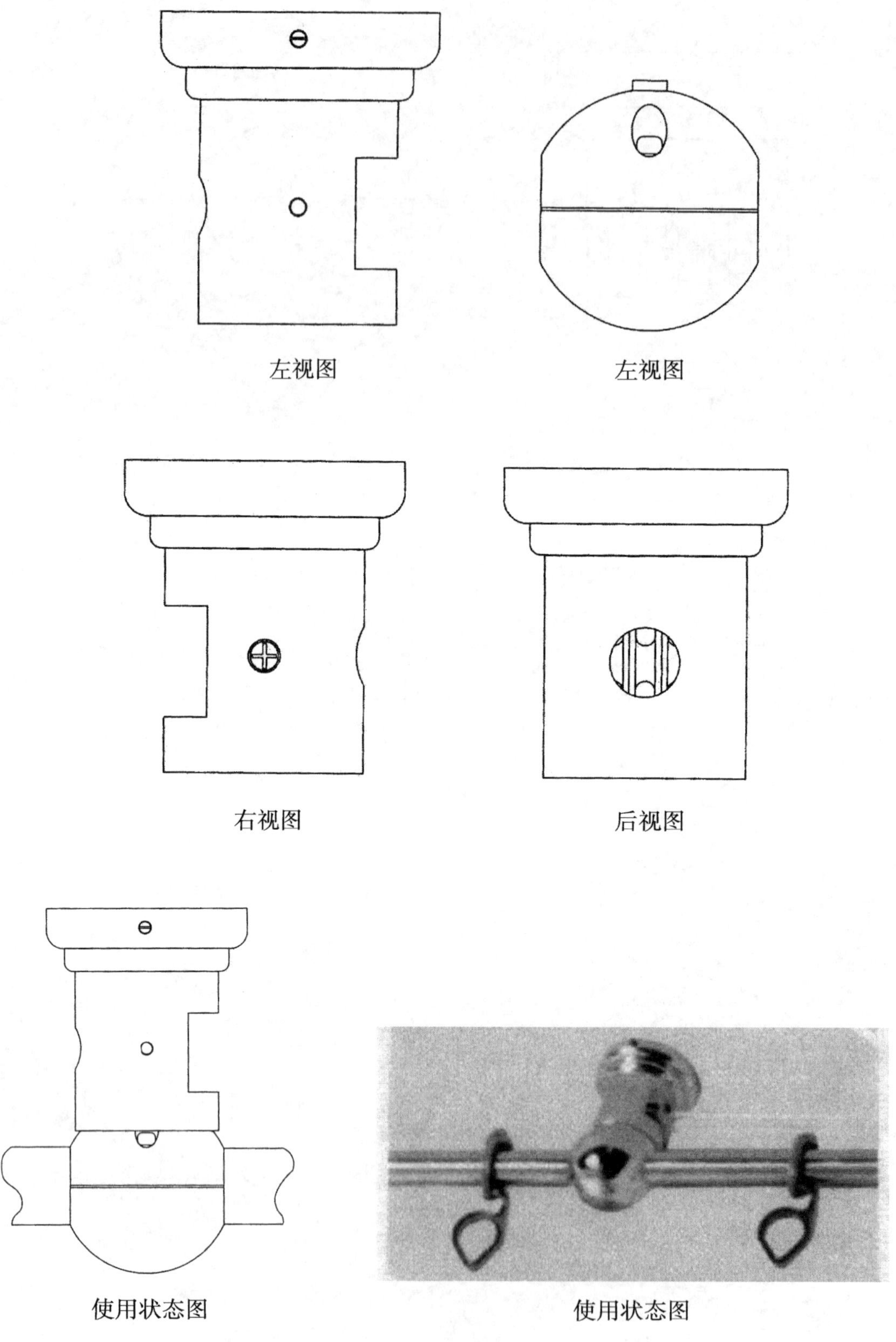

左视图　左视图

右视图　后视图

使用状态图　使用状态图

本专利附图（续）

专利产品
★广货精品
家晾衣真方便
特　点
最新推出
★可随意升降晾杆，便于收晾衣服；规则的晾衣，整齐美观，晾干速度快
★轻便手摇装置，1公斤力可摇起10公斤衣服；
★安全自锁装置，晾杆在任意高度可自行锁定，承重20公斤，可晾衣晾被；
★豪华不锈钢晾杆适应任何长度阳台，配20个顶好衣架；
★完善的服务体系，从送货、安装到售后维修。
★升降式横幅杆，适用于会议厅、展厅，横批更换极其方便。

证据2附图

309

砂带包装盒

无效宣告请求审查决定（第13480号）

决　　定　　号　第13480号
决　　定　　日　2009年5月27日
发明创造名称　砂带包装盒
外观设计分类号　09-03-C0152
无效宣告请求人　东阳市利群制刀缝配有限公司
专　利　权　人　东阳市伟群制刀缝配有限公司
专　　利　　号　99317499.X
申　　请　　日　1999年12月11日
授权公告日　2000年9月20日
合议组组长　熊　婷
主　　审　　员　沈　丽
参　　审　　员　贾彦飞
附　　　　　图　2页

法　律　依　据　专利法第23条
决　定　要　点

对于一般消费者来说，除了惯常设计之外，其他部位设计的变化通常对整体视觉效果更具有显著的影响。由于本专利与在先设计在主视图的色彩和图案、仰视图的色彩和图案等方面存在诸多明显的差别，上述的差别对于整体视觉效果具有显著的影响，因此，本专利与在先设计属于不相同也不相近似的外观设计。

一、案由

本无效宣告请求涉及的是国家知识产权局于2000年9月20日授权公告的99317499.X号外观设计专利，使用该外观设计的产品名称为“砂带包装盒”，申请日是1999年12月11日，专利权人是东阳市伟群制刀缝配有限公司。针对上述专利权（下称本专利），东阳市利群制刀缝配有限公司（下称请求人）于2008年10月14日向专利复审委员会提出无效宣告请求，其依据的事实和理由是：本专利和在先设计为相似的外观设计，两者的区别仅在于局部设计的变化，一般消费者经过对本专利和在先设计的整体观察，很容易将两者误认、混同，二者的差别对于产品外观设计的整体视觉效果不具有显著的影响。因此，本专利不符合专利法第23条的规定，应予宣告无效。请求人同时提交如下附件作为证据：

附件 1：ZL98328114.9《砂带包装盒》外观设计专利公告文本复印件，共 6 页；

附件 2：注册人为东阳市虎鹿东白强力沙带厂的第 1265111 号商标注册证复印件，共 1 页；

附件 3：原告为东阳市伟群制刀缝配有限公司，被告为朱海军和东阳市利群制刀缝配有限公司的民事起诉状。

2008 年 11 月 6 日，请求人补充提交了以下附件：

附件 4：东阳市虎鹿东白强力沙带厂工商登记信息及经营者身份证明复印件，共 3 页。

2008 年 12 月 16 日，请求人提交了无效宣告程序补正书及附带的专利权无效宣告程序授权委托书，共 1 页。

经形式审查合格，专利复审委员会受理了该无效宣告请求，并于 2008 年 12 月 31 日将无效宣告请求书及其附件的副本转送给专利权人，通知其在指定期限内陈述意见。

专利复审委员会依法成立合议组对本案进行审理，于 2009 年 2 月 25 日向请求人和专利权人发出口头审理通知书，定于 2009 年 3 月 24 日对本案进行口头审理。

专利权人于 2009 年 3 月 3 日提交了专利无效程序中意见陈述书及附带的（2008）杭民三初字第 399 号民事判决书复印件 11 页。专利权人在意见陈述书中认为，（1）附件 1 外观设计为包装盒，本专利是砂带包装盒，两者不具有可比性；附件 1 的包装盒上只有外文文字，无图案，而本专利图案十分鲜明；本专利保护色彩，而附件 1 的包装盒外观设计无色彩内容；因此两者不是相同或相近似的设计，符合专利法第 23 条的规定；（2）在杭州市中级人民法院的侵权诉讼中，请求人也以附件 1 的外观设计作为抗辩理由，已被一审判决认定不相同，也不相近似。因此请求人的无效宣告请求理由不能成立。

口头审理如期举行，双方当事人均出席了本次口头审理，在口头审理过程中明确了如下事项：（1）双方当事人对对方出席人员的身份和资格没有异议，对合议组成员没有回避请求；（2）请求人明确其无效理由是本专利相对于在先的外观设计附件 1 不符合专利法第 23 条的规定；（3）请求人当庭提交了附件 2 和 4 的原件，请求人提交附件 2~4 以证明专利权人在申请本专利之前已知晓了在先设计，从而辅助证明本专利和在先设计相比相同和相近似；（4）请求人认为，本专利和在先设计的区别是文字的中间部分有立体的砂带产品图案，但是通常的砂带的样式，在主视图上文字和外框是主要设计部分，增加的产品图案不足以给外观造成区别，仰视图在上面部分的文字大小和行数都相同，仅仅是通过一个商标图案替换了，但是仰视图不容易被看到，因此仰视图对整体视觉效果上是不产生主要影响的，右视图的半圆形缺口是不具有显著性区别的，因此对比两个设计，消费者容易将两者混同，两者在视觉效果上不具有显著区别；（5）专利权人对请求人提交的附件 1~4 的真实性没有异议，但认为附件 2~4 与本案无关联性；（6）专利权人认为，主视图和仰视图是常见的，主视图上有砂带的立体图案，使得两个主视图的图案有了显著的不同，仰视图也一样，有一个鹰的图形，而且占了将近一半的面积，本专利要求保护色彩，但附件 1 中未要求保护色彩，附件 1 只有文字的要素，而本专利有文字和图形结合的要素，因此与附件 1 相比，本专利不相同也不相近似符合专利法第 23 条的规定。

至此，合议组经合议，认为本案事实清楚，依法作出本审查决定。

二、决定的理由

1. 关于证据

附件 1 为专利号为 98328114.9 的中国外观设计专利，经本案合议组核实，附件 1 的授权公告日为 1999 年 9 月 8 日，早于本专利的申请日，故附件 1（下称在先设计）已构成本专利的在先设计，可以用于评价本专利是否符合专利法第 23 条的规定。

请求人在口头审理中提交了附件 2~4 的原件，专利权人对附件 2~4 的真实性没有提出异议。合议组对上述证据真实性予以确认。但是合议组认为外观设计在相同或者相近似的判断中，一般应当用一项在先设计与被比外观设计进行单独对比，而不能将两项或者两项以上的在先设计结合起来与被比外观设计进行对比。因此专利权人在本专利申请日之前是否知晓在先设计，与本专利和在先设计是否相同相近似的判断并不相关，因此附件 2~4 与本专利和在先设计的相同或相近似判断无关。

2. 关于法律依据

基于请求人提出的无效宣告请求的理由和证据，合议组依据专利法第 23 规定对本案进行审理。专利法第 23 条：授予专利权的外观设计，应当同申请日以前在国内外出版物上公开发表过或者国内公开使用过的外观设计不相同和不相近似，并不得与他人在先取得的合法权利相冲突。本专利外观设计涉及一种砂带包装盒，包括 4 幅视图，即主视图、仰视图、右视图和后视图。简要说明为：砂带包装盒，（1）左视图与右视图对称，省略左视图；俯视图与仰视图对称，省略俯视图；（2）请求保护色彩。观察本专利的主视图可以看出，主视图包含如下设计要素：①以文字编排成上、中、下布局形式的文字图案部分，其中上、中两部分的文字居中排列，下部分文字居右排列，所述文字为大小不等的英文字母；②在文字图案部分的外周有一个长方形外框，该外框的四个角为圆角；③文字图案部分的正中央有一个砂带产品的立体图案；仰视图包括如下设计要素：①一个长方形外框，外框的四个角为圆角；②外框中间为上、下两部分设计，中上部分为红色的类似飞翔的鹰的图案，在该红色类似鹰图案的中部有白色字母“FU CHAU”，在该图案的左下部分为三行被涂覆的文字，右下部为一行红色英文字母；右视图为长方形，在其中一个长边的中间有半圆形开口；后视图为长方形，四周有边框（详见本专利的附图）。

在先设计包括 5 幅视图，即主视图、仰视图、左视图、后视图、立体图。观察在先设计的主视图可以看出，主视图为长方形，具有长方形外框，该外框的四个角为圆角，在中部偏上部位有一行带外框的英文字母，在该带框的英文字母的上部有两行被涂覆的文字，在其下部有多行被涂覆的文字；仰视图为长方形，具有长方形外框，该外框的四个角为圆角，在中部有一行带外框的英文字母，在其上和下部有多行被涂覆的文字；左视图为长方形，在其中一个长边的中间有三角形开口；后视图为长方形，四周有边框（详见在先设计的附图）。

本专利与在先设计进行比较，二者的相同部分为：外形均为长方体；主视图具有长方形外框，该外框的四个角为圆角，在中部偏上部位有一行带外框的英文字母；仰视图具有长方形外框，该外框的四个角为圆角，后视图为长方形。

本专利与在先设计进行比较，二者的区别之处在于：（1）本专利要求保护色彩，而在先设计无色彩内容；（2）本专利主视图中的中心具有砂带产品的立体图案，而在先设计的主视图中没有砂带产品的立体图案；（3）本专利仰视图的中上部分为红色类似鹰样的图案，在红色类鹰图案的中部有白色字母“FU CHAU”，右下部为一行红色英文字母，而在先设计的仰视图中没有上述图案，中部有一行带外框的英文字母，在其上、下部有多行被涂覆的文字；（4）在本专利右视图中的一个长边中间有半圆形开口，而在先设计的左视图中的一个长边中间为三角形开口。

合议组认为，本专利有色彩和文字与图形的图案的结合，而在先设计仅有文字图案，此外主视图与仰视图在使用时相对于不容易看到的其他视图更容易被关注，因此主视图与仰视图上的图案设计变化，通常对整体视觉效果更具有显著的影响。根据整体观察、综合判断的判断方式，对比本专利与在先设计存在诸多差别，尤其是本专利的主视图的中心具有视觉要部的砂带产品的立体图案，仰视图的中上部分配有红色类鹰状的图案，使得两者的设计存在显著的区别，对于产品的整体视觉效果具有显著影响，因此，本专利与在先设计属于不相同也不相近似的外观设计，本专利符合专利法第 23 条的规定。

三、决定

维持 99317499. X 号外观设计专利权有效。当事人对本决定不服的，可以根据专利法第 46 条第 2 款的规定，自收到本决定之日起三个月内向北京市第一中级人民法院起诉。根据该款的规定，一方当事人起诉后，另一方当事人应当作为第三人参加诉讼。

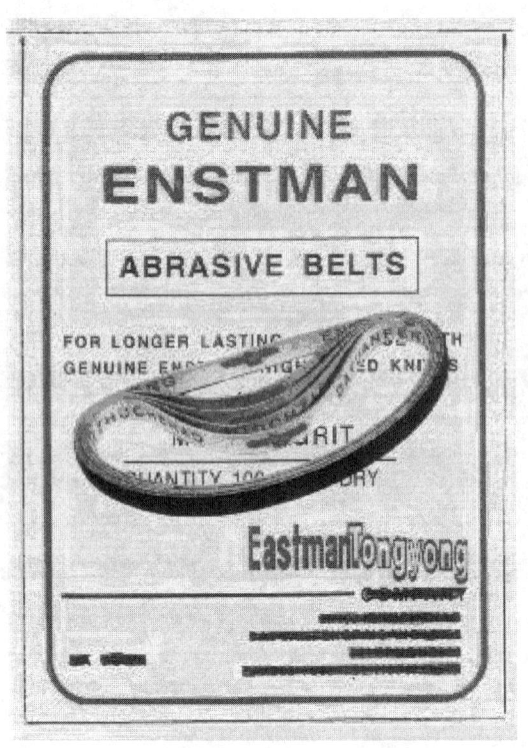

主视图

仰视图

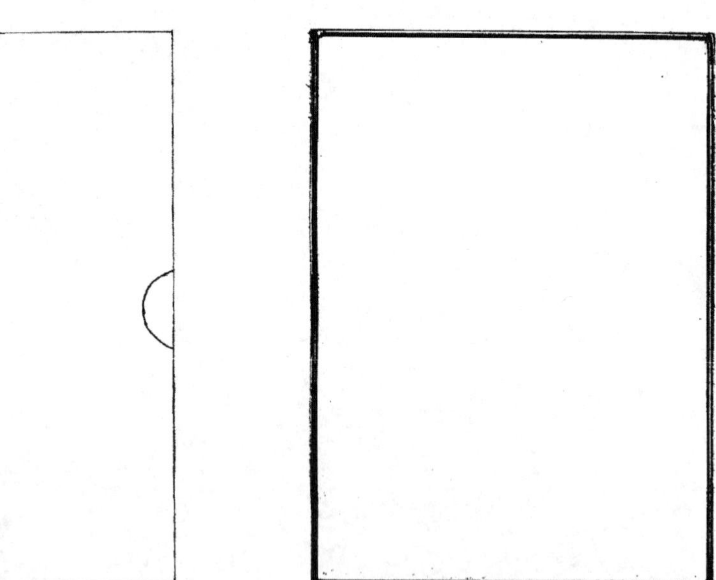

右视图　　后视图

本专利附图

主视图

仰视图

左视图

后视图

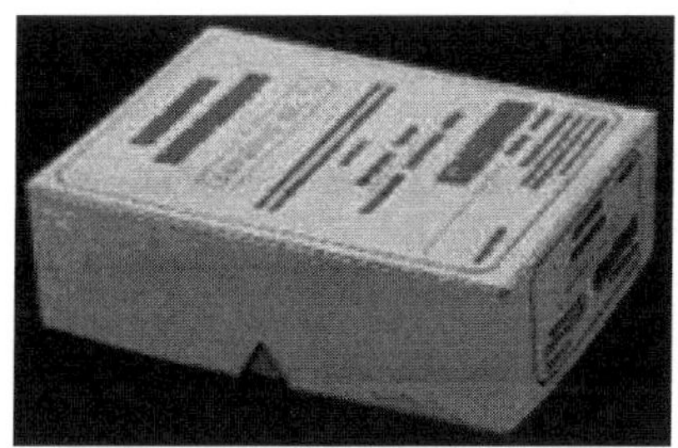

立体图

在先设计附图

310

食品包装袋（蒸薯坊1）

无效宣告请求审查决定（第13486号）

决　　定　　号　第13486号
决　　定　　日　2009年6月8日
发明创造名称　食品包装袋（蒸薯坊1）
外观设计分类号　09-05
无效请求人　上海三牛食品有限公司
专利权人　东莞锦泰食品有限公司
专　　利　　号　200730047961.9
申　　请　　日　2007年2月7日
授权公告日　2007年12月19日
合议组组长　吴大章
主　　审　　员　武　磊
参　　审　　员　李　佳
附　　　　图　2页

法律依据　专利法第23条
决定要点

请求人提交的证据不能形成一个完整的证据链，不足以证明其主张的有关食品包装袋已在本专利申请日之前在先公开的事实，其据此证明本专利不符合专利法第23条规定的无效宣告请求理由不能成立。

本专利外观设计与申请日前公开发表的在先设计在整体视觉效果上有明显差别，属于不相同且不相近似的外观设计。

一、案由

本无效宣告请求涉及国家知识产权局于2007年12月19日授权公告的200730047961.9号外观设计专利，该外观设计名称为“食品包装袋（蒸薯坊1）”，申请日是2007年2月7日，专利权人是东莞锦泰食品有限公司。

针对上述外观设计专利权（下称本专利），上海三牛食品有限公司（下称请求人）于2008年12月8日向专利复审委员会提出无效宣告请求，其依据的事实和理由是：（1）附件1~6结合可证明在本专利申请日之前已有与本专利相近似的外观设计产品在先生产并使用。（2）附件7所示的《外观设计检索报告》中的ZL97304345.8和ZL200330117006.X可证明在本专利申请日之前已有与本专利相近似的外观设计被公开。因此本专利不符合专利法第 23 条和第 63 条第 1 款第（2）项的规定，应宣告无效。

请求人提交的作为证据的附件如下：

附件 1：广东龙彩包装有限公司与请求人签订的合同编号为 00329 和 00528 的《销售合同》的扫描打印件，共 2 页；

附件 2：请求人声称的记录有 320g 海鲜味鲜薯坊袋和 320g 原味鲜薯坊袋的样品扫描件的光盘一个；

附件 3：请求人提供给潮安县龙彩包装有限公司的订购单的原件共 1 页、潮安县龙彩包装有限公司提供给请求人的对账单的原件共 1 页；

附件 4：潮安县龙彩包装有限公司的企业法人营业执照的复印件，共 1 页；

附件 5：请求人出具的 320g 鲜薯坊（海鲜味）、320g 鲜薯坊（原味）、5kg 鲜薯坊（海鲜）、5kg 鲜薯坊（原味）的《饼干出厂检验报告》的原件，共 4 页；

附件 6：潮安县龙彩包装有限公司出具的《证明》的原件，共 1 页；

附件 7：编号为 G082491 的《外观设计检索报告》的原件共 5 页及其所引用的相关外观设计专利文献的复印件共 11 页，其中包括以下附件：

附件 7-1：第 97304345.8 号中国外观设计专利授权公告文本的复印件共 1 页，授权公告日：1998 年 6 月 10 日；

附件 7-2：第 200330117006.X 号中国外观设计专利授权公告文本的复印件共 1 页，授权公告日：2004 年 7 月 14 日。

经形式审查合格，专利复审委员会受理了该无效宣告请求，于 2008 年 12 月 8 日发出受理通知书，并将请求人于 2008 年 12 月 8 日提交的无效宣告请求书及其附件的副本转送给专利权人，要求其在指定期限内陈述意见。

请求人另于 2008 年 12 月 22 日向专利复审委员会提交了补充意见陈述书，同时提交了附件 8：即附件 8-1：证书编号为 80-67 的《广东省产品标识登记备案证书》的扫描件，共 2 页；附件 8-2：东莞锦泰食品有限公司起诉上海三牛食品有限公司和上海联家超市有限公司的民事起诉状的复印件，共 2 页。请求人使用附件 8-1 来证明本专利已于 2006 年 5 月 10 日在广东省东莞市质量技术监督局备案，专利权人提交的上述附件 8-2 中对上述事实予以证实，因此可以证明本专利在专利申请日前已经通过国家机关登记备案即在国内公布，并且专利权人在专利申请日前已经将涉案专利产品投放市场，因此本专利不具备新颖性，应宣告无效。

专利复审委员会依法成立合议组对本案进行审理，本案合议组于 2008 年 12 月 25 日将请求人于 2008 年 12 月 22 日提交的意见陈述书及其所附附件转送给专利权人，要求其在指定期限内陈述意见。

针对请求人于 2008 年 12 月 8 日提交的无效宣告请求书，专利权人于 2009 年 1 月 20 日提交了意见陈述书，专利权人认为：（1）附件 1~6 均为请求人与其合作伙伴潮安县龙彩包装有限公司之间的内部合同、样品扫描件、订购单、对账单、检验报告及证明等，专利权人对这些证据的真实性不予认可。即使这些附件是真实的，附件 1、3、5、6 中的鲜薯坊袋与附件 2 中所显示的鲜薯坊袋之间并不存在对应关系，因此不能证明本专利的外观设计已于申请日前由请求人在先生产、使用公开；此外，附件 2 只有图片显示，其单独也不能证明其所涉及鲜薯坊袋的外观设计已经公开，更不能证明其公开时间是在本专利申请日前。另外，根据专利法实施细则第 64 条的规定，请求人提出的本专利不符合专利法第 63 条第 1 款第（2）项规定的理由不能作为请求宣告专利权无效的理由。（2）根据整体观察、综合判断的原则进行比较，本专利的外观设计与请求人提交的两个在先设计（ZL200330117006.X 和 ZL97304345.8 的外观设计）的主视图有着明显的区别，而主视图在包装袋整个外观设计中占主要地位，也是消费者进行辨别所关注的重要部位，其区别使整个包装袋外观明显不同，因此本专利的外观设计与请求人提交的两个在先设计既不相同也不相近似。综上所述，请求人的主张不能成立，应当维持本专利有效。

针对请求人于2008年12月22日补充提交的意见陈述，专利权人另于2009年2月23日向专利复审委员会提交意见陈述书，专利权人认为：对于附件8中的《广东省产品标识登记备案证书》，在对产品标识进行审查、备案的整个过程中不存在公开标识的程序，在备案之后，公众虽然可以查到该证书，但也无法从该证书中得到任何产品标识的具体信息，而且该备案证书中仅有"燕薯坊番茄味韧性饼干210克，胶袋"于2006年5月10日备案的信息，并不能证明该备案证书所涉及的包装袋即是本专利所涉之包装袋，其外观设计是本专利的外观设计。对于附件8中专利权人在"民事起诉状"中的意见陈述，并不代表所述投放市场的产品就是本专利所涉及的包装袋，"燕薯坊"系列饼干有一个系列，而且其包装袋也有多种。因此，请求人从附件8中得出本专利的包装袋外观设计已经于申请日前公开的推论并没有根据。

本案合议组于2009年3月2日向双方当事人发出口头审理通知书，定于2009年4月16日举行无效宣告请求口头审理，同时将专利权人于2009年1月20日提交的意见陈述书转交给请求人，要求其在指定期限内陈述意见。本案合议组另于2009年3月5日将专利权人于2009年2月23日提交的意见陈述书转送给请求人，要求其在指定期限内陈述意见。

请求人在指定期限内未提交任何意见陈述。

鉴于双方当事人的要求，本案口头审理的时间调整为2009年3月26日举行。双方当事人均委托代理人出席口头审理。在口头审理过程中，双方当事人对合议组成员无回避请求，对对方出庭人员的身份无异议，对本次口头审理时间的变更无异议。在口头审理过程中，请求人未提交附件4和附件8的原件，同时表示附件8的原件在专利权人手中，因而只能提交附件8的复印件，并明确表示放弃附件7中除附件7-1和附件7-2之外的其他外观设计专利作为证据使用，由于本案的案卷中没有请求人提交的附件2中320g鲜薯坊袋样品的扫描件，请求人当庭补充提交附件2中鲜薯坊袋样品扫描打印件作为参考，并表示该打印件与附件2光盘中收录的附图是一致的。请求人的证人陈延宁就附件6中潮安县龙彩包装有限公司出具的《证明》内容出庭作证。请求人明确其无效理由为：（1）使用附件1~6证明在本专利申请日之前已有与本专利相近似的外观设计产品在先公开生产并使用；（2）使用附件7-1和附件7-2分别证明在本专利申请日之前已有与本专利相近似的外观设计被公开；（3）使用附件8-1和附件8-2证明本专利在专利申请日前已经通过国家机关登记备案，并且专利权人在专利申请日前已经将涉案专利产品投放市场，构成本专利在先使用公开的事实，因此本专利不符合专利法第23条的规定。

专利权人对附件1~6的真实性不予认可，对附件7-1、附件7-2和附件8的真实性没有异议，对请求人当庭补充提交的附件2所述光盘中的扫描打印件没有异议，专利权人认为请求人提交的附件和证人证言均不能证明本专利在先公开使用、在国内出版物上公开。双方当事人在坚持其书面意见的基础上详细阐述了各自的观点。

在口头审理结束后，专利复审委员会于2009年3月31日收到了请求人提交的授权委托书，其内容为潮安县龙彩包装有限公司委托陈延宁作为公司代表，为案件编号W608542（即本无效宣告请求案）的专利无效宣告请求案件出庭作证。

经过上述审理，合议组经合议，认为本案事实已经清楚，现依法作出本审查决定。

二、决定的理由

1. 法律依据

（1）关于请求人提出的本专利不符合专利法第63条第1款第（2）项的规定的无效宣告请求

理由

专利法实施细则第64条第2款规定：前款所称无效宣告请求的理由，是指被授予专利的发明创造不符合专利法第22条、第23条、第26条第3款、第4款、第33条或者本细则第2条、第13条第1款、第20条第1款、第21条第2款的规定，或者属于专利法第5条、第25条的规定，或者依照专利法第9条规定的不能取得专利权。

合议组认为，根据专利法实施细则第64条第2款规定，请求人提出的本专利不符合专利法第63条第1款第（2）项的规定的理由不属于无效宣告请求的理由，因此对于请求人提出的该项无效宣告请求理由不予审理。

（2）基于请求人提出的无效宣告请求的理由，合议组依据专利法第23条的规定对本案进行审理。

专利法第23条规定："授予专利权的外观设计，应当同申请日以前在国内外出版物上公开发表过或者国内公开使用过的外观设计不相同和不相近似，并不得与他人在先取得的合法权利相冲突。"

2. 证据及事实认定

（1）关于附件1~6。

请求人试图用附件1-6证明请求人于2006年3月向潮安县龙彩包装有限公司订做了与本专利相近似的包装袋产品，所述包装袋于当月投入使用（其中请求人只主张涉及两个品种（海鲜味和原味）的"320g鲜薯坊袋"的包装袋在本专利申请日前被公开使用）。专利权人对附件1~6的真实性不予认可。

附件1分别是广东省潮安县龙彩包装有限公司与上海三牛食品有限公司签订的"51g鲜薯坊膜"和"320g鲜薯坊袋"的《销售合同》，该《销售合同》是出卖人（广东省潮安县龙彩包装有限公司）与买受人（上海三牛食品有限公司）于2006年3月10日签署的工业品买卖合同，合同编号分别为00329和00528，其上记载了产品名称"51g鲜薯坊膜"和"320g鲜薯坊袋"、数量、单价、金额等项目。

附件2是记录有"320g海鲜味鲜薯坊袋和320g原味鲜薯坊袋"样品扫描打印件的光盘，由于本案案卷中没有请求人在提出无效宣告请求时所提交的附件2中的扫描打印件，请求人当庭补充提交附件2中所述鲜薯坊袋样品扫描打印件作为参考，经合议组核实后确认，该扫描彩页打印件与附件2光盘中收录的"320g海鲜味鲜薯坊袋和320g原味鲜薯坊袋"样品附图是一致的，合议组将该光盘中收录的附图作为附件2的证据使用。

附件3包括上海三牛食品有限公司向广东潮安县龙彩印订购"鲜薯坊海鲜袋/原味袋与鲜薯坊海鲜膜/原味膜"的《订购单》，及潮安县龙彩包装有限公司向上海三牛食品有限公司发出的《对账单》。《订购单》的订购日期是2006年3月10日，《订购单》上有供应商潮安县龙彩包装有限公司的签章，《对账单》上有日期、产品名称、单位、数量、单价、金额等项目，并有潮安县龙彩包装有限公司及上海三牛食品有限公司的签章。

附件4是潮安县龙彩包装有限公司的企业法人营业执照的复印件。

附件5是上海三牛食品有限公司出具的《饼干出厂检验报告》，报告中包括样品名称："鲜薯坊（海鲜味/原味）"、生产日期：2006年3月24日等项目。

附件6是潮安县龙彩包装有限公司出具的《证明》，《证明》内容主要是："证明上海三牛食品有限公司于2006年3月10日与公司签订《销售合同》两份，订做两个品种（即海鲜味超薄饼干和原味超薄饼干）的320g"鲜薯坊"袋1000只和两个品种（即海鲜味超薄饼干和原味超薄饼干）5kg"鲜薯坊"膜458kg，我公司即按上海三牛食品有限公司提供的来样组织生产，2006年3月18日我公司按照合同约定向上海三牛食品有限公司履行全部交货义务”。

合议组认为：对于附件1中的00528号《销售合同》，只能表明双方对合同内容达成了约定，而不能表明其标的物已完成交易，同时仅凭该销售合同也无法确认该销售合同中产品的外观；对于附件3中的《订购单》，其中签署的品名、规格、单位和数量内容与附件1中的00528号《销售合同》中的规格、数量总和与单位是对应的，但品名和单个产品数量并不对应，因此，附件3只能证明双方当事人曾经签订过一份订购单，在没有其他证据佐证的情况下，无法证明该订购单就是针对附件1中销售合同所签订的订购单，同时仅凭该订购单也无法确认该订购单中产品的外观；对于附件3中的《对账单》，其中的产品名称、日期、单位和数量与附件3中《订购单》的内容相对应，但只能说明其可能是与附件3中的订购单相对应的对账单，由于附件3的《对账单》中320g鲜薯坊海鲜味袋和320g鲜薯坊原味袋的产品名称与附件1中的00528号《销售合同》中签署的品名并不一致，无法证明该对账单就是针对附件1中00528号《销售合同》作出的对账单，同时仅凭该对账单也无法确认该对账单中产品的外观；对于附件4，其是潮安县龙彩包装有限公司的企业法人营业执照复印件，请求人未提交原件，即使提交原件，该附件仅能证明潮安县龙彩包装有限公司具有合法的经营身份；对于附件5的饼干出厂检验报告，其只能说明在2006年3月24日抽样的鲜薯坊（海鲜味）和（原味）的饼干是合格产品，不能证明这些饼干与附件2和4中的鲜薯坊袋之间存在必然关联，即，不能证明附件5中的饼干是使用附件1和3中的鲜薯坊袋进行包装的事实；对于附件6，其中所述“上海三牛食品有限公司于2006年3月10日与我公司签订的销售合同中，所订做的两个品种（即海鲜味超薄饼干和原味超薄饼干）的320g“鲜薯坊袋”的事实缺乏客观证据进行印证，所述两个产品的320g“鲜薯坊”袋的交货时间（2006年3月18日）与附件3中对账单所显示的交货时间（2006年3月21日）不一致，无法确认其所述内容的真实性；对于附件2，其是请求人声称的提供给潮安县龙彩包装有限公司的样品扫描打印件的光盘，其来源和真实性仅由证人陈延宁的证言来证明，并未提供其他客观证据用来证明其来源、真实性以及其与附件1中的00528号《销售合同》、附件3中的《订购单》和《对账单》之间存在必然关联，因此，合议组对该证据不予采信。对于证人陈延宁的证言，合议组认为，由于证人证言是由证人经对若干年前所感知的有关事实进行追忆后所作的陈述。故证言能否真实、客观地反映当时的事实，与出证人本身的自身状况，如记忆力、对相关的技术内容的掌握水平、对所证明事实的介入程度、与当事人之间的利害关系等因素有关。由于证人未提供相应证据证明其在潮安县龙彩包装有限公司的职务身份，同时从请求人提供的附件1~6来看，仅有附件3的订购单上具有证人的签字，其仅能说明证人参与该订购单的签署，而对于该订购单中的产品是否履行交货交易、所签署的00528号《销售合同》中的标的物是否就是该订购单中的两种产品（即海鲜味和原味），《销售合同》、《订购单》、《对账单》中的鲜薯坊袋是否是附件2中所示的包装袋，以及附件2中所收录照片的来源都没有相应的客观证据予以佐证，在没有客观证据佐证的情况下仅凭证言本身不足以认定证言所称的事实的真实性，因此，合议组对证人陈延宁的证言不予采信。综上所述，请求人提供的证据1~6不能形成一个完整的证据链来证明在本专利申请日前在国内公开使用过与本专利相同或者相近似的外观设计。

（2）关于附件8-1和附件8-2。

请求人提交的附件8-1是《广东省产品标识登记备案证书》复印件，共2页；附件8-2是《民事起诉状》复印件，共2页。请求人认为附件8-1和附件8-2可证明专利权人在专利申请日之前已经将本专利产品投放市场被公开使用。上述《广东省产品标识登记备案证书》中记载了于2006年5月10日产品规格、型号为“蒸薯坊番茄味韧性饼干210克，胶袋”已登记备案，其标识登记备案号为441900 67-18206，在附件8-2的《民事诉讼状》中记载了“蒸薯坊”系列饼干于2006年7月投放市场，即得到消费者的欢迎，销量不断增加。

合议组认为：首先，附件 8-1 中的《广东省产品标识登记备案证书》中虽然记载了“蒸薯坊番茄味韧性饼干 210 克，胶袋”于 2006 年 5 月 10 日已登记备案的信息，其标识登记备案号为 44190067-18206，但没有记载有关胶袋的任何外观信息，无法确定该备案证书所涉及的胶袋即是本专利所涉及的包装袋；其次，从附件 8-2 中的《民事诉讼状》的内容来看，“蒸薯坊”系列饼干有一个系列，虽然专利权人在该诉状中陈述：“‘蒸薯坊’系列饼干于 2006 年 7 月投放市场，即得到消费者的欢迎，销量不断增加”，但专利权人并未自认其于 2006 年 7 月投放市场的相关产品使用的是本专利外观设计的包装袋。因此附件 8-1 和附件 8-2 不能证明本专利产品已于申请日前被公开使用。

（3）关于附件 7-1 和附件 7-2。

请求人提交的附件 7-1 是 1998 年 6 月 10 日授权公告的第 97304345.8 号中国外观设计专利权的公报文本的复印件，使用该外观设计的产品名称为“食品包装袋（燕麦片）”；附件 7-2 是 2004 年 7 月 14 日授权公告的第 200330117006.X 号中国外观设计专利授权公告文本的复印件，使用该外观设计的产品名称为“食品包装袋（牛奶鸡蛋酥）”。专利权人对附件 7-1 和附件 7-2 的真实性没有异议，经核实，合议组对其真实性予以认可，因此，97304345.8 号外观设计专利公报文本（下称在先设计 1）和 200330117006.X 号外观设计专利公报文本（下称在先设计 2）均属于本专利申请日前的公开出版物，可以作为评价本专利是否符合专利法第 23 条的规定的证据使用。

本专利与在先设计 1 和在先设计 2 均为食品包装袋的外观设计专利，其属于相同种类的产品，故进行如下相近似性比较判断。

本专利外观设计包括主视图、后视图、俯视图、仰视图和两张立体图，省略左视图和右视图，未请求保护色彩。从其主视图来看，该包装袋整体为长方形，该包装袋的上、下两端各有两个横条，图案主要集中在包装袋的中间部位，在靠近包装袋上方的长方形框中有一椭圆形的开口，在包装袋中部的长方形框内，其上部有一个半圆形图案，该半圆形图案内有沿着圆弧边缘呈弧形排列的英文字母，中心部位填充带有人物、炉灶和土豆的图案，在半圆形图案的下方、包装袋的中部有一水平排列的“蒸薯坊”字样，该字样的长度与半圆形图案的覆盖范围基本相同，在该字样下方有横排的三行较小的文字图案，主视图的下方为无规则堆放的土豆图案，在土豆图案的前方居中的无规则排列的三块方形薯片图案，在这三块方形薯片图案的左侧有两个圆形番茄图案。后视图具有主视图中相同的中间部分的半圆形图案、“蒸薯坊”字样和三行较小文字字样，上、下两端的两个横条、包装袋上方框中的椭圆形开口，后视图中的半圆形图案、“蒸薯坊”字样和三行较小文字字样的排列方向与主视图中的排列方向相垂直，在半圆形图案的左侧有一篮土豆图案，在“蒸薯坊”字样的右下方有斜排的三块方形薯片图案，在这三块方形薯片图案的右侧有两个圆形番茄图案。俯视图和仰视图中除了有主视图中间部分的半圆形图案、“蒸薯坊”字样和横排的三行较小文字字样外，其余均为文字说明（详见本专利附图）。

在先设计 1 只包括彩色的主视图。从其主视图来看，该包装袋整体为长方形，包装袋的上方有一个弧形图案，在该弧图案的上部有水平排列的英文字母图案，该弧形图案和英文字母的宽度与包装袋的宽度基本相同，在弧形图案的顶部中间位置有一带有“优质”字样的圆形奖章图案，在弧形图案的下方、包装袋中部位置有一排“燕麦片”字样，在该字样下部左边有一个盛放蛋糕等实物的碟子图案，右边有一个盛放麦片的碗图案（详见在先设计 1 附图）。

将本专利与在先设计 1 相比，二者外观设计的整体形状均为长方形，主视图的图案呈上、中、下排列。两者的主要区别在于：①本专利图案设计的布局与在先设计 1 中的不同，本专利的图案主要集中在包装袋的中间部位，而在先设计的图案覆盖了包装袋的整体区域；②本专利主视图的上方有一椭圆形开口图案，而在先设计 1 无此设计；③本专利主视图中的构图设计与在先设计 1 中的不同，在本专利主视图的上方为半圆形图案，中间是“蒸薯坊”字样，下方为平行的三排中、英文字样，底部为无规则排列的土豆、薯片和番茄的图案，而在先设计 1 主视图的上方为一行英文字母，中间部位为一弧形图案，下方有圆形奖章图案和“燕麦片”字样，底部为盛有食物的碟子和碗的图案。对此，合议组认为，由于上述二者的差异使得包装袋整体图案的构图、布局、文字的设计不同，这些差异对包装袋的整体视觉效果带来显著的影响，故根据整体观察、综合判断的原则，本专利与在先设计 1 属于不相同且不相近似的外观设计。

在先设计 2 包括彩色的主视图、后视图和左视图和使用状态参考图，省略右视图、仰视图和俯视图。从其主视图来看，该包装袋整体形状为长方形，该包装袋的上、下两端各有一个横条，图案主要集中在包装袋的中间部位，在中间部位的中上部有一个带半圆形凸起的矩形块，在矩形块内部的中间位置有一行水平排列的外文字母，在该矩形块的下方有三行水平排列的外文、中文“牛奶鸡蛋酥”字样，在主视图下部为呈斜线排列的三块圆形饼干图案，饼干右下方有与饼干并行排列的一组文字图案。左视图具有与主视图中相同的矩形块、半圆形凸起、水平排列的外文、中文“牛奶鸡蛋酥”字样和呈斜线排列的三块圆形饼干图案，这三块圆形饼干图案排列在矩形块的右侧。后视图的中间部分有多行文字说明（详见在先设计 2 附图）。

将本专利与在先设计 2 相比，二者的外观设计形状均为长方形，主视图的图案主要集中在包装袋的中间部分。两者的主要区别在于：①本专利主视图的上方有一椭圆形开口图案，而在先设计 2 无此设计；②本专利主视图中的构图设计与在先设计 1 中的不同，在本专利主视图的上方为半圆形图案，中间是“蒸薯坊”字样，下方为平行的三排中、英文字样，底部为无规则排列的土豆、薯片和番茄的图案，而在先设计 1 主视图的中上部有一个带半圆形凸起的矩形块，在矩形块内部的中间位置有一行水平排列的外文字母，在该矩形块的下方有三行水平排列的外文、中文“牛奶鸡蛋酥”字样，在主视图下部为呈斜线排列的三块圆形饼干图案，饼干右下方有与饼干并行排列的一组文字图案；③本专利后视图的构图设计与在先设计 2 中的完全不同。合议组认为，由于上述二者的差异使得包装袋整体图案的构图、布局、文字的设计不同，这些差异对包装袋的整体视觉效果带来显著的影响，故根据整体观察、综合判断的原则，本专利与在先设计 2 属于不相同且不相近似的外观设计。

综上所述，请求人提交的证据均不足以证明其主张的有关包装袋已在本专利申请日之前在国内公开使用、在国内出版物上公开发表的事实，其据此证明本专利不符合专利法第 23 条规定的无效宣告请求理由不能成立。

三、决定

维持 200730047961.9 号外观设计专利权有效。

当事人对本决定不服的，可以根据专利法第 46 条第 2 款的规定，自收到本决定之日起三个月内向北京市第一中级人民法院起诉。根据该款的规定，一方当事人起诉后，另一方当事人应当作为第三人参加诉讼。

主视图

后视图

俯视图

仰视图

立体图 1

立体图 2

本专利附图

主视图

在先设计 1 附图

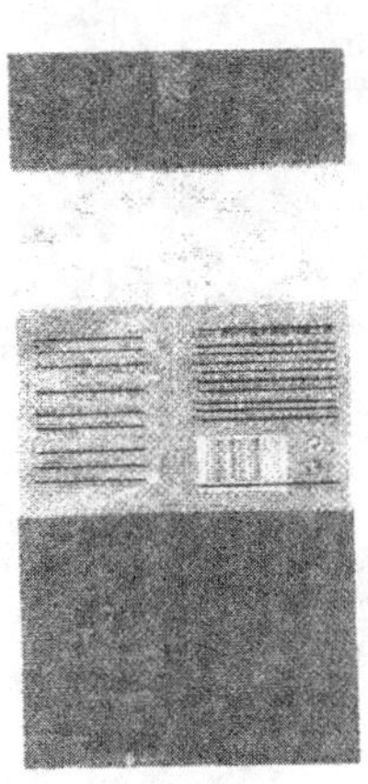

主视图　　后视图

左视图使用　　状态参考图

在先设计 2 附图

311

包装瓶

无效宣告请求审查决定（第13487号）

决　　定　　号　第13487号
决　　定　　日　2009年6月5日
发明创造名称　包装瓶
外观设计分类　09-01
无效宣告请求人　安利（中国）日用品有限公司
专　利　权　人　杜绍聪
专　　利　　号　200730002648.3
申　　请　　日　2007年1月29日
授权公告日　2008年2月27日
合议组组长　王霞军
主　　审　　员　李巍巍
参　　审　　员　钱亦俊
附　　　　　图　2页

法　律　依　据　专利法第23条
决　定　要　点

汕头市工商行政管理局于2007年6月29日作出的“汕工商支处字［2007］36号行政处罚决定书”中认定标有“Amway”标识的洗发护发系列产品与安利公司“Amway”注册商标相同，构成侵犯他人注册商标专用权的行为。

本专利与请求人在先取得的合法权利相冲突，本专利的授予不符合专利法第23条的规定。

一、案由

本无效宣告请求涉及国家知识产权局于2008年2月27日授权公告的、名称为“包装瓶”的外观设计专利，其申请号是200730002648.3，申请日是2007年1月29日，专利权人是杜绍聪。

针对上述专利权（下称本专利），安利（中国）日用品有限公司（下称请求人）于2008年12月19日向专利复审委员会提出无效宣告请求，其理由是：本专利与请求人在先获得的商标权相冲突，因此，本专利不符合专利法第23条关于不得与他人在先取得的合法权利相冲突的规定，应当宣告本专利全部无效。同时，请求人提交了如下附件作为证据：

附件1：汕头市工商行政管理局于2007年6月29日作出的“汕工商支处字［2007］36号行政处罚决定书”及照片复印件，共4页；

附件2：安利（中国）日用品有限公司向工商行政管理局提交的投诉书等相关文件复印件，共6页；

附件3：侵权人的答辩文件（含本专利申请文件）复印件，共14页；

附件4：汕头市工商行政管理局材料清单第24号及扣押物品照片复印件，共5页；

附件5：汕头市龙湖区吟风洗涤用品有限公司登记资料复印件，共1页；

附件6：安利（中国）日用品有限公司企业营业执照复印件，共1页；

附件7：第627578号商标注册证书及续展证明复印件，共4页；

附件8：第3242951号商标注册证书复印件，共2页；

附件9：商标使用许可合同备案证明复印件，共2页。

请求人认为：附件1~4为请求人提出对汕头市龙湖区吟风洗浴用品有限公司查处时的工商行政查处的相关文件；附件3~5证实专利权人与汕头市龙湖区洗涤用品有限公司之间的关系；附件7和附件8证明请求人在先获得商标注册权的法律状态；附件9证明本专利主视图突出标识为“Amway”和“OLIVEOIL”，其中“OLIVEOIL”为橄榄油英文名称，“Amway”与第627578号注册商标及附件4实物照片相比，二者完全相同，应当宣告本专利全部无效。

经形式审查合格，专利复审委员会于2009年1月20日受理了该无效宣告请求，并将请求书及证据材料副本转送给专利权人。同时告知专利权人在收到本通知之日起1个月内对该无效宣告请求陈述意见；期满未答复的，不影响专利复审委员会审理。

针对请求人的无效宣告请求及所提交的附件，专利权人始终未答复。

2009年3月18日，专利复审委员会向双方当事人发出了《无效宣告请求口头审理通知书》，定于2009年4月14日对本案进行口头审理。同日还向双方当事人发出《合议组成员告知通知书》，同时告知双方当事人，如对合议组成员有回避请求的请于收到本通知之日起7日内提交书面的回避请求，并且说明理由，必要时附具有关证据。

专利权人在规定的时间内未对合议组成员提出回避请求。

口头审理如期举行，请求人及委托的代理人参加了口头审理，对变更后的合议组成员无回避请求，专利权人未到庭，合议组依法进行缺席审理。

在口头审理中，请求人明确无效请求理由为专利法第23条所述的本专利与在先商标权相冲突，提交了附件1经汕头市工商局确认的确认件；附件2经安利（中国）日用品有限公司确认的确认件；附件4中第2页经汕头市工商局经济检查支队确认的确认件及第3页和第4页彩色照片；附件5经汕头工商信息服务中心确认的确认件；附件6~9经安利（中国）日用品有限公司确认的确认件，请求人当庭放弃附件1的附图页；放弃附件7；放弃本专利与第627578号商标相冲突的理由，以生效的处罚决定中涉及的第3242951号商标作为相冲突的依据，请求人认为，在行政处罚决定第2页第2段第6~8行作出了与在先权利相冲突的认定，本专利的外观设计容易使消费者产生误认，侵犯了在先商标权人的利益，对公众利益也是一种损害，请求宣告本专利全部无效。

在以上审理的基础上，合议组经合议，认为本案事实清楚，依法作出本审查决定。

二、决定的理由

基于请求人提出的无效宣告请求的理由和证据，合议组根据专利法第23条的规定对本案进行审理。

专利法第23条规定：“授予专利权的外观设计，应当同申请日以前在国内外出版物上公开发表过或者国内公开使用过的外观设计不相同和不相近似，并不得与他人在先取得的合法权利相冲突。”

请求人提交的附件1是汕头市工商行政管理局于2007年6月29日作出的“汕工商支处字

［2007］36号行政处罚决定书”；附件4是汕头市工商行政管理局财物清单第24号及所附现场被查扣产品的照片；附件8是第3242951号商标注册证书（注册有效期限：自公元2004年4月21日至2014年4月20日止）。在口头审理时请求人提交了上述附件的确认件及现场查扣产品的彩色照片。经查证合议组对上述证据的真实性予以认可，在汕头市工商行政管理局2007年6月29日作出的“汕工商支处字［2007］36号行政处罚决定书”中查明的事实是：投诉人安利（中国）日用品有限公司的“Amway”商标系美国安利有限公司2004年经国家工商总局核准注册、并许可安利（中国）日用品有限公司使用的商标，注册证号第3242951号，核定使用在第3类护发素、洗发水等商品上。认定标注有“Amway”标识的洗发护发系列产品与安利公司的“Amway”注册商标相同……构成侵犯他人注册商标专用权的行为；附件4第2页照片中所示产品为汕头市工商行政管理局2007年6月29日作出“汕工商支处字［2007］36号行政处罚决定书”所指的商品。参照2001年6月19日的《最高人民法院关于审理专利纠纷案件适用法律问题的若干规定》中的第16条的规定：专利法第23条所称的在先取得的合法权利包括：商标权、著作权、企业名称权、肖像权、知名商品特有包装或者装潢使用权等，因此，上述证据可以作为认定本专利是否符合专利法第23条规定的依据。

本专利包装瓶正面，主要部位的矩形框内上方为“Amway”文字设计，其与附件4现场被查扣产品外观设计相同，由于本专利与在先注册商标均用于洗涤用品上，在先生效处理决定已经认定与本专利相同的外观设计侵犯了在先的第3242951号注册商标权，故应当认定本专利与在先第3242951号商标权相冲突，本专利的授予不符合专利法第23条的规定（详见本专利及附件4和附件8附图）。

综上所述，本专利与请求人在先取得的合法权利相在冲突，本专利的授予不符合专利法第23条的规定。

三、决定

宣告200730002648.3号外观设计专利权全部无效。

当事人对本决定不服的，可以根据专利法第46条第2款的规定，在收到本决定之日起三个月内向北京市第一中级人民法院起诉，根据该款的规定，一方当事人起诉后，另一方当事人应当作为第三人参加诉讼。

主视图

后视图

左视图

右视图

俯视图

仰视图

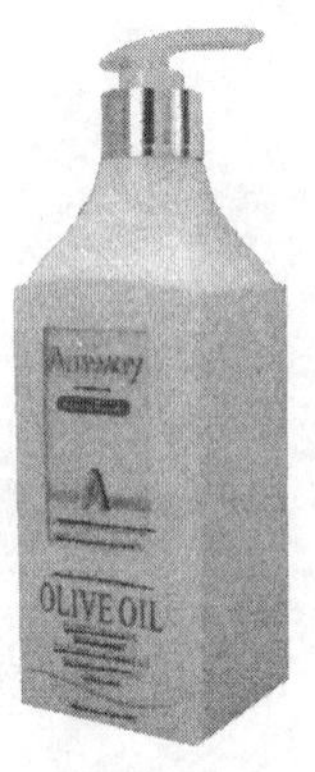

立体图

本专利附图

安莉雅致
Ammay
REESE CARE
intensive
solutions
problem
OLIVE OIL

安莉雅致
Ammay
REESE CARE
intensive
solutions
problem
OLIVE OIL

附件 4 附图

Amway

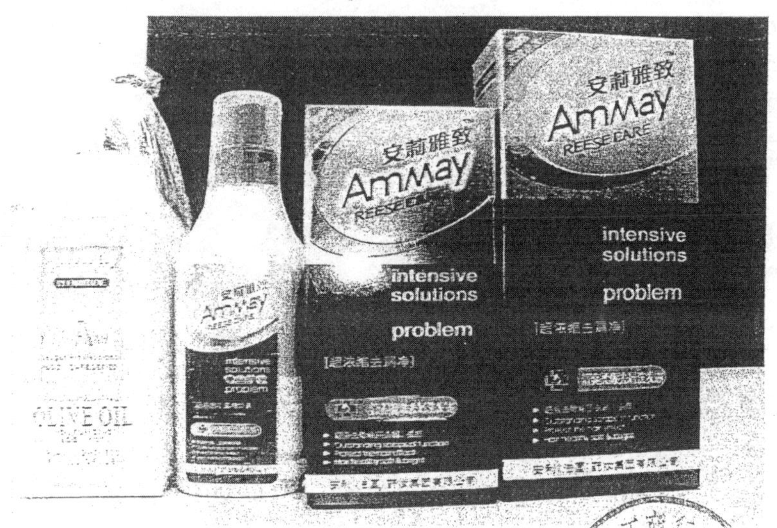

附件 8 附图

包装盒（安莉雅致洗涤用品）

无效宣告请求审查决定（第 13488 号）

决　定　号　第 13488 号
决　定　日　2009 年 6 月 5 日
发明创造名称　包装盒（安莉雅致洗涤用品）
外观设计分类　09-03
无效宣告请求人　安利（中国）日用品有限公司
专　利　权　人　杜绍聪
专　利　号　200730054319.3
申　请　日　2007 年 4 月 28 日
授权公告日　2008 年 5 月 7 日
合议组组长　王霞军
主　审　员　李巍巍
参　审　员　钱亦俊
附　图　2 页

法律依据　专利法第 23 条
决定要点

汕头市工商行政管理局于 2007 年 6 月 29 日作出的“汕工商支处字［2007］36 号行政处罚决定书”中认定标有“AmMay”标识的洗发护发系列产品与安利公司“Amway”注册商标相近似，构成侵犯他人注册商标专用权的行为。

本专利与请求人在先取得的合法权利相冲突，本专利的授予不符合专利法第 23 条的规定。

一、案由

本无效宣告请求涉及国家知识产权局于 2008 年 5 月 7 日授权公告的、名称为“包装盒（安莉雅致洗涤用品）”的外观设计专利，其申请号是 200730054319.3，申请日是 2007 年 4 月 28 日，专利权人是杜绍聪。

针对上述专利权（下称本专利），安利（中国）日用品有限公司（下称请求人）于 2008 年 12 月 19 日向专利复审委员会提出无效宣告请求，其理由是：本专利与请求人在先获得的商标权相冲突，因此，本专利不符合专利法第 23 条关于不得与他人在先取得的合法权利相冲突的规定，应当宣告本专利全部无效。同时，请求人提交了如下附件作为证据：

附件 1：汕头市工商行政管理局于 2007 年 6 月 29 日作出的“汕工商支处字［2007］36 号行政处

罚决定书”及照片 4 页（复印件）；

附件 2：安利（中国）日用品有限公司向工商行政管理局提交的投诉书等相关文件 6 页（复印件）；

附件 3：侵权人的答辩文件（含本专利申请文件）14 页（复印件）；

附件 4：汕头市工商行政管理局材料清单第 24 号及扣押物品照片 5 页（复印件）；

附件 5：汕头市龙湖区吟风洗涤用品有限公司登记资料 1 页（复印件）；

附件 6：安利（中国）日用品有限公司企业营业执照 1 页（复印件）；

附件 7：第 627578 号商标注册证书及续展证明 4 页（复印件）；

附件 8：第 3242951 号商标注册证书 2 页（复印件）；

附件 9：商标使用许可合同备案证明 2 页（复印件）。

请求人认为：附件 1~4 为请求人提出对汕头市龙湖区吟风洗浴用品有限公司查处时的工商行政查处形成的相关文件；附件 1 为汕头市工商行政管理局于 2007 年 6 月 29 日作出的“汕工商支处字［2007］36 号行政处罚决定书”，该生效的行政处罚决定证明权利冲突行为成立，附件 3 为相关工商行政查处时，被查处人提供的本专利申请文件，从该文件能看出本专利申请人填写的地址即是附件 5 中的公司地址及名称；附件 7 和附件 8 证明请求人在先获得商标注册权的法律状态；附件 9 证明本专利主视图突出标识“AmMay”与第 3242951 号注册商标“Amway”相近似，且将本专利与附件 4 照片中被查处的产品相比，二者完全相同；应当宣告本专利全部无效。

经形式审查合格，专利复审委员会于 2009 年 1 月 20 日受理了该无效宣告请求，并将请求书及证据材料副本转送给专利权人。同时告知专利权人在收到本通知之日起 1 个月内对该无效宣告请求陈述意见；期满未答复的，不影响专利复审委员会审理。

2009 年 3 月 18 日，专利复审委员会向双方当事人发出了《无效宣告请求口头审理通知书》，定于 2009 年 4 月 14 日进行本案的口头审理。同日还向双方当事人发出《合议组成员告知通知书》，同时告知双方当事人，如对合议组成员有回避请求的请于收到本通知之日起 7 日内提交书面的回避请求，并且说明理由，必要时附具有关证据。

针对请求人的无效宣告请求及所提交的附件，专利权人始终未答复。在规定的时间内也未对合议组成员提出回避请求。

口头审理如期举行，请求人及委托的代理人参加了口头审理，对变更后的合议组成员无回避请求，专利权人未到庭，合议组依法进行缺席审理。

在口头审理中，请求人明确无效请求理由为专利法第 23 条所述的本专利与在先商标权相冲突，提交了附件 1 经汕头市工商局确认的确认件；附件 2 经安利（中国）日用品有限公司确认的确认件；附件 4 中第 2 页经汕头市工商局经济检查支队确认的确认件及第 3 页和第 4 页彩色照片；附件 5 经汕头工商信息服务中心确认的确认件；附件 6~9 经安利（中国）日用品有限公司确认的确认件，请求人当庭放弃附件 1 的附图页；放弃附件 7；放弃本专利与第 627578 号商标相冲突的理由，以生效的处罚决定中涉及的第 3242951 号商标作为相冲突的依据，请求人认为，在行政处罚决定第 2 页第 2 段第 6~8 行作出了与在先权利相冲突的认定，本专利的外观设计容易使消费者产生误认，侵犯了在先商标权人的利益，对公众利益也是一种损害，请求宣告本专利全部无效。

二、决定的理由

基于请求人提出的无效宣告请求的理由和证据，合议组根据专利法第 23 条的规定对本案进行审理。

专利法第 23 条规定：“授予专利权的外观设计，应当同申请日以前在国内外出版物上公开发表过

或者国内公开使用过的外观设计不相同和不相近似，并不得与他人在先取得的合法权利相冲突。”

请求人提交的附件 1 是汕头市工商行政管理局于 2007 年 6 月 29 日作出的“汕工商支处字［2007］36 号行政处罚决定书”；附件 4 是汕头市工商行政管理局财物清单第 24 号及所附现场被查扣产品的照片；附件 8 是第 3242951 号商标注册证书（注册有效期限：自公元 2004 年 4 月 21 日至 2014 年 4 月 20 日止）。在口头审理时请求人提交了上述附件的确认件及现场查扣产品的彩色照片。经查证合议组对上述证据的真实性予以认可，在汕头市工商行政管理局 2007 年 6 月 29 日作出的“汕工商支处字［2007］36 号行政处罚决定书”中查明的事实是：投诉人安利（中国）日用品有限公司的“Amway”商标系美国安利有限公司 2004 年经国家工商总局核准注册、并许可安利（中国）日用品有限公司使用的商标，注册证号第 3242951 号，核定使用在第 3 类护发素、洗发水等商品上。认定标注有“AmMay”标识的洗发护发系列产品与安利公司的“Amway”注册商标相近似……构成侵犯他人注册商标专用权的行为；附件 4 第 2 页照片中所示产品为汕头市工商行政管理局 2007 年 6 月 29 日作出“汕工商支处字［2007］36 号行政处罚决定书”所指的商品。参照 2001 年 6 月 19 日的《最高人民法院关于审理专利纠纷案件适用法律问题的若干规定》中的第 16 条的规定：专利法第 23 条所称的在先取得的合法权利包括：商标权、著作权、企业名称权、肖像权、知名商品特有包装或者装潢使用权等，因此，上述证据可以作为认定本专利是否符合专利法第 23 条规定的依据。

本专利包装瓶正面，主要部位的矩形框内上方为“AmMay”文字设计，本专利与附件 4 现场被查扣产品外观设计相同，由于本专利与在先注册商标均用于洗涤用品上，在先生效处理决定已经认定与本专利相同的外观设计侵犯了在先的第 3242951 号商标注册权，故应当认定本专利与在先第 3242951 号商标权相冲突，本专利的授予不符合专利法第 23 条的规定（详见本专利及附件 4 和附件 8 附图）。

综上所述，本专利与请求人在先取得的合法权利相冲突，本专利的授予不符合专利法第 23 条的规定。

三、决定

宣告 200730054319.3 号外观设计专利权无效。

当事人对本决定不服的，可以根据专利法第 46 条第 2 款的规定，在收到本决定之日起三个月内向北京市第一中级人民法院起诉，根据该款的规定，一方当事人起诉后，另一方当事人应当作为第三人参加诉讼。

主视图

后视图

左视图

右视图

俯视图

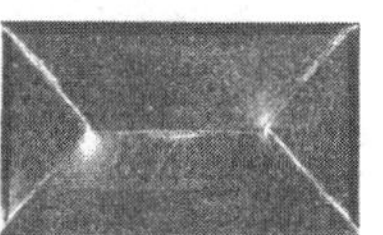

仰视图

立体图

本专利附图

安莉雅致
AmMay
REESE CARE
intensive
solutions
problem
OLIVE OIL

安莉雅致
AmMay
REESE CARE
intensive
solutions
problem
OLIVE OIL

附件 4 附图

Amway

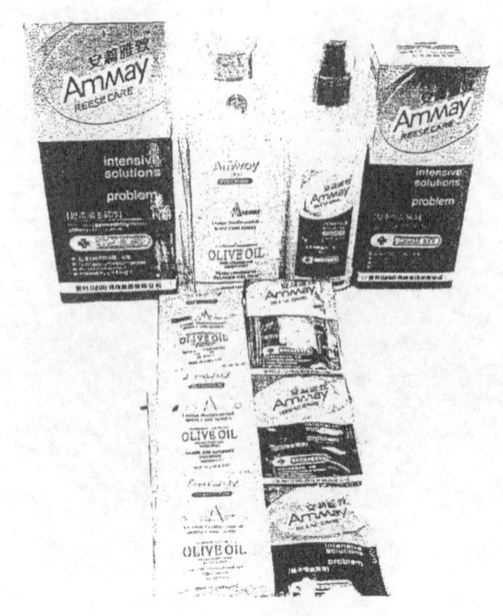

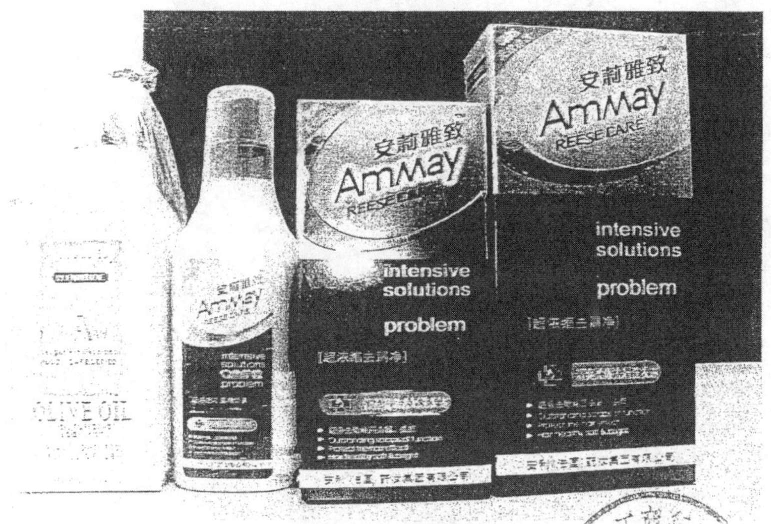

附件 8 附图

313

饼　干

无效宣告请求审查决定（第13489号）

决　定　号　第13489号
决　定　日　2009年6月8日
发明创造名称　饼干
外观设计分类号　01-01
无效宣告请求人　东莞市翱翔食品有限公司
专 利 权 人　陈健宁
专　利　号　200630054376.7
申　请　日　2006年3月14日
授权公告日　2007年1月24日
合议组组长　吴大章
主　审　员　尹春霞
参　审　员　王　红
附　　　图　1页

法律依据　专利法第23条
决定要点

根据行业规定，同一生产厂家的同一产品条形码应是唯一对应的，其包装袋上显示的饼干图案应视为与其内所装产品的外观一致。

一、案由

本无效宣告请求涉及国家知识产权局于2007年1月24日授权公告的200630054376.7号外观设计专利，使用该外观设计的产品名称是“饼干”，其申请日是2006年3月14日，专利权人是陈健宁。

针对上述外观设计专利权（下称本专利），东莞市翱翔食品有限公司（下称请求人）于2008年12月17日向专利复审委员会提出无效宣告请求，其依据的理由是：本专利不符合专利法第23条的规定，应予宣告无效。请求人同时提交了如下附件作为证据：

附件1：本专利著录项目及图片复印件，共1页；

附件2：200430062562.6号外观设计专利著录项目及图片复印件，共1页；

附件3：澳美思曲奇饼干包装袋照片复印件，共8页；

附件4：深圳市金艺宝商贸行销售单复印件，共3页；

附件5：深圳市宝安区西乡金艺宝商贸行税务登记证副本复印件，共1页；

附件6：深圳市益家百货商品信息表复印件，共1页。

请求人认为：附件2的公开日早于本专利的申请日，且二者均是饼干的外观设计，二者所示的外观设计极其相似；附件3~6可以证明，与本专利相同的外观设计产品在本专利的申请日前已公开销售，综上本专利不符合专利法第23条的规定，应予宣告无效。

专利复审委员会经形式审查合格受理了该无效宣告请求，并于2009年1月20日将无效宣告请求书及其附件的副本转送专利权人，通知其在指定期限内陈述意见。

专利复审委员会于2009年2月18日收到请求人的补正书，将无效宣告请求书中的错别字进行了修改。

2009年2月18日，专利权人针对上述无效宣告请求提交了意见陈述书。专利权人认为：（1）本专利与附件2所示的外观设计不相同也不相近似；（2）本专利产品在申请日前并未公开销售；（3）请求人提供深圳市益家百货商品信息表所显示的信息与本专利没有关系，其销售本专利授予前的其他产品，不是本专利产品。综上，本专利符合专利法第23条的规定。

专利复审委员会依法成立合议组对本案进行审理，并于2009年3月5日向双方当事人发出口头审理通知书，定于2009年4月27日进行口头审理，同时随口头审理通知书将请求人的补正书转送专利权人，将专利权人的意见陈述转送请求人，通知其在口头审理当庭陈述意见，或在指定期限内提交意见陈述。

口头审理如期举行，请求人委托代理人出庭，专利权人本人参加口头审理。双方均对对方出庭人员的身份和资格无异议，对合议组成员也无回避请求。

口头审理中，请求人说明附件2是从专利局网站下载的，并当庭提交附件3~6的原件。专利权人对附件3~6原件与复印件的一致性予以认可，但对附件2~6的真实性均不认可。请求人结合附件说明本专利与在先公开的外观设计相近似，且与本专利相同的产品已在先公开销售。专利权人认为本专利与在先设计不相同也不相近似，对在先销售的事实也不认可。

在上述审理的基础上，合议组经合议，认为本案事实清楚，依法作出本审查决定。

二、决定的理由

1. 法律依据

基于请求人提出无效宣告请求所依据的事实和理由，合议组对本专利是否符合专利法第23条的规定进行审查。

专利法第23条规定：“授予专利权的外观设计，应当同申请日以前在国内外出版物上公开发表过或者国内公开使用过的外观设计不相同和不相近似，并不得与他人在先取得的合法权利相冲突。”

2. 证据认定

请求人提交的附件3是澳美思曲奇饼干包装袋照片复印件（内附不同生产日期的包装袋四份，生产日期分别为2005年9月9日、2007年9月26日、2008年10月16日、2007年10月10日），附件4是深圳市保安区西乡金艺宝商贸行销售单复印件，附件5是深圳市宝安区西乡金艺宝商贸行税务登记证副本复印件。请求人当庭提交了上述附件的原件，认为上述附件的结合可以证明与本专利相同的产品在本专利申请日前已经公开销售。专利权人对上述附件的真实性及待证事实均不予认可。合议组认为：请求人当庭提交了附件3~5的原件，合议组对附件3~5的真实性予以认定。其中附件4是深圳市保安区西乡金艺宝商贸行销售单，附件5是深圳市宝安区西乡金艺宝商贸行税务登记证副本，可以证实该公司真实存在。根据附件4的销售单可知，深圳市宝安区西乡金艺宝商贸行于2005年5月2日向深圳市福田文和批发商行销售饼干若干，其中有一款名称为“200g澳美思香橙曲奇”的饼干，其条码编号为“6933641101581”。在请求人提交的附件3生产日期为2005年9月9日的包装袋上，注明有生产厂家的信息，即佛山市南海区澳美思食品厂，内装产品的信息，即香橙味澳美思曲奇饼干，在该包装袋的背面有该产品的条码编号，为6933641101581。在请求人提交的附件3生产日期为2008年10月16日的包装袋上，注明有生产厂家的信息，即佛山市南海区澳美思食品厂，内装产品的信息，即香橙味澳美思曲奇饼干，在该包装袋的背面有该产品的条码编号，为6933641101581，同时在包装袋的正面标记有本专利的专利号，为200630054376.7。

综上，合议组认为：根据行业规定，同一生产厂家的同一产品条形码是唯一对应的，上述包装袋的生产厂家均为“佛山市南海区澳美思食品厂”，产品名称均为“香橙味澳美思曲奇饼干”，条码编号均为“6933641101581”。由此可知，在2005年9月9日（早于本专利申请日2006年3月14日），佛山市南海区澳美思食品厂已经生产了产品名称为香橙味澳美思曲奇饼干的饼干产品，同时在生产日期为2006年10月16日的包装袋上标记有本专利的专利号，也可印证两包装袋所装产品的一致性。按照惯例，其包装袋上显示的饼干图案应视为与其内所装产品的外观一致。因此附件3生产日期为2005年9月9日的包装袋可以作为判断本专利是否符合专利法第23条规定的证据。虽然专利权人对上述附件的真实性均有异议，同时认为请求人提交的只是包装袋，而包装袋内没有装产品，不能与本专利进行对比，但并未提交相反证据证明其主张，合议组对其主张不予支持。

3. 外观设计对比

在该包装袋的左上方公开了一款曲奇饼干的外观设计（下称在先设计），本专利也是饼干的外观设计，二者产品用途相同，属于相同类别的产品，可以进行相同相近似比较，故对二者的外观设计作如下对比：

本专利公开了主视图、后视图、左视图和立体图。简要说明载明：省略右视图、俯视图、仰视图。从主视图观察，本专利为8个花形顺次连接为一扁圆形，中心有孔（详见本专利视图）。

在先设计公开了产品的立体图，从该立体图可知，在先设计为8个花形顺次连接为一扁圆形，中心有孔（详见在先设计附图）。

将本专利与在先设计相比较，二者的形状完全相同，应属于相同的外观设计。

综上所述，在本专利申请日以前已有与其相同的外观设计在国内公开销售使用过，本专利不符合专利法第23条的规定。

鉴于已经得出本专利不符合专利法第23条的规定的结论，合议组对请求人提出的其他证据不再进行评述。

三、决定

宣告200630054376.7号外观设计专利权全部无效。

当事人对本决定不服的，可以根据专利法第46条第2款的规定，自收到本决定之日起三个月内向北京市第一中级人民法院起诉。根据该款的规定，一方当事人起诉后，另一方当事人应当作为第三人参加诉讼。

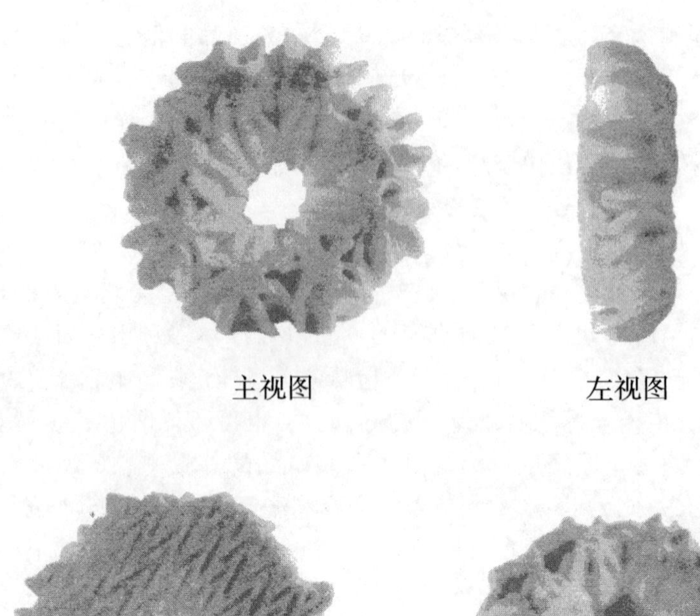

主视图　　左视图

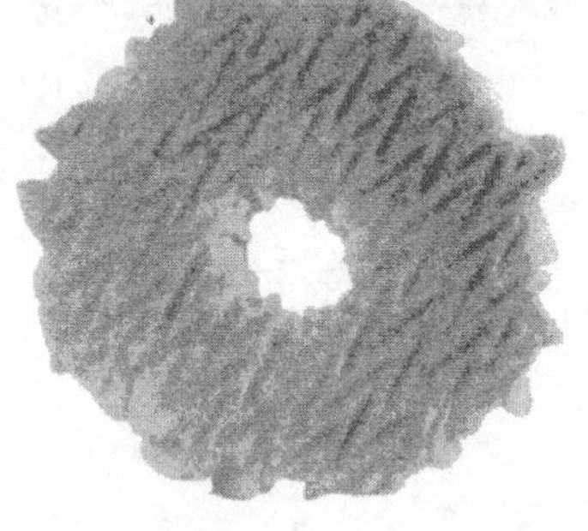

主视图　　左视图

本专利附图

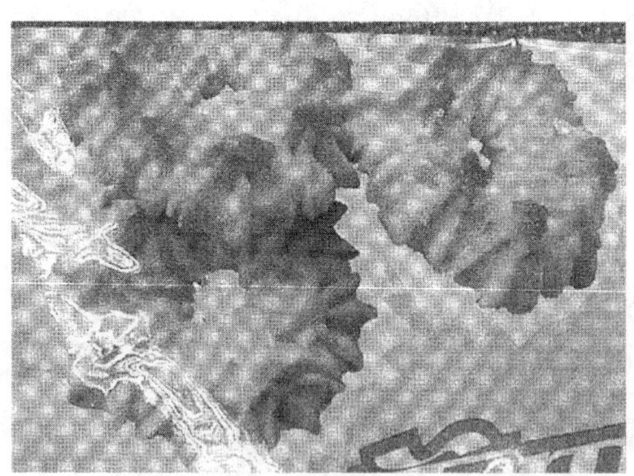

在先设计附图

314

食品包装瓶（饮料）

无效宣告请求审查决定（第13492号）

决　　定　　号　第13492号
决　　定　　日　2009年6月9日
发明创造名称　食品包装瓶（饮料）
外观设计分类号　09-01
无效宣告请求人　实达轩（佛山）饮料有限公司，佛山市南海区维尔乐饮品有限公司，佛山市粤亮塑料制品有限公司，佛山市顺德区习成塑料容器有限公司
专　利　权　人　范联航
专　　利　　号　200630062248.7
申　　请　　日　2006年5月31日
授　权　公　告　日　2007年5月16日
合议组组长　钟　华
主　　审　　员　张雪飞
参　　审　　员　李巍巍
附　　　　　图　1页

法　律　依　据　专利法第23条
决　定　要　点

在先设计的图片未反映产品各面视图的，如果依据一般消费者的认知能力，根据已经公开的内容即可推定出产品其他部分的外观设计的，则该其他部分也被视为已经公开。如本案涉及的对称设计的包装罐体，一般消费者能够通过已公开的对称面轻易推定出其他对称面的设计，并不影响整体外观形状的对比判断。

一、案由

本无效宣告请求涉及国家知识产权局于2007年5月16日授权公告的200630062248.7号外观设计专利，使用该外观设计的产品名称是“食品包装瓶（饮料）”，其申请日是2006年5月31日，专利权人是范联航。

1. 第一次无效宣告请求

针对上述外观设计专利权（下称本专利），实达轩（佛山）饮料有限公司（下称第一请求人）于2009年3月3日向专利复审委员会提出无效宣告请求，其理由是本专利不符合专利法第23条的规定，并提交了本专利的著录项目及图片信息和如下证据附件：

证据1：公开（公告）日分别为1997年8月20日和1997年7月30日的96319653.7号和96319662.6号外观设计专利的著录项目及图片信息复印件共2页，其公开（公告）号分别为CN3062442和CN3061280；

证据2：包装瓶产品实物的照片5张；

证据3：网址为www.elisha.com.cn的网络信息打印页7页；

证据4：广东省佛山市顺德公证处作出的《公证书》[（2008）佛顺内民证字第13493号]复印件，内附网址为www.elisha.com.cn的网络信息打印页20页和照片26张，公证内容为所附网络信息为现场操作实时打印所得，照片为现场拍摄，均与实际情况相符。

第一请求人认为，本专利和证据1所示在先公开的两项外观设计基本相同，且证据2~4能够证明在本专利申请日以前厦门市以利沙矿泉水饮料有限公司已公开生产、销售并在其公司网站上展示与本专利外观设计基本相同的产品，因此本专利不具有新颖性，应予宣告无效。

经形式审查合格，专利复审委员会受理了该无效宣告请求，并于2009年3月3日将第一请求人的无效宣告请求文件转送专利权人。

其后，第一请求人于2009年4月1日提交了意见陈述书，认为本专利不符合专利法第23条的规定，并补充提交了如下证据附件：（编号续前）

证据5：欧共体内部市场协调局（OHIM）的网页信息及其中译文复印件共2页；

证据6：公开日期为2005年7月26日的第000318456-0001号、第000318456-0002号、第000318456-0003号和第000318456-0004号欧共体外观设计注册的检索信息及相关的中译文复印件共16页；

证据7：证据6所示四项欧共体外观设计注册的公报及相关的中译文复印件共14页；

证据8：广州市汇泉翻译服务有限公司的《企业法人营业执照（副本）》复印件1页；

证据9：广东省佛山市顺德公证处作出的《公证书》[（2009）佛顺内民证字第4717号]复印件，内附国家知识产权局的网页信息打印页6页和欧共体内部市场协调局的网页信息打印页34页，公证内容为所附网络信息为现场操作实时打印所得，与实际情况相符。

第一请求人认为本专利与上述在先公开的四项欧共体外观设计注册的外观设计特征相同，构成出版物公开，应予宣告无效。

专利复审委员会于2009年4月9日将第一请求人补充提交的意见陈述及证据转送专利权人。

之前，针对第一请求人于无效宣告请求之日提出的理由和证据，专利权人于2009年4月3日提交了意见陈述书，认为第一请求人提交的证据1所示两项外观设计已在专利复审委员会作出的第11493号审查决定书中被认定为与本专利均属于不相同且不相近似的外观设计，根据“一事不再理”原则，本案应不予考虑；而证据2所示产品实物上的打印日期和证据3所示网页信息的公开日期的真实性均不能被认定；且证据4仅能证明公证当日的网页信息，不能证明本专利申请日以前的情况。综上，专利权人认为应维持本专利有效，并提交了第11493号无效宣告请求审查决定书和该无效案的部分中间文件以及该无效案涉及的侵权诉讼案件的《民事判决书》[（2007）中中法民三初字第146号]复印件共17页。

专利复审委员会于2009年4月16日向双方当事人发出合议组成员告知通知书。双方当事人逾期均未对合议组成员提出回避请求。

第一请求人于2009年4月22日向专利复审委员会提交了盖有广州市汇泉翻译服务有限公司印章原件的证据5~8，以及证据9的原件；并说明证据6所示四项欧共体外观设计注册的检索文件中显示的“Date of publication：07/02/2007”字样有误，现已由相关网站更正，公开日期应以其上显示的

“Publication date（A1）：26/07/2005”为准。同时，第一请求人说明为节约成本和时间，请求专利复审委员会对本案不进行口头审理。

2009年5月16日第一请求人再次提交意见陈述书，请求专利复审委员会对本案进行口头审理，但未具体说明理由，同时请求专利复审委员会尽快审理结案。

针对第一请求人于2009年4月1日补充提出的理由和证据，专利权人于2009年5月16日提交了意见陈述书，认为证据5~9所示四项欧共体外观设计注册的公开日期矛盾不清，证据9所示公证书为事后公证，且该四项欧共体外观设计注册均仅公开立体图，表达不完整，不足以与本专利进行整体对比判断。专利权人同时例举了第200830042973.7号、第02335312.0号、第02316584.7号、第02302674.X号和第200730112476.5号等五项外观设计专利以说明仅靠单一视图难以确定产品整体外观的主张。

2. 第二次无效宣告请求

针对本专利，佛山市南海区维尔乐饮品有限公司（下称第二请求人）同样于2009年3月3日向专利复审委员会提出无效宣告请求，其提出无效宣告请求的理由、证据和具体意见陈述均与第一请求人完全相同。

经形式审查合格，专利复审委员会受理了该无效宣告请求，并于2009年3月3日将第二请求人的无效宣告请求文件转送专利权人。

其后，第二请求人于2009年4月1日提交了意见陈述书，其补充提出的无效请求理由、证据和具体意见陈述均与第一请求人完全相同。

专利复审委员会于2009年4月9日将第二请求人补充提交的意见陈述及证据转送专利权人。

之前，针对第二请求人于无效宣告请求之日提出的理由和证据，专利权人于2009年4月3日提交了意见陈述书，其具体意见陈述及附件均与其在第一次无效宣告程序中的答复意见完全相同。

专利复审委员会于2009年4月16日向双方当事人发出合议组成员告知通知书。双方当事人逾期均未对合议组成员提出回避请求。

第二请求人随同第一请求人一起于2009年4月22日向专利复审委员会提交了盖有广州市汇泉翻译服务有限公司印章原件的证据5~8，以及证据9的原件；其具体意见陈述及附件均与第一请求人完全相同。

2009年5月16日第二请求人再次提交意见陈述书，请求专利复审委员会对本案进行口头审理，但未具体说明理由，同时请求专利复审委员会尽快审理结案。

针对第二请求人于2009年4月1日补充提出的理由和证据，专利权人于2009年5月16日提交了意见陈述书，其具体意见陈述及附件均与其在第一次无效宣告程序中的答复意见完全相同。

3. 第三次无效宣告请求

针对本专利，佛山市粤亮塑料制品有限公司（下称第三请求人）同样于2009年3月3日向专利复审委员会提出无效宣告请求，其提出无效宣告请求的理由、证据和具体意见陈述均与第一请求人完全相同。

经形式审查合格，专利复审委员会受理了该无效宣告请求，并于2009年3月3日将第三请求人的无效宣告请求文件转送专利权人。

其后，第三请求人于2009年4月1日提交了意见陈述书，其补充提出的无效请求理由、证据和具体意见陈述均与第一请求人完全相同。

专利复审委员会于2009年4月9日将第三请求人补充提交的意见陈述及证据转送专利权人。

之前，针对第三请求人于无效宣告请求之日提出的理由和证据，专利权人于2009年4月3日提交了意见陈述书，其具体意见陈述及附件均与其在第一次无效宣告程序中的答复意见完全相同。

专利复审委员会于 2009 年 4 月 16 日向双方当事人发出合议组成员告知通知书。双方当事人逾期均未对合议组成员提出回避请求。

第三请求人随同第一请求人一起于 2009 年 4 月 22 日向专利复审委员会提交了盖有广州市汇泉翻译服务有限公司印章原件的证据 5~8，以及证据 9 的原件；其具体意见陈述及附件均与第一请求人完全相同。

2009 年 5 月 16 日第三请求人再次提交意见陈述书，请求专利复审委员会对本案进行口头审理，但未具体说明理由，同时请求专利复审委员会尽快审理结案。

针对第三请求人于 2009 年 4 月 1 日补充提出的理由和证据，专利权人于 2009 年 5 月 16 日提交了意见陈述书，其具体意见陈述及附件均与其在第一次无效宣告程序中的答复意见完全相同。

4. 第四次无效宣告请求

针对本专利，佛山市顺德区习成塑料容器有限公司（下称第四请求人）同样于 2009 年 3 月 3 日向专利复审委员会提出无效宣告请求，其提出无效宣告请求的理由、证据和具体意见陈述均与第一请求人完全相同。

经形式审查合格，专利复审委员会受理了该无效宣告请求，并于 2009 年 3 月 3 日将第四请求人的无效宣告请求文件转送专利权人。

其后，第四请求人于 2009 年 4 月 1 日提交了意见陈述书，其补充提出的无效请求理由、证据和具体意见陈述均与第一请求人完全相同。

专利复审委员会于 2009 年 4 月 9 日将第四请求人补充提交的意见陈述及证据转送专利权人。

之前，针对第四请求人于无效宣告请求之日提出的理由和证据，专利权人于 2009 年 4 月 3 日提交了意见陈述书，其具体意见陈述及附件均与其在第一次无效宣告程序中的答复意见完全相同。

专利复审委员会于 2009 年 4 月 16 日向双方当事人发出合议组成员告知通知书。双方当事人逾期均未对合议组成员提出回避请求。

第四请求人随同第一请求人一起于 2009 年 4 月 22 日向专利复审委员会提交了盖有广州市汇泉翻译服务有限公司印章原件的证据 5~8，以及证据 9 的原件；其具体意见陈述及附件均与第一请求人完全相同。

2009 年 5 月 16 日第四请求人再次提交意见陈述书，请求专利复审委员会对本案进行口头审理，但未具体说明理由，同时请求专利复审委员会尽快审理结案。

针对第四请求人于 2009 年 4 月 1 日补充提出的理由和证据，专利权人于 2009 年 5 月 16 日提交了意见陈述书，其具体意见陈述及附件均与其在第一次无效宣告程序中的答复意见完全相同。

鉴于上述四次无效宣告请求的理由和证据均完全相同，专利复审委员会对其进行合并审理。

在上述审理的基础上，合议组经合议，认为案件事实清楚，依法作出本审查决定。

二、决定的理由

基于四次无效宣告请求的请求人提出的理由和证据，合议组依据专利法第 23 条的规定进行审理。

专利法第 23 条规定："授予专利权的外观设计，应当同申请日以前在国内外出版物上公开发表过或者国内公开使用过的外观设计不相同和不相近似，并不得与他人在先取得的合法权利相冲突。"

针对四次无效宣告请求的请求人于 2009 年 5 月 16 日提出的口头审理请求，合议组认为：因四次无效宣告请求的请求人均未具体说明口头审理请求的理由，且根据案情，合议组认为并无口头审理的必要，故对四次无效宣告请求的请求人提出的口头审理请求均不予支持。

四次无效宣告请求的请求人于 2009 年 4 月 1 日补充提交的证据 5~9 中涉及出版物公开的对比文

献是第000318456-0001号、第000318456-0002号、第000318456-0003号和第000318456-0004号欧共体外观设计注册的相关信息；专利权人质疑其公开日期。经合议组核实相关的专利文献信息，"Date of publication"和"Publication date（A1）"两项均显示为"26/07/2005"字样，证据6显示的"Date of publication：07/02/2007"字样属于明显的数据上传错误，上述四项欧共体外观设计注册的公开日期均为2005年7月26日，且内容真实，均属于本专利申请日（2006年5月31日）以前公开的外观设计专利文献，适用于专利法第23条的规定。

在第000318456-0004号欧共体外观设计注册的文献中公开了一款饮料包装罐外观形状（下称在先设计）的立体图。从图片上观察，在先设计的整体形状为近似圆柱体，上端内收，并安有顶盖和拉环，底部呈凹凸状底座（详见在先设计附图）。

本专利是饮料包装瓶的外观设计，整体形状为近似圆柱体，上端内收，底部呈凹凸状底座（详见本专利附图）。

合议组认为：本专利和在先设计均为饮料外包装的外观设计，用途相同，属于相同类别的产品，具有可比性。

将本专利与在先设计相比较，其主要的不同点为：在先设计底座的凹凸状设计未完整显示，且其增加了顶盖和拉环设计。合议组认为：从整体视觉观察，虽然在先设计底座的凹凸状设计未完整显示，但是对于依据一般消费者的认知能力由图片所能最直接得出的对称设计的罐体而言，据其已显示出的凹凸状的排列关系完全可以确定其凹凸底座的基本形状设计，且本专利本身亦为对称设计的罐体，其下部亦为间隔重复的凹凸状底座设计，并无其他的异形设计，因此在先设计未显示出的部分并不影响二者的整体对比，基于对称罐体的一致性，足以认定二者的底座采用了相近似的凹凸状设计，因此本案对专利权人提出的仅靠单一视图难以确定产品整体外观的主张不予支持；同时在先设计采用的顶盖和拉环设计明显属于包装罐领域内的常见形状设计，因此基于本专利对于该公知形状的简化设计而导致的差别对二者的整体视觉效果亦不具有显著的影响；二者的整体罐体形状设计极其相近似，应属于相近似的外观设计。

针对专利权人在四次无效宣告请求程序中提出的反证附件，合议组认为：第11493号无效宣告请求审查决定书和该无效案的部分中间文件针对的是证据1，相关侵权诉讼案件的《民事判决书》［（2007）中中法民三初字第146号］也与上述相同和相近似的判断认定无关；对于专利权人例举的第200830042973.7号、第02335312.0号、第02316584.7号、第02302674.X号和第200730112476.5号等五项外观设计专利，因其图片均与本专利的具体情形不同，因此专利权人对其图片所作的分析并不影响本案外观设计形状的认定。

综上所述，在本专利申请日以前已有与其相近似的外观设计在出版物上公开发表过，本专利不符合专利法第23条的规定。

鉴于由上述认定已得出本专利不符合专利法所规定的授权条件的结论，本决定对请求人提出的其他理由和证据不再予以评述。

三、决定

宣告200630062248.7号外观设计专利权全部无效。

当事人对本决定不服的，可以根据专利法第46条第2款的规定，自收到本决定之日起三个月内向北京市第一中级人民法院起诉。根据该款的规定，一方当事人起诉后，另一方当事人应当作为第三人参加诉讼。

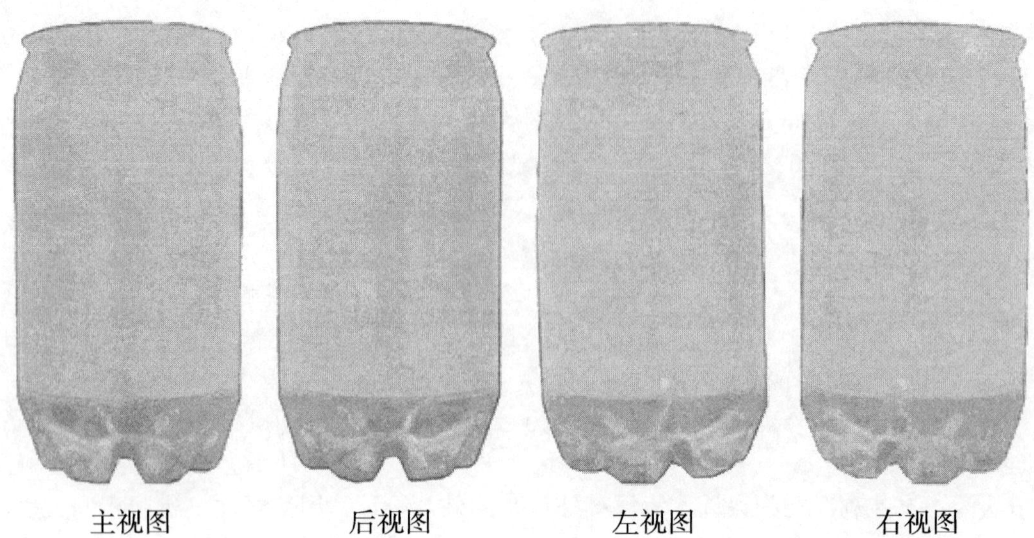
主视图　　后视图　　左视图　　右视图

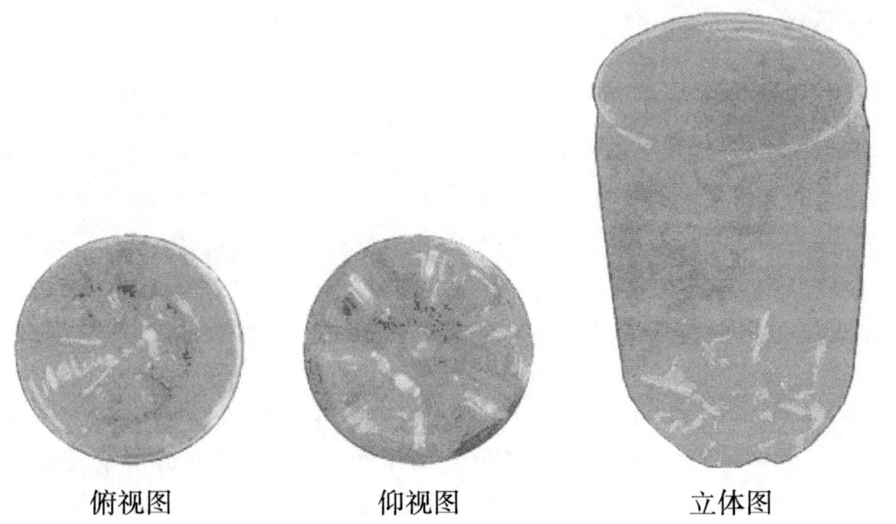
俯视图　　仰视图　　立体图

本专利附图

在先设计附图

北京市第一中级人民法院
行政判决书

（2009）一中知行初字第 2428 号

原告范朕航，男，1973 年 8 月 14 日出生，汉族，住广东省陆河县水唇镇大竹园村 77 号。

委托代理人陈广永，男，1965 年 6 月 11 日出生，住广东省佛山市顺德区大良街道东苑新村东 17 座 2 号 4 楼。被告国家知识产权局专利复审委员会，住所地北京市海淀区北四环西路 9 号银谷大厦 10~12 层。

法定代表人张茂于，副主任。

委托代理人张雪飞，国家知识产权局专利复审委员会审查员。

委托代理人张华，国家知识产权局专利复审委员会审查员。

第三人实达轩（佛山）饮料有限公司，住所地广东省佛山市南海区里水镇赤山工业区 1 区 3 号。

法定代表人吴奕达，董事长。

第三人佛山市南海区维尔乐饮品有限公司，住所地广东省佛山市南海区里水镇甘蕉上街工业区。

法定代表人梁艳芳，董事长。

第三人佛山市粤亮塑料制品有限公司，住所地广东省佛山市顺德区伦教霞石诗歌路东侧第二排。

法定代表人李华兰，董事长。

第三人佛山市顺德区习成塑料容器有限公司，住所地广东省佛山市顺德区龙江镇龙江西路。

法定代表人黄华敦，董事长。

上述第三人共同委托代理人饶德和，广东海迪森律师事务所律师。

上述第三人共同委托代理人刘立，广东海迪森律师事务所律师。

原告范朕航不服被告国家知识产权局专利复审委员会（以下简称专利复审委员会）于 2009 年 6 月 9 日作出的第 13492 号无效宣告请求审查决定（以下简称第 13492 号决定），于法定期限内向本院提起行政诉讼。本院于 2009 年 10 月 9 日受理本案后，依法组成合议庭，并通知第 13492 号决定的请求人实达轩（佛山）饮料有限公司（以下简称实达轩公司）、佛山市南海区维尔乐饮品有限公司（以下简称维尔乐公司）、佛山市粤亮塑料制品有限公司（以下简称粤亮公司）、佛山市顺德区习成塑料容器有限公司（以下简称习成公司）作为第三人参加本案诉讼。本院于 2009 年 11 月 23 日公开开庭进行了审理。原告范朕航的委托代理人陈广永，被告专利复审委员会的委托代理人张华，第三人实达轩公司、维尔乐公司、粤亮公司、习成公司的共同委托代理人饶德和到庭参加了诉讼。本案现已审理终结。

被告专利复审委员会针对第三人实达轩公司、维尔乐公司、粤亮公司、习成公司就专利权人为原告范朕航的名称为“食品包装瓶（饮料）”的外观设计专利权（以下简称本专利）所提出的无效宣告请求作出第 13492 号决定，该决定认定：在第 000318456-0004 号欧共体外观设计注册的文献中公开了一款饮料包装罐外观形状（下称在先设计）的立体图。从图片上观察，在先设计的整体形状为近似圆柱体，上端内收，并安有顶盖和拉环，底部呈凹凸状底座。本专利是饮料包装瓶的外观设计，整体形状为近似圆柱体，上端内收，底部呈凹凸状底座。

专利复审委员会认为：本专利和在先设计均为饮料外包装的外观设计，用途相同，属于相同类别的产品，具有可比性。

将本专利与在先设计相比较，其主要的不同点为：在先设计底座的凹凸状设计未完整显示，且其增加了顶盖和拉环设计。从整体视觉观察，虽然在先设计底座的凹凸状设计未完整显示，但是对于依据一般消费者的认知能力由图片所能最直接得出的对称设计的罐体而言，据其已显示出的凹凸状的排列关系完全可以确定其凹凸底座的基本形状设计，且本专利本身亦为对称设计的罐体，其下部亦为间隔重复的凹凸状底座设计，并无其他的异形设计，因此在先设计未显示出的部分并不影响二者的整体对比，基于对称罐体的一致性，足以认定二者的底座采用了相近似的凹凸状设计，因此本案对专利权人提出的仅靠单一视图难以确定产品整体外观的主张不予支持；同时在先设计采用的顶盖和拉环设计明显属于包装罐领域内的常见形状设计，因此基于本专利对于该公知形状的简化设计而导致的差别对二者的整体视觉效果亦不具有显著的影响；二者的整体罐体形状设计极其相近似，应属于相近似的外观设计。

综上所述，在本专利申请日以前已有与其相近似的外观设计在出版物上公开发表过，本专利不符合《专利法》第二十三条的规定。

鉴于由上述认定已得出本专利不符合专利法所规定的授权条件的结论，故对其他理由和证据不再予以评述。被告专利复审委员会作出第 13492 号决定，宣告 200630062248. 7 号外观设计专利权全部无效。原告范朕航不服该决定，于法定期限内向本院提起诉讼，诉称：第 13492 号决定采用的证据公开不充分，其观点无事实依据。(1) 根据《中华人民共和国专利法实施细则》第二十七条第三款规定，本案四个第三人应当提交在先设计的有关视图，清楚地显示请求保护的范围。就立体外观设计产品而言，产品设计要点设计六个面的，应当提交六面正投影视图。本案在先设计只有一个立体图，不能清楚反映产品的设计要点。(2) 专利复审委员会凭空想象在先设计的整体形状及设计要点，忽视了变化的可能性。以原告在无效程序中提交的 4 个反证为例，仅仅依靠一个视图很难准确确定某一个产品的外观，更不能以此判断两个外观设计专利是否相近似。(3) 专利复审委员会没有进行口头审理程序，本案涉及多个当事人，多个侵权案件，基于案件的广泛性和重要性，应当进行口头审理。综上，请求法院依法撤销第 13492 号决定。

被告专利复审委员会辩称：我委坚持第 13492 号决定中的意见，在此不再赘述。综上，请求法院维持第 13492 号决定。

第三人实达轩公司、维尔乐公司、粤亮公司、习成公司共同述称：(1) 第 13492 号决定采用的在先设计已经完全公开了本专利，在决定中已经作了详细比对和分析，在此不再重复。(2) 原告以早已是公知设计的饮料瓶申请本专利，又起诉了我方四个第三人侵权，其行为存在恶意。综上，请求法院维持第 13492 号决定。

本院经审理查明：范朕航于 2006 年 5 月 31 日向国家知识产权局申请了名称为“食品包装瓶（饮料）”的外观设计专利权（即本专利，详见判决后附图）。本专利于 2007 年 5 月 16 日被授权公告，授权公告号为 200630062248. 7 号。针对上述外观设计专利权，实达轩公司、维尔乐公司、粤亮公司、习成公司分别于 2009 年 3 月 3 日向专利复审委员会提出无效宣告请求，其理由均是本专利不符合《专利法》第二十三条的规定，并均提交了本专利的著录项目及图片信息和如下证据附件：

证据 1：公开（公告）日分别为 1997 年 8 月 20 日和 1997 年 7 月 30 日的 96319653. 7 号和 96319662. 6 号外观设计专利的著录项目及图片信息复印件共 2 页，其公开（公告）号分别为 CN3062442 和 CN3061280；

证据 2：包装瓶产品实物的照片 5 张；

证据 3：网址为 www. elisha. com. cn 的网络信息打印页 7 页；

证据 4：广东省佛山市顺德公证处作出的《公证书》[（2008）佛顺内民证字第 13493 号] 复印

件，内附网址为 www. elisha. com. cn 的网络信息打印页 20 页和照片 26 张，公证内容为所附网络信息为现场操作实时打印所得，照片为现场拍摄，均与实际情况相符。

2009 年 4 月 1 日，实达轩公司、维尔乐公司、粤亮公司、习成公司均补充提交了如下证据附件：（编号续前）证据 5 是欧共体内部市场协调局（OHIM）的网页信息及其中译文复印件共 2 页；

证据 6：公开日期为 2005 年 7 月 26 日的第 000318456－0001 号、第 000318456－0002 号、第 000318456-0003 号和第 000318456-0004 号（即在先设计，详见判决后附图）欧共体外观设计注册的检索信息及相关的中译文复印件共 16 页；

证据 7：证据 6 所示四项欧共体外观设计注册的公报及相关的中译文复印件共 14 页；

证据 8：广州市汇泉翻译服务有限公司的《企业法人营业执照（副本）》复印件 1 页；

证据 9：广东省佛山市顺德公证处作出的《公证书》〔（2009）佛顺内民证字第 4717 号〕复印件，内附国家知识产权局的网页信息打印页 6 页和欧共体内部市场协调局的网页信息打印页 34 页，公证内容为所附网络信息为现场操作实时打印所得，与实际情况相符。

2009 年 4 月 3 日，范朕航提交了意见陈述书，认为四个第三人提交的证据 1 所示两项外观设计已在专利复审委员会作出的第 11493 号审查决定书中被认定为与本专利均属于不相同且不相近似的外观设计，本案应不予考虑。范朕航提交了第 11493 号无效宣告请求审查决定书和该无效案的部分文件以及该无效案涉及的侵权诉讼案件的《民事判决书》〔（2007）中法民三初字第 146 号〕复印件共17 页。

2009 年 5 月 16 日范朕航在意见陈述书中列举了第 200830042973. 7 号、第 02335312. 0 号、第 02316584. 7 号、第 02302674. X 号和第 200730112476. 5 号等五项外观设计专利以说明仅靠单一视图难以确定产品整体外观的主张。鉴于上述四次无效宣告请求的理由和证据均完全相同，专利复审委员会对其进行合并审理。

2009 年 6 月 9 日，专利复审委员会作出第 13492 号决定。在本案庭审过程中，原告明确放弃了起诉书中关于第 13492 号决定没有进行口头审理，存在程序瑕疵的理由。原告认为，第 13492 号决定认定在先设计底部是凹凸状底座，并且认为“基于对称罐体的一致性，足以认定二者的底座采用了相近似的凹凸状设计”的认定错误，在先设计为单一的立体图，图片显示罐体底部仅有两个缺口，与本专利底部的七块凹凸状设计存在明显区别。被告认为，审查指南规定，在确定在先设计所公开的信息时，应当依据一般消费者的认知能力来确定，在先设计属于日常生活中常见的物体形状，其底部有凹凸形状也早已被普通消费者所知晓，专利复审委员会在确定在先设计的方案时，依据一般消费者的认知能力可以确定在先设计的底部同样为凹凸形状；而且，虽然在先设计看不出底部为具体几块凹凸状设计，但即使与本专利存在上述区别，亦不具有显著影响。第三人同意被告意见。上述事实，有第 13492 号决定、本专利文献、在先设计专利文献、庭审笔录等证据为证。

本院认为：

根据第 13492 号决定及本案各方当事人的诉辩主张，本案的争议焦点是：在先设计与本专利是否相近似。在先设计为近似圆柱体的饮料包装罐，上端内收，并安有顶盖和拉环，从图片看，其底部有两个凹入及三个凸起部分。原告认为在先设计为单一的立体图，图片显示罐体底部仅有两个缺口，与本专利底部的七块凹凸状设计存在明显区别。对此本院认为，在先设计属于日常生活中常见的饮料包装罐，而饮料包装罐的圆柱形罐体形状以及底部的凹凸形状均早已为普通消费者所熟知，故普通消费者在看到在先设计时，能够辨别出在先设计的底部为凹凸形状。虽然在先设计仅有单一的立体图，没有明确显示出底部具体有几块凹凸设计，但在底部形状均为凹凸形状的情况下，具体的凹凸块数的区别不属于显著差异。专利复审委员会作出在先设计底部呈凹凸状底座，该认定并无不妥之处，本院仍予维持。

将本专利与在先设计相比较，其主要的不同还有：在先设计增加了顶盖和拉环设计。由于在先设计采用的顶盖和拉环设计明显属于包装罐领域内的常见形状设计，故基于本专利对于该公知形状的简化设计而导致的差别对二者的整体视觉效果亦不具有显著的影响。专利复审委员会认定二者的整体罐体形状设计极其相近似，应属于相近似的外观设计，该认定并无不当之处，本院予以维持。

综上，被告专利复审委员会作出的第 13492 号决定认定事实清楚，适用法律正确，程序合法，应予维持。依照《中华人民共和国行政诉讼法》第五十四条第（一）项之规定，本院判决如下：

维持被告国家知识产权局专利复审委员会作出的第 13492 号无效宣告请求审查决定。

案件受理费 100 元，由原告范朕航负担（已交纳）。如不服本判决，可在本判决书送达之日起 15 日内，向本院递交上诉状，并按对方当事人人数提交副本，交纳上诉案件受理费 100 元，上诉于北京市高级人民法院。

审　判　长　邢　军
代理审判员　张晰昕
人民陪审员　牛艳玲
二〇〇九年十一月三十日
书　记　员　陈　栋

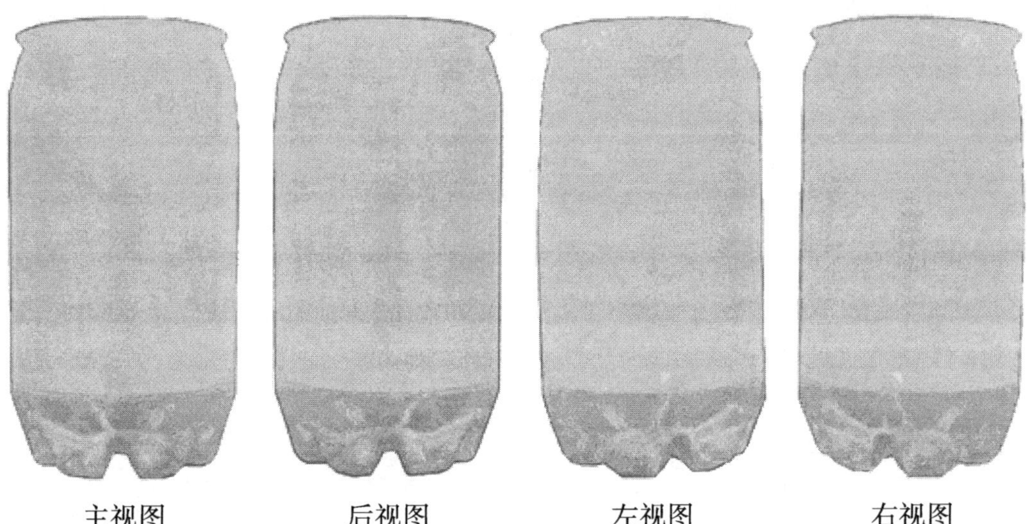

主视图　　后视图　　左视图　　右视图

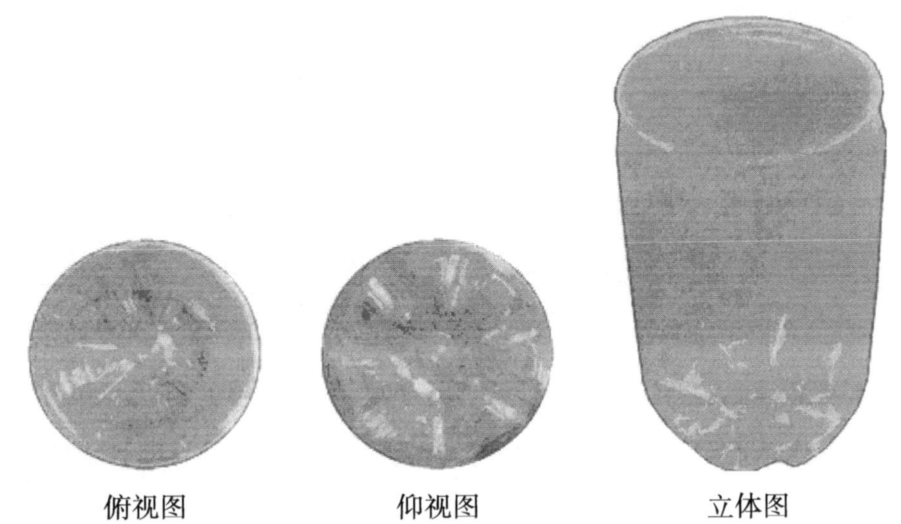

俯视图　　仰视图　　立体图

本专利附图

在先设计附图

装饰玻璃（大时代）

无效宣告请求审查决定（第 13493 号）

决　定　号　第 13493 号
决　定　日　2009 年 6 月 9 日
发明创造名称　装饰玻璃（大时代）
外观设计分类号　05-06
无效宣告请求人　林世良
专　利　权　人　陈均铭
专　利　号　200730119077.1
申　请　日　2007 年 6 月 1 日
授权公告日　2008 年 5 月 7 日
合议组组长　徐清平
主　审　员　雷　婧
参　审　员　尹春霞
附　　图　1 页

法律依据　专利法第 23 条
决定要点
本专利与在先设计在形状和图案上均存在差异，尤其是图案上的差异使得二者整体视觉效果具有显著差别，因此，二者属于不相同且不相近似的外观设计。

一、案由

本无效宣告请求涉及的是国家知识产权局于 2008 年 5 月 7 日授权公告的、专利号为 200730119077.1 的外观设计专利，其产品名称为“装饰玻璃（大时代）”，申请日为 2007 年 6 月 1 日，专利权人为陈均铭。

针对上述外观设计专利权（下称本专利），林世良（下称请求人）于 2009 年 3 月 25 日向专利复审委员会提出无效宣告请求，其理由是：本专利与其申请日前在先公开发表过的外观设计相近似，故不符合专利法第 23 条的规定。同时，请求人提交了如下附件作为证据：

附件 1：200330124007.7 号外观设计专利著录项目及图片的复印件，共 2 页。

请求人认为，附件 1 的公告日早于本专利的申请日，其与本专利均为玻璃板，用途相同，且二者仅在纵向和横向线条是否形成方格上存在对整体视觉效果不具有显著影响的差别，故二者属于相近似的外观设计。

经形式审查合格，专利复审委员会依法受理了上述无效宣告请求，并于 2009 年 3 月 25 日将无效宣告请求书及相关文件的副本转送专利权人，通知其在指定的期限内答复。

专利复审委员会成立合议组对本案进行审理，并于 2009 年 4 月 29 日向双方当事人发出口头审理通知书，定于 2009 年 5 月 27 日进行口头审理。

2009 年 5 月 7 日，专利权人向专利复审委员会提交了意见陈述书，认为本专利与附件 1 公开的外观设计是完全不相同或者近似的设计。

口头审理如期举行，双方当事人均委托代理人出庭，双方对对方出庭人员的身份及资格均无异议，对合议组成员亦无回避请求。口头审理中，合议组当庭将专利权人的意见陈述书转送请求人，请求人明确表示不再针对其进行书面意见陈述。专利权人对附件 1 的真实性无异议，双方当事人就本专利与在先设计是否相同或相近似进行了详细陈述，均坚持各自原有意见。

在上述审理的基础上，合议组认为本案事实清楚，可以依法作出审查决定。

二、决定的理由

1. 法律依据

基于请求人提出无效宣告请求的理由，合议组依据专利法第 23 条的规定进行审理。

专利法第 23 条规定："授予专利权的外观设计，应当同申请日以前在国内外出版物上公开发表过或者国内公开使用过的外观设计不相同和不相近似，并不得与他人在先取得的合法权利相冲突。"

2. 证据的认定

附件 1 是 200330124007.7 号外观设计专利著录项目及图片的复印件，其产品名称为"装饰玻璃（M）"申请日为 2003 年 12 月 18 日，公告日为 2004 年 9 月 8 日。专利权人对其真实性无异议。经合议组核实，该附件的内容真实，其公告日在本专利的申请日（2007 年 6 月 1 日）之前，适用于评述本专利是否符合专利法第 23 条的规定。

3. 本专利是否符合专利法第 23 条的规定

附件 1 中公开的外观设计产品为装饰玻璃，与本专利具有相同的用途、属于相同类别的产品，可以就二者进行比较和判断。

本专利的图片为产品的主视图，简要说明中载明："1. 本产品的后视图无设计要点，省略后视图。2. 本产品是平面产品，省略其他视图。"其所示产品呈长方形，其图案主要由线条、圆形和近似牛角的图形构成；线条交叉构成的长方形或梯形图案布满整个产品表面，大小圆形与近似牛角的图形交叉构成的不规则图案位于产品的斜对角（详见本专利附图）。

附件 1 中公开的外观设计（下称在先设计）图片为产品的主视图，简要说明载明："1. 本外观设计为平面图案设计，省略其他视图。2. 本外观设计中的两个牛角形图案为不透明，三个浅色圆为透明，其余部分为半透明。"其公开的产品呈长方形，其图案主要由圆形和近似牛角的图形构成；近似牛角的图形所占比例较大并纵贯整个产品表面，与圆形相交叉（详见在先设计附图）。

将本专利与在先设计进行比较，二者的形状均呈长方形，图案的主要构成元素均有圆形和近似牛角的图形，二者的主要不同点在于：形状上，在先设计比本专利细长；图案上，本专利整体由线条交叉构成的长方形或梯形布满产品表面，局部由大小圆形与近似牛角的图形交叉构成，而纵贯在先设计整个表面的图案由较大的近似牛角的图形与圆形交叉构成。通过上述比较，合议组认为，本专利与在先设计在形状和图案上均存在明显差异，尤其是图案上的差异使得二者整体视觉效果具有显著差别，因此，二者属于不相同且不相近似的外观设计。

综上所述，本专利与在先设计不相同且不相近似，附件 1 不能证明本专利不符合专利法第 23 条的规定。

4. 结论

请求人提交的证据不能证明本专利不符合专利法第 23 条的规定，故其提出无效宣告请求的理由不成立。

三、决定

维持 200730119077.1 号外观设计专利权有效。

当事人对本决定不服的，可以根据专利法第 46 条第 2 款的规定，自收到本决定之日起三个月内向北京市第一中级人民法院起诉，根据该款规定，一方当事人起诉后，另一方当事人应当作为第三人参加诉讼。

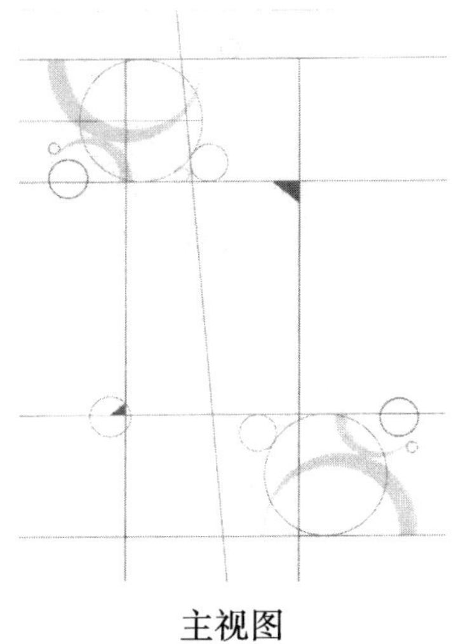

主视图

本专利附图

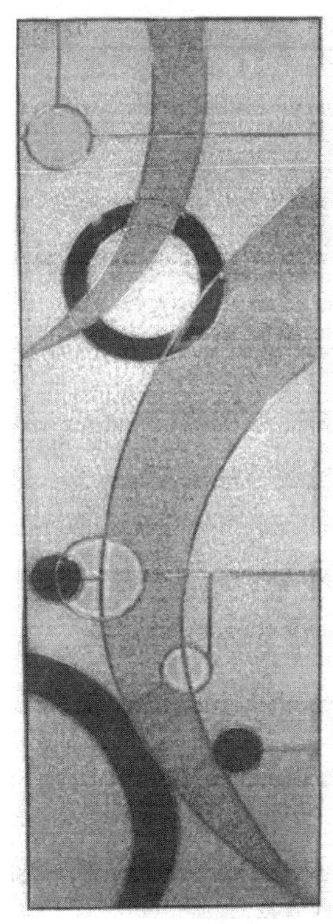

主视图

在先设计附图

玻璃板（创新空间）

无效宣告请求审查决定（第 13494 号）

决　　定　　号 第 13494 号
决　　定　　日 2009 年 6 月 9 日
发明创造名称 玻璃板（创新空间）
外观设计分类号 05-06
无效宣告请求人 林世良
专　利　权　人 陈均铭
专　　利　　号 200730110416. X
申　　请　　日 2007 年 1 月 19 日
授权公告日 2007 年 12 月 19 日
合议组组长 徐清平
主　　审　　员 雷　婧
参　　审　　员 尹春霞
附　　　　　图 1 页

法　律　依　据 专利法第 9 条

决　定　要　点

本专利与在先设计均为平面玻璃制品，且在先设计的单元图案四方连续无限定边界，故将在先设计的图案与本专利进行比较；本专利与在先设计的图案差异使得二者整体视觉效果具有显著差别，因此，二者属于不相同且不相近似的外观设计。

一、案由

本无效宣告请求涉及的是国家知识产权局于 2007 年 12 月 19 日授权公告的、专利号为 200730110416. X 的外观设计专利，其产品名称为“玻璃板（创新空间）”，申请日为 2007 年 1 月 19 日，专利权人为陈均铭。

针对上述外观设计专利权（下称本专利），林世良（下称请求人）于 2009 年 3 月 25 日向专利复审委员会提出无效宣告请求，其理由是：本专利与他人在先申请的外观设计相近似，故不符合专利法第 9 条的规定。同时，请求人提交了如下附件作为证据：

附件 1：200630037807. 9 号外观设计专利著录项目及图片的复印件，共 2 页。

请求人认为，附件 1 与本专利均为玻璃板，用途相同，且二者仅在小方框的线条深浅上略有区别，但该区别对整体视觉效果不具有显著影响，故二者属于相近似的外观设计。

经形式审查合格，专利复审委员会依法受理了上述无效宣告请求，并于 2009 年 3 月 25 日将无效宣告请求书及相关文件的副本转送专利权人，通知其在指定的期限内答复。

专利复审委员会成立合议组对本案进行审理，并于 2009 年 4 月 29 日向双方当事人发出口头审理通知书，定于 2009 年 5 月 27 日进行口头审理。

2009 年 5 月 7 日，专利权人向专利复审委员会提交了意见陈述书，认为附件 1 所示的外观设计专利与本专利并非相同的设计，不构成抵触申请。

口头审理如期举行，双方当事人均委托代理人出庭，双方对对方出庭人员的身份及资格均无异议，对合议组成员亦无回避请求。口头审理中，合议组当庭将专利权人的意见陈述书转送请求人，请求人明确表示不再针对其进行书面意见陈述。专利权人对附件 1 的真实性无异议，双方当事人就本专利与在先设计是否相同或相近似进行了详细陈述，均坚持各自原有意见。

在上述审理的基础上，合议组认为本案事实清楚，可以依法作出审查决定。

二、决定的理由

1. 法律依据

基于请求人提出无效宣告请求的理由，合议组依据专利法第 9 条的规定进行审理。

专利法第 9 条规定："两个以上的申请人分别就同样的发明创造申请专利的，专利权授予最先申请的人。"

2. 证据的认定

附件 1 是 200630037807.9 号外观设计专利著录项目及图片的复印件，其产品名称为"装饰玻璃（L 视窗）"，申请日为 2006 年 6 月 19 日，公告日为 2007 年 3 月 28 日，专利权人为韩伟军。专利权人对其真实性无异议。经合议组核实，该附件的内容真实，其申请日在本专利的申请日（2007 年 1 月 19 日）之前，系他人在先申请、在后公告的外观设计专利，适用于评述本专利是否符合专利法第九条的规定。

3. 本专利是否符合专利法第 9 条的规定

附件 1 中所示的外观设计产品为装饰玻璃，与本专利具有相同的用途、属于相同类别的产品，可以就二者进行比较和判断。

本专利的图片为产品的主视图，简要说明中载明："1. 本产品的后视图无设计内容，省略后视图。2. 本产品是平面产品，省略其他视图。"其所示产品呈长方形，其图案主要由线条、粗框的正方形或长方形构成；线条不规则交叉构成的方形图案布满整个产品表面，粗框的正方形或长方形不规则地分布在产品表面（详见本专利附图）。

附件 1 中所示的外观设计（下称在先设计）图片为产品的主视图，简要说明载明："1. 本外观设计为单元图案四方连续无限定边界的平面型产品。2. 省略其他视图。"其所示产品的图案主要由线条、正方形和直角粗折线构成；线条交叉构成大小相同的格状图案，正方形均位于线条的交叉点上，直角粗折线临近于线条的交叉点（详见在先设计附图）。

本专利与在先设计均为平面玻璃制品，且在先设计的单元图案四方连续无限定边界，故将在先设计的图案与本专利进行比较。本专利与在先设计图案的主要构成元素均有线条和方形，二者的主要不同点在于：本专利线条不规则交叉构成的图案呈交叉、重叠的正方形或长方形，而在先设计线条交叉构成的图案呈大小相同的方格状；本专利中方形图案为粗框的正方形或长方形且呈不规则排列，而在先设计中方形图案均为大小相同的正方形且均较有规律地排列在线条的交叉点上；在先设计中在临近于线条交叉点的位置有直角粗折线形图案，而本专利无此图案。通过上述比较，合议组认为，本专利与在先设计存在的上述差异对二者整体视觉效果具有显著影响，因此，二者属于不相同且不相近似的外观设计。

对于外观设计而言，同样的发明创造是指两项外观设计相同或者相近似，本专利与在先设计不相同且不相近似，附件 1 不能证明本专利不符合专利法第 9 条的规定。

4. 结论

请求人提交的证据不能证明本专利不符合专利法第 9 条的规定，故其提出无效宣告请求的理由不成立。

三、决定

维持 200730110416. X 号外观设计专利权有效。

当事人对本决定不服的，可以根据专利法第 46 条第 2 款的规定，自收到本决定之日起三个月内向北京市第一中级人民法院起诉，根据该款规定，一方当事人起诉后，另一方当事人应当作为第三人参加诉讼。

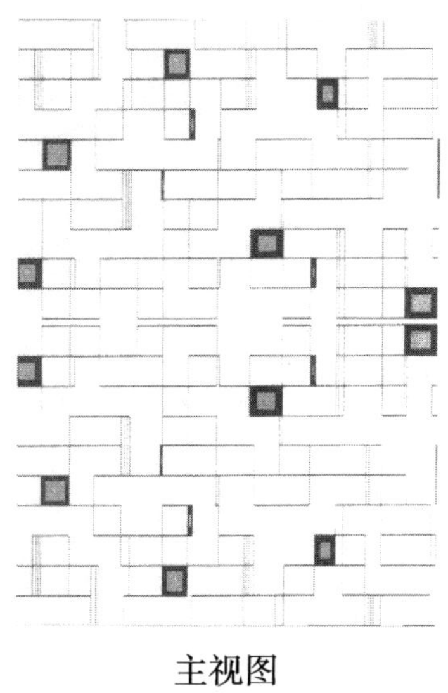

主视图

本专利附图

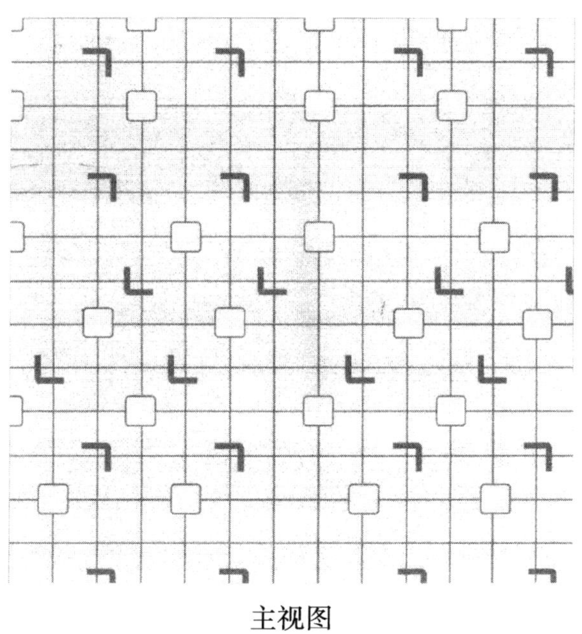

主视图

在先设计附图

317

玻璃板（一网情深）

无效宣告请求审查决定（第13495号）

决　　定　　号　第13495号
决　　定　　日　2009年6月9日
发明创造名称　玻璃板（一网情深）
外观设计分类号　05-06
无效宣告请求人　林世良
专　利　权　人　陈均铭
专　　利　　号　200730110413.6
申　　请　　日　2007年1月19日
授 权 公 告 日　2008年2月6日
合 议 组 组 长　徐清平
主　　审　　员　雷　婧
参　　审　　员　尹春霞
附　　　　　图　1页

法　律　依　据　专利法第23条、第9条
决　定　要　点

本专利与在先设计在图案上存在的明显差异使得二者整体视觉效果具有显著差别，因此，二者属于不相同且不相近似的外观设计。

一、案由

本无效宣告请求涉及的是国家知识产权局于2008年2月6日授权公告的、专利号为200730110413.6的外观设计专利，其产品名称为"玻璃板（一网情深）"，申请日为2007年1月19日，专利权人为陈均铭。

针对上述外观设计专利权（下称本专利），林世良（下称请求人）于2009年3月25日向专利复审委员会提出无效宣告请求，其理由是：本专利与其申请日前在先公开发表过的外观设计相近似，并与他人在先申请的外观设计相近似，故不符合专利法第23条和第9条的规定。同时，请求人提交了如下附件作为证据：

附件1：200530155343.7号外观设计专利著录项目及图片的复印件，共2页；

附件2：200630030689.9号外观设计专利著录项目及图片的复印件，共2页。

请求人认为，附件1的公告日早于本专利的申请日，附件2属于在先申请在后公开的外观设计，

且均为玻璃板，与本专利用途相同；上述附件中所示的外观设计与本专利的区别对整体视觉效果均不具有显著影响，故本专利与附件1、附件2所示的外观设计均属于相近似的外观设计。

经形式审查合格，专利复审委员会依法受理了上述无效宣告请求，并于2009年3月25日将无效宣告请求书及相关文件的副本转送专利权人，通知其在指定的期限内答复。

专利复审委员会成立合议组对本案进行审理，并于2009年4月29日向双方当事人发出口头审理通知书，定于2009年5月27日进行口头审理。

2009年5月7日，专利权人向专利复审委员会提交了意见陈述书，认为附件1公开的外观设计与本专利是完全不相同或近似的设计，本专利具备新颖性；附件2所示的外观设计专利与本专利并非相同的设计，不构成抵触申请。

口头审理如期举行，双方当事人均委托代理人出庭，双方对对方出庭人员的身份及资格均无异议，对合议组成员亦无回避请求。口头审理中，合议组当庭将专利权人的意见陈述书转送请求人，请求人明确表示不再针对其进行书面意见陈述。专利权人对附件1和附件2的真实性均无异议，双方当事人就本专利与在先设计是否相同或相近似进行了详细陈述，均坚持各自原有意见。

在上述审理的基础上，合议组认为本案事实清楚，可以依法作出审查决定。

二、决定的理由

1. 法律依据

基于请求人提出无效宣告请求的理由，合议组依据专利法第23条和第9条的规定进行审理。

专利法第23条规定："授予专利权的外观设计，应当同申请日以前在国内外出版物上公开发表过或者国内公开使用过的外观设计不相同和不相近似，并不得与他人在先取得的合法权利相冲突。"

专利法第9条规定："两个以上的申请人分别就同样的发明创造申请专利的，专利权授予最先申请的人。"

2. 证据的认定

附件1是200530155343.7号外观设计专利著录项目及图片的复印件，其产品名称为"玻璃（花之韵）"，申请日为2005年12月2日，公告日为2006年11月1日。专利权人对其真实性无异议。经合议组核实，该附件的内容真实，其公告日在本专利的申请日（2007年1月19日）之前，适用于评述本专利是否符合专利法第23条的规定。

附件2是200630030689.9号外观设计专利著录项目及图片的复印件，其产品名称为"装饰蒙沙玻璃（玉沙金藤）"，申请日为2006年10月25日，公告日为2007年11月14日，专利权人为成都市欣和风特种玻璃有限公司。专利权人对其真实性无异议。经合议组核实，该附件的内容真实，其申请日在本专利的申请日（2007年1月19日）之前，系他人在先申请、在后公告的外观设计专利，适用于评述本专利是否符合专利法第9条的规定。

附件1和附件2中所示的外观设计产品均为装饰玻璃，与本专利具有相同的用途、属于相同类别的产品，可以就本专利与二者进行比较和判断。

3. 本专利是否符合专利法第23条的规定

本专利的图片为产品的主视图，简要说明中载明："1. 后视图无设计要点，省略后视图。2. 本外观设计是平面产品，省略其他视图。"其所示产品呈长方形，其图案由曲线条和圆形构成；曲线条呈垂柳状与大小不同的圆形相交（详见本专利附图）。

附件1中公开的外观设计（下称在先设计1）图片为产品的主视图，简要说明载明："平面产品，省略其他视图。"其所示产品呈正方形，其图案由线条、花形图案和圆点构成；花形图案外轮廓呈圆形，内部呈多瓣花朵状，线条构成花形图案的枝条（详见在先设计1附图）。

将本专利与在先设计 1 进行比较，二者的主要不同点在于：本专利由呈垂柳状线条图案纵贯整个产品表面并与大小不同的圆形相交，在先设计 1 的图案主要由多个带枝条的花形图案排列而成。通过上述比较，合议组认为，本专利与在先设计 1 的构成图案存在的明显差异使得二者整体视觉效果具有显著影响，因此，二者属于不相同且不相近似的外观设计。

综上所述，本专利与在先设计 1 不相同且不相近似，附件 1 不能证明本专利不符合专利法第 23 条的规定。

4. 本专利是否符合专利法第 9 条的规定

附件 2 中所示的外观设计（下称在先设计 2）图片为产品的主视图，其所示产品呈长方形，其图案由曲线条和花形图案构成；平滑或珠粒状曲线条呈倾斜状布满产品表面，花形图案呈五叶状零星点缀在线条间（详见在先设计 2 附图）。

将本专利与在先设计 2 进行比较，二者产品表面均布满曲线条图案，二者的主要不同点在于：本专利的线条图案呈垂柳状并纵贯整个产品表面与大小不同的圆形相交，在先设计 2 的曲线条呈倾斜状，且零星点缀在线条间的图案呈五叶花形。通过上述比较，合议组认为，本专利与在先设计 2 在线条排列方向、位于线条间的图案以及该图案的数量等方面均存在明显差异，上述差异对二者整体视觉效果具有显著影响，因此，二者属于不相同且不相近似的外观设计。

对于外观设计而言，同样的发明创造是指两项外观设计相同或者相近似，本专利与在先设计 2 不相同且不相近似，附件 2 不能证明本专利不符合专利法第 9 条的规定。

5. 结论

请求人提交的证据不能证明本专利不符合专利法第 23 条或第 9 条的规定，故其提出无效宣告请求的理由不成立。

三、决定

维持 200730110413. 6 号外观设计专利权有效。

当事人对本决定不服的，可以根据专利法第 46 条第 2 款的规定，自收到本决定之日起三个月内向北京市第一中级人民法院起诉，根据该款规定，一方当事人起诉后，另一方当事人应当作为第三人参加诉讼。

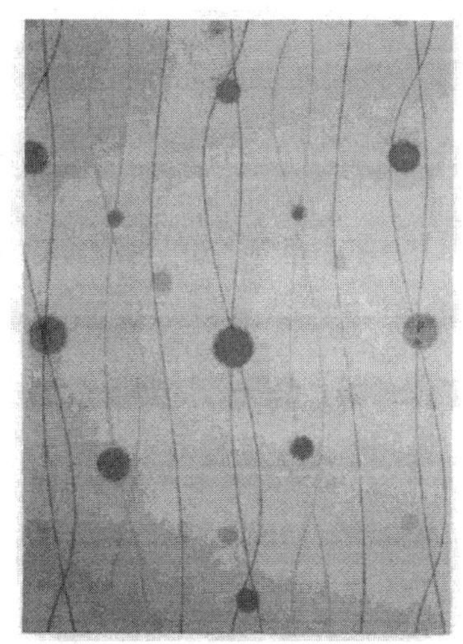

主视图

本专利附图

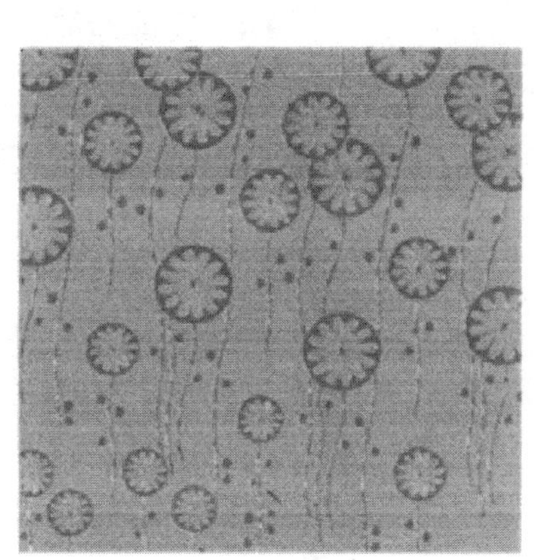

主视图
在先设计 1 附图

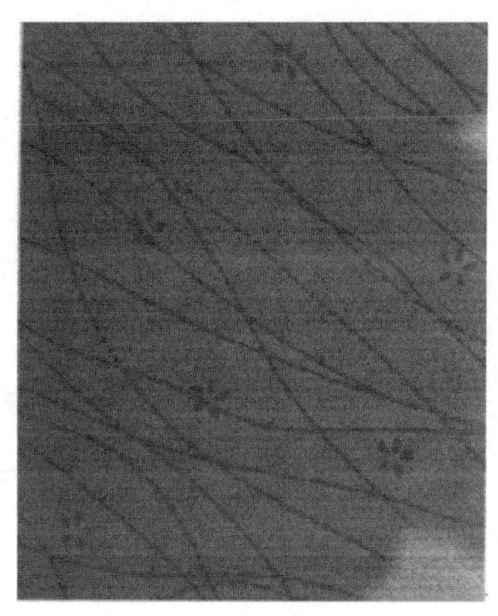

主视图
在先设计 2 附图

318

手扣式喷枪

无效宣告请求审查决定（第13496号）

决　定　号　第13496号
决　定　日　2009年6月10日
发明创造名称　手扣式喷枪
外观设计分类号　09-07
无效宣告请求人　刮拉分配有限公司
专　利　权　人　杨　宏
专　利　号　200730112179.0
申　请　日　2007年3月3日
授权公告日　2007年9月5日
合议组组长　李巍巍
主　审　员　张雪飞
参　审　员　沙柏青
附　　图　2页

法律依据　专利法第23条
决定要点

本专利和在先设计之间的差别均属于视觉不易分辨的差别和局部的细微差别，均对二者的整体视觉效果不具有显著的影响。

一、案由

本无效宣告请求涉及国家知识产权局于2007年9月5日授权公告的200730112179.0号外观设计专利，使用该外观设计的产品名称是“手扣式喷枪”，其申请日是2007年3月3日，专利权人是杨宏。

针对上述外观设计专利权（下称本专利），刮拉分配有限公司（下称请求人）于2009年3月5日向专利复审委员会提出无效宣告请求，其理由是本专利不符合专利法第23条的规定，并提交了如下证据附件：

证据1：公开日期为2004年8月24日的US D494866S号美国外观设计专利文件复印件13页。

请求人认为本专利和证据1中所示三款在先公开的喷头设计的整体形状基本相同，差别均不足以对整体外观设计产生显著的影响，均应分别属于相近似的外观设计，应宣告本专利无效。

经形式审查合格，专利复审委员会受理了该无效宣告请求，并于2009年3月25日将请求人的无效宣告请求文件转送专利权人。

专利权人逾期未作出答复。

请求人于 2009 年 4 月 3 日提交了意见陈述书，补充提交了证据 1 所示美国外观设计专利文件的中译文 13 页。

专利复审委员会于 2009 年 4 月 8 日将请求人补充提交的意见陈述书及中译文转送专利权人；同时向双方当事人发出合议组成员告知通知书。

专利权人逾期未作出答复。双方当事人逾期均未对合议组成员提出回避请求。

在上述审理的基础上，合议组经合议，认为本案事实清楚，依法作出本审查决定。

二、决定的理由

基于请求人提出的无效宣告请求的理由和证据，合议组依据专利法第 23 条的规定进行审理。

专利法第 23 条规定：授予专利权的外观设计，应当同申请日以前在国内外出版物上公开发表过或者国内公开使用过的外观设计不相同和不相近似，并不得与他人在先取得的合法权利相冲突。

请求人提交的证据是公开日期为 2004 年 8 月 24 日的 US D494866S 号美国外观设计专利文件复印件及其中译文；专利权人未对其真实性及译文的准确性提出质疑。经合议组核实，其内容真实，属于本专利申请日（2007 年 3 月 3 日）以前公开的外观设计专利文献，适用于专利法第 23 条的规定。

在 US D494866S 号美国外观设计专利文件的图 8~14 中公开了一款喷头的外观设计（下称在先设计）。从图片上观察，在先设计的整体形状为近似“刀”字形，由近似椭圆柱状的喷嘴、异形喷头主体、扁状后托、带二指位的舌状扳手和带凸条的扁圆柱状盖体等部分组成（详见在先设计附图）。

本专利是“手扣式喷枪”的外观设计，整体形状为近似“刀”字形，由近似椭圆柱状的喷嘴、半透明的异形喷头主体、扁状后托、带二指位的舌状扳手和带凸条的扁圆柱状盖体等部分组成（详见本专利附图）。

合议组认为：本专利和在先设计均为喷头的外观设计，用途相同，属于相同类别的产品，具有可比性。

将本专利与在先设计相比较，其主要的不同点为：本专利的喷头主体采用半透明设计，且二者盖体的凸条设计不同。合议组认为：从整体视觉观察，虽然本专利的喷头主体采用半透明设计，但其内部的结构设计仅隐约可见，不足以对整体外观形状产生显著的视觉影响；而二者在盖体处凸条是否贯通的设计差异相对于整体喷头设计而言仅属于局部的细微变化，并不足以对整体外观形状产生显著的视觉影响；同时二者其他更为细微的差别亦均不足以对整体外观形状产生显著的视觉影响；二者无论是在整体形状还是在各主要部分的形状和位置关系等方面均是相同或者相近似的，构成了同样的视觉效果，因此二者应属于相近似的外观设计。

综上所述，在本专利申请日以前已有与其相近似的外观设计在出版物上公开发表过，本专利不符合专利法第 23 条的规定。

鉴于由上述认定已得出本专利不符合专利法第 23 条的规定的结论，本决定对请求人提出的其他对比图片不再予以评述。

三、决定

宣告 200730112179. 0 号外观设计专利权全部无效。

当事人对本决定不服的，可以根据专利法第 46 条第 2 款的规定，自收到本决定之日起三个月内向北京市第一中级人民法院起诉。根据该款的规定，一方当事人起诉后，另一方当事人应当作为第三人参加诉讼。

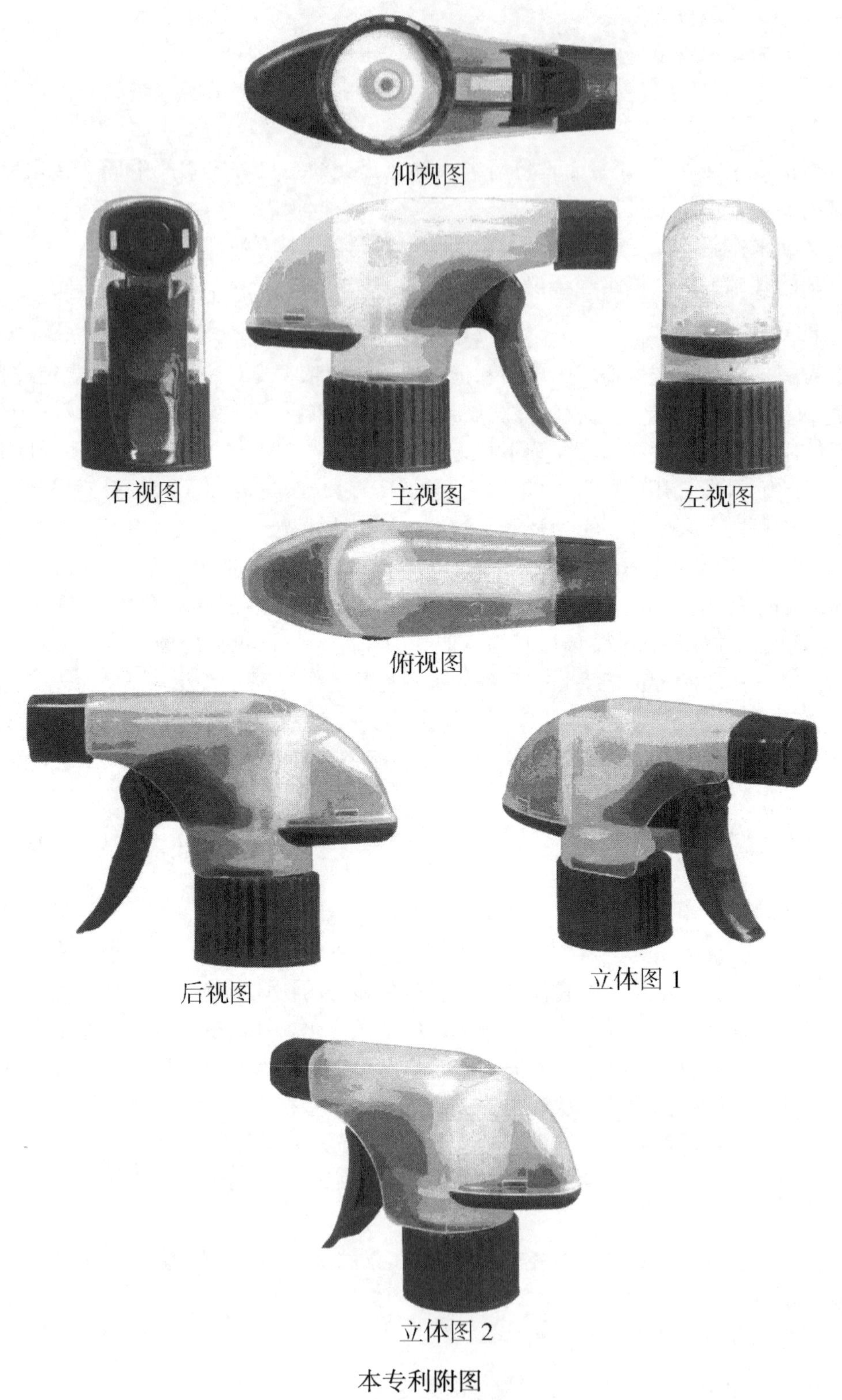

本专利附图

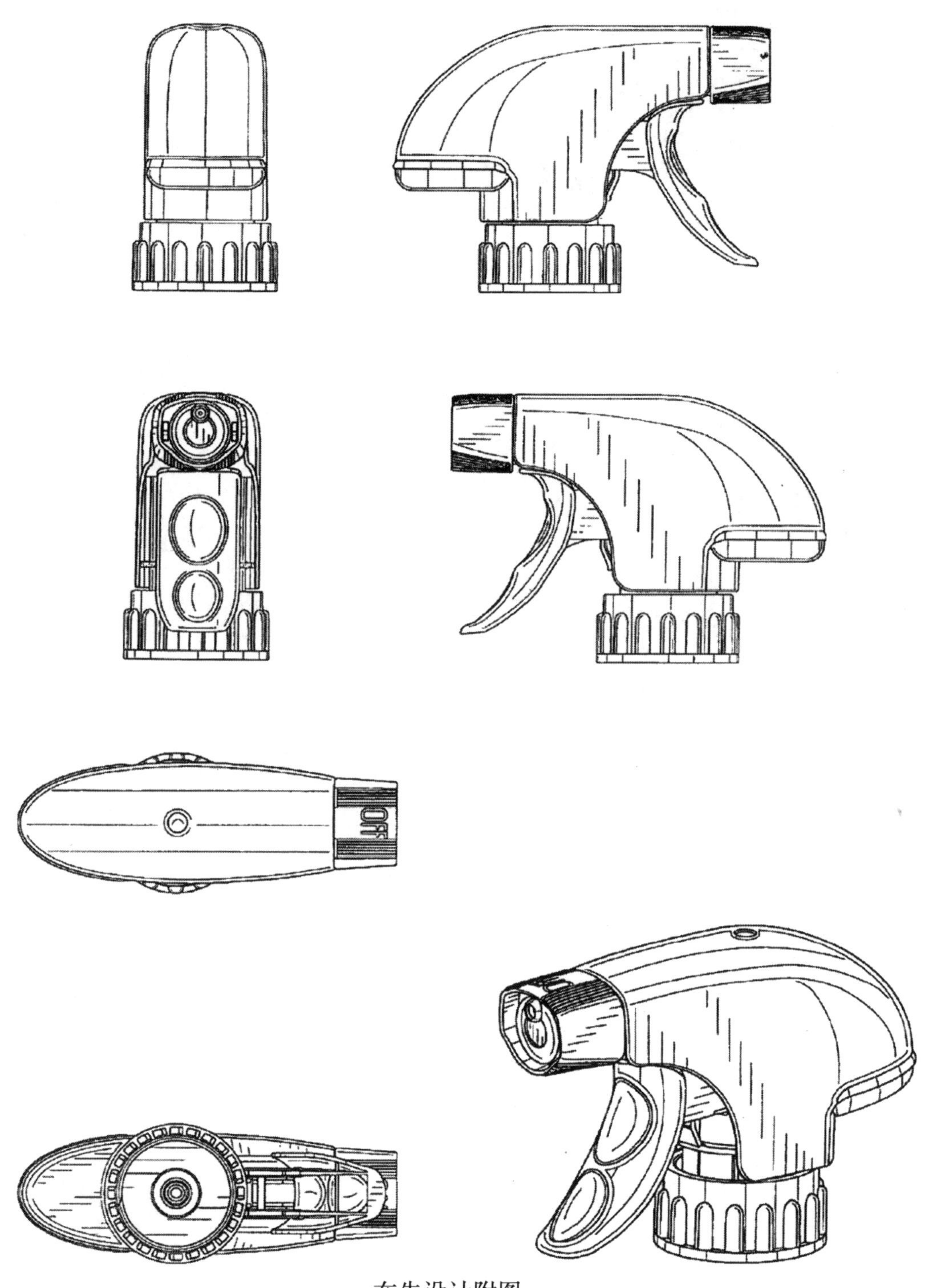

在先设计附图

319

喷雾器喷枪罩壳

无效宣告请求审查决定（第13499号）

决　定　号　第13499号
决　定　日　2009年6月7日
发明创造名称　喷雾器喷枪罩壳
外观设计分类号　09-07
无效宣告请求人　刮拉分配有限公司
专　利　权　人　王召珍
专　利　号　200530109638.0
申　请　日　2005年10月14日
授权公告日　2006年7月26日
合议组组长　钱亦俊
主　审　员　彭郁葱
参　审　员　葛永奇
附　　　图　2页

法律依据　专利法第23条
决定要点

本专利与在先设计的整体形状基本相同，二者的区别点为局部细微差别，对整体视觉效果不构成显著影响，二者属于相近似的外观设计。

一、案由

本无效宣告请求涉及国家知识产权局于2006年7月26日授权公告的专利号为200530109638.0的外观设计专利（下称本专利），其产品名称为“喷雾器喷枪罩壳”，申请日为2005年10月14日，专利权人是王召珍。

针对本专利，刮拉分配有限公司（下称请求人）于2008年12月2日向专利复审委员会提出无效宣告请求，认为本专利不符合专利法第23条的规定，同时提交了如下附件作为证据：

附件1：美国外观设计专利US D494866 S，公开日为2004年8月24日。

请求人认为，本专利与附件1相比，相同点在于本专利的喷头和附件1的喷雾器喷枪罩壳，主体均为近似长方体，长方体主体右上棱边水平向外延伸出一颈部，颈部端面底边沿内凹的圆弧向长方体主体右下棱边过渡；长方体主体的左上棱向外下方延伸出一尾部；尾部的下端面为水平面并高出长方体主体的下表面一小段距离。不同点在于：（1）附件1中长方体的上表面具有一安装孔；而本专利长方体的上表面没有；（2）附件1中尾部的下端面高出长方体主体的下表面的距离略大于涉案专利中该段的距离。上述不同点均属于局部的细微变化，没有明显的可分辨性，不足以构成二者外观形状的明显改变，消费者在购买时不会察觉到二者的区别，因而极易将二者混淆。涉案专利与对比文件披露的外观设计没有明显差别，属于相近似的外观设计。

经形式审查合格后，专利复审委员会受理了上述请求，于2008年12月19日向双方当事人发出无效宣告请求受理通知书，并将专利权人提交的无效宣告请求书及其他有关文件的副本转送给专利权人，要求其在指定的期限内答复，同时成立合议组对本无效宣告请求进行审理。

针对上述无效宣告请求，专利权人没有作出答复。

2009年2月18日，专利复审委员会向双方当事人发出口头审理通知书，定于2009年4月2日对本无效宣告请求举行口头审理。

口头审理如期举行，请求人委托代理人出席了口头审理，专利权人没有出席。在口头审理过程中，请求人当庭提交了喷头实物。请求人认为，附件1公开日为2004年8月24日，属于本专利申请日之前公开的外观设计，其中图15~21与本专利外观设计相近似，因此，本专利不符合专利法第23条的规定。

至此，合议组认为本案事实清楚，依法作出本审查决定。

二、决定的理由

1. 法律依据

基于请求人提出的无效宣告请求理由，合议组依据专利法第23条的规定对本案进行审理。

专利法第23条规定："授予专利权的外观设计，应当同申请日以前在国内外出版物上公开发表过或者国内公开使用过的外观设计不相同和不相近似，并不得与他人在先取得的合法权利相冲突。"

2. 证据认定

请求人提交的附件1是专利号为US D494866 S的美国专利文献，经合议组核实其内容属实，而且该文献公告日为2004年8月24日，早于本专利的申请日2005年10月14日，可以作为评价本专利是否符合专利法第23条规定的对比文件（下称对比文件）。

3. 相近似性判断

本专利涉及喷雾器喷枪罩壳，对比文件（US D494866 S）为喷头，与本专利均为喷雾器产品，属于相同类别的产品，可以进行相同和相近似性比较。

本专利外观图片包括7幅视图，即仰视图、俯视图、主视图、后视图、左视图、右视图和使用状态参考图，本专利的喷雾器喷枪罩壳整体形状类似鸭头状，一侧面有伸出的方形孔，与喷嘴相接，另一侧顶部呈圆弧形，其下部呈近椭圆形空腔，空腔一端呈弧线形，另一端为直线形，产品下部正中与瓶口相接部位略长。

对比文件图15~21中显示的喷头整体形状也类似鸭头状，一侧面有伸出的方形孔，与喷嘴相接，另一侧顶部呈圆弧形，其下部呈近椭圆形空腔，空腔一端呈弧线形，另一端为直线形，产品下部正中与瓶口相接部位略长。

本专利与对比文件的区别在于，（1）对比文件喷头下部正中比本专利相应部位略长；（2）对比文件图17和图19中显示的喷头后部的下边缘有竖线，而本专利的相应部位没有竖线；（3）对比文件产品顶部有一圆孔，而本专利相应部位没有圆孔。

合议组认为，尽管本专利与对比文件存在上述差别，然而从整体观察，本专利产品与对比文件的产品整体形状均类似鸭头状，且各部分形状极为接近。而上述长度差、下边凸缘上的竖线，以及顶部的圆孔均属于局部的细微变化，对整体视觉效果不产生显著影响，普通消费者施以一般的注意力，不会注意到上述差别，易将二者混同，因此，本专利与对比文件的整体形状相近似，属于相近似的外观设计，不符合专利法第 23 条的规定。

三、决定

宣告 200530109638.0 号外观设计专利无效。

当事人对本决定不服的，可以根据专利法第 46 条第 2 款的规定，自收到本决定之日起三个月内向北京市第一中级人民法院起诉。根据该款的规定，一方当事人起诉后，另一方当事人应当作为第三人参加诉讼。

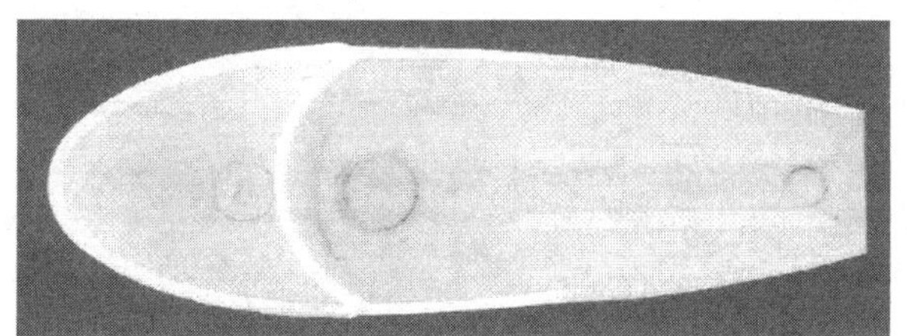
仰视图

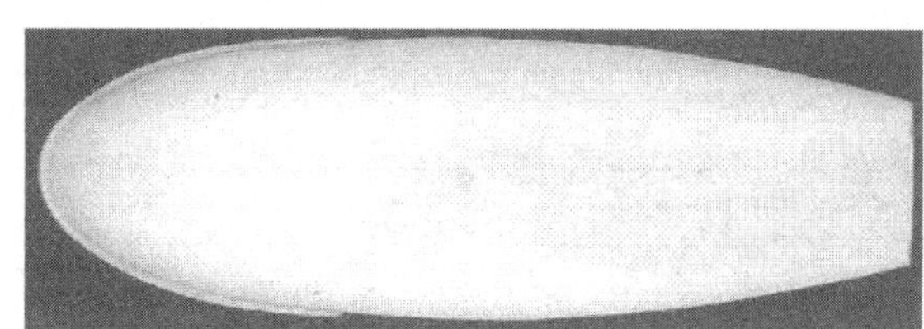
俯视图

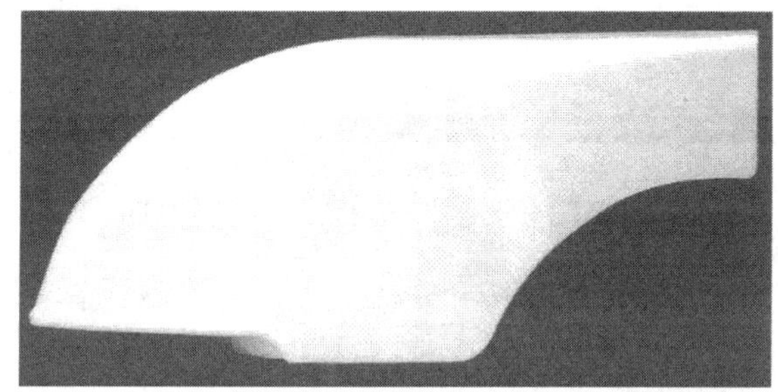
主视图

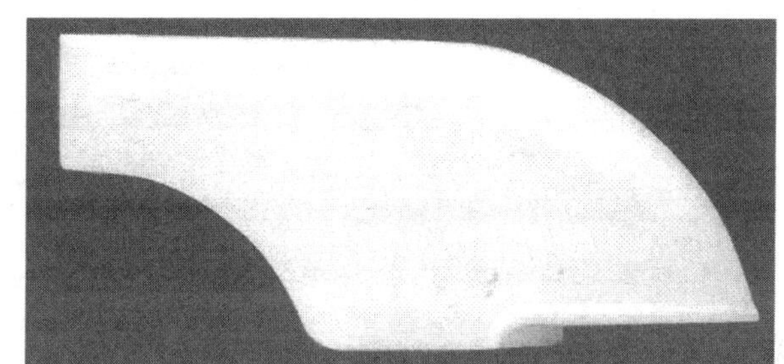
后视图

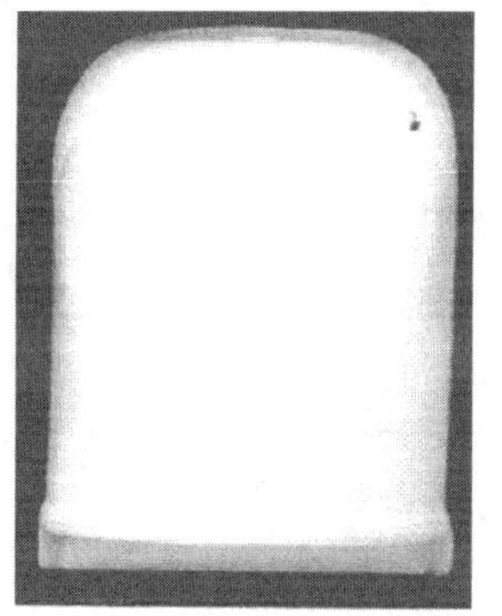
左视图

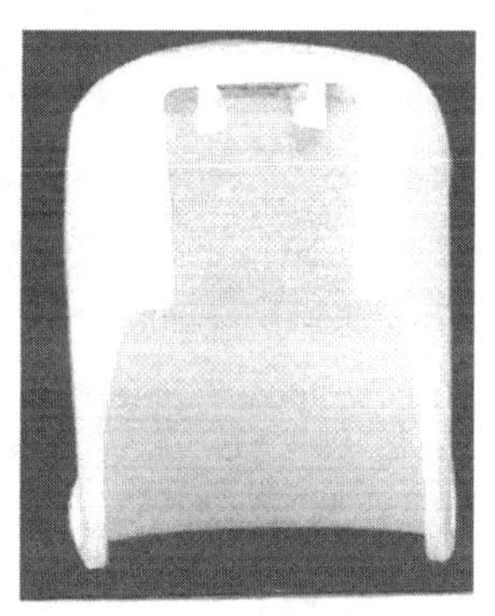
右视图

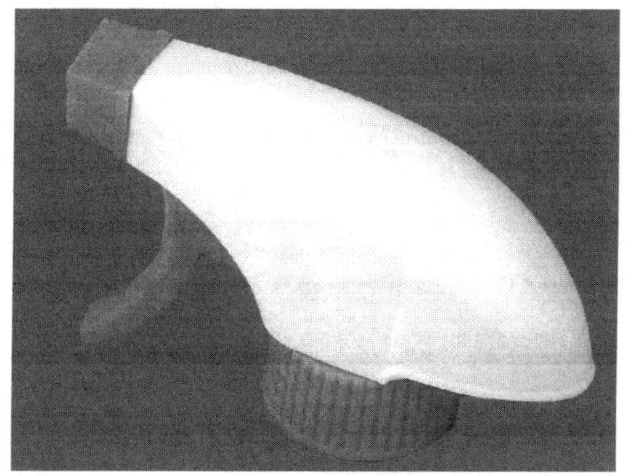
使用状态参考图

本专利附图

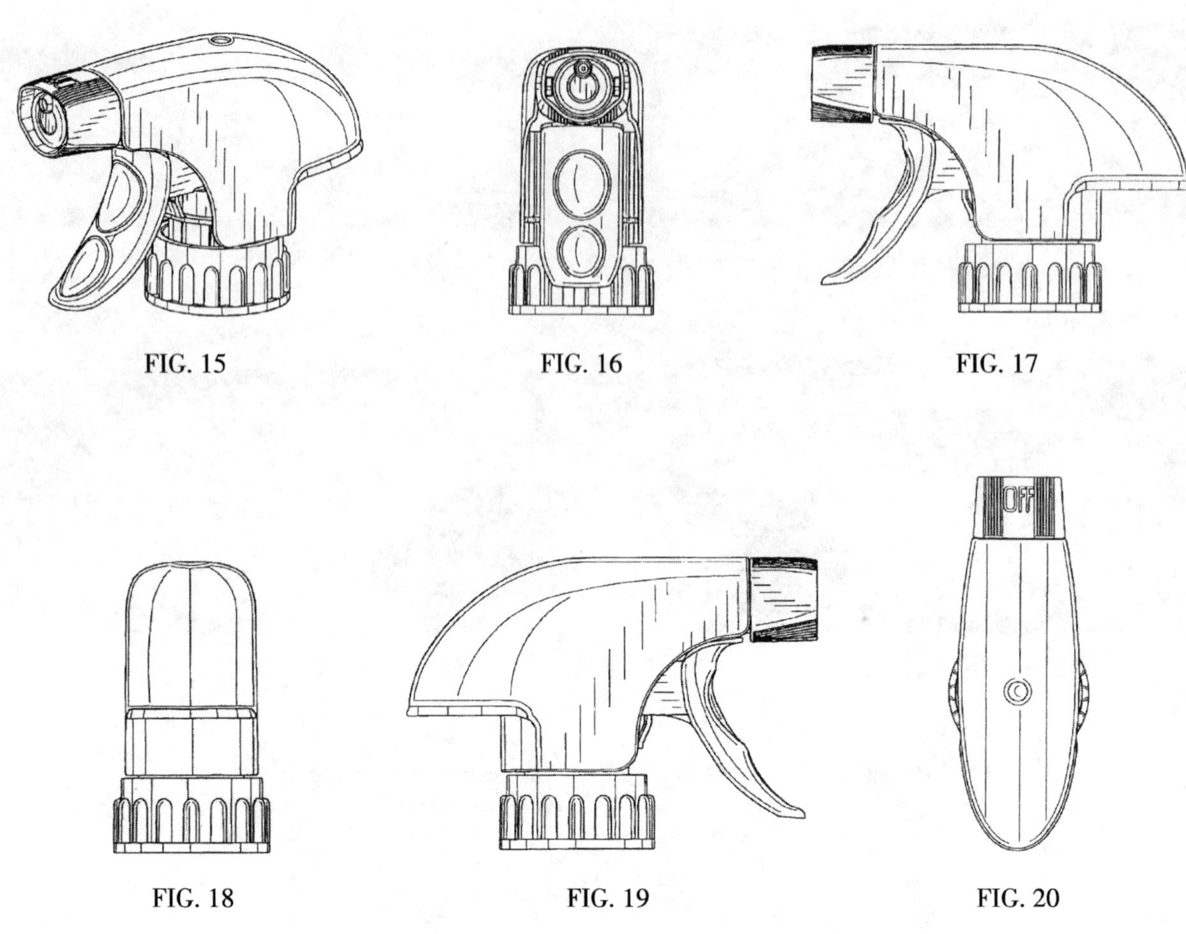

FIG. 15　FIG. 16　FIG. 17

FIG. 18　FIG. 19　FIG. 20

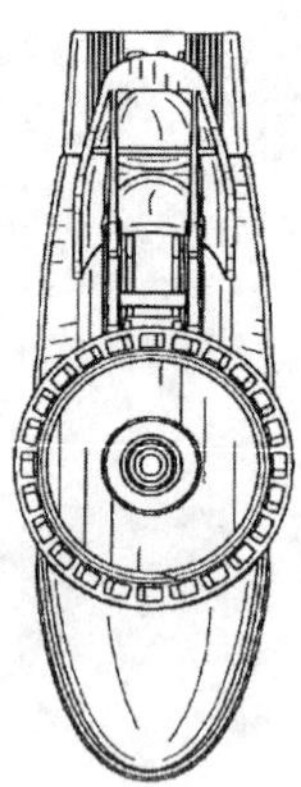

FIG. 21

对比文件附图

320

玻璃喷砂机（大）

无效宣告请求审查决定（第13500号）

决　　定　　号　第13500号
决　　定　　日　2009年6月3日
发明创造名称　玻璃喷砂机（大）
外观设计分类号　15-09
无效宣告请求人　陈丽花
专　利　权　人　陈国华
专　　利　　号　200730140014.4
申　　请　　日　2007年8月2日
授　权　公　告　日　2008年5月28日
合　议　组　组　长　张雪飞
主　　审　　员　丛　森
参　　审　　员　田　宁
附　　　　　图　共3页

法　律　依　据　专利法第23条，专利法实施细则第2条第3款
决　定　要　点

本专利与申请日前在互联网上公开发表过的外观设计相近似，因此，本专利不符合专利法第23条的规定。

一、案由

本无效宣告请求涉及中华人民共和国国家知识产权局于2008年5月28日授权公告的200730140014.4号外观专利，其名称为“玻璃喷砂机（大）”，专利权人是陈国华。

针对上述专利权（下称本专利），陈丽花（下称请求人）于2008年7月29日向专利复审委员会提出无效宣告请求，认为本专利权不符合专利法第23条、第31条第2款，专利法实施细则第27条的规定。请求人提交如下附件作为证据：

附件1-1：所称专利权人在16届中国国际玻璃工业展览会上的宣传册的复印件6页（下称证据1）；

附件1-2：所称专利权人在自己的网站上登载的参加16届展会上的广告的复印件1页（下称证据2）；

附件1-3：所称专利权人的16届展会上参展产品照片的复印件2页（下称证据3）；

附件1-4：所称专利权人于2006年6月20日在绿港燃气资讯网上登载产品照片的复印件2页（下称证据4）；

附件1-5：所称专利权人于2007年3月25日中国玻璃网上登载产品照片的复印件2页（下称证据5）；

附件1-6：所称专利权人于2007年4月25日中国玻璃网上登载产品照片的复印件1页（下称证据6）；

附件1-7：所称专利权人于2007年3月25日中国玻璃网另一网页上登载产品照片的复印件2页（下称证据7）；

附件1-8：所称2007年1月30日佛山顺德伦教银晶（木工）玻璃机械厂的产品照片的复印件1页（下称证据8）。

请求人认为：本专利与在先产品均为玻璃喷沙机，二者属于同一类别的产品，且本专利与在先产品的外观设计完全相同，并且早在申请日前已被大量公开发表和公开使用，因此，不符合专利法第23条的规定；本专利的主视图和后视图所表现的不是同一个外观设计的产品，不能清楚地显示请求保护的对象，因此不符合专利法第31条第2款和专利法实施细则第27条的规定。就上述理由，请求人请求宣告本专利无效。

经形式审查合格后，专利复审委员会依法受理了上述请求，于2008年8月28日向双方当事人发出了无效宣告请求受理通知书，并将无效宣告请求书及其附件清单中所列附件的副本转送给专利权人，要求其在指定的期限内答复。

2008年8月25日，请求人补充提交了针对专利权人在申请日之前就已经在网站上公开登载产品的图片的事实进行公证的公证书复印件作为证据，所提交的附件如下：

附件2-1：所称专利权人在自己的网站上登载的参加16届展会的广告公证书的复印件5页（下称证据9）；

附件2-2：所称专利权人于2006年6月在绿港燃气资讯网上登载产品照片公证书的复印件6页（下称证据10）；

附件2-3：所称专利权人于2007年3月中国玻璃网上登载产品照片公证书的复印件9页（下称证据11）；

附件2-4：所称专利权人于2007年4月中国玻璃网上登载产品照片公证书的复印件5页（下称证据12）；

附件2-5：所称2007年1月佛山顺德伦教银晶（木工）玻璃机械厂的产品照片公证书的复印件6页（下称证据13）。

针对该无效宣告请求，专利权人于2008年10月11日提交了意见陈述书及相关附件，专利权人提交的附件如下：

附件3-1：所称莆田市涵江区星浦玻璃机械厂的产品目录的复印件6页（下称反证1）；

附件3-2：所称佛山市顺德区伦教银晶（木工）玻璃机械厂的YH3000P产品图片的复印件1页（下称反证2）；

附件3-3：所称请求人等在第19届中国国际玻璃工业展览会上发放的产品宣传册的复印件8页（下称反证3）；

附件3-4：所称福州市中级人民法院为保全证据拍摄的请求人等生产的玻璃喷沙机的产品照片的复印件4页（下称反证4）；

附件3-5：所称福州市中级人民法院民事裁定书（2008）榕民保字第2号的复印件2页（下称反

证5）；

附件3-6：所称福州市中级人民法院受理案件通知书（2008）榕民初字第587号的复印件1页（下称反证6）；

附件3-7：所称请求人等在库尔勒立玻玻璃机械有限公司网站发布的资讯的复印件4页（下称反证7）。

根据所提供的上述反证1~7，专利权人认为：（1）请求人提供的理由不真实，也不充分，尤其请求书中存在大量逻辑错误，理由和结论之间不存在必然关联性；（2）本专利专利权人陈国华是莆田市涵江区星浦玻璃机械厂（以下简称星浦机械厂）的法人代表，请求人提供的星浦机械厂网站展会信息的页面只是显示了该厂即将参加的展会的时间、地点，并未详细列明参展产品，更没有附带任何产品图片，请求人以展会信息为理由，得出喷砂机已在展会上展示、喷砂机目录已在展会上公开发放、喷砂机图片已在星浦机械厂网站上出现的结论是错误的；（3）请求人提供的照片原应为新加坡IPRO TECH PTE LTD在一个展会上拍摄的，但是照片已经被请求人后期修改过，是不真实的。请求人以展会信息为理由，得出照片为该次展会所拍摄的结论是错误的；（4）专利权人在本专利申请日前未在任何传播媒体上公布或展示本专利产品的图片、文字及相关资料。请求人提供了绿港燃气资讯网及中国玻璃网网页页面的公证，但公证书只是证实分别于2008年8月4日和5日相关页面的存在，并没有证实该页面上所有内容的真实性，专利权人有理由怀疑请求人提供的网络信息内容是不真实的；（5）请求人提供的佛山市顺德区伦教银晶（木工）玻璃机械厂生产的YH3000P全自动玻璃喷砂机与本专利产品玻璃喷砂机有诸多差异，因此请求人认为本专利产品与银晶玻璃喷砂机外观设计相同与事实不符；（6）本专利产品在申请专利提交附图过程中，因工作疏忽，造成在后视图中出现在辅机下面的一个四方形垃圾收集桶在主视图中没有出现，但该细小瑕疵不影响清楚显示玻璃喷砂机专利保护的对象；（7）请求人陈丽华等人生产的PS2300玻璃喷砂机，其中有剽窃专利权人的劳动成果的行为。

专利复审委员会依法成立合议组对本案进行审查。

2008年10月23日，专利复审委员会向双方当事人发出了口头审理通知书，定于2008年11月14日对本案进行口头审理。并于当日将请求人于2008年8月25日补充提交的意见陈述书及所附附件转送给专利权人，将专利权人于2008年10月11日提交的意见陈述书及所附附件转送给请求人。

口头审理如期举行，双方均委托代理人参加了审理。

请求人在口头审理中提交了证据1、2、4~13的原件，以及当庭演示了证据3照片的电子文件。请求人在提出无效宣告请求时认为本专利不符合专利法第23条、第31条第2款，专利法实施细则第27条的规定。合议组当庭释明请求人：专利法第31条第2款和专利法实施细则第27条不是请求无效的理由，对于外观专利因主视图和后视图所表现的不是同一外观设计的产品，不能清楚地显示请求保护的对象的问题，可适用专利法实施细则第2条第3款来判断是否适合工业应用。随后，请求人当庭明确其无效理由变更为本专利不符合专利法第23条、专利法实施细则第2条第3款的规定。请求人和专利权人就其各自提交的证据进一步陈述了无效宣告的理由和辩论意见。

2008年11月25日，请求人于口头审理之后提交了意见陈述，坚持原有主张。

在双方当事人意见陈述和口头审理的基础上，合议组经合议，认为本案事实已经调查清楚，现依法作出审查决定。

二、决定的理由

1. 关于专利法实施细则第2条第3款

专利法实施细则第2条第3款规定：“专利法所称外观设计，是指对产品的形状、图案或者其结合以及色彩与形状、图案的结合所作出的富有美感并适于工业应用的新设计。”

审查指南第一部分第三章第6.4.2节规定：适于工业应用，是指该外观设计能应用于产业上并形成批量生产。

判断一项视图存在错误的外观设计是否适于工业应用时应考虑所述视图错误对产品整体的影响程度，由此判断所述错误是否足以致使该外观设计无法应用于产业上并形成批量生产。针对本专利，合议组的相应审查意见如下：

请求人指出，本专利主视图相比于后视图，主视图中缺少了一个四方盒，由此造成本专利主视图和后视图所表现的不是同一个外观设计产品，因此本专利不符合专利法实施细则第2条第3款的规定。

对此，专利权人在意见陈述以及口头审理当庭中都明确表示该错误是提交照片时的疏忽造成的，主视图中缺少的四方盒配件为垃圾桶，其可以用任何一个桶来替代。综合以上考虑，本案合议组认为，从后视图看，本专利在辅机下面放置有一个四方盒，其在主视图中没有表示出来，主视图的表达存在错误，但是这种视图错误仅为制图过程中的遗漏所造成的局部细微瑕疵，不足以导致无法确定产品的整体形状和整体设计进而无法生产，即不会导致本专利不适于工业应用的后果，因此，本专利并不违反专利法实施细则第2条第3款的规定。

2. 关于专利法第23条

专利法第23条规定：“授予专利权的外观设计，应当同申请日以前在国内外出版物上公开发表过或者国内公开使用过的外观设计不相同和不相近似，并不得与他人在先取得的合法权利相冲突。”

证据10（中华人民共和国福建省厦门市湖里区公证处出具的公证书（2008）厦湖证内字第631号）中记载了在网址 http：//www. lgrq. com/taoci/showarticle. asp？ articleid = 6685 所对应的“绿港燃气资讯网”网页下浏览网页和下载打印网页内容的过程。所述打印网页记载的内容与证据4一致，但证据4记载的点击数是1601次，证据10记载的点击数为1629次，证据4的提交时间是2008年7月29日，证据10的公证日期为2008年8月5日，证据4与证据10中点击数次数的变化与证据4、证据10形成的时间先后顺序相吻合。该网页上登载的产品是产品型号为ITGS2300的全自动玻璃喷砂机，生产厂家为艾普玻璃机械厂。专利权人质疑针对该网页的公证，认为该公证只能说明在公证当时该页面的存在，但不能说明网页上信息的真实性，专利权人对该网页上的资讯的可靠性和真实性不予认可。合议组认为，证据10是以公证的方式，用书面的形式对网页上公开的内容作的固定。“绿港燃气资讯网”网站是互联网上的信息发布平台，其经营管理者是独立于本案争议双方当事人的第三人。除网站的经营管理者之外，其他公司或者个人就是利用这个信息发布平台，在所述网站上创建自己的网页，发布商品交易信息，或者修改编辑自己的商品信息。网页信息在网站的日常运行中生成，存储在独立于本案争议双方当事人的经营管理者控制的互联网站信息发布平台的信息储存库之中。证据10公证书中所下载的网页正是从上述存储库中获得的。证据4和证据10相互印证可以证实证据10所记载的网页信息的完整性没有受到破坏。在上述情况下，专利权人对证据10记载的事实提出质疑，但没有提交任何关于该网页的反证。合议组认为，在没有相反的证据证明其不真实的情况下，应该认定该网页记载的内容的真实性。上述网页登载了一种产品型号为ITGS2300的全自动玻璃喷砂机，与本专利的用途相同，网页上记载的更新时间为2006年6月20日，在本专利的申请日之前，表明该网页上发布的ITGS2300全自动玻璃喷砂机（下称在先设计）在本专利申请日之前已经公开。

本专利为一种玻璃喷砂机，包括立体图、主视图、后视图、左视图、右视图以及A部放大图，简要说明中记载：俯视图无设计要点，省略俯视图；仰视图无设计要点，省略仰视图。本专利未要求保护色彩。从各视图观察，本专利由主机机身、辅机机身、玻璃支撑架柱、支撑杆以及圆形小毛刷组成。从视图中可见：主机机身、辅机机身外轮廓基本上为长方形，主机机身顶部有一矩形箱体，主机机身右侧附带有上下两个矩形箱体，主机机身正面左下部有“ITGS2300”竖排列字样，主机机身下部有一通气管，通气管一端有侧视呈梯形的配件，辅机机身位于主机机身右侧，辅机机身下部有一矩形箱体，主机机身与辅机机身之间靠“ ┏┓ ”形配件连接，主机机身两侧各有两个玻璃支撑架柱，玻璃支撑架柱上放置有支撑杆，支撑杆的疏密分布情况为自上向下由疏到密排列，每个支撑杆上均匀套接多个圆形小毛刷。从左、右视图中可见，玻璃支撑架柱呈上窄下宽梯形，最右侧的玻璃支撑架柱的下部附带有一矩形箱体（详见本专利的附图）。

在先设计公开了一种全自动玻璃喷砂机，只有一幅图，从该图中可以看出在先设计的全自动玻璃喷砂机由主机机身、辅机机身、玻璃支撑架柱、支撑杆以及圆形小毛刷组成。从视图中可见：主机机身、辅机机身外轮廓基本上为长方形，主机机身右侧附带有上下两个矩形箱体，主机机身正面左下部有“ITGS2300”竖排列字样，主机机身下部有一通气管，通气管一端附带有侧视呈梯形的配件，辅机机身位于主机机身左侧，辅机机身下部有一箱体，主机机身两侧各有两个玻璃支撑架柱，玻璃支撑架柱上放置有支撑杆，支撑杆的疏密分布情况为自上向下由疏到密排列，每个支撑杆上均匀分布有多个圆形配件。从该图中可以看出，玻璃支撑架柱呈上窄下宽梯形（详见在先设计的附图）。

将本专利与在先设计所示外观设计进行比较，可以看出二者的整体形状基本上相同，具体来说：（1）两玻璃喷砂机的整体轮廓基本相同，主机机身和辅机机身外轮廓基本上为长方形，主机机身两侧各有两个玻璃支撑架柱，玻璃支撑架柱上都放置有 13 根支撑杆，支撑杆的疏密分布情况为自上向下由疏到密排列，每个支撑杆上均匀有多个圆形配件，玻璃支撑架柱侧面呈上窄下宽梯形；（2）各部件的形状及相应位置布置基本相同，主机机身正面左下部有“ITGS2300”竖排列字样，中下部和右下部有两个圆角矩形窗口，主机机身右侧附带有上下两个矩形箱体，其中下矩形箱体正面上半部有三个圆形配件呈正三角形分布，主机机身下部有一通气管，通气管一端附带有侧视呈梯形的配件，辅机机身顶部有一细柱形配件，细柱形配件下有一粗柱形配件，辅机机身下部放置有一箱体，每个玻璃支撑架柱的底部有“⌒”形支撑配件。二者的主要的不同点在于：（1）本专利的辅机机身位于主机机身的右侧，而在先设计的辅机机身位于主机机身的左侧。（2）本专利的主机机身顶部有一个矩形箱体，而在先设计的主机机身顶部没有矩形箱体。（3）本专利主机机身右侧的上矩形箱体的正面下半部有 6 个圆形配件，而在先设计的主机机身右侧的上矩形箱体的正面下半部有 5 个圆形配件。（4）本专利最右侧的玻璃支撑架柱的底部有一个矩形箱体，而在先设计的最右面的玻璃支撑架柱的底部没有矩形箱体。（5）在先设计没有给出后视图、左视图、右视图和 A 部放大图（即支撑杆上圆形配件的放大图）。合议组认为，本专利的外观设计与在先设计的主要组成部件的形状和布局基本相同，不同之处只是简单的位置互换或其他一些局部细微差别，对于一般消费者而言，通过整体观察可以看出，二者之间的相同点已经构成本专利外观设计与在先设计在整体视觉效果的基本相同，其差异对二者的整体视觉效果不构成显著影响；并且，专利权人也认可本专利与在先设计整体上相近似。因此，本专利与在先设计属于相近似的外观设计。

综上所述，本专利与申请日前在互联网上公开发表过的全自动玻璃喷砂机相近似，因此，本专利不符合专利法第 23 条的规定。

鉴于上述已得出本专利不符合专利法第 23 条规定的结论，本决定对请求人提出的其他证据不作评述。

对于专利权人提供的反证 1~7，合议组认为，专利权人提供反证 1~7 所要证明的是：（1）本专利与 YH3000P 型全自动玻璃喷砂机有诸多差异；（2）请求人陈丽华等人生产的 PS2300 玻璃喷砂机，其中有剽窃专利权人的劳动成果的行为。而针对请求人提供的在申请日前本专利已经在网络上公开的理由和证据，专利权人仅对其提出质疑，并未提供相关反证予以证明，因此，专利权人提供的反证1~7与认定的在先网络公开的事实无关。

三、决定

宣告200730140014.4号外观设计专利的专利权全部无效。

当事人对本决定不服的，可以根据专利法第46条第2款的规定，自收到本决定之日起三个月内向北京市第一中级人民法院起诉。根据该款的规定，一方当事人起诉后，另一方当事人应当作为第三人参加诉讼。

立体图

主视图

本专利附图

后视图

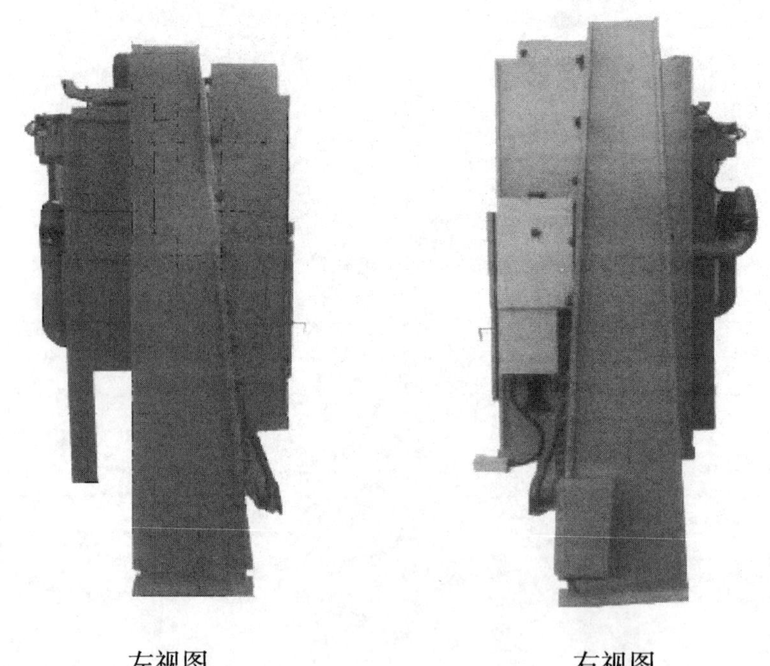

左视图　　　　右视图

本专利附图（续）

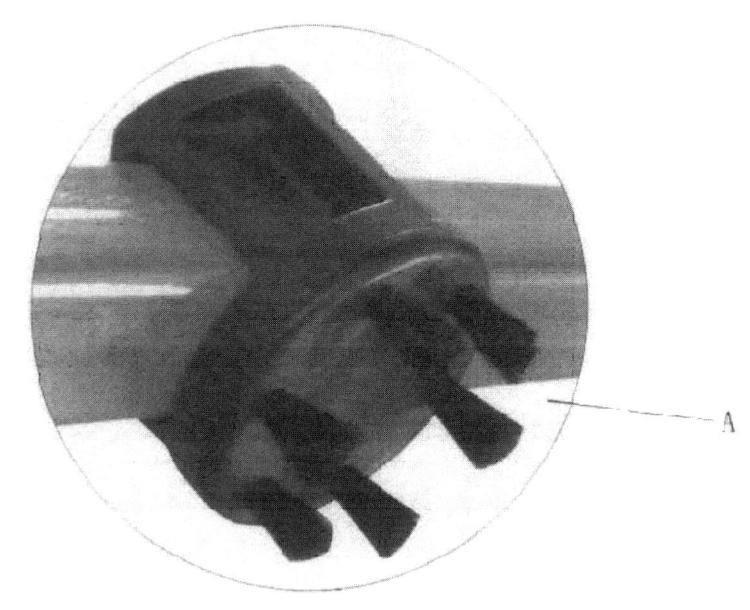

A 部放大图

本专利附图（续）

在先设计附图

321

实心轴

无效宣告请求审查决定（第 13503 号）

决　　定　　号　第 13503 号
决　　定　　日　2009 年 6 月 11 日
发明创造名称　实心轴
外观设计分类号　08-08
无效宣告请求人　中山市小榄镇锡兴五金制品厂
专　利　权　人　中山市永隆实业有限公司
专　　利　　号　200730062867.0
申　　请　　日　2007 年 8 月 3 日
授 权 公 告 日　2008 年 8 月 13 日
合 议 组 组 长　张梅珍
主　　审　　员　王　滢
参　　审　　员　崔国振
附　　　　　图　2 页

法　律　依　据　专利法第 23 条
决　定　要　点

如果本专利与在先设计的整体形状基本相同，并且二者的区别点为局部细微差别，对整体视觉效果不构成显著影响，容易引起一般消费者的误认、混同，则二者属于相近似的外观设计。

一、案由

本无效宣告请求涉及的是国家知识产权局于 2008 年 8 月 13 日授权公告的、名称为“实心轴”的外观设计专利，其申请号是 200730062867.0，申请日是 2007 年 8 月 3 日，专利权人是中山市永隆实业有限公司。

针对上述专利权（下称本专利），中山市小榄镇锡兴五金制品厂（下称请求人）于 2008 年 12 月 25 日向专利复审委员会提出无效宣告请求，其理由是：（1）根据附件 1，在本专利申请日之前，请求人就已经生产并对外销售与本专利外观相同的产品；（2）附件 2~5 所涉及的四项美国专利的公开日均早于本专利申请日，所公开的车轴与本专利属于同一类，其外观分别与本专利相同或相近似，故本专利不符合专利法第 23 条的规定，因此，应当宣告该外观设计专利权无效。请求人同时提交了如下附件作为证据：

附件 1：昆明果园紧固件制造有限公司委托中山市小榄镇锡兴五金制品厂加工生产车轴的委托书

复印件（下称证据1-1）、上海航空进出有限公司代理购销合同复印件（下称证据1-2）、车轴图纸复印件（下称证据1-3）、昆明果园紧固件制造有限公司向上海航空进出口有限公司开具的增值税专用发票复印件（下称证据1-4），共8页；

附件2：US6280001B1美国专利说明书复印件及其相关部分的中文译文（下称证据2），公告日2001年8月28日；

附件3：US4043685美国专利说明书复印件及其相关部分的中文译文（下称证据3），公告日1977年8月23日；

附件4：US5902018美国专利说明书复印件及其相关部分的中文译文（下称证据4），公告日1999年5月11日；

附件5：US6328320B1美国专利说明书复印件及其相关部分的中文译文（下称证据5），公告日2001年12月11日。

经形式审查合格，专利复审委员会依法受理了上述无效宣告请求，并于2009年2月16日向双方当事人发出无效宣告请求受理通知书，将无效宣告请求书及其附件清单中所列附件的副本转送给专利权人，并要求专利权人在指定的期限内陈述意见，同时依法成立合议组对本案进行审查。

针对专利复审委员会于2009年2月16日作出的上述无效宣告请求受理通知书，专利权人于2009年4月1日提交了意见陈述书，认为：（1）请求人提交的证据1-1委托书、证据1-2合同、证据1-3相关图纸和证据1-4增值税发票不具有真实性，不能证明本专利在申请日之前已经生产并对外销售过，也不能证明本专利所保护的范围属于现有技术。（2）一方面，根据证据2中的图示不能看清楚整个车轴的外部形状、图案以及色彩，在无法得知整个产品形状的情况下无法判断证据2中的车轴是否与本专利相同或相近似；另一方面，根据证据2中的说明书可知其设计要点与本专利不相同，且外观上也存在明显差异，两者不相同，也不相似。（3）根据证据3-5中的结构图均不能看清楚整个车轴的外部形状，在无法得知整个产品形状的情况下无法判断其中的车轴是否与本专利相同或相近似，并且仅从现有的图纸判断，证据3-5与本专利外观设计均存在明显区别。

专利复审委员会本案合议组于2009年4月2日向双方当事人发出无效宣告请求口头审理通知书，定于2009年5月13日在专利复审委员会对本案进行口头审理。

2009年4月8日，专利复审委员会本案合议组将专利权人于2009年4月1日提交的意见陈述书的副本转送给请求人，并要求请求人在指定的期限内进行答复。

口头审理如期举行，双方当事人均委托代理人出席了本次口头审理。请求人当庭提交了不能确认是原件还是盖有红章的复印件的证据1-1、盖有红章的复印件的证据1-2、证据1-3的原件以及证据1-4的复印件，专利权人对上述文件的真实性持有异议，并对证据2-5的真实性也持有异议，但对相关内容的中文译文的准确性没有异议。双方当事人就本专利与证据1、证据2、证据3、证据4、证据5是否相同和相近似性充分陈述了各自观点。

至此，合议组认为事实已经清楚，可以依法作出审查决定。

二、决定的理由

1. 法律依据

根据请求人提出的无效宣告请求的理由和提交的证据，本案合议组依据专利法第23条的规定对本案进行审理。

专利法第23条规定："授予专利权的外观设计，应当同申请日以前在国内外出版物上公开发表过或者国内公开使用过的外观设计不相同和不相近似，并不得与他人在先取得的合法权利相冲突。"

2. 证据认定

请求认提交的证据5是专利号为US6328320B1的一篇美国专利说明书复印件及其相关部分的中文译文。专利权人对其真实性持有异议，但对其相关内容的中文译文的准确性没有异议。经合议组核实，该复印件内容属实，并且证据5的公告日为2001年12月11日，在本专利申请日前，故证据5可以作为判断本专利是否符合专利法第23条的规定的证据。

3. 相同和相近似比较

本专利所示外观设计包括主视图、仰视图和立体图，简要说明记载“1. 本外观设计左视图、右视图、后视图与主视图相同或对称，省略左视图、右视图和后视图。2. 本外观设计俯视图与仰视图对称，省略俯视图”。从整体观察，本专利主体部分呈圆柱形，轴两端具有圆环形凹槽以及由截头圆锥体和圆柱体构成的锥台（详见本专利附图）。

证据5涉及一种废物容器之机轮装置，该证据在附图2、3、4中均公开了实心轴34，其中，附图2是附图1废物容器的后视图和轮轴装置的轴承、紧固件和盖板的分解透视图，附图3是附图2轮轴装置的放大分解透视图，附图4是沿附图3内4—4线对轴承纵切的纵切面。从各视图整体观察，实心轴34主体部分大致呈圆柱形，轴两端具有圆环形凹槽以及由截头圆锥体和圆柱体构成的锥台（详见证据5附图2、3、4）。

由此可见，证据5的附图2、3、4中所示的外观设计（下称在先设计）与本专利均为实心轴的外观设计，两者属于相同类别的产品，具有可比性。将本专利与在先设计进行比较，二者的整体形状基本相同。其主要的不同之处在于：在先设计主体部分的圆柱形相较于本专利主体部分的圆柱形具有不明显的倒角；二者锥台下端的圆柱体的高度略有不同，在先设计比本专利略高。经过上述对比，合议组认为：从整体观察，在本专利与在先设计整体形状基本相同的情况下，二者所存在的上述差别仅属于局部细微差别，均不足以对整体视觉效果构成显著影响，对于一般消费者而言，两者容易引起误认、混同，因此应属于相近似的外观设计。

综上所述，在本专利申请日前已经有与本专利相近似的外观设计在出版物上公开发表过，因此本专利不符合专利法第23条的规定。

鉴于根据在先设计（即证据5）已经得出本专利不符合专利法第23条所规定的授权条件的结论，故合议组对请求人提交的其他证据不再进行评述。

三、决定

宣告200730062867.0号外观设计专利权全部无效。

当事人对本决定不服的，可以根据专利法第46条第2款的规定，自收到本决定之日起三个月内向北京市第一中级人民法院起诉。根据该款的规定，一方当事人起诉后，另一方当事人应当作为第三人参加诉讼。

仰视图

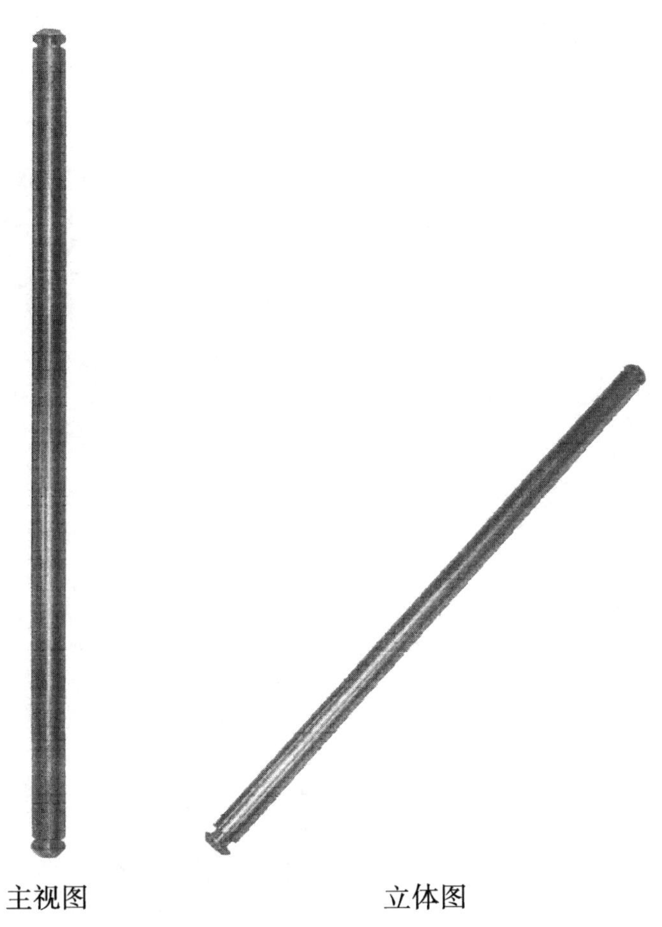

主视图　　立体图

本专利附图

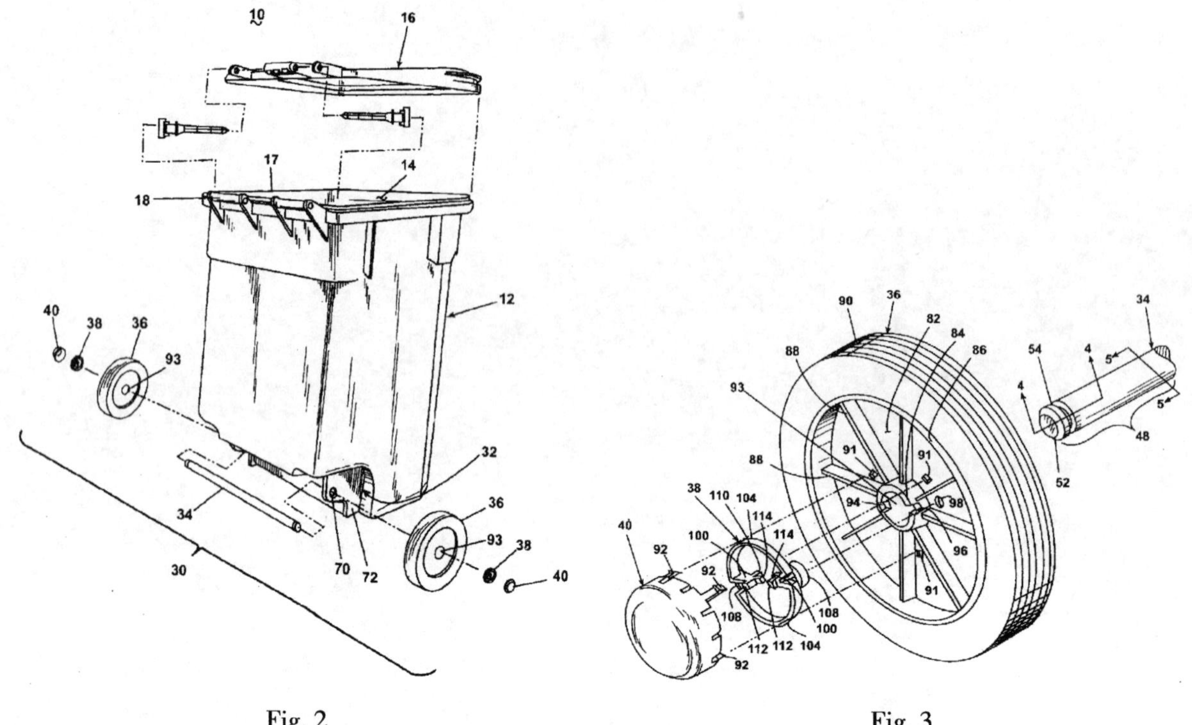

Fig. 2　　　　Fig. 3

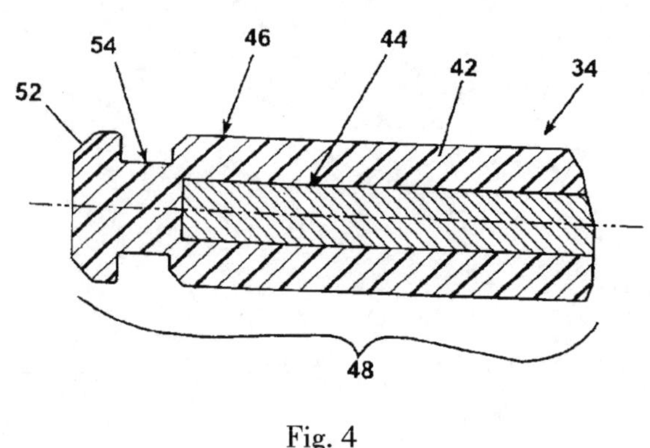

Fig. 4

在先设计（证据5）附图

322

空心轴

无效宣告请求审查决定（第 13504 号）

决　　定　　号 第 13504 号
决　　定　　日 2009 年 6 月 11 日
发明创造名称 空心轴
外观设计分类号 08-08
无效宣告请求人 中山市小榄镇锡兴五金制品厂
专　利　权　人 中山市永隆实业有限公司
专　　利　　号 200730062878.9
申　　请　　日 2007 年 8 月 3 日
授 权 公 告 日 2008 年 8 月 6 日
合 议 组 组 长 张梅珍
主　　审　　员 王　滢
参　　审　　员 崔国振
附　　　　　图 2 页

法　律　依　据 专利法第 23 条
决　定　要　点

如果本专利与在先设计在组合状态下的整体形状基本相同，并且二者的区别点为局部细微差别，对整体视觉效果不构成显著影响，容易引起一般消费者的误认、混同，则二者属于相近似的外观设计。

一、案由

本无效宣告请求涉及的是国家知识产权局于 2008 年 8 月 6 日授权公告的、名称为“空心轴”的外观设计专利，其申请号是 200730062878.9，申请日是 2007 年 8 月 3 日，专利权人是中山市永隆实业有限公司。

针对上述专利权（下称本专利），中山市小榄镇锡兴五金制品厂（下称请求人）于 2008 年 12 月 25 日向专利复审委员会提出无效宣告请求，其理由是（1）根据附件 1，在本专利申请日之前，请求人就已经生产并对外销售与本专利外观相同的产品；（2）附件 2-4 所涉及的三项美国专利的公开日均早于本专利申请日，所公开的车轴外观分别与本专利相同，故本专利不符合专利法第 23 条的规定，因此，应当宣告该外观设计专利权无效。请求人同时提交了如下附件作为证据：

附件 1：昆明果园紧固件制造有限公司委托中山市小榄镇锡兴五金制品厂加工生产车轴的委托书复印件（下称证据 1-1）、上海航空进出有限公司代理购销合同复印件（下称证据 1-2）、车轴图纸复印件（下称证据 1-3）、昆明果园紧固件制造有限公司向上海航空进出口有限公司开具的增值税专用发票复印件（下称证据 1-4），共 8 页；

附件 2：US6280001B1 美国专利说明书复印件及其相关部分的中文译文（下称证据 2），公告日 2001 年 8 月 28 日；

附件 3：US4043685 美国专利说明书复印件及其相关部分的中文译文（下称证据 3），公告日 1977 年 8 月 23 日；

附件 4：US6328320B1 美国专利说明书复印件及其相关部分的中文译文（下称证据 4），公告日 2001 年 12 月 11 日。

经形式审查合格，专利复审委员会依法受理了上述无效宣告请求，并于 2009 年 2 月 16 日向双方当事人发出无效宣告请求受理通知书，将无效宣告请求书及其附件清单中所列附件的副本转送给专利权人，并要求专利权人在指定的期限内陈述意见，同时依法成立合议组对本案进行审查。

针对专利复审委员会于 2009 年 2 月 16 日作出的上述无效宣告请求受理通知书，专利权人于 2009 年 4 月 1 日提交了意见陈述书，认为：（1）请求人提交的证据 1-1 委托书、证据 1-2 合同、证据 1-3 相关图纸和证据 1-4 增值税发票不具有真实性，不能证明本专利在申请日之前已经生产并对外销售过，也不能证明本专利所保护的范围属于现有技术。（2）一方面，根据证据 2 中的图示不能看清楚整个车轴的外部形状，在无法得知整个产品形状的情况下无法判断证据 2 中的车轴是否与本专利相同或相近似；另一方面，证据 2 所示轴端盖 52 包括一个轴柄 54，能拧入轴 50 的中心孔 53，而本专利组件 1 的中心孔比证据 2 所示轴的中心孔 53 大，故二者外观不相同或相似。（3）根据证据 3、4 中的结构图均不能看清楚整个车轴的外部形状，在无法得知整个产品形状的情况下无法判断其中的车轴是否与本专利相同或相近似，并且仅从证据 4 现有的图纸判断，证据 4 与本专利外观设计也存在明显区别。

专利复审委员会本案合议组于 2009 年 4 月 2 日向双方当事人发出无效宣告请求口头审理通知书，定于 2009 年 5 月 13 日在专利复审委员会对本案进行口头审理。

2009 年 4 月 8 日，专利复审委员会本案合议组将专利权人于 2009 年 4 月 1 日提交的意见陈述书的副本转送给请求人，并要求请求人在指定的期限内进行答复。

口头审理如期举行，双方当事人均委托代理人出席了本次口头审理。请求人当庭提交了不能确认是原件还是盖有红章的复印件的证据 1-1、盖有红章的复印件的证据 1-2、证据 1-3 的原件以及证据 1-4 的复印件，专利权人对上述文件的真实性持有异议，并对证据 2-4 的真实性也持有异议，但对相关内容的中文译文的准确性没有异议。双方当事人就本专利与证据 1、证据 2、证据 3、证据 4 是否相同和相近似性充分陈述了各自观点。

至此，合议组认为事实已经清楚，可以依法作出审查决定。

二、决定的理由

1. 法律依据

根据请求人提出的无效宣告请求的理由和提交的证据，本案合议组依据专利法第 23 条的规定对本案进行审理。

专利法第 23 条规定：“授予专利权的外观设计，应当同申请日以前在国内外出版物上公开发表过或者国内公开使用过的外观设计不相同和不相近似，并不得与他人在先取得的合法权利相冲突。”

2. 证据认定

请求认提交的证据 2 是专利号为 US6280001B1 的一篇美国专利说明书复印件及其相关部分的中文译文。专利权人对其真实性持有异议，但对其相关内容的中文译文的准确性没有异议。经合议组核实，该复印件内容属实，并且证据 2 的公告日为 2001 年 8 月 28 日，在本专利申请日前，故证据 2 可以作为判断本专利是否符合专利法第 23 条规定的证据。

3. 相同和相近似比较

本专利所示外观设计包括组件1的主视图、俯视图和立体图，组件2的主视图、俯视图、仰视图、左视图、右视图和立体图以及组件组合状态参考图，简要说明记载“1. 本外观设计为组合产品，包括组件2（A）、组件1（B）、组件3（C），组件3（C）与组件2（A）相同，省略组件3（C）各视图。2. 组件1的左视图、右视图、后视图与主视图相同或对称，省略左视图、右视图和后视图。3. 组件1的仰视图与俯视图对称，省略仰视图”。因此，结合本专利视图中的组件组合状态参考图以及简要说明，可以确定该外观设计所涉及的产品由空心管和两个插入空心管两端的支头三个构件组成，即本专利是由组件1空心管和组件2、3两个支头三个构件组装在一起使用的产品的外观设计。从本专利各视图可以看出，空心管呈圆柱形，两个支头的主体部分为阶梯轴，该阶梯轴圆周最大处形成轴肩，并具有一个可以插入空心管的轴柄，相对于支头的主体部分，其顶端为截头圆锥体和圆柱体构成的锥台；在组件1空心管与组件2、3两个支头相配合的状态下，两个支头分别通过插入空心管内部的轴柄与空心管卡合，轴肩与空心管接合后共同形成一圆柱形轴，轴两端具有圆环形凹槽以及锥台（详见本专利附图）。

证据2涉及一种废物容器之机轮装置，其附图2公开了空心轴50以及两个支头52，附图3作为附图2轮轴装置的放大透视分解图，其进一步公开了空心轴50的一端与支头52的外观设计，因此，在考虑到轮轴一般为轴对称设计的基础上结合上述附图，可以确定证据2公开了具有明显组装关系的产品，各构件结合起来构成了一件包含空心轴50和两个对称的支头52的产品的外观设计，其中，空心管呈圆柱形，两个支头的主体部分为阶梯轴，该阶梯轴圆周最大处形成轴肩，并具有一个可以插入空心管的轴柄，支头顶端为截头圆锥体和圆柱体构成的锥台；在空心管与两个支头相配合的状态下，两个支头分别通过插入空心管内部的轴柄与空心管卡合，轴肩与空心管接合后共同形成一圆柱形轴，轴两端具有圆环形凹槽以及锥台（详见证据2附图2、3）。

由此可见，证据2的附图2、3中所示的外观设计（下称在先设计）与本专利均为空心轴的外观设计，两者属于相同类别的产品，具有可比性。将本专利与在先设计进行比较，二者在组合状态下的整体形状基本相同：二者主体均为圆柱形轴，并且位于圆柱形轴的两端具有圆环形凹槽以及截头圆锥体。其主要的不同之处在于：二者锥台下端的圆柱体的高度略有不同，在先设计比本专利略高；二者轴肩的宽度略有不同，在先设计比本专利窄。经过上述对比，合议组认为：从整体观察，在本专利与在先设计组合状态下的整体形状基本相同的情况下，二者在轴两端以及轴肩宽度变化存在的差别仅属于局部细微差别，均不足以对整体视觉效果构成显著影响，对于一般消费者而言，两者容易引起误认、混同，因此应属于相近似的外观设计。

最后，针对专利权人有关“轴柄和中心孔大小不同”的意见陈述，合议组认为：无论是本专利还是在先设计，在空心轴组合状态下，轴柄和中心孔大小的不同均属于不能被看到的局部细微差别，其对整体视觉效果不具有显著的影响。因此，合议组对专利权人的相关意见陈述不予支持。

综上所述，在本专利申请日前已经有与本专利相近似的外观设计在出版物上公开发表过，因此本专利不符合专利法第23条的规定。

鉴于根据在先设计（即证据2）已经得出本专利不符合专利法第23条所规定的授权条件的结论，故合议组对请求人提交的其他证据不再进行评述。

三、决定

宣告200730062878.9号外观设计专利权全部无效。

当事人对本决定不服的，可以根据专利法第46条第2款的规定，自收到本决定之日起三个月内向北京市第一中级人民法院起诉。根据该款的规定，一方当事人起诉后，另一方当事人应当作为第三人参加诉讼。

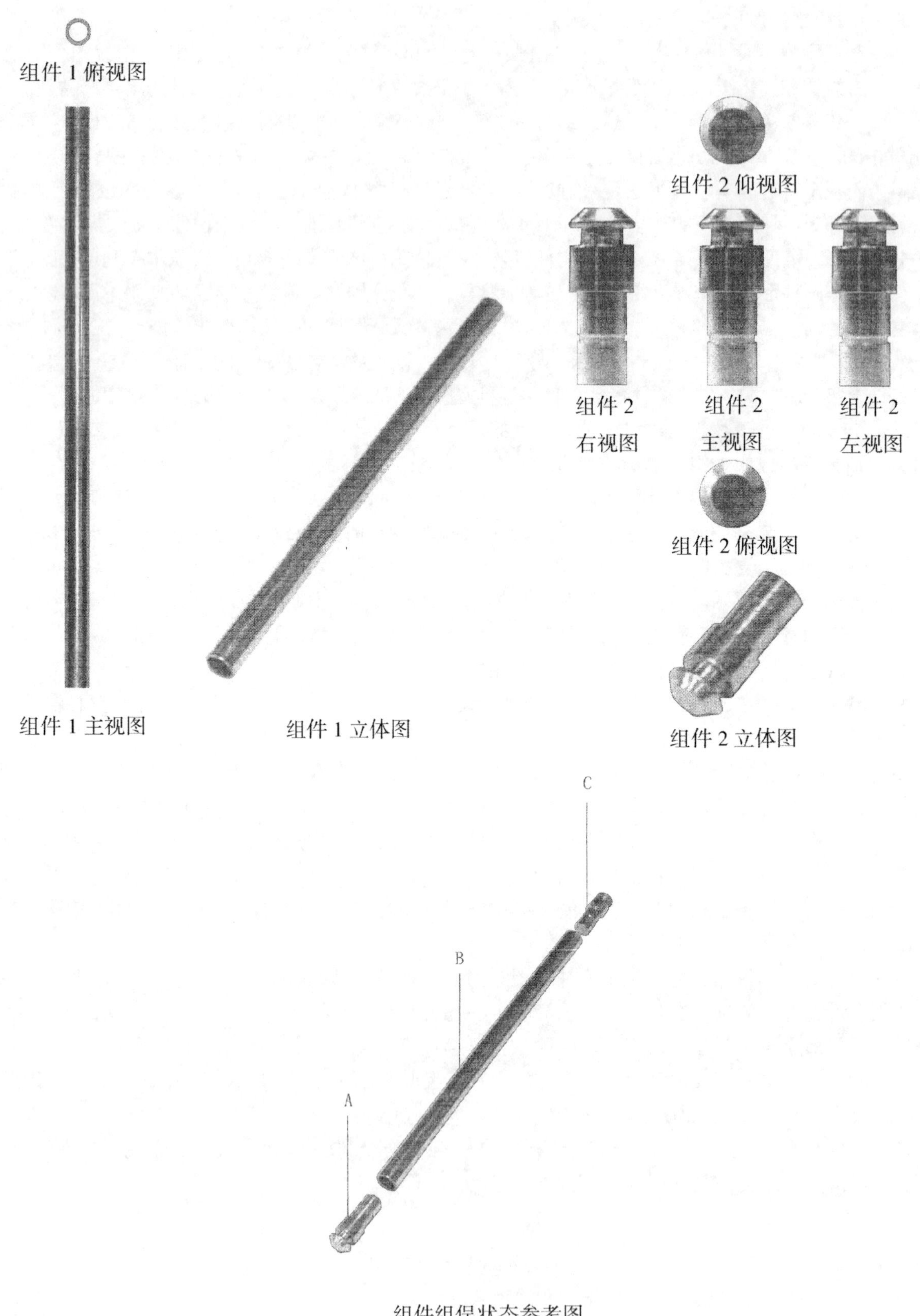

组件组俣状态参考图

本专利附图

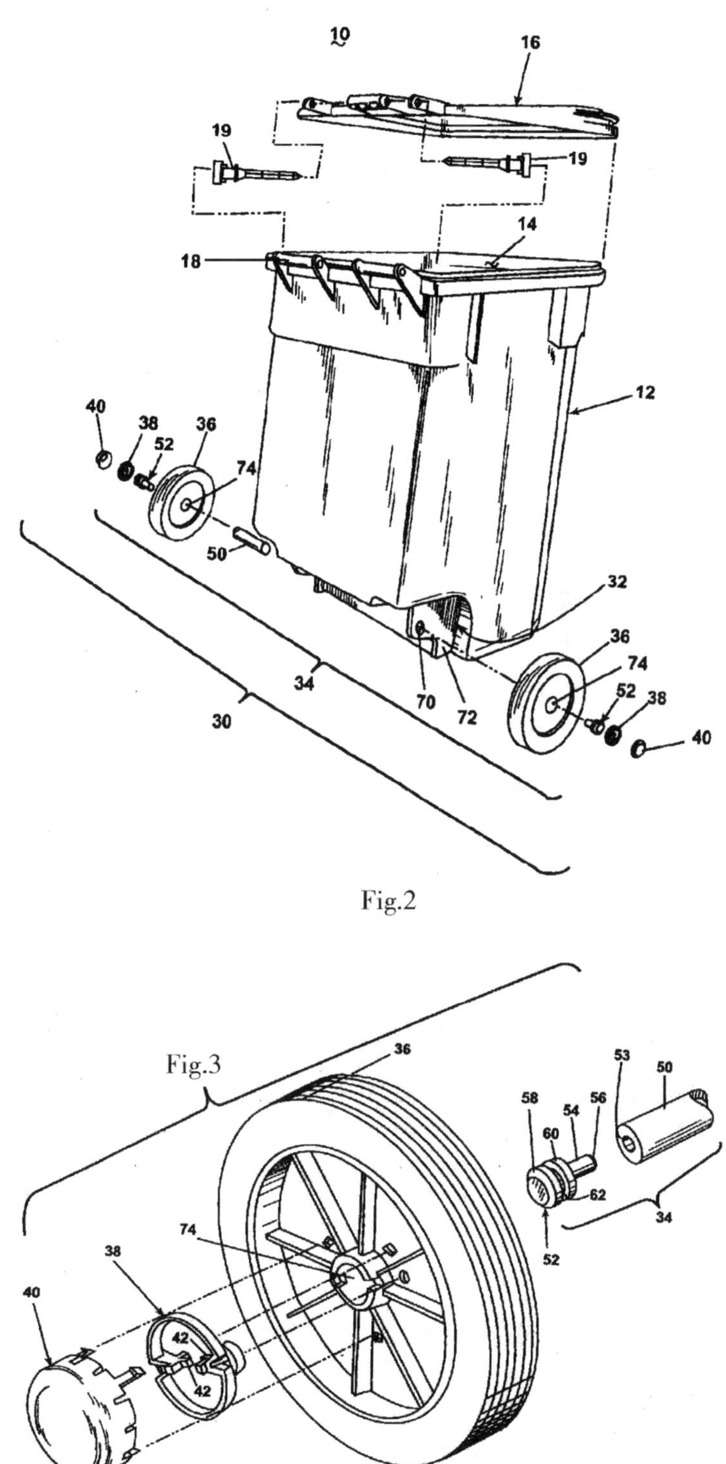

Fig.2

Fig.3

在先设计（证据2）附图

323

平开框铝塑复合型材（70 系列 2）

无效宣告请求审查决定（第 13507 号）

决　定　号 第 13507 号
决　定　日 2009 年 6 月 11 日
发明创造名称 平开框铝塑复合型材（70 系列 2）
外观设计分类号 25-01
无效宣告请求人 哈尔滨华强铝塑型材门窗有限公司
专　利　权　人 黑龙江大力建筑节能科技发展有限公司
专　利　号 02301833. X
申　请　日 2002 年 1 月 29 日
授权公告日 2002 年 9 月 11 日
合议组组长 李巍巍
主　审　员 张雪飞
参　审　员 尹春霞
附　图 2 页

法律依据 专利法实施细则第 13 条第 1 款
决定要点

本专利与对比设计在整体形状上极其相似，且二者的差别对于产品外观设计的整体视觉效果不具有显著的影响，二者属于同样的发明创造。

一、案由

本无效宣告请求涉及国家知识产权局于 2002 年 9 月 11 日授权公告的、名称为“平开框铝塑复合型材（70 系列 2）”的 02301833. X 号外观设计专利权（下称本专利），申请日是 2002 年 1 月 29 日，专利权人原为黑龙江省大力实业有限公司，专利权人于 2007 年 4 月 18 日因专利权转让向国家行政管理机关提出变更专利权人。经国家行政管理机关审核，于 2007 年 6 月 27 日批准其变更为黑龙江大力建筑节能科技发展有限公司。

针对上述外观设计专利权，哈尔滨华强铝塑型材门窗有限公司（下称请求人）于 2008 年 10 月 21 日向专利复审委员会提出无效宣告请求，其理由是本专利不符合专利法实施细则第 13 条第 1 款的规定。同时请求人提交了如下附件：

附件 1：申请日为 2002 年 1 月 29 日，公开（公告）日为 2002 年 9 月 11 日的 02301837. 2 号外观设计专利著录项目及图片网页打印件共 2 页；

附件 2：本专利著录项目及图片网页打印件共 2 页；

附件 3：本专利与 02301837.2 号外观设计专利对比表。

请求人认为：附件 1 与本专利为同一申请人于同日申请，二者均为铝塑复合型材产品的外观设计专利，二者产品的左、中、右三部分和整体形状均相同和相近似，非常容易使一般消费者产生误会和混淆，因此，本专利不符合专利法实施细则第 13 条第 1 款的规定，应当宣告本专利无效。

经形式审查合格，专利复审委员会依法受理了上述无效宣告请求。

2008 年 11 月 16 日，请求人向专利复审委员会提交意见陈述书，认为本专利不符合专利法第 23 条和专利法实施细则第 13 条第 1 款的规定，并补充提交了如下证据附件：（编号续前）

附件 4：本专利著录项目及图片网页打印件共 6 页；（与附件 2 相同）

附件 5：第 02301837.2 号外观设计专利著录项目及图片网页打印件共 6 页；（与附件 1 相同）

附件 6：第 95232639.6 号实用新型专利说明书及说明书附图复印件共 2 页；

附件 7：第 00329967.8 号外观设计专利著录项目及图片网页打印件共 2 页；

附件 8：第 01234320.X 号实用新型专利说明书及说明书附图复印件共 2 页；

附件 9：第 01322396.8 号外观设计专利著录项目及图片网页打印件共 2 页；

附件 10：第 01264649.0 号实用新型专利说明书及说明书附图复印件共 2 页。

请求人认为，附件 5 与本专利只是在连接部分存在微小变化，其对整体形状无显著影响；附件 6~10 在本专利申请日前已经公开了型材内部连接方式，因此，本专利不具备授予专利权的条件。

2009 年 3 月 23 日，专利复审委员会将请求人无效宣告请求时提交的无效请求书及其所附附件和请求人于 2008 年 11 月 16 日提交的意见陈述书及其补充证据附件转送专利权人，并告知应在收到本通知之日起 1 个月对其进行答复，期满未答复的，视为已得知转送文件中所涉及的事实、理由和证据，并且未提出反对意见。

2009 年 3 月 23 日，专利复审委员会还向专利权人发出无效宣告请求审查通知书，告知专利权人：在本案的无效宣告程序中，无效宣告请求人针对本专利提出无效宣告请求的理由是，本专利与 02301837.2 号专利属于同样的发明创造，不符合专利法实施细则第 13 条第 1 款的规定。经审查专利复审委员会认为两者确属同样发明创造。根据审查指南第四部分第七章第 2 节规定：专利权人欲通过放弃另一项专利权的方式来维持该专利权有效的，应当向专利复审委员会提交自申请日起放弃另一项专利权的书面声明，由专利局予以登记和公告。自申请日起放弃专利权的，该专利权视为自始不存在。专利权人欲放弃被请求宣告无效的专利的，应当向专利复审委员会提交自申请日起放弃该项专利权的书面声明，专利复审委员会根据当事人处置原则终止该无效宣告程序，并向双方当事人发出结案通知书，由专利局予以登记和公告。专利权人未进行选择的，专利复审委员会应当宣告被请求宣告无效的专利权无效。审查指南第四部分第七章第 1 节规定："同样的发明创造"对于外观设计而言，是指外观设计相同或者相近似。

2009 年 3 月 23 日，专利复审委员会还向双方当事人发出合议组成员告知通知书，并告知如对合议组成员有回避请求的，可于收到本通知之日起 7 日内提交书面请求书，并且说明理由，必要时附具有关证据。逾期未答复，视为无回避请求。

专利权人逾期未进行意见陈述，也未根据审查指南的有关规定选择是否放弃相关专利权。

在规定的期限内双方当事人均未对合议组成员提出回避请求，视为无回避请求。

在以上审理的基础上，合议组认为本案事实已经清楚，可以作出审查决定。

二、决定的理由

1. 法律依据

请求人认为本专利不符合专利法第 23 条和专利法实施细则第 13 条第 1 款的规定。

专利法第 23 条规定："授予专利权的外观设计，应当同申请日以前在国内外出版物上公开发表过或者国内公开使用过的外观设计不相同和不相近似，并不得与他人在先取得的合法权利相冲突。"

专利法实施细则第 13 条第 1 款规定："同样的发明创造只能被授予一项专利。"

2. 证据的认定

请求人提交附件 1 和附件 5 相同，均为第 02301837.2 号外观设计专利著录项目及图片网页打印件，其所示专利的申请日是 2002 年 1 月 29 日，授权公告日为 2002 年 9 月 11 日，授权公告号是 CN3254783，使用外观设计的产品名称为"型材（70 系列平开框铝塑复合 1）"，其专利权人现为黑龙江大力建筑节能科技发展有限公司。经合议组核实，其内容属实，与本专利属于申请日及专利权人均相同的外观设计专利，因此，可作为评价本专利是否符合专利法实施细则第 13 条第 1 款规定的证据。

3. 关于专利法实施细则第 13 条第 1 款

该 02301837.2 号专利授予的是型材的外观设计（下称对比设计），其与本专利均为型材的外观设计，用途相同，属于相同类别的产品，具有可比性。本专利包括主视图、左视图、右视图、俯视图、仰视图。本专利的主视图中包括左、中、右三个部分，左部分的截面包括一个竖向矩形框，矩形框的左侧边向上延伸形成一个长的挡板，在其的端头有一燕尾卡槽，该挡板向下延伸形成一个短的挡板，矩形框的右侧边有两个燕尾卡槽与中间部分的右燕尾榫连接；右部分的截面包括一个竖向矩形框，矩形框的右侧边向上、下各伸出一个短的挡板，矩形框的左侧边有两个燕尾卡槽与中间部分的左燕尾榫连接；中间部分的截面为包括两个左右对称的竖向矩形框的结构，矩形框两侧边呈对称状向两侧各延伸出两个燕尾榫分别与左右部分连接，两个矩形框的中间位置各向外延伸出一个 T 形设计（详见本专利附图）。

对比设计包括主视图、左视图、右视图、俯视图、仰视图。对比设计的主视图中包括左、中、右三个部分，左部分的截面包括一个竖向矩形框，矩形框的左侧边向上延伸形成一个长的挡板，在其的端头有一燕尾卡槽，该挡板向下延伸形成一个短的挡板，矩形框的右侧边向外延伸形成一个燕尾卡槽与中间部分的右燕尾榫连接；右部分的截面包括一个竖向矩形框，矩形框的右侧边向上、下各伸出一个短的挡板，矩形框的左侧边向外延伸形成一个燕尾卡槽与中间部分的左燕尾榫连接；中间部分的截面为包括两个左右对称的竖向矩形框的结构，矩形框两侧边呈对称状向两侧各延伸出两个燕尾榫分别与左右部分连接，两个矩形框的中间位置各向外延伸出一个 T 形设计（详见对比设计附图）。

将本专利与对比设计相比较，二者主要的不同点是：本专利左右部分的左右两侧各有两个独立的燕尾卡槽和燕尾榫，对比设计各为一个燕尾卡槽和燕尾榫。合议组认为：虽然二者在连接燕尾卡槽和燕尾榫的数量不同，形状上略有差别，但该不同点相对此类产品外观设计而言仅属于局部的细微变化，不足以对整体外观形状产生显著的视觉影响；二者无论是在整体形状还是在各主要部分位置关系和连接方式等方面均是相同或相近似的，构成了同样的视觉效果，因此，二者应属于相近似的外观设计。

根据审查指南第四部分第七章第 1 节规定，对于外观设计而言，同样的发明创造是指外观设计相同或者相近似。

综上所述，本专利与专利权人同日申请的另一项外观设计专利相近似，即二者属于同样的发明创造，因此，本专利不符合专利法实施细则第 13 条第 1 款的规定。

鉴于已经得出本专利不符合专利法实施细则第 13 条第 1 款规定的结论，本决定对请求人提出的其他理由和证据不再作出评述。

三、决定

宣告 02301833.X 号外观设计专利权全部无效。

当事人对本决定不服的，可以根据专利法第 46 条第 2 款的规定，自收到本决定之日起三个月内向北京市第一中级人民法院起诉。根据该款的规定，一方当事人起诉后，另一方当事人应当作为第三人参加诉讼。

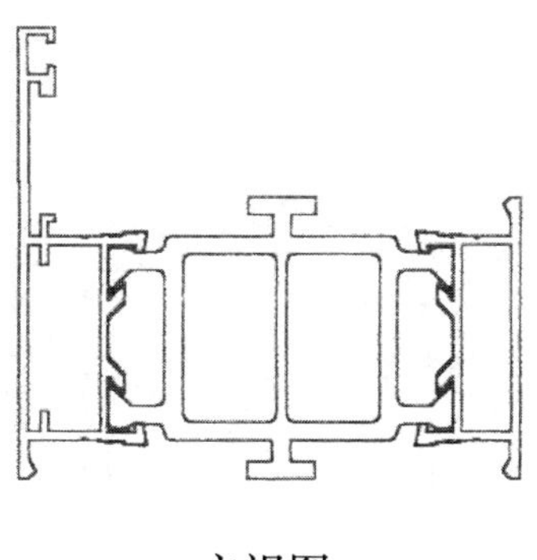

主视图

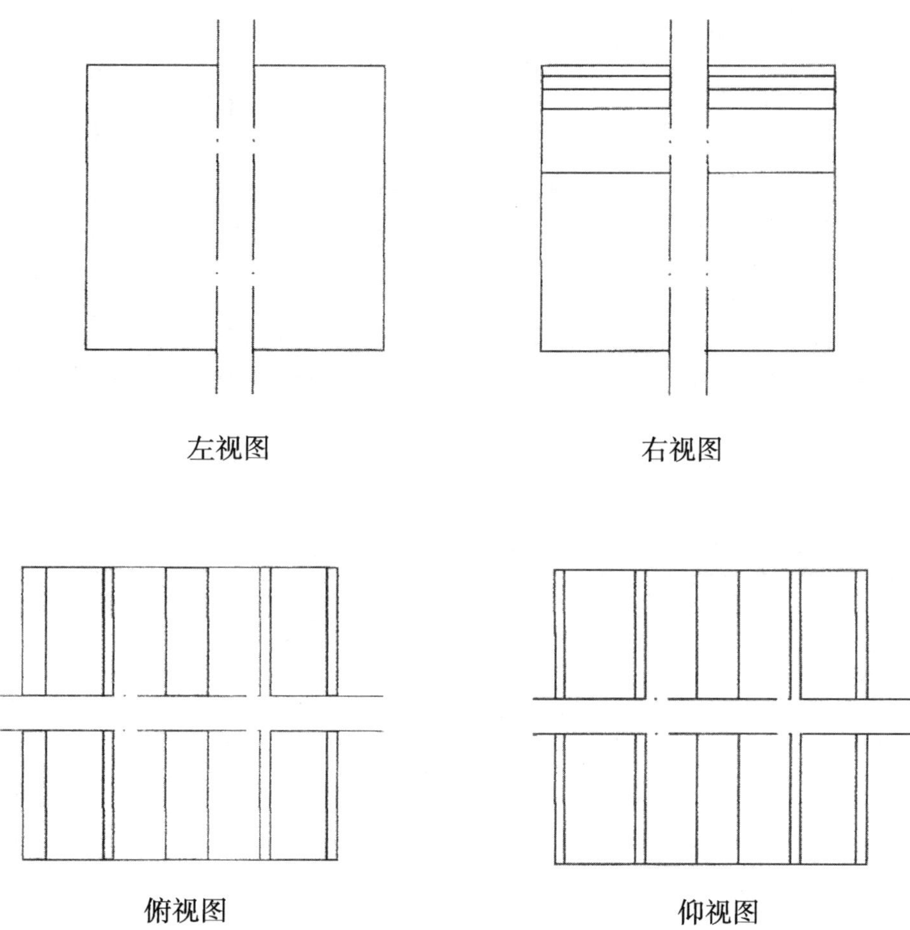

左视图　右视图

俯视图　仰视图

本专利附图

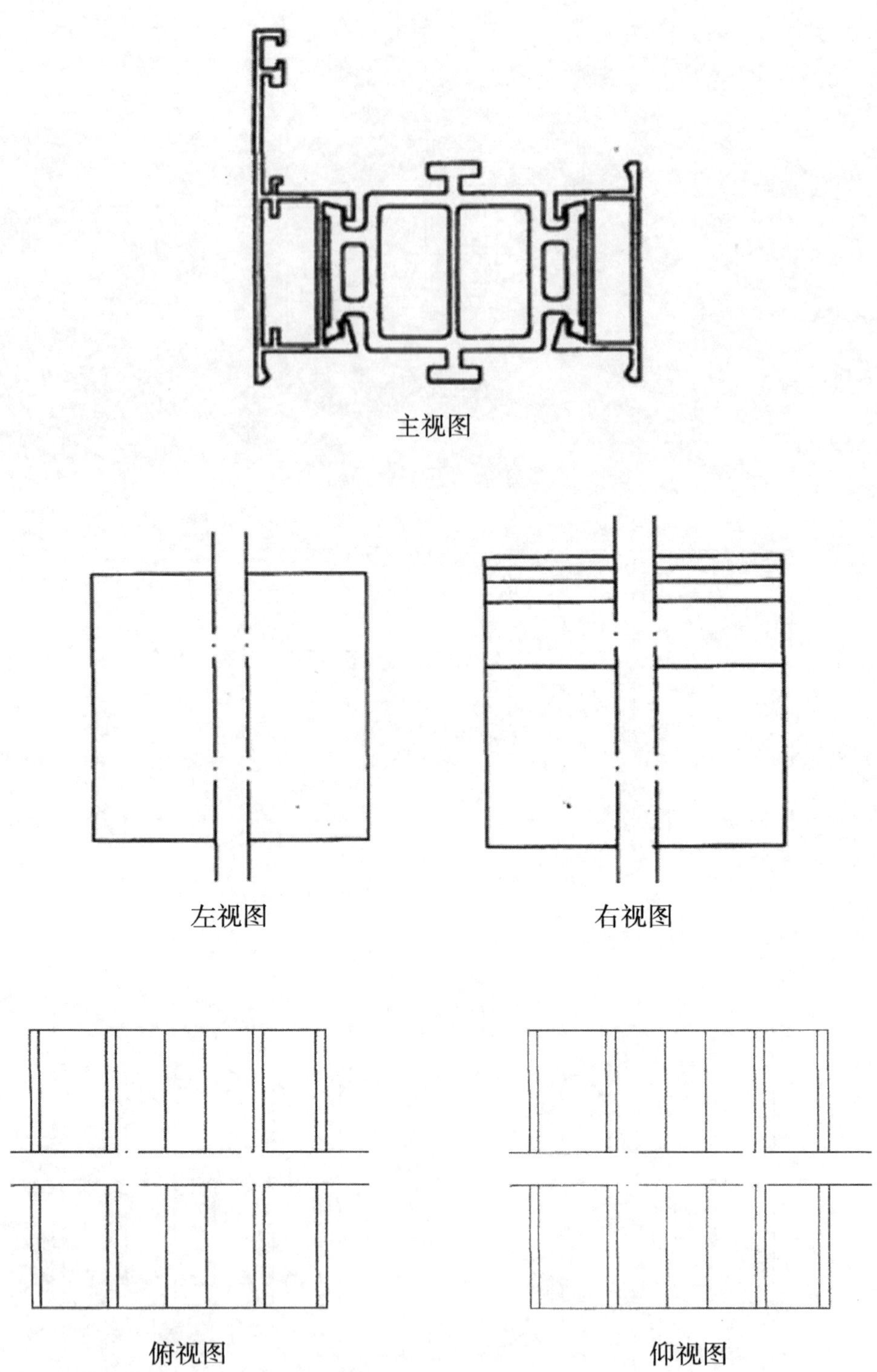

俯视图　　仰视图

对比设计附图

324

储物整理箱

无效宣告请求审查决定（第13508号）

决　　定　　号　第13508号
决　　定　　日　2009年5月26日
发明创造名称　储物整理箱
外观设计分类号　07-07
无效宣告请求人　北京禧天龙塑料制品有限公司
专　利　权　人　王贤骅
专　　利　　号　200630166580.8
申　　请　　日　2006年12月31日
授权公告日　2007年12月26日
合议组组长　张　凌
主　　审　　员　彭郁葱
参　　审　　员　王　冬
附　　　　图　1页

法　律　依　据　专利法第23条
决　定　要　点

本专利与在先设计的整体形状基本相同，二者的区别之处为局部细微差别，对整体视觉效果不构成显著影响，二者属于相近似的外观设计。

一、案由

本无效宣告请求涉及国家知识产权局2007年12月26日授权公告的名称为“储物整理箱”的200630166580.8号外观设计专利，其申请日为2006年12月31日，专利权人为王贤骅。

针对本专利，北京禧天龙塑料制品有限公司（下称请求人）于2009年1月20日向专利复审委员会提出无效宣告请求，理由是本专利与在其申请日前已公开发表过的01357959.2号外观设计专利构成相近似的外观设计，因而不符合专利法第23条的规定。请求人同时提交如下证据：

证据1：01357959.2号外观设计专利公报复印件，共2页。

经形式审查合格，专利复审委员会受理了该无效宣告请求，于2009年1月20日向双方当事人发出《无效宣告请求受理通知书》，并将《无效宣告请求书》及其他有关文件的副本转送给专利权人，要求其在指定期限内答复，同时成立合议组对本无效宣告请求案进行审查。

2009年2月19日，请求人再次补充了3份本专利申请日前已公开发表过的外观设计专利作为证据（编号续前）：

证据2：02343300.0号外观设计专利著录项目信息及其外观图片复印件，共1页；

证据3：03317585.3号外观设计专利著录项目信息及其外观图片复印件，共1页；

证据4：200430039917.X号外观设计专利著录项目信息及其外观图片复印件，共1页。

2009年2月20日，请求人再次提交意见陈述，认为（1）本专利与02343300.0、03317585.3、200430039917.X外观设计专利相似，（2）请求人早在本专利申请日以前已经公开使用过相同（相近似）的外观设计，因此本专利不符合专利法第23条的规定。请求人同时提交如下证据支持其主张（编号续前）：

证据5：请求人与他人签订的《模具加工合作合同》及相关图纸、收据复印件，共12页；

证据6：请求人向唐山百货大楼集团八方购物广场有限责任公司销售整理箱的相关单据及发票复印件，共6页；

证据7：请求人向北京物美大卖场销售整理箱的相关单据及发票复印件，共5页；

证据8：储物整理箱实物照片12张的复印件，共1页。

专利复审委员会本案合议组于2009年2月24日发出《转送文件通知书》，将无效宣告请求人于2009年1月19日和2009年1月20日提交的意见陈述书及其所附附件转送给专利权人，并要求其在指定期限内答复。

专利权人于2009年2月24日针对上述无效宣告请求的证据1提交了意见陈述书，认为本专利与请求人提交的证据1中所示的外观设计不构成相同、相近似的设计，其区别点如下：（1）二者的箱子本身及盖子结构外观设计有重大区别；（2）二者箱体四周侧面完全不同，证据1专利箱体的四周是平面的，本专利左右视图的侧面有三条凸出的直杠，主视图及后视图的侧面有四条凸出的直杠；（3）本专利箱体提手连锁盖，在结构上更加便利；（4）证据1专利的箱底及轮子结构与本专利不相同。请求人同时提交了本专利的公告文本和外观设计专利证书（复印件共3页）以及缴费证明（复印件1页），分别用于证明本专利的保护范围和处于合法有效状态。

专利复审委员会本案合议组于2009年2月25日发出《转送文件通知书》，将专利权人于2009年2月24日提交的意见陈述书及其所附附件转送给无效宣告请求人，并要求其在指定期限内答复。

专利权人于2009年3月27日针对上述无效宣告请求的补充证据2~8提交了意见陈述书，认为本专利与请求人提交的证据2~4中所示的外观设计均不构成相同、相近似的设计，证据5无法证明所附图纸即为签署模具加工合同当时的图纸，无法证明其所加工的模具产品就是与本专利相同的产品，证据6、7无法证明相关单据上的货物即为与本专利产品相同的货物，因而证据5~7与本专利不具有关联性。

复审委员会本案合议组于2009年4月7日向双方当事人发出《口头审理通知书》，定于2009年5月14日对本专利的无效宣告请求进行口头审理，同时将专利权人于2009年3月27日提交的意见陈述书转送给请求人，告知其可在口头审理时一并陈述意见。

2009年4月3日，无效宣告请求人针对专利复审委员会2009年2月25日发出的转送文件通知书提交了意见陈述书，并补充证据9~12（编号续前）以加强其公开使用的主张。

证据9：中国物品编码中心于2006年6月27日颁发的“物编注字第221708号”《中国商品条码系统成员证书》复印件，共1页。

证据10：

10-1：中国物品编码中心于2008年4月23日颁发的“物编注字第221708号”《中国商品条码系统成员证书》（续展）复印件，共1页。

10-2：中国物品编码中心发票第00026487号（开票日期2008年4月17日）复印件，共1页；

证据11：两张证据保全照片（拍摄于2008年11月11日）复印件，共1页；

证据12：请求人向北京物美大卖场销售整理箱的相关单据及其发票复印件、证明函和公证书复印件，共6页。

此外，请求人还提交了以下文件供合议组参考，包括物美大卖场图片以及整理箱图片复印件，共4页。

专利复审委员会本案合议组于2009年4月8日发出《转送文件通知书》，将无效宣告请求人于2009年4月3日提交的意见陈述书及其所附附件转送给专利权人，并要求其在指定期限内答复。

2009年4月23日，专利权人针对请求人于2009年4月3日提交的意见陈述及其附件中的补充证据陈述了意见，认为上述证据不足以证明本专利在其申请日前公开使用。

口头审理如期进行，双方当事人的代理人出席了口头审理。在口头审理中，双方当事人对对方出庭人员的身份和资格没有异议，对合议组成员无回避请求，确认事实如下：（1）请求人明确其无效宣告理由为本专利不符合专利法第23条的规定，认为本专利已经被在先公开发表、在先公开使用。（2）专利权人对证据1~4的真实性和在本专利申请日前公开均无异议，但认为证据1~4与本专利不构成相同和相近似的设计，请求人提交了证据5~8的原件，专利权人对证据5~8的真实性和关联性均不予以认可。合议组当庭告知请求人证据9~12是在提出无效宣告请求之日起一个月后补充的，并且不是针对专利权人提供的反证在专利复审委员会指定的期限内补充的证据，因而上述证据合议组不予考虑。

在上述审理的基础上，合议组经合议，认为本案事实清楚，依法作出本审查决定。

二、决定的理由

1. 法律依据

基于请求人提出的无效宣告请求理由及证据，合议组依据专利法第23条的规定对本案进行审查。

专利法第23条规定：授予专利权的外观设计，应当同申请日以前在国内外出版物上公开发表过或者国内公开使用过的外观设计不相同和不相近似，并不得与他人在先取得的合法权利相冲突。

2. 证据认定

请求人提交的证据2是02343300.0号外观设计专利著录项目及其外观图片复印件，合议组经核实，该专利的申请日为2002年10月22日、授权公告日为2003年6月25日，授权公告号为CN3302758，使用外观设计的产品名称为“整理箱”，专利权人为钱正国，证据2的授权公告日早于本专利的申请日（2006年12月31日），专利权人对该证据的真实性无异议，合议组对其予以采信，其可作为判断本专利是否符合专利法第23条的规定的依据，适用于本案。

3. 本专利与证据2（下称在先设计）均为整理箱，二者属于相同类别的产品，故可将其进行如下相同、相近似性对比

本专利的外观图片包括5幅视图，即立体图、主视图、俯视图、仰视图和右视图，整体观察，本专利所示整理箱整体为中空的近长方体，箱体上部略宽于下部；顶盖为近长方形，与箱口周边的扣合部分略向上突起，顶盖中部有一长方形，该长方形中间有三条沿顶盖的长度方向延伸的条形，顶盖四个角各有一个方块；箱体左右两侧有三条条状的凸起，箱体左右两侧上部安装大致呈矩形的把手，该把手将箱体与箱盖扣合在一起；箱体前后两侧有四条条状的凸起；箱体底面有四个滚轮支撑（详见本专利附图）。

在先设计外观图片包括4幅视图，即俯视图、仰视图、主视图和左视图，整体观察，在先设计所示整理箱整体为中空的近长方体，箱体上部略宽于下部；顶盖为近长方形，与箱口周边的扣合部分略

向上突起，顶盖中部有一长方形，长方形中间有四条沿盖板的长度方向延伸的条形，顶盖四个角各有一个方块；箱体左右两侧上部安装大致呈矩形的把手，该把手将箱体与箱盖扣合在一起；箱体底面有四个滚轮支撑（详见在先设计附图）。

将本专利与在先设计相比可以看出，二者均是整体为中空的近长方体，箱体上部略宽于下部；顶盖为近长方形，与箱口周边的扣合部分略向上突起，顶盖中部有一长方形，长方形中间有沿顶盖的长度方向延伸的条形，顶盖四个角各有一个方块；箱体左右两侧上部安装大致呈矩形的把手，该把手将箱体与箱盖扣合在一起；箱体底面有四个滚轮支撑；其区别之处在于：（1）本专利顶盖中央有三条沿顶盖的长度方向延伸的条形，而在先设计顶盖中央有四条沿顶盖的长度方向延伸的条形；（2）本专利箱体左右两侧有三条条状凸起，前后两侧有四条条状的凸起；而在先设计箱体侧面光滑没有条状凸起。专利权人认为，上述区别对二者视觉效果均有显著影响，对此，合议组认为，箱体侧面的条状突起是本领域的惯常设计；而在本专利与在先设计整体形状和各组成部分相同的情况下，箱盖中央的条形数目的变化属于局部细微差别，在使用状态下不易为一般消费者所关注，其不会对整体视觉效果造成显著影响，故对专利权人的主张不予支持，同时合议组认为二者属于相近似的外观设计。

综上所述，本专利与在先设计属于相近似的外观设计，故本专利不符合专利法第 23 条的规定。

鉴于本专利与在先设计相比较已得出二者相近似的结论，故在本决定中对请求人提出的其他理由和证据不再作出评述。

三、决定

宣告 200630166580.8 号外观设计专利权无效。

当事人对本决定不服的，可以根据专利法第 46 条第 2 款的规定，自收到本决定之日起三个月内向北京市第一中级人民法院起诉。根据该款的规定，一方当事人起诉后，另一方当事人应当作为第三人参加诉讼。

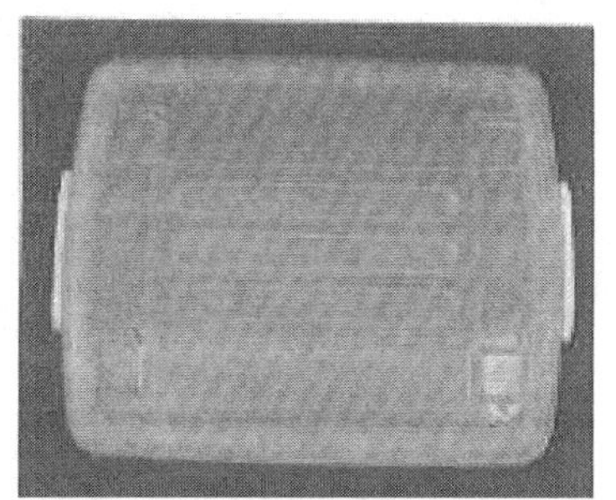
俯视图

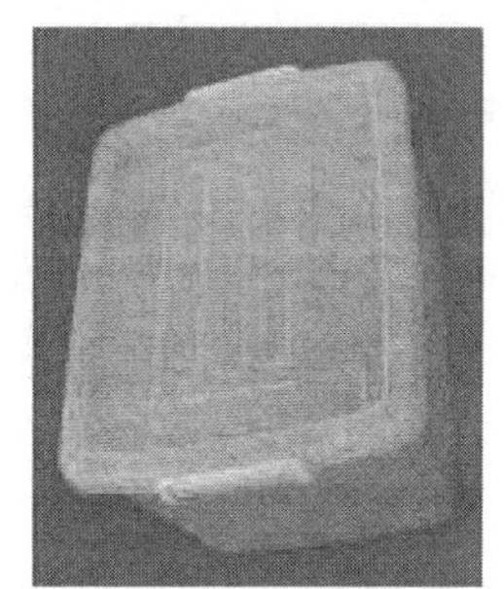
立体图

仰视图

右视图

主视图

本专利附图

俯视图

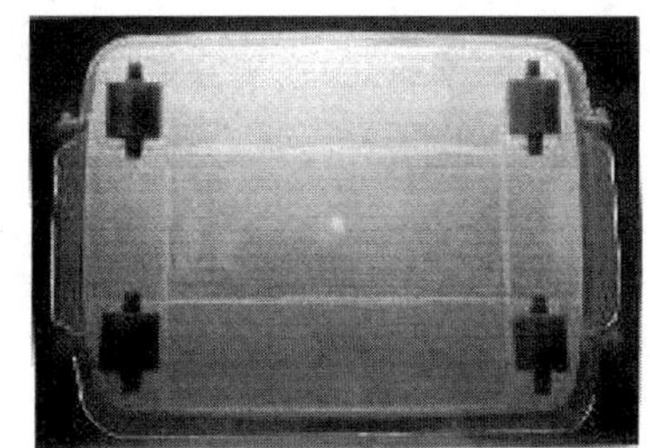
仰视图

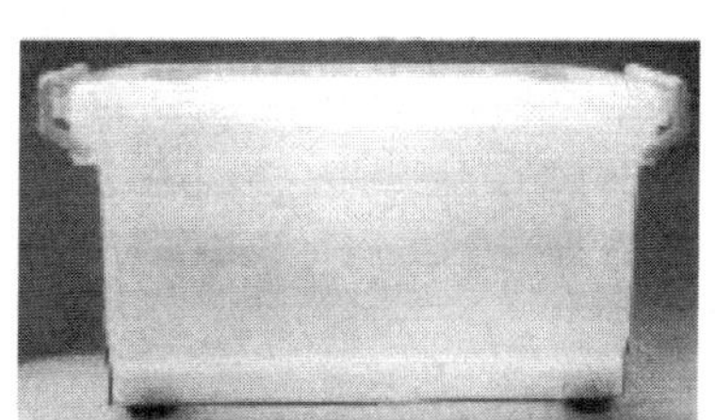
主视图

左视图

在先设计附图

325

沙发（二）

无效宣告请求审查决定（第13509号）

决　　定　　号 第13509号
决　　定　　日 2009年6月2日
发明创造名称 沙发（二）
外观设计分类号 06-01
无效宣告请求人 深圳市富利源家具有限公司
专　利　权　人 深圳市金万利家具制造有限公司
专　　利　　号 200630154268.7
申　　请　　日 2006年11月1日
授 权 公 告 日 2007年9月5日
合 议 组 组 长 钟　华
主　　审　　员 张宗任
参　　审　　员 高　亮
附　　　　　图 3页

法　律　依　据 专利法第9条、第23条
决　定　要　点

本专利与在先设计之间存在差异的情况下，综合考虑各种因素的情况，若区别点仅在于局部的细微变化，则其对整体视觉效果不足以产生显著影响，二者属于相近似的外观设计；而从整体上看，如果这些差异足以对整体视觉效果产生显著影响，则二者不属于相近似的外观设计。

一、案由

本无效宣告请求涉及国家知识产权局于2007年9月5日授权公告的专利号为200630154268.7的外观设计专利，使用该外观设计的产品名称是“沙发（二）”，申请日为2006年11月1日，专利权人是深圳市金万利家具制造有限公司。

针对上述外观设计专利权（下称本专利），深圳市富利源家具有限公司（下称请求人）于2009年2月20日向专利复审委员会提出无效宣告请求，理由是本专利不符合专利法第9条和第23条的规定，并同时提交了以下三份证据：

证据1：CN3585406号中国外观设计专利公报网络打印件，其申请日为2006年3月3日、公告日为2006年12月6日、申请人为顾江生；

证据2：CN3647876号中国外观设计专利公报网络打印件，其申请日为2006年6月28日、公告

日为2007年5月23日、申请人为徐顺法；

证据3：CN3393831号中国外观设计专利公报网络打印件，其申请日为2004年3月17日、公告日为2004年9月29日、申请人为北京曲美家具有限公司。

请求人在请求书中具体指出：(1) 证据1与本专利涉及同一类别产品，本专利套件1涉及由一个三位沙发和一个躺椅组成的组合沙发，证据1涉及由一个二座位沙发（套件1）、一个单座位沙发（套件2）和一个躺椅（套件4）组成的组合沙发，二者相比仅在底脚数量和扶手形状上存在细微的差别，属于相同、相近似的外观设计，导致本专利套件1不符合专利法第9条的规定；(2) 证据2涉及由一个三座位沙发和一个躺椅组成的组合沙发，与本专利套件1相比，证据2中没有抱枕，二者的扶手形状不同，这些属于细微的差别，二者属相同、相近似的外观设计，导致本专利套件1不符合专利法第9条的规定；(3) 证据3与本专利套件2涉及同一类产品，二者相比，证据3中没有抱枕，二者的扶手形状略有不同，这些属于细微的差别，二者属相同、相近似的外观设计，导致本专利套件2不符合专利法第23条的规定。

经形式审查合格后，专利复审委员会于2009年2月20日向双方当事人发出了无效宣告请求受理通知书，同时将无效宣告请求书和证据的副本转送给专利权人，要求其在指定的期限内答复。

2009年3月16日，请求人提交了意见陈述书，其中补充提交了一份证据：CN3606506号中国外观设计专利公报网络打印件，其申请日为2006年4月11日、公告日为2007年2月7日、申请人为黄建笙（顺次编号为证据4）。请求人在意见陈述书中仅指出证据4中的套件2与本专利套件2属于相同、相近似的外观设计，因此本专利套件2不符合专利法第9条的规定。

专利复审委员会依法成立合议组对本无效宣告请求进行审查。2009年3月30日，合议组向双方当事人发出了无效宣告请求口头审理通知书，定于2009年5月19日在专利复审委员会举行口头审理，随该通知书将请求人于2009年3月16日提交的意见陈述书及其附件的副本转送专利权人，要求其最迟于口头审理之时针对该文件进行答复。

口头审理如期举行，双方当事人出席了口头审理，双方当事人都对对方出庭人员身份无异议、对合议组变更无异议、对合议组成员无回避请求。请求人当庭明确以证据1中套件1、2和4的组合外观设计以及证据2的外观设计证明本专利套件1不符合专利法第9条的规定；以证据3的外观设计证明本专利套件2不符合专利法第23条的规定，以证据4中件2的外观设计证明本专利套件2不符合专利法第9条的规定。专利权人对证据1~4的真实性未提出异议。请求人具体指出：(1) 本专利套件1与证据2以及证据1中套件1、2和4构成的在先设计相比，仅在两侧扶手上存在细微的差异，本专利与上述各在先设计属于相近似的外观设计；(2) 本专利套件2中两个扶手呈弧形、靠背呈长方形和靠垫是条状的，证据3的扶手安在坐垫上，没有抱枕，证据4中扶手也是呈弧形的角度、靠垫呈长方形，本专利套件2与证据3或4的差别属于局部细微差别，属于相近似的设计。专利权人指出：(1) 本专利套件1与证据1中套件1、2和4形成的外观设计相比，扶手、坐垫的形状，腰枕的图案及支脚的数量均不同，证据1中靠架与靠垫之间还分布有四个矩形部件，坐垫、扶手、靠垫上的线条不同，因此二者不相近似；而本专利套件1与证据2相比差异更大，更不相近似；(2) 本专利套件2与证据3或4相比，在扶手、腰枕、靠架、靠垫和坐垫各部分上都存在较大差异，因此不相近似。庭审中双方当事人都充分陈述了各自意见。

本案合议组经合议，认为本案事实清楚，可依法作出无效宣告请求审查决定。

二、决定的理由

1. 法律依据

根据请求原则，本案合议组就请求人提出的无效宣告理由和证据，依据专利法第9条和第23条对本案进行审理。

专利法第 9 条规定："两个以上的申请人分别就同样的发明创造申请专利的，专利权授予最先申请的人。"

专利法第 23 条规定："授予专利权的外观设计，应当同申请日以前在国内外出版物上公开发表过或者国内公开使用过的外观设计不相同和不相近似，并不得与他人在先取得的合法权利相冲突。"

2. 证据审查

证据 1~4 均为专利文献，专利权人对证据 1~4 的真实性均未提出异议，经核实，合议组对其真实性予以认可。证据 1、2 和 4 的申请日分别为：2006 年 3 月 3 日、2006 年 6 月 28 日、2006 年 4 月 11 日；公开日分别为：2006 年 12 月 6 日、2007 年 5 月 23 日、2007 年 2 月 7 日，专利申请人分别为顾江生、徐顺法、黄建笙；证据 1、2 和 4 的申请日分别早于本专利的申请日、公开日分别晚于本专利的申请日、申请人与本专利申请人不同，因此证据 1、2 和 4 可以作为判断本专利是否符合专利法第 9 条的证据。证据 3 的公开日 2004 年 9 月 29 日，早于本专利申请日，因此可以作为判断本专利是否符合专利法第 23 条的证据。

3. 相同相近似比较

证据 1~4 均涉及沙发的外观设计，与本专利涉及同一类别的产品，可以与本专利进行相同相近似对比。在判断外观设计是否相同或者相近似时，基于本专利产品的一般消费者的知识水平和认知能力进行评价。

本专利外观设计涉及一种沙发，包括套件 1 和套件 2 两件外观设计，同时给出了套件 1 和套件 2 的组合状态参考图，其中套件 1 有五面视图，省略了仰视图，套件 2 有四面视图，省略了仰视图及与右视图对称的左视图，此外本专利未要求保护色彩。下面将套件 1 和套件 2 两件外观设计分别与在先设计进行相同相近似对比。

（1）本专利套件 1 与证据相比。

通过本专利套件 1 的五面视图可以看出，其由三个座椅和一个躺椅构成，整体上成 L 形，从上到下大致可分为靠垫、靠背架、坐垫、底架和支脚，其中坐垫上还放有四个矩形腰枕，左右扶手上面呈光滑过渡的阶梯形，右侧扶手明显长于左侧扶手，各坐垫之间、靠垫之间有双压线，其上的双压线将靠背架分成分别与靠垫和扶手对应的几部分，坐垫伸出扶手外沿，此外沙发共有八个小支脚（详见本专利附图）。

而证据 1 中套件 1、2 和 4 组合在一起也可以形成由三个座椅和一个躺椅构成的沙发外观设计，其中证据 1 中分别给出了套件 1、2 和 4 的五面视图及组合状态参考图，组合状态参考图右侧为由套件 1、2 和 4 组合而成的组合沙发（下称在先设计 1）。三个座椅和一个躺椅整体上成 L 形，从上到下大致可分为靠垫、靠背架、坐垫、底架和支脚，其中坐垫上还放有四个矩形腰枕，靠背架上平放有四个小椭圆柱部件，从套件 1 左视图可以看出左扶手上面呈斜向下的直线形，从套件 4 右视图可以看出右扶手上面为斜向下直线部分和水平直线部分，右侧扶手明显长于左侧扶手，套件 1、2 和 4 拼合时相互之间有拼合缝，靠背架呈矩形，坐垫微伸出扶手外沿，此外沙发共有十二个小支脚（详见在先设计 1 附图）。

将本专利套件 1 与在先设计 1 相对比可以看出，二者整体上均为 L 形，都包括三个座椅和一个躺椅；除了在先设计 1 中靠背架上有四个小椭圆柱部件，二者从上到下基本都包含靠垫、靠背架、坐垫、底架和支脚几个构成部分，靠垫、靠背架、腰枕、坐垫都呈矩形；二者左右扶手的上表面的形状不同，本专利的腰枕上、靠垫之间和坐垫之间有双压线，靠背架和扶手外侧面上也有双压线，而在先设计 1 中有两个座椅的坐垫是一体的，没有任何分割线条，腰枕上也没有线条，其他坐垫、靠垫之间为缝隙分割，另外二者的扶手外侧面上的线条也不同没有双压线，另外二者支脚的数量有差异。综合考虑上述相同点和不同点，合议组认为，虽然很多部位的设计存在差异，相对于一个面积较大的沙发来说，所述不同点所占的比例较小，仅构成局部细节上的差异，对沙发的整体形状及主要构成部分的视觉影响较小，因此二者属于相近似的外观设计，构成同样的发明创造，本专利套件 1 不符合专利法第 9 条的规定。

由于本专利套件 1 不符合专利法第 9 条的规定，因此不再对本专利套件 1 与证据 2 进行比较。

（2）本专利套件 2 与证据 3 相比。

通过本专利套件 2 的四面视图可以看出，其由两个座椅构成，从上到下大致可分为靠垫、靠背架、坐垫、底架和支脚，其中坐垫上还放有两个矩形腰枕，左右扶手上面呈光滑过渡的阶梯形，坐垫之间、靠垫之间有双压线，靠背架呈矩形，其上的双压线将靠背架分成分别与靠垫和扶手对应的几部分，坐垫伸出扶手外沿，此外沙发共有四个支脚（详见本专利附图）。

证据 3 给出了沙发的五面视图，左右视图对称，省略左视图，其中公开了两个座椅构成的沙发外观设计（下称在先设计 2）。该沙发从上到下大致可分为靠垫、坐垫和支脚，从右视图可以看出左右扶手呈倒 L 形扣在坐垫上，靠垫之间、坐垫之间，以及扶手与坐垫之间有拼合缝，坐垫微伸出扶手外沿，共有十二个小支脚（详见在先设计 2 附图）。

将本专利套件 2 与在先设计 2 相对比可以看出，二者都包括两个座椅、四个支脚；但在先设计 2 中的沙发没有靠背架、底架部分，此外也没有腰枕，二者左右扶手的形状也不同，本专利采用双压线划分各部分，而在先设计 2 采用的是拼合缝划分。综合考虑上述相同点和不同点，合议组认为，在先设计 2 缺少底架使致二者沙发的下部分层结构不同，左右扶手的形状和倾斜方向不同，二者的外观设计风格完全不同，这些差异对于沙发的整体视觉效果有较大的影响，二者属于不相同也不相近似的外观设计，本专利套件 2 相对于在先设计 2 符合专利法第 23 条的规定。

（3）本专利套件 2 与证据 4 相比。

证据 4 给出了沙发的四面视图，其中件 2 右视图与件 1 右视图相同，左右视图对称，省略左视图，证据 4 也公开了两个座椅构成的沙发外观设计（下称在先设计 3）。其中，该沙发从上到下大致可分为靠垫、靠背架、坐垫、底架和支脚，扶手与靠背架一体，右视图可见扶手微向下倾斜，坐垫上放有靠枕，共有四个支脚（详见在先设计 3 附图）。

将本专利套件 2 与在先设计 3 相对比可以看出，二者都包括两个座椅，都包括几个构成部分，但二者左右扶手的形状不同，本专利中呈明显的阶梯形，而在先设计 3 中仅是微小的倾斜，其次坐垫的形状不同，本专利中坐垫明显比支架厚，同时伸出支架外且延伸到两侧扶手端面，而在先设计 3 中坐垫与支架具有类似厚度，与扶手和支架端面持平。综合考虑上述相同点和不同点，合议组认为两座沙发相对较小，上述不同点占据了较大的面积，对整体视觉效果构成较大的影响，因此二者属于不相同也不相近似的外观设计，不构成同样的发明创造，本专利套件 2 相对于在先设计 3 符合专利法第 9 条的规定。

综上所述，本专利套件 1 相对于在先设计 1 不符合专利法第 9 条的规定，本专利套件 2 相对于在先设计 2 符合专利法第 23 条的规定、相对于在先设计 3 符合专利法第 9 条的规定。

三、决定

宣告 200630154268.7 号中国外观设计专利权的套件 1 无效，在套件 2 的基础上维持本专利继续有效。

当事人对本决定不服的，可以根据专利法第 46 条第 2 款的规定，自收到本决定之日起三个月内向北京市第一中级人民法院起诉。根据该款的规定，一方当事人起诉后，另一方当事人应当作为第三人参加诉讼。

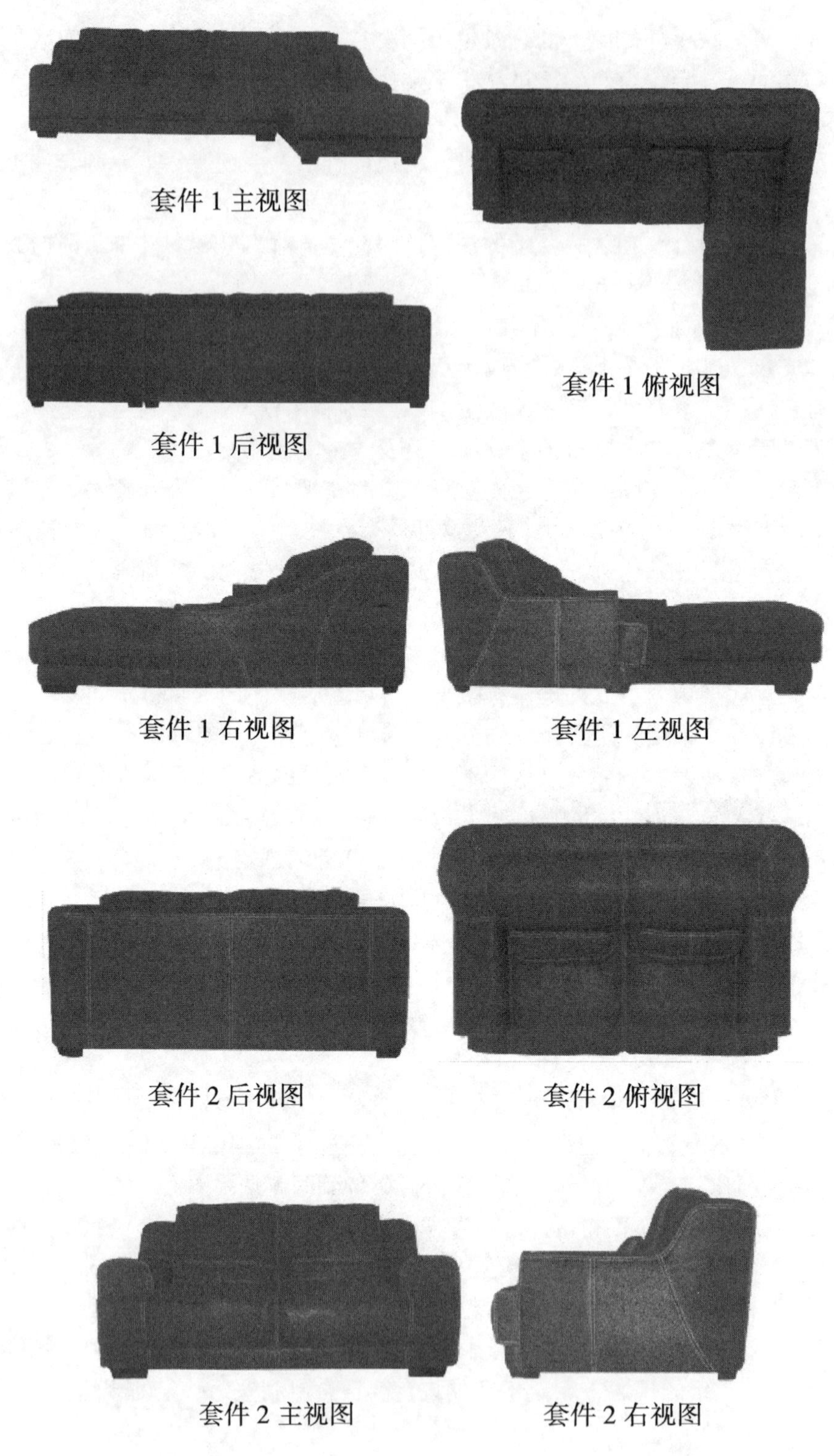

套件 1 主视图

套件 1 俯视图

套件 1 后视图

套件 1 右视图

套件 1 左视图

套件 2 后视图

套件 2 俯视图

套件 2 主视图

套件 2 右视图

本专利附图

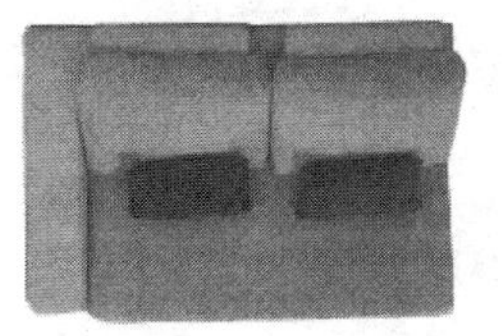

套件 1 俯视图

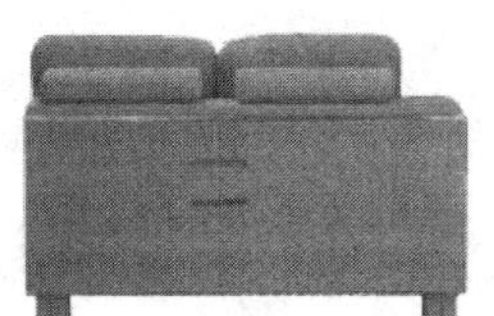

套件 1 后视图

套件 1 右视图（放大）

套件 1 主视图

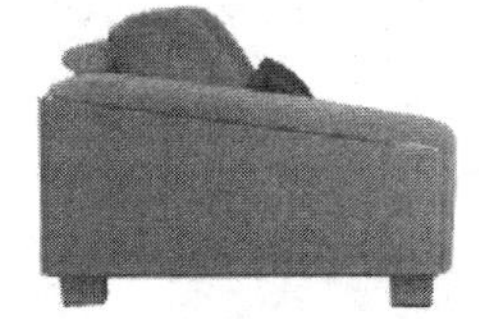

套件 1 左视图（放大）

套件 2 主视图

套件 2 俯视图

套件 2 后视图

套件 2 右视图（缩小）

套件 2 左视图（缩小）

套件 4 主视图

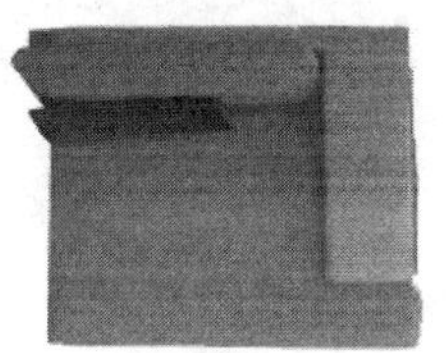

套件 4 俯视图（缩小）

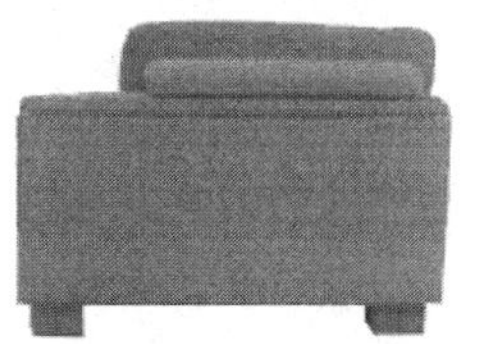

套件 4 后视图

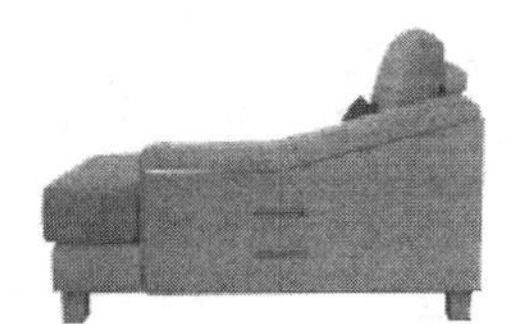

套件 4 右视图（缩小）

套件 4 左视图（缩小）

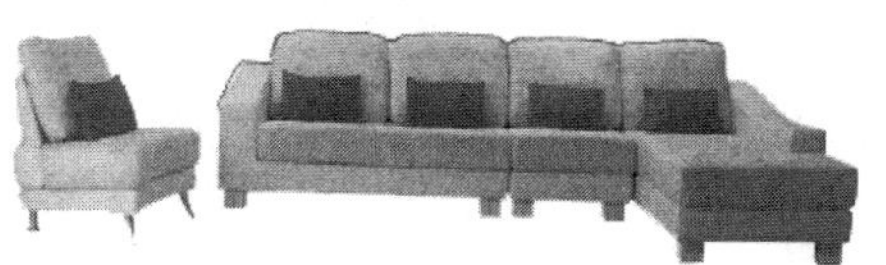

组合状态参考图

在先设计 1 附图

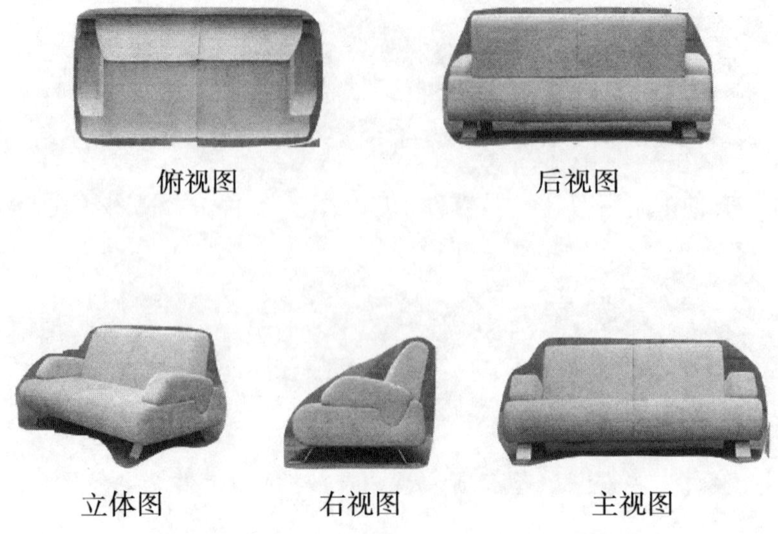

在先设计 2 附图

在先设计 3 附图

326

药品包装箱

无效宣告请求审查决定（第13511号）

决　　定　　号 第13511号
决　　定　　日 2009年6月5日
发明创造名称 药品包装箱
外观设计分类号 09-03
无效宣告请求人 山东健康药业有限公司
专　利　权　人 莱阳市江波制药有限责任公司
专　　利　　号 200530090612.6
申　　请　　日 2005年3月3日
授权公告日 2005年10月26日
合议组组长 徐清平
主　　审　　员 武　磊
参　　审　　员 李　阳
附　　　　　图 3页

法律依据 专利法第23条
决定要点

本专利与在先设计在形状与文字等图案设计上均基本相同，局部的细微差别不足以对产品的整体视觉效果产生显著的影响，二者属于相近似的外观设计，本专利的授予不符合专利法第23条的规定。

一、案由

本无效宣告请求涉及的是国家知识产权局于2005年10月26日授权公告的、名称为“药品包装箱”的外观设计专利，其申请号是200530090612.6，申请日是2005年3月3日，专利权人是莱阳市江波制药有限责任公司。

针对上述专利权（下称本专利），山东健康药业有限公司（下称请求人）于2007年4月26日向专利复审委员会提出无效宣告请求，其理由是：本专利与其申请日之前在国内公开使用过的外观设计完全相同，不符合专利法第23条的规定，请求宣告本专利无效。请求人提交了如下附件作为证据：

附件1是济南市食品药品监督管理局“济食药监函［2006］195号”《关于山东健康药业有限公司盐酸环丙沙星片包装、标签、说明书备案的情况说明》和山东健康药业有限公司的药品包装备案申请文件等文件的复印件共20页；

在附件1中具体包含了以下附件：

附件1-1：济南市食品药品监督管理局"济食药监函［2006］195号"《关于山东健康药业有限公司盐酸环丙沙星片包装、标签、说明书备案的情况说明》的复印件，共1页（对应第1页）；

附件1-2：附件1-1中所附的山东省药品监督管理局办公室于2003年10月24日印发的"鲁药监注字［2003］220号"《关于进一步加强药品包装标签和说明书监督管理工作的通知》的复印件，共2页（对应第2、3页）；

附件1-3：附件1-1中所附的山东健康药业有限公司向济南市药品监督管理局提交的《药品包装备案申请》的复印件，共1页（对应第4页）；

附件1-4：附件1-1中所附的山东健康药业有限公司的山东省药品包装、标签和说明书审查备案表的复印件，共1页（对应第5页）；

附件1-5：附件1-1中所附的山东健康药业有限公司的盐酸环丙沙星片包装、标签和说明书的备案复印件，共3页（对应第6、7、8页）；

附件1-6：山东健康药业有限公司向济南市药品监督管理局提交的《药品包装备案申请》的复印件（内容同附件1-3），共1页（对应第9页）；

附件1-7：山东健康药业公司的山东省药品包装、标签和说明书审查备案表的复印件（内容同附件1-4），共1页（对应第10页）；

附件1-8：山东省药品监督管理局办公室于2002年12月2日印发的"鲁药监注字［2002］143号"《转发国家药品监督管理局关于公布第七批换发药品批准文号品种目录的通知》的复印件，共2页（对应第11、12页）；

附件1-9：附件1-8中所附的第七批换发药品批准文号品种目录（化学药品）的复印件，共1页（对应第13页）；

附件1-10：山东省药品监督管理局办公室于2003年1月10日印发的"鲁药监注字［2003］4号"《转发国家药品监督管理局关于公布化学药品地标升国标品种第一批换发药品批准文号目录的通知》的复印件，共2页（对应第14、15页）；

附件1-11：附件1-10中所附的第一批化学药品地标升部标品种换发批准文号目录的复印件，共1页（对应第16页）；

附件1-12：山东健康药业有限公司的盐酸环丙沙星片包装、标签和说明书以及杏仁腈溶液包装的复印件，共4页（对应第17、18、19、20页）。

附件2是山东省济南市长清区公证处出具的（2006）济长清证民字第303号公证书复印件，共5页；

附件3是济南扬帆印务有限公司提供的证明复印件，共2页；

附件4是章丘仁和印务有限公司提供的证明复印件，共2页。

请求人认为，附件1~4证明与本案的外观设计完全相同的外观设计在申请日以前在国内公开使用过，因此，本专利应当被宣告无效。

经形式审查合格，专利复审委员会受理了该无效宣告请求，并于2007年6月11日向双方当事人发出无效宣告请求受理通知书，并将无效请求书及其附件清单中所列附件的副本转送给专利权人，要求其在指定期限内进行答复。

针对上述无效宣告请求，专利权于2007年7月13日向专利复审委员会提交意见陈述书，专利权人认为：请求人提交的无效宣告请求书中没有具体说明无效宣告理由，不符合审查指南第四部分第三章第3节的规定，应不予受理，并请求合议组依据审查指南第四部分第4.1节审查范围的规定进行审理，驳回请求人的主张。

专利复审委员会依法组成合议组，于 2007 年 9 月 21 日向双方当事人发出口头审理通知书，定于 2007 年 11 月 21 日进行口头审理，并随口头审理通知书将专利权人于 2007 年 7 月 13 日提交的意见陈述书转送给请求人，要求其在指定期限内进行答复。请求人在指定期限内未提供意见陈述。

口头审理如期举行，双方当事人均委托代理人出庭。双方对对方出庭人员资格均无异议，对合议组成员无回避请求。请求人提交了附件 1 中有关附件 1-1 至 1-7 和附件 1-12 的原件以及附件 2~4 的原件，并当庭陈述了请求宣告本专利无效的主要理由和事实，使用附件 1-4 证明在本专利申请日前已经有与本专利相同的外观设计产品已公开使用，因此本专利不符合专利法第 23 条的规定，其中附件 1 中包括两份材料，第一份是山东健康药业有限公司在济南市药品监督管理局备案的盐酸环丙沙星片包装备案文件的原件，第二份是请求人留存的备案申请档案，从附件 1 可以看到，2003 年 12 月 25 日与本专利相同的外观设计产品已经备案，通过备案证明本专利已经在先使用，在附件 1 的第 8 页和第 18 页上公开的包装盒与本专利完全相同，其中在证据原件中对应的第 18 页包装盒为实物；附件 2 是对姜卫东以普通消费者的身份购买杨帆牌盐酸环丙沙星片包装盒的过程进行了公证，该包装盒上的生产日期为 2004 年 6 月 30 日，该包装盒外观设计与本专利完全相同，请求人当庭演示了附件 2 的公证书中封存的包装盒实物；附件 3 是济南扬帆印务有限公司提供的证明，其上有法定代表人吴宝印的签字，证人吴宝印出庭作证，证明自 1992 年起就开始为济南东风制药厂（现名为山东健康药业有限公司，即请求人）印刷所附图片的包装盒，请求人认为该包装盒与本专利完全相同；附件 4 是章丘仁和印务有限公司提供的证明，其上有法定代表人靳绍林的签字，出庭作证的证人王永宝为该公司的副经理，证明自 1996 年起就开始为济南东风制药厂印刷所附图片的包装盒，请求人认为该包装盒与本专利完全相同。因此，本专利应当被宣告无效。

专利权人坚持认为请求人提交的无效宣告请求书中没有具体说明无效宣告理由，不符合审查指南第四部分第三章第 3 节的规定，应不予受理，同时专利权人对附件 1 的真实性不予认可，认为附件 1 中济南市食品药品监督管理局是 2006 年发出的情况说明与本案没有关联性，且请求人所述的盐酸环丙沙星片备案文件的原件与复印件存在印章的位置和数量不一致的问题，故认为原件与复印件不一致，同时认为备案并不表明是被公众所知的状态，并对附件 1 与本专利外观设计的相近似对比不发表意见；对附件 2 的公证书本身没有异议，但认为请求人演示的附件 2 中封存的包装盒实物超出了举证期限，属于新证据，应当不予接受，并且所展示的实物上面的日期是随意打上去的，不能证明这种包装盒在本专利申请日前已经在市场上流通；附件 3 和附件 4 都是请求人的利害关系人出具的证明，具有随意性，对其真实性有异议，并且附件 3 和附件 4 中所附的包装盒图片与本专利是不相同和不相近似的。因此，请求维持本专利权有效。

2007 年 11 月 13 日和 2007 年 11 月 15 日，本专利的设计人董丽宁（下称中止请求人）以其与本案的专利权人存在权属纠纷为由，向国家知识产权局提出中止无效程序审理的请求。国家知识产权局经审理，认为中止请求人的请求符合专利法实施细则的有关规定，于 2008 年 1 月 16 日向中止请求人和本专利专利权人发出中止程序审批通知书，并告知自 2007 年 11 月 13 日起对本专利启动中止程序，同时还告知根据专利法实施细则第 86 条第 3 款的规定，自请求中止之日起 1 年内本专利专利权归属的纠纷未能结案，需要继续中止有关程序的，中止请求人应当在期限届满日之前请求延长中止。期满未请求延长的，专利局自行恢复有关程序。

本案合议组于 2008 年 2 月 27 日向请求人发出无效宣告程序中止状态通知书，告知请求人自 2007 年 11 月 13 日起专利复审委员会开始中止该无效宣告请求的审理。

由于在规定的期限内中止请求人未提出继续中止的请求，国家知识产权局于 2009 年 2 月 25 日向中止请求人和专利权人发出中止程序结束通知书，告知双方本专利的中止程序已经结束，根据专利法实施细则第 86 条的规定，国家知识产权局恢复有关程序。

本案合议组于 2009 年 3 月 2 日向专利权人和无效宣告请求人发出无效宣告程序中止状态通知书，告知双方当事人本专利的中止程序已经结束，专利复审委员会将直接恢复该无效宣告请求的审理。

至此，合议组认为本案事实清楚，可以依法作出审查决定。

二、决定的理由

1. 关于专利权人提出的本案应不予受理的意见

审查指南第四部分第三章第 3.3 节的规定：请求人应当具体说明无效宣告理由，提交有证据的，应当结合提交的所有证据具体说明。请求人未具体说明无效宣告理由的，或者提交有证据但未结合提交的所有证据具体说明无效宣告理由的，或者未指明每项理由所依据的证据的，其无效宣告请求不予受理。

就本案而言，合议组认为，请求人在提交无效宣告请求时，已经明确了其依据的证据和无效宣告理由，并说明了其具体评述方式，即：使用附件 1~4 证明与本案涉案的外观设计完全相同的外观设计在申请日以前国内公开使用过，并且在本案的口头审理过程中，请求人结合提交的证据具体陈述了无效宣告理由，专利权人也进行针对性的意见陈述，在双方当事人已经对其各自主张的事实和理由进行了充分的意见陈述的基础上，合议组认为本案的事实已经调查清楚，并不影响本案的审理。因此，合议组对于专利权人认为本案应不予受理的意见不予支持。

2. 法律依据

基于请求人提出的无效宣告请求理由，合议组对本专利是否符合专利法第 23 条的规定进行审查。

专利法第 23 条规定："授予专利权的外观设计，应当同申请日以前在国内外出版物上公开发表过或者国内公开使用过的外观设计不相同和不相近似，并不得与他人在先取得的合法权利相冲突。"

3. 证据和事实的认定

附件 1 是济南市食品药品监督管理局"济食药监函［2006］195 号"《关于山东健康药业有限公司盐酸环丙沙星片包装、标签、说明书备案的情况说明》（下称包装情况说明）和山东健康药业有限公司药品包装备案申请文件（下称备案申请文件）等文件的复印件，其中附件 1 中包括两份材料，第一份是山东健康药业有限公司在济南市药品监督管理局备案的盐酸环丙沙星片包装备案文件的原件（对应附件 1-1 至附件 1-5），第二份是请求人留存的备案申请档案（对应附件 1-6 至附件 1-12），在口头审理中请求人当庭提交了附件 1 中有关附件 1-1 至附件 1-7 和附件 1-12 的原件。合议组经核实后确认，上述附件 1-1 至附件 1-6 的原件与复印件一致，对于专利权人认为附件 1-7 和附件 1-12 的原件和复印件中印章数量和位置不一致的问题，合议组认为除了在附件 1-7 和附件 1-12 的复印件中加盖有比原件数量更多的"山东健康药业有限公司"的印章之外，附件 1-7 和附件 1-12 原件中的表格内容、备案样本和加盖印章的数量位置与其复印件中相应的内容、印章数量和位置是一致的。虽然专利权人对附件 1 中附件 1-1 至附件 1-7 和附件 1-12 的真实性不予认可，但未提交支持其主张的证据，在上述附件 1-1 至附件 1-6 的原件与复印件一致，附件 1-7 和附件 1-12 原件中的表格内容、备案样本和加盖印章的数量和位置与其复印件中相应的内容、印章数量和位置一致的情况下，合议组认为上述附件 1-1 至附件 1-7 和附件 1-12 的真实性可以确定。

附件 1-1 至附件 1-5 是济南市食品药品监督管理局"济食药监函［2006］195 号"《关于山东健康药业有限公司盐酸环丙沙星片包装、标签、说明书备案的情况说明》的函，在上述包装情况说明的原件上盖有《济南市食品药品监督管理局》公章及骑缝章，其内（附件 1-1）记载有："按照原山东省药品监督管理局《关于进一步加强药品包装标签和说明书监督管理工作的通知》（鲁药监注［2003］220 号）的规定，根据企业申请，我局（原济南市药品监督管理局）于 2003 年 12 月 26 日对山东健康药业有限公司生产的盐酸环丙沙星片（规格：250mg，包装规格：铝塑包装，9片/板/盒）包装、标签、说明书进行备案"。在请求人提交的作为企业留存的备案申请档案中（即附件1-6至附件1-12），附件1-6的《药品包装备案申请》与附件1-7的山东省药品包装、标签和说明书审查备案表分别与在济南市药品监督管理局备案的附件1-3和附件1-4的内容相一致；附件1-12所附的盐酸环丙沙星片包装、标签、说明书、包装盒实物上也盖有《济南市食品药品监督管理局药品包装、标签、说明书备案专用章》。合议组认为，上述备案申请文件原件与上述包装情况说明中的相关内容一致，虽然济南市食品药品监督管理局的出证日期为2006年11月14日，但在正文中已确认该盐酸环丙沙星片包装盒实物的备案时间为2003年12月26日，鉴于山东健康药业有限公司在济南市食品药品监督管理局（原济南市药品监督管理局）的备案日期在本专利申请日之前，根据山东省药品监督管理局于2003年10月24日印发的附件1-2中《关于进一步加强药品包装标签和说明书监督管理工作的通知》的记载"最近一段时间，省局陆续接到我省部分生产企业反映因药品包装标签和说明书不规范而被查处的情况。为进一步加强药品包装标签和说明书的监督管理，保证人民群众用药安全有效，现就药品包装标签和说明书监督管理工作中的有关事宜通知如下：……药品生产企业对其使用的药品包装标签和说明书的规范性负责。因此，药品生产企业报送包装标签和说明书实样备案时，应同时提供保证书，作为备案资料一并存档"可知，对于药品监督管理局所执行的药品包装标签和说明书的备案审查是针对山东省部分生产企业由于生产的药品包装标签和说明书不规范而被查处的现象而作出的，在附件1-2的通知中要求药品生产企业对其使用的药品包装标签和说明书的规范性负责，因此，在附件1中所附的药品包装标签和说明书审查备案表中登记的药品包装、标签和说明书是对企业使用的药品包装、标签和说明书的备案，故可以得知附件1中第18页所附备案的盐酸环丙沙星片（规格：250mg）包装盒实物（下称在先设计）在本专利申请日之前已经在国内公开使用，可以作为判断本专利是否符合专利法第23条的规定的证据。

4. 相同和相近似性判断

本专利与在先设计都属于药品包装盒，两者用途相同，属于相同种类的产品。

本专利包括仰视图、主视图、俯视图、左视图、右视图和立体图，后视图与主视图相同，省略右视图，未请求保护色彩。本专利包装盒形状为长方体，观察主视图可以看到：盒体上边缘有两段色带，该色带的宽度较窄，盒体左上部有一圆形的图案，盒体中部有"盐酸环丙沙星片"几个字，其下有对应的英文字母，盒体下边缘有两条色带，该色带的宽度较宽。观察本专利的仰视图、俯视图、左视图、右视图可以看到：盒体上边缘和下边缘各有两段色带，中部为说明性的文字排列（详见本专利附图）。

在先设计是包装盒的实物展开图，其形状为长方体，观察在先设计的主视图可以看到：盒体上边缘有两段较窄色带，盒体左上部有一船形的图案，盒体中部有"盐酸环丙沙星片"几个字，其下有对应的英文字母，盒体下边缘有两段色带，该色带的宽度较宽。观察在先设计的仰视图、俯视图、左视图、右视图可以看到：盒体上边缘和下边缘各有两段色带，中部为说明性的文字排列（详见在先设计附图）。

将本专利与在先设计进行对比，二者形状相同，在主视图的色带布局、"盐酸环丙沙星片"几个字的排列布局均基本相同，仰视图、俯视图、左视图、右视图的设计内容也基本相同，二者仅有个别文字不同，由此形成二者明显相近似的视觉效果，二者的不同点仅属于局部细微的差异，相对于产品的整体外观设计并未产生显著影响，因此，二者属于相近似的外观设计。

5. 结论

综上，在本专利申请日之前已有与本专利相近似的外观设计公开使用，本专利的授予不符合专利法第 23 条的规定。

三、决定

宣告 200530090612.6 号外观设计专利权全部无效。

当事人对本决定不服的，可以根据专利法第 46 条第 2 款的规定，自收到本决定之日起三个月内向北京市第一中级人民法院起诉。根据该款的规定，一方当事人起诉后，另一方当事人应当作为第三人参加诉讼。

【适应症】用于敏感菌引起的：
1.泌尿生殖系统感染，包括单纯性、复杂性尿路感染、细菌性前列腺炎、淋病奈瑟菌尿道炎或宫颈炎（包括产酶株所致者）。2.呼吸道感染，包括敏感革兰阴性杆菌所致支气管感染急性发作及肺部感染。3.胃肠道感染，由志贺菌属、沙门菌属、产肠毒素大肠埃希菌、亲水气单胞菌、副溶血弧菌等所致。4.伤寒。5.骨和关节感染。6.皮肤软组织感染。7.败血症等全身感染。

【用法用量】口服。
(1)成人常用量：一日2～6片，分2～3次。(2)骨和关节感染：一日4～6片，分2～3次，疗程4～6周或更长。(3)肺炎和皮肤软组织感染：一日4～6片，分2～3次，疗程7～14日。(4)肠道感染：一日4片，分2次，疗程5～7日。(5)伤寒：一日6片，分2～3次，疗程10～14日。(6)尿路感染：急性单纯性下尿路感染，一日2片，分2次服，疗程5～7日，复杂性尿路感染，一日4片，分2次，疗程7～14日。(7)单纯性淋病：单次口服2片。

俯视图

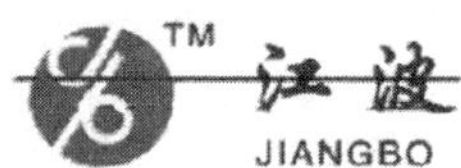

国药准字 H37022737

盐酸环丙沙星片

Ciprofloxacin Hydrochloride Tablets

莱阳市江波制药有限责任公司

烟台江波药业有限公司总经销

主视图

【成份】盐酸环丙沙星。
【性状】本品为薄膜衣片，除去包衣后显白色或类白色。
【规格】0.25g（按环丙沙星计）
【贮藏】遮光，密封保存。
【包装】9片×20盒
【不良反应】、【注意事项】、【禁忌】详见说明书。

仰视图

本专利附图

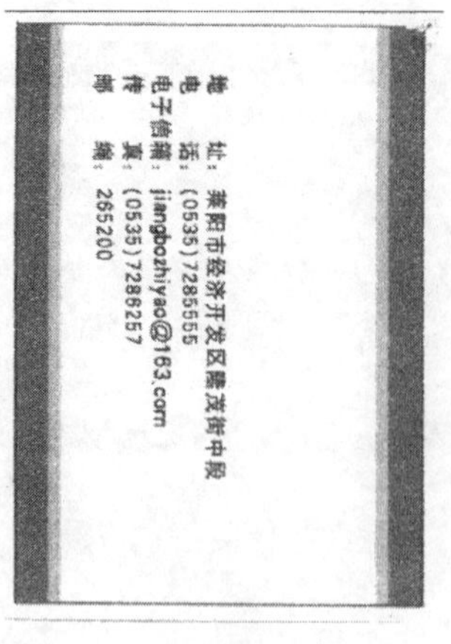

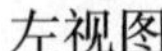

左视图

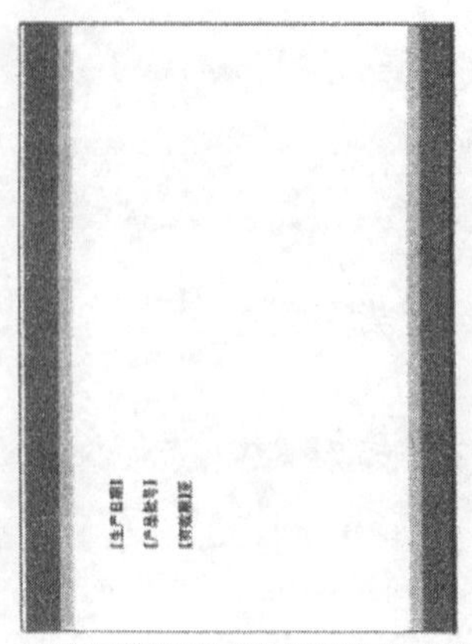

右视图

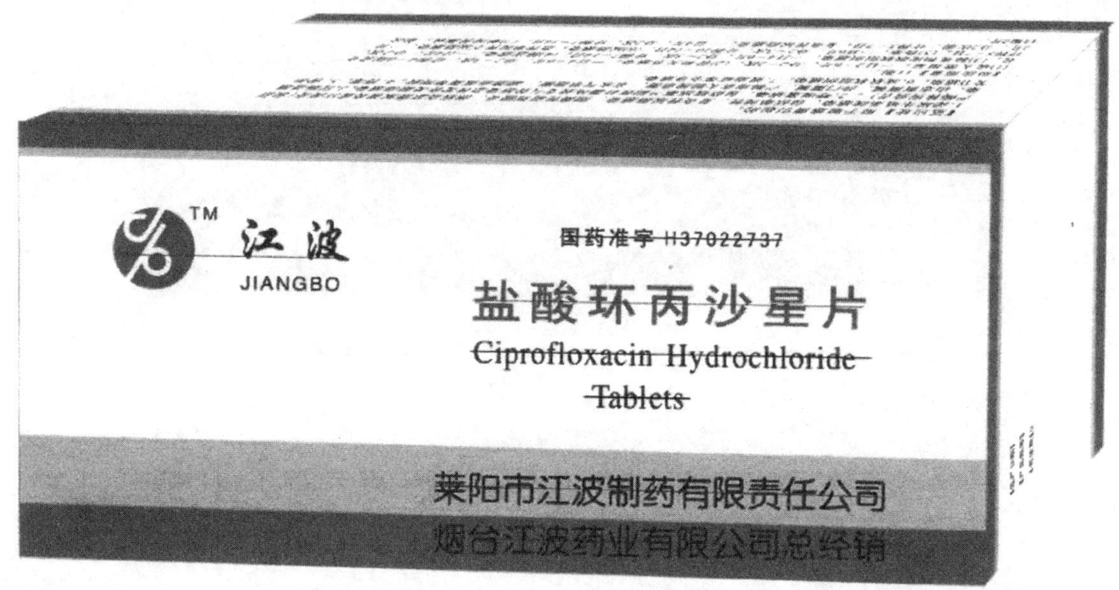

立体图

本专利附图（续）

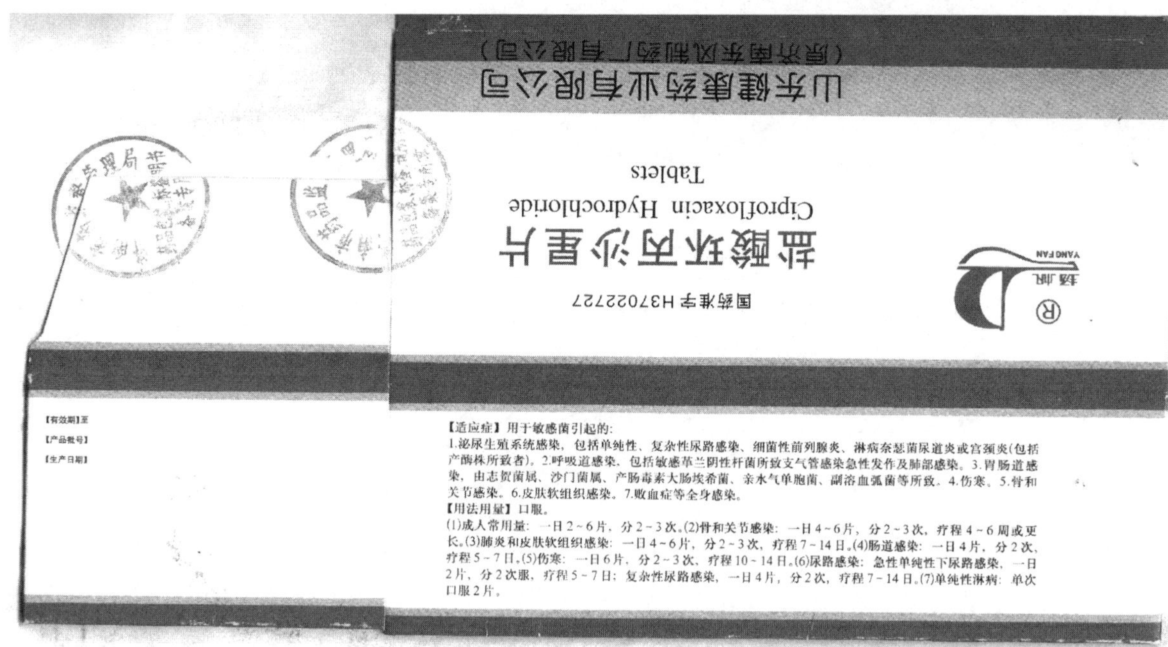

在先设计附图

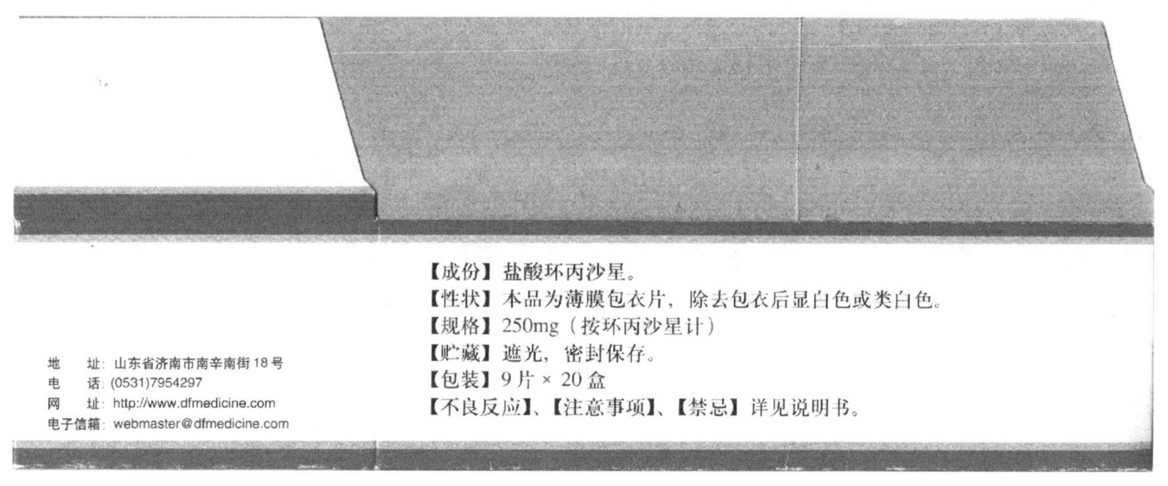

在先设计附图（续）

327

龙　头

无效宣告请求审查决定（第 13516 号）

决　　定　　号　第 13516 号
决　　定　　日　2009 年 6 月 9 日
发明创造名称　龙头
外观设计分类号　23-01-F0037
无效宣告请求人　宁波万里洁具有限公司
专　利　权　人　科勒公司
专　　利　　号　00337800.4
申　　请　　日　2000 年 10 月 8 日
授权公告日　2001 年 8 月 15 日
合议组组长　李　隽
主　　审　　员　齐宏涛
参　　审　　员　瞿晓峰

法　律　依　据　专利法实施细则第 2 条第 3 款
决　定　要　点

如果一个产品的可分割部件可独立制造和销售，则该部件具有独立使用价值，属于专利法实施细则第 2 条第 3 款保护的客体。

一、案由

本无效宣告请求涉及国家知识产权局于 2001 年 8 月 15 日授权公告的名称为“龙头”的外观设计专利（下称本专利），其专利号为 00337800.4，申请日为 2000 年 10 月 8 日，专利权人为科勒公司。

针对上述外观设计专利权，宁波万里洁具有限公司（下称请求人）于 2008 年 10 月 28 日向专利复审委员会提出了无效宣告请求，其无效宣告理由是：本专利的主题不符合专利法实施细则第 2 条第 3 款的规定。请求人随该无效宣告请求书提交了以下附件：

附件 1：浙江省宁波市中级人民法院应诉通知书（2008）甬民四初字第 435 号；

附件 2：本专利公报的复印件；

附件 3：《国际外观设计分类表》第 7 页和第 117 页的复印件；

附件 4：《审查指南》第 75、80 和 392 页的复印件；

附件 5：专利号为 00337789.X 的外观设计公报复印件，其授权公告日为 2001 年 8 月 15 日；

附件 6：专利号为 00337791.1 的外观设计公报复印件，其授权公告日为 2001 年 5 月 23 日；

附件7：科勒公司产品图册（龙头系列）的广告宣传图片复印件共4页。

请求人认为：附件3~7综合证明本专利的主题不符合专利法实施细则第2条第3款的规定。本专利的外观设计在附件3的分类表中对应的主分类号为23-01-F0037，由此可知其保护对应的是“龙头”产品，附件4是审查指南的相关规定，本专利对应的产品构件本身没有独立的使用价值，只有与附件5的外观设计对应的产品构件组合后才能构成附件7的广告宣传图片的产品，因此，本专利的主题不符合专利法实施细则第2条第3款的规定。

经形式审查合格后，专利复审委员会受理了该无效宣告请求，于2008年12月4日向双方当事人发出无效宣告请求受理通知书，并将无效宣告请求书及其附件清单中所列附件的副本转给了专利权人。

专利复审委员会依法成立合议组对本案进行审理。合议组于2008年12月25日向双方当事人发出口头审理通知书，定于2009年1月20日举行口头审理。

合议组于2009年1月12日再次发出口头审理通知书，将原定于2009年1月20日的口头审理改于2009年2月26日进行。

专利权人于2009年1月19日提交了意见陈述，并提交了以下附件作为反证：

反证1：专利号为200730150224.1的外观设计专利的著录项目及图片网络公开信息；

反证2：专利号为01349583.6的外观设计专利的著录项目及图片网络公开信息；

反证3：专利号为02329113.3的外观设计专利的著录项目及图片网络公开信息；

反证4：专利号为97315994.4的外观设计专利的著录项目及图片网络公开信息；

反证5：专利号为98327513.0的外观设计专利的著录项目及图片网络公开信息；

反证6：专利号为99306093.5的外观设计专利的著录项目及图片网络公开信息。

专利权人认为：本专利对应的产品是“龙头”，由于该产品可以单独制造、出售和使用，因此属于外观设计专利保护的客体，从反证1~6可以看出中国专利局对于诸如龙头本体、龙头手柄等产品部件都是可以给予独立的外观设计专利保护的；从本专利的六面视图和立体图来看，本专利是对产品的形状作出的富有美感并适于工业应用的新设计，因此符合专利法实施细则第2条第3款的规定。

口头审理于2009年2月26日如期举行，各方当事人均参加了口头审理。口头审理中的主要事实如下：（1）双方当事人对合议组成员无回避请求，专利权人对于请求人出庭人员的身份及资格没有异议，请求人认为专利权人的代理人的授权委托书缺少公证认证文件，无法证明委托主体的真实性，鉴于请求人对专利权人的委托书存有质疑，合议组给专利权人一个月的期限，提交关于委托主体的真实性的相关文件，专利权人对此表示接受；（2）合议组将专利权人于2009年1月19日提交的意见陈述书及反证1~6当庭转交给请求人，请求人表示当庭陈述意见，不需要庭后书面答复；（3）专利权人对于请求人提交的附件3~6的真实性没有异议，由于请求人无法出示附件7的原件，专利人对附件7的真实性有异议。专利权人当庭演示了本专利产品，请求人表示专利权人当庭演示的产品能与附件7起到相同的证明作用；（4）请求人明确其无效宣告理由为本专利不符合专利法实施细则第2条第3款的规定，具体的事实和理由与无效宣告请求书中相同。专利权人则坚持认为，本专利可以独立进行生产、销售和使用，属于专利法保护的客体。

专利权人于2009年3月16日提交了意见陈述，并提交了两份公证书作为附件：

公证书1：中华人民共和国北京市长安公证处2009年3月5日出具的（2009）京长安内经证字第2701号公证书；

公证书2：中华人民共和国北京市长安公证处2009年3月5日出具的（2009）京长安内经证字第2702号公证书。

专利权人认为，公证书 1 内附文件是对科勒公司资质的公证认证文件的复印件，公证书 2 内附文件是对纳塔莉·A. 布莱克在科勒公司任职的公证认证文件的复印件，由于上述文件的原件已提交给相关法院，因此提交对复印件的公证书以证明复印件与原件相符，中文译本与英文原件内容相符。其中，公证书 2 可证明纳塔莉·A. 布莱克在科勒公司任总法律顾问一职，这与专利权人之前所提交的委托书中对签字人的职务说明是一致的。

专利复审委员会于 2009 年 3 月 18 日发出口头审理通知书，定于 2009 年 4 月 13 日再次进行口头审理，口头审理的主要内容是专利权人的代理人委托手续是否合法。随同口头审理通知书，将专利权人于 2009 年 3 月 16 日提交的意见陈述及公证书 1、2 的复印件转交给请求人，要求其于口头审理时核实原件并陈述意见。

口头审理于 2009 年 4 月 13 日如期举行，双方当事人均参加了口头审理。口头审理的主要事实如下：(1) 请求人核实了公证书 1、2 的原件，认可收到的复印件与原件相一致；(2) 请求人认为，公证书 1、2 不是对专利权人之前提交的授权委托书的公证认证手续，不能证明其真实性和合法性。公证书 2 只能证明纳塔莉·A. 布莱克是科勒公司的总法律顾问，但其只是之前某个具体案件的委托人，科勒公司没有将所有法律事务委托给他。因此专利权人委托人不具有专利权人身份，主体资格不具备。专利权人则认为，之前提交的授权委托书符合法定要求，补交的公证书 1、2 可以证明签字人的身份。

至此，本案合议组认为事实已清楚，可以在此基础上依法作出审查决定。

二、决定的理由

1. 关于专利权人的代理人的委托手续

请求人对专利权人代理人的授权委托书持有异议，其理由主要有以下两点：第一，该份授权委托书中委托人一方签字者纳塔莉·A. 布莱克身份不明，无权代表专利权人进行委托；第二，该份授权委托书未办理公证认证手续。对此，合议组认为，首先，公证书 2 已经证明纳塔莉·A. 布莱克是专利权人科勒公司的总法律顾问，作为公司法律事务的总负责人，其就本案代表专利权人进行授权委托并无不妥；其次，现行无效程序相关法律规范并未对涉外委托办理公证认证手续作出强制性规定，在未有相反证据的情况下，仅以此否定本案专利权人代理人授权委托书的真实性并不充分。综上，请求人的主张缺少事实及法律依据，合议组不予支持。

2. 证据的认定

附件 2 为本专利公报的复印件，专利权人对其真实性未提出异议，经合议组核实，附件 2 的内容真实，可用以说明本专利的相关信息。

附件 3 为《国际外观设计分类表》第 7 页和第 117 页的复印件，附件 5、6 为中国外观设计专利公报的复印件，专利权人对附件 3、5~6 的真实性均无异议，合议组经审查后对其真实性予以认可。

请求人未能出示附件 7 的原件，且专利权人对附件 7 的真实性有异议，因此合议组对其真实性不予认可。

3. 关于专利法实施细则第 2 条第 3 款

专利法实施细则第 2 条第 3 款规定："专利法所称外观设计，是指对产品的形状、图案或者其结合以及色彩与形状、图案的结合所作出的富有美感并适于工业应用的新设计。"

请求人主张本专利不符合上述法律规定，其理由主要为：本专利产品无独立使用价值，只有与附件 5 对应的产品组合后，才能构成独立使用价值的产品，因此本专利不符合审查指南第一部分第三章第 6.2.1.2 节第 (1) 项、第 6.4.3 节第 (4) 项及第四部分第五章第 5.4.1 节第 (1) 项的规定，不属于专利法保护的客体。

请求人引用的审查指南相关规定内容如下：

审查指南第一部分第三章第 6.2.1.2 节第（1）项规定："由数件物品组合为一体的产品，其中每一件单独的构成部分没有独立的使用价值，组合成一体时才能使用的产品为组件产品，例如扑克牌、积木、插接组件玩具等，这些物品应当视为一件产品，只能作为一件申请提出，不属于成套产品。"

审查指南第一部分第三章第 6.4.3 节第（4）项规定："对于由多个不同特定形状或图案的构件组成的产品，如果构件本身不能成为具有独立使用价值的产品，则该构件不属于外观设计专利保护的客体。例如，对于一组由不同形状的插接块组成的拼图玩具，只有将所有插接块共同作为一项外观设计申请时，才属于外观设计专利保护的客体。"

审查指南第四部分第五章第 5.4.1 节第（1）项规定："对于组装关系唯一的组件产品，例如，由水壶和加热底座组成的电热开水壶组件产品，在购买和使用这类产品时，一般消费者会对各构件组合后的电热开水壶的整体外观设计留下印象；由榨汁杯、刨冰杯与底座组成的榨汁刨冰机，在购买和使用这类产品时，一般消费者会对榨汁杯与底座组合后的榨汁机、刨冰杯与底座组合后的刨冰机的整体形状的外观留下印象，所以，应当以上述组合状态下的整体外观设计为对象，而不是以所有单个构件的外观设计为对象来判断相同或者相近似。"

合议组经审查后认为，首先，从本专利各视图观察可知，使用本专利外观设计的产品为一龙头体，该龙头体可与手柄和阀等构件相组合构成龙头产品；其次，本专利的龙头体能够作为龙头的构件，并不代表其必然属于无独立使用价值的产品，相反，该龙头体能够单独制造和出售，这与审查指南所示例的插接玩具不同，且其作为整体龙头产品的可更换部件，具有其特有的控制功能，因此本专利具有独立的使用价值；最后，审查指南第四部分第五章第 5.4.1 节第（1）项的规定仅适用外观设计相同相近似比较的判断，而对于判断本专利是否属于专利法实施细则第 2 条第 3 条规定的保护客体并不适用；综上所述，请求人关于本专利不符合专利法实施细则第 2 条第 3 款的主张不能成立。

根据上述的事实和理由，合议组依法作出以下决定。

三、决定

维持 00337800.4 号外观设计专利权有效。

当事人对本决定不服的，可以根据专利法第 46 条第 2 款的规定，自收到本决定之日起三个月内向北京市第一中级人民法院起诉。根据该款的规定，一方当事人起诉后，另一方当事人应当作为第三人参加诉讼。

328

摄像机全球护罩

无效宣告请求审查决定（第13526号）

决　　定　　号　第13526号
决　　定　　日　2009年4月28日
发明创造名称　摄像机全球护罩
外观设计分类号　16-05
无效宣告请求人　北京金地天泰科技有限公司
专　利　权　人　深圳市龙洋数控技术有限公司
专　　利　　号　200530070011.9
申　　请　　日　2005年9月16日
授 权 公 告 日　2007年2月14日
合 议 组 组 长　张雪飞
主　　审　　员　李新芝
参　　审　　员　刘　静
附　　　　　图　2页

法　律　依　据　专利法第23条
决　定　要　点
局部细微差别和视觉不易见到部位产生的差别等均对整体视觉效果不具有显著的影响。

一、案由

本无效宣告请求案涉及国家知识产权局于2007年2月14日授权公告的、名称为“摄像机全球护罩”的200530070011.9号外观设计专利（下称本专利），其申请日为2005年9月16日，专利权人原为李彦达，后变更为深圳市龙洋数控技术有限公司。

针对上述专利权，北京金地天泰科技有限公司（下称请求人）于2008年12月17日向专利复审委员会提出无效宣告请求，认为本专利不符合专利法第9条和第23条的规定，同时提交了以下证据1~4：

证据1：申请日为2005年1月24日、公告日为2005年11月30日、名称为“摄像机（球型PA型）”的200530103734.4号外观设计专利，复印件共1页；

证据2：申请日为2005年4月11日、公告日为2006年4月5日、名称为“室内外球型云台防护罩”的200530082294.9号外观设计专利，复印件共1页；

证据3：申请日为2003年9月22日、公告日为2004年6月23日、名称为“摄像机（一体化高速球型）”的 03368881.8 号外观设计专利，复印件共 1 页；

证据 4：松下彩色 CCTV 摄像机操作说明，型号为 WV-CW860 和 WV-CW864E，出处和日期不详，封面、第 7、49、50、51 页和底页，复印件共 6 页；

请求人认为，（1）本专利的外观设计与证据 1 或证据 2 的在先设计相比，均包括连接管、顶座、外壳和护罩四部分，连接管呈圆柱形；顶座从俯视图看起来呈汽车轮胎胎盘形状；顶座与外壳的外轮廓光滑连接而形成类似鸡蛋型半椭球体；顶座护罩呈半球形，而且在本专利的外观设计与证据 1 的在先设计中，顶座均是从连接管边缘处开始布置沿中心向外辐射的六条凸棱，与棱交错分布的是六个凹进区域，而证据 2 的在先设计虽然在俯视图上与本专利的外观设计存在微小区别，但该俯视图对整体视觉效果不具有显著影响，因此本专利与证据 1 或证据 2 是相同或相近似的；同时证据 1 和证据 2 的申请日在本专利的申请日之前，授权公告日在本专利的授权公告日之后，构成了本专利的抵触申请，因此本专利的外观设计不符合专利法第 9 条的规定。（2）本专利的外观设计与证据 3 的在先设计或证据 4 封面、第 7、49、50、51 页的图片相比，均包括连接管、顶座、外壳和护罩四部分，连接管呈圆柱形；顶座从连接管边缘处开始布置沿中心向外辐射的六条凸棱，与棱交错分布的是六个凹进区域，从俯视图看起来呈汽车轮胎胎盘形状；顶座与外壳的外轮廓光滑连接而形成类似鸡蛋型半椭球体；顶座护罩呈半球形。因此，本专利与证据 3 或证据 4 是相同或相近似，且证据 3 或证据 4 的公开日在本专利的申请日之前，因此本专利不符合专利法第 23 条的规定。

经形式审查合格后，专利复审委员会受理了上述请求，于 2008 年 12 月 17 日向双方当事人发出《无效宣告请求受理通知书》，并将《专利权无效宣告请求书》及其附件的副本转送给专利权人，要求其在指定的期限内答复，同时成立合议组对本无效请求案进行审理。

2009 年 1 月 16 日，请求人补交了意见陈述书和如下证据 5~7：

证据 5：松下 WV-CW860A、WV-CW864A 使用说明书，出处和日期不详，第 34、35 页，复印件共 2 页；

证据 6：本专利设计人李彦达于 2009 年 1 月 10 日出具的证明，复印件共 1 页；

证据 7：中华人民共和国北京市国信公证处于 2009 年 1 月 13 日出具的（2009）京国信内经证字第 0140 号公证书，共 75 页。

请求人认为，证据 5 右上角图示说明松下产品在 2003 年荣获 IF 设计大赛奖，其公开日应推定为 2003 年 12 月 31 日前。本专利的外观设计与证据 5 的在先设计相比，均包括连接管、顶座、外壳和护罩四部分，连接管呈圆柱形；顶座从连接管边缘处开始布置沿中心向外辐射的六条凸棱，与棱交错分布的是六个凹进区域，从俯视图看起来呈汽车轮胎胎盘形状；顶座与外壳的外轮廓光滑连接而形成类似鸡蛋型半椭球体；顶座护罩呈半球形。因此，本专利与证据 5 是相同或相近似；此外，由证据 6 可知，本专利在申请日前已在国内销售，即本专利在申请日前已公开使用，因此本专利不符合专利法第 23 条的规定。

针对上述无效宣告请求，专利权人于 2009 年 1 月 20 日提交了意见陈述书。专利权人认为：（1）专利权人的产品是摄像机全球护罩，而请求人提供的证据 1、3 的产品是摄像机，二者属于不同的产品；前者的分类号是 16-05，而后者的分类号为 16-01；且二者的功能、用途不同，因此二者属于不同的发明创造，因此证据 1、3 不能作为对比文件无效本专利。（2）证据 4 未提交中文译文，且证据 4 属于域外证据，未经公证认证，因此证据 4 也不能作为证据使用，不能作为对比文件无效本专利。（3）证据 2 与本专利差别明显，譬如证据 2 护罩尾部连接件很短，而本专利护罩尾部连接件较长，直径较大，与顶座过渡自然；证据 2 护罩前端直径较大，仅比相邻外壳圆形切面直径稍小，而本专利护罩前端直径比相邻外壳圆形切面直径小约 1/4；证据 2 俯视图上顶座连接沉孔的设计呈梅花状，五个沉孔对称设计，且区域很小，而本专利俯视图上顶座连接沉孔的设计呈三角形，两连接沉孔间设有狭长的装饰沉孔。因此二者属于不同的发明创造。

2009年3月3日，专利复审委员会向双方当事人发出无效宣告请求口头审理通知书，定于2009年4月13日对本案进行口头审理，同时将请求人于2009年1月16日提交的补充无效理由及其附件副本转送专利权人，将专利权人于2009年1月20日提交的意见陈述书及其附件副本转送给了请求人。

2009年4月13日，口头审理如期进行，双方当事人均委托代理人出席了口头审理。双方当事人对合议组成员无回避请求，对对方出庭人员的身份和资格无异议。本案合议组对请求人提出的无效理由和证据逐一进行了调查，双方当事人充分陈述了各自的意见。在此基础上，合议组记录了以下主要事项：

（1）请求人当庭提出将证据4、5、6结合使用证明本专利使用公开的无效理由，合议组当庭告知对该无效理由不予考虑；

（2）专利权人对证据1~3的真实性、合法性、关联性以及公开性均没有异议；对证据4、5与公证书的一致性没有异议，对证据4、5的真实性有异议，认为公证书的内容与所附文件的内容不具有关联性，对证据4、5的公开性有异议，同时除了对术语“colour CCTV camera”无法作出判断外，对证据4译文的准确性没有异议；对证据6的真实性有异议，认为证人李彦达未出庭质证，且李彦达与请求方的法定代表人李彦强是兄弟关系；对证据7的真实性没有异议。

至此，合议组认为本案的事实清楚，可以作出审查决定。

二、决定的理由

1. 法律依据

基于请求人提出的无效宣告理由和证据，合议组首先依据专利法第23条对本案进行审理。专利法第23条规定，授予专利权的外观设计，应当同申请日以前在国内外出版物上公开发表过或者国内公开使用过的外观设计不相同和不相近似，并不得与他人在先取得的合法权利相冲突。

2. 证据认定

请求人提交的证据3是外观设计产品名称为“摄像机（一体化高速球型）”的第03368881.8号外观设计专利公报，专利权人对证据3未提出任何异议，经核查，合议组认可其真实性。其授权公告日为2004年6月23日，在本专利的申请日之前，适用于专利法第23条。其中公开了与本专利属于相同用途的摄像机全球护罩，二者具有可比性。

证据3公开了一种摄像机护罩（下称在先设计），该在先设计由连接管、顶座、外壳和护罩四部分组成，其中，连接管呈圆柱形，顶座从连接管边缘处开始布置沿中心向外辐射的六条凸棱，棱间是六个大小交错分布的沉孔，顶座与外壳光滑连接，从而形成类似鸡蛋形状的半椭球体，透明护罩呈半球形，护罩前端的直径比相邻外壳圆形切面的直径小约1/4（详见在先设计附图）。

本专利涉及一种摄像机全球护罩，其与在先设计一样，也包括连接管、顶座、外壳和护罩四部分，其中，连接管呈圆柱形，顶座从连接管边缘处开始布置沿中心向外辐射的六条凸棱，棱间是六个大小交错分布的沉孔，顶座与外壳光滑连接，从而形成类似鸡蛋形状的半椭球体，透明护罩呈半球形，护罩前端的直径比相邻外壳圆形切面的直径小约1/4（详见本专利附图）。

将本专利的摄像机全球护罩与在先设计相比，二者的不同之处主要在于：在本专利较大沉孔上有类似圆形的设计，同时本专利还提供了透明圆形护罩内部的视图（参见本专利俯视图），而上述不同之处只是属于局部的细微差别和视觉不易见到部位产生的差别，对于一般消费者的视觉均不具有显著的影响，所以本专利与在先设计属于相近似的外观设计。

综上所述，在本专利申请日以前，已有与其相近似的外观设计在出版物上公开发表过，因此，本专利不符合专利法第23条的规定。

鉴于由上述已得出本专利不符合专利法所规定的授权条件的结论，本决定对请求人提出的其他理由和证据不再予以评述。

三、决定

宣告200530070011.9号外观设计专利权全部无效。

当事人对本决定不服的，可以根据专利法第46条第2款的规定，自收到本决定之日起三个月内向北京市第一中级人民法院起诉。根据该款的规定，一方当事人起诉后，另一方当事人应当作为第三人参加诉讼。

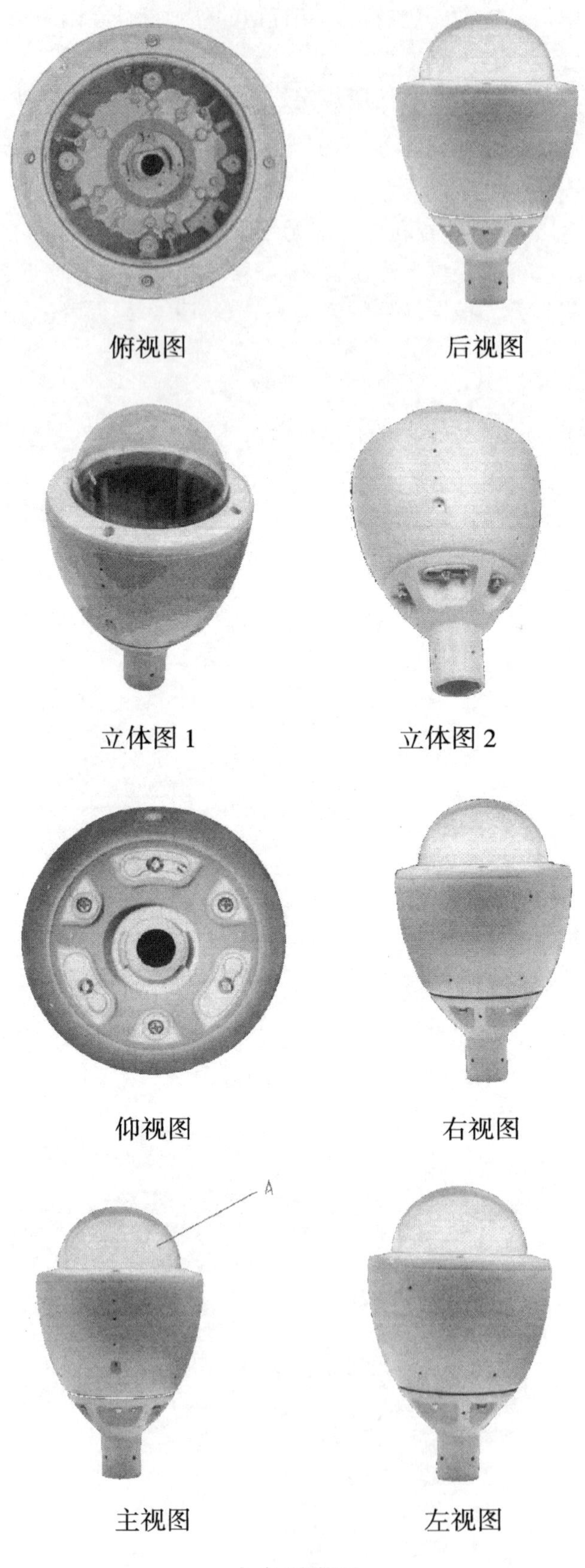

俯视图　后视图

立体图 1　立体图 2

仰视图　右视图

主视图　左视图

本专利附图

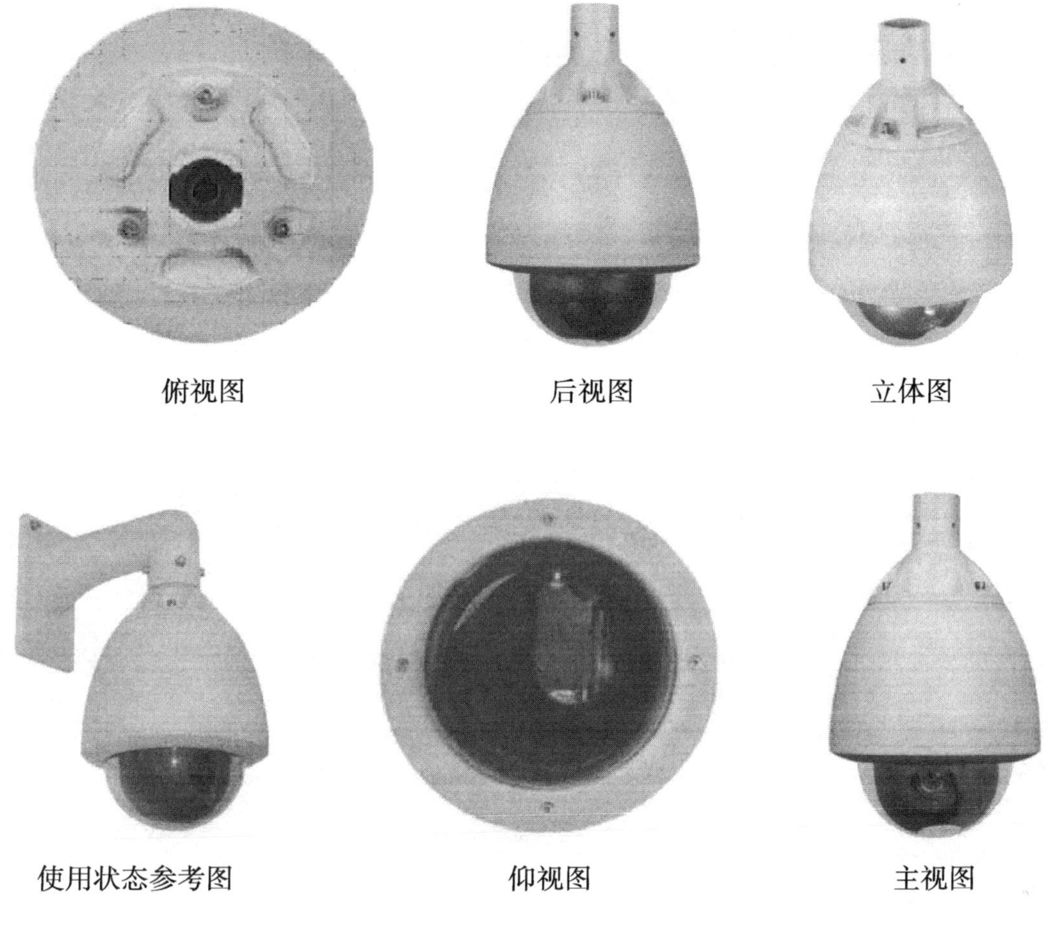

俯视图　后视图　立体图

使用状态参考图　仰视图　主视图

左视图

在先设计附图

329

捕鼠笼

无效宣告请求审查决定（第13530号）

决　　定　　号　第13530号
决　　定　　日　2009年6月12日
发明创造名称　捕鼠笼
外观设计分类号　22-06
无效宣告请求人　王少如
专　利　权　人　曾粤宗
专　　利　　号　03320226.5
申　　请　　日　2003年3月10日
授 权 公 告 日　2003年10月1日
合 议 组 组 长　左　一
主　　审　　员　邢文飞
参　　审　　员　邢欣欣
附　　　　　图　2页

法 律 依 据　专利法第23条
决 定 要 点

本专利与在先设计的差别是惯常设计和局部的细微差别，并不足以对一般消费者的观察判断产生显著的影响，本专利与在先设计属于相近似的外观设计。

一、案由

本无效宣告请求涉及国家知识产权局于2003年10月1日授权公告的、名称为“捕鼠笼”的外观设计专利（下称本专利），其申请日为2003年3月10日，专利号为03320226.5，专利权人为曾粤宗。

针对上述专利权，王少如（下称请求人）于2009年2月23日向专利复审委员会提出了无效宣告请求，其理由是本专利不符合专利法第23条的规定。请求人提交的作为证据使用的附件如下：

附件1：公告号为CN2377845Y的中国实用新型专利说明书第1页、说明书附图第1页复印件，共2页，授权公告日为2000年5月17日，专利权人为曾粤宗；

附件2：公告号为CN2450888Y的中国实用新型专利说明书第1~2页、附图第1~2页复印件，共4页，授权公告日为2001年10月3日，专利权人为曾粤宗；

附件3：公告号为CN2154595Y的中国实用新型专利说明书第1~6页、附图第1~2页复印件，共8页，授权公告为1994年2月2日；

附件4：请求人声称的本专利产品实物照片复印件，共1页；

附件5：本专利外观设计图片复印件，共1页。

请求人认为：附件1的附图中只公开了捕鼠笼中至前部的外观立体图及结构特征，但是将附件1与本专利的要部设计相比较，从笼门的把手、把手前方的由锁杆和设在笼门两侧的一对导轨到笼门，门框的形状、结构均是相同的，故本专利外观设计属于申请日前在公开出版物上发表过的外观设计，不符合专利法第23条的规定；附件2不仅公开了外观设计笼体前部的全部形状、结构特征，而且还公开了笼体后部由踏板、拉杆等构成的触动机构的结构和外形，因此本专利同样属于申请日前在公开出版物上发表过的外观设计，不符合专利法第23条的规定；附件3说明书附图虽然与本专利外观设计不同之处仅为双门与单门之分，但其笼体要部结构及外形与上述外观设计是相同的，或者是相近似的，因此本专利外观设计不符合专利法第23条的规定。

经形式审查合格，专利复审委员会受理了上述无效宣告请求，并于2009年2月23日发出无效宣告请求受理通知书，并将该无效宣告请求书及其附件的副本转送给专利权人。

针对上述无效宣告请求，专利权人于2009年4月3日提交了意见陈述书，认为：（1）附件4不能作为被比设计；（2）请求人只是从附件1捕鼠笼的局部出发与本专利进行对比，没有从本专利设计的整体来确定是否与附件1的设计是否相同或者相近似，实际上，由附件1所公开的附图不可能进行这样的对比，而附件1所未公开的部分恰好会对捕鼠笼产品的整体视觉效果产生显著影响，因此本专利与附件1的设计不相同也不相近似；（3）从整体观察、综合判断的原则出发，一般消费者对于捕鼠笼的外观，应当关注除了底面以外的其他全部特征，将附件2的附图与本专利进行对比，对于一般消费者的视觉效果显然具有显著的影响，因此本专利外观设计与附件2不相同、也不相近似；（4）将附件3的附图与本专利进行对比，对于一般消费者的视觉效果具有显著的影响，而绝对不会误认、混同，因此本专利外观设计与附件3不相同、也不相近似。

专利复审委员会依法成立合议组对本案进行审理，本案合议组于2009年4月23日向双方当事人发出口头审理通知书，定于2009年6月8日上午举行口头审理，同时将专利权人于2009年4月3日提交的意见陈述书及其附件的副本转送给请求人。

口头审理如期举行，双方当事人均出席了口头审理，双方当事人表示对合议组成员变更无异议，对合议组成员无回避请求；对对方出庭人员身份无异议；专利权人对附件1、附件2和附件3的真实性和在先公开性无异议；请求人明确表示附件4、附件5仅供合议组参考，放弃附件3作为证据使用；请求人明确无效理由为：本专利外观设计分别相对于附件1的说明书附图1、附件2的说明书附图2和附图3不符合专利法第23条的规定，并认为六面网状设计是捕鼠笼这类产品的惯常设计。

在上述工作的基础上，合议组认为双方当事人已经充分发表意见，本案事实清楚，可以依法作出本无效宣告请求审查决定。

二、决定的理由

1. 法律依据

根据请求人提出的无效宣告请求的范围、理由和证据，本案合议组依据专利法第23条对本案进行审理。

专利法第23条规定："授予专利权的外观设计，应当同申请日以前在国内外出版物上公开发表过或者国内公开使用过的外观设计不相同和不相近似，并不得与他人在先取得的合法权利相冲突。"

2. 关于证据

附件1是公告号为CN2377845Y的中国实用新型专利说明书，其授权公告日为2000年5月17日；附件2是公告号为CN2450888Y的中国实用新型专利说明书，授权公告日为2001年10月3日，专利权人对附件1、附件2的真实性无异议，本案合议组对附件1、附件2核实后，对其真实性予以认可，且附件1、附件2的授权公告日均在本专利申请日之前，因此附件1、附件2构成本专利的在先设计。

3. 关于专利法第23条

附件2中的说明书附图2是捕鼠笼动作触发机构待发状态的立体图；附图3为所述捕鼠笼动作触动机构完成动作后状态的立体图，因此附件2的说明书附图2、附图3是同一产品在不同状态下的图片（下称该产品的外观设计为在先设计），本专利是捕鼠笼的外观设计，二者均是捕鼠笼的外观图形，属于相同类别的产品，可以进行相同和相近似对比。

本专利外观设计包括捕鼠笼的七幅视图，即俯视图、主视图、仰视图、右视图、左视图、立体图和使用状态参考图，本专利省略后视图。如各视图所示，本专利的捕鼠笼在非使用的情况下呈长方体、其六个面均为网状材料构成，捕鼠笼的棱边均采用包边条，笼身前方是可向上打开的笼门，笼门前方中部竖立着双角形的把手，笼门和把手前方有一自动锁，笼门两侧设有条状的导轨，笼身顶部中间往右侧连接一横杆，该横杆可以与门把手连接，该横杆的一端固定在笼身顶部中间偏左位置，另一端连接在笼身顶部的右侧中间，并在捕鼠笼内部顶网和横杆的固定处铰接了一根悬杆，悬杆的下面连接了一个三角架，三角架的最底端连接一个梯形踏板。

在先设计所示的捕鼠笼具有附图2、3两幅视图，附图2是鼠笼动作触发机构待发状态的立体图，附图3为所述捕鼠笼动作触动机构完成动作后状态的立体图，如各视图所示，本专利的捕鼠笼在非使用的情况下呈长方体，捕鼠笼的棱边均采用包边条，笼身前方是可向上打开的笼门，笼门前方中部竖立着双角形的把手，笼门和把手前方有一自动锁，笼门两侧设有条状的导轨，笼身顶部中间往右侧连接一横杆，该横杆可以与门把手连接，横杆的一端固定在笼身顶部中间偏左位置，另一端连接在笼身顶部的右侧中间，并在捕鼠笼内部顶网和横杆的固定处铰接了一根悬杆，该悬杆的上方连接处有一个横杆和一弹簧，悬杆的下面连接一个矩形踏板。

将本专利和在先设计相比较可知，笼体形状结构基本相同，本专利和在先设计的捕鼠笼在非使用的情况下均呈长方体，捕鼠笼的棱边均采用包边条，笼身前方均是可向上打开的笼门，笼门前方中部均竖立着双角形的把手，笼门和把手前方均有一自动锁，笼门两侧均设有条状的导轨，笼身顶部中间往右侧均连接有一横杆，该横杆可以与门把手连接，横杆的一端固定在笼身顶部中间偏左位置，另一端连接在笼身顶部的右侧中间，并均在捕鼠笼内部顶网和横杆的固定处铰接了一根悬杆。其主要区别在于：（1）本专利六个面均为网状材料构成，而在先设计的六个面是空的；（2）本专利悬杆的下面连接了一个三角架，三角架的最底端连接一个梯形踏板，而在先设计在悬杆的上方连接处有一个横杆和一弹簧，悬杆的下面连接一个矩形踏板。对于区别特征（1），出于捕鼠的目的，捕鼠笼的六面一般均为网状的设计，因此这种六面网状设计是捕鼠笼这类产品的惯常设计，因而捕鼠笼其余设计的变化通常对整体视觉效果更具有显著的影响；至于区别特征（2），这些特征占捕鼠笼整体外观设计的比例很小，均属于局部的细微变化，并不足以对一般消费者的观察判断产生显著的影响。因此合议组根据整体观察、综合判断的原则，认为本专利与在先设计整体设计基本相同，其区别点属于惯常设计或者局部的细微变化，尚不足以构成整体视觉效果的明显差别，即本专利与在先设计相近似，不符合专利法第23条的规定。

鉴于已经得出上述结论，本决定对请求人提交的其他证据和理由不再一一评述。

三、决定

宣告03320226.5号外观设计专利权全部无效。

当事人对本决定不服的，可以根据专利法第46条第2款的规定，自收到本决定之日起三个月内向北京市第一中级人民法院起诉。根据该款的规定，一方当事人起诉后，另一方当事人应当作为第三人参加诉讼。

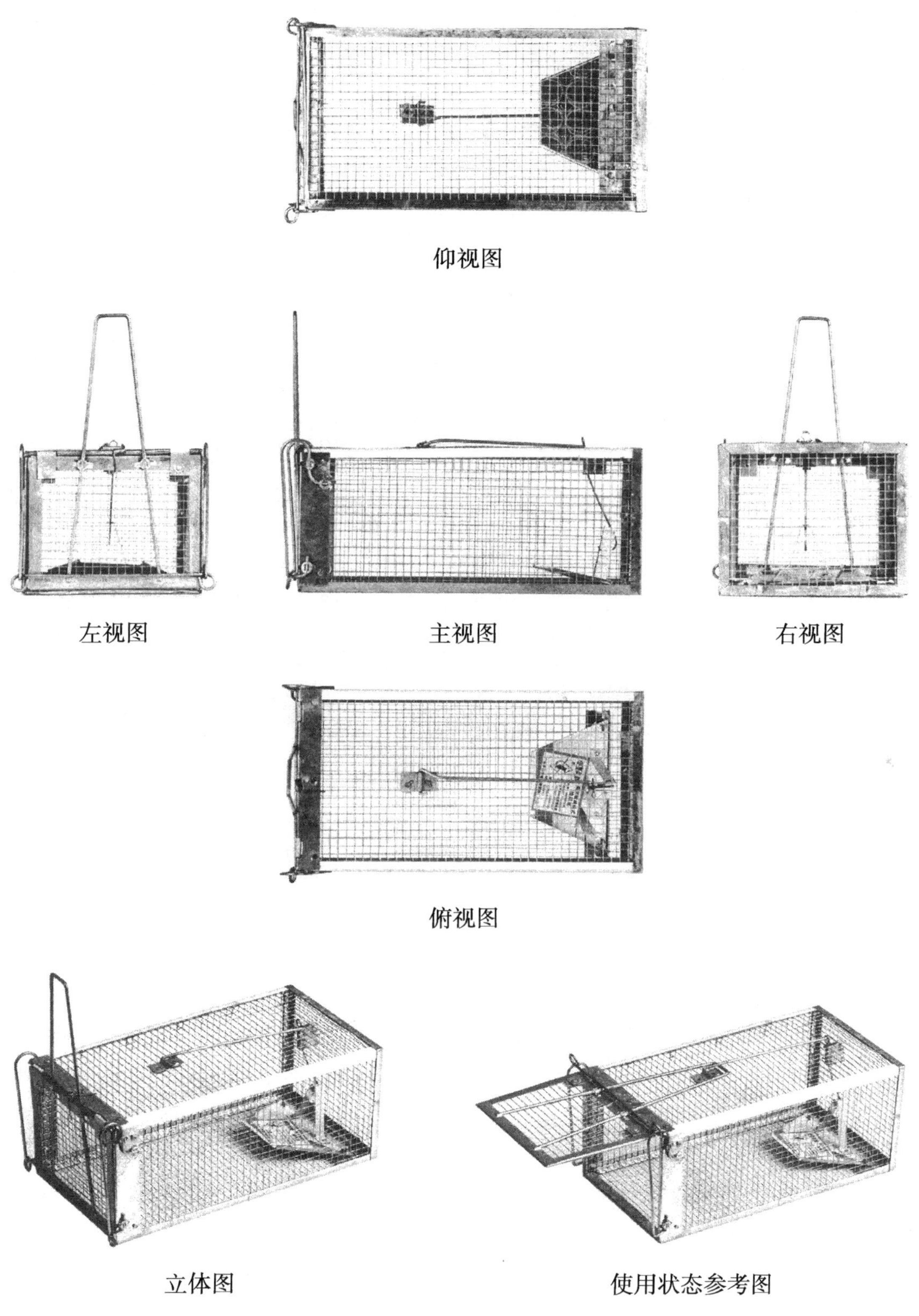

仰视图

左视图　主视图　右视图

俯视图

立体图　使用状态参考图

本专利附图

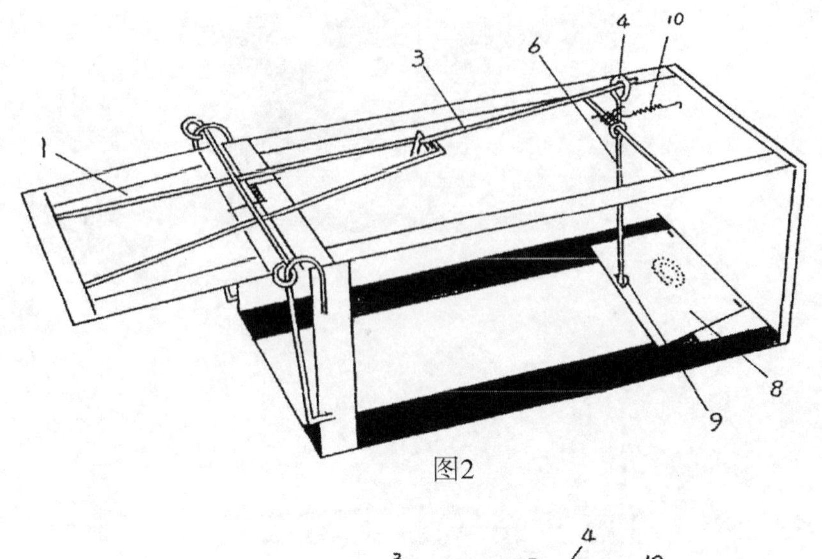

图2

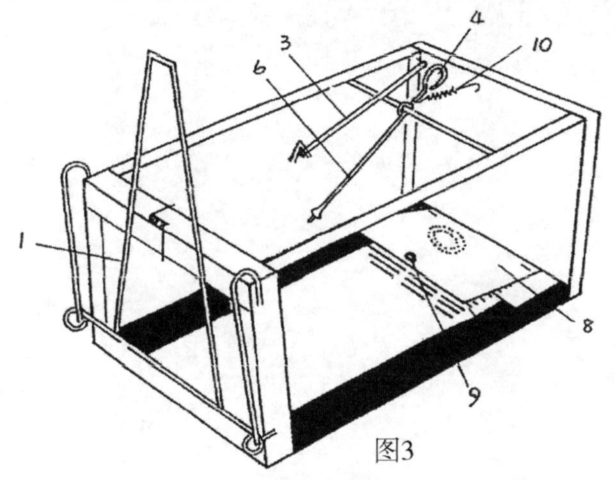

图3

在先设计附图

北京市第一中级人民法院
行政判决书

（2009）一中知行初字第2416号

原告曾粤宗，男，1940年11月4日出生，汉族，粤岭捕鼠器厂总经理，住广东省汕头市金平区海安街道至平路68号3楼。

委托代理人邹可嘉，北京市川泽律师事务所律师。

被告国家知识产权局专利复审委员会，住所地北京市海淀区北四环西路9号银谷大厦10~12层。

法定代表人张茂于，副主任。

委托代理人邢文飞，男，国家知识产权局专利复审委员会审查员。

委托代理人曹铭书，女，国家知识产权局专利复审委员会审查员。

第三人王少如，女，1986年3月18日出生，汉族，四会市下茆镇顺发铁线加工场总经理，住广东省汕头市潮南区司马浦镇港洲新寨路三巷6号。

委托代理人李伟龙，男，1981年2月6日出生，汉族，四会市下茆镇顺发铁线加工场经理，住广东省四会市城中区沙尾居委会光明大道30号一座11号。

原告曾粤宗不服被告国家知识产权局专利复审委员会（以下简称专利复审委员会）于2009年6月22日作出的第13530号专利无效宣告请求审查决定（以下简称第13530号决定），于法定期限内向本院提起诉讼。本院于2009年9月25日受理后，依法组成合议庭，并按照法律规定通知王少如作为第三人参加诉讼，于2009年11月9日公开开庭审理了本案。原告曾粤宗及其委托代理人邹可嘉，被告专利复审委员会的委托代理人曹铭书，第三人王少如的委托代理人李伟龙到庭参加了诉讼。本案现已审理终结。

2009年6月22日，专利复审委员会就王少如针对曾粤宗享有的专利号为03320226. 5、名称为“捕鼠笼”的外观设计专利（以下简称本专利）提出的无效宣告请求作出第13530号决定，内容如下：（1）关于证据。附件1、附件2的授权公告日均在本专利申请日之前，因此附件1、附件2构成本专利的在先设计。（2）关于《中华人民共和国专利法》（以下简称《专利法》）第二十三条。将本专利和在先设计相比较可知，笼体形状结构基本相同，本专利和在先设计的捕鼠笼在非使用的情况下均呈长方体，捕鼠笼的棱边均采用包边条，笼身前方均是可向上打开的笼门，笼门前方中部均竖立着双角形的把手，笼门和把手前方均有一自动锁，笼门两侧均设有条状的导轨，笼身顶部中间往右侧均连接有一横杆，该横杆可以与门把手连接，横杆的一端固定在笼身顶部中间偏左位置，另一端连接在笼身顶部的右侧中间，并均在捕鼠笼内部顶网和横杆的固定处铰接了一根悬杆。其主要区别在于：①本专利六个面均为网状材料构成，而在先设计的六个面是空的；②本专利悬杆的下面连接了一个三角架，三角架的最底端连接一个梯形踏板，而在先设计在悬杆的上方连接处有一个横杆和一弹簧，悬杆的下面连接一个矩形踏板。对于区别技术特征①，出于捕鼠的目的，捕鼠笼的六面一般均为网状的设计，因此这种六面网状设计是捕鼠笼这类产品的惯常设计，因而捕鼠笼其余设计的变化通常对整体视觉效果更具有显著的影响；至于区别特征②，这些特征占捕鼠笼整体外观设计的比例很小，均属于局部的细微变化，并不足以对一般消费者的观察判断产生显著的影响。因此专利复审委员会根据整体观察、综合判断的原则，认为本专利与在先设计整体设计基本相同，其区别点属于惯常设计或者局部的细微变化，尚不足以构成整体视觉效果的明显差别，即本专利与在先设计相近似，不符合《专利法》第二十三条的规定。鉴于已经得出上述结论，本决定对王少如提交的其他证据和理由不再一一评述。据此，专利复审委员会作出第 13530 号决定，宣告本专利权全部无效。

被告专利复审委员会为证明其作出的决定合法，在法定期限内向本院提交了如下证据：（1）本专利外观设计图片复印件；（2）公告号为 CN2450888Y 的中国实用新型专利说明书第 1~2 页、附图第 1~2 页复印件（即在先设计）。

原告曾粤宗诉称：第 13530 号决定的描述错误。本专利与在先设计都没有所谓的“包边条”。本专利没有“三角架”，只有人字形推片。在先设计的“压杆”和长边向前的“梯形踏板”不是被告所称的“横杆”、“矩形踏板”。关于踏板，在先设计的踏板是长边在前方的梯形踏板，该踏板长边中部稍后有一凹台，捕鼠前悬杆的尖端直接插进该凹台与踏板相连接，踏板上面无任何其他零件。本专利是以长边向后的、以较小的梯形薄板制作的踏板，踏板的左右方和后方有向上的折边，整个踏板是近似三个围边的梯形小铁铲，该铁铲形踏板有利于捕鼠时放置诱饵，踏板中部固装有近似人字形的推片。关于推片，在先设计无推片。而本专利踏板中部固装有近似人字形的推片，但无所谓的三角架。关于悬杆，在先设计的悬杆为可转换方向的直线状结构，笼子不使用时，因定向弹簧的作用使悬杆下端总是向笼门的前方摆动的近视水平状态。悬杆只有在使用时才处于垂直状态，以便其尖端插入踏板的凸台。本专利的悬杆是向下垂直放置的，其中部与推片上方的小孔相铰接，其末端为可挂诱饵的弯勾。关于悬杆座，在先设计中悬杆座是一平板，其上有一横向放置的直金属线作轴心。本专利另设置了立体结构的悬杆座，悬杆座中间有轴心。关于定向簧，在先设计有定向簧，使悬杆下端向前摆动。本专利取消了定向簧。关于压杆，在先设计压杆通过三角环和压杆座固定于笼顶，压杆的铰链端是圆环形的。本专利取消了压杆和压杆座中央的三角环，把压杆的圆形铰链端改为双角形。关于压杆座，在先设计的压杆座以与笼身长轴向垂直的横方向固定于笼身顶部。本专利的压杆座以与笼身长轴相平行的纵方向固定于笼身顶部。关于自动锁，在先设计的自动锁一端的圆圈呈封闭状，另一端有开口。本专利的自动锁两端的圆圈均是封闭的。关于锁轨，在先设计锁轨结构是一个简单的几何图形，其上半部末端只有短小的直线，与锁轨座连接时只使用了一个垫圈，其下半部则呈一个大大的“L”形。本专利锁轨上半部有一个美丽的几何图形，在直线末端又向外多了个小弯曲，并在此处加了两个垫圈，其下半部把大“L”形则改为向上的弯钩形，该连接方式使锁轨既牢固又美观。关于笼身四棱，在先设计笼身四棱只是一个模糊的边，边缘的具体情况未公开。本专利的四棱是四条角铁。本专利的纱网边缘采用了曾粤宗发明的包边铁，所谓包边铁是其向内一方有可以和纱网焊接的薄片、其外侧是带刚性的弧型凸起，把包边铁焊在电焊网的边缘，使电焊网光滑不刺手。关于笼身外壳，在先设计只有一个角度的结构简笔草图。本专利捕鼠笼的外壳是曾粤宗首先使用的整齐划一的镀锌电焊网制作的。被告认定捕鼠笼的六面一般均为网状设计，因此这种六面网状设计是捕鼠笼这类产品的惯常设计不正确。综上，本专利与在先设计在外观上完全不同，本专利比在先设计少了很多零件，外观更精美。被告作出的第 13530 号决定认定事实不清，适用法律错误，请求人民法院予以撤销。

被告专利复审委员会辩称：坚持在第 13530 号决定中的意见。原告认定的区别技术特征属于局部的细微变化，不足以对一般消费者的观察判断产生显著的影响。我委认为，第 13530 号决定认定事实清楚，适用法律正确，审理程序合法，请求人民法院予以维持。

第三人王少如述称：专利复审委员会作出的第 13530 号决定正确，请求人民法院驳回原告的诉讼请求，维持该决定。

本院经审理查明：

2003 年 3 月 10 日，曾粤宗向国家知识产权局申请 03320226.5 号，名称为“捕鼠笼”的外观设计专利（即本专利）。2003 年 10 月 1 日，本专利获得授权公告，专利权人为曾粤宗。本专利授权公告的视图包括主视图、左视图、右视图、仰视图、俯视图、立体图和使用状态参考图。本专利的捕鼠笼在非使用状态下呈长方体，其六个面均为网状材料构成，捕鼠笼的棱边均采用角铁，笼身前方是可向上打开的笼门，笼门前方中部竖立着双角形的把手，笼门和把手的前方有一自动锁，笼门两侧设有略带倾斜度的条状导轨，笼身顶部中间往右连接一横杆，该横杆可以与门把手连接，该横杆的一端固定在笼身顶部中间偏左的环形装置上，另一端连接在笼身顶部的右侧中间，并在捕鼠笼内部顶网和横杆的固定处铰接了一根悬杆，悬杆的下面连接了一个人字形推片，人字形推片的最底端侧连接一个梯形踏板（见附图1）。

2009年2月23日，王少如针对本专利向专利复审委员会提出无效宣告请求，理由是本专利不符合《专利法》第二十三条的规定。王少如提交了5份附件。其中附件2是公告号为CN2450888Y的中国实用新型专利说明书第1~2页、附图第1~2页复印件。附件2的授权公告日为2001年10月3日。附件2的说明书附图2是捕鼠笼动作触发机构待发状态的立体图，附图3是所述捕鼠笼动作触发机构完成动作后状态的立体图（即在先设计）。如图所述，在先设计的捕鼠笼在非使用情况下呈长方体，捕鼠笼的棱边均采用角铁，笼身前方是可向上打开的笼门，笼门前方中部竖立着双角形的把手，笼门和把手前方均有一自动锁，笼门两侧均设有略带倾斜度的条状导轨，笼身顶部中间往右侧连接一横杆，该横杆可以与门把手连接，横杆的一端固定在笼身顶部中间偏左位置上的三角环装置上，另一端连接在笼身顶部的右侧中间，并在捕鼠笼内部顶网和横杆的固定处铰接了一根悬杆，该悬杆的上方连接处有一个横杆和一弹簧，悬杆的下面连接一个矩形踏板（见附图2）。

2009年6月8日，专利复审委员会进行了口头审理，曾粤宗和王少如均出席了口头审理。曾粤宗对附件1、附件2和附件3的真实性和在先公开性无异议。王少如明确表示附件4、附件5仅供专利复审委员会参考，放弃附件3作为证据使用。王少如明确其无效理由为：本专利分别相对于附件1说明书附图1、附件2的说明书附图2和附图3不符合《专利法》第二十三条的规定，并认为六面网状设计是捕鼠笼这类产品的惯常设计。

2009年6月12日，专利复审委员会作出第13530号决定，并于同年6月22日以邮寄方式向曾粤宗送达。曾粤宗不服，于2009年9月24日向本院提起诉讼。

在本案审理过程中，原告主张：本专利的零部件和笼身的连接方式是铆接方式，而在先设计是焊接方式。在先设计的悬杆顶端的套环是开口的，而本专利看不出有开口。

上述事实，有经庭审质证的本专利图片、在先设计以及当事人无争议的陈述等证据在案佐证。

本院认为：

《专利法》第二十三条规定，授予专利权的外观设计，应当同申请日以前在国内外出版物上公开发表过或者国内公开使用过的外观设计不相同和不相近似，并不得与他人在先取得的合法权利相冲突。

本案中，在先设计包含附件2说明书附图2以及附图3，这两幅图是同一产品在不同状态下的图片。在先设计为捕鼠笼产品，本专利是捕鼠笼的外观设计，二者属于相同类别的产品。被告将二者进行相同和相近似对比符合法律规定。

将本专利与在先设计相比，二者的笼体形状基本相同，在非使用情况下均呈长方体，捕鼠笼的棱边均采用角铁，笼身前方均是可向上打开的笼门，笼门前方中部均竖立着双角形的把手，笼门和把手前方均有一自动锁，笼门两侧设有略带倾斜度的条状导轨，笼身顶部中间往右侧均连接有一横杆，该横杆可以与门把手连接，横杆的一端固定在笼身顶部中间偏左位置，另一端连接在笼身顶部的右侧中间，并在捕鼠笼内部顶网和横杆的固定处铰接了一根悬杆。虽然被告描述本专利时使用的词语与原告的描述不同，但这种描述与本专利六面视图公开的内容并不矛盾，也不影响被告对案件事实的认定，故原告主张被告对本专利的描述用语有误缺乏依据，本院不予支持。在此基础上，本专利与在先设计的主要区别在于：（1）本专利六个面均由网状材料构成，而在先设计的六个面没有显示其结构；（2）本专利悬杆的下面连接了一个人字形推片，人字形推片的最底端连接一个梯形踏板，在先设计在悬杆的上方连接处有一横杆和弹簧，悬杆下面连接一个矩形踏板。另外，二者还存在以下细微差别：（1）在先设计笼身顶部中间固定横杆的一个三角环装置，本专利对应位置的固定装置并非三角状；（2）在先设计的悬杆顶端的套环是开口的，而本专利看不出有开口。

就本专利与在先设计的区别而言，为了达到捕鼠和一定程度上节省材料的目的，把捕鼠笼的六个面设计成网状结构属于这类产品的惯常设计。原告主张并非惯常设计缺乏事实依据，本院不予支持。在此情况下，捕鼠笼其余设计的变化通常对整体视觉效果更具有显著的影响。至于其他的区别，由于这些区别对捕鼠笼的整体而言属于局部的细微变化，不会对一般消费者的视觉效果产生显著的影响。所以，被告根据整体观察、综合判断的原则，认定本专利与在先设计相近似的结论正确，本院应予维持。

从在先设计中无法看出其自动锁是圆环开口状的。因此，原告主张在先设计是圆环开口状的自动锁缺乏事实依据，本院不予支持。关于原告主张本专利零部件与笼身是铆接方式，而在先设计是焊接方式的问题，本院认为由于连接方式属于功能方面的内容，不属于外观设计保护的范围，故原告的该项主张缺乏法律依据。

综上，专利复审委员会作出的第 13530 号决定认定事实清楚，适用法律正确，本院应予维持。故，依照《中华人民共和国行政诉讼法》第五十四条第（一）项之规定，判决如下：

维持被告国家知识产权局专利复审委员会于二〇〇九年六月二十二日作出的第 13530 号专利无效宣告请求审查决定。

案件受理费 100 元，由原告曾粤宗负担（已交纳）。

如不服本判决，各方当事人可分别于本判决送达之日起 15 日内，向本院提交上诉状及其副本，并交纳上诉案件受理费 100 元，上诉于北京市高级人民法院。

审　判　长　饶亚东
审　判　员　刘景文
代理审判员　江建中
二〇〇九年十二月九日
书　记　员　王　丽

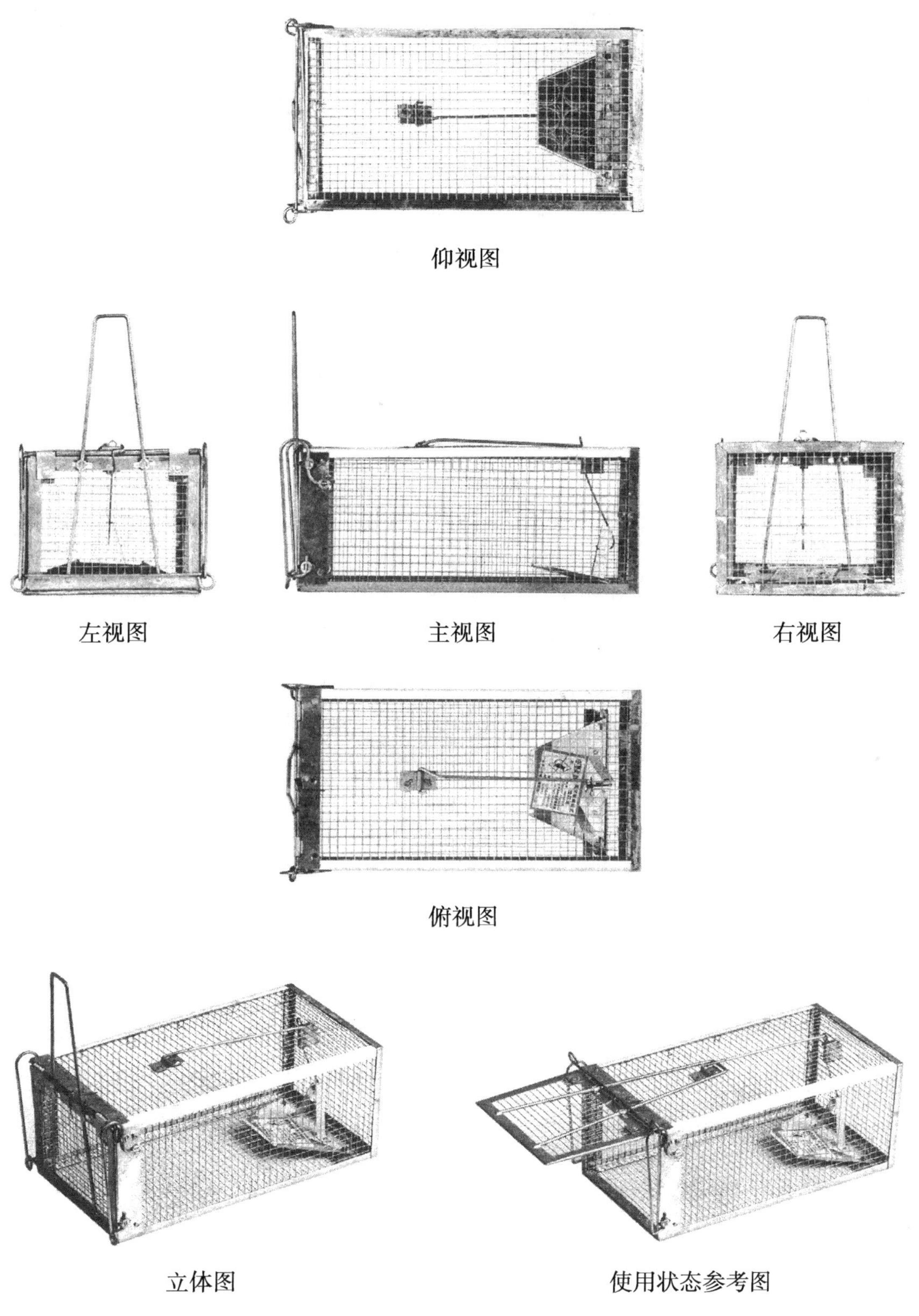

仰视图

左视图　　主视图　　右视图

俯视图

立体图　　使用状态参考图

附图 1

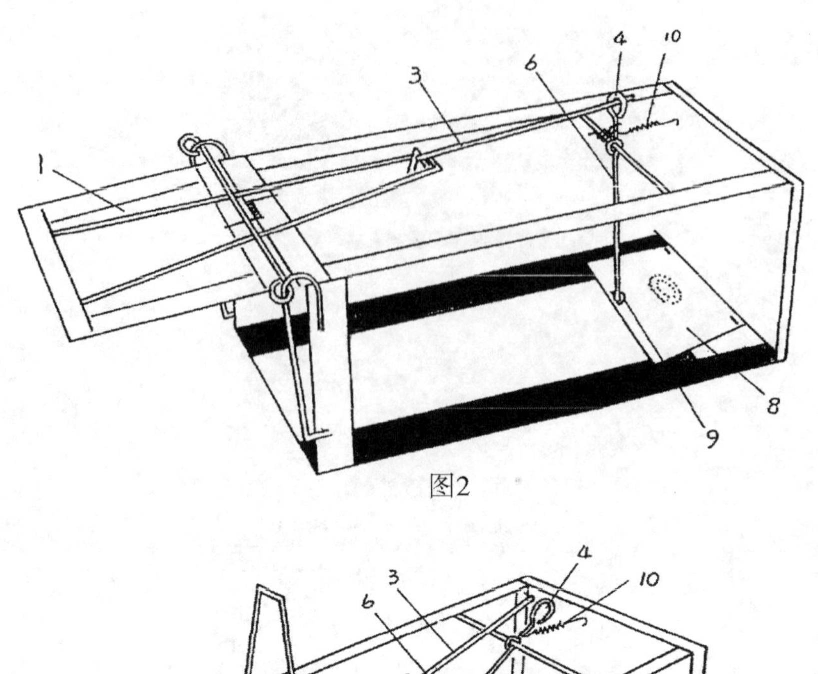

图2

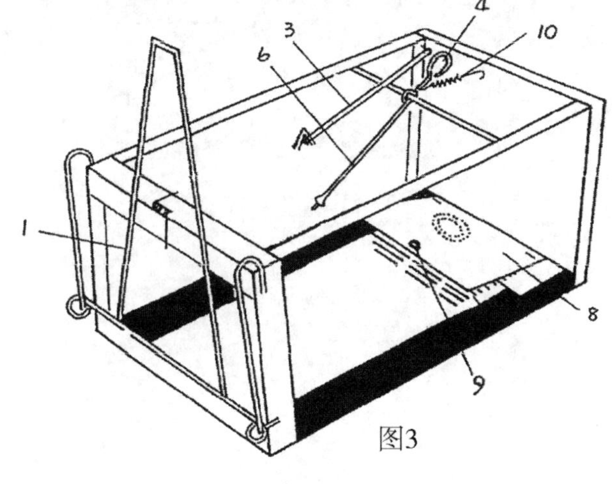

图3

附图 2

330

椅子（3）

无效宣告请求审查决定（第13531号）

决　定　号　第13531号
决　定　日　2009年6月18日
发明创造名称　椅子（3）
外观设计分类号　06-01
无效宣告请求人　南京禾华塑业有限公司
专　利　权　人　邵　筠
专　利　号　200530081734.9
申　请　日　2005年4月1日
授权公告日　2006年3月1日
合议组组长　熊　婷
主　审　员　易红春
参　审　员　龙　安
附　　图　1页

法律依据　专利法第23条
决定要点

根据整体观察、综合判断的原则，在先设计未公开的部位属于使用状态下不会被一般消费者关注的部位，并且本专利在相应部位的设计的变化也不会对整体视觉产生显著的影响，因此本专利与在先设计属于相近似的外观设计。

一、案由

本无效宣告请求涉及的是国家知识产权局于2006年3月1日授权公告的申请号为200530081734.9的外观设计专利（下称本专利），其产品名称为“椅子（3）”，申请日是2005年4月1日，专利权人是邵筠。

针对本专利，南京禾华塑业有限公司（下称请求人）于2008年10月16日向专利复审委员会提出无效宣告请求。

专利复审委员会于2008年12月5日发出无效宣告请求补正通知书，要求请求人须使附件清单填写的内容与实际提交的文件名称、份数及页数保持一致。

请求人于2008年12月18日提交了补正后的无效宣告请求书，并提交以下附件作为证据使用：

附件1：《中国园林》2003年第4期（封面、广告页和封底的复印件，共3页）（下称附件1-

1)；

《中国园林》2003 年第 6 期（封面、封二、广告页和封底的复印件，共 4 页）（下称附件 1-2）；

《中国园林》2003 年第 8 期（封面、广告页和封底的复印件，共 3 页）（下称附件 1-3）；

《中国园林》2003 年第 9 期（封面、广告页和封底的复印件，共 3 页）（下称附件 1-4）；

《中国园林》2003 年第 12 期（封面、广告页和封底的复印件，共 3 页）（下称附件 1-5）；

《中国园林》2004 年第 4 期（封面、广告页和封底的复印件，共 3 页）（下称附件 1-6）；

《中国园林》2004 年第 7 期（封面、广告页和封底的复印件，共 3 页）（下称附件 1-7）；

《中国园林》2004 年第 10 期（封面、广告页和封底的复印件，共 3 页）（下称附件 1-8）；

附件 2：封面上印有"永洁环保（2004 年新版本）"的产品宣传册（封面、封二和第 29 页的复印件，共 3 页）；

附件 3：《现代园林》2004 年第 10 期（封面和广告页的复印件，共 2 页）；

附件 4：大家景观产品宣传册（复印件，共 5 页）；

封面上印有"上海洁岚实业有限公司、奥图环卫设备有限公司"的产品宣传册（封面、第 1 页的复印件，共 2 页）；

附件 5：寄件公司为《中国园林》杂志社的快递单据，其上印有"顺丰速运"，条码为 010277523289（复印件，共 1 页）；南京顺丰秣陵分（点）部出具的派件证明（复印件，共 1 页）；江苏省南京市定额发票（B）发票联（复印件，共 1 页）；

附件 6："上海绿化网"网站中的网页，上面印有"园林在线"和"第二届上海国际城市园林景观及建筑设计展览-参展商紧张布展（景四）"（打印件，共 1 页）；印有"无锡太湖广场/西湖北线配套工程-网易电子样本"的网页（打印件，共 1 页）。

其无效宣告请求的理由是：在《中国园林》2003 年第 4、6、8、9、12 期，2004 年第 4、10 期和 2005 年第 3 期以及《现代园林》2004 年第 10 期中均有相同外观的椅子的图案对外公开发表，并标有详细的该款椅子的型号（上海大家景观休闲设备有限公司 DAC-G），上海大家景观休闲设备有限公司的产品图册有该款产品 DAC-G 的详细构图和工程图片，无论从其名称或形状看与本专利都是同一种产品，其外观设计完全相同；国内有许多厂家在本专利申请日之前都在公开制造、销售相同外观的椅子；因此本专利不符合专利法第 23 条的规定。

经专利复审委员会形式审查合格后，于 2008 年 12 月 31 日受理了该无效宣告请求，向双方当事人发出无效宣告请求受理通知书，并将无效宣告请求书和证据的副本转送给专利权人，告知专利权人在收到该通知书之日起一个月内对该无效宣告请求陈述意见。

专利权人逾期未进行答复。

专利复审委员会依法成立合议组对本案进行审理。合议组于 2009 年 4 月 2 日向双方当事人发出无效宣告请求口头审理通知书，定于 2009 年 5 月 18 日进行口头审理。

口头审理如期进行。请求人出席了口头审理，专利权人未出席口头审理。请求人对合议组成员和书记员无回避请求。请求人当庭提交了附件 1-1 至附件 1-8 的原件，并明确表示放弃附件 2~6 作为证据使用。请求人明确其无效宣告理由为本专利分别相对于附件 1-1 至附件 1-8 不符合专利法第 23 条的规定。

至此，双方当事人已充分发表了意见，合议组认为本案事实已经清楚，可以作出本审查决定。

二、决定的理由

1. 关于证据

附件 1-1 为《中国园林》2003 年第 4 期的封面、广告页和封底，请求人在口头审理时提交了附件 1-1 的原件。在无效宣告程序中，专利权人并未对附件 1-1 的真实性提出异议，合议组经核实，亦未发现附件 1-1 中存在影响其真实性的瑕疵，故对附件 1-1 的真实性予以认可。并且，附件 1-1 是 ISSN 号为 1000-6664 的杂志且其公开日期早于本专利的申请日，因此属于本专利申请日前公开的国内出版物。附件 1-1 的广告页上型号为 DAC-G 的椅子可以作为在先设计与本专利进行对比。

2. 本专利与在先设计的相近似比较

专利法第 23 条规定：授予专利权的外观设计，应当同申请日以前在国内外出版物上公开发表过或者国内公开使用过的外观设计不相同和不相近似，并不得与他人在先取得的合法权利相冲突。

本专利涉及一种椅子，包括主视图、俯视图、仰视图、后视图和左视图，所述椅子由金属件和木条构成，椅背由 4 根木条构成，椅座由 5 根木条构成，木条彼此之间具有间隙，木条的两侧由金属件进行固定，两侧的椅脚由大致呈 X 形的金属件构成，两侧的扶手由拱形的金属件构成（详见本专利附图）。

在先设计中公开了一种型号为 DAC-G 的椅子，从图中可以看到椅背、椅座、椅脚和扶手的形状，该椅子也由金属件和木条构成，椅背由 4 根木条构成，椅座由 5 根木条构成，木条彼此之间具有间隙，木条的两侧由金属件进行固定，两侧的椅脚由大致呈 X 形的金属件构成，两侧的扶手由拱形的金属件构成（详见在先设计附图）。

由上面的描述可知，本专利与在先设计均为椅子的外观设计，二者主要的不同点是：在先设计未显示 DAC-G 椅子的仰视图和后视图。根据整体观察、综合判断的原则，合议组认为，在先设计未公开的部位属于椅子使用状态下不会被一般消费者关注的部位，并且本专利在相应部位的设计的变化也不会对整体视觉产生显著的影响，因此本专利与在先设计属于相近似的外观设计。

综上所述，在本专利申请日之前，已有与其相近似的产品在出版物上公开发表过，因此本专利不符合专利法第 23 条的规定。

三、决定

宣告 200530081734.9 号外观设计专利权全部无效。

当事人对本决定不服的，可以根据专利法第 46 条第 2 款的规定，在收到本决定之日起三个月内向北京市第一中级人民法院起诉。根据该款的规定，一方当事人起诉后，另一方当事人可以作为第三人参加诉讼。

俯视图

后视图

仰视图

主视图

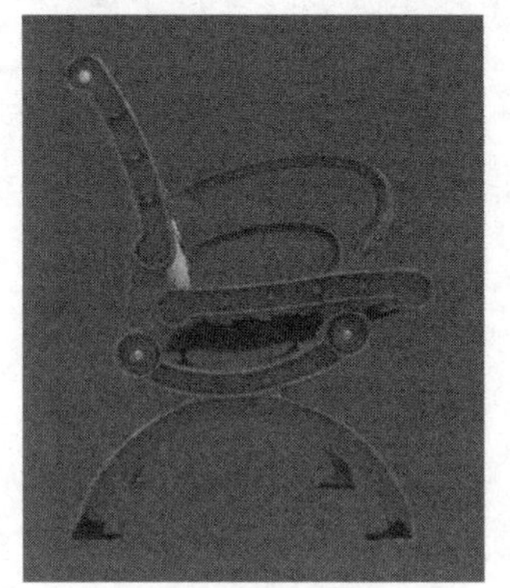

左视图

本专利附图

在先设计附图

331

标贴（1）

无效宣告请求审查决定（第13532号）

决　定　号　第13532号
决　定　日　2009年6月15日
发明创造名称　标贴（1）
外观设计分类号　19-08
无效宣告请求人　龙口市金穗铜铝材厂
专　利　权　人　张砚吉
专　利　号　200430150428.1
申　请　日　2004年6月17日
授权公告日　2005年9月21日
合议组组长　张汉国
主　审　员　邢文飞
参　审　员　刘　鹏
附　图　1页

法律依据　专利法第23条
决定要点
本专利与在先设计的差别为局部细微差别，对于产品整体视觉效果不具有显著影响，本专利与在先设计属于相近似的外观设计。

一、案由

本无效宣告请求涉及国家知识产权局于2005年9月21日授权公告的、名称为"标贴（1）"的外观设计专利，其申请日为2004年6月17日，专利号为200430150428.1，专利权人为张砚吉。

针对上述外观设计专利（下称本专利），龙口市金穗铜铝材厂（下称请求人）于2008年10月8日向专利复审委员会提出了无效宣告请求，其理由是本专利不符合专利法第23条、第5条、第56条第2款，专利法实施细则第2条第3款和专利法实施细则第30条的规定。请求人提交的作为证据使用的附件如下：

附件1：包括附件1-1至附件1-4，具体如下：

附件1-1：龙工商公处字（2003）第1335号龙口市工商行政管理局行政处罚决定书复印件，共2页；

附件1-2：加盖"龙口市工商行政管理局档案查询章"的证件复制（提取）单复印件，共1页；

附件 1-3：由“龙口市金穗铜铝材厂”出具的并加盖“龙口市工商行政管理局档案查询章”的附页复印件，共 1 页；

附件 1-4：加盖“龙口市工商行政管理局档案查询章”的山东省代收罚款收据复印件，共 1 页；

附件 2：龙工商公处字（2006）第 906 号龙口市工商行政管理局行政处罚决定书复印件，共 3 页；

附件 3：龙政函字（2006）22 号函及其附件复印件，共 10 页；

附件 4：本专利主视图及相关信息复印件，共 1 页；

附件 5：审查指南第一部分第三章第 1~60 页、第 1~74 页、第 1~75 页复印件，共 3 页；

附件 6：《商标法》《反不正当竞争法》法条摘要，共 2 页；

附件 7：本专利标贴样本复印件，共 1 页。

请求人认为：本专利在 2003 年 10 月 11 日前已经公开使用，后因本专利涉嫌违法使用县级以上行政区划地名作为商标使用而受到龙口市工商行政管理局的处罚，附件 1 可证明本专利不具有新颖性，不符合专利法第 22 条和专利法实施细则第 30 条的规定；本专利中含有“龙口铝材”字样，而龙口为行政区划地名，不属于外观设计专利保护的内容，不符合专利法第 56 条第 2 款和专利法实施细则第 2 条第 3 款的规定（见附件 4 和附件 5）；本专利的内容违反了商标法及反不正当竞争法的相关规定，其与铝材商标混淆使用损害了龙口市多家铝材企业的利益和消费者的合法权益，损害了社会的公共利益，因此不符合专利法第 5 条的规定（见附件 1~3、附件 6 和附件 7）。

由于请求人提出的无效宣告理由包含不属于专利法实施细则第 64 条第 2 款规定的理由，专利复审委员会于 2008 年 12 月 4 日向请求人发出了无效宣告请求补正通知书，通知其在指定期限内补正。

2009 年 1 月 11 日，请求人提交了补正的无效宣告请求书，并重新提交了附件 1。请求人认为：根据附件 1 可知，带有图案的龙口标贴在 2003 年 10 月 11 日前已经公开使用，成为公知设计，该标贴图案由“龙口”两字和两字之间的图案组成，本专利由“龙口”两字、“铝材”两字及两部分之间的图案组成，两者的文字布局和图案基本相同，属于相近似的外观设计，本专利不符合专利法第 23 条的规定，应宣告本专利无效。

经形式审查合格，专利复审委员会受理了上述无效宣告请求，于 2009 年 1 月 22 日发出无效宣告请求受理通知书，将该无效宣告请求书及其附件的副本转送给专利权人，要求专利权人在指定的期限内陈述意见。

针对上述无效宣告请求，专利权人于 2009 年 3 月 6 日提交了意见陈述书及附件，认为：请求人提供的证据为复印件，并且所提交的对比文件不具有关联性、合法性、真实性，因此请求维持专利权有效。请求人提交的附件如下：

反证 1：山东省高级人民法院的（2008）鲁商终字第 240 号民事判决书的复印件，共 15 页。

请求人未对如何使用反证 1 作出任何具体说明。

专利复审委员会成立合议组对本案进行审理，本案合议组于 2009 年 3 月 12 日向双方当事人发出口头审理通知书，定于 2009 年 4 月 27 日举行口头审理，同时将专利权人于 2009 年 3 月 6 日提交的意见陈述书及其附件的副本转送给请求人。

2009 年 3 月 31 日，专利复审委员会收到请求人提交的意见陈述书，请求将本案与专利号为 200430150428.1 一案合并审理。鉴于合议组已经确定了口头审理日期，故请求人的上述请求合议组不予考虑。

口头审理如期举行，双方当事人均委托代理人出庭，双方对对方出庭人员的身份及资格均无异议，对合议组成员亦无回避请求。请求人明确表示放弃附件 4~6 作为本案的证据使用，并放弃专利法实施细则第 2 条第 3 款的无效理由；以附件 1、附件 2、附件 3 及附件 7 证明本专利不符合专利法

第 5 条的规定；以附件 1 证明本专利不符合专利法第 23 条的规定；并当庭表示附件 1、附件 3 的原件在编号为 6W08474 或编号为 6W08457 的案件中，请合议组核实；对专利权人提交的反证 1 的真实性没有异议，但对反证 1 证明附件 1-2 是本专利申请日之后添加的事实有异议。专利权人以反证 1 证明附件 1-2 是在本专利申请日之后添加的；专利权人对附件 1 的真实性有异议，认为附件 1 的骑缝章不完整；对附件 2 的真实性没有异议，但认为附件 2 与本专利没有关联性，是申请日之前的；对附件 3 的真实性有异议；对附件 7 的真实性、关联性有异议，同时认为请求人提交变更理由的意见陈述及附件是提出无效宣告请求之日起 1 个月后提交的，超出了法定期限，不同意变更理由。专利权人同意由合议组来核实附件 3 的真实性。双方当事人在口头审理过程中详细阐述了其主张和理由。

在上述工作的基础上，合议组认为双方当事人已经充分发表意见，本案事实清楚，可以依法作出本无效宣告请求审查决定。

二、决定的理由

1. 法律依据

基于请求人提出无效宣告请求所依据的事实和理由，合议组对本专利是否符合专利法第 23 条的规定进行审查。

请求人于 2008 年 10 月 8 日提出无效宣告请求，认为本专利不符合专利法第 22 条的规定。请求人于 2009 年 1 月 11 日提交了补正后的无效宣告请求书，将本专利不符合专利法第 22 条的无效宣告请求理由变更为本专利不符合专利法第 23 条。专利权人认为请求人提交变更理由的意见陈述及附件是提出无效宣告请求之日起 1 个月后提交的，超出了法定期限，不同意变更理由。合议组认为：根据审查指南第四部分第三章 4.2 的规定，请求人在提出无效宣告请求之日起 1 个月后增加无效宣告理由的，专利复审委员会一般不予考虑，但对明显与提交的证据不相对应的无效宣告理由进行变更的，属于一般不予考虑的例外，因此专利权人的主张不能成立。

专利法第 23 条规定：授予专利权的外观设计，应当同申请日以前在国内外出版物上公开发表过或者国内公开使用过的外观设计不相同和不相近似，并不得与他人在先取得的合法权利相冲突。

2. 证据认定

专利权人于 2009 年 3 月 6 日向专利复审委员会提交的反证 1 是山东省高级人民法院的（2008）鲁商终字第 240 号民事判决书的复印件，但其在举证期限内未对该证据如何使用进行具体说明，故专利复审委员会对其不予考虑。

请求人提交的附件 1 包括附件 1-1 至附件 1-4，附件 1-1 是龙工商公处字（2003）第 1335 号龙口市工商行政管理局行政处罚决定书复印件、附件 1-2 是加盖“龙口市工商行政管理局档案查询章”的证件复制（提取）单复印件、附件 1-3 是由“龙口市金穗铜铝材厂”出具的并加盖“龙口市工商行政管理局档案查询章”的附页复印件、附件 1-4 是加盖“龙口市工商行政管理局档案查询章”的山东省代收罚款收据复印件。专利权人对附件 1 的真实性有异议，并提交反证 1 证明附件 1-2 是本专利申请日之后加的。合议组调取专利复审委员会内部编号为 6W08474 的案件的卷宗后发现附件 1 的原件，经核实后认为：附件 1-1 的第 1335 号决定书第 2 页加盖有“龙口市工商行政管理局”的公章，第 1 页虽无公章，但就其内容来说，第 1 页与第 2 页的内容连贯，同时行政处罚决定书一般只在最后一页盖章，因此可以认定第 1335 号决定书的真实性。附件 1-2 至附件 1-4 的每一页均加盖了“龙口市工商行政管理局档案查询章”，可以认定附件 1-2 至附件 1-4 的真实性；对于专利权人认为附件 1 的骑缝章不完整，不认可其真实性的主张，合议组认为附件 1-1 至附件 1-4 各自独立，同时附件 1-1 至附件 1-4 均盖有公章，因此专利权人的主张不能成立。根据附件 1-1 至附件 1-4 可知，龙口市工商行政管理局于 2003 年 10 月 11 日到龙口市金穗铜铝材厂（本案请求人）提取带有“龙口”

二字的商标（见附件 1-2）；2003 年 12 月 10 日，龙口市工商行政管理局作出第 1335 号行政处罚决定书，责令龙口市金穗铜铝材厂改正违法行为，并罚款 20000 元人民币（见附件 1-1）；2003 年 12 月 16 日，龙口市金穗铜铝材厂向龙口市工商行政管理局缴纳罚款 20000 元人民币（见附件 1-4）。因此，附件 1-1 至附件 1-4 的结合能够证明在 2003 年 12 月 10 日（早于本专利申请日“2004 年 6 月 17 日”）前，附件 1-2 中带有“龙口”字样的产品标识图案已经公开使用在铝型材类产品上，构成本专利的在先设计。

3. 关于专利法第 23 条

附件 1-2 中的产品标识的图案设计（下称在先设计），可以用于铝型材，本专利是标贴的外观设计。可见，二者均可用于包装，起到标识的作用，用途相近，属于相近类别的产品，可以进行相同和相近似对比。

本专利是标贴的平面设计，只有一幅主视图，简要说明中载明：省略后视图。本专利由类似宋体字型的“龙口铝材”四个字和在“龙口”两个字与“铝材”两个字之间的圆形图案组成，该图形图案最外部是一个右下部开口的圆环，中间有大写汉语拼音“LONGKOU”图形，该“LONGKOU”在圆环的右下部开口处伸出，在该图形的拼音“LONG”的上方圆环内有上端开口的三层倒“V”图形，在该“LONGKOU”图形的下方有两条横线，其中上面的一条横线长度与“LONG”图形的长度大致相同，另一条横线长度与“LONGKOU”的图形长度大致相同（详见本专利附图）。

在先设计由类似隶书字型的“龙口”两个字和这两个字之间的圆形图案组成，该图形图案最外部是一个右下部开口的双层圆环，中间有大写汉语拼音“LONGKOU”图形，该“LONGKOU”在圆环的右下部开口处伸出，在该图形的拼音“LONG”的上方圆环内有上端开口的三层倒“V”图形，在该“LONGKOU”图形的下方有一条横线，该横线长度与“LONGKOU”图形长度大致相同（详见在先设计附图）。

将本专利与在先设计进行比较可知，二者均是平面设计，其形状相同。二者主要图案均由文字和中间的圆形图案组成，且文字、图形排布及文字的字型、大小均相似。两者的不同点为：（1）本专利中间的圆形图案两侧各有两个类似宋体字型的字，在先设计中间的圆形图案两侧各有一个类似隶书字型的字；（2）本专利图形图案最外部是一个右下部开口的圆环，而在先设计图形图案最外部是一个右下部开口的双层圆环；（3）本专利在该“LONGKOU”图形的下方有两条横线，其中上面的一条横线长度与“LONG”图形长度大致相同，另一条横线长度与“LONGKOU”图形长度大致相同，在先设计在该“LONGKOU”图形的下方有一条横线，该横线长度与“LONGKOU”图形长度大致相同。合议组认为：相对其整体设计而言，二者的上述差别为局部细微差别，对于产品整体视觉效果不具有显著影响。二者主要图案及图案排列均相似，已呈现整体相近似的视觉效果，本专利与在先设计属于相近似的外观设计。

综上所述，在本专利申请日前，已有与其相近似的产品标识公开使用过，故本专利不符合专利法第 23 条的规定。

鉴于已经得出本专利不符合专利法第 23 条规定的结论，合议组对请求人提出的其他理由不再进行评述。

三、决定

宣告 200430150428.1 号外观设计专利权全部无效。

当事人对本决定不服的，可以根据专利法第 46 条第 2 款的规定，自收到本决定之日起三个月内向北京市第一中级人民法院起诉。根据该款的规定，一方当事人起诉后，另一方当事人应当作为第三人参加诉讼。

龙口 longkou 铝材

本专利附图

在先设计附图

包装袋（大米）

无效宣告请求审查决定（第13535号）

决　　定　　号　第13535号
决　　定　　日　2009年5月20日
发明创造名称　包装袋（大米）
外观设计分类号　09-05
无效宣告请求人　童炳良
专　利　权　人　何新才
专　　利　　号　200730074823.X
申　　请　　日　2007年4月20日
授 权 公 告 日　2008年4月16日
合 议 组 组 长　钟　华
主　　审　　员　潘　剑
参　　审　　员　汪送来

法　律　依　据　专利法第23条
决　定　要　点

在没有证据表明证人确有困难不能出席口头审理作证的情况下，未能出席口头审理作证的证人出具的书面证言不能单独作为认定案件事实的依据。

一、案由

本无效宣告请求案涉及国家知识产权局于2008年4月16日公告授予的、名称为“包装袋（大米）”的外观设计专利权（下称本专利），其专利号为200730074823.X，申请日为2007年4月20日，专利权人为何新才。

针对上述专利权，童炳良（下称请求人）于2009年9月4日向专利复审委员会提出无效宣告请求，认为本专利不符合专利法第23条的规定，并提交了本外观设计专利证书，复印件1页和本外观设计专利，复印件1页，以及下述附件：

附件1：盖有“丹阳市导墅镇东邮村民委员会”红章的导墅镇东邮村委会出具的证人证言1页，其证明丹阳市导墅镇炳良米厂使用的大米包装与本专利外观设计一致，并已经使用5年，直至2008年6月；

附件2：盖有“温州华发塑料制品有限公司”红章的温州华发塑料制品有限公司出具的证人证言1页和温州华发塑料制品有限公司的企业法人营业执照（副本）复印件1页，其证明该公司从2003

年5月至2008年6月中旬为导墅镇炳良米厂供应“苏丹”牌大米包装袋，其中的外观设计与本专利规格为10kg的一致。

附件3：盖有“温州万兴制版有限公司”红章的温州万兴制版有限公司出具的证人证言1页和温州万兴制版有限公司的企业法人营业执照复印件1页，其证明该公司于2003年5月为丹阳市导墅镇炳良米厂制造了规格为10kg的“苏丹”牌大米包装袋印刷板一套，其外观设计与本专利一致。

附件4：盖有“常州怀德苑粮油食品店”红章的常州怀德苑粮油食品店出具的证人证言1页和盖有“常州怀德苑粮油食品店”红章的常州怀德苑粮油食品店的企业法人营业执照复印件1页，其证明导墅镇炳良米厂生产的10kg规格的“苏丹”牌产品及其包装袋于2003年5月至2008年6月中旬在该店销售，包装的外观设计与本专利一样；

附件5：丹阳市吕城镇三平粮油经营部出具的证人证言复印件1页和盖有“丹阳市吕城镇三平粮油经营部”红章的丹阳市吕城镇三平粮油经营部的个体工商户营业执照（副本）复印件1页；其证明丹阳市导墅镇炳良米厂生产的10kg规格的“苏丹”牌产品于2003年5月至2008年6月中旬在该经营部销售，其包装的外观设计与本专利一致；

附件6：高金良出具的证人证言1页，其证明2004年前本专利外观设计的外包装为10kg的“苏丹”牌大米已使用；

附件7：盖有“丹阳市司徒镇苏旺大米精制加工厂”红章的丹阳市司徒镇苏旺大米精制加工厂出具的证明1页和盖有“丹阳市司徒镇苏旺大米精制加工厂”红章的个体工商户营业执照（副本）复印件1页，其证明自2003年6月起，该厂生产的“苏绿”牌大米在江苏、上海市场销售，其包装袋外观设计与本专利一致；

附件8：盖有“镇江市丹徒区恒宝精制米厂”红章的镇江市丹徒区恒宝精制米厂出具的证明1页和盖有“镇江市丹徒区恒宝精制米厂”红章的个体工商户营业执照复印件1页，其证明自2003年起至今，该厂使用与本专利外观设计相似的大米包装袋；

附件9：盖有“嘉定区马陆镇全友粮食经营部”红章的嘉定区马陆镇全友粮食经营部出具的证人证言1页，其证明自2004年3月起，一直销售丹阳市司徒镇苏旺大米精制加工厂生产的“苏绿”牌大米，其外观设计与本专利外观设计证书所绘制的外观一致（除厂名和注册商标外）；

附件10：盖有“上海真新粮食交易市场经营管理有限公司”红章的上海真新粮食交易市场经营管理有限公司出具的证人证言1页，其证明自2003年起，江苏丹阳市司徒镇苏旺大米精制加工厂入驻该交易市场三厅106号摊位至今，经营大米业务，其外观设计与本专利外观设计证书所绘制的外观一致（除厂名和注册商标外）；

附件11：汪德华出具的证人证言1页和汪德华的个体工商户营业执照（副本）复印件1页，其证明该人从2004年6月起销售丹阳市司徒镇苏旺大米精制加工厂生产的“苏绿”牌大米，其外观设计与本专利外观设计证书所绘制的外观一致（厂名和注册不一样）；

附件12：印有“江苏丹阳导墅炳良米厂”“苏丹”“净含量：10kg”等字样的包装袋实物；

附件13：印有“丹阳市司徒镇苏旺大米精制加工厂”“苏绿”等字样的包装袋实物；

附件14：印有“丹徒恒宝精制米厂”、“苏丹”等字样的包装袋实物；

附件15：盖有“丹阳市丹绿米厂”红章的民事诉状3页。

请求人认为：2003年左右，江苏省丹阳市的多家大米加工厂已经使用了和本专利的外观设计乃至颜色几乎完全相同的包装袋，只是包装袋上所标注的商标、生产企业名称不同，产品在江苏、上海等市场销售多年。因此，本专利与其申请日前在国内公开使用的大米包装袋外观设计相同、相似，不符合专利法第23条的规定。

经形式审查合格后，专利复审委员会受理了上述请求，于2009年1月22日向双方当事人发出《无效宣告请求受理通知书》，并将《专利权无效宣告请求书》及其他有关文件的副本转送给专利权人，要求其在指定的期限内答复，同时成立合议组对本无效请求案进行审理。

专利权人逾期未答复。

2009年3月18日，本案合议组向双方当事人发出无效宣告请求口头审理通知书，定于2009年4月22日对本专利权的无效请求案进行口头审理。

2009年4月22日，口头审理如期进行，双方当事人均委托代理人出席了口头审理。庭审过程中，合议组就本案的无效宣告理由及证据逐一进行了调查，双方当事人充分陈述了各自的意见，在口头审理中记录了以下重要事项：（1）请求人明确无效宣告理由是，本专利的包装袋在申请日前已经在国内公开使用过，不符合专利法第23条的规定；（2）专利权人认为，附件1~11为证人证言，由于证人没有出庭作证，不能作为证据使用和采信，对其真实性也不予认可；附件12~14是实物证据，但是请求人无法证明其形成时间、公开使用时间和这些实物的制造人，因此不认可其关联性和真实性；认可附件15的真实性，但是不认可其关联性。

至此，合议组认为本案的事实清楚，可以作出审查决定。

二、决定的理由

1. 法律依据

请求人在口头审理过程中明确的无效宣告理由是，本专利的包装袋在本专利申请日前已经在国内公开使用过，不符合专利法第23条的规定，基于请求人提出的以上无效宣告请求理由，合议组对本专利是否符合专利法第23条的规定进行审查。

专利法第23条规定："授予专利权的外观设计，应当同申请日以前在国内外出版物上公开发表过或者国内公开使用过的外观设计不相同和不相近似，并不得与他人在先取得的合法权利相冲突。"

2. 关于证据

附件1~11均为证人出具的书面证言，但是上述书面证言的证人均未出席口头审理作证。专利权人据此认为附件1~11不能作为证据使用和采信，不认可其真实性。

根据审查指南第四部分第八章第4.2节关于证人证言的规定，未能出席口头审理作证的证人出具的书面证言不能单独作为认定案件事实的依据，因此，在证人未能出席口头审理，且请求人未提供证据证明证人确有困难不能出席口头审理作证的情况下，附件1~11不能单独作为认定本案事实的证据。

再者，从附件1~11的内容上来看，其均意欲证明在本专利申请日前，与本外观设计专利相同或相似的大米包装袋已经公开使用，并且，附件1~5指明了与本外观设计专利相同或相似的大米包装袋是由"丹阳市导墅镇炳良米厂"生产，且其中部分附件还指明了所述大米包装袋的品牌为"苏丹"和规格为"10kg"；附件7、附件9~11指明了与本外观设计专利相同或相似的大米包装袋是由"丹阳市司徒镇苏旺大米精制加工厂"生产，且其中部分附件还指明了所述大米包装袋的品牌为"苏绿"；附件8指明了与本外观设计专利相似的大米包装袋是由"镇江市丹徒区恒宝精制米厂"生产。同时，请求人提交了三件大米包装袋实物，分别是印有"江苏丹阳导墅炳良米厂"、"苏丹"、"净含量：10kg"等字样的附件12；印有"丹阳市司徒镇苏旺大米精制加工厂"、"苏绿"等字样的附件13；印有"丹徒恒宝精制米厂"、"苏丹"等字样的附件14。从附件1~11的以上内容以及附件12~14的大米袋实物来看，虽然在附件12~14中能找出与附件1~11中所述大米包袋的厂家、品牌和规格均相符的大米包装袋，但是，由于无法确定附件12~14实物的形成时间、公开时间，也无法确定附件12~14的实物是附件1~11中提到的包装袋，因而附件12~14并不能用于佐证附件1~11的证言属实。

附件 15 是一份民事诉状，专利权人对其真实性无异议，但是不认可其关联性，合议组经核实认可附件 15 的真实性，但其仅能说明民事诉状的信息和事实，与在本专利申请日前是否公开使用过与本专利相同或相似的外观设计的事实认定无关，因此不具有关联性。

对于附件 12~14 的三件大米包装袋实物，专利权人以请求人无法证明其形成时间、公开使用时间和这些实物的制造人为由，不认可其关联性和真实性。对此，合议组认为，附件 12~14 作为客观存在的大米包装袋实物，认可其真实性，但是，由上述三件大米包装袋本身并不能确定其公开使用时间，而请求人提供的附件 1~11 和附件 15 同样不能证明上述三件大米包装袋实物的公开使用时间，因此，合议组无法确认附件 12~14 的三件大米包装袋实物在本专利申请日之前已经公开使用。

3. 关于专利法第 23 条

如上所述，附件 1~15 无法证明与本专利相同或相似的包装袋在本专利申请日之前已经公开使用，因此请求人关于本专利不符合专利法第 23 条的无效宣告理由不成立。

基于以上事实和理由，本案合议组作出如下审查决定。

三、决定

维持 200730074823. X 号外观设计专利权有效。

当事人对本决定不服的，可以根据专利法第 46 条第 2 款的规定，自收到本决定之日起三个月内向北京市第一中级人民法院起诉。根据该款的规定，一方当事人起诉后，另一方当事人应当作为第三人参加诉讼。

333

龙 头

无效宣告请求审查决定（第 13537 号）

决　　定　　号　第 13537 号
决　　定　　日　2009 年 5 月 22 日
发明创造名称　龙头
外观设计分类号　23-01-F0037
无效宣告请求人　宁波万里洁具有限公司
专　利　权　人　科勒公司
专　　利　　号　00337791.1
申　　请　　日　2000 年 10 月 8 日
授 权 公 告 日　2001 年 5 月 23 日
合 议 组 组 长　钱亦俊
主　　审　　员　张　琳
参　　审　　员　郝海燕
附　　　　　图　1 页

法　律　依　据　专利法实施细则第 2 条第 3 款
决　定　要　点

如果一个产品的可分割部件可独立制造和销售，则该部件具有独立使用价值，属于专利法实施细则第 2 条第 3 款保护的客体。

一、案由

本无效宣告请求涉及国家知识产权局于 2001 年 5 月 23 日授权公告的名称为“龙头”的外观设计专利（下称本专利），其专利号为 00337791.1，申请日为 2000 年 10 月 8 日，专利权人为科勒公司。

针对上述外观设计专利权，宁波万里洁具有限公司（下称请求人）于 2008 年 10 月 28 日向专利复审委员会提出了无效宣告请求，其无效宣告理由是：本专利不符合专利法实施细则第 2 条第 3 款的规定。请求人随该无效宣告请求书提交了以下附件：

附件 1：浙江省宁波市中级人民法院应诉通知书［（2008）甬民四初字第 436 号］复印件共 1 页；

附件 2：本专利公报的复印件共 1 页；

附件 3：《国际外观设计分类表》第 7 页和第 117 页的复印件共 2 页；

附件 4：审查指南（2006）第 75、80 和 392 页的复印件共 3 页；

附件 5：专利号为 00337789.X 的外观设计公报复印件共 1 页，其授权公告日为 2001 年 8 月

15 日；

附件 6：专利号为 00337800.4 的外观设计公报复印件共 1 页，其授权公告日为 2001 年 8 月 15 日；

附件 7：科勒公司产品图册（龙头系列）的说明以及广告宣传图片复印件共 5 页。

请求人认为：附件 3~7 综合证明本专利不符合专利法实施细则第 2 条第 3 款的规定。本专利对应的产品构件本身没有独立的使用价值，只有与附件 5 的外观设计对应的产品构件组合后才能构成附件 7 的广告宣传图片的产品，因此，本专利不符合专利法实施细则第 2 条第 3 款的规定。

经形式审查合格后，专利复审委员会受理了该无效宣告请求，于 2008 年 12 月 5 日将无效宣告请求书及其附件清单中所列附件的副本转给了专利权人。

专利复审委员会成立合议组对本案进行审理。合议组于 2008 年 12 月 15 日向双方当事人发出口头审理通知书，定于 2009 年 2 月 26 日举行口头审理。

专利权人于 2009 年 1 月 19 日向专利复审委员会提交了意见陈述书，并附以下附件作为反证：

反证 1：专利号为 200730150224.1 的外观设计专利的著录项目及图片网络公开信息复印件共 1 页；

反证 2：专利号为 01349583.6 的外观设计专利的著录项目及图片网络公开信息复印件共 1 页；

反证 3：专利号为 02329113.3 的外观设计专利的著录项目及图片网络公开信息复印件共 1 页；

反证 4：专利号为 97315994.4 的外观设计专利的著录项目及图片网络公开信息复印件共 1 页；

反证 5：专利号为 98327513.0 的外观设计专利的著录项目及图片网络公开信息复印件共 1 页；

反证 6：专利号为 99306093.5 的外观设计专利的著录项目及图片网络公开信息复印件共 1 页。

专利权人认为：本专利对应的产品是“龙头”，由于该产品可以单独制造、出售和使用，因此属于外观设计专利保护的客体，从反证 1~6 可以看出中国专利局对于诸如龙头本体、龙头手柄等产品部件都是可以给予独立的外观设计专利保护的；从本专利的六面视图和立体图来看，本专利是对产品的形状做出的富有美感并适于工业应用的新设计，因此符合专利法实施细则第 2 条第 3 款的规定。

口头审理如期举行，各方当事人均委托代理人参加了口头审理。口头审理中的主要事实如下：(1) 双方当事人对合议组成员无回避请求，专利权人对于请求人出庭人员的身份及资格没有异议，请求人认为专利权人为国外机构，其代理人的授权委托书缺少其所在国的公证认证文件，鉴于请求人对专利权人涉外委托书存有质疑，合议组给专利权人一个月的期限，提交关于委托主体的真实性的相关认证文件；(2) 合议组将专利权人于 2009 年 1 月 19 日提交的意见陈述书及反证 1~6 当庭转交给请求人，请求人表示当庭陈述意见，不需要庭后书面答复；(3) 请求人明确无效宣告理由是附件 3~7 综合证明本专利不符合专利法实施细则第 2 条第 3 款的规定，具体的无效理由与无效宣告请求书相同；(4) 专利权人对于请求人提交的附件 3~6 的真实性没有异议，由于请求人无法出示附件 7 的原件，专利人对附件 7 的真实性有异议，专利权人认为本专利可以独立进行生产、销售和使用，专利权人还当庭演示证物证明本专利是可以单独使用的，且反证 1~6 证明了龙头阀门、手柄均属于专利法保护的客体，因此，本专利也是专利法保护的客体。最终，双方当事人均坚持原有意见。

针对代理人的委托事宜，专利权人于 2009 年 3 月 16 日提交了意见陈述书，并提交了两份公证书作为附件：

公证书 1：中华人民共和国北京市长安公证处 2009 年 3 月 5 日出具的公证书［（2009）京长安内经证字第 2701 号］；

公证书 2：中华人民共和国北京市长安公证处 2009 年 3 月 5 日出具的公证书［（2009）京长安内经证字第 2702 号］；

专利权人认为，公证书 1 内附文件是对科勒公司资质的公证认证文件的复印件，公证书 2 内附文件是对纳塔莉·A. 布莱克在科勒公司任职的公证认证文件的复印件，由于上述文件的原件已提交给相关法院，因此提交对复印件的公证书以证明复印件与原件相符，中文译本与英文原件内容相符。其中，公证书 2 可证明纳塔莉·A. 布莱克在科勒公司任总法律顾问一职，这与专利权人之前所提交的委托书中对签字人的职务说明是一致的。

专利复审委员会于 2009 年 3 月 19 日以口头审理通知书的形式通知双方当事人，于 2009 年 4 月 13 日在专利复审委员会核实专利权人的代理人委托手续是否合法。同时，将专利权人于 2009 年 3 月 16 日提交的意见陈述及上述公证书 1、2 的复印件转交给请求人，要求其当厅核实原件并陈述意见。

2009 年 4 月 13 日，双方当事人均委托代理人均参加了核实专利权人的代理人委托手续的程序，核实过程主要事实记载如下：（1）请求人核实了公证书 1、2 的原件，认可收到的复印件与原件相一致；（2）请求人认为，公证书 1、2 不是对专利权人之前提交的授权委托书的公证认证手续，不能证明其真实性和合法性。公证书 2 只能证明纳塔莉·A. 布莱克是科勒公司的总法律顾问，但其只是之前某个具体案件的委托人，科勒公司没有将所有法律事务委托给他。因此专利权人委托人不具有专利权人身份，主体资格不具备。专利权人则认为，之前提交的授权委托书符合法定要求，补交的公证书 1、2 可以证明签字人的身份。

至此，本案合议组认为事实已清楚，可以在此基础上依法作出审查决定。

二、决定的理由

1. 关于专利权人的代理人的委托手续

请求人对专利权人代理人的授权委托书持有异议，其理由主要有以下两点：（1）该份授权委托书中委托人一方签字者纳塔莉·A. 布莱克身份不明，无权代表专利权人进行委托；（2）该份授权委托书未办理公证认证手续。对此，合议组认为，首先，公证书 2 已经证明纳塔莉·A. 布莱克是专利权人科勒公司的总法律顾问，作为公司法律事务的总负责人，其就本案代表专利权人进行授权委托并无不妥；其次，现行无效宣告程序相关法律规范并未对涉外委托办理公证认证手续作出强制性规定，在未有相反证据的情况下，仅以此否定本案专利权人代理人授权委托书的真实性并不充分。综上，请求人的主张缺少事实及法律依据，合议组不予支持。

2. 法律依据

根据请求人提出的无效宣告请求的范围、理由和证据，本案合议组依据专利法实施细则第 2 条第 3 款对本案进行审理。

专利法实施细则第 2 条第 3 款规定，专利法所称外观设计，是指对产品的形状、图案或者其结合以及色彩与形状、图案的结合所作出的富有美感并适于工业应用的新设计。

3. 证据的认定

附件 2 为本专利公报的复印件，经核实，附件 2 的内容真实，可用以说明本专利的相关信息。

附件 3 为《国际外观设计分类表》第 7 页和第 117 页的复印件，附件 4 为审查指南第 75、80 和 392 页的复印件，附件 5、6 为中国外观设计专利公报的复印件，专利权人对附件 3~6 的真实性均无异议，合议组经审查后对其真实性予以认可。

请求人未能出示附件 7 的原件，且专利权人对附件 7 的真实性有异议，因此合议组对其真实性不予认可。

4. 关于专利法实施细则第 2 条第 3 款

请求人主张：本专利产品无独立使用价值，只有与附件 5 对应的产品组合后，才能构成独立使用价值的产品，因此本专利不符合审查指南第一部分第三章第 6.2.1.2 节第（1）项、第 6.4.3 节第

（4）项及第四部分第五章第 5.4.1 节第（1）项的规定，不属于专利法保护的客体，不符合专利法实施细则第 2 条第 3 款的规定。

请求人引用的审查指南相关规定内容如下：

审查指南第一部分第三章第 6.2.1.2 节第（1）项规定："由数件物品组合为一体的产品，其中每一件单独的构成部分没有独立的使用价值，组合成一体时才能使用的产品为组件产品，例如扑克牌、积木、插接组件玩具等，这些物品应当视为一件产品，只能作为一件申请提出，不属于成套产品。"

审查指南第一部分第三章第 6.4.3 节第（4）项规定："对于由多个不同特定形状或图案的构件组成的产品，如果构件本身不能成为具有独立使用价值的产品，则该构件不属于外观设计专利保护的客体。例如，对于一组由不同形状的插接块组成的拼图玩具，只有将所有插接块共同作为一项外观设计申请时，才属于外观设计专利保护的客体。"

审查指南第四部分第五章第 5.4.1 节第（1）项规定："对于组装关系唯一的组件产品，例如，由水壶和加热底座组成的电热开水壶组件产品，在购买和使用这类产品时，一般消费者会对各构件组合后的电热开水壶的整体外观设计留下印象；由榨汁杯、刨冰杯与底座组成的榨汁刨冰机，在购买和使用这类产品时，一般消费者会对榨汁杯与底座组合后的榨汁机、刨冰杯与底座组合后的刨冰机的整体形状的外观留下印象，所以，应当以上述组合状态下的整体外观设计为对象，而不是以所有单个构件的外观设计为对象来判断相同或者相近似。"

合议组认为：审查指南的上述规定，涉及的是成套产品与独立使用的关系，与外观设计保护客体无关，阐明了成套产品的每一件应具有独立使用价值。并且，审查指南规定了组件产品相同或相近似的判断方式。本专利产品能够单独制造和出售，这与审查指南所示例的插接玩具等情形不同，其作为整体龙头产品的可更换部件，可以在维修过程中作为单独的零部件在市场上流通，属于组件产品中具有相应的独立使用价值的产品；最后，审查指南第四部分第五章第 5.4.1 节第（1）项的规定仅适用外观设计相同相近似比较的判断，而对于判断本专利是否属于专利法实施细则第 2 条第 3 条规定的保护客体并不适用；综上所述，请求人关于本专利不符合专利法实施细则第 2 条第 3 款的主张不能成立，本专利属于外观设计保护的客体。

根据上述的事实和理由，合议组依法作出以下决定。

三、决定

维持 00337791.1 号外观设计专利权有效。

当事人对本决定不服的，可以根据专利法第 46 条第 2 款的规定，自收到本决定之日起三个月内向北京市第一中级人民法院起诉。根据该款的规定，一方当事人起诉后，另一方当事人应当作为第三人参加诉讼。

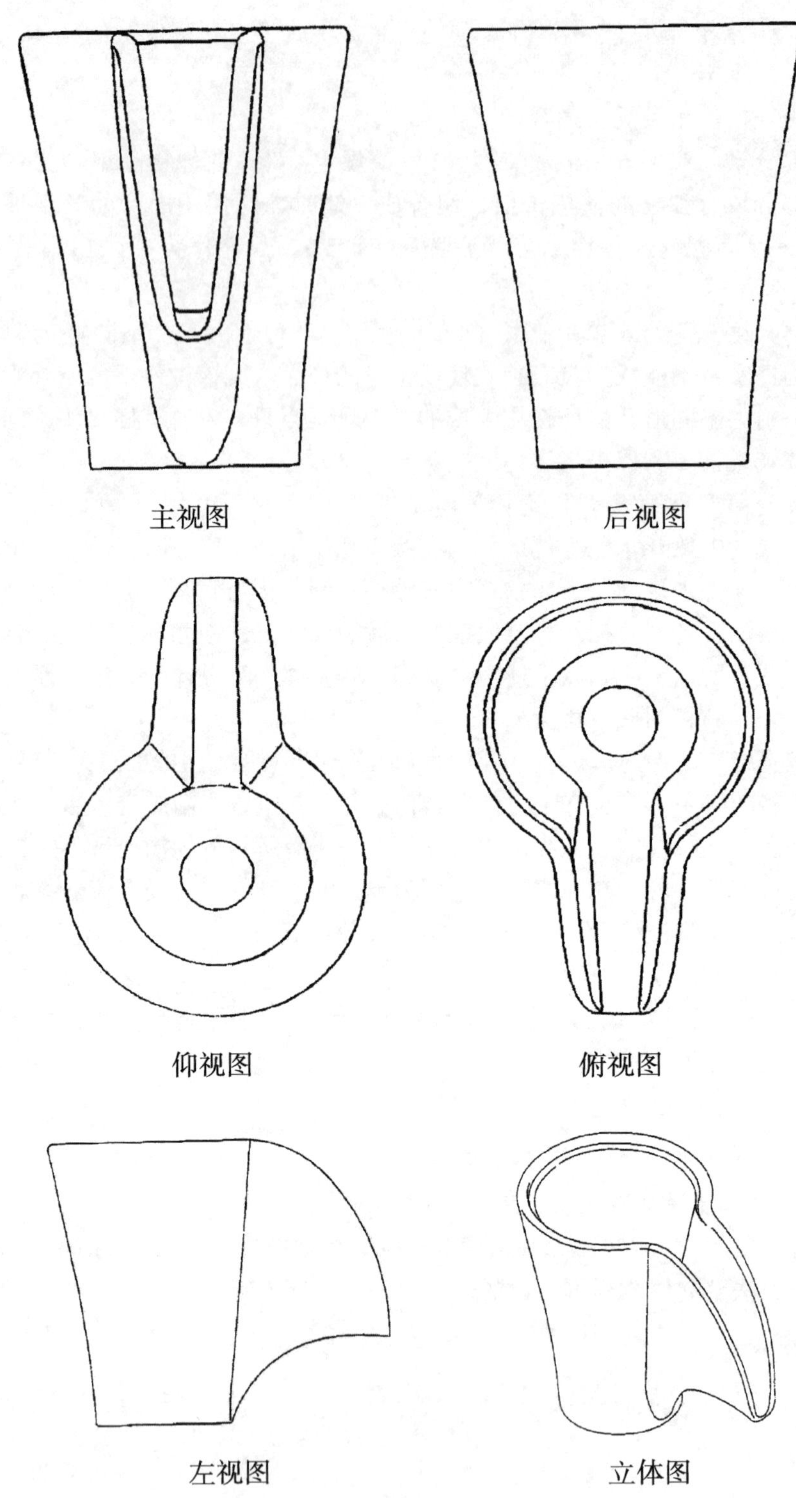

本专利附图

334

铝型材（0408）

无效宣告请求审查决定（第13539号）

决　　定　　号　第13539号
决　　定　　日　2009年6月9日
发明创造名称　铝型材（0408）
外观设计分类号　25-01
无 效 请 求 人　龙口市金穗铜铝材厂
专 利 权 人　张砚吉
专　　利　　号　200430030393.8
申　　请　　日　2004年2月20日
授 权 公 告 日　2004年9月22日
合 议 组 组 长　王霞军
主　　审　　员　黄强
参　　审　　员　危峰
附　　　　　图　1页

法 律 依 据　专利法第23条、第5条
决 定 要 点
当事人对其主张负有举证责任，证据必须查证属实才能予以采信，如果请求人提供的证据的真实性不能成立，则该证据不能用于支持请求人的事实主张，请求人应承担相应的不利后果。

一、案由

本无效宣告请求涉及的是国家知识产权局于2004年9月22日授权公告的、专利号为200430030393.8的外观设计专利，其产品名称为“铝型材（0408）”，申请日为2004年2月20日，专利权人为张砚吉。

针对上述外观设计专利（下称本专利），龙口市金穗铜铝材厂（下称请求人）于2008年10月8日向专利复审委员会提出无效宣告请求，认为本专利不符合专利法第22条、专利法实施细则第30条、专利法第56条第2款、专利法实施细则第2条第3款、专利法第5条的规定，同时请求人提交了下列附件：

附件1-1：龙工商公处字（2003）第1335号行政处罚决定书复印件，共2页；

附件1-2：加盖“龙口市工商行政管理局档案查询”章的证件复制（提取）单复印件，共1页；

附件1-3：由“龙口市金穗铜铝材厂”出具的并加盖“龙口市工商行政管理局档案查询章”的

附页复印件，共 1 页；

附件 1-4：加盖“龙口市工商行政管理局档案查询”章的山东省代收罚款收据复印件，共 1 页；

附件 2：华昌铜铝型材厂产品样本封面页、第 74 页以及封底页复印件，共 3 页；

附件 3：本专利的仰视图复印件，共 1 页；

附件 4：龙政函字（2006）22 号函复印件，共 10 页；

附件 5：料样照片复印件，共 1 页；

附件 6：审查指南第一部分第三章第 1~60、1~74、1~75 页复印件，共 3 页；

附件 7：龙工商公处字（2006）第 906 号行政处罚决定书复印件，共 3 页；

附件 8：《商标法》《反不正当竞争法》法条复印件，共 2 页。

请求人认为：附件 1 和附件 2 已经充分证明本专利不具有新颖性；根据专利法第 56 条第 2 款、专利法实施细则第 2 条第 3 款规定，“龙口”字样不应作为外观设计专利保护内容；本专利内容违反了《商标法》《反不正当竞争法》的规定，且损害了社会公共利益，根据专利法第 5 条的规定，不应授予专利权；本专利的图形与文字的组合并没有与铝型材构成外观设计意义上的结合，也没有为铝型材的外观带来美感，该图案附着于铝型材的表面更符合商标的特征，专利权人有违法冒用龙口产地的违法行为，况且本专利的内容已经成为公知技术而丧失新颖性，因此应宣告本专利无效。

由于请求人提出的无效宣告理由包含不属于专利法实施细则第 64 条第 2 款规定的理由，专利复审委员会于 2008 年 12 月 5 日向请求人发出了《无效宣告请求补正通知书》，通知其在指定期限内补正。

2009 年 1 月 13 日，专利复审委员会收到请求人提交的经补正的无效宣告请求书。请求人将本专利不符合专利法第 22 条的理由变更为本专利不符合专利法第 23 条，同时提交了如下附件作为证据（编号续前）：

附件 9：华昌铜铝型材厂 2000 年产品样本封面页、第 75 页以及封底页复印件，共 3 页。

请求人认为：附件 9 第 75 页公开了一款型号为“70 光企（70E06）”的型材的外观设计，与本专利进行比较可知，两者细节部分基本相同，属于相近似的外观设计，本专利不符合专利法第 23 条的规定，应宣告本专利无效。

经形式审查合格，专利复审委员会依法受理了上述无效宣告请求，并于 2009 年 1 月 22 日向请求人和专利权人发出无效宣告请求受理通知书，同时将专利权无效宣告请求书及其附件清单中所列附件的副本转送给专利权人，并要求专利权人在指定的期限内陈述意见。

2009 年 3 月 6 日，专利权人提交了意见陈述书以及如下反证 1：

反证 1：山东省高级人民法院（2008）鲁商终字第 240 号民事判决书复印件，共 15 页。

专利权人认为，请求人提供的证据为复印件，且所提交的文件不具有关联性、合法性、真实性，因此请求维持专利权有效。但专利权人并未具体说明反证 1 用于证明何种事实。

专利复审委员会依法成立合议组对本案进行审理，并于 2009 年 4 月 24 日向双方当事人发出《无效宣告请求口头审理通知书》，定于 2009 年 6 月 3 日举行口头审理，并将专利权人于 2009 年 3 月 6 日提交的意见陈述书及其附件随该通知书一并转送于请求人。

2009 年 6 月 3 日，口头审理如期进行，双方当事人均委托代理人出席口头审理。双方当事人对对方出庭人员的身份、资格无异议，对合议组成员无回避请求。在口头审理过程中，认定并记录了以下事项：（1）请求人当庭表示放弃专利法第 22 条、专利法实施细则第 30 条、专利法第 56 条第 2 款、专利法实施细则第 2 条第 3 款的无效理由，明确其无效理由为本专利不符合专利法第 23 条、专利法第 5 条的规定，证据的使用方式为附件 1 和附件 2 用于证明本专利不符合专利法第 23 条的规定，附件 1、4、5、7、8 用于证明本专利不符合专利法第 5 条的规定。(2) 请求人当庭放弃了附件 3、附件 6 和附件 9，并表示附件 8 仅作为参考，用于说明本专利违法了《商标法》和《反不正当竞争法》的规定。(3) 请求人当庭提交了附件 2 和附件 7 的原件以及附件 5 的产品实物，并表示附件 1 和附件 4 的原件在之前进行的案件编号为 W608474、专利号为 200530136211. X 的口头审理中已经提交过，合议组依职权调取了上述文件。(4) 专利权人对附件 1、附件 2 和附件 4 的真实性有异议，并认为附件 5 的产品实物超过了举证期限，附件 7 与本案没有关联性；同时认为请求人提交变更理由的意见陈述及附件是提出无效宣告请求之日起一个月后提交的，超出了法定期限，不同意变更理由。(5) 请求人认可专利权人提交的反证 1 的真实性。(6) 对于相近似比较，请求人认为本专利与附件 2 所示的外观设计相同，专利权人认为本专利与在先设计既不相同，也不相似。

在上述审理的基础上，合议组认为本案事实已经调查清楚，可以依法作出审查决定。

二、决定的理由

1. 法律依据

请求人于 2008 年 10 月 8 日提出无效宣告请求，其中认为本专利不符合专利法第 22 条的规定。2009 年 1 月 13 日，专利复审委员会收到请求人提交的经补正的无效宣告请求书，将本专利不符合专利法第 22 条的理由变更为本专利不符合专利法第 23 条的规定。专利权人认为请求人提交变更理由的意见陈述及附件是提出无效宣告请求之日起一个月后提交的，超出了法定期限，不同意变更理由。合议组认为：根据审查指南第四部分第三章第 4.2 节的规定，请求人在提出无效宣告请求之日起一个月后增加无效宣告理由的，专利复审委员会一般不予考虑，但对明显与提交的证据不相对应的无效宣告理由进行变更的，属于例外情形。请求人提交的附件 1 和附件 2 对应的无效宣告请求的理由应是本专利不符合专利法第 23 条的规定，并非增加无效宣告理由，而是对无效宣告理由进行变更，因此专利权人的主张不能成立。

因此，基于请求人提出无效宣告请求所依据的事实和理由，合议组依据专利法第 5 条、第 23 条的规定进行审理。

2. 关于专利法第 5 条

专利法第 5 条规定："对违反国家法律、社会公德或者妨碍公共利益的发明创造，不授予专利权。"

就本案而言，请求人主张本专利图片中"龙口"字样违反了《商标法》和《反不正当竞争法》的规定，且损害了社会公共利益，根据专利法第 5 条的规定，不应授予专利权。

对此，合议组认为，根据专利法第 56 条的规定，外观设计专利权的保护范围以表示在图片或者照片中的该外观设计专利产品为准，本专利的授权公告文本中，"龙口"二字以及相关的拼音标识已被删除，不在本专利的保护范围之内。因此，请求人主张的事实不存在，据此认为本专利不符合专利法第五条的无效理由不能够成立。

鉴于上述结论，因此合议组对与专利法第 5 条无效理由相关的证据不予评述。

3. 关于专利法第 23 条

专利法第 23 条规定："授予专利权的外观设计，应当同申请日以前在国内外出版物上公开发表过或者国内公开使用过的外观设计不相同和不相近似，并不得与他人在先取得的合法权利相冲突。"

当事人对其主张负有举证责任，证据必须查证属实才能予以采信，如果请求人提供的证据的真实性不能成立，则该证据不能用于支持请求人的事实主张，请求人应承担相应的不利后果。

就本案而言，请求人认为附件 1 和 2 能够证明本专利产品已经在申请日前被公开使用和公开发表，因此本专利不符合专利法第 23 条的规定。专利权人对附件 1 和 2 的真实性均有异议。

对此，合议组认为，(1) 姑且不论附件 1 的真实性是否成立，附件 1-1 为一份龙口市工商行政管理局出具的行政处罚判决书，附件 1-3 为山东省代收罚款收据复印件，附件 1-4 为“龙口市金穗铜铝材厂”出具的并加盖“龙口市工商行政管理局档案查询章”的附页复印件，以上证据中并没有任何的图片或照片可与本专利的外观设计产品进行相同或相似性比较，附件 1-2 的图片也只有一份“龙口”字样的商标复印件，同样无法直接与本专利的外观设计产品进行相同或相似性比较，因此附件 1 不能与本专利的外观设计进行用于相同或相近似比较；（2）附件 2 为华昌铜铝型材厂产品样本复印件，该证据虽然有原件，但其属于企业自制产品样本，制作随意性较大，不足以认定其来源的真实性，在没有其他证据能够证明附件 2 的真实性的情况下，不足以认定该证据的真实性，因此合议组对该证据不予采信，请求人使用该证据证明本专利不符合专利法第 23 条规定的无效理由不能成立。

综上所述，请求人提交的证据不足以证明本专利的授予不符合专利法第 5 条和专利法第 23 条的规定。

鉴于已得出上述结论，本决定对专利权人提交的反证不再予以评述。

三、决定

维持第 200430030393. 8 号外观设计专利权有效。

当事人对本决定不服的，可以根据专利法第 46 条第 2 款的规定，自收到本决定之日起三个月内向北京市第一中级人民法院起诉，根据该款规定，一方当事人起诉后，另一方当事人应当作为第三人参加诉讼。

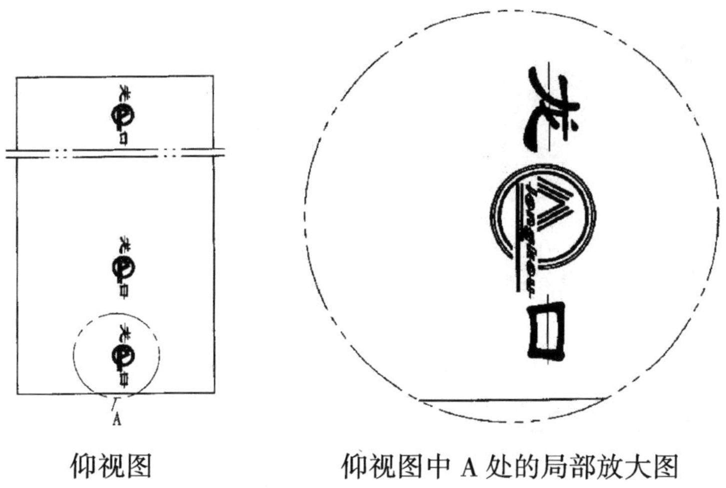

仰视图　　仰视图中 A 处的局部放大图

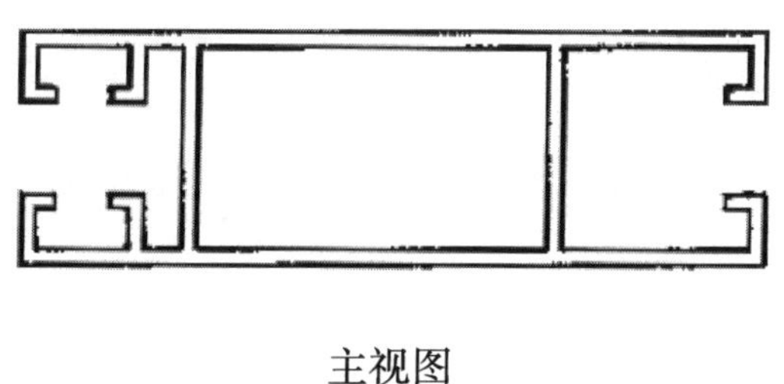

主视图

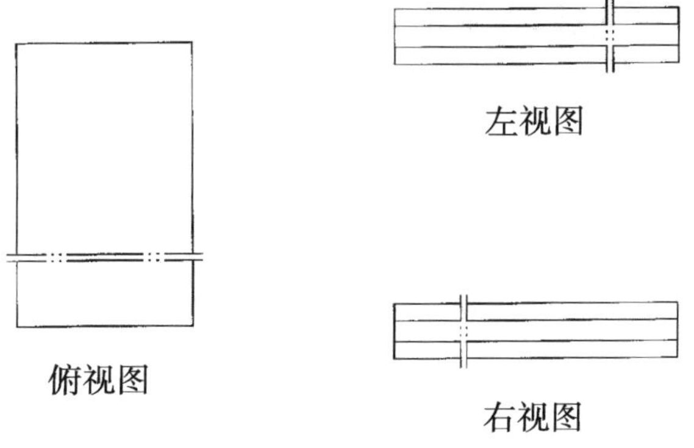

俯视图　　左视图　　右视图

本专利附图

335

垃圾桶（ZYS-42L）

无效宣告请求审查决定（第13541号）

决　定　号　第13541号
决　定　日　2009年6月19日
发明创造名称　垃圾桶（ZYS-42L）
外观设计分类号　09-09
无效宣告请求人　余姚市胜利达装饰制品有限公司
专　利　权　人　罗志岳
专　利　号　200430034899.6
申　请　日　2004年6月18日
授权公告日　2005年3月23日
合议组组长　张　凌
主　审　员　王霞军
参　审　员　尹春霞
附　　图　2页

法律依据　专利法第23条
决定要点

本专利与在先设计近似的整体形状，已给一般消费者留下了相近似的整体视觉印象，其桶盖外壳形状的差别及按键、指示灯的设置均属于局部细微的变化，尚不足以对整体外观设计产生显著的影响。因此，本专利与在先设计属于相近似的外观设计。

一、案由

本无效宣告请求涉及的是国家知识产权局于2005年3月23日授权公告的、名称为“垃圾桶（ZYS-42L）”的外观设计专利（下称本专利），其申请号是200430034899.6，申请日是2004年6月18日，专利权人是罗志岳。

针对本专利权，余姚市胜利达装饰制品有限公司（下称请求人）于2009年3月20日向专利复审委员会提出无效宣告请求，其主要理由是：本专利与申请日前在国外出版物上公开发表过的产品外观设计相近似，本专利不符合专利法第23条规定。与此同时，请求人提交了如下附件作为证据：

附件1：本专利著录项目和图片打印件1页；

附件2：775540号日本外观设计专利公报复印件1页；

附件3：1033154号日本外观设计专利公报复印件1页。

请求人认为本专利分别与附件2和附件3产品所对应的各视图相近似，桶盖均呈斜坡状，桶身为圆柱体，桶盖与桶身连接处带有一外凸沿，二者整体造型相近似，容易造成一般消费者混淆，请求宣告本专利无效。

经形式审查合格，专利复审委员会受理了本无效宣告请求，并于2009年3月20日将无效请求书及相关材料副本转送给专利权人。

2009年4月8日，专利复审委员会向双方当事人发出口头审理通知书，定于2009年6月3日进行口头审理。

2009年4月10日，专利权人进行了意见陈述，认为：附件1图片非常模糊，不能清楚地看清其外观设计，不能判断与本专利是否相似。附件2产品与本专利既不相同也不相似，请求维持本专利有效。

2009年4月20日，请求人补充提交了意见陈述书及证据材料，请求人坚持认为：在本专利申请日前已有与本专利外观形状相近似的产品在国内外出版物上公开发表过。同时，补充如下附件作为证据（编号续前）：

附件4：2082199号英国外观设计专利复印件4页；

附件5：2092711号英国外观设计专利复印件4页；

附件6：000099536-0002号欧洲外观设计专利复印件2页；

附件7：01300213.9号中国外观设计专利文献打印件1页。

2009年5月8日，专利复审委员会将请求人提交的意见陈述书及补充证据材料转专利权人，将专利权人的意见陈述书转给请求人，并告知双方当事人可在口头审理时一并答复。

口头审理如期举行，双方当事人均委托代理人参加了口头审理，双方当事人对对方出庭人员的身份、资格无异议，合议组成员因故变更，双方当事人对变更后的合议组成员无回避请求。专利权人对请求人提交的证据真实性没有异议。双方当事人将本专利与请求人提交的所有证据一一进行比较，专利权人认为，本专利桶盖与在先公开的垃圾桶桶盖的形状均不相同且不相近似，并当庭展示了本专利产品实物。双方当事人各自坚持本方观点。

在上述审理的基础上，合议组认为本案事实清楚，可以依法作出审查决定。

二、决定的理由

1. 法律依据

基于请求人提出的无效宣告请求理由，合议组对本专利是否符合专利法第23条的规定进行审查。

专利法第23条规定：“授予专利权的外观设计，应当同申请日以前在国内外出版物上公开发表过或者国内公开使用过的外观设计不相同和不相近似，并不得与他人在先取得的合法权利相冲突。”

2. 证据认定

请求人提交的附件4是英国2082199号外观设计专利公报复印件，该复印件经国家知识产权局专利检索咨询中心盖章确认副本与原件相同，专利权人对其真实性没有异议。该专利授予证书日为1999年7月14日，分类号为09-09。经核实，该专利的公开日期早于本专利的申请日（2004年6月18日），可作为本专利的证据使用，其上公开了一款垃圾桶的外观设计（下称在先设计）。本专利与在先设计均为垃圾桶，二者用途相同，属于相同种类的产品，可以进行相同、相近似的比较。

3. 相同和相近似比较

本专利垃圾桶由桶身和桶盖两部分组成，桶身和桶盖均为圆柱体，桶盖的上端前低后高呈斜面状，斜面上有一个近似圆形的翻盖，翻盖上下两边为直线，翻盖表面略带弧度，翻盖下端有几个小按键，桶盖与桶身连接处有一圈外凸沿，凸沿两侧各有一个呈弧形的提手，桶盖后部有一长方形指示灯

(详见本专利附图)。

在先设计是一款垃圾桶的立体图，在先设计垃圾桶由桶身和桶盖两部分组成，桶身为圆柱体，桶盖外壳带有弧度，桶盖的上端前低后高呈斜面状，斜面上有一个近似圆形翻盖，翻盖上端为直线，翻盖表面略带弧度，翻盖下部有一个圆形按键，桶盖与桶身连接处有一圈外凸沿，凸沿上有长方形提手(详见在先设计附图)。

专利权人认为附件4仅公开了一幅立体图，无法与本专利进行相近似比较，对此合议组认为：在先设计虽然只公开了产品立体图，但该垃圾桶形状为圆柱体，该图已将产品的主要形状展示出来，未公开的桶底部分对整体视觉效果不具有显著影响，故不影响将其与本专利适用整体观察、综合判断的方式进行对比。

将本专利与在先设计进行比较，二者桶身形状均呈圆柱体，桶盖表面为斜面状，斜面上设有近似圆形翻盖，桶盖与桶身连接处有一圈外凸沿。二者主要不同之处在于：桶盖外壳形状不同，本专利桶盖外壳表面为直桶，而在先设计桶盖外壳表面带有弧度；本专利翻盖下方设有按键，桶盖背面有一长方形指示灯，而在先设计没有；二者提手形状不同，本专利为弧形，在先设计为长方形。经对比合议组认为：二者主要区别点在于桶盖的形状，本专利为直筒，在先设计略带有弧度，但在先设计桶盖外壳的弧度不大，其差别对整体效果不具有显著影响，对于本专利按键、指示灯的设置，翻盖及提手的形状的差别属于局部细微的变化，尚不足以对整体外观设计产生显著的影响。二者近似的整体形状，已给一般消费者留下了相近似的整体视觉印象，因此，本专利与在先设计属于相近似的外观设计。

综上所述，在本专利申请日以前已有与其相近似的外观设计在国外出版物上公开发表过，本专利不符合专利法第23条的规定。

在已经得出上述审查结论的基础上，本审查决定对请求人提交的其他证据不再进行评述。

三、决定

宣告200430034899.6号外观设计专利权全部无效。

当事人对本决定不服的，可以根据专利法第46条第2款的规定，自收到本决定之日起三个月内向北京市第一中级人民法院起诉。根据该款的规定，一方当事人起诉后，另一方当事人应当作为第三人参加诉讼。

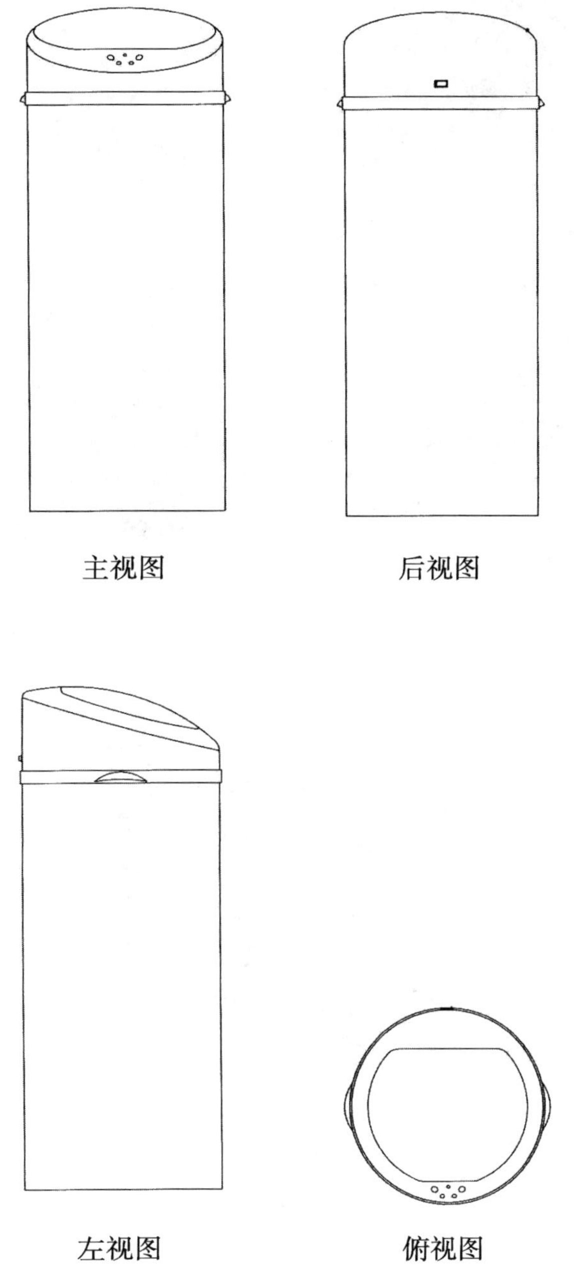
主视图 后视图
左视图 俯视图

本专利附图

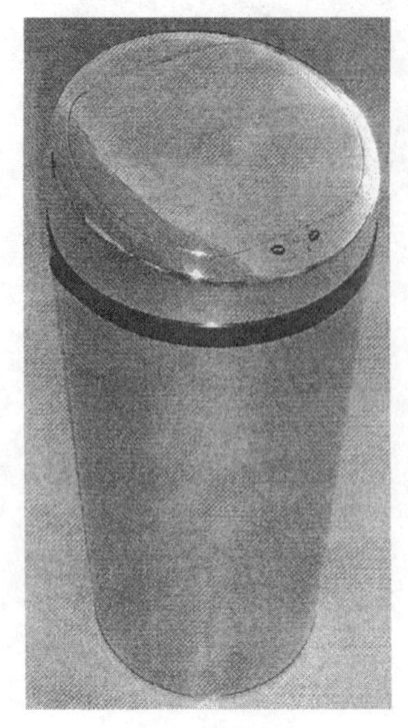

立体参考图

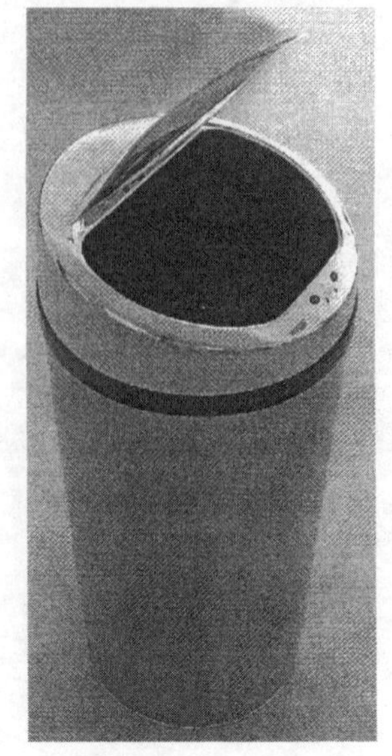

使用状态参考图

本专利附图（续）

在先设计附图

336

衣挂（四搭）

无效宣告请求审查决定（第13542号）

决　　定　　号　第13542号
决　　定　　日　2009年6月19日
发明创造名称　衣挂（四搭）
外观设计分类号　06-08
无效宣告请求人　浙江华都家庭用品有限公司
专　利　权　人　金海波
专　　利　　号　02353361.7
申　　请　　日　2002年8月29日
授权公告日　2003年4月23日
合议组组长　吴赤兵
主　　审　　员　王霞军
参　　审　　员　李巍巍
附　　　　　图　1页

法　律　依　据　专利法第23条
决　定　要　点

虽然本专利与在先设计衣挂均由衣钩和衣架组成，但二者衣架的整体形状，以及安装方式不同所带来的形状上的差异，给一般消费者以完全不同的视觉印象，二者的差别在视觉效果上具有显著的影响，属于不相同也不相近似的外观设计。

一、案由

本无效宣告请求涉及的是国家知识产权局于2003年4月23日授权公告的、名称为“衣挂（四搭）”的外观设计专利（下称本专利），其专利号是02353361.7，申请日是2002年8月29日，专利权人是金海波。

针对本专利权，浙江华都家庭用品有限公司（下称请求人）于2009年3月30日向专利复审委员会提出无效宣告请求，其主要理由是：在本专利申请日以前，已有与本专利相似的外观设计在出版物上公开发表。因此，本专利不符合专利法第23条、专利法第9条和专利法实施细则第13条第1款的规定。与此同时，请求人提交了如下附件作为证据：

附件1：01324742.5号外观设计专利电子公告打印件1页；

附件2：02359833.6号外观设计专利电子公告打印件1页。

请求人认为本专利与附件1、附件2的主视图极为相似，均包括一个挂钩和一体连接的方形挂架，属于同样的发明创造，请求宣告本专利无效。

经形式审查合格，专利复审委员会受理了上述无效宣告请求，并于2009年3月30日将无效请求书及相关材料副本转送给专利权人。

2009年4月30日，专利复审委员会向双方当事人发出合议组告知通知书及口头审理通知书，定于2009年6月2日进行口头审理。

2009年4月30日，请求人补充提交了7篇在先公开的美国专利文献作为证据，证明在本专利申请日前已有外观设计相近似产品在出版物上公开发表。请求人提交了如下附件：（编号续前）：

附件3：公告号为2601926，公开日为1952年7月1日的美国专利打印件1页；

附件4：公告号为1368843，公开日为1921年2月15日的美国专利打印件1页；

附件5：公告号为2191714，公开日为1940年2月27日的美国专利打印件1页；

附件6：公告号为2622742，公开日为1952年12月23日的美国专利打印件1页；

附件7：公告号为3352430，公开日为1967年11月14日的美国专利打印件1页；

附件8：公告号为3565261，公开日为1971年2月23日的美国专利打印件1页；

附件9：公告号为Des253448，公开日为1979年11月20日的美国专利打印件1页。

请求人认为本专利与附件3产品均由挂钩及其下方的挂框组成，并在挂框内均为三根横杆，其区别在于横杆的安装方式略有不同，二者属于相近似的外观设计。

专利复审委员会于2009年5月13日将请求人补充提交的证据材料和意见陈述转送给专利权人。

2009年5月14日，专利权人针对请求人的无效宣告请求及附件1和附件2进行意见陈述，专利权人认为本专利与附件1和附件2不相同且不相近似。

口头审理如期举行，双方当事人均委托代理人参加了口头审理，双方当事人对对方出庭人员的身份、资格无异议。合议组成员因故变更，双方当事人对合议组成员无回避请求。合议组当庭告知请求人，对于2009年4月30日补充的附件4~9证据，因没有结合证据具体说明无效宣告理由，合议组不予考虑。

请求人当庭声明放弃本专利不符合专利法第9条和专利法实施细则第13条第1款的无效理由，放弃附件1和附件2两份证据。确认本专利与附件3中的图1进行相近似比较，专利权人对附件3美国专利的真实性、合法性有异议，认为请求人没有说明附件3的来源，附件3仅为1页，无法判断其产品名称，类别是否与本专利相同。双方当事人将本专利与附件3中的图1是否相近似进行了充分意见陈述，各自坚持本方观点。

在上述审理的基础上，合议组认为本案事实已经清楚，可以依法作出审查决定。

二、决定的理由

1. 法律依据

基于请求人提出的无效宣告请求理由，合议组对本专利是否符合专利法第23条规定进行审查。

专利法第23条规定："授予专利权的外观设计，应当同申请日以前在国内外出版物上公开发表过或者国内公开使用过的外观设计不相同和不相近似，并不得与他人在先取得的合法权利相冲突。"

2. 证据认定

请求人的庭审中明确放弃附件1和附件2两份证据，合议组不再评述。

请求人在提交附件4~9证据时，只在意见陈述书中简单说明本专利与其相似，没有具体进行对比。根据审查指南的有关规定，请求人提交的附件4~9未结合提交的证据具体说明无效宣告理由，合议组不予考虑。

请求人提交的附件3是一篇美国专利公告打印件，其公告号为2601926，公告日是1952年7月1日。专利权人对其真实性有异议。经合议组核实，该美国专利的内容属核，其真实性可以确认，该专利的公开日期早于本专利的申请日（2002年8月29日），属于专利法第23条规定的出版物。其附图1中公开了一款衣架产品的外观设计（下称在先设计）。本专利与在先设计均为衣架，二者用途相同，属于相同种类的产品，可进行相近似比较。

3. 相同和相近似比较

本专利衣挂由衣钩和衣架两部分组成，衣钩近似为“?”形状，衣架为长方形，衣架的最上端中部向上突起呈弧度与衣钩连接，衣架框内有四根晾衣杆，衣架两侧分别设有挂钩，晾衣杆两端与长方形挂钩连接（详见本专利附图）。

在先设计为一幅产品正面视图，衣钩近似为“?”形状，衣钩与中间为半圆形两侧倾斜的衣架框连接，衣架框近似方形，框内有三根晾衣杆（详见在先设计附图）。

将本专利与在先设计进行比较，二者主要相同点为衣钩均呈近似的“?”形状，衣架框内有晾衣杆，其主要不同之处在于：本专利衣架两侧有挂钩，晾衣杆与挂钩连接，而在先设计的晾衣杆直接安装在衣架上；两衣架顶端的形状也不同。合议组认为，虽然本专利与在先设计衣挂均由衣钩和衣架组成，但二者衣架的整体形状，以及安装方式的不同所带来的形状上的差异，给一般消费者以完全不同的视觉印象，二者的差别在视觉效果上具有显著的影响，属于不相同也不相近似的外观设计。

综上所述，请求人提交的证据不能证明在本专利申请日前已有与本专利相近似的外观设计在出版物上公开发表过，据此证明本专利不符合专利法第23条的规定的理由不能成立。

三、决定

维持02353361.7号外观设计专利权有效。

当事人对本决定不服的，可以根据专利法第46条第2款的规定，自收到本决定之日起三个月内向北京市第一中级人民法院起诉。根据该款的规定，一方当事人起诉后，另一方当事人应当作为第三人参加诉讼。

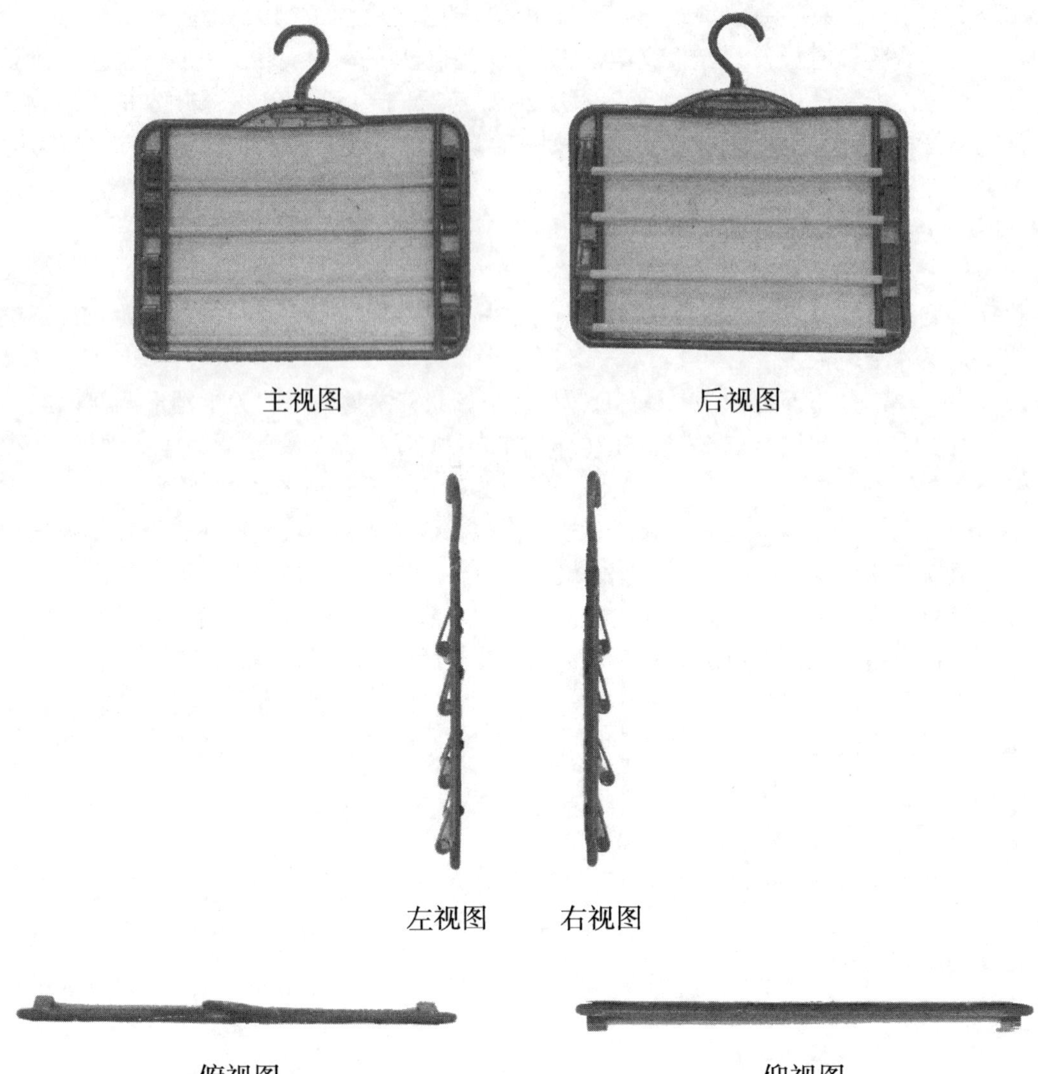

主视图　　后视图

左视图　　右视图

俯视图　　仰视图

本专利附图

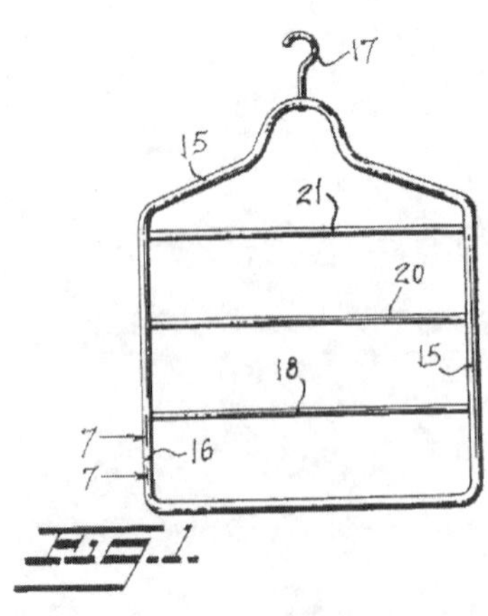

在先设计附图

337

卫生间隔断

无效宣告请求审查决定（第 13545 号）

决　　定　　号　第 13545 号
决　　定　　日　2009 年 6 月 18 日
发明创造名称　卫生间隔断
外观设计分类号　25-02
无效宣告请求人　王　健
专　利　权　人　罗　东
专　　利　　号　200730023821.8
申　　请　　日　2007 年 5 月 9 日
授 权 公 告 日　2008 年 3 月 12 日
合 议 组 组 长　石　竞
主　　审　　员　刘　蕾
参　　审　　员　张梅珍
附　　　　　图　2 页

法　律　依　据　专利法第 23 条
决　定　要　点

本专利与请求人提交的在先设计不相同且不相近似，请求人提交的证据不能证明本专利不符合专利法第 23 条的规定，因此无效宣告请求的理由不成立。

一、案由

本无效宣告请求涉及申请号为 200730023821.8、名称为“卫生间隔断”的外观设计专利（下称本专利），其申请日为 2007 年 5 月 9 日，授权公告日为 2008 年 3 月 12 日，专利权人为罗东。

针对上述外观设计专利权，2009 年 1 月 8 日王健（下称请求人）向专利复审委员会提出无效宣告请求，其依据的事实和理由是：本专利不符合专利法第 23 条的规定，在本专利申请日之前已经有在先设计完全公开了本专利产品的形状，并提交了如下证据：

证据 1：授权公告号为 CN3485473，名称为“隔断板（外卡封边）”，申请日为 2005 年 1 月 17 日、授权公告日为 2005 年 11 月 9 日的外观设计专利复印件，共 1 页；

证据 2：专利号为 200420120078.9，名称为“卡式封边的金属蜂巢卫浴隔断板”，其申请日为 2004 年 12 月 23 日，授权公告日为 2006 年 3 月 8 日的实用新型专利说明书复印件，共 5 页。

请求人认为：（1）本专利的主视图与证据 1 的主视图对比，两者都为矩形，在靠近四周边缘处都有一直线，两者完全相同，没有任何显著的外观区别；本专利的俯视图与证据1的俯视图对比，两者整体上都为扁平的矩形，在两端都为圆弧，靠近上下两面都分别有一直线，两者完全相同；本专利和证据1的左视图与俯视图旋转90°后完全相同，对比结果同俯视图。（2）证据2虽然没有公开六面图，但是公开了剖面图，其剖面图的外观形状与本专利俯视图完全相同，通过视图投影关系，必然得出本专利主视图，也就是说，虽然本专利的主视图没有明确公开，但从证据2的剖面图完全可以直接、唯一地得出本专利地主视图，因此本专利的主视图实际上已经被证据2公开，本专利的图片与证据2完全相同。因此本专利不符合专利法第23条的规定，应予宣告无效。

专利复审委员会经形式审查合格受理了上述无效宣告请求，于2009年2月13日向双方当事人发出无效宣告请求受理通知书，并将无效宣告请求书及其附件副本转送给专利权人，要求其在指定期限内答复。专利权人逾期未答复。

专利复审委员会于2009年4月10日向双方当事人发出口头审理通知书，定于2009年5月12日对本案进行口头审理。口头审理因故改期，专利复审委员会于2009年4月22日向双方当事人发出口头审理通知书，定于2009年5月21日对本案进行口头审理。

专利复审委员会2009年5月12日收到请求人寄交的《无效宣告请求口头审理通知书回执》，明确表示不能参加口头审理。2009年5月21日，口头审理如期举行，专利权人和请求人均未出席。

合议组在此基础上依法作出如下审查决定。

二、决定的理由

1. 法律依据

基于请求人提出的无效宣告请求理由，合议组对本专利是否符合专利法第23条的规定进行审查。

专利法第23条规定：授予专利权的外观设计，应当同申请日以前在国内外出版物上公开发表过或者国内公开使用过的外观设计不相同和不相近似，并不得与他人在先取得的合法权利相冲突。

2. 证据的认定

请求人提交的证据1和2分别是外观设计专利复印件和实用新型专利复印件，合议组认可其真实性。同时，它们的公告日都在本专利申请日之前，属于专利法第23条所规定的出版物，可适用于本案。

3. 关于专利法第23条

证据1所示外观设计为一种隔断板，证据2说明书附图示出了一种卫浴隔断板，其两者与本专利均属于卫浴隔断板，用途相同，为相同种类的产品，故可以进行相同和相近似性比较。

本专利共有三幅附图，分别是主视图、俯视图、左视图。从主视图可以看出本专利的卫生间隔断，主体形状为矩形板块，沿矩形四周边缘均有直线型边框，在矩形板块外形成立体外框，其俯视图表明矩形板块两端呈圆弧形，矩形板块靠近上下两面各有一直线形边框（详见本专利附图）。

证据1共有四幅图，分别是主视图和俯视图及俯视图的A-A剖视图、B-B剖视图。其示出的隔断板，是矩形板块，矩形四周有边框，依据其俯视图，矩形板块四周端部呈圆弧形（参见证据1附图）。

将本专利与证据1中的主视图和俯视图相比较，可以看出本专利的卫生间隔断和证据1公开的隔断板外观整体形状均呈矩形，四周均有端部为弧形的边框。

二者的不同之处在于：（1）证据1大致呈正方形，本专利呈长方形；（2）从请求人提供的证据1主视图看，其隔断板四周边缘直线所表示的框并未明显突出于隔断板板块平面，而本专利卫生间隔断的主体矩形板块四周边缘的直线形边框明显凸出于板块平面，板块平面相对于边框内凹。合议组认为，隔断板采用正方形或者长方形，是该领域公认的惯常设计，因此区别（1）的隔断板形状对整体视觉效果不具有显著的影响。在此情况下，出现在两项外观设计隔断的主体形状上的区别（2）对整体视觉效果具有显著影响，一般消费者不会将两者误认、混同，因此本专利与证据 1 的在先设计是不相同且不相近似的外观设计。

证据 2 公开的卫浴隔断板，只公开了剖面图，没有公开其主视图，请求人认为该剖视图的外观形状与本专利俯视图完全相同，通过视图投影关系，必然得出本专利主视图。合议组认为，从证据 2 公开的隔断板的剖面图，不能必然得出其主视图，隔断板的正面可能会有其他无法从剖面图上示出的附加特征。因此，不能得出本专利与证据 2 相同的结论，合议组对请求人的该主张不予支持。

综上，本专利与证据 1、证据 2 所示的在先设计不相同且不相近似，请求人提交的证据不能证明本专利不符合专利法第 23 条的规定，因此请求人无效宣告请求的理由不成立。

三、决定

维持 200730023821.8 号外观设计专利有效。

当事人对本决定不服的，可以根据专利法第 46 条第 2 款的规定，自收到本决定之日起三个月内向北京市第一中级人民法院起诉。根据该款的规定，一方当事人起诉后，另一方当事人应当作为第三人参加诉讼。

主视图

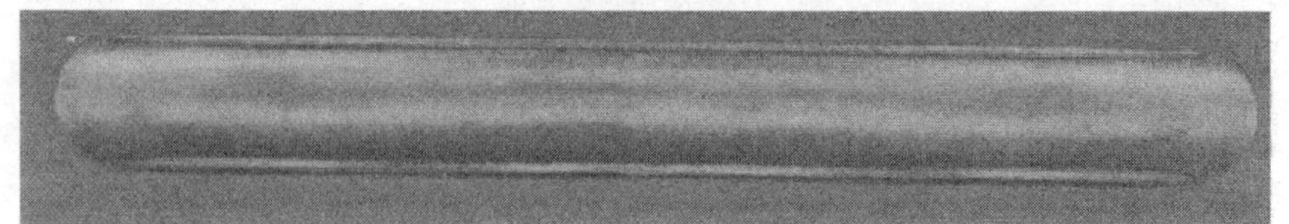

俯视图

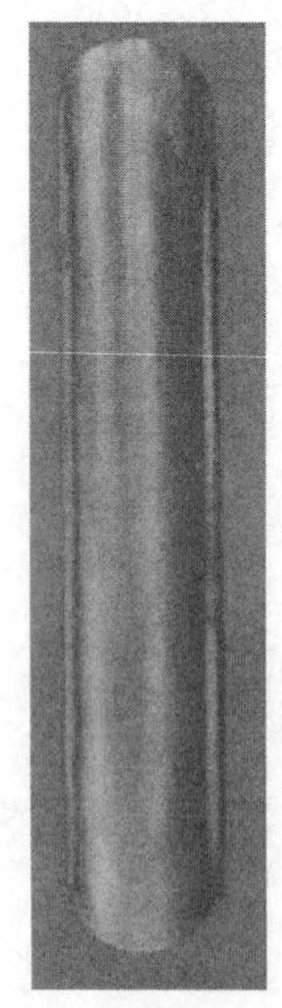

左视图

本专利附图

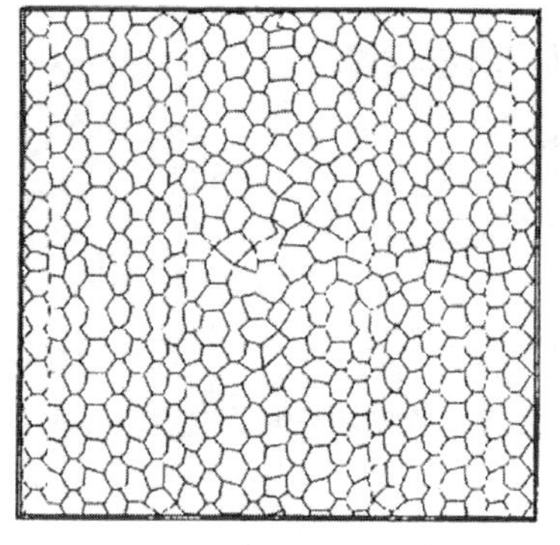

A-A 剖视图 P2

B-B 剖视图 P2

俯视图 P1

主视图 P2

证据 1 附图

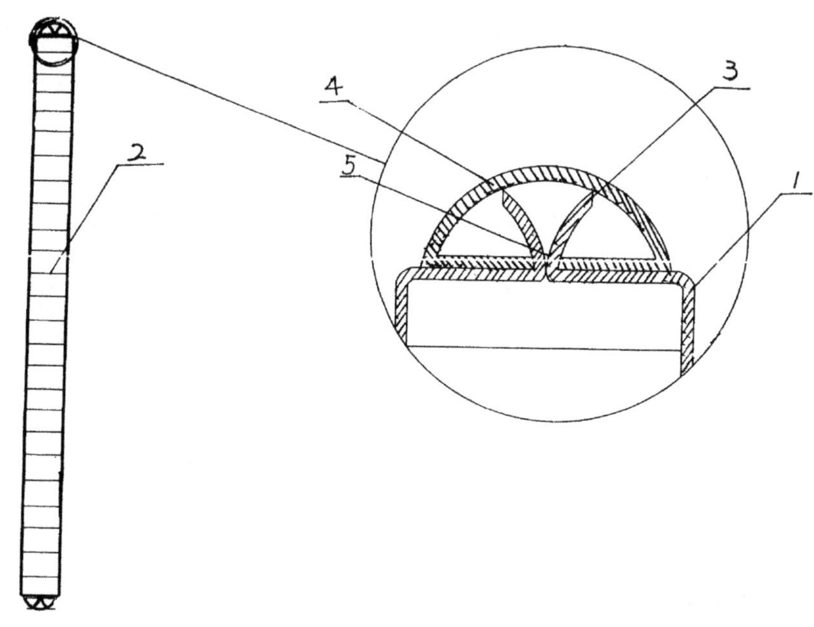

证据 2 附图

北京市第一中级人民法院
行政判决书

（2009）一中行初字第 1920 号

原告王健，男，1975 年 3 月 4 日出生，汉族，深圳市健英翔实业发展有限公司董事长，户籍所在地安徽省安庆市怀宁县高河镇凌桥居委会联合组 002 号。

委托代理人张培，男，1963 年 6 月 29 日出生，深圳市健英翔实业发展有限公司北京办事处经理，住北京市大兴区黄村镇郁花园一里 15 号楼 3 单元 501 号。

被告国家知识产权局专利复审委员会，住所地北京市海淀区北四环西路 9 号银谷大厦 10~12 层。

法定代表人张茂于，副主任。

委托代理人刘蕾，女，国家知识产权局专利复审委员会审查员。

委托代理人杨存吉，男，国家知识产权局专利复审委员会审查员。

第三人罗东，男，1972 年 1 月 7 日出生，汉族，住甘肃省庆阳县庆城镇育才路 2 号。

委托代理人焦利叶，女，1983 年 12 月 25 日出生，中美知识产权研究院研究员，户籍所在地河北省邢台市桥西区西由留村 115-1 号。

委托代理人章晶晶，女，1987 年 12 月 20 日出生，中美知识产权研究院研究员，户籍所在地河北省怀安县第三堡乡小屯堡村。

原告王健不服被告国家知识产权局专利复审委员会于 2009 年 6 月 18 日作出的第 13545 号无效宣告请求审查决定（以下简称被诉决定），向本院提起行政诉讼。本院受理后，依法组成合议庭，并依法通知与被诉决定存在法律上利害关系的罗东作为本案第三人参加诉讼。2009 年 10 月 19 日，本院依法公开开庭审理了本案，原告的委托代理人张培，被告的委托代理人刘蕾、杨存吉，第三人的委托代理人焦利叶到庭参加了诉讼。本案现已审理终结。

2009 年 6 月 18 日，被告作出被诉决定认定：申请号为 200730023821.8、名称为“卫生间隔断”的外观设计专利（以下简称本专利）与对比文件 1［即被诉决定中的对比文件 1：授权公告号为 CN3485473 名称为“隔断板（外卡封边）”，申请日为 2005 年 1 月 17 日、授权公告日为 2005 年 11 月 9 日的外观设计专利复印件，共 1 页］、对比文件 2（即被诉决定中的对比文件 2：第 200420120078.9 号、名称为“卡式封边的金属蜂巢卫浴隔断板”，其申请日为 2004 年 12 月 23 日，授权公告日为 2006 年 3 月 8 日的实用新型专利说明书复印件，共 5 页）所示的在先设计不相同且不相近似，原告提交的证据不能证明本专利不符合 2001 年 7 月起施行的《中华人民共和国专利法》（以下简称 2001 年《专利法》）第二十三条的规定，因此，被告决定维持本专利有效。

原告诉称：首先，被诉决定认定本专利板平面是向内凹进去的错误。平面的图无法准确判定是凸出或凹进，这完全是人的视觉问题，不同的人不同时间的感觉是不同的。换言之，从本专利主视图无法判定高度方向上的凸出或内凹，它们的相对位置关系应当用俯视图和左视图来判定，由这两个附图看，板平面显然在高度方向上凸出于边框。因此，本专利与对比文件 1 相同。其次，被诉决定认为对比文件 2 只公开了剖面图，不得必然得出主视图，隔断板的正面可能会有其他特征的观点是错误的。判断其他面的形状，应当从专利整体上进行判断，结合说明书对该专利技术方案所进行的描述来分析。对比文件 2 说明书第 2 页第 7~8 行“隔断板包括左右两块金属薄板 1”，显然清楚地说明了剖面图中的板 1 是金属薄板，本领域技术人员都可以清楚地意识到这个板的形状和视图肯定是一个平面；

该页第10~13行“两金属薄板1四周的倒钩3成弧形向外弯曲，将中空并且下面留有宽缝5的封边4从两金属薄板1边缘的一侧穿过，四周边缘都是如此”，显然说明了四周都是具有边框。因此，根据对比文件2附图及说明书记载，主视图的形状是确定的、唯一的，对比文件2已经完全公开了本专利所示的外观。综上，原告请求法院撤销被诉决定。

被告辩称：首先，本专利与对比文件存在两个区别：（1）对比文件1大致呈正方形，本专利呈长方形；（2）从对比文件1主视图看，其隔断板四周边缘直线所表示的框并未明显突出于隔断板板块平面，而本专利卫生间隔断的主体矩形板块四周边缘的直线型边框明显凸出于板块平面，板块平面相对于边框内凹，这对整体视觉效果具有显著影响。原告所述的“边框”与“板平面”是对本专利视图的错误理解，其所注“板平面”应是本专利卫生间隔断的主体矩形板块边缘的直线型边框，其所注的“边框”才是卫生间隔断的主体板块。其次，对比文件2说明书附图说明和具体实施方式的文字部分只是对隔断板的结构进行了描述，并没有就隔断板的形状进行限定，被告无法从剖视图和文字描述获知隔断板的具体形状。产品剖视图有不同的剖视角度，对比文件2公开的剖视图是沿隔断板厚度方向剖视，根据投影关系无法得出确定、唯一的对比文件2的主视图，也就无法得出本专利与对比文件2相同的结论。综上，被告请求法院维持被诉决定。

经审理查明：

本专利的申请日为2007年5月9日，授权公告日为2008年3月12日，专利权人为本案第三人罗东。

针对本专利权，原告于2009年1月8日向被告提出无效宣告请求，其依据的事实和理由是：本专利不符合2001年《专利法》第二十三条的规定，在本专利申请日之前已经有在先设计完全公开了本专利产品的形状，并提交了对比文件1、对比文件2。原告并详细阐述了其无效理由。

被告经形式审查合格受理了上述无效宣告请求，于2009年2月13日向原告与第三人发出无效宣告请求受理通知书，并将无效宣告请求书及其附件副本转送给第三人，要求其在指定期限内答复。第三人逾期未答复。

被告于2009年4月10日向原告与第三人发出口头审理通知书，定于2009年5月12日对本案进行口头审理。口头审理因故改期，被告于2009年4月22日向原告与第三人发出口头审理通知书，定于2009年5月21日对本案进行口头审理。

被告2009年5月12日收到原告寄交的《无效宣告请求口头审理通知书回执》，明确表示不能参加口头审理。2009年5月21日，口头审理如期举行，原告与第三人均未出席。

被告经审查认定：

原告提交的对比文件1和2分别是外观设计专利复印件和实用新型专利复印件，对其真实性予以认可。同时，它们的公告日都在本专利申请日之前，属于2001年《专利法》第二十三条所规定的出版物，可适用于本案。

对比文件1所示外观设计为一种隔断板，对比文件2说明书附图示出了一种卫浴隔断板，其两者与本专利均属于卫浴隔断板，用途相同，为相同种类的产品，故可以进行相同和相近似性比较。

本专利共有三幅附图，分别是主视图、俯视图、左视图。从主视图可以看出本专利的卫生间隔断，主体形状为矩形板块，沿矩形四周边缘均有直线型边框，在矩形板块外形成立体外框，其俯视图表明矩形板块两端呈圆弧形，矩形板块靠近上下两面各有一直线形边框（详见本专利附图）。

对比文件1共有四幅图，分别是主视图和俯视图及俯视图的A-A剖视图、B-B剖视图。其示出的隔断板，是矩形板块，矩形四周有边框，依据其俯视图，矩形板块四周端部呈圆弧形（参见对比文件1附图）。

将本专利与对比文件1中的主视图和俯视图相比较，可以看出本专利的卫生间隔断和对比文件1公开的隔断板外观整体形状均呈矩形，四周均有端部为弧形的边框。

二者的不同之处在于：(1) 对比文件1大致呈正方形，本专利呈长方形；(2) 从对比文件1主视图看，其隔断板四周边缘直线所表示的框并未明显突出于隔断板板块平面，而本专利卫生间隔断的主体矩形板块四周边缘的直线型边框明显凸出于板块平面，板块平面相对于边框内凹。而隔断板采用正方形或者长方形，是该领域公认的惯常设计，因此区别（1）的隔断板形状对整体视觉效果不具有显著的影响。在此情况下，出现在两项外观设计隔断的主体形状上的区别（2）对整体视觉效果具有显著影响，一般消费者不会将两者误认、混同，因此本专利与对比文件1的在先设计是不相同且不相近似的外观设计。

对比文件2公开的卫浴隔断板，只公开了剖面图，没有公开其主视图，原告认为该剖视图的外观形状与本专利俯视图完全相同，通过视图投影关系，必然得出本专利主视图。被告认为，从对比文件2公开的隔断板的剖面图，不能必然得出其主视图，隔断板的正面可能会有其他无法从剖面图上示出的附加特征。因此，不能得出本专利与对比文件2相同的结论。

基于上述理由，被告作出被诉决定。原告不服被诉决定，在法定期限内向本院提起行政诉讼。

上述事实有被诉决定、本专利照片、对比文件1、对比文件2等证据及各方当事人的陈述在案佐证。

庭审中，原告与第三人明确表示对于被诉决定的下列内容不持异议：被诉决定作出的行政程序；被诉决定“案由”部分记载的内容；被诉决定关于证据的认定；被诉决定关于本专利附图、对比文件1附图、对比文件2附图内容的描述；被诉决定认定的本专利与对比文件1的区别技术特征1。

本院认为：对于被诉决定中原告与第三人明确表示不持异议的部分，本院审查，对其合法性予以确认。在此基础上，本案的审查重点在于：被诉决定认定本专利与对比文件1、对比文件2属于不相同且不相近似的外观设计是否合法。

2001年《专利法》第23条规定，授予专利权的外观设计，应当同申请日以前在国内外出版物上公开发表过或者国内公开使用过的外观设计不相同和不相近似，并不得与他人在先取得的合法权利相冲突。

首先，从对比文件1与本专利所属的技术领域看，隔断板采用正方形或者长方形，是该领域公认的惯常设计。从对比文件1主视图可以看出，其隔断板四周边缘直线所表示的框并未明显突出于隔断板板块平面，而本专利卫生间隔断的主体矩形板块四周边缘的直线型边框明显凸出于板块平面，板块平面相对于边框内凹。而这种区别，对整体视觉效果具有显著影响，一般消费者不会将两者误认、混同，因此，被告认定本专利与对比文件1的在先设计是不相同且不相近似的外观设计正确。

其次，对比文件2公开的卫浴隔断板，只公开了沿隔断板厚度方向剖视的剖面图，对比文件2说明书附图说明和具体实施方式的文字部分只是对隔断板的结构进行了描述，并没有就隔断板的形状进行限定。被告认定仅此无法得出确定、唯一的对比文件2的主视图，进而无法得出本专利与对比文件2相同的结论正确。

综上，被诉决定认定事实清楚，适用法律正确，程序合法，本院应予维持。原告的诉讼理由缺乏事实及法律依据，其诉讼请求本院不予支持。据此，依照《中华人民共和国行政诉讼法》第五十四条第（一）项之规定，判决如下：

维持被告国家知识产权局专利复审委员会于二〇〇九年六月十八日作出的第13545号无效宣告请求审查决定。

案件受理费100元，由原告王健负担（已交纳）。

如不服本判决，各方当事人可于本判决书送达之日起 15 日内，向本院递交上诉状，并按对方当事人人数提出副本，同时预交上诉案件受理费 100 元，上诉于北京市高级人民法院。上诉人在上诉期满后 7 日内未预交上诉费，又不提出缓交申请的，按自动撤回上诉处理。

审　判　长　强刚华
代理审判员　司品华
人民陪审员　郝志国
二〇〇九年十一月二十五日
书　记　员　高晓旭

主视图

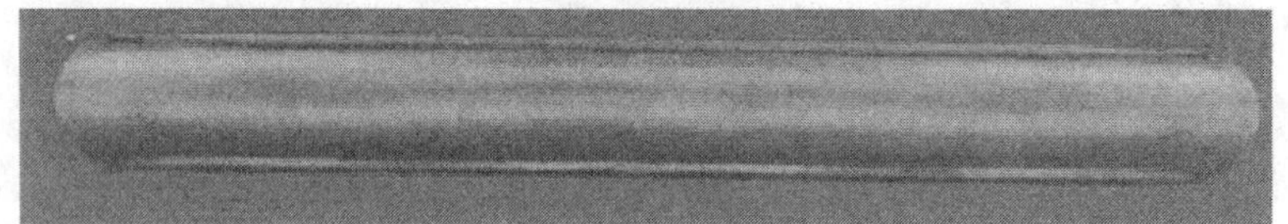
俯视图

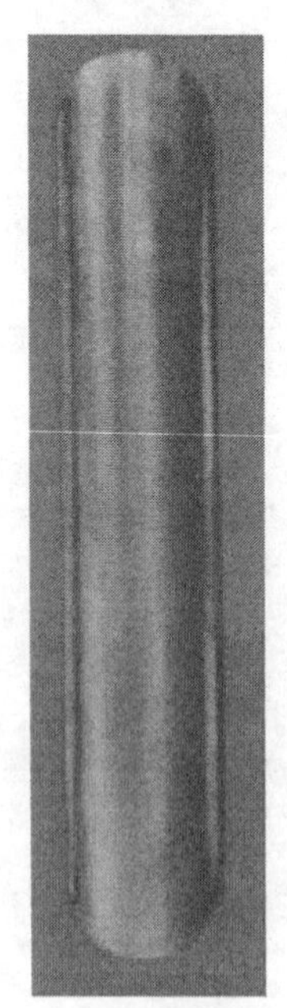
左视图

本专利附图

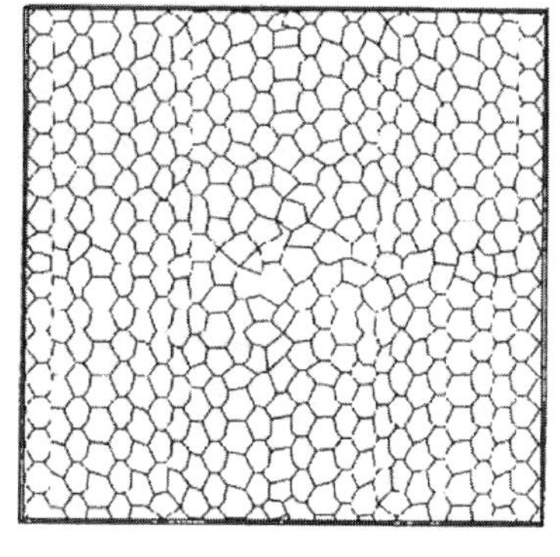

A-A 剖视图 P2

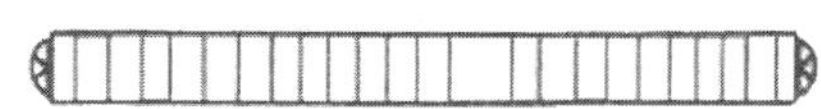

B-B 剖视图 P2

俯视图 P1

主视图 P2

对比文件 1 附图

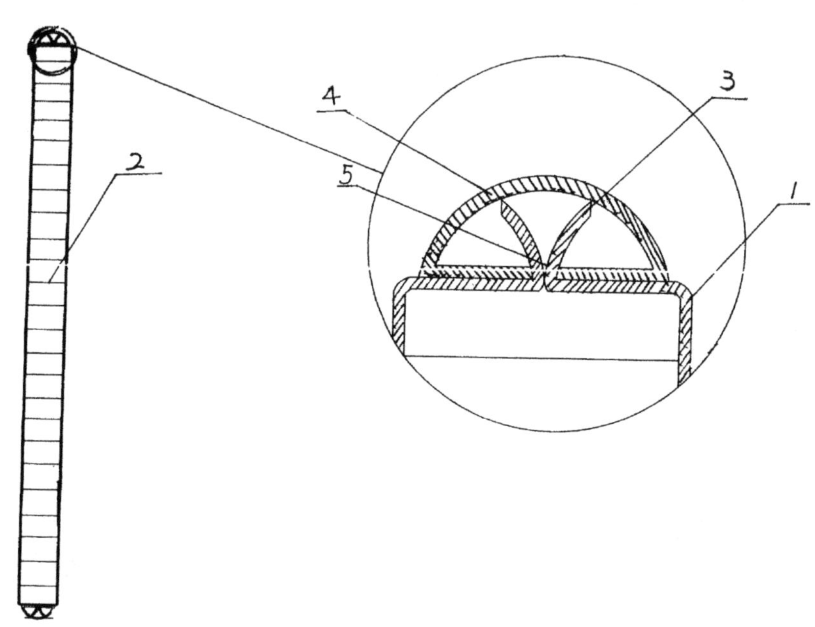

对比文件 2 附图

枪刷（12M）

无效宣告请求审查决定（第13550号）

决　　定　　号 第13550号
决　　定　　日 2009年6月16日
发明创造名称 枪刷（12M）
外观设计分类号 04-01
无效宣告请求人 宁波市鄞州坚兴刷业有限公司
专　利　权　人 唐岳芬
专　　利　　号 200530103755.6
申　　请　　日 2005年1月25日
授　权　公　告　日 2005年9月21日
合　议　组　组　长 李巍巍
主　　审　　员 张雪飞
参　　审　　员 雷　婧
附　　　　图 2页

法　律　依　据 专利法第23条，专利法实施细则第13条第1款
决　定　要　点

基于软性絮状筒刷的可压缩性，并不能得出其筒刷直径大小是根据枪筒直径所唯一确定的特定功能形状的结论，故本案不应以由功能唯一限定的特定形状为理由将筒刷比例不同导致的明显视觉差别认定为对整体视觉效果不具有显著的影响。

一、案由

本无效宣告请求涉及国家知识产权局于2005年9月21日授权公告的200530103755.6号外观设计专利，使用该外观设计的产品名称是“枪刷（12M）”，其申请日是2005年1月25日，专利权人是唐岳芬。

针对上述外观设计专利权（下称本专利），宁波市鄞州坚兴刷业有限公司（下称请求人）于2009年1月16日向专利复审委员会提出无效宣告请求，其理由是本专利不符合专利法第23条和专利法实施细则第13条第1款的规定，应予宣告全部无效。请求人同时提交了本专利的著录项目及图片复印件和如下证据附件：

证据1：公开（公告）日为2005年9月7日的200530103747.1号外观设计专利的著录项目及图片复印件共8页，其申请日为2005年1月25日，申请（专利权）人为唐岳芬，公开（公告）号

为 3472775；

证据 2：公开（公告）日为 2005 年 9 月 7 日的 200530103752.2 号外观设计专利的著录项目及图片复印件共 8 页，其申请日为 2005 年 1 月 25 日，申请（专利权）人为唐岳芬，公开（公告）号为 3472776；

证据 3：授权公告日为 2002 年 6 月 19 日的 01242876.0 号实用新型专利的公告文本复印件 4 页，其授权公告号为 CN 2495185Y。

请求人认为，本专利与证据 1 和证据 2 所示专利权人同日申请的枪刷的外观设计除刷毛和螺纹连接头的比例关系有所不同外，其余设计均基本相同，而刷毛长短的区别是根据枪筒直径所唯一限定的特定功能形状，螺纹连接头也属于功能性部件，均对外观设计的整体视觉效果不具有显著的影响，因此本专利与证据 1 和证据 2 所示的外观设计均属于相近似的外观设计，构成同样的发明创造，本专利不符合专利法实施细则第 13 条第 1 款的规定；同时本专利与证据 3 所示在先公开的刷子的外观设计属于相同或者相近似的外观设计，本专利也不符合专利法第 23 条的规定。

经形式审查合格，专利复审委员会受理了该无效宣告请求，并于 2009 年 3 月 6 日将请求人的无效宣告请求文件转送专利权人。

专利复审委员会于 2009 年 4 月 9 日收到专利权人提交的意见陈述书，专利权人质疑证据 1~3 的真实性和合法性，并认为本专利与证据 1~3 所示外观设计均属于不相同且不相近似的外观设计，应维持本专利有效。

专利复审委员会于 2009 年 4 月 20 日向双方当事人发出口头审理通知书，定于 2009 年 6 月 4 日进行口头审理，并将专利权人提交的意见陈述转送请求人。

口头审理如期举行，双方当事人均委托代理人出庭。双方对对方出庭人员的身份和资格无异议，对合议组成员均无回避请求。

在口头审理中，双方当事人均坚持原有观点，专利权人当庭演示了产品实物。

在上述审理的基础上，合议组经合议，认为本案事实清楚，依法作出本审查决定。

二、决定的理由

基于请求人提出的无效宣告请求的理由和证据，合议组依据专利法第 23 条和专利法实施细则第 13 条第 1 款的规定进行审理。

专利法第 23 条规定：“授予专利权的外观设计，应当同申请日以前在国内外出版物上公开发表过或者国内公开使用过的外观设计不相同和不相近似，并不得与他人在先取得的合法权利相冲突。”

专利法实施细则第 13 条第 1 款规定：“同样的发明创造只能被授予一项专利。”

请求人提交的证据 1 是公开（公告）日为 2005 年 9 月 7 日的 200530103747.1 号外观设计专利的著录项目及图片复印件，其申请日为 2005 年 1 月 25 日，申请（专利权）人为本案专利权人，公开（公告）号为 3472775；证据 2 是公开（公告）日为 2005 年 9 月 7 日的 200530103752.2 号外观设计专利的著录项目及图片复印件，其申请日为 2005 年 1 月 25 日，申请（专利权）人为本案专利权人，公开（公告）号为 3472776。专利权人质疑证据 1 和证据 2 的真实性和合法性。经合议组核实，证据 1 和证据 2 所示内容真实，均系专利权人同日申请并后被授权公告的外观设计专利，均适用于专利法实施细则第 13 条第 1 款的规定。

请求人提交的证据 3 是授权公告日为 2002 年 6 月 19 日的 01242876.0 号实用新型专利的公告文本复印件，其授权公告号为 CN 2495185Y；专利权人质疑其真实性和合法性。经合议组核实，其内容真实，确系在本专利申请日以前公开的实用新型专利，适用于专利法第 23 条的规定。

200530103747.1 号外观设计专利授予的是一款枪刷的外观设计（下称对比设计 1）。从图片上观

察，对比设计 1 的整体形状由螺旋扭转杆、絮状筒刷和棱柱状螺纹连接头等部分组成。详见对比设计 1 附图。

200530103752. 2 号外观设计专利授予的是一款枪刷的外观设计（下称对比设计 2）。从图片上观察，对比设计 2 的整体形状由螺旋扭转杆、斜纹絮状筒刷和棱柱状螺纹连接头等部分组成。详见对比设计 2 附图。

在 01242876. 0 号实用新型专利的公告文本中公开了一款刷子的外观设计（下称在先设计）。从图片上观察，在先设计的整体形状由螺旋扭转杆、絮状筒刷和异形棒状手柄等部分组成。详见在先设计附图。

本专利是枪刷的外观设计，其整体形状由螺旋扭转杆、絮状筒刷和螺纹连接头等部分组成。详见本专利附图。

合议组认为：本专利和对比设计 1、对比设计 2 及在先设计均为刷子的外观设计，用途相同，均属于相同类别的产品，具有可比性。

将本专利与对比设计 1 相比较，其相同点为：二者各组成部分的形状类型和连接关系相同。合议组认为：从整体视觉观察，虽然二者存在上述相同之处，但由于二者在产品的主要组成部分——筒刷处的比例关系明显不同，导致二者的整体外观设计存在明显的视觉差别；虽然请求人主张刷毛的长短是受枪筒直径所唯一限定的特定功能形状，应对整体视觉效果不具有显著的影响，但由于本专利和对比设计 1 所采用的均为软性的、压缩性较大的絮状筒刷，因此其筒刷粗细的选择范围较大，筒刷的直径大小并非由枪筒直径所唯一限定，故合议组对请求人的上述主张不予支持，二者在筒刷处的明显视觉差别对整体外观设计具有显著的影响，二者应属于不相同且不相近似的外观设计。根据审查指南第四部分第七章第 1 节的规定，“同样的发明创造”对于外观设计而言，是指外观设计相同或者相近似，因此本专利和对比设计 1 不属于同样的发明创造。

将本专利与对比设计 2 相比较，合议组认为：从整体视觉观察，二者在筒刷处的差别较对比设计 1 更为明显，因此基于前述理由，本专利和对比设计 2 亦不属于同样的发明创造。

将本专利与在先设计相比较，合议组认为：从整体视觉观察，由于在先设计未显示出与本专利螺纹连接头相对应的设计，而直接连接手柄，因此二者在连接部的设计明显不同，足以导致整体外观设计的明显差别；虽然请求人主张螺纹连接头属于功能性部件，应对整体视觉效果不具有显著的影响，但其虽为满足连接功能要求的部件设计，却具有不由连接功能所唯一限定的视觉明显的设计差别，因此对整体视觉效果具有显著的影响，故合议组对请求人的上述主张不予支持，二者应属于不相同且不相近似的外观设计。

综上所述，请求人提出的无效请求理由均不能成立。

三、决定

维持 200530103755. 6 号外观设计专利权有效。

当事人对本决定不服的，可以根据专利法第 46 条第 2 款的规定，自收到本决定之日起三个月内向北京市第一中级人民法院起诉。根据该款的规定，一方当事人起诉后，另一方当事人应当作为第三人参加诉讼。

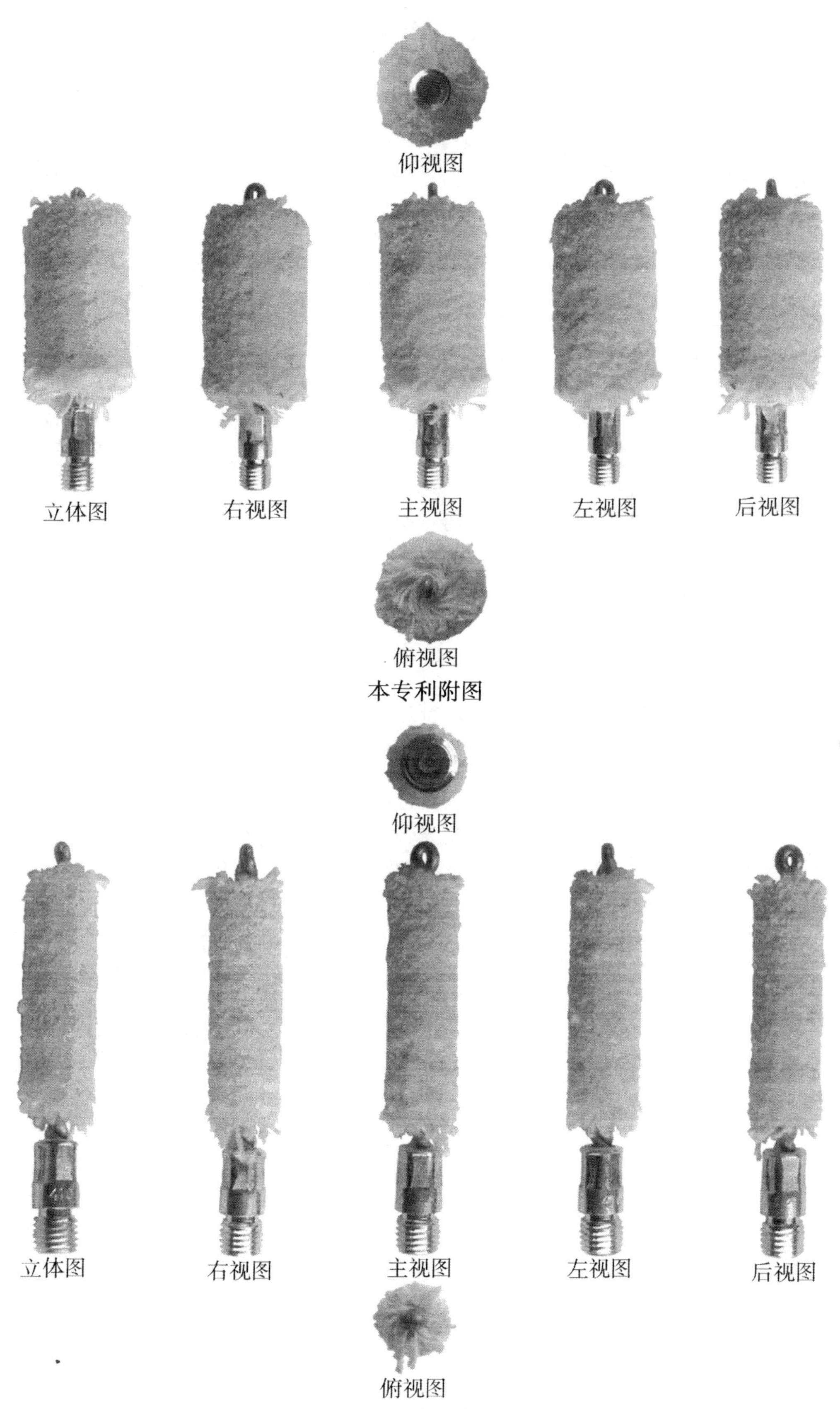

本专利附图

对比设计 1 附图

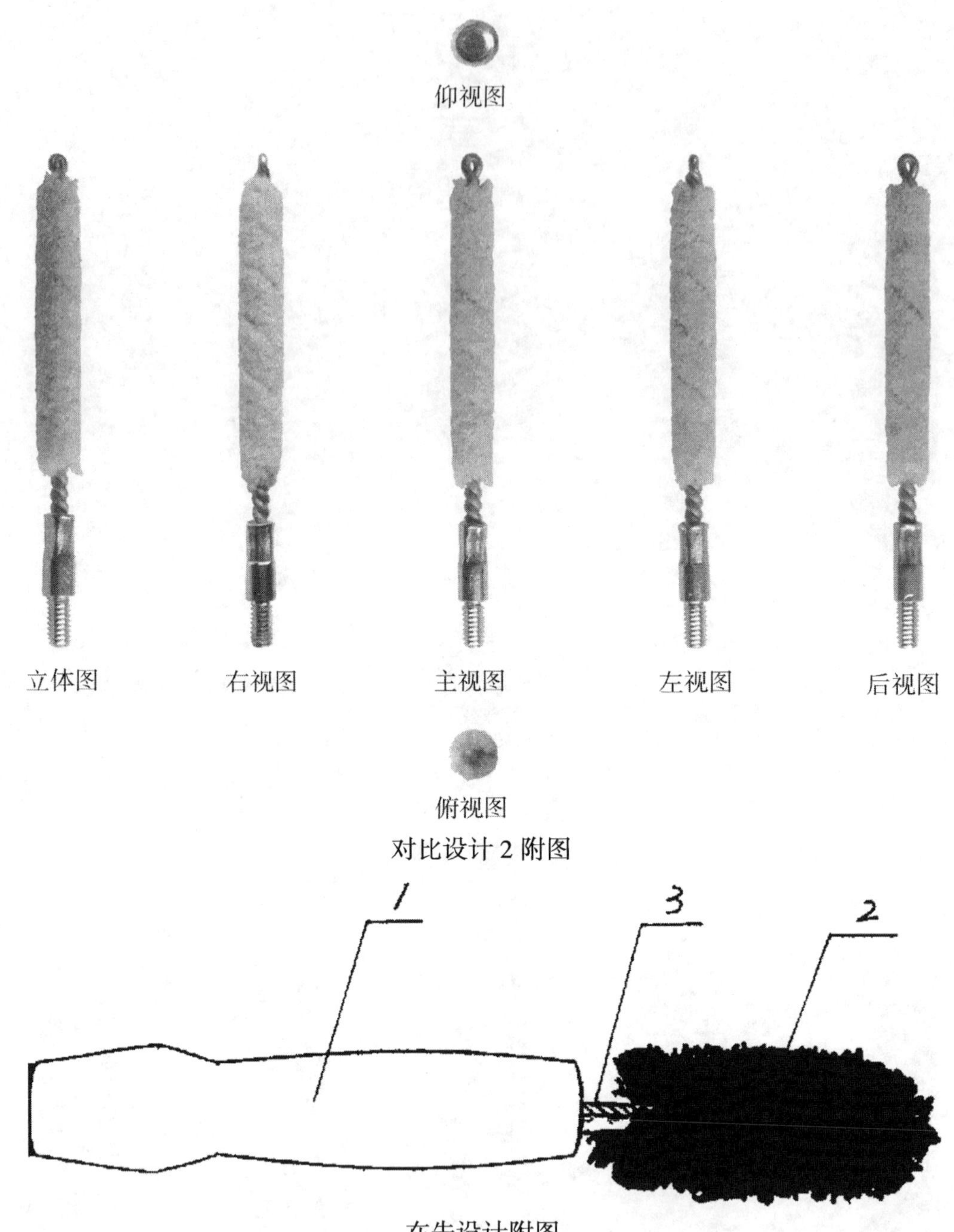

对比设计 2 附图

在先设计附图

北京市第一中级人民法院
行政判决书

（2009）一中知行初字第 2445 号

原告宁波市鄞州坚兴刷业有限公司，住所地浙江省宁波市鄞州区钟公庙街道新林村。

法定代表人李月兰，总经理。

委托代理人叶万东，男，1973 年 12 月 9 日出生，住北京市朝阳区北湖甲 1 号森嘉公司。

被告国家知识产权局专利复审委员会，住所地北京市海淀区北四环西路 9 号银谷大厦 10~12 层。

法定代表人张茂于，副主任。

委托代理人沙柏青，女，国家知识产权局专利复审委员会审查员。

委托代理人曹铭书，女，国家知识产权局专利复审委员会审查员。

第三人唐岳芬，女，1970 年 7 月 20 日出生，汉族，住浙江省宁波市鄞州区洞桥镇王家桥村 6 组 42 号。

委托代理人张文忠，男，宁波市天晟知识产权代理有限公司专利代理人。

原告宁波市鄞州坚兴刷业有限公司（以下简称坚兴公司）不服被告国家知识产权局专利复审委员会（以下简称专利复审委员会）于 2009 年 6 月 16 日作出的第 13550 号无效宣告请求审查决定（简称第 13550 号决定），在法定期限内向本院提起行政诉讼。本院于 2009 年 10 月 13 日受理后，依法组成合议庭，并依法通知与第 13550 号决定存在法律上利害关系的唐岳芬作为本案第三人参加诉讼。2009 年 11 月 19 日，本院依法公开开庭审理了本案，原告坚兴公司的委托代理人叶万东，被告专利复审委员会的委托代理人沙柏青、曹铭书，第三人唐岳芬的委托代理人张文忠到庭参加了诉讼。本案现已审理终结。

2009 年 6 月 16 日，被告专利复审委员会依照原告坚兴公司提出的无效宣告请求，针对专利权人为本案第三人唐岳芬、产品名称为“枪刷（12M）”的 200530103755.6 号外观设计专利（简称本专利）作出第 13550 号决定，内容如下：（1）从整体视觉观察，虽然本专利与对比设计 1 各组成部分的形状类型和连接关系相同，但由于二者在产品的主要组成部分——筒刷处的比例关系明显不同，导致二者的整体外观设计存在明显的视觉差别；虽然原告坚兴公司主张刷毛的长短是受枪筒直径所唯一限定的特定功能形状，应对整体视觉效果不具有显著的影响，但由于本专利和对比设计 1 所采用的均为软性的、压缩性较大的絮状筒刷，因此其筒刷粗细的选择范围较大，筒刷的直径大小并非由枪筒直径所唯一限定，故对原告的上述主张不予支持，二者在筒刷处的明显视觉差别对整体外观设计具有显著的影响，二者应属于不相同且不相近似的外观设计。

（2）从整体视觉观察，本专利与对比设计 2 在筒刷处的差别较对比设计 1 更为明显，因此基于前述理由，本专利和对比设计 2 亦不属于同样的发明创造。

（3）从整体视觉观察，在先设计与本专利在连接部的设计明显不同，足以导致整体外观设计的明显差别，二者应属于不相同且不相近似的外观设计。

综上，被告专利复审委员会决定维持本专利权有效。原告坚兴公司诉称：（1）从本专利的外观设计图片中不能唯一得出筒刷是“软性的、压缩性较大的絮状筒刷”，如其是软性的、压缩性较大的絮状筒刷，那么其就不具有固定的形状，不属于外观设计保护的客体。而且，根据刷子的生产工艺，不可能存在“絮状的筒刷”，因为絮状的筒刷的刷毛是由毛绒类物品组成，而毛绒类物品不可能被夹

持在两金属杆之间。事实上，本专利和对比设计的刷毛是棉线或棉绳一类的物品。（2）由于本专利与对比设计1的刷毛是棉线或棉绳一类的物品，并且都是夹持在两根扭转的金属杆之间形成筒刷，因此，筒刷处的设计是相同的。（3）尽管筒刷是软性的、具有一定的压缩性，但是要将枪筒内的污物擦除，枪刷的筒刷与枪筒之间必须有一定大小的摩擦力，而筒刷与枪筒内部之间产生一定大小的压力是由枪刷的筒刷直径大小决定的，因此，要使枪刷能发挥清理枪筒的作用，枪刷的筒刷直径大小与枪筒内径大小形成确定的对应关系，即筒刷直径大小是根据枪筒直径所唯一确定的特定功能形状，根据审查指南第四部分第五章第4节第（6）点中“由产品的功能唯一限定的特定形状对整体视觉效果通常不具有显著的影响”的规定，本专利与对比设计1属于同样的发明创造。基于同样的理由，本专利与对比设计2也属于同样的发明创造。综上，原告坚兴公司请求法院撤销第13550号决定，判决被告重新作出审查决定。

被告专利复审委员会辩称：第13550号决定认定事实清楚，适用法律正确，程序合法，被告坚持第13550号决定的意见，请求法院维持第13550号决定。

第三人唐岳芬述称：（1）将本专利与对比设计1比较，二者在产品的主要组成部分——筒刷处的比例关系明显不同，导致二者的整体外观设计存在明显的视觉差别，显然属于不同的外观设计。本专利与对比设计2存在同样的差别。（2）本专利是一个具有特定用途、适用于特定对象的外观设计专利产品，其具有具体的形状和图案，具有外部独创的富于美感的主要设计部分就是刷绒排列形状，并且两条金属条相扭转构成的金属杆端头呈中空的椭圆状，柄部由多棱圆台体、圆台状且圆台状底部具有向后延伸的螺丝杆，这些设计共同与螺旋波纹形状的刷绒构成美观的形状和轮廓。因此，第13550号决定认定事实清楚，适用法律正确，程序合法，请求法院维持第13550号决定。

本院经审理查明：

本专利的申请日为2005年1月25日，授权公告日为2005年9月21日。本专利是枪刷的外观设计，其整体形状由螺旋扭转杆、绒状筒刷和螺纹连接头等部分组成（详见本专利附图）。

针对本专利权，原告坚兴公司于2009年1月16日向被告专利复审委员会提出无效宣告请求，其理由是本专利不符合2001年起施行的《中华人民共和国专利法》（以下简称2001年《专利法》）第二十三条和《中华人民共和国专利法实施细则》第十三条第一款的规定，应予宣告全部无效，其同时提交了详细的书面意见。此外，原告坚兴公司同时提交了本专利的著录项目及图片复印件和包括对比设计1、对比设计2在内的3份证据。

对比设计1是公开（公告）日为2005年9月7日的200530103747.1号外观设计专利的著录项目及图片复印件共8页，其申请日为2005年1月25日，公开（公告）号为3472775，申请（专利权）人为本案第三人唐岳芬。从图片上观察，对比设计1的整体形状由螺旋扭转杆、绒状筒刷和棱柱状螺纹连接头等部分组成（详见对比设计1附图）。对比设计2是公开（公告）日为2005年9月7日的200530103752.2号外观设计专利的著录项目及图片复印件共8页，其申请日为2005年1月25日，公开（公告）号为3472776，申请（专利权）人为本案第三人唐岳芬。从图片上观察，对比设计2的整体形状由螺旋扭转杆、斜纹绒状筒刷和棱柱状螺纹连接头等部分组成（详见对比设计2附图）。被告专利复审委员会受理该无效宣告请求后，于2009年3月6日将上述材料进行了转文。

2009年4月9日，被告专利复审委员会收到了第三人唐岳芬提交的意见陈述书，并将该材料进行了转文。

2009年6月4日，原告坚兴公司与第三人唐岳芬均委托代理人出席了被告专利复审委员会举行的口头审理，并且在口头审理中各自坚持原有观点，第三人唐岳芬的代理人并于当场演示了产品实物。

在上述事实的基础上，被告专利复审委员会于2009年6月16日作出了第13550号决定，原告坚兴公司不服，在法定期限内向本院提起行政诉讼。

庭审中，原告坚兴公司明确表示对于第13550号决定的下列内容不持异议：第13550号决定作出的行政程序；第13550号决定关于证据的认定；第13550号决定关于本专利与在先设计不构成相同或相近似的外观设计的认定。

上述事实有第13550号决定、本专利公开文本、对比设计1、对比设计2、口头审理记录表及其附页、当事人陈述等证据在案佐证。

本院认为：参照国家知识产权局令第53号《施行修改后的专利法的过渡办法》第二条的规定，修改前的《专利法》（即2001年《专利法》）的规定适用于申请日在2009年10月1日前（不含该日）的专利申请以及根据该专利申请授予的专利权；修改后的《专利法》（即现行《专利法》）的规定适用于申请日在2009年10月1日以后（含该日）的专利申请以及根据该专利申请授予的专利权。本专利的申请日为2005年1月25日，因此，本案应当适用2001年《专利法》。对于第13550号决定中原告坚兴公司明确表示不持异议的部分，本院经审查，对其合法性予以确认。在此基础上，本案的争议焦点仅在于：第13550号决定认定本专利与对比设计1、对比设计2属于不相同且不相近似的外观设计是否合法。

一、本专利与对比设计1是否属于相同或相近似的外观设计

经审查，本专利与对比设计1的相同之处为：二者各组成部分的形状类型和连接关系相同。但从整体视觉观察，二者在产品的主要组成部分——刷毛与筒刷长度的比例关系明显不同，使得二者的整体外观设计的视觉效果差别明显。由于本专利和对比设计1所采用的均为软性的、压缩性较大的绒状筒刷，因此其筒刷粗细的选择范围较大，筒刷的直径大小并非由枪筒直径所唯一限定。故原告坚兴公司关于刷毛的长短是受枪筒直径所唯一限定的特定功能形状，对整体视觉效果不具有显著影响的主张不能成立，被告专利复审委员会认定本专利与对比设计1属于不相同且不相近似的外观设计并无不当。

二、本专利与对比设计2是否属于相同或相近似的外观设计

经审查，在整体视觉效果上，本专利与对比设计2在筒刷处的差别即刷毛与筒刷长度的比例关系较本专利与对比设计1相应之处的差别更为明显，且对比设计2的刷毛有螺纹设计。因此，被告专利复审委员会认定本专利和对比设计2属于不相同且不相近似的外观设计亦无不当。

综上，原告坚兴公司的诉讼理由缺乏事实及法律依据，其诉讼请求本院不予支持。第13550号决定认定事实清楚，适用法律正确，程序合法，本院应予维持。依照《中华人民共和国行政诉讼法》第五十四条第（一）项之规定，本院判决如下：

维持被告国家知识产权局专利复审委员会作出的第13550号无效宣告请求审查决定。

案件受理费100元，由原告宁波市鄞州坚兴刷业有限公司负担（已交纳）。

如不服本判决，各方当事人可于本判决书送达之日起15日内，向本院递交上诉状，并按对方当事人人数提出副本，同时预交上诉案件受理费100元，上诉于北京市高级人民法院。上诉人在上诉期满后7日内未预交上诉费，又不提出缓交申请的，按自动撤回上诉处理。

审 判 长　赵　静
代理审判员　司品华
代理审判员　周丽婷
二〇〇九年十二月二十日
书 记 员　高晓旭

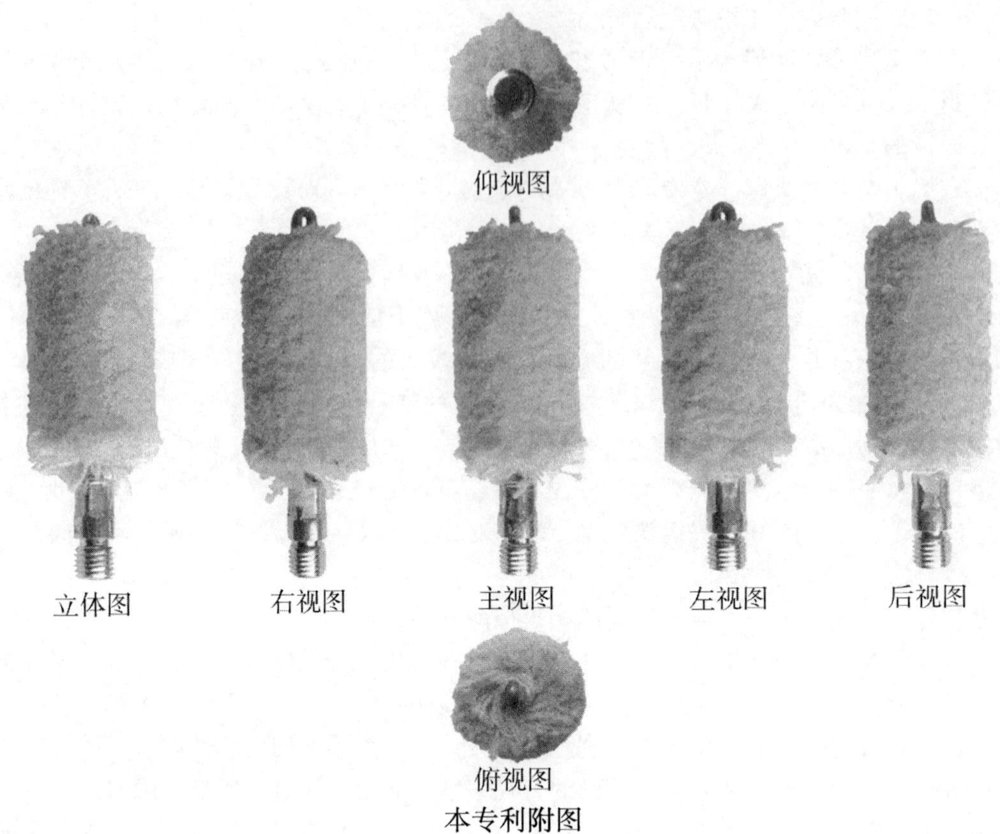

本专利附图

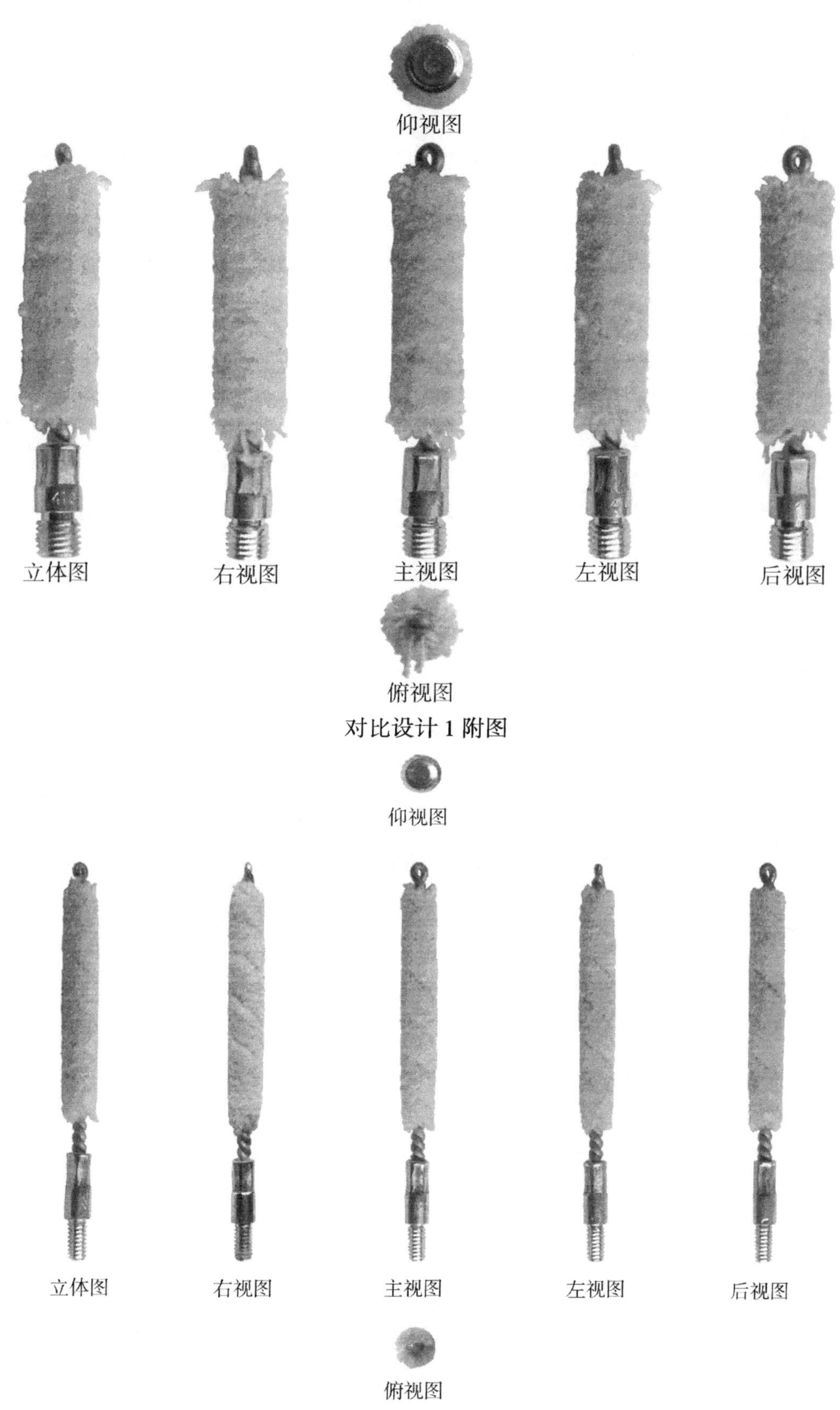

对比设计 1 附图

对比设计 2 附图

339

枪刷（22M）

无效宣告请求审查决定（第13551号）

决　　定　　号　第13551号
决　　定　　日　2009年6月16日
发明创造名称　枪刷（22M）
外观设计分类号　04-01
无效宣告请求人　宁波市鄞州坚兴刷业有限公司
专　利　权　人　唐岳芬
专　　利　　号　200530103752.2
申　　请　　日　2005年1月25日
授 权 公 告 日　2005年9月7日
合 议 组 组 长　李巍巍
主　　审　　员　张雪飞
参　　审　　员　雷　婧
附　　　　　图　2页

法　律　依　据　专利法第23条，专利法实施细则第13条第1款
决　定　要　点

基于软性絮状筒刷的可压缩性，并不能得出其筒刷直径大小是根据枪筒直径所唯一确定的特定功能形状的结论，故本案不应以由功能唯一限定的特定形状为理由将筒刷比例不同导致的明显视觉差别认定为对整体视觉效果不具有显著的影响。

一、案由

本无效宣告请求涉及国家知识产权局于2005年9月7日授权公告的200530103752.2号外观设计专利，使用该外观设计的产品名称是"枪刷（22M）"，其申请日是2005年1月25日，专利权人是唐岳芬。

针对上述外观设计专利权（下称本专利），宁波市鄞州坚兴刷业有限公司（下称请求人）于2009年1月16日向专利复审委员会提出无效宣告请求，其理由是本专利不符合专利法第23条和专利法实施细则第13条第1款的规定，应予宣告全部无效。请求人同时提交了本专利的著录项目及图片复印件和如下证据附件：

证据1：公开（公告）日为2005年9月7日的200530103747.1号外观设计专利的著录项目及图片复印件共8页，其申请日为2005年1月25日，申请（专利权）人为唐岳芬，公开（公告）号

为 3472775；

证据 2：公开（公告）日为 2005 年 9 月 21 日的 200530103755.6 号外观设计专利的著录项目及图片复印件共 8 页，其申请日为 2005 年 1 月 25 日，申请（专利权）人为唐岳芬，公开（公告）号为 3476138；

证据 3：授权公告日为 2002 年 6 月 19 日的 01242876.0 号实用新型专利的公告文本复印件 4 页，其授权公告号为 CN 2495185Y。

请求人认为，本专利与证据 1 和证据 2 所示专利权人同日申请的枪刷的外观设计除刷毛和螺纹连接头的比例关系有所不同外，其余设计均基本相同，而刷毛长短的区别是根据枪筒直径所唯一限定的特定功能形状，螺纹连接头也属于功能性部件，均对外观设计的整体视觉效果不具有显著的影响，因此本专利与证据 1 和证据 2 所示的外观设计均属于相近似的外观设计，构成同样的发明创造，本专利不符合专利法实施细则第 13 条第 1 款的规定；同时本专利与证据 3 所示在先公开的刷子的外观设计属于相同或者相近似的外观设计，本专利也不符合专利法第 23 条的规定。

经形式审查合格，专利复审委员会受理了该无效宣告请求，并于 2009 年 3 月 6 日将请求人的无效宣告请求文件转送专利权人。

专利复审委员会于 2009 年 4 月 9 日收到专利权人提交的意见陈述书，专利权人质疑证据 1~3 的真实性和合法性，并认为本专利与证据 1~3 所示外观设计均属于不相同且不相近似的外观设计，应维持本专利有效。

专利复审委员会于 2009 年 4 月 20 日向双方当事人发出口头审理通知书，定于 2009 年 6 月 4 日进行口头审理，并将专利权人提交的意见陈述转送请求人。

口头审理如期举行，双方当事人均委托代理人出庭。双方对对方出庭人员的身份和资格无异议，对合议组成员均无回避请求。

在口头审理中，双方当事人均坚持原有观点，专利权人当庭演示了产品实物。

在上述审理的基础上，合议组经合议，认为本案事实清楚，依法作出本审查决定。

二、决定的理由

基于请求人提出的无效宣告请求的理由和证据，合议组依据专利法第 23 条和专利法实施细则第 13 条第 1 款的规定进行审理。

专利法第 23 条规定："授予专利权的外观设计，应当同申请日以前在国内外出版物上公开发表过或者国内公开使用过的外观设计不相同和不相近似，并不得与他人在先取得的合法权利相冲突。"

专利法实施细则第 13 条第 1 款规定："同样的发明创造只能被授予一项专利。"

请求人提交的证据 1 是公开（公告）日为 2005 年 9 月 7 日的 200530103747.1 号外观设计专利的著录项目及图片复印件，其申请日为 2005 年 1 月 25 日，申请（专利权）人为本案专利权人，公开（公告）号为 3472775；证据 2 是公开（公告）日为 2005 年 9 月 21 日的 200530103755.6 号外观设计专利的著录项目及图片复印件，其申请日为 2005 年 1 月 25 日，申请（专利权）人为本案专利权人，公开（公告）号为 3476138。专利权人质疑证据 1 和证据 2 的真实性和合法性。经合议组核实，证据 1 和证据 2 所示内容真实，均系专利权人同日申请并后被授权公告的外观设计专利，均适用于专利法实施细则第 13 条第 1 款的规定。

请求人提交的证据 3 是授权公告日为 2002 年 6 月 19 日的 01242876.0 号实用新型专利的公告文本复印件，其授权公告号为 CN 2495185Y；专利权人质疑其真实性和合法性。经合议组核实，其内容真实，确系在本专利申请日以前公开的实用新型专利，适用于专利法第 23 条的规定。

200530103747.1 号外观设计专利授予的是一款枪刷的外观设计（下称对比设计 1）。从图片上观

察，对比设计 1 的整体形状由螺旋扭转杆、絮状筒刷和棱柱状螺纹连接头等部分组成（详见对比设计 1 附图）。

200530103755. 6 号外观设计专利授予的是一款枪刷的外观设计（下称对比设计 2）。从图片上观察，对比设计 2 的整体形状由螺旋扭转杆、絮状筒刷和螺纹连接头等部分组成（详见对比设计 2 附图）。

在 01242876. 0 号实用新型专利的公告文本中公开了一款刷子的外观设计（下称在先设计）。从图片上观察，在先设计的整体形状由螺旋扭转杆、絮状筒刷和异形棒状手柄等部分组成（详见在先设计附图）。

本专利是枪刷的外观设计，其整体形状由螺旋扭转杆、斜纹絮状筒刷和棱柱状螺纹连接头等部分组成（详见本专利附图）。

合议组认为：本专利和对比设计 1、对比设计 2 及在先设计均为刷子的外观设计，用途相同，均属于相同类别的产品，具有可比性。

将本专利与对比设计 1 相比较，其相同点为：二者各组成部分的形状类型和连接关系相同。合议组认为：从整体视觉观察，虽然二者存在上述相同之处，但由于二者在产品的主要组成部分——筒刷处的纹路设计和比例关系明显不同，导致二者的整体外观设计存在明显的视觉差别；虽然请求人主张刷毛的长短是受枪筒直径所唯一限定的特定功能形状，应对整体视觉效果不具有显著的影响，但由于本专利和对比设计 1 所采用的均为软性的、压缩性较大的絮状筒刷，因此其筒刷粗细的选择范围较大，筒刷的直径大小并非由枪筒直径所唯一限定，故合议组对请求人的上述主张不予支持，二者在筒刷处的明显视觉差别对整体外观设计具有显著的影响，二者应属于不相同且不相近似的外观设计。根据审查指南第四部分第七章 1 节的规定，“同样的发明创造”对于外观设计而言，是指外观设计相同或者相近似，因此本专利和对比设计 1 不属于同样的发明创造。

将本专利与对比设计 2 相比较，合议组认为：从整体视觉观察，二者在筒刷处的差别较对比设计 1 更为明显，因此基于前述理由，本专利和对比设计 2 亦不属于同样的发明创造。

将本专利与在先设计相比较，合议组认为：从整体视觉观察，由于二者筒刷部分的纹路设计和比例关系明显不同，足以导致整体外观设计产生明显差别，虽然请求人主张刷毛的长短是受枪筒直径所唯一限定的特定功能形状，应对整体视觉效果不具有显著的影响，但基于前述理由，合议组对请求人的上述主张不予支持；同时由于在先设计未显示出与本专利螺纹连接头相对应的设计，而直接连接手柄，因此二者在连接部的设计明显不同，亦足以导致整体外观设计产生明显差别，虽然请求人主张螺纹连接头属于功能性部件，应对整体视觉效果不具有显著的影响，但其虽为满足连接功能要求的部件设计，却具有不由连接功能所唯一限定的视觉明显的设计差别，因此对整体视觉效果具有显著的影响，故合议组对请求人的上述主张亦不予支持，二者应属于不相同且不相近似的外观设计。

综上所述，请求人提出的无效请求理由均不能成立。

三、决定

维持 200530103752. 2 号外观设计专利权有效。

当事人对本决定不服的，可以根据专利法第 46 条第 2 款的规定，自收到本决定之日起三个月内向北京市第一中级人民法院起诉。根据该款的规定，一方当事人起诉后，另一方当事人应当作为第三人参加诉讼。

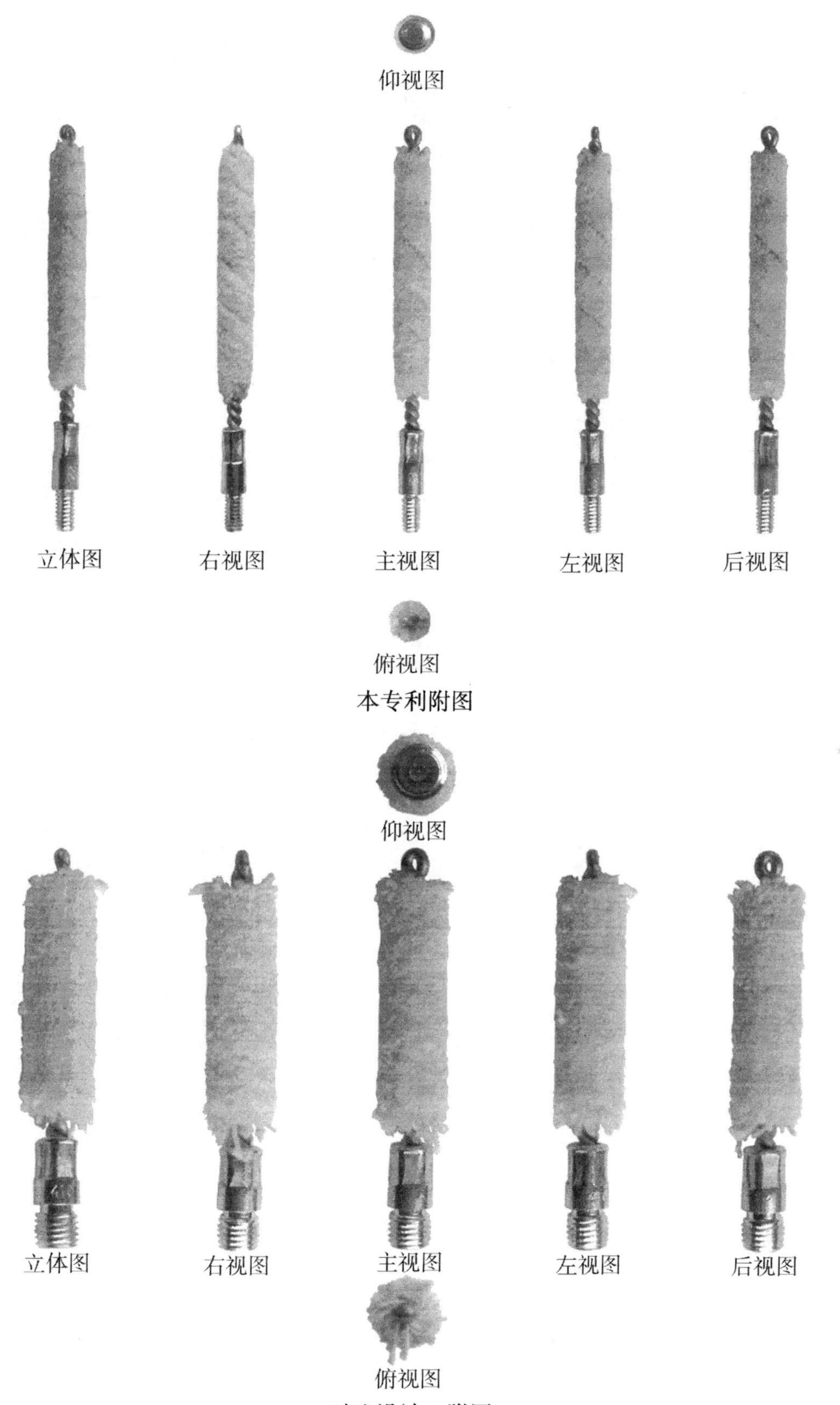

本专利附图

对比设计 1 附图

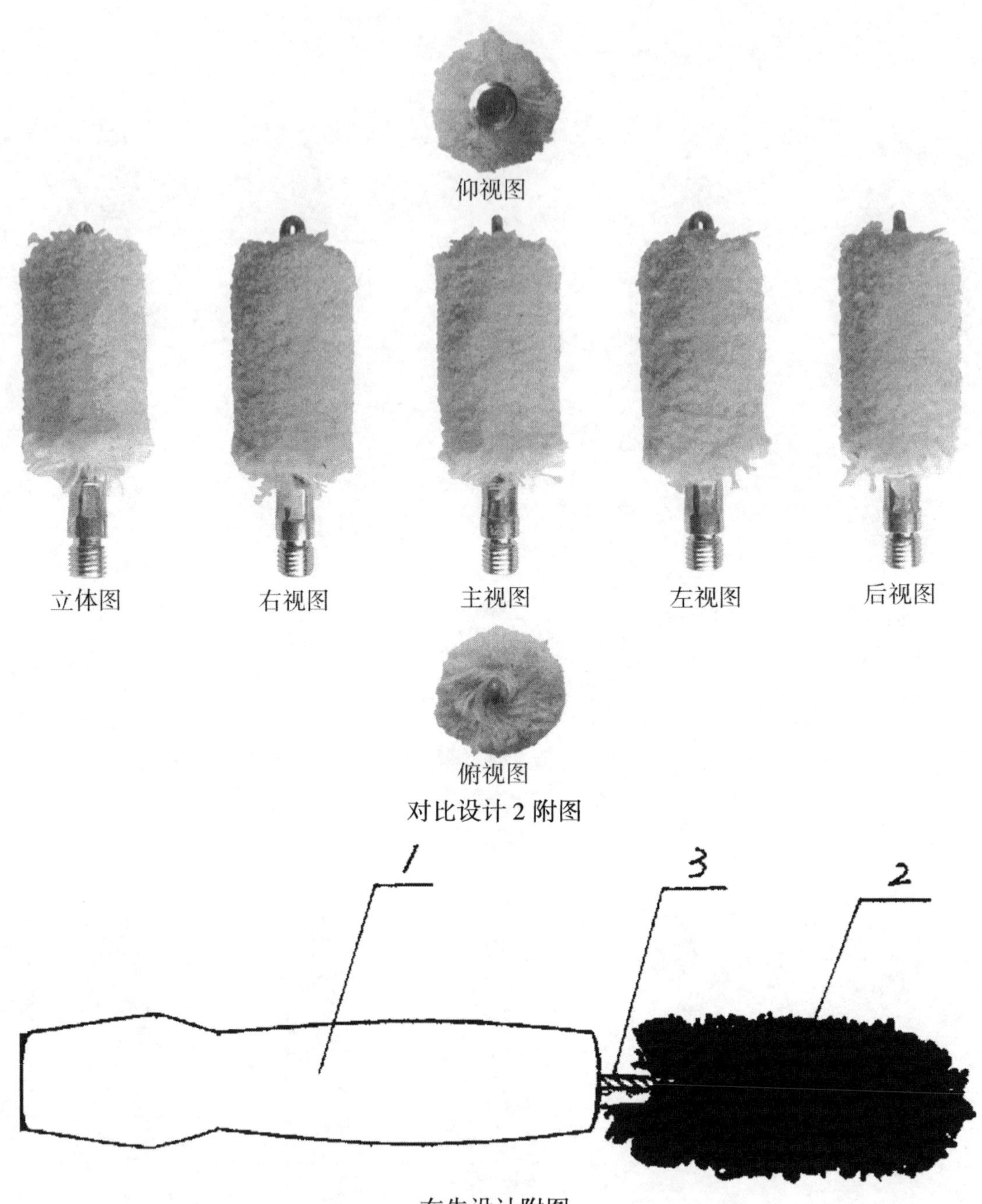

对比设计 2 附图

在先设计附图

北京市第一中级人民法院
行政判决书

（2009）一中知行初字第 2447 号

原告宁波市鄞州坚兴刷业有限公司，住所地浙江省宁波市鄞州区钟公庙街道新林村。

法定代表人李月兰，总经理。

委托代理人叶万东，男，1973 年 12 月 9 日出生，住北京市朝阳区北湖甲 1 号森嘉公司。

被告国家知识产权局专利复审委员会，住所地北京市海淀区北四环西路 9 号银谷大厦 10～12 层。

法定代表人张茂于，副主任。

委托代理人沙柏青，女，国家知识产权局专利复审委员会审查员。

委托代理人曹铭书，女，国家知识产权局专利复审委员会审查员。

第三人唐岳芬，女，1970 年 7 月 20 日出生，住浙江省宁波市鄞州区洞桥镇王家桥村 6 组 42 号。

委托代理人张文忠，男，宁波市天晟知识产权代理有限公司专利代理人。

原告宁波市鄞州坚兴刷业有限公司（以下简称坚兴公司）不服被告国家知识产权局专利复审委员会（以下简称专利复审委员会）于 2009 年 6 月 16 日作出的第 13551 号无效宣告请求审查决定（以下简称第 13551 号决定），在法定期限内向本院提起行政诉讼。本院于 2009 年 10 月 13 日受理后，依法组成合议庭，并依法通知与第 13551 号决定存在法律上利害关系的唐岳芬作为本案第三人参加诉讼。2009 年 11 月 19 日，本院依法公开开庭审理了本案，原告坚兴公司的委托代理人叶万东，被告专利复审委员会的委托代理人沙柏青、曹铭书，第三人唐岳芬的委托代理人张文忠到庭参加了诉讼。本案现已审理终结。

2009 年 6 月 16 日，被告专利复审委员会依照原告坚兴公司提出的无效宣告请求，针对专利权人为本案第三人唐岳芬、产品名称为“枪刷（22M）”的第 200530103752.2 号外观设计专利（简称本专利）作出第 13551 号决定，内容如下：

（1）从整体视觉观察，虽然本专利与对比设计 1 各组成部分的形状类型和连接关系相同，但由于二者在产品的主要组成部分——筒刷处的比例关系明显不同，导致二者的整体外观设计存在明显的视觉差别；虽然原告坚兴公司主张刷毛的长短是受枪筒直径所唯一限定的特定功能形状，应对整体视觉效果不具有显著的影响，但由于本专利和对比设计 1 所采用的均为软性的、压缩性较大的絮状筒刷，因此其筒刷粗细的选择范围较大，筒刷的直径大小并非由枪筒直径所唯一限定，故对原告的上述主张不予支持，二者在筒刷处的明显视觉差别对整体外观设计具有显著的影响，二者应属于不相同且不相近似的外观设计。

（2）从整体视觉观察，本专利与对比设计 2 在筒刷处的差别较对比设计 1 更为明显，因此基于前述理由，本专利和对比设计 2 亦不属于同样的发明创造。

（3）从整体视觉观察，在先设计与本专利在连接部的设计明显不同，足以导致整体外观设计的明显差别，二者应属于不相同且不相近似的外观设计。

综上，被告专利复审委员会决定维持本专利权有效。原告坚兴公司诉称：（1）从本专利的外观设计图片中不能唯一得出筒刷是“软性的、压缩性较大的絮状筒刷”，如其是软性的、压缩性较大的絮状筒刷，那么其就不具有固定的形状，不属于外观设计保护的客体。而且，根据刷子的生产工艺，不可能存在“絮状的筒刷”，因为絮状的筒刷的刷毛是由毛绒类物品组成，而毛绒类物品不可能被夹

持在两金属杆之间。事实上，本专利和对比设计的刷毛是棉线或棉绳一类的物品。（2）由于本专利与对比设计1的刷毛是棉线或棉绳一类的物品，并且都是夹持在两根扭转的金属杆之间形成筒刷，因此，筒刷处的设计是相同的。（3）尽管筒刷是软性的、具有一定的压缩性，但是要将枪筒内的污物擦除，枪刷的筒刷与枪筒之间必须有一定大小的摩擦力，而筒刷与枪筒内部之间产生一定大小的压力是由枪刷的筒刷直径大小决定的，因此，要使枪刷能发挥清理枪筒的作用，枪刷的筒刷直径大小与枪筒内径大小形成确定的对应关系，即筒刷直径大小是根据枪筒直径所唯一确定的特定功能形状，根据审查指南第四部分第五章第4节第（6）点中“由产品的功能唯一限定的特定形状对整体视觉效果通常不具有显著的影响”的规定，本专利与对比设计1属于同样的发明创造。基于同样的理由，本专利与对比设计2也属于同样的发明创造。综上，原告坚兴公司请求法院撤销第13551号决定，判决被告重新作出审查决定。

被告专利复审委员会辩称：第13551号决定认定事实清楚，适用法律正确，程序合法，被告坚持第13551号决定的意见，请求法院维持第13551号决定。

第三人唐岳芬述称：（1）将本专利与对比设计1比较，二者在产品的主要组成部分——筒刷处的比例关系明显不同，导致二者的整体外观设计存在明显的视觉差别，显然属于不同的外观设计。本专利与对比设计2存在同样的差别。（2）本专利是一个具有特定用途、适用于特定对象的外观设计专利产品，其具有具体的形状和图案，具有外部独创的富于美感的主要设计部分就是刷绒排列形状，并且两条金属条相扭转构成的金属杆端头呈中空的椭圆状，柄部由多棱圆台体、圆台状且圆台状底部具有向后延伸的螺丝杆，这些设计共同与螺旋波纹形状的刷绒构成美观的形状和轮廓。因此，第13551号决定认定事实清楚，适用法律正确，程序合法，请求法院维持第13551号决定。

本院经审理查明：

本专利的申请日为2005年1月25日，授权公告日为2005年9月7日。本专利是枪刷的外观设计，其整体形状由螺旋扭转杆、斜纹绒状筒刷和棱柱状螺纹连接头等部分组成（详见本专利附图）。

针对本专利权，原告坚兴公司于2009年1月16日向被告专利复审委员会提出无效宣告请求，其理由是本专利不符合2001年起施行的《中华人民共和国专利法》（以下简称2001年《专利法》）第二十三条和《中华人民共和国专利法实施细则》第十三条第一款的规定，应予宣告全部无效，其同时提交了详细的书面意见。此外，原告坚兴公司同时提交了本专利的著录项目及图片复印件和包括对比设计1、对比设计2在内的3份证据。

对比设计1是公开（公告）日为2005年9月7日的200530103747.1号外观设计专利的著录项目及图片复印件共8页，其申请日为2005年1月25日，公开（公告）号为3472775，申请（专利权）人为本案第三人唐岳芬。从图片上观察，对比设计1的整体形状由螺旋扭转杆、绒状筒刷和棱柱状螺纹连接头等部分组成（详见对比设计1附图）。对比设计2是公开（公告）日为2005年9月21日的200530103755.6号外观设计专利的著录项目及图片复印件共8页，其申请日为2005年1月25日，公开（公告）号为3476138，申请（专利权）人为本案第三人唐岳芬。从图片上观察，对比设计2的整体形状由螺旋扭转杆、绒状筒刷和螺纹连接头等部分组成（详见对比设计2附图）。被告专利复审委员会受理该无效宣告请求后，于2009年3月6日将上述材料对第三人唐岳芬进行了转文。2009年4月9日，被告专利复审委员会收到第三人唐岳芬提交的意见陈述书，亦将该材料进行转文。

2009年6月4日，原告坚兴公司与第三人唐岳芬均委托代理人出席了被告专利复审委员会举行的口头审理，并且在口头审理中各自坚持原有观点，第三人唐岳芬的代理人并于当场演示了产品实物。

在上述事实的基础上，被告专利复审委员会于2009年6月16日作出了第13551号决定，原告坚兴公司不服，在法定期限内向本院提起行政诉讼。

庭审中，原告坚兴公司明确表示对于第 13551 号决定的下列内容不持异议：第 13551 号决定作出的行政程序；第 13551 号决定关于证据的认定；第 13551 号决定关于本专利与在先设计不构成相同或相近似的外观设计的认定。上述事实有第 13551 号决定、本专利公开文本、对比设计 1、对比设计 2、口头审理记录表及其附页、当事人陈述等证据在案佐证。

本院认为：参照国家知识产权局令第 53 号《施行修改后的专利法的过渡办法》第二条的规定，修改前的《专利法》（即 2001 年《专利法》）的规定适用于申请日在 2009 年 10 月 1 日前（不含该日）的专利申请以及根据该专利申请授予的专利权；修改后的《专利法》（即现行《专利法》）的规定适用于申请日在 2009 年 10 月 1 日以后（含该日）的专利申请以及根据该专利申请授予的专利权。本专利的申请日为 2005 年 1 月 25 日，因此，本案应当适用 2001 年《专利法》。对于第 13551 号决定中原告坚兴公司明确表示不持异议的部分，本院经审查，对其合法性予以确认。在此基础上，本案的争议焦点仅在于：第 13551 号决定认定本专利与对比设计 1、对比设计 2 属于不相同且不相近似的外观设计是否合法。

一、本专利与对比设计 1 是否属于相同或相近似的外观设计

经审查，本专利与对比设计 1 的相同之处为：二者各组成部分的形状类型和连接关系相同。但从整体视觉观察，二者在产品的主要组成部分——刷毛与筒刷的比例关系明显不同，而且本专利刷毛处有纹路设计，使得二者的整体外观设计的视觉效果差别显著。由于本专利和对比设计 1 所采用的均为软性的、压缩性较大的绒状筒刷，因此其筒刷粗细的选择范围较大，筒刷的直径大小并非由枪筒直径所唯一限定，故原告坚兴公司关于刷毛的长短是受枪筒直径所唯一限定的特定功能形状，应对整体视觉效果不具有显著影响的主张不能成立，被告专利复审委员会认定本专利与对比设计 1 属于不相同且不相近似的外观设计并无不当。

二、本专利与对比设计 2 是否属于相同或相近似的外观设计

经审查，在整体视觉效果上，本专利与对比设计 2 在筒刷处的差别较本专利与对比设计 1 相应之处的差别更为明显，且本专利刷毛处有纹路设计。因此，被告专利复审委员会认定本专利和对比设计 2 属于不相同且不相近似的外观设计亦无不当。

综上，原告坚兴公司的诉讼理由缺乏事实及法律依据，其诉讼请求本院不予支持。第 13551 号决定认定事实清楚，适用法律正确，程序合法，本院应予维持。依照《中华人民共和国行政诉讼法》第五十四条第（一）项之规定，本院判决如下：

维持被告国家知识产权局专利复审委员会作出的第 13551 号无效宣告请求审查决定。

案件受理费 100 元，由原告宁波市鄞州坚兴刷业有限公司负担（已交纳）。

如不服本判决，各方当事人可于本判决书送达之日起 15 日内，向本院递交上诉状，并按对方当事人人数提出副本，同时预交上诉案件受理费 100 元，上诉于北京市高级人民法院。上诉人在上诉期满后 7 日内未预交上诉费，又不提出缓交申请的，按自动撤回上诉处理。

审 判 长　赵　静
代理审判员　司品华
代理审判员　周丽婷
二〇〇九年十二月二十日
书 记 员　高晓旭

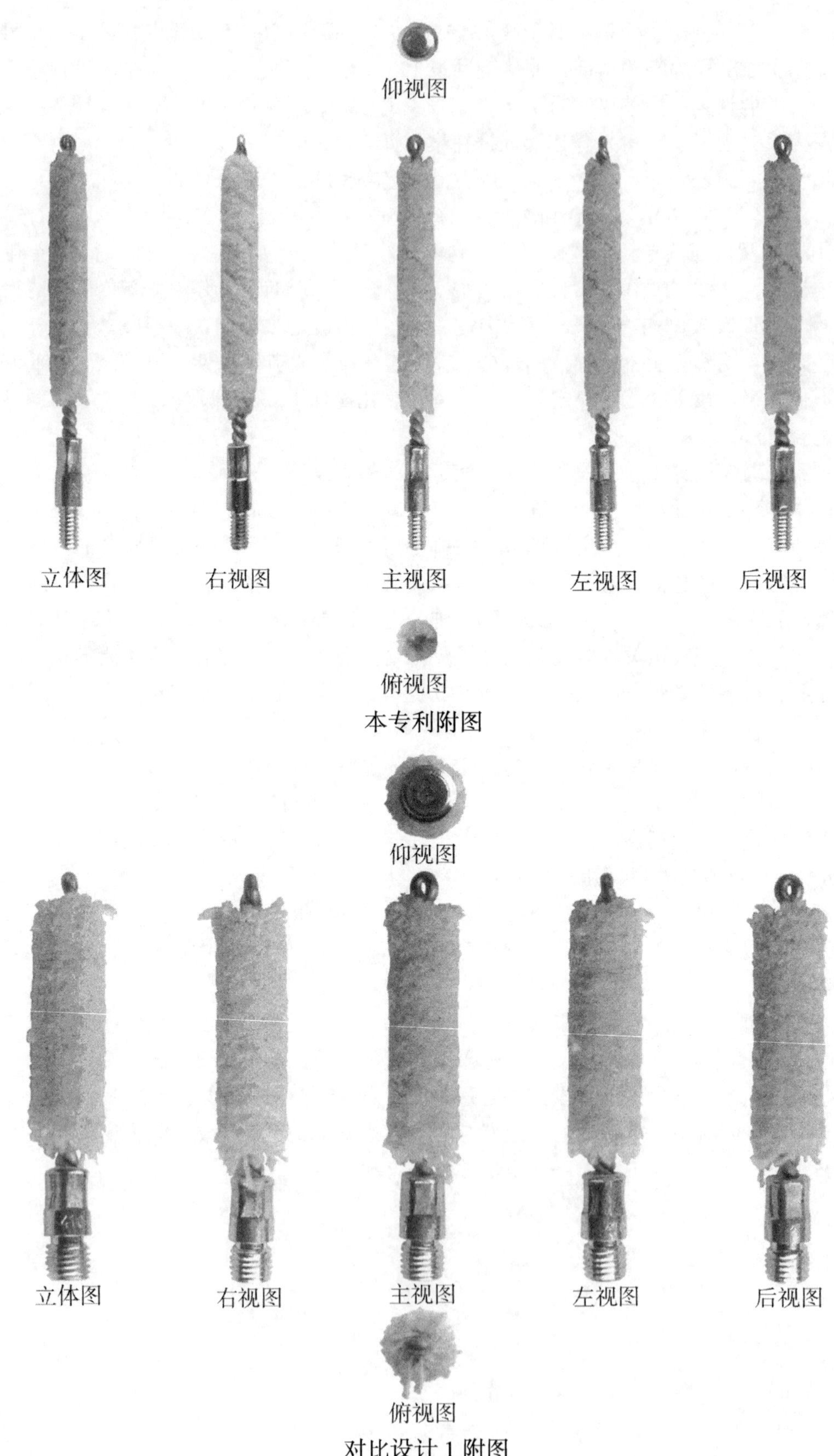

本专利附图

对比设计 1 附图

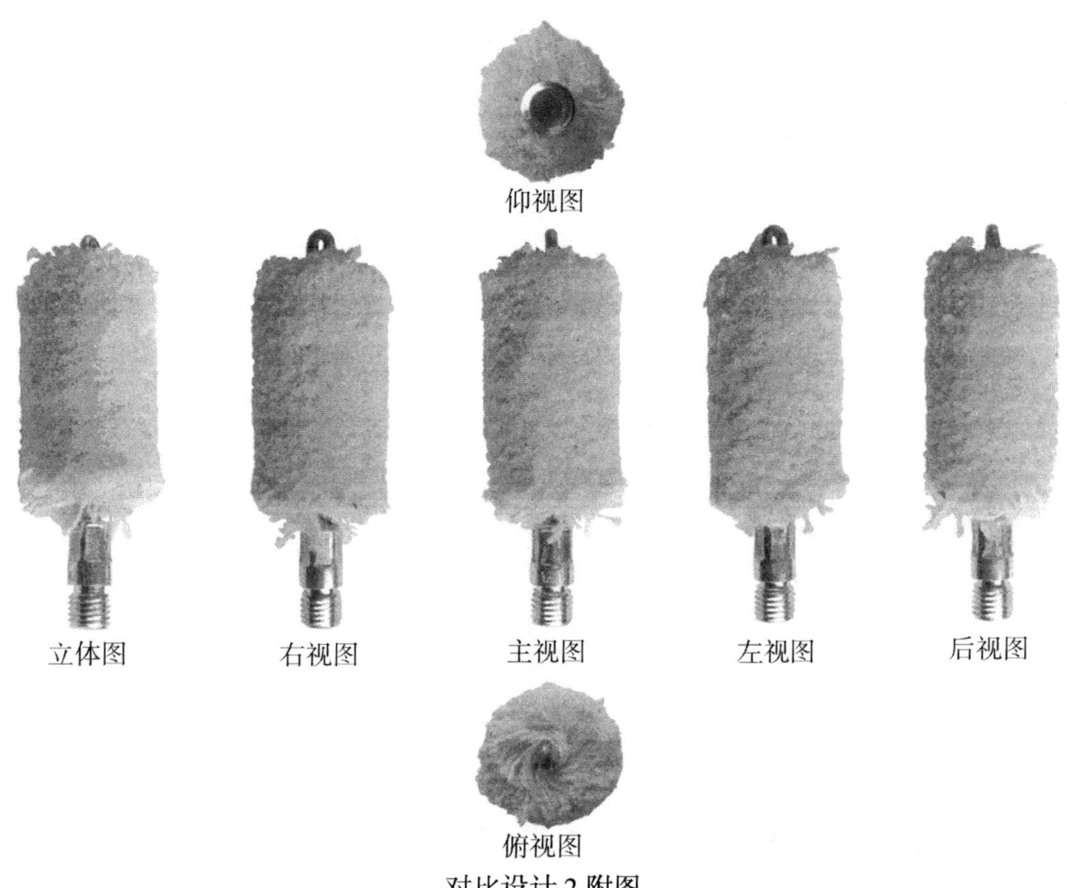

对比设计 2 附图

340

枪刷（410M）

无效宣告请求审查决定（第13552号）

决　　定　　号 第13552号
决　　定　　日 2009年6月16日
发明创造名称 枪刷（410M）
外观设计分类号 04-01
无效宣告请求人 宁波市鄞州坚兴刷业有限公司
专　利　权　人 唐岳芬
专　　利　　号 200530103747.1
申　　请　　日 2005年1月25日
授　权　公　告　日 2005年9月7日
合　议　组　组　长 李巍巍
主　　审　　员 张雪飞
参　　审　　员 雷　婧
附　　　　图 2页

法　律　依　据 专利法第23条，专利法实施细则第13条第1款
决　定　要　点

基于软性絮状筒刷的可压缩性，并不能得出其筒刷直径大小是根据枪筒直径所唯一确定的特定功能形状的结论，故本案不应以由功能唯一限定的特定形状为理由将筒刷比例不同导致的明显视觉差别认定为对整体视觉效果不具有显著的影响。

一、案由

本无效宣告请求涉及国家知识产权局于2005年9月7日授权公告的200530103747.1号外观设计专利，使用该外观设计的产品名称是“枪刷（410M）”，其申请日是2005年1月25日，专利权人是唐岳芬。

针对上述外观设计专利权（下称本专利），宁波市鄞州坚兴刷业有限公司（下称请求人）于2009年1月16日向专利复审委员会提出无效宣告请求，其理由是本专利不符合专利法第23条和专利法实施细则第13条第1款的规定，应予宣告全部无效。请求人同时提交了本专利的著录项目及图片复印件和如下证据附件：

证据1：公开（公告）日为2005年9月7日的200530103752.2号外观设计专利的著录项目及图片复印件共8页，其申请日为2005年1月25日，申请（专利权）人为唐岳芬，公开（公告）号

为 3472776；

证据 2：公开（公告）日为 2005 年 9 月 21 日的 200530103755.6 号外观设计专利的著录项目及图片复印件共 8 页，其申请日为 2005 年 1 月 25 日，申请（专利权）人为唐岳芬，公开（公告）号为 3476138；

证据 3：授权公告日为 2002 年 6 月 19 日的 01242876.0 号实用新型专利的公告文本复印件 4 页，其授权公告号为 CN 2495185Y。

请求人认为，本专利与证据 1 和证据 2 所示专利权人同日申请的枪刷的外观设计除刷毛和螺纹连接头的比例关系有所不同外，其余设计均基本相同，而刷毛长短的区别是根据枪筒直径所唯一限定的特定功能形状，螺纹连接头也属于功能性部件，均对外观设计的整体视觉效果不具有显著的影响，因此本专利与证据 1 和证据 2 所示的外观设计均属于相近似的外观设计，构成同样的发明创造，本专利不符合专利法实施细则第 13 条第 1 款的规定；同时本专利与证据 3 所示在先公开的刷子的外观设计属于相同或者相近似的外观设计，本专利也不符合专利法第 23 条的规定。

经形式审查合格，专利复审委员会受理了该无效宣告请求，并于 2009 年 3 月 9 日将请求人的无效宣告请求文件转送专利权人。

专利权人逾期未作出答复。

专利复审委员会于 2009 年 4 月 20 日向双方当事人发出口头审理通知书，定于 2009 年 6 月 4 日进行口头审理。

口头审理如期举行，双方当事人均委托代理人出庭。双方对对方出庭人员的身份和资格无异议，对合议组成员均无回避请求。

在口头审理中，请求人坚持其原有观点。专利权人质疑证据 1~3 的真实性和合法性，并认为本专利与证据 1~3 所示外观设计均属于不相同且不相近似的外观设计，应维持本专利有效；专利权人当庭演示了产品实物。

在上述审理的基础上，合议组经合议，认为本案事实清楚，依法作出本审查决定。

二、决定的理由

基于请求人提出的无效宣告请求的理由和证据，合议组依据专利法第 23 条和专利法实施细则第 13 条第 1 款的规定进行审理。

专利法第 23 条规定："授予专利权的外观设计，应当同申请日以前在国内外出版物上公开发表过或者国内公开使用过的外观设计不相同和不相近似，并不得与他人在先取得的合法权利相冲突。"

专利法实施细则第 13 条第 1 款规定："同样的发明创造只能被授予一项专利。"

请求人提交的证据 1 是公开（公告）日为 2005 年 9 月 7 日的 200530103752.2 号外观设计专利的著录项目及图片复印件，其申请日为 2005 年 1 月 25 日，申请（专利权）人为本案专利权人，公开（公告）号为 3472776；证据 2 是公开（公告）日为 2005 年 9 月 21 日的 200530103755.6 号外观设计专利的著录项目及图片复印件，其申请日为 2005 年 1 月 25 日，申请（专利权）人为本案专利权人，公开（公告）号为 3476138。专利权人质疑证据 1 和证据 2 的真实性和合法性。经合议组核实，证据 1 和证据 2 所示内容真实，均系专利权人同日申请并后被授权公告的外观设计专利，均适用于专利法实施细则第 13 条第 1 款的规定。

请求人提交的证据 3 是授权公告日为 2002 年 6 月 19 日的 01242876.0 号实用新型专利的公告文本复印件，其授权公告号为 CN 2495185Y；专利权人质疑其真实性和合法性。经合议组核实，其内容真实，确系在本专利申请日以前公开的实用新型专利，适用于专利法第 23 条的规定。

200530103752.2 号外观设计专利授予的是一款枪刷的外观设计（下称对比设计 1）。从图片上观

察，对比设计 1 的整体形状由螺旋扭转杆、斜纹絮状筒刷和棱柱状螺纹连接头等部分组成。详见对比设计 1 附图。

200530103755. 6 号外观设计专利授予的是一款枪刷的外观设计（下称对比设计 2）。从图片上观察，对比设计 2 的整体形状由螺旋扭转杆、絮状筒刷和螺纹连接头等部分组成。详见对比设计 2 附图。

在 01242876. 0 号实用新型专利的公告文本中公开了一款刷子的外观设计（下称在先设计）。从图片上观察，在先设计的整体形状由螺旋扭转杆、絮状筒刷和异形棒状手柄等部分组成。详见在先设计附图。

本专利是枪刷的外观设计，其整体形状由螺旋扭转杆、絮状筒刷和棱柱状螺纹连接头等部分组成。详见本专利附图。

合议组认为：本专利和对比设计 1、对比设计 2 及在先设计均为刷子的外观设计，用途相同，均属于相同类别的产品，具有可比性。

将本专利与对比设计 2 相比较，其相同点为：二者各组成部分的形状类型和连接关系相同。合议组认为：从整体视觉观察，虽然二者存在上述相同之处，但由于二者在产品的主要组成部分——筒刷处的比例关系明显不同，导致二者的整体外观设计存在明显的视觉差别；虽然请求人主张刷毛的长短是受枪筒直径所唯一限定的特定功能形状，应对整体视觉效果不具有显著的影响，但由于本专利和对比设计 2 所采用的均为软性的、压缩性较大的絮状筒刷，因此其筒刷粗细的选择范围较大，筒刷的直径大小并非由枪筒直径所唯一限定，故合议组对请求人的上述主张不予支持，二者在筒刷处的明显视觉差别对整体外观设计具有显著的影响，二者应属于不相同且不相近似的外观设计。根据审查指南第四部分第七章 1 节的规定，“同样的发明创造”对于外观设计而言，是指外观设计相同或者相近似，因此本专利和对比设计 2 不属于同样的发明创造。

将本专利与对比设计 1 相比较，合议组认为：从整体视觉观察，二者在筒刷处的差别较对比设计 2 更为明显，因此基于前述理由，本专利和对比设计 1 亦不属于同样的发明创造。

将本专利与在先设计相比较，合议组认为：从整体视觉观察，由于二者筒刷部分的比例关系明显不同，足以导致整体外观设计产生明显差别，虽然请求人主张刷毛的长短是受枪筒直径所唯一限定的特定功能形状，应对整体视觉效果不具有显著的影响，但基于前述理由，合议组对请求人的上述主张不予支持；同时由于在先设计未显示出与本专利螺纹连接头相对应的设计，而直接连接手柄，因此二者在连接部的设计明显不同，亦足以导致整体外观设计产生明显差别，虽然请求人主张螺纹连接头属于功能性部件，应对整体视觉效果不具有显著的影响，但其虽为满足连接功能要求的部件设计，却具有不由连接功能所唯一限定的视觉明显的设计差别，因此对整体视觉效果具有显著的影响，故合议组对请求人的上述主张亦不予支持，二者应属于不相同且不相近似的外观设计。

综上所述，请求人提出的无效请求理由均不能成立。

三、决定

维持 200530103747. 1 号外观设计专利权有效。

当事人对本决定不服的，可以根据专利法第 46 条第 2 款的规定，自收到本决定之日起三个月内向北京市第一中级人民法院起诉。根据该款的规定，一方当事人起诉后，另一方当事人应当作为第三人参加诉讼。

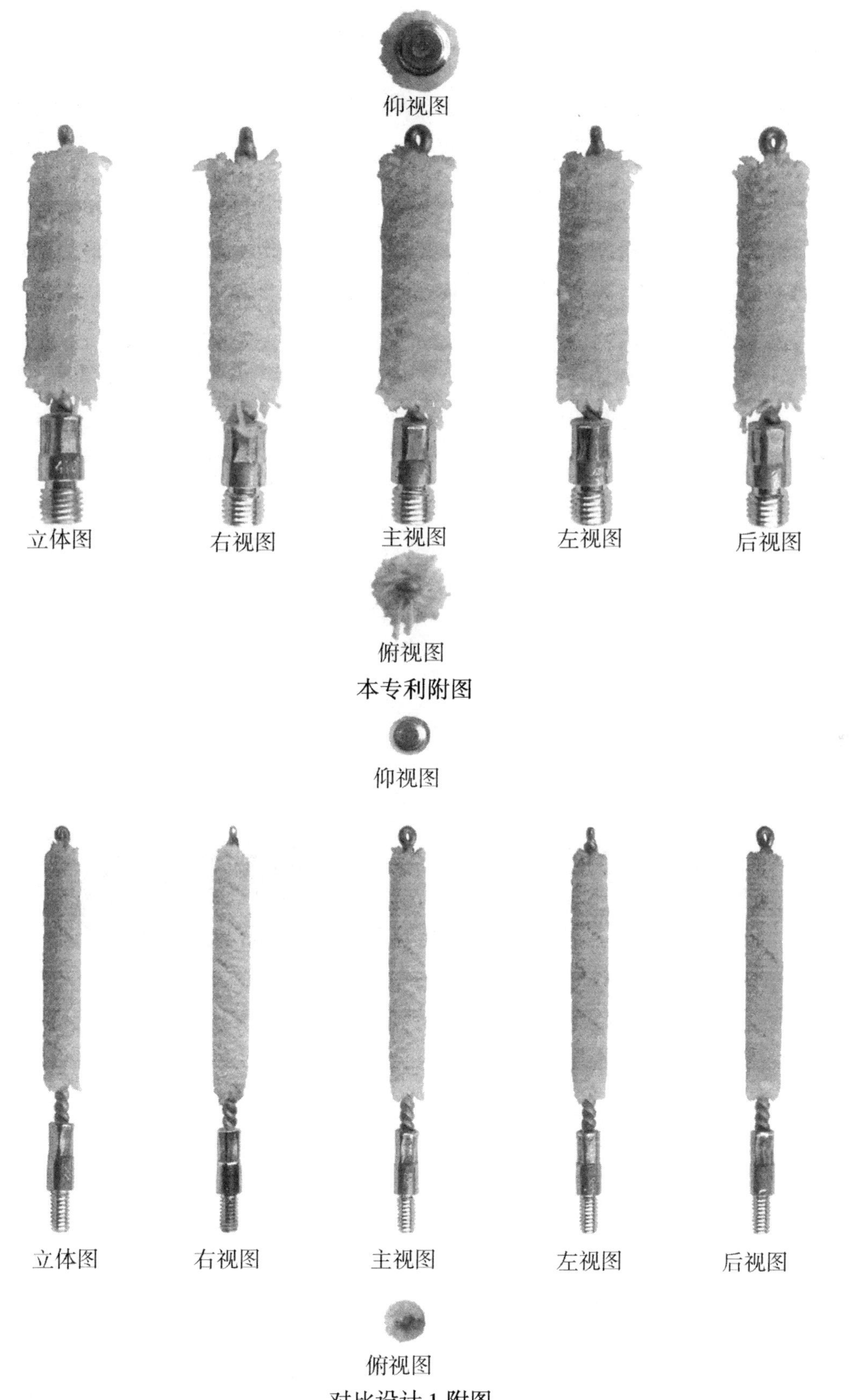

本专利附图

对比设计 1 附图

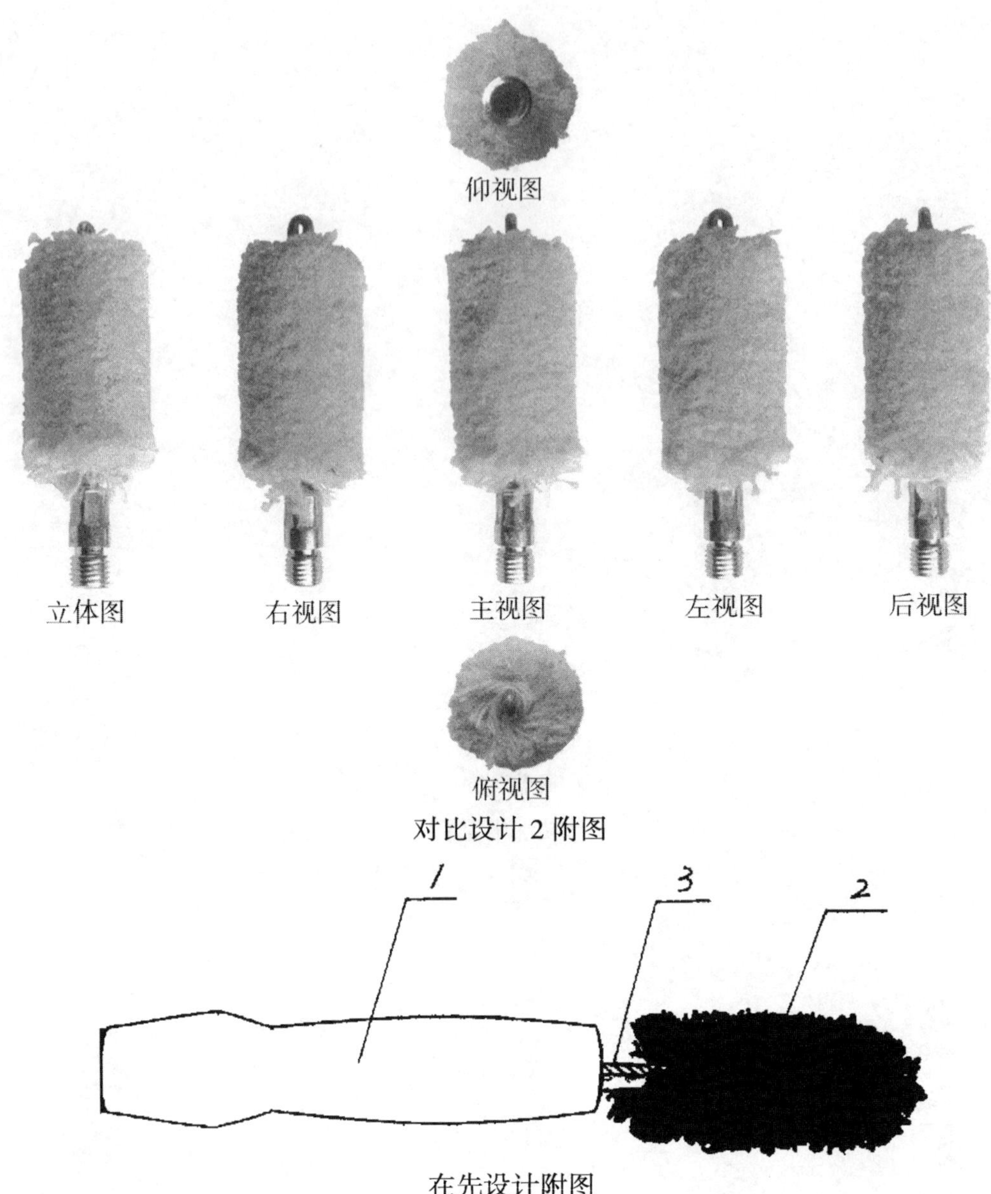

对比设计 2 附图

在先设计附图

北京市第一中级人民法院
行政判决书

（2009）一中知行初字第 2446 号

原告宁波市鄞州坚兴刷业有限公司，住所地浙江省宁波市鄞州区钟公庙街道新林村。

法定代表人李月兰，总经理。

委托代理人叶万东，男，1973 年 12 月 9 日出生，住北京市朝阳区北湖甲 1 号森嘉公司。

被告国家知识产权局专利复审委员会，住所地北京市海淀区北四环西路 9 号银谷大厦 10~12 层。

法定代表人张茂于，副主任。

委托代理人沙柏青，女，国家知识产权局专利复审委员会审查员。

委托代理人曹铭书，女，国家知识产权局专利复审委员会审查员。

第三人唐岳芬，女，1970 年 7 月 20 日出生，住浙江省宁波市鄞州区洞桥镇王家桥村 6 组 42 号。

委托代理人张文忠，男，宁波市天晟知识产权代理有限公司专利代理人。

原告宁波市鄞州坚兴刷业有限公司（以下简称坚兴公司）不服被告国家知识产权局专利复审委员会（以下简称专利复审委员会）于 2009 年 6 月 16 日作出的第 13552 号无效宣告请求审查决定（以下简称第 13552 号决定），在法定期限内向本院提起行政诉讼。本院于 2009 年 10 月 13 日受理后，依法组成合议庭，并依法通知与第 13552 号决定存在法律上利害关系的唐岳芬作为本案第三人参加诉讼。2009 年 11 月 19 日，本院依法公开开庭审理了本案，原告坚兴公司的委托代理人叶万东，被告专利复审委员会的委托代理人沙柏青、曹铭书，第三人唐岳芬的委托代理人张文忠到庭参加了诉讼。本案现已审理终结。

2009 年 6 月 16 日，被告专利复审委员会依照原告坚兴公司提出的无效宣告请求，针对专利权人为本案第三人唐岳芬、产品名称为“枪刷（410M）”的第 200530103747. 1 号外观设计专利（简称本专利）作出第 13552 号决定，内容如下：

（1）从整体视觉观察，虽然本专利与对比设计 2 各组成部分的形状类型和连接关系相同，但由于二者在产品的主要组成部分——筒刷处的比例关系明显不同，导致二者的整体外观设计存在明显的视觉差别；虽然原告坚兴公司主张刷毛的长短是受枪筒直径所唯一限定的特定功能形状，应对整体视觉效果不具有显著的影响，但由于本专利和对比设计 2 所采用的均为软性的、压缩性较大的絮状筒刷，因此其筒刷粗细的选择范围较大，筒刷的直径大小并非由枪筒直径所唯一限定，故对原告的上述主张不予支持，二者在筒刷处的明显视觉差别对整体外观设计具有显著的影响，二者应属于不相同且不相近似的外观设计。

（2）从整体视觉观察，本专利与对比设计 1 在筒刷处的差别较对比设计 2 更为明显，因此基于前述理由，本专利和对比设计 1 亦不属于同样的发明创造。

（3）从整体视觉观察，在先设计与本专利在连接部的设计明显不同，足以导致整体外观设计的明显差别，二者应属于不相同且不相近似的外观设计。

综上，被告专利复审委员会决定维持本专利权有效。原告坚兴公司诉称：（1）从本专利的外观设计图片中不能唯一得出筒刷是“软性的、压缩性较大的絮状筒刷”，如其是软性的、压缩性较大的絮状筒刷，那么其就不具有固定的形状，不属于外观设计保护的客体。而且，根据刷子的生产工艺，不可能存在“絮状的筒刷”，因为絮状的筒刷的刷毛是由毛绒类物品组成，而毛绒类物品不可能被夹

持在两金属杆之间。事实上，本专利和对比设计的刷毛是棉线或棉绳一类的物品。（2）由于本专利与对比设计 2 的刷毛是棉线或棉绳一类的物品，并且都是夹持在两根扭转的金属杆之间形成筒刷，因此，筒刷处的设计是相同的。（3）尽管筒刷是软性的、具有一定的压缩性，但是要将枪筒内的污物擦除，枪刷的筒刷与枪筒之间必须有一定大小的摩擦力，而筒刷与枪筒内部之间产生一定大小的压力是由枪刷的筒刷直径大小决定的，因此，要使枪刷能发挥清理枪筒的作用，枪刷的筒刷直径大小与枪筒内径大小形成确定的对应关系，即筒刷直径大小是根据枪筒直径所唯一确定的特定功能形状，根据审查指南第四部分第五章第 4 节第（6）点中“由产品的功能唯一限定的特定形状对整体视觉效果通常不具有显著的影响”的规定，本专利与对比设计 2 属于同样的发明创造。基于同样的理由，本专利与对比设计 1 也属于同样的发明创造。综上，原告坚兴公司请求法院撤销第 13552 号决定，判决被告重新作出审查决定。

被告专利复审委员会辩称：第 13552 号决定认定事实清楚，适用法律正确，程序合法，被告坚持第 13552 号决定的意见，请求法院维持第 13552 号决定。

第三人唐岳芬述称：（1）将本专利与对比设计 2 比较，二者在产品的主要组成部分——筒刷处的比例关系明显不同，导致二者的整体外观设计存在明显的视觉差别，显然属于不同的外观设计。本专利与对比设计 1 存在同样的差别。（2）本专利是一个具有特定用途、适用于特定对象的外观设计专利产品，其具有具体的形状和图案，具有外部独创的富于美感的主要设计部分就是刷绒排列形状，并且两条金属条相扭转构成的金属杆端头呈中空的椭圆状，柄部由多棱圆台体、圆台状且圆台状底部具有向后延伸的螺丝杆，这些设计共同与螺旋波纹形状的刷绒构成美观的形状和轮廓。因此，第 13552 号决定认定事实清楚，适用法律正确，程序合法，请求法院维持第 13552 号决定。

本院经审理查明：

本专利的申请日为 2005 年 1 月 25 日，授权公告日为 2005 年 9 月 7 日。本专利是枪刷的外观设计，其整体形状由螺旋扭转杆、绒状筒刷和棱柱状螺纹连接头等部分组成（详见本专利附图）。

针对本专利权，原告坚兴公司于 2009 年 1 月 16 日向被告专利复审委员会提出无效宣告请求，其理由是本专利不符合 2001 年起施行的《中华人民共和国专利法》（以下简称 2001 年《专利法》）第二十三条和《中华人民共和国专利法实施细则》第十三条第一款的规定，应予宣告全部无效，其同时提交了详细的书面意见。此外，原告坚兴公司同时提交了本专利的著录项目及图片复印件和包括对比设计 1、对比设计 2 在内的 3 份证据。

对比设计 1 是公开（公告）日为 2005 年 9 月 7 日的 200530103752.2 号外观设计专利的著录项目及图片复印件共 8 页，其申请日为 2005 年 1 月 25 日，公开（公告）号为 3472776，申请（专利权）人为本案第三人唐岳芬。从图片上观察，对比设计 1 的整体形状由螺旋扭转杆、斜纹绒状筒刷和棱柱状螺纹连接头等部分组成（详见对比设计 1 附图）。对比设计 2 是公开（公告）日为 2005 年 9 月 21 日的 200530103755.6 号外观设计专利的著录项目及图片复印件共 8 页，其申请日为 2005 年 1 月 25 日，公开（公告）号为 3476138，申请（专利权）人为本案第三人唐岳芬。从图片上观察，对比设计 2 的整体形状由螺旋扭转杆、绒状筒刷和螺纹连接头等部分组成（详见对比设计 2 附图）。被告专利复审委员会受理该无效宣告请求后，于 2009 年 3 月 9 日将上述材料对第三人唐岳芬进行了转文。第三人唐岳芬逾期未答复。

2009 年 6 月 4 日，原告坚兴公司与第三人唐岳芬均委托代理人出席了被告专利复审委员会举行的口头审理，并且在口头审理中各自坚持原有观点，第三人唐岳芬的代理人并于当场演示了产品实物。

在上述事实的基础上，被告专利复审委员会于 2009 年 6 月 16 日作出了第 13552 号决定，原告坚兴公司不服，在法定期限内向本院提起行政诉讼。

庭审中，原告坚兴公司明确表示对于第13552号决定的下列内容不持异议：第13552号决定作出的行政程序；第13552号决定关于证据的认定；第13552号决定关于本专利与在先设计不构成相同或相近似的外观设计的认定。上述事实有第13552号决定、本专利公开文本、对比设计1、对比设计2、口头审理记录表及其附页、当事人陈述等证据在案佐证。

本院认为：参照国家知识产权局令第53号《施行修改后的专利法的过渡办法》第二条的规定，修改前的《专利法》（即2001年《专利法》）的规定适用于申请日在2009年10月1日前（不含该日）的专利申请以及根据该专利申请授予的专利权；修改后的《专利法》（即现行《专利法》）的规定适用于申请日在2009年10月1日以后（含该日）的专利申请以及根据该专利申请授予的专利权。本专利的申请日为2005年1月25日，因此，本案应当适用2001年《专利法》。对于第13552号决定中原告坚兴公司明确表示不持异议的部分，本院经审查，对其合法性予以确认。在此基础上，本案的争议焦点仅在于：第13552号决定认定本专利与对比设计1、对比设计2属于不相同且不相近似的外观设计是否合法。

一、本专利与对比设计2是否属于相同或相近似的外观设计

经审查，本专利与对比设计2的相同之处为：二者各组成部分的形状类型和连接关系相同。但从整体视觉观察，二者在产品的主要组成部分——刷毛与筒刷的比例关系明显不同，使得二者的整体外观设计的视觉效果差别显著。由于本专利和对比设计2所采用的均为软性的、压缩性较大的绒状筒刷，因此其筒刷粗细的选择范围较大，筒刷的直径大小并非由枪筒直径所唯一限定，故原告坚兴公司关于刷毛的长短是受枪筒直径所唯一限定的特定功能形状，应对整体视觉效果不具有显著影响的主张不能成立，被告专利复审委员会认定本专利与对比设计2属于不相同且不相近似的外观设计并无不当。

二、本专利与对比设计1是否属于相同或相近似的外观设计

经审查，在整体视觉效果上，本专利与对比设计1在筒刷处的差别较本专利与对比设计2相应之处的差别更为明显，且对比设计1刷毛处有纹路设计。因此，被告专利复审委员会认定本专利和对比设计1属于不相同且不相近似的外观设计亦无不当。

综上，原告坚兴公司的诉讼理由缺乏事实及法律依据，其诉讼请求本院不予支持。第13552号决定认定事实清楚，适用法律正确，程序合法，本院应予维持。依照《中华人民共和国行政诉讼法》第五十四条第（一）项之规定，本院判决如下：

维持被告国家知识产权局专利复审委员会作出的第13552号无效宣告请求审查决定。

案件受理费100元，由原告宁波市鄞州坚兴刷业有限公司负担（已交纳）。

如不服本判决，各方当事人可于本判决书送达之日起15日内，向本院递交上诉状，并按对方当事人人数提出副本，同时预交上诉案件受理费100元，上诉于北京市高级人民法院。上诉人在上诉期满后7日内未预交上诉费，又不提出缓交申请的，按自动撤回上诉处理。

审　判　长　赵　静
代理审判员　司品华
代理审判员　周丽婷
二〇〇九年十二月二十日
书　记　员　高晓旭

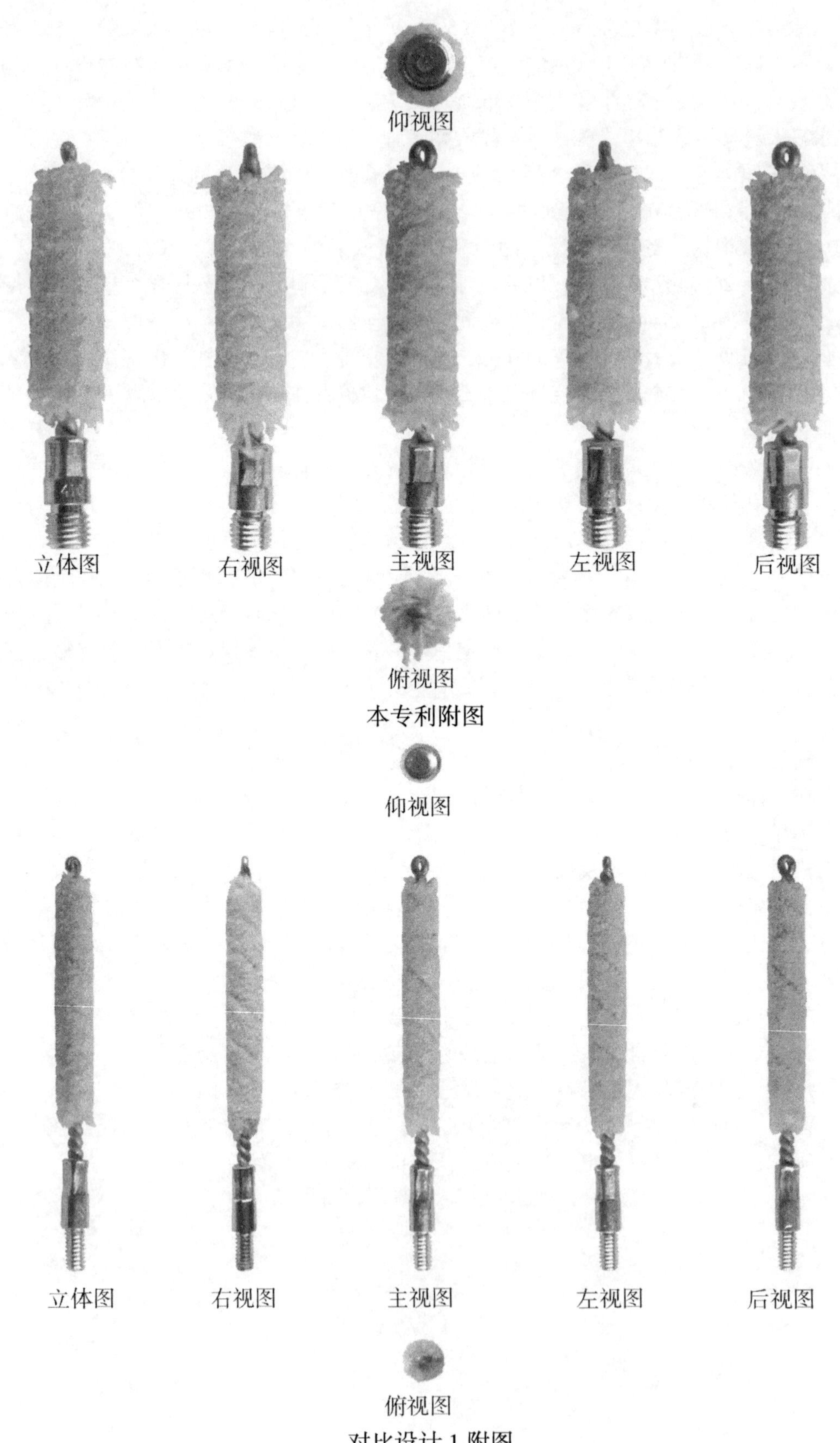

本专利附图

对比设计 1 附图

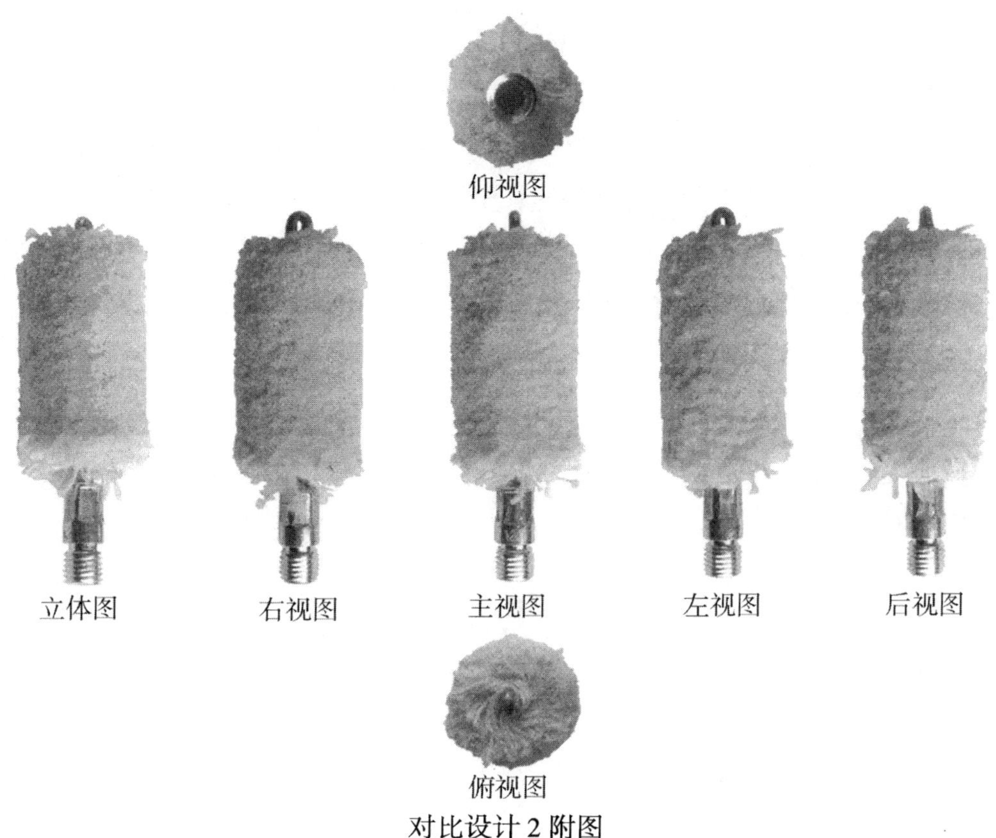

对比设计 2 附图

341

枪刷（357T）

无效宣告请求审查决定（第13553号）

决　　定　　号　第13553号
决　　定　　日　2009年6月18日
发明创造名称　枪刷（357T）
外观设计分类号　04-01
无效宣告请求人　宁波市鄞州坚兴刷业有限公司
专　利　权　人　唐岳芬
专　　利　　号　200530103749.0
申　　请　　日　2005年1月25日
授权公告日　2005年9月21日
合议组组长　钟　华
主　　审　　员　张雪飞
参　　审　　员　雷　婧
附　　　　　图　1页

法律依据　专利法第23条
决定要点
在外观设计相同和相近似的判断中，局部细微的差别对整体视觉效果不具有显著的影响。

一、案由

本无效宣告请求涉及国家知识产权局于2005年9月21日授权公告的200530103749.0号外观设计专利，使用该外观设计的产品名称是“枪刷（357T）”，其申请日是2005年1月25日，专利权人是唐岳芬。

针对上述外观设计专利权（下称本专利），宁波市鄞州坚兴刷业有限公司（下称请求人）于2009年1月16日向专利复审委员会提出无效宣告请求，其理由是本专利不符合专利法第23条和专利法实施细则第13条第1款的规定，应予宣告全部无效。请求人同时提交了本专利的著录项目及图片复印件和如下证据附件：

证据1：公开（公告）日为2005年9月21日的200530103748.6号外观设计专利的著录项目及图片复印件共8页，其申请日为2005年1月25日，申请（专利权）人为唐岳芬，公开（公告）号为3476133；

证据2：公开（公告）日为2005年9月21日的200530103746.7号外观设计专利的著录项目及图

片复印件共 8 页，其申请日为 2005 年 1 月 25 日，申请（专利权）人为唐岳芬，公开（公告）号为 3476132；

证据 3：公开（公告）日为 2005 年 9 月 21 日的 200530103751.8 号外观设计专利的著录项目及图片复印件共 8 页，其申请日为 2005 年 1 月 25 日，申请（专利权）人为唐岳芬，公开（公告）号为 3476135；

证据 4：公开（公告）日为 2005 年 9 月 21 日的 200530103753.7 号外观设计专利的著录项目及图片复印件共 8 页，其申请日为 2005 年 1 月 25 日，申请（专利权）人为唐岳芬，公开（公告）号为 3476136；

证据 5：公开（公告）日为 2005 年 9 月 21 日的 200530103754.1 号外观设计专利的著录项目及图片复印件共 8 页，其申请日为 2005 年 1 月 25 日，申请（专利权）人为唐岳芬，公开（公告）号为 3476137；

证据 6：1942 年 11 月 10 日公开的 Des. 134303 号美国外观设计专利公报复印件及相关部分的中译文共 3 页；

证据 7：1978 年 5 月 23 日公开的 Des. 247936 号美国外观设计专利公报复印件及相关部分的中译文共 3 页；

证据 8：授权公告日为 2004 年 8 月 25 日的 03206889.1 号实用新型专利的公告文本复印件 2 页，其授权公告号为 CN 2634901Y；

证据 9：公告日为 1992 年 11 月 18 日的 92222752.7 号实用新型专利申请的公开文本复印件 6 页；

证据 10：1996 年 9 月 24 日公开的 5557871 号美国专利公报复印件及相关部分的中译文共 3 页；

证据 11：1945 年 7 月 10 日公开的 2379962 号美国专利公报复印件及相关部分的中译文共 4 页；

证据 12：1944 年 10 月 31 日公开的 2361395 号美国专利公报复印件及相关部分的中译文共 3 页；

证据 13：1919 年 3 月 11 日公开的 1296719 号美国专利公报复印件及相关部分的中译文共 3 页。

请求人认为，本专利与证据 1~5 所示专利权人同日申请的多项枪刷的外观设计均属于相近似的外观设计，构成同样的发明创造，本专利不符合专利法实施细则第 13 条第 1 款的规定；同时本专利与证据 6~13 所示在先公开的多项外观设计均属于相同或者相近似的外观设计，本专利也不符合专利法第 23 条的规定。

经形式审查合格，专利复审委员会受理了该无效宣告请求，并于 2009 年 3 月 9 日将请求人的无效宣告请求文件转送专利权人。

专利复审委员会于 2009 年 4 月 8 日向双方当事人发出合议组成员告知通知书。双方当事人逾期均未对合议组成员提出回避请求。

专利复审委员会于 2009 年 4 月 9 日收到专利权人提交的意见陈述书，专利权人质疑证据 1~13 的真实性和合法性，并认为本专利与证据 1~13 所示外观设计均属于不相同且不相近似的外观设计，应维持本专利有效。另外，专利权人认为请求人提出的部分证据已在专利复审委员会在先作出的第 10751 号无效宣告请求审查决定书中评述过，本案请求人就相同证据和理由再次提出，违反了“一事不再理”原则；专利权人同时提交了第 10751 号无效宣告请求审查决定书复印件 10 页作为反证。

专利复审委员会于 2009 年 4 月 20 日向双方当事人发出口头审理通知书，定于 2009 年 6 月 3 日进行口头审理，并将专利权人提交的意见陈述及反证转送请求人，告知其可在口头审理中陈述意见。

口头审理如期举行，双方当事人均委托代理人出庭。双方对对方出庭人员的身份和资格无异议，对合议组成员均无回避请求。

在口头审理中，专利权人说明请求人提交的证据 1 所示外观设计专利权已被放弃，自始不存在；

请求人声明放弃证据 7~9 作为本案证据，如证据 1 确实不存在则也放弃证据 1。针对其他理由和证据，双方当事人均坚持原有观点。其中请求人当庭提交了第 11510 号和第 13005 号无效宣告请求审查决定书作为参考材料，其对专利权人提交的反证的真实性无异议，但认为其与本案无关；专利权人当庭演示了产品实物，并说明本专利产品是对应于枪膛线设计的，使用时旋进枪管，与原有枪刷产品的往复运动方式不同，其另声明对请求人提交的多篇美国专利文献的相关部分的中译文与原文的一致性无异议。

在上述审理的基础上，合议组经合议，认为本案事实清楚，依法作出本审查决定。

二、决定的理由

基于请求人提出的无效宣告请求的理由和证据，合议组首先依据专利法第 23 条的规定进行审理。

专利法第 23 条规定：授予专利权的外观设计，应当同申请日以前在国内外出版物上公开发表过或者国内公开使用过的外观设计不相同和不相近似，并不得与他人在先取得的合法权利相冲突。

请求人提交的证据 6 是 1942 年 11 月 10 日公开的 Des. 134303 号美国外观设计专利公报复印件及相关部分的中译文；专利权人质疑其真实性和合法性，认可中译文的准确性。针对证据 6 所示的专利文献信息，经合议组核实，其内容真实，确系在本专利申请日以前公开的美国专利文献，适用于专利法第 23 条的规定。

在该 Des. 134303 号美国专利文件的附图 1 中公开了一款枪刷的外观设计（下称在先设计）。从图片上观察，在先设计的整体形状由螺旋扭转杆、螺旋刷和圆柱状螺纹连接头等部分组成（详见在先设计附图）。

本专利同样是枪刷的外观设计，其整体形状由螺旋扭转杆、螺旋刷和棱柱状螺纹连接头等部分组成（详见本专利附图）。

合议组认为：本专利和在先设计均为枪刷的外观设计，用途相同，属于相同类别的产品，具有可比性。

将本专利与在先设计相比较，其主要的不同点为：二者在螺纹连接头处的设计有所不同。合议组认为：从整体视觉观察，虽然二者存在上述不同点，但其均为柱状的螺纹连接头设计，本专利的局部棱柱状设计相对于整体枪刷而言属于局部的细微设计变化，对二者的整体视觉效果不具有显著的影响；二者的整体形状和各主要组成部分的具体形状及连接等方面均是相同或者相近似的，应属于相近似的外观设计。

尽管专利权人声称本专利产品与包括证据 6 所示产品在内的原有枪刷产品在使用过程中的运动方式不同，但是即使确如所言，从本专利和证据 6 的相关图片上观察，也并未发现其整体外观形状产生明显的设计变化，故专利权人的主张不足以影响上述相同和相近似的判断结论。

针对专利权人提出的反证，合议组认为：第 10751 号无效宣告请求审查决定书针对的并非本专利，且与上述使用的证据无关，因此并不影响上述相同和相近似的判断结论。

综上所述，在本专利申请日以前已有与其相近似的外观设计在出版物上公开发表过，本专利不符合专利法第 23 条的规定。

鉴于已得出上述结论，本决定对请求人提出的其他理由和证据不再予以评述。

三、决定

宣告 200530103749. 0 号外观设计专利权全部无效。

当事人对本决定不服的，可以根据专利法第 46 条第 2 款的规定，自收到本决定之日起三个月内向北京市第一中级人民法院起诉。根据该款的规定，一方当事人起诉后，另一方当事人应当作为第三人参加诉讼。

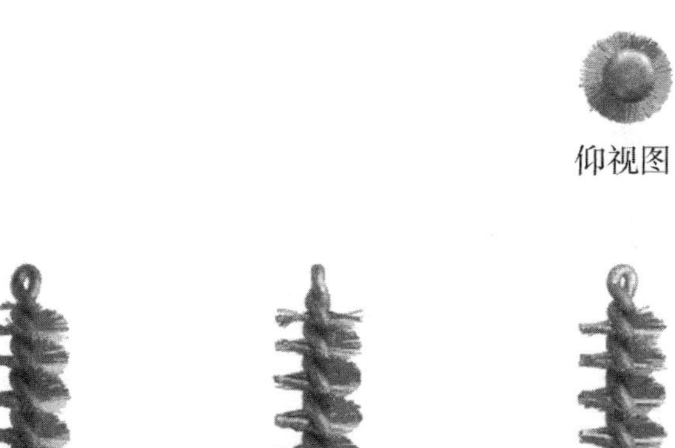

仰视图

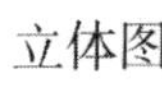

立体图　右视图　主视图　左视图　后视图

俯视图

本专利附图

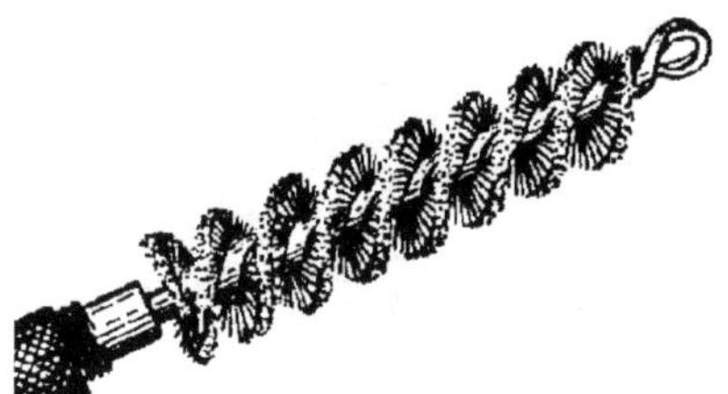

在先设计附图

342

枪刷（17T）

无效宣告请求审查决定（第13554号）

决　　定　　号　第13554号
决　　定　　日　2009年6月18日
发明创造名称　枪刷（17T）
外观设计分类号　04-01
无效宣告请求人　宁波市鄞州坚兴刷业有限公司
专　利　权　人　唐岳芬
专　　利　　号　200530103754.1
申　　请　　日　2005年1月25日
授权公告日　2005年9月21日
合议组组长　钟　华
主　　审　　员　张雪飞
参　　审　　员　雷　婧
附　　　　　图　1页

法　律　依　据　专利法第23条
决　定　要　点

在外观设计相同和相近似的判断中，局部细微的差别和采用由产品的功能唯一限定的特定形状而产生的差别等均对整体视觉效果不具有显著的影响。

一、案由

本无效宣告请求涉及国家知识产权局于2005年9月21日授权公告的200530103754.1号外观设计专利，使用该外观设计的产品名称是"枪刷（17T）"，其申请日是2005年1月25日，专利权人是唐岳芬。

针对上述外观设计专利权（下称本专利），宁波市鄞州坚兴刷业有限公司（下称请求人）于2009年1月16日向专利复审委员会提出无效宣告请求，其理由是本专利不符合专利法第23条和专利法实施细则第13条第1款的规定，应予宣告全部无效。请求人同时提交了本专利的著录项目及图片复印件和如下证据附件：

证据1：公开（公告）日为2005年9月21日的200530103748.6号外观设计专利的著录项目及图片复印件共8页，其申请日为2005年1月25日，申请（专利权）人为唐岳芬，公开（公告）号为3476133；

证据2：公开（公告）日为2005年9月21日的200530103749.0号外观设计专利的著录项目及图片复印件共8页，其申请日为2005年1月25日，申请（专利权）人为唐岳芬，公开（公告）号为3476134；

证据3：公开（公告）日为2005年9月21日的200530103751.8号外观设计专利的著录项目及图片复印件共8页，其申请日为2005年1月25日，申请（专利权）人为唐岳芬，公开（公告）号为3476135；

证据4：公开（公告）日为2005年9月21日的200530103753.7号外观设计专利的著录项目及图片复印件共8页，其申请日为2005年1月25日，申请（专利权）人为唐岳芬，公开（公告）号为3476136；

证据5：公开（公告）日为2005年9月21日的200530103746.7号外观设计专利的著录项目及图片复印件共8页，其申请日为2005年1月25日，申请（专利权）人为唐岳芬，公开（公告）号为3476132；

证据6：1942年11月10日公开的Des. 134303号美国外观设计专利公报复印件及相关部分的中译文共3页；

证据7：1978年5月23日公开的Des. 247936号美国外观设计专利公报复印件及相关部分的中译文共3页；

证据8：授权公告日为2004年8月25日的03206889.1号实用新型专利的公告文本复印件2页，其授权公告号为CN 2634901Y；

证据9：公告日为1992年11月18日的92222752.7号实用新型专利申请的公开文本复印件6页；

证据10：1996年9月24日公开的5557871号美国专利公报复印件及相关部分的中译文共3页；

证据11：1945年7月10日公开的2379962号美国专利公报复印件及相关部分的中译文共4页；

证据12：1944年10月31日公开的2361395号美国专利公报复印件及相关部分的中译文共3页；

证据13：1919年3月11日公开的1296719号美国专利公报复印件及相关部分的中译文共3页。

请求人认为，本专利与证据1~5所示专利权人同日申请的多项枪刷的外观设计均属于相近似的外观设计，构成同样的发明创造，本专利不符合专利法实施细则第13条第1款的规定；同时本专利与证据6~13所示在先公开的多项外观设计均属于相同或者相近似的外观设计，本专利也不符合专利法第23条的规定。

经形式审查合格，专利复审委员会受理了该无效宣告请求，并于2009年3月6日将请求人的无效宣告请求文件转送专利权人。

专利复审委员会于2009年4月8日向双方当事人发出合议组成员告知通知书。双方当事人逾期均未对合议组成员提出回避请求。

专利复审委员会于2009年4月9日收到专利权人提交的意见陈述书，专利权人质疑证据1~13的真实性和合法性，并认为本专利与证据1~13所示外观设计均属于不相同且不相近似的外观设计，应维持本专利有效。另外，专利权人认为请求人提出的部分证据已在专利复审委员会在先作出的第10751号无效宣告请求审查决定书中评述过，本案请求人就相同证据和理由再次提出，违反了“一事不再理”原则；专利权人同时提交了第10751号无效宣告请求审查决定书复印件10页作为反证。

专利复审委员会于2009年4月20日向双方当事人发出口头审理通知书，定于2009年6月3日进行口头审理，并将专利权人提交的意见陈述及反证转送请求人，告知其可在口头审理中陈述意见。

口头审理如期举行，双方当事人均委托代理人出庭。双方对对方出庭人员的身份和资格无异议，对合议组成员均无回避请求。

在口头审理中，专利权人说明请求人提交的证据 1 所示外观设计专利权已被放弃，自始不存在；请求人声明放弃证据 7~9 作为本案证据，如证据 1 确实不存在则也放弃证据 1。针对其他理由和证据，双方当事人均坚持原有观点。其中请求人当庭提交了第 11510 号和第 13005 号无效宣告请求审查决定书作为参考材料，其对专利权人提交的反证的真实性无异议，但认为其与本案无关；专利权人当庭演示了产品实物，并说明本专利产品是对应于枪膛线设计的，使用时旋进枪管，与原有枪刷产品的往复运动方式不同，其另声明对请求人提交的多篇美国专利文献的相关部分的中译文与原文的一致性无异议。

在上述审理的基础上，合议组经合议，认为本案事实清楚，依法作出本审查决定。

二、决定的理由

基于请求人提出的无效宣告请求的理由和证据，合议组首先依据专利法第 23 条的规定进行审理。

专利法第 23 条规定：授予专利权的外观设计，应当同申请日以前在国内外出版物上公开发表过或者国内公开使用过的外观设计不相同和不相近似，并不得与他人在先取得的合法权利相冲突。

请求人提交的证据 6 是 1942 年 11 月 10 日公开的 Des. 134303 号美国外观设计专利公报复印件及相关部分的中译文；专利权人质疑其真实性和合法性，认可中译文的准确性。针对证据 6 所示的专利文献信息，经合议组核实，其内容真实，确系在本专利申请日以前公开的美国专利文献，适用于专利法第 23 条的规定。

在该 Des. 134303 号美国专利文件的附图 1 中公开了一款枪刷的外观设计（下称在先设计）。从图片上观察，在先设计的整体形状由螺旋扭转杆、螺旋刷和圆柱状螺纹连接头等部分组成（详见在先设计附图）。

本专利同样是枪刷的外观设计，其整体形状由螺旋扭转杆、螺旋刷和圆柱状螺纹连接头等部分组成（详见本专利附图）。

合议组认为：本专利和在先设计均为枪刷的外观设计，用途相同，属于相同类别的产品，具有可比性。

将本专利与在先设计相比较，其主要的不同点为：二者在螺纹连接头处的设计有所不同，且本专利螺旋刷的刷毛长度比例小于在先设计。合议组认为：从整体视觉观察，虽然二者存在上述不同点，但二者均为圆柱状的螺纹连接头设计，本专利的两层圆柱状设计相对于整体枪刷而言属于局部的细微设计变化，对二者的整体视觉效果不具有显著的影响，且对于本专利所示的枪刷产品而言，其刷毛的长度要受枪管内径的严格限定，因此本专利与在先设计在刷毛长度比例上的区别是基于本专利采用了由产品的功能唯一限定的特定形状而产生的，对整体视觉效果亦不具有显著的影响；故二者应属于相近似的外观设计。

尽管专利权人声称本专利产品与包括证据 6 所示产品在内的原有枪刷产品在使用过程中的运动方式不同，但是即使确如所言，从本专利和证据 6 的相关图片上观察，也并未发现其整体外观形状基于不同的运动方式而产生的明显设计变化，故专利权人的主张不足以影响上述相同和相近似的判断结论。

针对专利权人提出的反证，合议组认为：第 10751 号无效宣告请求审查决定书针对的并非本专利，且与上述使用的证据无关，因此并不影响上述相同和相近似的判断结论。

综上所述，在本专利申请日以前已有与其相近似的外观设计在出版物上公开发表过，本专利不符合专利法第 23 条的规定。

鉴于已得出上述结论，本决定对请求人提出的其他理由和证据不再予以评述。

三、决定

宣告200530103754.1号外观设计专利权全部无效。

当事人对本决定不服的，可以根据专利法第46条第2款的规定，自收到本决定之日起三个月内向北京市第一中级人民法院起诉。根据该款的规定，一方当事人起诉后，另一方当事人应当作为第三人参加诉讼。

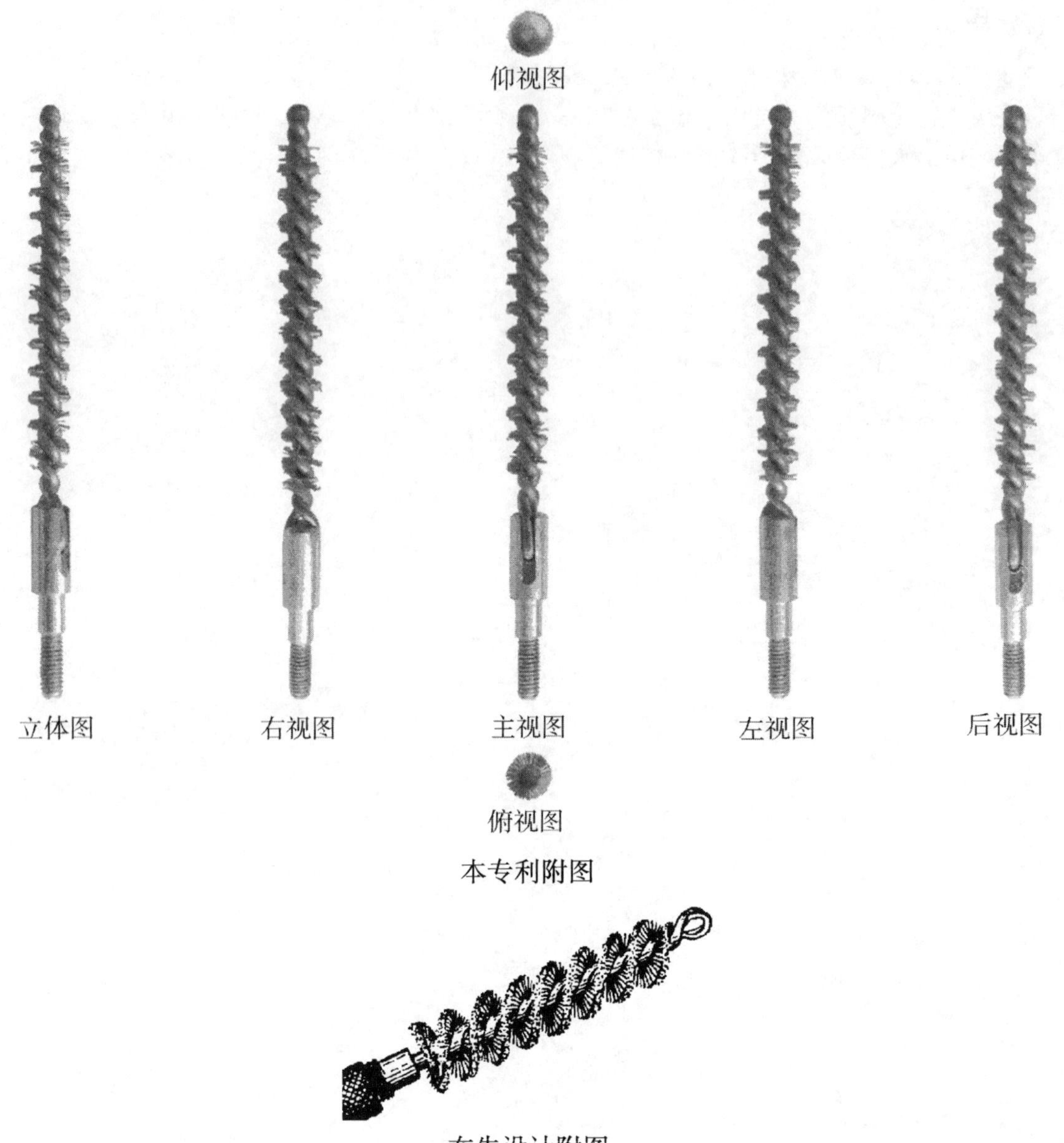

本专利附图

在先设计附图

343

枪刷（45T）

无效宣告请求审查决定（第13555号）

决　　定　　号　第13555号
决　　定　　日　2009年6月18日
发明创造名称　枪刷（45T）
外观设计分类号　04-01
无效宣告请求人　宁波市鄞州坚兴刷业有限公司
专　利　权　人　唐岳芬
专　　利　　号　200530103751.8
申　　请　　日　2005年1月25日
授 权 公 告 日　2005年9月21日
合 议 组 组 长　钟　华
主　　审　　员　张雪飞
参　　审　　员　雷　婧
附　　　　　图　1页

法　律　依　据　专利法第23条
决　定　要　点

在外观设计相同和相近似的判断中，局部细微的差别和采用由产品的功能唯一限定的特定形状而产生的差别等均对整体视觉效果不具有显著的影响。

一、案由

本无效宣告请求涉及国家知识产权局于2005年9月21日授权公告的200530103751.8号外观设计专利，使用该外观设计的产品名称是“枪刷（45T）”，其申请日是2005年1月25日，专利权人是唐岳芬。

针对上述外观设计专利权（下称本专利），宁波市鄞州坚兴刷业有限公司（下称请求人）于2009年1月16日向专利复审委员会提出无效宣告请求，其理由是本专利不符合专利法第23条和专利法实施细则第13条第1款的规定，应予宣告全部无效。请求人同时提交了本专利的著录项目及图片复印件和如下证据附件：

证据1：公开（公告）日为2005年9月21日的200530103748.6号外观设计专利的著录项目及图片复印件共8页，其申请日为2005年1月25日，申请（专利权）人为唐岳芬，公开（公告）号为3476133；

证据2：公开（公告）日为2005年9月21日的200530103749.0号外观设计专利的著录项目及图片复印件共8页，其申请日为2005年1月25日，申请（专利权）人为唐岳芬，公开（公告）号为3476134；

证据3：公开（公告）日为2005年9月21日的200530103746.7号外观设计专利的著录项目及图片复印件共8页，其申请日为2005年1月25日，申请（专利权）人为唐岳芬，公开（公告）号为3476132；

证据4：公开（公告）日为2005年9月21日的200530103753.7号外观设计专利的著录项目及图片复印件共8页，其申请日为2005年1月25日，申请（专利权）人为唐岳芬，公开（公告）号为3476136；

证据5：公开（公告）日为2005年9月21日的200530103754.1号外观设计专利的著录项目及图片复印件共8页，其申请日为2005年1月25日，申请（专利权）人为唐岳芬，公开（公告）号为3476137；

证据6：1942年11月10日公开的Des.134303号美国外观设计专利公报复印件及相关部分的中译文共3页；

证据7：1978年5月23日公开的Des.247936号美国外观设计专利公报复印件及相关部分的中译文共3页；

证据8：授权公告日为2004年8月25日的03206889.1号实用新型专利的公告文本复印件2页，其授权公告号为CN 2634901Y；

证据9：公告日为1992年11月18日的92222752.7号实用新型专利申请的公开文本复印件6页；

证据10：1996年9月24日公开的5557871号美国专利公报复印件及相关部分的中译文共3页；

证据11：1945年7月10日公开的2379962号美国专利公报复印件及相关部分的中译文共4页；

证据12：1944年10月31日公开的2361395号美国专利公报复印件及相关部分的中译文共3页；

证据13：1919年3月11日公开的1296719号美国专利公报复印件及相关部分的中译文共3页。

请求人认为，本专利与证据1至证据5所示专利权人同日申请的多项枪刷的外观设计均属于相近似的外观设计，构成同样的发明创造，本专利不符合专利法实施细则第13条第1款的规定；同时本专利与证据6~13所示在先公开的多项外观设计均属于相同或者相近似的外观设计，本专利也不符合专利法第23条的规定。

经形式审查合格，专利复审委员会受理了该无效宣告请求，并于2009年3月6日将请求人的无效宣告请求文件转送专利权人。

专利复审委员会于2009年4月8日向双方当事人发出合议组成员告知通知书。双方当事人逾期均未对合议组成员提出回避请求。

专利复审委员会于2009年4月9日收到专利权人提交的意见陈述书，专利权人质疑证据1~13的真实性和合法性，并认为本专利与证据1~13所示外观设计均属于不相同且不相近似的外观设计，应维持本专利有效。另外，专利权人认为请求人提出的部分证据已在专利复审委员会在先作出的第10751号无效宣告请求审查决定书中评述过，本案请求人就相同证据和理由再次提出，违反了“一事不再理”原则；专利权人同时提交了第10751号无效宣告请求审查决定书复印件10页作为反证。

专利复审委员会于2009年4月20日向双方当事人发出口头审理通知书，定于2009年6月3日进行口头审理，并将专利权人提交的意见陈述及反证转送请求人，告知其可在口头审理中陈述意见。

口头审理如期举行，双方当事人均委托代理人出庭。双方对对方出庭人员的身份和资格无异议，对合议组成员均无回避请求。

在口头审理中，专利权人说明请求人提交的证据 1 所示外观设计专利权已被放弃，自始不存在；请求人声明放弃证据 7~9 作为本案证据，如证据 1 确实不存在则也放弃证据 1。针对其他理由和证据，双方当事人均坚持原有观点。其中请求人当庭提交了第 11510 号和第 13005 号无效宣告请求审查决定书作为参考材料，其对专利权人提交的反证的真实性无异议，但认为其与本案无关；专利权人当庭演示了产品实物，并说明本专利产品是对应于枪膛线设计的，使用时旋进枪管，与原有枪刷产品的往复运动方式不同，其另声明对请求人提交的多篇美国专利文献的相关部分的中译文与原文的一致性无异议。

在上述审理的基础上，合议组经合议，认为本案事实清楚，依法作出本审查决定。

二、决定的理由

基于请求人提出的无效宣告请求的理由和证据，合议组首先依据专利法第 23 条的规定进行审理。

专利法第 23 条规定：授予专利权的外观设计，应当同申请日以前在国内外出版物上公开发表过或者国内公开使用过的外观设计不相同和不相近似，并不得与他人在先取得的合法权利相冲突。

请求人提交的证据 6 是 1942 年 11 月 10 日公开的 Des. 134303 号美国外观设计专利公报复印件及相关部分的中译文；专利权人质疑其真实性和合法性，认可中译文的准确性。针对证据 6 所示的专利文献信息，经合议组核实，其内容真实，确系在本专利申请日以前公开的美国专利文献，适用于专利法第 23 条的规定。

在该 Des. 134303 号美国专利文件的附图 1 中公开了一款枪刷的外观设计（下称在先设计）。从图片上观察，在先设计的整体形状由螺旋扭转杆、螺旋刷和圆柱状螺纹连接头等部分组成。详见在先设计附图。

本专利同样是枪刷的外观设计，其整体形状由螺旋扭转杆、螺旋刷和棱柱状螺纹连接头等部分组成（详见本专利附图）。

合议组认为：本专利和在先设计均为枪刷的外观设计，用途相同，属于相同类别的产品，具有可比性。

将本专利与在先设计相比较，其主要的不同点为：二者在螺纹连接头处的设计有所不同，且本专利螺旋刷的刷毛长度比例大于在先设计。合议组认为：从整体视觉观察，虽然二者存在上述不同点，但二者均为柱状的螺纹连接头设计，本专利的棱柱状设计相对于整体枪刷而言属于局部的细微设计变化，对二者的整体视觉效果不具有显著的影响，且对于本专利所示的枪刷产品而言，其刷毛的长度要受枪管内径的严格限定，因此本专利与在先设计在刷毛长度比例上的区别是基于本专利采用了由产品的功能唯一限定的特定形状而产生的，对整体视觉效果亦不具有显著的影响；故二者应属于相近似的外观设计。

尽管专利权人声称本专利产品与包括证据 6 所示产品在内的原有枪刷产品在使用过程中的运动方式不同，但是即使确如所言，从本专利和证据 6 的相关图片上观察，也并未发现其整体外观形状基于不同的运动方式而产生的明显设计变化，故专利权人的主张不足以影响上述相同和相近似的判断结论。

针对专利权人提出的反证，合议组认为：第 10751 号无效宣告请求审查决定书针对的并非本专利，且与上述使用的证据无关，因此并不影响上述相同和相近似的判断结论。

综上所述，在本专利申请日以前已有与其相近似的外观设计在出版物上公开发表过，本专利不符合专利法第 23 条的规定。

鉴于已得出上述结论，本决定对请求人提出的其他理由和证据不再予以评述。

三、决定

宣告 200530103751.8 号外观设计专利权全部无效。

当事人对本决定不服的，可以根据专利法第 46 条第 2 款的规定，自收到本决定之日起三个月内向北京市第一中级人民法院起诉。根据该款的规定，一方当事人起诉后，另一方当事人应当作为第三人参加诉讼。

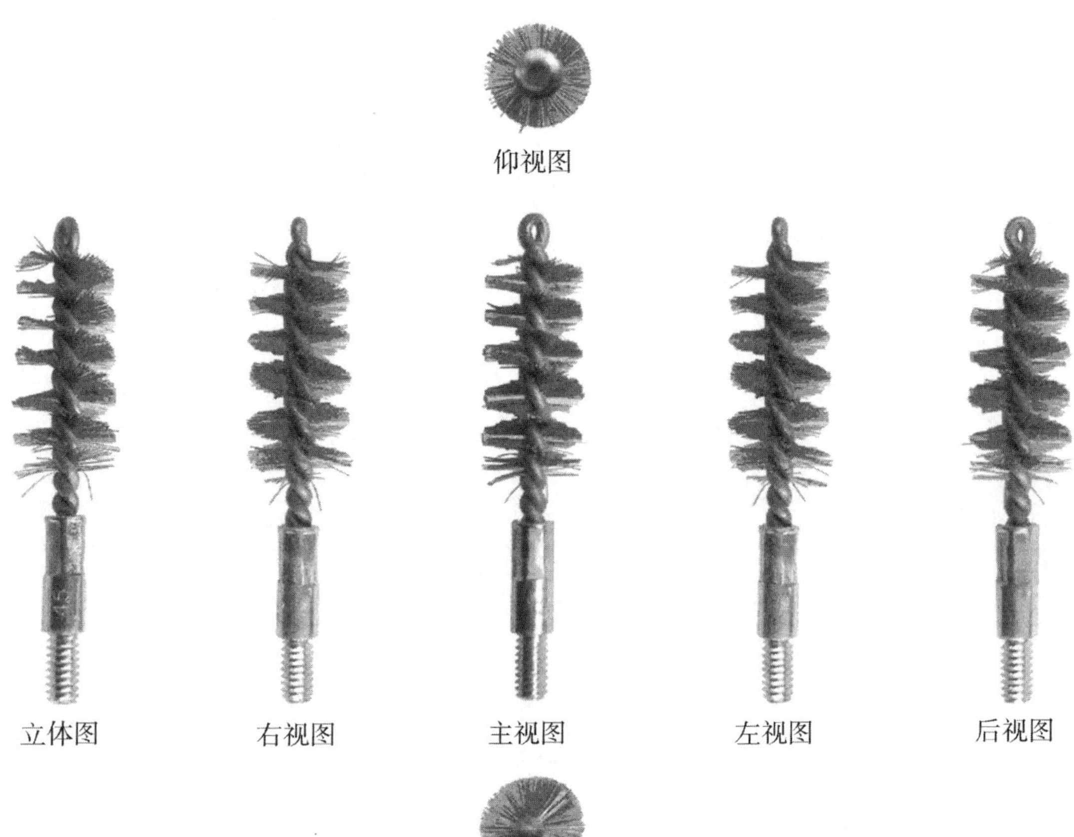

俯视图

本专利附图

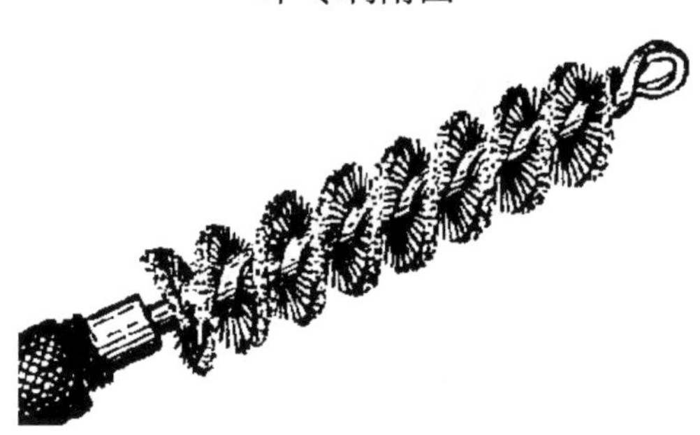

在先设计附图

344

瓶

无效宣告请求审查决定（第13561号）

决　　定　　号　第13561号
决　　定　　日　2009年6月8日
发明创造名称　瓶
外观设计分类号　09-01
无 效 请 求 人　刘世彪
专　利　权　人　何庭生
申　　请　　号　200730160919.8
申　　请　　日　2007年7月19日
授 权 公 告 日　2008年6月4日
合 议 组 组 长　张宗任
主　　审　　员　左　一
参　　审　　员　刘以成
附　　　　　图　2页

法　律　依　据　专利法第23条
决　定　要　点

当单纯形状的被比设计与在先设计属于相同类别的情况下，如果通过整体观察可以看出，被比设计与在先设计在外观形状上的差别对于产品外观设计的整体视觉效果不具有显著的影响，则被比设计和在先设计相近似。

一、案由

本无效宣告请求案涉及国家知识产权局于2008年6月4日授权公告、名称为“瓶”的外观设计专利（下称本专利），申请号为200730160919.8，其申请日为2007年7月19日、专利权人为何庭生。

针对本专利，刘世彪（下称请求人）于2009年2月5日向专利复审委员会提出了无效宣告请求，认为本专利不符合专利法第23条的规定，应当予以宣告无效，并且提交了下述附件：

附件1：本专利的网络下载编辑彩色打印件1页；

附件2：公开号为CN3376855的中国外观设计专利公告文本网络下载编辑彩色打印件1页，公开（公告）日为2004年7月7日；

附件3：公开号为CN87300283的中国外观设计专利公告文本网络下载编辑彩色打印件1页，公开（公告）日为1988年1月25日；

附件4：公开号为CN3152916的中国外观设计专利公告文本网络下载编辑彩色打印件1页，公开（公告）日为2000年7月5日。

具体无效理由如下：本专利和附件2同属于外观设计分类表中09-01产品，二者均由瓶身和瓶盖组成，瓶盖的位置、形状、螺纹特征均相同，区别仅在于本专利外观设计的瓶的主体下部略窄，且本专利外观设计的瓶的底部有一圈均匀的纹路，但是上述二者在瓶身下部的细微差别对于产品外观设计的整体效果不具有显著的影响。同样，附件3和附件4也与本专利相近似。

经形式审查合格，专利复审委员会于2009年2月5日向双方当事人发出无效宣告请求受理通知书，并将无效宣告请求书及其附件的副本转给了专利权人，要求其在指定期限内进行意见陈述。

请求人于2009年3月5日补充提交了意见陈述书，并提交下述附件（编号续前）：

附件5：公开号为CN3023119的中国外观设计专利公告文本网络下载编辑彩色打印件1页，公开（公告）日为1994年1月26日；

附件6：公开号为CN3241929的中国外观设计专利公告文本网络下载编辑彩色打印件1页，公开（公告）日为2002年6月19日。

该意见陈述的具体理由为：本专利和附件5同属于外观设计分类表中09-01产品，二者均由瓶身和瓶盖组成，瓶盖的位置、形状、螺纹特征均相同，区别仅在于本专利外观设计的瓶主体下部略窄，且本专利外观设计的瓶的底部有一圈均匀的纹路，但是上述二者在瓶身下部的细微差别对于产品外观设计的整体效果不具有显著的影响。同样，附件6也与本专利相近似。

专利权人于2009年3月13日提交了意见陈述书，认为：本专利与附件2中的瓶不相同也不相近似，具体来说二者存在4点区别：（1）瓶身比例不同，本专利主体瓶身自底部至肩部的比例大约为1：1.7，主体瓶身宽口；而附件2的比例大约为1：2.4，主体瓶身较长。（2）本专利瓶颈自顶口至贴肩标处等宽（即直颈）肩至颈口处线条收缩强烈明显，顶口至肩上部等宽处长度与整瓶高度比约1：0.33；而附件2瓶颈自肩至颈口处线条收缩较缓和，顶口至肩上部等宽处长度与整瓶高度比约为1：0.2。（3）本专利瓶型重心偏低较稳重，瓶身肩部加大，增加了瓶型线条的曲线条；附件2整体瘦长。（4）瓶底纹路的设置，主要是为了增加底部与桌面的摩擦力，与瓶身重心偏低的设计理念一致，增强其货架摆放稳定性。

专利复审委员会依法成立合议组对本案进行审理。本案合议组于2009年3月31日向双方当事人发出口头审理通知书，定于2009年5月19日举行口头审理，同时随该口头审理通知书，将专利权人于2009年3月13日提交的意见陈述书副本转送给请求人，将请求人于2009年3月5日提交的意见称述书及其附件的副本转送给专利权人。

口头审理于2009年5月19日如期举行，双方当事人均参加了口头审理。双方当事人对合议组成员无回避请求、对对方出庭人员的身份无异议。专利权人明确对附件2~4的真实性无异议，对附件5~6的真实性不发表意见。请求人明确无效理由为本专利分别相对于附件2、附件3、附件4、附件5、附件6不符合专利法第23条的规定。

在当事人的意见陈述和口头审理的基础上，合议组经合议，认为本案事实清楚，依法作出本审查决定。

二、决定的理由

1. 法律依据

根据请求人提出的无效宣告请求的范围、理由和证据，本案合议组依据专利法第23条对本案进行审理。

专利法第23条规定："授予专利权的外观设计，应当同申请日以前在国内外出版物上公开发表过

或者国内公开使用过的外观设计不相同和不相近似，并不得与他人在先取得的合法权利相冲突。”

2. 关于证据

请求人提交的附件3为中国外观设计专利公告文本网络下载编辑彩色打印件，专利权人对附件3的真实性无异议。经合议组核实附件3内容属实，属于在本专利申请日前公开的出版物，附件3可以作为评价本专利是否符合专利法第23条规定的在先设计证据。

3. 关于专利法第23条

本专利是瓶的外观设计，附件3公开了一种玻璃酒瓶的外观设计（下称在先设计），二者均为瓶类产品，属于相同类别的产品，具有可比性。

本外观设计专利授权公告文本有6幅图，即主视图、仰视图、俯视图、右视图、左视图、后视图，本专利未要求保护色彩。本专利的瓶由瓶口、瓶颈和瓶身组成，瓶口上部有螺纹，瓶颈的上部大致呈细圆柱形，瓶颈的下部呈锥形，瓶身上部直径略大于瓶身底部的直径，其中圆锥形的瓶颈下部与瓶身的高度大致相同，整体感觉为一大肚细颈瓶，瓶的底部靠近边缘处有一圈防滑的纹路（详见本专利附图）。

在先设计的外观设计专利授权公告文本有5幅图，即主视图、右视图、俯视图、后视图、仰视图。该在先设计由瓶口、瓶颈和瓶身3部分组成，瓶口上部有螺纹，瓶颈的上部大致呈细圆柱形，瓶颈的下部大致呈锥形，瓶身上部直径略大于瓶身底部的直径，圆锥形的瓶颈下部高度略低于瓶身的高度，瓶身以及圆锥形的瓶颈下部有图案，且图案的边框略凸起，整体感觉为一大肚细颈瓶，瓶的底部靠近边缘处有一圈防滑的纹路（详见在先设计附图）。

经比较可知，本专利和在先设计的整体形状、比例基本相同。两者的主要区别在于：（1）瓶身和瓶颈的高度以及宽度的比例略有区别，本专利中，圆锥形的瓶颈下部与瓶身的高度大致相同，而在先设计中，圆锥形的瓶颈下部高度略低于瓶身的高度，另外本专利瓶身与瓶宽的比例略微小于在先设计瓶身与瓶宽的比例；（2）在先设计的瓶身以及圆锥形的瓶颈下部有图案，且图案的边框略凸起。

将本专利与在先设计进行分析比较，合议组认为：对于区别（1），二者从整体上看均呈大肚细颈瓶，虽然二者在瓶身和瓶颈的高度以及宽度上存在区别，但该区别并不明显，不足以使其整体外观产生显著视觉差异；对于区别（2），由于本专利瓶的图均为人工制图，不是实物照片，其属于单纯形状的被比设计，而在先设计虽然在瓶身以及瓶颈上由略微凹凸的图案，但是这些图案本身并没有对其外观形状产生显著的影响，且二者的外观形状并无显著视觉差异。

因此，根据整体观察、综合判断的原则，经过对被比设计与在先设计的整体观察可以看出，二者的差别对于产品的整体视觉效果不具有显著的影响，本专利与在先设计的外观设计相近似，不符合专利法第23条的规定。

由于已经得出本专利的外观设计与在先设计属于相近似的外观设计，本专利不符合专利法第23条的规定，因此，合议组不再对其他证据进行一一评述。

基于以上事实和理由，本案合议组作出如下审查决定。

三、决定

宣告200730160919.8号外观设计专利权全部无效。

当事人对本决定不服的，可以根据专利法第46条第2款的规定，自收到本决定之日起三个月内向北京市第一中级人民法院起诉。根据该款的规定，一方当事人起诉后，另一方当事人应当作为第三人参加诉讼。

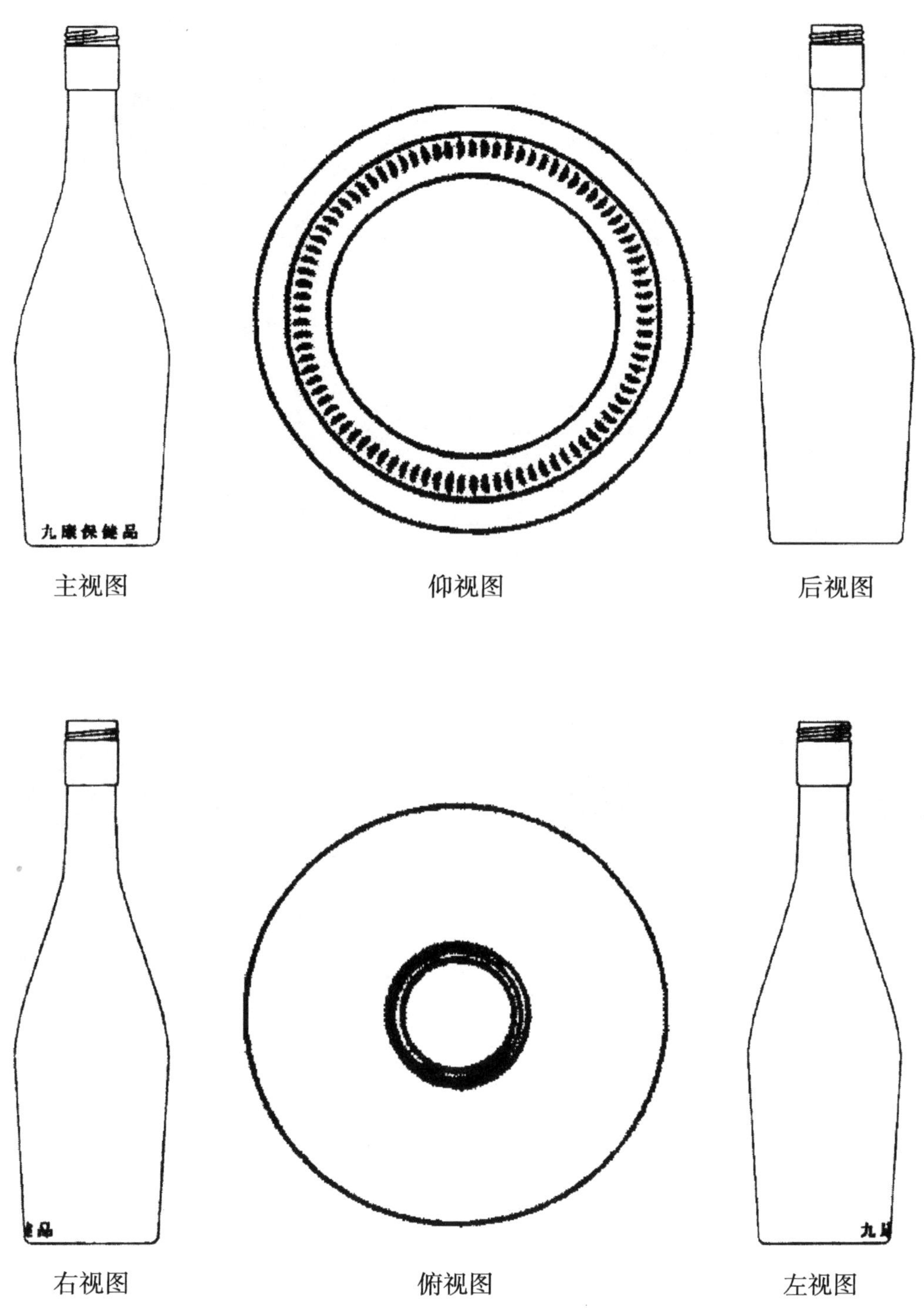

本专利附图

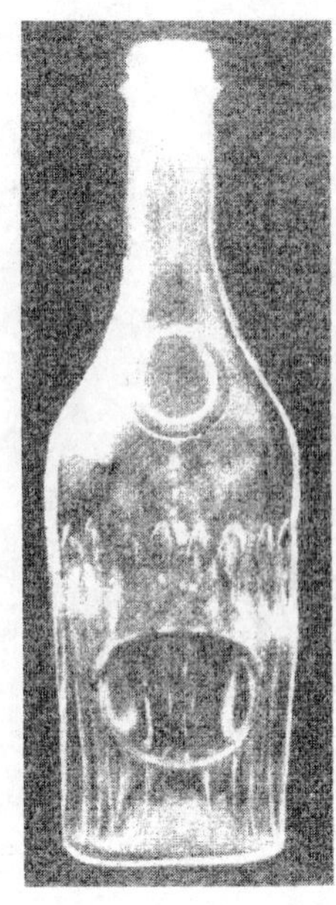
主视图

后视图

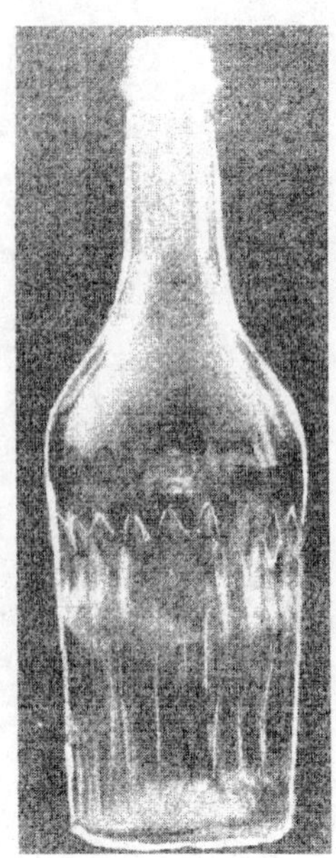
右视图

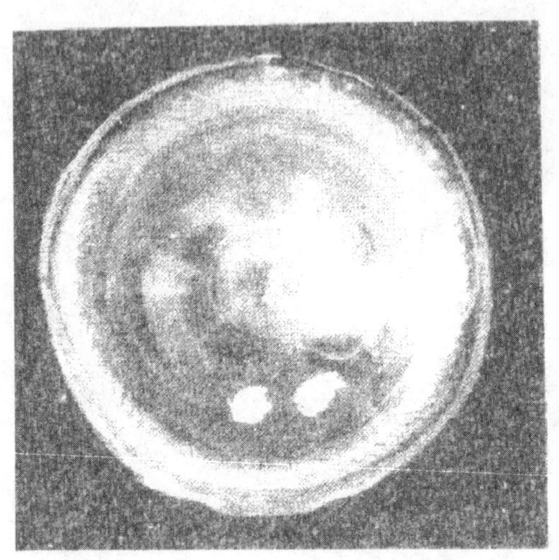
仰视图

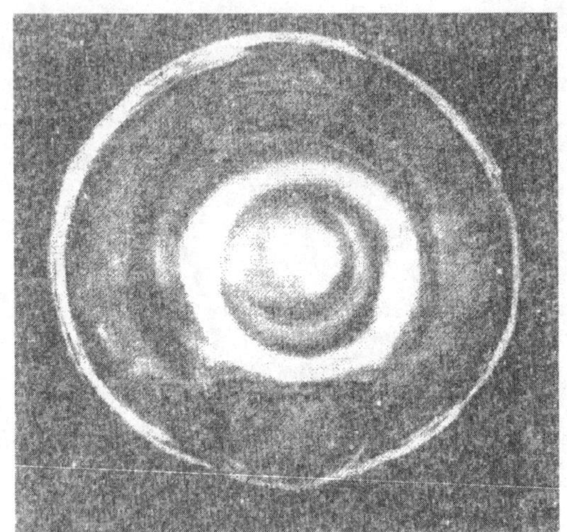
俯视图

在先设计附图

345

柴油发电机组（静音1）

无效宣告请求审查决定（第13569号）

决　　定　　号　第13569号
决　　定　　日　2009年6月11日
发明创造名称　柴油发电机组（静音1）
外观设计分类号　13-01
无效宣告请求人　无锡开普动力有限公司
专　利　权　人　蔡建平
专　　利　　号　200730045411.3
申　　请　　日　2007年7月26日
授权公告日　2008年6月18日
合议组组长　郑　直
主　　审　　员　郝海燕
参　　审　　员　李　佳
附　　　　　图　4页

法　律　依　据　专利法第23条
决　定　要　点

本专利和在先设计整体布局和设计构思相近似，局部的细微差别不足以对产品的整体视觉效果产生显著的影响，因此二者属于相近似的外观设计。

一、案由

本无效宣告请求涉及国家知识产权局于2008年6月18日授权公告的200730045411.3号外观设计专利，其产品名称是“柴油发电机组（静音1）”，申请日是2007年7月26日，专利权人是蔡建平。

针对上述外观设计专利权（下称本专利），无锡开普动力有限公司（下称请求人）于2008年12月31日向专利复审委员会提出无效宣告请求，其理由是本专利不符合专利法第23条的规定。请求人认为在本专利申请日以前已有与其相近似的外观设计专利被公开，因此，本专利不符合专利法第23条的规定。请求人同时提交了以下附件作为证据：

附件1：授权公告号为CN3455428的外观设计专利（下称在先设计）授权公告文本的网络打印件共1页，其授权公告日为2005年6月22日。

附件2：北京市第一中级人民法院行政判决书（2008）一中行初字1412号的复印件，共8页。

无效宣告请求书中的具体无效理由为：本专利涉及一种发电机组，其设计包括六面视图，其所示产品形状大致呈长方形，产品正面下部有两块并列的正方形框，左面的正方形框的下部有一长方形网格方框，右边的正方形框上有两个正方形网格方框；产品正面左侧上部有两个长方形凹槽，下部有一个长方形网格框；产品的后部和正面的设计相近似；产品的顶部中间有一网格设计，网格的左边有三块并列的长方形框；产品左侧面有两个长方形框；产品右侧面无设计要点。附件1公开了一种发电机组，与本专利中的产品属于相同的产品，其外观专利的图片包括产品的六面视图，其所示的产品形状大致呈长方形，产品正面下部有两块并列的正方形框，框的左侧中间有一长方形网格方框，右侧有相同的设计；产品的后部和正面的设计相近似；产品的左侧面有上下并列的两个长方形；产品右侧面有三个圆环。将本专利与在先设计相比较，二者的整体形状均近似于长方体，二者在正面、顶面、侧面和背面的相近似位置均有相近似的设计，二者主要的不同在于：本专利的正面左侧上部有两个长方形凹槽；而在先设计为平面设计。对这细微的差别，请求人认为由于发电机组的体积较大，相对于产品的整体形状、多数部位的具体形状及其位置布局等相近似的外观设计而言，均不足以对整体视觉效果产生显著影响（参见附件2），因此本专利与在先设计相近似，不符合专利法第23条的规定。

经形式审查合格，专利复审委员会受理了该无效宣告请求，并于2009年2月16日向双方当事人发出无效宣告请求受理通知书，并将请求人提交的专利权无效宣告请求书及其证据副本转送专利权人，要求专利权人在指定期限内陈述意见。

针对上述无效宣告请求书，专利权人于2009年3月30日向专利复审委员会提交了意见陈述书，专利权人认为本专利具有独特的设计要点，当惯常设计被排除后，其余的设计对整体视觉效果有显著影响，因此本专利与在先设计既不相同也不相近似。

专利复审委员会依法成立合议组，并于2009年4月15日向双方当事人发出无效宣告请求口头审理通知书，定于2009年5月13日于位于江苏省南京市的国家知识产权局专利复审委员会第二巡回口头审理厅举行口头审理，并随口头审理通知书将专利权人的意见陈述书转送给请求人。

专利权人于2009年4月25日再次提交意见陈述书和附件A，指出口头审理地点与请求人的代理人所在的办公地点为同一栋大厦，而且请求人的代理机构南京众联专利代理有限公司的负责人及主要骨干顾伯兴及孙忠浩曾供职于江苏省知识产权局，会影响审理的公正进行，因此不同意在该地点安排口头审理。专利权人提交附件A作为口头审理地点不应该安排在江苏省知识产权局理由的证据：

附件A：南京众联专利代理有限公司及负责人的宣传册复印件，共2页。

口头审理如期举行，双方当事人均委托代理人出席了口头审理。在口头审理过程中，合议组当庭将专利权人于2009年4月25日提交的意见陈述书转交给请求人。双方当事人对合议组成员无回避请求，合议组当庭告知专利权人在第二巡回口头审理厅进行口头审理符合审查指南第四部分第四章第2节的相关规定。请求人明确提出无效宣告请求时提交的附件2仅供合议组参考。专利权人当庭提交了两份附件供合议组参考，分别为无锡开普动力有限公司的行政上诉状复印件共3页和（2008）苏中知民初字第0120号部分案卷复印件共9页。专利权人委托合议组对附件1的真实性进行核实，对附件2的真实性没有异议。请求人明确无效宣告请求理由为：本专利与其申请日前授权公告的附件1的在先设计进行比较，二者整体相近似，局部的差别对于整体视觉效果不具有显著的影响，因此本专利不符合专利法第23条的规定。专利权人认为：由于本专利与在先设计的产品都是发电机组，长方体的机体和长方形的机门是惯常设计，而机门的位置是功能性设计，排除惯常设计和功能设计之外，本专利与在先设计的区别对视觉效果有显著影响，本专利与在先设计主视图上的区别为：（1）本专利在左上角设计有停车按钮，在先设计中没有停车按钮；（2）本专利发电机组左上角按钮下有外接油管口，与停车按钮上下排列，在先设计没有外接油管口；（3）在先设计在上部中央设有开口槽，而本专利没有；（4）虽然本专利和在先设计均在左侧下方设有通风孔，但本专利的通风孔为点状矩阵分布，在先设计的通风孔为平行条状分布，且几何图形差异较大，本专利的通风孔为四边带内凹弧线的八角形，在先设计的通风孔为两端带外凸弧线的长四边形；（5）本专利的机门铰链呈横置的长方体，在先设计的机门铰链是竖置的条状；（6）本专利外观机门上设有近于长方形的锁，在先设计没有；（7）本专利机门上的通风孔为左右各一，左侧为横向，右侧为纵向，在先设计机门上的通风孔为三个，左侧设置两个，横向排列，本专利与在先设计通风孔的形状和位置均不相同；（8）本专利底座有两个叉车孔，在先设计底座上没有；（9）本专利的底座是方形直角的，在先设计的底座为倒置的梯形；（10）在先设计的机门上有图案，左右各一，本专利则没有。本专利与在先设计俯视图上的区别为：本专利的左边中部的圆形油口、呈凸字状的通风口，右边的消声器、排烟口形状与布局均与在先设计（有边框）不相同。本专利与在先设计右视图上的区别为：本专利的空白面上矩阵式分布有小定位螺丝，在先设计则为上盖板加平行的大定位螺丝三颗，并有文字图案。本专利与在先设计左视图上的区别为：（1）本专利为整体结构，在先设计则分散分布；（2）本专利的控制器为上下两个长方体，在先设计的控制器近于正方形，位于左上部；（3）在先设计同时有圆环形及方形部件，本专利则没有；（4）本专利的下部的出线孔护板与在先设计不同；（5）在先设计有上部盖板，而本专利有下部定位螺丝。本专利与在先设计后视图上的区别为：（1）在先设计在上部中央设有开口槽，而本专利则没有；（2）虽然本专利和在先设计均在右下角设有通风孔，但本专利的通风孔为点状矩阵分布，在先设计的通风孔为平行条状分布，且几何图形差异较大，在先设计为四边带内凹弧线的八角形，本专利为两端带外凸弧线的长四边形；（3）本专利的机门铰链呈横置的长方体，在先设计的机门铰链是竖置的条状；（4）本专利和在先设计的机门上的锁和通风孔形状和位置均不相同；（5）本专利的机体底部为方形直角，在先设计呈倒梯形；（6）本专利设有若干叉车孔，与在先设计不相同；（7）本专利机门上有文字图案，在先设计没有。因此本专利与在先设计不相近似。

在上述审理的基础上，合议组认为本案事实清楚，可以依法作出本审查决定。

二、决定的理由

1. 法律依据

基于请求人提出的无效宣告请求的理由，合议组依据专利法第 23 条的规定对本案进行审理。

专利法第 23 条规定："授予专利权的外观设计，应当同申请日以前在国内外出版物上公开发表过或者国内公开使用过的外观设计不相同和不相近似，并不得与他人在先取得的合法权利相冲突。"

2. 关于证据

请求人提交的附件 1 是授权公告号为 CN3455428 的外观设计专利授权公告网络打印件，授权公告日为 2005 年 6 月 22 日。经合议组核实，该网络打印件与授权公告文本一致，对其真实性予以认可。由于附件 1 的授权公告日在本申请的申请日之前，因此附件 1 可以作为评价本专利是否符合专利法第 23 条的规定的证据使用。

3. 相同和相近似性判断

使用在先设计的产品名称为"发电机组（35ST3）"，外观设计分类号为 13-01，本专利与在先设计均为发电机组的外观设计，其属于相同类别的产品，可进行相近似性的比较判断。

本专利包括主视图、后视图、左视图、右视图、俯视图和立体视图（分别对应产品的正面、背面、左侧、右侧、顶面），未请求保护色彩。从其视图可以看出，其所示发电机组整体形状为带有底座的长方体，产品正面下部为两个左右并列的纵向长方形框组成的机门，两侧机门上各有一个由若干个长条形组成的通风孔，右侧机门上有长方形的机门锁，机门左侧有一个由若干个八角形图形组成的通风孔，正面左上方有两个小的上下排列的纵向长方形凹陷，上面的凹陷中有一圆形凸起；产品的背面下部有两个左右并列的纵向长方形框组成的机门，左侧机门上有长方形的机门锁，右侧机门上一个由若干长条形组成的通风孔，机门右侧有一个由若干个八角形图形组成的通风孔；产品顶面为边角圆滑的长方形设计，长方形内从左到右依次为矩形凹陷，其中矩形凹陷中间有一圆形，然后是从上至下三个长方形凹陷，然后是若干长条形组成通风孔，通风孔上下各有一个矩形凹陷，最右边是一个长方形框；产品右面下部有一矩形框；产品左面上部有一横向长方形操作箱，下面有一横向长方形框（详见本专利附图）。

在先设计包括主视图、后视图、左视图、右视图、俯视图和仰视图（分别对应产品的正面、背面、左侧、右侧、顶面和底面），从其视图可以看出，其所示发电机组整体为带有底座的长方体，产品正面下部为两个左右并列的纵向长方形框组成的机门，两侧机门上各有一个由若干个长条形组成的通风孔，机门左侧有一个由若干个长条形组成的通风孔；产品的背面下部有两个左右并列的纵向长方形框组成的机门，机门右侧有一个由若干个长条形组成的通风孔；产品顶面为边角圆滑的长方形设计，从顶面图片可以看出其左侧是一个圆形，圆形右边有一纵向的长方形凹陷；产品右面中间有一纵向长方形框；产品左面分为上下两个长方形框，上部有一横向长方形操作箱，操作箱右边有一圆环图案，下面有一横向长方形框（详见在先设计附图）。

将本专利与在先设计进行比较，相同点在于：二者的整体形状均为近似长方体，二者在正面、顶面、侧面和背面的相近位置均有相近似的设计，包括：产品正面和背面的下部纵向的两个并列的长方形框及框内的若干个长条形组成的通风口、产品正面左侧和背面右侧设置有通风口、顶面左侧的圆形、产品右面的长方形操作箱和操作箱下面有长方形框等。

二者的不同点主要在于：(1）本专利产品正面左侧有两个小的纵向长方形凹陷，在先设计中没有；(2）本专利的产品正面左下角和背面右下角的通风孔的形状为若干八角形，而在先设计相应位置的通风孔形状为若干长条形；(3）本专利的正面和背面的机门上有长方形的机门锁，而在先设计中没有；(4）本专利顶面有三个上下排列的长方形凹陷，而在先设计是一个贯通上下边的长方形凹陷，以及本专利顶面的从左到右依次的矩形凹陷、其中矩形凹陷中间有一圆形然后是若干长条形组成通风孔、通风孔上下各有一个矩形凹陷、最右边是一个长方形框这些设计在在先设计中没有；(5）在先设计的左面操作箱的右边有一圆环图案，本专利中没有。对于二者上述不同点，合议组认为：由于发电机组的体积较大，相对于产品的整体形状、多数部位的具体形状及其位置布局等相近似的外观设计而言，上述变化均为产品的细节变化，并且其在整体外观设计中所占比例较小，仅为局部细微的差别，对于一般消费者，关注的部位是产品的正面以及整体视觉效果，例如产品的形状、正面上机门的位置、形状、通风孔的位置，而对于局部或部分细节设计不会被一般消费者关注，因为其不足以对整体视觉效果产生显著影响，因此合议组认为尽管本专利与在先设计存在差异，但是属于局部的细微差异，对整体视觉效果不会产生显著影响，因此二者属于相近似的外观设计，本专利不符合专利法第 23 条的规定。

对于专利权人认为本专利与在先设计的产品发电机组长方体的机体和长方形的机门的形状是惯常设计、机门的位置是功能性设计的意见，合议组认为：专利权人并没有提供证据证明长方形的机门是发电机组的惯常设计以及长方体的机体是发电机组的功能设计，也没有具体陈述其为惯常设计或功能设计的理由，对此合议组不予认可。而且根据整体观察、综合判断的原则，即使是惯常设计或功能设计也不能从外观设计的整体中予以排除。并且产品的惯常设计部分通常对产品整体视觉效果不具有显著影响，但是并不表示惯常设计以外的其他设计部分对产品的整体视觉效果必然具有显著影响，因此可以组对专利权人的观点不予支持。

综上所述，本专利与在先设计相近似，因此，本专利不符合专利法第 23 条的规定。

三、决定

宣告200730045411.3号外观设计专利权全部无效。

当事人对本决定不服的，可以根据专利法第46条第2款的规定，自收到本决定之日起三个月内向北京市第一中级人民法院起诉。根据该款的规定，一方当事人起诉后，另一方当事人应当作为第三人参加诉讼。

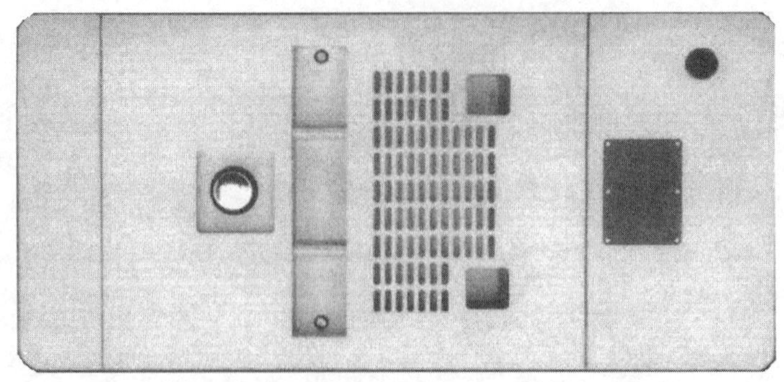

俯视图 P3

后视图 P1

立体图 P3

本专利附图

右视图 P2

主视图 P1

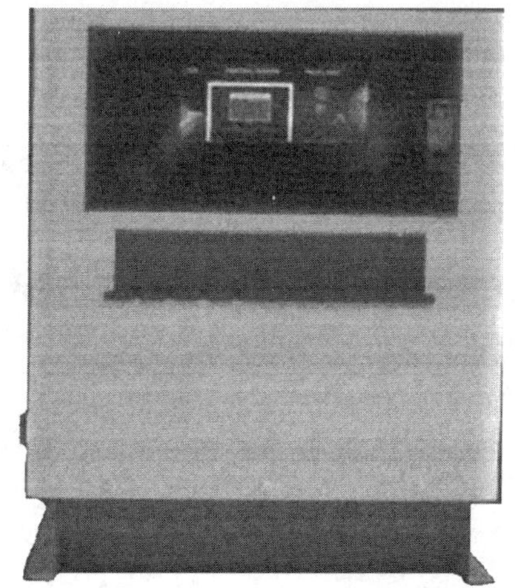

左视图 P2

本专利附图（续）

俯视图 P3

后视图 P1

仰视图 P3

在先设计附图

右视图 P2

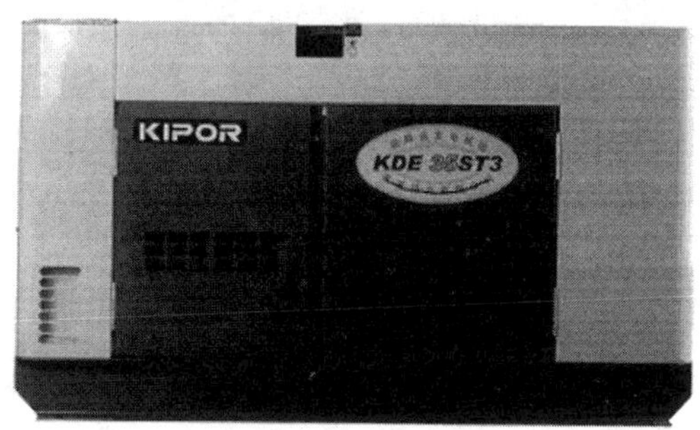

主视图 P1

左视图 P2

在先设计附图（续）

346

车载显示屏

无效宣告请求审查决定（第13570号）

决 定 号 第13570号
决 定 日 2009年6月18日
发明创造名称 车载显示屏
外观设计分类号 14-03
无效宣告请求人 深圳市视宏电子科技有限公司
专 利 权 人 王宜波
专 利 号 200530116150.0
申 请 日 2005年7月26日
授权公告日 2006年5月31日
合议组组长 翁晓君
主 审 员 高 栋
参 审 员 刘 鹏
附 图 2页

法 律 依 据 专利法第23条
决 定 要 点

本专利与在先设计进行单独对比存在若干区别，根据整体观察、综合判断，这些区别对于产品的整体视觉效果具有显著的影响，因此本专利与在先设计不相同也不相近似，符合专利法第23条的规定。

一、案由

本无效宣告请求涉及国家知识产权局于2006年5月31日授权公告的、名称为“车载显示屏”的外观设计专利（下称本专利），其申请日为2005年7月26日，专利号为200530116150.0，专利权人为王宜波。

针对上述专利权，深圳市视宏电子科技有限公司（下称请求人）于2009年1月19日向专利复审委员会提出了无效宣告请求，其理由是本专利不符合专利法第23条的规定。请求人提交的附件如下：

附件1：自国家知识产权局网站下载打印的本专利外观设计公告复印件，共1页；

附件2：《汽车杂志》（ISSN 1002-0438）封面页、含Mazda6测试报告页、第41、42页的复印件，共4页，在第41、42页的右下角标有“2002/06”字样；

附件3：2005.1总第26期《汽车导购》（ISSN 1671-900X）封面页、第48、49、60、61页的复

印件，共5页；

附件4：请求人声称的专利权人王宜波开办网站的部分网页打印件，共3页；

附件5：请求人声称的王宜波开办网站的备案公共信息查询详细信息页，共1页；

附件6：请求人声称的马自达6车型之储物盒的外观图片，共4页；

附件7：送达深圳市视宏电子科技有限公司的（2009）深中法民三初字第9号广东省深圳市中级人民法院应诉通知书与传票复印件，共2页。

请求人的主要无效理由为：附件2中介绍了马自达6车型，在第42页中显示了该车型导航系统的显示屏幕并且左下角图（请求人标记为图2）中显示了闭合时的状态和右下角图（请求人标记为图1）中显示了屏幕打开时的使用状态图。附件3第49页公开了马自达6车型储物盒闭合时的状态图，在第61页左上角图（请求人标记为图3）中显示了该车型显示屏使用状态的另一个视图，请求人以附件2和附件3图1-3所呈现的上述显示屏幕图片作为在先设计。附件4是专利权人开办的网站，从网站的图片资料和文字叙述中可以看出，本专利外观设计产品的使用状态与在先设计产品的使用状态完全相同，二者同属于显示屏产品，用于马自达6车型，整个产品隐设于马自达6车型中控台的正上方，产品闭合时仅外盖可见，显示屏仅在外盖翻起时才见，显示屏的其他部位则完全隐藏于车体中控台内。附件6是马自达6车型储物盒的外观图片，该储物盒的外观设计除显示屏部分外其余的外观设计与本专利完全相同，实际上本专利是在该车型储物盒的基础上增加了显示屏而已（参见附件4第2页的文字说明部分）。请求人基于以上事实指出：本专利虽名称为“车载显示屏”，但其对于显示屏本身没有任何创意上的设计，显示屏的外壳部分属于在先设计（即储物盒的外观设计），显示屏本身的尺寸规格大小受行业标准限制，显示屏为功能性部件。因此在先设计已经公开了本专利的全部内容。退一步讲，即使在先设计图片中未反映的部分不视为已公开内容，由于该未公开的部位属于该类产品使用状态下不会被一般消费者关注的部位，并且本专利在相应部位的设计变化也不会对产品的整体视觉效果产生显著影响，因此亦不影响对二者进行整体观察、综合判断。请求人进一步指出在先设计未公开的部位完全属于储物盒的外观设计，该未公开的部分亦可归属于盒类产品的惯常设计。综上，本专利外观设计与在先设计相同，即使退一步讲，也应认定为相似的外观设计，请求宣告本专利无效。

经形式审查合格，专利复审委员会受理了上述无效宣告请求，并于2009年1月24日发出无效宣告请求受理通知书，并将该无效宣告请求书及其所附附件的副本转送给专利权人。

请求人于2009年2月11日补充提交附件如下（编号续前）：

附件8：广东省深圳市公证处出具的（2009）深证字第11223号公证书及其所附附件的复印件，共14页，其中该附件包括附件2和附件3总共9页以及《汽车杂志》第45页的复印件，和盖有深圳图书馆财务专用章的广东省其他非税收入通用票据复印件；

附件9：广东省深圳市公证处出具的（2009）深证字第7270号公证书及其所附附件的复印件，共14页，其中该附件包括进入网站 http：//www. gdnh. net 实时打印页面的打印件以及进入网站 http：//www. miibeian. gov. cn/CX/main. jsp 实时查询并打印页面的打印件，共11页；

附件10：广东省深圳市公证处出具的（2009）深证字第11222号公证书及其所附附件的复印件，共10页，其中该附件包括机动车号牌为粤B5V550的轿车的机动车行驶证复印件和现场拍摄照片12张。

请求人补充意见陈述书指出：从附件10的车辆行驶证可以看出，附件10的外观照片最迟于2004年5月18日被公开，因此可以用于评价本专利是否符合专利法第23条的规定。

针对上述无效宣告请求，专利权人于2009年3月6日提交了意见陈述书，认为：附件2显示的车载显示屏与本专利的外观设计完全不相同，具体而言：在本专利显示屏的左侧有一耳机插孔，右侧有三排共 8 个控制按键；盖板的右下侧有一电源按键，电源按键下端有一个红外遥控接收端，附件 2 中没有本专利外观设计中实属设计要部的这些设计。附件 3 第 61 页图 3 和第 49 页图 4 是同一品牌下的两款不同车型，内部配置并不相同，请求人将不同两款车中的同一位置的不同物件混同为一体。图 4 的中置储物盒盖板下部有手动开启的长条棱状凸起部，显示屏的左右两边框由外向内呈光滑倾斜状，边框的左右两个顶端分别有一结构加强凸起部，这些区别在本专利外观设计中未出现，附件 3 也没有公开本专利与附件 2 对比分析得出的设计要部。附件 4 和附件 5 是专利权人在 2008 年之后上传至网站的，因此不能作为本案的有效证据予以采信。附件 6 的主视图与本专利的俯视图对比存在以下明显的区别：盖板的右下侧有一电源按键，电源按键下端有一个红外遥控接收端。附件 6 的实物及拍摄图片没有经过司法公证，无法得知图片中展示的内容是否就是请求人所称的实物，因此附件 6 不能作为本案的有效证据予以采信。综上所述，本专利外观设计应当维持有效。

本案合议组于 2009 年 5 月 5 日向双方当事人发出口头审理通知书，定于 2009 年 6 月 15 日在专利复审委员会举行口头审理，同时将专利权人于 2009 年 3 月 6 日提交的意见陈述书转送给请求人，并且将请求人于 2009 年 2 月 11 日提交的意见陈述书及其所附附件的副本转送给专利权人。

口头审理如期举行，双方当事人均出席口头审理并各自陈述了意见。在庭审调查中，双方当事人对合议组成员无回避请求，对对方出庭人员身份无异议。请求人当庭明确无效理由为：本专利不符合专利法第 23 条的规定。

请求人当庭提交附件 8~10 公证书的原件，请求人当庭明确附件 2、附件 6 以及附件 8 和附件 10 作为证据使用，附件 3~5、附件 7、附件 9 不作为证据使用而仅作为参考使用，其中附件 8 和附件 10 作为公证书分别用于证明附件 2 和附件 6 的真实性。专利权人对附件 1~6、附件 8~10 的真实性、合法性和关联性无异议，对附件 6 和附件 10 中图片所显示的外观设计在本专利申请日之前公开无异议。请求人在口头审理中认为本专利安装脚的设计属于惯常设计，该设计对显示屏整体不会产生影响，附件 10 公证书用于证明在 2004 年 4 月 1 日轿车储物盒设计的所有内容都已经被本领域人员所知晓，是一种惯常设计。专利权人认为本专利外观设计与附件 2 存在以下区别：（1）附件 2 没有显示本专利显示屏的俯视状态，本专利俯视图上有电源按键和红外接收器；（2）本专利主视图除了显示屏，还有耳机插孔或其他按键，一般消费者容易看出这些区别；（3）本专利显示屏的边框是平整的，附件 2 液晶屏的边框从边缘向显示屏有一定角度的倾斜，附件 2 显示屏右侧有一个正方形凹坑。请求人认为惯常设计指的是原有的储物盒的基础上增加显示屏，安装脚是惯常的设计，消费者是看不见的。专利权人指出的区别点都是细微的差别，圆形耳机插孔是惯常设计，这种设计是带有功能性的设计，一般消费者对该细微差别不会注意到。附件 2 的显示器上没有按键，本专利控制按键所占比例非常小，按键都是惯常设计，其满足消费者功能性的需要，不具有美学意义。电源按键是细微性的变化，其被设计成圆形是惯常设计，也是功能性的设计，不会产生视觉影响，属于细微的差别。红外遥控接收端和电源按键理由一致。边框设计从图中看不出来，即使有差别也是细微的差别，不具有美学的意义，是惯常设计。显示屏上端两侧各有一个凸起部，实际上这种凸起是功能性的设计，且该设计所占的比例很小，是细微的变化和功能性的设计。右边的凹坑是遥控接收窗，满足功能性的需要。盖板引用了储物盒的形状，盖板的设计也是惯常设计。因此请求人认为本专利不符合专利法第 23 条的规定。

在上述工作的基础上，合议组认为双方当事人已经充分发表意见，本案事实清楚，可以依法作出本无效宣告请求审查决定。

二、决定的理由

1. 法律依据

根据请求人提出的无效宣告请求的范围、理由和证据，本案合议组依据专利法第 23 条对本案进行审理。

专利法第 23 条规定：授予专利权的外观设计，应当同申请日以前在国内出版物上公开发表过或者国内公开使用过的外观设计不相同和不相近似，并不得与他人在先取得的合法权利相冲突。

根据审查指南第四部分第五章第 5.2 节规定：在相同或者相近似判断中，一般应当用一项在先设计与被比设计进行单独对比，而不能将两项或者两项以上在先设计结合起来与被比设计进行对比。

2. 证据认定

附件 2 是第 2002/06 期《汽车杂志》期刊复印件，请求人用附件 8 的公证书证明附件 2 的真实性，专利权人对附件 2 和附件 8 的真实性没有异议，合议组对附件 2 和附件 8 的真实性亦予以认可；由于附件 2 的公开日期在 2002 年，早于本专利的申请日，因此附件 2 可以作为评价本专利是否符合专利法第 23 条的规定的证据使用。请求人以附件 6 作为证明惯常设计的证据使用，附件 10 的公证书用于证明附件 6 的真实性及其外观设计公开日期是 2004 年 4 月 1 日，专利权人对附件 6 和附件 10 的真实性无异议，对附件 6 和附件 10 中图片所显示的外观设计在本专利申请日之前公开无异议，合议组对附件 6 和附件 10 的真实性以及附件 6 和附件 10 中图片所显示外观设计的公开日期亦予以认可。

3. 关于专利法第 23 条

附件 2（下称在先设计 1）所示图片中的外观设计的产品是车载显示屏，与本专利外观设计产品均属于相同类别，因此具有可比性。

本专利的车载显示屏（参见本专利外观设计附图的主视图和俯视图以及关闭状态立体图）由矩形的显示屏主体和整体近似矩形的、朝向显示屏主体方向有弯折并呈现一定角度平滑向下倾斜的盖板，并且盖板和显示屏下方有多个与其相连接的安装脚构成。左右视图显示盖板下端连接有截面圆形的转动轴，显示屏主体矩形边框是平整的，左右两端的边框宽度略大于上下边框的宽度，显示屏主体左侧是颜色不同于周围部件的圆形耳机插孔，在盖板下方位于显示屏主体右侧支撑部件上的是三排排列的总共 8 个控制按键，从俯视图可以看出盖板的平面是平滑的，其右下侧有圆形电源按键，电源按键正下方深色部分是红外接收端（详见本专利附图）。

在先设计 1 显示的产品也是车载显示屏（参见在先设计 1 第 42 页请求人将其编号为图 1 和图 2 的两幅视图），图 1 显示了屏幕打开时的使用状态图以及图 2 显示了闭合时的状态，在先设计 1 的车载显示屏同样包括位于中控台上方的显示屏主体和盖板。具体而言，从图 1 观察可以看出，显示屏主体整体呈矩形，边框左右两侧的宽度略大于上下侧的宽度，边框上下侧是平整的，左右侧不是平整的平面而是由边框外侧朝向内侧液晶屏平滑倾斜的斜面，边框右侧中部有矩形凹坑，边框两侧顶部靠近边框角处有明显的突起设计，从图 2 可以看出，在车载显示屏未使用状态下即闭合状态，盖板呈现矩形，盖板从上端到下端以一定角度向下平滑倾斜，从图 2 中看不到盖板上有任何其他的设计，盖板下部的设计在图 2 中是看不到的（详见在先设计 1 附图）。

将本专利与在先设计 1 进行对比可以得出，本专利与在先设计 1 相同之处在于：二者显示屏主体都是矩形并且显示屏主体边框上下侧都是平整的，边框左右两侧宽度都略大于上下侧的宽度，盖板的形状相同。二者的不同之处在于：（1）本专利盖板以及显示屏主体下方有安装脚和连接轴设计，在先设计 1 图上这些设计是看不到的；（2）本专利盖板右下部有圆形电源按键和位于电源按键下方的红外接收端，在先设计 1 图片上同样看不到该设计；（3）本专利不存在在先设计 1 中显示屏边框两侧顶部的突起，以及位于边框右侧中部位置的矩形凹坑；（4）本专利的显示屏主体左侧具有圆形耳机插孔，在先设计 1 显示屏主体左右侧看不到插孔的设计；（5）本专利显示屏主体右侧则排列有三排共 8 个控制按键，在先设计 1 显示屏主体左右侧看不到控制按键的设计；（6）本专利显示屏边框左右侧是平整的，在先设计 1 的边框左右侧是由边框外侧朝向内侧液晶屏平滑倾斜的斜面。

由以上对比可知：对于区别（1），这些设计通常在车载显示屏的使用状态或非使用状态下都是隐藏在盖板和显示屏下部的，这些在在先设计1图片中未公开的部位是不被一般消费者关注的部位，因此本专利中相应设计的变化不会对产品的整体视觉效果产生影响；区别（2）主要体现在盖板表面的设计元素不同，由于电源按键和红外接收端设计所占盖板的比例很小，因此这些设计是属于局部的细微的差别；区别（3）的突起和凹坑设计相对于显示屏主体所占整体设计的比例很小，突起主要是满足功能性的设计需要，因此区别（3）也属于局部的细微差别；区别（4）中的圆形耳机插孔属于局部的细微差别，一般消费者通常不会关注插孔设计，另外圆形插孔是由其功能限定的形状，对于产品的整体视觉效果不会产生显著的影响。而区别（5）中显示屏主体右侧排列的三排8个控制控键占据显著的位置和比例，区别（6）中本专利显示屏边框左右侧是平整的，一般消费者会注意到显示屏边框左右两侧是平整的还是平滑倾斜的以及控制按键在显示屏上的排列分布这些设计产生的整体视觉效果，目前也没有证据表明本专利在车载显示屏上控制按键的设计以及显示屏边框左右侧平整是惯常设计，合议组对于请求人提出的控制按键设计和显示牌边框左右侧平整是惯常设计的主张不予支持。由于对于车载显示屏这种类型的产品，其使用状态下的外观设计是一般消费者更为关注的，因此根据整体观察，综合判断的原则，车载显示屏的边框左右两侧形状以及显示屏主体右侧排列分布的按键对于车载显示屏的整体视觉效果具有显著的影响，从而本专利与在先设计1不相同也不相近似，符合专利法第23条的规定。

针对请求人指出的附件6作为证据证明马自达车型储物盒的设计属于惯常设计，合议组认为：由于附件6是针对某款车型的这种特定储物盒的设计，没有其他证据表明该项设计能够被扩展应用于不同品牌或同一品牌下不同型号的其他车型，也就是虽然某款车型储物盒的设计在本专利申请日之前已经被知晓，但是没有证据证明其他车型储物盒的设计同该某款车型储物盒的设计是相同的，事实上惯常设计应当理解成是某类产品而不是某特定类型产品的公认的惯常的设计。因此，合议组对于请求人提出的利用附件6作为储物盒惯常设计的证据不予接受。

基于以上事实和理由，合议组作出如下决定。

三、决定

维持200530116150.0号外观设计专利权有效。

双方当事人对本决定不服的，可以根据专利法第46条第2款的规定，自收到本决定之日起三个月内向北京市第一中级人民法院起诉。根据该款的规定，一方当事人起诉后，另一方当事人应当作为第三人参加诉讼。

俯视图 P3

关闭状态立体图 P4

后视图 P1

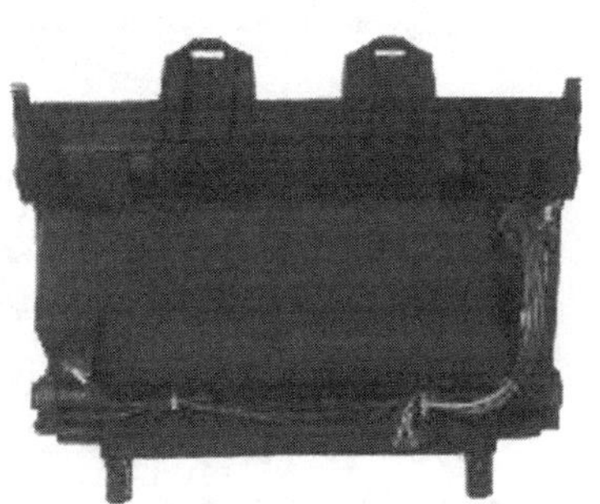
仰视图 P3

右视图 P2

主视图 P1

左视图 P2

本专利外观设计附图

图 2

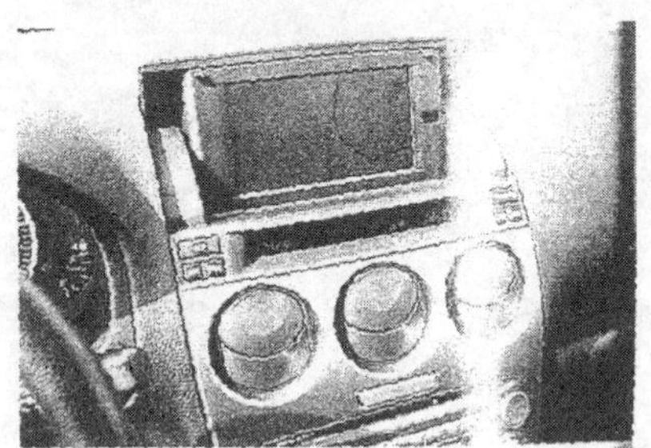

图 1

在先设计 1 附图

347

幼儿用便器

无效宣告请求审查决定（第 13574 号）

决　定　号 第 13574 号
决　定　日 2009 年 6 月 18 日
发明创造名称 幼儿用便器
外观设计分类号 23-02
无效宣告请求人 台州好娃娃婴童用品有限公司
专　利　权　人 康貝株式会社
专　利　号 03309294.X
申　请　日 2003 年 5 月 10 日
优　先　权　日 2002 年 11 月 11 日
授　权　公　告　日 2004 年 4 月 28 日
合　议　组　组　长 张雪飞
主　审　员 瑜　佳
参　审　员 李　阳
附　图 共 2 页

法　律　依　据 专利法第 23 条
决　定　要　点

本专利与在先设计在多个构成部分的设计上存在不同，且这些不同对整体视觉效果足以构成显著影响，因此在先设计与本专利不相同也不相近似。

一、案由

本无效宣告请求涉及国家知识产权局于 2004 年 4 月 28 日授权公告的、专利号为 03309294.X 的外观设计专利，名称为“幼儿用便器”，申请日是 2003 年 5 月 10 日，优先权日为 2002 年 11 月 11 日，专利权人是康貝株式会社。

针对上述外观设计专利权（下称本专利），台州好娃娃婴童用品有限公司（下称请求人）于 2009 年 2 月 1 日向专利复审委员会提出无效宣告请求，其理由是本专利不符合专利法第 23 条的规定。请求人认为该专利产品与证据 1 所示在先公开的外观设计相近似，因而本专利不符合专利法第 23 条的规定。请求人认为本专利与证据 1 公开的产品相比，除扶手部分略有不同外，其他部分的形状均相同，因此其与在先设计是相近似的设计。请求人同时提交了如下证据：

证据 1：授权公告号为 CN2435032Y 的中国实用新型专利说明书复印件，授权公告日为 2001 年 6

月 20 日，共 6 页；

专利复审委员会根据无效宣告请求审查程序的规定受理了该无效宣告请求，并于 2009 年 2 月 20 日向双方当事人发出了无效宣告请求受理通知书，并将请求人的无效宣告请求书及其附件清单中所列附件副本转送专利权人。

专利权人于 2009 年 4 月 7 日针对请求人于 2009 年 2 月 1 日提交的无效宣告请求寄交了意见陈述书，认为本专利与在先设计相比不相同也不相近似，符合专利法第 23 条的有关规定。

专利复审委员会依法成立合议组，专利复审委员会于 2009 年 4 月 22 日向双方当事人发出无效宣告请求口头审理通知书，定于 2009 年 5 月 14 日对本案进行口头审理。

口头审理如期举行，双方当事人均出席了口头审理。

在口头审理中，双方当事人均表示对合议组成员无回避请求，对合议组成员变更无异议，对对方当事人的身份均无异议。请求人明确无效宣告理由为：以证据 1 的附图 1、2、3 结合证明与本外观设计相近似的产品在本外观设计申请日之前已经在出版物公开，本专利不符合专利法第 23 条的规定。专利权人对证据 1 的真实性没有异议。双方就证据 1 中附图 1、2、3 所示的幼儿多用座便器的外观形状特征与本专利是否相同或相近似都具体充分地陈述了意见。口头审理中，合议组将专利权人于 2009 年 4 月 7 日寄交的意见陈述书当庭转交给请求人，请求人表示需要一周的书面答复时间。

请求人于 2009 年 5 月 21 日寄交了书面答复意见，与之前于 2009 年 2 月 1 日提交的无效宣告请求书及口头审理中的意见基本一致，请求人认为，本专利与在先设计相比仅有微小的差别，而这些差别并未对产品外观设计的整体视觉效果产生显著影响，消费者在购买时仍然会将本专利外观设计的产品与在先设计的产品混淆，因此，本专利不符合专利法第 23 条的规定。

至此，合议组经合议认为本案事实已经清楚，可依法作出无效宣告请求审查决定。

二、决定的理由

1. 法律依据

根据请求人提出的无效宣告请求的理由和提交的证据，本案合议组依据专利法第 23 条对本案进行审理。

专利法第 23 条规定："授予专利权的外观设计，应当同申请日以前在国内外出版物上公开发表过或者国内公开使用过的外观设计不相同和不相近似，并不得与他人在先取得的合法权利相冲突。"

2. 关于证据的认定

证据 1 是授权公告号为 CN2435032Y 的中国实用新型专利说明书，其授权公告日为 2001 年 6 月 20 日。专利权人对证据 1 的真实性无异议，合议组经核实，对证据 1 的真实性亦予以认可。其公开日期早于本专利的申请日及优先权日，因此，证据 1 可以作为本专利是否符合专利法第 23 条的证据。

3. 关于专利法第 23 条

本专利和证据 1 中的附图 1、2、3 所示外观设计（下称在先设计）均为幼儿用座便器的外观设计，两者用途相同，属于相同种类的产品，具有可比性。现将上述在先设计与本专利进行比较。

本专利共有 12 幅视图，其中包括带有盖子的 6 幅视图、带有盖子的立体图、剖面图、拆去盖子状态的 2 幅视图、拆去盖子状态的立体图及使用状态的立体图，本专利未要求保护色彩。本专利的幼儿用便器包括有大致呈椭圆形、两侧略微内凹的便盆部分，位于便盆部分上面、比便盆略小的座板部分，位于座板部分的一端上面、大致呈"Y"形的扶手部分，以及位于座板顶面中部、用于盖住本体盆腔的便盆盖，以及比座板略小、大致呈马鞍状的垫凳板；从立体图上可以看到，便盆盖正中有一环形凹陷（参见本专利附图）。

在先设计公开了一种幼儿多用座便器，其附图 1、2、3 为其立体图，主要部件包括有大致呈椭圆形的便盆，安装在便盆上的便座板，位于便座板一端上面、支架大致为球台状、扶手部分为略鼓的圆锥状两侧各有一圆环状的扶手，以及位于座板顶面中部，用于盖住本体盆腔的便盆盖，以及大致呈长方形、两端为圆形的垫凳板（参见在先设计附图）。

将本专利与在先设计进行比较，两者虽然都包括便盆、便座板、扶手、便盆盖、垫凳板等组成部件，但其主要区别在于：（1）本专利的便盆两侧中部略微内凹、呈收腰设计，而在先设计的便盆两侧中部较平滑，大致呈平面；（2）本专利的座板顶面一端形成有平滑的凸台，凸台上插有大致呈“Y”行的扶手，扶手两端呈半球形收尾，而在先设计的座板顶面一端形成有球台形扶手支架，扶手部分为略鼓的圆锥状两侧各有一圆环状的扶手；（3）本专利的便盆盖大致呈平板状，中间有一环形凹陷，在先设计的便盆盖呈“L”状，中间有两个半圆形的凹陷；（4）本专利的垫凳板比座板略小，大致呈马鞍形，在先设计的垫凳板大致呈长方形，两端为圆形；（5）本专利整体呈长形的鼓形体形状，在先设计整体呈椭圆形的截锥体形状。

合议组认为，幼儿用便器为一立体外观设计产品，立体产品本身的形状是一般消费者较注意的部分，其便盆、座板、扶手、便盆盖、垫凳板的形状构成了幼儿用便器的主体设计和基本形状，这些部位构形的明显差别足以导致二者的整体外观设计产生显著的视觉差异，由于请求人提供的在先设计与本专利在便盆、座板、扶手、便盆盖、垫凳板的形状上存在明显区别，这些区别对二者的整体视觉效果具有显著的影响，因此二者不相同也不相近似，本专利相对于在先设计符合专利法第 23 条的规定。

综上所述，请求人的无效宣告请求理由不成立。

三、决定

维持 03309294. X 号外观设计专利权有效。

当事人对本决定不服的，可以根据专利法第 46 条第 2 款的规定，自收到本决定之日起三个月内向北京市第一中级人民法院起诉。根据该款的规定，一方当事人起诉后，另一方当事人应当作为第三人参加诉讼。

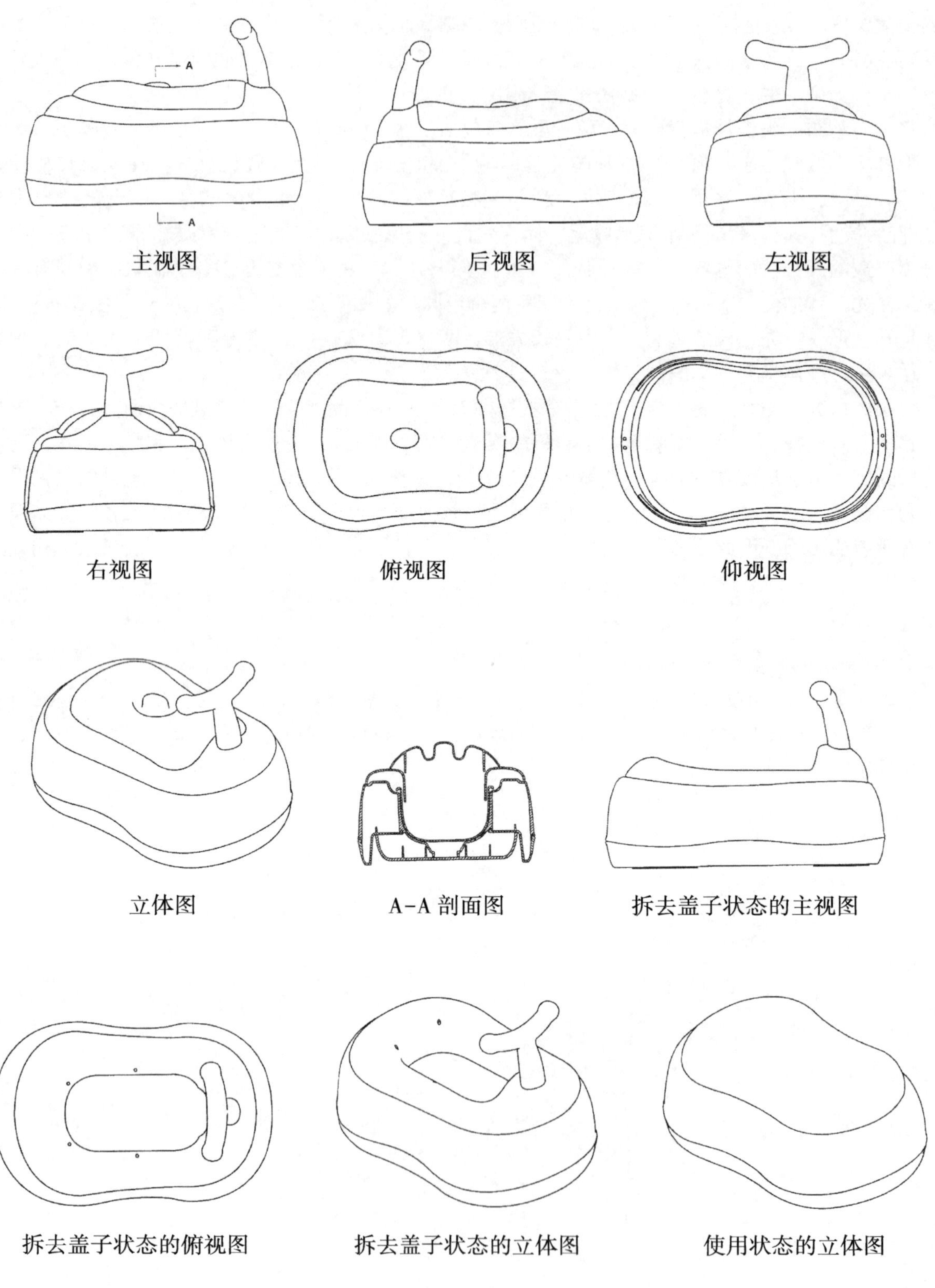

主视图　后视图　左视图

右视图　俯视图　仰视图

立体图　A-A 剖面图　拆去盖子状态的主视图

拆去盖子状态的俯视图　拆去盖子状态的立体图　使用状态的立体图

本专利附图

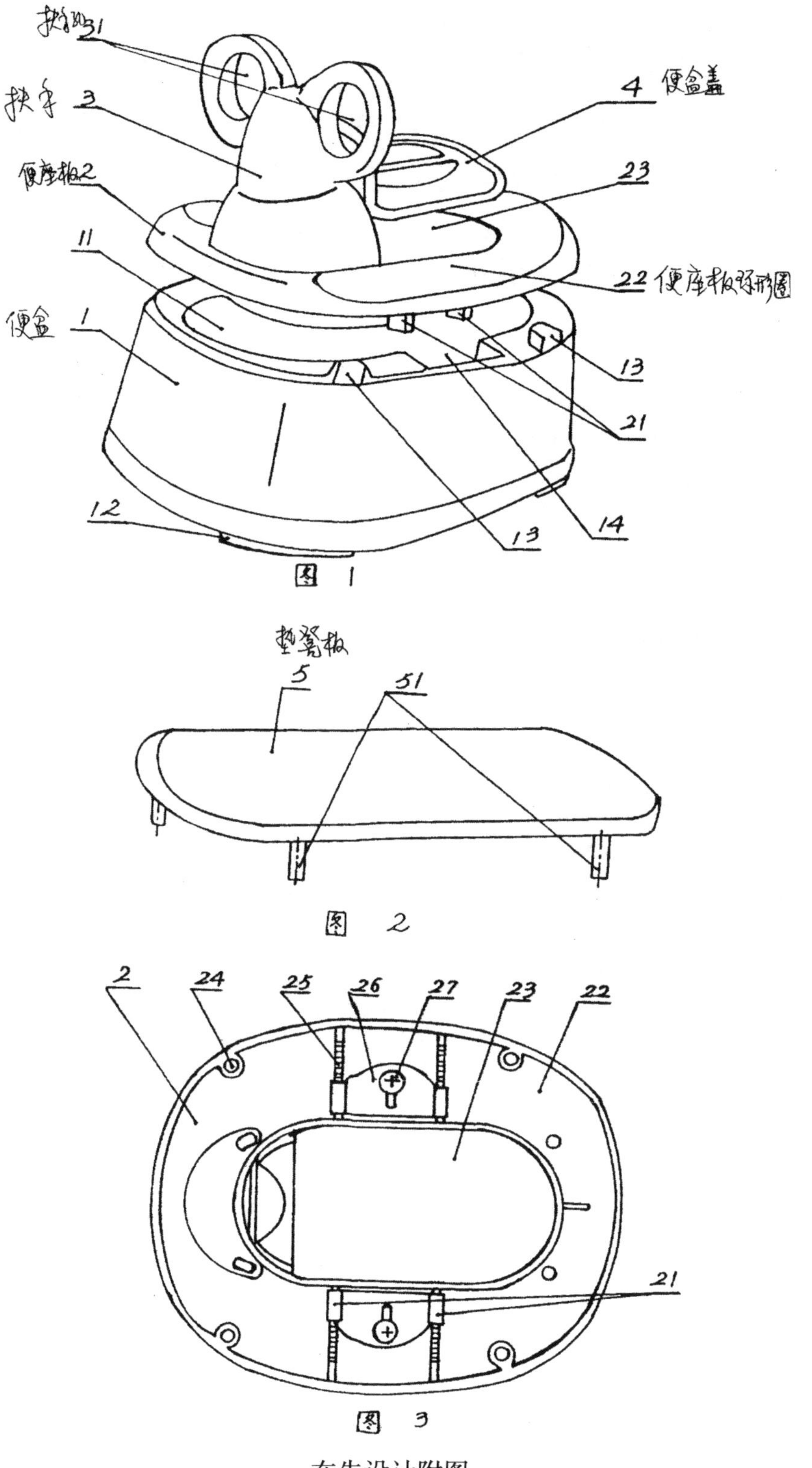

扶手 3
4 便盒盖
便座板2
23
11
22 便座板环形圈
便盒 1
13
21
12
14
图 1
垫凳板
5
51
图 2
2
24
25
26
27
22
21
图 3

在先设计附图

348

风轮（455-180）

无效宣告请求审查决定（第13585号）

决　　定　　号　第13585号
决　　定　　日　2009年6月16日
发明创造名称　风轮（455-180）
外观设计分类号　23-04
无效宣告请求人　珠海格力电器股份有限公司
专　利　权　人　广东美的电器股份有限公司
专　　利　　号　200630067850.X
申　　请　　日　2006年8月3日
授权公告日　2007年4月11日
合议组组长　翁晓君
主　　审　　员　喻　颖
参　　审　　员　李　佳
附　　　　　图　2页

法　律　依　据　专利法第23条
决　定　要　点

如果本专利与在先设计只是存在形状尺寸和局部细节的细微差别的话，则认为本专利与在先设计相近似。

一、案由

本无效宣告请求涉及国家知识产权局于2007年4月11日授权公告的、名称为“风轮（455-180）”的外观设计专利（下称本专利），其专利号是ZL200630067850.X，申请日是2006年8月3日，专利权人是广东美的电器股份有限公司。

针对上述专利权，珠海格力电器股份有限公司（下称请求人）于2009年2月20日向专利复审委员会提出无效宣告请求，其主要理由为：本专利不符合专利法第23条的规定。与此同时，请求人提交了如下附件作为证据：

附件1：本专利的信息及图片复印件，共1页；

附件2：国家知识产权局网站下载的公告号为CN3265720、名称为“风扇扇叶”的中国外观设计专利信息及图片复印件共2页，下称对比文件1；

附件3：国家知识产权局网站下载的公告号为CN3250245、名称为“风扇扇叶”的中国外观设计专利信息及图片复印件共 2 页，下称对比文件 2；

附件 4：国家知识产权局网站下载的公告号为 CN3291965、名称为“送风机用扇叶”的中国外观设计专利信息及图片复印件共 2 页，下称对比文件 3；

附件 5：国家知识产权局网站下载的公告号为 CN3293337、名称为“送风机用扇叶”的中国外观设计专利信息及图片复印件共 2 页，下称对比文件 4。

请求人认为：（1）相对于对比文件 1，本专利不符合专利法第 23 条的规定。本专利是单纯形状的外观设计。本专利与对比文件 1 相近似的理由为：①对比文件 1 与本专利均是关于通风和空调设备的外观设计，两者属于相同类别产品的外观设计；②本专利形状与对比文件 1 形状相近似，虽然本专利与对比文件 1 的形状在细节上有些微差别，例如对比文件 1 中弧状轮毂壁要比本专利中的弧状轮毂壁略大，对比文件 1 与本专利中扇叶部分后侧略有不同等，但从整体观察可以看出，二者之间的这些细微差别对于产品外观设计的整体视觉效果不具有显著的影响。因此，本专利的形状与对比文件 1 形状相近似。（2）基于与对比文件 1 相同的理由，本专利与对比文件 2~4 相近似，因此本专利不符合专利法第 23 条的规定。

经形式审查合格，专利复审委员会受理了该无效宣告请求，并于 2009 年 2 月 20 日向双方当事人发出了无效宣告请求受理通知书，并将专利权无效宣告请求书及其附件清单中所列附件副本转送给了专利权人，通知其在指定期限内答复。

专利复审委员会于 2009 年 3 月 31 日向双方当事人发出了无效宣告请求口头审理通知书，定于 2009 年 4 月 28 日在专利复审委员会进行口头审理。

专利权人于 2009 年 4 月 7 日提交了意见陈述书，认为：（1）本专利与对比文件 1 相比，存在以下主要差别：安装方向相反、旋转方向相反、轮毂壁形状不同、叶片的设置距离不相同、叶片的弯曲度不同、轮毂表面形状不同，因此两者既不相同也不相近似，本专利符合专利法第 23 条的规定；（2）对比文件 2 与对比文件 1 相比较，区别仅在于对比文件 2 在叶片表面设置有网纹状凸起，而其他形状与对比文件 1 相同，因此如同与对比文件 1 对比所阐述的具体理由，再加上本专利叶片表面没有设置网纹状凸起，因此两者既不相同也不相近似，本专利符合专利法第 23 条的规定；（3）本专利与对比文件 3 相比较，也存在安装方向相反、轮毂壁形状不同、旋转方向相反、叶片的设置距离不相同、叶片的弯曲度不同等主要差别点，此外，本专利的叶片形状与对比文件 3 的叶片形状存在明显不同，本专利在轮毂壁的设置上与对比文件 3 也具备明显的不同，这些差别明显使得本专利与对比文件 3 的整体设计具有显著的影响，因此本专利符合专利法第 23 条的规定；（4）对比文件 4 与对比文件 3 相比较，区别仅在于对比文件 4 在叶片表面设置有网纹状凸起，而其他形状与对比文件 3 相同，因此如同与对比文件 3 对比所阐述的具体理由，再加上本专利叶片表面没有设置网纹状凸起，因此两者既不相同也不相近似，本专利符合专利法第 23 条的规定。综上，本专利与对比文件 1~4 分别相比较，形状上均存在明显的影响整体外观设计的差别，因此本专利与对比文件 1 不相同也不相近似。

合议组于 2009 年 4 月 16 日将专利权人的上述意见陈述转送给了请求人。

口头审理于 2009 年 4 月 28 日如期举行，双方当事人均出席了口头审理。在口头审理中，双方当事人对合议组成员变更无异议，对合议组成员无回避请求，对对方出庭人员身份无异议。专利权人对请求人提交的附件 2~5 的真实性和合法性无异议，对其关联性有异议。请求人明确无效请求的理由和范围为：本专利与对比文件 1~4 均相近似，因此本专利不符合专利法第 23 条的规定。请求人认为：（1）本专利的一般消费者为购买空调的消费者；判断外观设计专利与对比专利是否相近似，应当将两者的专利授权公告文本中的视图进行对比，专利权人将本专利具体产品与另一专利的视图进行对比不妥。（2）本专利与对比文件 1 相近似，对于本专利与对比文件 1 的差别，分析如下：①本专利与对比文件 1 的风轮安装方向是一样的，不存在安装方向相反的差别；②本专利与对比文件 1 的叶片和轮毂的旋向存在 180°的差别，属于镜面对称，这种对称设计不会在视觉上产生显著的影响；叶片的旋转方向必须与电机配合使用，电机如果是正转的，必须安装正转的叶片，反之相反；本专利与对比文件 1 的出风方向是一致的，都是朝向消费者，而不是专利权人所述的进出风方向相反；③叶片弯曲度是否有差别用肉眼看不出；轮毂表面形状不同属于局部极为细小的变化，且在风轮使用时不能看到轮毂表面；④轮毂壁形状不同及叶片的设置距离不同与风轮的整体轮廓及叶片的所有细节都非常相似，只能属于局部的细微差别，对整体视觉效果不具有显著影响；轮毂缺少一部分导致叶片之间的角度不同（即叶片之间的距离不同），其仅仅是为了脱模上的方便，属于功能上的设计。(3) 对比文件 2、4 与对比文件 1 相比，差别仅仅是对比文件 2、4 叶片表面有些凹点，对比文件 3 与对比文件 1 相比，差别仅仅是对比文件 3 的叶片后侧略有差别，因此，本专利与对比文件 2~4 也均相近似，本专利不符合专利法第 23 条的规定。专利权人认为：本专利的一般消费者为技术采购员和维修人员；本专利与对比文件 1 存在六个区别；叶片的旋转方向必须与电机配合使用，电机如果是正转的，必须安装正转的叶片，反之相反；本专利的叶轮属于技术上有要求的产品，能够变化的部分非常小，因此叶片、轮毂、叶片的凹凸面都是非常大的区别；轮毂多出一块，肯定会产生功能上的效果，但这不能否定形状上的显著区别；本专利产品比较纤细，而对比文件比较丰满，将本专利产品安装在空调室外机上，其效果与对比文件明显不同。双方当事人均就本专利是否符合专利法第 23 条的规定充分发表了意见。

针对专利权人于 2009 年 4 月 7 日提交的意见陈述，请求人当庭表示要求进行书面答复，合议组当庭指定请求人应于口头审理结束后 14 天之内提交意见陈述，请求人对此表示同意。

2009 年 5 月 13 日，请求人提交了针对专利权人于 2009 年 4 月 7 日提交的意见陈述书作出的意见答复，并提交了如下附件作为参考：

附件 2-1：路灯案相关材料复印件共 9 页，包括无效宣告请求审查决定（第 6918 号）、北京市第一中级人民法院行政判决书（2005）一中行初字第 455 号、北京市高级人民法院行政判决书（2005）高行终字第 442 号；

附件 2-2：汽车保险杠案相关材料复印件共 15 页，包括无效宣告请求审查决定（第 7425 号）、北京市第一中级人民法院行政判决书（2005）一中行初字第 1086 号、北京市高级人民法院行政判决书（2006）高行终字第 269 号；

附件 2-3：房门（11）案相关材料复印件共 4 页，包括无效宣告请求审查决定（第 7518 号）；

附件 2-4：酒瓶标贴（10）案相关材料复印件共 3 页，包括无效宣告请求审查决定（第 7834 号）。

附件 2-5：国家知识产权局网站下载的公告号为 CN3652650、名称为“风轮（384-121）”的中国外观设计专利信息及图片复印件共 1 页，其授权公告日为 2007 年 5 月 30 日。

请求人的意见陈述内容与口头审理时的意见陈述内容基本相同。

2009 年 5 月 15 日，专利权人提交了意见陈述书，其主要内容属于口头审理过程中意见陈述的归纳总结。

由于请求人与专利权人意见陈述的内容均与口头审理时发表的意见内容相一致，合议组不再对请求人于 2009 年 4 月 7 日提交的意见陈述书和专利权人于 2009 年 5 月 15 日提交的意见陈述书进行转文。在此基础上，合议组认为本案事实已经清楚，依法作出如下审查决定。

二、决定理由

1. 证据的认定

请求人提交的对比文件 1 是在国家知识产权局网站下载的公告号为 CN3265720 的中国外观设计

专利信息及图片复印件，为公开出版物，专利权人未对其真实性提出异议，经合议组核实，其内容真实，予以采信。对比文件1的外观设计产品名称为“风扇扇叶”，其申请日为2002年1月17日，其授权公告日为2002年11月27日，在本专利的申请日（2006年8月3日）之前，可以作为评价本专利是否符合专利法第23条规定的证据使用。

2. 关于“一般消费者”

本专利的风轮可以作为一个独立销售的产品，主要用于空调室外机的风扇扇叶，由于该风轮是安装在空调室外机的内部，购买空调的消费者无法看到或者仅能透过室外机网罩看到该风轮的局部，且该风轮的外观对空调的整体外观不产生显著的影响，但对空调厂家的技术采购人员和维修人员来说，风轮是空调室外机制造、运转过程中的重要部件，能够很容易地看到风轮整体和局部的外观，因此，对于该风轮外观专利来说，其“一般消费者”应该是空调厂家的技术采购人员和维修人员。

3. 关于专利法第23条

专利法第23条规定：“授予专利权的外观设计，应当同申请日以前在国内外出版物上公开发表过或者国内公开使用过的外观设计不相同和不相近似，并不得与他人在先取得的合法权利相冲突。”

本专利为一种风轮，对比文件1为一种风扇扇叶的外观设计（下称在先设计），两者所属产品的用途相同，属于相同类别的产品，可以进行相近似性对比。

本专利“风轮”授权公告的视图有7幅：主视图、后视图、俯视图、仰视图、左视图、右视图、立体图。该“风轮”包括位于风轮中间部位的轮毂部分，和位于轮毂两侧的一对呈中心对称的扇叶部分，其中轮毂部分由一圆台状结构构成，在轮毂与扇叶的连接处有一对处于对应位置的弧状轮毂壁；扇叶部分内侧与轮毂由轮毂壁由下至上倾斜连接，外侧呈圆弧状，前侧有一尖角与一直线相连接的扇叶边构成，且直线部分相对于扇叶整体向下形成一定倾角，形成一类似刀口的加厚增强层，后侧主要由一弧线边构成，在接近内侧位置向内倾斜成一直线边与内侧连接，与外侧连接位置有一向外突起的尖角。从主视图可以看出，扇叶部分的尖角分别朝向左上和右下；从左右视图可以看出，轮毂部分为一圆台状结构，扇叶部分为分别位于轮毂部分前后两侧、沿着轮毂部分的梯形对角线对称地向下向上伸展、前端有尖角的弧形薄片；从俯仰视图可以看出，扇叶部分位于轮毂部分的左右两侧，靠近安装一侧为直线，外侧呈圆弧形延伸至轮毂部分的侧上方形成一尖角，再与形成一类似刀口的加厚增强层的直线边连接，该直线边与轮毂部分相连接（详见本专利附图）。

在先设计“风扇扇叶”授权公告的视图有7幅：主视图、后视图、俯视图、仰视图、左视图、右视图、立体图。该“风扇扇叶”包括位于风轮中间部位的轮毂部分，和位于轮毂两侧的一对呈中心对称的扇叶部分，其中轮毂部分由一圆台状结构构成，在轮毂与扇叶的连接处有一对处于对应位置的弧状轮毂壁；扇叶部分内侧与轮毂由轮毂壁由下至上倾斜连接，外侧呈圆弧状，前侧有一尖角与一直线相连接的扇叶边构成，且直线部分相对于扇叶整体向下形成一定倾角，形成一类似刀口的加厚增强层，后侧主要由一弧线边构成，在接近内侧位置与弧状轮毂壁连接，与外侧连接位置有一向外突起的尖角。从后视图可以看出，扇叶部分的尖角分别朝向左下和右上；从左右视图可以看出，轮毂部分为一圆台状结构，扇叶部分为分别位于轮毂部分前后两侧、沿着轮毂部分的梯形对角线对称地向下向上伸展、前端有尖角的弧形薄片，在轮毂部分的梯形短边上有两个小的矩形突起；从俯仰视图可以看出，扇叶部分位于轮毂部分的左右两侧，靠近安装一侧为直线，外侧呈圆弧形延伸至轮毂部分的侧上方形成一尖角，再与形成一类似刀口的加厚增强层的圆弧边连接，该圆弧边与轮毂部分的梯形短边侧相连接，在轮毂部分的梯形短边上有两个小的矩形突起（详见在先设计附图）。

将本专利与在先设计相比，两者均由位于中间部位的轮毂部分和位于轮毂两侧的一对呈中心对称的扇叶部分组成，两者的轮毂部分均由一圆台状结构构成，两者在轮毂与扇叶的连接处均有一对处于对应位置的弧状轮毂壁，两者的扇叶部分均为内侧与轮毂由轮毂壁由下至上倾斜连接，外侧呈圆弧状，前侧有一尖角与一直线相连接的扇叶边构成，且直线部分相对于扇叶整体向下形成一定倾角，形成一类似刀口的加厚增强层，后侧主要由一弧线边构成，与外侧连接位置有一向外突起的尖角，因此两者整体形状相似，各主要组成部分的形状和布局也相似。两者的不同之处主要在于：（1）本专利轮毂壁的形状与在先设计的不同，本专利和在先设计中的轮毂壁形状都是圆弧和直线的结合，但在先设计中轮毂壁的弧线延伸更长，轮毂壁围成的面积更大；（2）本专利后侧与内侧相连接的位置处形成了一直线边，而在先设计对应位置是由轮毂壁圆弧与直线边形成的尖角，本专利与之相比，相当于在该位置截去了一小块，没有形成尖角；（3）本专利扇叶部分的旋转方向与在先设计呈180°反向，即专利权人所述的旋转方向相反；（4）在左右视图中，本专利的扇叶部分靠近安装面一侧突出轮毂部分一小段，而在先设计中的扇叶部分相应位置与轮毂部分平齐，此外，本专利的扇叶部分比在先设计中的扇叶部分厚。

对于图中存在的其他更多更细微的差别不再一一评述，其差别明显不影响总体视觉的相同和相近似性判断。

对于上述不同点，合议组认为：（1）本专利和在先设计中的轮毂壁形状都是圆弧和直线的结合，只是在先设计中轮毂壁的弧线延伸更长，虽然轮毂壁形状存在不同，但轮毂壁部分相对于整个扇叶部分只占很小的面积，属于局部细微区别，因此其对整体视觉不具有显著影响；（2）本专利扇叶部分的后侧与内侧相连接的部分相比于在先设计截去了一小部分，形成了一条直线边，由于截去的部分相对于整个扇叶部分只占很小的面积，且截去之后形成的直线边很短，相对于扇叶部分的外侧和后侧的长弧线，属于局部细微区别，其对整体视觉不具有显著影响；（3）当将本专利的风轮与在先设计的风扇扇叶进行比较后可知，两者扇叶部分除了前述的两个不同点之外，单个的扇叶部分轮廓非常相似，只是两个扇叶的旋转方向呈180°反向，由于双方当事人在口头审理过程中都承认扇叶部分的旋转方向与电机的转向相关，采用相反旋转方向的扇叶部分可以通过设置相反的电机转向来实现相同的功能，即向空调室外机外侧送风，因此扇叶部分的旋转方向是由功能唯一确定的，对整体视觉不具有显著影响；（4）对于本专利与对比文件在左右视图上的差别，由于扇叶部分为长度远远大于厚度的大段弧线，突出部分相对于整个扇叶部分只占很小的比例，厚度的变化也不影响整个扇叶部分表现为长度远远大于厚度的大段弧线，上述差别都属于局部细微差别，因此这些差别均对整体视觉不具有显著影响。因此，对于一般消费者而言，二者整体形状和比例的差别都属于局部的细微差别，均不足以对整体视觉效果带来显著的影响，因此两者构成相近似的外观设计。

对于专利权人在2009年4月7日提交的意见陈述书中所认为的本专利与对比文件存在六点不同，因此两者不相近似的理由，合议组认为：（1）本专利与在先设计都是以轮毂壁开口的一面作为安装面，因此不存在安装方向相反的差别；（2）上文中已经评述了专利权人所述的旋转方向相反、轮毂壁形状不同的差别，在此不再赘述；（3）对于叶片设置距离不同的差别，其实就是本专利扇叶部分的后侧与内侧相连接的部分相比于在先设计截去了一小部分，形成了一条直线边所形成的，上文中已经对后一点进行了评述，基于相同的理由，合议组对专利权人的该理由也不予支持；（4）对于专利权人所述的叶片弯曲度不同，合议组认为不借助工具或手段，不能通过视觉直接观察到该差别，因此合议组对专利权人的该理由也不予支持；（5）对于轮毂表面形状不同的差别，合议组认为其只是局部细微差别，通过对二者的整体观察、综合判断，上述细微变化对整体视觉效果不具有显著影响。

综上所述，本合议组认为：在本专利申请日以前，已有与其相近似的外观设计在出版物上公开发表过，因此，本专利不符合专利法第23条的规定。

鉴于已经得出本专利不符合专利法第23条规定的结论，请求人的无效理由成立，本决定对请求人提出的其他理由和证据不再予以评述。

三、决定

宣告 200630067850. X 号外观设计专利权全部无效。

当事人对本决定不服的，可以根据专利法第 46 条第 2 款的规定，在收到本决定之日起三个月内向北京市第一中级人民法院起诉，根据该款的规定，一方当事人起诉后，另一方当事人应当作为第三人参加诉讼。

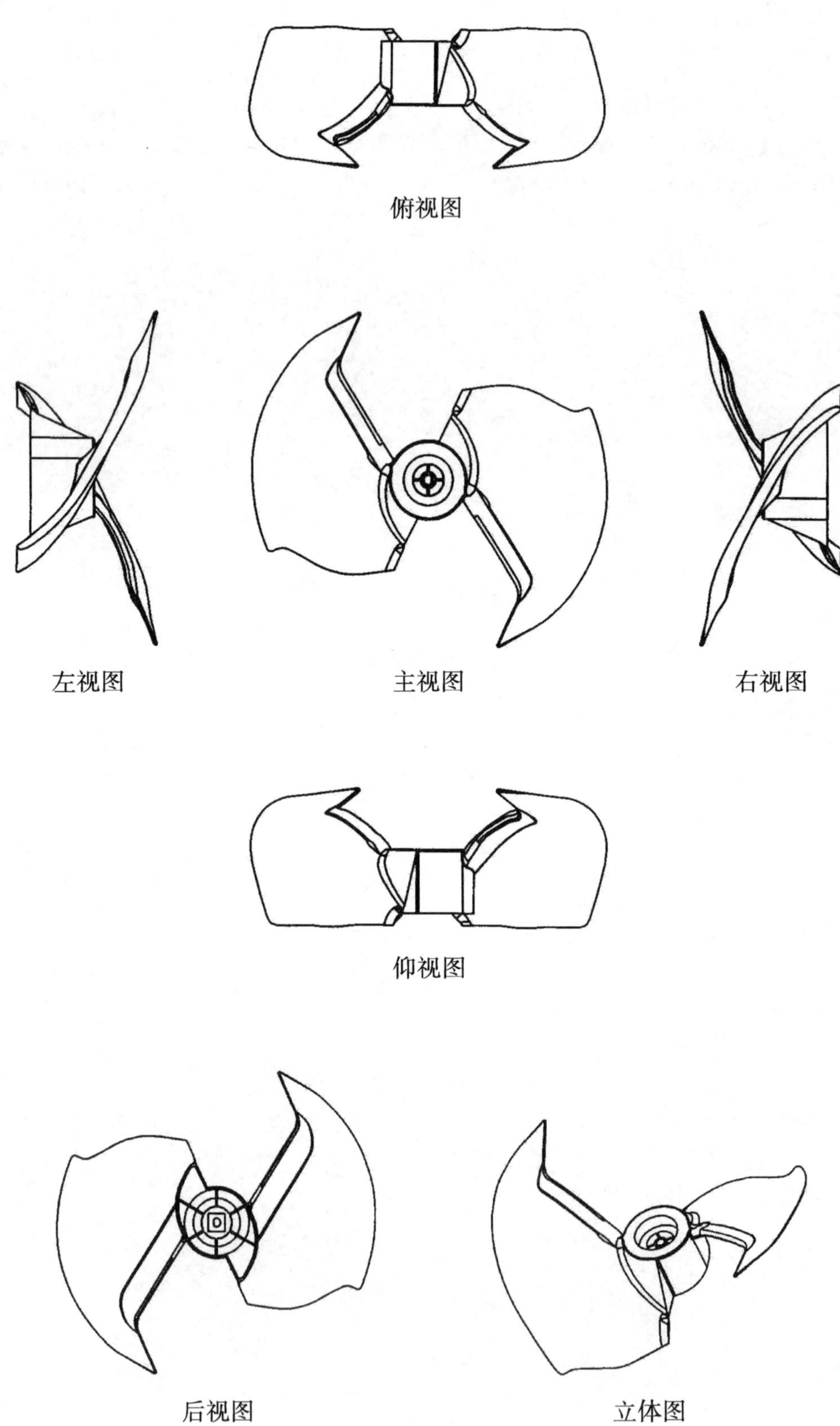

本专利附图

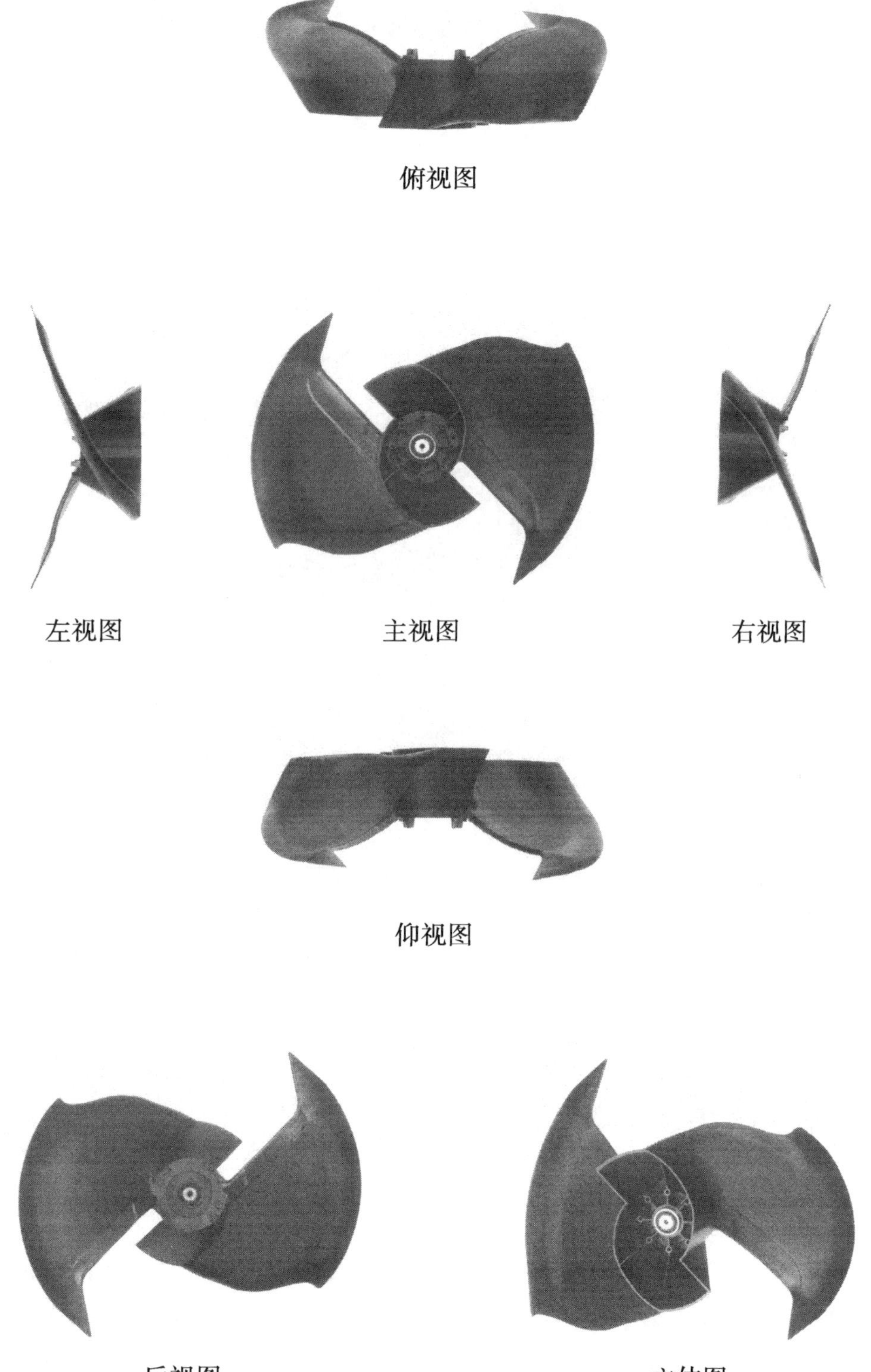

在先设计附图

北京市第一中级人民法院
行政判决书

（2009）一中行初字第 1797 号

原告广东美的电器股份有限公司，住所地广东省佛山市顺德区北滘镇蓬莱路。

法定代表人何享健，董事长。

委托代理人谢冠斌，北京市立方律师事务所律师。

委托代理人陈卫，广州粤高专利代理有限公司专利代理人。

被告国家知识产权局专利复审委员会，住所地北京市海淀区北四环西路 9 号银谷大厦 10~12 层。

法定代表人张茂于，副主任。

委托代理人喻颖，国家知识产权局专利复审委员会审查员。

委托代理人余心蕾，国家知识产权局专利复审委员会审查员。

第三人珠海格力电器股份有限公司，住所地广东省珠海市前山金鸡西路。

法定代表人朱江洪，董事长。

委托代理人廉振保，北京市炜衡律师事务所律师。

委托代理人张浩，男，1977 年 5 月 25 日出生，北京金信立方知识产权代理有限公司职员，住山东省济南市市中区建设路 77 号。

原告广东美的电器股份有限公司（以下简称美的电器公司）不服被告国家知识产权局专利复审委员会（以下简称专利复审委员会）于 2009 年 6 月 16 日作出的第 13585 号无效宣告请求审查决定（以下简称第 13585 号决定），于 2009 年 7 月 13 日向本院提起行政诉讼。本院于 2009 年 7 月 17 日受理后，依法组成合议庭，并依法通知珠海格力电器股份有限公司（以下简称格力电器公司）作为第三人参加诉讼，于 2009 年 9 月 14 日公开开庭进行了审理。原告美的电器公司的委托代理人谢冠斌、陈卫，被告专利复审委员会的委托代理人喻颖、余心蕾，第三人格力电器公司的委托代理人廉振保、张浩到庭参加了诉讼。本案现已审理终结。

专利复审委员会在第 13585 号决定中认定：对比文件 1 中的外观设计产品名称为“风扇扇叶”（见附图），公告号为 CN3265720，申请日为 2002 年 1 月 17 日，授权公告日为 2002 年 11 月 27 日，早于 200630067850. X 号，名称为“风轮（455-180）”的外观设计专利（以下简称本专利）（见附图）的申请日，可以作为评价本专利是否符合《中华人民共和国专利法》（以下简称《专利法》）第二十三条规定的证据使用。

本专利的风轮可以作为一个独立销售的产品，主要用于空调室外机的风扇扇叶，由于该风轮是安装在空调室外机的内部，购买空调的消费者无法看到或者仅能透过室外机网罩看到该风轮的局部，且该风轮的外观对空调的整体外观不产生显著的影响，但对空调厂家的技术采购人员和维修人员来说，风轮是空调室外机制造、运转过程中的重要部件，能够很容易地看到风轮整体和局部的外观，因此，对于该风轮外观专利来说，其“一般消费者”应该是空调厂家的技术采购人员和维修人员。

本专利与对比文件 1 所属产品的用途和类别相同，可以进行相近似性对比。将本专利与对比文件 1 相比，两者均由位于中间部位的轮毂部分和位于轮毂两侧的一对呈中心对称的扇叶部分组成，两者的轮毂部分均由一圆台状结构构成，两者在轮毂与扇叶的连接处均有一对处于对应位置的弧状轮毂壁，两者的扇叶部分均为内侧与轮毂由轮毂壁由下至上倾斜连接，外侧呈圆弧状，前侧有一尖角与一直线相连接的扇叶边构成，且直线部分相对于扇叶整体向下形成一定倾角，形成一类似刀口的加厚增强层，后侧主要由一弧线边构成，与外侧连接位置有一向外突起的尖角，因此两者整体形状相似，各主要组成部分的形状和布局也相似。两者的不同之处主要在于：（1）本专利轮毂壁的形状与在先设计的不同，本专利和在先设计中的轮毂壁形状都是圆弧和直线的结合，但在先设计中轮毂壁的弧线延伸更长，轮毂壁围成的面积更大；（2）本专利后侧与内侧相连接的位置处形成了一直线边，而在先设计对应位置是由轮毂壁圆弧与直线边形成的尖角，本专利与之相比，相当于在该位置截去了一小块，没有形成尖角；（3）本专利扇叶部分的旋转方向与在先设计呈 180°反向，即专利权人所述的旋转方向相反；（4）在左右视图中，本专利的扇叶部分靠近安装面一侧突出轮毂部分一小段，而在先设计中的扇叶部分相应位置与轮毂部分平齐，此外，本专利的扇叶部分比在先设计中的扇叶部分厚。对于图中存在的其他更多更细微的差别不再评述，其差别明显不影响总体视觉的相同和相近似性判断。

被告认为：（1）本专利和在先设计中的轮毂壁形状都是圆弧和直线的结合，只是在先设计中轮毂壁的弧线延伸更长，虽然轮毂壁形状存在不同，但轮毂壁部分相对于整个扇叶部分只占很小的面积，属于局部细微区别，因此其对整体视觉不具有显著影响；（2）本专利扇叶部分的后侧与内侧相连接的部分相比于在先设计截去了一小部分，形成了一条直线边，由于截去的部分相对于整个扇叶部分只占很小的面积，且截去之后形成的直线边很短，相对于扇叶部分的外侧和后侧的长弧线，属于局部细微区别，其对整体视觉不具有显著影响；（3）当将本专利的风轮与在先设计的风扇扇叶进行比较后可知，两者扇叶部分除了前述的两个不同点之外，单个的扇叶部分轮廓非常相似，只是两个扇叶的旋转方向呈 180°反向，由于双方当事人在口头审理过程中都承认扇叶部分的旋转方向与电机的转向相关，采用相反旋转方向的扇叶部分可以通过设置相反的电机转向来实现相同的功能，即向空调室外机外侧送风，因此扇叶部分的旋转方向是由功能唯一确定的，对整体视觉不具有显著影响；（4）对于本专利与对比文件在左右视图上的差别，由于扇叶部分为长度远远大于厚度的大段弧线，突出部分相对于整个扇叶部分只占很小的比例，厚度的变化也不影响整个扇叶部分表现为长度远远大于厚度的大段弧线，上述差别都属于局部细微差别，因此这些差别均对整体视觉不具有显著影响。因此，对于一般消费者而言，二者整体形状和比例的差别都属于局部的细微差别，均不足以对整体视觉效果带来显著的影响，因此两者构成相近似的外观设计。综上所述，在本专利申请日以前，已有与其相近似的外观设计在出版物上公开发表过，因此，本专利不符合《专利法》第二十三条的规定。据此决定，宣告本专利全部无效。

美的电器公司不服第 13585 号决定，向本院提起行政诉讼称：第 13585 号决定事实认定错误。

首先，本专利与对比文件 1 的区别使得一般消费者不会对两者产生误认、混同。

本专利扇叶部分的旋转方向与对比文件 1 呈 180°反向，本专利的一般消费者，即空调厂家的技术采购人员和维修人员，足以将本专利与对比文件 1 区别开。因为扇叶的旋转方向决定了工作时的进出风方向，本专利设计产品使用时必须与具体的空调室外机严格配套，否则将严重影响工作效果。空调厂家的技术采购人员和维修人员对于扇叶的旋转方向势必非常敏感，不会产生误认、混同。

其次，本专利与对比文件 1 的不同点对两者之间的整体视觉效果带来显著的影响，为不相同也不相近似的设计。

（1）本专利与对比文件的轮毂壁的形状不同，本专利的轮毂壁弧线较短，轮毂壁围成的面积更小，从空气动力学的角度，本专利与对比文件 1 在高速转动时，其轮毂壁所产生的图案势必不同，带来的美感也区别很大，对空调厂家的技术采购人员和维修人员来说，足以区分。

（2）本专利的扇叶在与轮毂壁连接之处的面积远远小于对比文件 1，本专利相当于在对比文件 1

在对应位置处截去了一小块，从视觉效果看，两个扇叶之间的距离比较大，扇叶与轮毂壁之间的对应关系比较明显，对比文件 1 有很拥挤的感觉，而本专利则非常简洁。

（3）本专利的扇叶弯曲度较大，所以在左右视图上看，本专利的扇叶部分靠近安装面一侧突出轮毂部分一小段，而对比文件 1 中的扇叶部分相应位置与轮毂部分平齐，本专利比较厚实，而对比文件 1 比较单薄。

本专利的大体轮廓及各部分的组成都是由该产品的功能唯一确定的，只有除此之外的上述 4 点主要区别才是一般消费者关注的要部。上述区别说明本专利与对比文件 1 存在要部设计上的重大区别，属于不相同也不相近似的设计，而被告虽正确确定了本专利的一般消费者为空调厂家的技术采购人员和维修人员，但未能从该一般消费者的角度来判断，仅仅是从普通空调用户的角度来判断，无法正确区分两者的区别，所认定的事实完全错误。

综上，请求法院判令：（1）撤销被告作出的第 13585 号决定；（2）被告就本专利重新作出维持专利权有效的行政决定；（3）本案诉讼费由被告承担。

被告专利复审委员会辩称：（1）本专利和对比文件 1 中的轮毂壁形状是存在不同，但由于其相对于整个扇叶部分的面积很小，该区别对整体视觉效果不具有显著的影响；此外，进行外观设计对比判断时，应该是在静态的情况下进行比较，而不是在动态（高速旋转）的情况下进行比较。（2）由于截去的部分相对于整个扇叶部分只占很小的面积，且截去之后形成的直线边很短，相对于扇叶部分的外侧和后侧的长弧线，属于局部细微区别，因此该区别对整体视觉效果不具有显著影响。（3）扇叶部分的旋转方向是与空调室外机的电机配套的，但并不是必须严格配套，因为对于逆时针方向旋转的扇叶，将正转电机的电极对调就可以正常运转了；由此，对于作为一般消费者的空调厂家的技术采购人员和维修人员来说，由于调整电机即可改变旋转方向，故一般消费者无须考虑扇叶的方向，因此没有必要对扇叶的方向敏感，因此其对于整体视觉效果不具有显著的影响。（4）不借助工具或手段，不能通过视觉直接观察到原告所述的叶片弯曲度不同，因此对原告的该理由我委不予认同；对于原告的其他理由，由于扇叶部分为长度远远大于厚度的大段弧线，本专利的扇叶部分靠近安装面一侧相对于轮毂部分的突出部分相对于整个扇叶部分只占很小的比例，厚度的变化也不影响整个扇叶部分表现为长度远远大于厚度的大段弧线，因此上述区别也均属于局部细微差别，因此这些区别均对整体视觉效果不具有显著影响。（5）在审查指南 2006 版中已经废止了“要部设计”的判断方法，而采用“整体观察、综合判断”的判断方法，由于上述第三个区别属于由功能唯一确定的区别，其余三个区别属于局部细微区别，在整体设计中所占比例很小，其变化不足以对整体视觉效果产生显著影响，因此本专利与对比文件 1 构成了相同相近似。综上，第 13585 号决定认定事实清楚，适用法律正确，审理程序合法，审查结论正确，请求人民法院予以维持。

第三人格力电器公司述称：

（1）原告违反了“整体观察、综合判断”的原则，过分强调了风轮产品的形状、图案以及色彩的微小变化，并从这些局部的细微差别出发得出了错误结论。必须将风轮产品的形状、图案以及色彩的局部变化、差别放在对风轮产品的整体观察中来综合判断其对于风轮产品外观设计的整体视觉效果是否具有显著的影响，而不能将其从整体中割裂出来，仅仅从风轮产品的形状、图案以及色彩的局部变化、差别的局部视觉效果出发来判断其对于风轮产品外观设计的整体视觉效果是否具有显著的影响。

（2）就本专利涉及的风轮产品而言，无论将谁假想为这样的一般消费者，其对风轮产品只能具有常识性的了解，对风轮产品之间在形状、图案以及色彩上的差别具有一定的分辨力，但不会注意到风轮产品的形状、图案以及色彩的微小变化。更何况空调厂家的技术采购人员和维修人员是不会根据风轮的外观来决定采购或安装哪种风轮的，而是根据风轮的技术参数即设计结构、尺寸和性能要求来决定购买或安装哪种风轮。

（3）一般消费者会将被比设计与对比文件 1 误认、混同是二者属于相同或相近似的外观设计的充分条件，但不是必要条件。

（4）本专利与对比文件 1 的四点差别对整体视觉不具有显著影响。

①与对比文件 1 的外观设计图片完全对称的产品外观设计是与对比文件 1 完全相同的外观设计。那么，当一般消费者将本专利与对比文件 1 的外观设计图片完全对称的产品外观设计进行整体观察、综合判断时，将很难将二者区分开。这就等同于难以将本专利与对比文件 1 区分开。

②风轮产品在高速旋转时，只能看到其整体轮廓，并不会形成什么图案，也看不出二者之间的差别。原告违反了“直接观察”的原则，实际上是以购买空调的消费者的角度进行判断。

③由于本专利后侧与内侧相连接的位置处相对于对比文件 1 截去的部分相对于整个扇叶部分只占很小的面积，且截去之后形成的直线边很短，相对于扇叶部分的外侧和后侧的长弧线属于局部细微的区别。

④对于本专利与对比文件 1 在左右视图上的差别，由于扇叶部分为长度远远大于厚度的大段弧线，突出部分相对于整个扇叶部分只占很小的比例，厚度的变化也不影响整个扇叶部分表现为长度远远大于厚度的大段弧线，从整体观察，该差别属于局部细微的区别。原告所谓的厚实与单薄不能由视觉直接分辨，无从谈起。

综上所述，本专利明显是对对比文件 1 的翻版式仿冒和抄袭，请求法院判决驳回原告的诉讼请求，维持 13585 号决定。

本院经审理查明：

本专利系名称为“风轮（455-180）”，专利号为 200630067850. X 的外观设计专利，申请日为 2006 年 8 月 3 日，2007 年 4 月 11 日被授权公告，专利权人是美的电器公司。本专利授权公告有 7 幅视图，包括主视图、左、右视图、俯、仰视图、后视图和立体图。本专利“风轮”授权公告的视图有 7 幅：主视图、后视图、俯视图、仰视图、左视图、右视图、立体图。该“风轮”包括位于风轮中间部位的轮毂部分，和位于轮毂两侧的一对呈中心对称的扇叶部分，其中轮毂部分由一圆台状结构构成，在轮毂与扇叶的连接处有一对处于对应位置的弧状轮毂壁；扇叶部分内侧与轮毂由轮毂壁由下至上倾斜连接，外侧呈圆弧状，前侧有一尖角与一直线相连接的扇叶边构成，且直线部分相对于扇叶整体向下形成一定倾角，形成一类似刀口的加厚增强层，后侧主要由一弧线边构成，在接近内侧位置向内倾斜成一直线边与内侧连接，与外侧连接位置有一向外突起的尖角。从主视图可以看出，扇叶部分的尖角分别朝向左上和右下；从左右视图可以看出，轮毂部分为一圆台状结构，扇叶部分为分别位于轮毂部分前后两侧、沿着轮毂部分的梯形对角线对称地向下向上伸展、前端有尖角的弧形薄片；从俯仰视图可以看出，扇叶部分位于轮毂部分的左右两侧，靠近安装一侧为直线，外侧呈圆弧形延伸至轮毂部分的侧上方形成一尖角，再与形成一类似刀口的加厚增强层的直线边连接，该直线边与轮毂部分相连接。

2009 年 2 月 20 日，格力电器公司以本专利不符合《专利法》第二十三条的规定为由，向专利复审委员会提出无效宣告请求，并提交了对比文件 1 等证据。

对比文件 1 所记载的外观设计产品名称为“风扇扇叶”（见附图），申请日为 2002 年 1 月 17 日，授权公告日为 2002 年 11 月 27 日。其亦有上述 7 幅视图。该“风扇扇叶”包括位于风轮中间部位的轮毂部分，和位于轮毂两侧的一对呈中心对称的扇叶部分，其中轮毂部分由一圆台状结构构成，在轮毂与扇叶的连接处有一对处于对应位置的弧状轮毂壁；扇叶部分内侧与轮毂由轮毂壁由下至上倾斜连接，外侧呈圆弧状，前侧有一尖角与一直线相连接的扇叶边构成，且直线部分相对于扇叶整体向下形成一定倾角，形成一类似刀口的加厚增强层，后侧主要由一弧线边构成，在接近内侧位置与弧状轮毂壁连接，与外侧连接位置有一向外突起的尖角。从后视图可以看出，扇叶部分的尖角分别朝向左下和右上；从左右视图可以看出，轮毂部分为一圆台状结构，扇叶部分为分别位于轮毂部分前后两侧、沿着轮毂部分的梯形对角线对称地向下向上伸展、前端有尖角的弧形薄片，在轮毂部分的梯形短边上有两个小的矩形突起；从俯仰视图可以看出，扇叶部分位于轮毂部分的左右两侧，靠近安装一侧为直线，外侧呈圆弧形延伸至轮毂部分的侧上方形成一尖角，再与形成一类似刀口的加厚增强层的圆弧边连接，该圆弧边与轮毂部分的梯形短边侧相连接，在轮毂部分的梯形短边上有两个小的矩形突起。

2009 年 4 月 28 日，专利复审委员会就格力电器公司的无效宣告请求进行了口头审理。2009 年 6 月 16 日，专利复审委员会作出第 13585 号决定。原告不服该决定，在法定时限内向本院提起行政诉讼。

在开庭审理中，各方当事人对以下事实予以认可：（1）本专利安装在空调室外机的内部，购买空调的消费者无法看到或者仅能透过室外机网罩看到该风轮的局部，且该风轮的外观对空调的整体外观不产生显著的影响，但对空调厂家的技术采购人员和维修人员来说，风轮是空调室外机制造、运转过程中的重要部件，能够很容易地看到风轮整体和局部的外观，因此，本专利的“一般消费者”应该是空调厂家的技术采购人员和维修人员。（2）本专利与对比文件 1 相比存在以下区别：①本专利轮毂壁的形状与在先设计的不同，本专利和在先设计中的轮毂壁形状都是圆弧和直线的结合，但在先设计中轮毂壁的弧线延伸更长，轮毂壁围成的面积更大；②本专利后侧与内侧相连接的位置处形成了一直线边，而在先设计对应位置是由轮毂壁圆弧与直线边形成的尖角，本专利与之相比，相当于在该位置截去了一小块，没有形成尖角；③本专利扇叶部分的旋转方向与在先设计呈 180°反向，即专利权人所述的旋转方向相反；④在左右视图中，本专利的扇叶部分靠近安装面一侧突出轮毂部分一小段，而在先设计中的扇叶部分相应位置与轮毂部分平齐，此外，本专利的扇叶部分比在先设计中的扇叶部分厚。（3）除上述 4 点区别以外，美的电器公司在诉讼中主张本专利与对比文件 1 相比还存在以下区别：①从后视图看，本专利的轮毂中心是外方内圆，内部是一个 D 形，对比文件 1 则是同圆心的两个圆圈。②对比文件 1 的轮毂部分四周有 8 个小圆孔，本专利没有。③从俯视图和仰视图看，对比文件 1 的轮毂部分相对于扇叶有两个突起，本专利没有。专利复审委员会、格力电器公司认可存在上述区别，但认为上述区别对整体视觉效果不具有显著影响。

上述事实，有本专利公报复印件、第 13585 号决定、对比文件 1 以及当事人陈述笔录等证据在案佐证。

本院认为：本案的争议焦点是本专利与对比文件 1 的产品外观设计是否构成相近似。

关于本专利扇叶旋转方向与对比文件 1 相反的问题，因扇叶部分的旋转方向系功能唯一确定的，对整体视觉效果不具有显著影响。关于美的电器公司在诉讼中主张的三点区别，相对整体外观设计所占比例较小，应属于局部细微差别，对整体视觉效果亦无显著影响。

判断本专利与对比文件 1 是否近似，应当以空调厂家的技术采购人员和维修人员作为判断主体，其客观上熟知此类产品及其外观设计，具有购买空调的普通消费者所不具有的知识水平和认知能力。第 13585 号决定认定的四点区别中，除旋转方向不同以外，剩余的三点区别均分布在该外观设计的中部等主要视觉部分，对上述判断主体而言，其区别足以产生在整体视觉效果上的不同。因此，本专利和对比文件 1 不是相近似的外观设计，第 13585 号决定事实认定有误，应予撤销。

据此，本院依照《中华人民共和国行政诉讼法》第五十四条第（二）项第 2 目之规定，判决如下：

一、撤销被告国家知识产权局专利复审委员会作出的第13585号无效宣告请求审查决定；

二、被告国家知识产权局专利复审委员会重新就第200630067850.X号、名称为“风轮（455-180）”的外观设计专利权作出无效宣告请求审查决定。

案件受理费100元，由被告国家知识产权局专利复审委员会负担（于本判决生效之日起7日内交纳）。

如不服本判决，当事人可在本判决书送达之日起15日内，向本院递交上诉状及副本两份，交纳上诉案件受理费100元，上诉于北京市高级人民法院。

审　判　长　彭文毅
审　判　员　苏　杭
代理审判员　蒋利玮
二〇〇九年十月十八日
书　记　员　袁　伟

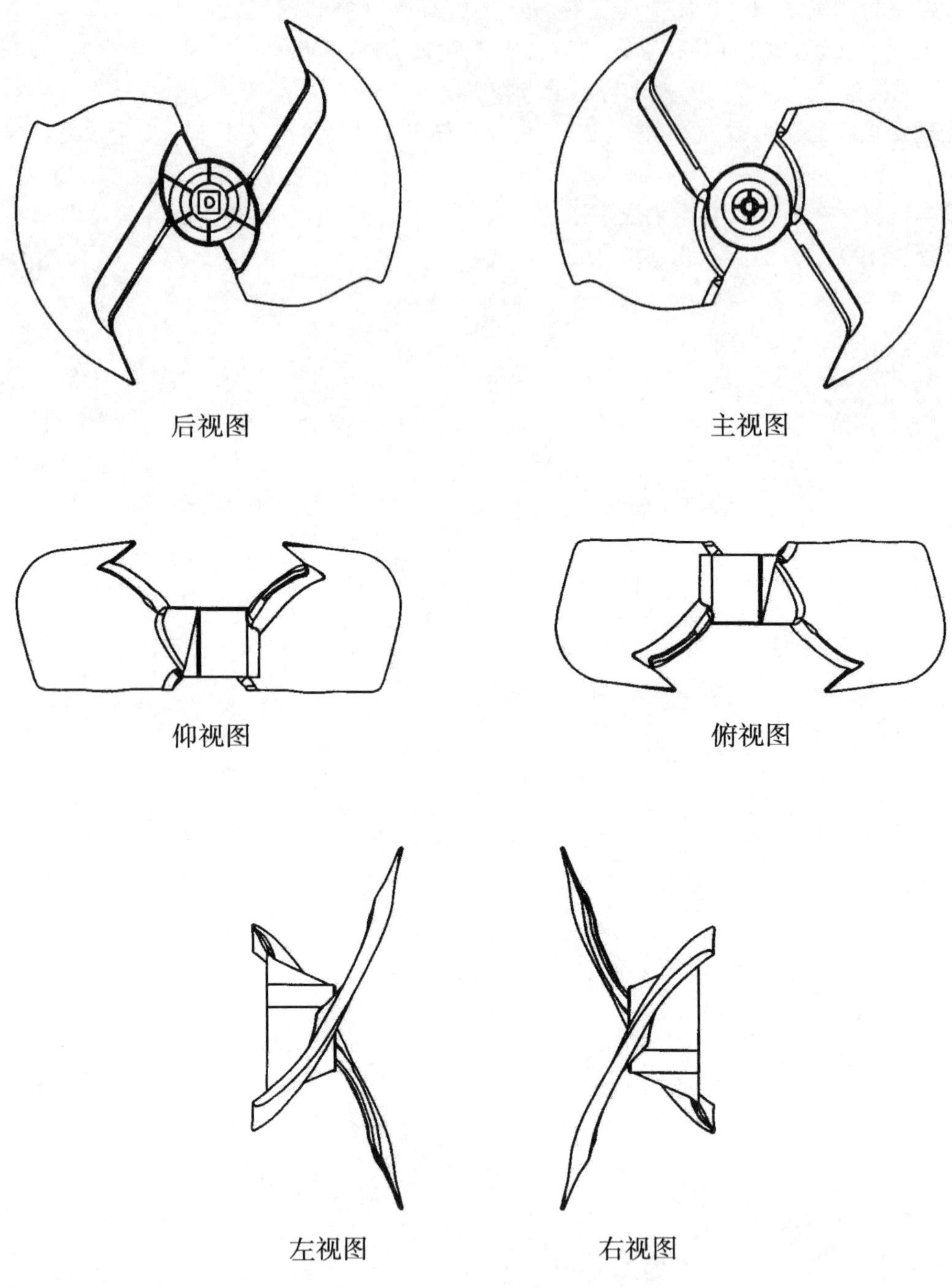

本专利附图

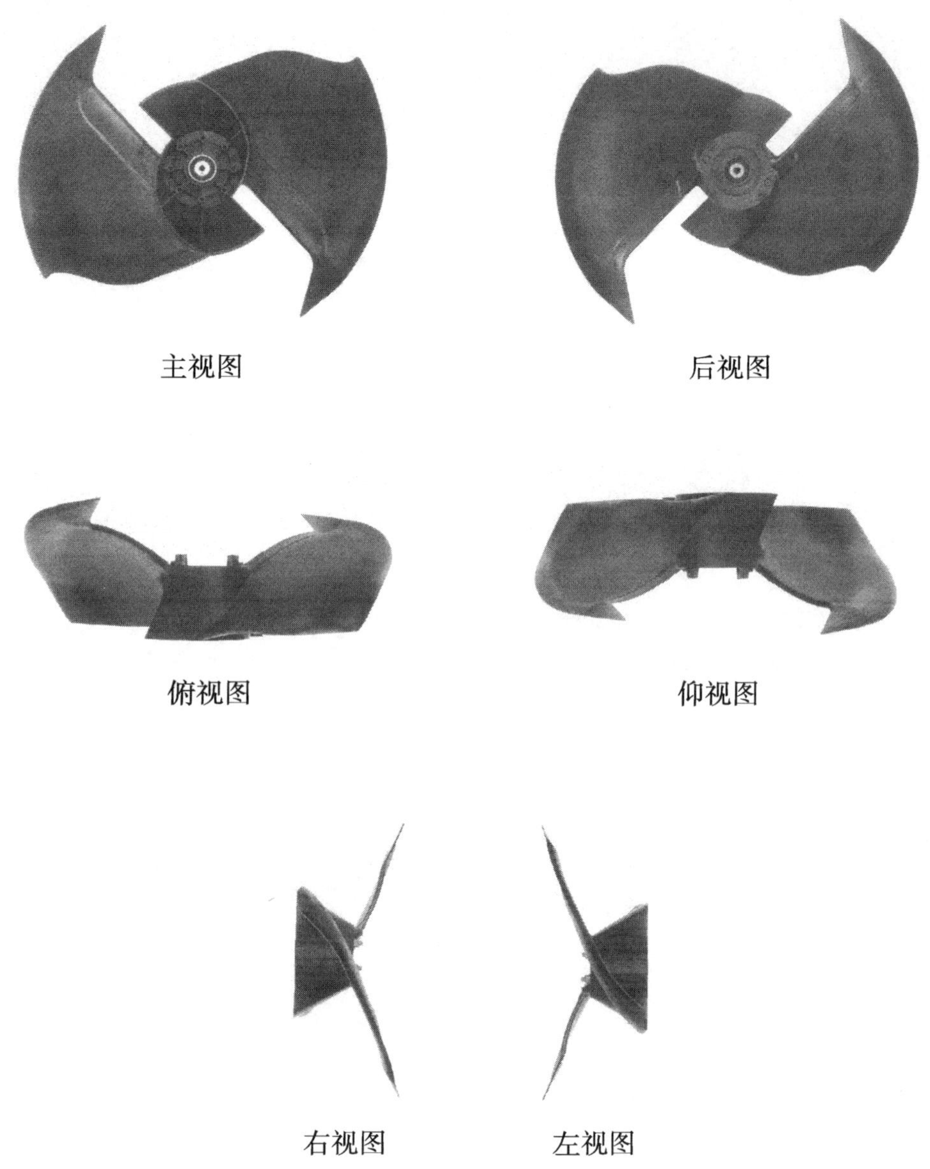

主视图　后视图

俯视图　仰视图

右视图　左视图

对比文件 1 附图

349

圆珠笔（国富1）

无效宣告请求审查决定（第13587号）

决　　定　　号　第13587号
决　　定　　日　2009年5月25日
发明创造名称　圆珠笔（国富1）
外观设计分类号　19-06
无效宣告请求人　金春德
专　利　权　人　刘国富
专　　利　　号　200430009880.6
申　　请　　日　2004年09月30日
授权公告日　2005年04月13日
合议组组长　吴赤兵
主　　审　　员　王美芳
参　　审　　员　雷　婧
附　　　　　图　2页

法　律　依　据　专利法第23条
决　定　要　点

从整体观察，本专利与其申请日前在中国外观设计专利公报中公开的在先设计具有相似的整体形状、比例和圆点特征等，使得二者的整体视觉印象相近似，局部细微差别不足以对整体视觉效果产生显著影响，二者属于相近似的外观设计，本专利权的授予不符合专利法第23条的规定。

一、案由

本无效宣告请求涉及国家知识产权局于2005年4月13日授权公告的200430009880.6号外观设计专利，使用该外观设计的产品名称是“圆珠笔（国富1）”，其申请日是2004年9月30日，专利权人是刘国富。

针对上述外观设计专利权（下称本专利），金春德（下称请求人）于2008年10月30日向专利复审委员会提出无效宣告请求，其理由是本专利不符合专利法第23条、第9条及专利法实施细则第13条第1款的规定。请求人提交了如下附件作为证据：

附件1：00314586.7号外观设计专利的著录项目及图片复印件共1页；

附件2：03316463.0号外观设计专利的著录项目及图片复印件共1页；

附件3：200330125396.5号外观设计专利的著录项目及图片复印件共1页；

附件4：200430072229.3号外观设计专利的著录项目及图片复印件共1页。

请求人认为：附件1显示的在先设计与本专利的笔夹、笔杆下端圆点处设计不相同，附件2显示的在先设计与本专利的笔帽和笔夹设计不同，但上述差别对整体视觉效果不具有显著影响，附件1和附件2显示的在先设计与本专利分别构成近似；附件3显示的在先设计与本专利的差别只在笔夹，二者整体视觉效果无差异，构成近似；附件4显示的在先设计与本专利相近似，理由与附件2相同。附件1、附件2和附件3显示的在先设计的公开日均早于本专利申请日，可证明本专利权的授予不符合专利法第23条的规定；附件4显示的在先设计为申请在先公告在后的外观设计专利，可证明本专利的授予不符合专利法第9条和专利法实施细则第13条第1款的规定，应宣告本专利无效。

专利复审委员会根据无效宣告请求审查程序的规定受理了该无效宣告请求，并于2008年11月28日将请求人的无效宣告请求文件转送专利权人，通知其在指定期限内陈述意见。专利权人在指定期限内未陈述意见。

专利复审委员会于2009年3月19日向双方当事人发出合议组成员告知通知书，并于2009年4月9日发出口头审理通知书，定于2009年5月14日对本案进行口头审理。

口头审理如期举行，仅有请求人一方委托代理人出庭，专利权人未出席口头审理，合议组依法进行缺席审理。请求人坚持原无效宣告理由，并坚持附件1、附件2、附件3和附件4显示的外观设计与本专利相近似的主张。

在上述审理的基础上，合议组经合议，认为本案事实清楚，依法作出本审查决定。

二、决定的理由

1. 法律依据

基于请求人提出的无效宣告请求的理由，合议组首先依据专利法第23条的规定进行审查。

专利法第23条规定：授予专利权的外观设计，应当同申请日以前在国内外出版物上公开发表过或者国内公开使用过的外观设计不相同和不相近似，并不得与他人在先取得的合法权利相冲突。

2. 证据认定

请求人提交的附件2为03316463.0号外观设计专利的著录项目及图片复印件，使用该外观设计的产品名称是笔（2062型），经合议组核实，该附件所示内容真实。该专利的公告日是2003年11月12日，早于本专利的申请日2004年9月30日，属于在本专利申请日之前公开的外观设计，可以作为评价本专利是否符合专利法第23条规定的证据。

3. 外观设计对比

附件2公开了一款笔的外观设计（下称在先设计），本专利是圆珠笔的外观设计，二者的用途相同，属于相同类别的产品，具有可比性，故对本专利与在先设计作如下对比：

本专利的图片包括主视图、后视图、俯视图、仰视图和立体图，简要说明记载了“由于左视图和右视图无设计内容，故省略左视图和右视图”。其所示产品由笔帽、笔夹、笔杆和笔头等部分组成，整体基本呈圆柱形，笔杆上端与笔夹的连接处有一分界线，笔杆的下部有四行均匀分布的圆点，圆点区域的上下方均有一条环；笔夹在俯视图中呈半个柳叶状；笔头呈圆锥形（详见本专利附图）。

在先设计公开了主视图、左视图、右视图、俯视图和仰视图，简要说明记载了后视图与主视图对称，省略后视图。其公开的产品由笔帽、笔夹、笔杆和笔头等部分组成，整体基本呈圆柱形，笔杆下部有五行均匀分布的圆点，圆点区域的上下方均有一条环；笔夹在左视图中呈细长方形；笔头呈圆锥形（详见在先设计附图）。

将本专利与在先设计相比较，二者的整体形状、比例相似，笔夹与笔杆的连接位置大致相同，笔杆上的圆点及其排列相似。二者主要不同之处在于：本专利的笔夹呈半个柳叶状，在先设计的则呈细长方形；本专利的笔杆上端与笔夹连接处有一条分界线，在先设计的没有；两者笔杆上的圆点大小和数量不同。合议组认为：从整体观察，二者相似的整体形状、比例和圆点特征等已形成相近似的整体视觉印象，上述不同之处仅属于局部细微差别，对于产品外观设计的整体视觉效果不具有显著影响。因此，二者属于相近似的外观设计。

综上所述，在本专利申请日以前已有与其相近似的外观设计在出版物上公开发表过，本专利不符合专利法第 23 条的规定。

鉴于已经得出本专利不符合专利法第 23 条规定的结论，合议组对请求人提出的其他理由和证据不再予以评述。

三、决定

宣布 200430009880.6 号外观设计专利权全部无效。

当事人对本决定不服的，可以根据专利法第 46 条第 2 款的规定，自收到本决定之日起三个月内向北京市第一中级人民法院起诉。根据该款的规定，一方当事人起诉后，另一方当事人应当作为第三人参加诉讼。

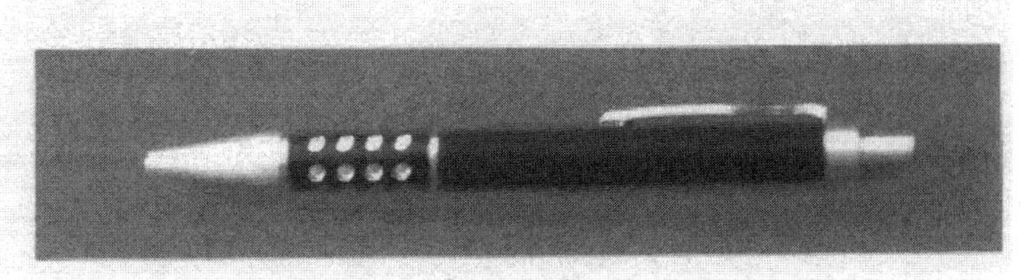

主视图

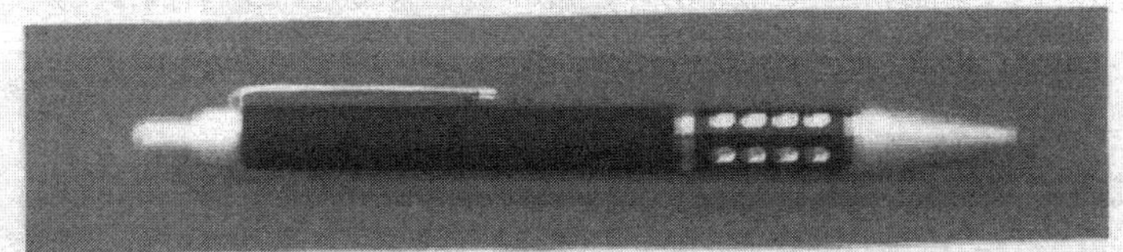

后视图

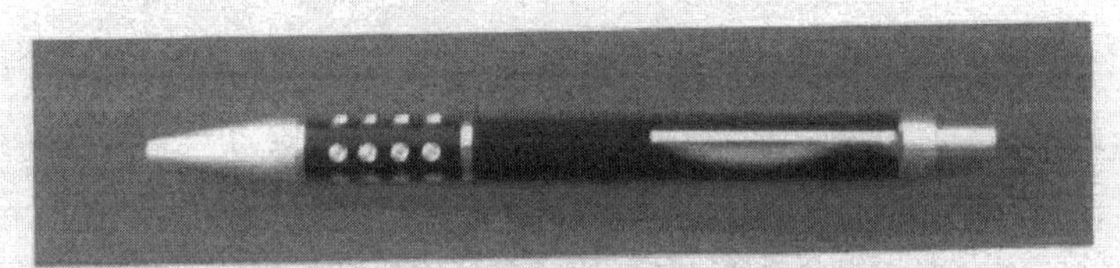

俯视图

仰视图

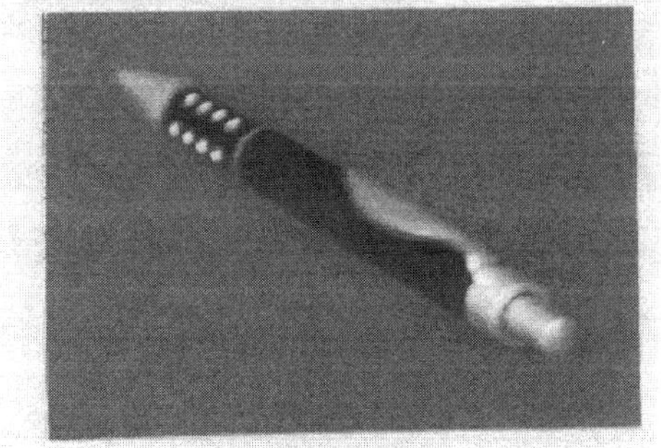

立体图

本专利附图

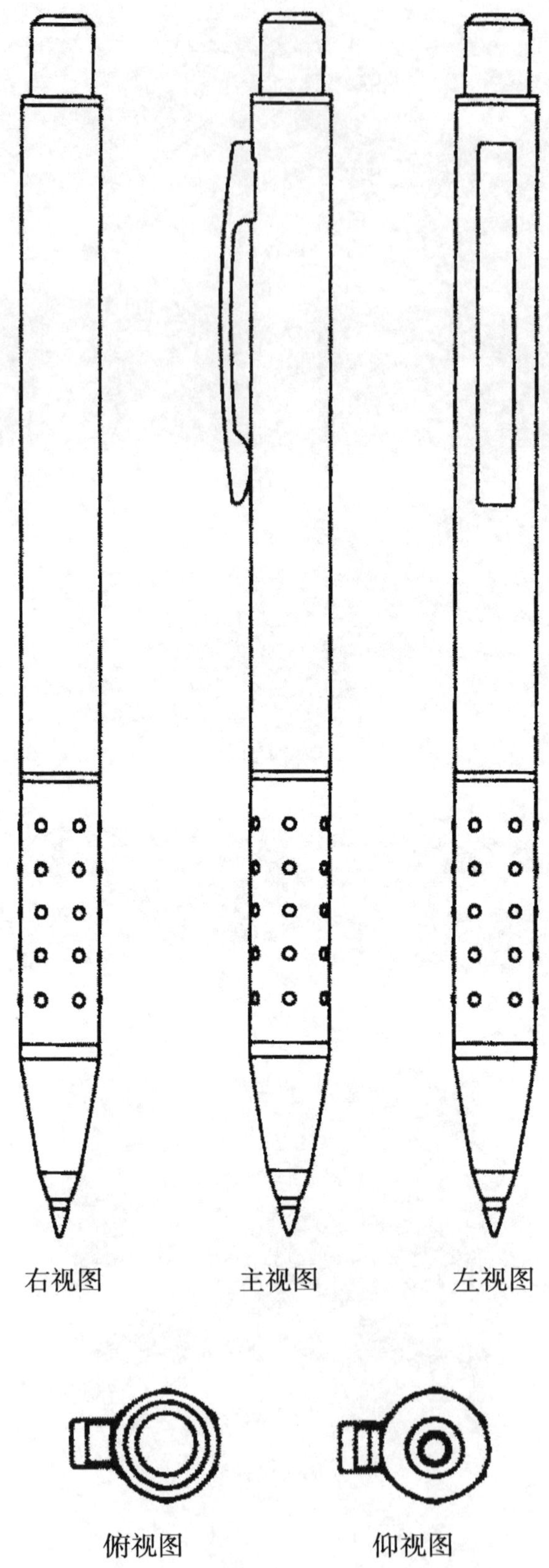

在先设计附图

350

包装瓶（DJW-80）

无效宣告请求审查决定（第13593号）

决　　定　　号　第13593号
决　　定　　日　2009年6月22日
发明创造名称　包装瓶（DJW-80）
外观设计分类号　09-01
无效宣告请求人　中山市华洁化工有限公司
专　利　权　人　韩坚定
专　　利　　号　200330116172.8
申　　请　　日　2003年10月30日
授权公告日　2004年5月26日
合议组组长　钟　华
主　　审　　员　刘路尧
参　　审　　员　郝海燕
附　　　　　图　1页

法　律　依　据　专利法第23条
决　定　要　点

不容易看到或者看不到部位的设计变化相对于使用时容易看到部位的设计变化，通常对整体视觉效果不具有显著的影响。

一、案由

本无效宣告请求涉及国家知识产权局于2004年5月26日授权公告的200330116172.8号外观设计专利（下称本专利），名称是“包装瓶（DJW-80）”，申请日是2003年10月30日，专利权人是韩坚定。

针对上述外观设计专利权，中山市华洁化工有限公司（下称请求人）于2009年2月18日向专利复审委员会提出无效宣告请求，其主要理由是本专利不符合专利法第23条的规定。请求人认为本专利同申请日以前在国内外出版物上公开发表过或者国内公开使用过的外观设计相同或相近似，因此，本专利不符合专利法第23条的规定，应予宣告无效。请求人同时提交了以下附件作为证据：

附件1：邵力世主编的《纺织服装市场资讯》的封面、封底、正文第2页以及后插彩页第8页复印件共4页，润宇商业出版社出版，出版日期是2003年8月15日。

无效宣告请求书中的具体无效理由为：附件1的彩页第8页公开了“DJW-80大洁王万能防锈润滑油”的产品图片，本专利的外观设计的产品由圆柱形的罐体和盖体组成，罐体外表面印有标贴，标贴主要分前视图和后视图，前视图由上部的免费说明、中部的商标、产品名称标识和下部的多数个小图形组成，后视图为产品的中文和英文说明书。附件1所公开的产品图公开了与本专利相同的前视图，由于本专利的后视图只是产品说明，不属于专利的保护范围，因此附件1已经完全公开了本专利。深圳市洁王精细化工科技有限公司（法定代表人：韩坚定，即本专利的专利权人）将与本专利相同的外观设计公布在中国的公开出版杂志上，即本专利所涉及的外观设计属于申请日前在公开出版物上发表过的外观设计，不符合专利法第23条的规定。

经形式审查合格，专利复审委员会受理了该无效宣告请求，并于2009年2月18日向双方当事人发出无效宣告请求受理通知书，并将请求人提交的专利权无效宣告请求书及其附件副本转送专利权人，要求专利权人在指定期限内陈述意见。

专利复审委员会依法成立合议组，并于2009年3月18日向双方当事人发出无效宣告请求口头审理通知书，定于2009年4月16日举行口头审理。

请求人于2009年3月18日提交了补充的意见陈述书，同时提交了以下附件（编号续前）作为证据：

附件2：邵力世主编的《纺织服装市场资讯》的封面、封底、前插彩页第6、7、11页、正文第2、3、16、84、92、93、94、95页、订阅表页、后插彩页第5、6、8页复印件共17页，润宇商业出版社出版，出版日期是2003年8月15日；

附件3：盖有“广州市永晴文化传播有限公司”章的证明复印件共1页，日期为2009年2月19日；

附件4：盖有“广州市工商行政管理局企业名称核准专用章”的企业名称（企业集团）名称变更核准通知书的复印件共1页；

附件5：盖有“广州市工商行政管理局档案资料查询专用章”的企业注册基本资料的复印件共1页；

附件6：盖有“广州市永晴广告传播有限公司”章的公司变更登记申请书的复印件共1页；

附件7：邵力世主编的《纺织服装市场资讯》的封面、封底、前插彩页第6、7页、正文第2、3、91、92、93、94、95页、订阅表页、后插彩页第6、7页复印件共14页，润宇商业出版社出版，出版日期是2003年9月15日；

附件8：2003年第四届青岛国际缝制设备展览会等展会的会刊的封面、封底、前插彩页第14、15、44页、中间彩色插页、正文第1、3、6、7、17页的复印件，共11页，展览时间是2003年8月21日至23日；

附件9：请求人声称的深圳市工商行政管理局出具的工商登记资料复印件共1页。

请求人补充的主要无效理由为：（1）附件2是在2003年8月15日出版的《纺织服装市场资讯》杂志，本杂志的封面和正文第2页的页面中记载有本杂志的出版日期，为2003年8月15日，本杂志附有订阅表页，该页面上清晰地记载有本杂志的获取方式，国内任何人可以通过各种方式向广州永晴文化传播有限公司订阅索取，即本杂志是在国内公开发表的出版物，因此本杂志可作为评价本专利是否符合专利法第23条规定的证据。（2）附件3、4、5、6是分别由广州市永晴文化传播有限公司、广州市工商行政管理局以及广州市工商行政管理局天河分局出具的证明，证明中清楚记载了《纺织服装市场资讯》是由该公司在中国国内发行，而且也证明了附件2是在2003年8月向请求人提交，由此推定国内任何人在2003年8月都可以获得本杂志。（3）附件7是2003年9月15日出版的《纺织服装市场资讯》杂志，与附件2类似，本杂志是在国内公开发表的出版物，因此本杂志可作为评价本专利是否符合专利法第23条规定的证据。（4）附件8是2003年8月21~23日在青岛国际会议展览中心举行的一系列展览会的会刊，该会刊属于国内公开发表的出版物，而且发表的日期在本专利的申请日以前，因此本杂志可以作为评价本专利是否符合专利法第23条的规定的证据。附件9是深圳市工商行政管理局出具的工商登记资料，该资料上记载本专利的专利权人也是“深圳市洁王精细化工科技有限公司”的股东及法定代表人。（5）本专利包括主视图、后视图、左视图、右视图、俯视图、立体图和使用状态图，由上述视图可知本专利所示产品的整体外形大致呈圆柱状，从上往下分为盖体、过渡层和罐体，罐体占的设计体积比较大。请求人还从各个视图对本专利所示的产品外观进行了描述（详见本专利附图）。附件2的前插彩页第7页第一行产品展示中左起第一或第二个产品图片、附件7的前插彩页第7页第一行产品展示中左起第一或第二个产品图片和附件8的前插彩页第15页中第一行产品展示中左起第一或第二个产品图片都记载了“DJW-80大洁王万能防锈润滑油”的产品图片，该产品图片公开了产品的主视图，可见该产品是由盖体、过渡层和罐体组成，由于该类产品为高压危险产品，故可以推定该产品的盖体、过渡层和罐体大致呈圆柱状，属于惯常设计，对视觉效果不具显著影响。从上往下分为盖体、过渡层和罐体，罐体占的设计体积比较大。请求人还从各个视图对上述产品图片所示的产品外观进行了描述。上述产品图片中的文字内容基本上是产品说明，根据专利法实施细则第2条第3款的规定，文字不属于外观设计的保护范围。对于一般消费者而言，在购买本专利产品时，本专利的主视图是消费者最容易观察到，也是对消费者产生显著影响的部位。而且本专利的后视图中的文字只是对产品如何使用以及注意事项等的说明，是该类型产品的惯常设计，因此后视图对消费者而言影响不显著。因此，本专利与附件2、7、8中所示产品两者为同类产品，采用了相同或相近似得外观设计，本专利不符合专利法第23条的规定。（6）另外，由附件9可知，本专利的专利权人是附件8中深圳市洁王精细化工科技有限公司的股东及法定代表人，而深圳市洁王精细化工科技有限公司在该杂志进行广告宣传的目的是销售其相关产品，而且广告宣传的产品图片与本专利的主视图所展示的内容完全相同，因此本专利的外观设计内容在申请日前处于公众想得知就能够得知的状态，构成使用公开，也不符合专利法第23条的规定。

专利复审委员会本案合议组于2009年3月26日将请求人于2009年3月18日补充提交的意见陈述书及附件副本寄送给专利权人。

针对上述无效宣告请求书，专利权人于2009年4月2日向专利复审委员会提交了意见陈述书，首先，专利权人认为附件1所记载的内容不是现有设计，国内外公众不可能在申请日以前知道，其理由为：（1）附件1的国际标准期刊号ISSN虚假，通过公开查询ISSN国家中心，并无附件1所记录的附件1的国际标准期刊号；（2）附件1的期刊名称虚假，通过公开查询ISSN国家中心，并无附件1所记录的期刊名称；（3）附件1的出版地址虚假，通过商标局查询可以得出，从2002年9月17日至2003年12月9日期间即附件1标注的出版日期，该出版地址的真实使用人是香港吉祥装潢材料集团有限公司，而不是出版者的地址；（4）附件1的网址虚假，通过国家信息产业部查询可知，附件1记录的网站所有人与附件1所记录的出版者完全不相符；（5）附件1不具有合法性，通过国家新闻出版总署查询可以得到，从来没有赋予附件1为公开出版物的合法地位；（6）附件1的出版单位不具备合法性，通过对中国扫黄打非网查询可以得出，从来没有赋予过附件1的出版单位有出版发行的合法地位，由此，国内外公众没有可能获得附件1的公开渠道，专利权人不认可附件1的真实性。其次，本专利所保护的是产品的六面视图，而附件1提供的是一面视图（主视图）无法判断产品的形状，可能是鸡蛋形状的椭圆形、椭圆和长方形的组合形状等，而本外观设计产品属于正圆柱形状，在正常使用状态下没有方向性，因此主视图不是判断本外观设计的要部。后视图由多种图案组成，在后视图的图案中标注有显示产品功能的文字说明，是使用者首先观看的地方；左视图和右视图的设计要点也充分展现了图案的设计位置和图案安排，因此左视图和右视图的设计要点也是判断本外观设计的要部。同时专利权人提交了如下附件作为反证：

附件A：盖有“深圳市红盾知识产权代理有限公司”章的关于ISSN最新信息申请ISSN查询ISSN

的网络打印件的复印件，共16页；

附件B：盖有“深圳市红盾知识产权代理有限公司”章的网络打印件的复印件共9页。

专利复审委员会本案合议组于2009年4月8日将专利权人于2009年4月2日提交的意见陈述书及其所附附件的副本寄送给请求人。

口头审理如期举行，请求人委托代理人出席了口头审理，专利权人及其代理人均未出席口头审理，合议组依法审理本案。在口头审理过程中，（1）请求人对合议组成员变更无异议，对合议组成员无回避请求。（2）请求人明确放弃附件1作为证据使用，以附件2~9作为证据使用，用于证明本专利不符合专利法第23条的规定。请求人当庭提交附件2~8的原件。（3）请求人认为附件2前插彩页第7页倒数记载的DJW-80的图片、附件7的前插彩页第7页倒数记载的DJW-80的图片和附件8第15页记载的DJW-80的图片公开了本专利的主视图，由于该产品是高压危险产品，因此该产品的罐体为圆柱形，从罐体的表面从上往下依次是赠送文字说明、中间有英文字、下面有“大洁王”字样、接下来是产品型号和说明，与本专利的主视图完全相同，可以通过产品的左视图展现的图案主要是主视图中左侧部分，而文字不属于外观专利的保护范围，本专利的后视图的说明应当是这些产品的惯常设计，因此对消费者的影响是不显著的，主视图对消费者是有显著影响的，因此附件2、7、8中的对比图片的外观设计与本专利的外观设计完全相同，至少是相近似的。（4）请求人明确放弃使用公开的无效理由，坚持公开发表的无效理由。

请求人于2009年4月24日提交意见陈述书并提交了如下附件（编号续前）：

附件10：韩坚定签名的专利权许可合同复印件，共1页；

附件11：注册号为3732439的商标信息网络打印件，共1页。

请求人使用附件10用于证明专利权人提交的《复审、无效程序中意见陈述书》以及口头审理请求书、合并审理请求书等中的“韩坚定”的签名不是专利权人的亲笔签名。另外请求人坚持认为附件2、7不是非法出版物，可以为国内公众得到。

专利复审委员会本案合议组于2009年5月11日将请求人于2009年4月24日提交的意见陈述书及所附附件的副本寄送给专利权人。

专利权人针对请求人于2009年4月24日提交的意见陈述及附件10、11，于2009年6月1日提交了意见陈述书。专利权人指出：（1）就涉案专利本人自行或者委托代理人分别提交的意见陈述书、授权委托书等文件中的签名均系专利权人本人，对上述签名均予以承认；（2）坚持认为请求人提供的附件2、7、8不具备真实性。

在上述审理的基础上，合议组认为本案事实清楚，可以依法作出本审查决定。

二、决定的理由

1. 法律依据

基于请求人提出的无效宣告请求的理由，合议组依据专利法第23条的规定对本案进行审理。

专利法第23条规定：“授予专利权的外观设计，应当同申请日以前在国内外出版物上公开发表过或者国内公开使用过的外观设计不相同和不相近似，并不得与他人在先取得的合法权利相冲突。”

2. 关于证据

附件8是2003年第四届青岛国际缝制设备展览会等展会的会刊，请求人在口头审理当庭提交了会刊的原件，合议组经核实确认原件与复印件的一致性。专利权人在2009年6月1日提交的意见陈述书中认为：请求人以附件8证明本专利使用公开是对专利法使用公开错误理解，并且对附件8的真实性有异议。经合议组核实，请求人已经放弃将附件8作为证明使用公开的证据，将其作为证明公开发表的证据；专利权人未提交证明附件8不具有真实性的相关证据，仅对附件8的真实性有异议，故没有证据支持其主张，合议组对附件 8 的真实性予以认可。会刊的封面页表明展览会于 2003 年 8 月 21~23 日在中国青岛国际会展中心举行，前插页记载有广告内容、正文页表明展览会的展会组委会联系方式、日程安排和“深圳市洁王精细化工科技有限公司”的联系方式，对此合议组认为：一般情况下，展览会发行的会刊会随展览会的举行而在其期间内发行，会刊表明了联系方式和日程安排，其目的在于便于公众参加展览会和联系展会组委会及相关公司，在无相反证据推翻的情况下，应当视为会刊随展览会的举行而处于公众想要得知就可以得知的状态，会刊记载的展览会日期应当视为会刊的公开日期，即附件 8 的最晚公开日期为 2003 年 8 月 23 日，早于本专利的申请日，可以用于评价本专利是否符合专利法第 23 条的规定。

3. 关于相近似性的判断

附件 8 的前插页第 15 页左上角图所示的“DJW-80”（下称在先设计）与本专利用途相同，属于相同种类的产品，可以进行外观设计相近似性的对比。

本专利图示有主视图、后视图、左视图、右视图、俯视图、立体图和使用状态参考图。如图所示，本专利所示的包装瓶整体呈圆柱形，可以看出由圆柱形的盖体和罐体组成，盖体的截面小于罐体的截面，盖体和罐体之间为倒扣碗状的颈部。其中，从主视图可以看出，罐体的上 1/4 处具有分割线，分割线下罐体的上半部有一个方形图案，方形图案的上半部有一个小椭圆形图案，分割线下罐体的下半部中有两行三列排列的 6 个小方形图案，6 个小方形图案内分别有缝纫机、汽车、摩托车、门铰、门锁、电气接触点等说明性图案；从左视图中可以看出，罐体的正面和背面之间具有由上至下的交接粗线；从后视图中可以看出，罐体的背面的右侧部分为由上至下排列多个方形部分，其余部分均为横向说明性文字（详见本专利附图）。

在先设计所示的产品型号“DJW-80”与本专利的名称中型号相同，从其主视图中可以看出由圆柱形的盖体和罐体组成，盖体的截面小于罐体的截面，盖体和罐体之间为倒扣碗状的颈部。其中，从主视图可以看出，罐体的上 1/4 处具有分割线，分割线下罐体的上半部有一个方形图案，方形图案的上半部有一个椭圆形图案，分割线下罐体的下半部中有两行三列排列的 6 个小方形图案，6 个小方形图案内分别有缝纫机、汽车、摩托车、门铰、门锁、电气接触点等说明性图案。在先设计虽然没有公开其他角度的视图，但根据在先设计所示产品的特性，可以认定其整体形状为圆柱形（详见在先设计附图）。

将本专利与在先设计进行比较，两者的整体形状和盖体、罐体和颈部形状基本相同，两者的不同之处在于：在先设计没有公开本专利所示罐体的粗线和罐体的背面。对此，合议组认为：本专利中罐体的交接粗线属于局部的细微变化，罐体的背面属于不容易看到或者看不到部位的设计变化，并且本专利的背面大部分为说明性文字。根据整体观察、综合考虑的原则，本专利与在先设计的上述差异对产品的整体视觉效果不具有显著的影响，因此基于上述分析判断，两者应当属于相近似的外观设计。

综上所述，在本专利申请日前已经有与其相近似的外观设计在出版物上公开发表过，因此本专利不符合专利法第 23 条的规定。

鉴于请求人关于本专利相对于附件 8 不符合专利法第 23 条规定的主张成立，故对其提出的其他无效宣告请求理由及专利权人提出的相应答辩意见不再评述。

根据以上事实和理由，合议组作出如下无效宣告请求审查决定。

三、决定

宣告 200330116172.8 号外观设计专利权全部无效。

当事人对本决定不服的，可以根据专利法第 46 条第 2 款的规定，自收到本决定之日起三个月内向北京市第一中级人民法院起诉。根据该款的规定，一方当事人起诉后，另一方当事人应当作为第三人参加诉讼。

俯视图

左视图

主视图

右视图

后视图

立体图

使用状态参考图

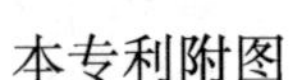

本专利附图

在先设计附图

北京市第一中级人民法院
行政判决书

（2009）一中知行初字第2264号

原告韩坚定，男，汉族，1967年10月8日出生，住广东省深圳市南山区兴海大道22号4-204。

委托代理人罗顺友，男，1974年2月15日出生，深圳市红盾知识产权代理有限公司职员，住广西省南宁市西乡塘区北际路30号。

被告国家知识产权局专利复审委员会，住所地北京市海淀区北四环西路9号银谷大厦10~12层。

法定代表人张茂于，副主任。

委托代理人刘路尧，国家知识产权局专利复审委员会审查员。

委托代理人刘新蕾，国家知识产权局专利复审委员会审查员。

第三人中山市华洁化工有限公司，住所地广东省中山市东升镇坦背太平村西海南路。

法定代表人梁锦章。

委托代理人李乃哲，男，1978年2月22日出生，广州创颖专利事务所专利代理人，住广东省江门市江海区外海街道办事处银泉花园25幢之二502。

委托代理人郭松敬，男，1979年10月16日出生，广州创颖专利事务所专利代理人，住广东省江门市蓬下区棠下镇大林村门委员会前进村五巷29号。

原告韩坚定不服被告国家知识产权局专利复审委员会（以下简称专利复审委员会）于2009年6月22日作出的第13593号无效宣告请求审查决定（以下简称第13593号决定），于法定期限内向本院提起行政诉讼。本院于2009年10月9日受理本案后，依法组成合议庭，并通知第13593号决定的请求人中山市华洁化工有限公司（以下简称华洁公司）作为第三人参加本案诉讼。本院于2009年11月20日公开开庭进行了审理。原告韩坚定的委托代理人罗顺友，被告专利复审委员会的委托代理人刘路尧、刘新蕾，第三人华洁公司的委托代理人李乃哲、郭松敬到庭参加了诉讼。本案现已审理终结。

被告专利复审委员会针对第三人华洁公司就专利权人为原告韩坚定的名称为“包装瓶（DJW-80）”的外观设计专利权（以下简称本专利）所提出的无效宣告请求作出第13593号决定，该决定认定：

附件8是2003年第四届青岛国际缝制设备展览会等展会的会刊，华洁公司在口头审理当庭提交了会刊的原件，经核实确认原件与复印件的一致性。韩坚定在2009年6月1日提交的意见陈述书中认为：华洁公司以附件8证明本专利使用公开是对专利法使用公开错误理解，并且对附件8的真实性有异议。经核实，华洁公司已经放弃将附件8作为证明使用公开的证据，将其作为证明公开发表的证据；韩坚定未提交证明附件8不具有真实性的相关证据，仅对附件8的真实性有异议，故没有证据支持其主张，专利复审委员会对附件8的真实性予以认可。会刊的封面页表明展览会于2003年8月21~23日在中国青岛国际会展中心举行，前插页记载有广告内容、正文页表明展览会的展会组委会联系方式、日程安排和“深圳市洁王精细化工科技有限公司”的联系方式，对此专利复审委员会认为：一般情况下，展览会发行的会刊会随展览会的举行而在其期间内发行，会刊表明了联系方式和日程安排，其目的在于便于公众参加展览会和联系展会组委会及相关公司，在无相反证据推翻的情况下，应当视为会刊随展览会的举行而处于公众想要得知就可以得知的状态，会刊记载的展览会日期应当视为会刊的公开日期，即附件8的最晚公开日期为2003年8月23日，早于本专利的申请日，可以用于评价本专利是否符合《专利法》第二十三条的规定。

关于相近似性的判断。

附件 8 的前插页第 15 页左上角图所示的"DJW-80"（简称在先设计）与本专利用途相同，属于相同种类的产品，可以进行外观设计相近似性的对比。

本专利图示有主视图、后视图、左视图、右视图、俯视图、立体图和使用状态参考图。如图所示，本专利所示的包装瓶整体呈圆柱形，可以看出由圆柱形的盖体和罐体组成，盖体的截面小于罐体的截面，盖体和罐体之间为倒扣碗状的颈部。其中，从主视图可以看出，罐体的上 1/4 处具有分割线，分割线下罐体的上半部有一个方形图案，方形图案的上半部有一个小椭圆形图案，分割线下罐体的下半部中有两行三列排列的 6 个小方形图案，6 个小方形图案内分别有缝纫机、汽车、摩托车、门铰、门锁、电气接触点等说明性图案；从左视图中可以看出，罐体的正面和背面之间具有由上至下的交接粗线；从后视图中可以看出，罐体的背面的右侧部分为由上至下排列多个方形部分，其余部分均为横向说明性文字。

在先设计所示的产品型号"DJW-80"与本专利的名称中型号相同，从其主视图中可以看出由圆柱形的盖体和罐体组成，盖体的截面小于罐体的截面，盖体和罐体之间为倒扣碗状的颈部。其中，从主视图可以看出，罐体的上 1/4 处具有分割线，分割线下罐体的上半部有一个方形图案，方形图案的上半部有一个椭圆形图案，分割线下罐体的下半部中有两行三列排列的 6 个小方形图案，6 个小方形图案内分别有缝纫机、汽车、摩托车、门铰、门锁、电气接触点等说明性图案。在先设计虽然没有公开其他角度的视图，但根据在先设计所示产品的特性，可以认定其整体形状为圆柱形。

将本专利与在先设计进行比较，两者的整体形状和盖体、罐体和颈部形状基本相同，两者的不同之处在于：在先设计没有公开本专利所示罐体的粗线和罐体的背面。对此，专利复审委员会认为：本专利中罐体的交接粗线属于局部的细微变化，罐体的背面属于不容易看到或者看不到部位的设计变化，并且本专利的背面大部分为说明性文字。根据整体观察、综合考虑的原则，本专利与在先设计的上述差异对产品的整体视觉效果不具有显著的影响，因此基于上述分析判断，两者应当属于相近似的外观设计。

综上所述，在本专利申请日前已经有与其相近似的外观设计在出版物上公开发表过，因此本专利不符合《专利法》第二十三条的规定。

鉴于华洁公司关于本专利相对于附件 8 不符合《专利法》第二十三条规定的主张成立，故对其提出的其他无效宣告请求理由、证据及专利权人提出的相应答辩意见不再评述。

被告专利复审委员会作出第 13593 号决定，宣告第 200330116172.8 号外观设计专利权全部无效。

原告韩坚定不服该决定，于法定期限内向本院提起诉讼，诉称：（1）被告对附件 8 的真实性审查存在问题，原告从未认可附件 8 的真实性。虽然附件 8 印有深圳市洁王精细化工科技有限公司的联系方式，但即使该联系方式是真实的，也不能证明附件 8 的主办单位是真实的。（2）第 13593 号决定的要点是：不容易看到或者看不到的部位的设计变化相对于使用时容易看到的部位的设计变化，通常对整体视觉效果不具有显著影响。原告认为，该要点有悖于审查指南规定，产品使用时是否有方向性是确定使用本条款的重要因素，本专利是圆柱形产品，各视图区别明显，使用中没有方向性，不存在容易看到或不容易看到的部位。（3）本专利的圆柱形设计属于惯常设计，故各视图的设计应对整体视觉效果更具有显著的影响。综上，请求法院依法撤销第 13593 号决定。

被告专利复审委员会辩称：（1）关于本案附件 8 的真实性、关联性以及本专利与在先设计比对的问题，我委坚持第 13369 号决定中的意见。（2）原告在起诉中提交的证据 1、2 在无效程序中没有提交，我委坚持附件 8 的真实性。综上，请求法院维持第 13593 号决定。

第三人华洁公司述称：（1）原告提交的附件1和附件2不具有真实性，深圳市红盾知识产权代理有限公司是原告代理人罗顺友所在的单位，与原告有一定的利害关系，证据的可信度值得商榷。原告是深圳市洁王精细化工科技有限公司和深圳大洁王实业公司的股东。而青岛海名公司近几年来每年都在青岛国际会展中心承办与2003年第四届青岛国际缝制设备展览会等展会相关的展会，并且每年都有相关的会刊发放。（2）关于本专利与在先设计的近似性比对，同意被告专利复审委员会的意见。综上请求法院维持第13369号决定。

本院经审理查明：韩坚定于2003年10月30日向国家知识产权局申请了名称为“包装瓶（DJW-80）”的外观设计专利权（即本专利，详见判决后附图）。本专利于2004年5月26日被授权公告，授权公告号为ZL200330116172.8号。

针对上述专利权，华洁公司于2009年2月18日向专利复审委员会提出无效宣告请求，其主要理由是本专利不符合《专利法》第二十三条的规定。华洁公司同时提交了以下附件作为证据：

附件1：邵力世主编的《纺织服装市场资讯）》的封面、封底、正文第2页以及后插彩页第8页复印件共4页，润宇商业出版社出版，出版日期是2003年8月15日。

2009年3月18日，华洁公司提交了以下附件（编号续前）作为证据：

附件2：邵力世主编的《纺织服装市场资讯》的封面、封底、前插彩页第6、7、11页、正文第2、3、16、84、92、93、94、95页、订阅表页、后插彩页第5、6、8页复印件共17页，润宇商业出版社出版，出版日期是2003年8月15日；

附件3：盖有“广州市永晴文化传播有限公司”章的证明复印件共1页，其上日期为2009年2月19日；

附件4：盖有“广州市工商行政管理局企业名称核准专用章”的企业名称（企业集团）名称变更核准通知书的复印件共1页；

附件5：盖有“广州市工商行政管理局档案资料查询专用章”的企业注册基本资料的复印件共1页；

附件6：盖有“广州市永晴广告传播有限公司”章的公司变更登记申请书的复印件共1页；

附件7：邵力世主编的《纺织服装市场资讯》的封面、封底、前插彩页第6、7页、正文第2、3、91、92、93、94、95页、订阅表页、后插彩页第6、7页复印件共14页，润宇商业出版社出版，出版日期是2003年9月15日；

附件8：2003年第四届青岛国际缝制设备展览会等展会的会刊的封面、封底、前插彩页第14、15、44页、中间彩色插页、正文第1、3、6、7、17页的复印件，共11页，展览时间是2003年8月21日至23日；

附件9：华洁公司声称的深圳市工商行政管理局出具的工商登记资料复印件共1页。

2009年4月2日，韩坚定向专利复审委员会提交了如下附件作为反证：

附件A：盖有“深圳市红盾知识产权代理有限公司”章的关于ISSN最新信息申请ISSN查询ISSN的网络打印件的复印件，共16页；

附件B：盖有“深圳市红盾知识产权代理有限公司”章的网络打印件的复印件共9页，作为附件1真实性的反证。

口头审理如期举行，双方当事人均出席了口头审理。

华洁公司于2009年4月24日提交意见陈述书，并提交了如下附件（编号续前）：

附件10：韩坚定签名的专利权许可合同复印件，共1页；附件11：注册号为3732439的商标信息网络打印件，共1页。

韩坚定于2009年5月12日提交了意见陈述书及相应的附件。其中：

附件C：关于中国国际贸易促进联合会简介的网络打印件。

2009年6月23日，专利复审委员会作出第13593号决定。

在本案诉讼过程中，原告提交了新证据1，查询材料，内容为：深圳市红盾知识产权代理有限公司在网站上查询附件8的会刊上出现的一些公司的工商查询资料，其结果均为没有符合条件的记录，上述查询材料上均盖有深圳市红盾知识产权代理有限公司印章；新证据2，回复函，为深圳市洁王精细化工科技有限公司出具的证明，内容为：（1）我公司在2003年期间从未参展过第四届青岛国际缝制设备展览会；（2）该展会的会刊资料上印制的关于我公司参展商品及介绍、联系电话等信息为虚假信息。第三人在庭审过程中对此不予认可，认为，原告新证据1仅为某个网站的查询结果，不能说明其他网站上查不到附件8的会刊上出现的公司资料，且该证据的操作人深圳市红盾知识产权代理有限公司是原告代理人罗顺民的单位，与本案有利害关系，该证据应不予采信；原告新证据2的出具人的法定代表人是本案原告韩坚定，与本案有利害关系，该证据应不予采信。第三人在本案诉讼中也提交了三份新证据，分别是：（1）关于深圳市红盾知识产权代理有限公司的相关工商查询信息；（2）关于中国缝制机械协会主办的“2003年中国国际缝制设备展览会”等会刊部分复印件；（3）关于深圳市洁王精细化工科技有限公司的相关工商查询信息。

庭审中，原告主张：（1）根据第13593号决定记载，“请求人已经放弃将附件8作为证明使用公开的证据，将其作为证明公开发表的证据”，可以看出附件8是不真实的，以致第三人自己放弃了该证据。（2）原告还主张根据其复审程序中提交的反证C香港彩虹商业出版社出版的《纺织制衣市场快讯》，可以证明出版物可以被非法印刷，时间可以任意编写，第13593号决定对此未予采纳，属于认定事实不清。（3）第13593号决定认定在先设计形状为一圆柱形，与事实不符，生活中有许多物体正面为半圆柱形状，背面为其他形状。（4）第13593号决定认定本专利背面大部分为说明性文字，与规定不符，文字在进行判断时，应视为图案。（5）本专利为多面视图，其中圆柱状的设计属于惯常设计，根据审查指南规定，当产品上某些设计被证明是该类产品的惯常设计时，则其余设计的变化通常对整体视觉效果更具有显著的影响。本专利的左、右视图各自存在设计上的要点，专利复审委员会对此没有考虑。（6）第13593号决定认定“罐体的背面属于不容易看到或者看不到部位的设计变化”与审查指南规定不符，本专利的背面印有生产日期和使用说明，消费者在购买时必然会看到，不属于不容易看到的部位。被告认为：（1）第三人在口头审理中变更附件8为证明公开发表的证据，是当事人的正当权利。（2）原告反证C不能证明附件8是非法出版物。（3）在先设计图片显示，其盖体为圆形形状，且与罐体直径基本相等，故罐体必然是圆柱形形状，且口头审理中第三人提出过罐体是圆柱形的主张，原告对此并未提出异议。（4）第13593号决定就是将文字视为图案进行判断的。（5）本专利的主视图更容易被消费者注意，且从在先设计主视图可以部分推知与本专利其他视图相同或近似。（6）本专利的使用状态图与主视图相近似，可见主视图属于消费者容易看到的部位。

上述事实，有第13593号决定、本专利文献、原告及第三人在无效程序中提交的证据、原告及第三人在本案诉讼中提交的证据、口头审理记录表、庭审笔录等证据为证。

本院认为：

根据第13593号决定及本案各方当事人的诉辩主张，本案的争议焦点是：一、附件8的真实性问题。二、在先设计与本专利是否相似。

一、附件8是2003年第四届青岛国际缝制设备展览会等展会的会刊材料，在复审程序中及本案诉讼中第三人均出示了附件8的原件。在没有相反证据足以否定其真实性的情况下，第13593号决定认定附件8是真实的，该认定并无不妥之处，本院予以维持。原告在诉讼中提交的新证据1及新证据

2 均为了否定附件 8 的真实性，对此本院认为，首先新证据 1 及新证据 2 均未出现在复审程序中，原告也未能说明迟至诉讼阶段才予提交的合理理由；其次，新证据 1 及新证据 2 均源自与原告有利害关系的单位，在无其他证据佐证的情况下，不能单独作为证据使用，故对原告关于附件 8 是不真实的主张，本院不予采信。原告关于第三人自己放弃了附件 8，故附件 8 是不真实的理由，以及原告关于反证 C 可以证明附件 8 是不真实的主张，均缺乏事实依据，本院不予采纳。

二、将本专利与在先设计进行比较，两者的整体形状和细微部位结构均基本相同，两者的不同之处在于：在先设计没有公开本专利罐体的侧部和罐体的背面。本院认为，本专利的使用状态图与主视图相近似，属于使用中容易看到的部位。相对于主视图，本专利罐体的侧部和罐体的背面并非使用中容易为消费者所关注的部位，并且本专利的背面大部分为说明性文字所组成的图案，并无特殊设计。根据整体观察、综合考虑的原则，本专利与在先设计的上述差异对产品的整体视觉效果不具有显著的影响，第 13593 号决定认定二者属于相近似的外观设计并无不当之处，本院予以维持。

原告称在先设计不能唯一认定为圆柱形状，本院认为：首先，在口头审理中第三人提出过罐体是圆柱形的主张，原告对此并未提出异议，其在诉讼中提出异议违反法定程序；其次，考虑到在先设计的盖体为圆形形状，且与罐体直径相差不大，故罐体应当是圆柱形形状，否则在先设计在正常情况下无法使用，不符合常理，原告也未举出反证以证明其主张，故该主张缺乏证据支持，本院不予采信。

综上，被告专利复审委员会作出的第 13593 号决定认定事实清楚，适用法律正确，程序合法，应予维持。依照《中华人民共和国行政诉讼法》第五十四条第（一）项之规定，本院判决如下：

维持被告国家知识产权局专利复审委员会作出的第 13593 号无效宣告请求审查决定。

案件受理费 100 元，由原告韩坚定负担（已交纳）。

如不服本判决，可在本判决书送达之日起 15 日内，向本院递交上诉状，并按对方当事人人数提交副本，交纳上诉案件受理费 100 元，上诉于北京市高级人民法院。

审 判 长 邢 军
代理审判员 张晰昕
人民陪审员 牛艳玲
二〇〇九年十一月二十日
书 记 员 陈 栋

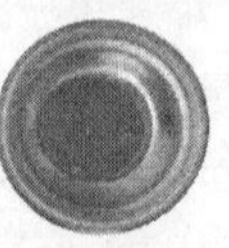

俯视图

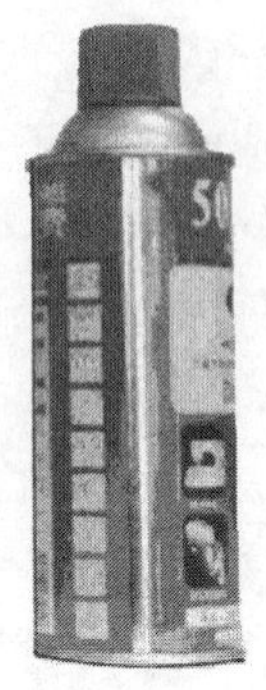

左视图

主视图

右视图

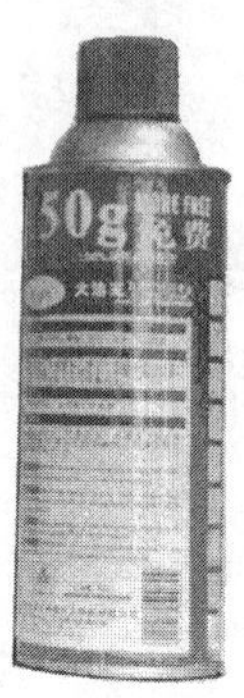

后视图

立体图

使用状态参考图

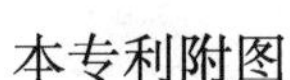

本专利附图

在先设计附图

351

调味瓶（二）

无效宣告请求审查决定（第13594号）

决　　定　　号 第13594号
决　　定　　日 2009年06月25日
发明创造名称 调味瓶（二）
外观设计分类号 09-01
无效宣告请求人 广东美味鲜调味食品有限公司
专　利　权　人 周国林
专　　利　　号 200730024807.X
申　　请　　日 2007年01月04日
授权公告日 2008年01月16日
合议组组长 吴赤兵
主　　审　　员 王美芳
参　　审　　员 雷　婧
附　　　　　图 1页

法律依据 专利法第23条
决定要点

从整体观察，本专利与其申请日前在中国外观设计专利公报中公开的在先设计具有相近似的整体形状，使得二者的整体视觉印象相近似，整体比例的细微差异和瓶盖部位的设计差异属于局部细微差别，不足以对整体视觉效果产生显著影响，二者属于相近似的外观设计，本专利权的授予不符合专利法第23条的规定。

一、案由

本无效宣告请求涉及国家知识产权局于2008年1月16日授权公告的200730024807.X号外观设计专利，使用该外观设计的产品名称是“调味瓶（二）”，其申请日是2007年1月4日，专利权人是周国林。

针对上述外观设计专利权（下称本专利），广东美味鲜调味食品有限公司（下称请求人）于2009年2月5日向专利复审委员会提出无效宣告请求，其理由是本专利不符合专利法第23条和专利法实施细则第13条第1款的规定。请求人提交了如下附件：

附件1：本专利的著录项目及图片复印件共1页；

附件2：99338310.6号外观设计专利的著录项目及图片复印件共1页。

请求人认为：附件2显示的产品外观设计与本专利属于同一小类，外形相同，本专利权的授予不符合专利法第23条的规定专利法实施细则第13条第1款的规定，不具备专利性，应宣告本专利无效。

专利复审委员会根据无效宣告请求审查程序的规定受理了该无效宣告请求，并于2009年3月9日将请求人的无效宣告请求文件转送专利权人，通知其在指定期限内陈述意见。专利权人在指定期限内未陈述意见。

专利复审委员会于2009年3月19日向双方当事人发出合议组成员告知通知书，双方当事人在指定期限内均未对合议组成员提出回避请求。在上述审理的基础上，合议组经合议，认为本案事实清楚，依法做出本审查决定。

二、决定的理由

1. 法律依据

基于请求人提出的无效宣告请求的理由，合议组首先依据专利法第23条的规定进行审查。

专利法第23条规定："授予专利权的外观设计，应当同申请日以前在国内外出版物上公开发表过或者国内公开使用过的外观设计不相同和不相近似，并不得与他人在先取得的合法权利相冲突。"

2. 证据认定

请求人提交的附件2为99338310.6号外观设计专利的著录项目及图片复印件，使用该外观设计的产品名称是包装瓶（海鲜酱油），经合议组核实，该附件所示内容真实。该专利的公告日是2000年8月9日，早于本专利的申请日2007年1月4日，属于在本专利申请日之前公开的外观设计，可以作为评价本专利是否符合专利法第23条规定的证据。

3. 外观设计对比

附件2公开了一款包装瓶的外观设计（下称在先设计），本专利是调味瓶的外观设计，二者的用途相同，属于相同类别的产品，具有可比性，故对本专利与在先设计作如下对比：

本专利的图片包括主视图、俯视图、仰视图和使用状态参考图，简要说明记载了"后视图、左视图、右视图都与主视图相同，故省略后视图、左视图、右视图"。其所示产品可分为瓶盖、瓶颈和瓶身三部分，各部分均为回转体。瓶盖为一体设计的圆柱体形；瓶颈的直径自上而下逐渐略微增大，接近瓶盖处有一个横向的环形突起；瓶身粗于瓶颈，其直径自上而下逐渐增大，从主视图看，瓶身与瓶颈的连接处呈弧形（详见本专利附图）。

在先设计公开了主视图、俯视图、仰视图和使用状态图，简要说明记载了"1、左视图、右视图、后视图与主视图对称，省略左视图、右视图、后视图。2、A部为透明材料。"。其公开的产品可分为瓶盖、瓶颈和瓶身三部分，各部分均为回转体。瓶盖呈圆柱体形，平均分为上下两部分；瓶颈的直径自上而下逐渐略微增大，接近瓶盖处有一个横向的环形突起；瓶身粗于瓶颈，其直径自上而下逐渐增大，从主视图看，瓶身与瓶颈的连接处呈弧形（详见在先设计附图）。

将本专利与在先设计相比较，二者的整体形状相似。二者主要不同之处在于：较之在先设计，本专利整体形状稍显细长；本专利的瓶盖为一体设计，在先设计的瓶盖平分为上下两部分。合议组认为：从整体观察，二者相似的整体形状已形成相近似的整体视觉印象，上述不同之处仅属于局部细微差别，对于产品外观设计的整体视觉效果不具有显著影响。因此，二者属于相近似的外观设计。

综上所述，在本专利申请日以前已有与其相近似的外观设计在出版物上公开发表过，本专利不符合专利法第23条的规定。

鉴于已经得出本专利不符合专利法第23条规定的结论，合议组对请求人提出的其他理由不再予以评述。

三、决定

宣布200730024807.X号外观设计专利权全部无效。

当事人对本决定不服的，可以根据专利法第46条第2款的规定，自收到本决定之日起三个月内向北京市第一中级人民法院起诉。根据该款的规定，一方当事人起诉后，另一方当事人应当作为第三人参加诉讼。

主视图　　俯视图　　仰视图　　使用状态参考图

本专利附图

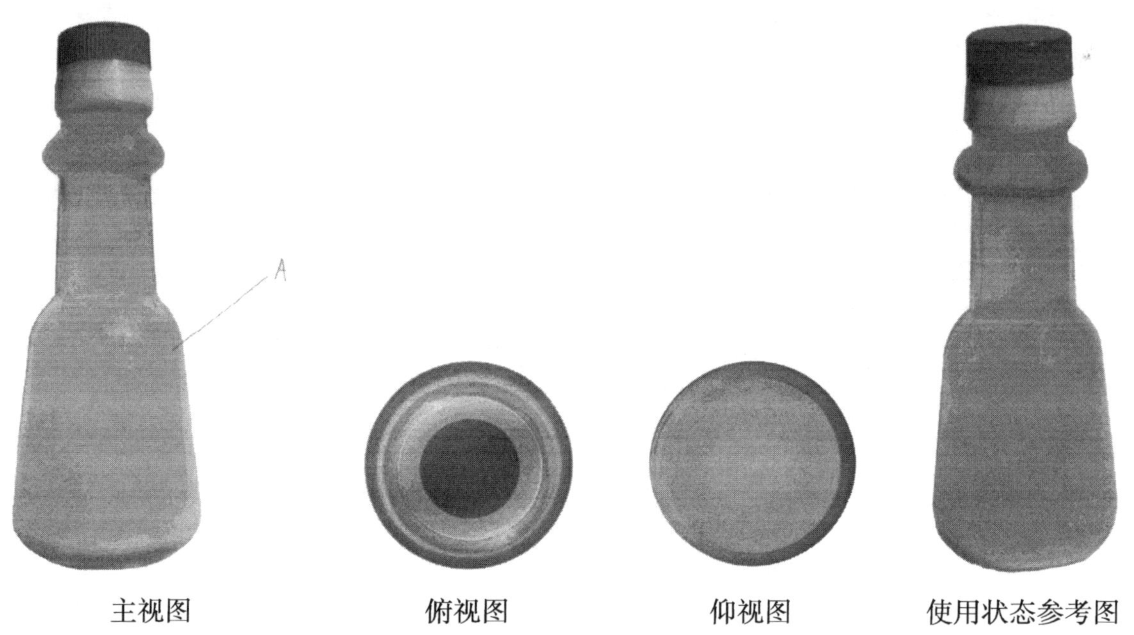

主视图　　俯视图　　仰视图　　使用状态参考图

在先设计附图

椅子扶手（703）

无效宣告请求审查决定（第 13597 号）

决　　定　　号　第 13597 号
决　　定　　日　2009 年 6 月 22 日
发明创造名称　椅子扶手（703）
外观设计分类号　06-06
无效宣告请求人　王传法
专　利　权　人　顾　欣
专　　利　　号　200730124957.8
申　　请　　日　2007 年 8 月 10 日
授 权 公 告 日　2008 年 7 月 30 日
合 议 组 组 长　李巍巍
主　　审　　员　张雪飞
参　　审　　员　沙柏青
附　　　　　图　1 页

法　律　依　据　专利法第 23 条
决　定　要　点

本专利和在先设计之间的差别均属于在实际使用过程中的惯常位置变换和局部的细微变化等导致的差别，均对二者的整体视觉效果不具有显著的影响。

一、案由

本无效宣告请求涉及国家知识产权局于 2008 年 7 月 30 日授权公告的 200730124957.8 号外观设计专利，使用该外观设计的产品名称是“椅子扶手（703）”，其申请日是 2007 年 8 月 10 日，专利权人是顾欣。

针对上述外观设计专利权（下称本专利），王传法（下称请求人）于 2009 年 3 月 31 日向专利复审委员会提出无效宣告请求，其理由是本专利不符合专利法第 23 条的规定，并提交了如下证据附件：

证据 1 是公开（公告）日为 2008 年 2 月 6 日的 200730046908.7 号外观设计专利的著录项目及图片打印页 1 页，其公开（公告）号为 CN300740733；

证据 2 是公开（公告）日为 2006 年 12 月 13 日的 200630104134.4 号外观设计专利的著录项目及图片打印页 1 页，其公开（公告）号为 CN3587777；

证据 3 是公开（公告）日为 1999 年 2 月 3 日的 98302656.4 号外观设计专利的著录项目及图片打

印页 1 页，其公开（公告）号为 CN3100849；

证据 4 是公开（公告）日为 1998 年 12 月 9 日的 97330702.1 号外观设计专利的著录项目及图片打印页 1 页，其公开（公告）号为 CN3092914；

证据 5 是公开（公告）日为 2001 年 11 月 28 日的 01315853.8 号外观设计专利的著录项目及图片打印页 1 页，其公开（公告）号为 CN3210830；

证据 6 是公开（公告）日为 2000 年 7 月 12 日的 99329533.9 号外观设计专利的著录项目及图片打印页 1 页，其公开（公告）号为 CN3153490。

请求人认为本专利和证据 1 至证据 6 中所示的多项外观设计均属于相同或者相近似的外观设计，应宣告本专利无效。

经形式审查合格，专利复审委员会受理了该无效宣告请求，并于 2009 年 4 月 30 日将请求人的无效宣告请求文件转送专利权人。

专利复审委员会于 2009 年 5 月 15 日向双方当事人发出合议组成员告知通知书。双方当事人逾期均未对合议组成员提出回避请求。

针对请求人提出的无效宣告请求，专利权人于 2009 年 6 月 9 日提交了意见陈述书，其认为本案涉及的椅子扶手属于中间产品，其销售对象多为观察细致的厂商采购人员，且椅子扶手的形状设计大致相同，其设计要点主要体现在部位的改变和细致化的改进，因此结合图片对比认为请求人提出的证据中所示的外观设计均与本专利不相同且不相近似，应维持本专利有效。

在上述审理的基础上，合议组经合议，认为本案事实清楚，依法作出本审查决定。

二、决定的理由

基于请求人提出的无效宣告请求的理由和证据，合议组依据专利法第 23 条的规定进行审理。

专利法第 23 条规定："授予专利权的外观设计，应当同申请日以前在国内外出版物上公开发表过或者国内公开使用过的外观设计不相同和不相近似，并不得与他人在先取得的合法权利相冲突。"

请求人提交的证据 2 是公开（公告）日为 2006 年 12 月 13 日的 200630104134.4 号外观设计专利的著录项目及图片打印页，其公开（公告）号为 CN3587777；专利权人未对其真实性提出质疑。经合议组核实，其内容真实，确系在本专利申请日以前公开的外观设计专利，适用于专利法第 23 条的规定。

该 200630104134.4 号外观设计专利公开了一款椅子扶手的外观设计（下称在先设计）。从图片上观察，在先设计的整体形状为近似象耳形框架，框架上排列四个孔，顶面沿框架曲线设计有护垫（详见在先设计附图）。

本专利同样是椅子扶手的外观设计，其整体形状为近似象耳形框架，框架上排列四个孔，顶面沿框架轮廓设计有护垫（详见本专利附图）。

合议组认为：本专利和在先设计均为椅子扶手的外观设计，用途相同，属于相同类别的产品，具有可比性。

将本专利与在先设计相比较，其主要的不同点为：二者在使用位置、护垫的贴合和侧面的轮廓曲线等方面的设计上有所不同。合议组认为：从整体视觉观察，虽然二者存在不同点，但是相对于二者基本相同的整体框架形状设计而言，其不同点均明显属于简单的惯常使用位置转换和局部的细微变化等导致的差别，均不足以对二者的整体外观形状产生显著的视觉影响，因此二者应属于相近似的外观设计。

针对专利权人提出的应使用细致观察的消费群体和椅子扶手主要为部位的改变及细致化的改进设计等主张，合议组认为：外观设计应当采用整体观察、综合判断的方式进行相同或者相近似判断，而不从外观设计的部分或者局部出发得出相同或者相近似的结论，本案由于本专利和在先设计在椅子扶手整体框架的设计上高度一致，因此无论是对于中间消费群体还是终端消费群体而言，二者的局部微小变化均不足以对整体视觉效果产生显著的影响，故合议组对专利权人的上述主张不予支持。

综上所述，在本专利申请日以前已有与其相近似的外观设计在出版物上公开发表过，本专利不符合专利法第 23 条的规定。

鉴于已得出上述结论，本决定对请求人提出的其他证据不再予以评述。

三、决定

宣告 200730124957. 8 号外观设计专利权全部无效。

当事人对本决定不服的，可以根据专利法第 46 条第 2 款的规定，自收到本决定之日起三个月内向北京市第一中级人民法院起诉。根据该款的规定，一方当事人起诉后，另一方当事人应当作为第三人参加诉讼。

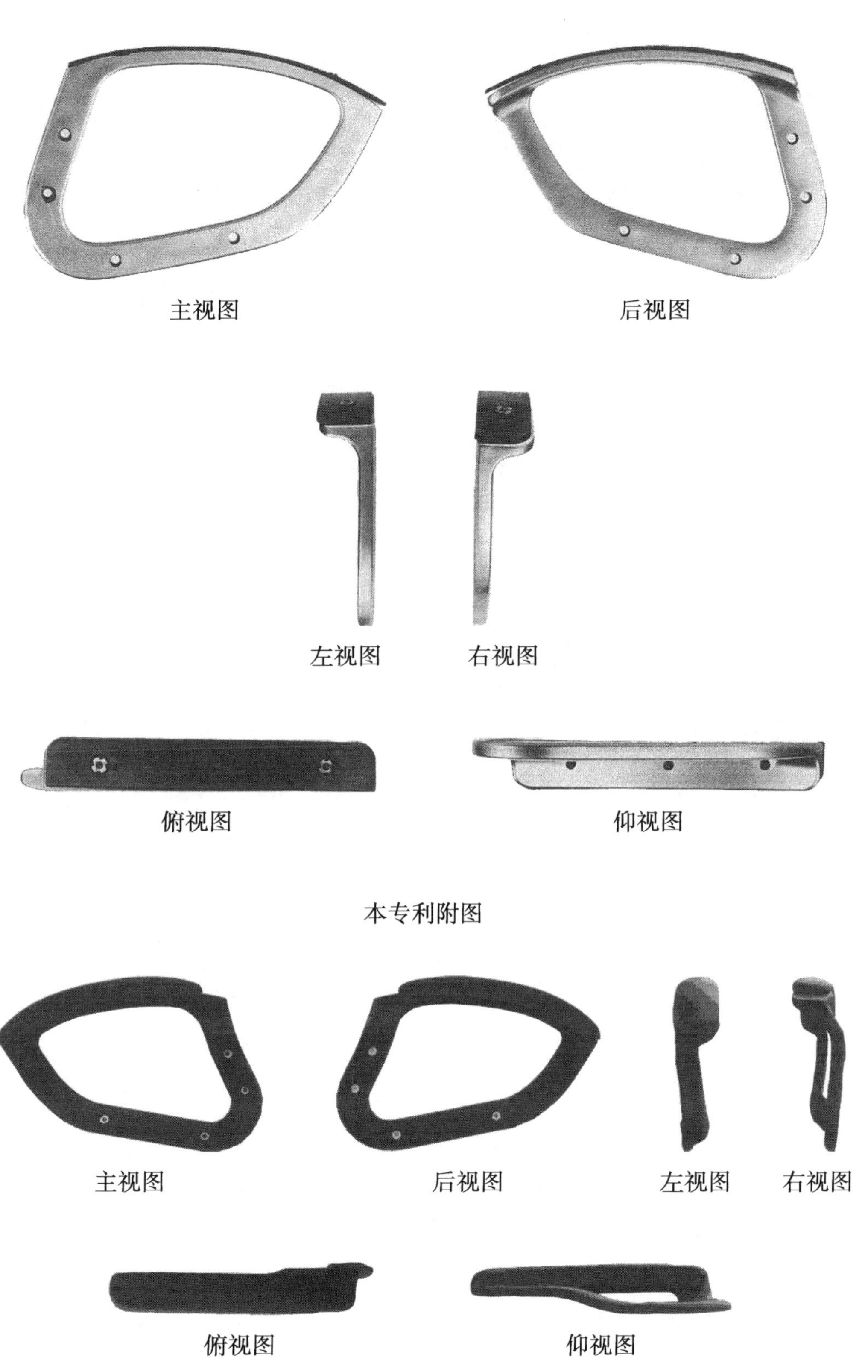

本专利附图

在先设计附图

353

浇注陶管（明冒口）

无效宣告请求审查决定（第13599号）

决　　定　　号 第13599号
决　　定　　日 2009年6月29日
发明创造名称 浇注陶管（明冒口）
外观设计分类号 23-01
无效宣告请求人 德清县福瑞耐火材料厂
专　利　权　人 朱晓明
专　　利　　号 200630119762.X
申　　请　　日 2006年10月24日
授 权 公 告 日 2007年8月15日
合 议 组 组 长 张　凌
主　　审　　员 张雪飞
参　　审　　员 李巍巍
附　　　　　图 1页

法　律　依　据 专利法第23条
决　定　要　点

在外观设计相同和相近似的判断中，局部细微的差别和基于常见的粗糙表面的不同导致的差别等均对整体视觉效果不具有显著的影响。

一、案由

本无效宣告请求涉及国家知识产权局于2007年8月15日授权公告的200630119762.X号外观设计专利，使用该外观设计的产品名称是"浇注陶管（明冒口）"，其申请日是2006年10月24日，专利权人是朱晓明。

针对上述外观设计专利权（下称本专利），德清县福瑞耐火材料厂（下称请求人）于2009年3月16日向专利复审委员会提出无效宣告请求，其理由是本专利不符合专利法第23条的规定，应予宣告无效，并提交了如下证据附件：

附件1是本专利的著录项目及图片打印页1页；

附件2是公告日为1988年5月11日的CN 87 2 10230 U号实用新型专利申请说明书复印件5页；

附件3是GB 2107622A号英国专利文献复印件5页；

附件4是机械工业出版社出版的《铸造手册第5卷铸造工艺》2006年1月第2版的出版信息页

及部分内页复印件共3页；

附件5是《铸钢手册》的封面、前言页和部分内页复印件共3页。

请求人认为，本专利与附件2至附件5所示在先公开发表的多项外观设计均属于相同或者相近似的外观设计，且请求人在本专利申请日以前已制造、销售与本专利外观设计相同或者相近似的产品；另外，请求人认为本专利的产品名称不合规定。

经形式审查合格，专利复审委员会受理了该无效宣告请求，并于2009年3月16日将请求人的无效宣告请求文件转送专利权人。

其后，请求人于2009年4月2日提交了意见陈述书，坚持其原有主张，并补充提交了如下证据附件：(编号续前)

附件6是上海重型机器冶铸厂出具的《证明》复印件3页，其上附王世敏等个人的证言；

附件7是上海重型机器冶铸厂的网页信息打印页1页；

附件8是上海重型机械厂的网页信息打印页1页。

请求人认为，附件6能够证明其在本专利申请日以前已制造了与本专利外观设计相同或者相近似的产品并销售给上海重型机器冶铸厂，附件7和附件8能够证明上海重型机器冶铸厂的资质。

专利复审委员会于2009年4月8日向双方当事人发出合议组成员告知通知书。双方当事人逾期均未对合议组成员提出回避请求。

专利复审委员会于2009年4月14日将请求人提交的补充意见陈述及附件转送专利权人。

专利权人于2009年4月25日提交了意见陈述书，认为本专利外观设计具有上下等径的中空圆筒状、外围尺寸直径略大于高度、圆筒壁厚一致、外表面均布无规则凹凸图案等主要特征，而请求人提交的附件2~5所示外观设计均未公开本专利的部分主要特征，均与本专利不相同且不相近似；且请求人提交的附件6的真实性不能被认定，附件7和附件8与本案无关；另外，请求人提出的本专利产品名称不合规定的主张不属于无效宣告请求的理由。综上，专利权人认为应维持本专利有效。

专利复审委员会于2009年5月13日向双方当事人发出口头审理通知书，定于2009年6月25日进行口头审理，并将专利权人提交的意见陈述书转送请求人，告知其可在口头审理中陈述意见。

口头审理如期举行，双方当事人均委托代理人出席。双方对对方出庭人员的身份和资格无异议，对合议组成员均无回避请求。

在口头审理中，请求人明确其无效请求理由仅为专利法第23条，并坚持原有观点；其当庭出示了附件4和附件5的整本原件以及附件6中所示票据的装订册原件，提交了附件6的原件，并提交了浙江省杭州市钱塘公证处作出的“(2009)浙杭钱证民字第3206号”《公证书》以说明附件6所示证人王世敏因参加重要会议而不能出庭作证。

专利权人认可附件2至附件5所示出版物的真实性和合法性，针对相同和相近似的判断仍坚持原有观点；对于附件6~8，专利权人认可上海重型机器冶铸厂的资质，认可附件6出具证明本身和其上所示票据的真实性，认为附件6所示产品的外观设计与本专利相近似，但质疑附件6所示证言内容的真实性和关联性。为说明本专利的设计特征，专利权人当庭演示了产品实物。

在上述审理的基础上，合议组经合议，认为本案事实清楚，依法作出本审查决定。

二、决定的理由

基于请求人提出的无效宣告请求的理由和证据，合议组依据专利法第23条的规定进行审理。

专利法第23条规定：“授予专利权的外观设计，应当同申请日以前在国内外出版物上公开发表过或者国内公开使用过的外观设计不相同和不相近似，并不得与他人在先取得的合法权利相冲突。”

请求人提交的附件2是公告日为1988年5月11日的CN 87 2 10230 U号实用新型专利申请说明

书复印件；专利权人认可其真实性和合法性。经合议组核实，其内容真实，确系在本专利申请日以前公开的专利文献，适用于专利法第 23 条的规定。

该 CN 87 2 10230 U 号实用新型专利申请说明书的图 5 公开了一款冒口套（下称在先设计）的剖面图。从图片上观察，在先设计的整体形状为柱状中空的回转体，内壁略倾斜，下部有为说明保温层和尺寸稳定层两层结构而绘制的分割线（详见在先设计附图）。

本专利是明冒口套管的外观设计，其整体形状为柱状中空的回转体，外表面为粗糙的凹凸表面。详见本专利附图。

合议组认为：本专利和在先设计均为冒口套的外观设计，用途相同，属于相同类别的产品，具有可比性。

将本专利与在先设计相比较，其主要的不同点为：在先设计未显示出表面纹理，而本专利的外表面为粗糙的凹凸表面；且在先设计下部绘制了层面分割线。合议组认为：从整体视觉观察，虽然二者存在不同点，但由于本专利整体为回转体设计，其无规则的凹凸表面并非特意的图案设计，而是基于加工工艺的精度不足而导致的常见粗糙表面形状，因此对二者的整体视觉效果不具有显著的影响；且在先设计的层面分割线设计是为说明其保温层和尺寸稳定层的层面划分，并不足以导致整体柱状中空的回转体形状产生明显的外形改变；同时二者在整体比例等处的微小变化对于整体形状而言均属于细微差别，均不足以对二者的整体视觉效果产生显著的影响，因此二者应属于相近似的外观设计。

综上所述，在本专利申请日以前已有与其相近似的外观设计在出版物上公开发表过，本专利不符合专利法第 23 条的规定。

鉴于已得出上述结论，本决定对请求人提出的其他理由和证据不再予以评述。

三、决定

宣告 200630119762. X 号外观设计专利权全部无效。

当事人对本决定不服的，可以根据专利法第 46 条第 2 款的规定，自收到本决定之日起三个月内向北京市第一中级人民法院起诉。根据该款的规定，一方当事人起诉后，另一方当事人应当作为第三人参加诉讼。

仰视图　　主视图　　立体图

本专利附图

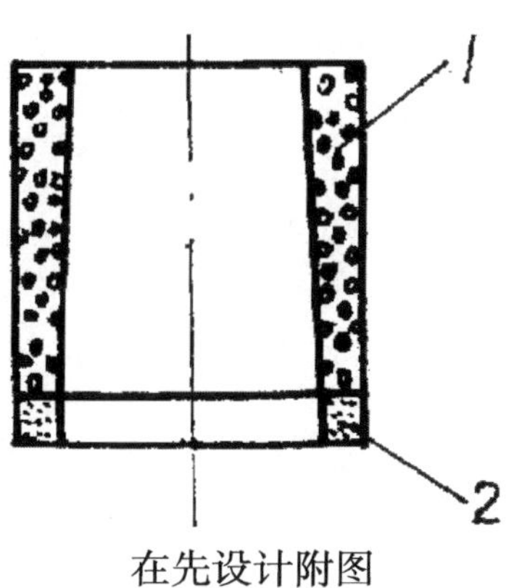

在先设计附图

354

浇注陶管（暗冒口）

无效宣告请求审查决定（第13600号）

决　　定　　号　第13600号
决　　定　　日　2009年6月29日
发明创造名称　浇注陶管（暗冒口）
外观设计分类号　23-01
无效宣告请求人　德清县福瑞耐火材料厂
专　利　权　人　朱晓明
专　　利　　号　200630119764.9
申　　请　　日　2006年10月24日
授 权 公 告 日　2007年9月12日
合 议 组 组 长　张　凌
主　　审　　员　张雪飞
参　　审　　员　李巍巍
附　　　　　图　1页

法　律　依　据　专利法第23条
决　定　要　点

在外观设计相同和相近似的判断中，局部细微的差别和基于常见的粗糙表面的不同导致的差别等均对整体视觉效果不具有显著的影响。

一、案由

本无效宣告请求涉及国家知识产权局于2007年9月12日授权公告的200630119764.9号外观设计专利，使用该外观设计的产品名称是“浇注陶管（暗冒口）”，其申请日是2006年10月24日，专利权人是朱晓明。

针对上述外观设计专利权（下称本专利），德清县福瑞耐火材料厂（下称请求人）于2009年3月16日向专利复审委员会提出无效宣告请求，其理由是本专利不符合专利法第23条的规定，应予宣告无效，并提交了如下证据附件：

附件1是本专利的著录项目及图片打印页1页；

附件2是公告日为1988年5月11日的CN 87 2 10230 U号实用新型专利申请说明书复印件5页；

附件3是公告日为1988年6月22日的CN 87 2 05496 U号实用新型专利申请说明书复印件4页；

附件4是1168830号加拿大专利文献复印件12页；

附件5是《纤维复合保温冒口套在铸钢件上的应用》一文的网络下载页5页；

附件6是杭州钢铁厂合金钢铸造分厂出具的《证明》复印件2页。

请求人认为，本专利与附件2~5所示在先公开发表的多项外观设计均属于相同或者相近似的外观设计，且附件6能够证明请求人在本专利申请日以前已制造了与本专利外观设计相同或者相近似的产品并销售给杭州钢铁厂合金钢铸造分厂；另外，请求人认为本专利的产品名称不合规定。

经形式审查合格，专利复审委员会受理了该无效宣告请求，并于2009年3月16日将请求人的无效宣告请求文件转送专利权人。

专利复审委员会于2009年4月8日向双方当事人发出合议组成员告知通知书。双方当事人逾期均未对合议组成员提出回避请求。

专利权人于2009年4月25日提交了意见陈述书，认为本专利外观设计具有半球状上部和圆柱状下部相结合、半球状顶部有圆形通孔、圆柱状下部直径上小下大、圆柱状下部底部直径略小于高度、壁厚一致、内表面光洁、外表面均布无规则凹凸图案等主要特征，而请求人提交的附件2~5所示外观设计均未公开本专利的部分主要特征，均与本专利不相同且不相近似，且请求人未能如实提交附件4所示加拿大专利文献；同时请求人提交的附件6的真实性不能被认定，也不符合证据的形式要求；另外，请求人提出的本专利产品名称不合规定的主张不属于无效宣告请求的理由。综上，专利权人认为应维持本专利有效，并同时提交了1168830号加拿大专利文献复印件及相关部分的中译文共12页作为反证。

专利复审委员会于2009年5月13日向双方当事人发出口头审理通知书，定于2009年6月25日进行口头审理，并将专利权人提交的意见陈述及附件转送请求人，告知其可在口头审理中陈述意见。

口头审理如期举行，双方当事人均委托代理人出席。双方对对方出庭人员的身份和资格无异议，对合议组成员均无回避请求。

在口头审理中，请求人明确其无效请求理由仅为专利法第23条，并坚持原有观点；其认可反证的真实性，当庭出示了附件5的确认件和附件6中所示票据的装订册原件，提交了附件6的原件，并由证人胡国富代表杭州钢铁厂合金钢铸造分厂针对附件6所述证言出庭作证。

专利权人认可附件2~4所示出版物的真实性和合法性，质疑附件5的真实性，针对相同和相近似的判断仍坚持原有观点；对于附件6，专利权人认可出具证明本身和其上所示票据的真实性，对证人的身份无异议，但质疑证言内容的真实性和关联性，质疑杭州钢铁厂合金钢铸造分厂的出证资格。为说明本专利的设计特征，专利权人当庭演示了产品实物。

在上述审理的基础上，合议组经合议，认为本案事实清楚，依法作出本审查决定。

二、决定的理由

基于请求人提出的无效宣告请求的理由和证据，合议组依据专利法第23条的规定进行审理。

专利法第23条规定：“授予专利权的外观设计，应当同申请日以前在国内外出版物上公开发表过或者国内公开使用过的外观设计不相同和不相近似，并不得与他人在先取得的合法权利相冲突。”

请求人提交的附件2是公告日为1988年5月11日的CN 87 2 10230 U号实用新型专利申请说明书复印件；专利权人认可其真实性和合法性。经合议组核实，其内容真实，确系在本专利申请日以前公开的专利文献，适用于专利法第23条的规定。

该CN 87 2 10230 U号实用新型专利申请说明书的图1公开了一款冒口套（下称在先设计）的剖面图。从图片上观察，在先设计的整体形状为近似倒“U”形截面的回转体，顶部有通孔，下部有为说明保温层和尺寸稳定层两层结构而绘制的分割线（详见在先设计附图）。

本专利是暗冒口套管的外观设计，其整体形状为近似倒“U”形截面的回转体，顶部有通孔，外表面为粗糙的凹凸表面（详见本专利附图）。

合议组认为：本专利和在先设计均为冒口套的外观设计，用途相同，属于相同类别的产品，具有可比性。

将本专利与在先设计相比较，其主要的不同点为：在先设计未显示出表面纹理，而本专利的外表面为粗糙的凹凸表面；且在先设计下部绘制了层面分割线。合议组认为：从整体视觉观察，虽然二者存在不同点，但由于本专利整体为回转体设计，其无规则的凹凸表面并非特意的图案设计，而是基于加工工艺的精度不足而导致的常见粗糙表面形状，因此对二者的整体视觉效果不具有显著的影响；且在先设计的层面分割线设计是为说明其保温层和尺寸稳定层的层面划分，并不足以导致整体近似倒"U"形截面的回转体形状产生明显的外形改变；同时二者在其他处的微小变化对于整体形状而言均属于细微差别，均不足以对二者的整体视觉效果产生显著的影响，因此二者应属于相近似的外观设计。

综上所述，在本专利申请日以前已有与其相近似的外观设计在出版物上公开发表过，本专利不符合专利法第23条的规定。

鉴于已得出上述结论，本决定对请求人提出的其他理由和证据不再予以评述。

三、决定

宣告200630119764.9号外观设计专利权全部无效。

当事人对本决定不服的，可以根据专利法第46条第2款的规定，自收到本决定之日起三个月内向北京市第一中级人民法院起诉。根据该款的规定，一方当事人起诉后，另一方当事人应当作为第三人参加诉讼。

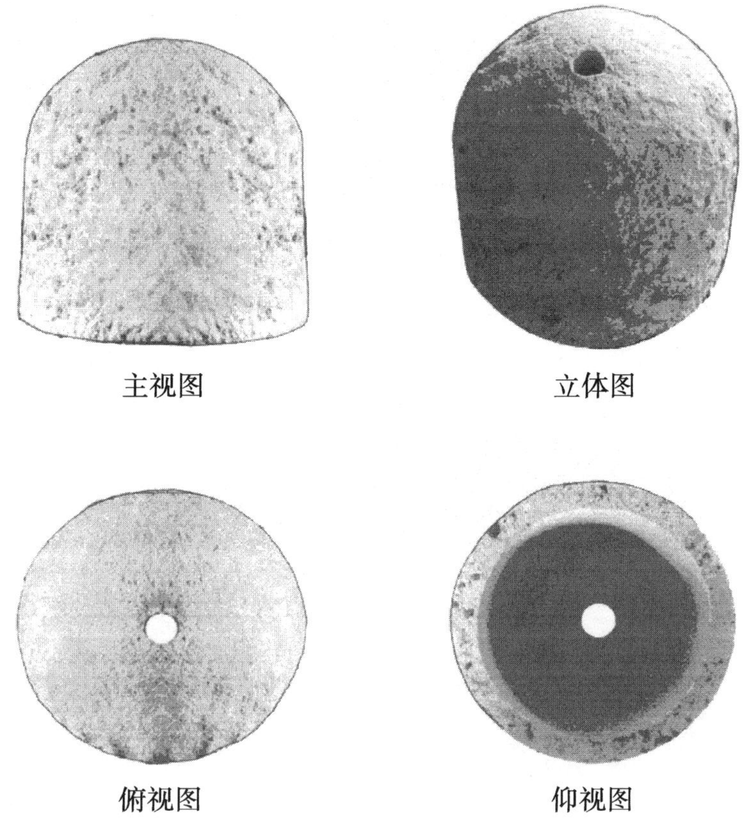

主视图　　立体图

俯视图　　仰视图

本专利附图

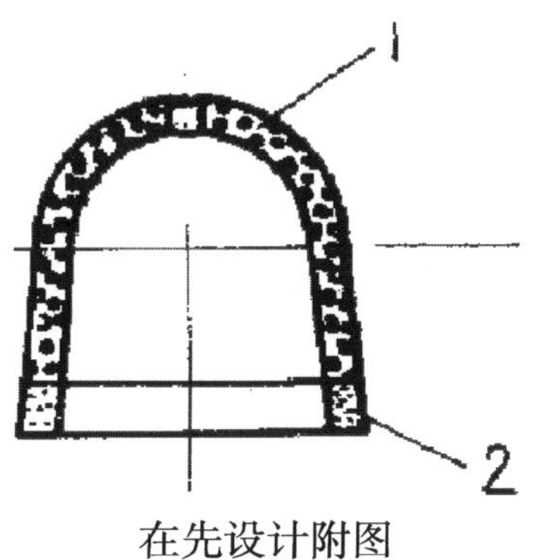

在先设计附图

355

椅子（37-533）

无效宣告请求审查决定（第13603号）

决　　定　　号　第13603号
决　　定　　日　2009年6月30日
发明创造名称　椅子（37-533）
外观设计分类号　06-01
无效宣告请求人　东莞世昌五金制品厂有限公司
专　利　权　人　菲莉集团（福建）有限公司
专　　利　　号　200430030049.9
申　　请　　日　2004年1月19日
授 权 公 告 日　2004年12月15日
合 议 组 组 长　吴大章
主　　审　　员　张　凌
参　　审　　员　雷　婧
附　　　　　图　2页

法　律　依　据　专利法第23条
决　定　要　点

本专利与在先设计的整体形状和各组成部分的形状基本相同，二者已呈现整体相近似的视觉效果，二者存在的差别为局部细微差异，其不足以对二者整体的视觉效果产生显著影响，因此，二者属于相近似的外观设计。

一、案由

本无效宣告请求涉及国家知识产权局于2004年12月15日授权公告的名称为“椅子（37-533）”的200430030049.9号外观设计专利，其申请日为2004年1月19日，专利权人为菲莉集团（福建）有限公司。

针对上述外观设计专利（下称本专利），东莞世昌五金制品厂有限公司（下称请求人）于2009年3月23日向专利复审委员会提出无效宣告请求，理由是本专利与在其申请日前已公开发表过的外观设计相近似，因而不符合专利法第23条的规定。请求人同时提交如下附件作为证据：

附件1：09015409-7号美国公证书及其中文译文复印件，共15页，其内容为对2002年出版的《Office DEPOT》相关页面所作的公证认证手续；

附件2：09015409-8号美国公证书及其中文译文复印件，共20页，其内容为对2001年秋出版的

《DALLAS MIDWEST》相关页面所作的公证认证手续；

附件3：09015409-9号美国公证书及其中文译文复印件，共12页，其内容为对2003年出版的《Furniture Max》相关页面所作的公证认证手续；

附件4：09015409-10号美国公证书及其中文译文复印件，共16页，其内容为对1998年春出版的《Adirondack direct》相关页面所作的公证认证手续；

附件5：09015409-11号美国公证书及其中文译文复印件，共18页，其内容为对2001年秋出版的《Alfax》相关页面所作的公证认证手续。

请求人认为附件1~5均是在本专利申请日前公开的出版物，并履行了相应的公证认证手续，其中公开的椅子的外观与本专利相同或相近似，因此本专利不符合专利法第23条的规定。

经形式审查合格后，专利复审委员会受理了上述无效宣告请求，并于2009年3月23日将无效宣告请求书及相关附件的副本转送给专利权人，要求其在指定的期限内答复。

专利权人逾期未答复。

2009年5月25日专利复审委员会向双方当事人发出口头审理通知书，定于2009年6月23日对本案举行口头审理。

口头审理如期举行，双方当事人均委托其代理人参加了口头审理。请求人明确其无效宣告请求的理由为在本专利申请日前已有与之相近似的外观设计在国内外公开发表过，本专利不符合专利法第23条的规定，依据的证据为附件1~5，当庭提交上述证据的原件及相对应的杂志原件5本，并指定其中与本专利进行对比的图片。专利权人对附件1、附件4和附件5的真实性和译文的准确性均无异议，对附件2和附件3的译文准确性无异议，但对其出版时间有异议。关于本专利与在先设计的相近似性对比，请求人坚持其原有意见，专利权人认为本专利与附件1~5中公开的在先设计均存在区别，其与上述在先设计不相同且不相近似。

在上述审理的基础上，合议组经合议认为，本案事实清楚，依法作出本审查决定。

二、决定的理由

1. 法律依据

基于请求人提出无效宣告请求所依据的理由和证据，合议组对本专利是否符合专利法第23条的规定进行审查。

专利法第23条规定，授予专利权的外观设计，应当同申请日以前在国内外出版物上公开发表过或者国内公开使用过的外观设计不相同和不相近似，并不得与他人在先取得的合法权利相冲突。

2. 证据认定

请求人提交的附件5是09015409-11号美国公证书及其中文译文复印件，其内容为对2001年秋出版的《Alfax》相关页面所作的公证认证手续，口头审理时请求人提交了该证据的原件及相对应的杂志原件1本，专利权人对该证据的真实性和译文的准确性及其在本专利申请日前公开均无异议，故合议组对其予以采信。附件5的公开时间为2001年，早于本专利的申请日（2004年1月19日），属于专利法第23条所规定的公开出版物，适用于本案。

3. 关于专利法第23条

本专利与附件5所示外观设计（下称在先设计）均为椅子，二者用途相同，属于相同类别的产品，故将二者作如下相近似性对比。

本专利所示椅子由靠背、支架和座板三部分组成，靠背大致呈半椭圆形，上部两角为圆弧过渡，靠背表面呈弧形；座板大致呈正方形，四角为圆弧过渡，座板表面附着一层软垫；支架由前后支腿组成，大致呈“人”字形，前后支腿上各有一根横杆（详见本专利附图）。

在先设计所示椅子由靠背、支架和座板三部分组成，靠背大致呈半椭圆形，上部两角为圆弧过渡，靠背表面呈弧形并附着一层软垫；座板大致呈正方形，四角为圆弧过渡，座板表面附着一层软垫；支架由前后支腿组成，大致呈“人”字形，前后支腿上各有一根横杆（详见在先设计附图）。

本专利与在先设计相比，二者主要的相同点在于本专利与在先设计的椅子均由靠背、支架和座板三部分组成，三部分的形状基本相同。二者主要的区别在于本专利靠背上没有附着软垫，在先设计则有；本专利前后支腿之间为弧形面接触，在先设计为点接触；本专利座板附着的软垫与座板四周边框的距离较在先设计的为小。专利权人认为上述区别构成了本专利的不同特性，使之与在先设计区别开来。对此，合议组认为，本专利与在先设计存在的上述差别为局部细微差异，其不足以对二者整体的视觉效果产生显著影响，在本专利与在先设计整体形状和各组成部分的形状基本相同的情况下，二者已呈现整体相近似的视觉效果。因此，二者属于相近似的外观设计。

综上所述，在本专利的申请日前已经有与之相近似的外观设计在出版物上公开发表过，本专利不符合专利法第 23 条的规定。

鉴于本专利与在先设计相比较已得出本专利不符合专利法规定的授权条件的结论，故在本决定中对请求人提出的其他证据不再作出评述。

三、决定

宣告 200430030049. 9 号外观设计专利权全部无效。

当事人对本决定不服的，可以根据专利法第 46 条第 2 款的规定，自收到本决定之日起三个月内向北京市第一中级人民法院起诉。根据该款的规定，一方当事人起诉后，另一方当事人应当作为第三人参加诉讼。

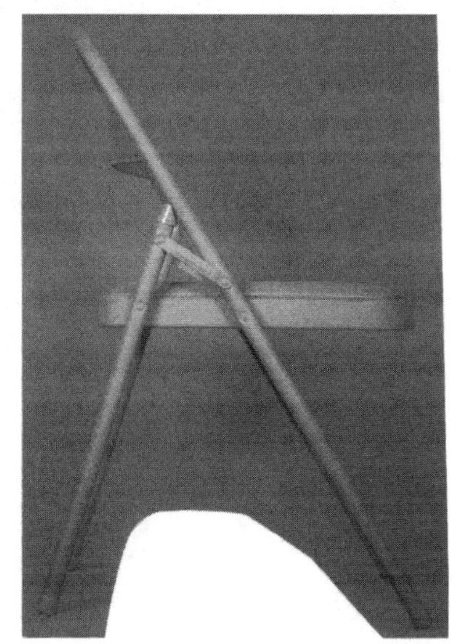
主视图

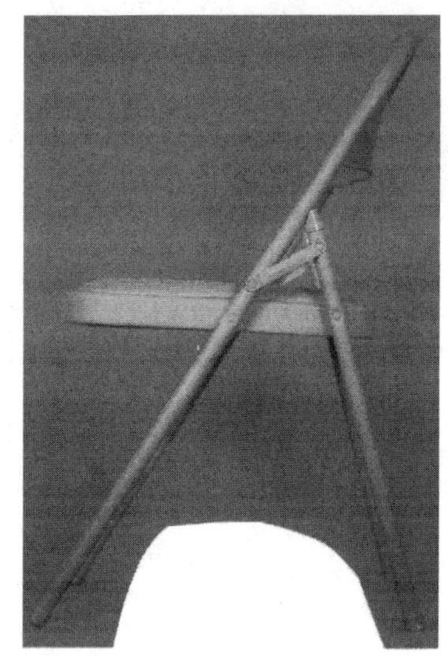
后视图

左视图

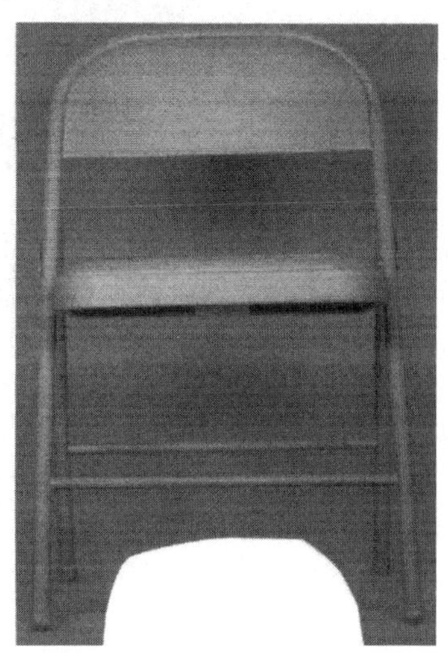
右视图

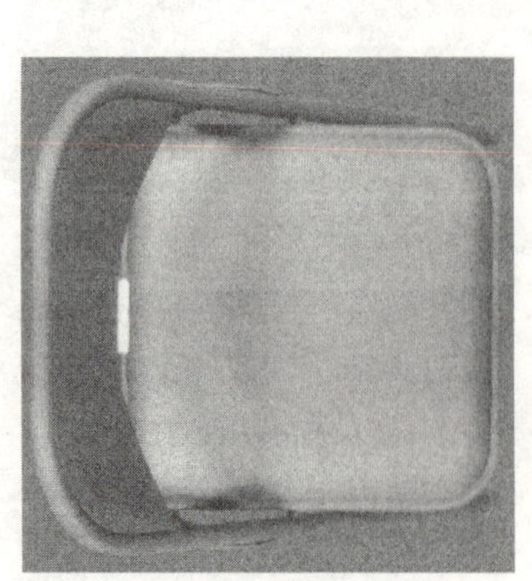

俯视图

立体图

本专利附图

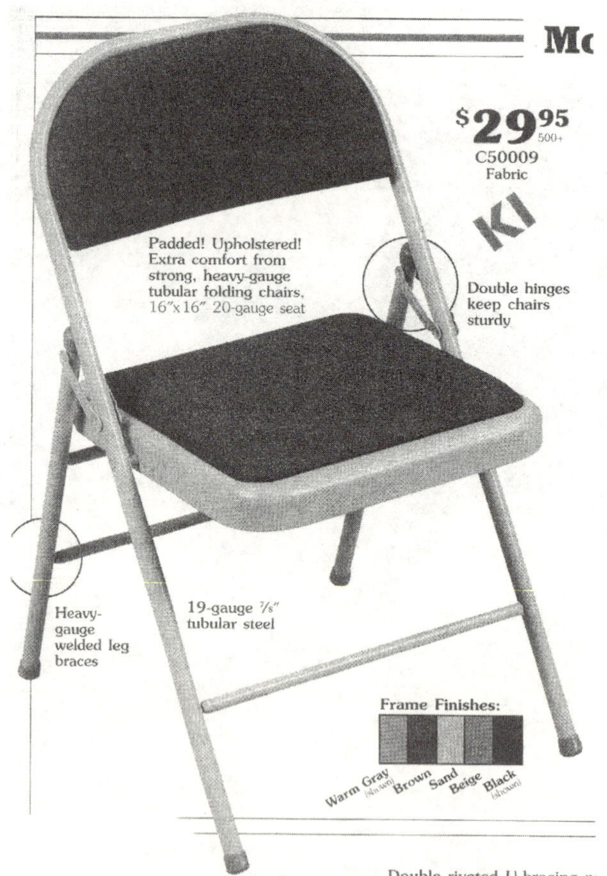

在先设计附图

356

班椅脚座

无效宣告请求审查决定（第13606号）

决　定　号　第13606号
决　定　日　2009年7月1日
发明创造名称　班椅脚座
外观设计分类号　06-06
无效宣告请求人　邓庆乐
专　利　权　人　黄旭明
专　利　号　01346081.1
申　请　日　2001年8月23日
授权公告日　2002年4月10日
合议组组长　王霞军
主　审　员　张　凌
参　审　员　尹春霞
附　　图　1页

法律依据　专利法第23条
决定要点

本专利与在先设计整体形状相似，已呈现整体相近似的视觉效果；二者存在的差别均属于局部细微差别，不足以对整体的视觉效果产生显著影响，因此，本专利与在先设计属于相近似的外观设计。

一、案由

本无效宣告请求涉及国家知识产权局于2002年4月10日授权公告的名称为"班椅脚座"的01346081.1号外观设计专利，其申请日为2001年8月23日，专利权人为黄旭明。

针对上述外观设计专利（下称本专利），邓庆乐（下称请求人）于2009年4月13日向专利复审委员会提出无效宣告请求，理由是本专利与在其申请日前已公开发表过的外观设计相近似，因而不符合专利法第23条的规定。除本专利的著录项目信息及其外观图片的下载打印件外，请求人同时提交如下证据：

证据1：414629号美国外观设计专利说明书复印件及其中文译文，共5页；

证据2：407583号美国外观设计专利说明书复印件及其中文译文，共5页。

请求人认为证据1和证据2所示的外观设计均在本专利申请日前公开，其中证据1和证据2相关视图公开的外观设计与本专利相近似，因此本专利不符合专利法第23条的规定。

经形式审查合格后，专利复审委员会受理了上述无效宣告请求，并于2009年4月13日将无效宣告请求书及相关附件的副本转送给专利权人，要求其在指定的期限内答复。

2009年4月29日请求人补充提交如下意见陈述及证据：

证据3（编号续前）：99312277.9号外观设计专利著录项目及其外观图片下载打印件，共1页。

请求人认为证据3所示的外观设计与本专利的区别仅在于支脚内部的加强筋不同，二者属于相近似的外观设计，因此本专利不符合专利法第23条的规定。

2009年5月14日专利复审委员会向双方当事人发出合议组成员告知通知书，并同时将请求人补充提交的意见陈述及其附件转送专利权人。

双方当事人逾期均未对上述合议组成员告知通知书进行答复，视为其对合议组成员无回避请求。

2009年6月19日专利权人针对上述无效宣告请求提交了意见陈述，认为本专利与证据1~3中所示的在先设计均不相同且不相近似，本专利符合专利法第23条的规定。

在上述审理的基础上，合议组经合议认为，本案事实清楚，依法作出本审查决定。

二、决定的理由

1. 法律依据

基于请求人提出无效宣告请求所依据的理由和证据，合议组对本专利是否符合专利法第23条的规定进行审查。

专利法第23条规定，授予专利权的外观设计，应当同申请日以前在国内外出版物上公开发表过或者国内公开使用过的外观设计不相同和不相近似，并不得与他人在先取得的合法权利相冲突。

2. 证据认定

请求人提交的证据3是99312277.9号外观设计专利著录项目及其外观图片下载打印件，专利权人在其意见陈述中未对该证据的真实性提出异议。合议组经核实，证据3的内容与专利公报一致，其真实性可以确认，故对该证据予以采信。

证据3的公开日为2000年5月24日，早于本专利的申请日（2001年8月23日），属于专利法第23条所规定的在本专利申请日前在国内外出版物上公开发表过的外观设计，适用于本案。

3. 关于专利法第23条

本专利与证据3所示外观设计（下称在先设计）均为椅子底座，二者用途相同，属于相同类别的产品，故将二者作如下相近似性对比。

本专利所示椅子底座呈五角星形，底座中间为圆形通孔，底座中心向外延伸出5个支脚，支脚的末端嵌有脚套（详见本专利附图）。

在先设计所示椅子底座呈五角星形，底座中间为圆形通孔，底座中心向外延伸出5个支脚，支脚的末端嵌有脚套（详见在先设计附图）。

本专利与在先设计相比，二者的整体形状相似，均为五角星形，底座中间均为一个圆形通孔，均是从底座中心向外延伸出5个支脚。二者的主要区别在于：本专利各支脚下面有一个扁圆柱形的支撑，在先设计则无；在先设计支脚内部设有加强筋，本专利则无。对此，合议组认为，在本专利与在先设计的整体形状相似的情况下，二者已形成整体相近似的视觉效果，本专利与在先设计的上述区别均属于局部细微差别，对整体视觉效果不具有显著影响，因此本专利与在先设计属于相近似的外观设计，本专利不符合专利法第23条的规定。

鉴于本专利与在先设计相比较已得出本专利不符合专利法规定的授权条件的结论，故在本决定中对请求人提出的其他证据不再作出评述。

三、决定

宣告 01346081.1 号外观设计专利权全部无效。

当事人对本决定不服的，可以根据专利法第 46 条第 2 款的规定，自收到本决定之日起三个月内向北京市第一中级人民法院起诉。根据该款的规定，一方当事人起诉后，另一方当事人应当作为第三人参加诉讼。

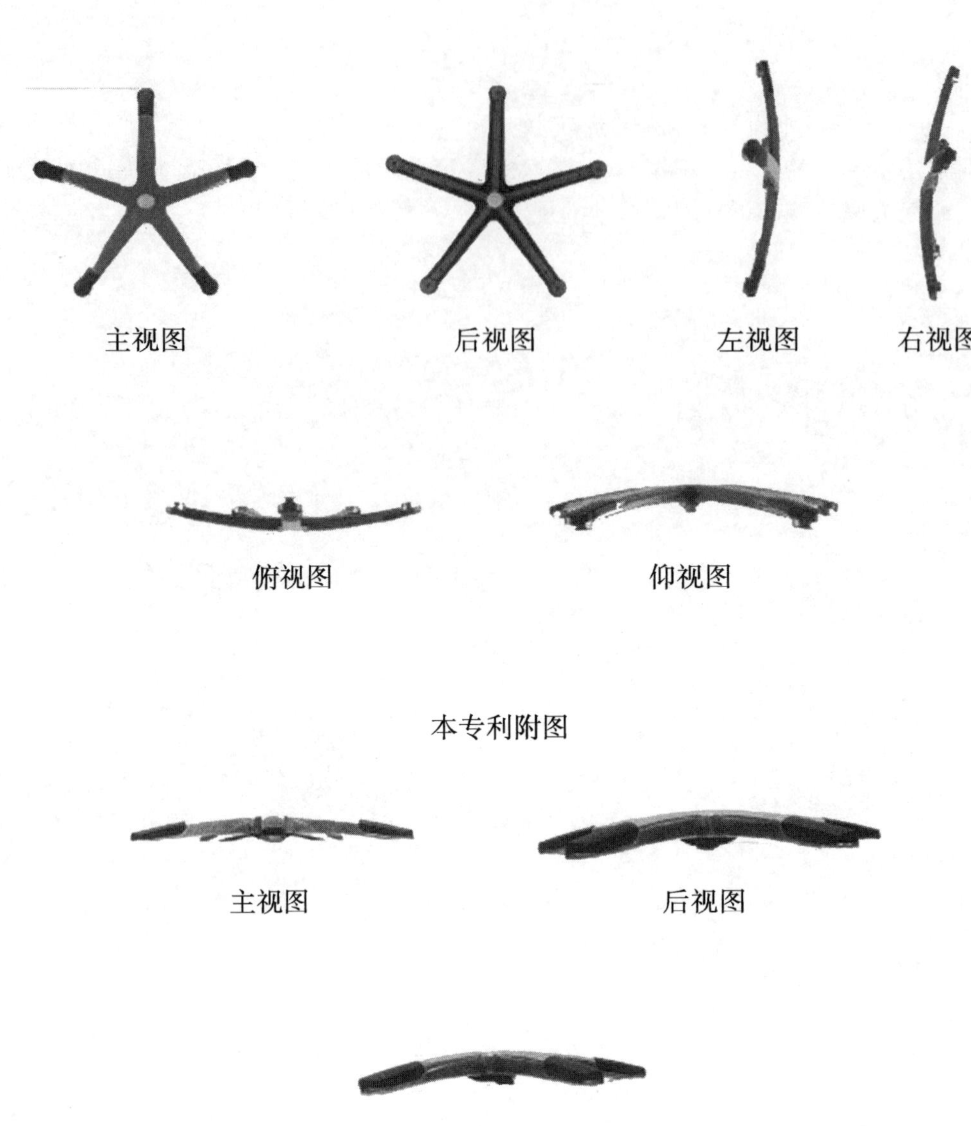

本专利附图

左视图

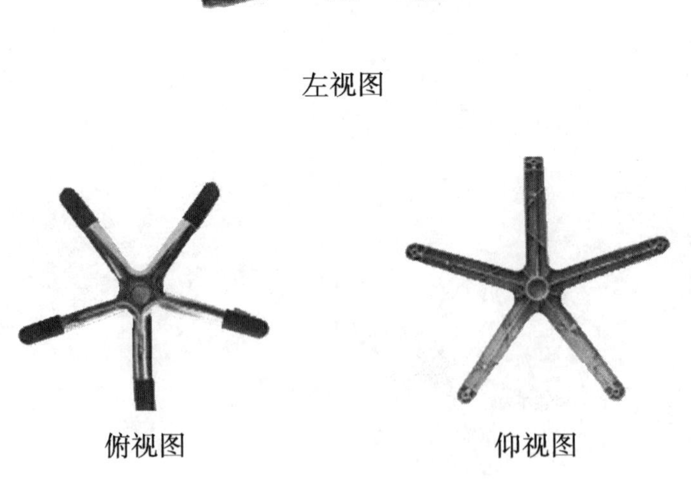

在先设计附图

北京市第一中级人民法院
行政判决书

（2009）一中知行初字第 2654 号

原告黄旭明，男，1973 年 6 月 5 日出生，汉族，江门市联合之星家具配件有限公司经理，住广东省江门市蓬江区天龙三街 8 座 2 号 604。

委托代理人何成，北京市炜衡律师事务所律师。

被告国家知识产权局专利复审委员会，住所地北京市海淀区北四环西路 9 号银谷大厦 10~12 层。

法定代表人张茂于，副主任。

委托代理人张凌，国家知识产权局专利复审委员会审查员。

委托代理人王靖，国家知识产权局专利复审委员会审查员。

第三人邓庆乐；男，1971 年 10 月 1 日出生，汉族，住广东省高要市金利镇金二村委会三甲村。

原告黄旭明不服被告国家知识产权局专利复审委员会（以下简称专利复审委员会）作出的第 13606 号无效宣告请求审查决定（以下简称第 13606 号决定），于法定期限内向本院提起诉讼。本院于 2009 年 11 月 5 日受理本案后，依法组成合议庭，并依法通知邓庆乐作为第三人参加诉讼，于 2009 年 12 月 16 日公开开庭进行了审理。原告黄旭明的委托代理人何成，被告专利复审委员会的委托代理人张凌、王靖到庭参加了诉讼，第三人邓庆乐经本院传票传唤无正当理由未到庭参加诉讼。本案现已审理终结。

专利复审委员会 2009 年 7 月 1 日作出的第 13606 号决定是针对邓庆乐对黄旭明享有的 01346081.1 号名称为“班椅脚座”的外观设计（以下简称本专利）所提出的无效宣告请求作出的。

专利复审委员会认为：本专利与在先设计相比，二者的整体形状相似，均为五角星形，底座中间均为一个圆形通孔，均是从底座中心向外延伸出 5 个支脚。二者的主要区别在于：本专利各支脚下面有一个扁圆柱形的支撑，在先设计则无；在先设计支脚内部设有加强筋，本专利则无。对此，我委认为，在本专利与在先设计的上述区别均属于局部细微差别，对整体视觉效果不具有显著影响。因此，本专利与在先设计属于相近似的外观设计，本专利不符合《中华人民共和国专利法》（以下简称《专利法》）第二十三条的规定。决定：宣告 01346081.1 号外观设计专利权全部无效。

原告黄旭明不服该决定，向本院起诉称：首先，本专利 5 个支脚末端的圆形脚套明显大于支脚末端，从本专利的主视图可见，脚座的每一个支脚由中心向四周逐步缩小，但缩小到端部后便是一个突出的圆形脚套设计，使得每一个支脚的末端呈现出一个完整的相对独立的圆形。但在先设计的支脚从中心向四周渐小，没有一个突出的圆形脚套设计。其主视图、后视图看不到支脚有任何向地面方向的凸起，其支脚是直接与地面相接触。其次，本专利的支脚上下厚度十分小，左右宽度则偏大，为片状支脚，且每个支脚上面有个平面，平面的两侧有明显的线条；在先设计的支脚则带有一定弧度，表面光滑，没有任何明显的线条，支脚显得粗壮，与本专利外观设计差异十分明显。再者，从本专利的左右视图看，由于本专利的支脚为片状，再加上支脚端部的圆形脚套，使得每个支脚整体的弧度偏大。整个班椅脚座为一明显的拱形设计，而在先设计中每个支脚的弧形不明显，从而使得班椅脚座几乎贴近地面，呈直线设计。在先设计存在支脚底部网状加强筋设计，本专利没有，这也是不同的。综上，本专利与在先设计不相近似，请求法院撤销第 13606 号决定。

被告专利复审委员会坚持第 13606 号决定中的意见，并认为黄旭明起诉所称在先设计与本专利的差异均属局部细微差异，并未对椅脚座整体视觉效果产生显著影响，二者属于近似设计。故请求驳回原告的诉讼请求，维持第 13606 号决定。

第三人邓庆乐对第 13606 号决定未提起诉讼。也未提交书面陈述。

经审理查明：

2001 年 8 月 23 日，黄旭明申请了名称为“班椅脚座”的外观设计专利（即本专利，见后附图），2002 年 4 月 10 日获得授权，专利号为 01346081.1。

2009 年 4 月 13 日，邓庆乐提出无效请求，其理由是本专利与在先设计相近似，不符合《专利法》第二十三条的规定。该在先设计系公开日为 2000 年 5 月 24 日，专利号为 99312277.9，名称为“椅脚（铝合金 AL-A350）”的外观设计专利（见后附图）。

黄旭明对第 13606 号决定中有关本专利与在先设计比对不同部分的事实认定予以认可，但表示还有如其起诉所称的差异。专利复审委员会称，对于黄旭明主张的支脚形状差异事实，我委已经给予归纳，在第 13606 号决定中表述为“本专利各个支脚下面有一个扁圆柱形支撑，在先设计则无”，所指就是其所主张的差异问题，其余情况我委认为不是差异。

上述事实有第 13606 号决定、本专利外观设计、在先设计，以及当事人陈述等证据在案佐证。

本院认为：

于 2008 年 12 月 27 日修改的《中华人民共和国专利法》（以下简称 2009 年《专利法》）已于 2009 年 10 月 1 日起施行，因此本案审理涉及 2001 年《专利法》与 2009 年《专利法》之间的选择适用问题。《中华人民共和国立法法》第八十四条规定，法律、行政法规、地方性法规、自治条例和单行条例、规章不溯及既往，但为了更好地保护公民、法人和其他组织的权利和利益而作的特别规定除外。国家知识产权局据此制定了《施行修改后的专利法的过渡办法》，并于 2009 年 10 月 1 日起施行。对于专利权是否有效的审查，根据该过渡办法，申请日在 2009 年 10 月 1 日前的专利申请以及根据该专利申请授予的专利权适用 2001 年《专利法》的规定；申请日在 2009 年 10 月 1 日以后（含该日）的专利申请以及根据该专利申请授予的专利权适用 2009 年《专利法》的规定。本案属于专利确权行政纠纷，本专利的申请日在 2009 年 10 月 1 日前，因此依据《中华人民共和国立法法》第八十四条之规定，并参照上述过渡办法的相关规定，本案应适用 2001 年《专利法》进行审理。

根据在先设计与本专利所示情况，专利复审委员会对于黄旭明所述支脚形状的差异等情况已给予归纳，表述为“本专利各个支脚下面有一个扁圆柱形支撑，在先设计则无”，属于对于相同事实的不同表达。依据整体观察综合判断的比对原则，支脚形状相对于椅脚座整体形状仍属于局部细微设计，不属于能够足以引起人们关注的部位，对椅脚座整体视觉效果不会产生显著影响，且其他差异亦然，专利复审委员会认定本专利与在先设计属于近似设计并无不当，本专利不符合专利法第二十三条之规定，本院仍予确认。

综上所述，专利复审委员会作出的第 13606 号决定认定事实基本清楚，适用法律正确，程序合法，依照《中华人民共和国行政诉讼法》第五十四条第（一）项、《最高人民法院关于执行<中华人民共和国行政诉讼法>若干问题的解释》第四十九条第三款之规定，本院判决如下：

维持被告国家知识产权局专利复审委员会作出的第 13606 号无效宣告请求审查决定。

案件受理费 100 元，由原告黄旭明负担（已交纳）。

如不服本判决，各方当事人可于本判决书送达之日起 15 日内，向本院递交上诉状，并按对方当事人人数提交上诉状副本，同时交纳上诉案件受理费 100 元，上诉于北京市高级人民法院。

审 判 长　任　进
代理审判员　张晰昕
人民陪审员　牛艳玲
二〇〇九年十二月二十一日
书 记 员　夏国梁

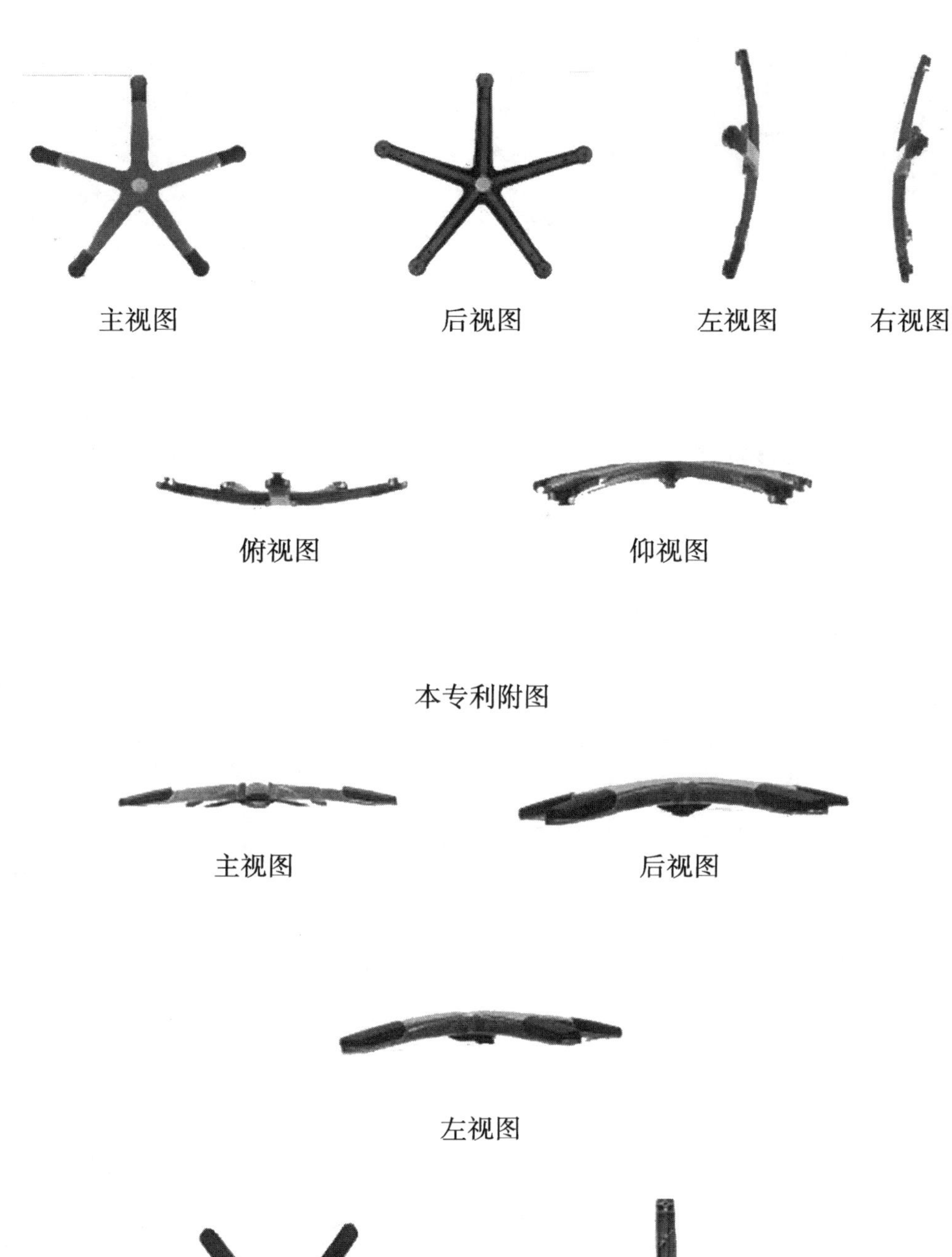

主视图　后视图　左视图　右视图

俯视图　仰视图

本专利附图

主视图　后视图

左视图

俯视图　仰视图

在先设计附图

357

汽　车

无效宣告请求审查决定（第 13607 号）

决　　定　　号　第 13607 号
决　　定　　日　2009 年 6 月 25 日
发明创造名称　汽车
外观设计分类号　12-08
无效宣告请求人　丰田自动车株式会社
专　利　权　人　长城汽车股份有限公司
专　　利　　号　200630003744.5
申　　请　　日　2006 年 2 月 17 日
授 权 公 告 日　2007 年 2 月 7 日
合 议 组 组 长　张　凌
主　　审　　员　吴大章
参　　审　　员　尹春霞
附　　　　　图　3 页

法　律　依　据　专利法第 23 条
决　定　要　点

以与前案认定证据不同的证据再次提出无效宣告请求，并不违反“一事不再理”的原则；

对于汽车类的产品而言，除汽车的底部为不易见到的部位之外，其余的各个部位对整体视觉效果均具有贡献，都须在相近似判断中予以考虑；

相近似性的判断属于应该由专利复审委员会根据相关法律法规和行政规章的规定予以裁判的法律问题，相关的市场调查结果对专利复审委员会不具有约束力；

本专利与在先设计的差别处于容易见到的明显部位，因此应认定上述差别对二者的整体视觉效果具有显著的影响。

一、案由

本无效宣告请求涉及国家知识产权局于 2007 年 2 月 7 日授权公告的 200630003744.5 号外观设计专利，使用该外观设计的产品名称是“汽车”，其申请日是 2006 年 2 月 17 日，专利权人是长城汽车股份有限公司。

针对上述外观设计专利权（下称本专利），丰田自动车株式会社（下称请求人）于 2008 年 12 月 19 日向专利复审委员会提出无效宣告请求，其理由是本专利不符合专利法第 23 条的规定。请求人认为本专利和申请日以前在公开出版物上发表的外观设计相近似，应当宣告本专利无效。请求人同时提交了如下证据附件：

证据1：经公证、认证的出版物《Gainer》的复印件及其中文译文的复印件29页（其中包括公证、认证文件的复印件）；

证据2：经公证、认证的出版物《新型Vitz的一切》复印件及其中文译文文的复印件69页（其中包括公证、认证文件的复印件）；

证据3：经公证的从互联网上有关汽车生产厂商的网站下载的网页的复印件共55页，该证据用以证明对车身整体进行观察的方法；

证据4：相关日本出版物及其中文译文和相关中国出版物的复印件共418页，其中的日本出版物已经过公证认证，中国出版物已经过复印件出具者证明，该证据用以证明对车身整体进行观察的方法；

证据5：相关日本出版物及其中文译文和相关中国出版物的复印件共438页，该证据用以证明本专利的前灯是惯常设计；

证据6：相关日本出版物及其中文译文和相关中国出版物的复印件共496页，该证据用以证明本专利的后窗及C柱是惯常设计；

证据7：国家知识产权局网站下载的本专利的黑白图片的复印件共7页；

证据8：经公证的调查结果（涉及本专利与证据1是否相近似的问题）复印件及其统计结果的复印件共381页；

证据9：经公证的调查结果（涉及本专利与证据2是否相近似的问题）复印件及其统计结果的复印件共382页。

请求人认为，在本专利申请日之前公开发表的证据1和证据2分别公开了汽车的外观设计，本专利与证据1记载的汽车外观设计相比较，主要不同之处是前大灯、C柱及后窗，本专利的前大灯只不过采用了通常的前灯形状，C柱及后窗是被众多汽车采用的众所周知的设计，在对汽车车身进行观察时，C柱及后窗的形状对视觉效果的影响是很有限的。本专利和证据1记载的外观设计相近似。本专利与附件2记载的汽车外观设计相比较，其结果与附件1比较的结果相同。

经形式审查合格后，专利复审委员会受理了上述无效宣告请求，并于2009年1月20日将无效宣告请求书及相关附件的副本转给专利权人，要求其在指定的期限内答复。专利权人逾期未答复。

专利复审委员会于2009年3月25日向双方当事人发出口头审理通知书，定于2009年4月29日进行口头审理。

口头审理如期举行，双方当事人均委托代理人出庭。双方均对对方出庭人员的身份资格没有异议，均对合议组成员没有回避请求。专利权人提交了针对无效宣告请求书的意见陈述书，合议组当庭将其转送请求人，告知请求人可以在口头审理结束后指定期限内陈述意见。

在口头审理当中涉及的主要内容如下：

（1）请求人提交了证据1至证据4、证据8、证据9的原件。当庭查明证据5和证据6各由三部分出版物组成，第一部分是从证据4中选出的相关页，第二部分是日本特许厅意匠公报的复印件，第三部分是从国家知识产权局网站下载的中国外观设计专利著录项目和图片的复印件。

（2）专利权人对证据1和证据2的真实性、合法性没有异议，但是认为证据1和证据2所刊载的都是之前丰田自动车株式会社获得专利权的汽车，请求人之前已经据此提出过无效宣告请求，并且已经审理结案。根据一事不再理的原则，证据1、证据2不能作为本案的证据使用。专利权人当庭提交了第10618号无效宣告请求审查决定，以作为一事不再理的证据。

（3）请求人认为，证据3和证据4包括多个汽车厂商从汽车的侧前方对汽车进行拍摄得到的图片，证明从汽车的侧前方进行观察的观察方法能够比较容易得到汽车的整体印象。专利权人对证据3的真实性、合法性没有异议，对其关联性提出质疑，对证据4的真实性、合法性和关联性均有异议。专利权人认为证据3不能证明从侧前方观察的观察方法，证据4包括了从其他方向观察的视图。

（4）请求人认为，证据5可以证明，本专利的车灯属于惯常设计，证据6可以证明本专利的C柱、后车窗属于惯常设计。专利权人对证据5和证据6的真实性、合法性、关联性有异议，认为公证认证手续存在缺陷。专利权人认为，证据5显示的车灯大小不同，不能证明本专利的车灯是惯常设计。证据6不能证明本专利C柱、后车窗属于惯常设计。

（5）请求人认为，证据8、证据9可以证明一般消费者判断本专利和证据1、证据2记载的外观设计是相近似，公证过程和结果在公证书中有清楚的记载，公证过程也有记载，事实过程也是按照记载过程做的，并且有公证员的监督。专利权人对证据8、证据9的客观性和合法性提出质疑。

（6）双方当事人就本专利和证据1和证据2记载的外观设计的相近似性进行了辩论。2009年5月15日，请求人提交了意见陈述书，针对上述口头审理中涉及的内容陈述了意见。请求人认为专利权人关于一事不再理的主张不能成立，从侧前角度对汽车进行观察能够比较容易得到汽车的整体印象，本专利和在先设计的区别属于惯常设计。关于证据8、证据9的市场调查结果，请求人认为调查结果真实、客观、中立。

在上述审理的基础上，合议组经合议，认为本案事实清楚，依法做出本审查决定。

二、决定的理由

1. 法律依据

基于请求人提出的无效宣告请求的理由，合议组依据专利法第23条的规定对本案进行审理。

专利法第23条规定，授予专利权的外观设计，应当同申请日以前在国内外出版物上公开发表过或者国内公开使用过的外观设计不相同和不相近似，并不得与他人在先取得的合法权利相冲突。

2. 关于一事不再理

请求人提交的证据1是经公证认证的日本出版物《Gainer》的封面、封底、234页和235页的彩色复印件，该出版物的发行日期是2005年4月1日；请求人提交的证据2是经公证、认证的日本出版物《新型Vitz的一切》的彩色复印件，在口头审理时提交了出版物《新型Vitz的一切》原件1册，该出版物的发行日期是2005年3月24日。请求人在提交上述两证据的同时提交了相关的中文译文。专利权人对上述两证据的真实性无异议，但是认为上述两证据所刊载的都是之前丰田自动车株式会社获得专利权的汽车，请求人之前提出过的无效宣告请求所依据的证据（第200530116577.0号中国外观设计专利的著录项目和图片）记载的就是上述汽车，专利复审委员会经审理做出了第10618号无效宣告请求审查决定，根据“一事不再理”的原则，证据1和证据2不能作为本案的证据使用。

合议组认为：证据1和证据2的发行日期均早与本专利的申请日，属于本专利申请日之前的公开出版物；证据1是名称为《Gainer》的日本出版物，证据2是名称为《新型Vitz的一切》的日本出版物，而第10618号无效宣告请求审查决定依据的证据是第200530116577.0号中国外观设计专利，两次无效宣告请求所依据的证据并不相同；本案的请求无效宣告的理由是专利法第23条，而第10618号无效宣告请求审查决定涉及的无效宣告理由是专利法第9条，因此，依据证据1和证据2提出本次无效宣告请求不违反一事不再理原则。合议组对专利权人的上述主张不予支持，对证据1和证据2予以采纳。

3. 关于专利法第 23 条

（1）相同和相近似比较。

证据 7 是从国家知识产权局网站下载的本专利的黑白视图，包括主视图、后视图、左视图、右视图、俯视图和立体图。请求人提交该证据的目的，是将黑白图片显示的本专利同在先设计进行比较。经合议组核实，证据 7 的内容真实，予以采纳。证据 1 和证据 2 分别记载了汽车的外观设计，使用本专利的产品也是汽车，用途相同，因此，本专利同上述证据记载的外观设计具有可比性。

证据 1 记载的是一款旧型丰田 Vitz 汽车的外观设计（下称在先设计 1）。从图片上观察，在先设计 1 整体为两厢式车型，前窗呈梯形；格栅为三分式，由上格栅、凹进的前保险杠和下格栅组成；前格栅两侧具有雾灯；前大灯呈枣核形状；前门车窗和后门车窗组成豆荚形侧窗；后窗呈梯形；后灯呈鳍状；后背门向外凸出，后保险杠中部是安装牌照的凹进处，牌照两侧具有灯具（详见在先设计 1 的附图）。

证据 2 记载的是一款新型丰田 Vitz 汽车的外观设计（下称在先设计 2）。从图片上观察，在先设计 2 整体为两厢式车型，前窗呈梯形；格栅为三分式，由上格栅、凹进的前保险杠和下格栅组成；前格栅两侧具有长条体保护的雾灯；前大灯呈枣核形状；前门车窗和后门车窗组成豆荚形侧窗；后窗呈梯形；后灯呈鳍状；后背门向外凸出，后保险杠中部是安装牌照的凹进区域（详见在先设计 2 的附图）。

本专利的前窗呈梯形；格栅为三分式，由上格栅、凹进的前保险杠和下格栅组成；前格栅两侧具有雾灯；前大灯呈鳍状；本专利的车窗呈一体化设计，前门窗、后门窗、后厢窗和后车窗共同组成围绕车身侧部和后部的车窗区域；后灯呈鳍状；后背门向外凸出，后保险杠中部是安装牌照的凹进区域（详见本专利的附图）。

将本专利与在先设计 1 相比较，合议组认为：从整体视觉观察，二者车身的整体基本轮廓的形状相同，一些组成部分的具体形状及布局等方面存在相同或者相近似之处，但是车身的基本轮廓形状是由空气动力学的要求所决定的，即由功能所决定的；本专利和在先设计 1 的前大灯设计明显不同，本专利的后门窗至后窗之间的区域具有后厢窗而在先设计 1 没有，上述不同部分都是对视觉效果产生影响的部位，导致二者整体车身的视觉效果差别明显，对一般消费者而言，上述差别对二者的整体视觉效果具有显著的影响，因此应认定二者属于不相同且不相近似的外观设计。

将本专利与在先设计 2 相比较，合议组认为：从整体视觉观察，二者车身整体的基本轮廓的形状相同，一些组成部分的具体形状及布局等方面存在相同或者相近似之处，但是车身的基本轮廓形状是由空气动力学的要求所决定的，即由功能所决定的；本专利和在先设计 2 的前大灯设计明显不同，本专利的后门窗至后窗之间的区域具有后厢窗而在先设计 2 没有，上述不同部分都是对视觉效果产生影响的部位，导致二者整体车身的视觉效果差别明显，对一般消费者而言，上述差别对二者的整体视觉效果具有显著的影响，因此应认定二者属于不相同且不相近似的外观设计。

（2）关于对车身整体进行观察的方法。

请求人试图用证据 3 和证据 4 证明，从侧前角度对汽车车身整体进行观察，在汽车领域是普遍的做法。专利权人对证据 3 的真实性、合法性没有异议，对其关联性提出质疑，对证据 4 的真实性、合法性和关联性均有异议。专利权人认为证据 3 不能证明从侧前方观察的观察方法，证据 4 包括了从其他方向观察的视图。对此，合议组认为，请求人提交的证据 3 和证据 4 中包含一些汽车广告中的图片，上述图片仅可以证明在商业宣传中常采用从侧面对汽车进行拍摄的拍摄手法；在侧前角度对汽车进行拍摄时汽车的前脸处于视觉瞩目的位置。根据审查指南的规定，对外观设计应当采用整体观察综合判断的方式进行相近似性判断，所谓整体观察、综合判断的方式是指由被比设计的整体来确定是否与在先设计相同或者相近似，而不从外观设计的部分或者局部出发得出与在先设计是否相同或者相近似的结论。因此，专利复审委员会对外观设计相近似性的判断属于一个法律适用的过程，必须遵循审查指南上述规定，即对外观设计的各组成部分进行整体观察，商业宣传中汽车广告采用的拍摄手法对上述判断方式没有任何约束力，而包括汽车前脸在内的汽车各个部位的设计均对汽车的整体视觉效果具有贡献，也均需在相近似判断中予以考虑。故合议组对请求人提出的从侧前角度对汽车车身进行观察来获得汽车整体印象的主张不予支持。

（3）关于前大灯的设计。

请求人试图用证据5证明本专利的前大灯属于惯常设计。专利权人对证据5真实性、合法性、关联性有异议，认为公证认证手续存在缺陷。合议组认可该证据的真实性，因为其中需要公证认证的部分和需要证明的部分已经履行了完备手续，属于专利文献的部分从国家知识产权局的网站即可获得，并且专利权人没有提供任何反证证明其不真实。请求人主张其所谓的前大灯的惯常设计是指：车灯内侧边与汽车轮廓线构成平行的走向，都是流线型，车灯外侧底部为小三角等，对此合议组认为：本专利前大灯的设计是否是惯常设计取决于在一般消费者看来，其前大灯采用的形状在该类产品中是否是惯常的，请求人既未清楚说明本专利前大灯所采用的形状是惯常的，其提交的证据5中的超过一百个前大灯设计的形状也存在差异，并没有和本专利的前大灯采用相同的形状设计。因此，证据5不能证明本专利的前大灯属于惯常设计。合议组对请求人提出的上述主张不予支持。

（4）关于后门窗至后窗之间区域的设计。

请求人试图用证据6证明本专利的C柱和后窗属于惯常设计。专利权人对证据6的真实性、合法性、关联性有异议，认为公证认证手续存在缺陷。合议组认可该证据的真实性，因为其中需要公证认证的部分和需要证明的部分已经履行了完备手续，属于专利文献的部分从国家知识产权局的网站即可获得，专利权人没有提供任何反证证明其不真实。请求人主张：大部分两厢车在后门窗至后窗间开有窗户是惯常设计，对此合议组认为：本专利的后门窗至后窗之间区域设计是否是惯常设计取决于在一般消费者看来，其后门窗至后窗之间区域形状的设计在该类产品中是否是惯常的，请求人既未清楚说明本专利后门窗至后窗之间区域的形状设计是惯常的，其提交的证据6中的超过200个后门窗至后窗之间的区域的设计也存在差异，没有两个汽车的所述区域的形状设计是相同的。因此，证据6不能证明本专利的后门窗至后窗之间的区域属于惯常设计。合议组对请求人提出的上述主张不予支持。

（5）关于调查结果。

请求人试图用证据8证明一般消费者判断本专利和证据1记载的外观设计是相近似的，用证据9证明一般消费者判断本专利和证据2记载的外观设计是相近似的。专利权人对证据8、9的客观性和合法性提出质疑。

合议组认为，相近似性的判断属于应该由专利复审委员会根据相关法律法规和行政规章的规定予以裁判的法律问题，相关的市场调查结果对专利复审委员会不具有约束力；审查指南规定的判断主体不等同于实际生活中的个体消费者，将实际个体消费者作出的相近似性判断结果作为法律上的相近似性认定的证据不符合审查指南的规定。基于上述理由，合议组对证据8和证据9不予采纳。

综上所述，请求人提交的所有证据不能支持其无效请求的理由。

三、决定

维持200630003744.5号外观设计专利权有效。

当事人对本决定不服的，可以根据专利法第46条第2款的规定，自收到本决定之日起三个月内向北京市第一中级人民法院起诉。根据该款的规定，一方当事人起诉后，另一方当事人应当作为第三人参加诉讼。

本专利附图

在先设计 1 附图

在先设计 2 附图

北京市第一中级人民法院
行政判决书

（2009）一中知行初字第2531号

原告丰田自动车株式会社，住所地日本国爱知县丰田市丰田町1番地。

法定代表人内山田竹志，副董事长。

委托代理人柳春雷，女，北京东方亿思知识产权代理有限责任公司专利代理人。

委托代理人肖善强，男，北京东方亿思知识产权代理有限责任公司专利代理人。

被告中华人民共和国国家知识产权局专利复审委员会，住所地中华人民共和国北京市海淀区北四环西路9号银谷大厦10~12层。

法定代表人张茂于，副主任。

委托代理人吴大章，男，中华人民共和国国家知识产权局专利复审委员会审查员。

委托代理人郭鹏鹏，男，中华人民共和国国家知识产权局专利复审委员会审查员。

第三人长城汽车股份有限公司，住所地中华人民共和国河北省保定市朝阳南大街2266号。

法定代表人魏建军，董事长。

委托代理人董慧芳，北京市永新智财律师事务所律师。

委托代理人贾庆忠，北京市永新智财律师事务所律师。

原告丰田自动车株式会社（以下简称丰田株式会社）不服被告中华人民共和国国家知识产权局专利复审委员会（以下简称专利复审委员会）于2009年6月25日作出的第13607号无效宣告请求审查决定（以下简称第13607号决定），向本院提起行政诉讼。本院于2009年10月23日受理后，依法组成合议庭，并按照法律规定通知长城汽车股份有限公司（以下简称长城公司）作为第三人参加诉讼。2009年12月9日，本院公开开庭审理了本案。原告丰田株式会社的委托代理人柳春雷、肖善强，被告专利复审委员会的委托代理人吴大章、郭鹏鹏，第三人长城公司的委托代理人董慧芳、贾庆忠到庭参加了诉讼。本案现已审理终结。

2009年6月25日，专利复审委员会就丰田株式会社针对长城公司享有的专利号为200630003744.5、名称为“汽车”的外观设计专利（以下简称本专利）提出的无效宣告请求作出第13607号决定，内容如下：

（1）关于一事不再理。

证据1和证据2的发行日期均早与本专利的申请日，属于本专利申请日之前的公开出版物；证据1是名称为《Gainer》的日本出版物，证据2是名称为《新型Vitz的一切》的日本出版物，而第10618号无效宣告请求审查决定依据的证据是第200530116577.0号中国外观设计专利，两次无效宣告请求所依据的证据并不相同；本案的请求无效宣告的理由是《中华人民共和国专利法》（以下简称《专利法》）第二十三条，而第10618号无效宣告请求审查决定涉及的无效宣告理由是《专利法》第九条。因此，依据证据1和证据2提出本次无效宣告请求不违反一事不再理原则，对证据1和证据2予以采纳。

（2）关于涉及《专利法》第二十三条的内容。

①相同和相近似比较。证据7是从中华人民共和国国家知识产权局（以下简称国家知识产权局）网站下载的本专利的黑白视图，包括主视图、后视图、左视图、右视图、俯视图和立体图。证据7的

内容真实，予以采纳。证据1和证据2分别记载了汽车的外观设计，使用本专利的产品也是汽车，用途相同，因此，本专利同上述证据记载的外观设计具有可比性。证据1记载的是一款旧型丰田 Vitz 汽车的外观设计（以下简称在先设计1）。将本专利与在先设计1相比较，从整体视觉观察，二者车身的整体基本轮廓的形状相同，一些组成部分的具体形状及布局等方面存在相同或者相近似之处，但是车身的基本轮廓形状是由空气动力学的要求所决定的，即由功能所决定的；本专利和在先设计1的前大灯设计明显不同，本专利的后门窗至后窗之间的区域具有后厢窗而在先设计1没有，上述不同部分都是对视觉效果产生影响的部位，导致二者整体车身的视觉效果差别明显，对一般消费者而言，上述差别对二者的整体视觉效果具有显著的影响，因此应认定二者属于不相同且不相近似的外观设计。证据2记载的是一款新型丰田 Vitz 汽车的外观设计（以下简称在先设计2）。将本专利与在先设计2相比较，从整体视觉观察，二者车身整体的基本轮廓的形状相同，一些组成部分的具体形状及布局等方面存在相同或者相近似之处，但是车身的基本轮廓形状是由空气动力学的要求所决定的，即由功能所决定的；本专利和在先设计2的前大灯设计明显不同，本专利的后门窗至后窗之间的区域具有后厢窗而在先设计2没有，上述不同部分都是对视觉效果产生影响的部位，导致二者整体车身的视觉效果差别明显，对一般消费者而言，上述差别对二者的整体视觉效果具有显著的影响，因此应认定二者属于不相同且不相近似的外观设计。

②关于对车身整体进行观察的方法。丰田株式会社提交的证据3和证据4中包含一些汽车广告中的图片，上述图片仅可以证明在商业宣传中常采用从侧面对汽车进行拍摄的拍摄手法；在侧前角度对汽车进行拍摄时汽车的前脸处于视觉瞩目的位置。根据《审查指南》的规定，对外观设计应当采用整体观察综合判断的方式进行相近似性判断，所谓整体观察、综合判断的方式是指由被比设计的整体来确定是否与在先设计相同或者相近似，而不从外观设计的部分或者局部出发得出与在先设计是否相同或者相近似的结论。因此，专利复审委员会对外观设计相近似性的判断属于一个法律适用的过程，必须遵循《审查指南》上述规定，即对外观设计的各组成部分进行整体观察，商业宣传中汽车广告采用的拍摄手法对上述判断方式没有任何约束力，而包括汽车前脸在内的汽车各个部位的设计均对汽车的整体视觉效果具有贡献，也均需在相近似判断中予以考虑。故对丰田株式会社提出的从侧前角度对汽车车身进行观察来获得汽车整体印象的主张不予支持。

③关于前大灯的设计。本专利前大灯的设计是否是惯常设计取决于在一般消费者看来，其前大灯采用的形状在该类产品中是否是惯常的，丰田株式会社既未清楚说明本专利前大灯所采用的形状是惯常的，其提交的证据5中的超过100个前大灯设计的形状也存在差异，并没有和本专利的前大灯采用相同的形状设计。因此，证据5不能证明本专利的前大灯属于惯常设计。

④关于后门窗至后窗之间区域的设计。本专利的后门窗至后窗之间区域设计是否是惯常设计取决于在一般消费者看来，其后门窗至后窗之间区域形状的设计在该类产品中是否是惯常的，丰田株式会社既未清楚说明本专利后门窗至后窗之间区域的形状设计是惯常的，其提交的证据6中的超过二百个后门窗至后窗之间的区域的设计也存在差异，没有两个汽车的所述区域的形状设计是相同的。因此，证据6不能证明本专利的后门窗至后窗之间的区域属于惯常设计。

⑤关于调查结果。相近似性的判断属于应该由专利复审委员会根据相关法律法规和行政规章的规定予以裁判的法律问题，相关的市场调查结果对专利复审委员会不具有约束力。《审查指南》规定的判断主体不等同于实际生活中的个体消费者，将实际个体消费者做出的相近似性判断结果作为法律上的相近似性认定的证据不符合《审查指南》的规定。基于上述理由，对证据8和证据9不予采纳。综上所述，丰田株式会社提交的所有证据不能支持其无效请求的理由。专利复审委员会作出第13607号决定，维持本专利权有效。

原告丰田株式会社诉称：第13607号决定认定事实不清，适用法律错误，具体理由如下：

（1）法律适用的问题。根据《审查指南》第四部分第五章第4小节的规定，只有产品的形状是由功能唯一限定的情况下，才能在外观设计的比较时排除相关设计内容。第13607号决定认为“车身的基本轮廓形状是由空气动力学的要求所决定的，即由功能所决定”，所以在比较时排除了车身的基本轮廓形状，显然违反上述规定。因为汽车的车身轮廓设计在考虑空气动力学的前提下，可以具有多种特定形状，并不具有唯一性。很显然，所有汽车的设计都考虑了空气动力学，但是汽车的车身基本轮廓是各种各样的，并不尽相同，所以车身基本轮廓不是由空气动力学要求所唯一限定的。因此不应该在外观设计的比较中予以排除。更重要的是，一般消费者了解：车身基本轮廓形状是影响汽车外观设计整体视觉印象的主要因素之一。其次，在车身的基本轮廓形状是否是影响汽车外观设计整体视觉效果的因素的问题上，被告在其作出的其他决定中，认为车身的基本轮廓形状在判断两个外观设计的相同相近似时应当予以考虑。例如，在涉及原告的第11143号无效宣告请求审查决定中，被告在评价涉案专利的车辆和在先设计车辆的相似时，强调了车辆整体造型、各组成部分的设计以及形状比和位置等基本相近似这一点，认定两个汽车的外观设计是相近似的外观设计。原告认为被告对类似案件应保持相同的审查标准，使得专利权人面对无效程序能够有法可依，有据可循，能够得到公平待遇。

（2）被告认定的事实有误。①原告在无效程序中提交的证据3和证据4旨在证明对于汽车这一类产品，普通消费者以从产品的侧前角度进行观察更容易进行整体观察，从而对汽车整体印象有直观的了解。原告认为，可以先通过从侧前方角度拍摄的照片来把握整个车身的大致印象，而后从其他的角度进行观察来获得汽车整体的印象，采用这样的观察方法能够更确切地获得汽车整体的印象。本专利与在先设计1比较，两者车身的基本轮廓形状完全相同，两者都具有现代感的流线型轮廓，都具有紧凑的车身，给一般消费者以轻快、动感、活泼的整体印象。两者的主要组成部分的布局、具体形状以及位置、比例关系都相同或者近似。从主视图来看，二者的前窗、车前盖、前脸、前格栅、进风口形状都是相同或相似的，二者的前保险杠及前保险杠上的灯的布置都是近似的，另外前格栅、进风口、前保险杠、前大灯，以及前保险杠两端的辅助灯的位置、布局都是几乎相同的，仅前大灯的形状略有不同。从侧视图来看，二者都是两厢车，各车门、车轮盖、前侧窗等都是相同或相似的，车身侧面曲线相似，两者的区别之处仅在于C柱部分（后侧窗和后窗之间的区域）略有不同。从后视图来看，二者的后窗、车后盖、后车灯都是相同或相似的。通过以上本专利和在先设计1各视图的比较结果可知，本专利与在先设计1基本轮廓几乎完全相同，所比较的各部件的位置、布局和形状都相同或相似，仅有的区别在于前大灯的形状和C柱部分。但这两点区别对汽车整体视觉效果根本不具有显著影响。②关于前灯。本专利与在先设计1的前灯均位于前格栅的左右两侧的车身棱线交界处，都呈现基本沿车身棱线方向斜向延伸的形状，都是嵌在车身曲面之下与车身曲面形成圆滑的配合，唯一的区别仅在于：本专利的前灯侧方底部附近添加有微小的三角形突起部。上述不同点占前灯面积之比非常小，占整个车身的面积比更是完全可以忽略。也就是说，两个前大灯的基本形状是相似，只是在角落处略有差别。即便仅对前灯这一产品而言，上述差别都是不明显的；再考虑到这点差别对整个汽车的影响，上述区别属于整体车体的局部细微差别，对于汽车整体设计的影响更是完全可以忽略不计。③关于C柱部分。首先，对于本专利的车身后部C柱部分，不应考虑色彩对视觉效果的影响，因为本专利不要求保护色彩。具体来说，应不考虑C柱部分被着的色彩（黑色）来进行外观设计的相似性判断。本专利的C柱部分由与后侧窗和后窗相同的材料平滑连接车后侧窗和车后窗而形成，而在在先设计1中，C柱部分是与车身一体的并由与车身主体材料相同的金属材料构成。本专利的C柱部分与在先设计1的实际差异是很小的，而且这种差异只不过是将该部分替换成另外一种惯常设计而已。所以，这种差异对整体视觉效果的影响很小，且在评价本外观设计与在先设计1的整体视觉效果时这种差异应不予考虑。因此，本专利与在先设计 1 是相似的外观设计。上述结论同样适用于本专利与在先设计 2 的比较。综上，原告请求人民法院判令撤销被告作出的第 13607 号决定。

被告专利复审委员会辩称：坚持在第 13607 号决定中的意见。另外需要指出的是，相同相近似判断属于法律适用问题，并非事实认定。原告把相同相近似性判断归结为事实认定问题，系法律认识错误。原告所援引的其他案件处理决定与本案无关。综上，第 13607 号决定认定事实清楚，适用法律正确，原告的诉讼理由不能成立，请求人民法院驳回原告的诉讼请求，维持该决定。

第三人长城公司述称：（1）本专利与在先设计 1 在整体形状、各组成部分的设计上存在显著的差异，是不同的外观设计。本专利的外观设计棱角分明，给人硬朗、明快、简约、粗放的整体视觉，而在先设计 1 所公开的外观设计的浑厚、圆润、细腻流畅，因此，两车的设计风格和整体视觉效果迥然不同。另外，两车的车前部、车侧部、车后部等部位差别明显。汽车工业经过一百多年的发展，基本形状和基本结构的设计已经十分成熟，整体形状和组成部分的任何变化都会对整体视觉效果产生显著的影响。同样，本专利与在先设计 2 在整体形状、各组成部分的设计上存在显著的差异，为不同的外观设计。因此，本专利符合《专利法》第二十三条的规定。（2）本专利前灯、后窗和 C 柱是第三人的独特设计，不是通常采用的形状。原告从车侧前方对轿车车身整体进行观察的主张不符合《专利法》及《审查指南》的规定，外观设计应当采用整体观察、综合判断的方式进行相同或者相近似判断。不能从外观设计的部分或者局部出发得出与在先设计是否相同或者相近似的结论。专利复审委员会作出的第 10618 号无效宣告请求审查决定已经作出本专利与相关的外观设计不相近似的判断。原告并没有提出不同意见，也没有提起诉讼。原告的诉讼理由缺乏事实与法律依据，请求人民法院驳回原告的诉讼请求，维持第 13607 号决定。

本院经审理查明：

2006 年 2 月 17 日，长城公司向国家知识产权局申请第 200630003744.5 号，名称为“汽车”的外观设计专利（即本专利）。2007 年 2 月 7 日，本专利获得授权公告，专利权人为长城公司。本专利授权公告的视图包括主视图、左视图、右视图、后视图、俯视图和立体图。从其公告文本上可以认定本专利的前窗呈梯形；格栅为三分式，由上格栅、凹进的前保险杠和下格栅组成；前格栅两侧具有雾灯；前大灯呈鳍状；本专利的车窗呈一体化设计，前门窗、后门窗、后厢窗和后车窗共同组成围绕车身侧部和后部的车窗区域；后灯呈鳍状；后背门向外凸出，后保险杠中部是安装牌照的凹进区域（见附图 1）。

针对本专利，丰田株式会社于 2008 年 12 月 19 日向专利复审委员会提出无效宣告请求，理由是本专利不符合《专利法》第二十三条的规定。同时，丰田株式会社提交了 9 份证据，其中：证据 1 系经公证、认证的出版物《Gainer》的复印件及其中文译文的复印件 29 页（包括公证、认证文件的复印件，即在先设计 1）。在先设计 1 的公开时间为 2005 年 4 月 1 日，其公开了一款旧型丰田 Vitz 汽车的外观设计。从图片上观察，在先设计 1 整体为两厢式车型，前窗呈梯形；格栅为三分式，由上格栅、凹进的前保险杠和下格栅组成；前格栅两侧具有雾灯；前大灯呈枣核形状；前门车窗和后门车窗组成豆荚形侧窗；后窗呈梯形；后灯呈鳍状；后背门向外凸出，后保险杠中部是安装牌照的凹进处，牌照两侧具有灯具（见附图 2）。证据 2 是经公证、认证的出版物《新型 Vitz 的一切》复印件及其中文译文的复印件 69 页（其中包括公证、认证文件的复印件，即在先设计 2）。在先设计 2 的公开时间为 2005 年 3 月 24 日，其公开了一款新型丰田 Vitz 汽车的外观设计。从图片上观察，在先设计 2 整体为两厢式车型，前窗呈梯形；格栅为三分式，由上格栅、凹进的前保险杠和下格栅组成；前格栅两侧具有长条体保护的雾灯；前大灯呈枣核形状；前门车窗和后门车窗组成豆荚形侧窗；后窗呈梯形；后灯呈鳍状；后背门向外凸出，后保险杠中部是安装牌照的凹进区域（见附图 3）。证据 3 是经公证的从互联网上有关汽车生产厂商的网站下载的网页的复印件共55页。证据4系相关日本出版物及其中文译文和相关中国出版物的复印件共418页，其中的日本出版物已经过公证认证，中国出版物已经过复印件出具者证明。证据5系相关日本出版物及其中文译文和相关中国出版物的复印件共438页。证据6系相关日本出版物及其中文译文和相关中国出版物的复印件共496页。证据7是国家知识产权局网站下载的本专利的黑白图片的复印件共7页。证据8是经公证的调查结果（涉及本专利与证据1是否相近似的问题）复印件及其统计结果的复印件共381页。证据9是经公证的调查结果（涉及本专利与证据2是否相近似的问题）复印件及其统计结果的复印件共382页。

2009年4月29日，专利复审委员会进行了口头审理。在口头审理过程中，长城公司对证据1和证据2的真实性、合法性没有异议，但是认为证据1和证据2所刊载的都是之前丰田株式会社获得专利权的汽车，丰田株式会社之前已经据此提出过无效宣告请求，并且已经审理结案。根据一事不再理的原则，证据1和证据2不能作为本案的证据使用。长城公司提交了第10618号无效宣告请求审查决定，以作为一事不再理的证据。原告在口头审理过程中主张，本专利与在先设计的前灯相近似，差别在于，本专利前灯外侧边底部有三角，三角在前灯整体面积中所占比例非常小，区别是细微的。本专利C柱开有小窗户，这仅仅是细微的差别，对整体视觉效果没有显著的影响。

2009年6月25日，被告作出第13607号决定。于同年7月2日，通过邮寄方式向原告送达。原告不服，于2009年10月16日向本院提起诉讼。

在本案审理过程中，原告对第13607号决定中关于本专利外观以及在先设计1和在先设计2外观的描述没有异议。

上述事实，有被告在法定期限内提交并经庭审质证的本专利授权公告文本、在先设计1、在先设计2、口头审理记录表及当事人无争议的陈述等证据在案佐证。

本院认为：

《专利法》第二十三条规定，授予专利权的外观设计，应当同申请日以前在国内外出版物上公开发表过或者国内公开使用过的外观设计不相同和不相近似，并不得与他人在先取得的合法权利相冲突。本案中，在先设计1和2的公开时间在本专利申请日之前，在先设计1和2以及本专利均为汽车，属于相同类别的产品。因此，在先设计1和2可以用于评价本专利是否符合《专利法》第二十三条的规定。

将本专利与在先设计1相比较，二者的相同点在于：二者均为两厢车，车头、车身的形状、轮廓相同。前格栅、进风口的位置、形状相同。前大灯、前保险杠以及前保险杠两端的辅助等的位置、布局几乎相同。二者的主要差别在于：前大灯存在一些差别；车尾存在细小的差别；本专利的后门窗至后窗之间的区域具有后厢窗而在先设计1没有。一般消费者经过对本专利与在先设计1的整体观察可以看出，上述差别属于局部的细微差别，对汽车产品外观设计的整体视觉效果不具有显著的影响。因此，本专利与在先设计1属于相近似的外观设计。被告认定本专利与在先设计1属于不相近似的外观设计缺乏事实依据。另外，被告关于车身的基本轮廓形状是由空气动力学的要求所决定的，即由功能所决定的认定缺乏事实依据，且该认定与判断本专利与在先设计1是否相近似无关。

将本专利与在先设计2相比较，二者的共同点在于：二者均为两厢车，车头、车身的形状、轮廓相同。前格栅、进风口的位置、形状相同。前大灯、前保险杠以及前保险杠两端的辅助等的位置、布局几乎相同。二者的主要差别在于：前大灯存在一些差别；车尾存在细小的差别；本专利的后门窗至后窗之间的区域具有后厢窗而在先设计2没有。一般消费者经过对本专利与在先设计2的整体观察可以看出，上述差别属于局部的细微差别，对汽车产品外观设计的整体视觉效果不具有显著的影响。因此，本专利与在先设计2属于相近似的外观设计。被告认定本专利与在先设计2属于不相近似的外观设计缺乏事实依据，本院不予支持。另外，被告关于车身的基本轮廓形状是由空气动力学的要求所决定的，即由功能所决定的认定缺乏事实依据，且该认定与判断本专利与在先设计 2 是否相近似无关，本院亦不予支持。

综上，被告作出第 13607 号决定的主要证据不足，依法应予撤销。故，依照《中华人民共和国行政诉讼法》第五十四条第（二）项第 1 目之规定，判决如下：

一、撤销被告中华人民共和国国家知识产权局专利复审委员于二〇〇九年七月二日作出的第 13607 号无效宣告请求审查决定；

二、被告中华人民共和国国家知识产权局专利复审委员会于本判决生效后就丰田自动车株式会社针对第 200630003744.5 号外观设计专利权提出的无效宣告请求重新作出决定。

案件受理费人民币 100 元，由被告中华人民共和国国家知识产权局专利复审委员会负担（于本判决生效之日起 7 日内交纳）。

如不服本判决，原告丰田自动车株式会社可在判决书送达之日起 30 日内，被告中华人民共和国国家知识产权局专利复审委员会以及第三人长城汽车股份有限公司可在判决书送达之日起 15 日内，向本院递交上诉状及其副本，并交纳上诉案件受理费人民币 100 元，上诉于中华人民共和国北京市高级人民法院。

审 判 长 饶亚东
审 判 员 刘景文
代理审判员 江建中
二〇〇九年十二月二十八日
书 记 员 王 丽

主视图　左视图

后视图　右视图

俯视图　立体图 1　立体图 2

本专利附图

在先设计 1 附图

在先设计 2 附图

358

大班椅脚（E620）

无效宣告请求审查决定（第13612号）

决　定　号　第13612号
决　定　日　2009年7月3日
发明创造名称　大班椅脚（E620）
外观设计分类号　06-06
无效宣告请求人　邓庆乐
专 利 权 人　黄旭明
专　利　号　02364354.4
申　请　日　2002年11月5日
授权公告日　2003年7月2日
合议组组长　王霞军
主　审　员　张　凌
参　审　员　尹春霞
附　　　图　1页

法律依据　专利法第9条
决定要点
本专利与他人在先申请、在后公开的外观设计相近似，其不符合专利法第9条的规定。

一、案由

本无效宣告请求涉及国家知识产权局于2003年7月2日授权公告的名称为“大班椅脚（E620）”的02364354.4号外观设计专利，其申请日为2002年11月5日，专利权人为黄旭明。

针对上述专利权（下称本专利），邓庆乐（下称请求人）于2009年4月13日向专利复审委员会提出无效宣告请求，理由是本专利不符合专利法第23条和专利法实施细则第13条第1款的规定。请求人同时提交如下附件作为证据：

附件1：本专利著录项目信息及其外观图片下载打印件，共1页；

附件2：02364682.9号外观设计专利著录项目信息及其外观图片下载打印件，共1页；

附件3：461345号美国外观设计专利说明书复印件及其中文译文，共4页；

附件4：DM/055115号工业品外观设计说明书复印件及其中文译文，共3页。

请求人认为，本专利与附件2系同人同日申请的外观设计专利，二者属于同样的发明创造，故本专利的授权不符合专利法实施细则第13条第1款的规定；本专利与附件3和附件4所示的外观设计相同或相近似，上述附件均在本专利申请日前公开，故本专利不符合专利法第 23 条的规定。

经形式审查合格后，专利复审委员会受理了上述无效宣告请求，并于 2009 年 4 月 13 日将无效宣告请求书及相关附件的副本转给专利权人，要求其在指定的期限内答复。

专利权人逾期未答复。

2009 年 4 月 29 日请求人针对上述无效宣告请求补充提交如下附件作为证据（编号续前）：

附件 5：02350282.7 号外观设计专利著录项目信息及其外观图片下载打印件，共 1 页。

请求人认为：附件 5 为他人在本专利申请日前申请、在后公开的外观设计专利，其公开的外观设计与本专利相近似，二者属于同样的发明创造，故本专利不符合专利法第 9 条的规定。

2009 年 5 月 14 日专利复审委员会向双方当事人发出合议组成员告知通知书，同时将请求人补充提交的意见陈述及其附件转送专利权人。

双方当事人逾期均未对上述合议组成员告知通知书陈述意见，视为其对合议组成员无回避请求。

专利权人对专利复审委员会发出的上述转送文件通知书逾期未答复，视为其已得知转送文件中所涉及的事实、理由和证据，并且未提出反对意见。

在上述审理的基础上，合议组经合议，认为本案事实清楚，依法作出本审查决定。

二、决定的理由

基于请求人提出无效宣告请求所依据的理由和证据，合议组进行了审查。

1. 关于专利法第 9 条

专利法第 9 条规定，两个以上的申请人分别就同样的发明创造申请专利的，专利权授予最先申请的人。

2. 证据认定

请求人提交的附件 5 是 02350282.7 号外观设计专利著录项目信息及其外观图片下载打印件。合议组经核实，该附件的内容与专利公报一致，其真实性可以确定，对其予以采信。该附件的申请日为 2002 年 8 月 1 日，早于本专利的申请日（2002 年 11 月 5 日），其公开日为 2003 年 8 月 6 日，申请人为广鑫精密塑胶制品（昆山）有限公司，属于他人在先申请、在后公开的外观设计专利，可以作为评价本专利是否符合专利法第 9 条的规定的证据，适用于本案。

3. 相同相近似比较

附件 5 与本专利公开的都是椅子的底座，二者用途相同，属于相同类别的产品，故将本专利与该附件所示的外观设计（下称对比设计）进行如下相同相近似对比。

本专利所示椅子底座呈五角星形，底座中心为圆形通孔，自底座中心向外延伸出 5 个支脚，支脚内部开有凹槽，支脚末端带有向下的折弯（详见本专利附图）。

对比设计所示底座呈五角星形，底座中心为圆形通孔，自底座中心向外延伸出 5 个支脚，支脚末端带有向下的折弯（详见在先设计附图）。

将本专利与对比设计相比，两者的形状是基本相同的。本专利与对比设计的区别在于本专利支脚内部开有凹槽，对比设计未公开其支脚内部的形状；本专利的圆形通孔略高于其支脚的最高处，对比设计的圆形通孔与其支脚最高处齐平。对此，合议组认为，支脚位于底座下面，使用时不易看到其内部的结构，底座正面所显示的形状对整体视觉效果更具有显著影响，在本专利与对比设计的整体形状基本相同的情况下，二者已形成整体相近似的视觉效果；本专利与对比设计在圆形通孔高度上的差别过于细微，亦不足以对二者的整体视觉效果产生显著影响；故本专利与对比设计属于相近似的外观设计。根据审查指南第四部分第七章的规定，专利法第 9 条所述的“同样的发明创造”对于外观设计而言，是指外观设计相同或者相近似。因此，本专利不符合专利法第 9 条的规定。

鉴于以上已得出本专利不符合专利法第 9 条的规定的结论，本决定对请求人提出的其他无效宣告理由和证据不再予以评述。

三、决定

宣告 02364354.4 号外观设计专利权全部无效。

当事人对本决定不服的，可以根据专利法第 46 条第 2 款的规定，自收到本决定之日起三个月内向北京市第一中级人民法院起诉。根据该款的规定，一方当事人起诉后，另一方当事人应当作为第三人参加诉讼。

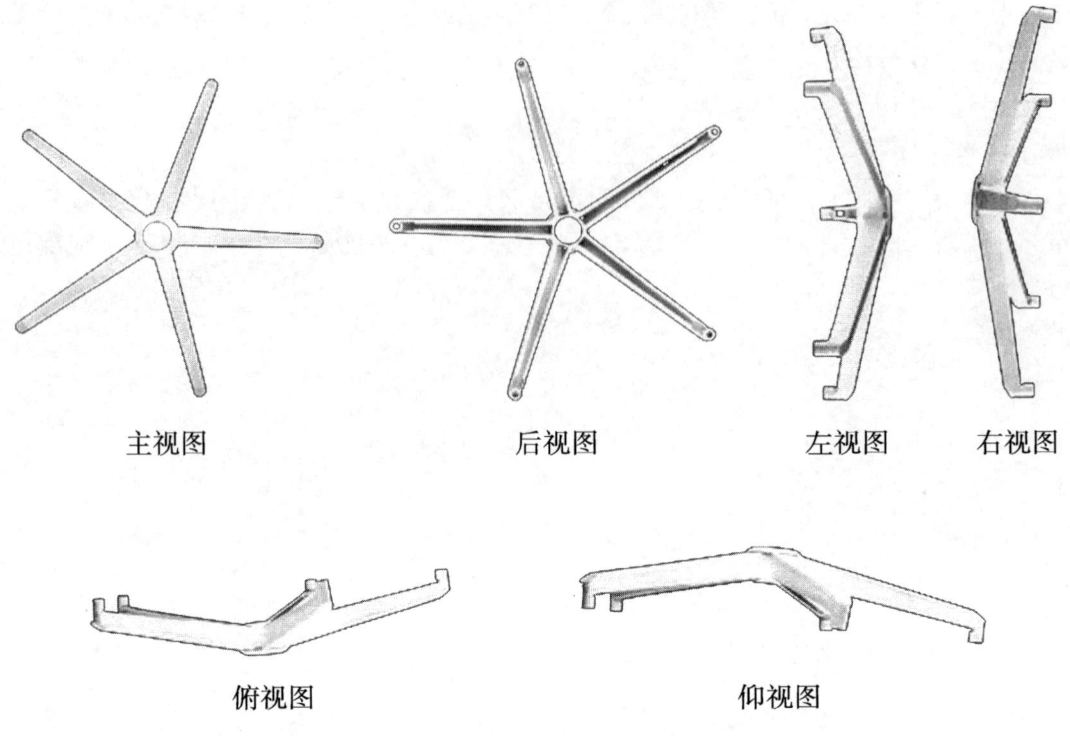

本专利附图

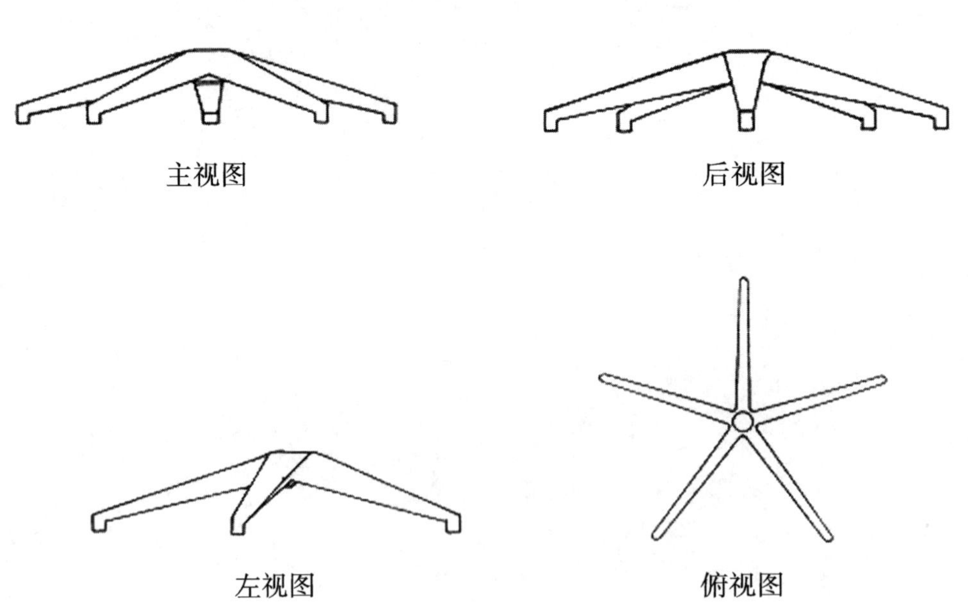

对比设计附图

359

大班椅脚（W650）

无效宣告请求审查决定（第13613号）

决　　定　　号 第13613号
决　　定　　日 2009年7月2日
发明创造名称 大班椅脚（W650）
外观设计分类号 06-06
无效宣告请求人 邓庆乐，佛山市顺德区龙江镇实达五金电器制品厂
专　利　权　人 黄旭明
专　　利　　号 02364682.9
申　　请　　日 2002年11月5日
授　权　公　告　日 2003年7月2日
合　议　组　组　长 王霞军
主　　审　　员 张　凌
参　　审　　员 尹春霞
附　　　　　图 1页

法　律　依　据 专利法第9条
决　定　要　点
本专利与他人在先申请、在后公开的外观设计基本相同，不符合专利法第9条的规定。

一、案由

本无效宣告请求涉及国家知识产权局于2003年7月2日授权公告的名称为“大班椅脚（W650）”的02364682.9号外观设计专利，其申请日为2002年11月5日，专利权人为黄旭明。

（一）第一次无效宣告请求

针对上述专利权（下称本专利），邓庆乐（下称第一请求人）于2009年4月13日向专利复审委员会提出无效宣告请求，理由是本专利不符合专利法第23条和专利法实施细则第13条第1款的规定。第一请求人同时提交如下附件作为证据：

附件1-1：本专利著录项目信息及其外观图片下载打印件，共1页；

附件1-2：02364354.4号外观设计专利著录项目信息及其外观图片下载打印件，共1页；

附件1-3：461345号美国外观设计专利说明书复印件及其中文译文，共4页；

附件1-4：DM/055115号工业品外观设计说明书复印件及其中文译文，共3页。

第一请求人认为，本专利与附件1-2系同人同日申请的外观设计专利，二者属于同样的发明创

造，故本专利的授权不符合专利法实施细则第 13 条第 1 款的规定；本专利与附件 1-3 和附件 1-4 所示的外观设计相同或相近似，上述附件均在本专利申请日前公开，故本专利不符合专利法第 23 条的规定。

经形式审查合格后，专利复审委员会受理了上述无效宣告请求，并于 2009 年 4 月 13 日将无效宣告请求书及相关附件的副本转给专利权人，要求其在指定的期限内答复。

2009 年 4 月 29 日第一请求人针对上述无效宣告请求补充提交如下附件作为证据（编号续前）：

附件 1-5：02350282.7 号外观设计专利著录项目信息及其外观图片下载打印件，共 1 页。

第一请求人认为：附件 1-5 为他人在本专利申请日前申请、在后公开的外观设计专利，其公开的外观设计与本专利相近似，二者属于同样的发明创造，故本专利不符合专利法第 9 条的规定。

2009 年 5 月 14 日专利复审委员会向双方当事人发出合议组成员告知通知书，同时将第一请求人补充提交的意见陈述及其附件转送专利权人。

双方当事人逾期均未对上述合议组成员告知通知书陈述意见，视为其对合议组成员无回避请求。

2009 年 6 月 18 日专利权人针对上述无效宣告请求提交了意见陈述，专利权人认为本专利与附件 1-2 至附件 1-5 中所示的外观设计均不相同且不相近似，本专利相对于上述外观设计符合专利法第 23 条和专利法实施细则第 13 条第 1 款的规定。

（二）第二次无效宣告请求

针对本专利，佛山市顺德区龙江镇实达五金电器制品厂（下称第二请求人）于 2009 年 4 月 13 日向专利复审委员会提出无效宣告请求，理由是本专利不符合专利法第 23 条、专利法第 9 条和专利法实施细则第 13 条第 1 款的规定。第二请求人同时提交如下附件作为证据：

附件 2-1：02350282.7 号外观设计专利著录项目信息及其外观图片下载打印件，共 1 页（同附件 1-5）；

附件 2-2：02340142.7 号外观设计专利著录项目信息及其外观图片下载打印件，共 1 页；

附件 2-3：99334376.7 号外观设计专利著录项目信息及其外观图片下载打印件，共 1 页；

附件 2-4：99334377.5 号外观设计专利著录项目信息及其外观图片下载打印件，共 1 页；

附件 2-5：01327719.7 号外观设计专利著录项目信息及其外观图片下载打印件，共 1 页。

第二请求人认为本专利与附件 2-1 和附件 2-2 所示的外观设计属于同样的发明创造，本专利不符合专利法第 9 条和专利法实施细则第 13 条第 1 款的规定；附件 2-3 至附件 2-5 均在本专利申请日前公开，本专利与上述外观设计相近似，故本专利不符合专利法第 23 条的规定。

经形式审查合格后，专利复审委员会受理了上述无效宣告请求，并于 2009 年 4 月 30 日将无效宣告请求书及相关附件的副本转给专利权人，要求其在指定的期限内答复。

2009 年 5 月 13 日第二请求人针对上述无效宣告请求补充提交了如下附件作为证据（编号续前）：

附件 2-6：99312276.0 号外观设计专利著录项目信息及其外观图片下载打印件，共 1 页。

第二请求人认为：附件 2-6 的公开时间早于本专利的申请日，其所示的外观设计与本专利相近似，故本专利不符合不符合专利法第 23 条的规定。

2009 年 5 月 14 日，专利复审委员会向双方当事人发出合议组成员告知通知书，双方当事人逾期均未答复，视为其对合议组成员无回避请求。

2009 年 5 月 25 日专利复审委员会向专利权人发出转送文件通知书，将第二请求人补充提交的意见陈述及其附件转送专利权人。

2009 年 6 月 18 日，专利权人针对上述无效宣告请求提交意见陈述，专利权人认为本专利与附件 2-1 至附件 2-6 所示的外观设计均不相同且不相近似，本专利相对于上述外观设计符合专利法第 23

条和专利法实施细则第 13 条第 1 款的规定。

专利复审委员会经合议，决定将上述两个无效宣告请求合案审理。

在上述审理的基础上，合议组经合议，认为本案事实清楚，依法作出本审查决定。

二、决定的理由

基于第一请求人和第二请求人提出无效宣告请求所依据的理由和证据，合议组进行了审查。

1. 关于专利法第 9 条

专利法第 9 条规定，两个以上的申请人分别就同样的发明创造申请专利的，专利权授予最先申请的人。

2. 证据认定

第一请求人和第二请求人提交的附件 1~5 和附件 2~1 都是 02350282.7 号外观设计专利著录项目信息及其外观图片下载打印件，专利权人在其意见陈述中未对该证据的真实性提出异议。合议组经核实，该附件的内容与专利公报一致，其真实性可以确定，对其予以采信。该附件的申请日为 2002 年 8 月 1 日，早于本专利的申请日（2002 年 11 月 5 日），其公开日为 2003 年 8 月 6 日，申请人为广鑫精密塑胶制品（昆山）有限公司，属于他人在先申请、在后公开的外观设计专利，可以作为评价本专利是否符合专利法第 9 条的规定的证据，适用于本案。

3. 相同相近似比较

附件 1~5 和附件 2~1 与本专利公开的都是椅子的底座，二者用途相同，属于相同类别的产品，故将本专利与该附件所示的外观设计（下称对比设计）进行如下相同相近似对比。

本专利所示椅子底座呈五角星形，底座中心为圆形通孔，自底座中心向外延伸出 5 个支脚，支脚末端带有向下的折弯（详见本专利附图）。

对比设计所示底座呈五角星形，底座中心为圆形通孔，自底座中心向外延伸出 5 个支脚，支脚末端带有向下的折弯（详见在先设计附图）。

将本专利与对比设计相比，两者的形状是基本相同的。专利权人认为，本专利中心有一个中心套的设计，该中心套高于 5 个支脚的最高处，对比设计则无此设计。对此合议组认为，对比设计底座中心也有一个圆形的通孔，相当于专利权人所述的本专利所具有的中心套，不过对比设计的圆形通孔与 5 个支脚相平，本专利与对比设计在该圆形通孔高度上的差别过于细微，不足以对二者的整体视觉效果产生显著影响，本专利与对比设计仍属于相同的外观设计。根据审查指南第四部分第七章的规定，专利法第 9 条所述的“同样的发明创造”对于外观设计而言，是指外观设计相同或者相近似。故，本专利不符合专利法第 9 条的规定。

鉴于以上已得出本专利不符合专利法第 9 条的规定的结论，本决定对第一请求人和第二请求人提出的其他无效宣告理由和证据不再予以评述。

三、决定

宣告 02364682.9 号外观设计专利权全部无效。

当事人对本决定不服的，可以根据专利法第 46 条第 2 款的规定，自收到本决定之日起三个月内向北京市第一中级人民法院起诉。根据该款的规定，一方当事人起诉后，另一方当事人应当作为第三人参加诉讼。

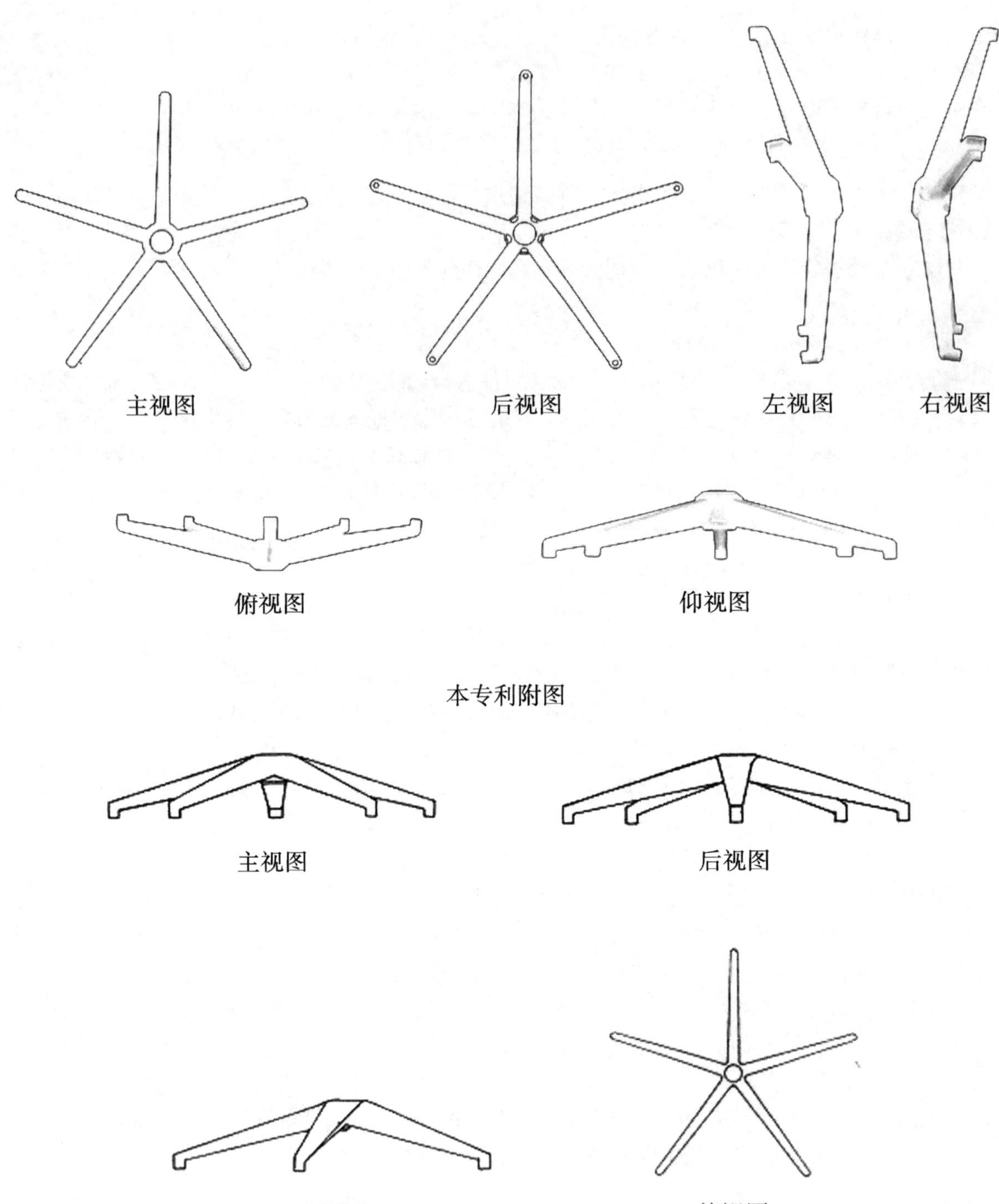

本专利附图

对比设计附图

北京市第一中级人民法院
行政判决书

（2009）一中知行初字第 2655 号

原告黄旭明，男，1973 年 6 月 5 日出生，汉族，江门市联合之星家具配件有限公司经理，住广东省江门市蓬江区天龙三街 8 座 2 号 604。

委托代理人何成，北京市炜衡律师事务所律师。

被告国家知识产权局专利复审委员会，住所地北京市海淀区北四环西路 9 号银谷大厦 10~12 层。

法定代表人张茂于，副主任。

委托代理人张凌，国家知识产权局专利复审委员会审查员。

委托代理人王靖，国家知识产权局专利复审委员会审查员。

第三人邓庆乐，男，1971 年 10 月 1 日出生，汉族，住广东省高要市金利镇金二村委会三甲村。

第三人佛山市顺德区龙江镇实达五金电器制品厂，住所地广东省佛山市顺德区龙江镇集北工业一路。

法定代表人叶世权，总经理。

委托代理人郑宇阳，男，1965 年 8 月 25 日出生，佛山市顺德区龙江镇实达五金电器制品厂职员，住广东省佛山市顺德区大良街道东宏横街 13 号。

原告黄旭明不服被告国家知识产权局专利复审委员会（以下简称专利复审委员会）作出的第 13613 号无效宣告请求审查决定（以下简称第 13613 号决定），于法定期限内向本院提起诉讼。本院于 2009 年 11 月 5 日受理本案后，依法组成合议庭，并依法通知邓庆乐、佛山市顺德区龙江镇实达五金电器制品厂（以下简称实达厂）作为第三人参加诉讼，于 2009 年 12 月 16 日公开开庭进行了审理。原告黄旭明的委托代理人何成；被告专利复审委员会的委托代理人张凌、王靖；第三人实达厂的委托代理人郑宇阳到庭参加了诉讼。第三人邓庆乐经本院传票传唤无正当理由未到庭参加诉讼。本案现已审理终结。

专利复审委员会 2009 年 7 月 2 日作出的第 13613 号决定是针对邓庆乐、实达厂分别对黄旭明享有的 02364682.9 号名称为“大班椅脚（W650）”的外观设计（以下简称本专利）所提出的无效宣告请求作出的。

专利复审委员会认为：对比设计属于他人在先申请，在后公开的外观设计，可以作为评价本专利是否符合专利法第九条规定的证据。本专利与对比设计相比，二者的形状基本相同。黄旭明称本专利有一个中心套的设计，该中心套高于 5 个支脚的最高处，对比设计则无此设计。对此我委认为，对比设计底座中心也有一圆形的通孔，相对应于本专利所具有的中心套，对比设计的圆形通孔与 5 个支脚相平，本专利与对比设计在该圆形通孔高度上的差别过于细微，不足以对二者的整体视觉效果产生显著影响，本专利与对比设计仍属于相近似的外观设计。根据《审查指南》第四部分第七章的规定，《中华人民共和国专利法》（以下简称《专利法》）第九条所述的“同样的发明创造”对于外观设计而言，是指外观设计相同或者相近似。故本专利不符合专利法第九条的规定，决定：宣告 02364682.9 号外观设计专利权全部无效。

原告黄旭明不服该决定，向本院起诉称：将本专利与对比设计相比对，从对比设计的左视图与后视图可以看出，对比设计的 5 个支脚上部为一个平面设计，且其支脚左右的宽度明显大于支脚上下的厚度，为一个偏扁平的支脚。而本专利的5个支脚则是上端部圆钝，下端部细小，从支脚的上部向底部带有一定的弧度设计，由大向小地逐步缩小为一线形设计，其左右的宽度明显小于上下的厚度，为一个偏细长的设计。同时，本专利的五星脚中部设计有一中心套，其中心直接是5个支脚均分连接在中心套的四周向外延伸，每相邻的两个支脚靠中心的一端并不直接相连；对比设计的5个支脚中心的一端则直接相连向外延伸。综上，本专利与对比设计不相同也不相近似。符合专利法的相关规定。请求法院撤销第13613号决定。

被告专利复审委员会坚持第13613号决定中的意见，并认为黄旭明起诉所称对比设计与本专利的差异均属局部细微差异，并未对转椅脚座整体视觉效果产生显著影响，二者属于近似设计。故请求驳回原告的诉讼请求，维持第13613号决定。

第三人邓庆乐对第13613号决定未提起诉讼。也未提交书面陈述。实达厂同意第13613号决定。

经审理查明：

2002年11月5日，黄旭明申请了名称为“大班椅脚（W650）”的外观设计专利（即本专利，见后附图），2003年7月2日获得授权，专利号为02364682.9。

2009年4月13日，邓庆乐、实达厂分别提出无效请求，其理由均是本专利与对比设计属于相同外观设计，不符合《中华人民共和国专利法实施细则》（以下简称《专利法实施细则》）第十三条第一款的规定。该对比设计系申请日为2002年8月1日（早于本专利），公开日为2003年8月6日（晚于本专利），专利号为02350282.7，名称为“座椅的支撑底座”的外观设计专利（见后附图）。

黄旭明表示专利复审委员会对本专利与对比设计比对不同部分的认定与证据不符。其提出对比设计与本专利还存在5个支脚形状不相同问题，前者支脚面扁平，左右宽度大于上下厚度；后者支脚面圆钝，下端部细小，从支脚的上部向底部有一定的弧度，由大向小地逐步缩小，其左右的宽度明显小于上下的厚度，为一个偏细长的设计。同时，本专利的五星脚中部设计有一中心套，其中心直接是5个支脚均分连接在中心套的四周向外延伸，每相邻的两个支脚靠中心的一端并不直接相连；对比设计的5个支脚中心的一端则直接相连向外延伸。专利复审委员会认为，我委的比对认定基本概述了黄旭明所述情况，且这些差异仍属于对二者整体视觉效果不能产生显著影响的差异。

上述事实有第13613号决定、本专利外观设计、对比设计，以及当事人陈述等证据在案佐证。

本院认为：

于2008年12月27日修改的《中华人民共和国专利法》（以下简称2009年《专利法》）已于2009年10月1日起施行，因此本案审理涉及2001年《专利法》与2009年《专利法》之间的选择适用问题。《中华人民共和国立法法》第八十四条规定，法律、行政法规、地方性法规、自治条例和单行条例、规章不溯及既往，但为了更好地保护公民、法人和其他组织的权利和利益而作的特别规定除外。国家知识产权局据此制定了《施行修改后的专利法的过渡办法》，并于2009年10月1日起施行。对于专利权是否有效的审查，根据该过渡办法，申请日在2009年10月1日前的专利申请以及根据该专利申请授予的专利权适用2001年专利法的规定；申请日在2009年10月1日以后（含该日）的专利申请以及根据该专利申请授予的专利权适用2009年专利法的规定。本案属于专利确权行政纠纷，本专利的申请日在2009年10月1日前，因此依据《中华人民共和国立法法》第八十四条之规定，并参照上述过渡办法的相关规定，本案应适用2001年《专利法》进行审理。

根据对比设计与本专利所示情况，黄旭明所述情况基本属实，但依据整体观察综合判断的比对原则，两者整体形状均为放射状5个支脚组成的椅脚座，黄旭明所述的椅脚支脚形状差异，5个支脚相聚于中心部位的连接形状差异均属于该转椅脚座产品的局部细微设计差异，专利复审委员会据此认为该差异不足以对二者的整体视觉效果产生显著影响，本专利与对比设计仍属于相近似的外观设计，所作判定确当，本院予以确认。根据《审查指南》第四部分第七章的规定，专利法第九条所述的“同样的发明创造”对于外观设计而言，是指外观设计相同或者相近似。故本专利属于与对比设计同样的外观设计，同样的发明创造只能授予一项专利。对比设计相对于本专利属于在先申请在后公开，而本专利申请在后，根据《专利法》第九条规定，两个以上的申请人，分别就同样的发明创造申请专利的，专利权授予最先申请的人。故本专利应当宣告无效。

综上所述，专利复审委员会作出的第 13613 号决定认定事实清楚，适用法律正确，程序合法，依照《中华人民共和国行政诉讼法》第五十四条第（一）项、《最高人民法院关于执行<中华人民共和国行政诉讼法>若干问题的解释》第四十九条第三款之规定，本院判决如下：

维持被告国家知识产权局专利复审委员会作出的第 13613 号无效宣告请求审查决定。

案件受理费 100 元，由原告黄旭明负担（已交纳）。

如不服本判决，各方当事人可于本判决书送达之日起 15 日内，向本院递交上诉状，并按对方当事人人数提交上诉状副本，同时交纳上诉案件受理费 100 元，上诉于北京市高级人民法院。

审　判　长　任　进
代理审判员　张晰昕
人民陪审员　牛艳玲
二〇〇九年十二月二十一日
书　记　员　夏国梁

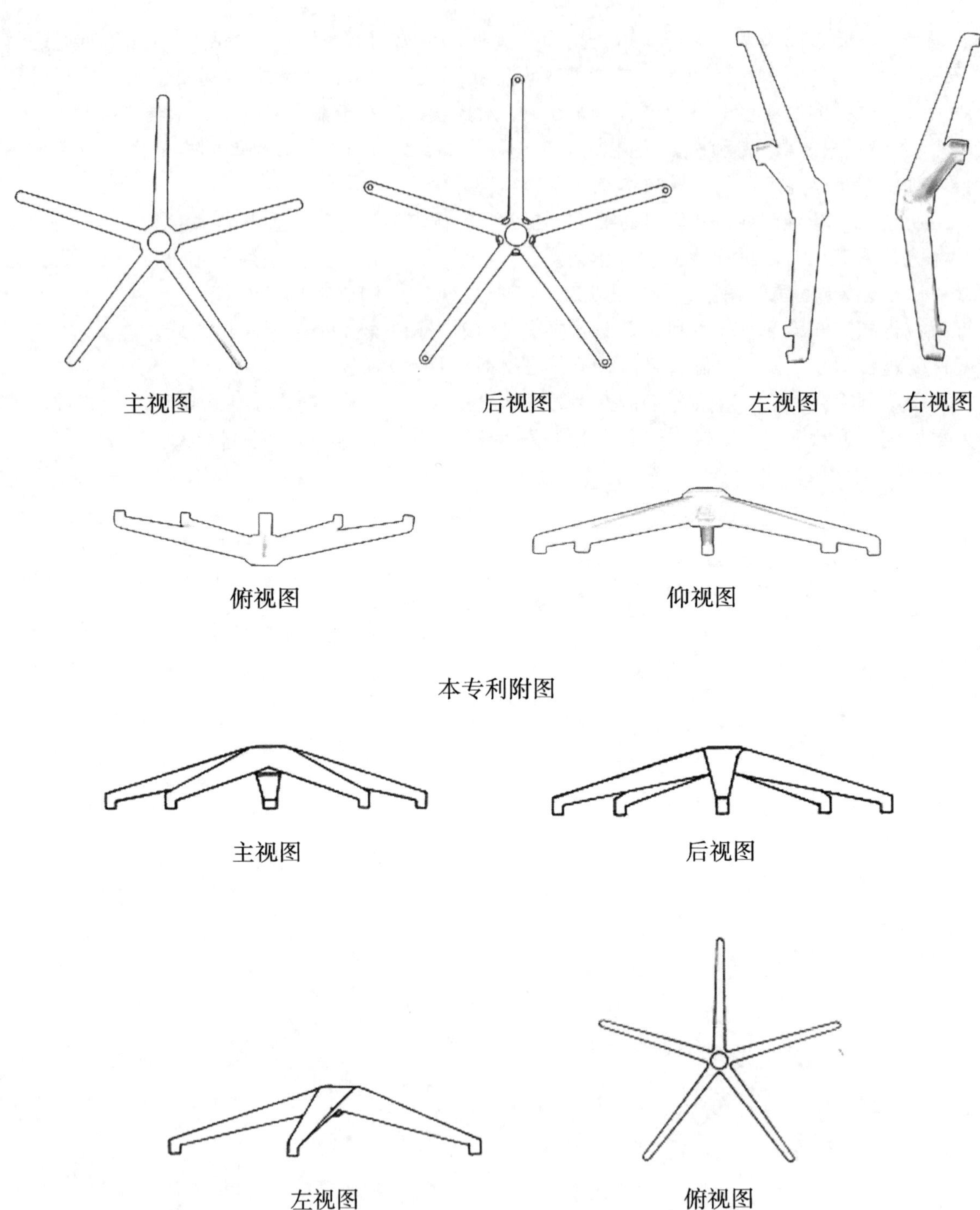

对比设计附图

气泵（HC617）

无效宣告请求审查决定（第 13615 号）

决　　定　　号　第 13615 号
决　　定　　日　2009 年 7 月 2 日
发明创造名称　气泵（HC617）
外观设计分类号　15-02
无效宣告请求人　上海华汇机电有限公司
专　利　权　人　岑建力
专　　利　　号　200630116712.6
申　　请　　日　2006 年 9 月 6 日
授权公告日　2007 年 6 月 20 日
合议组组长　李巍巍
主　　审　　员　钟　华
参　　审　　员　王　红
附　　　　　图　2 页

法　律　依　据　专利法第 23 条
决　定　要　点

将本专利与在先设计对比，两者的整体形状、气压表、圆形灯、圆形按钮的形状及位置关系均近似，两者的不同之处属于局部的细微差别，不足以对产品的整体视觉效果产生显著的影响，因此两者构成相近似的外观设计，本专利不符合专利法第 23 条的规定。

一、案由

本无效宣告请求涉及国家知识产权局于 2007 年 6 月 20 日授权公告的名称为“气泵（HC617）”的 200630116712.6 号外观设计专利（下称本专利），其申请日为 2006 年 9 月 6 日，专利权人为岑建力。

针对本专利，上海华汇机电有限公司（下称请求人）于 2009 年 2 月 24 日向专利复审委员会提出无效宣告请求，其理由是请求人的 95310782.5 号专利专利的图片与本专利图片相近似，因此在本专利申请日前已经公开发表过与本专利相近似的外观设计，本专利不符合专利法第 23 条的规定，请求人同时提交如下附件作为证据：

附件 1：请求人的专利号为 95310782.5 的外观设计专利证书复印件；

附件 2：请求人的外观设计专利申请图片；

附件 3：请求人的产品图片；

附件 4：专利权人的外观设计申请图片；

附件 5：专利权人的产品图片。

经形式审查合格，专利复审委员会依法受理了上述无效宣告请求，并于 2009 年 4 月 2 日将无效宣告请求书及相关文件的副本转给专利权人，要求其在指定的期限内答复。

2009 年 4 月 28 日，专利权人向专利复审委员会提交了意见陈述书，认为：附件 3 和附件 5 所示图片不属于公开出版物，附件 2 和附件 4 所示图形对比，两者能够区分，不会给消费者造成混淆。专利权人同时提交了如下附件作为反证：

反证 1：国家知识产权局网页上下载的本专利著录项目信息及授权图片页 1 页；

反证 2：国家知识产权局网页上下载的 95310782.5 著录项目信息及授权图片页 1 页。

2009 年 5 月 8 日，专利复审委员会向双方当事人发出口头审理通知书，定于 2009 年 6 月 25 日举行口头审理，同时将专利人提交的意见陈述书及附件转送给请求人。

口头审理如期举行，请求人委托了代理人参加本次口头审理，专利权人缺席本次口头审理。在口头审理中，请求人不申请合议组人员回避，结合其提交的证据与无效宣告理由进行了充分的意见陈述。

至此，合议组认为本案事实已经调查清楚，依法作出如下审查决定。

二、决定的理由

1. 法律依据

专利法第 23 条规定："授予专利权的外观设计，应当同申请日以前在国内外出版物上公开发表过或者国内公开使用过的外观设计不相同和不相近似，并不得与他人在先取得的合法权利相冲突。"

2. 证据的认定

反证 1 为国家知识产权局网页上下载的本专利著录项目信息及授权图片页 1 页，经合议组核实，其内容真实，可以作为本案的定案依据。

附件 1 为请求人的专利号为 95310782.5 的外观设计专利证书复印件，附件 2 为请求人的外观设计专利申请图片，附件 1 和附件 2 与专利权人提交的反证 2 内容一致，经合议组核实，其内容真实，附件 1、附件 2、反证 2 均可以作为本案的定案依据，其公开日为 1996 年 8 月 21 日，早于本专利申请日 2006 年 9 月 6 日，故其上记载的外观设计属于在本专利申请日前公开的外观设计（下称在先设计）。

3. 本专利是否符合专利法第 23 条的规定

本专利为气泵的外观设计，在先设计也为气泵的外观设计，两者所属产品的种类相同，因此可以进行外观设计近似性比较。

本专利授权图片包括主视图、后视图、左视图、右视图、仰视图和俯视图，其整体近似长方体，气泵的正面中下部有一圆形压力表和两个圆形小按钮开关，气泵的右部有若干平行凹凸细横条和一个小圆形气孔，气泵的左部也有两条凹凸平行细横条。气泵的顶面靠边设置有两个窄长方形框，底面设置一近似圆形的照明灯和一个小圆形气孔，气泵的背面、侧面无其他特别设计（详见本专利附图）。

在先设计公开了主视图、后视图、左视图、右视图、仰视图、俯视图和立体图，其整体近似长方体，气泵的正面中下部有长方形框，框内有一圆形压力表和两个圆形小按钮开关，正面、背面的上部设置有长方形凹陷形提手延伸至气泵的侧面，气泵的右部有若干平行凹凸细横条，气泵的左部也有两条凹凸平行细横条。气泵的底面有一个照明灯和一椭圆形，椭圆形内有两个小圆形气孔，气泵的侧面无特别设计（详见在先设计附图）。

将本专利与在先设计对比，两者的整体形状、气压表、圆形灯、圆形按钮的形状及位置关系均近似，两者的不同之处在于：本专利的小圆形气孔一个设置在正面，一个设置在底面，而在先设计的两个小圆形气孔均设置在正面；在先设计有长方形凹陷提手本专利顶面对应位置有两个长方形框；在先设计的底面有一椭圆形，本专利无此设计。对此，合议组认为：上述区别属于局部的细微差别，不足以对产品的整体视觉效果产生显著的影响，因此本专利与在先设计构成相近似的外观设计，本专利不符合专利法第 23 条的规定。

鉴于上述评述已经得出本专利不符合专利授权条件的结论，合议组对请求人的其他无效宣告理由和证据不再予以评述。

三、决定

根据专利法第 23 条、第 46 条第 1 款的规定，宣告 200630116712.6 号外观设计专利权全部无效。

根据专利法第 46 条第 2 款的规定，当事人对本决定不服的，自收到本决定之日起三个月内向北京市第一中级人民法院起诉，根据该款规定，一方当事人起诉后，另一方当事人应当作为第三人参加诉讼。

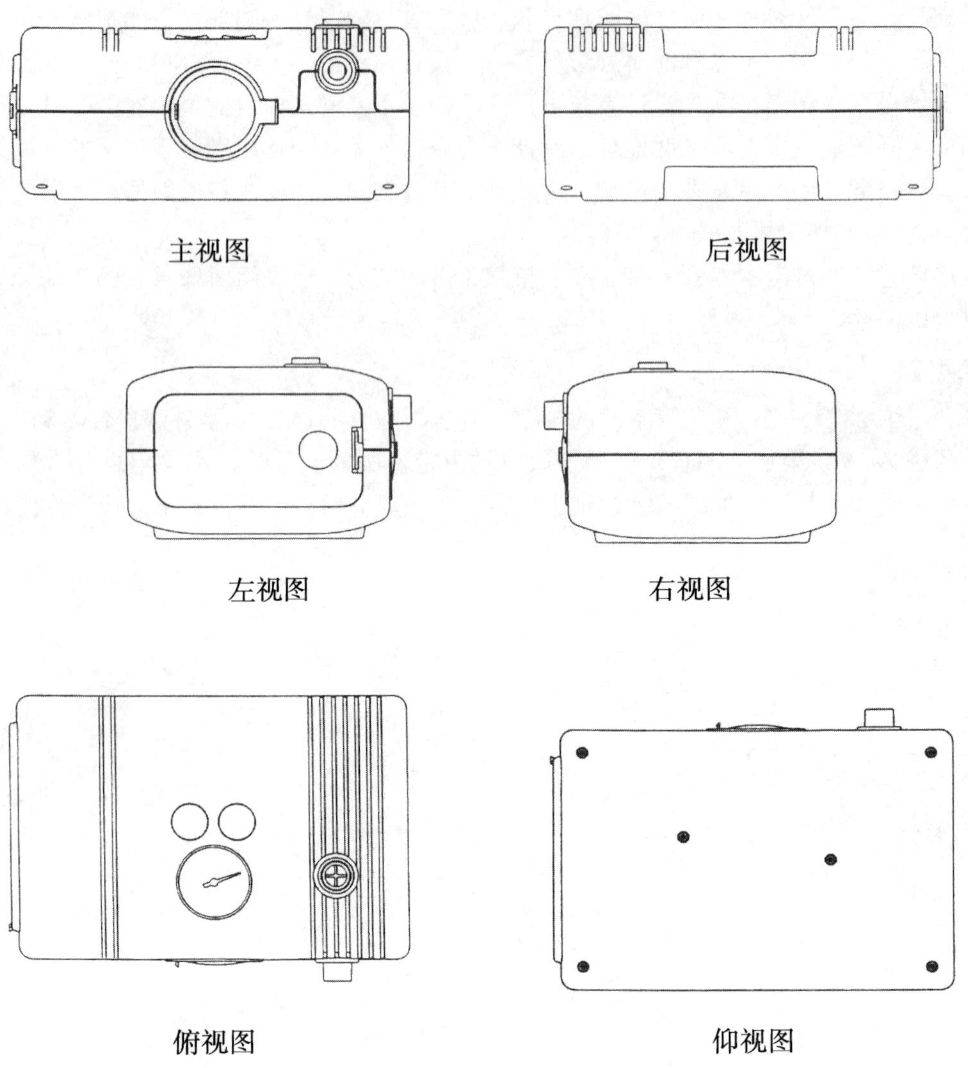

主视图　后视图

左视图　右视图

俯视图　仰视图

本专利附图

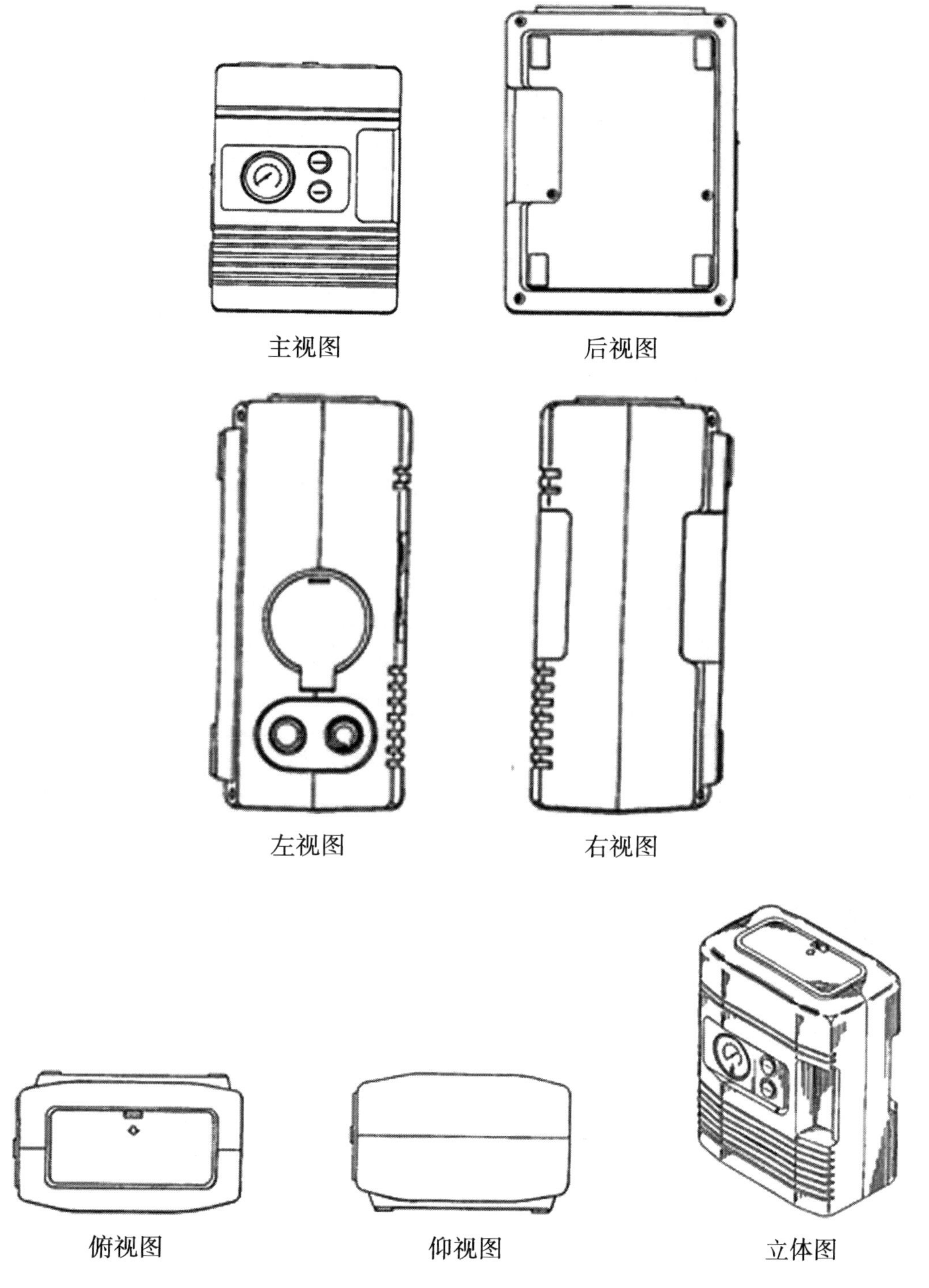

在先设计附图

361

椅子扶手架（1）

无效宣告请求审查决定（第 13616 号）

决　　定　　号　第 13616 号
决　　定　　日　2009 年 6 月 29 日
发明创造名称　椅子扶手架（1）
外观设计分类号　06-06
无 效 请 求 人　安吉润丰家具有限公司
专　利　权　人　童柏军
专　　利　　号　200730123891.0
申　　请　　日　2007 年 7 月 30 日
授 权 公 告 日　2008 年 6 月 18 日
合 议 组 组 长　张　凌
主　　审　　员　雷　婧
参　　审　　员　尹春霞
附　　　　　图　1 页

法　律　依　据　专利法第 23 条
决　定　要　点

本专利与在先设计的差异属于局部细微的设计变化，或者在使用时不可见且不为一般消费者所关注，因此，上述差异对外观设计的整体视觉效果均不具有显著影响，二者属于相近似的外观设计。

一、案由

本无效宣告请求涉及的是国家知识产权局于 2008 年 6 月 18 日授权公告的、专利号为 200730123891.0 的外观设计专利，其产品名称为"椅子扶手架（1）"，申请日为 2007 年 7 月 30 日，专利权人为童柏军。

针对上述外观设计专利权（下称本专利），安吉润丰家具有限公司（下称请求人）于 2009 年 3 月 22 日向专利复审委员会提出无效宣告请求，其理由是：本专利与其申请日前在出版物上公开发表过的外观设计相同或相近似，故不符合专利法第 23 条的规定。同时，请求人提交了本专利的网络电子公告打印件和如下附件作为证据：

附件 1：200530147836.6 号外观设计专利的著录项目及其外观图片下载打印件，共 7 页；

附件 2：200530148783.X 号外观设计专利的著录项目及其外观图片下载打印件，共 6 页；

附件 3：200530128412.5 号外观设计专利的著录项目及其外观图片下载打印件，共 7 页。

请求人认为，附件 1 至附件 3 均公开了一种办公椅扶手，与本专利的扶手为同一类别的外观设计，三者的公开日均早于本专利申请日，且三者公开的外观设计与本专利均相近似，因此本专利不符合专利法第 23 条的规定。

经形式审查合格，专利复审委员会依法受理了上述无效宣告请求，并于 2009 年 4 月 30 日将无效宣告请求书及相关文件的副本转送专利权人，通知其在指定的期限内答复。

专利复审委员会成立合议组对本案进行审理，并于 2009 年 5 月 14 日向双方当事人发出合议组成员告知通知书，通知其如有回避请求，在指定期限内提交书面请求书。

2009 年 6 月 16 日，专利复审委员会收到专利权人提交的意见陈述书，其认为本专利与附件 1 公开的外观设计的弧形轮廓、顶面设计及上连接端头底面的椭圆形槽等存在显著差别，与附件 2 和附件 3 公开的外观设计的上下连接端头、上部外壁及顶面设计等均存在显著差异，致使本专利与上述外观设计整体差别显著，一般消费者不会将本专利与上述设计误认、混同，因此本专利与附件 1～3 中公开的外观设计均不相同且不相近似。

针对合议组成员告知通知书，双方当事人均逾期未答复，均视为无回避请求。

在上述审理的基础上，合议组认为本案事实清楚，可以依法作出审查决定。

二、决定的理由

1. 法律依据

基于请求人提出无效宣告请求的理由，合议组依据专利法第 23 条的规定进行审理。

专利法第 23 条规定："授予专利权的外观设计，应当同申请日以前在国内外出版物上公开发表过或者国内公开使用过的外观设计不相同和不相近似，并不得与他人在先取得的合法权利相冲突。"

2. 证据的认定

附件 1 是 200530147836. 6 号外观设计专利的著录项目及其外观图片下载打印件，其产品名称为"办公椅（车缝 5011/5012）"，申请日为 2005 年 11 月 1 日，公开日为 2006 年 10 月 11 日。经合议组核实，该附件内容真实，其公开日在本专利的申请日（2007 年 7 月 30 日）之前，适用于评述本专利是否符合专利法第 23 条的规定。

3. 外观设计相同和相近似的比较

附件 1 中公开了一种办公椅，其中包含的办公椅扶手与使用本专利的产品具有相同的用途，属于相同类别的产品，故附件 1 公开的扶手的外观设计（下称在先设计）可以与本专利进行比较和判断。

本专利的图片包括扶手的六面视图和立体图，其所示扶手整体呈椭圆弧形，前端外边缘呈尖角状，上部与椅子连接的端头呈椭圆柱状，下部与椅子连接的端头呈圆柱状，两连接端头中间均有圆形安装孔，扶手顶面有近似长方形的安装槽（详见本专利附图）。

在先设计公开了扶手的主视图、后视图、左视图、右视图、俯视图和立体图，其公开的扶手整体呈椭圆弧形，前端外边缘呈光滑过渡的弧形状，上部与椅子连接的端头呈椭圆柱状，下部与椅子连接的端头呈圆柱状，两连接端头中间均有圆形安装孔，扶手顶面安装有扶手垫（详见在先设计附图）。

将本专利与在先设计进行比较，二者的形状基本相同，二者主要的不同点在于扶手前端外边缘和顶面的形状。本专利前端外边缘呈尖角状，顶面有近似长方形的安装槽，而在先设计前端外边缘呈光滑过渡的弧形状，顶面因安装了扶手垫致使其形状未公开。合议组认为，本专利与在先设计在扶手弧形端外边缘上存在的差异属于局部细微的设计变化，而扶手顶面的安装槽属于在使用时不可见且不为一般消费者所关注的部位，因此，上述差异对扶手外观设计的整体视觉效果均不具有显著影响，二者属于相近似的外观设计。

专利权人主张本专利与在先设计在弧形轮廓、顶面设计及上部与椅子的连接端头底面的椭圆形槽等存在显著差别，致使二者整体差别显著，一般消费者不会将二者误认、混同，对此合议组认为，二者扶手弧形折弯部位为光滑过渡或是尖凸过渡、连接端头底面是否设置椭圆形槽均为局部细微的设计，扶手顶面的安装槽在使用时不可见且也是不为一般消费者所关注的设计，故而对一般消费者而言，上述差别对外观设计整体视觉效果均不具有显著影响。此外，仅仅根据两项外观设计不会导致一般消费者误认、混同并不必然得出二者的差别对产品外观设计的整体视觉效果具有显著的影响的结论。因此，专利权人的上述主张不影响合议组对本专利与在先设计的相近似判断。

4. 结论

本专利与其申请日以前在国内出版物上公开发表过的外观设计相近似，因此，本专利不符合专利法第 23 条的规定。

鉴于已得出上述结论，本决定对请求人提交的其他证据不再予以评述。

三、决定

宣告 200730123891. 0 号外观设计专利权全部无效。

当事人对本决定不服的，可以根据专利法第 46 条第 2 款的规定，自收到本决定之日起三个月内向北京市第一中级人民法院起诉，根据该款规定，一方当事人起诉后，另一方当事人应当作为第三人参加诉讼。

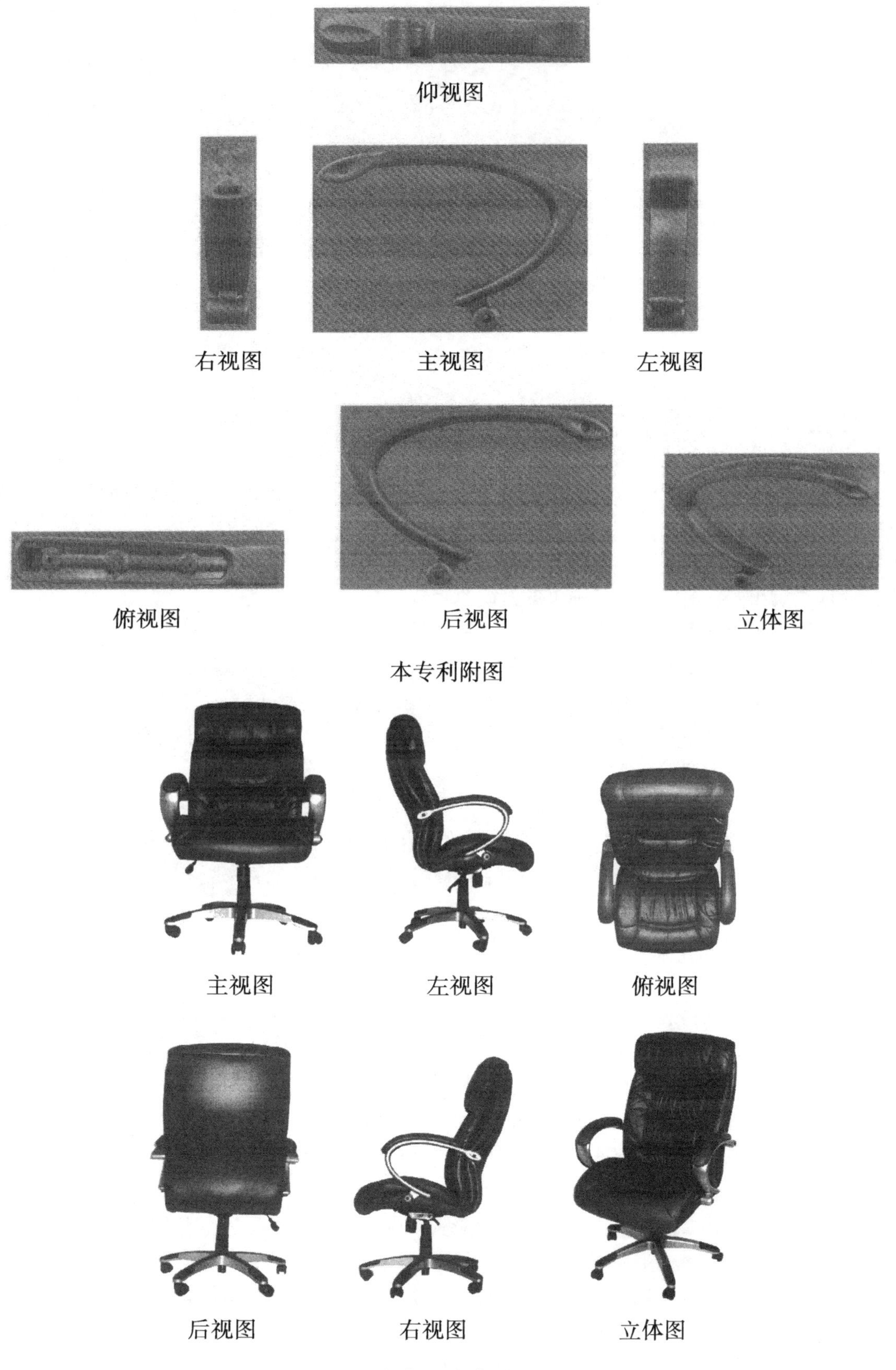

仰视图

右视图 主视图 左视图

俯视图 后视图 立体图

本专利附图

主视图 左视图 俯视图

后视图 右视图 立体图

在先设计附图

北京市第一中级人民法院
行政判决书

（2009）一中知行初字第2175号

原告童柏军，男，1972年6月28日出生，汉族，浙江安吉利德隆家具有限公司总经理，户籍所在地浙江省安吉县递铺镇祥友社区栗子墩自然村007号。

委托代理人江力，浙江金道律师事务所律师。

被告国家知识产权局专利复审委员会，住所地北京市海淀区北四环西路9号银谷大厦10~12层。

法定代表人张茂于，副主任。

委托代理人雷婧，女，国家知识产权局专利复审委员会审查员。

委托代理人张华，男，国家知识产权局专利复审委员会审查员。

第三人安吉润丰家具有限公司，住所地浙江省安吉县孝丰镇狮古桥村。

法定代表人吕拥锋，董事长。

委托代理人罗云，浙江泽大律师事务所律师。

委托代理人姚小娟，浙江泽大律师事务所律师。

原告童柏军不服被告国家知识产权局专利复审委员会于2009年6月29日作出的第13616号无效宣告请求审查决定（以下简称被诉决定），向本院提起行政诉讼。本院受理后，依法组成合议庭，并依法通知与被诉决定存在法律上利害关系的安吉润丰家具有限公司作为本案第三人参加诉讼。2009年10月20日，本院依法公开开庭审理了本案，原告的委托代理人江力，被告的委托代理人雷婧、张华，第三人的委托代理人罗云到庭参加了诉讼。本案现已审理终结。

2009年6月29日，被告作出被诉决定认定：第200730123891.0号、产品名称为“椅子扶手架（1）”的外观设计专利（以下简称本专利）与对比文件1（即被诉决定中的附件1：200530147836.6号外观设计专利的著录项目及其外观图片下载打印件）属于相近似的外观设计，故宣告本专利权全部无效。

原告诉称：本专利与对比文件1属于不相同也不相近似的外观设计。首先，对比文件1的扶手架主体（即不包括上部安装孔和下部安装孔）内、外表面呈同形状的弧形，整体呈匀称状即各段的厚度相等。而本专利主视图内表面呈整条弧形状，而外表面呈由两段弧形面构成，两段弧形面通过折弯部过渡，该折弯部向外凸出，呈尖头状；其扶手架主体从上部安装孔的内端开始，厚度由厚逐渐变薄，再由薄变厚直至折弯部；由折弯部向下方的安装孔，其厚度则由厚逐渐变薄，两者的差别显著，而被告却认为此属局部细微差别实属不当，也从另一个角度反映出被告对本专利产品及其行业的不了解，椅子扶手的创新及变化不是改头换面的，也不可能做到完全改变，其创新与新颖之处在于能引起消费者注意的局部变化，而本专利在此处的创新设计恰恰能给消费者产生视觉上的冲击，影响消费者购买的决定。其次，对比文件1的下部安装孔处于扶手架下段的中下部，而本专利的下部安装孔处于扶手的下端部，两者的位置对整体扶手架构成了又一显著的差异。第三，从俯视图和立体图观察可知，对比文件1没有公开扶手架顶面的任何设计，而本专利的顶面形成了具有美观度的形状，此设计又是两者的显著差异。第四，本专利的仰视图、右视图明显显示，其前端面还形成一个椭圆形槽，而对比文件1则无此设计，此部位在购买或使用时，亦具有非常显著的视觉效果。综上，原告请求法院撤销被诉决定。

被告辩称：本专利与对比文件1的扶手架主体的弧形形状、下部安装孔的位置以及前端面的差别均为局部细微的设计变化，而扶手架顶面在使用时不可见且也是不为一般消费者所关注的设计，故而对一般消费者而言，上述差别对外观设计整体视觉效果均不具有显著影响。综上，被诉决定认定事实清楚，适用法律正确，程序合法，被告请求法院维持被诉决定。

本院经审理查明：

本专利的申请日为2007年7月30日，授权公告日为2008年6月18日，专利权人为本案原告童柏军。

针对本专利权，第三人于2009年3月22日向被告提起无效宣告请求，其理由是：本专利与其申请日前在出版物上公开发表过的外观设计相同或相近似，故不符合2001年7月起施行的《中华人民共和国专利法》（以下简称2001年《专利法》）第二十三条的规定。同时，第三人提交了本专利的网络电子公告打印件和下列证据：对比文件1，对比文件2（即被诉决定中的附件2：200530148783. X号外观设计专利的著录项目及其外观图片下载打印件，共6页），对比文件3（即被诉决定中的附件3：200530128412. 5号外观设计专利的著录项目及其外观图片下载打印件，共7页）。第三人同时提交了书面材料，详细阐述了其无效理由。

经形式审查合格，被告受理了上述无效宣告请求，并于2009年4月30日将相关文件进行了转文，并通知原告在指定的期限内答复。2009年5月14日，被告向原告与第三人发出合议组成员告知通知书，通知其如有回避请求，在指定期限内提交书面请求书。

2009年6月16日，被告收到原告提交的意见陈述书，原告详细阐述了其意见。

针对被告发出的合议组成员告知通知书，原告与第三人均逾期未答复。

被告经审查认为：

对比文件1是200530147836. 6号外观设计专利的著录项目及其外观图片下载打印件，其产品名称为“办公椅（车缝5011/5012）”，申请日为2005年11月1日，公开日为2006年10月11日。经合议组核实，该附件内容真实，其公开日在本专利的申请日（2007年7月30日）之前，适用于评述本专利是否符合2001年《专利法》第二十三条的规定。

对比文件1中公开了一种办公椅，其中包含的办公椅扶手与使用本专利的产品具有相同的用途，属于相同类别的产品，故对比文件1公开的扶手的外观设计（下称在先设计）可以与本专利进行比较和判断。

本专利的图片包括扶手的六面视图和立体图，其所示扶手整体呈椭圆弧形，前端外边缘呈尖角状，上部与椅子连接的端头呈椭圆柱状，下部与椅子连接的端头呈圆柱状，两连接端头中间均有圆形安装孔，扶手顶面有近似长方形的安装槽（详见本专利附图）。

在先设计公开了扶手的主视图、后视图、左视图、右视图、俯视图和立体图，其公开的扶手整体呈椭圆弧形，前端外边缘呈光滑过渡的弧形状，上部与椅子连接的端头呈椭圆柱状，下部与椅子连接的端头呈圆柱状，两连接端头中间均有圆形安装孔，扶手顶面安装有扶手垫（详见在先设计附图）。

将本专利与在先设计进行比较，二者的形状基本相同，二者主要的不同点在于扶手前端外边缘和顶面的形状。本专利前端外边缘呈尖角状，顶面有近似长方形的安装槽，而在先设计前端外边缘呈光滑过渡的弧形状，顶面因安装了扶手垫致使其形状未公开。本专利与在先设计在扶手弧形端外边缘上存在的差异属于局部细微的设计变化，而扶手顶面的安装槽属于在使用时不可见且不为一般消费者所关注的部位，因此，上述差异对扶手外观设计的整体视觉效果均不具有显著影响，二者属于相近似的外观设计。

原告主张本专利与在先设计在弧形轮廓、顶面设计及上部与椅子的连接端头底面的椭圆形槽等存在显著差别，致使二者整体差别显著，一般消费者不会将二者误认、混同，对此被告认为，二者扶手弧形折弯部位为光滑过渡或是尖凸过渡、连接端头底面是否设置椭圆形槽均为局部细微的设计，扶手顶面的安装槽在使用时不可见且也是不为一般消费者所关注的设计，故而对一般消费者而言，上述差别对外观设计整体视觉效果均不具有显著影响。此外，仅仅根据两项外观设计不会导致一般消费者误认、混同，并不必然得出二者的差别对产品外观设计的整体视觉效果具有显著的影响的结论。因此，原告的上述主张不影响被告对本专利与在先设计的相近似判断。

基于上述理由，被告作出被诉决定。原告不服被诉决定，在法定期限内向本院提起行政诉讼。

上述事实有被诉决定、本专利与对比文件 1~3 的著录项目及其外观图片等证据及当事人的陈述在案佐证。

本院认为：

本专利与在先设计的形状基本相同，二者在扶手弧形端外边缘上存在的差异属于局部细微的设计变化，且扶手顶面的安装槽属于在使用时不可见且不为一般消费者所关注的部位。二者扶手弧形折弯部位为光滑过渡或是尖凸过渡、连接端头底面是否设置椭圆形槽均为局部细微的设计，扶手顶面的安装槽在使用时不可见且也是不为一般消费者所关注的设计，故而对一般消费者而言，上述差别对外观设计整体视觉效果均不具有显著影响。此外，仅仅根据两项外观设计不会导致一般消费者误认、混同，并不必然得出二者的差别对产品外观设计的整体视觉效果具有显著的影响的结论。因此，被告认定本专利与在先设计属于相近似的外观设计正确。

综上，被诉决定认定事实清楚，适用法律正确，程序合法，本院应予维持。原告的诉讼理由缺乏事实及法律依据，其诉讼请求本院不予支持。据此，依照《中华人民共和国行政诉讼法》第五十四条第（一）项之规定，判决如下：

维持被告国家知识产权局专利复审委员会于二○○九年六月二十九日作出的第 13616 号无效宣告请求审查决定。

案件受理费 100 元，由原告童柏军负担（已交纳）。

如不服本判决，各方当事人可于本判决书送达之日起 15 日内，向本院递交上诉状，并按对方当事人人数提出副本，同时预交上诉案件受理费 100 元，上诉于北京市高级人民法院。上诉人在上诉期满后 7 日内未预交上诉费，又不提出缓交申请的，按自动撤回上诉处理。

审 判 长 任 进
代理审判员 司品华
代理审判员 周丽婷
二○○九年八月二十五日
书 记 员 高晓旭

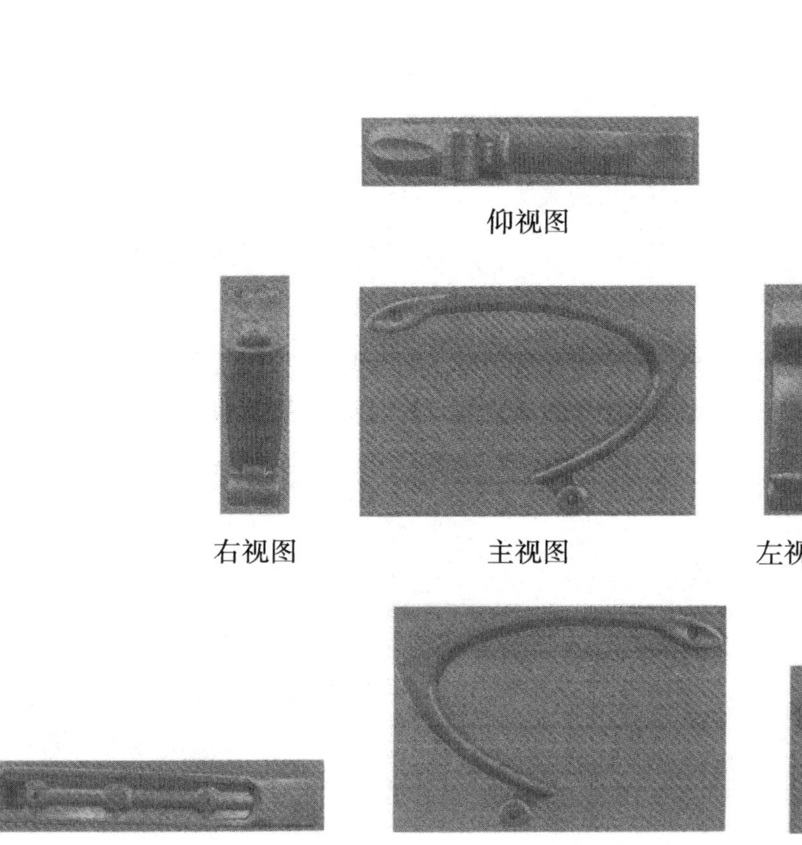

本专利附图

在先设计附图

五轮转椅脚

无效宣告请求审查决定（第 13617 号）

决　　定　　号 第 13617 号
决　　定　　日 2009 年 6 月 25 日
发明创造名称 五轮转椅脚
外观设计分类号 06-06
无 效 请 求 人 安吉润丰家具有限公司
专 利 权 人 童柏军
专　　利　　号 200730125361. X
申　　请　　日 2007 年 8 月 17 日
授 权 公 告 日 2008 年 7 月 23 日
合 议 组 组 长 张　凌
主　　审　　员 雷　婧
参　　审　　员 尹春霞
附　　　　图 1 页

法 律 依 据 专利法第 23 条
决 定 要 点

本专利与在先设计的形状相同，二者的差别属于局部细微的设计变化，对产品整体视觉效果不具有显著影响，故二者属于相近似的外观设计。

一、案由

本无效宣告请求涉及的是国家知识产权局于 2008 年 7 月 23 日授权公告的、专利号为 200730125361. X 的外观设计专利，其产品名称为“五轮转椅脚”，申请日为 2007 年 8 月 17 日，专利权人为童柏军。

针对上述外观设计专利权（下称本专利），安吉润丰家具有限公司（下称请求人）于 2009 年 3 月 22 日向专利复审委员会提出无效宣告请求，其理由是：本专利与其申请日前在出版物上公开发表过的外观设计相同或相近似，故不符合专利法第 23 条的规定。同时，请求人提交了如下附件作为证据：

附件 1：200530150891. 0 号外观设计专利网络电子公告的打印件，共 7 页；

附件 2：200630009720. 0 号外观设计专利网络电子公告的打印件，共 7 页；

附件 3：200430032757. 6 号外观设计专利网络电子公告的打印件，共 8 页；

附件 4：200530006286. 6 号外观设计专利网络电子公告的打印件，共 7 页。

请求人认为，附件1~4均公开了一种办公椅椅脚，与本专利的椅脚为同一类别的外观设计，且公开日均早于本专利申请日，其中附件1公开的外观设计与本专利相同，附件2至附件4公开的外观设计与本专利相近似，因此本专利不符合专利法第23条的规定。

经形式审查合格，专利复审委员会依法受理了上述无效宣告请求，并于2009年4月30日将无效宣告请求书及相关文件的副本转送专利权人，通知其在指定的期限内答复。

专利复审委员会成立合议组对本案进行审理，并于2009年5月14日向双方当事人发出合议组成员告知通知书，通知其如有回避请求，在指定期限内提交书面请求书。

2009年6月16日，专利复审委员会收到专利权人针对上述无效宣告请求提交的意见陈述书，其认为五支脚是五轮转椅脚的惯常设计，其横断面或外端头的设计变化对整体外观设计具有显著的影响，因此本专利与附件1~4中公开的外观设计均不相同且不相近似。

针对合议组成员告知通知书，双方当事人均逾期未答复，均视为无回避请求。

在上述审理的基础上，合议组认为本案事实清楚，可以依法作出审查决定。

二、决定的理由

1. 法律依据

基于请求人提出无效宣告请求的理由，合议组依据专利法第23条的规定进行审理。

专利法第23条规定："授予专利权的外观设计，应当同申请日以前在国内外出版物上公开发表过或者国内公开使用过的外观设计不相同和不相近似，并不得与他人在先取得的合法权利相冲突。"

2. 证据的认定

附件1是200530150891.0号外观设计专利网络电子公告的打印件，其产品名称为"办公椅椅脚（CP-540）"，申请日为2005年11月15日，公开日为2006年11月15日。经合议组核实，该附件内容真实，其公开日在本专利的申请日（2007年8月17日）之前，适用于评述本专利是否符合专利法第23条的规定。

3. 外观设计相同和相近似的比较

附件1中公开的产品与使用本专利的产品均为椅脚，二者具有相同的用途，属于相同类别的产品，故附件1公开的产品外观设计（下称在先设计）可以与本专利进行比较和判断。

本专利的图片包括主视图、后视图、左视图和立体图，其所示产品由5个条形支脚构成，支脚间的距离相同，各支脚端部呈圆形，产品中心为圆形通孔（详见本专利附图）。

在先设计的图片包括主视图、后视图、左视图、俯视图、仰视图和立体图，其所示产品由5个条形支脚构成，支脚间的距离相同，各支脚端部呈圆形，产品中心为圆形通孔（详见在先设计附图）。

将本专利与在先设计进行比较，二者的形状相同，仅是产品底部各支角内的结构在底面所呈现出的图案略有不同，合议组认为，上述差别属于局部细微的设计变化，对产品整体视觉效果不具有显著影响，故二者属于相近似的外观设计。

4. 结论

本专利与其申请日以前在国内出版物上公开发表过的外观设计相近似，因此，本专利不符合专利法第23条的规定。

鉴于已得出本专利与在先设计相近似的结论，本决定对请求人提出的其他证据不再予以评述。

三、决定

宣告200730125361.X号外观设计专利权全部无效。

当事人对本决定不服的，可以根据专利法第46条第2款的规定，自收到本决定之日起三个月内向北京市第一中级人民法院起诉，根据该款规定，一方当事人起诉后，另一方当事人应当作为第三人参加诉讼。

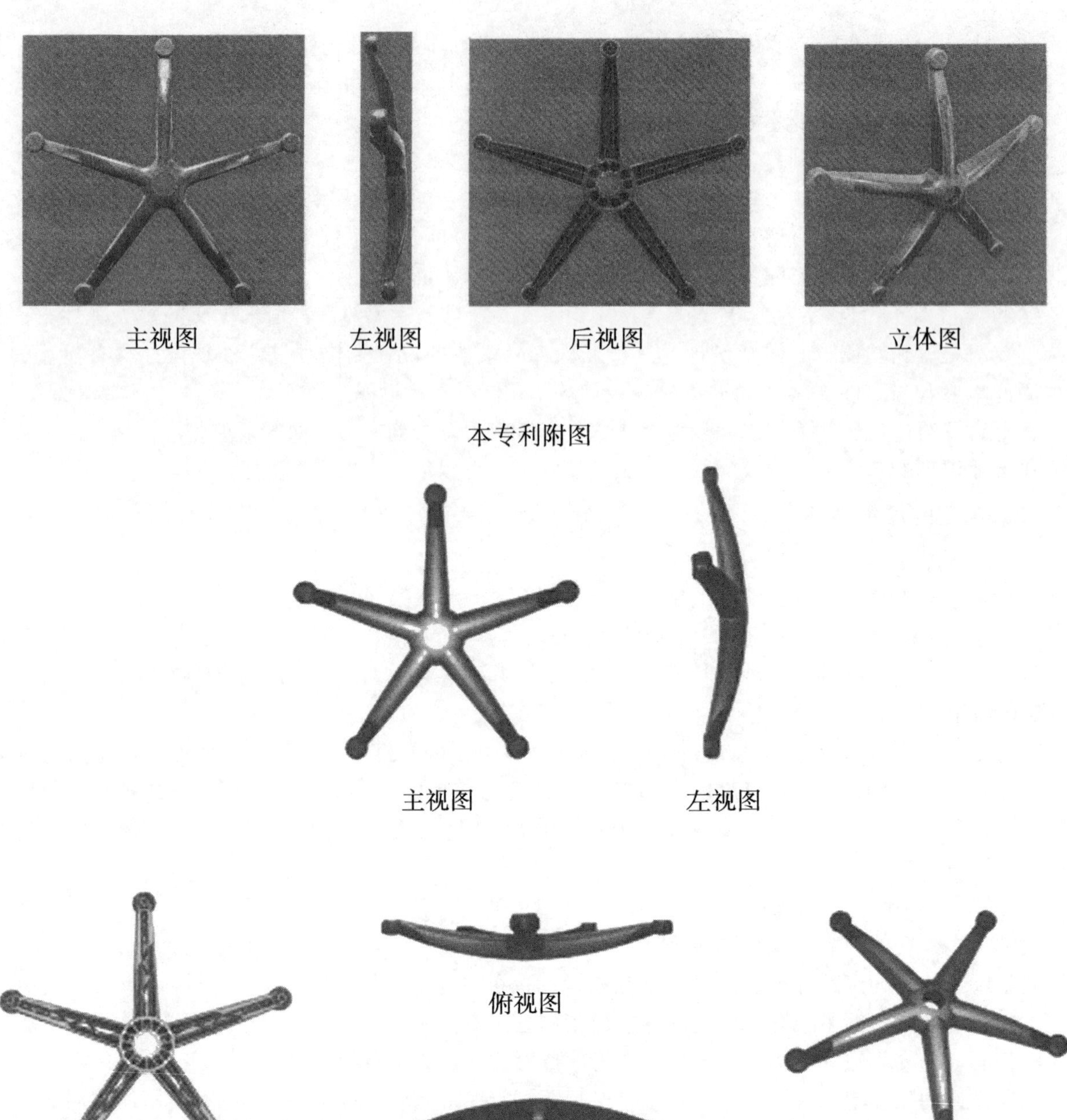

主视图　左视图　后视图　立体图

本专利附图

主视图　左视图

俯视图

后视图　仰视图　立体图

在先设计附图

北京市第一中级人民法院
行政判决书

（2009）一中知行初字第2176号

原告童柏军，男，1972年6月28日出生，汉族，浙江安吉利德隆家具有限公司总经理，住浙江省安吉县递铺镇祥友社区栗子墩自然村。

委托代理人江力，浙江金道律师事务所律师。

被告国家知识产权局专利复审委员会，住所地北京市海淀区北四环西路9号银谷大厦10~12层。

法定代表人张茂于，副主任。

委托代理人雷婧，国家知识产权局专利复审委员会审查员。

委托代理人张华，国家知识产权局专利复审委员会审查员。

第三人安吉润丰家具有限公司，住所地浙江省安吉县孝丰镇狮古桥村。

法定代表人吕拥锋，董事长。

委托代理人罗云，浙江泽大律师事务所律师。

委托代理人姚小娟，浙江泽大律师事务所律师。

原告童柏军不服被告国家知识产权局专利复审委员会（以下简称专利复审委员会）2009年6月25日作出的第13617号无效宣告请求审查决定（以下简称第13617号决定），于法定期限内向本院提起诉讼。本院于2009年8月28日受理本案后，依法组成合议庭，并通知第13617号决定的请求人安吉润丰家具有限公司（以下简称润丰公司）作为第三人参加本案诉讼。本院于2009年10月26日公开开庭对本案进行了审理。原告童柏军的委托代理人江力，被告专利复审委员会的委托代理人张华，第三人润丰公司的委托代理人罗云到庭参加了诉讼。本案现已审理终结。

第13617号决定系专利复审委员会针对润丰公司就童柏军拥有的第200730125361.X号、名称为“五轮转椅脚”的外观设计专利（以下简称本专利）提起的无效宣告请求所作出。专利复审委员会在该决定中认定：

（1）法律依据。

2000年《中华人民共和国专利法》（以下简称2000年《专利法》）第23条规定：授予专利权的外观设计，应当同申请日以前在国内外出版物上公开发表过或者国内公开使用过的外观设计不相同和不相近似，并不得与他人在先取得的合法权利相冲突。

（2）证据的认定。

附件1是200530150891.0号外观设计专利网络电子公告的打印件，其产品名称为“办公椅椅脚（CP-540）”，申请日为2005年11月15日，公开日为2006年11月15日。经核实，该附件内容真实，其公开日在本专利的申请日（2007年8月17日）之前，适用于评述本专利是否符合2000年《专利法》第23条的规定。

（3）外观设计相同和相近似的比较。

附件1中公开的产品与使用本专利的产品均为椅脚，二者具有相同的用途，属于相同类别的产品，故附件1公开的产品外观设计（以下简称在先设计）可以与本专利进行比较和判断。本专利图片与在先设计图片所示的产品均由5个条形支脚构成，支脚间的距离相同，各支脚端部呈圆形，产品中心为圆形通孔。将本专利与在先设计进行比较，二者的形状相同，仅是产品底部各支角内的结构在底面所呈现出的图案略有不同。专利复审委认为，上述差别属于局部细微的设计变化，对产品整体视觉效果不具有显著影响，故二者属于相近似的外观设计。

（4）结论。

本专利与其申请日以前在国内出版物上公开发表过的外观设计相近似，因此本专利不符合2000年《专利法》第23条的规定。鉴于已经得出本专利和在先设计相近似的结论，对于润丰公司提出的其他证据不再予以评述。

基于上述理由，专利复审委员会作出第13617号决定，宣告本专利权无效。

童柏军不服第13617号决定，依法向本院提起行政诉讼称：本专利与在先设计不相同，也不相近似，理由为：（1）在先设计的五条支脚型材的横截面为多边形，支脚型材的外表面带有棱角。本专利的五条支脚型材的横截面上边为弧形边，两侧为竖边，即支脚型材的顶面为弧形面，弧形面向两侧延伸成竖向面，其与在先设计存在显著的差异，而专利复审委员会却忽略了这一区别。（2）在先设计的五条支脚的中部为圆环状，该中部圆环的外圆周与五支脚间的连接具有显著的折痕。而本专利的中部与五支脚间的连接部平滑过渡，无折痕，且相邻支脚间的根部呈内凹的弧面过渡。（3）在先设计的支脚外端头呈不完整的圆形头状，该圆形头部与支脚端部的高度持平。而本专利支脚的外端头呈一个整体性的圆形头部，且圆形头部向上突出（即比支脚的端部高）。综上，本专利与在先设计存在显著差别，被告作出的第13617号决定没有事实和法律依据，请求人民法院依法撤销第13617号决定。

被告专利复审委员会辩称：椅子支脚的横截面不应属于其产品外观，而属于其内部构造，其存在的差别对产品的外观不具有影响；从在先设计和本专利的图片来看，图片中并没有清晰显示原告起诉状中所述差别。此外，即使二者存在上述差别，由于其属于局部细微的设计变化，对产品的整体视觉效果也不具有显著影响。综上所述，我委作出的第13617号决定认定事实清楚、适用法律正确、审理程序合法，原告诉讼请求不能成立，请求人民法院依法驳回原告的诉讼请求，维持第13617号决定。

第三人润丰公司陈述意见称，同意被告的意见，请求人民法院驳回原告的诉讼请求，维持第13617号决定。

本院经审理查明：

本专利为2008年7月23日授权公告的、名称为“五轮转椅脚”的外观设计专利，其专利号为200730125361.X，申请日为2007年8月17日，专利权人是童柏军。本专利包括主视图、后视图、左视图、立体图共4幅视图（详见本专利附图）。

2009年3月22日，润丰公司就本专利向专利复审委员会提出无效宣告请求，其理由为本专利不符合2000年《专利法》第23条的规定。同时，润丰公司提交了4份附件作为证据，其中：

附件1系公告日为2006年11月15日的200530150891.0号外观设计专利网络电子公告的打印件（即在先设计）（详见在先设计附图）。

2009年6月25日，专利复审委员会作出第13617号决定。

在本案庭审过程中童柏军称，本专利与在先设计相比，除第13617号决定中已经认定的一点外还存在其在起诉状中陈述的三点区别，且本专利是“五轮转椅脚”，这类专利本身并不复杂，任何一个局部变化都将对产品整体视觉效果产生显著影响，上述区别并非局部细微设计变化。另外，童柏军认为判断本专利与在先设计是否相同或近似的主体应主要是生产成品椅的生产商或五轮转椅脚的贸易商，这部分消费者在选择五轮转椅脚时不会忽略本专利与在先设计相区别的细节变化。

上述事实有本专利授权公告文本、第13617号决定、附件1及庭审笔录等证据在案佐证。

本院认为：

虽然经《全国人民代表大会常务委员会关于修改<中华人民共和国专利法>的决定》（2008年12

月 27 日通过）修正的《中华人民共和国专利法》已于 2009 年 10 月 1 日起施行，但本专利的申请日在 2009 年 10 月 1 日之前，故在本案审理过程中仍应适用 2000《专利法》。

2000 年《专利法》第二十三条规定，授予专利权的外观设计，应当同申请日以前在国内外出版物上公开发表过或者国内公开使用过的外观设计不相同和不相近似，并不得与他人在先取得的合法权利相冲突。根据各方当事人的诉辩主张，本案争议的焦点为本专利与在先设计相比，是否为相同和相近似的外观设计。

将本专利与在先设计相比，两者的相同之处在于，两者均由在圆形通孔周围均匀分布且由圆形通孔向外伸展的五条支脚构成，各支脚末端均有一端头。对于第 13617 号决定所称“本专利与在先设计产品底部各支角内的结构在底面所呈现出的图案略有不同”，本院不持异议，由于上述差别属于局部细微的设计变化，对产品的整体视觉效果不具有显著影响。

对于原告针对第 13617 号决定所提异议，本院认为：第一，在支脚横截面的形状上，本专利与在先设计两者的五条支脚型材的横截面上边均为弧形边，两者的区别仅在于在先设计的五条支脚型材的横截面上边与侧边的连接处更为圆滑，该差别显著细微，对产品的整体外观不具有显著影响。第二，在圆形通孔与五条支脚的连接及相邻支脚的连接上，由于本专利和在先设计同为五条支脚均匀分布在圆形通孔周围并向外伸展，支脚与圆形通孔连接处及支脚间连接处的细微差别对整体视觉效果不具有显著影响。第三，在支脚端头的形状及高度上，由于本专利的支脚端头呈圆形，在先设计的支脚端头近似圆形，两者在外轮廓和高度上的差别均属于细微差别，对整体视觉效果不具有显著影响。

综上，本专利与在先设计在局部的不同设计，均为细微差别，并未使本专利外观相对于在先设计发生明显变化，不会给两者造成明显不同的整体视觉效果，一般消费者容易对两个外观设计产生混淆。因此，本专利与在先设计属于相近似的外观设计。原告关于因本专利这类专利并不复杂，任何一个局部变化都将对产品整体视觉效果产生显著影响及原告所列本专利与在先设计的三点区别并非局部细微设计变化的主张，本院不予支持。

另外，童柏军主张判断本专利与在先设计是否相同或近似的主体应主要是生产成品椅的生产商或五轮转椅脚的贸易商，这部分消费者在选择五轮转椅脚时不会忽略本专利与在先设计相区别的细节变化。对此本院认为，在判断外观设计是否相同或者相近似时，应当基于被比设计产品的一般消费者的知识水平和认知能力进行评价。本案所涉及的五轮转椅脚产品的需求者应当是对该产品具有一定常识性了解的人。虽然他们对此类产品在形状上的差异具有一定的分辨力，但不会注意到产品形状的微小变化。

综上所述，本专利与在先设计相近似，不符合 2000 年《专利法》第二十三条的规定。童柏军的诉讼理由均不能成立，其诉讼请求本院不予支持。专利复审委员会作出的第 13617 号决定认定事实清楚，适用法律正确，程序合法，应予维持。依照《中华人民共和国行政诉讼法》第五十四条第（一）项之规定，本院判决如下：

维持被告国家知识产权局专利复审委员会作出的第 13617 号无效宣告请求审查决定。

案件受理费 100 元，由原告童柏军负担（已交纳）。

如不服本判决，各方当事人可在本判决书送达之日起 15 日内，向本院递交上诉状及副本，并交纳上诉案件受理费 100 元，上诉于北京市高级人民法院。

审　判　长　任　进
代理审判员　张晰昕
代理审判员　邢　军
二〇〇九年十一月二十日
书　记　员　谭北川

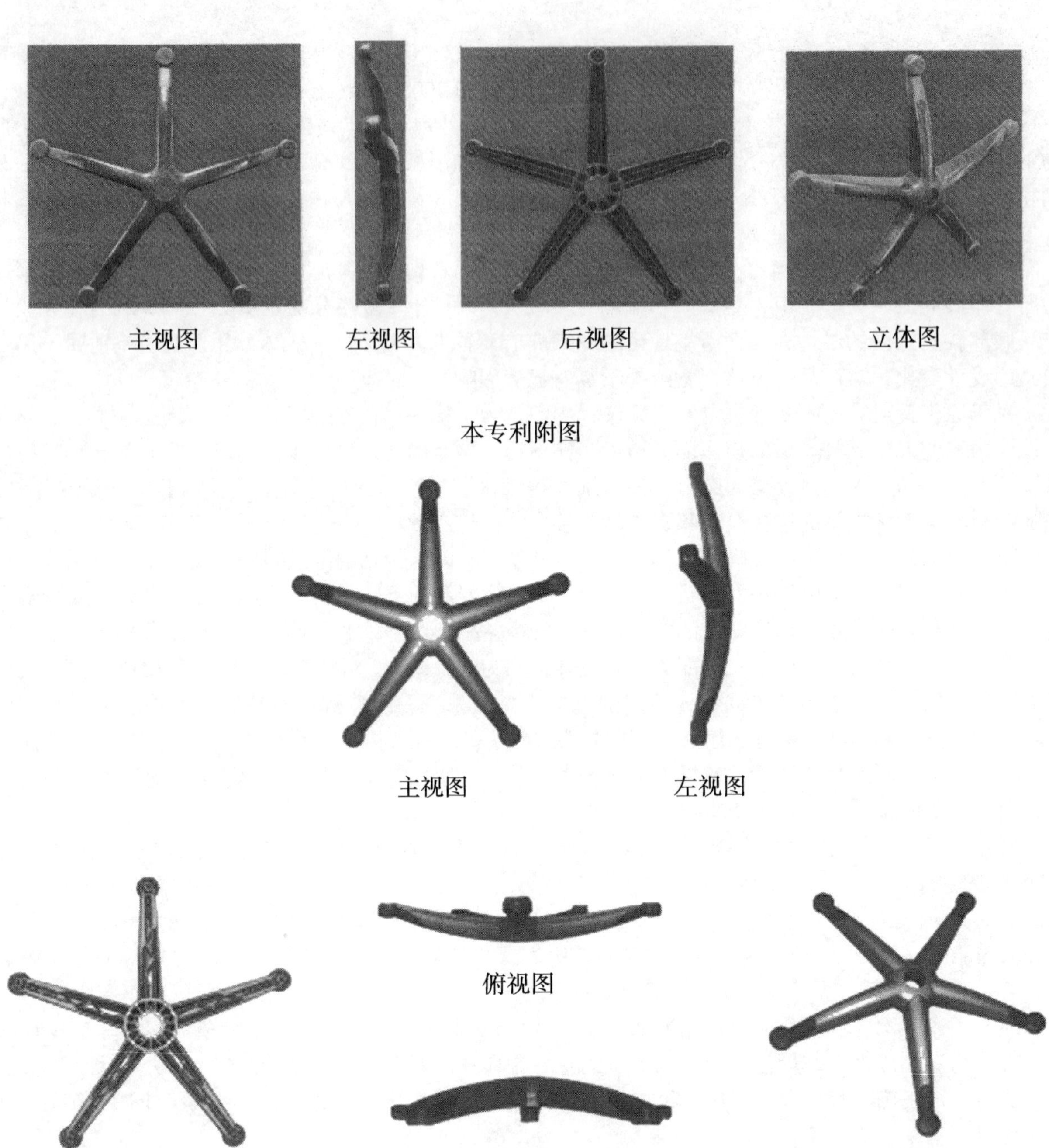

在先设计附图

363

婴幼儿背兜（圆角背么）

无效宣告请求审查决定（第13618号）

决　定　号　第13618号
决　定　日　2009年6月25日
发明创造名称　婴幼儿背兜（圆角背么）
外观设计分类号　03-99
无效请求人　段林书
专利权人　李洪冰
专　利　号　200530120189. X
申　请　日　2005年7月19日
授权公告日　2005年12月14日
合议组组长　张　凌
主　审　员　雷　婧
参　审　员　尹春霞

法律依据　专利法第23条
决定要点

虽然证人出庭接受质证，但二人的证言除了自相佐证外，在本案中只有附件12村委会的证明可用于佐证邵思贵证言的真实性；从村委会证明的内容看，其不属于村委会在其承担的公共职能范围内出具的公文书证，而是以知情者的身份对证人邵思贵制作背兜的情况作出的确认，应属于证人证言性质的证据；在无其他证据佐证的情况下，未出席口头审理作证的证人出具的书面证言不能单独作为定案依据。

一、案由

本无效宣告请求涉及的是国家知识产权局于2005年12月14日授权公告的、专利号为200530120189. X的外观设计专利，其产品名称为“婴幼儿背兜（圆角背么）”，申请日为2005年7月19日，专利权人为李洪冰。

针对上述外观设计专利权（下称本专利），段林书（下称请求人）于2009年2月23日向专利复审委员会提出无效宣告请求，其理由是：在本专利的申请日前已有与其相近似的外观设计在国内公开使用过，因此本专利不符合专利法第23条的规定。同时，请求人提交了如下附件作为证据：

附件1：证人邵思贵的证言和身份证的复印件以及相关照片原件，共4页；

附件2：证人李枝清的证言、身份证、个体工商户营业执照和何绍周的机动车驾驶证的复印件以及相关照片原件，共 5 页；

附件 3：证人何进淑的证言和身份证的复印件，共 2 页；

附件 4：证人何景兰的证言、身份证和相关销售明细单的复印件，共 3 页；

附件 5：证人赵毓堂的证言和身份证的复印件，共 2 页；

附件 6：证人王荣顺的证言和身份证的复印件，共 2 页；

附件 7：证人杜福兰的证言和身份证的复印件，共 2 页；

附件 8：证人王美芹的证言和身份证的复印件，共 2 页；

附件 9：证人王强的证言和身份证的复印件，共 2 页；

附件 10：证人寸待艳的证言和身份证的复印件，共 2 页；

附件 11：本专利的著录项目及外观图片下载打印件，共 1 页。

请求人认为，本专利涉及的产品是我国民间常用的婴儿背兜，其使用的历史悠久，经过多年改进，在 2000 年后出现了与本专利相近似的产品。从附件 1～10 的证人证言可知，在本专利申请日以前，与本专利相近似的产品已经广泛使用，故本专利不符合专利法第 23 条的规定。

经形式审查合格，专利复审委员会依法受理了上述无效宣告请求，并于 2009 年 3 月 18 日将无效宣告请求书及相关文件的副本转送专利权人，通知其在指定的期限内答复。

2009 年 3 月 14 日，请求人向专利复审委员会补充提交了如下附件作为证据（编号续前）：

附件 12：曩宋阿昌族乡曩宋村委会的证明复印件和证人邵思贵证言的相关照片原件，共 2 页；

附件 13：证人何景兰的证言和身份证的复印件以及相关照片原件，共 3 页；

附件 14：证人蒋家花的证言和相关照片的原件以及其身份证及其儿子出生证明的复印件，共 4 页；

附件 15：证人肖月仙的证言和相关照片的原件以及其身份证复印件，共 3 页；

附件 16：证人何华仙的证言和相关照片的原件以及其身份证复印件，共 3 页；

附件 17：证人赵建华证言的原件及其身份证的复印件，共 2 页；

附件 18：证人江兰英证言的原件，共 1 页。

专利复审委员会成立合议组对本案进行审理，并于 2009 年 4 月 8 日向双方当事人发出口头审理通知书，定于 2009 年 6 月 4 日进行口头审理，同时将请求人补充提交的意见陈述书及相关文件的副本转送专利权人，通知其在指定的期限内答复。

2009 年 4 月 21 日，专利权人向专利复审委员会提交了意见陈述书，认为请求人提供的证人证言等一切证据，任何人在任何时间都可以出具，不具备真实性和可靠性，专利权人对其不予认可。同时，专利权人还提交了如下附件材料作为反证：

反证 1：传统背兜照片的彩色打印件，共 1 页；

反证 2：本专利使用状态图片的彩色打印件，共 1 页；

反证 3：专利权人于 2005 年 8 月成立“园角”公司的企业法人营业执照复印件，共 1 页；

反证 4：婴幼儿背兜（园角背么）的企业标准复印件，共 1 页；

反证 5：婴幼儿背兜（园角背么）的云南省企业产品标准备案证书复印件，共 1 页；

反证 6：腾冲县文化产业办公室出具的情况说明原件，共 2 页；

反证 7：相关照片的彩色打印件，共 5 页；

反证 8：腾冲县的专利工作者寸浩鸿和段曰凡的情况说明原件及身份证复印件，共 2 页；

反证 9：保山市隆阳区工商局关于查处侵权婴儿用品（背么）的情况说明复印件，共 1 页；

反证 10：证人何进淑的证言原件及其身份证的复印件，共 2 页。

2009 年 5 月 8 日，专利复审委员会将专利权人的上述意见陈述书及相关文件的副本转送请求人，通知其在指定的期限内答复。

口头审理如期举行，双方当事人均委托代理人出庭，双方对对方出庭人员的身份及资格均无异议，对合议组成员亦无回避请求。口头审理中，请求人当庭提交了附件 1~10、附件 12~18 中证人证言的原件并放弃附件 11 作为证据使用，表示其他相关证明无原件提交，证人邵思贵和李枝清出庭作证，并当庭演示实物；专利权人明确其提交的附件材料中反证 10 作为证据使用，其余附件仅供合议组参考。请求人明确附件 1、附件 2 与附件 12 结合使用，其余证据均单独使用，并当庭签字确认对比图片。请求人认为，证人邵思贵于 2000 年开始制作了与本专利相近似的产品，即附件 1、附件 2 和附件 12 中照片所示的产品，且村委会可证明背兜是当地的普通产品；附件 3~10、附件 13~18 均可单独证明在本专利申请日前已有相同或相近似的产品被公开使用。专利权人对上述附件的真实性均有异议，对附件 1、附件 2 以及附件 12~16 中所附照片与证人证言的关联性以及附件 14 所附照片的真实性亦有异议；对于附件 1 和附件 2，其认为证言是证人对多年以前的产品情况的追忆，在无其他证据佐证的情况下不具有证明力；对于附件 3~10 以及附件 12（村委会的证明）至附件 18，其认为证人均未出庭质证，对其真实性均不予认可，且有反证 10 可证明附件 3 的内容不真实。请求人对反证 10 的真实性无异议，但对其证明内容有异议；双方当事人均认可附件 3 与反证 10 中证人何进淑的签字一致。

在上述审理的基础上，合议组认为本案事实清楚，可以依法作出审查决定。

二、决定的理由

1. 法律依据

基于请求人提出无效宣告请求的理由，合议组依据专利法第 23 条的规定进行审理。

专利法第 23 条规定："授予专利权的外观设计，应当同申请日以前在国内外出版物上公开发表过或者国内公开使用过的外观设计不相同和不相近似，并不得与他人在先取得的合法权利相冲突。"

2. 证据及事实的认定

附件 1 为证人邵思贵的证言和身份证的复印件以及相关照片原件，附件 2 为证人李枝清的证言、身份证、个体工商户营业执照和何绍周的机动车驾驶证的复印件以及相关照片原件，附件 12 为曩宋阿昌族乡曩宋村委会的证明复印件和证人邵思贵证言的相关照片原件。请求人在口头审理时提交了各附件中证人证言的原件，证人邵思贵和李枝清出庭作证。请求人认为，结合上述附件可证明，在本专利申请日以前，与本专利相近似的产品已由邵思贵制作并由其自己销售或经李枝清销售。专利权人对上述附件的真实性及其所附照片与证言的关联性均有异议。合议组认为，对于附件 1 和附件 2，虽然证人邵思贵和李枝清均出庭接受质证，但二人的证言除了自相佐证外，在本案中只有附件 12 村委会的证明可用于佐证邵思贵证言的真实性；对于附件 12 中村委会出具的证明，从该证明的内容看，其不属于村委会在其承担的公共职能范围内出具的公文书证，而是以知情者的身份对证人邵思贵制作背兜的情况作出的确认，应属于证人证言性质的证据，但村委会未派员出庭接受质证，该证据也不能单独作为认定案件事实的依据。在无其他可证明销售事实的原始证据予以印证的情况下，仅根据上述三份证人证言不足以证明请求人所主张的相关产品在本专利申请日前公开销售过的事实。

附件 3 为证人何进淑的证言和身份证的复印件，附件 5 为证人赵毓堂的证言和身份证的复印件，附件 6 为证人王荣顺的证言和身份证的复印件，附件 7 为证人杜福兰的证言和身份证的复印件，附件 8 为证人王美芹的证言和身份证的复印件，附件 9 为证人王强的证言和身份证的复印件，附件 10 为证人寸待艳的证言和身份证的复印件，附件 17 为证人赵建华证言的原件和其身份证的复印件，附件 18 为证人江兰英证言的原件。请求人在口头审理时提交了各附件中证人证言的原件，其认为上述附件均可单独证明与本专利相近似的产品在申请日前已被公开销售或使用；专利权人认为上述附件中的证人均未出庭质证，对其证言的真实性均不予认可。合议组认为，上述证人证言均为未出席口头审理作证的证人出具的书面证言，在无其他证据佐证的情况下，均不能单独作为定案依据。此外，合议组从各证言的内容均无法确定其所述的在先公开销售或使用过的产品的外观设计。因此，附件3、附件5~10以及附件17和附件18均不能证明请求人所主张的与本专利相近似的产品在申请日以前公开销售过或使用过的事实。

附件4为证人何景兰的证言、身份证和相关销售明细单的复印件，附件13为证人何景兰的证言和身份证的复印件以及相关照片原件，附件14为证人蒋家花的证言和相关照片的原件以及其身份证和其儿子出生证明的复印件，附件15为证人肖月仙的证言和相关照片的原件以及其身份证复印件，附件16为证人何华仙的证言和相关照片的原件以及其身份证复印件。请求人在口头审理时提交了各附件中证人证言的原件，其认为上述附件均可单独证明与本专利相同或相近似的产品在其申请日前已被公开销售或使用；专利权人认为上述附件中的证人均未出庭质证，且附件4中的销售明细单和附件14中证人蒋家花儿子的出生证明均为复印件，对其证言的真实性均不予认可；对附件13~16所附照片与其证人证言的关联性以及附件14所附照片的真实性均有异议。合议组认为，上述证人证言均为未出席口头审理作证的证人出具的书面证言，附件4和附件14中的其他证明文件均为复印件，其真实性不能确认，因此，在无其他证据佐证的情况下，上述证人证言均不能单独作为定案依据。此外，请求人称上述附件所附照片中的产品为证人证言中所述的在本专利申请日以前已被销售或者使用过的产品，合议组认为，仅凭证人出具的书面证言和照片，而无其他证据佐证的情况下，不能确认照片所示的产品与证人证言中所述的产品为同一产品，故合议组无法确定上述证人证言中所述的在先公开销售或使用过的产品外观设计，因此，附件4、附件13~16均不能证明请求人所主张的与本专利相同或相近似的产品在申请日以前公开销售过或使用过的事实。

附件11为本专利的著录项目及外观图片下载打印件，鉴于请求人已放弃其作为证据使用，合议组对其不再予以评述。

3. 结论

请求人提交的所有证据均不能证明本专利不符合专利法第23条的规定，因此请求人提出无效宣告请求的理由不成立。

三、决定

维持200530120189. X号外观设计专利权有效。

当事人对本决定不服的，可以根据专利法第46条第2款的规定，自收到本决定之日起三个月内向北京市第一中级人民法院起诉，根据该款规定，一方当事人起诉后，另一方当事人应当作为第三人参加诉讼。

364

灌槽（2）

无效宣告请求审查决定（第13621号）

决　　定　　号　第13621号
决　　定　　日　2009年7月3日
发明创造名称　灌槽（2）
外观设计分类号　25-01
无效宣告请求人　山东亚盛重工股份有限公司
专　利　权　人　杨祥栋
专　　利　　号　200630020983.1
申　　请　　日　2006年7月7日
授 权 公 告 日　2007年6月27日
合 议 组 组 长　钟　华
主　　审　　员　张　凌
参　　审　　员　王　红
附　　　　　图　1页

法　律　依　据　专利法第23条
决　定　要　点

本专利与在先设计的整体形状相近似，二者存在的差别为局部细微差异，其不足以对二者整体的视觉效果产生显著影响，因此，二者属于相近似的外观设计。

一、案由

本无效宣告请求涉及国家知识产权局于2007年6月27日授权公告的名称为“灌槽（2）”的200630020983.1号外观设计专利，其申请日为2006年7月7日，专利权人为杨祥栋。

针对上述外观设计专利（下称本专利），山东亚盛重工股份有限公司（下称请求人）于2009年4月16日向专利复审委员会提出无效宣告请求，理由是本专利与在其申请日前已公开发表过的外观设计相近似，因而不符合专利法第23条的规定。请求人同时提交如下附件作为证据：

附件1：98310948.6号外观设计专利著录项目信息及其外观图片下载打印件，共1页。

请求人认为附件1的公开时间早于本专利的申请日，可以作为在先设计使用，本专利与该在先设计相近似；因此本专利不符合专利法第23条的规定。

经形式审查合格后，专利复审委员会受理了上述无效宣告请求，并于2009年4月16日将无效宣告请求书及相关附件的副本转送给专利权人，要求其在指定的期限内答复。

2009年5月7日，专利权人针对上述无效宣告请求提交了意见陈述，专利权人认为本专利与在先设计在外形轮廓上存在明显差异，在先设计两个端面上都存在一道与边缘平行的凹槽，本专利则无，本专利与在先设计的施工方式和应用场合均不同，二者不相近似。

2009年5月25日，专利复审委员会向双方当事人发出合议组成员告知通知书，双方当事人逾期均未答复，视为其对合议组成员无回避请求。

在上述审理的基础上，合议组经合议认为，本案事实清楚，依法作出本审查决定。

二、决定的理由

1. 法律依据

基于请求人提出无效宣告请求所依据的理由和证据，合议组对本专利是否符合专利法第23条的规定进行审查。

专利法第23条规定，授予专利权的外观设计，应当同申请日以前在国内外出版物上公开发表过或者国内公开使用过的外观设计不相同和不相近似，并不得与他人在先取得的合法权利相冲突。

2. 证据认定

请求人提交的附件1是98310948.6号外观设计专利著录项目信息及其外观图片下载打印件，专利权人在其意见陈述中对该证据的真实性未提出异议。本案合议组经核实，该下载打印件与外观设计专利公报原件内容一致，真实性可以确定，合议组对其予以采信。附件1的产品名称为“U形混凝土构件”、公开日为1999年6月23日，早于本专利的申请日（2006年7月7日），属于专利法第23条所规定的在本专利申请日前公开的外观设计，适用于本案。

3. 关于专利法第23条

本专利与附件1所示外观设计（下称在先设计）均为建设输水管道时使用的建筑构件，二者用途相同，属于相同类别的产品，故将二者作如下相近似性对比。

本专利所示灌槽的端面大致呈“U”形，灌槽上端两侧有向外的凸起，灌槽右上端略高于其左上端（详见本专利附图）。

在先设计所示灌槽的端面大致呈“U”形，该端面上有一道与边缘平行的凹槽，灌槽上端两侧有向外的凸起，灌槽右上端略高于其左上端（详见在先设计附图）。

本专利与在先设计相比，二者主要的相同点在于：端面大致呈“U”形，灌槽上端两侧有向外的凸起，灌槽右上端略高于其左上端。二者主要的区别在于：在先设计端面上有一道与边缘平行的凹槽，本专利则无；本专利端面的“U”形弧度与在先设计的有差异；本专利灌槽上端两侧的凸起与灌槽侧壁之间各有一道分割线，在先设计则无。专利权人认为上述差别使普通公众不会将二者混淆，并且这些差别导致本专利与在先设计应用地区和施工方式的不同。对此，合议组认为，本专利与在先设计存在的上述差别为局部细微差异，其不足以对二者整体的视觉效果产生显著影响，在本专利与在先设计整体形状相近似的情况下，二者已呈现整体相近似的视觉效果；在相同和相近似判断中仅以产品的外观作为判断的对象，产品的施工方式和应用地区不在外观设计相同相近似判断的考察范围内，专利权人的主张不能成立，因此，本专利与在先设计相近似。

综上所述，在本专利的申请日前已经有与之相近似的外观设计在出版物上公开发表过，本专利不符合专利法第23条的规定。

三、决定

宣告200630020983.1号外观设计专利权全部无效。

当事人对本决定不服的，可以根据专利法第46条第2款的规定，自收到本决定之日起三个月内向北京市第一中级人民法院起诉。根据该款的规定，一方当事人起诉后，另一方当事人应当作为第三人参加诉讼。

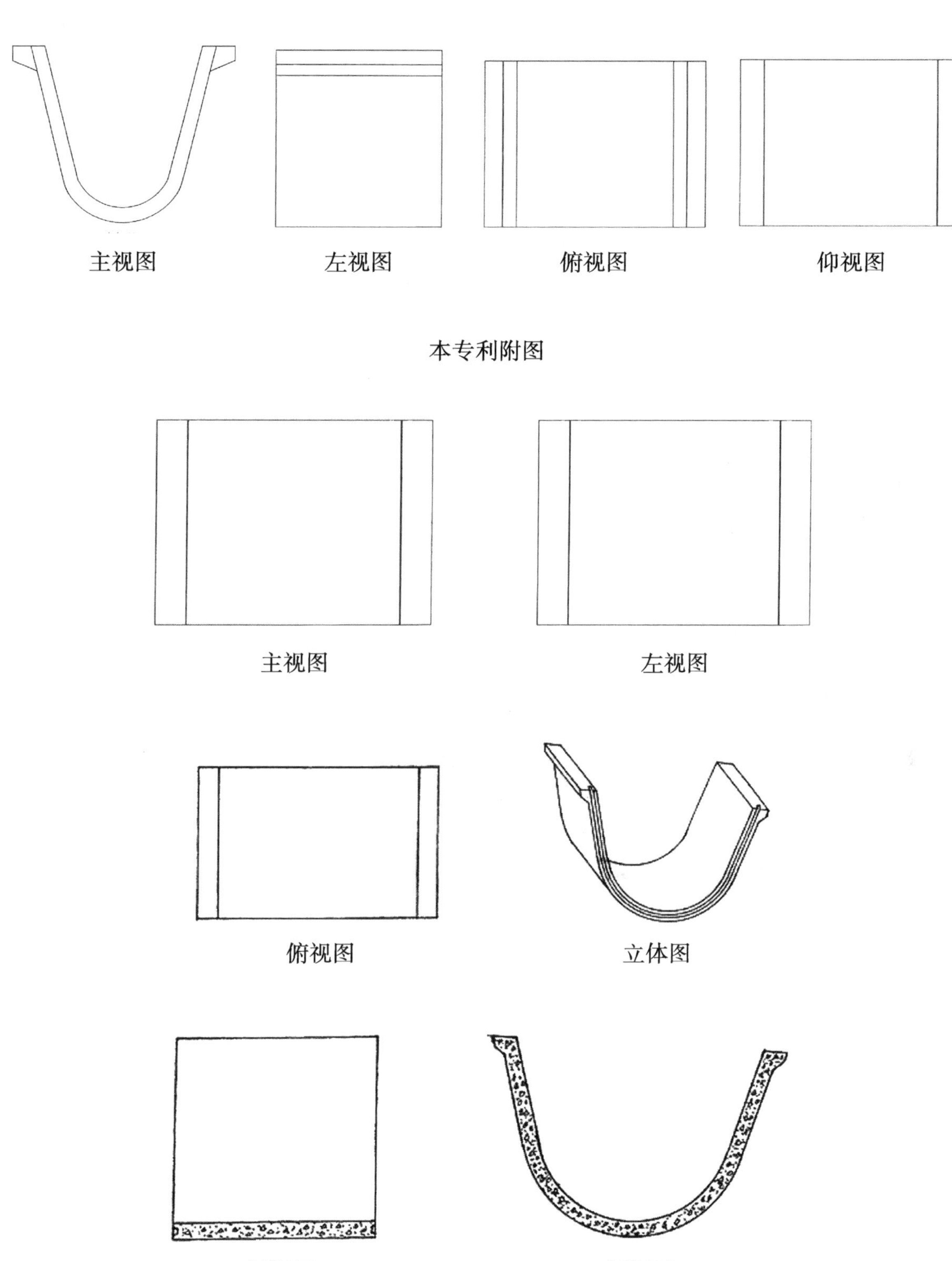

在先设计附图

365

灌槽（1）

无效宣告请求审查决定（第13622号）

决　定　号　第13622号
决　定　日　2009年7月3日
发明创造名称　灌槽（1）
外观设计分类号　25-01
无效宣告请求人　山东亚盛重工股份有限公司
专　利　权　人　杨祥栋
专　利　号　200630020982.7
申　请　日　2006年7月7日
授权公告日　2007年7月18日
合议组组长　钟　华
主　审　员　张　凌
参　审　员　王　红
附　图　1页

法律依据　专利法第23条
决定要点

本专利与在先设计的整体形状相近似，二者存在的差别为局部细微差异，其不足以对二者整体的视觉效果产生显著影响，因此，二者属于相近似的外观设计。

一、案由

本无效宣告请求涉及国家知识产权局于2007年7月18日授权公告的名称为“灌槽（1）”的200630020982.7号外观设计专利，其申请日为2006年7月7日，专利权人为杨祥栋。

针对上述外观设计专利（下称本专利），山东亚盛重工股份有限公司（下称请求人）于2009年4月16日向专利复审委员会提出无效宣告请求，理由是本专利与在其申请日前已公开发表过的外观设计相近似，因而不符合专利法第23条的规定。请求人同时提交如下附件作为证据：

附件1：98310948.6号外观设计专利著录项目信息及其外观图片下载打印件，共1页。

请求人认为附件1的公开时间早于本专利的申请日，可以作为在先设计使用，本专利与该在先设计相近似；因此本专利不符合专利法第23条的规定。

经形式审查合格后，专利复审委员会受理了上述无效宣告请求，并于2009年4月16日将无效宣告请求书及相关附件的副本转送给专利权人，要求其在指定的期限内答复。

2009年5月7日，专利权人针对上述无效宣告请求提交了意见陈述，专利权人认为本专利与在先设计在外形轮廓上存在明显差异，在先设计两个端面上都存在一道与边缘平行的凹槽，本专利则无，本专利与在先设计的施工方式和应用场合均不同，二者不相近似。

2009年5月25日，专利复审委员会向双方当事人发出合议组成员告知通知书，双方当事人逾期均未答复，视为其对合议组成员无回避请求。

在上述审理的基础上，合议组经合议认为，本案事实清楚，依法作出本审查决定。

二、决定的理由

1. 法律依据

基于请求人提出无效宣告请求所依据的理由和证据，合议组对本专利是否符合专利法第23条的规定进行审查。

专利法第23条规定，授予专利权的外观设计，应当同申请日以前在国内外出版物上公开发表过或者国内公开使用过的外观设计不相同和不相近似，并不得与他人在先取得的合法权利相冲突。

2. 证据认定

请求人提交的附件1是98310948.6号外观设计专利著录项目信息及其外观图片下载打印件，专利权人在其意见陈述中对该证据的真实性未提出异议。本案合议组经核实，该下载打印件与外观设计专利公报原件内容一致，真实性可以确定，合议组对其予以采信。附件1的产品名称为“U形混凝土构件”、公开日为1999年6月23日，早于本专利的申请日（2006年7月7日），属于专利法第23条所规定的在本专利申请日前公开的外观设计，适用于本案。

3. 关于专利法第23条

本专利与附件1所示外观设计（下称在先设计）均为建设输水管道时使用的建筑构件，二者用途相同，属于相同类别的产品，故将二者作如下相近似性对比。

本专利所示灌槽的端面大致呈“U”形，灌槽上端两侧有向外的凸起，灌槽右上端略高于其左上端（详见本专利附图）。

在先设计所示灌槽的端面大致呈“U”形，该端面上有一道与边缘平行的凹槽，灌槽上端两侧有向外的凸起，灌槽右上端略高于其左上端（详见在先设计附图）。

本专利与在先设计相比，二者主要的相同点在于：端面大致呈“U”形，灌槽上端两侧有向外的凸起，灌槽右上端略高于其左上端。二者主要的区别在于：在先设计端面上有一道与边缘平行的凹槽，本专利则无；本专利端面的“U”形弧度较在先设计的略大；本专利底部中间有一道分割线，在先设计则无。专利权人认为上述差别使普通公众不会将二者混淆，并且这些差别导致本专利与在先设计应用地区和施工方式的不同。对此，合议组认为，本专利与在先设计存在的上述差别为局部细微差异，其不足以对二者整体的视觉效果产生显著影响，在本专利与在先设计整体形状相近似的情况下，二者已呈现整体相近似的视觉效果；在相同和相近似判断中仅以产品的外观作为判断的对象，产品的施工方式和应用地区不在外观设计相同相近似判断的考察范围内，专利权人的主张不能成立，因此，本专利与在先设计相近似。

综上所述，在本专利的申请日前已经有与之相近似的外观设计在出版物上公开发表过，本专利不符合专利法第23条的规定。

三、决定

宣告200630020982.7号外观设计专利权全部无效。

当事人对本决定不服的，可以根据专利法第46条第2款的规定，自收到本决定之日起三个月内向北京市第一中级人民法院起诉。根据该款的规定，一方当事人起诉后，另一方当事人应当作为第三人参加诉讼。

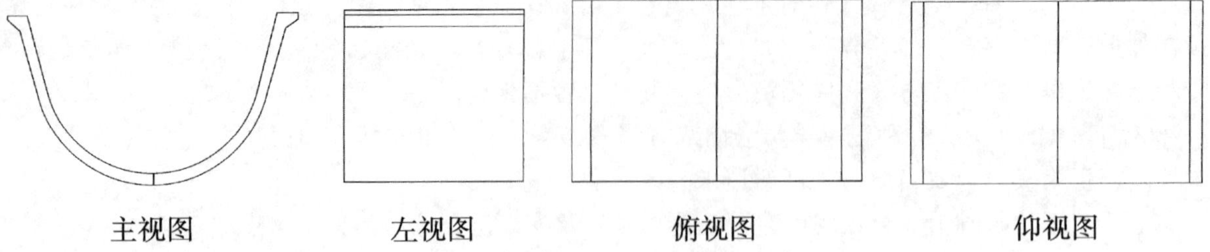

本专利附图

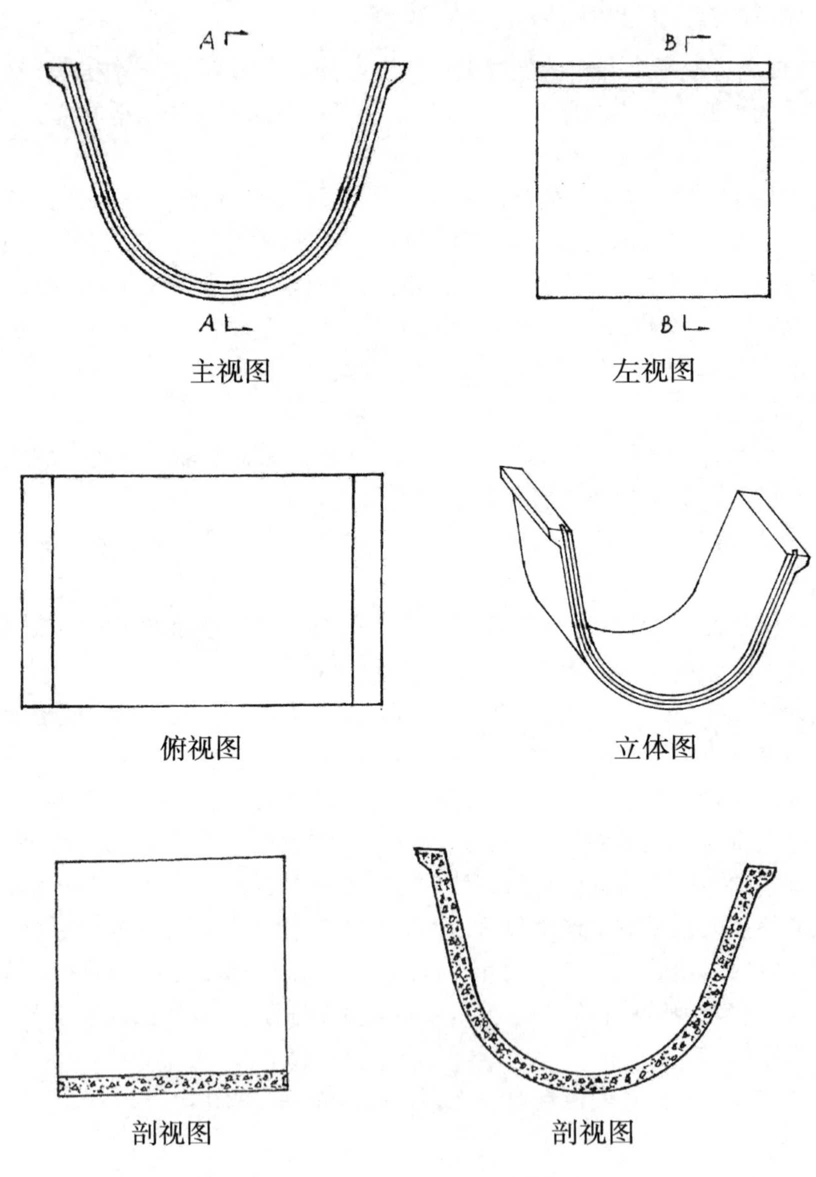

在先设计附图

椅子扶手（615）

无效宣告请求审查决定（第13623号）

决　　定　　号　第13623号
决　　定　　日　2009年7月3日
发明创造名称　椅子扶手（615）
外观设计分类号　06-06
无 效 请 求 人　卢康尧
专　利　权　人　顾　欣
专　　利　　号　200730124953.X
申　　请　　日　2007年8月10日
授 权 公 告 日　2009年2月18日
合 议 组 组 长　张　凌
主　　审　　员　尹春霞
参　　审　　员　雷　婧
附　　　　　图　2页

法　律　依　据　专利法第23条
决　定　要　点

本专利与在先设计的差异属于局部细微的设计变化，对外观设计的整体视觉效果均不具有显著影响，二者属于相近似的外观设计。

一、案由

本无效宣告请求涉及的是国家知识产权局于2009年2月18日授权公告的、专利号为200730124953.X的外观设计专利，其产品名称为“椅子扶手（615）”，申请日为2007年8月10日，专利权人为顾欣。

针对上述外观设计专利权（下称本专利），卢康尧（下称请求人）于2009年4月23日向专利复审委员会提出无效宣告请求，其理由是：本专利与其申请日前在出版物上公开发表过的外观设计相同或相近似，故不符合专利法第23条的规定。同时，请求人提交了如下附件作为证据：

附件1：00344385.X号外观设计专利公报复印件，共1页；

附件2：200530147815.4号外观设计专利公报复印件，共1页；

附件3：请求人对在先设计专利与本专利的相似度分析，共1页。

请求人认为，本专利与附件1所公开的外观设计在外部轮廓、形状、各构件要素的组成部分大小宽窄均相似，只是在上部黑色长条硬质皮状物体处、上部至下部宽窄过渡处略有不同，二者未构成实质性的显著变化，属于相近似的外观设计，应宣告本专利无效。请求人同时说明附件2仅供参考。

经形式审查合格，专利复审委员会依法受理了上述无效宣告请求，并于2009年4月23无效宣告请求书及相关文件的副本转送专利权人，通知其在指定的期限内答复。

专利复审委员会成立合议组对本案进行审理，并于2009年6月8日向双方当事人发出合议组成员告知通知书，通知其如有回避请求，在指定期限内提交书面请求书。

专利权人于2009年6月18日针对上述无效宣告请求提交意见陈述书，其结合各视图进行了详细的比较，认为本专利与附件1、附件2公开的外观设计既不相同也不相近似。普通消费者并不会将其混淆，加之椅子扶手的购买对象较为特殊，大多为生产椅具的厂商采购员。其对扶手采购时观察较普通消费者而言更为细致，完全能将本专利与对比文件区分开来。综上，应维持本专利有效。

针对合议组成员告知通知书，双方当事人均逾期未答复，均视为无回避请求。

在上述审理的基础上，合议组认为本案事实清楚，可以依法作出审查决定。

二、决定的理由

1. 法律依据

基于请求人提出无效宣告请求的理由，合议组依据专利法第23条的规定进行审理。

专利法第23条规定："授予专利权的外观设计，应当同申请日以前在国内外出版物上公开发表过或者国内公开使用过的外观设计不相同和不相近似，并不得与他人在先取得的合法权利相冲突。"

2. 证据的认定

附件1是00344385. X号外观设计专利公报复印件，其产品名称为"座椅扶手（十八）"，申请日为2000年12月16日，公开日为2001年9月19日。经合议组核实，该附件内容真实，其公开日在本专利的申请日（2007年8月10日）之前，适用于评价本专利是否符合专利法第23条的规定。

3. 外观设计相同和相近似的比较

附件1中公开了一种椅子扶手的外观设计，本专利也是椅子扶手的外观设计，二者具有相同的用途，属于相同类别的产品，故附件1公开的扶手的外观设计（下称在先设计）可以与本专利进行比较和判断。

本专利的图片包括扶手的六面正投影视图。其所示扶手整体呈近似的封闭椭圆环状；上表面略平，其上有长条硬质皮状物；左侧面与下部分别有两个小通孔；下表面呈水平状；该扶手的左侧宽度比右侧窄，下部宽度比上部窄（详见本专利附图）。

在先设计公开了扶手的六面正投影视图和立体图。其所示扶手整体呈近似的封闭椭圆环状；上表面略平，其上有长条硬质皮状物；左侧面与下部分别有两个小通孔；下表面呈水平状；该扶手的左侧宽度比右侧窄，下部宽度比上部窄（详见在先设计附图）。

将本专利与在先设计进行比较，二者的形状基本相同。二者的主要的不同点在于：本专利扶手上表面固定有一黑色、长条的垫片，在先设计无附着物；本专利上表面略平，在先设计上表面略带弧度。合议组认为，从整体观察，二者封闭圆环的轮廓形状基本相同，其上的通孔分布、宽窄位置均相同。虽然存在上述差异，但相对其整体设计而言，二者的差别为局部细微差别，对于产品整体视觉效果不具有显著影响，本专利与在先设计属于相近似的外观设计。

专利权人主张椅子的扶手下端呈环形的弯曲属于扶手设计领域的常规性设计，即椅子的扶手下端多为环形状弯曲设计，同时专利权人认为通常生活中椅子扶手的购买对象并不是一般的普通消费者，而是各专业椅子生产厂家的采购人员，这些采购人员不会将本专利与在先设计混淆。对此合议组认为，椅子扶手的形状千变万化，既有封闭的，也有开放的，封闭的环状设计也多种多样，而且专利权人也未提交任何证据说明扶手下端呈环形的弯曲属于扶手设计领域的常规性设计，对专利权人的上述主张合议组不予考虑。对于审查指南规定的一般消费者，是指一种拟制的人，其对被比设计产品的同类或者近似类产品的外观设计状况有常识性的了解，并且均应遵循整体观察，综合判断的原则；仅仅根据两项外观设计不会导致一般消费者误认、混同并不必然得出二者的差别对于产品外观设计的整体视觉效果具有显著的的结论。因此，合议组对专利权人的上述主张不予支持。

4. 结论

本专利与其申请日以前在国内出版物上公开发表过的外观设计相近似，因此，本专利不符合专利法第 23 条的规定。

鉴于已得出上述结论，本决定对请求人提交的其他证据不再予以评述。

三、决定

宣告 200730124953. X 号外观设计专利权全部无效。

当事人对本决定不服的，可以根据专利法第 46 条第 2 款的规定，自收到本决定之日起三个月内向北京市第一中级人民法院起诉，根据该款规定，一方当事人起诉后，另一方当事人应当作为第三人参加诉讼。

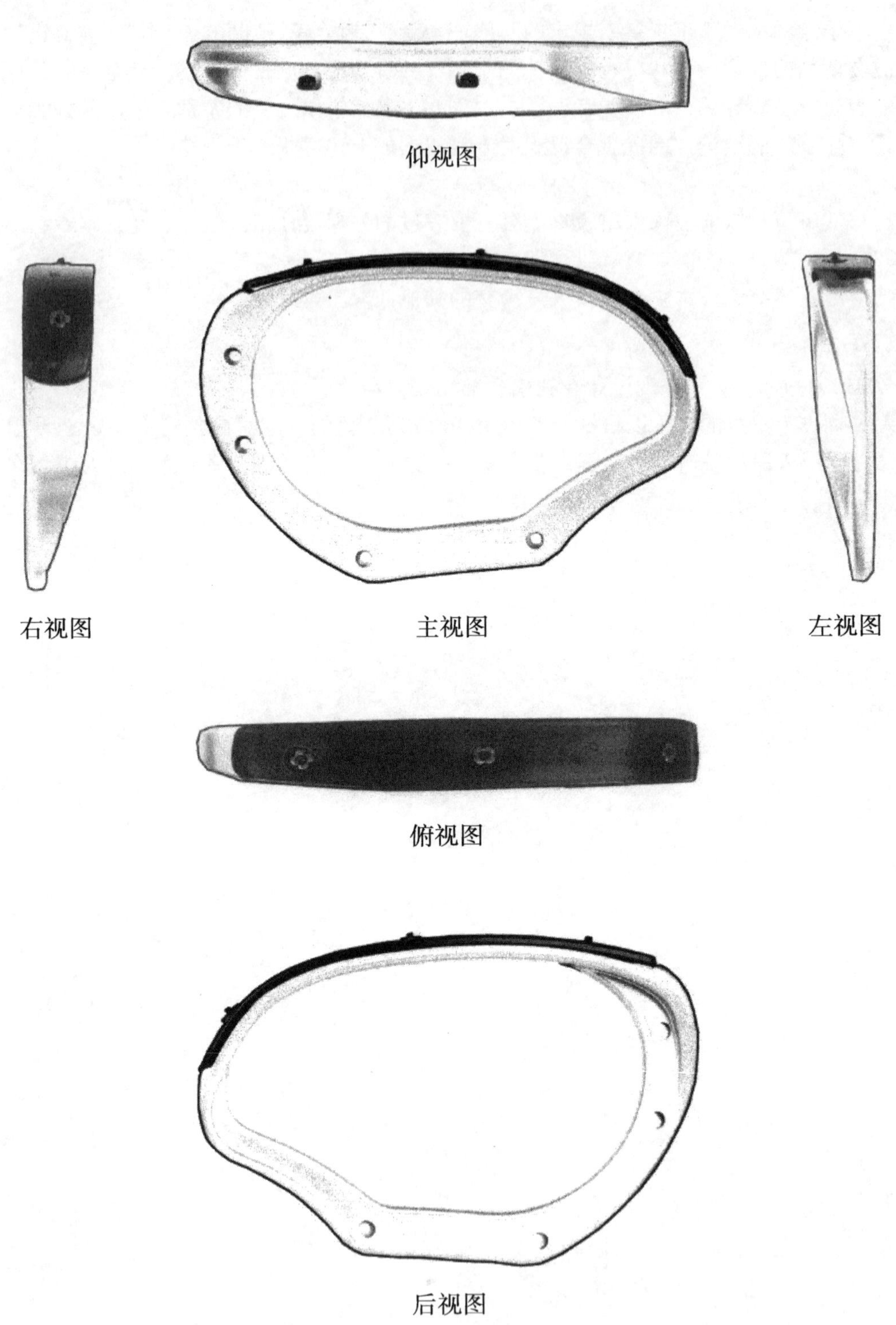

本专利附图

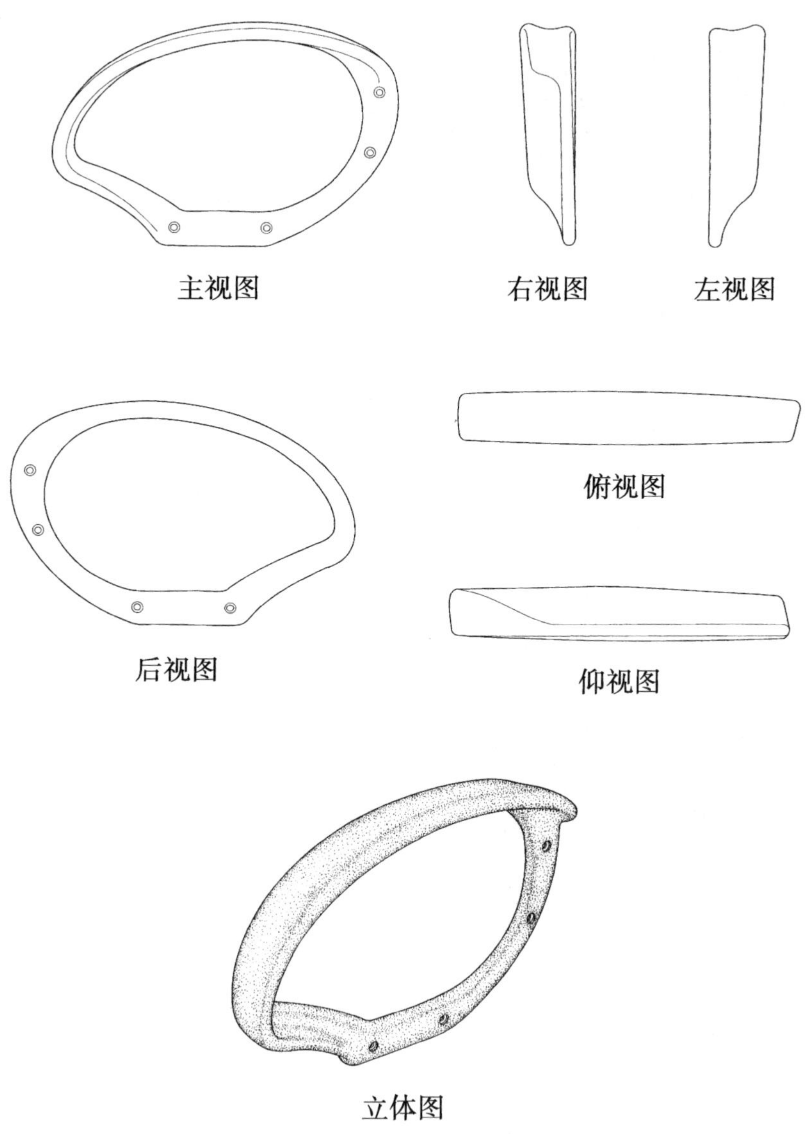

在先设计附图

367

手柄（高压锅）

无效宣告请求审查决定（第13625号）

决　　定　　号　第13625号
决　　定　　日　2009年7月3日
发明创造名称　手柄（高压锅）
外观设计分类号　07-02
无效宣告请求人　WMF股份公司
专　利　权　人　叶广明
专　　利　　号　200630021957.0
申　　请　　日　2006年8月18日
授 权 公 告 日　2007年5月9日
合 议 组 组 长　李巍巍
主　　审　　员　张雪飞
参　　审　　员　沙柏青
附　　　　　图　1页

法　律　依　据　专利法第23条
决　定　要　点

本专利与在先设计的差别均属于在使用时不易看到或者看不到部位的设计变化和局部的细微变化等导致的差别，均对二者的整体视觉效果不具有显著的影响，二者应属于相近似的外观设计。

一、案由

本无效宣告请求涉及国家知识产权局于2007年5月9日授权公告的200630021957.0号外观设计专利，使用该外观设计的产品名称是“手柄（高压锅）”，其申请日是2006年8月18日，专利权人是叶广明。

针对上述外观设计专利权（下称本专利），WMF股份公司（下称请求人）于2009年4月7日向专利复审委员会提出无效宣告请求，其理由是本专利不符合专利法第23条的规定，应予宣告无效，并提交了本专利的著录项目及图片打印页和如下证据附件：

证据1是公开日期为2001年5月31日的DM/055671号工业品外观设计国际注册文件11页；

证据2是证据1的中译文10页；

证据3是公开日期为2004年1月31日的DM/064776号工业品外观设计国际注册文件5页；

证据4是证据3的中译文4页。

请求人认为本专利与证据 1 和证据 3 所示在先公开的高压锅手柄的外观设计均属于相近似的外观设计。

经形式审查合格，专利复审委员会受理了该无效宣告请求，并于 2009 年 4 月 30 日将请求人的无效宣告请求文件转送专利权人。专利权人逾期未作出答复。

专利复审委员会于 2009 年 5 月 18 日向双方当事人发出合议组成员告知通知书。双方当事人逾期均未对合议组成员提出回避请求。

在上述审理的基础上，合议组经合议，认为本案事实清楚，依法作出本审查决定。

二、决定的理由

基于请求人提出的无效宣告请求的理由和证据，合议组依据专利法第 23 条的规定进行审理。

专利法第 23 条规定："授予专利权的外观设计，应当同申请日以前在国内外出版物上公开发表过或者国内公开使用过的外观设计不相同和不相近似，并不得与他人在先取得的合法权利相冲突。"

请求人提交的证据 1 是公开日期为 2001 年 5 月 31 日的 DM/055671 号工业品外观设计国际注册文件，证据 2 是证据 1 的中译文；专利权人未对其真实性和译文的准确性提出质疑。经合议组核实，其内容真实，确系在本专利申请日以前公开的专利文献，适用于专利法第 23 条的规定。

该 DM/055671 号工业品外观设计国际注册文件公开了一款高压锅手柄的外观设计（下称在先设计）。从图片上观察，在先设计整体由前部的坡状压盖和后部的指状手柄等部分组成，压盖顶部有圆形阀体设计，手柄处有凹槽等设计，其他另有细小形状和文字排列设计。详见在先设计附图。

本专利同样是高压锅手柄的外观设计，其整体由前部的坡状压盖和后部的指状手柄等部分组成，压盖顶部有圆形阀体设计，手柄上有凹槽、推钮等设计，另有手柄与锅体结合部的设计及其他细小形状和文字排列设计。详见本专利附图。

合议组认为：本专利和在先设计均为高压锅手柄的外观设计，用途相同，属于相同类别的产品，具有可比性。

将本专利与在先设计相比较，其主要的不同点为：在先设计未显示出手柄底部和手柄与锅体结合部的设计。合议组认为：从整体视觉观察，虽然二者存在上述不同点，但是由于手柄底部的设计属于在使用时不易看到部位的设计变化，而手柄与锅体结合部的设计属于在使用时看不到部位的设计变化，因此均对整体视觉效果不具有显著的影响，且其他局部的细微差别也均不足以对二者的整体外观设计产生显著的视觉影响，因此二者应属于相近似的外观设计。

综上所述，在本专利申请日以前已有与其相近似的外观设计在出版物上公开发表过，本专利不符合专利法第 23 条的规定。

鉴于已得出上述结论，本决定对请求人提出的其他证据不再予以评述。

三、决定

宣告 200630021957. 0 号外观设计专利权全部无效。

当事人对本决定不服的，可以根据专利法第 46 条第 2 款的规定，自收到本决定之日起三个月内向北京市第一中级人民法院起诉。根据该款的规定，一方当事人起诉后，另一方当事人应当作为第三人参加诉讼。

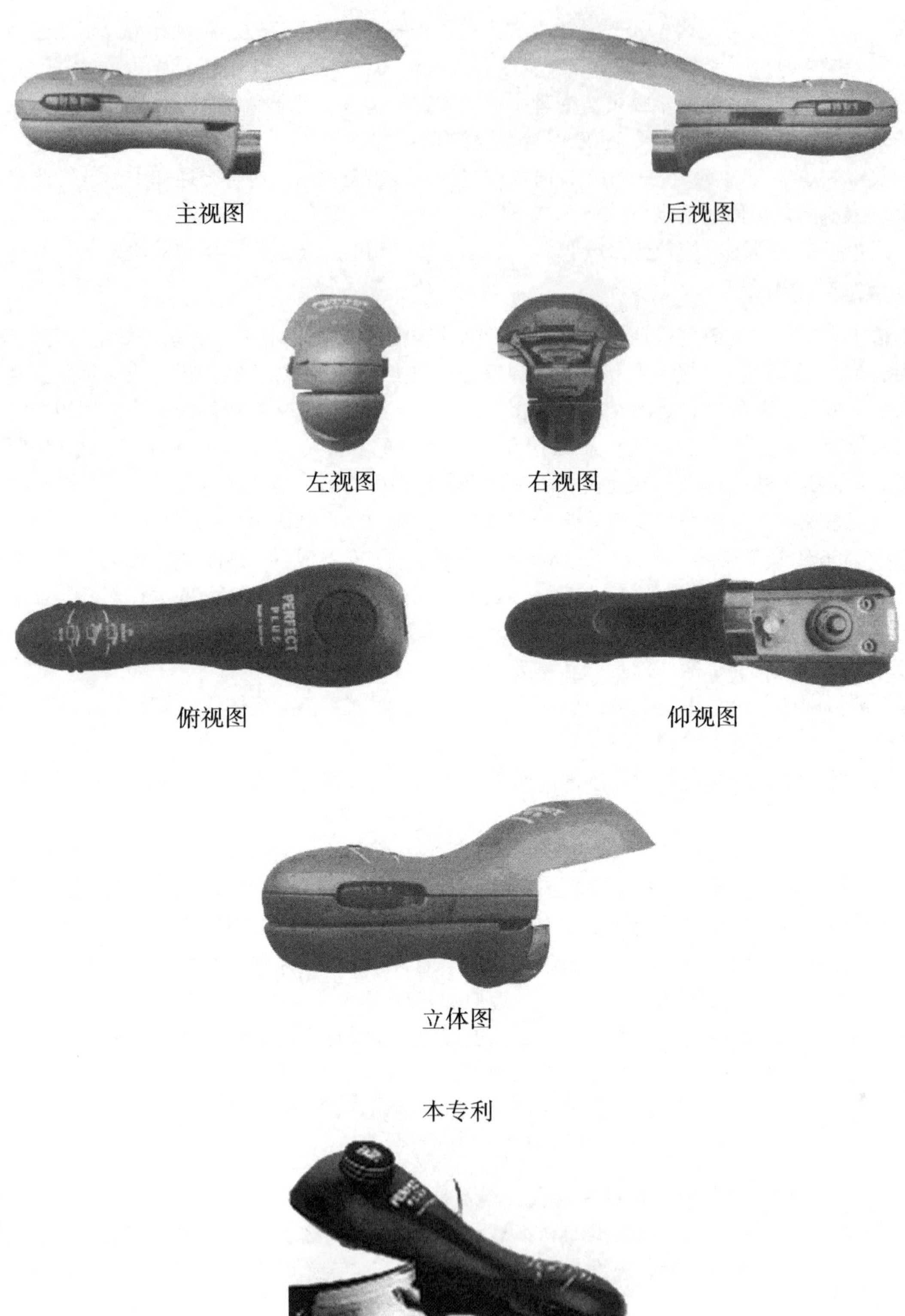

主视图 后视图

左视图 右视图

俯视图 仰视图

立体图

本专利

在先设计

368

路灯（白玉兰）

无效宣告请求审查决定（第13627号）

决　　定　　号　第13627号
决　　定　　日　2009年6月29日
发明创造名称　路灯（白玉兰）
外观设计分类号　26-03
无效宣告请求人　陆昌顺
专　利　权　人　宁波燎原工业股份有限公司
专　　利　　号　200330120733.1
申　　请　　日　2003年12月31日
授权公告日　2004年7月28日
合议组组长　徐清平
主　审　员　张　凌
参　审　员　尹春霞
附　　　　图　7页

法律依据　专利法第9条、第23条，专利法实施细则第13条第1款
决定要点

在无效宣告程序中，对一方当事人提交的证据，另外一方当事人明确表示认可的，专利复审委员会应予以确认，但当事人反悔并有相反证据足以推翻的除外；

"一般消费者"作为外观设计相近似判断的主体，尚需根据审查指南规定的判断原则、判断方式和判断基准进行相近似判断。

一、案由

根据北京市高级人民法院（2008）高行终字第684号判决，专利复审委员会重新成立合议组，依法作出本审查决定。本决定涉及国家知识产权局于2004年7月28日授权公告的，名称为"路灯（白玉兰）"的外观设计专利（下称本专利），其申请号是200330120733.1，申请日是2003年12月31日，专利权人是宁波燎原工业股份有限公司。

针对本专利，陆昌顺（下称请求人）于2007年1月23日向专利复审委员会提出无效宣告请求，其理由是：在本专利申请日前有与本专利相近似的外观设计在国内公开使用、销售和公开出版，本专利不符合专利法第23条、第9条和专利法实施细则第13条的规定，请求宣告本专利无效。请求人提交了如下附件作为证据：

附件 1 是本专利公报复印件 1 页；

附件 2 是 200330108379.0 号外观设计专利著录项目及其外观图片下载打印件 1 页；

附件 3 是 02340589.9 号外观设计专利著录项目及其外观图片下载打印件 1 页；

附件 4 是 02340593.7 号外观设计专利著录项目及其外观图片下载打印件 1 页；

附件 5 是 02340592.9 号外观设计专利著录项目及其外观图片下载打印件 1 页；

附件 6 是 200330102670.7 号外观设计专利著录项目及其外观图片下载打印件 1 页；

附件 7 是 2000 年第 3 期《道路照明》杂志封面、封底和相关页复印件 4 页和购买收据复印件 1 页；

附件 8 是北京市第一中级人民法院（2005）一中行初字第 455 号行政判决书复印件 1 份；

附件 9 是北京市第一中级人民法院（2006）一中行初字第 313 号行政判决书复印件 1 份；

附件 10 是北京市高级人民法院（2005）高行终字第 442 号行政判决书复印件 1 份。

经形式审查合格，专利复审委员会受理了此案，并于 2007 年 2 月 12 日将无效宣告请求书及相关材料副本转送给专利权人。

2007 年 4 月 25 日专利复审委员会收到专利权人提交的意见陈述书。专利权人认为以普通消费者和一般注意力观察，请求人提交的证据所显示的外观设计与本专利相比较，整体上存在明显差异，且设计风格的不同也使得消费者能明显分辨两外观设计，因此，两者均不构成近似。

2007 年 7 月 2 日专利复审委员会向双方当事人发出无效宣告请求口头审理通知书，定于 2007 年 8 月 21 日在专利复审委员会进行口头审理，同时将 2007 年 4 月 25 日专利复审委员会收到的专利权人提交的意见陈述书转送给请求人，并告知其可在口头审理时一并答复。

口头审理如期举行，双方当事人均委托代理人出庭。请求人当庭提交了意见陈述书，合议组当庭将该意见陈述书转送给专利权人。请求人明确以附件 2 证明本专利不符合专利法第 9 条的规定，以附件 3~6 证明本专利不符合专利法实施细则第 13 条第 1 款的规定，以附件 7 证明本专利不符合专利法第 23 条的规定，专利权人对附件 1~6 的真实性没有异议，但认为附件 2~6 记载的外观设计与本专利不相同也不相近似；对附件 7 的真实性没有异议，但认为其公开的内容不充分，无法与本专利进行比较；对附件 8~10 的真实性没有异议，对关联性有异议，认为附件 8~10 中的判决中的观点不适用于本案。专利权人明确表示对于当庭收到的请求人的意见陈述不需要庭后答复。

在上述审理的基础上，专利复审委员会认定本专利与附件 4 所公开的外观设计相近似，其不符合专利法第 23 条的规定，并于 2007 年 12 月 17 日作出宣告本专利全部无效的第 10771 号审查决定，并于 2007 年 12 月 18 日寄交双方当事人。

专利权人不服上述第 10771 号审查决定，向北京市第一中级人民法院提起诉讼。经审理，北京市第一中级人民法院作出“（2008）一中行初字第 435 号行政判决书”，认定对于关注路灯产品、对路灯产品具有一定知识水平和认知能力的一般消费者而言，其显然会注意到本专利存在高差的两个斜形套以及其与附件 4 所示在先设计整体形状和风格的不同，上述差别对二者的整体视觉效果产生显著影响，因此本专利与附件 4 所示的在先设计不相同也不相近似，并判决撤销第 10771 号审查决定。

请求人不服北京市第一中级人民法院作出的上述判决，向北京市高级人民法院提起上诉。经审理，北京市高级人民法院作出“（2008）高行终字第 684 号行政判决书”，判决维持北京市第一中级人民法院作出的“（2008）一中行初字第 435 号行政判决书”。

2009 年 4 月 23 日专利复审委员会向双方当事人发出了口头审理通知书，定于 2009 年 6 月 1 日举行口头审理。

口头审理如期举行，双方当事人均委托代理人出席了口头审理。口头审理过程中，请求人明确依据附件2证明本专利不符合专利法第9条的规定，依据附件3~5和附件7证明本专利不符合专利法第23条的规定，依据附件6证明本专利不符合专利法实施细则第13条第1款的规定，附件8~10仅供合议组参考；请求人当庭指定附件7中与本专利进行对比的图片。专利权人对附件7的真实性提出异议，并认为其不是专利法意义上的公开出版物，同时认为请求人当庭指定的图片中有一幅超出了举证期限，应不予考虑。关于是否相同相近似的对比，双方当事人坚持其原有意见。

在上述审理的基础上，合议组经合议，认为本案事实清楚，依法作出本审查决定。

二、决定的理由

1. 法律依据

基于请求人提出无效宣告请求所依据的理由和证据，合议组对本专利是否符合专利法第9条、第23条和专利法实施细则第13条第1款的规定进行审查。

专利法第9条规定，两个以上的申请人分别就同样的发明创造申请专利的，专利权授予最先申请的人。

专利法第23条规定，授予专利权的外观设计，应当同申请日以前在国内外出版物上公开发表过或者国内公开使用过的外观设计不相同和不相近似，并不得与他人在先取得的合法权利相冲突。

专利法实施细则第13条第1款规定，同样的发明创造只能被授予一项专利。

2. 证据认定

请求人提交的附件2为200330108379.0号外观设计专利著录项目及其外观图片下载打印件1页，专利权人对该附件的真实性没有异议，合议组对其予以采信。附件2的申请日为2003年11月11日、公开日为2004年7月21日、申请人为湖州市晶日灯饰有限公司，属于专利法第9条规定的由他人在本专利的申请日（2003年12月31日）前申请、在后公开的外观设计，适用本案。

请求人提交的附件6是200330102670.7号外观设计专利著录项目及其外观图片下载打印件，专利权人对其真实性无异议，故合议组对该证据予以采信。专利权人承认附件6是其企业在本专利申请日前申请、在后公开的外观设计专利，属于专利法实施细则第13条第1款规定的属于同一专利权人的具有不同申请日的专利权，适用本案。

请求人提交的附件3至附件5分别是02340589.9号、02340593.7号和02340592.9号外观设计专利著录项目及其外观图片下载打印件，专利权人对上述证据的真实性没有异议，故合议组对上述证据予以采信。附件3~5的公开日分别为2003年4月9日、2003年4月23日和2003年4月23日，均早于本专利的申请日，属于专利法第23条规定的在先公开发表过的外观设计，适用本案。

请求人提交的附件7是2000年第3期《道路照明》杂志封面、封底和相关页复印件4页和购买收据复印件1页，口头审理中提交了附件7对应的杂志原件一本和购买收据一张。在2007年8月21日举行的口头审理中专利权人对上述证据的真实性没有异议，但在2009年6月1日举行的口头审理中，专利权人对上述证据的真实性提出异议，认为其不属于专利法意义上的公开出版物。对此，合议组认为：当事人在无效审查程序中对对方证据所作的认可产生证据法上的效力，即专利复审委员会应当予以确认并将其作为认定案件事实的依据，除非当事人反悔并有相反证据足以推翻其在先所作的认可，本案中专利权人虽然在2009年6月1日举行的口头审理中表示反悔，对附件7的真实性提出异议，但未提交任何反证支持其主张，故合议组对其异议不予支持，对附件7予以采信。附件7的公开时间早于本专利的申请日，属于专利法第23条规定的在先公开发表过的外观设计，适用本案。

3. 关于相同、相近似的对比

本专利与附件2~7均公开了关于路灯的外观设计，其属于相同类别的产品，可以进行相同、相近似性对比。

本专利公告包含六幅视图（主视图、仰视图、左视图、右视图、俯视图、立体图），其公开的路灯由前、后两壳体套接而成，后壳从中部包住前壳形成有一定高度差的两个斜形套，路灯的上下表面均向外凸起呈弧形，前壳呈圆弧状，后壳从与前壳套接处开始收缩，路灯整体呈椭圆的花苞状（详见本专利附图）。

附件 2 包含六幅视图（主视图、仰视图、左视图、右视图、俯视图、立体参考图），其公开的路灯（下称对比设计 1）由一个上部向外凸起、下部内凹的壳体构成，壳体上部的中间略高于前端，呈两个连续的弧形轮廓，壳体下部安装的椭圆形灯凸出于壳体底面，形成不规则的整体形状（详见对比设计 1 附图）。

将本专利与对比设计 1 相比，本专利由两个壳体套接而成，后壳与前壳形成有一定高度差的两个斜形套，壳体上、下两部均向外形成圆弧状的凸起，整体呈椭圆的花苞状，而对比设计 1 采用一体形设计，由一个上部向外凸起、下部内凹的壳体构成，壳体上部的中间略高于前端，呈两个连续的弧形轮廓，壳体下部安装的椭圆形灯凸出于壳体底面，形成一个不规则的整体形状。上述区别体现出二者在组成部分和整体的外轮廓形状上存在明显差别，其对二者的整体视觉效果具有显著影响。故本专利与对比设计 1 不相同也不相近似。

附件 6 包含六幅视图（主视图、仰视图、左视图、右视图、俯视图、立体图），其公开的路灯（下称对比设计 2）由一个上、下均向外凸起的椭圆形壳体构成，壳体前部呈圆弧状，自中部开始收缩，整体形成一个类似橄榄的形状。

将本专利与对比设计 2 相比，本专利由两个壳体套接而成，后壳与前壳形成有一定高度差的两个斜形套，整体呈椭圆的花苞状，而对比设计 2 由一个上、下均向外凸起的椭圆型壳体构成，壳体前部呈圆弧状，自中部开始收缩，整体形成一个类似橄榄的形状。上述区别体现出二者在组成部分和整体的外轮廓形状上存在明显差别，其对二者的整体视觉效果具有显著影响。故本专利与对比设计 2 不相同也不相近似。

根据审查指南的规定，专利法第 9 条和专利法实施细则第 13 条第 1 款所述的“同样的发明创造”对于外观设计而言，是指外观设计相同或者相近似。本专利与对比设计 1 和对比设计 2 均不相同也不相近似，故本专利相对于上述对比设计 1 和对比设计 2 符合专利法第 9 条和专利法实施细则第 13 条第 1 款的规定。

附件 3 包含六幅视图（主视图、仰视图、左视图、右视图、俯视图、后视图），其公开的路灯（下称在先设计 1）由一个上、下均向外凸起的椭圆形壳体构成，壳体前端较尖，两侧呈圆弧状，壳体自中部开始向后迅速收缩至尾部形成细长棒状，整体形成一个类似琵琶的形状。

附件 4 包含六幅视图（主视图、仰视图、左视图、右视图、俯视图、后视图），其公开的路灯（下称在先设计 2）由一个上、下均向外凸起的椭圆形壳体构成，壳体前端呈圆弧状，壳体自中部开始向后迅速收缩至尾部形成细长棒状，整体形成一个类似琵琶的形状。

附件 5 包含六幅视图（主视图、仰视图、左视图、右视图、俯视图、后视图），其公开的路灯（下称在先设计 3）由一个上、下均向外凸起的椭圆形壳体构成，壳体前端较尖，两侧呈圆弧状，壳体自中部开始向后迅速收缩至尾部形成细长棒状，整体形成一个类似琵琶的形状。

将本专利与在先设计 1~3 分别对比，本专利由两个壳体套接而成，后壳与前壳形成有一定高度差的两个斜形套，整体呈椭圆的花苞状，而在先设计 1~3 均由一个上、下均向外凸起的椭圆形壳体构成，壳体自中部开始向后迅速收缩至尾部形成细长棒状，整体形成一个类似琵琶的形状。上述区别体现出本专利与上述在先设计在组成部分和整体的外轮廓形状上存在明显差别，其对它们的整体视觉效果具有显著影响。故本专利与在先设计 1~3 均不相同也不相近似。

附件 7 中公开了两幅路灯的图片（下称在先设计 4），在先设计 4 由一个上部向外形成弧状凸起、下部略向外凸出的壳体构成，壳体前端呈圆弧状，自中部开始略向内收缩，整体形成一个类似橄榄的形状。

将本专利与在先设计 4 相比，本专利由两个壳体套接而成，后壳与前壳形成有一定高度差的两个斜形套，整体呈椭圆的花苞状，而在先设计 4 由一个上部向外形成弧状凸起、下部略向外凸出的壳体构成，壳体前端呈圆弧状，自中部开始略向内收缩，整体形成一个类似橄榄的形状。上述区别体现出本专利与在先设计 4 在组成部分和整体的外轮廓形状上存在明显差别，其对它们的整体视觉效果具有显著影响。故本专利与在先设计 4 不相同也不相近似。

专利权人主张请求人在 2009 年 6 月 1 日举行的口头审理中当庭指定的图片中有一幅超出了举证期限，应不予考虑。对此，合议组认为，附件 7 中请求人指定的两幅对比图片所反映的路灯的形状是一致的，其未对本案的审理举出新的事实，故对专利权人的主张不予支持。

请求人主张应以一般消费者的眼光对使用状态下的路灯进行观察，即必须重视该类产品的使用状态。路灯的最终使用者是不特定的过往行人，而非从事路灯制造、销售和购买的人员。由于判断主体的不同，在对此类产品进行相同相近似判断时会造成结论的不同。

对此，合议组认为：外观设计相近似判断以“一般消费者”作为判断的主体，此处的“一般消费者”是法律上一个拟制和假设的人，审查指南假定他对被比设计产品的同类或者相近类产品的外观设计状况具有常识性的了解，并对外观设计产品之间在形状、图案以及色彩上的差别具有一定的分辨力，但不会注意到产品的形状、图案以及色彩的微小变化。在确定该“一般消费者”的知识水平和认知能力时固然要考虑实际生活中不同外观设计产品不同的消费者群体的状况，但二者之间并不是严格的一一对应关系，并且该“一般消费者”尚需根据审查指南规定的判断原则、判断方式和判断基准进行外观设计的相近似判断。根据审查指南有关“整体观察、综合判断”的判断方式的规定，“一般消费者”可以注意到本专利与上述对比设计和在先设计存在的区别，并且上述区别对它们的整体视觉效果具有显著影响，本专利与上述对比设计和在先设计均不相同也不相近似，故合议组对请求人的上述主张不予支持。

综上所述，请求人提交的证据均不能证明本专利不符合专利法第 9 条、第 23 条和专利法实施细则第 13 条第 1 款的规定，其无效宣告的理由不成立。

三、决定

维持 200330120733.1 号外观设计专利权有效。

当事人对本决定不服的，可以根据专利法第 46 条第 2 款的规定，自收到本决定之日起三个月内向北京市第一中级人民法院起诉。根据该款的规定，一方当事人起诉后，另一方当事人应当作为第三人参加诉讼。

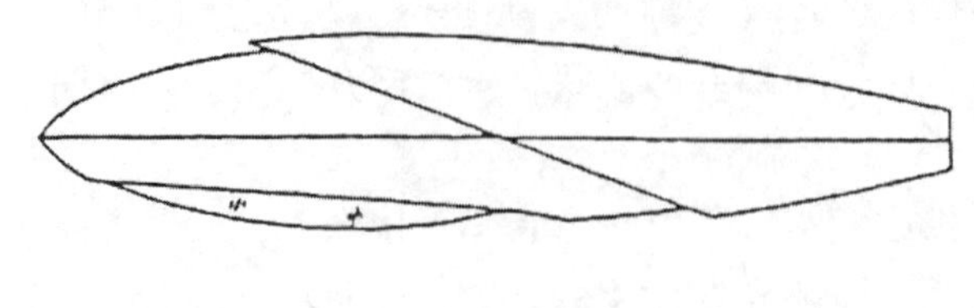

主视图

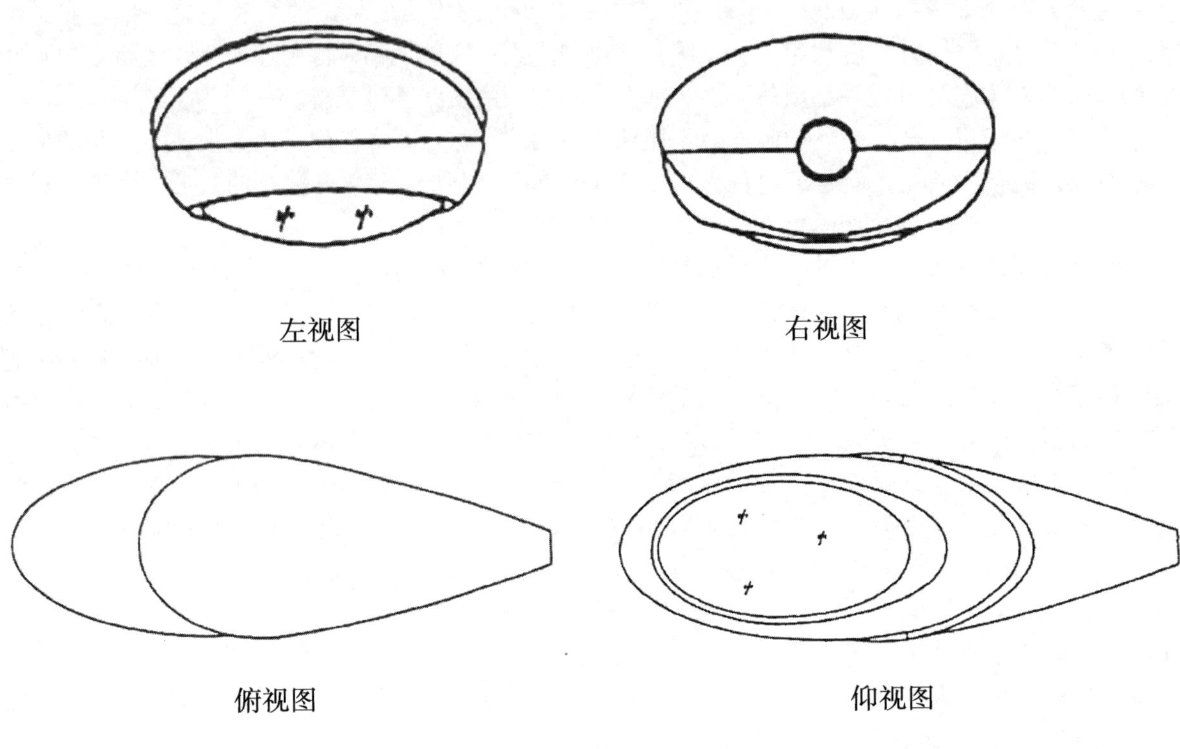

左视图　　右视图

俯视图　　仰视图

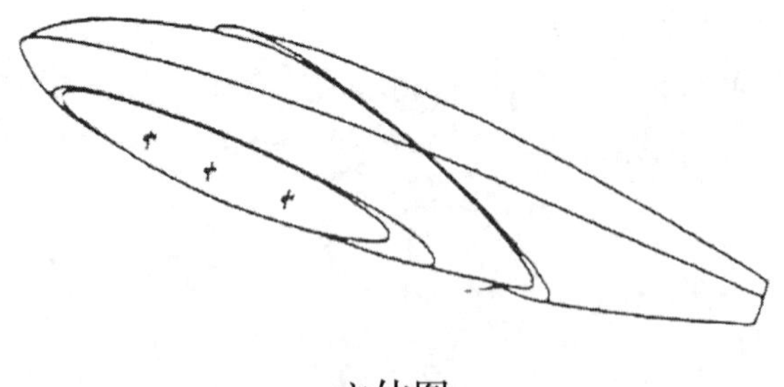

立体图

本专利附图

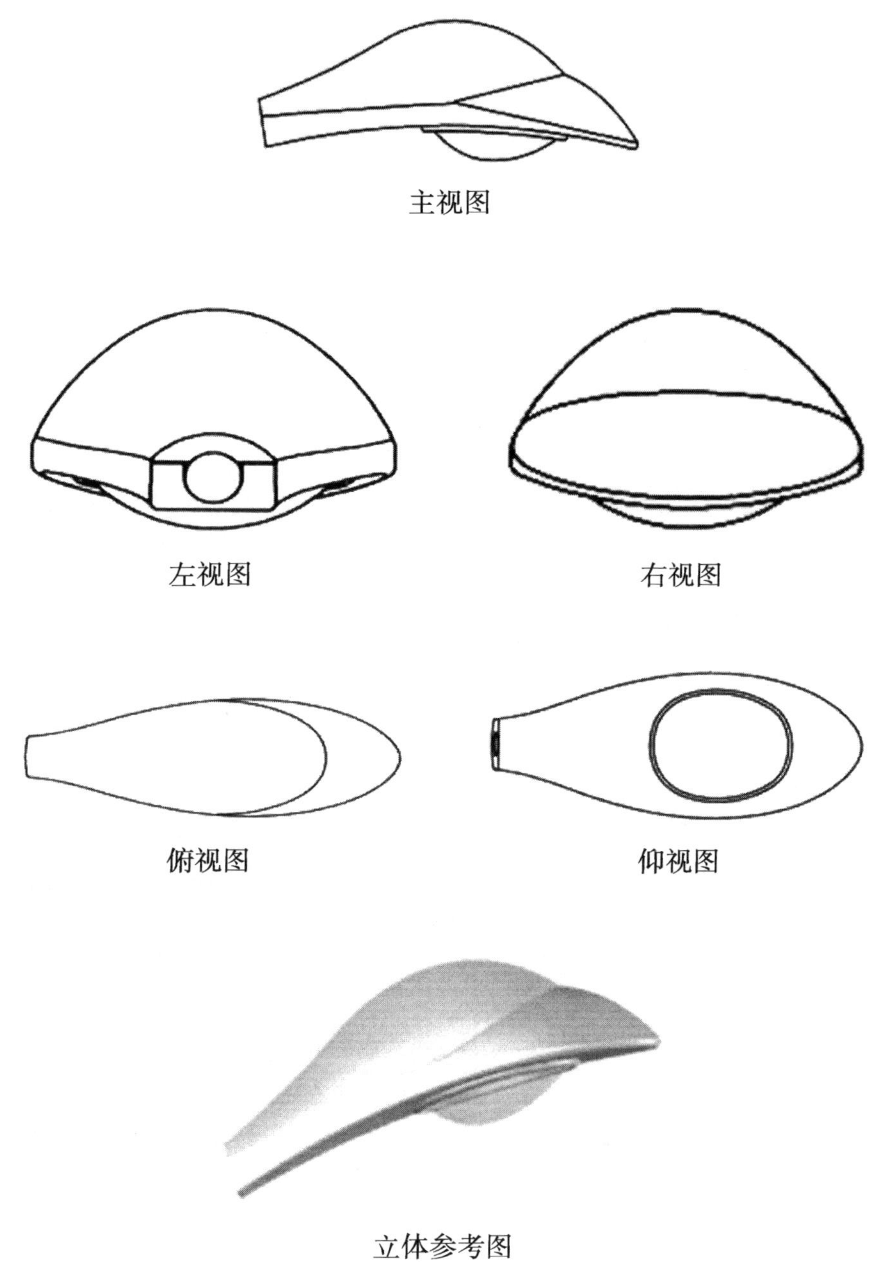

对比设计 1 附图

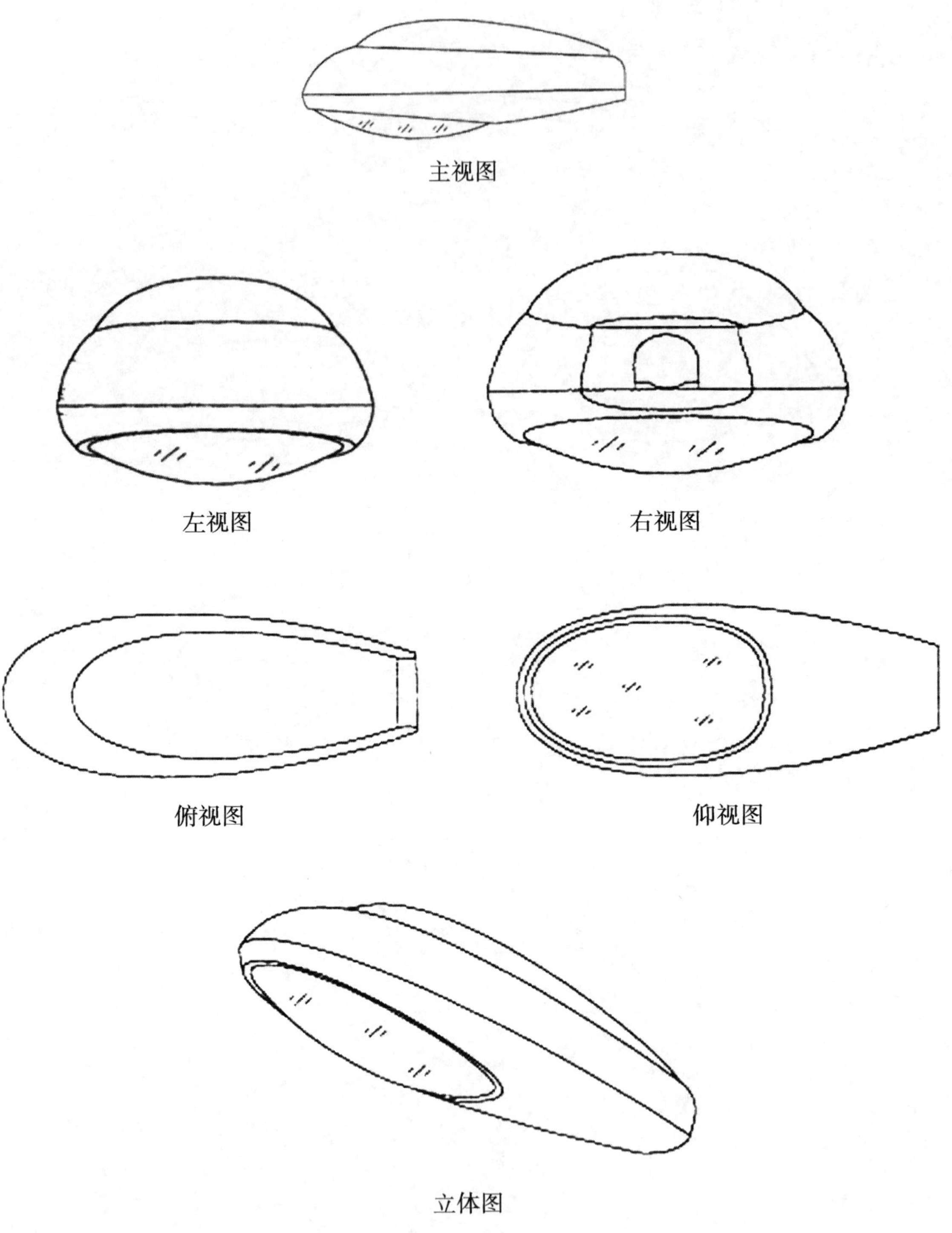

主视图

左视图　右视图

俯视图　仰视图

立体图

对比设计 2 附图

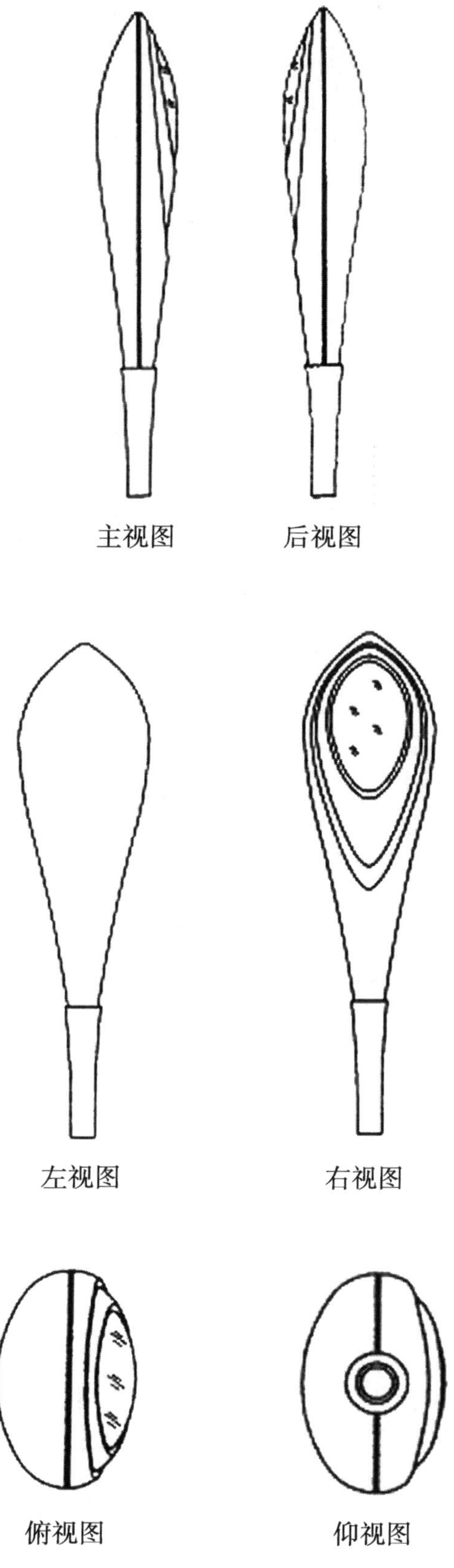

在先设计 1 附图

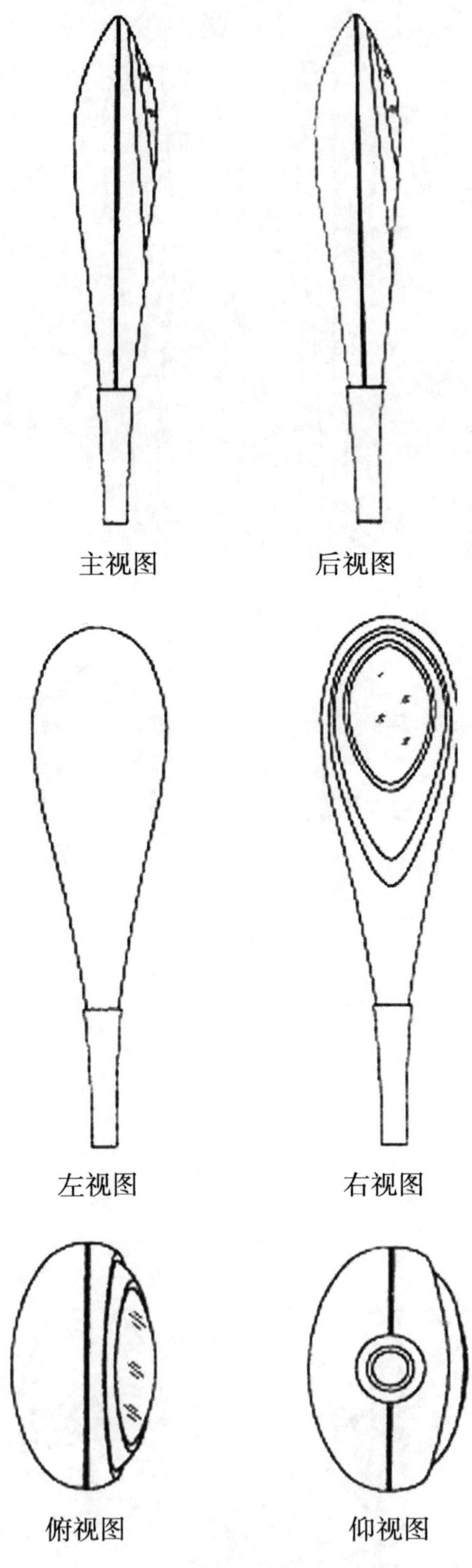

在先设计 2 附图

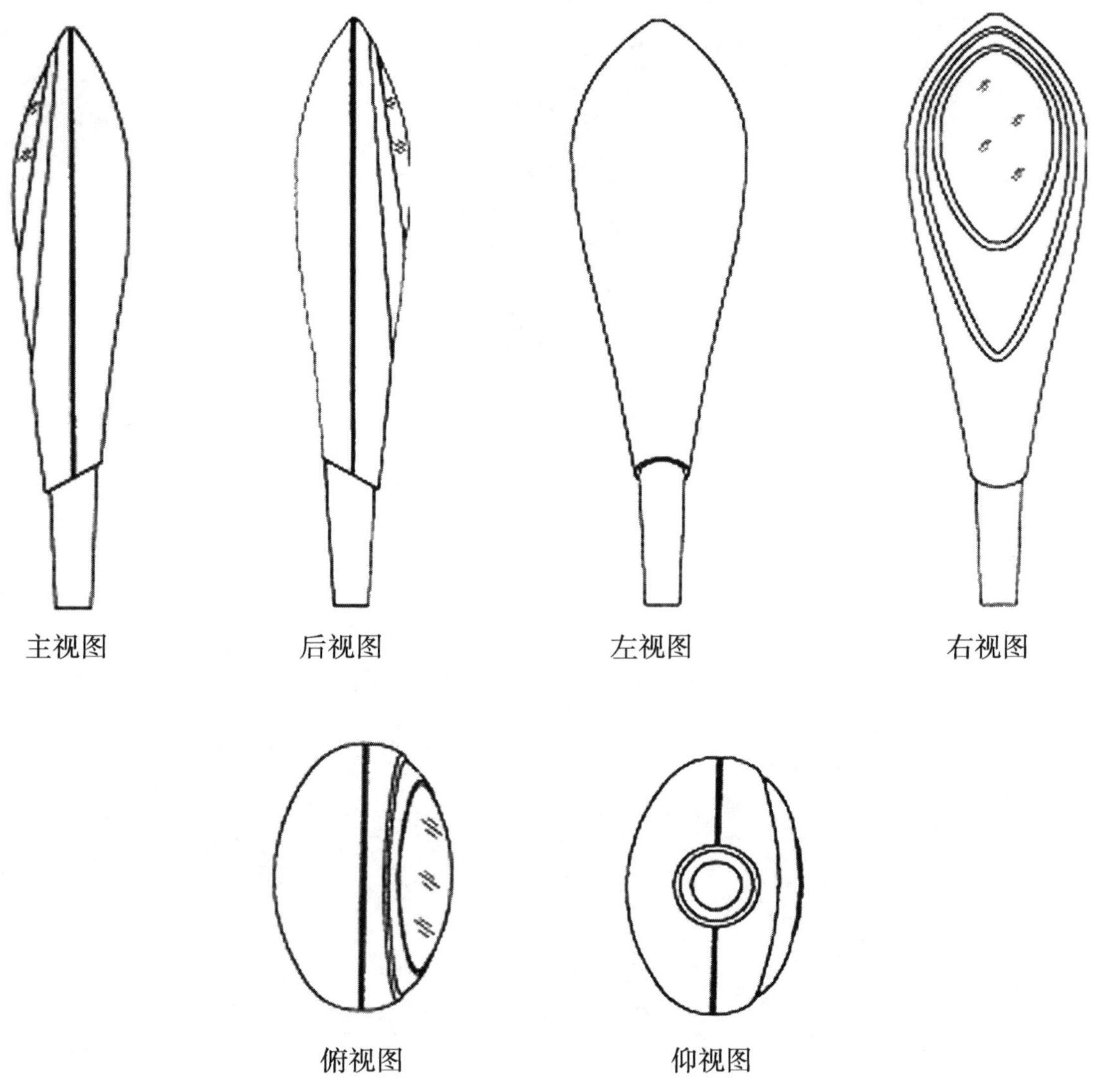

在先设计 3 附图

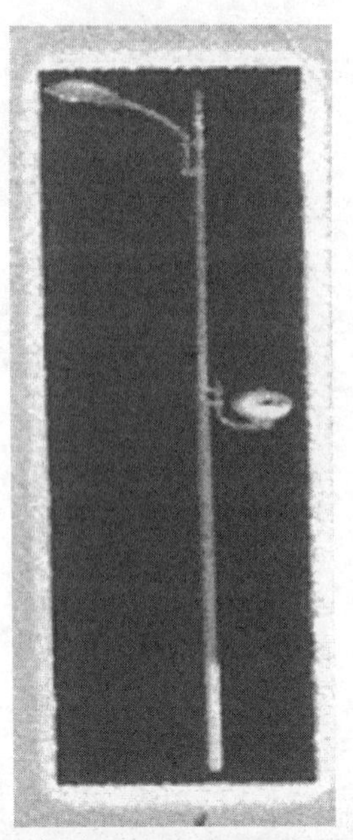

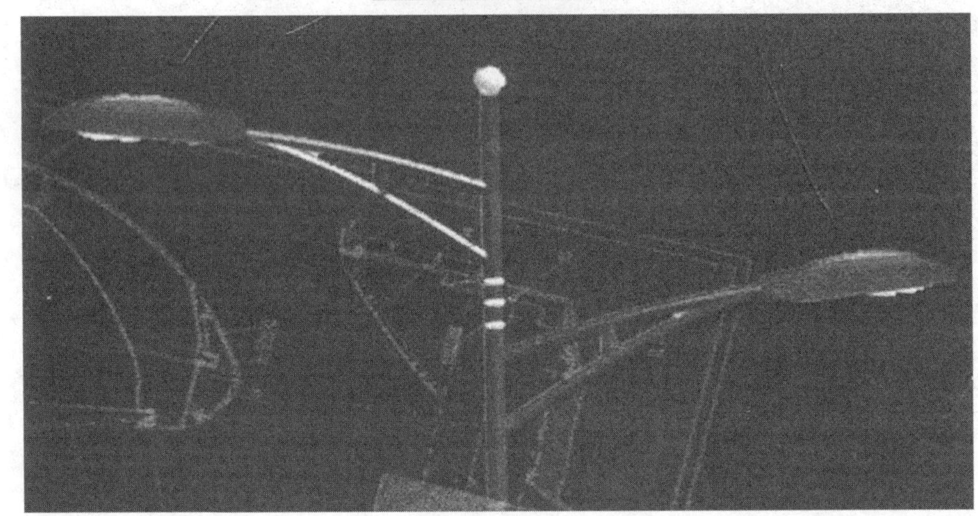

在先设计 4 附图

北京市第一中级人民法院
行政判决书

（2009）一中知行初字第2439号

原告陆昌顺，男，汉族，1962年11月13日出生，汉族，无业，住江苏省丹阳市界牌镇界东村安乐南山圩埭110号。

委托代理人王亚轩，男，北京金言诚信知识产权代理有限公司专利代理人。

委托代理人高铭，女，北京金言诚信知识产权代理有限公司专利代理人助理。

被告国家知识产权局专利复审委员会，住所地北京市海淀区北四环西路9号银谷大厦10~12层。

法定代表人张茂于，副主任。

委托代理人张凌，女，国家知识产权局专利复审委员会审查员。

委托代理人刘新蕾，女，国家知识产权局专利复审委员会审查员。

第三人宁波燎原工业股份有限公司，住所地浙江省余姚市兰江街道肖东工业园区。

法定代表人邵运蒸，董事长。

原告陆昌顺不服被告国家知识产权局专利复审委员会于2009年7月8日作出的第13627号无效宣告请求审查决定，向本院提起行政诉讼。本院于2009年10月9日受理后，依法组成合议庭，并通知宁波燎原工业股份有限公司（简称燎原公司）作为第三人参加诉讼。在本案审理过程中，原告陆昌顺以其与第三人燎原公司达成协议为由，于2009年12月1日向本院申请撤回起诉。

经审查，本院认为，原告陆昌顺的撤诉申请系其真实意思表示，未违反法律、法规的规定，依法应当予以准许。故依照《中华人民共和国行政诉讼法》第五十一条之规定，裁定如下：

准许原告陆昌顺撤回起诉。

案件受理费100元，减半收取50元，由原告陆昌顺负担（已交纳）。

审　判　长　饶亚东
审　判　员　刘景文
代理审判员　江建中
二〇〇九年十二月十七日
书　记　员　王　丽

卫生棺内饰（鸟归巢）

无效宣告请求审查决定（第13630号）

决　　定　　号　第13630号
决　　定　　日　2009年7月3日
发明创造名称　卫生棺内饰（鸟归巢）
外观设计分类号　99-00
无效宣告请求人　莱州新亚通金属制造有限公司
专　利　权　人　薛惕忠
专　　利　　号　200430058336.0
申　　请　　日　2004年6月29日
授 权 公 告 日　2005年3月23日
合 议 组 组 长　王霞军
主　　审　　员　钟　华
参　　审　　员　沙柏青
附　　　　　图　1页

法　律　依　据　专利法第23条
决　定　要　点

在本专利申请日前公开的外观设计与本专利相比，其形状、主要图案及其位置关系近似，局部图案和局部位置关系有细微差别，不足以对整体视觉效果造成显著的影响，故本专利与在先设计相近似，不符合专利法第23条的规定。

一、案由

本无效宣告请求涉及国家知识产权局于2005年3月23日授权公告的名称为“卫生棺内饰（鸟归巢）”的200430058336.0号外观设计专利（下称本专利），其申请日为2004年6月29日，专利权人为薛惕忠。

针对本专利，莱州新亚通金属制造有限公司（下称请求人）于2009年3月6日向专利复审委员会提出无效宣告请求，其理由是在本专利申请日前已经公开发表过与本专利相近似的外观设计，因此本专利不符合专利法第23条的规定，请求人同时提交如下附件作为证据：

附件1、出自美国版权局的AURORA公司2003年产品图集第33、49、88、97、105页、目录页及相关公证认证书复印件15页。

2009年3月28日，请求人向专利复审委员会提交了意见陈述书，认为：本专利与其申请日前公开的外观设计相近似，不符合专利法第 23 条的规定。专利权人再次提交了附件 1，同时补充提交了 5 份附件（编号续前）：

附件 1：出自美国版权局的 AURORA 公司 2003 年产品图集第 33、49、88、97、105 页、目录页及相关公证认证书复印件 15 页（重复提交）；

附件 2：附件 1 的中文译文共 17 页；

附件 3：美国殡葬协会刊物“The Director”首页、目录页、第 17 页、第 23 页复印件共 4 页；

附件 4：附件 3 的中文译文共 5 页；

附件 5：200430058336.0 号外观设计专利（即本专利）著录信息、授权图片打印页共 1 页；

附件 6：请求人的营业执造副本复印件共 1 页。

请求人认为：附件 1、附件 3 所示外观设计风格与本专利一致，消费者在购买时会明显认同两者为近似产品，故本专利不符合专利法第 23 条的规定。

2009 年 4 月 16 日，经形式审查合格，专利复审委员会依法受理了上述无效宣告请求，并于 2009 年 4 月 16 日将无效宣告请求书及相关文件的副本转给专利权人，要求其在指定的期限内答复。专利权人逾期未陈述意见。

2009 年 5 月 12 日，专利复审委员会向双方当事人发出口头审理通知书，定于 2009 年 6 月 23 日举行口头审理。

口头审理如期举行，双方当事人均委托了代理人参加本次口头审理，双方当事人均不申请合议组人员回避，对对方出席口头审理人员资格均无异议。在口头审理中，请求人明确以其指认的附件 1、附件 3 上的外观设计证明本专利不符合专利法第 23 条的规定，专利权人对附件 1、附件 2、附件 5、附件 6 的真实性无异议，认为附件 3 是域外证据，没有履行公证认证手续，因此不认可附件 3、附件 4 的真实性。在此基础上，双方当事人进行了充分的意见陈述和辩论。

至此，合议组认为本案事实已经调查清楚，可以作出如下审查决定。

二、决定的理由

1. 法律依据

专利法第 23 条规定：“授予专利权的外观设计，应当同申请日以前在国内外出版物上公开发表过或者国内公开使用过的外观设计不相同和不相近似，并不得与他人在先取得的合法权利相冲突。”

2. 证据的认定

附件 2 为附件 1 的中文译文，请求人在口头审理中明确以其指认附件 1 上的外观设计证明本专利不符合专利法第 23 条的规定。经合议组核实，附件 1 所附产品图册为 AURORA 图册公司 2003 年产品图册，其公开日期可推定为 2003 年 12 月 31 日，早于本专利申请日 2004 年 6 月 29 日，故请求人指认的附件 1 上的外观设计公开于本专利申请日前，可用以评价本专利是否符合第 23 条的规定。

3. 本专利是否符合专利法第 23 条的规定

本专利为卫生棺内饰的外观设计，其简要说明记载“本外观设计为布置在卫生棺棺盖内壁的纺织品，是一种平面产品”。请求人指认的附件 1 的 A15-261 所示的棺材左侧棺盖打开，可见棺盖内壁所附平面纺织饰品的外观设计（下称在先设计），故本专利与在先设计所属产品的种类相同，可以进行外观设计近似性比较。

本专利授权图片为一幅主视图，该卫生棺内饰的整体形状为长方形，居中设置有四只间隔排列的展翅飞翔的鸟，其中左侧三只稍大的鸟飞向左方，右侧一只稍小的鸟飞向右方，右侧鸟的下方有一行字母图案（详见本专利附图）。

在先设计公开了一幅视图，该棺材内饰的整体形状近似长方形，居中设置有四只间隔排列的展翅飞翔的鸟，其中三只稍大的鸟飞向左侧，一只稍小的鸟飞向右方，右侧鸟的下方角有一行字母图案（详见在先设计附图）。

将本专利与在先设计对比，两者的形状近似，鸟展翅飞翔的整体图案、字母图案及主要位置关系近似，两者的区别在于：鸟的翅膀略有不同、左侧三只鸟之间位置关系略有不同、右侧鸟的大小略有不同。合议组认为：在本专利与在先设计形状、主要图案及其位置关系近似的情况下，上述不同属于局部的细微差别，对于一般消费者来说，上述区别不能给产品的整体视觉效果带来显著的影响，因此两者属于近似的外观设计，本专利不符合专利法第 23 条的规定。

鉴于上述评述已经得出本专利不符合专利授权条件的结论，本决定对请求人提交的其他证据不再予以评述。

三、决定

根据专利法第 23 条的规定，宣告 200430058336.0 号外观设计专利权全部无效。

根据专利法第 46 条第 2 款的规定，当事人对本决定不服的，自收到本决定之日起三个月内向北京市第一中级人民法院起诉，根据该款规定，一方当事人起诉后，另一方当事人应当作为第三人参加诉讼。

本专利附图

在先设计附图

卫生棺（4）

无效宣告请求审查决定（第13631号）

决　　定　　号　第13631号
决　　定　　日　2009年7月3日
发明创造名称　卫生棺（4）
外观设计分类号　99-00
无效宣告请求人　莱州新亚通金属制造有限公司
专　利　权　人　薛惕忠
专　　利　　号　200430058478.7
申　　请　　日　2004年7月2日
授权公告日　2005年3月23日
合议组组长　王霞军
主　　审　　员　钟　华
参　　审　　员　沙柏青
附　　　　　图　2页

法　律　依　据　专利法第9条、第23条
决　定　要　点

在先设计与本专利的不同点对产品的整体视觉效果造成了显著的影响，两者给予一般消费者的整体视觉印象明显不同，则两外观设计不相同且不相近似。

一、案由

本无效宣告请求涉及国家知识产权局于2005年3月23日授权公告的名称为“卫生棺（4）”的200430058478.7号外观设计专利（下称本专利），其申请日为2004年7月2日，专利权人为薛惕忠。

针对本专利，莱州新亚通金属制造有限公司（下称请求人）于2009年3月6日向专利复审委员会提出无效宣告请求，其理由是在本专利申请日前已经公开发表过与本专利相近似的外观设计，因此本专利不符合专利法第23条的规定，请求人同时提交如下附件作为证据：

附件1：出自美国版权局的AURORA公司2003年产品图集第33、49、88、97、105页、目录页及相关公证认证书复印件15页。

经形式审查合格，专利复审委员会依法受理了上述无效宣告请求，并于2009年4月2日将无效宣告请求书及相关文件的副本转给专利权人，要求其在指定的期限内答复。专利权人逾期未答复。

2009年3月28日，请求人向专利复审委员会提交了意见陈述书，认为：本专利与其申请日前公

开的外观设计相近似，不符合专利法第 23 条的规定；本专利与在本专利申请日前申请的外观设计专利相近似，不符合专利法第 9 条和专利法实施细则第 13 条第 1 款的规定。专利权人同时补充提交了下列附件（编号续前）：

附件 2：附件 1 的中文译文 17 页；

附件 3：本专利著录信息、授权图片打印页共 4 页；

附件 4：请求人的营业执造副本复印件 1 页；

附件 5：200430012626.1 号外观设计专利著录信息、授权图片打印页共 3 页。

请求人认为：附件 5 所示外观设计风格与本专利一致，消费者在购买时会明显认同两者为近似产品，而附件 5 的申请日为 2004 年 1 月 5 日，早于本专利申请日 2004 年 7 月 2 日，因此本专利不符合专利法第 9 条和专利法实施细则第 13 条第 1 款的规定。

2009 年 5 月 12 日，专利复审委员会向双方当事人发出口头审理通知书，定于 2009 年 6 月 23 日举行口头审理，同时将请求人提交的上述意见陈述书及附件转送给专利权人。

口头审理如期举行，双方当事人均委托了代理人参加本次口头审理，双方当事人均不申请合议组人员回避，对对方出席口头审理人员资格均无异议。在口头审理中，请求人明确放弃专利法实施细则第 13 条第 1 款作为无效宣告理由，以其指认的附件 1 上的一项外观设计证明本专利不符合专利法第 23 条的规定，以附件 5 的外观设计证明本专利不符合专利法第 9 条的规定。专利权人对附件 1~5 的真实性均无异议，在此基础上双方当事人进行了充分的意见陈述和辩论。

至此，合议组认为本案事实已经调查清楚，可以作出如下审查决定。

二、决定的理由

1. 法律依据

专利法第 23 条规定：“授予专利权的外观设计，应当同申请日以前在国内外出版物上公开发表过或者国内公开使用过的外观设计不相同和不相近似，并不得与他人在先取得的合法权利相冲突。”

专利法第 9 条：“两个以上的申请人分别就同样的发明创造申请专利的，专利权授予最先申请的人。”

审查指南第四部分第七章第 1 节规定，专利法第 9 条所述的“同样的发明创造”，对于外观设计而言，是指外观设计相同或者相近似。

2. 证据的认定

专利权人对附件 1~5 的真实性均无异议，故附件 1~5 均可作为本案的定案依据，其中附件 3 为本专利著录信息及图片页，附件 4 是请求人身份证明，两者与本专利是否符合专利法第 9 条、第 23 条无关。附件 2 为附件 1 的中文译文，请求人在口头审理中指认附件 1 上的外观设计证明本专利不符合专利法第 23 条的规定，以附件 5 上的外观设计证明本专利不符合专利法第 9 条的规定。经合议组核实，附件 1 所附产品图册为 AURORA 图册公司 2003 年产品图册，其公开日期可推定为 2003 年 12 月 31 日，早于本专利申请日 2004 年 7 月 2 日，故请求人指认的附件 1 上的外观设计属于在本专利申请日前公开的外观设计（下称在先公开设计），可用以评价本专利是否符合第 23 条的规定。附件 5 的申请日为 2004 年 1 月 5 日，早于本专利申请日，故其上记载的外观设计专利属于在本专利申请日前申请的外观设计（下称在先申请设计），可用以评价本专利是否符合专利法第 9 条的规定。

3. 本专利是否符合专利法第 23 条的规定

本专利为卫生棺的外观设计，在先公开设计也为棺材的外观设计，两者所属产品的种类相同，因此可以进行外观设计近似性比较。

本专利授权图片包括主视图、后视图、左视图、右视图、俯视图和使用状态图，简要说明省略仰视图。本专利所示该卫生棺顶端为边缘略外凸、整体近似梯形状的棺盖，棺盖四周有长方形分界线将其分为上部为尖顶形、下部为近似长方形框的两部分；卫生棺的中部为三层长方形棺体，棺体的中层凸出、下层表面中央水平间隔设置有几个细孔；卫生棺的底端为边缘明显外凸的长方形底座。卫生棺左侧顶盖可打开，打开后可见底座表面的鱼骨纹设计（详见本专利附图）。

在先公开设计公开了立体图，其所示棺材顶端为近似梯形棺盖，棺盖侧面为多层凹弧形连接，棺盖顶部近似平顶形；棺材中部为三层台阶形，由上至下每层渐次往内缩，其下层设置有金属的拉手和包角；棺材的端为边缘明显外凸的长方形底座。棺材的盖可打开，打开后可见纺织物内饰（详见在先公开设计附图）。

将本专利与在先公开设计对比，两者的棺盖、棺体的形状不同，棺体上有无金属的提手和包角不同，左侧顶盖内的装饰不同，两者的底座形状近似。合议组认为：本专利与在先公开设计的上述不同已经给两者的整体视觉效果带来显著的影响，对于一般消费者而言，本专利整体感觉简练锐利，在先公开设计整体感觉厚实奢华，因此两者不相同且不相近似，在先公开设计不能证明本专利不符合专利法第 23 条的规定。

4. 本专利是否符合专利法第 9 条的规定

本专利为卫生棺的外观设计，在先申请设计也为棺材的外观设计，两者所属产品的种类相同，因此可以进行外观设计近似性比较。

在先申请设计所示棺材外表面光滑，棺顶端为边缘略外凸的棺盖，棺盖四周有长方形分界线将其分为上部略呈弧线平顶形、下部近似长方形框的两部分；棺体中部略凸出且设置有长提手；该卫生棺的底座近似长方形，边沿与棺体为略凹弧形连接（详见在先申请设计附图）。

将本专利与在先申请设计比较，棺盖的边沿棺盖底座形状近似，棺盖四周的长方形分界线及其下方的长方形框相似，但两者的棺盖顶部的形状不同，棺体形状及有无提手不同，棺体与棺底的连接不同。合议组认为：本专利与在先申请设计的上述区别已经给两者的整体视觉效果带来显著的影响，对于一般消费者而言，本专利整体感觉简练锐利，在先申请设计整体感觉柔和温润，因此两者不相同且不相近似，不属于同样的发明创造，在先申请设计不能证明本专利不符合专利法第 9 条的规定。

综上所述，请求人提交的证据不能证明其主张，其无效宣告请求不成立。

三、决定

根据专利法第 9 条、第 23 条的规定，维持 200430058478.7 号外观设计专利权有效。

根据专利法第 46 条第 2 款的规定，当事人对本决定不服的，自收到本决定之日起三个月内向北京市第一中级人民法院起诉，根据该款规定，一方当事人起诉后，另一方当事人应当作为第三人参加诉讼。

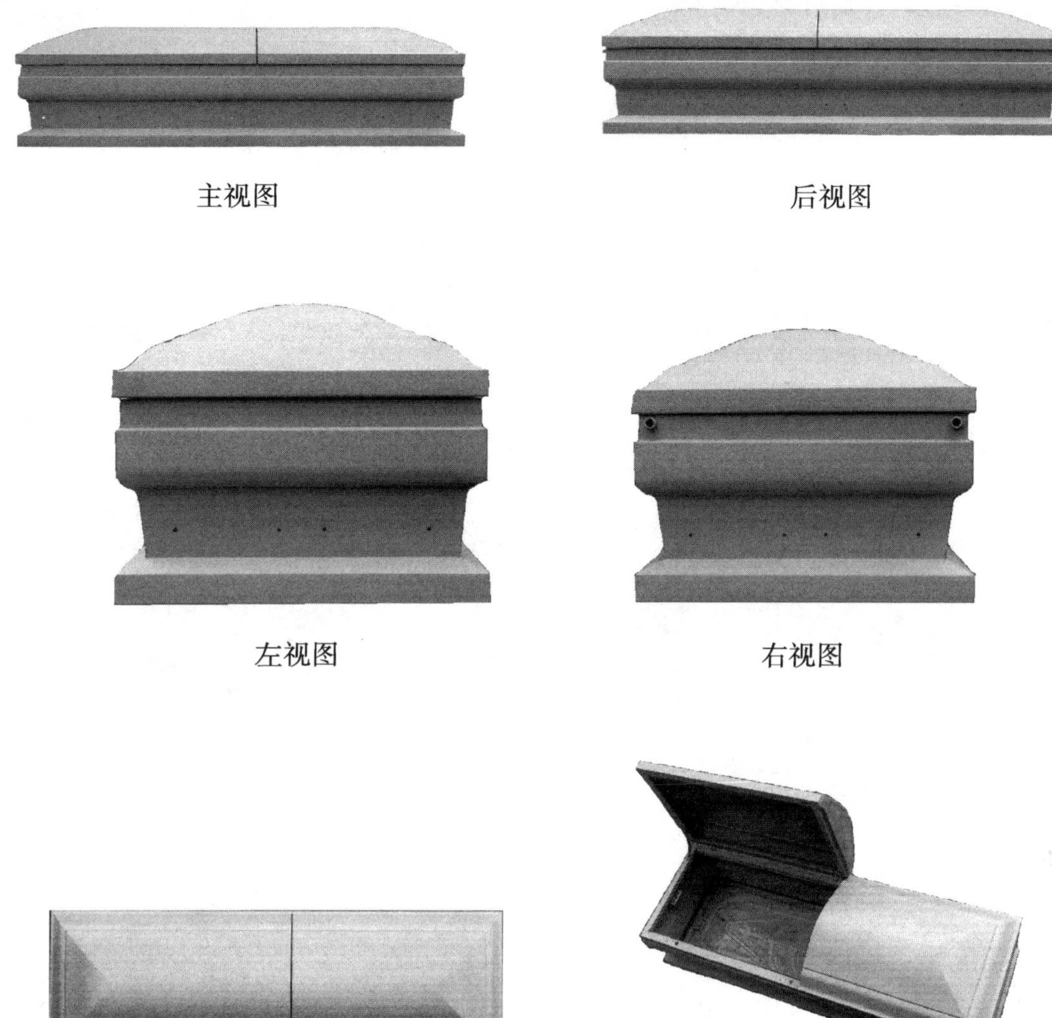

主视图　　后视图

左视图　　右视图

俯视图　　使用状态图

本专利附图

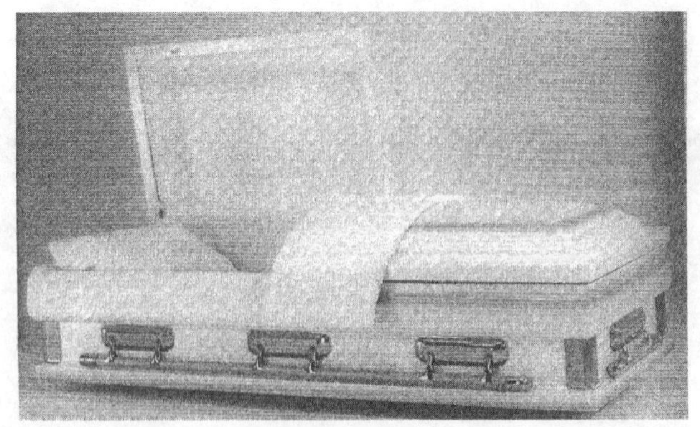

在先公开设计附图

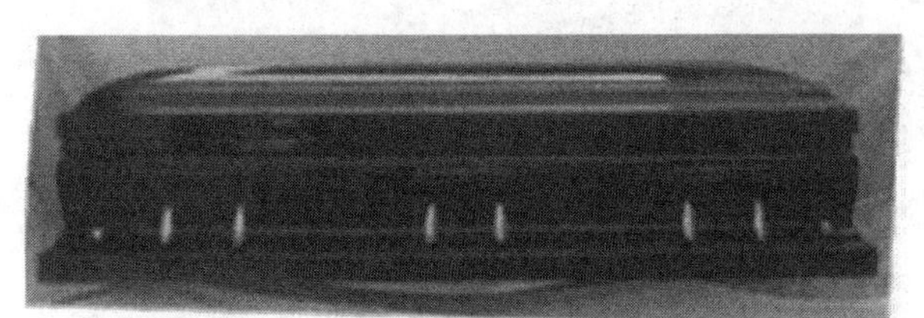

主视图

左视图

俯视图

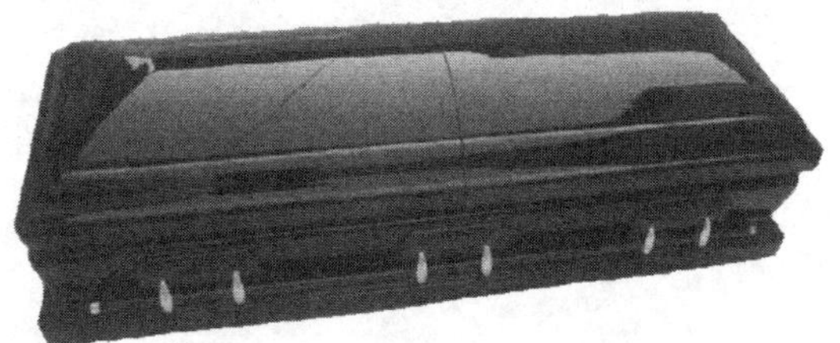

立体图

在先申请设计附图

371

花洒（A10311）

无效宣告请求审查决定（第13632号）

决　　定　　号　第13632号
决　　定　　日　2009年6月12日
发明创造名称　花洒（A10311）
外观设计分类号　23-02
无效宣告请求人　谭永强
专　利　权　人　林培成
专　　利　　号　200630180887.3
申　　请　　日　2006年12月14日
授权公告日　2007年12月26日
合议组组长　张雪飞
主　　审　　员　刘　鹏
参　　审　　员　杨　静
附　　　　　图　2页

法　律　依　据　专利法第23条
决　定　要　点

本专利与在先设计存在差别，该差别对二者在整体视觉效果上具有显著的影响，因此本专利与在先设计既不相同也不相近似。

一、案由

本无效宣告请求涉及国家知识产权局于2007年12月26日授权公告的专利号为200630180887.3、名称为“花洒（A10311）”的外观设计专利（下称本专利），其申请日是2006年12月14日，专利权人是林培成。

针对上述专利权，谭永强（下称请求人）于2008年10月27日向专利复审委员会提出专利权无效宣告请求，其理由是：本专利不符合专利法第23条的规定。请求人同时提交了以下附件作为证据：

附件1：申请号为200530073710.9的外观设计专利，其公开日为2006年6月14日；

附件2：请求人声称的开平市卡帝乐卫浴有限公司于2005年委托印制的当年产品画册的复印件，共2页；

附件3：请求人声称的厦门市鹭淋卫浴工业有限公司于2006年初委托印制的当年产品画册的复印件，共2页；

附件4：由请求人谭永强与许启彬于2006年1月15日签订的委托开发模具合同以及收款收据的复印件，共4页。

请求人认为：(1) 附件1的花洒喷头为方形的外观设计，与本专利的外观设计极为近似，因此本专利不符合专利法第23条的规定；(2) 附件2中第86页、型号为P9的产品外观设计与本专利极为近似，因此本专利不符合专利法第23条的规定；(3) 附件3中第8页、型号为HS1530CP的产品外观设计与本专利极为近似，因此本专利不符合专利法第23条的规定；(4) 2006年3月开始开模生产附件4中附件所列产品的外观与本专利极为近似，因此本专利不符合专利法第23条的规定。

专利复审委员会于2009年2月24日向双方当事人发出无效宣告请求受理通知书，并随受理通知书将上述无效宣告请求书及所附附件的副本转送专利权人。

专利复审委员会依法成立合议组对本案进行审理。专利复审委员会于2009年3月13日向双方当事人发出无效宣告请求口头审理通知书，定于2009年4月22日进行口头审理。

专利权人于2009年4月9日提交了意见陈述书，并同时提交了以下反证：

反证1：专利权人声称的2005年第6期的《中国厨卫》杂志的封面、第76页、第77页的复印件，共3页；

反证2：专利权人声称的2005年5月期的《居美厨卫商情》杂志的封面、目录页、第33页的复印件，共3页。

专利权人认为：(1) 人们对家居使用物品的造型要求越来越高，要求与家居的整体风格相适配，如复古风格、简约风格等，反证1中的《将简约进行到底》一文中推出了卫浴行业设计的新理念，即为直线条的纯几何造型，具有纯粹几何造型的简约风格已成为行业内的设计趋势，如反证2，其中第33页“HARA”品牌的产品中，可见卫浴产品，如水龙头、花洒及莲蓬头等均为纯几何造型的设计，由此可见，花洒纯几何的造型是该产品在目前行业内的惯常设计，外观设计相同或相近似应取决于花洒喷头与花洒手柄的配合比例、花洒喷头与花洒手柄过渡角度及花洒喷头的出水面板上出水孔分布的特点等因素。(2) 本专利与附件1所示外观设计比较，附件1的喷头部分为正方形，其面板上的出水孔呈七排七列的排布，花洒的手柄是宽度约占喷头宽度一半，而长度约为喷头长度两倍的长方形，整个花洒喷头与花洒手柄的两侧呈直角边的过渡，二者之间的过渡线条生硬、粗犷，而本专利花洒喷头部分为长方形，四角呈圆弧过渡，面板上的出水孔呈八排六列的排布，花洒手柄是宽度约占喷头宽度的2/3，而长度近喷头长度两倍的长方形，且在手柄的下部形成有弧凸的半梭形，整个花洒喷头与花洒手柄的两侧呈弧形过渡，二者之间的过渡线条柔和、流畅，因此附件1与本专利的主视图呈现出的形状不相同、不相近似，附件1与本专利的后视图呈现出的形状不相同、不相近似，附件1与本专利的左视图、俯视图、仰视图呈现出的造型均不相同、不相近似，附件1呈现整个花洒的造型线条粗犷、生硬，而本专利整体花洒的造型更加柔和、流畅，而突出的出水孔设计更增添了花洒喷淋出水的功能感，一般消费者在购买或使用此产品时，不会将本专利与附件1误认、混同。(3) 附件2、附件3均是各自公司自行委托的印刷品，无公开出版号及公认的出版单位，无法确知其为公开出版物，附件2、附件3无法作为公开出版物用于否定本专利的有效性，附件4中所附图纸既无设计时间，又无设计人，图纸与合同之间无法构成唯一的对应关系，附件4中的收据只是一种销售凭证，不受税务机关的监督和管理，随意性很大，真实性无法认可。

口头审理如期进行。请求人未出席口头审理，专利权人委托代理人出席口头审理。由于请求人在规定期限内提交了无效宣告请求口头审理通知书回执，因此合议组进行缺席审理。在口头审理中，专利权人对附件1的真实性没有异议，不认可附件2、附件3、附件4的真实性，专利权人使用反证1来证明在洁具的领域简约是一种风格，使用反证2说明淋头和花洒这类产品中直线条是一个设计趋势，直线条为行业惯常设计，专利权人当庭提交了反证 1、反证 2 的原件并补充提交反证 1 的版权信息页的复印件。

合议组于 2009 年 4 月 24 日向无效宣告请求人发出转送文件通知书，将专利权人于 2009 年 4 月 9 日提交的意见陈述书及所附附件转送给请求人，并告知请求人对转送的专利权人提交的反证 1、反证 2 的真实性有异议的，应当在收到本通知之日起 15 日内到专利复审委员会本案合议组主审员处当面核实反证 1、反证 2 的原件，逾期不核实，不影响继续审理。

请求人逾期未核实，也未作出答复。

合议组认为本案事实已经清楚，可以依法作出无效请求审查决定。

二、决定的理由

1. 法律依据

关于专利法第 23 条

基于请求人的请求，合议组对本专利是否符合专利法第 23 条的规定进行审理。

专利法第 23 条规定：授予专利权的外观设计，应当同申请日以前在国内外出版物上公开发表过或者国内公开使用过的外观设计不相同和不相近似，并不得与他人在先取得的合法权利相冲突。

2. 关于证据

附件 1 为外观设计专利文献，专利权人对其真实性没有异议，合议组亦认可其真实性，附件 1 的公开日为 2006 年 6 月 14 日，早于本专利申请日，因此附件 1 可以作为评价本专利是否符合专利法第 23 条的有效证据使用。

请求人未提交附件 2、附件 3、附件 4 的原件，专利权人不认可附件 2、附件 3、附件 4 的真实性，合议组经审核认为由于请求人未提交附件 2、附件 3、附件 4 的原件，因此对附件 2、附件 3、附件 4 的真实性不予认可。

3. 相同和相近似判断

附件 1 公开了一款花洒的外观设计（下称在先设计），在先设计所示花洒的喷头大致呈正方形，喷头下方为长条形的手柄，手柄宽度约占喷头宽度一半，喷头与手柄的两侧呈直角边的过渡，喷头相对于手柄略向前倾呈一夹角，喷头正面面板上分布有若干出水孔（详见在先设计附图）。

本专利所示外观设计为花洒，该花洒的喷头大致呈长方形，喷头下方为长条形的手柄，手柄宽度略小于喷头宽度，喷头与手柄的两侧呈弧形过渡，喷头相对于手柄略向前倾呈一夹角，喷头正面面板上分布有若干突出于喷头面板之上的出水孔（详见本专利附图）。

将本专利与在先设计进行比较，合议组认为：两者属于相同类别的产品，可进行外观设计相同、相近似比较，但本专利喷头形状与在先设计喷头形状不同，而且本专利与在先设计在喷头与手柄的过渡设计上也存在明显差异，同时在先设计喷头上的出水孔未明显突出于面板之上，喷头与手柄的宽度比例也明显不同，上述差别对二者的整体视觉效果具有显著的影响，二者应属于不相同且不相近似的外观设计。

综上所述，请求人提出的无效理由不成立。

鉴于上述已得出请求人无效理由不成立的结论，故本决定对专利权人提交的反证不再予以评述。

三、决定

维持 200630180887.3 号外观设计专利权有效。

当事人对本决定不服的，可以根据专利法第 46 条第 2 款的规定，自收到本决定之日起三个月内向北京市第一中级人民法院起诉。根据该款的规定，一方当事人起诉后，另一方当事人应当作为第三人参加诉讼。

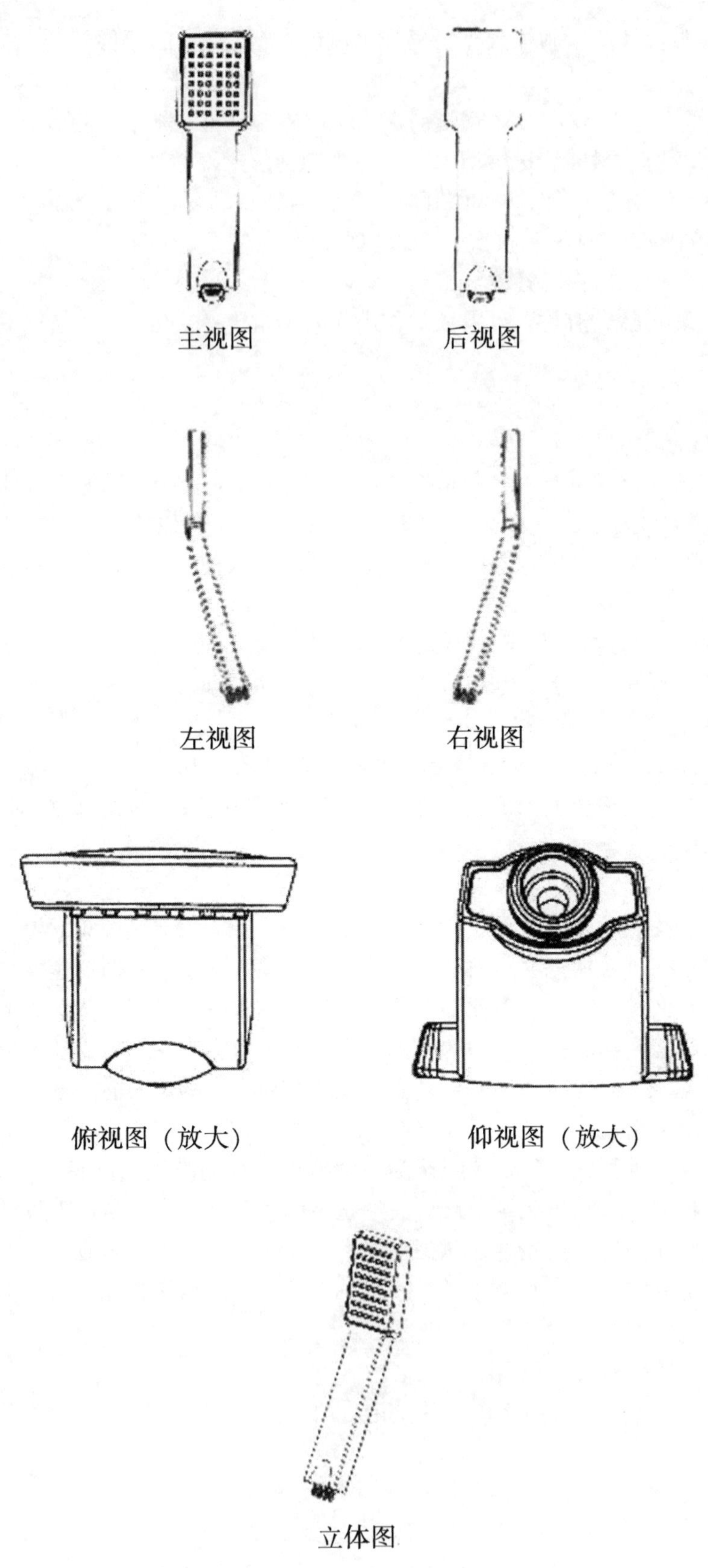

本专利附图

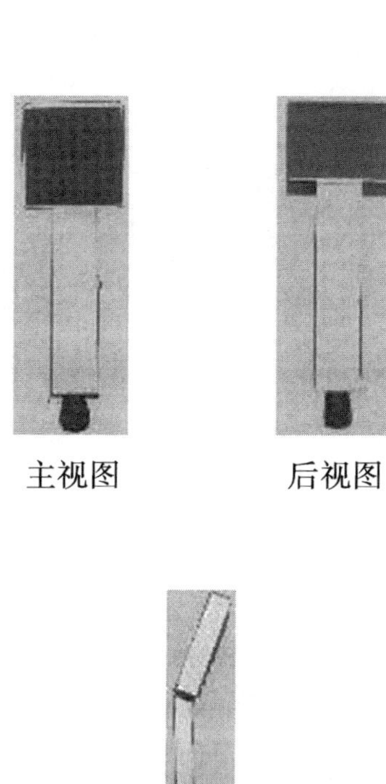

主视图　　后视图

左视图

俯视图

仰视图

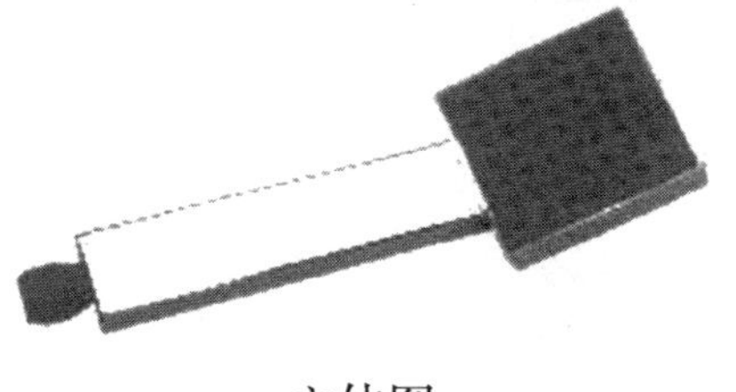

立体图

在先设计附图

存储卡读卡器

无效宣告请求审查决定（第 13636 号）

决　定　号　第 13636 号
决　定　日　2009 年 7 月 8 日
发明创造名称　存储卡读卡器
外观设计分类号　14-02
无效宣告请求人　诺基亚（北京）通信技术服务有限公司
专 利 权 人　林梓梁
专　利　号　200630304862. X
申　请　日　2006 年 12 月 11 日
授权公告日　2007 年 12 月 5 日
合议组组长　王霞军
主　审　员　徐清平
参　审　员　周　佳
附　　　图　1 页

法 律 依 据　专利法第 9 条，专利法实施细则第 2 条第 3 款
决 定 要 点

本专利与在先设计所示读卡器的整体形状均大致为两端呈弧形的长方体，挡板形状为相近似的"U"形薄片，且与主体的相对位置和比例关系相近，挡板与主体相接的视觉中心部位均有醒目的圆形转轴设计，由此形成了相近似的整体视觉效果，其差异对整体视觉效果不具显著影响，二者属于相近似的外观设计。

一、案由

本无效宣告请求涉及的是国家知识产权局于 2007 年 12 月 5 日授权公告的 200630304862. X 号外观设计专利，使用该外观设计的产品名称为"存储卡读卡器"，申请日是 2006 年 12 月 11 日，专利权人是林梓梁。

针对上述专利权（下称本专利），诺基亚（北京）通信技术服务有限公司（下称请求人）于 2008 年 8 月 13 日向专利复审委员会提出无效宣告请求，其依据的事实和理由是：（1）本专利正面、侧面、顶面整体投影轮廓线大致呈矩形，由读卡器本体及挡板构成，读卡器本体表面中央为圆形转轴，读卡器左侧为 USB 接口，挡板突出于读卡器上、下两侧设置，其表面中央设置有挂环；请求人所提交的附件 1~3 所示外观设计具有与本专利所述内容相对应的设计，虽然存在一些差异，但均为局部细微差异或功

能性差异，不足以显著影响整体视觉效果；而且本专利与附件 1~3 所示外观设计在易于吸引视觉注意部分的设计均是相同或极为相近似的，因此其属于相近似的外观设计；由此可证明本专利与其申请日之前他人在先申请的附件 1~3 所示外观设计专利相近似，且附件 2、附件 3 所示外观设计在本专利申请日之前已公开，因此本专利不符合专利法第 9 条和专利法第 23 条的规定。（2）本专利主视图、后视图、俯视图、仰视图所示透明挡板的高低位置关系（凸、凹变化）存在多种变化的可能性，其形状不唯一、不确定、不清楚；左视图、右视图显示的透明挡板左右两侧不对称，与其他视图所示该挡板为对称设计相矛盾；左视图、右视图显示的透明挡板左侧投影轮廓大致呈直线、右侧投影轮廓呈折线，这与其他视图显示的透明挡板明显不一致，是相互矛盾的；因此，本专利显示的透明挡板形状不唯一、不确定、不清楚，各视图之间投影关系不对应，各视图之间显示的透明挡板形状不一致，即使结合各个视图也无法确定透明挡板的形状，其不适于工业应用，不符合专利法实施细则第 2 条第 3 款的规定。

请求人提交的作为证据的附件如下：

附件 1：从国家知识产权局网站下载的 200630060112.2 号外观设计专利著录项目及图片打印件共 3 页；

附件 2：200430038242.7 号外观设计专利的公报复印件 1 页；

附件 3：200430006471.0 号外观设计专利的公报复印件 2 页。

经形式审查合格，专利复审委员会受理了该无效宣告请求，并于 2008 年 8 月 14 日将无效宣告请求书及其附件的副本转送给专利权人，通知其在指定期限内陈述意见。

2008 年 9 月 18 日专利复审委员会收到了请求人补充提交了意见陈述和如下证据（编号续前）：

附件 4：请求人称深圳市东升精密塑胶模具厂（以下简称东升模具厂）的生产记录表复印件 1 页；

附件 5：深圳市奇创电子有限公司与东升模具厂签订的采购合同复印件 1 页；

附件 6：请求人称附件 4、附件 5 所涉及的“旋转多功能读卡器外壳”的模具照片复印件 2 页；

附件 7：请求人称附件 4、附件 5 所涉及的“旋转多功能读卡器外壳”的设计图纸复印件 6 页；

请求人认为，上述证据中附件 4、附件 6 表明东升模具厂在 2005 年 6 月 3 日已生产、制造附件 7 所示“旋转多功能读卡器外壳”，附件 5 表明深圳市奇创电子有限公司于 2005 年 5 月 28 日与东升模具厂签订采购合同，采购附件 7 所示的“旋转多功能读卡器外壳”，交货日期为 2005 年 6 月 5 日，这些证据相互印证，证明了本专利申请之前的使用公开的事实，并且附件 7 图纸所显示的产品与本专利外观设计相近似，因此本专利不符合专利法第 23 条的规定，应予宣告无效。

专利复审委员会成立合议组对本案进行审理，于 2008 年 10 月 6 日向请求人和专利权人发出口头审理通知书，定于 2008 年 11 月 11 日对本案进行口头审理。

2008 年 10 月 7 日专利复审委员会收到了专利权人针对请求人的无效宣告请求书所作出意见陈述，专利权人认为：（1）将本专利与请求人提交的附件 1 所示在先设计相比较，二者虽存在一些细微的相同点，但从整体外观来看，本专利呈扁平状，各侧边均作了圆滑的弧形设计，挡板可以绕主体上的圆形转轴旋转，挡板为透明的，透过其可以看见相应的主体部分及 USB 接口，主体上设计了两个存储卡插槽，分别位于主体侧面及一端，其中位于主体侧面的插槽长度与主体长度差别悬殊，位于主体一端的插槽外部有一个“山”形盖，其可通过边缘的转轴开合；而在先设计整体呈盒状，各侧边均为直角转折，挡板亦不透明，无法看见 USB 接口及相应部分主体，主体上只设计了一个存储卡插槽，位于主体侧面，该插槽的长度几乎与主体长度相同；因此二者区别明显，足以对整体视觉效果产生显著影响，二者不相同也不相近似。（2）将本专利与请求人提交的附件 2、附件 3 所示在先设计相比较，其所示产品不属于相同或相近类别的产品，其外观设计不可能构成相近似，并且本专利与在先设计的设计思路及表达方式相差甚远，所表现出来的外观设计具有极为显著的差异，这种差异足以对产品外观设计的整体视觉效果产生显著影响，不构成专利法规定的相同或相近似。（3）本专利作为产品的立体形状设计，应当结合所有视图来综合判断，请求人抽象而孤立地阅读本专利各视图，得出的结论不符合客观事实，本专利已清楚显示出透明挡板的确定形状；专利法所要求的“清楚”应当以具备工业应用性为标准，即使本专利左右视图由于制图原因在透明挡板部分存在一些细微缺陷，也完全不会影响到本专利产品整体形状的确定及生产的进行，因而本专利符合专利法实施细则第2条第3款的规定。综上，请求人的无效宣告请求理由均不能成立。

专利复审委员会于2008年10月20日将专利权人的意见陈述转送给请求人，通知其在指定期限内或在口头审理中当庭陈述意见。

口头审理如期举行，请求人和专利权人均委托代理人参加了审理，双方对对方参加口头审理人员的身份和资格无异议，对合议组成员无回避请求。合议组当庭将2008年9月18日收到的请求人的补充意见陈述和证据转送给专利权人，并告知其可在口头审理结束后指定期限内对其提交书面意见陈述；请求人放弃以附件2、附件3证明本专利不符合专利法第9条规定的无效宣告请求理由，当庭提交了附件5的原件，未提交其他证据的原件；专利权人对请求人提交的附件1～3的真实性无异议，对附件5的真实性有异议，认为所示合同无乙方签字，也无证据证明其甲方是否真实，并认为附件4、附件6、附件7无证据原件，对其真实性有异议，同时认为附件4～7缺乏关联性，无法形成证据链；双方均在坚持原书面意见陈述的基础上，对本专利与附件1～3所示外观设计是否相近似进行了详细比较，对本专利所示外观设计是否已清楚表示、各视图之间投影关是否一致详细陈述了意见。

针对合议组在口头审理中当庭转送的文件，专利权人于2008年11月26日提交了的意见陈述，其坚持在口头审理中当庭陈述的意见。

通过上述审理，合议组经合议，认为本案事实清楚，依法作出本审查决定。

二、决定的理由

1. 无效宣告请求理由相关法律规定

基于请求人提出无效宣告请求所依据的事实和理由，合议组对本专利是否符合专利法第9条、第23条，专利法实施细则第2条第3款的规定进行审查。

专利法第9条规定：“两个以上的申请人分别就同样的发明创造申请专利的，专利权授予最先申请的人。”

专利法第23条规定：“授予专利权的外观设计，应当同申请日以前在国内外出版物上公开发表过或者国内公开使用过的外观设计不相同和不相近似，并不得与他人在先取得的合法权利相冲突。”

专利法实施细则第2条3款规定：“专利法所称外观设计，是指对产品的形状、图案或者其结合以及色彩与形状、图案的结合所作出的富有美感并适于工业应用的新设计。”

2. 关于专利法实施细则第2条第3款

请求人认为，本专利显示的透明挡板形状不唯一、不确定、不清楚，各视图之间投影关系不对应，所显示的透明挡板形状不一致，即使结合各个视图也无法确定透明挡板的形状，其不适于工业应用。

合议组认为，本专利所示六面视图是参考正投影原理拍摄的照片视图，其有别于以线图形式表现的正投影绘制图，不是严格意义的正投影视图，在拍摄时会出现一定的立体透视变形，本专利的左、右视图即属此情形，虽从正投影绘图原理角度考虑其与其他视图存在不一致，但按照一般常识可知其为拍摄透视变形，并不影响对产品外观设计的清楚表示；同时，在确定本专利外观设计时，应当按照一般的读图知识并结合各视图综合考虑，虽从单个视图观察存在请求人所称透明挡板的高低位置关系

（凸、凹变化）具有多种变化的可能性，但在结合各视图的情况下，可以清楚得知所述部分的形状设计。因此，请求人所主张的前述事实不成立，其据此认为本专利不适于工业应用的无效宣告请求理由不成立。

3. 关于专利法第 9 条

请求人提交的作为证据的附件 1 是从国家知识产权局网站下载的 200630060112. 2 号外观设计专利著录项目及图片打印件，其所示专利申请日为 2006 年 4 月 30 日，授权公告日为 2007 年 2 月 28 日，使用外观设计的产品名称为“数码相机读卡器（C）”，专利申请人为谢羽，经合议组核实，该复印件所示内容属实，其属于他人在本专利申请日之前申请、之后授权公告的外观设计专利（下称在先设计），因此，可适用专利法第 9 条的规定作为本案证据。

在先设计为“数码相机读卡器”的外观设计，与本专利使用外观设计的产品“存储器读卡器”用途相同，二者属于相同种类的产品，现将二者外观设计是否相同或相近似作如下对比认定：

本专利包括主视图、后视图、左视图、右视图、仰视图、俯视图及使用状态参考图。所示读卡器由主体和挡板构成，其整体形状大致为两端呈弧形的扁长方体，两端面棱线为倒圆角；挡板为类似“U”形薄片套于主体正面和背面，与主体相接端为半圆形，并在此部位以圆形转轴与主体相连，挡板正反面有凹线槽设计，端面有较小的挂环；挡板为透明设计，透过挡板可见相应主体部分及 USB 接口；主体一侧面设有长、短卡槽各一个，正面和背面有类似半圆形凹线槽；由使用状态参考图可见主体端部可打开，其内设有卡槽，挡板可转动（详见本专利附图）。

在先设计包括主视图、后视图、左视图、右视图、仰视图和俯视图。所示读卡器由主体和挡板构成，其整体形状大致为两端呈弧形的长方体；挡板为类似“U”形薄片套于主体正面和背面，与主体相接端为圆弧形，并在此部位以圆形转轴与主体相连，挡板端面有较小的挂环，从挡板两侧可见主体相应部分及 USB 接口的侧面；主体一侧面设有一个较长的卡槽，该插槽的长度略小于主体长度；挡板正面有两行较小文字（详见在先设计附图）。

将本专利与在先设计相比较，二者所示读卡器均由主体和挡板构成，其整体形状大致为两端呈弧形的长方体，挡板为类似“U”形薄片套于主体正面和背面，与主体相接部位设有圆形转轴，挡板端面有较小的挂环，在主体一侧面均设有卡槽。二者不同之处主要在于，所示读卡器的厚薄比例、侧面卡槽的数量及长度比例存在差异；本专利的两端面棱线为倒圆角，在先设计相应部分为几乎无倒角的直角；本专利挡板为透明且在与主体相接端为半圆形，在先设计挡板不透明且在与主体相接端为圆弧形，在先设计在挡板及主体上无本专利所示凹线槽设计，本专利在挡板上无在先设计所示文字设计；在先设计未显示本专利使用状态参考图所示可转动的挡板和可打开的主体端部及其内卡槽设计。

合议组认为，二者虽存在厚度比例、两端面倒圆角或直角差异，但其整体形状均为两端呈弧形、长宽比例接近的长方体，所述差异对该整体形状并未构成显著影响；卡槽的尺寸是由所对应的存储卡的标准尺寸所决定，卡槽的数量也主要产生功能效果的差异，在二者于相同侧面设置卡槽的情况下，所述尺寸比例和数量的差异对视觉效果的影响较小；在挡板设计上，本专利为透明设计，但透过挡板所观察到的主要为属于惯常设计的标准 USB 接口，况且从在先设计挡板两侧观察也可见相应主体部分及 USB 接口设计，故二者虽存在是否为透明设计的不同，但即使透过透明挡板观察，二者在相应部位的设计内容也并无明显差异，其对视觉效果的影响较小；二者挡板端面的半圆形与圆弧形虽存在不同，但仍属于相近似的弧形，本专利主要是对产品形状的设计，二者有无文字设计、在挡板和主体上有无凹线槽的不同相对于本专利的整体形状设计为局部的细微差异；对于本专利所示使用状态参考图，根据审查指南规定，其通常用于理解本专利所属领域、使用方法、使用场所或者用途，以便于确定产品类别，故对于本专利该图所示可转动的挡板、主体端部可打开及其内设有卡槽，是用于理解本专利读卡器的使用方法、功能用途等，在先设计无相应视图内容对二者外观设计视觉效果不构成影响，况且根据一般消费者常识可知，在先设计所示挡板也应是可转动的，本专利主体端部打开后的内部结构在使用状下不可见，应不予考虑；因此，二者虽存在上述差异，但其整体形状均大致为两端呈弧形的长方体，挡板形状为相近似的“U”形薄片，且与主体的相对位置和比例关系相近，挡板与主体相接的视觉中心部位均有醒目的圆形转轴设计，由此形成了相近似的整体视觉效果，所述差异对整体视觉效果不具显著影响，本专利与在先设计属于相近似的外观设计。

同样的发明创造对于外观设计而言是指外观设计相同或者相近似，综上所述，在本专利申请日前已有他人就同样的外观设计申请了专利并在之后被授予专利权，因此，本专利不符合专利法第 9 条的规定。

鉴于上述已得出本专利不符合专利法第 9 条规定的结论，本决定对请求人提出的其他理由和证据不再作评述。

三、决定

宣告 200630304862. X 号外观设计专利权全部无效。

当事人对本决定不服的，可以根据专利法第 46 条第 2 款的规定，自收到本决定之日起三个月内向北京市第一中级人民法院起诉。根据该款的规定，一方当事人起诉后，另一方当事人应当作为第三人参加诉讼。

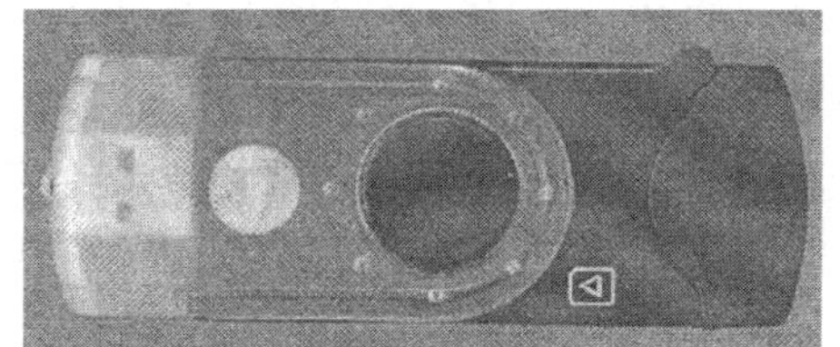
主视图

左视图

右视图

俯视图

仰视图

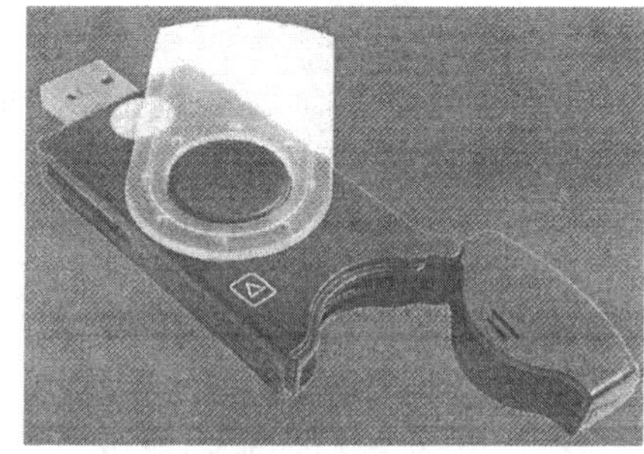
使用状态图

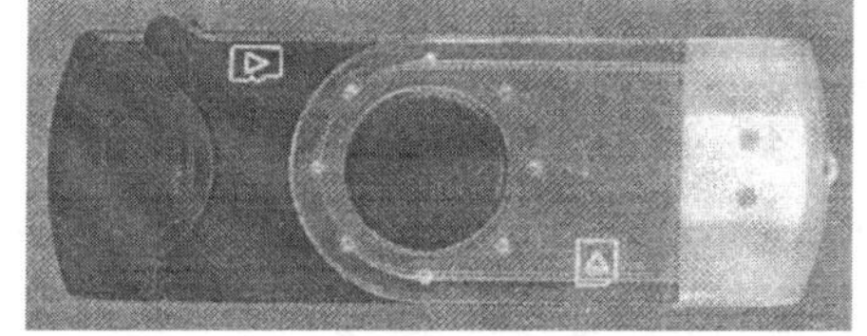
后视图

本专利附图

主视图

左视图

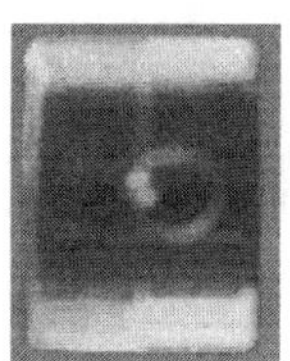
右视图

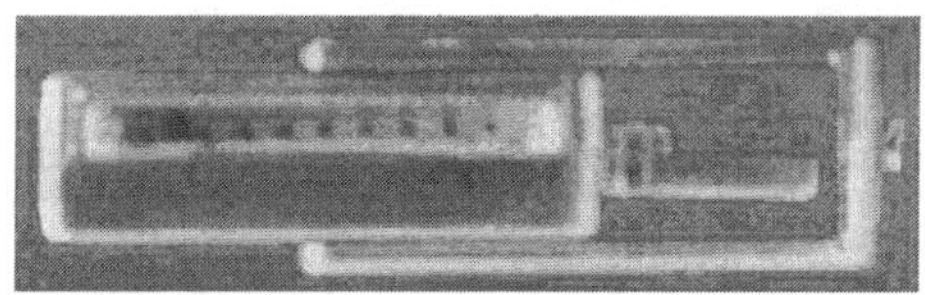
仰视图

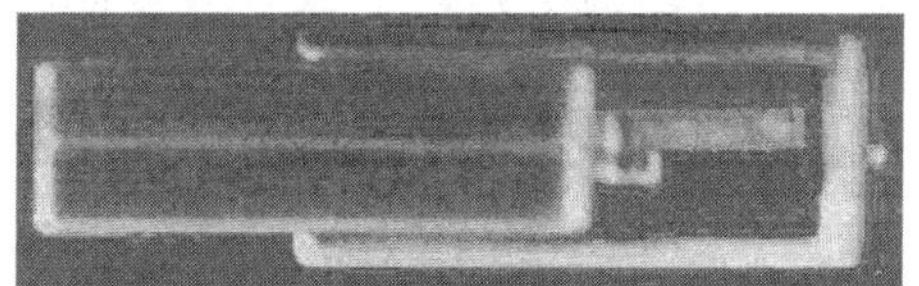
俯视图

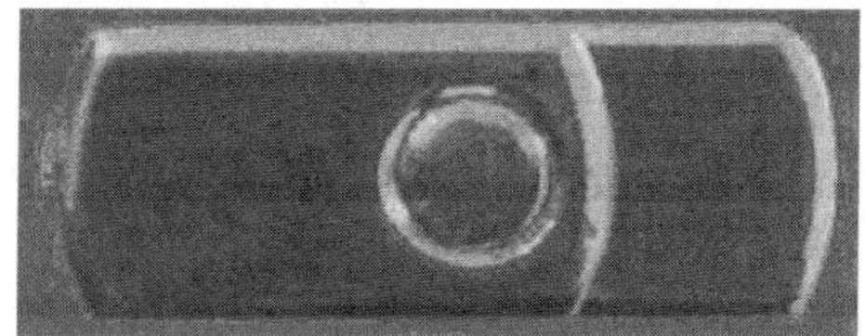
后视图

在先设计附图

北京市第一中级人民法院
行政判决书

（2009）一中知行初字第2220号

原告林梓梁，男，1965年10月22日出生，汉族，深圳市东方阳光电子有限公司经理，住福建省福安市下白石镇下白石村黄岐路2号。

委托代理人熊静，广东鹏正律师事务所律师。

委托代理人任宝新，男，1979年4月7日出生，广东鹏正律师事务所律师助理，住山东省夏津县城区南城街236号内2号。

被告国家知识产权局专利复审委员会，住所地北京市海淀区北四环西路9号银谷大厦10~12层。

法定代表人张茂于，副主任。

委托代理人徐清平，国家知识产权局专利复审委员审查员。

委托代理人曹铭书，国家知识产权局专利复审委员审查员。

第三人诺基亚（北京）通信技术服务有限公司，住所地北京市北京经济技术开发区东环中路5号。

法定代表人张志强，董事长。

委托代理人徐申民，上海华诚律师事务所律师。

委托代理人张黎明，上海华诚律师事务所律师。

原告林梓梁不服被告国家知识产权局专利复审委员会（以下简称专利复审委员会）于2009年7月8日作出的第13636号无效宣告请求审查决定（以下简称第13636号决定），于法定期限内向本院提起行政诉讼。本院于2009年9月8日受理后，依法组成合议庭，并通知诺基亚（北京）通信技术服务有限公司（简称诺基亚公司）作为本案第三人参加诉讼，于2009年11月25日对本案公开开庭进行了审理。原告林梓梁的委托代理人熊静、任宝新，被告专利复审委员会的委托代理人徐清平、曹铭书，第三人诺基亚公司的委托代理人徐申民、张黎明到庭参加了诉讼。本案现已审理终结。

第13636号决定系专利复审委员会针对诺基亚公司就林梓梁拥有的名称为“存储卡读卡器”的外观设计专利（以下简称本专利）提出的无效宣告请求作出的。

专利复审委员会在该决定中认为：

（1）关于《中华人民共和国专利法实施细则》（以下简称《专利法实施细则》）第二条第三款，本专利所示六面视图是参考正投影原理拍摄的照片视图，其有别于以线图形式表现的正投影绘制图，不是严格意义的正投影视图，在拍摄时会出现一定的立体透视变形，本专利的左、右视图即属此情形，虽从正投影绘图原理角度考虑其与其他视图存在不一致，但按照一般常识可知其为拍摄透视变形，并不影响对产品外观设计的清楚表示；同时，在确定本专利外观设计时，应当按照一般的读图知识并结合各视图综合考虑，虽从单个视图观察存在请求人所称透明挡板的高低位置关系（凸、凹变化）具有多种变化的可能性，但在结合各视图的情况下，可以清楚得知所述部分的形状设计。

（2）关于《中华人民共和国专利法》（以下简称《专利法》）第九条，将本专利与在先设计相比较，二者所示读卡器均由主体和挡板构成，其整体形状大致为两端呈弧形的长方体，挡板为类似“U”形薄片套于主体正面和背面，与主体相接部位设有圆形转轴，挡板端面有较小的挂环，在主体一侧面均设有卡槽。二者不同之处主要在于，所示读卡器的厚薄比例、侧面卡槽的数量及长度比例存在差异；本专利的两端面棱线为倒圆角，在先设计相应部分为几乎无倒角的直角；本专利挡板为透明且在与主体相接端为半圆形，在先设计挡板不透明且在与主体相接端为圆弧形，在先设计在挡板及主体上无本专利所示凹线槽设计，本专利在挡板上无在先设计所示文字设计；在先设计未显示本专利使用状态参考图所示可转动的挡板和可打开的主体端部及其内卡槽设计。二者虽存在厚度比例、两端面倒圆角或直角差异，但其整体形状均为两端呈弧形、长宽比例接近的长方体，所述差异对该整体形状并未构成显著影响；卡槽的尺寸是由所对应的存储卡的标准尺寸所决定，卡槽的数量也主要产生功能效果的差异，在二者于相同侧面设置卡槽的情况下，所述尺寸比例和数量的差异对视觉效果的影响较小；在挡板设计上，本专利为透明设计，但透过挡板所观察到的主要为属于惯常设计的标准 USB 接口，况且从在先设计挡板两侧观察也可见相应主体部分及 USB 接口设计，故二者虽存在是否为透明设计的不同，但即使透过透明挡板观察，二者在相应部位的设计内容也并无明显差异，其对视觉效果的影响较小；二者挡板端面的半圆形与圆弧形虽存在不同，但仍属于相近似的弧形，本专利主要是对产品形状的设计，二者有无文字设计、在挡板和主体上有无凹线槽的不同相对于本专利的整体形状设计为局部的细微差异；对于本专利所示使用状态参考图，根据审查指南规定，其通常用于理解本专利所属领域、使用方法、使用场所或者用途，以便于确定产品类别，故对于本专利该图所示可转动的挡板、主体端部可打开及其内设有卡槽，是用于理解本专利读卡器的使用方法、功能用途等，在先设计无相应视图内容对二者外观设计视觉效果不构成影响，况且根据一般消费者常识可知，在先设计所示挡板也应是可转动的，本专利主体端部打开后的内部结构在使用状态下不可见，应不予考虑；因此，二者虽存在上述差异，但其整体形状均大致为两端呈弧形的长方体，挡板形状为相近似的“U”形薄片，且与主体的相对位置和比例关系相近，挡板与主体相接的视觉中心部位均有醒目的圆形转轴设计，由此形成了相近似的整体视觉效果，所述差异对整体视觉效果不具显著影响，本专利与在先设计属于相近似的外观设计。综上所述，在本专利申请日前已有他人就同样的外观设计申请了专利并在之后被授予专利权，因此，本专利不符合《专利法》第九条的规定。

综上，专利复审委员会作出第 13636 号决定，宣告本专利权全部无效。

林梓梁不服第 13636 号决定，在法定期限内向本院提起行政诉讼，其诉称：一是被告专利复审委员会在第 13636 号决定中遗漏了本专利的几个设计要点。（1）本专利整体呈长宽与高比例悬殊的扁长方体形，各部分均为弧面相接，圆滑过渡，呈流线型设计；（2）在挡板的正反两面上均醒目地排布有一圈圆点及一圈与挡板外形相对应的凹槽，圆点均匀地环绕于圆形转轴的周围，凹槽的两端与相应位置的圆点相交，此后直线延伸并在正反面相交处弧线连接；（3）主体一端的正反面有大致呈弧线形的凹槽线，侧面还有一类似圆柱形的凸起，两个凹槽线的一端通过一直线凹槽线相连，另一端则终止于凸起处，在凹槽线内有一长一短平行设置的两条短线；（4）挡板的端部有一椭圆形凹槽，一道弧线连接在椭圆形凹槽的两端形成挂环。二是本专利与证据 1 主要存在如下区别：（1）在先设计整体呈厚长方体形，除正反面的两端略有弧形设计外，其余部分均为棱线相连，棱角分明；而本专利呈长宽与高比例悬殊的扁长方体形，各部分均为弧面相接，圆滑过渡，呈流线型设计；（2）在先设计的挡板正反面两端均采用对称弧形设计；而本专利的挡板两端则采用非对称设计，与主体相接端呈半圆形，另一端则呈圆弧形。(3) 在先设计的挡板上除正面有少量文字及一端有一挂环外，没有任何设计，其挂环呈圆形穿在主体的端面上；而本专利的挡板采透明设计，正反两面上均醒目地排布有一圈圆点及一圈与挡板外形相对应的凹槽，圆点均匀地环绕于圆形转轴的周围，凹槽的两端与相应位置的圆点相交，此后直线延伸并在正反面相交处弧线连接，挡板的端面上有一椭圆形凹槽，一道弧线连接在椭圆形凹槽的两端形成挂环。（4）在先设计的主体上除在一侧面上有卡槽外，没有任何其他设计；而本专利主体一端的正反面有大致呈弧线形的凹槽线，侧面还有一类似圆柱形的凸起，两个凹槽线的一端通过一直线凹槽线相连，另一端则终止于凸起处，在凹槽线内有一长一短平行设置的两条短线。（5）在先设计的卡槽数量为一个，长度接近于主体的长度；而本专利的卡槽数量为两个，呈水平方向依次排布，其长度均远小于主体的长度。综上所述，本专利与在先设计相比，一般消费者能够很容易地注意到两者存在上述差别，且这种差别使得两者的整体设计风格及美感上具有明显不同，给相关消费者留下的整体视觉印象也明显不同，是不相同也不相近似的外观设计，符合《专利法》第九条的相关规定。被告作出的第13636号决定认定事实错误，适用法律不当，故请求法院判令撤销第13636号决定。

专利复审委员会辩称：专利复审委员会认为第13636号决定认定事实清楚，适用法律法规正确，审理程序合法，原告的诉讼理由不能成立，请求人民法院维持第13636号决定。

诺基亚公司未提交书面意见陈述，其在本案庭审过程中述称：林梓梁的起诉理由均不能成立，第13636号决定认定事实清楚，适用法律正确，请求人民法院维持第13636号决定。

本院经审理查明：

名称为“存储卡读卡器”的外观设计专利（即本专利）于2006年12月11日向国家知识产权局专利局提出申请，于2007年12月5日被授权公告，专利号为200630304862. X，专利权人为林梓梁。

本专利包括主视图、后视图、左视图、右视图、仰视图、俯视图及使用状态参考图。所示读卡器由主体和挡板构成，其整体形状大致为两端呈弧形的扁长方体，两端面棱线为倒圆角；挡板为类似“U”形薄片套于主体正面和背面，与主体相接端为半圆形，并在此部位以圆形转轴与主体相连，挡板正反面有凹线槽设计，端面有较小的挂环；挡板为透明设计，透过挡板可见相应主体部分及USB接口；主体一侧面设有长、短卡槽各一个，正面和背面有类似半圆形凹线槽；由使用状态参考图可见主体端部可打开，其内设有卡槽，挡板可转动；在主体的正面有一个三角形与矩形的组合图案，组合图案位于半圆形凹线槽附近，在主体反面有两个三角形与矩形的组合图案（详见本专利附图）。

针对上述专利权，诺基亚公司于2008年8月13日向专利复审委员会提出了宣告本专利权无效的请求，其提出的无效理由为本专利不符合《专利法》第九条、第二十三条以及《专利法实施细则》第二条第三款的规定，并提交了证据，其中：

证据1：从国家知识产权局网站下载的200630060112. 2号外观设计专利著录项目及图片打印件共3页，其所示专利申请日为2006年4月30日，授权公告日为2007年2月28日，使用外观设计的产品名称为“数码相机读卡器（C）”，专利申请人为谢羽。证据1包括主视图、后视图、左视图、右视图、仰视图和俯视图。所示读卡器由主体和挡板构成，其整体形状大致为两端呈弧形的长方体；挡板为类似“U”形薄片套于主体正面和背面，与主体相接端为圆弧形，并在此部位以圆形转轴与主体相连，挡板端面有较小的挂环，从挡板两侧可见主体相应部分及USB接口的侧面；主体一侧面设有一个较长的卡槽，该插槽的长度略小于主体长度；挡板正面有两行较小文字（详见证据1附图）。

上述事实有第13636号决定、本专利、诺基亚公司提交的证据1及当事人陈述等证据在案佐证。

本院认为：综合各方当事人的诉辩主张，本案主要涉及的焦点问题为本专利是否违反《专利法》第九条的规定。《专利法》第九条规定：两个以上的申请人分别就同样的发明创造申请专利的，专利权授予最先申请的人。对于外观设计专利而言，同样的发明创造是指相同或相近似的外观设计。鉴于本专利与证据1所应用的产品都是读卡器产品，因此本院将对两者是否构成相同或相近似的外观设计作出评判。

对于本专利与证据1，原告林梓梁认为存在如下七点区别：（1）本专利的整体为长、宽、高比例悬殊的扁长方体形，主要部分均为弧线相接，圆滑过渡，呈流线型设计。而证据1的整体形状大致为厚长方体形，除正反面的两端略有弧形设计外，其余部分均为棱线相连，棱角分明；（2）本专利主体的一端的正反面均有类似半圆形的凹槽线，靠近凹槽线的位置有一长一短两条平行线，主体的一侧面上有与该凹槽线相对应的一类似圆柱形的凸起，另一侧面则有一对应的线型凹槽线及水平排布的长、短卡槽各一个，由使用状态参考图可见，主体上有半圆形凹槽线的一端可沿侧面上的圆柱形的凸起打开，内设有卡槽。而证据 1 的主体仅在一侧面上设有一个卡槽，该卡槽几乎与主体等长；（3）本专利挡板与主体相接的两端设计成与圆形转轴同心的半圆形，该半圆形与产品整体两端的弧形差别明显。证据 1 的挡板与主体相接的两端设计为圆弧形，该圆弧与证据 1 整体两端的圆弧分别构成平行和对称；（4）本专利挡板的正反两面上均醒目地排布有一圈圆点及一圈与挡板外形相对应的凹槽线，圆点均匀地环绕于圆形转轴的周围，凹槽线与相应位置的圆点相交。证据 1 没有任何相关设计；（5）本专利挡板的转折部有一椭圆形凹槽，一道弧线连接在椭圆形凹槽的两端形成挂钩。证据 1 的挡板端面穿设有一较小的挂环；（6）本专利挡板为透明设计，透过挡板可见到相应主体部分（包括位于主体上的图案）及 USB 部分，由使用状态参考图可见，透明挡板可以转动。证据 1 的挡板为不透明设计；（7）从图案来看，本专利主体的正面有一个三角形与矩形的组合图案及一个圆形图案，组合图案位于半圆形凹线槽附近，在主体反面有两个三角形与矩形的组合图案。证据 1 的挡板正面有文字，主体上则没有任何设计。

对此本院认为，首先，虽然本专利的挡板为透明设计，而证据 1 的挡板不是透明的，但在本专利中透过挡板看到的是属于常规设计的标准 USB 接口，而证据 1 的侧视图也可以看到类似的 USB 接口，并且，挡板材质本身的区别不是外观设计相同、相近似判断应当考虑的因素。因此本专利与证据 1 在挡板上的区别对整体视觉效果不产生显著影响；其次，使用状态参考图不影响外观设计的相同、相近似的判断，因此，虽然本专利主体上有半圆形凹槽线的一端可沿侧面上的圆柱形的凸起打开，内设有卡槽，而证据 1 没有类似设计，但这对整体视觉效果也不产生显著影响；再次，本专利主体上的组合图案为常见的矩形与三角形组合而成的图案，所占面积较小，不容易引起一般消费者的注意；另外，原告林梓梁提到的本专利挡板上有一圈圆点而证据 1 没有、本专利凹槽两端有挂钩而证据 1 挡板端面有挂环、挡板与主体连接处的圆弧形状、本专利整体呈流线型设计而证据 1 棱角分明的区别都是细微差别，对整体视觉效果均不产生显著影响。

综上，本专利与证据 1 构成相近似的外观设计，本专利违反了《专利法》第九条的规定，原告林梓梁的起诉理由缺乏事实和法律依据，本院不予支持。

综上，第 13636 号决定证据充分，适用法律正确，程序合法，应予维持。林梓梁的诉讼理由不能成立，其诉讼请求本院不予支持。依照《中华人民共和国行政诉讼法》第五十四条第（一）项之规定，本院判决如下：

维持被告中华人民共和国国家知识产权局专利复审委员会作出的第 13636 号无效宣告请求审查决定。

案件受理费 100 元，由原告林梓梁负担（已交纳）。

如不服本判决，各方当事人可在本判决书送达之日起 15 日内向本院提交上诉状，并按对方当事人人数提交副本，交纳上诉案件受理费 100 元，上诉于北京市高级人民法院。

审 判 长　侯占恒
审 判 员　王　晫
代理审判员　牛艳玲
二〇〇九年十二月七日
书 记 员　卓　锐

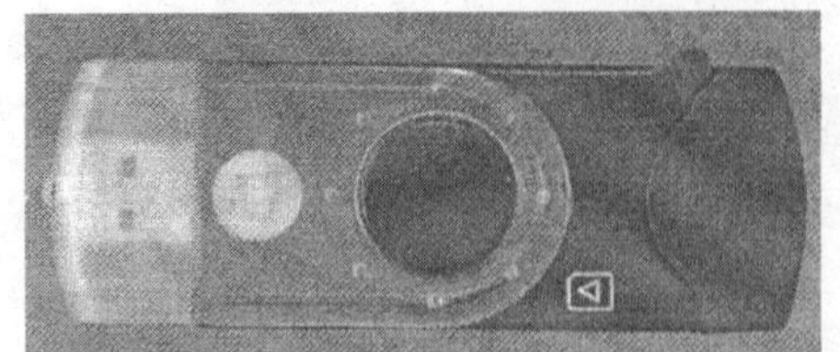

主视图

左视图

右视图

俯视图

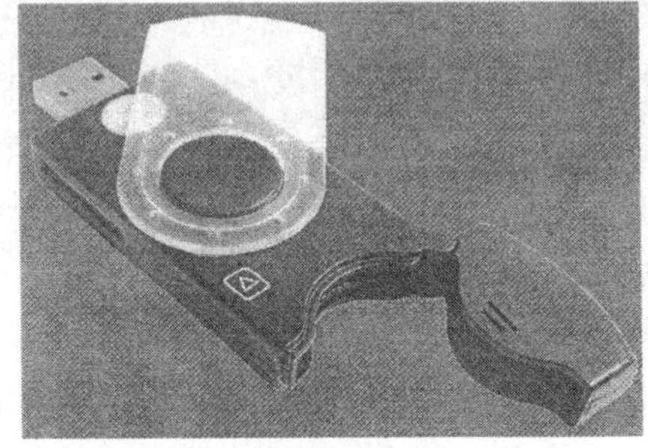

使用状态图

仰视图

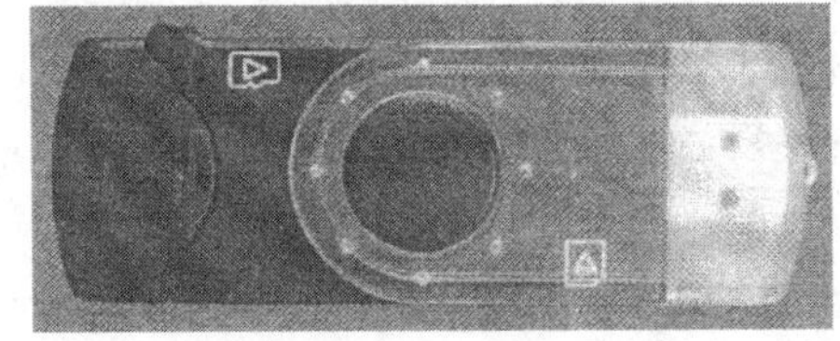

后视图

本专利附图

主视图

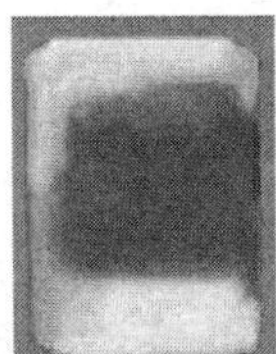

左视图

右视图

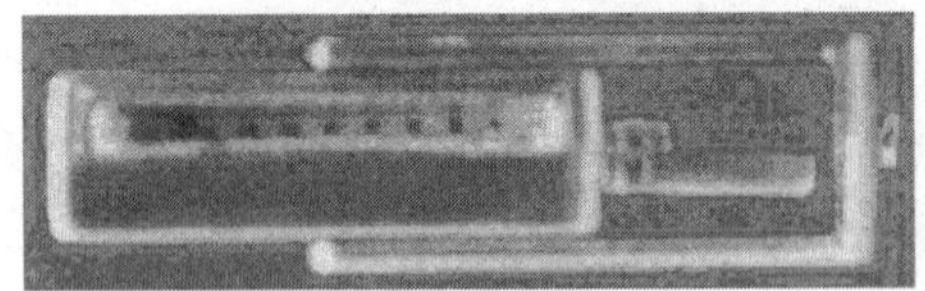

仰视图

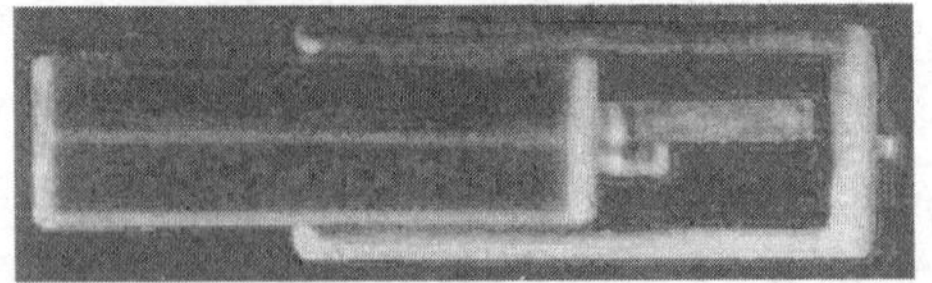

俯视图

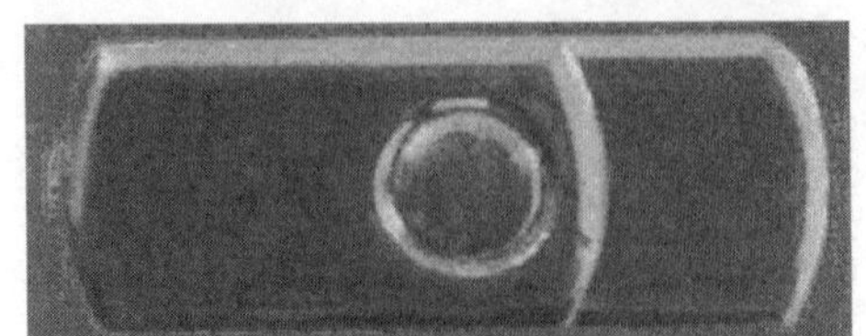

后视图

在先设计附图

373

纸　牌

无效宣告请求审查决定（第 13637 号）

决　　定　　号　第 13637 号
决　　定　　日　2009 年 7 月 9 日
发明创造名称　纸牌
外观设计分类号　21-01
无效宣告请求人　浙江宾王扑克有限公司
专　利　权　人　赵小洪
专　　利　　号　200530030051.0
申　　请　　日　2005 年 9 月 14 日
授 权 公 告 日　2006 年 11 月 1 日
合 议 组 组 长　张　凌
主　　审　　员　尹春霞
参　　审　　员　雷　婧

法　律　依　据　专利法第 23 条
决　定　要　点

请求人提交的证据均不能证明与本专利相同或相近似的外观设计在其申请日前已经公开发表或公开使用过，本专利相对于上述证据而言符合专利法第 23 条的规定。

一、案由

本无效宣告请求涉及国家知识产权局于 2006 年 11 月 1 日授权公告的第 200530030051.0 号外观设计专利，其名称为“纸牌”，申请日为 2005 年 9 月 14 日，专利权人为赵小洪。

针对上述外观设计专利（下称本专利），浙江宾王扑克有限公司（下称请求人）于 2009 年 1 月 6 日向专利复审委员会提出无效宣告请求，认为本专利不符合专利法第 23 条的规定，同时请求人提交了下列附件作为证据：

附件 1：本专利著录项目及图片复印件，共 3 页；

附件 2：甲印版字钉的照片及其字体复印件，共 2 页；

附件 3：乙印版字钉的照片及其字体复印件，共 2 页；

附件 4：绥阳县志旺草镇部分复印件，共 6 页；

附件 5：遵义市人民政府文件［遵府发（2006）25 号］复印件，共 7 页；

附件 6：绥阳县旺草镇纸牌（大贰）简介及绥阳县文学艺术界联合会出具的证言复印件，共

4 页；

附件 7：本专利与附件 2、附件 3 字体的对照说明，共 1 页。

请求人认为：附件 2、附件 3 为 20 世纪 60 年代的字钉，即是早于 2000 年的字钉。附件 4 是绥阳县整理的日志，其内容中有纸牌（大贰）是该地数百年间广为流传的智力游戏工具。附件 5 是 2006 年 12 月 20 日下发的遵府发（2006）25 号《遵义市人民政府公布第一批市级非物质文化遗产名录的通知》，其中第 5 页也证明“大贰”纸牌属于非物质文化遗产，也进一步说明“大贰”纸牌的历史悠久。附件 6 的“大贰”纸牌的图示与被比外观设计各视图相比，仅仅是纸牌牌面的字体大小有微小的差别，因此本专利与附件 6 中的图示相近似。综上，本专利不符合专利法第 23 条的规定，应宣告本专利无效。

经形式审查合格，专利复审委员会依法受理了上述无效宣告请求，并于 2009 年 1 月 7 日向请求人和专利权人发出无效宣告请求受理通知书，同时将专利权无效宣告请求书及其附件清单中所列附件的副本转送给专利权人，并要求专利权人在指定的期限内陈述意见。

请求人于 2009 年 2 月 4 日补充提交意见陈述，并提交如下附件作为证据（编号续前）：

附件 8：甲印版字钉的照片原件，共 1 页；

附件 9：乙印版字钉的照片原件，共 1 页；

附件 10：1998 年手工制作的大贰纸牌样品照片原件，共 1 页；

附件 11：2000 年以前遵义市绥阳县旺草镇民间手工制作的大贰纸牌样品照片原件，共 1 页；

附件 12：2003 年制作的大贰纸牌样品照片原件，共 1 页。

请求人认为：附件 10~12 公开的 1998 年至 2003 年制造的大贰纸牌或大贰纸牌的一部分与本专利对比形状一致，颜色也基本一致，大贰纸牌上的图案及文字也相同，仅仅是纸牌上正反文字间的距离有细微的差别，对整体视觉效果影响不大，本专利不符合专利法第 23 条的规定，应宣告本专利无效。同时，请求人认为大贰纸牌需要在民间收集，且字钉和纸牌的出产时间需要鉴定，提出延长举证期限的申请。

专利复审委员会成立合议组对本案进行审理，并于 2009 年 2 月 19 日向双方当事人发出无效宣告请求口头审理通知书，定于 2009 年 4 月 14 日举行口头审理。同时随口头审理通知书将请求人提交的意见陈述书及附件转送专利权人，通知其在口头审理当庭陈述意见或在收到所述文件之日起 1 个月内陈述意见。在口头审理通知书中告知请求人对于请求人的延期举证申请，因不符合审查指南规定可以延期的情形，合议组不予批准。

由于专利权人原写地址不详，无效宣告请求受理通知书于 2009 年 2 月 26 日被退回。专利复审委员会于 2009 年 3 月 18 日按照联系人的地址再次向专利权人发出无效宣告请求受理通知书，由于联系人迁移新址不明，无效宣告请求受理通知书于 2009 年 3 月 24 日被退回。专利复审委员会于 2009 年 5 月 13 日作出地址不详公告。

由于专利权人的联系人迁移新址不明，口头审理通知书于 2009 年 3 月 7 日被退回。专利复审委员会于 2009 年 3 月 23 日按照联系人的地址重新发出口头审理通知书，口头审理时间由原 2009 年 4 月 14 日变更为 2009 年 6 月 30 日，同时于 2009 年 5 月 6 日作出地址不详公告。

口头审理如期进行，只有请求人一方委托代理人出席口头审理，合议组进行缺席审理。请求人对合议组成员无回避请求，专利权人未提交任何意见陈述，视为对合议组成员无回避请求。口头审理中，请求人说明附件 2~7 单独使用，以证明本专利在先公开使用。请求人当庭提交了附件 4~6 的原件，并提交了附件 2、附件 3 字模实物及附件 6 纸牌实物，并说明附件 8、附件 9 分别为附件 2、附件 3 的照片原件。对于相近似判断，请求人指出以附件 6 所附图片为本专利对比图片，认为其上所附图片与本专利基本相同。

在上述审理的基础上，合议组认为本案事实已经调查清楚，可以依法作出审查决定。

二、决定的理由

1. 法律依据

基于请求人提出无效宣告请求所依据的事实和理由，合议组对本专利是否符合专利法第 23 条的规定进行审查。

专利法第 23 条规定："授予专利权的外观设计，应当同申请日以前在国内外出版物上公开发表过或者国内公开使用过的外观设计不相同和不相近似，并不得与他人在先取得的合法权利相冲突。"

2. 证据认定

请求人提交的附件 1 是本专利著录项目及图片复印件，经合议组核实，其内容真实，作为本决定的对比对象。

请求人提交的附件 2 是甲印版字钉的照片及其字体复印件，附件 3 是乙印版字钉的照片及其字体复印件。口头审理中请求人说明附件 8 即为附件 2 照片的原件，附件 9 即为附件 3 照片的原件，并提交了字模的实物。请求人说明附件 2 与附件 3 由于没有鉴定机构，无法证明公开日期。合议组认为，对附件 2、附件 3、附件 8、附件 9 由于没有公开日期，其公开时间无法确定，合议组对其不予采信。

请求人提交的附件 4 是绥阳县志旺草镇部分复印件。请求人当庭提交了附件 4 的草稿原件，以证明大贰纸牌已经有很多年历史，属于非物质文化遗产。合议组认为，附件 4 是绥阳县志旺草镇部分复印件，虽然请求人提交了该附件的原件，但其为草稿原件，请求人在口头审理中承认该草稿尚处于编撰过程中，未对社会公开，并且附件 4 中未公开任何大贰纸牌的图片，因此附件 4 不能证明与本专利相同或相近似的外观设计在本专利申请日前已经公开发表。

请求人提交的附件 5 是遵义市人民政府文件复印件。请求人当庭提交了附件 5 的原件，以进一步说明"大贰"纸牌的历史悠久，而且多年来"大贰"纸牌的图案一直没有改变。合议组认为，请求人当庭提交了附件 5 的原件，可以认定附件 5 的真实性。在附件 5 的第 5 页中有"八-42-大贰纸牌制作技艺"，但其上未公开任何图片，无法与本专利进行对比，不能证明在本专利申请日前已经有与本专利相同或相近似的外观设计公开发表。

请求人提交的附件 6 是绥阳县旺草镇纸牌（大贰）简介及绥阳县文学艺术界联合会出具的证言复印件。请求人当庭提交了附件 6 的原件，以说明"大贰"纸牌的制作工艺，并附图片与本专利进行对比。合议组认为，绥阳县旺草镇纸牌（大贰）简介只是陈国举对"大贰"纸牌的制作流程的简单介绍，其属于证人证言性质的证据，陈国举也未出庭接受质证，在没有其他证据佐证的情况下，该证言的真实性不能确认。而对绥阳县文学艺术界联合会出具的证言，从该证明的内容看，是绥阳县文学艺术界联合会以知情者的身份对"大贰"纸牌文化的情况作出的确认，也应属于证人证言性质的证据，绥阳县文学艺术界联合会未派员出庭接受质证，该证据也不能单独作为认定案件事实的依据。故合议组对附件 6 不予采信。

请求人提交的附件 7 是本外观设计专利各视图与附件 2、附件 3 对照说明。合议组认为，在附件 2、附件 3 公开性均不能认定的情况下，附件 7 不能作为本案的定案依据。

请求人提交的附件 10～12 分别为 1998 年、2000 年、2003 年制作的大贰纸牌样品照片。对附件 10～12，合议组认为该组附件无任何拍摄时间，也没有其他证据佐证其公开时间，因此附件 10～12 不能作为本案的定案依据。

综上所述，请求人提交的所有证据都不能作为评述本专利是否符合专利法第 23 条规定的证据，请求人的主张不能得到证据的支持，其提出的本专利权的授予不符合专利法第 23 条的规定的理由不成立。

三、决定

维持第200530030051.0号外观设计专利权有效。

当事人对本决定不服的，可以根据专利法第46条第2款的规定，自收到本决定之日起三个月内向北京市第一中级人民法院起诉。根据该款的规定，一方当事人起诉后，另一方当事人应当作为第三人参加诉讼。

374

纸　牌

无效宣告请求审查决定（第 13638 号）

决　　定　　号　第 13638 号
决　　定　　日　2009 年 7 月 9 日
发明创造名称　纸牌
外观设计分类号　21-01
无效宣告请求人　马兆丰
专　利　权　人　赵小洪
专　　利　　号　200630010202.0
申　　请　　日　2006 年 7 月 27 日
授 权 公 告 日　2008 年 2 月 13 日
合 议 组 组 长　张　凌
主　　审　　员　尹春霞
参　　审　　员　雷　婧

法　律　依　据　专利法第 23 条
决　定　要　点

请求人提交的证据均不足以证明与本专利相近似的外观设计在其申请日前已经公开使用，本专利相对于上述证据符合专利法第 23 条的规定。

一、案由

本无效宣告请求涉及国家知识产权局于 2008 年 2 月 13 日授权公告的第 200630010202.0 号外观设计专利，其名称为“纸牌”，申请日为 2006 年 7 月 27 日，专利权人为赵小洪。

针对上述外观设计专利（下称本专利），马兆丰（下称请求人）于 2009 年 3 月 10 日向专利复审委员会提出无效宣告请求，认为本专利不符合专利法第 23 条的规定，同时请求人提交了下列附件作为证据：

附件 1：四川省崇州市公证处出具的（2009）崇证字第 514 号公证书原件一份及（2009）崇证字第 515 号公证书原件一份；

附件 2：贵州省正安县公证处出具的（2009）正证字第 065 号公证书原件一份；

附件 3：附件 1 中张曦提供材料“大贰纸牌胶印片翻拍版”与本专利图案比较，共 2 页；

附件 4：由正安县文体广播电视局、正安县旅游事业局、正安县文学艺术界联合会出具的证明原件，共 1 页。

请求人认为：本专利要求保护的是一种纸牌平面外观图形，这种纸牌在贵州省黔北遵义市的正安县、务川县及其周围地区民间早已长期流行，可追溯到清朝。同时根据附件 1 可知，在 2001 年张曦与请求人从事过“大贰纸牌”的生产和销售；根据附近 2 可知，在本专利申请日前正安县的陈代寿已雕刻过“大贰纸牌”字模，由孙山销售，所述“大贰纸牌”与本专利图案相同。综上，本专利与其申请日前在国内公开使用的外观设计相同和相近似，并与他人在先取得的合法权利相冲突，本专利不符合专利法第 23 条的规定，应宣告本专利无效。

经形式审查合格，专利复审委员会依法受理了上述无效宣告请求，并于 2009 年 4 月 2 日向请求人和专利权人发出无效宣告请求受理通知书，同时将专利权无效宣告请求书及其附件清单中所列附件的副本转送给专利权人，并要求专利权人在指定的期限内陈述意见。

专利复审委员会依法成立合议组，于 2009 年 4 月 8 日向双方当事人发出无效宣告请求口头审理通知书，定于 2009 年 6 月 9 日举行口头审理。

专利权人于 2009 年 4 月 29 日提交了意见陈述，认为：请求人所提供的证人证言，不能证明在本专利申请日前有在先取得的合法权利，也没有在国内外公开出版物上公开发表过，应维持本专利有效。

专利复审委员会于 2009 年 5 月 8 日将专利权人的意见陈述书转送请求人，要求其在口头审理当庭或在收到所述文件之日起一个月内答复。

口头审理如期进行，双方当事人均委托代理人出席口头审理。双方当事人对对方出庭人员的身份、资格无异议，对合议组成员无回避请求。口头审理中，请求人当庭提交了附件 1、附件 2 的原件，并提交了附件 1 所附图片的胶片实物。请求人明确无效宣告请求的理由为本专利在申请日前已公开使用，提交的各附件单独使用，以证明公开使用的事实，用附件 3 所示图片与本专利进行对比。专利权人认可附件 1、附件 2、附件 4 的原件与复印件一致，对公证书的证明内容的真实性有异议，对附件 4 的真实性有异议，对胶片所示时间有异议。专利权人认可附件 3 图案与附件 1 所附图片一致，但认为附件 3 纸牌的大小、宽窄与本专利完全不一样。

在上述审理的基础上，合议组认为本案事实已经调查清楚，可以依法作出审查决定。

二、决定的理由

1. 法律依据

基于请求人提出无效宣告请求所依据的事实和理由，合议组对本专利是否符合专利法第 23 条的规定进行审查。

专利法第 23 条规定：“授予专利权的外观设计，应当同申请日以前在国内外出版物上公开发表过或者国内公开使用过的外观设计不相同和不相近似，并不得与他人在先取得的合法权利相冲突。”

2. 证据认定

请求人提交的附件 1 是四川省崇州市公证处出具的（2009）崇证字第 514 号公证书（以下简称 514 号公证书）及（2009）崇证字第 515 号公证书（以下简称 515 号公证书）。请求人当庭提交了该附件的原件和大贰纸牌胶印胶片实物一份。514 号公证书内附张曦的声明一份；515 号公证书内附张曦的身份证复印件一份，张曦的结婚证复印件一份，个体工商户营业执照复印件一份，组织机构代码证复印件一份，成都木全货物托运单复印件一份，银行电汇凭证复印件一份，崇州市崇阳镇川西印刷厂出具的委托书复印件一份，大贰纸牌胶印胶片翻拍版一份及公证书一份，证实上述居民身份证、结婚证、个体工商户营业执照、组织机构代码证、大贰纸牌胶印胶片翻拍版、成都木全货物托运单、银行电汇凭证的复印件与原件均相符。请求人欲以附件 1 证明从 2001 年开始，马兆丰（本案请求人）提供大贰字体，张曦生产，并委托马兆丰代理销售大贰纸牌，由马兆丰付款。专利权人认可公证书原件与复印件一致，但对其内容的真实性有异议，对胶片的公开时间有异议。合议组认为，从 514 号公证书可知，2009年3月2日张曦在公证处出具了一份声明，该声明属于证人证言性质，在无其他原始证据予以佐证的情况下，不能单独作为定案依据；从515号公证书可知，张曦居民身份证、结婚证、个体工商户营业执照、组织机构代码证、大贰纸牌胶印胶片翻拍版、成都木全货物托运单、银行电汇凭证的复印件与原件均相符，合议组认可上述复印件存在原件，由于崇州市崇阳镇川西印刷厂出具的委托书无相关原件，因此其真实性不能认定。就上述附件的关联性来说，托运单显示在2004年3月20日张曦向马兆丰发名称为“大贰”的货物28件，银行的电汇凭证显示在2001年11月1日马兆丰向张曦的妻子蔡惠君汇货物款4985元，从时间看二者相互矛盾，而且托运单显示货物名称为“大贰”的产品没有图案，不能说明与本专利的产品外观相同。虽然请求人说明上述“大贰”的外观即为附件1所附胶印胶片翻拍版的图案，上有公开日期（2001年10月3日），并提交了实物，但该胶片的形成较为随意，专利权人对其真实性也不认可，在请求人未提交其他佐证证明的情况下，胶片的真实性及公开性不能确认。综上，附件1不足以证明上述销售行为的存在及当时销售货品的外观状况。

请求人提交的附件2是贵州省正安县公证处出具的（2009）正证字第065号公证书，并当庭提交了该附件的原件。该附件内附正安县史志办公室出具的证词一份，调查笔录四份，相关图片五份，保全证据公证书一份。请求人欲以附件2证明从2001年起，字模的形状、图案都是一致的，只是包装发生了变化。专利权人认可公证书原件与复印件一致，但对公证书的真实性、合法性均有异议，对胶片的公开时间有异议。从附件2可知，2009年2月24日被询问人陈代寿、王胜华、谭龙光、孙山分别在公证处接受询问，并分别出具了相关图片。合议组认为，调查笔录及图片只是被询问人单方的陈述，在请求人未提交其他佐证证明的情况下，不能认定其真实性。在正安县史志办公室出具的证词中，正安县史志办公室说明首轮《正安县志》未记载“大贰”的历史，拟在第二轮《正安县志》中民俗里记载，但尚未定稿。合议组认为，《正安县志》既未公开出版，也未说明“大贰”的图形，合议组对其不予采信，虽然正安县史志办公室主任谭龙光接受了公证处询问，但其只是对正安县志正安县史志办公室出具的证词的简单概括，既未说明《正安县志》的出版情况，也未说明“大贰”的图形。综上，附件2不足以证明与本专利相似的“大贰”纸牌在申请日前已使用公开的事实。

请求人提交的附件3是张曦提供材料“大贰纸牌胶印片翻拍版”与本专利的图案比较图。请求人说明附件3的图片即为附件1的胶片图案，由于双方当事人均认可附件3中图案与附件1胶片图案一致，合议组对其不再予以评述。

请求人提交的附件4是由正安县文体广播电视局、正安县旅游事业局、正安县文学艺术界联合会、正安县民族宗教事务局出具的证明，其上有正安县文体广播电视局、正安县旅游事业局、正安县文学艺术界联合会加盖的公章。专利权人对附件4内容的真实性有异议。合议组认为，从该证明的形式看，其为四个单位出具的证明，但只加盖了三个单位的公章。从该证明的内容看，其不属于正安县文体广播电视局、正安县旅游事业局、正安县文学艺术界联合会、正安县民族宗教事务局在其承担的公共职能范围内出具的公文书证，而是以知情者的身份对马兆丰制作“大贰”的情况作出的确认，应属于证人证言性质的证据，而且上述单位未派员出庭接受质证。故合议组对附件4不予采信。

综上所述，请求人提交的所有证据都不能作为评述本专利是否符合专利法第23条规定的证据，请求人的主张不能得到证据的支持，其提出的本专利权的授予不符合专利法第23条的规定的理由不成立。

三、决定

维持第200630010202.0号外观设计专利权有效。

当事人对本决定不服的，可以根据专利法第46条第2款的规定，自收到本决定之日起三个月内向北京市第一中级人民法院起诉。根据该款的规定，一方当事人起诉后，另一方当事人应当作为第三人参加诉讼。

北京市第一中级人民法院
行政判决书

（2009）一中知行初字第 2557 号

原告马兆丰，男，1954 年 9 月 24 日出生，汉族，个体户，住贵州省正安县凤仪镇胜利街六小区 51 号。

委托代理人汪晓谦，济仁律师事务所律师。

被告国家知识产权局专利复审委员会，住所地北京市海淀区北四环西路 9 号银谷大厦 10~12 层。

法定代表人张茂于，副主任。

委托代理人尹春霞，女，国家知识产权局专利复审委员会审查员。

委托代理人杨存吉，男，国家知识产权局专利复审委员会审查员。

第三人赵小洪，男，1977 年 8 月 30 日出生，汉族，个体户，住贵州省遵义市红花岗区延安路龙洞湾 3 栋 1 单元 4 号。

委托代理人廖锦荣，崇尚律师事务所律师。

原告马兆丰不服被告国家知识产权局专利复审委员会于 2009 年 7 月 9 日作出的第 13638 号无效宣告请求审查决定，向本院提起行政诉讼。本院于 2009 年 10 月 27 日受理后，依法组成合议庭，并通知赵小洪作为第三人参加诉讼。在本案审理过程中，原告马兆丰于 2010 年 6 月 8 日向本院申请撤回起诉。

经审查，本院认为，原告马兆丰的撤诉申请系其真实意思表示，未违反法律、法规的规定，依法应当予以准许。故，依照《中华人民共和国行政诉讼法》第五十一条之规定，裁定如下：

准许原告马兆丰撤回起诉。

案件受理费 100 元，减半收取 50 元，由原告马兆丰负担（已交纳）。

审　判　长　饶亚东
审　判　员　刘景文
代理审判员　江建中
二○○九年六月十七日
书　记　员　王　丽

375

空气调节器

无效宣告请求审查决定（第 13639 号）

决　　定　　号　第 13639 号
决　　定　　日　2009 年 7 月 7 日
发明创造名称　空气调节器
外观设计分类号　23-04
无 效 请 求 人　宁波奥克斯空调有限公司
专　利　权　人　LG 电子株式会社
专　　利　　号　200430120532. 6
申　　请　　日　2004 年 12 月 20 日
授 权 公 告 日　2005 年 8 月 17 日
合 议 组 组 长　吴赤兵
主　　审　　员　沙柏青
参　　审　　员　王　红
附　　　　　图　2 页

法　律　依　据　专利法第 23 条
决　定　要　点

对于空调类产品而言，在二者的整体结构、各部分形状及比例等均基本相同的情况下，局部细微的变化不会对产品整体视觉效果产生显著的影响，因此，二者应属于相近似的外观设计。

一、案由

本无效宣告请求案涉及国家知识产权局于 2005 年 8 月 17 日授权公告的，名称为“空气调节器”的外观设计专利（下称本专利），其专利号是 200430120532. 6，申请日是 2004 年 12 月 20 日，优先权日是 2004 年 11 月 15 日，专利权人是 LG 电子株式会社（下称专利权人）。

针对上述专利权，宁波奥克斯空调有限公司（下称请求人）于 2009 年 3 月 6 日向国家知识产权局专利复审委员会提出无效宣告请求，认为本专利的授权不符合专利法第 23 条的规定，并提交了以下证据作为对比文件：

证据 1：200430003591. 5 号外观设计专利著录项目及图片复印件，共 1 页。

请求人认为，证据 1 与本专利属于相同类别的产品。本专利为立式结构，上部有出气口，前面板为长方形，其上中部有一长方形显示屏，下部有进气口，前面板与左右侧壁之间通过一过渡板连接，与右侧壁之间的过渡板连接处有出气孔。证据 1 与本专利相近似，差别仅在于证据 1 的前面板上显示屏下方有四个很小的按钮，前面板与侧壁之间的过渡连接板更倾斜的设置且为一体设置。这些差别仅属于局部的细微变化，一般消费者容易将二者误认、混同。因此，二者属于相近似的外观设计，本专利不符合专利法第23条的规定。

经形式审查合格，专利复审委员会依法受理了上述无效宣告请求，并于2009年3月6日将无效宣告请求书及相关文件的副本转送给专利权人，通知其在指定的期限内答复。

2009年4月7日，请求人向专利复审委员会补充了意见陈述书，增加了有关本专利不符合专利法实施细则第13条规定的新理由，并补充提交了如下证据：（编号续前）

证据2：200430003591.5号外观设计专利著录项目及图片复印件，共3页；

证据3：200430005525.1号外观设计专利著录项目及图片复印件，共1页；

证据4：200430089316.X号外观设计专利著录项目及图片复印件，共1页；

证据5：200530004750.8号外观设计专利著录项目及图片复印件，共1页。

请求人认为，（1）证据2、证据3、证据4用于证明在本专利申请日之前已有相近似的外观设计公开发表，因此本专利不符合专利法第23条的规定；（2）证据5的专利权人与本专利的相同，证据5的产品与本专利相比，属于相同类别产品，且形状相近似，二者为“同样的发明创造”，因此本专利不符合专利法实施细则第13条的规定。

针对无效宣告请求及证据1，2009年4月9日，专利权人向专利复审委员会提交了意见陈述书和代理人委托书，专利权人认为：（1）主视图对比，门板宽高比例不同，在空调机正面视图中占据的比例不同；本专利门板两侧有一明显的腰线、门板上方与空调机顶部之间有一横条，证据1没有；（2）侧视图对比，本专利中表示空调机前后外壳之间的连接板的各竖线的间距稀疏、侧面出风口位于腰线下方及底座靠后位置没有进气口，证据1的竖线间距紧密且靠近机身前侧、侧面有出风口、底座靠后位置有一横向进风口；（3）俯视图对比，本专利门板向前方凸出、空调机正面与侧面的交界处带有明显的棱角，证据1的门板与空调机身正面紧密贴合、空调机正面与侧面为圆弧过渡；（4）立体图对比，亦可观察到上面列举的差别。本专利与证据1体现了不同的设计风格，整体视觉感受完全不同，因此，本专利与证据1既不相同也不相近似。

合议组于2009年5月6日向双方当事人发出合议组成员告知通知书，并于同日将请求人于2009年4月7日提交的意见陈述书及其所附附件转送给专利权人，将专利权人于2009年4月9日提交的意见陈述书及其所附附件转送给请求人，通知双方在指定的期限内答复。双方当事人均未对合议组成员提出回避请求。

2009年6月8日，专利权人向专利复审委员会提交了意见陈述书、同意放弃专利权声明和专利代理人委托书。在意见陈述书中，专利权人认为：（1）请求人补充新理由和新证据的时间超过了一个月的法定期限，不应予以考虑；（2）即便对请求人增加的新理由和新证据加以考虑，上述证据3和证据4与本专利也存在多处不同，二者既不相同也不相近似；对于证据5，专利权人同意放弃ZL200530004750.8号外观设计专利权。

2009年6月25日，专利复审委员会收到请求人针对2009年5月6日发出的转送文件的意见陈述书，认为专利权人的观点均为不受一般消费者关注设计或惯常设计，本专利在相应部位的变化不会对产品的整体视觉效果产生显著的影响，本专利与证据1属于相近似的外观设计。

在上述审理的基础上，合议组认为本案事实清楚，可以依法作出审查决定。

二、决定的理由

1. 法律依据

基于请求人提出的无效宣告请求的理由和证据，合议组首先依据专利法第23条的规定对本案进行审理。

专利法第23条规定：授予专利权的外观设计，应当同申请日以前在国内外出版物上公开发表过或者国内公开使用过的外观设计不相同和不相近似，并不得与他人在先取得的合法权利相冲突。

2. 证据认定

请求人提交的证据1是外观设计专利著录项目及图片复印件，经核实该证据内容与其外观设计专利公报内容一致，其真实性可以确认。该外观设计专利产品名称为：空调机，其授权公告日为2004年10月27日，早于本专利的优先权日（2004年11月15日），可以作为评价本专利是否符合专利法第23条的证据予以采纳。

3. 外观设计相同和相近似对比

证据1公开了一种空调机的外观设计（下称在先设计），与本专利的用途相同，属于相同类别的产品，具有可比性，故对二者的外观设计作如下对比：

本专利所示空气调节器为一立式结构，包括主视图、后视图、左视图、右视图、俯视图、仰视图和立体图。本专利前面板为长方形，前面板的上中部设置一小长方形显示屏，下部设置进气口；前面板外凸，空气调节器顶部设置一出气口；前面板与左右侧壁通过一过渡板连接，前面板与右侧壁之间的过渡连接板处设置出气口（详见本专利附图）。

在先设计所示空调机为一立式结构，包括主视图、后视图、左视图、右视图、俯视图、仰视图、立体图和使用状态参考图。在先设计的前面板为长方形，前面板的上中部设置一小长方形显示屏，下部设置进气口；前面板外凸，空气调节器顶部设置一出气口；前面板与左右侧壁通过一过渡板连接，前面板与右侧壁之间的过渡连接板处设置出气口（详见在先设计附图）。

将本专利与在先设计相比较可知，二者的相同点在于：（1）产品整体均为近似长方体的立式结构，长宽高的比例基本相同；（2）产品的前面板均为长方形，稍向外凸出，其上中部均设置一小长方形显示屏；（3）前面板下部的相同位置均设置进气口；（4）产品顶部相同位置均设置一长方形出气口；（5）前面板与左右侧壁均通过一过渡板连接，前面板与右侧壁之间的过渡连接板处设置出气口。两者不同之处在于：在先设计的前面板上设置了四个很小的圆形，本专利没有；在先设计前面板的侧边略窄、中部没有腰线，本专利前面板的侧边略宽，中部各有一条腰线；在先设计的底座侧面后部有一横向进风口，本专利没有。合议组认为，前面板设置的四个小圆形在整个产品中所占的比例非常微小，前面板侧边和腰线的不同属于局部细微的变化，产品的底座侧后部属于使用时不常见的部位，上述不同之处均不足以引起一般消费者的注意。因此，虽然在先设计与本专利存在多处不同，但是其不同之处均属于局部细微的变化。在二者整体结构、各部分形状及比例等均基本相同的情况下，对于其整体而言，局部细微变化的不会对整体视觉效果产生显著影响，一般消费者容易将二者混同、误认。因此，合议组认定，本专利与在先设计属于相近似的外观设计。综上所述，合议组认为，在本专利申请日以前已有与其相近似的外观设计在出版物上公开发表过，所以，本专利权的授予不符合专利法第23条的规定。

鉴于已经得出本专利不符合专利法第23条规定的结论，合议组对请求人提出的其他理由和证据不再进行评述。

三、决定

宣告200430120532.6号外观设计专利权全部无效。

当事人对本决定不服的，可以根据专利法第46条第2款的规定，自收到本决定之日起三个月内向北京市第一中级人民法院起诉。根据该款的规定，一方当事人起诉后，另一方当事人应当作为第三人参加诉讼。

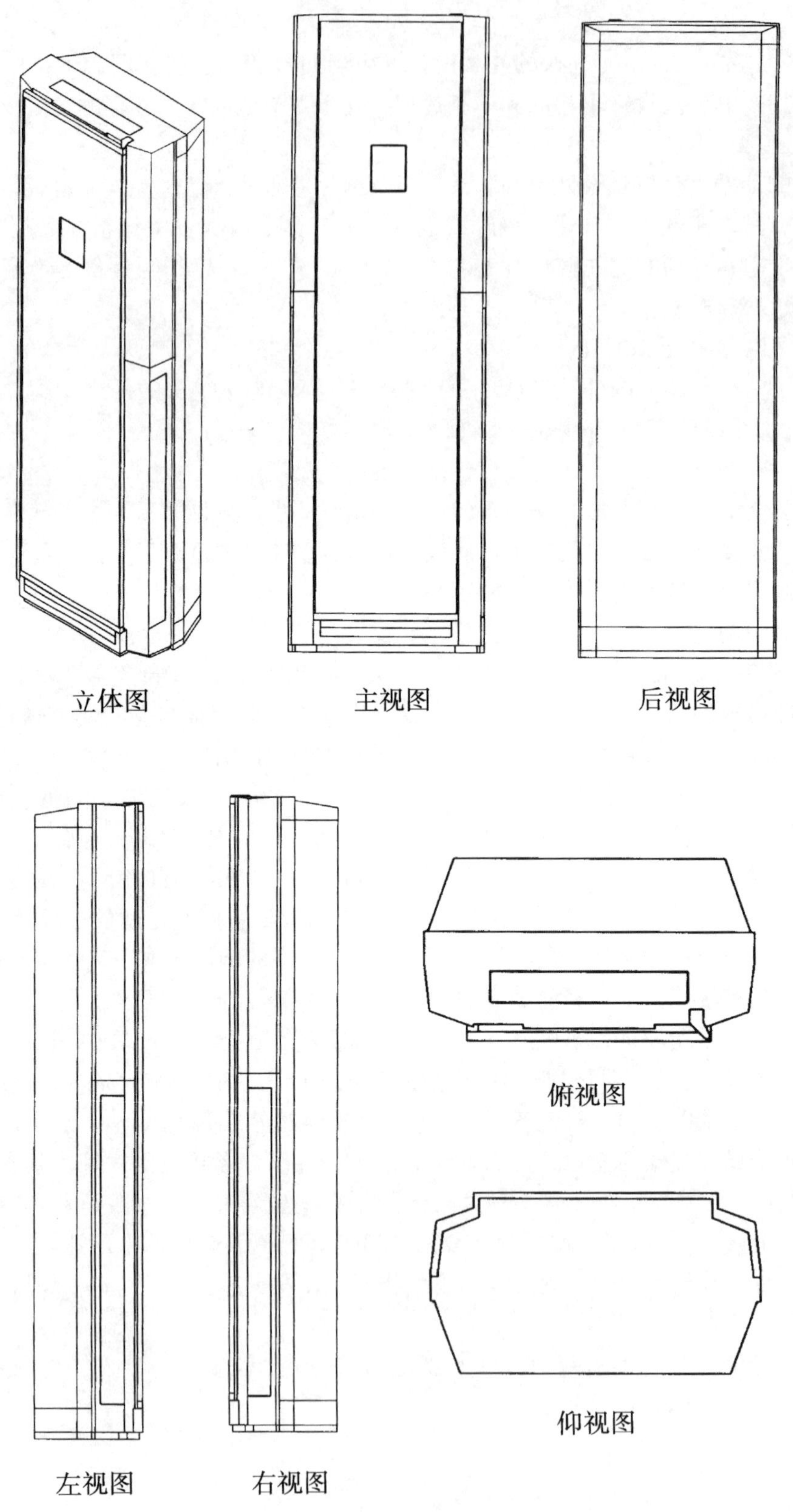

本专利附图

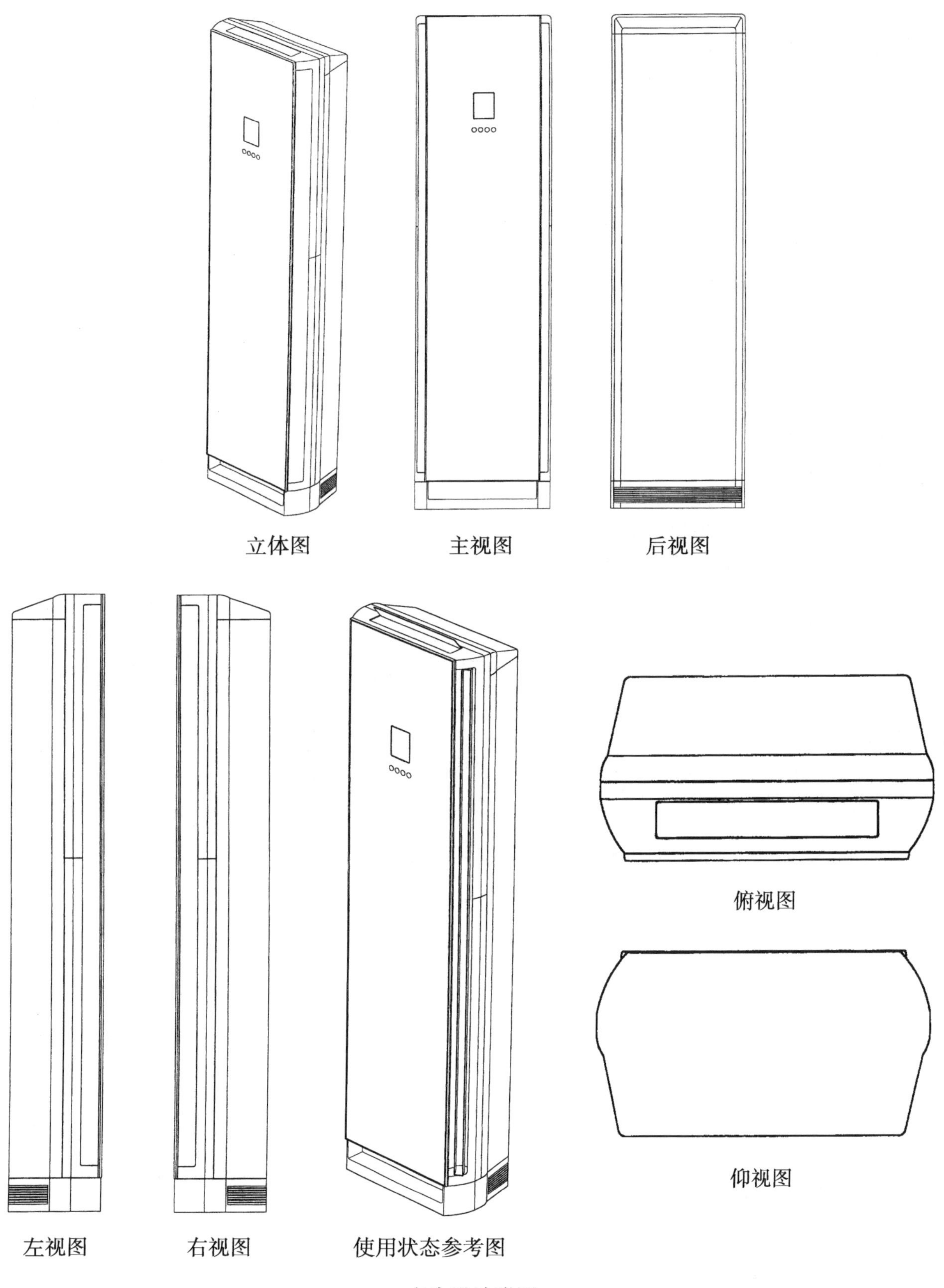

在先设计附图

376

瓷砖（2661）

无效宣告请求审查决定（第 13641 号）

决　　定　　号　第 13641 号
决　　定　　日　2009 年 7 月 10 日
发明创造名称　瓷砖（2661）
外观设计分类号　25-01
无效宣告请求人　陈立闽
专　利　权　人　陈志坚
专　　利　　号　200730140729. X
申　　请　　日　2007 年 10 月 10 日
授　权　公　告　日　2008 年 10 月 8 日
合　议　组　组　长　张　凌
主　　审　　员　王　红
参　　审　　员　沙柏青
附　　　　图　2 页

法　律　依　据　专利法第 9 条
决　定　要　点

同样的发明创造对于外观设计而言是指两项外观设计相同或者相近似，在本专利申请日前已有他人就同样的外观设计申请了专利，因此，本专利不符合专利法第 9 条的规定。

一、案由

本无效宣告请求涉及的是国家知识产权局于 2008 年 10 月 8 日授权公告的 200730140729. X 号外观设计专利，使用该外观设计的产品名称为“瓷砖（2661）”，申请日是 2007 年 10 月 10 日，专利权人是陈志坚。

针对上述专利权（下称本专利），陈立闽（下称请求人）于 2009 年 4 月 20 日向专利复审委员会提出无效宣告请求，其依据的事实和理由是：在本专利申请日前已有他人就同样的外观设计申请了专利，并在后被授予专利权，因此，本专利不符合专利法第 9 条的规定。

请求人同时提交了如下附件作为证据：

附件 1：本专利公告文本复印件 1 页；

附件 2：200730139379. 5 号外观设计专利公告文本复印件 1 页。

请求人认为，附件 2 所公开的在先设计与本专利在构图上是一致的，两者均在中间位置设有四块花瓣形的凸起图案的主要特征是极其相近似的。

专利复审委员会经形式审查合格后受理了该无效宣告请求，并于2009年5月13日将请求人提交的无效宣告请求文件转送专利权人。

专利复审委员会于2009年6月9日向双方当事人发出合议组成员告知通知书，告知其逾期未答复，视为无回避请求。

专利权人于2009年6月29日提交了意见陈述书，认为请求人提交的证据与本专利不相同，表现为本专利瓷砖的中间有四个叶片状的凸起，且各相对的凸起以180度陈列的方式设置，在四个凸起的周围均布有水平延伸的横条纹，在瓷砖的横向两侧各有一个呈向外扩张成三角形的点状凸起区域。从而用该瓷砖铺设的地面或者墙面其图案是间隔分布的四个叶片状凸起和一个延矩形区域分布的点状凸起。在先设计瓷砖的中间为四个叶片状的凸起，且各相对的凸起以180度陈列的方式设置，各凸起接近中间的一侧分布有齿状凹槽，在瓷砖的横向两侧分别设有一个倾斜延伸的渐变装饰条，所述各渐变装饰条的附近设有对应装饰条粗细变化的凸点。表现在当该种瓷砖两两拼接在地面或者墙面上时，各相邻瓷砖的装饰条两两相连，使整个瓷砖的感观效果发生了明显的变化。因此本专利符合专利法的有关规定。

在上述审理的基础上，合议组经合议，认为本案事实清楚，依法作出本审查决定。

二、决定的理由

1. 法律依据

基于请求人提出的无效宣告请求的理由，合议组依据专利法第9条的规定对本案进行审理。

专利法第9条规定：两个以上的申请人分别就同样的发明创造申请专利的，专利权授予最先申请的人。

2. 证据认定

请求人提交的附件2是200730139379.5号外观设计专利的公告文本复印件。合议组经核实，其与外观设计专利公报内容一致，可以确认其真实性。其产品名称为“瓷砖（十八）”，申请日为2007年5月30日。其授权公告日是2008年5月14日，早于本专利的申请日（2007年10月10日），适用于本案。

3. 相同和相近似判断

附件2所示的外观设计（下称在先设计）。其与本专利均为瓷砖，用途相同，属于相同类别的产品，可以进行外观设计相同和相近似比较。

本专利整体形状为扁长方体，瓷砖的中间有四个叶片状的凸起图案，且各相对的凸起以180度陈列的方式设置，在四个凸起的周围均布有水平延伸的横条纹，在瓷砖的横向两侧各有一个呈向外扩张成三角形的点状凸起区域（详见本专利附图）。

在先设计整体形状为扁长方体，瓷砖的中间为四个叶片状的凸起图案，且各相对的凸起以180度陈列的方式设置，各凸起接近中间的一侧分布有齿状凹槽，在瓷砖的横向两侧分别设有一个倾斜延伸的渐变装饰条，各渐变装饰条的附近设有对应装饰条粗细变化的凸点（详见在先设计附图）。

将本专利与在先设计相比较，两者的主要相同点为：瓷砖形状完全相同，均为一扁长方体。在构图上，两者均在中间位置设有四个叶片状的具有强烈立体视觉效果的凸起图案，而且，无论数量、形状及排布方式均完全相同。其主要的不同点为：本专利主视图中在四个叶片状凸起周围均布有水平延伸的横条纹，在瓷砖的横向两侧各有一个呈向外扩张成三角形的点状凸起区域。而在先设计主视图中在四个叶片状凸起接近中间的一侧分布有齿状凹槽，在瓷砖的横向两侧分别设有一个倾斜延伸的渐变装饰条，所述各渐变装饰条的附近设有对应装饰条粗细变化的凸点。合议组认为，从整体观察，本专利与在先设计的四个叶片状凸起设计、主要图案组成部分的排列布局已形成了相近似的视觉效果，上述差别均属于局部细微的变化，对整体视觉效果不构成显著影响，并且本专利与在先设计均为瓷砖的外观设计，对二者进行相近似对比时应以公报内容为准，其在使用中连续铺设后形成的视觉效果不是进行相近似判断的对象，故对专利权人的主张不予支持。因此本专利与在先设计属于相近似的外观设计。

4. 结论

根据审查指南有关规定，同样的发明创造对于外观设计而言是指两项外观设计相同或者相近似，因此，本专利不符合专利法第 9 条的规定。

三、决定

宣告 200730140729. X 号外观设计专利权全部无效。

当事人对本决定不服的，可以根据专利法第 46 条第 2 款的规定，自收到本决定之日起三个月内向北京市第一中级人民法院起诉。根据该款的规定，一方当事人起诉后，另一方当事人应当作为第三人参加诉讼。

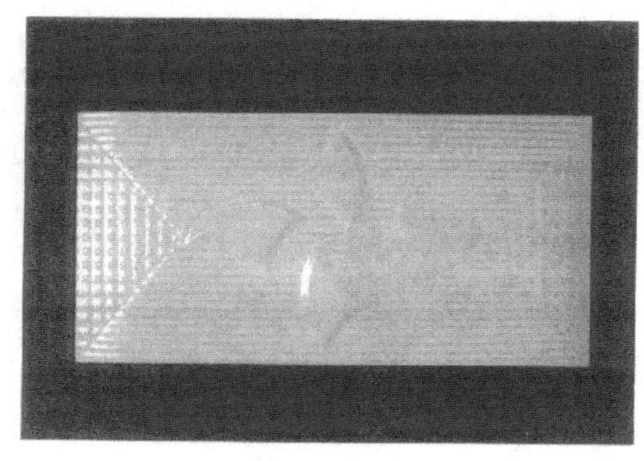

主视图

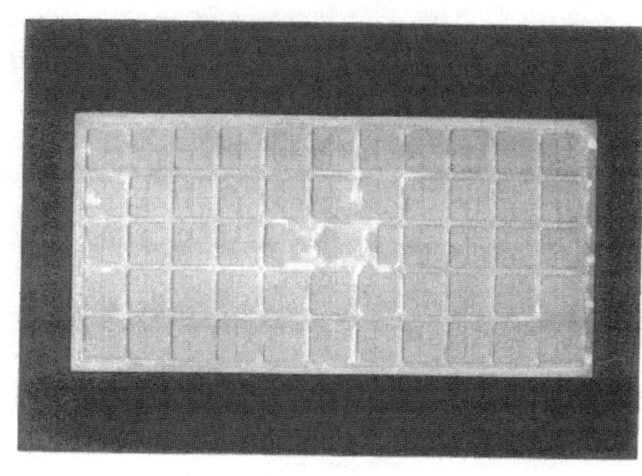

后视图

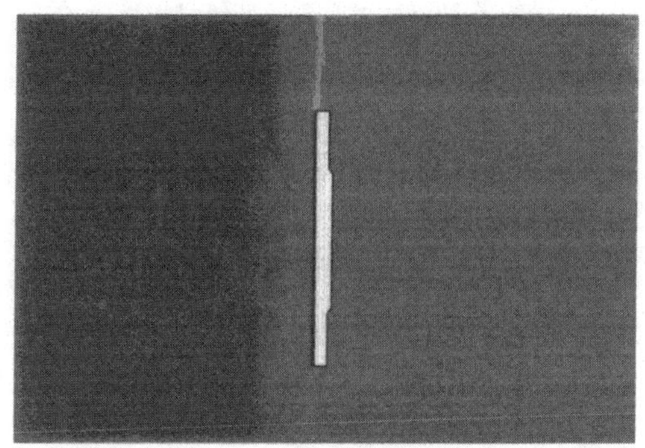

左视图

俯视图

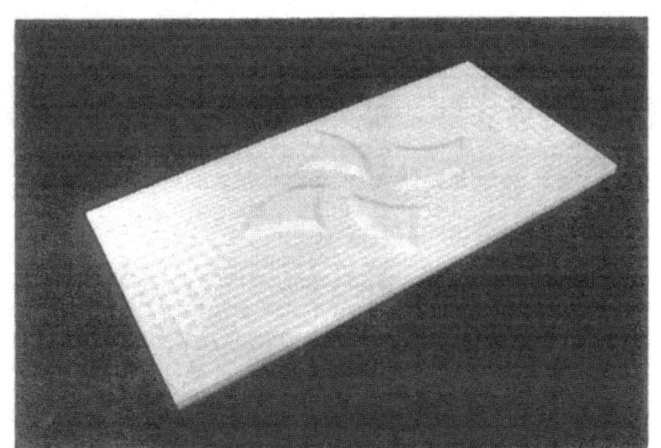

立体图

本专利附图

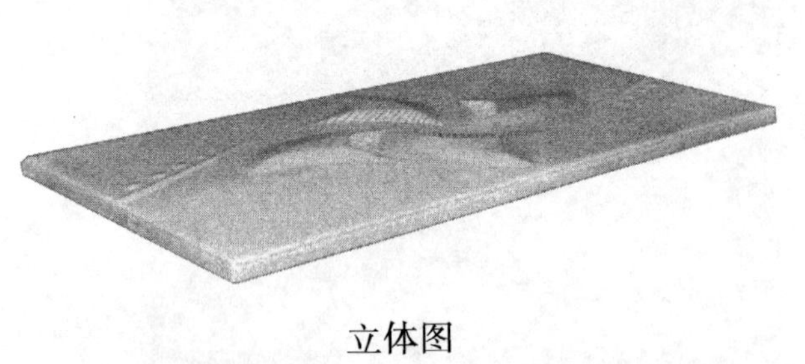

立体图

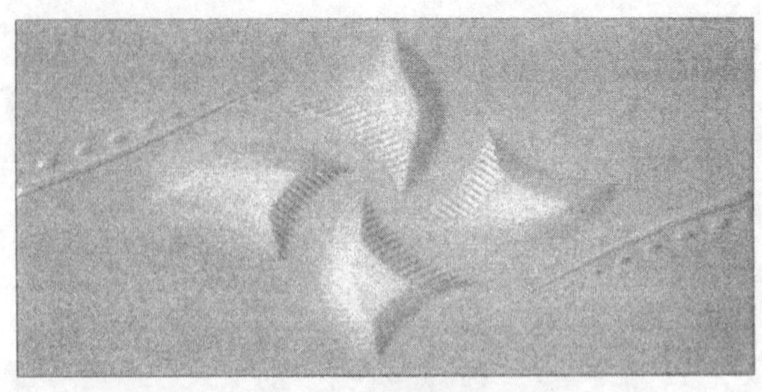

主视图

仰视图

在先设计附图

377

包装盒（2）

无效宣告请求审查决定（第13644号）

决　　定　　号　第13644号
决　　定　　日　2009年7月10日
发明创造名称　包装盒（2）
外观设计分类号　09-03
无效宣告请求人　好维股份有限公司
专　利　权　人　谢志球
专　　利　　号　200630313348.2
申　　请　　日　2006年12月15日
授权公告日　2007年11月14日
合议组组长　张　凌
主　　审　　员　钟　华
参　　审　　员　沙柏青

法　律　依　据　专利法第23条
决　定　要　点

生效的行政处罚决定书已经认定与本专利外观一致的产品侵犯了他人在先商标权，则本专利与该他人在先商标权相冲突，不符合专利法第23条的规定。

一、案由

本无效宣告请求涉及国家知识产权局于2007年11月14日授权公告的名称为“包装盒（2）”的200630313348.2号外观设计专利（下称本专利），其申请日为2006年12月15日，专利权人为谢志球。

针对本专利，好维股份有限公司（下称请求人）于2009年3月20日向专利复审委员会提出无效宣告请求，其理由是本专利与他人在先取得的合法权利相冲突，因此本专利不符合专利法第23条的规定。请求人同时提交如下附件作为证据：

附件1：授权生产的黑人牙膏的包装及相关购物发票复印件共2页；

附件2：请求人的部分商标注册证及商标使用许可合同备案通知书复印件共39页；

附件3：广东省中山市公证处出具的（2009）中证内字第0399号公证书复印件共4页；

附件4：广东省中山市公证处出具的（2009）中证内字第0400号公证书复印件共3页；

附件5：请求人公司证明及其对好来公司的授权书的复印件共8页；

附件 6：好来公司对昆明宝际公司的授权委托书复印件 1 页；

附件 7：好来公司投诉书复印件 1 页；

附件 8：昆明宝际公司给好来公司的行动报告复印件 32 页；

附件 9：四川省工商行政管理机关鉴定委托书复印件 1 页；

附件 10：好来公司样品鉴定报告复印件 1 页；

附件 11：四川省自贡市工商行政管理局出具的市直检处字（2007）第 005 号行政处罚决定书复印件 3 页；

附件 12：佛山市南海区和顺安富日用品有限公司的企业机读档案登记资料复印件共 3 页；

附件 13：本专利授权图片复印件 2 页；

附件 14：石家庄工商行政管理局桥西分局出具的西工商检处字（2007）第 047 号行政处罚决定书复印件 2 页；

附件 15：石家庄工商行政管理局桥西分局出具的西工商检处字（2007）第 070 号行政处罚决定书复印件 2 页；

附件 16：西安市工商行政管理局新城分局出具的工商新处字（2007）第 352 号行政处罚书复印件 1 页；

附件 17：临沂市工商行政管理局出具的临工商行处字（2007）254 号行政处罚决定书复印件 2 页；

附件 18：郑州市工商行政管理局二七分局出具的郑工商二七处字［2007］208 号行政处罚决定书复印件共 3 页；

附件 19：郑州市工商行政管理局二七分局出具的郑工商二七处字［2007］229 号行政处罚决定书复印件共 3 页；

附件 20：兰州市工商行政管理局公平交易分局出具的兰工商公局处字（2008）第 41 号行政处罚决定书复印件 2 页；

附件 21：广东省工商行政管理局下发的关于调查处理涉嫌侵犯“黑人头像图形”注册商标专用权行为的通知 2 页。

经形式审查合格，专利复审委员会依法受理了上述无效宣告请求，并于 2009 年 4 月 10 日将无效宣告请求书及相关文件的副本转给专利权人，要求其在指定的期限内答复。专利权人逾期未答复。

专利复审委员会于 2009 年 5 月 11 日向双方当事人发出口头审理通知书，定于 2009 年 6 月 18 日举行口头审理。

口头审理如期举行，请求人委托了代理人参加本次口头审理，专利权人缺席本次口头审理。在口头审理中，请求人明确表示附件 1、附件 5、附件 6、附件 7、附件 10、附件 12、附件 14~21 不作为本案的证据使用，仅供合议组参考。请求人当庭提交了附件 3、附件 4、附件 8、附件 9、附件 11 的原件，明确以上述附件证明本专利与他人在先取得的商标权相冲突。在此基础上，请求人进行了充分的意见陈述。

至此，合议组认为本案事实已经调查清楚，可以作出如下审查决定。

二、决定的理由

1. 法律依据

专利法第 23 条规定：“授予专利权的外观设计，应当同申请日以前在国内外出版物上公开发表过或者国内公开使用过的外观设计不相同和不相近似，并不得与他人在先取得的合法权利相冲突。”

2. 证据的认定

请求人提交了附件3、附件4、附件8、附件9、附件11的原件，经合议组核实，上述附件的原件与复印件相符，专利权人对上述附件未提出任何异议，故上述附件可以作为本案的定案依据。

3. 本专利是否符合专利法第23条的规定

附件8为昆明宝际公司发给好来公司的行动报告，其内容为四川省自贡市工商行政管理局查封钟超日化批发部产品的事由和经过，并附有钟超日化批发部的个体工商户营业执照、佛山市南海区和顺安富日用品有限公司企业法人营业执造、黑人国际（香港）投资控股有限公司企业注册证书、仓库、查封产品等照片，查封机关为四川省自贡工商行政管理局，查封日期为2007年1月12日。

附件11是四川省自贡市工商行政管理局出具的市直检处字（2007）第005号行政处罚决定书，该处罚书认定：钟超日化批发部业主钟超于2006年12月21日从成都市五块石药材批发市场的“海霞日化”批发部共购进标称黑人国际（香港）投资控股有限公司与南海安富日用品有限公司联合出品立·洁康系列牙膏及其外包装商所使用的图形与好维股份有限公司在中国注册并授权好来化工（中山）有限公司生产的“黑人”牙膏注册商标图形相似，为侵犯注册商标专用权的商品，行政处罚决定日为2007年2月26日。

合议组认为：附件8和附件11中执法机关、查封对象、查封产品名称、查封产品的生产商均一致，查封日期与处罚决定日期顺延无矛盾，可以证明附件8所附的系列牙膏及其包装盒即为附件11中所述侵权产品。

经合议组核实，本专利的主视图、后视图与请求人指认的附件8立·洁康系列牙膏中的“水清新”牙膏包装盒一致，且附件8中佛山市南海区和顺安富日用品有限公司企业法人营业执造记载该公司法定代表人为谢志球，与专利权人姓名一致，由于附件8所附系列牙膏及其外包装均侵犯他人在先商标权，因此可以推定本专利产品也侵犯上述他人在先商标权，即本专利与他人在先取得的合法商标权相冲突，不符合专利法第23条的规定。

鉴于上述评述已经得出本专利不符合专利授权条件的结论，合议组对请求人提交的其他证据不再予以评述。

三、决定

根据专利法第23条和专利法第46条第1款的规定，宣告200630313348.2号外观设计专利权全部无效。

根据专利法第46条第2款的规定，当事人对本决定不服的，自收到本决定之日起三个月内向北京市第一中级人民法院起诉，根据该款规定，一方当事人起诉后，另一方当事人应当作为第三人参加诉讼。

旋转轴承（1）

无效宣告请求审查决定（第13645号）

决　　定　　号　第13645号
决　　定　　日　2009年7月8日
发明创造名称　旋转轴承（1）
外观设计分类号　15-99
无效宣告请求人　金建美
专　利　权　人　老永全
专　　利　　号　200630052465.8
申　　请　　日　2006年2月21日
授　权　公　告　日　2007年1月17日
合　议　组　组　长　王霞军
主　　审　　员　钟　华
参　　审　　员　王　红
附　　　　　图　4页

法　律　依　据　专利法第9条、第23条
决　定　要　点

整体形状为短圆筒形是轴承产品的惯常设计，因此一般消费者更容易关注轴承端面的外观，在本专利与在先设计端面的不同已经对产品的整体视觉效果产生显著影响的情况下，应认定两外观设计不相同且不相近似。

一、案由

本无效宣告请求涉及国家知识产权局于2007年1月17日授权公告的名称为“旋转轴承（1）”的200630052465.8号外观设计专利（下称本专利），其申请日为2006年2月21日，专利权人为老永全。

针对本专利，金建美（下称请求人）于2009年3月21日向专利复审委员会提出无效宣告请求，其理由是在本专利申请日前已经公开发表过与本专利相近似的外观设计，因此本专利不符合专利法第23条的规定，同时在本专利申请日前已经有同样的发明创造申请过外观设计专利，因此本专利不符合专利法第9条和专利法实施细则第13条第1款的规定。请求人同时提交如下附件作为证据：

附件1：01322701.7号外观设计专利电子公告打印页；

附件2：03328434.2号外观设计专利电子公告打印页；

附件 3：200430105953.1 号外观设计专利电子公告打印页；

附件 4：200530108626.6 号外观设计专利电子公告打印页；

附件 5：200530108624.7 号外观设计专利电子公告打印页。

请求人认为：附件 1、附件 2 的外观设计主体为圆筒，圆筒的端面上设有花纹，因此均与本专利相近似，可以证明本专利不符合专利法第 23 条的规定；附件 3 的外观设计背面为两个圆环，圆环内设有一同轴圆环，附件 1 与附件 3 结合，或者附件 1 和附件 2 结合，均可证明本专利不符合专利法第 23 条的规定；附件 4、附件 5 的外观设计主体为圆筒，圆筒的端面上设有花纹，因此均与本专利相近似，可以证明本专利不符合专利法第 9 条和专利法实施细则第 13 条第 1 款的规定。

经形式审查合格，专利复审委员会依法受理了上述无效宣告请求，并于 2009 年 4 月 13 日将无效宣告请求书及相关文件的副本转给专利权人，要求其在指定的期限内答复。

专利复审委员会于 2009 年 5 月 11 日向双方当事人发出口头审理通知书，定于 2009 年 6 月 25 日举行口头审理，同时将请求人提交的意见陈述书及附件转送给专利权人。

2009 年 5 月 27 日，专利权人提交了意见陈述书，认为本专利与附件 1~5 上的外观设计均不近似，请求驳回请求人的无效宣告请求，维持本专利有效。

口头审理如期举行，双方当事人均委托了代理人参加本次口头审理。在口头审理中，双方当事人均不申请合议组人员回避，对对方出席口头审理人员资格均无异议。专利权人对附件 1 至附件 5 的真实性均无异议，合议组当庭将专利权人的上述意见陈述书转送给请求人，请求人明确表示针对该意见陈述书不再需要答复期限。在此基础上，双方当事人进行了充分的意见陈述和辩论。

至此，合议组认为本案事实已经调查清楚，可以作出如下审查决定。

二、决定的理由

1. 法律依据

专利法第 23 条规定：“授予专利权的外观设计，应当同申请日以前在国内外出版物上公开发表过或者国内公开使用过的外观设计不相同和不相近似，并不得与他人在先取得的合法权利相冲突。”

专利法第 9 条规定：“两个以上的申请人分别就同样的发明创造申请专利的，专利权授予最先申请的人。”

专利法实施细则第 13 条第 1 款规定：“同样的发明创造只能被授予一项专利。”

审查指南第四部分第七章第 1 节规定，专利法第 9 条和专利法实施细则第 13 条第 1 款所述的“同样的发明创造”，对于外观设计而言，是指外观设计相同或者相近似。

2. 证据的认定

专利权人对附件 1~5 的真实性均无异议，上述附件可以作为本案的定案依据。

附件 1 的公开日为 2002 年 7 月 17 日，附件 2 的公开日为 2003 年 10 月 15 日，附件 3 的公开日为 2005 年 7 月 20 日，均早于本专利申请日 2006 年 2 月 21 日，故其上记载的外观设计均属于在本专利申请日前公开的外观设计（以下分别称在先公开设计 1、在先公开设计 2 和在先公开设计 3），能用以评价本专利是否符合专利法第 23 条的规定；附件 4、附件 5 的申请日均为 2005 年 9 月 26 日，早于本专利申请日 2006 年 2 月 21 日，故其上记载的外观设计均属于在本专利申请日前申请的外观设计（以下分别称在先申请设计 1 和在先申请设计 2），能用以评价本专利是否符合专利法第 9 条和专利法实施细则第 13 条第 1 款的规定。

3. 本专利是否符合专利法第 23 条的规定

本专利为旋转轴承的外观设计，在先公开设计 1~3 均为轴承的外观设计，与本专利所属产品的种类相同，因此均可以分别和本专利进行外观设计近似性比较。

本专利授权图片包括主视图、后视图、左视图、右视图、仰视图、俯视图和立体图，本专利所示轴承整体为短圆筒形，其前端面有三层同心圆环，八条直线形加强筋等间距地设置于同心圆环之间，其厚端面由粗细两个同心圆环组成（详见本专利附图）。

在先公开设计1公开了五幅视图，其所示轴承整体为短圆筒形，从其前、后端面均有三层同心细圆环，六条直线形加强筋等间距地设置于里层圆环与中层圆环之间（详见在先公开设计1附图）。

将本专利与在先公开设计1对比，两者的整体形状近似，其不同点在于：本专利与在先公开设计1的后端面不同；两者前端面同心圆环的大小和相对位置关系不同、直线形加强筋的数量和设置位置关系不同。对此，合议组认为：整体形状为短圆筒形是轴承产品的惯常设计，因此一般消费者更容易关注轴承端面的设计，本专利与在先公开设计1后端面不同、前端面的各加强筋设置的不同已经对产品的整体视觉效果产生显著的影响，因此本专利与在先公开设计1不相同且不相近似，在先公开设计1不能证明本专利不符合专利法第23条的规定。

在先公开设计2公开了主视图、左视图，其所示轴承为短圆筒形，其前端面均有两层同心圆环，内外圆环之间等间隔设置有滚珠及长条形及异状加强筋（详见在先公开设计2附图）。

将本专利与在先公开设计2对比，两者的整体形状近似、其不同点在于：在先设计未公开后端面的设计；两者前端面同心圆环的数量和相对位置关系不同、各加强筋的数量和设置位置关系不同、有无滚珠不同。对此，合议组认为：整体形状为短圆筒形是轴承产品的惯常设计，一般消费者更容易关注轴承端面的设计，在先公开设计2未公开后端面设计、本专利与在先公开设计2前端面的加强筋设置的不同已经对产品的整体视觉效果产生显著的影响，因此本专利与在先公开设计2不相同且不相近似，在先公开设计2不能证明本专利不符合专利法第23条的规定。

在先公开设计3公开了主视图、俯视图，简要说明记载其后视图与主视图相同，其所示轴承为短圆筒形，前后端面均有三层同心圆环（详见在先公开设计3附图）。

将本专利与在先公开设计3对比，两者的整体形状近似、其不同点在于：两者后端面不同；两者前端面的同心圆环的位置关系不同、有无直线形加强筋不同。对此，合议组认为：整体形状为短圆柱形是轴承产品的惯常设计，一般消费者更容易关注轴承端面的设计，本专利与在先公开设计3后端面的不同，前端面同心圆环的位置关系、有无直线加强筋的不同已经对产品的整体视觉效果产生显著的影响，因此本专利与在先公开设计3不相同且不相近似，在先公开设计3不能证明本专利不符合专利法第23条的规定。

4. 本专利是否符合专利法第9条和专利法实施细则第13条第1款的规定

在先申请设计1记载了主视图、后视图、左视图、右视图、仰视图和俯视图，其所示轴承整体为短圆筒形，其前后端面均有三层同心圆环，十二条直线形加强筋等间距地设置于中层圆环与外层圆环之间（详见在先申请设计1附图）。

将本专利与在先申请设计1对比，两者的整体形状近似、其不同点在于：本专利与在先申请设计1的后端面不同；两者前端面同心圆环的大小和相对位置关系不同、直线形加强筋的数量和设置位置不同。对此，合议组认为：整体形状为短圆筒形是轴承产品的惯常设计，一般消费者更容易关注轴承端面的设计，本专利与在先申请设计1后端面不同、前端面加强筋设置的不同已经对产品的整体视觉效果产生显著的影响，因此本专利与在先申请设计1不相同且不相近似，两者不属于同样的发明创造，在先申请设计1不能证明本专利不符合专利法第9条和专利法实施细则第13条第1款的规定。

在先申请设计2记载了主视图、后视图、左视图、右视图、仰视图和俯视图，所示轴承整体为短圆筒形，其前后端面均有四层同心圆环状加强筋，其中外三层圆环很细，中间两层圆环紧密相连，很多条直线形加强筋密集等间距地设置于中层圆环与外层圆环之间（详见在先申请设计2附图）。

将本专利与在先申请设计2对比，两者的整体形状近似、其不同点在于：本专利与在先申请设计2的后端面不同；两者前端面的同心圆环的大小和相对位置关系不同、直线形加强筋的数量和设置位置关系不同。对此，合议组认为：整体形状为短圆柱形是轴承产品的惯常设计，一般消费者更容易关注轴承端面的设计，本专利与在先申请设计2后端面不同、前端面圆环、直线形加强筋设置的不同已经对产品的整体视觉效果产生显著的影响，因此本专利与在先申请设计2不相同且不相近似，两者不属于同样的发明创造，在先申请设计2不能证明本专利不符合专利法第9条和专利法实施细则第13条第1款的规定。

综上所述，请求人提交的证据不能证明其主张，其无效宣告请求不成立。

三、决定

根据专利法第23条、第46条第1款的规定，维持200630052465.8号专利权有效。

根据专利法第46条第2款的规定，当事人对本决定不服的，自收到本决定之日起三个月内向北京市第一中级人民法院起诉，根据该款规定，一方当事人起诉后，另一方当事人应当作为第三人参加诉讼。

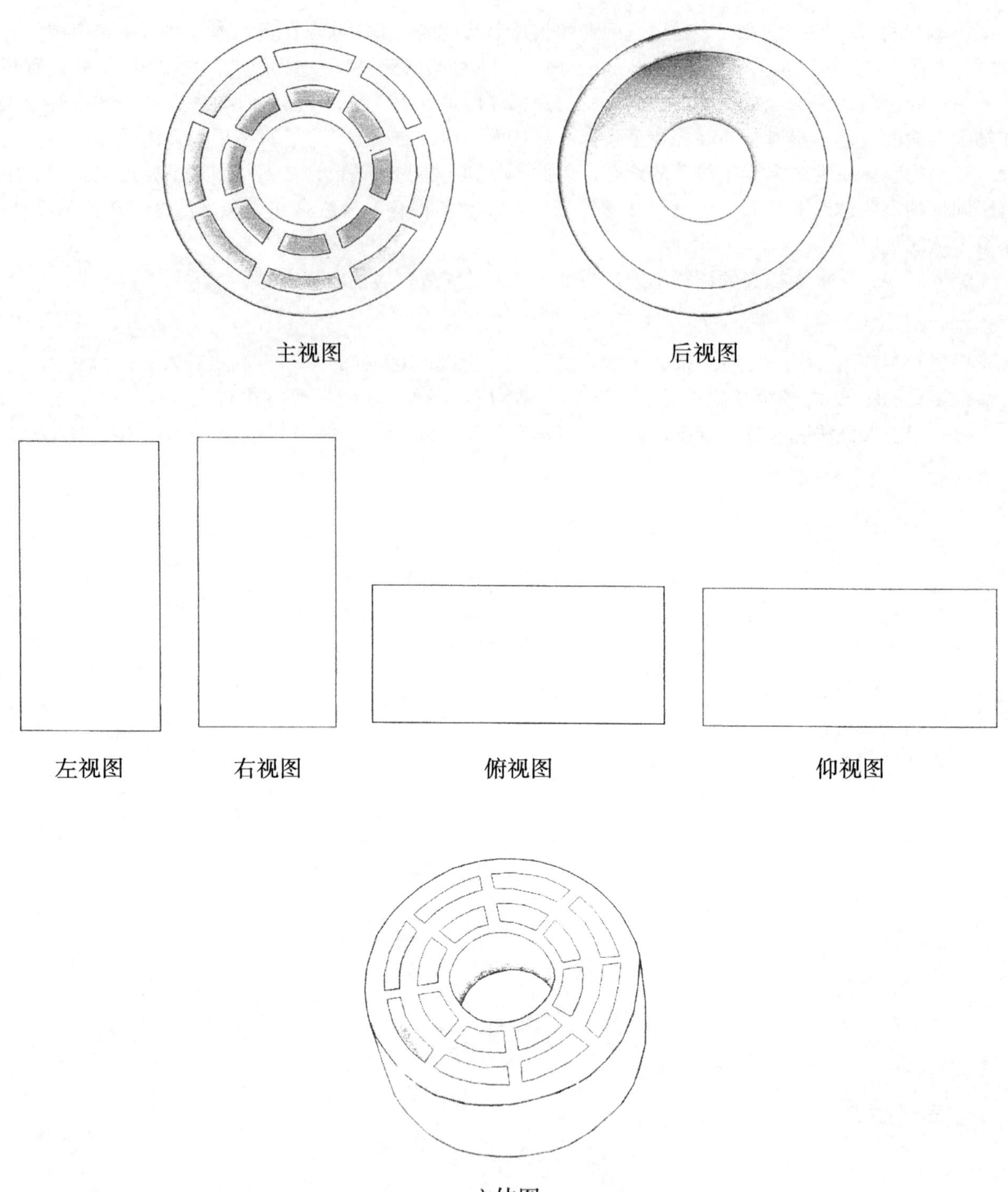

本专利附图

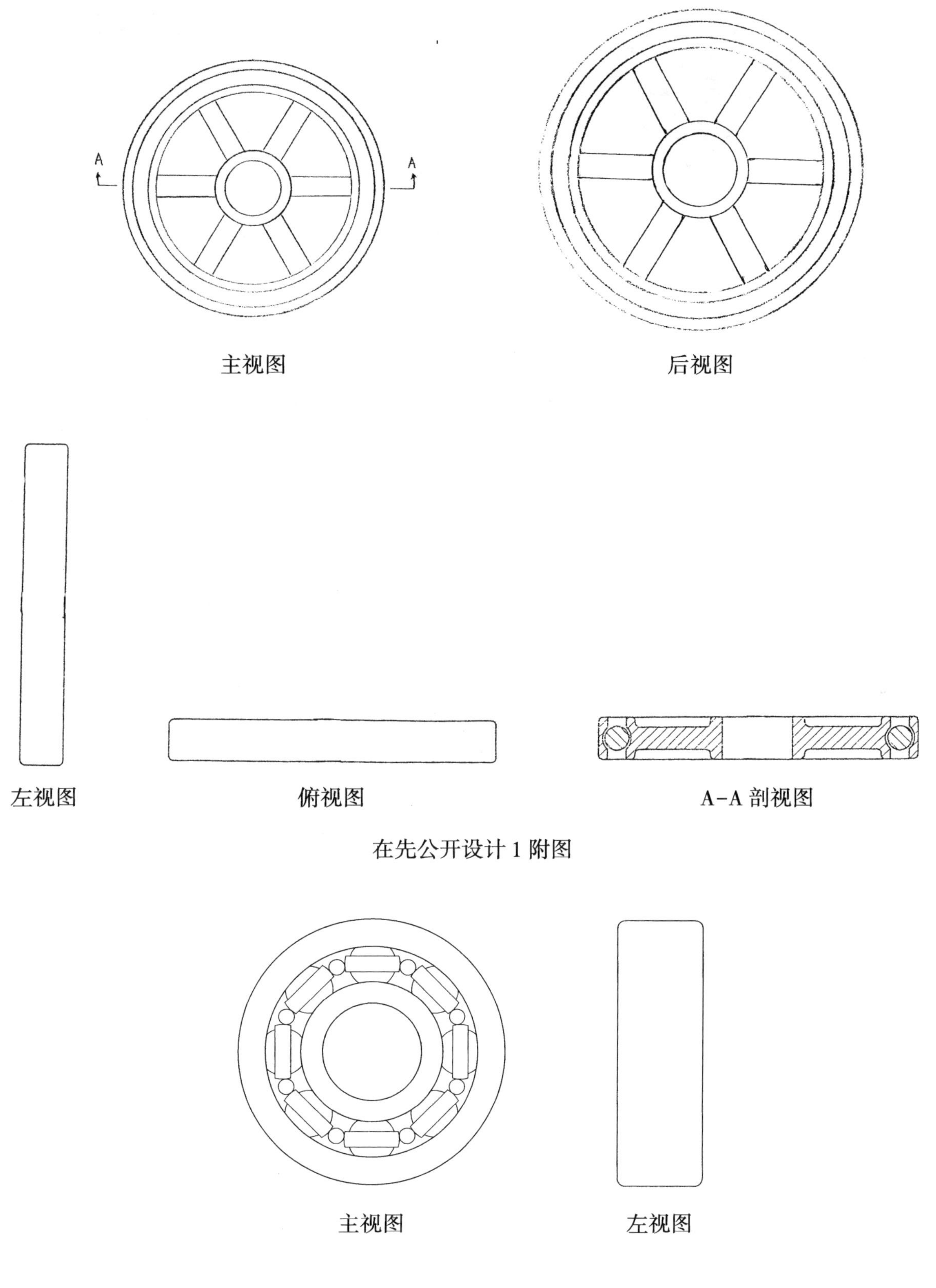

在先公开设计 1 附图

在先公开设计 2 附图

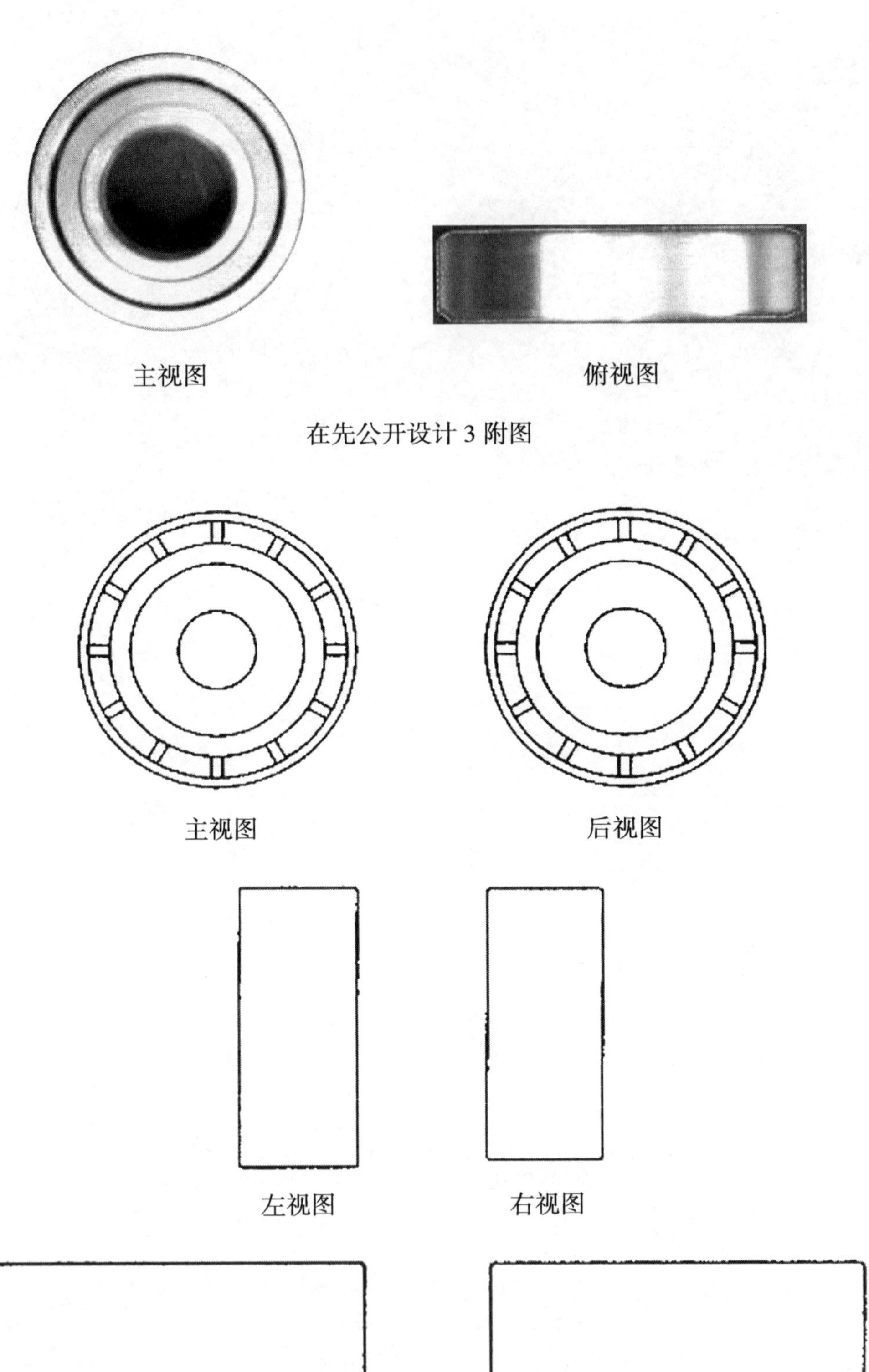

俯视图　　　　仰视图

在先申请设计 1 附图

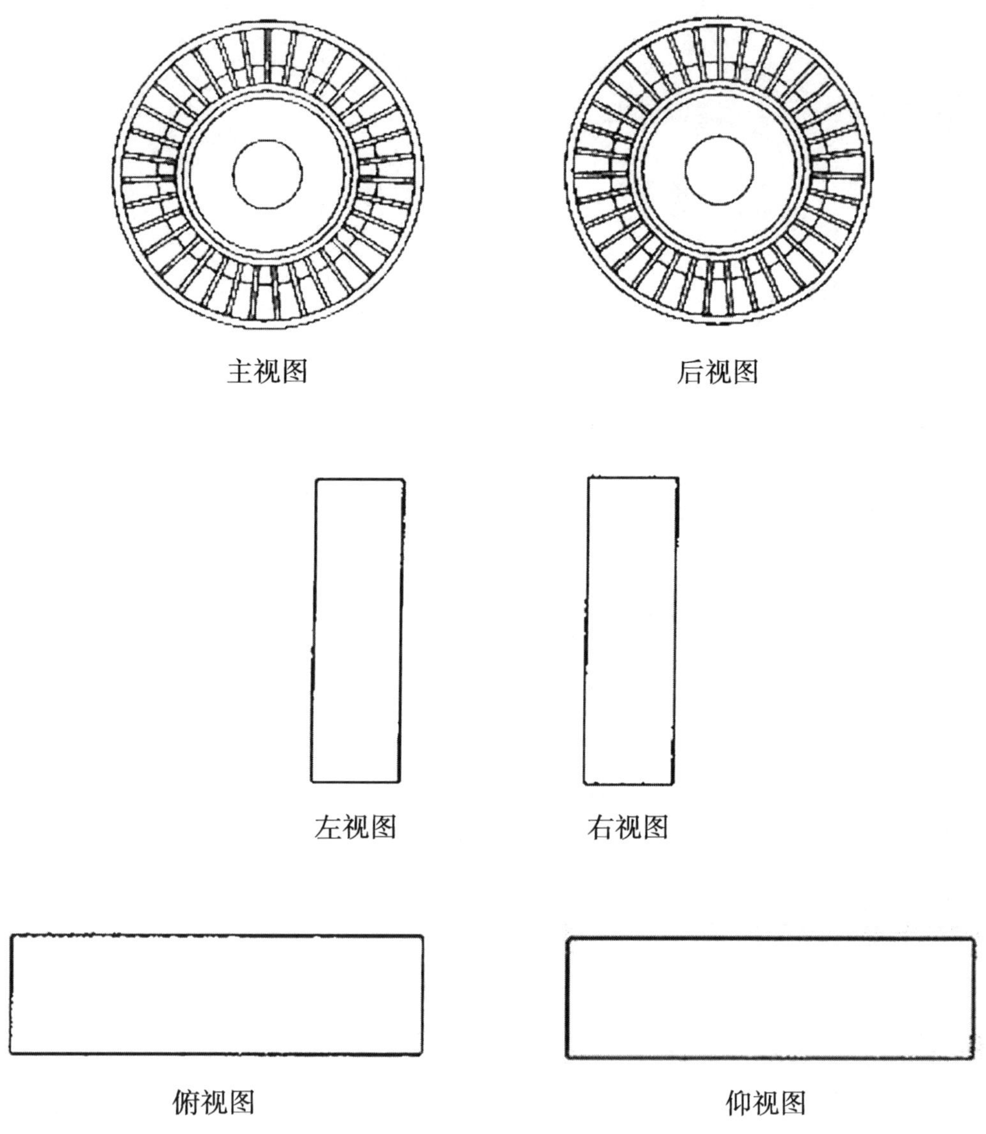

在先申请设计 2 附图

酒柜（单门 HB888）

无效宣告请求审查决定（第 13651 号）

决定号 第 13651 号
决定日 2009 年 7 月 13 日
发明创造名称 酒柜（单门 HB888）
外观设计分类号 06-04
无效宣告请求人 深圳市安东尼奥家具有限公司
专利权人 王亚清
专利号 200630065821.X
申请日 2006 年 7 月 17 日
授权公告日 2007 年 8 月 22 日
合议组组长 李巍巍
主审员 张雪飞
参审员 雷 婧
附图 2 页

法律依据 专利法第 23 条
决定要点

请求人提交的部分证据已形成了较为完整的证据体系证明与本专利外观设计相近似的产品在先在国内公开销售使用的事实，专利权人虽有质疑，但在无相反证据足以推翻的情况下，合议组对该在先销售事实予以认定。

一、案由

本无效宣告请求涉及国家知识产权局于 2007 年 8 月 22 日授权公告的 200630065821.X 号外观设计专利，使用该外观设计的产品名称是“酒柜（单门 HB888）”，其申请日是 2006 年 7 月 17 日，专利权人是王亚清。

针对上述外观设计专利权（下称本专利），深圳市安东尼奥家具有限公司（下称请求人）于 2009 年 2 月 20 日向专利复审委员会提出无效宣告请求，其理由是本专利不符合专利法第 22 条第 2 款和第 3 款的规定，不具有新颖性和创造性，应予宣告无效。请求人同时提交了如下证据附件：

证据 1 是深圳市龙岗区坪地嘉顺家私厂的《个体工商户营业执照》复印件 1 页和《嘉顺家私》产品宣传册复印件 16 页，其上均盖有“深圳市龙岗区坪地嘉顺家私厂”的印章；

证据 2 是深圳市通天河企业形象设计有限公司和深圳市龙岗区坪地嘉顺家私厂签订的“2006 第

013 号”《合同书》复印件 1 页；

证据 3 是盖有“深圳市通天河企业形象设计有限公司财务专用章”的第 1000607 号《收据》复印件 1 页；

证据 4 是深圳市通天河企业形象设计有限公司的企业基本信息查询网络打印页 1 页；

证据 5 是清远市清城区新城世纪家具广场的《个体工商户营业执照》复印件 1 页；

证据 6 是深圳市龙岗区坪地嘉顺家私厂和清远市清城区新城世纪家具广场签订的《销售合同》复印件 1 页；

证据 7 是盖有“深圳市龙岗区坪地嘉顺家私厂”印章的第 0001201 号、第 0001202 号和第 0001203 号《送货单》复印件共 2 页；

证据 8 是盖有“深圳市龙岗区坪地嘉顺家私厂财务专用章”的第 0200944 号和第 0200934 号《收据》复印件共 1 页；

证据 9 是广州市花都区新华东骏家私广场的《个体工商户营业执照》复印件 1 页；

证据 10 是深圳市龙岗区坪地嘉顺家私厂和广州市花都区新华东骏家私广场签订的《销售合同》复印件 2 页；

证据 11 是盖有“深圳市龙岗区坪地嘉顺家私厂”印章的第 0001216 号、第 0001217 号和第 0001218 号《送货单》复印件共 2 页；

证据 12 是盖有“深圳市龙岗区坪地嘉顺家私厂财务专用章”的第 0200941 号和第 0200948 号《收据》复印件共 1 页。

请求人认为，证据 1~12 能够证明深圳市龙岗区坪地嘉顺家私厂在本专利申请日以前即已生产、宣传与本专利外观设计相近似的产品并将该产品分别销售给清远市清城区新城世纪家具广场和广州市花都区新华东骏家私广场的事实。

专利复审委员会受理了该无效宣告请求，并于 2009 年 4 月 2 日将请求人的无效宣告请求文件转送专利权人。

专利复审委员会依法成立合议组对本案进行审理，并于 2009 年 4 月 8 日向请求人发出审查通知书，告知其提出的无效请求理由不属于针对外观设计专利权的法律条款，并基于其提出的证据和具体意见陈述，向其释明了专利法第 23 条。

针对请求人提出的无效宣告请求，专利权人于 2009 年 4 月 26 日提交了意见陈述书，认为请求人没有充分证据证明有与本专利相同或者相近似的外观设计在先在出版物上公开发表过和在国内公开使用过，应维持本专利有效。其中专利权人质疑证据 1 中产品宣传册不是公开出版物；质疑证据 2、证据 3 的真实性及其与证据 1 的关联性；质疑证据 6~8 的真实性、关联性和所涉及产品的具体内容；质疑证据 10~12 的真实性、关联性和所涉及产品的具体内容。

专利复审委员会于 2009 年 5 月 11 日向双方当事人发出口头审理通知书，定于 2009 年 6 月 17 日进行口头审理，并将专利权人提交的意见陈述书转送请求人，告知其可在口头审理中陈述意见。

口头审理如期举行，双方当事人均委托代理人出席。双方对对方出庭人员的身份和资格无异议，对合议组成员均无回避请求。

在口头审理中，请求人将无效请求理由变更为专利法第 23 条，并声明证据 1~12 均用于证明在先使用公开的事实；其当庭提交了证据 1 中产品宣传册、证据 2、证据 3、证据 6~8 和证据 10~12 的原件以及证据 1 中营业执照、证据 5 和证据 9 的盖章确认件，并坚持原有观点。

专利权人当庭核实了证据原件及盖章确认件，其质疑证据 1~12 的真实性和关联性，说明请求人与深圳市龙岗区坪地嘉顺家私厂实为一体，且清远市清城区新城世纪家具广场和广州市花都区新华东骏家私广场均与深圳市龙岗区坪地嘉顺家私厂有业务往来。

在相同和相近似的判断方面，双方当事人均认为请求人指定的图片所示外观设计与本专利相近似。

口头审理结束后，请求人于2009年7月8日提交了意见陈述书，针对证据1中产品宣传册补充提交了盖有“坪地镇图书馆”印章的产品宣传册原件。

在上述审理的基础上，合议组经合议，认为本案事实清楚，依法作出本审查决定。

二、决定的理由

基于请求人提出的无效宣告请求的理由和证据，合议组依据专利法第23条的规定进行审理。

专利法第23条规定：“授予专利权的外观设计，应当同申请日以前在国内外出版物上公开发表过或者国内公开使用过的外观设计不相同和不相近似，并不得与他人在先取得的合法权利相冲突。”

针对请求人于口头审理结束后提交的盖有“坪地镇图书馆”印章的《嘉顺家私》产品宣传册原件，合议组认为：根据专利法实施细则第66条以及审查指南第四部分第三章4.3.1节的规定，请求人在提出无效宣告请求之日起一个月后补充证据的，专利复审委员会一般不予考虑，例外的情形之一为请求人在口头审理辩论终结前提交用于完善证据法定形式的公证书、原件等证据、并在该期限内结合该证据具体说明相关无效宣告理由，而请求人在口头审理结束后提交的上述证据原件已超出了法定期限且不属于例外的情形，因此本案不予考虑。

请求人提交的证据1是深圳市龙岗区坪地嘉顺家私厂的《个体工商户营业执照》盖章确认件和盖有“深圳市龙岗区坪地嘉顺家私厂”印章的《嘉顺家私》产品宣传册；证据2是深圳市通天河企业形象设计有限公司和深圳市龙岗区坪地嘉顺家私厂签订的“2006第013号”《合同书》；证据3是盖有“深圳市通天河企业形象设计有限公司财务专用章”的第1000607号《收据》；证据4是深圳市通天河企业形象设计有限公司的企业基本信息查询网络打印页；证据5是清远市清城区新城世纪家具广场的《个体工商户营业执照》盖章确认件；证据6是深圳市龙岗区坪地嘉顺家私厂和清远市清城区新城世纪家具广场签订的《销售合同》；证据7是盖有“深圳市龙岗区坪地嘉顺家私厂”印章的第0001201号、第0001202号和第0001203号《送货单》；证据8是盖有“深圳市龙岗区坪地嘉顺家私厂财务专用章”的第0200944号和第0200934号《收据》。

针对上述证据，合议组认为：

（1）基于证据1和证据5所示营业执照的盖章确认件以及证据4所示来源于深圳市工商行政管理局（物价局）网站下载的企业查询信息，显示出深圳市龙岗区坪地嘉顺家私厂和清远市清城区新城世纪家具广场等两家工商户以及深圳市通天河企业形象设计有限公司的实体均是真实存在的。

（2）证据1中产品宣传册上印制有“深圳市龙岗区嘉顺家私厂”的名称和“深圳市龙岗区坪地坪西第一工业区”的地址，并加盖有“深圳市龙岗区坪地嘉顺家私厂”的印章，显示出该产品宣传册的合法来源；且证据2所示合同书显示出深圳市通天河企业形象设计有限公司（甲方）为深圳市龙岗区坪地嘉顺家私厂（乙方）印制家具画册，交货、付款期限为2006年3月15日，与证据1中产品宣传册记载的“06年3月印制（第一版）摄影、设计深圳通天河”等字样相吻合，其上记载的合同项目、规格和页数等信息也均与证据1中产品宣传册相吻合；同时证据3所示《收据》显示出深圳市通天河企业形象设计有限公司于2006年3月15日收取“深圳嘉顺家私厂”支付的画册款，其上记载的名称、单位、数量、单价和金额等信息也均与证据2所示合同书相吻合；上述证据相互关联、相互印证，佐证了证据1中产品宣传册的真实性。

（3）证据6所示销售合同显示出清远市清城区新城世纪家具广场（买方，简写为：清远世纪家具广场）于2006年3月5日向深圳市龙岗区坪地嘉顺家私厂（卖方）订购家具，发货、付款期限为

2006 年 3 月 25 日；证据 7 所示《送货单》显示出深圳市龙岗区坪地嘉顺家私厂于 2006 年 3 月 25 日送货至“清远世纪家具广场”，其上记载的货号、名称、规格、数量、单价和金额等信息均与证据 6 所示销售合同相吻合；证据 8 所示《收据》显示出深圳市龙岗区坪地嘉顺家私厂分别于 2006 年 3 月 5 日和 2006 年 3 月 25 日收取“清远世纪家具广场”支付的订金和货款，其上记载的两笔款额均与证据 6 所示销售合同记载的相关款项相吻合；上述订货、送货和付款等一系列销售证据相互关联、相互印证，能够证明其内所涉及的相关家具产品在本专利申请日（2006 年 7 月 17 日）以前在国内公开销售使用的事实。

（4）证据 1 中产品宣传册第 9 页和证据 6 所示销售合同以及证据 7 所示《送货单》中均记载有深圳市龙岗区坪地嘉顺家私厂生产的“DH-25 单门酒柜”的产品货号及名称，基于通常情况下同一生产厂家的同一时期、同一货号、同一品名的一致性和无重复性，能够认定证据 1 中产品宣传册第 9 页显示的“DH-25 单门酒柜”产品即为证据 6~8 所示在先公开销售使用的“DH-25 单门酒柜”产品。

综上，请求人提交的上述证据已形成了较为完整的证据体系证明证据 1 中产品宣传册第 9 页显示的“DH-25 单门酒柜”产品在本专利申请日以前在国内公开销售使用的事实。虽然专利权人质疑其真实性和关联性，并认为其上所涉及的厂家或与请求人实为一体，或与请求人存在利害关系，但并未提交任何反证，因此，仅凭单纯质疑不足以与请求人提交的证据体系相抗衡，在无相反证据足以推翻的情况下，合议组对上述销售事实予以认定。

在证据 1 中产品宣传册第 9 页中显示出一款“单门酒柜”的外观设计（下称在先设计）。从图片上观察，在先设计为整体近似长方体的高立柜，由上至下排列有柜顶部、三层透明展示部、封闭柜体部和支脚等部分，正面周边设计有各种装饰形状，柜体部正面均围有矩形环状图案，下部封闭柜体部正面中间设计有图案（详见在先设计附图）。

本专利同样是酒柜的外观设计，其为整体近似长方体的高立柜，由上至下排列有柜顶部、三层透明展示部、封闭柜体部和支脚等部分，顶面呈矩形内凹并有圆心设计，正面周边设计有各种装饰形状，上部柜顶部正面设计有椭圆压条带形的图案，其他柜体部正面均围有矩形环状图案，下部封闭柜体部正面中间设计有图案（详见本专利附图）。

合议组认为：本专利和在先设计均为酒柜的外观设计，用途相同，属于相同类别的产品，具有可比性。

将本专利与在先设计相比较，其主要的不同点为：在先设计未显示出顶面设计，且二者在上部柜顶部和下部封闭柜体部等部位的正面具体图案设计不同。合议组认为：从整体视觉观察，虽然二者存在不同点，但由于本专利和在先设计均为高度远大于长度和宽度的柜体，顶面属于在使用时不易看到的部位，因此其差别对整体视觉效果不具有显著的影响；同时二者局部具体图案设计的差别以及二者其他更为细微的装饰形状和图案上的设计变化相对于二者基本相同的整体柜体形状、区域分割和整体装饰设计而言，均明显属于局部的细微差别，均对二者的整体视觉效果不具有显著的影响，因此二者应属于相近似的外观设计。

综上所述，在本专利申请日以前已有与其外观设计相近似的产品在国内公开销售使用过，本专利不符合专利法第 23 条的规定。

鉴于已得出上述结论，本决定对请求人提出的其他证据不再予以评述。

三、决定

宣告 200630065821. X 号外观设计专利权全部无效。

当事人对本决定不服的，可以根据专利法第 46 条第 2 款的规定，自收到本决定之日起三个月内向北京市第一中级人民法院起诉。根据该款的规定，一方当事人起诉后，另一方当事人应当作为第三人参加诉讼。

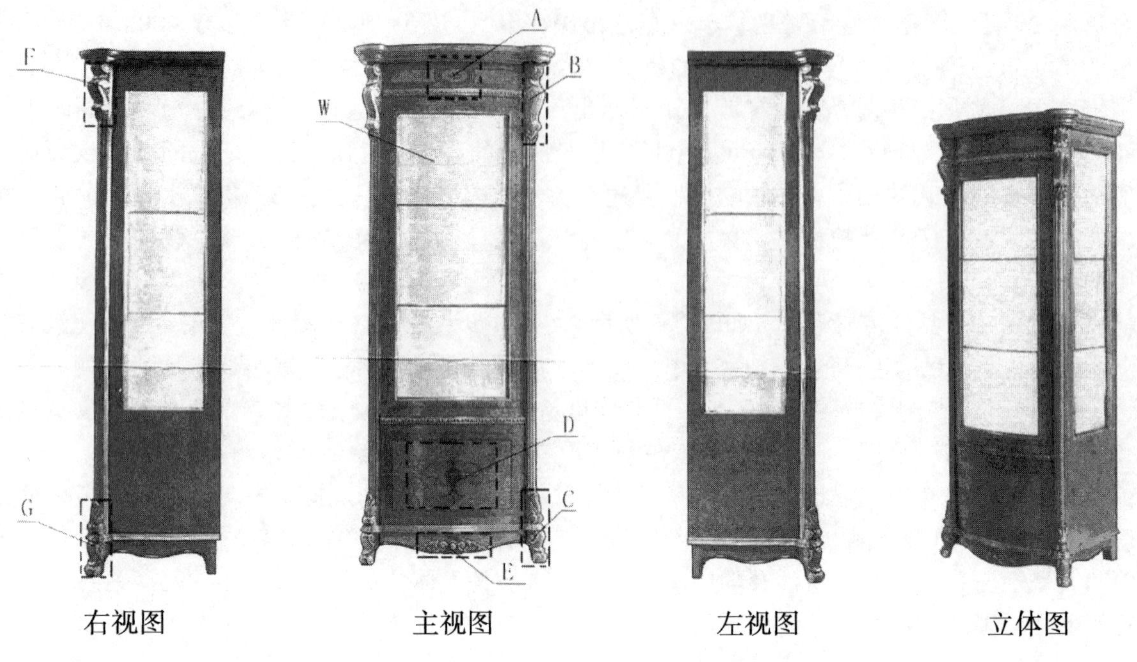

右视图　　主视图　　左视图　　立体图

A 部放大图　　俯视图　　D 部放大图

B 部放大图　C 部放大图　　E 部放大图　　F 部放大图　G 部放大图

本专利附图

在先设计附图

摩托车车轮（82451）

无效宣告请求审查决定（第13657号）

决　　定　　号　第13657号
决　　定　　日　2009年7月9日
发明创造名称　摩托车车轮（82451）
外观设计分类号　12-16
无效宣告请求人　浙江今飞机械集团有限公司
专　利　权　人　浙江万丰摩轮有限公司
专　　利　　号　200630110998.7
申　　请　　日　2006年6月1日
授权公告日　2007年4月11日
合议组组长　钟　华
主　　审　　员　王霞军
参　　审　　员　王美芳
附　　　　图　1页

法　律　依　据　专利法第23条
决　定　要　点
本专利与在先设计的整体形状已给一般消费者留下了相近似的整体视觉印象，二者辐条数量的差别及轮毂上加强筋图案的区别属于局部细微的变化，尚不足以对整体外观设计产生显著的影响。因此，本专利与在先设计属于相近似的外观设计。

一、案由

本无效宣告请求涉及的是国家知识产权局于2007年4月11日授权公告的、名称为“摩托车车轮（82451）”的外观设计专利（下称本专利），其专利号是200630110998.7，申请日是2006年6月1日，专利权人是浙江万丰摩轮有限公司。

针对本专利权，浙江今飞机械集团有限公司（下称请求人）于2009年2月25日向专利复审委员会提出无效宣告请求，其主要理由是：在本专利申请日以前，已有与本专利相似的外观设计在国内出版物上公开发表过，本专利不符合专利法第23条的规定。与此同时，请求人提交了如下附件作为证据：

附件1：01339809.1号外观设计专利公报复印件；

附件2：01339810.5号外观设计专利公报复印件；

附件3:《摩托车技术》杂志2003年第8期复印件3页;
附件4:《摩托车技术》杂志2006年第3期复印件3页;
附件5:《摩托车技术》杂志2001年第6期复印件3页;
附件6:《摩托车》杂志2002年第5期复印件3页。

请求人分别将本专利与附件1~6所示产品的外观设计进行比较,认为本专利与附件1、附件3~6所示产品的整体形状均极其相近似,车轮整体轮廓均呈圆形,大圆中心设置一个小圆与车轴进行固定,小圆与大圆之间通过5个辐条均匀将其分隔成5个大小一致,略呈扇形的图案,区别仅在于辐条形状略有不同。与附件2的区别仅为辐条数量的不同,本专利与附件1~6所示产品的外观整体形状相近似,极易引起普通消费者视觉上的混淆,属于相近似的外观设计,请求宣告本专利无效。

2009年3月20日,请求人补充提交意见陈述书及证据材料,坚持认为本专利与申请日前在出版物上公开发表过产品的外观设计相近似。同时提交了如下附件作为证据(编号续前):

附件7:《摩托车》杂志第199期复印件3页;
附件8:《摩托车》杂志第211期复印件2页;
附件9:《摩托车》杂志第221期复印件2页;
附件10:《今日印度》杂志复印件2页;
附件11:电子邮件及公证书、认证书和中文译文复印件4页。

经形式审查合格,专利复审委员会受理了上述无效宣告请求,并于2009年3月25日将无效请求书及相关材料副本转送给专利权人。

2009年4月9日,专利复审委员会向双方当事人发出口头审理通知书,定于2009年6月9日进行口头审理。

2009年4月27日,请求人针对本专利再次提出无效宣告请求,其主要理由是:本专利与申请日前在国内外出版物上公开发表的产品外观设计相近似。在本专利申请日以前专利权人就开始向印度Baijal公司销售本专利产品。因此,本专利不符合专利法第23条的规定。与此同时,请求人提交了如下附件作为证据(编号续前):

附件12:本专利电子公告打印件1页;
附件13:《Bike》杂志2005年9月号封面和封底复印件2页;
附件14:《Bike》杂志2006年5月号封面和封底复印件2页;
附件15:《Overdrive》杂志2006年5月号封面和封底复印件2页;
附件16:声明书及公证书、认证书复印件2页;
附件17:声明书及公证书、认证书的中文译文复印件2页;
附件18:1188096号日本外观设计专利公报复印件6页;
附件19:2005年10月26日印度Baijal公司与专利权人之间的往来邮件、公证书及中文译文复印件21页;
附件20:2006年3月31日、4月1日印度Baijal公司与专利权人之间的往来邮件、公证书及中文译文复印件37页;
附件21:印度Baijal公司与专利权人之间的订货通知、公证书及中文译文复印件9页。

请求人同时请求专利复审委员会将两次的无效宣告请求合案审理。

经形式审查合格,专利复审委员会受理了上述无效宣告请求,并于2009年4月28日将无效请求书及相关材料副本转送给专利权人。

专利复审委员会决定将请求人的两次无效宣告请求合并审理,2009年5月4日向双方当事人发出口头审理通知书，定于2009年6月22日进行口头审理，同时告知双方当事人撤销原定于2009年6月9日举行的口头审理。

口头审理如期举行，双方当事人均委托代理人参加了口头审理，双方当事人对对方出庭人员的身份、资格无异议，对合议组成员无回避请求。

庭审中，请求人提交了附件3~6《摩托车技术》杂志的复印件，上述复印件上均盖有浙江省科技信息研究所文献馆的公章，并声明附件7~9不作为证据使用，仅供合议组参考，提交了附件10《今日印度》杂志的复印件，复印件上盖有上海图书馆上海科学技术情报研究所服务部的公章，提交了附件11的证据原件，即印度Baijal公司与专利权人之间发送的邮件及公证、认证材料。请求人提交了附件13~17在印度出版的杂志及公证、认证材料的原件，请求人同时表示附件19~21与附件11所证明的事实相同。

专利权人对附件1~2的真实性、合法性没有异议，认可附件3~6盖有公章的原件与复印件一致，对其杂志公开日在本专利申请日之前没有异议，对附件10的真实性有异议，认为附件10为境外证据，应该履行相应的公证、认证手续，对附件11的真实性没有异议，但认为该证据与本案没有关联性，认可附件12~17原件与复印件一致，但对附件13~15的真实性、合法性有异议，认为公证书不能证明附件13~15杂志的真实性，但对附件16、附件17公证书、认证书及译文的真实性和合法性没有异议。对附件18日本外观设计的真实性及公开日期没有异议，对附件19~21的真实性、合法性没有异议，但认为该证明不是专利法意义上的公开，也不能证明在本专利申请日前公开发表。

双方当事人将本专利与请求人提交的对比产品进行了相同、相近似的比较，详细对比了本专利与附件1所示外观设计的相同点与不同之处，请求人坚持前述意见陈述书的意见，专利权人认为本专利与附件1所示外观设计不相同且不相近似，本专利辐条上面有“U”字形凹槽，辐条两侧笔直，而附件1辐条为“Z”字形凹陷，辐条两侧弧度明显。同时，专利权人指出本专利是摩托车车轮，而附件13~15为摩托车，二者类别不同，无法进行比较，即便比较二者辐条数量的差别也是明显的。双方当事人充分发表了各方的意见，各自坚持本方观点。

在上述审理的基础上，合议组认为本案事实已经清楚，可以依法作出审查决定。

二、决定的理由

1. 法律依据

基于请求人提出的无效宣告请求理由，合议组对本专利是否符合专利法第23条规定进行审查。

专利法第23条规定：“授予专利权的外观设计，应当同申请日以前在国内外出版物上公开发表过或者国内公开使用过的外观设计不相同和不相近似，并不得与他人在先取得的合法权利相冲突。”

2. 证据认定

请求人提交的附件13是在印度出版的名称为《Bike》的杂志复印件，口头审理当庭，请求人提交了该杂志的整本原件，在杂志的封面上印有“Bike”，并标“Volume 1 issue 002 september 2005 Rs 50”等英文字样，专利权人对其真实性有异议。针对该杂志请求人提交了一份声明书及公证书、认证书，声明书是由名为安利·库马·加戈和沙桑克·库尔卡米的印度公民出具的，声明书主要内容是：证明《Bike》杂志是在印度公开出版和发行的。该声明书经过了印度公证员的公证，并得到了中国驻孟买总领事盖章认证，并提交了中文译文。经核实，上述证据的复印件与原件相符，合议组认为，附件13作为域外证据，已经履行了相应的证明手续，并提交了中文译文，符合审查指南第四部分第八章关于无效宣告程序中有关证据问题的规定，虽然专利权人对其真实性提出异议，但在无相反证据的情况下，其真实性可以认定。附件13杂志的封面显示的出版日期“september 2005即2005年9月”早于本专利的申请日前（2006年6月1日），属于专利法意义上的出版物，故可以作为判断本专利是否符合专利法第23条规定的证据。

3. 相同和相近似比较

附件13杂志的封底公开了一款摩托车车轮的外观设计（下称在先设计）。本专利与在先设计均为摩托车车轮产品，二者用途相同，属于相同种类的产品，可进行相同或相近似的比较。

本专利摩托车车轮由轮辋、辐条、轮毂组成。主视图显示，车轮外圈为圆形轮辋，内圈为圆形轮毂，轮毂中心为轴承孔，轮毂表面分布近似五角形的加强筋，轮辋和轮毂之间均匀分布五根辐条，辐条整体呈逆时针旋转状，每根辐条两侧平直、表面平滑；后视图显示，辐条中间为凹槽状。左视图显示，轮毂宽度突出轮辋（详见本专利附图）。

在先设计摩托车车轮由轮辋、辐条、轮毂组成，车轮外圈为圆形轮辋，内圈为轮毂，轮毂表面有不规则几何形状的加强筋，轮辋和轮毂之间均匀分布六根辐条，辐条整体呈逆时针旋转状，每根辐条两侧平直，表面平滑与带有凹槽的辐条交替排列（详见在先设计附图）。

将本专利与在先设计进行比较，二者均由轮辋、辐条、轮毂组成，辐条呈逆时针旋转状分布，辐条两侧平直，轮毂表面有加强筋。二者主要不同之处在于：（1）本专利有五根辐条，而在先设计为六根辐条；（2）本专利辐条一面为平滑，另一面辐条表面有凹槽，而在先设计辐条表面为平滑和凹槽交替轮换；（3）本专利与在先设计轮毂表面的加强筋图案不同。合议组认为，因摩托车车轮基本均由轮辋、辐条和轮毂三部分组成，圆形轮辋应属于车轮的惯常设计，相对轮辋，辐条的形状设计通常对车轮的整体视觉效果更具有显著的影响。本专利与在先设计辐条两侧的形状相同，区别仅在于在先设计比本专利多一根辐条，属于局部细微的差别，而辐条表面凹槽和平滑的差异也属于细微变化，对整体视觉效果不具有显著影响。而轮毂在使用状态下通常会被支架遮挡一部分，因此，轮毂表面加强筋图案的差别对整体效果不具有显著影响。二者近似的整体形状已给一般消费者留下了相近似的整体视觉印象，因此，本专利与在先设计属于相近似的外观设计。

综上所述，在本专利申请日以前已有与其相近似的外观设计在出版物上公开发表过，本专利不符合专利法第23条的规定。

在已经得出上述审查结论的基础上，本审查决定对请求人提交的其他证据和理由不再进行评述。

三、决定

宣告200630110998.7号外观设计专利权全部无效。

当事人对本决定不服的，可以根据专利法第46条第2款的规定，自收到本决定之日起三个月内向北京市第一中级人民法院起诉。根据该款的规定，一方当事人起诉后，另一方当事人应当作为第三人参加诉讼。

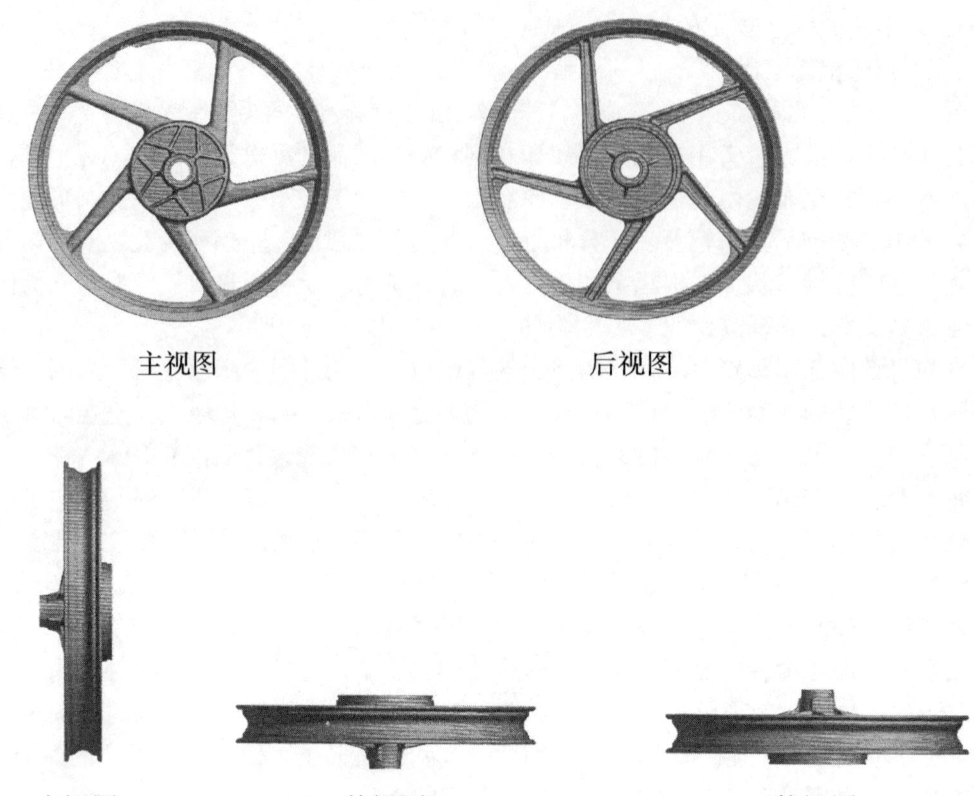

主视图　后视图

左视图　右视图　俯视图　仰视图

立体图

本专利附图

在先设计附图

北京市第一中级人民法院
行政判决书

（2009）一中知行初字第 2719 号

原告浙江万丰摩轮有限公司，住所地浙江省新昌县高新技术产业园区。

法定代表人陈爱莲，董事长。

委托代理人陈建民，北京市翔鲲律师事务所律师。

委托代理人宁光，北京天驰律师事务所律师。

被告国家知识产权局专利复审委员会，住所地北京市海淀区北四环西路 9 号银谷大厦 10～12 层。

法定代表人张茂于，副主任。

委托代理人王霞军，国家知识产权局专利复审委员会审查员。

委托代理人解静，国家知识产权局专利复审委员会审查员。

第三人浙江今飞机械集团有限公司，住所地浙江省金华市仙华南街 800 号。

法定代表人葛炳灶，董事长。

委托代理人何东庭，男，1983 年 12 月 26 日出生，浙江今飞机械集团有限公司总裁办主任，住浙江省金华市婺城区三江街道丹溪路 1195 号。

委托代理人马一德，北京市中兆律师事务所律师。

原告浙江万丰摩轮有限公司（以下简称万丰公司）不服被告国家知识产权局专利复审委员会（以下简称专利复审委员会）于 2009 年 7 月 23 日作出的第 13657 号无效宣告请求审查决定（以下简称第 13657 号决定），于法定期限内向本院提起行政诉讼。本院于 2009 年 11 月 10 日受理本案后，依法组成合议庭，并通知浙江今飞机械集团有限公司（以下简称今飞公司）作为本案第三人参加诉讼，于 2009 年 12 月 8 日公开开庭进行了审理。原告万丰公司的委托代理人陈建民、宁光，被告专利复审委员会的委托代理人王霞军、解静，第三人今飞公司的委托代理人何东庭、马一德到庭参加了诉讼。本案现已审理终结。

第 13657 号决定系专利复审委员会针对今飞公司对万丰公司的专利号为 200630110998.7，名称为“摩托车车轮（82451）”的外观设计专利（以下简称本专利）所提无效宣告请求而作出的。被告在该决定中认为：（1）法律依据。今飞公司提出的无效宣告请求理由，专利复审委员会对本专利是否符合 2000 年 8 月 25 日第二次修正的《中华人民共和国专利法》（以下简称《专利法（2000 年修正）》）第 23 条规定进行审查。（2）证据认定。今飞公司提交的附件 13 是在印度出版的名称为《Bike》的杂志复印件，口头审理当庭，今飞公司提交了该杂志的整本原件，在杂志的封面上印有《Bike》、并标“Volume 1 issue 002 september 2005 Rs 50”等英文字样，专利权人对其真实性有异议。针对该杂志今飞公司提交了一份声明书及公证、认证书，声明书是由名为安利·库马·加戈和沙桑克·库尔卡米的印度公民出具的，声明书主要内容是：证明《Bike》杂志是在印度公开出版和发行的。该声明书经过了印度公证员的公证，并得到了中国驻孟买总领事盖章认证，并提交了中文译文。经核实，上述证据的复印件与原件相符，专利复审委员会认为，附件 13 作为域外证据，已经履行了相应的证明手续，并提交了中文译文，符合《审查指南》第四部分第八章关于无效宣告程序中有关证据问题的规定，虽然万丰公司对其真实性提出异议，但在无相反证据的情况下，其真实性可以认定。附件 13 杂志的封面显示的出版日期“september 2005 即 2005 年 9 月”早于本专利的申请日前（2006 年

6月1日），属于专利法意义上的出版物，故可以作为判断本专利是否符合《专利法（2000年修正）》第23条规定的证据。（3）相同和相近似比较。附件13杂志的封底公开了一款摩托车车轮的外观设计（简称在先设计）。本专利与在先设计均为摩托车车轮产品，二者用途相同，属于相同种类的产品，可进行相同或相近似的比较。将本专利与在先设计进行比较，二者均由轮辋、辐条、轮毂组成，辐条呈逆时针旋转状分布，辐条两侧平直，轮毂表面有加强筋。二者主要不同之处在于：①本专利有五根辐条，而在先设计为六根辐条；②本专利辐条一面为平滑，另一面辐条表面有凹槽，而在先设计辐条表面为平滑和凹槽交替轮换；③本专利与在先设计轮毂表面的加强筋图案不同。专利复审委员会认为，因摩托车车轮基本均由轮辋、辐条和轮毂三部分组成，圆形轮辋应属于车轮的惯常设计，相对轮辋，辐条的形状设计通常对车轮的整体视觉效果更具有显著的影响。本专利与在先设计辐条两侧的形状相同，区别仅在于在先设计比本专利多一根辐条，属于局部细微的差别，而辐条表面凹槽和平滑的差异也属于细微变化，对整体视觉效果不具有显著影响。而轮毂在使用状态下通常会被支架遮挡一部分，因此，轮毂表面加强筋图案的差别对整体效果不具有显著影响。二者近似的整体形状已给一般消费者留下了相近似的整体视觉印象，因此，本专利与在先设计属于相近似的外观设计。④综上所述，在本专利申请日以前已有与其相近似的外观设计在出版物上公开发表过，本专利不符合《专利法（2000年修正）》第23条的规定。⑤在已经得出上述审查结论的基础上，本审查决定对今飞公司提交的其他证据和理由不再进行评述。基于以上理由，专利复审委员会于2009年7月23日作出第13657号决定：宣告本专利全部无效。

原告不服第13657号决定，在法定期限内向本院提起行政诉讼称：（1）第13657号决定对消费群体范围认定错误。本专利涉及的是摩托车中间产品车轮，该产品与企业的专业人员之间的联系最为密切，并不与一般消费者直接接触。因此，购买和使用该产品的应当是终端产品组装制造商、经销商及其专业维修人员等。而一般消费者购买的都是终端产品摩托车，不会购买中间产品。因此，本领域企业和专业人员才是车轮产品的消费者。专利复审委员会在本案中没有考虑消费群体的特点而是以一般消费者的眼光来分析判断本专利和对比文件的行为是错误的。（2）第13657号决定对受功能限定的产品的判断方式错误。本专利产品车轮属于功能限定的一类产品，由于功能上的特定要求，车轮必须要有圆形的轮辋、放射状的辐条、中心部的轮毂。对于如此受功能限定的产品，已无法在宏观上进行大型变动，只能进行局部上的改进以解决成本和美观等技术问题。由于这些专业人员对车轮产品的外观设计要求会非常严格、专业，对车轮产品的区分识别能力明显强于一般消费者。因此，局部设计的改变就显得尤为重要，对专业人员的视觉感观都会产生显著影响。这才是本类车轮产品的外观设计特点。而专利复审委员会在本案中却采取了从车轮整体视觉效果进行判断的方式，显然没有考虑本领域车轮产品受功能限定以及专业消费者对车轮产品的观察部位等特点，其得出的结论也不可能正确。（3）专利复审委员会描述本专利产品外观事实不完整，本专利外观设计与附件13公开的产品外观相比，既不相同也不近似，消费者不会产生混淆。①附件13仅仅公开了车轮的一面的外观，而且还是部分外观，而本专利公开了六面外观。通常情况下，作为车轮产品，其各个面的外观是不同的，并非是一种外观完全对称的产品，而各个面都会对本领域消费者产生一定的影响。因此，在对比时应当分别就各个面的外观设计进行分析判断。本案中，附件13仅仅公开了车轮产品的一面的部分外观，其他五面外观都没有公开。在无法进行整体观察、综合判断的情况下，专利复审委员会仅以附件13公开的产品的一面的部分外观来宣告本专利无效，显然存在事实和依据不足，也不符合《审查指南》的规定，其结论不能令人信服。②退一步看，仅从一面外观来看，本专利的这一面外观也与附件13公开的外观明显不同。本专利五根辐条的一面或者都光滑、或者都有凹槽，不可能出现光滑与凹槽交替排列的情形，附件13公开的六根辐条则是光滑与凹槽交替排列。另外，本专利与附件13公开的加强筋的外观布局也明显不同。由于本专利辐条数量、辐条的平滑或凹槽外观和加强筋的布局上均明显不同于对比文件公开的产品外观。加之本产品领域的消费者为长期从事车轮专业制造、销售、修理的专业群体，具有一定的专业区分识别能力，甚至看一眼就能知道该中间产品是什么型号的、是哪一系列的、由哪个企业制造的，区分能力明显强于一般消费者。对于整体受功能限定的车轮产品，他们的注意力一定会集中在产品的局部设计上。因此，本专利不同于附件 13 产品外观的变化会对消费者的视觉产生显著的影响，不会产生混淆，专利复审委员会认为两者属于相近似的结论错误。综上所述，第 13657 号无效宣告请求审查决定认定事实错误，适用法律不当，请求人民法院依法予以撤销。

被告专利复审委员会辩称：《审查指南》中对于一般消费者有明确的定义，一般消费者应当具备对该产品的外观设计具有常识性的了解，而非原告认为该产品的专业设计人员。另外，原告将《审查指南》中规定的一般消费者与购买者相混淆，因此得出了错误的结论。对于原告认为本专利与在先设计二者既不相同也不相近似的问题，被告在第 13657 号决定中运用整体观察，综合判断的原则，以一般消费者作为判断主题，将本专利与在先设计分别进行比较，分析了本专利与在先设计整体形状的相同点与不同之处，认为其差异对整体效果不具有显著影响，得出二者相近似的结论。对于原告所指出在先设计仅公开了车轮一面外观的问题，专利复审委员会认为，在先设计虽然仅公开了一幅照片，但已经基本公开了摩托车车轮整体形状。可与本专利进行相同、相近似的比较。其他意见坚持在第 13657 号决定中的意见。综上，第 13657 号决定认定事实清楚，适用法律正确，审查程序合法，请求人民法院依法予以维持。

第三人今飞公司陈述意见称：第 13657 号决定认定事实清楚，适用法律正确，审查程序合法，请求人民法院依法予以维持。

本院经审理查明：

本专利申请日是 2006 年 6 月 1 日，国家知识产权局于 2007 年 4 月 11 日授权公告。

针对本专利权，今飞公司于 2009 年 2 月 25 日向专利复审委员会提出无效宣告请求，其主要理由是：在本专利申请日以前，已有与本专利相似的外观设计在国内出版物上公开发表过，本专利不符合《专利法（2000 年修正）》第二十三条的规定。与此同时，今飞公司提交了如下附件作为证据：

附件 1：01339809.1 号外观设计专利公报复印件；

附件 2：01339810.5 号外观设计专利公报复印件；

附件 3：《摩托车技术》杂志 2003 年第 8 期复印件 3 页；

附件 4：《摩托车技术》杂志 2006 年第 3 期复印件 3 页；

附件 5：《摩托车技术》杂志 2001 年第 6 期复印件 3 页；

附件 6：《摩托车》杂志 2002 年第 5 期复印件 3 页；

今飞公司分别将本专利与附件 1~6 所示产品的外观设计进行比较，认为本专利与附件 1、附件 3~6所示产品的整体形状均极其相近似，车轮整体轮廓均呈圆形，大圆中心设置一个小圆与车轴进行固定，小圆与大圆之间通过 5 个辐条均匀将其分隔成 5 个大小一致，略呈扇形的图案，区别仅在于辐条形状略有不同。与附件 2 的区别仅为辐条数量的不同，本专利与附件 1~6 所示产品的外观整体形状相近似，极易引起普通消费者视觉上的混淆，属于相近似的外观设计，请求宣告本专利无效。

2009 年 3 月 20 日，今飞公司补充提交意见陈述书及证据材料，坚持认为本专利与申请日前在出版物上公开发表过产品的外观设计相近似。同时提交了如下附件作为证据（编号续前）：

附件 7：《摩托车》杂志第 199 期复印件 3 页；

附件 8：《摩托车》杂志第 211 期复印件 2 页；

附件 9：《摩托车》杂志第 221 期复印件 2 页；

附件10：《今日印度》杂志复印件2页；

附件11：电子邮件及公证书、认证书和中文译文复印件4页。

经形式审查合格，专利复审委员会受理了上述无效宣告请求，并于2009年3月25日将无效请求书及相关材料副本转送给万丰公司。

2009年4月9日，专利复审委员会向双方当事人发出口头审理通知书，定于2009年6月9日进行口头审理。

2009年4月27日，今飞公司针对本专利再次提出无效宣告请求，其主要理由是：本专利与申请日前在国内外出版物上公开发表的产品外观设计相近似。在本专利申请日以前万丰公司就开始向印度Baijal公司销售本专利产品。因此，本专利不符合《专利法（2000年修正）》第二十三条的规定。与此同时，今飞公司提交了如下附件作为证据（编号续前）：

附件12：本专利电子公告打印件1页；

附件13：《Bike》杂志2005年9月号封面和封底复印件2页；

附件14：《Bike》杂志2006年5月号封面和封底复印件2页；

附件15：《Overdrive》杂志2006年5月号封面和封底复印件2页；

附件16：声明书及公证书、认证书复印件2页；

附件17：声明书及公证书、认证书的中文译文复印件2页；

附件18：1188096号日本外观设计专利公报复印件6页；

附件19：2005年10月26日印度Baijal公司与万丰公司之间的往来邮件、公证书及中文译文复印件21页；

附件20：2006年3月31日、4月1日印度Baijal公司与万丰公司之间的往来邮件、公证书及中文译文复印件37页；

附件21：印度Baijal公司与万丰公司之间的订货通知、公证书及中文译文复印件9页。

今飞公司同时请求专利复审委员会将两次的无效宣告请求合案审理。

经形式审查合格，专利复审委员会受理了上述无效宣告请求，并于2009年4月28日将无效请求书及相关材料副本转送给万丰公司。

专利复审委员会决定将今飞公司的两次无效宣告请求合并审理，2009年5月4日向双方当事人发出口头审理通知书，定于2009年6月22日进行口头审理，同时告知双方当事人撤销原定于2009年6月9日举行的口头审理。

口头审理如期举行，双方当事人均委托代理人参加了口头审理，双方当事人对对方出庭人员的身份、资格无异议，对专利复审委员会成员无回避请求。

庭审中，今飞公司提交了附件3~6《摩托车技术》杂志的复印件，上述复印件上均盖有浙江省科技信息研究所文献馆的公章，并声明附件7~9不作为证据使用，仅供专利复审委员会参考，提交了附件10《今日印度》杂志的复印件，复印件上盖有上海图书馆上海科学技术情报研究所服务部的公章，提交了附件11的证据原件，即印度Baijal公司与万丰公司之间发送的邮件及公证、认证材料。今飞公司提交了附件13~17在印度出版的杂志及公证、认证材料的原件，今飞公司同时表示附件19~21与附件11所证明的事实相同。

万丰公司对附件1~2的真实性、合法性没有异议，认可附件3~6盖有公章的原件与复印件一致，对其杂志公开日在本专利申请日之前没有异议，对附件10的真实性有异议，认为附件10为境外证据，应该履行相应的公证、认证手续，对附件11的真实性没有异议，但认为该证据与本案没有关联性，认可附件12~17原件与复印件一致，但对附件13~15的真实性、合法性有异议，认为公证书不能证明附件13~15杂志的真实性，但对附件16、附件17公证书、认证书及译文的真实性和合法性没有异议。对附件18日本外观设计的真实性及公开日期没有异议，对附件19~21的真实性、合法性没有异议，但认为该证明不是专利法意义上的公开，也不能证明在本专利申请日前公开发表。

双方当事人将本专利与今飞公司提交的对比产品进行了相同、相近似的比较，详细对比了本专利与附件1所示外观设计的相同点与不同之处，今飞公司坚持前述意见陈述书的意见，万丰公司认为本专利与附件1所示外观设计不相同且不相近似，本专利辐条上面有“U”字形凹槽，辐条两侧笔直，而附件1辐条为“Z”字形凹陷，辐条两侧弧度明显。同时，万丰公司指出本专利是摩托车车轮，而附件13~15为摩托车，二者类别不同，无法进行比较，即便比较二者辐条数量的差别也是明显的。双方当事人充分发表了各方的意见，各自坚持本方观点。

在上述行政程序的基础上，专利复审委员会作出第13657号决定。

本专利附图和在先设计附图如下：

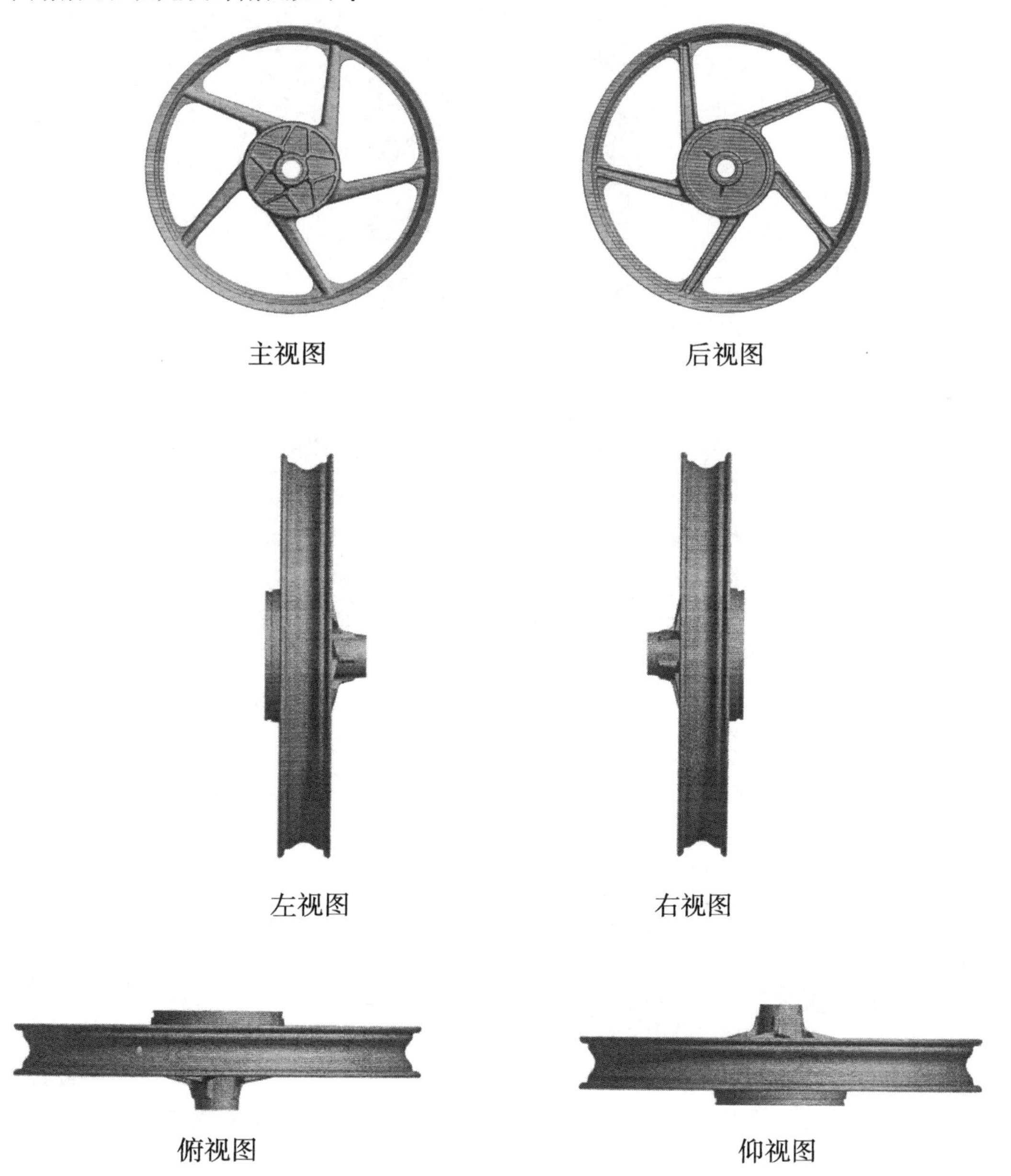

主视图　后视图

左视图　右视图

俯视图　仰视图

立体图

（本专利附图）

（在先设计附图）

上述事实，有本专利授权公告文本，《BIKE》杂志复印件及相关公证、认证及其译文复印件，第13657号决定及当事人陈述等证据在案佐证。

本院认为：对于被诉决定中原告无争议的内容，本院经审查，对其合法性予以确认。在此基础上，本院围绕本案争议焦点，对被诉决定的合法性予以审查。

根据《专利法（2000年修正）》第二十三条的规定，授予专利权的外观设计，应当同申请日以前在国内外出版物上公开发表过或者国内公开使用过的外观设计不相同和不相近似，并不得与他人在先取得的合法权利相冲突。在判断外观设计是否近似时，应当以相关产品的一般消费者为判断主体，对于形成最终日常产品的中间产品，关注其外观设计的是该类产品的采购者和使用者，应以采购、使用该类产品的人员为一般消费者。本案中，摩托车车轮属于摩托车这一最终日常产品的中间产品，摩托车消费者一般不会直接购买摩托车车轮进行组装使用，因此该类产品的采购者和使用者应为摩托车组装商或维修商，而这些主体往往具有一定的摩托车零部件专业知识，对于两摩托车车轮外观设计的差异应有较普通公众更高的分辨能力。在判断外观设计是否近似时，亦应考虑该类产品在外观方面存在变化空间的大小，对于外观变化空间较小的产品，其设计差异更易对整体视觉效果产生显著影响。本案中，摩托车车轮均由轮辋、辐条和轮毂组成，受其所设定功能的限制，外观变化的空间均为有限。在判断外观设计是否近似时，应以表示在图片或者照片中的该产品的外观设计为准，本案中，本专利和在先设计进行比较，至少存在以下不同之处：（1）本专利有五根辐条，而在先设计为六根辐条；（2）本专利辐条一面为平滑，另一面辐条表面有凹槽，而在先设计辐条表面为平滑和凹槽交替轮换；（3）本专利与在先设计轮毂表面的加强筋图案不同。上述区别，在设计空间有限的车轮产品上，已经对整体视觉效果产生了显著的影响，在该产品消费者所具有的较高分辨能力下，足以排除混淆。被告认定本专利与在先设计属于相近似的外观设计根据不足，被告基于以上认定作出的第13657号决定主要证据不足，本院应予撤销。据此，依照《中华人民共和国行政诉讼法》第五十四条第（二）项第1目、第2目之规定，判决如下：

一、撤销被告国家知识产权局专利复审委员会作出的第13657号无效宣告请求审查决定；

二、被告国家知识产权局专利复审委员会针对浙江今飞机械集团有限公司对浙江万丰摩轮有限公司的专利号为200630110998.7，名称为“摩托车车轮（82451）”的外观设计专利所提无效宣告请求重新作出决定。

案件受理费100元，由被告国家知识产权局专利复审委员会负担（于本判决生效后7日内交纳）。

如不服本判决，各方当事人可在本判决书送达之日起15日内，向本院提交上诉状，并按对方当事人人数提交副本，交纳上诉案件受理费100元，上诉于北京市高级人民法院。

审　判　长　佟　姝
代理审判员　毛天鹏
人民陪审员　刘世昌
二〇〇九年十二月十五日
书　记　员　王东勇

381

摩托车车轮（82452）

无效宣告请求审查决定（第13658号）

决　　定　　号　第13658号
决　　定　　日　2009年7月9日
发明创造名称　摩托车车轮（82452）
外观设计分类号　12-16
无效宣告请求人　浙江今飞机械集团有限公司
专　利　权　人　浙江万丰摩轮有限公司
专　　利　　号　200730112575.3
申　　请　　日　2007年3月14日
授权公告日　2008年3月12日
合议组组长　钟　华
主　　审　　员　王霞军
参　　审　　员　王美芳
附　　　　图　2页

法　律　依　据　专利法第23条
决　定　要　点

本专利与在先设计的整体形状已给一般消费者留下了相近似的整体视觉印象，二者辐条形状的差别和轮毂上加强筋的区别属于局部细微的变化，不足以对整体外观设计产生显著的影响。因此，本专利与在先设计属于相近似的外观设计。

一、案由

本无效宣告请求涉及的是国家知识产权局于2008年3月12日授权公告的、名称为“摩托车车轮（82452）”的外观设计专利（下称本专利），其专利号是200730112575.3，申请日是2007年3月14日，专利权人是浙江万丰摩轮有限公司。

针对本专利权，浙江今飞机械集团有限公司（下称请求人）于2009年2月23日向专利复审委员会提出无效宣告请求，其主要理由是：在本专利申请日以前，已有与本专利相似的外观设计在国内出版物上公开发表过，本专利不符合专利法第23条的规定。与此同时，请求人提交了如下附件作为证据：

附件1：01339809.1号外观设计专利公报复印件；

附件2：01339810.5号外观设计专利公报复印件；

附件3：《摩托车技术》杂志2003年第8期复印件3页；

附件4：《摩托车技术》杂志2006年第3期复印件3页；

附件5：《摩托车技术》杂志2001年第6期复印件3页；

附件6：《摩托车》杂志2002年第5期复印件3页；

请求人分别将本专利与附件1~6所示产品的外观设计进行比较，认为本专利与附件1、附件3~6所示产品的整体形状均极其相近似，车轮整体轮廓呈圆形，大圆中心设置一个小圆与车轴进行固定，小圆与大圆之间通过5个辐条均匀将其分隔成5个大小一致，略呈扇形的图案，区别仅在于辐条形状略有不同。与附件2的区别仅为辐条数量的不同，本专利与附件1于附件6所示产品的外观整体形状均相近似，极易引起普通消费者视觉上的混淆，属于相近似的外观设计，请求宣告本专利无效。

经形式审查合格，专利复审委员会受理了上述无效宣告请求，并于2009年3月25日将无效请求书及相关材料副本转送给专利权人。

2009年3月20日，请求人补充提交意见陈述书及证据材料，坚持认为本专利与申请日前在出版物上公开发表过产品的外观设计相近似。同时提交了如下附件作为证据（编号续前）：

附件7：《摩托车》杂志第199期复印件3页；

附件8：《摩托车》杂志第211期复印件2页；

附件9：《摩托车》杂志第221期复印件2页；

附件10：《今日印度》杂志复印件2页；

附件11：电子邮件及公证书、认证书和中文译文复印件4页。

2009年4月9日，专利复审委员会向双方当事人发出口头审理通知书，定于2009年5月26日进行口头审理。同日，将请求人补充提交的意见陈述书及证据材料随口头审理通知书转给专利权人。

2009年4月27日，请求人针对本专利再次提出无效宣告请求，其主要理由是：在本专利申请日以前专利权人就开始向印度Baijal公司销售本专利产品，因此，本专利不符合专利法第23条的规定。与此同时，请求人提交了如下附件作为证据（编号续前）：

附件12：本专利电子公告打印件1页；

附件13：印度Baijal公司与专利权人之间的往来邮件、公证书及中文译文复印件36页；

附件14：印度Baijal公司与专利权人之间的订货通知、公证书及中文译文复印件9页。

请求人同时请求专利复审委员会将两次的无效宣告请求合案审理。

经形式审查合格，专利复审委员会受理了上述无效宣告请求，并于2009年4月28日将无效请求书及相关材料副本转送给专利权人。

专利复审委员会决定将请求人的两次无效宣告请求合并审理，2009年5月4日向双方当事人发出口头审理通知书，定于2009年6月22日进行口头审理，同时告知双方当事人撤销原定于2009年5月26日举行的口头审理。

2009年5月16日，请求人进行意见陈述并补充提交证据材料。请求人认为本专利与专利号是200730134984.3的外观设计产品整体形状相近似，本专利不符合专利法第23条的规定，并提交如下附件（编号续前）：

附件15：200730134984.3号外观设计专利电子公告打印件1页。

专利复审委员会于2009年5月21日将请求人补充提交的意见陈述及证据材料转给专利权人。

口头审理如期举行，双方当事人均委托代理人参加了口头审理，双方当事人对对方出庭人员的身份、资格无异议，对合议组成员无回避请求。

庭审中，请求人提交了附件3~6《摩托车技术》杂志的复印件，上述复印件上均盖有浙江省科技信息研究所文献馆的公章，并声明附件7~9不作为证据使用，仅供合议组参考，提交了附件10《今日印度》杂志的复印件，复印件上盖有上海图书馆上海科学技术情报研究所服务部的公章，提交了附件11的证据原件，即印度Baijal公司与专利权人之间发送的邮件及公证、认证材料，请求人同时表示附件13和附件14与附件11所证明的事实相同。合议组当庭释明请求人附件15适用法律错误，请求人同意变更无效宣告请求理由，将本专利不符合专利法第23条变更为不符合专利法第9条的规定。专利权人对附件1~2的真实性、合法性没有异议，认可附件3~6盖有公章的原件与复印件一致，对其杂志公开日在本专利申请日之前没有异议，对附件10的真实性有异议，认为附件10为境外证据，应该履行相应的公证、认证手续，对附件11的真实性没有异议，但认为该证据与本案没有关联性，对附件15的真实性没有异议。双方当事人将本专利与请求人提交的所有对比产品进行了相同、相近似的比较，详细分析了本专利与附件1的相同点与不同之处，请求人坚持意见陈述的意见，专利权人认为本专利与附件1不相同且不相近似，本专利辐条上面有“U”字形凹槽，辐条两侧笔直，而附件1辐条为“Z”字形凹陷，辐条两侧弧度明显。双方当事人充分发表了各方的意见，各自坚持本方观点。

在上述审理的基础上，合议组认为本案事实已经清楚，可以依法作出审查决定。

二、决定的理由

1. 法律依据

基于请求人提出的无效宣告请求理由，合议组对本专利是否符合专利法第23条规定进行审查。

专利法第23条规定：“授予专利权的外观设计，应当同申请日以前在国内外出版物上公开发表过或者国内公开使用过的外观设计不相同和不相近似，并不得与他人在先取得的合法权利相冲突。”

2. 证据认定

请求人提交的附件1是国家知识产权局于2002年7月17日授权公告的、公告号是CN3246556D、专利号是01339809.1、产品名称为“摩托车车轮（JL-038前轮）”的外观设计专利公报复印件，专利权人对其真实性没有异议。经核实，其真实性可以确认。该专利的公开日期早于本专利的申请日（2007年3月14日），属于专利法第23条规定的出版物，可以作为评价本专利是否符合专利法第23条的证据使用。

3. 相同和相近似比较

该附件1公开了一款摩托车车轮的外观设计（下称在先设计）。本专利与在先设计均为摩托车车轮产品，二者用途相同，属于相同种类的产品，可进行相同或相近似的比较。

本专利摩托车车轮由轮辋、辐条、轮毂组成。主视图显示，车轮外圈为圆形轮辋，内圈为圆形轮毂，轮毂中心为轴承孔，轮毂表面均匀分布四条加强筋，每个加强筋旁有一个螺丝安装孔，轮辋和轮毂之间均匀分布五根辐条，辐条整体呈逆时针旋转状，每根辐条两侧平直，中间为凹槽状；后视图显示，辐条表面平滑。左视图显示，轮毂宽度突出轮辋（详见本专利附图）。

在先设计摩托车车轮由轮辋、辐条、轮毂组成，主视图显示，车轮外圈为圆形轮辋，内圈为轮毂，轮毂中心为圆形轴承孔，轮毂表面光滑，轮辋和轮毂之间均匀分布五根辐条，辐条整体呈逆时针旋转状，每根辐条两侧略带弧度，中间为凹槽状；后视图显示，辐条中间呈凹槽状。左视图显示，轮毂宽度略突出轮辋（详见在先设计附图）。

将本专利与在先设计进行比较，二者均由轮辋、辐条、轮毂组成，五根辐条呈逆时针旋转状分布，轮毂的宽度突出于轮辋。二者主要不同之处在于：（1）辐条的形状，本专利辐条两侧平直，一面中间呈凹槽状，而在先设计辐条两侧略带弧度，两面均为凹槽状；（2）轮毂的形状，本专利轮毂表面有四条加强筋，而在先设计轮毂表面光滑。合议组认为，因摩托车车轮基本均由轮辋、辐条和轮毂三部分组成，圆形轮辋应属于车轮的惯常设计，相对轮辋，辐条的形状设计通常对车轮的整体视觉效果更具有显著的影响。虽然本专利与在先设计辐条两侧存在弧度的差别，但在先设计辐条两侧的弧度不大，与本专利属于局部细微的差别，而辐条凹槽的差异也属于细微变化，对整体视觉效果不具有显著影响。二者轮毂的差别表现在本专利轮毂表面有四条加强筋和螺丝孔，而在先设计没有，而轮毂在使用状态下通常会被支架遮挡一部分，因此，该差别对整体效果不具有显著影响。对于专利权人所述本专利辐条为“U”字形凹槽，而附件1为“Z”字形的主张，合议组认为，本专利和在先设计所公开的视图中均未包括产品的剖视图，因此，不能确定辐条凹槽的截面形状。二者车轮近似的整体形状已给一般消费者留下了相近似的整体视觉印象，因此，本专利与在先设计属于相近似的外观设计。

综上所述，在本专利申请日以前已有与其相近似的外观设计在出版物上公开发表过，本专利不符合中国专利法第23条的规定。

在已经得出上述审查结论的基础上，本审查决定对请求人提交的其他证据和理由不再进行评述。

三、决定

宣告200730112575.3号外观设计专利权全部无效。

当事人对本决定不服的，可以根据专利法第46条第2款的规定，自收到本决定之日起三个月内向北京市第一中级人民法院起诉。根据该款的规定，一方当事人起诉后，另一方当事人应当作为第三人参加诉讼。

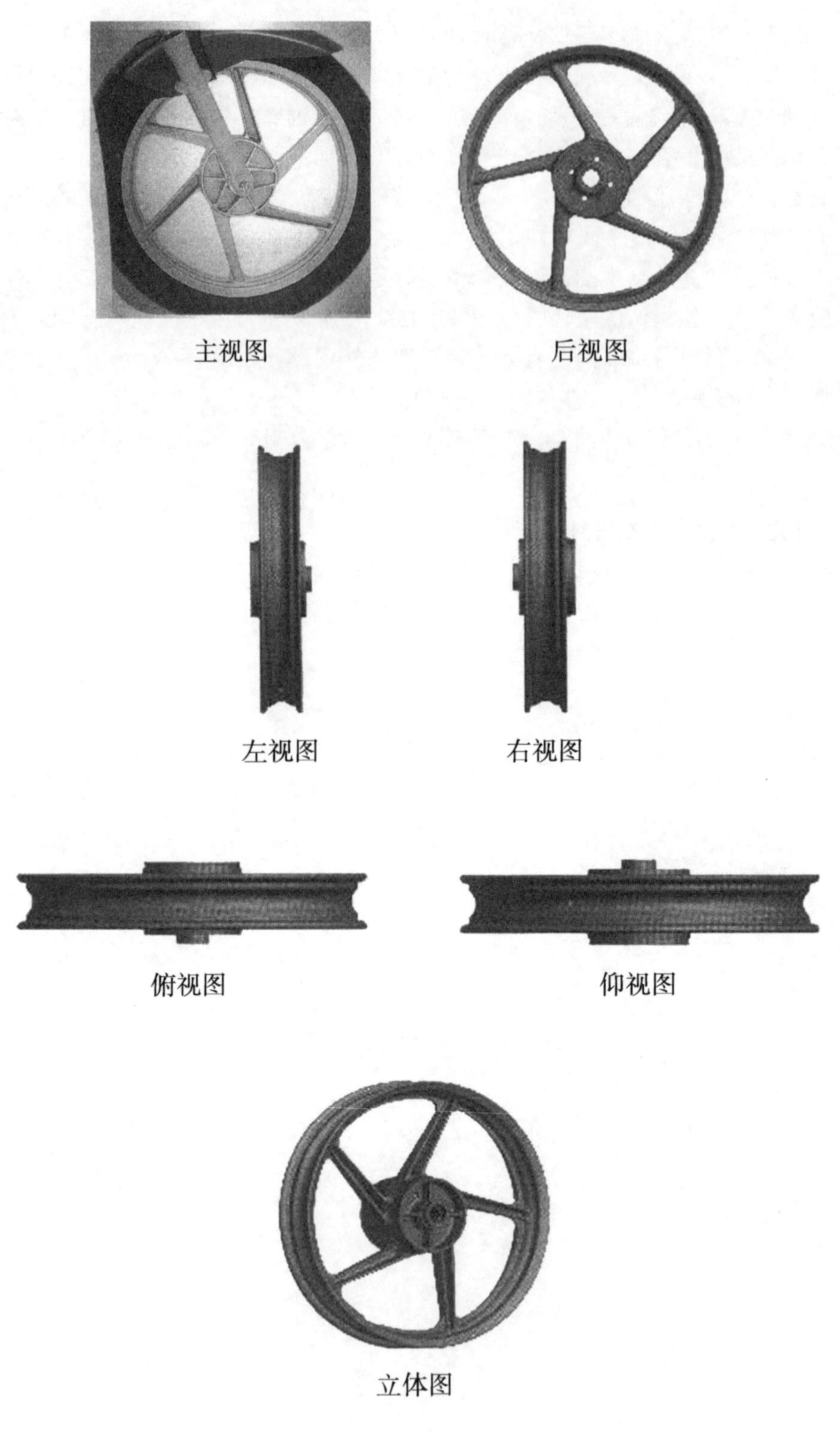

主视图　后视图

左视图　右视图

俯视图　仰视图

立体图

本专利附图

主视图

后视图

左视图

俯视图

在先设计附图

北京市第一中级人民法院
行政判决书

（2009）一中知行初字第 2556 号

原告浙江万丰摩轮有限公司，住所地浙江省新昌县高新技术产业园区。

法定代表人陈爱莲，董事长。

委托代理人陈建民，北京市翔鲲律师事务所律师。

委托代理人宁光，北京天驰律师事务所律师。

被告国家知识产权局专利复审委员会，住所地北京市海淀区北四环西路 9 号银谷大厦 10~12 层。

法定代表人张茂于，副主任。

委托代理人王霞军，国家知识产权局专利复审委员会审查员。

委托代理人解静，国家知识产权局专利复审委员会审查员。

第三人浙江今飞机械集团有限公司，住所地浙江省金华市仙华南街 800 号。

法定代表人葛炳灶，董事长。

委托代理人何东庭，男，1983 年 12 月 26 日出生，浙江今飞机械集团有限公司总裁办主任，住浙江省金华市婺城区三江街道丹溪路 1195 号。

委托代理人马一德，北京市中兆律师事务所律师。

原告浙江万丰摩轮有限公司（以下简称万丰公司）不服被告国家知识产权局专利复审委员会（以下简称专利复审委员会）于 2009 年 7 月 23 日作出的第 13658 号无效宣告请求审查决定（以下简称第 13658 号决定），于法定期限内向本院提起行政诉讼。本院于 2009 年 10 月 27 日受理本案后，依法组成合议庭，并通知浙江今飞机械集团有限公司（以下简称今飞公司）作为本案第三人参加诉讼，于 2009 年 12 月 8 日公开开庭进行了审理。原告万丰公司的委托代理人陈建民、宁光，被告专利复审委员会的委托代理人王霞军、解静，第三人今飞公司的委托代理人何东庭、马一德到庭参加了诉讼。本案现已审理终结。

第 13658 号决定系专利复审委员会针对今飞公司对万丰公司的专利号为 200730112575.3，名称为“摩托车车轮（82452）”的外观设计专利（下简称本专利）所提无效宣告请求而作出的。专利复审委员会在该决定中认为：（1）法律依据。基于今飞公司提出的无效宣告请求理由，专利复审委员会对本专利是否符合 2000 年 8 月 25 日第二次修正的《中华人民共和国专利法》（以下简称《专利法（2000 年修正）》）第二十三条规定进行审查。（2）证据认定。今飞公司提交的附件 1 是国家知识产权局于 2002 年 7 月 17 日授权公告的、公告号是 CN3246556D、专利号是 01339809.1、产品名称为“摩托车车轮（JL-038 前轮）”的外观设计专利公报复印件（以下简称附件 1），万丰公司对其真实性没有异议。经核实，其真实性可以确认。该专利的公开日期早于本专利的申请日（2007 年 3 月 14 日），属于《专利法（2000 年修正）》第二十三条规定的出版物，可以作为评价本专利是否符合《专利法（2000 年修正）》第二十三条的证据使用。（3）相同和相近似比较。附件 1 公开了一款摩托车车轮的外观设计（以下简称在先设计）。本专利与在先设计均为摩托车车轮产品，二者用途相同，属于相同种类的产品，可进行相同或相近似的比较。将本专利与在先设计进行比较，二者均由轮辋、辐条、轮毂组成，五根辐条呈逆时针旋转状分布，轮毂的宽度突出于轮辋。二者主要不同之处在于：①辐条的形状，本专利辐条两侧平直，一面中间呈凹槽状，而在先设计辐条两侧略带弧度，两面均为凹槽状；②轮毂的形状，本专利轮毂表面有四条加强筋，而在先设计轮毂表面光滑。专利复审委员会认为，因摩托车车轮基本均由轮辋、辐条和轮毂三部分组成，圆形轮辋应属于车轮的惯常设计，相对轮辋，辐条的形状设计通常对车轮的整体视觉效果更具有显著的影响。虽然本专利与在先设计辐条两侧存在弧度的差别，但在先设计辐条两侧的弧度不大，与本专利属于局部细微的差别，而辐条凹槽的差异也属于细微变化，对整体视觉效果不具有显著影响。二者轮毂的差别表现在本专利轮毂表面有四条加强筋和螺丝孔，而在先设计没有，而轮毂在使用状态下通常会被支架遮挡一部分，因此，该差别对整体效果不具有显著影响。对于万丰公司所述本专利辐条为“U”字形凹槽，而附件1为“Z”字形的主张，专利复审委员会认为，本专利和在先设计所公开的视图中均未包括产品的剖视图，因此，不能确定辐条凹槽的截面形状。二者车轮近似的整体形状已给一般消费者留下了相近似的整体视觉印象，因此，本专利与在先设计属于相近似的外观设计。（4）综上所述，在本专利申请日以前已有与其相近似的外观设计在出版物上公开发表过，本专利不符合《专利法（2000年修正）》第二十三条的规定。（5）在已经得出上述审查结论的基础上，本审查决定对今飞公司提交的其他证据和理由不再进行评述。基于以上理由，被告于2009年7月23日作出第13658号决定：宣告本专利全部无效。

原告不服第13658号决定，在法定期限内向本院提起行政诉讼称：（1）第13658号决定对消费群体范围认定错误。本专利涉及的是摩托车中间产品车轮，该产品与企业的专业人员之间的联系最为密切，并不与一般消费者直接接触。因此，购买和使用该产品的应当是终端产品组装制造商、经销商及其所属专业人员等。而一般消费者购买的都是终端产品摩托车，不会购买中间产品。因此，本领域企业和专业人员才是车轮产品的消费者。被告在本案中没有区分消费群体而是以一般消费者的眼光来分析判断本专利和对比文件的行为是错误的。（2）第13658号决定对受功能限定的产品的判断方式错误。本专利产品车轮属于功能限定的一类产品，因功能上的特定要求，车轮必须要有圆形的轮辋、放射状的辐条、中心部的轮毂。对于如此受功能限定的产品，已无法在宏观上进行大型变动，只能进行局部上的改进。由于这些专业人员对车轮产品的外观设计要求会非常严格、专业，对车轮产品的区分识别能力明显强于一般消费者。因此，局部设计的改变就显得尤为重要，对专业人员的视觉感观都会产生显著影响。这才是本类车轮产品的外观设计特点。而被告在本案中却采取了从车轮整体视觉效果进行判断的方式，显然没有考虑本领域车轮产品受功能限定以及专业消费者对车轮产品的观察部位等特点，其得出的结论也不可能正确。（3）专利复审委员会对产品外观描述不清或不完整，本专利外观设计与附件1公开的产品外观相比，既不相同也不近似，消费者不会产生混淆。本专利的五根辐条平直，辐条一侧都光滑、另一侧都有凹槽，且凹槽呈“U”形，而附件1产品的五根辐条则均呈一明显弧度，每侧均有斜向的“U”形凹槽，每根辐条两侧“U”形凹槽整体形似“Z”字。本专利两侧轮毂均有加强筋，而附件1的一侧轮毂则平整光滑。本专利的轮辋最外缘光滑，而附件1的轮辋最外缘有一圈明显的弧形凹槽。本专利辐条在靠近轮毂的部分彼此没有联系，而附件1辐条在靠近轮毂处均有一明显连接带。本专利的辐条的长边基本与轮毂的切线方向一致，而附件1则不具备这个特点。基于上述明显区别，加之本领域的消费者为长期从事车轮专业制造、销售、修理的专业群体，具有一定的专业区分识别能力，对于整体受功能限定的车轮产品，他们的注意力一定会集中在产品的局部设计上。因此，本专利产品不同于附件1产品的区别设计会对消费者的视觉产生显著的影响，不会产生混淆，专利复审委员会认为两者属于相近似的结论错误。综上所述，原告认为，专利复审委员会在第13658号无效宣告请求审查决定中认定事实错误，适用法律不当，请求人民法院依法予以撤销。

被告专利复审委员会辩称：《审查指南》中对于一般消费者有明确的定义，一般消费者应当具备对该产品的外观设计具有常识性的了解，而非原告认为该产品的专业设计人员。另外，原告将《审查指南》中规定的一般消费者与购买者相混淆，因此得出了错误的结论。对于原告认为本专利与在先设计二者既不相同也不相近似的问题，被告在第 13658 号决定中运用整体观察，综合判断的原则，以一般消费者作为判断主题，将本专利与在先设计分别进行比较，分析了本专利与在先设计整体形状的相同点与不同之处，认为其差异对整体效果不具有显著影响，得出二者相近似的结论。其他意见坚持在第 13658 号决定中的意见。综上，第 13658 号决定认定事实清楚，适用法律正确，审查程序合法，请求人民法院依法予以维持。

第三人今飞公司陈述意见称：第 13658 号决定认定事实清楚，适用法律正确，审查程序合法，请求人民法院依法予以维持。

本院经审理查明：

本专利申请日是 2007 年 3 月 14 日，国家知识产权局于 2008 年 3 月 12 日授权公告。

针对本专利，今飞公司于 2009 年 2 月 23 日向专利复审委员会提出无效宣告请求，其主要理由是：在本专利申请日以前，已有与本专利相似的外观设计在国内出版物上公开发表过，本专利不符合《专利法（2000 年修正）》第二十三条的规定。与此同时，今飞公司提交了如下附件作为证据：

附件 1：01339809.1 号外观设计专利公报复印件；

附件 2：01339810.5 号外观设计专利公报复印件；

附件 3：《摩托车技术》杂志 2003 年第 8 期复印件 3 页；

附件 4：《摩托车技术》杂志 2006 年第 3 期复印件 3 页；

附件 5：《摩托车技术》杂志 2001 年第 6 期复印件 3 页；

附件 6：《摩托车》杂志 2002 年第 5 期复印件 3 页；

今飞公司分别将本专利与附件 1~6 所示产品的外观设计进行比较，认为本专利与附件 1、附件 3~6 所示产品的整体形状均极其相近似，车轮整体轮廓呈圆形，大圆中心设置一个小圆与车轴进行固定，小圆与大圆之间通过 5 个辐条均匀将其分隔成 5 个大小一致，略呈扇形的图案，区别仅在于辐条形状略有不同。与附件 2 的区别仅为辐条数量的不同，本专利与附件 1 于附件 6 所示产品的外观整体形状均相近似，极易引起普通消费者视觉上的混淆，属于相近似的外观设计，请求宣告本专利无效。

经形式审查合格，专利复审委员会受理了上述无效宣告请求，并于 2009 年 3 月 25 日将无效请求书及相关材料副本转送给万丰公司。

2009 年 3 月 20 日，今飞公司补充提交意见陈述书及证据材料，坚持认为本专利与申请日前在出版物上公开发表过产品的外观设计相近似。同时提交了如下附件作为证据（编号续前）：

附件 7：《摩托车》杂志第 199 期复印件 3 页；

附件 8：《摩托车》杂志第 211 期复印件 2 页；

附件 9：《摩托车》杂志第 221 期复印件 2 页；

附件 10：《今日印度》杂志复印件 2 页；

附件 11：电子邮件及公证书、认证书和中文译文复印件 4 页。

2009 年 4 月 9 日，专利复审委员会向双方当事人发出口头审理通知书，定于 2009 年 5 月 26 日进行口头审理。同日，将今飞公司补充提交的意见陈述书及证据材料随口头审理通知书转给万丰公司。

2009 年 4 月 27 日，今飞公司针对本专利再次提出无效宣告请求，其主要理由是：在本专利申请日以前万丰公司就开始向印度 Baijal 公司销售本专利产品，因此，本专利不符合《专利法（2000 年修正）》第二十三条的规定。与此同时，今飞公司提交了如下附件作为证据（编号续前）：

附件 12：本专利电子公告打印件 1 页；

附件 13：印度 Baijal 公司与万丰公司之间的往来邮件、公证书及中文译文复印件 36 页；

附件 14：印度 Baijal 公司与万丰公司之间的订货通知、公证书及中文译文复印件 9 页。

今飞公司同时请求专利复审委员会将两次的无效宣告请求合案审理。

经形式审查合格，专利复审委员会受理了上述无效宣告请求，并于 2009 年 4 月 28 日将无效请求书及相关材料副本转送给万丰公司。

专利复审委员会决定将今飞公司的两次无效宣告请求合并审理，2009 年 5 月 4 日向双方当事人发出口头审理通知书，定于 2009 年 6 月 22 日进行口头审理，同时告知双方当事人撤销原定于 2009 年 5 月 26 日举行的口头审理。

2009 年 5 月 16 日，今飞公司进行意见陈述并补充提交证据材料。今飞公司认为本专利与专利号是 200730134984.3 的外观设计产品整体形状相近似，本专利不符合《专利法（2000 年修正）》第二十三条的规定，并提交如下附件（编号续前）：

附件 15：200730134984.3 号外观设计专利电子公告打印件 1 页。

专利复审委员会于 2009 年 5 月 21 日将今飞公司补充提交的意见陈述及证据材料转给万丰公司。

口头审理如期举行，双方当事人均委托代理人参加了口头审理，双方当事人对对方出庭人员的身份、资格无异议，对专利复审委员会成员无回避请求。

庭审中，今飞公司提交了附件 3~6《摩托车技术》杂志的复印件，上述复印件上均盖有浙江省科技信息研究所文献馆的公章，并声明附件 7~9 不作为证据使用，仅供专利复审委员会参考，提交了附件 10《今日印度》杂志的复印件，复印件上盖有上海图书馆上海科学技术情报研究所服务部的公章，提交了附件 11 的证据原件，即印度 Baijal 公司与万丰公司之间发送的邮件及公证、认证材料，今飞公司同时表示附件 13 和附件 14 与附件 11 所证明的事实相同。专利复审委员会当庭释明今飞公司附件 15 适用法律错误，今飞公司同意变更无效宣告请求理由，将本专利不符合《专利法（2000 年修正）》第二十三条变更为不符合《专利法（2000 年修正）》第九条的规定。万丰公司对附件 1~2 的真实性、合法性没有异议，认可附件 3~6 盖有公章的原件与复印件一致，对其杂志公开日在本专利申请日之前没有异议，对附件 10 的真实性有异议，认为附件 10 为境外证据，应该履行相应的公证、认证手续，对附件 11 的真实性没有异议，但认为该证据与本案没有关联性，对附件 15 的真实性没有异议。双方当事人将本专利与今飞公司提交的所有对比产品进行了相同、相近似的比较，详细分析了本专利与附件 1 的相同点与不同之处，今飞公司坚持意见陈述的意见，万丰公司认为本专利与附件 1 不相同且不相近似，本专利辐条上面有“U”字形凹槽，辐条两侧笔直，而附件 1 辐条为“Z”字形凹陷，辐条两侧弧度明显。双方当事人充分发表了各方的意见，各自坚持本方观点。

在上述行政程序的基础上，被告作出第 13658 号决定。

本专利附图和在先设计附图如下：

主视图

后视图

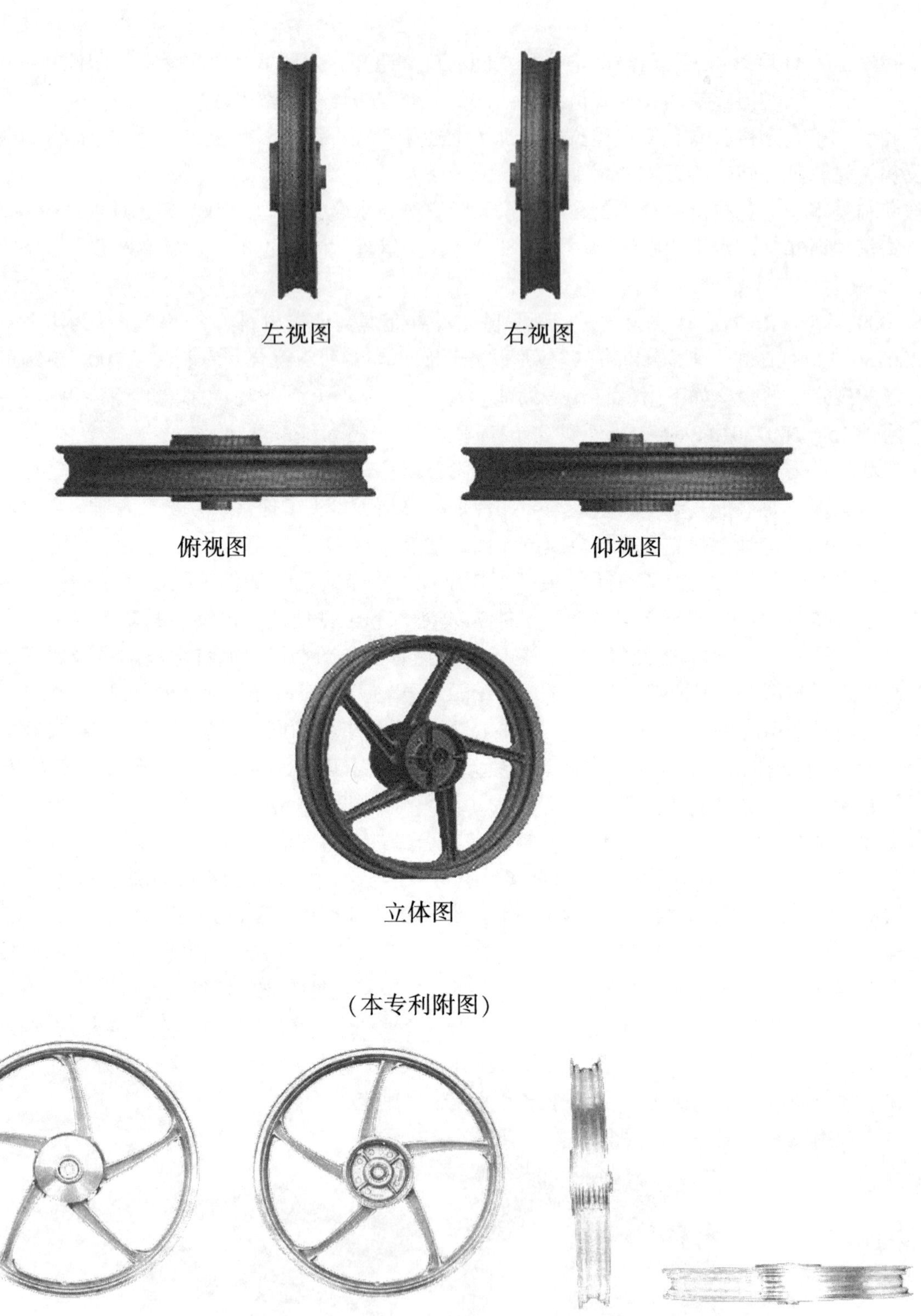

（本专利附图）

主视图　后视图　左视图　俯视图

（在先设计附图）

上述事实，有本专利授权公告文本、01339809.1号外观设计专利公报、第13658号决定及当事人陈述等证据在案佐证。

本院认为：对于被诉决定中原告无争议的内容，本院经审查，对其合法性予以确认。在此基础上，本院围绕本案争议焦点，对被诉决定的合法性予以审查。

根据《（专利法（2000年修正）》第二十三条的规定，授予专利权的外观设计，应当同申请日以前在国内外出版物上公开发表过或者国内公开使用过的外观设计不相同和不相近似，并不得与他人在先取得的合法权利相冲突。在判断外观设计是否近似时，应当以相关产品的一般消费者为判断主体，对于形成最终日常产品的中间产品，关注其外观设计的是该类产品的采购者和使用者，应以采购、使用该类产品的人员为一般消费者。本案中，摩托车车轮属于摩托车这一最终日常产品的中间产品，摩托车消费者一般不会直接购买摩托车车轮进行组装使用，因此该类产品的采购者和使用者应为摩托车组装商或维修商，而这些主体往往具有一定的摩托车零部件专业知识，对于两摩托车车轮外观设计的差异应有较普通公众更高的分辨能力。在判断外观设计是否近似时，亦应考虑该类产品在外观方面存在变化空间的大小，对于外观变化空间较小的产品，其设计差异更易对整体视觉效果产生显著影响。本案中，摩托车车轮均由轮辋、辐条和轮毂组成，受其所设定功能的限制，外观变化的空间均为有限。在判断外观设计是否近似时，应以表示在图片或者照片中的该产品的外观设计为准，本案中，本专利和在先设计进行比较，至少存在以下不同之处：（1）辐条的形状，本专利辐条两侧平直，而在先设计辐条两侧略带弧度；（2）辐条的凹槽，本专利辐条一面中间呈凹槽状，而在先设计辐条两面均为凹槽状；（3）轮毂的形状，本专利轮毂表面有螺丝孔，而在先设计轮毂表面没有螺丝孔。上述区别，在设计空间有限的车轮产品上，已经对整体视觉效果产生了显著的影响，在该产品消费者所具有的较高分辨能力下，足以排除混淆。被告认定本专利与在先设计属于相近似的外观设计根据不足，被告基于以上认定作出的第13658号决定主要证据不足，本院应予撤销。据此，依照《中华人民共和国行政诉讼法》第五十四条第（二）项第1目、第2目之规定，判决如下：

一、撤销被告国家知识产权局专利复审委员会作出的第13658号无效宣告请求审查决定；

二、被告国家知识产权局专利复审委员会针对浙江今飞机械集团有限公司对浙江万丰摩轮有限公司的专利号为200730112575.3，名称为“摩托车车轮（82452）”的外观设计专利所提无效宣告请求重新作出决定。

一审案件受理费100元，由被告国家知识产权局专利复审委员会负担（于本判决生效后7日内交纳）。

如不服本判决，各方当事人可在本判决书送达之日起15日内，向本院提交上诉状，并按对方当事人人数提交副本，交纳上诉案件受理费100元，上诉于北京市高级人民法院。

审 判 长　佟　姝
代理审判员　毛天鹏
人民陪审员　刘世昌
二〇〇九年十二月十五日
书 记 员　王东勇

382

把手式自行车变速控制装置

无效宣告请求审查决定（第13659号）

决　定　号　第13659号
决　定　日　2009年7月10日
发明创造名称　把手式自行车变速控制装置
外观设计分类号　12-11
无效宣告请求人　宁波市日骋工贸有限公司
专　利　权　人　株式会社岛野
专　利　号　200530119083.8
申　请　日　2005年8月24日
授权公告日　2006年6月21日
合议组组长　徐清平
主　审　员　王　红
参　审　员　沙柏青
附　　图　1页

法律依据　专利法第23条
决定要点
本专利与在先设计在产品形状的整体视觉效果上具有显著差别，其明显属于不相同也不相近似的外观设计。

一、案由

本无效宣告请求涉及的是国家知识产权局于2006年6月21日授权公告的、专利号为200530119083.8的外观设计专利，其产品名称为"把手式自行车变速控制装置"，申请日为2005年8月24日，专利权人为株式会社岛野。

针对上述外观设计专利权（下称本专利），宁波市日骋工贸有限公司（下称请求人）于2008年3月17日向专利复审委员会提出无效宣告请求，其理由是本专利与在其申请日前公开的089302289号台湾新式样专利相近似，因此不符合专利法第23条的规定，应予宣告无效。同时，请求人提交了如下附件作为证据：

附件1：专利号为089302289号、公告编号为446433的台湾新式样专利公报复印件3页；

请求人认为，附件1与本专利均涉及"自行车变速控制器"的外观设计，两者的构成相同，均由器座和转套构成，其中的器座均在圆形座体的上部向上延伸一弯弧形的上翘部，该上翘部连有一前窄后宽的中空件；转套大体呈前宽后窄的台阶状圆柱形，转套的外表面均布纵横向规则排列的小方形图案，彼此构成部分具有相近似的造型。本专利与附件 1 属于相似的设计方案，具有近似的视觉效果，本专利的授予不符合专利法第 23 条的规定。

经形式审查合格，专利复审委员会依法受理了上述无效宣告请求，并于 2009 年 3 月 17 日将无效宣告请求书及相关文件的副本转送专利权人，通知其在指定的期限内答复。

专利复审委员会依法成立合议组对本案进行审理，并于 2009 年 4 月 8 日向双方当事人发出口头审理通知书，定于 2009 年 6 月 2 日进行口头审理。

2009 年 4 月 17 日，专利权人向专利复审委员会提交了意见陈述书，专利权人将本专利与附件 1 所示外观设计进行详细分析对比，认为二者不相同也不相近似。因此本专利符合专利法第 23 条规定。

2009 年 4 月 30 日，专利权人向专利复审委员会提交了意见陈述书，内容与 2009 年 4 月 17 日提交的意见陈述相同。

2009 年 5 月 8 日专利复审委员会将专利权人提交的意见陈述书转送请求人，通知其在指定期限内答复。

口头审理如期举行，双方当事人均委托代理人出庭，双方均对对方出庭人员的身份无异议，对合议组成员均无回避请求。请求人当庭提交了盖有浙江省科技信息研究院文献馆印章的附件 1 所示复印件，合议组将其转送专利权人。专利权人对附件 1 及请求人当庭补充的文件的真实性无异议，在此基础上，双方就本专利与附件 1 所示外观设计是否相同或相近似进行了充分的意见陈述。

通过上述审理，合议组经合议，认为本案事实清楚，依法作出本审查决定。

二、决定的理由

1. 法律依据

基于请求人提出无效宣告请求的理由，合议组依据专利法第 23 条的规定进行审理。

专利法第 23 条规定："授予专利权的外观设计，应当同申请日以前在国内外出版物上公开发表过或者国内公开使用过的外观设计不相同和不相近似，并不得与他人在先取得的合法权利相冲突。"

2. 证据的认定

请求人提交的附件 1 是专利号为 089302289 台湾新式样专利公报复印件，其所示新式样专利的公告日为 2001 年 7 月 11 日，公告编号是 446433，其名称为"自行车变速控制器之握转套"。合议组认为，请求人当庭提交了盖有浙江省科技信息研究院文献馆印章的附件 1 所示复印件，专利权人对附件 1 真实性无异议，其公告日在本专利申请日（2005 年 8 月 24 日）之前，因此，附件 1 可以作为评述本专利是否符合专利法第 23 条规定的证据。

3. 外观设计相同和相近似对比

附件 1 中所示外观设计与本专利均为自行车变速控制器装置，具有相同的用途，属于相同类别的产品，因此可以就本专利与附件 1 中公开的新式样专利（下称在先设计）进行相同和相近似对比。

本专利公开了产品的正投影六面视图和立体图。由把手、器座和转套组成，其外罩总体上呈现为反"S"形，外罩上具有呈凸起状设计显示窗，反"S"形外罩下缘的延伸部将把手式变速操作部件的内缘覆盖。转套大体呈台阶状圆柱形，转套的外表面布纵横向规则排列的小方形图案（详见本专利附图）。

在先设计公开了产品的立体图，由把手、器座和转套组成。其圆形座体上向上延伸一弯弧形的上翘部。转套大体呈台阶状圆柱形，转套的外表面布纵横向规则排列的小方形图案（详见在先设计附图）。

将本专利与在先设计进行比较，二者的主要相同点有：均由把手、器座和转套组成。其位置、比例关系相近，转套的外表面布纵横向规则排列的小方形图案。二者的主要区别有：（1）本专利座体上翘部有一突出物，而在先设计座体上翘部是光滑的；（2）二者座体和转套结合部形状有所不同；（3）本专利外罩呈反“S”形的形状内设置指示器的，而在先设计没有；（4）本专利外罩上具有大致呈凸起状设计，在先设计没有；（5）本专利有反“S”形外罩下缘的延伸部将把手的内缘覆盖，在先设计没有；（6）两者把手外形有显著差别。合议组认为，将本专利与在先设计相比，二者在器座、外罩、把手、转套等主要部分形状均有明显差别，由此形成的整体形状具有显著差异，使得二者在整体视觉效果上具有显著差别。因此二者明显属于既不相同、也不相近似的外观设计。

4. 结论

本专利与请求人提交的在申请日前在先公开发表的外观设计不相同也不相近似，因此请求人据此提出本专利不符合专利法第23条规定的无效宣告理由不能成立。

三、决定

维持200530119083.8号外观设计专利权有效。

当事人对本决定不服的，可以根据专利法第46条第2款的规定，自收到本决定之日起三个月内向北京市第一中级人民法院起诉，根据该款规定，一方当事人起诉后，另一方当事人应当作为第三人参加诉讼。

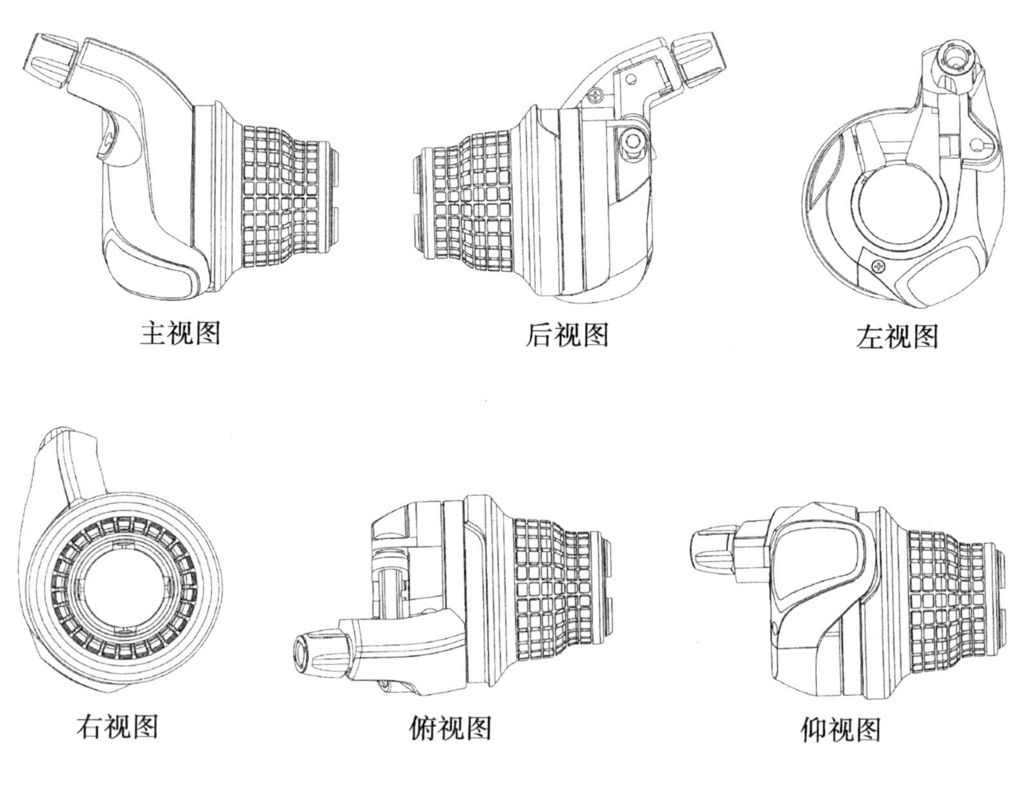

主视图　后视图　左视图

右视图　俯视图　仰视图

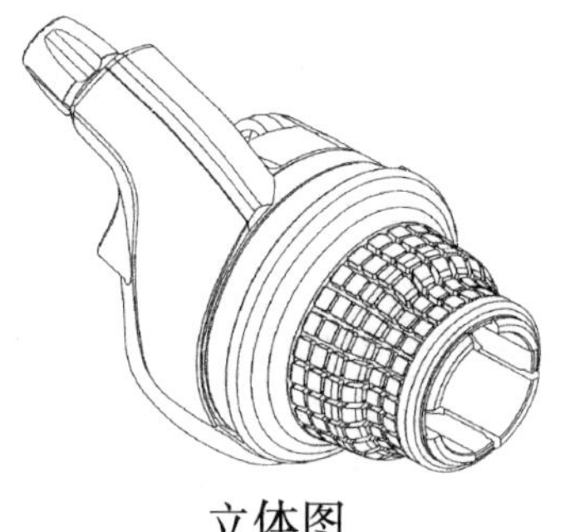

立体图

本专利附图

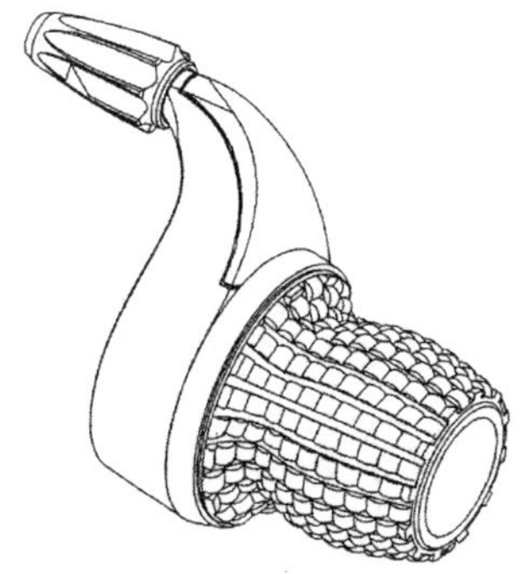

在先设计附图

383

标贴（1）

无效宣告请求审查决定（第13660号）

决　　定　　号 第13660号
决　　定　　日 2009年7月14日
发明创造名称 标贴（1）
外观设计分类号 19-08
无效宣告请求人 昆山西马克动力机械有限公司
专　利　权　人 无锡开普动力有限公司
专　　利　　号 200430054953.3
申　　请　　日 2004年12月17日
授权公告日 2005年8月24日
合议组组长 王霞军
主　　审　　员 钟　华
参　　审　　员 王美芳

法律依据 专利法第23条
决定要点

本专利是标贴的形状、图案结合的外观设计，而在先公告的图形商标是用于识别产品来源的标识，图形商标不以任何产品为载体，不属于产品的外观设计，故不能证明与本专利相同或者近似的外观设计在先公开发表过。

一、案由

本无效宣告请求涉及国家知识产权局于2005年8月24日授权公告的名称为"标贴（1）"的200430054953.3号外观设计专利（下称本专利），其申请日为2004年12月17日，专利权人为无锡开普动力有限公司。

针对本专利，昆山西马克动力机械有限公司（下称请求人）于2009年4月2日向专利复审委员会提出无效宣告请求，其理由是本专利不符合立法宗旨、不符合外观设计的定义，因此不符合专利法实施细则第2条第3款的规定，同时在本专利申请日前已经公告过与本专利相近似的商标，因此本专利不符合专利法第23条的规定。请求人同时提交如下附件作为证据：

附件1：2000年第16期《商标公告》封面页、第392页复印件共2页；

附件2：2002年第39期《商标公告》封面页、第444页复印件共2页；

附件3：2000年第14期《商标公告》封面页、第463页复印件共2页；

附件4：国家知识产权局网站上下载的“全国人民代表大会常务委员会关于修改《中华人民共和国专利法》的决定”的复印件共7页；

附件5：刊登于2009年2月5日《法制日报》的文章“外观设计专利案件审理的十大焦点问题”复印件共2页。

经形式审查合格，专利复审委员会依法受理了上述无效宣告请求，并于2009年4月2日将无效宣告请求书及相关文件的副本转给专利权人，要求其在指定的期限内答复。专利权人逾期未答复。

专利复审委员会于2009年5月11日向双方当事人发出口头审理通知书，定于2009年6月24日举行口头审理。

口头审理如期举行，双方当事人均委托了代理人参加本次口头审理。在口头审理中，双方当事人均不申请合议组人员回避，对对方出席口头审理人员资格均无异议。请求人当庭出示了附件1~3、附件5的原件，专利权人当庭核实上述附件的原件与复印件一致，对上述附件的真实性没有异议。请求人未出示附件4的原件，专利权人认为附件4是网上打印件，对附件4的真实性有异议。请求人明确以附件1~3证明与本专利相同或者相近似的外观设计在本专利申请日前公开发表过；以附件4、附件5证明本专利不符合专利法实施细则第2条第3款的规定。在此基础上，双方当事人进行了充分的意见陈述和辩论。

至此，合议组认为本案事实已经调查清楚，可以作出如下审查决定。

二、决定的理由

1. 法律依据

专利法实施细则第2条第3款规定：“专利法所称外观设计，是指对产品的形状、图案或者其结合以及色彩与形状、图案的结合所作出的富有美感并适于工业应用的新设计。”

专利法第23条规定：“授予专利权的外观设计，应当同申请日以前在国内外出版物上公开发表过或者国内公开使用过的外观设计不相同和不相近似，并不得与他人在先取得的合法权利相冲突。”

2. 证据的认定

请求人提交了附件1~3的原件，专利权人对上述附件的真实性均无异议，上述附件可以作为本案的定案依据。

附件4为国家知识产权局网站上下载的“全国人民代表大会常务委员会关于修改《中华人民共和国专利法》的规定”，由于该决定及修改后的专利法均自2009年10月1日起施行，故附件4的内容与本案无关，不能作为审查本案的依据。

附件5为刊登于2009年2月5日《法制日报》的文章“外观设计专利案件审理的十大焦点问题”，该文章不具有任何法律效力，不能作为审查本案的依据。

3. 本专利是否符合专利法实施细则第2条第3款的规定

本专利产品名称为“标贴（1）”，其整体形状为椭圆形，两侧有突出椭圆外轮廓的竖直线条，其图案由两个不同曲率的椭圆形和一个长方形组成。合议组认为：本专利是对标贴的形状、图案的结合所作出的外观设计；本专利简洁的图案及明暗渐变的处理，具有一定的美感；本专利能够重复制造，适于工业应用。因此，本专利符合专利法实施细则第2条第3款的规定。

4. 本专利是否符合专利法第23条的规定

本专利为标贴的外观设计，附件1~3均为《商标公告》，请求人指认的附件1上的第1426889号商标、附件2上的第3008830号商标、附件3上的第1420991号商标均为图形商标，是用于识别产品来源的标识，由于商标不以任何产品为载体，不属于产品的外观设计，故不能证明与本专利相同或者近似的外观设计在本专利申请日前公开发表过，不能证明本专利不符合专利法第23条的规定。

综上所述，请求人提交的证据不能证明其主张，其无效宣告请求不成立。

三、决定

维持 200430054953. 3 号外观设计专利权有效。

根据专利法第 46 条第 2 款的规定，当事人对本决定不服的，自收到本决定之日起三个月内向北京市第一中级人民法院起诉，根据该款规定，一方当事人起诉后，另一方当事人应当作为第三人参加诉讼。

384

方向盘锁（折叠式）

无效宣告请求审查决定（第13661号）

决　　定　　号　第13661号
决　　定　　日　2009年6月16日
发明创造名称　方向盘锁（折叠式）
外观设计分类号　08-07
无 效 请 求 人　广州市福怡汽车配件精品市场车缘汽车用品行
专 利 权 人　罗士中
专　　利　　号　200530155324.4
申　　请　　日　2005年12月5日
授 权 公 告 日　2007年1月24日
合 议 组 组 长　钱亦俊
主　　审　　员　雷　婧
参　　审　　员　王美芳
附　　　　　图　1页

法 律 依 据　专利法第23条
决 定 要 点

本专利与在先设计的整体视觉效果基本相同，其间的差别属于局部细微的设计变化，对外观设计的整体视觉效果不具有显著影响，故二者属于相近似的外观设计。

一、案由

本无效宣告请求涉及的是国家知识产权局于2007年1月24日授权公告的、专利号为200530155324.4的外观设计专利，其产品名称为“方向盘锁（折叠式）”，申请日为2005年12月5日，专利权人为罗士中。

针对上述外观设计专利权（下称本专利），广州市福怡汽车配件精品市场车缘汽车用品行（下称请求人）于2009年3月10日向专利复审委员会提出无效宣告请求，其理由是：本专利与其申请日前已在市场上销售和在出版物上公开发表过的外观设计相同或相近似，故不符合专利法第23条的规定。同时，请求人提交了如下附件作为证据：

附件1：专利侵权纠纷处理请求书［佛知纠字（2005）第63号案］及其相关文件的复印件，共8页；

附件2：02231446.6号实用新型专利说明书的复印件，共11页；

附件3：03363965.5号外观设计专利公报的复印件，共1页。

请求人认为，由附件1可知，与本专利相同的外观设计产品已于2005年3月在市场上大量销售；附件2、附件3中公开的产品外观设计均与本专利相近似。

经形式审查合格，专利复审委员会依法受理了上述无效宣告请求，并于2009年4月13日将无效宣告请求书及相关文件的副本转送专利权人，通知其在指定的期限内答复。

专利复审委员会成立合议组对本案进行审理，并于2009年4月29日向双方当事人发出合议组成员告知通知书，通知其如有回避请求，在指定期限内提交书面请求书。

2009年5月6日，专利权人向专利复审委员会提交了意见陈述书，其认为本专利与附件1~3中所示的外观设计均存在明显区别，并对本专利与附件3的相同和相近似性列表进行了详细对比。

针对合议组成员告知通知书，双方当事人均未在指定期限内答复，视为无回避请求。

在上述审理的基础上，合议组认为本案事实清楚，可以依法作出审查决定。

二、决定的理由

1. 法律依据

基于请求人提出无效宣告请求的理由，合议组依据专利法第23条的规定进行审理。

专利法第23条规定："授予专利权的外观设计，应当同申请日以前在国内外出版物上公开发表过或者国内公开使用过的外观设计不相同和不相近似，并不得与他人在先取得的合法权利相冲突。"

2. 证据的认定

附件2是02231446.6号实用新型专利说明书的复印件，其实用新型名称为汽车方向盘锁，公开日为2003年4月30日。经核实，该附件内容真实，其公开日在本专利的申请日（2005年12月5日）之前，适于评述本专利是否符合专利法第23条的规定。

3. 外观设计相同和相近似的比较

附件2中公开的产品与使用本专利的产品均为汽车方向盘锁，二者具有相同的用途，属于相同类别的产品，故附件2公开的产品外观设计（下称在先设计）可以与本专利进行比较。

本专利的图片包括六面正投影视图和立体图，其所示产品主要由叉杆和制动杆铰接组成，整体基本呈细长形，叉杆呈中部稍向上凸起的弧形；叉杆左端的前叉形状类似向左下斜卧的"U"字形，制动杆左端的后叉形状类似向右横卧的"U"字形；叉杆和制动杆上均有胶套（详见本专利附图）。

在先设计的附图主要包括俯视图（图1）、主视图（图2）、操作动态图（图3）和折叠状态图（图4），其公开的产品主要由叉杆和制动杆铰接组成，整体基本呈细长形；叉杆左端的前叉呈向左横卧的"U"字形，制动杆左端的后叉呈向右横卧的"U"字形；结合说明书中所述"为了适应某些中部凸起的方向盘圆环制作时可将叉杆（2）弯曲成相应弧形"可知，主视图中以双点划线方式公开的叉杆呈中部稍向上凸起的弧形；叉杆和制动杆上均有胶套（详见在先设计附图）。

将本专利与在先设计进行比较，二者均主要由叉杆和制动杆铰接组成，整体均基本呈细长形，叉杆均呈中部稍向上凸起的弧形；叉杆左端的前叉整体形状近似且呈向左的"U"字形，制动杆左端的后叉整体形状近似且呈向右的"U"字形。二者的主要不同点在于：前叉和后叉的形状在细节上略有不同，与在先设计相比，本专利前后叉的"U"字形开口略大；叉杆和制动杆上的胶套长度略有不同，本专利胶套长度略比在先设计长。针对上述的比较，合议组认为，本专利与在先设计的整体视觉效果基本相同，其间的差别仅在于前后叉形状以及胶套长度略为不同，上述差别属于局部细微的设计变化，对外观设计的整体视觉效果不具有显著影响，一般消费者易将二者混同误认，因此，二者属于相近似的外观设计。

4. 结论

本专利与其申请日以前在国内出版物上公开发表过的外观设计相近似，因此，本专利不符合专利法第 23 条的规定。

鉴于已经得出上述结论，本决定对请求人提交的其他证据不再予以评述。

三、决定

宣告 200530155324.4 号外观设计专利权全部无效。

当事人对本决定不服的，可以根据专利法第 46 条第 2 款的规定，自收到本决定之日起三个月内向北京市第一中级人民法院起诉，根据该款规定，一方当事人起诉后，另一方当事人应当作为第三人参加诉讼。

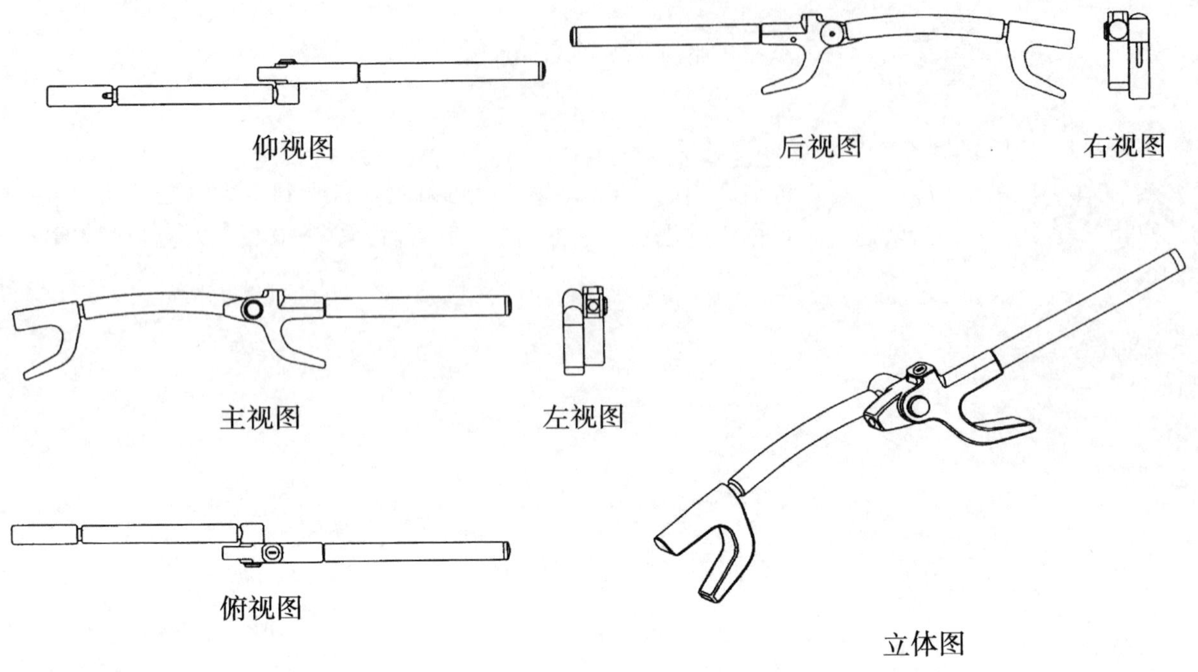
仰视图　后视图　右视图

主视图　左视图

俯视图　立体图

本专利附图

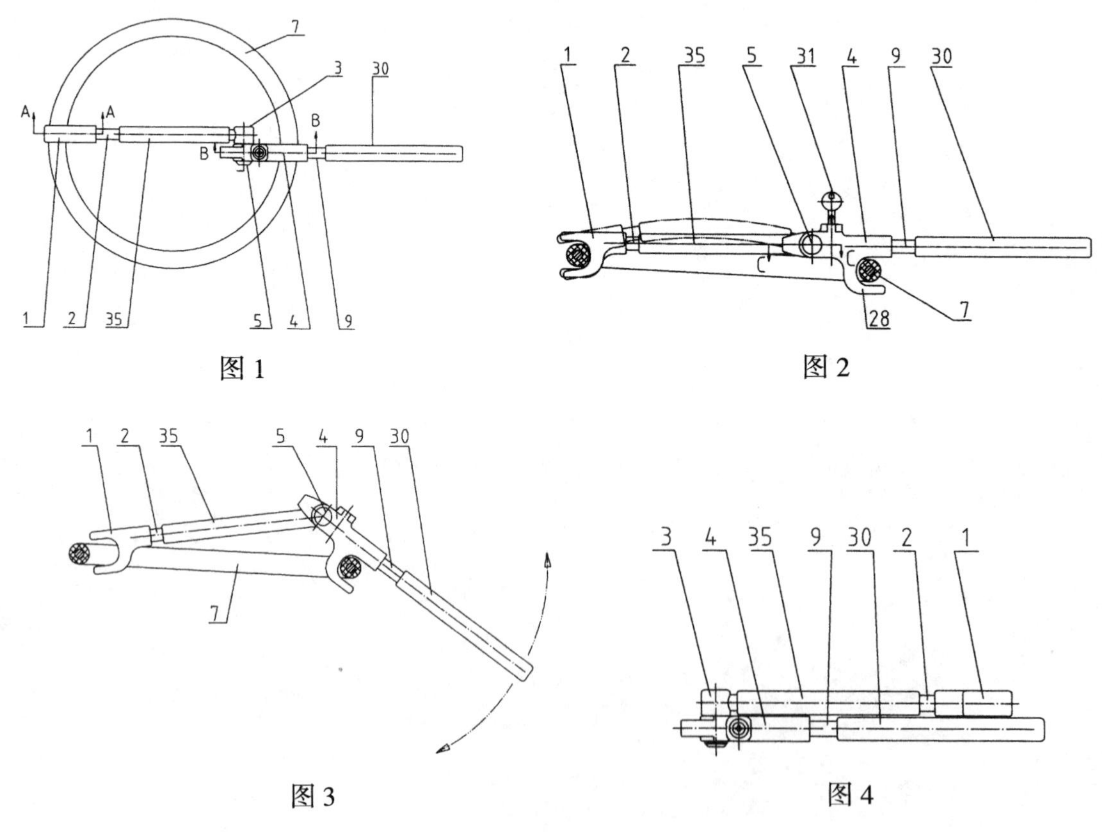

图 1　图 2

图 3　图 4

在先设计附图

385

床（821）

无效宣告请求审查决定（第13662号）

决　　定　　号 第13662号
决　　定　　日 2009年7月13日
发明创造名称 床（821）
外观设计分类号 06-01
无 效 请 求 人 佛山市南海皇浩家俱有限公司
专　利　权　人 王孟宪
专　　利　　号 200530000048.4
申　　请　　日 2005年1月6日
授 权 公 告 日 2005年9月28日
合 议 组 组 长 李巍巍
主　　审　　员 雷　婧
参　　审　　员 沙柏青
附　　　　　图 2页

法　律　依　据 专利法第9条、第23条
决　定　要　点

对于床而言，纵向的床屏与横向的床板构成侧面的“L”形以及底部配置的长方形储物箱均为其常规设计，一般消费者对该产品的该形状具有常识性的了解，且其不是消费者购买或使用床时的外观设计关注点，其不足以对一般消费者产生外观设计上的显著视觉印象；床屏的外观设计状况为一般消费者容易观察到并为其购买或使用床时普遍关注的对象，故本专利与在先设计床屏的差别对床的外观设计整体视觉效果具有显著的影响。

一、案由

本无效宣告请求涉及的是国家知识产权局于2005年9月28日授权公告的、专利号为200530000048.4的外观设计专利，其产品名称为“床（821）”，申请日为2005年1月6日，专利权人原为张赐波，2007年6月27日变更为王孟宪。

针对上述外观设计专利权（下称本专利），佛山市南海皇浩家俱有限公司（下称请求人）于2009年3月26日向专利复审委员会提出无效宣告请求，其理由是：本专利与其申请日前在出版物上公开发表过的外观设计相近似，故不符合专利法第23条的规定。同时，请求人提交了本专利的网络电子公告打印件和如下附件作为证据：

附件 1：02362319.5 号外观设计专利网络电子公告的打印件，共 1 页。

请求人认为，附件 1 的公开日早于本专利的申请日，其公开的产品为床，与本专利用途相同，属于同一类产品，且二者各视图轮廓及形状均相同，其间存在的细微差别对整体视觉效果不具有显著影响，二者为相近似的外观设计，因此本专利不符合专利法第 23 条的规定。

经形式审查合格，专利复审委员会依法受理了上述无效宣告请求，并于 2009 年 3 月 26 日将无效宣告请求书及相关文件的副本转送专利权人，通知其在指定的期限内答复。

2009 年 4 月 14 日，专利复审委员会收到请求人提交的意见陈述书，同时请求人补充提交了如下附件作为证据（编号续前）：

附件 2：200430091871.6 号外观设计专利网络电子公告的打印件，共 1 页；

附件 3：200430050268.3 号外观设计专利网络电子公告的打印件，共 1 页。

请求人认为，附件 2 中在先申请、在后公开的外观设计、附件 3 中在先公开的外观设计均与本专利在各视图轮廓及形状上相同，其间的细微差别对整体视觉效果不具有显著影响，附件 2 和附件 3 所示的外观设计与本专利均属于相近似的外观设计，故本专利不符合专利法第 9 条和第 23 条的规定。

专利复审委员会成立合议组对本案进行审理，并于 2009 年 4 月 22 日向专利权人转送了请求人的上述意见陈述书及相关文件副本。

2009 年 4 月 29 日，专利复审委员会向双方当事人发出口头审理通知书，定于 2009 年 6 月 22 日进行口头审理。

针对请求人于无效请求日提出的理由和证据，专利权人于 2009 年 5 月 9 日向专利复审委员会提交了意见陈述书，认为对于床而言，在床体的整体形状大致呈“L”形的情况下，床屏的形状和结构对整体视觉效果更具有显著影响，而床的正面和侧面均属于易观察部位，因此本专利与附件 1 公开的外观设计呈现出显著不同的视觉效果，二者既不相同也不相近似。

2009 年 5 月 22 日，专利复审委员会将专利权人的上述意见陈述书转送请求人，通知其在指定期限内答复。

口头审理如期举行，双方当事人均委托代理人出席口头审理，双方对对方出庭人员的身份及资格无异议，对合议组成员亦无回避请求。请求人认为本专利与附件 1~3 所示外观设计存在的差别均不足以对外观设计的整体视觉效果产生显著影响；专利权人对上述附件的真实性均无异议，认为本专利与上述附件中所示的床屏形状、结构及图案的差别对产品的整体具有显著影响。

在上述审理的基础上，合议组认为本案事实清楚，可以依法作出审查决定。

二、决定的理由

1. 法律依据

基于请求人提出无效宣告请求的理由，合议组依据专利法第 9 条和第 23 条的规定进行审理。

专利法第 9 条规定：“两个以上申请人分别就同样的发明创造申请专利的，专利权授予最先申请的人。”

专利法第 23 条规定：“授予专利权的外观设计，应当同申请日以前在国内外出版物上公开发表过或者国内公开使用过的外观设计不相同和不相近似，并不得与他人在先取得的合法权利相冲突。”

2. 证据的认定

鉴于专利权人对附件 1~3 的真实性均无异议，合议组对上述附件均予以采信。

附件 1 是 02362319.5 号外观设计专利网络电子公告的打印件，其产品名称为“家具（床 008A-1）”，申请日为 2002 年 9 月 27 日，公告日为 2003 年 4 月 23 日。其公开日在本专利的申请日（2005 年 1 月 6 日）之前，适用于评述本专利是否符合专利法第 23 条的规定。

附件 2 是 200430091871.6 号外观设计专利网络电子公告的打印件，其产品名称为“床（335）”，申请日为 2004 年 11 月 9 日，公告日为 2005 年 6 月 1 日，专利权人为施春云。其申请日在本专利的申请日（2005 年 1 月 6 日）之前、公告日在本专利申请日以后，系他人在先申请、在后公开的外观设计专利，适用于评述本专利是否符合专利法第 9 条的规定。

附件 3 是 200430050268.3 号外观设计专利网络电子公告的打印件，其产品名称为“床（932）”，申请日为 2004 年 5 月 10 日，公告日为 2004 年 12 月 22 日。其公开日在本专利的申请日（2005 年 1 月 6 日）之前，适用于评述本专利是否符合专利法第 23 条的规定。

附件 1~3 所示的外观设计产品均为床，其与使用本专利的产品具有相同的用途，属于相同类别的产品，故可以将附件 1~3 所示的外观设计分别与本专利进行对比。

3. 本专利是否符合专利法第 9 条的规定

本专利的图片包括主视图、后视图、左视图、右视图、俯视图和立体图，其所示产品侧面呈“L”形，底部有两个长方形抽屉；床屏的上部向后倾斜，正面两侧图案呈竖长条形，上部中间图案呈“iii”形，该图案两侧为水平的细长条形（详见本专利附图）。

附件 2 所示床的外观设计（下称在先设计 1）包括主视图、后视图、左视图、右视图、俯视图和立体图，简要说明中载明“底面不常见，省略仰视图。”其公开的产品侧面呈“L”形，底部有长方形储物箱；床屏的上部呈向后倾斜状，正面图案主要由上部的横长条和左右两侧的竖长条构成，上部长条上方中间有“QQ”字样，该字样左右两侧有多个点状图案（详见在先设计 1 附图）。

将本专利与在先设计 1 进行比较，二者的侧面形状均呈“L”形，底部均有长方形储物箱，二者的主要不同点在于床屏的图案。本专利的床屏正面两侧图案呈竖长条形，上部中间图案呈“iii”形，该图案两侧为水平的细长条形，且上述长条形图案边缘均未至床屏的顶部或两侧边缘，而在先设计 1 床屏正面图案主要由贯穿上下和左右的长条构成，且上部长条上方中间有“QQ”字样，该字样左右两侧有多个点状图案。合议组认为，本专利与在先设计 1 床屏的图案具有明显的差别，床屏的外观设计状况为一般消费者容易观察到并为其购买或使用床时普遍关注的对象，因而对一般消费者而言，上述差别对床的外观设计整体视觉效果具有显著的影响，二者属于不相同且不相近似的外观设计。请求人主张二者各视图的轮廓及形状均相同，其间存在的细微差别对整体视觉效果不具有显著影响。对此，合议组认为，虽然本专利与在先设计 1 侧面均呈“L”形，且底部均有长方形储物箱，但对于床而言，纵向的床屏与横向的床板构成侧面的“L”形以及底部配置的长方形储物箱均为其常规设计，一般消费者对该类产品的该形状具有常识性的了解，且本专利与在先设计 1 的上述形状不是一般消费者购买或使用床时对床外观设计的关注点，因此，上述形状对一般消费者不足以产生外观设计上的显著视觉印象，而位置显而易见且为一般消费者所关注的床屏形状和图案对其则会产生外观设计上的显著视觉印象。因此，请求人的上述主张不影响合议组对本专利与在先设计 1 的相近似判断。

对于外观设计而言，同样的发明创造是指两项外观设计相同或者相近似，本专利与在先设计 1 不相同且不相近似，故附件 2 不能证明本专利不符合专利法第 9 条的规定。

4. 本专利是否符合专利法第 23 条的规定

附件 1 公开床的外观设计（下称在先设计 2）包括主视图、左视图、立体图和使用状态参考图，简要说明中载明：“1. 右视图与左视图对称，省略右视图。2. 后视图、俯视图、仰视图均无设计要点，省略后视图、俯视图、仰视图。”其公开的产品侧面呈“L”形，底部有长方形储物箱及支撑隔板；床屏的上部呈向后倾斜状，正面有多个平行排列的横向长条形凸起（详见在先设计 2 附图）。

将本专利与在先设计 2 进行比较，二者的侧面形状均呈“L”形，底部均有长方形储物箱，二者的主要不同点在于床屏的图案和形状以及床的长宽比例。本专利的床屏正面两侧图案呈竖长条形，上部中间图案呈“iii”形，该图案两侧为水平的细长条形，且床屏表面无凸起，而在先设计2床屏的表面有凸起，其在正面呈现为多个平行排列的横向长条形；本专利长与宽的比例值大于在先设计2长与宽的比例值。合议组认为，本专利与在先设计2床屏的形状和图案以及床的长宽比例均具有明显的差别，床屏的外观设计状况为一般消费者容易观察到并为其购买或使用床时普遍关注的对象，因而对一般消费者而言，上述差别对床的外观设计整体视觉效果具有显著的影响，二者属于不相同且不相近似的外观设计。请求人主张二者各视图的轮廓及形状均相同，其间存在的细微差别对整体视觉效果不具有显著影响，对此，合议组的意见与本专利与在先设计1的对比意见相同，在此不再赘述。

附件3公开床的外观设计（下称在先设计3）的图片包括主视图、左视图、右视图、俯视图和立体图，简要说明中载明：“后视图、仰视图无设计要点，省略后视图、仰视图。”其公开的产品侧面呈“L”形，底部有长方形储物箱；床屏的上部呈向后倾斜状，正面两侧有竖长条、中上部有三条横向排列的细长条（详见在先设计3附图）。

将本专利与在先设计3进行比较，二者的侧面形状均呈“L”形，底部均有长方形储物箱，二者的主要不同点在于床屏的图案。本专利的床屏正面两侧图案呈竖长条形，上部中间图案呈“iii”形，该图案两侧为水平的细长条形，且上述长条形图案边缘均未至床屏的顶部和两侧边缘，而在先设计3床屏正面两侧的长条图案纵贯床屏的上下边缘，且其中上部图案呈三条横向排列的细长条形。合议组认为，本专利与在先设计3床屏的图案具有明显的差别，床屏的外观设计状况为一般消费者容易观察到并为其购买或使用床时普遍关注的对象，因而对一般消费者而言，上述差别对床的外观设计整体视觉效果具有显著的影响，二者属于不相同且不相近似的外观设计。请求人主张二者各视图的轮廓及形状均相同，其间存在的细微差别对整体视觉效果不具有显著影响，对此，合议组的意见与本专利与在先设计1的对比意见相同，在此不再赘述。

本专利与在先设计2和在先设计3均不相同且不相近似，故附件1和附件3均不能证明本专利不符合专利法第23条的规定。

5. 结论

请求人提交的证据均不能证明本专利不符合专利法第9条及第23条的规定，因此，请求人无效宣告请求的主张不成立。

三、决定

维持200530000048.4号外观设计专利权有效。

当事人对本决定不服的，可以根据专利法第46条第2款的规定，自收到本决定之日起三个月内向北京市第一中级人民法院起诉，根据该款规定，一方当事人起诉后，另一方当事人应当作为第三人参加诉讼。

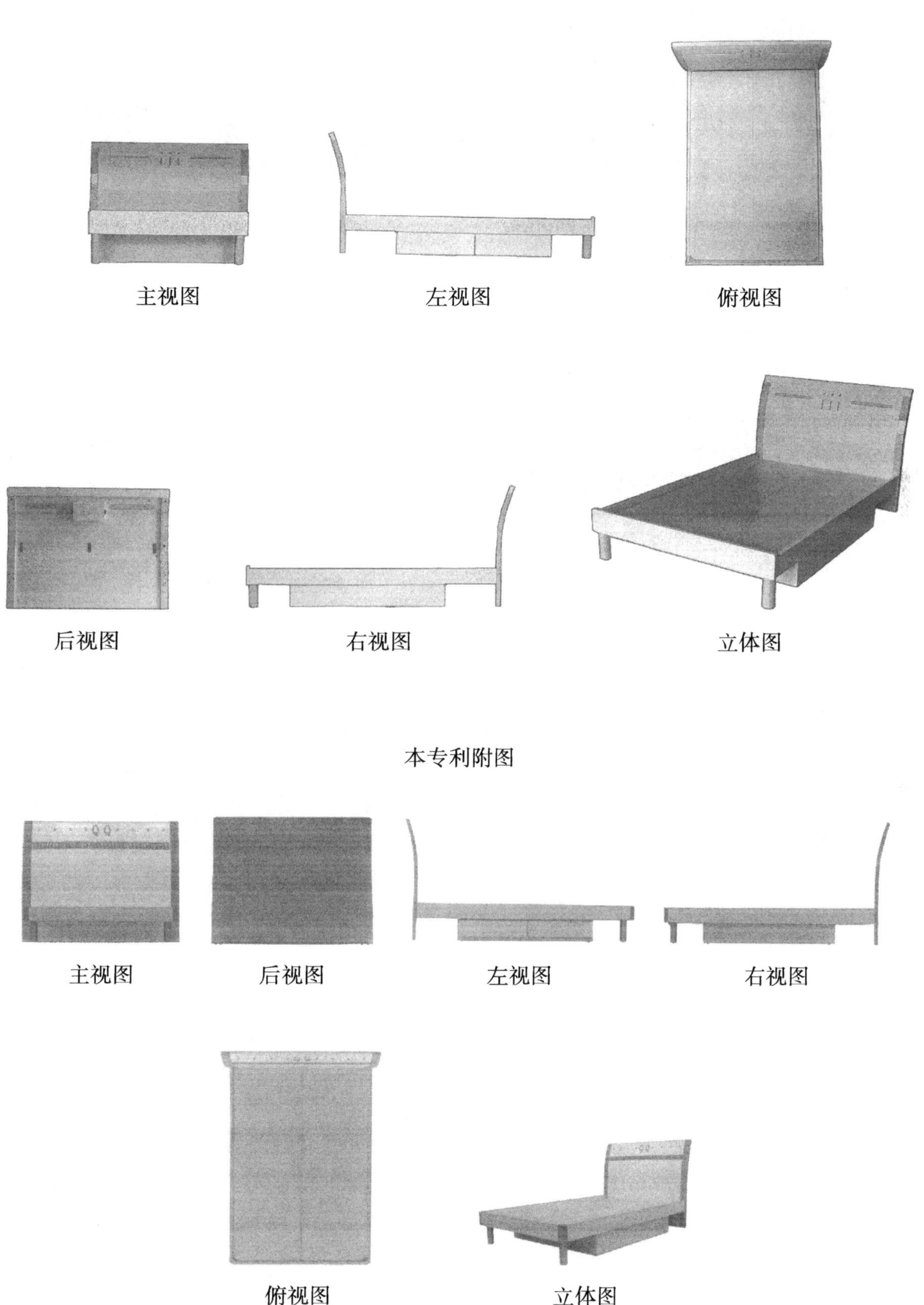

在先设计 1 附图

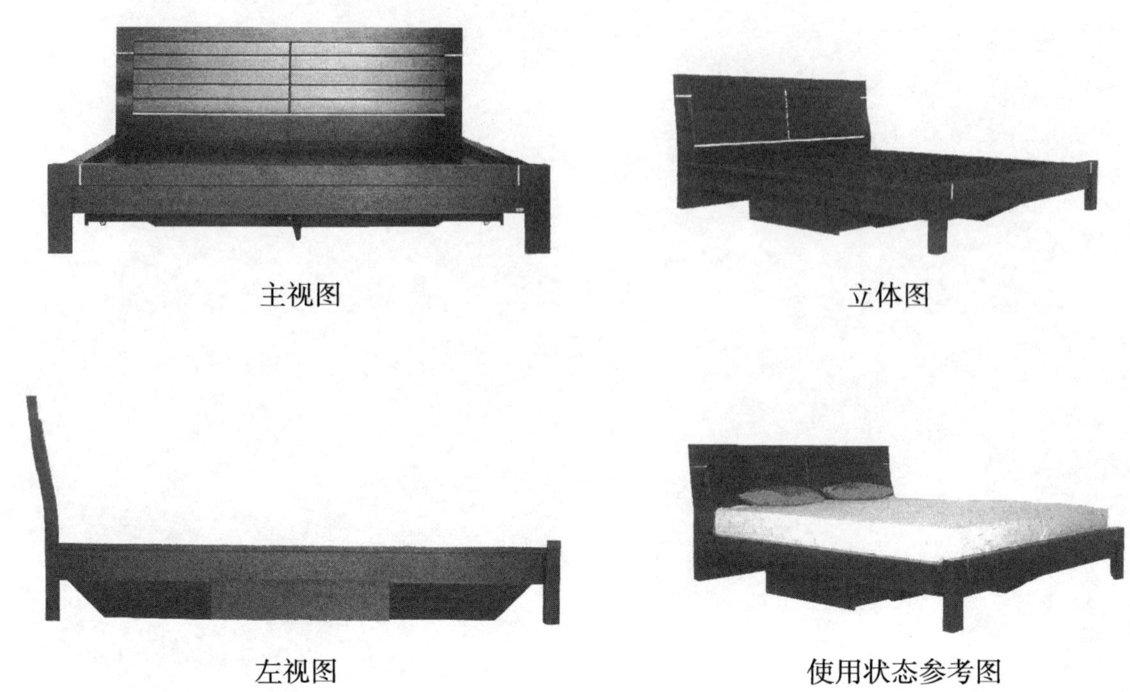

主视图　　立体图

左视图　　使用状态参考图

在先设计 2 附图

主视图　　右视图

左视图　　俯视图　　立体图

在先设计 3 附图

386

床（833）

无效宣告请求审查决定（第 13663 号）

决　　定　　号　第 13663 号
决　　定　　日　2009 年 7 月 10 日
发明创造名称　床（833）
外观设计分类号　06-01
无 效 请 求 人　佛山市南海皇浩家俱有限公司
专　利　权　人　王孟宪
专　　利　　号　200530009345.5
申　　请　　日　2005 年 4 月 12 日
授 权 公 告 日　2006 年 1 月 25 日
合 议 组 组 长　李巍巍
主　　审　　员　雷　婧
参　　审　　员　沙柏青
附　　　　　图　2 页

法　律　依　据　专利法第 23 条
决　定　要　点

对于床而言，纵向的床屏与横向的床板构成侧面的“L”形以及底部配置的长方形储物箱均为其常规设计，一般消费者对该产品的该形状具有常识性的了解，且其不是消费者购买或使用床时的外观设计关注点，其不足以对一般消费者产生外观设计上的显著视觉印象；床屏的外观设计状况为一般消费者容易观察到并为其购买或使用床时普遍关注的对象，故本专利与在先设计床屏的差别对床的外观设计整体视觉效果具有显著的影响。

一、案由

本无效宣告请求涉及的是国家知识产权局于2006 年1 月25 日授权公告的、专利号为200530009345.5 的外观设计专利，其产品名称为“床（833）”，申请日为2005 年4 月12 日，专利权人原为张赐波，2007 年6 月27 日变更为王孟宪。

针对上述外观设计专利权（下称本专利），佛山市南海皇浩家俱有限公司（下称请求人）于 2009 年 3 月 26 日向专利复审委员会提出无效宣告请求，其理由是：本专利与其申请日前在出版物上公开发表过的外观设计相近似，故不符合专利法第 23 条的规定。同时，请求人提交了本专利的网络电子公告打印件和如下附件作为证据：

附件1：02337155.2号外观设计专利网络电子公告的打印件，共1页。

请求人认为，附件1的公开日早于本专利的申请日，其公开的产品为床，与本专利用途相同，属于同一类产品，且二者各视图轮廓及形状均相同，其间存在的细微差别对整体视觉效果不具有显著影响，二者为相近似的外观设计，因此本专利不符合专利法第23条的规定。

经形式审查合格，专利复审委员会依法受理了上述无效宣告请求，并于2009年3月26日将无效宣告请求书及相关文件的副本转送专利权人，通知其在指定的期限内答复。

2009年4月14日，专利复审委员会收到请求人提交的意见陈述书，同时请求人补充提交了如下附件作为证据（编号续前）：

附件2：200430008502.6号外观设计专利网络电子公告的打印件，共1页。

请求人认为，附件2在先公开的床的外观设计与本专利的各视图轮廓及形状均相同，其间的细微差别对整体视觉效果不具有显著影响，二者为相近似的外观设计。

专利复审委员会成立合议组对本案进行审理，并于2009年4月22日向专利权人转送了请求人的上述意见陈述书及相关文件副本。

2009年4月29日，专利复审委员会向双方当事人发出口头审理通知书，定于2009年6月22日进行口头审理。

针对请求人于无效请求日提出的理由和证据，专利权人于2009年5月9日向专利复审委员会提交了意见陈述书，认为对于床而言，在床体的整体形状大致呈"L"形的情况下，床屏的形状和结构对整体视觉效果更具有显著影响，而床的正面和侧面均属于易观察部位，因此本专利与附件1公开的外观设计呈现出显著不同的视觉效果，二者既不相同也不相近似。

2009年5月22日，专利复审委员会将专利权人的上述意见陈述书转送请求人，通知其在指定期限内答复。

口头审理如期举行，双方当事人均委托代理人出席口头审理，双方对对方出庭人员的身份及资格无异议，对合议组成员亦无回避请求。请求人认为本专利与附件1和附件2在先公开的外观设计存在的差别均不足以对外观设计的整体视觉效果产生显著影响；专利权人对上述附件的真实性无异议，认为本专利与上述在先设计的床屏形状、结构及图案的差别对产品的整体具有显著影响。

在上述审理的基础上，合议组认为本案事实清楚，可以依法作出审查决定。

二、决定的理由

1. 法律依据

基于请求人提出无效宣告请求的理由，合议组依据专利法第23条的规定进行审理。

专利法第23条规定："授予专利权的外观设计，应当同申请日以前在国内外出版物上公开发表过或者国内公开使用过的外观设计不相同和不相近似，并不得与他人在先取得的合法权利相冲突。"

2. 证据的认定

附件1是02337155.2号外观设计专利网络电子公告的打印件，其产品名称为"床（BS-805）"，申请日为2002年12月20日，公开日为2003年6月18日。经核实，该附件内容真实，其公开日在本专利的申请日（2005年4月12日）之前，适用于评述本专利是否符合专利法第23条的规定。附件2是200430008502.6号外观设计专利网络电子公告的打印件，其产品名称为"床（659）"，申请日为2004年4月15日，公开日为2004年12月22日。经核实，该附件内容真实，其公开日在本专利的申请日（2005年4月12日）之前，适用于评述本专利是否符合专利法第23条的规定。

3. 外观设计相同和相近似的比较

附件1和附件2中公开的外观设计产品均为床，其与使用本专利的产品具有相同的用途，属于相同类别的产品，故可以将附件1和附件2公开的外观设计分别与本专利进行对比。

本专利的图片包括主视图、左视图、右视图、俯视图和立体图，简要说明中载明：“后视图无设计要点，省略后视图。底部为不常见部位，省略仰视图。”其所示产品侧面呈“L”形，底部有长方形储物箱；床屏的上部呈向后倾斜状，正面上部中间有从上至下渐小的三个圆形图案，中部为上边线呈波浪状的长框形，该长框中间为变形的“n”字形图案（详见本专利附图）。

附件1公开的外观设计（下称在先设计1）包括主视图、后视图、左视图、俯视图、仰视图和立体图，简要说明中载明：“右视图与左视图对称，故省略右视图。”其公开的产品侧面呈“L”形，底部有长方形储物箱；床屏的上部呈向后倾斜状，正面均分为两个长方形凸起（详见在先设计1附图）。

将本专利与在先设计1进行比较，二者的侧面形状均呈“L”形，底部均有长方形储物箱，二者的主要不同点在于床屏的图案和形状以及床的长宽比例。本专利的床屏正面由渐小的圆形、波浪状上边线的长框和变形的“n”字形图案构成，且床屏表面无凸起，而在先设计1床屏的表面均分为两个长方形凸起，其在正面呈现为两个长方形框；本专利长与宽的比例值大于在先设计1长与宽的比例值。合议组认为，本专利与在先设计1床屏的形状和图案具有明显的差别，床屏的外观设计状况为一般消费者容易观察到并为其购买或使用床时普遍关注的对象，因而对一般消费者而言，上述差别对床的外观设计整体视觉效果具有显著的影响，二者属于不相同且不相近似的外观设计。请求人主张二者各视图的轮廓及形状均相同，其间存在的细微差别对整体视觉效果不具有显著影响。对此，合议组认为，虽然本专利与在先设计1侧面均呈“L”形，且底部均有长方形储物箱，但对于床而言，纵向的床屏与横向的床板构成侧面的“L”形以及底部配置的长方形储物箱均为其常规设计，一般消费者对该类产品的该形状具有常识性的了解，且本专利与在先设计1的上述形状不是一般消费者购买或使用床时对床外观设计的关注点，故上述形状不足以对一般消费者产生外观设计上的显著视觉印象，而位置显而易见且为一般消费者所关注的床屏形状和图案则会对其产生外观设计上的显著视觉印象。因此，请求人的上述主张不影响合议组对本专利与在先设计1的相近似判断。

附件2公开的外观设计（下称在先设计2）包括主视图、左视图、右视图、俯视图和立体图，简要说明中载明后视图和仰视图均无设计要点，故省略后视图和仰视图。其公开的产品侧面呈“L”形，底部有长方形储物箱；床屏的上部呈向后倾斜状，正面图案由顶部的长条和从左至右渐大的正方形及其下方的细长条构成（详见在先设计2附图）。

将本专利与在先设计2进行比较，二者的侧面形状均呈“L”形，底部均有长方形储物箱，二者的主要不同点在于床屏的图案。本专利床屏正面由渐小的圆形、波浪状上边线的长框和变形的“n”字形图案构成，而在先设计2床屏正面图案由顶部的长条和从左至右渐大的正方形及其下方的细长条构成。合议组认为，本专利与在先设计2床屏的图案具有明显的差别，床屏的外观设计状况为一般消费者容易观察到并为其购买或使用床时普遍关注的对象，因而对一般消费者而言，上述差别对床的外观设计整体视觉效果具有显著的影响，二者属于不相同且不相近似的外观设计。请求人主张二者各视图的轮廓及形状均相同，其间存在的细微差别对整体视觉效果不具有显著影响，对此，合议组的意见与本专利与在先设计1的对比意见相同，在此不再赘述。

4. 结论

请求人提交的证据均不能证明在本专利申请日以前与其相同或者相近似的外观设计在国内外出版物上公开发表过，即不能证明本专利不符合专利法第23条的规定，因此，请求人无效宣告请求的主张不成立。

三、决定

维持200530009345.5号外观设计专利权有效。

当事人对本决定不服的，可以根据专利法第46条第2款的规定，自收到本决定之日起三个月内向北京市第一中级人民法院起诉，根据该款规定，一方当事人起诉后，另一方当事人应当作为第三人参加诉讼。

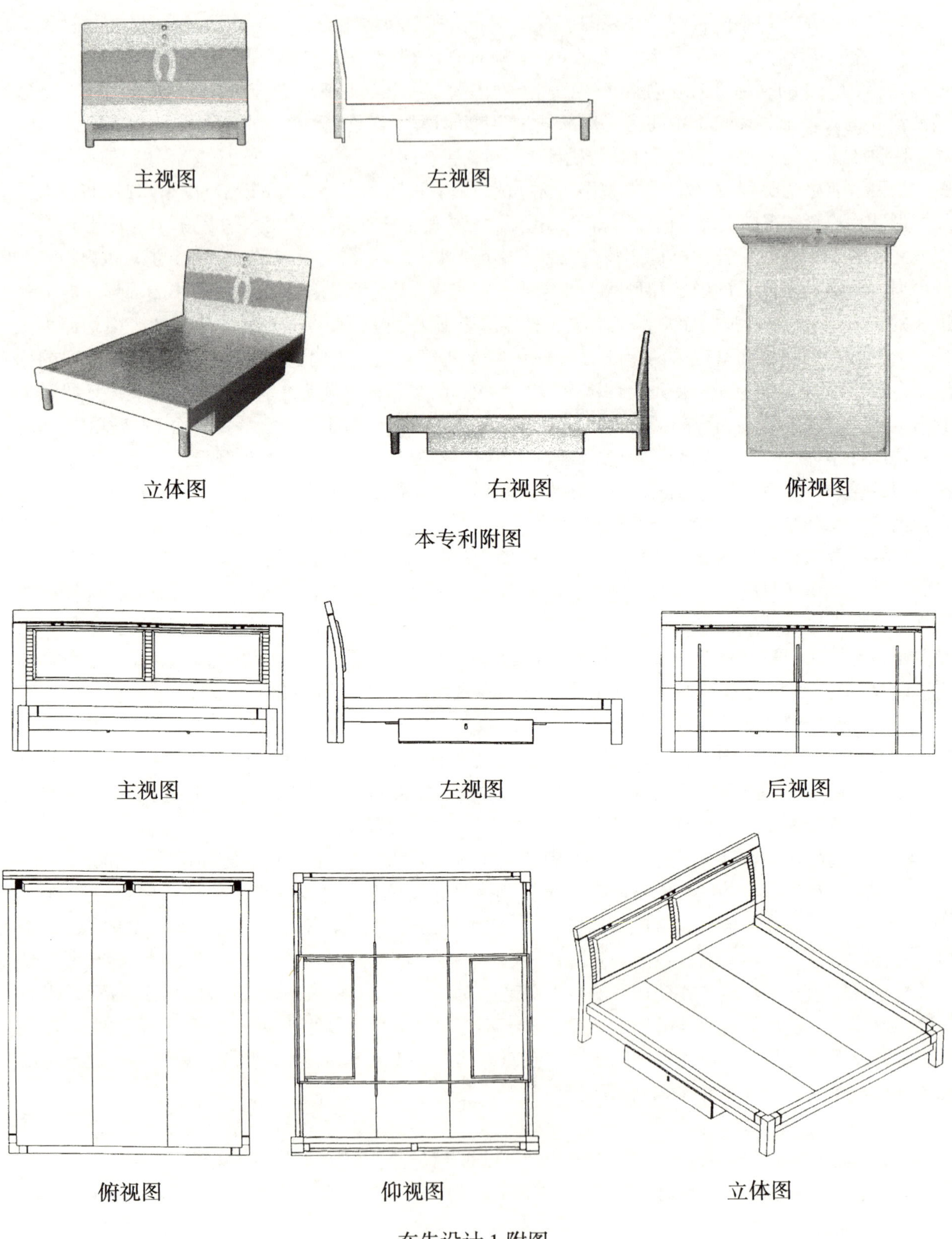

本专利附图

在先设计 1 附图

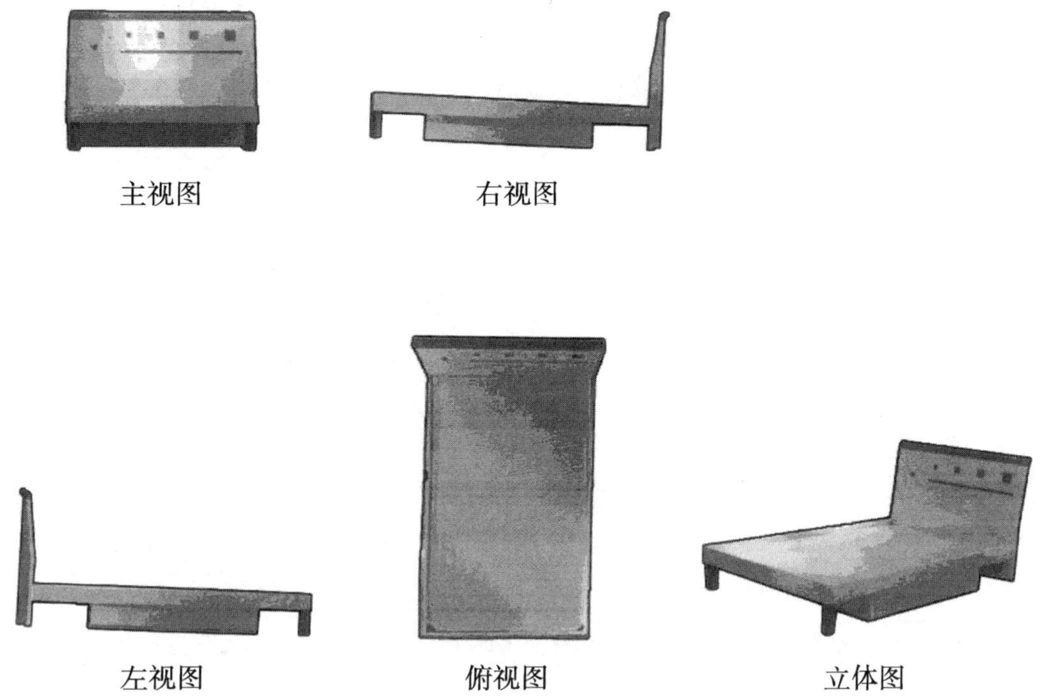

在先设计 2 附图

387

标贴（Q香辣风味香肠）

无效宣告请求审查决定（第13664号）

决　　定　　号　第13664号
决　　定　　日　2009年7月15日
发明创造名称　标贴（Q香辣风味香肠）
外观设计分类号　19-08
无效宣告请求人　深圳市腾讯计算机系统有限公司
专　利　权　人　河南双汇投资发展股份有限公司
专　　利　　号　200630302004.1
申　　请　　日　2006年12月20日
授 权 公 告 日　2007年11月28日
合 议 组 组 长　钟　华
主　　审　　员　王霞军
参　　审　　员　尹春霞

法　律　依　据　专利法第23条，专利法实施细则第65条
决　定　要　点

请求人提交的行政处罚决定书未附侵权产品图片，不能确定该侵产品就是本专利产品或者与本专利外观设计完全一致。因此，该行政处罚决定不能证明本专利与他人在先取得的合法权利相冲突。

一、案由

本无效宣告请求案涉及的是国家知识产权局于2007年11月28日授权公告的，名称为“标贴（Q香辣风味香肠）”的外观设计专利（下称本专利），其专利号是200630302004.1，申请日是2006年12月20日，专利权人是河南双汇投资发展股份有限公司。

针对本专利权，深圳市腾讯计算机系统有限公司（下称请求人）于2009年2月26日向专利复审委员会提出无效宣告请求，其理由是：本专利与请求人在先权利相冲突。因此，本专利不符合专利法第23条的规定。与此同时，请求人提交了如下附件作为证据：

附件1：本专利电子公告打印件1页；

附件2：1783334号商标注册证复印件1页；

附件3：“Q趣儿”火腿肠包装袋实物1个；

附件4：焉工商市处［2008］23号行政处罚决定书复印件2页。

请求人称附件3“Q趣儿”火腿肠包装袋的图案与本专利的图案相同，附件4焉工商市处

［2008］23号行政处罚决定认定："双汇"牌"企鹅"图像的"Q趣儿"火腿肠侵犯深圳腾讯计算机系统有限公司注册的"企鹅"图案商标，该行政处罚决定为生效决定，本专利与在先的商标权相冲突，请求宣告本专利无效。

经形式审查合格，专利复审委员会受理了本无效宣告请求，并于2009年4月2日将无效宣告请求书及相关材料副本转送给专利权人。

专利权人逾期未答复。

专利复审委员会于2009年4月24日向双方当事人发出口头审理通知书，定于2009年6月4日进行口头审理。

口头审理如期举行，请求人委托代理人出席了口头审理，专利权人未到庭，合议组依据有关规定进行缺席审理。庭审中，请求人出示了附件2商标证书和附件4行政处罚决定书的原件，请求人明确表示，附件3"Q趣儿"火腿肠包装袋的实物是为提起本专利无效宣告请求，在请求人住所地附近商场购买的。请求人认为：附件1本专利标贴图案中的"Q趣儿"、"企鹅"图案与附件4行政处罚决定书中所描述的产品图案相对应，本专利与附件2"企鹅"图案的商标近似，已构成本专利与在先取得的合法权利冲突。

在上述审理的基础上，合议组认为本案事实清楚，可以依法作出审查决定。

二、决定的理由

1. 法律依据

基于请求人提出的无效宣告请求的理由，合议组依据中国专利法第23条的规定对本案进行审理。

专利法第23条规定："授予专利权的外观设计，应当同申请日以前在国内外出版物上公开发表过或者国内公开使用过的外观设计不相同和不相近似，并不得与他人在先取得的合法权利相冲突。"

专利法实施细则第65条第2款规定："以授予专利权的外观设计与他人在行取得的合法权利相冲突为理由请求宣告外观设计专利权无效，但是未提交生效的能够证明权利冲突的处理决定或者判决的，专利复审委员会不予受理。"

2. 证据认定

请求人提交的附件1是本专利图片，可确定本专利的保护范围。

请求人提交的附件2是1783334号商标注册证，该商标的注册人为本案的请求人，可证明请求人拥有该商标权。

请求人提交的附件3是"Q趣儿"火腿肠包装袋实物1个，在口头审理时，请求人称该火腿肠于请求人所在城市购买。

请求人提交的附件4是焉耆回族自治县工商行政管理局行政处罚决定书《焉工商市处［2008］23号》，该决定书的主要内容是：焉耆县亿家汇好商贸有限责任公司销售的"双汇"牌标注有"企鹅"图像"Q趣儿"火腿肠，是河南双汇投资发展股份有限公司生产的，该火腿肠在其外包装上突出使用了"企鹅"图像，且在"企鹅"图像前加了"Q趣儿"三个字，这个"企鹅"图像虽然脖子上没有围巾，但从总体图形上看，和深圳市腾讯计算机系统有限公司注册的"企鹅"图像非常近似；……当事人这种未经商标持人有许可，擅自销售与深圳市腾讯计算机系统有限公司注册"企鹅"图像商标相近似的商品的行为，违反了《商标法》第52条第（5）项之规定，构成了侵犯他人注册商标专用权的违法行为。合议组认为，附件4焉耆回族自治县工商行政管理局的行政处罚决定书，是针对焉耆县亿家汇好商贸有限责任公司销售的"双汇"火腿肠的行为所作出的行政处罚，该决定书未涉及本专利与附件2商标权是否相冲突的问题。因该决定书中只是用文字描述了侵权产品的图案，并未附侵权产品的照片或图片，因此也无法确认该侵权产品就是本专利产品或者与本专利外观设计完全一致。而请求人提交的附件3产品实物是请求人称于所在地购买的，与附件4没有必然关联性，尚不足以认定附件3所示产品即为前述侵权产品。请求人提交的附件2~4三份证据不能证明本专利与他人在先取得的合法权利相冲突。

3. 结论

综上所述，请求人的主张未得到证据的支持，请求人提交的证据不能证明本专利的授予不符合专利法第23条的规定。

三、决定

维持200630302004.1号外观设计专利权有效。

当事人对本决定不服的，可以根据专利法第46条第2款的规定，自收到本决定之日起三个月内向北京市第一中级人民法院起诉。根据该款的规定，一方当事人起诉后，另一方当事人应当作为第三人参加诉讼。

388

沙发（2968）

无效宣告请求审查决定（第13665号）

决　定　号 第13665号
决　定　日 2009年7月13日
发明创造名称 沙发（2968）
外观设计分类号 06-01
无 效 请 求 人 朱长远
专 利 权 人 周凤英
专　利　号 200730091610.8
申　请　日 2007年4月20日
授 权 公 告 日 2008年2月6日
合 议 组 组 长 吴赤兵
主　审　员 沙柏青
参　审　员 王　红
附　　　图 4页

法 律 依 据 专利法实施细则第13条第1款
决 定 要 点

从整体观察，本专利与在先设计的差别对整体视觉效果不具有显著的影响，二者无论是整体形状还是坐垫、头枕、扶手等主要组成部分的具体形状设计和排列等方面均是相近似的，一般消费者容易产生误认、混同，因此二者属于相近似的外观设计。

一、案由

本无效宣告请求案涉及国家知识产权局于2008年2月6日授权公告的、名称为“沙发（2968）”的外观设计专利（下称本专利），其专利号是200730091610.8，申请日是2007年4月20日，专利权人是周凤英。

针对上述专利权，朱长远（下称请求人）于2009年3月4日向国家知识产权局专利复审委员会提出无效宣告请求，认为本专利不符合专利法第23条和专利法实施细则第13条的规定，并提交了以下附件作为证据：

证据1：200630030011.0号外观设计专利著录项目及图片复印件，共3页。

请求人认为，证据1所示的外观设计申请日为2006年9月4日，在本专利的申请日之前；证据1与本专利属于相同的类别，二者的整体形状、结构、轮廓等明显相近似，属于相近似的外观设计，因此本专利不符合专利法第23条和专利法实施细则第13条的规定。

经形式审查合格，专利复审委员会依法受理了上述无效宣告请求，并于2009年3月4日将无效宣告请求书及相关文件的副本转送给专利权人，通知其在指定的期限内答复。

针对上述无效宣告请求，专利权人至今未答复。

合议组于2009年5月6日向双方当事人发出合议组成员告知通知书，同日还向请求人发出无效宣告请求审查通知书，告知其专利权人未答复，要求其在指定期限内进一步陈述意见。双方当事人均未在指定期限内进行答复，视为无回避请求。请求人也未对无效宣告请求审查通知书进行答复。合议组认为，本案事实已经清楚，可以依法作出审查决定。

二、决定的理由

1. 法律依据

基于请求人提出的无效宣告请求的理由和证据，合议组依据专利法实施细则第13条第1款的规定对本案进行审理。

专利法实施细则第13条第1款规定：同样的发明创造只能被授予一项专利。

2. 证据认定

请求人提交的证据1是200630030011.0号外观设计专利著录项目及图片复印件，经合议组核实，证据1的内容与该外观设计专利公报的内容一致，该外观设计名称为："组合沙发（X-88）"，其申请日是2006年9月4日，在本专利申请日（2007年4月20日）之前，其授权公告日为2007年6月20日（在本专利申请日之后），可以作为评价本专利是否符合专利法实施细则第13条第1款规定的证据。

3. 外观设计相同和相近似对比

证据1中公开了一组沙发的外观设计（下称在先设计），与本专利的用途相同，属于相同类别的产品，具有可比性，故对二者的外观设计作如下对比：

本专利所示的沙发包括件1、件2和件3，图片公开了件1的主视图、左视图、右视图、俯视图、立体图，件2的主视图、左视图、俯视图、立体图，件3的主视图、左视图、右视图、俯视图、立体图和使用状态参考图，简要说明记载"省略其他视图"。件1为双人沙发，主体呈"㇄"形，靠背上有两个长方形头枕，头枕两侧后部有支架，沙发右侧有一扶手，扶手和坐垫间由两根细金属管连接，坐垫表面有三条等距排列的细条线，沙发底部有四个支脚支撑；件2为单人沙发，主体呈"㇄"形，靠背上有一长方形头枕，头枕两侧后部有支架，沙发坐垫中间有一条细条线，沙发底部有四个支脚支撑；件3为单人榻，主体呈"㇄"形，靠背上有一长方形头枕，头枕两侧后部有支架，沙发坐垫上有一扶手，扶手和坐垫间由两根细金属管连接，坐垫中间有一条细条线，沙发底部有四个支脚支撑（详见本专利附图）。

在先设计所示的沙发包含套件1、套件2和套件3，图片公开了套件1的主视图、左视图、俯视图、立体图，套件2的主视图、后视图、右视图、俯视图、立体图，套件3的主视图、左视图、右视图、俯视图、立体图，组合状态图、使用状态参考图1和使用状态参考图2，简要说明记载"1. 套件1后视图、套件2左视图、套件3后视图不常见，省略套件1后视图、套件2左视图、套件3后视图；2. 套件1右视图与套件1左视图对称，省略套件1右视图。3. 省略其他视图"。其中套件1为单人沙发，主体呈"㇄"形，靠背上有一个头枕，头枕两侧有支撑杆，沙发底部有四个支脚支撑；套件2为单人榻，主体呈"㇄"形，靠背上有一个头枕，头枕两侧有支撑杆，其坐垫上有一扶手，沙发底部有四个支脚支撑；套件3为双人沙发，主体呈"㇄"形，靠背上有两个头枕，头枕两侧有支撑杆，沙发右侧有一个扶手，扶手和坐垫间由两根细管连接，沙发底部有四个支脚支撑（详见在先设计附图）。

将本专利与在先设计相比较，二者的整体形状、各组成部分的具体形状和排列基本相同，其中：（1）本专利的件 1 与在先设计的套件 3 均为双人沙发，主体呈“⌙”形，靠背上有两个头枕，右侧有一个扶手，扶手和坐垫间由两根细金属管连接，沙发底部有四个支脚支撑；（2）本专利的件 2 与在先设计的套件 1 均为单人沙发，主体呈“⌙”形，靠背上有一个头枕，沙发底部有四个支脚支撑；（3）本专利的件 3 与在先设计的套件 2 均为单人榻，主体呈“⌙”形，靠背上有一个头枕，坐垫上有一扶手，沙发底部有四个支脚支撑。二者的区别在于：本专利的头枕和扶手近似长方形，头枕后部包有三根金属支架，在先设计的头枕和扶手稍显椭圆形，表面带有压纹，头枕两侧各有一根支撑杆与沙发主体连接；本专利的坐垫表面图案为细条线，在先设计的坐垫表面为正方形压纹；本专利的四个支撑脚的形状与在先设计稍有不同。合议组认为：从整体观察，本专利与在先设计的上述差别对整体视觉效果不具有显著的影响，二者其他更为细微的差别也均明显不足以对整体视觉效果产生显著影响；二者无论是整体形状还是坐垫、头枕、扶手等主要组成部分的具体形状设计和排列等方面均是相近似的，一般消费者容易产生误认、混同，因此二者应属于相近似的外观设计。综上所述，合议组认为，在本专利申请日以前已有与其相近似的外观设计申请专利并在本专利申请日以后获得授权，所以，本专利不符合专利法实施细则第 13 条第 1 款的规定。

鉴于已经得出本专利不符合专利法实施细则第 13 条第 1 款规定的结论，合议组对请求人提出的其他理由不再进行评述。

三、决定

宣告 200730091610. 8 号外观设计专利权全部无效。

当事人对本决定不服的，可以根据专利法第 46 条第 2 款的规定，自收到本决定之日起三个月内向北京市第一中级人民法院起诉。根据该款的规定，一方当事人起诉后，另一方当事人应当作为第三人参加诉讼。

件 1 俯视图

件 1 右视图

件 1 左视图

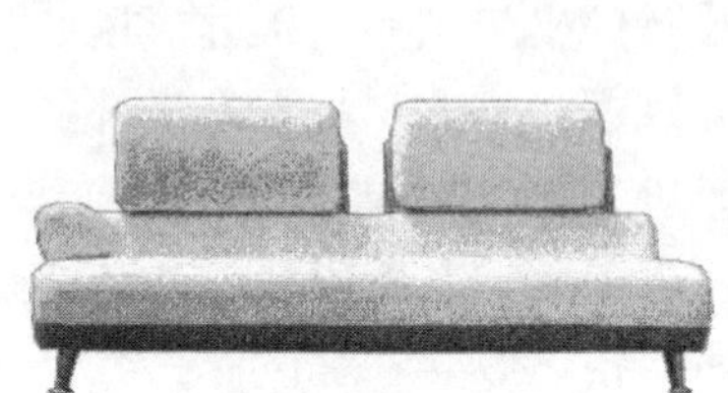

件 1 主视图

件 1 立体图

使用状态参考图

件 2 俯视图

件 2 主视图

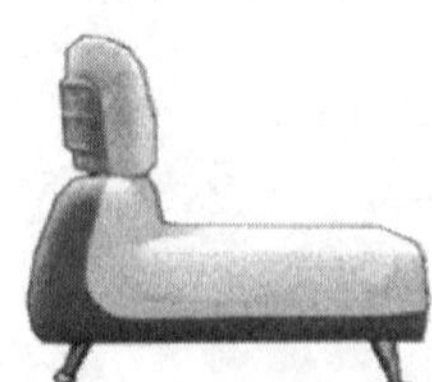

件 2 左视图

件 2 立体图

本专利附图（一）

件 3 主视图

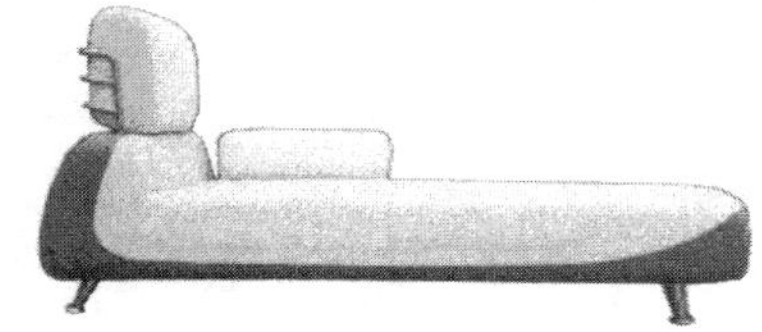

件 3 左视图

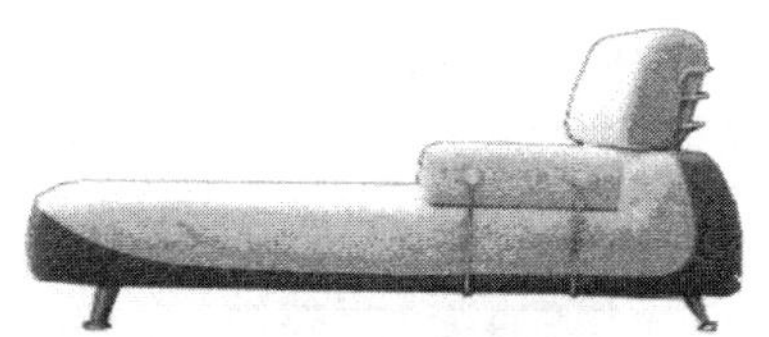

件 3 右视图

件 3 立体图

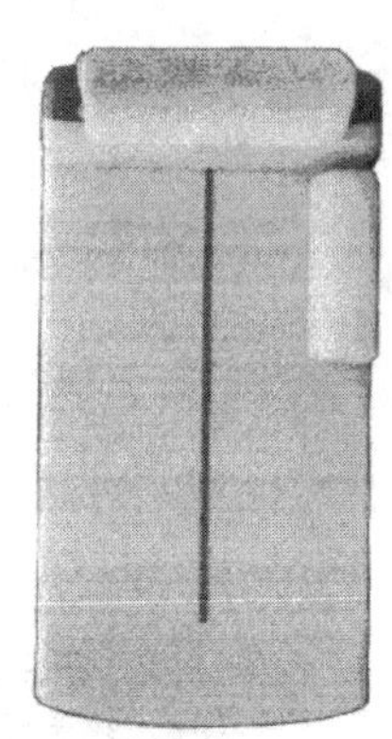

件 3 俯视图

本专利附图（二）

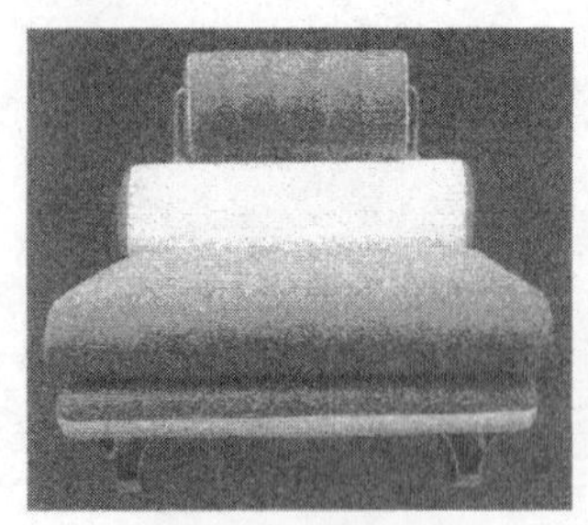
组件 1 主视图

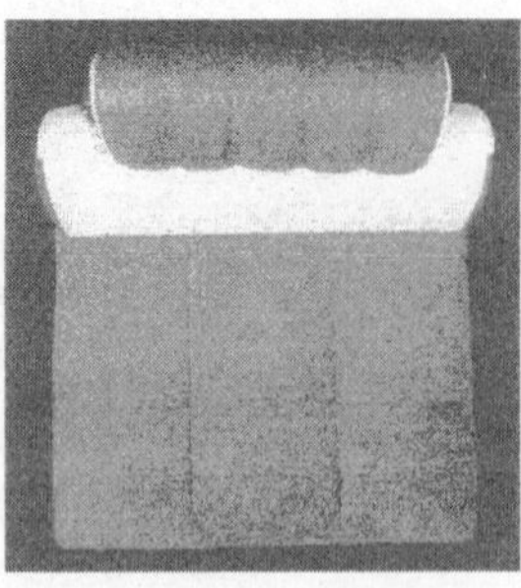
组件 1 俯视图

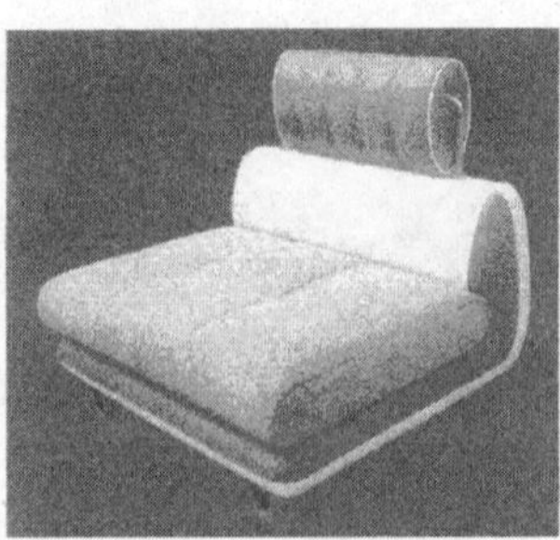
组件 1 立体图

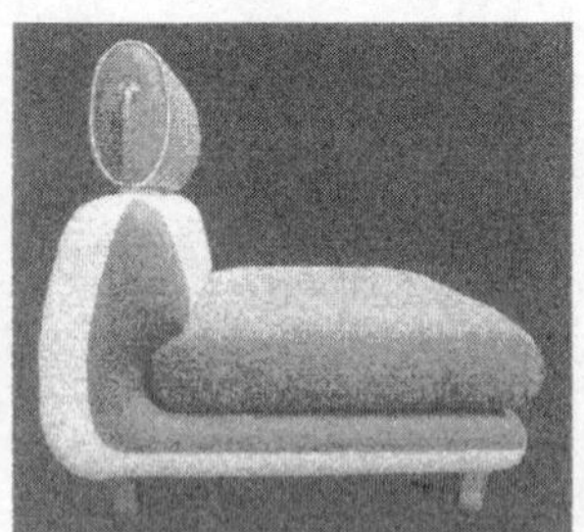
组件 1 左视图

组件 2 主视图

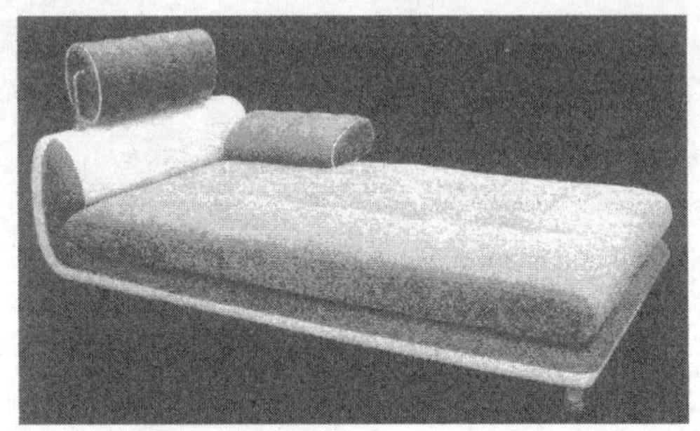
组件 2 立体图

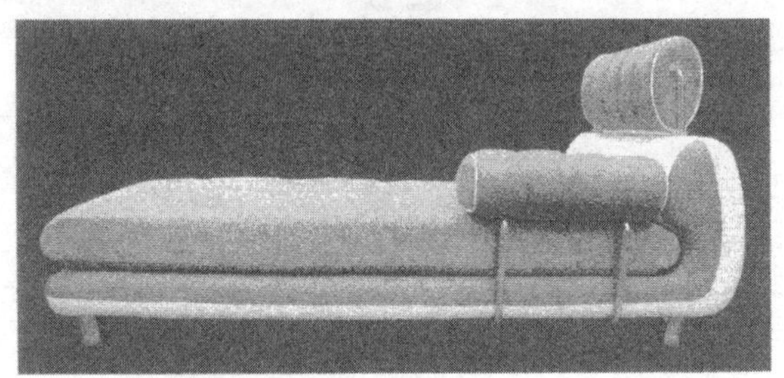
组件 2 后视图

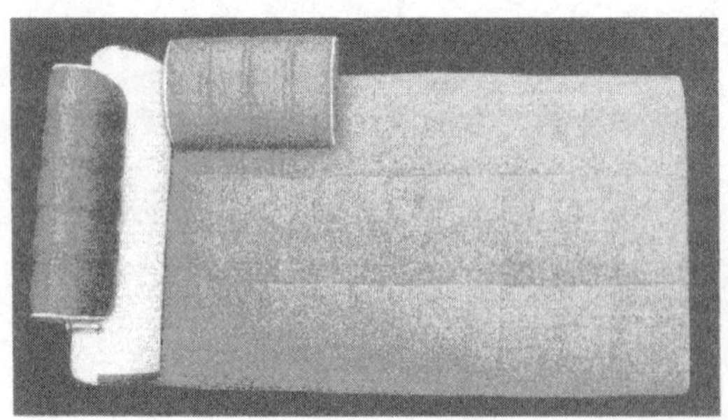
组件 2 俯视图

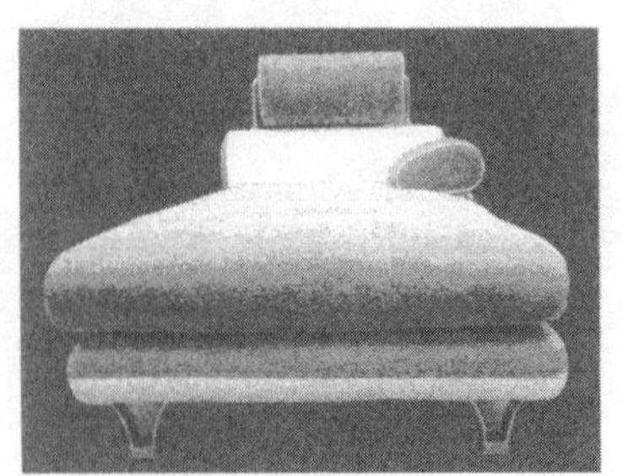
组件 2 右视图

在先设计附图（一）

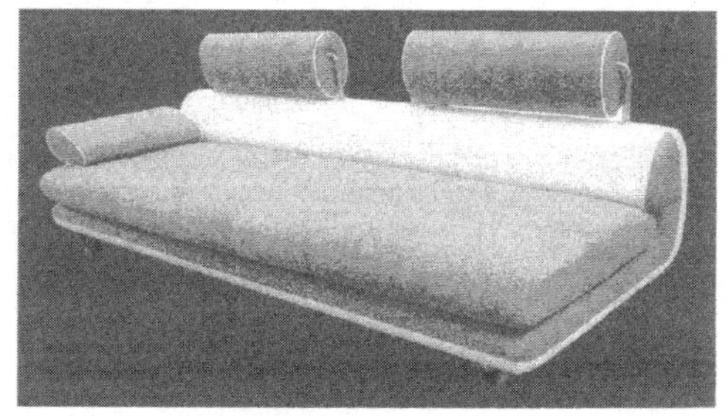

组件 3 立体图

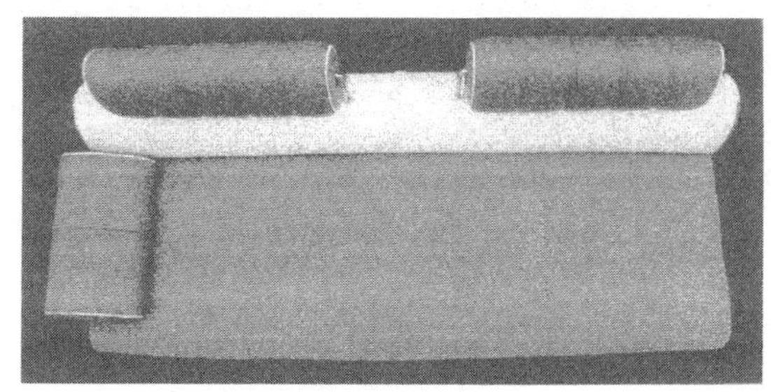

组件 3 俯视图

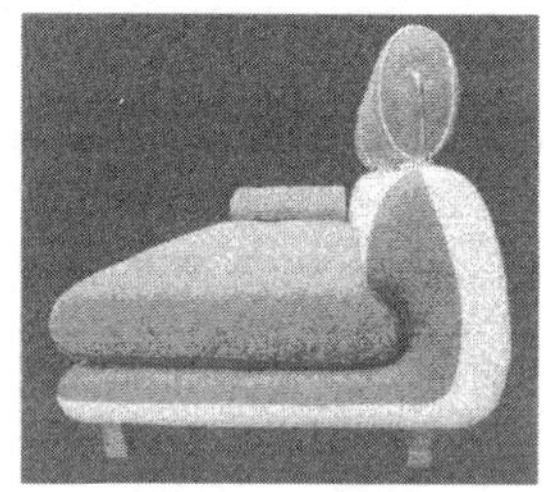

组件 3 右视图

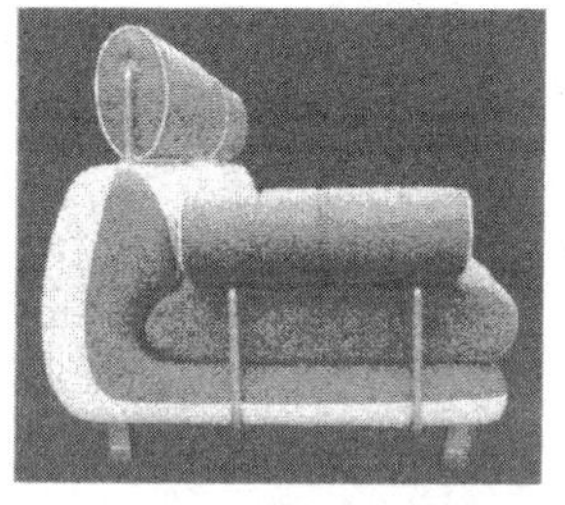

组件 3 左视图

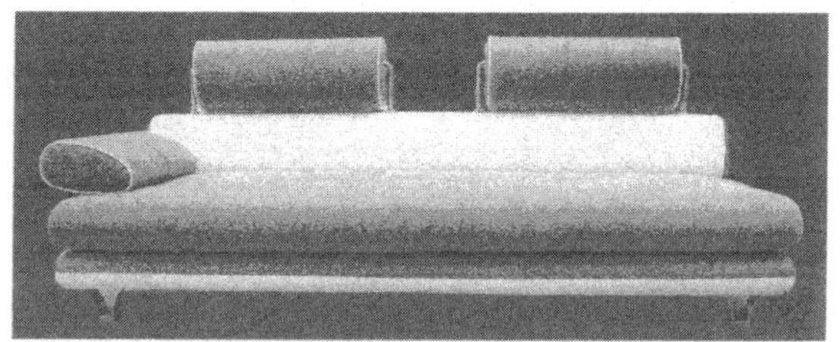

组件 3 主视图

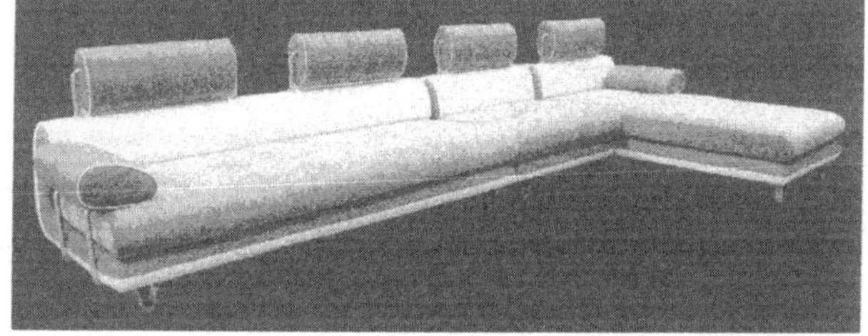

组合状态图

使用状态参考图 1

使用状态参考图 2

在先设计附图（二）

389

卫生棺装饰板（L2720）

无效宣告请求审查决定（第13669号）

决　　定　　号　第13669号
决　　定　　日　2009年7月15日
发明创造名称　卫生棺装饰板（L2720）
外观设计分类号　99-00
无效宣告请求人　纪云方
专　利　权　人　薛惕忠
专　　利　　号　200430101544.4
申　　请　　日　2004年10月27日
授 权 公 告 日　2005年8月17日
合 议 组 组 长　王霞军
主　　审　　员　尹春霞
参　　审　　员　沙柏青
附　　　　　图　1页

法　律　依　据　专利法实施细则第13条第1款
决　定　要　点

本专利与在先设计差别明显，对整体视觉效果产生显著的影响，因此二者属于不相同且不相近似的外观设计。

一、案由

本无效宣告请求涉及国家知识产权局于2005年8月17日授权公告的200430101544.4号外观设计专利，使用该外观设计的产品名称是"卫生棺装饰板（L2720）"，其申请日是2004年10月27日，专利权人是薛惕忠。

针对上述外观设计专利权（下称本专利），纪云方（下称请求人）于2009年4月16日向专利复审委员会提出无效宣告请求，其理由是：本专利与其申请日前在出版物上公开发表过的外观设计相近似，故不符合专利法第23条的规定；本专利与专利权人于同一日申请的四项外观设计相近似，故不符合专利法实施细则第13条的规定。同时，请求人提交了如下附件作为证据：

附件1：200430058529.6号外观设计专利著录项目及图片复印件，共1页；

附件2：200430101547.8号外观设计专利著录项目及图片复印件，共1页；

附件3：200430101540.6号外观设计专利著录项目及图片复印件，共1页；

附件4：200430101533.6号外观设计专利著录项目及图片复印件，共1页；

附件5：200430101541.0号外观设计专利著录项目及图片复印件，共1页。

请求人认为，本专利相对于附件1不符合专利法第23条的规定，相对于附件2~5不符合专利法实施细则第13条的规定。

经形式审查合格，专利复审委员会依法受理了上述无效宣告请求，并于2009年4月17日将无效宣告请求书及相关文件的副本转送专利权人，通知其在指定的期限内答复。专利权人逾期未答复。

专利复审委员会成立合议组对本案进行审理，并于2009年6月4日向双方当事人发出无效宣告请求口头审理通知书，定于2009年7月14日对本案进行口头审理。

口头审理如期举行，双方当事人均委托代理人出庭，均对对方出庭人员的身份和资格无异议，对合议组成员无回避请求。

口头审理中，请求人针对附件1将本专利不符合专利法第23条规定的理由变更为本专利不符合专利法实施细则第13条第1款的规定，同时放弃附件2~5作为本案的证据。双方对本专利与附件1所示外观设计的相近似性发表了意见，请求人认为本专利与附件1的区别是细小的，不构成显著影响，专利权人认为二者的视觉效果完全不同，二者不相同也不相近似。

在双方当事人意见陈述及口头审理的基础上，合议组经合议，认为本案事实清楚，依法作出本审查决定。

二、决定的理由

1. 法律依据

基于请求人提出无效宣告请求的理由，合议组依据专利法实施细则第13条第1款的规定进行审理。

专利法实施细则第13条第1款规定："同样的发明创造只能被授予一项专利。"

2. 证据的认定

附件1是200430058529.6号外观设计专利著录项目及图片复印件，其产品名称为"卫生棺装饰板（L4751）"，申请日为2004年7月6日，公开日为2005年6月8日，专利权人与本专利为同一人。经合议组核实，该附件内容真实，本专利的申请日为2004年10月27日，因此附件1所示外观设计属于申请在先，公开在后的外观设计，可以作为评价本专利是否符合专利法实施细则第13条第1款规定的证据。

请求人在口头审理中声明放弃附件2~5作为本案的证据，合议组对附件2~5不予评述。

3. 外观设计相同和相近似的比较

附件1中公开了一种卫生棺装饰板的外观设计，与本专利用途相同，属于相同类别的产品，故附件1公开的卫生棺装饰板的外观设计（下称在先设计）可以与本专利进行相同或相近似比较。

本专利的图片包括卫生棺装饰板的主视图、左视图、俯视图、仰视图，简要说明载明：本外观设计是一种贴在卫生棺表面的装饰件，后视图不常见，左视图与右视图对称，省略后视图与右视图。其所示卫生棺装饰板整体呈近似的扁长方形状，四边略呈弧形；内部有两层向内凹的近似长方形；左、右各有一安装孔（详见本专利附图）。

在先设计公开了卫生棺装饰板的主视图和后视图，简要说明载明：本外观设计是贴在卫生棺表面的装饰板，其图案只表现在主视图上，省略左视图、右视图、俯视图、仰视图。其所示卫生棺装饰板整体为三部分错位排列的长方形；每一部分均有近似长方形阶梯状凸起；左、右各有一安装孔（详见在先设计附图）。

将本专利与在先设计相比较，二者均为扁平的板状，左、右均各有一安装孔。二者的主要不同点为：整体形状不同，本专利整体呈近似的扁长方形状，在先设计整体为三部分错位排列的长方形；内部设计不同，本专利内部有两层向内凹的近似长方形，在先设计在每一部分有近似长方形阶梯状凸起。合议组认为：本专利与在先设计均呈现为有一定厚度的平板形状，二者在上述部位的设计差别明显，对整体视觉效果产生显著的影响，因此本专利与在先设计属于不相同且不相近似的外观设计。

综上所述，本专利与在先设计不相同且不相近似，二者不属于同样的发明创造，请求人提交的证据不能支持其无效宣告请求的理由。

三、决定

维持200430101544.4号外观设计专利权有效。

当事人对本决定不服的，可以根据专利法第46条第2款的规定，自收到本决定之日起三个月内向北京市第一中级人民法院起诉，根据该款规定，一方当事人起诉后，另一方当事人应当作为第三人参加诉讼。

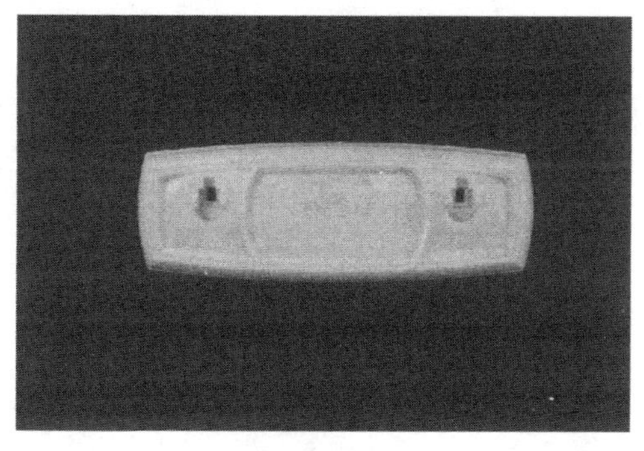

主视图

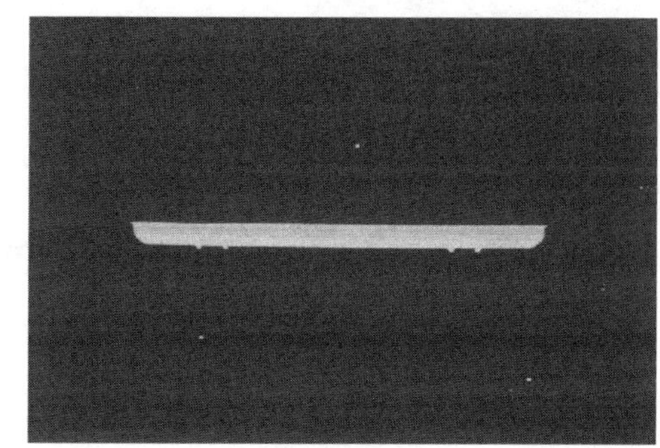

俯视图

左视图

仰视图

本专利附图

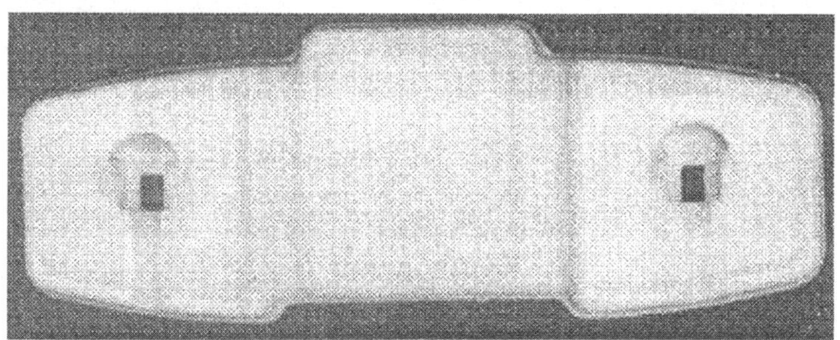

主视图

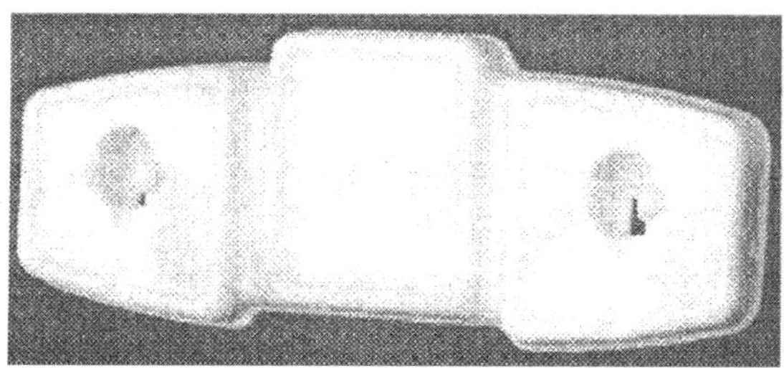

后视图

在先设计附图

广告支架底座（1）

无效宣告请求审查决定（第13671号）

决　　定　　号　第13671号
决　　定　　日　2009年7月16日
发明创造名称　广告支架底座（1）
外观设计分类号　20-03
无效宣告请求人　洪晋国
专　利　权　人　赵立新
专　　利　　号　200730038772.5
申　　请　　日　2007年6月22日
授权公告日　2008年6月4日
合议组组长　王霞军
主　　审　　员　钟　华
参　　审　　员　王美芳
附　　　　图　1页

法　律　依　据　专利法第23条
决　定　要　点
本专利与在其申请日前公开的外观设计相近似，不符合专利法第23条的规定。

一、案由

本无效宣告请求涉及国家知识产权局于2008年6月4日授权公告的、名称为“广告支架底座（1）”的200730038772.5号外观设计专利（下称本专利），其申请日为2007年6月22日，专利权人为赵立新。

针对本专利，洪晋国（下称请求人）于2009年3月22日向专利复审委员会提出无效宣告请求，其理由是在本专利申请日前已经公开发表过与本专利相近似的外观设计，因此本专利不符合专利法第23条的规定，请求人同时提交如下附件作为证据：

附件1：200530054033.6号外观设计专利电子公开文本打印页共3页；

附件2：本专利电子公开文本打印页共2页。

经形式审查合格，专利复审委员会依法受理了上述无效宣告请求，并于2009年4月23日将无效宣告请求书及相关文件的副本转给专利权人，要求其在指定的期限内答复。

2009年5月14日，专利复审委员会向双方当事人发出合议组成员告知通知书。双方当事人在指定期限内均未申请合议组人员回避。

2009年6月9日，专利权人提交了意见陈述书，认为对比文件与本专利在主要创作部位左视图中差异很大，对比文件的左右不对称，而本专利是基本的对称结构，其他部位两者相比也有明显差异，因此应维持本专利有效。

至此，合议组认为本案事实已经调查清楚，可以作出如下审查决定。

二、决定的理由

1. 法律依据

专利法第23条规定："授予专利权的外观设计，应当同申请日以前在国内外出版物上公开发表过或者国内公开使用过的外观设计不相同和不相近似，并不得与他人在先取得的合法权利相冲突。"

2. 证据的认定

附件1、附件2均为中国外观设计专利电子公开文本打印页，经合议组核实，其内容真实，可以作为本案的定案依据。附件1的公开日为2005年11月16日，早于本专利申请日2007年6月22日，故其上记载的件1的外观设计属于在本专利申请日前公开的外观设计（下称在先设计），能用于评述本专利是否符合专利法第23条的规定。

3. 本专利是否符合专利法第23条的规定

本专利为广告支架底座的外观设计，在先设计为展示架底座的外观设计，两者所属产品的种类相同，因此可以进行外观设计近似性比较。

本专利授权图片包括主视图、后视图、左视图、右视图、仰视图、俯视图和使用状态立体图，本专利所示广告支架底座，该广告支架底座的两端均近似无挂钩的环形封闭衣架状，其中央有一条横向的近似中括号状的折线，该广告支架底座的外侧面沿纵向沿长，其横截面保持不变（详见本专利附图）。

在先设计公开了主视图、后视图、左视图、右视图、仰视图、俯视图和使用状态图，其所示展示架底座的两端均近似无挂钩的环形封闭衣架状，该展示架底座的外侧面沿纵向沿长，其横截面保持不变（详见在先设计附图）。

将本专利与在先设计对比，两者的整体形状近似，其两端均近似无挂钩的环形封闭衣架状，其外侧面沿纵向沿长，且横截面保持不变。两者的不同之处在于：本专利端面为对称衣架状，在先设计端面为倾斜衣架状；本专利两端中央有一条横向的近似中括号状的折线。对此，合议组认为：上述区别属于局部的细微差别，不足以对产品的整体视觉效果产生显著的影响，因此本专利与在先设计构成相近似的外观设计，本专利不符合专利法第23条的规定。

三、决定

根据专利法第23条和专利法第46条第1款的规定，宣告200730038772.5号外观设计专利权全部无效。

根据专利法第46条第2款的规定，当事人对本决定不服的，自收到本决定之日起三个月内向北京市第一中级人民法院起诉，根据该款规定，一方当事人起诉后，另一方当事人应当作为第三人参加诉讼。

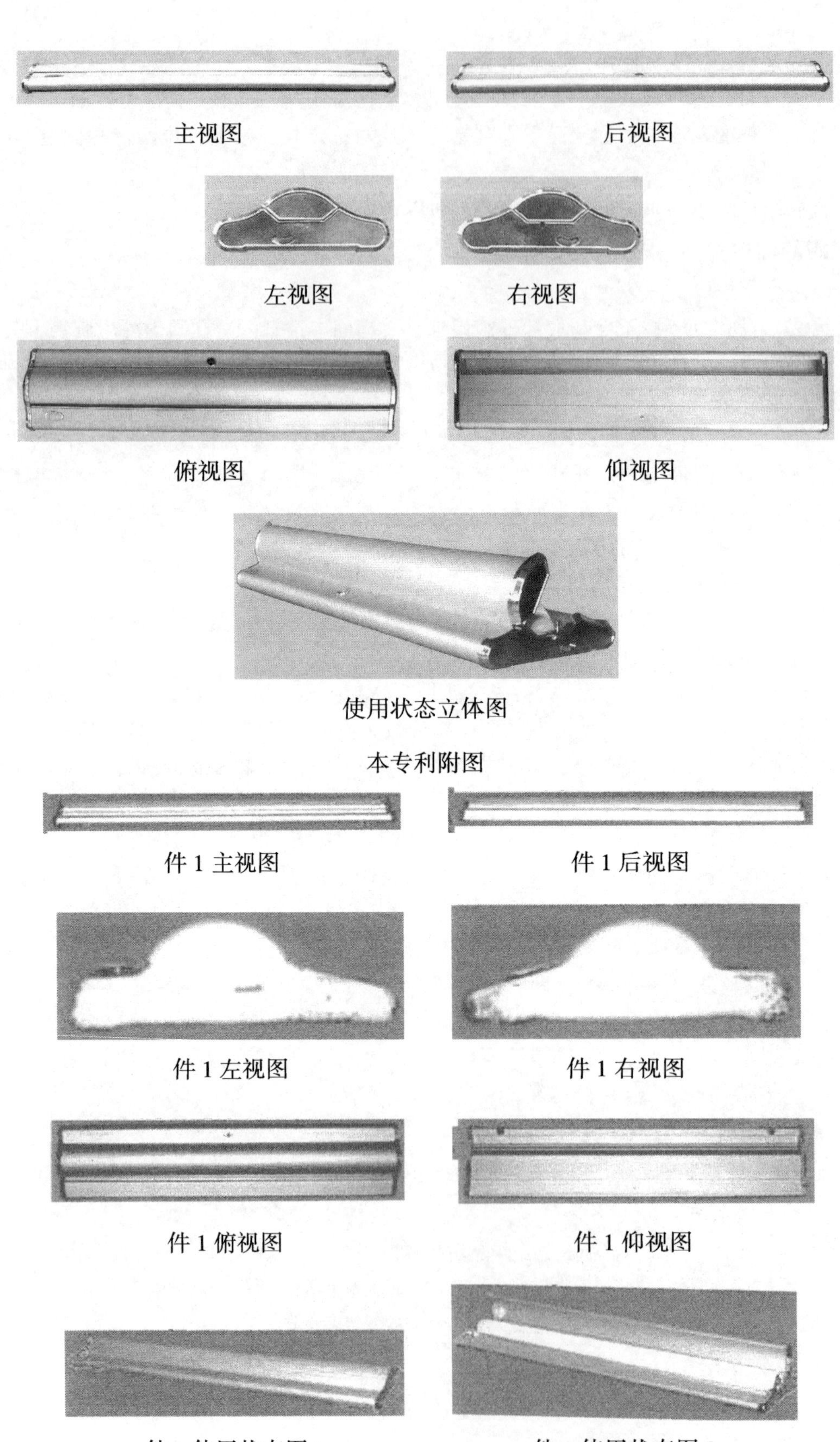

主视图　后视图

左视图　右视图

俯视图　仰视图

使用状态立体图

本专利附图

件 1 主视图　件 1 后视图

件 1 左视图　件 1 右视图

件 1 俯视图　件 1 仰视图

件 1 使用状态图 1　件 1 使用状态图 2

在先设计附图

391

包装袋

无效宣告请求审查决定（第13681号）

决　　定　　号　第13681号
决　　定　　日　2009年7月17日
发明创造名称　包装袋
外观设计分类号　09-05
无效宣告请求人　杭州味之味香精香料有限公司
专　利　权　人　新疆彩虹香料有限公司
专　　利　　号　200630010503.3
申　　请　　日　2006年4月3日
授权公告日　2007年1月17日
合议组组长　钟　华
主　　审　　员　王　红
参　　审　　员　雷　婧

法　律　依　据　专利法第23条
决　定　要　点

请求人提交的证据的真实性、关联性不能确认，不能作为本案的定案依据。因此，不能证明本专利在其申请日前公开发表、公开使用过。

一、案由

本无效宣告请求涉及2007年1月17日国家知识产权局授权公告的200630010503.3号外观设计专利，其产品名称是“包装袋”，申请日是2006年4月3日，专利权人是新疆彩虹香料有限公司。

针对上述外观设计专利权（下称本专利），杭州味之味香精香料有限公司（下称请求人）于2009年4月27日向专利复审委员会提出无效宣告请求，其理由是本专利不符合专利法第23条、专利法实施细则第2条第3款的规定。请求人认为，本专利与其申请日以前在国内出版物上公开发表、公开使用过的外观设计相同。同时，请求人提交了如下附件作为证据：

附件1：杭州西湖香精香料有限公司宣传画册原件、复印件各16页；

附件2：杭州西湖香精香料有限公司全国质量体系认证证书彩色复印件各1页；

附件3：杭州西湖香精香料有限公司新西湖香精宣传画册原件、复印件各4页；

附件4：杭州电信大黄页2004版封面及406页杭州西湖香精香料有限公司固定8位数电话号码原件及复印件2页以及新浪网有关浙江杭州等地电话号码升位的新闻复印件1页；

附件 5：本专利主视图与杭州西湖香精香料有限公司宣传册上的铁罐鲜奶精香精外观图形的彩色复印件各 1 页。

经形式审查合格，专利复审委员会受理了该无效宣告请求，并于 2009 年 4 月 28 日将无效宣告请求书和证据的副本转送给专利权人，限其在指定期限内答复，并告知专利权人如逾期不答复，不影响专利复审委员会的审理。

专利复审委员会于 2009 年 6 月 1 日收到专利权人提交的意见陈述书。专利权人认为，有关杭州西湖香精香料有限公司宣传册的证据与事实不符。专利权人提供的反证 1 证明了杭州西湖香精香料有限公司在本专利申请日前从没有在生产和销售过程中使用过与本专利相同或相似的图案。请求人提供的宣传册是复印件，其真实性、合法性无法得到证实，不能作为本案定案的证据，因此本专利没有丧失新颖性，依法应当维持专利权，同时提交如下附件作为反证：

反证 1：杭州西湖香精香料有限公司的声明书原件 1 页。

2009 年 6 月 5 日，专利复审委员会向双方当事人发出口头审理通知书，定于 2009 年 7 月 6 日对本案进行口头审理。专利复审委员会同时将专利权人提交的意见陈述书转送请求人，通知其在指定期限内答复。

口头审理如期举行，双方当事人委托了代理人参加口头审理，请求人对对方参加口头审理人员的身份和资格没有异议。专利权人对对方参加口头审理人员的主体资格没有异议，对法定代表人身份有异议。双方对合议组成员没有回避请求。口头审理中，请求人当庭放弃专利法实施细则第 2 条第 3 款的无效理由。请求人认为：附件 1 宣传画册封底内页左上角第 1 排左起第 2 个铁罐鲜奶精外观图形与附件 3 画册第 2 页右下角第 2 个铁罐鲜奶精外观图形完全相同，两者为同一产品。附件 1 宣传画册封底内页右下角所写的企业固定电话号码为 7 位数，而附件 3 画册第 4 页所写的企业固定电话号码为 8 位数。而杭州地区固定电话号码已于 2001 年 5 月 18 日零时由 7 位升至 8 位（可在新浪网查询）。附件 4 “杭州电信大黄页 2004 版封面及 406 页杭州西湖香精香料有限公司固定 8 位电话号码（原件）” 证实了附件 3 画册中所写的企业固定电话号码的真实可靠性。附件 2 “杭州西湖香精香料有限公司全国质量体系认证证书（复印件）” 的证书有效期为 1998 年 4 月 26 日至 2001 年 4 月 25 日。专利权人认为：5 个附件均不能证明本专利在申请日前已有与之相近似的外观设计公开发表和公开使用。附件 1、附件 3 是宣传册，专利权人对其真实性有异议，认为其上未记载出版者、公开出版日期，不是专利法意义的公开出版物也不能证明其公开使用。附件 2、附件 4、附件 5 都是间接证据，与本案待证事实没有关联性，五组证据没有形成完整的证据链，没有证明体系证明在本专利申请日之前已有与之相近似的外观设计的待证事实。双方当事人均在坚持原有观点的基础上充分陈述了意见。

2009 年 7 月 10 日，专利复审委员会收到请求人针对专利权人的意见陈述提交的意见陈述书，其内容与口头审理时陈述的意见基本一致，合议组经合议，不再予以转送。

2009 年 7 月 13 日，专利复审委员会收到请求人的授权委托书以及法定代表人证明。经合议组核实，上述授权委托书以及法定代表人证明符合法律相关规定。

在以上审理的基础上，本案合议组经合议，认为本案事实清楚，依法作出本审查决定。

二、决定的理由

1. 法律依据

根据请求人提出的无效宣告请求的理由和提交的证据，本案合议组依据专利法第 23 条的规定对本案进行审理。

专利法第 23 条规定：“授予专利权的外观设计，应当同申请日以前在国内外出版物上公开发表过或者国内公开使用过的外观设计不相同和不相近似，并不得与他人在先取得的合法权利相冲突。”

2. 证据的认定

请求人提交的附件1、附件3是广告宣传册，该类证据形成较为随意，在没有其他证据佐证其真实性的情况下，附件1、附件3不能作为本案的定案依据。附件2、附件4为质量认证证书、杭州电信大黄页和新浪网有关浙江杭州等地电话号码升位的新闻，在附件1、附件3不能作为本案的定案依据的情况下，附件2、附件4与本案无关联性。附件5是本专利的主视图及附件1中的铁罐鲜奶精香精产品的立体图，由于附件1的真实性无法确认，故附件5中的铁罐鲜奶精香精产品的立体图的真实性也无法确认。合议组认为，请求人提交的证据不能证明与本专利相同或相近似的外观设在其申请日前公开发表、公开使用过，因此，请求人以此证明本专利不符合专利法第23条规定的主张不能成立。

综上所述，请求人提交的证据不足以支持其无效宣告请求的理由，其主张不成立。

三、决定

维持200630010503.3号外观设计专利权有效。

当事人对本决定不服的，可以根据专利法第46条第2款的规定，自收到本决定之日起三个月内向北京市第一中级人民法院起诉。根据该款的规定，一方当事人起诉后，另一方当事人应当作为第三人参加诉讼。

392

蓄热板

无效宣告请求审查决定（第13684号）

决　定　号　第13684号
决　定　日　2009年6月22日
发明创造名称　蓄热板
外观设计分类号　25-01
无效宣告请求人　穆棱市兴源建材有限责任公司
专　利　权　人　张大勇
专　利　号　200630020598.7
申　请　日　2006年6月14日
授权公告日　2007年3月21日
合议组组长　张　凌
主　审　员　吴大章
参　审　员　尹春霞
附　　　图　3页

法律依据　专利法第23条
决定要点
本专利和在先设计的区别点对整体视觉效果具有显著影响，就一般消费者而言，二者的区别点足以形成不同的整体视觉印象，因此，二者属于不相近似的外观设计。

一、案由

根据北京市高级人民法院作出的（2008）高行终字第673号行政判决书，专利复审委员会重新组成合议组依法作出本审查决定。

本无效宣告请求涉及的是国家知识产权局于2007年3月21日授权公告的、名称为“蓄热板”的外观设计专利（下称本专利），其申请号是200630020598.7，申请日是2006年6月14日，专利权人是张大勇。

针对本专利权，穆棱市兴源建材有限责任公司（下称请求人）于2007年8月13日向专利复审委员会提出无效宣告请求，其主要理由是：本专利与在先申请并已授权的外观设计专利相近似，本专利不符合专利法第23条的规定。与此同时，请求人提交了如下附件作为证据：

附件1：从国家知识产权局网站下载的本专利的著录项目和图片的复印件；

附件2：从国家知识产权局网站下载的第200530003570.8号中国外观设计专利的著录项目和图片

的复印件；

附件 3：从国家知识产权局网站下载的第 02307103.6 号中国外观设计专利的著录项目和图片复印件。

专利复审委员会于 2007 年 12 月 13 日针对上述无效宣告请求案作出第 10818 号无效宣告请求审查决定书，认定本专利和附件 2（200530003570.8 号外观设计专利的著录项目及外观设计图片）记载的外观设计相近似，附件 2 属于本专利申请日之前的公开出版物，因此，依据专利法第 23 条的规定，宣告本专利权无效。

专利权人不服专利复审委员会作出的第 10818 号无效宣告请求审查决定书，向北京市第一中级人民法院提起行政诉讼，2008 年 7 月 22 日，北京市第一中级人民法院作出（2008）一中行初字第 406 号行政判决书，该判决书认定："被告认定上述区别属于局部细微变化，二者的主要部位形状相似已经形成了整体相近似的视觉印象，二者属于相近似的外观设计的主要证据不足，本院不予支持"，判决撤销第 10818 号无效宣告审查决定。

请求人不服北京市第一中级人民法院作出的"（2008）一中行初字第 406 号"行政判决书，向北京市高级人民法院提起上诉，2009 年 1 月 11 日，北京市高级人民法院作出（2008）高行终字第 673 号行政判决书，维持原判。

专利复审委员会依法组成合议组，于 2009 年 3 月 23 日向请求人及专利权人发出合议组成员告知通知书，此后，于 2009 年 4 月 15 日向请求人以及专利权人发出无效宣告请求口头审理通知书，定于 2009 年 6 月 8 日进行口头审理。

口头审理如期进行。专利权人本人出席口头审理。请求人没有出席口头审理，但是提交口头审理回执。专利权人针对附件 3（02307103.6 号外观设计专利著录项目和图片复印件）陈述了辩论意见，认为其与本专利用途不同，而且不相近似。

在上述审理的基础上，合议组依法作出本审查决定。

二、决定的理由

基于请求人提出的无效宣告请求理由，合议组对本专利是否符合专利法第 23 条的规定进行审查。

专利法第 23 条规定："授予专利权的外观设计，应当同申请日以前在国内外出版物上公开发表过或者国内公开使用过的外观设计不相同和不相近似，并不得与他人在先取得的合法权利相冲突。"

请求人提交的附件 2 是国家知识产权局于 2006 年 1 月 18 日授权公告的、申请号为 200530003570.8、名称为"大孔轻集料填充墙砌块（三块）"的外观设计专利著录项目和图片，经合议组核实确认其真实性。附件 2 的公开日期早于本专利的申请日，属于专利法第 23 条规定的出版物，本专利与在先设计均用于建筑材料，其用途相同，二者产品具有可比性，故附件 2 记载的外观设计已构成本专利申请日前公开的外观设计（下称在先设计 1）。

在先设计 1 公开了产品六面视图和立体图。如图所示，在先设计 1 整体形状为长方体，左右两端为凹凸形状的榫和槽，设有三个长方形通孔（详见在先设计 1 的附图）。

请求人提交的附件 3 是国家知识产权局于 2003 年 2 月 5 日授权公告的、申请号为 02307103.6、名称为"空心砌块"的外观设计专利著录项目和图片，经合议组核实其内容真实。附件 3 的公开日期早于本专利的申请日，属于专利法第 23 条规定的出版物，本专利与附件 3 记载的外观设计均用于建筑材料，其用途相同，二者产品具有可比性，故附件 3 记载的外观设计已构成本专利申请日前公开的外观设计（下称在先设计 2）。

在先设计 2 公开了产品主视图、左视图、右视图、俯视图、仰视图和立体图。如图所示，在先设计整体形状为长方体，左右两端为凹凸形状的榫和槽，具有三个长方形通孔（详见在先设计附图）。

本专利授权公报公开了产品六面视图和立体图。如图所示，本专利整体形状为长方体，左右两端为曲面设计，设计有三个长方形通孔（详见本专利附图）。

将本专利与在先设计 1 比较，二者产品整体形状均为长方体，都有长方形通孔，主要不同之处在于：产品两端连接部位的形状不同，本专利为曲面，在先设计 1 为梯形；本专利通孔与长方体较长的方向同向，而在先设计 1 的通孔的方向与较长的方向垂直。合议组认为，上述区别点对视觉效果具有显著影响，就一般消费者而言，二者的区别点足以形成不同的整体视觉印象，因此，二者属于不相近似的外观设计。

将本专利与在先设计 2 比较，二者产品整体形状均为长方体，都设计有长方形通孔，主要不同之处在于：产品两端连接口的形状不同，本专利为曲面，在先设计为梯形；通孔的设计方向不同，本专利通孔与长方体较长的方向同向，而在先设计的通孔的方向与较长的方向垂直，在先设计通孔两侧的竖块高于其方形转体的前后壁。合议组认为，上述区别点对视觉效果具有显著影响，就一般消费者而言，二者的区别点足以形成不同的整体视觉印象，因此，二者属于不相近似的外观设计。

综上所述，请求人提交的证据不能支持其无效请求的理由。

三、决定

维持 200630020598.7 号外观设计专利权有效。

当事人对本决定不服的，可以根据专利法第 46 条第 2 款的规定，自收到本决定之日起三个月内向北京市第一中级人民法院起诉。根据该款的规定，一方当事人起诉后，另一方当事人应当作为第三人参加诉讼。

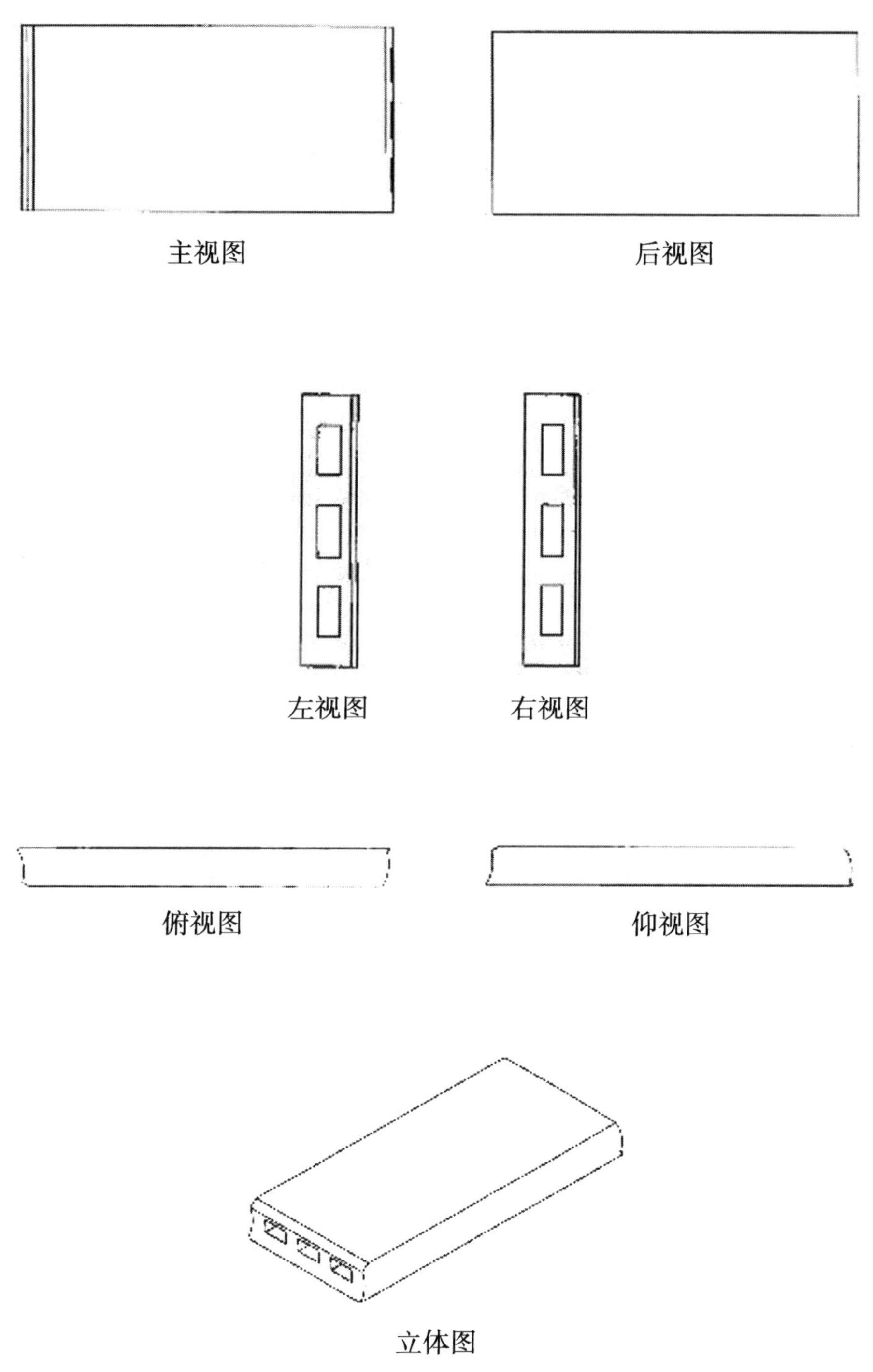

本专利附图

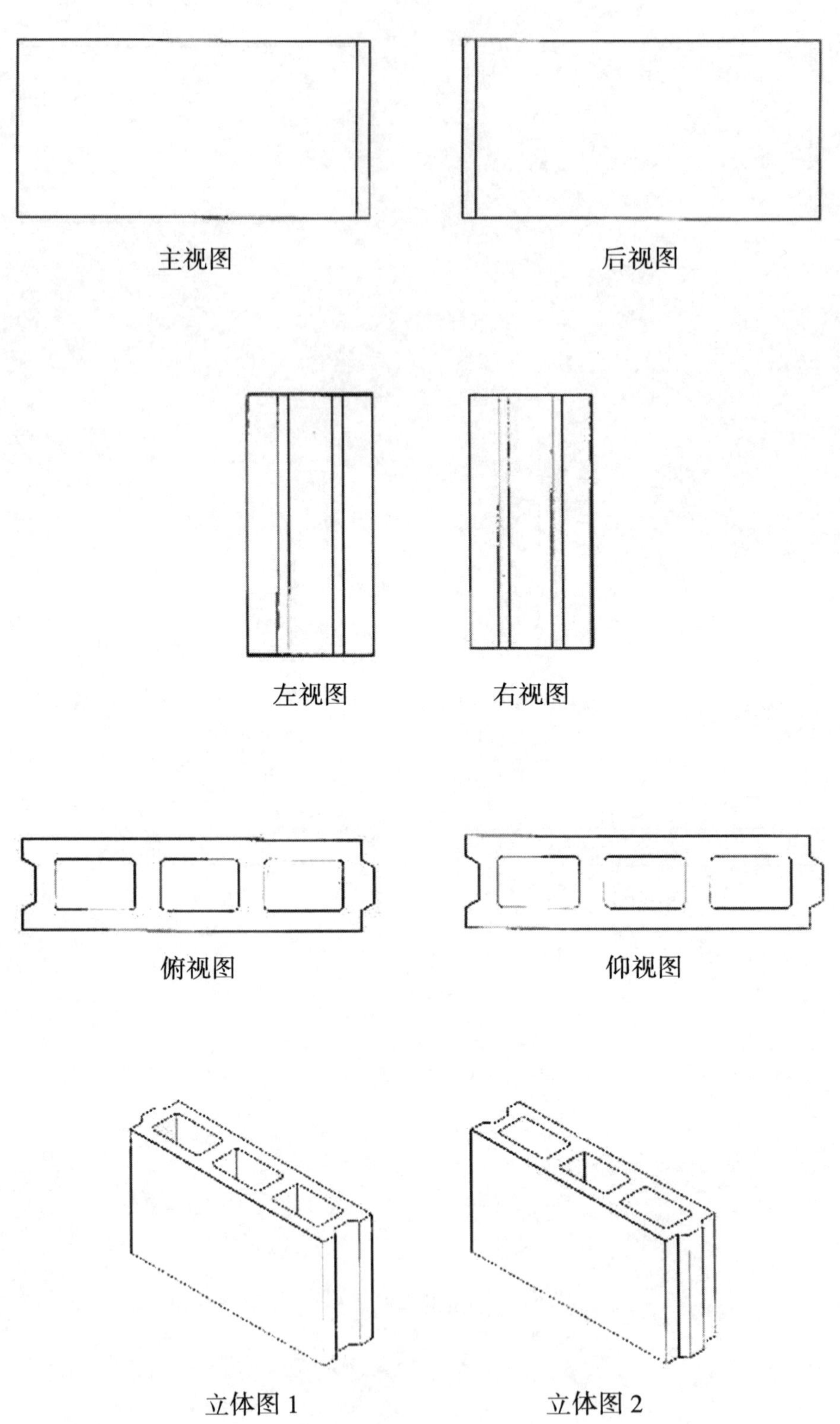

在先设计 1 附图

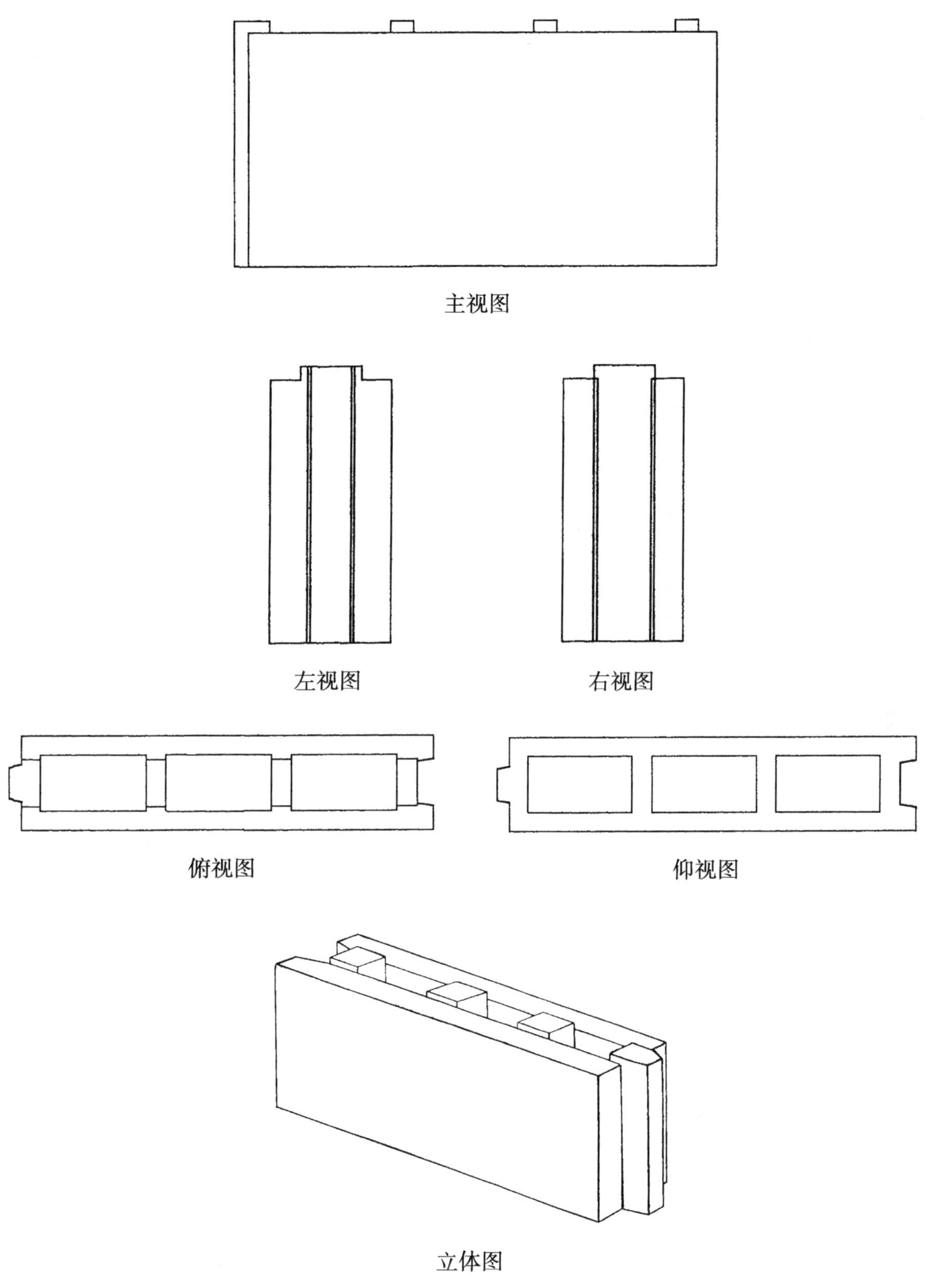

在先设计 2 附图

393

轮式拖拉机（28马力~48马力系列）

无效宣告请求审查决定（第13691号）

决　　定　　号　第13691号
决　　定　　日　2009年6月23日
发明创造名称　轮式拖拉机（28马力~48马力系列）
外观设计分类　12-09
无效请求人　约翰迪尔（宁波）农业机械有限公司
专　利　权　人　宁波兴野拖拉机制造有限公司
申　　请　　号　200730121310.X
申　　请　　日　2007年6月26日
授权公告日　2008年6月4日
合议组组长　张宗任
主　　审　　员　张　琳
参　　审　　员　盛　钊
附　　　　图　2页

法　律　依　据　专利法第23条
决　定　要　点

如果一般消费者经过对被比设计与在先设计的整体观察可以看出，二者的差别对于产品外观设计的整体视觉效果不具有显著的影响，则被比设计与在先设计相近似。

一、案由

本无效宣告请求涉及的是国家知识产权局于2008年6月4日授权公告的200730121310.X号外观设计专利，使用该外观设计的产品名称为“轮式拖拉机（28马力~48马力系列）”，申请日为2007年6月26日，专利权人是宁波兴野拖拉机制造有限公司。

针对上述专利权（下称本专利），约翰迪尔（宁波）农业机械有限公司（下称请求人）于2009年1月20日向专利复审委员会提出无效宣告请求，认为本专利不符合专利法第23条的规定。请求人提交了如下附件作为证据：

证据1：《拖拉机与农用运输车》各期杂志复印件，包括：

证据1-1：2004年第6期，出版日期：2004年12月，封面1、封面2和目次页；

证据1-2：2005年第1期，出版日期：2005年2月，封面1、目次页和封面3；

证据1-3：2005年第2期，出版日期：2005年4月，封面1、目次页、内附彩页3；

证据1-4：2006年第2期，出版日期：2006年4月，封面1、目次页、内附彩页3；
证据1-5：2007年第1期，出版日期：2007年2月，封面1、目次页、内附彩页1；
证据1-6：2007年第2期，出版日期：2007年4月，封面1、目次页、内附彩页4。
证据2：奔野系列拖拉机使用说明书复印件，包括：
证据2-1：奔野系列拖拉机使用说明书，前言页记载日期1999年，封面1和前言页；
证据2-2：奔野25-32系列拖拉机使用说明书，前言页记载日期2005年1月，封面1和前言页；
证据2-3：奔野35-48系列拖拉机使用说明书，前言页记载日期2005年3月，封面1和前言页。
证据3：奔野系列拖拉机零件图册复印件，包括：
证据3-1：奔野系列拖拉机零件图册，前言页记载日期：1999年，封面1和前言页；
证据3-2：奔野3540型拖拉机零件图册，前言页记载日期：1999年，封面1和前言页；
证据3-3：奔野3540型拖拉机零件图册，前言页记载日期：2001年，封面1和前言页。
证据4：奔野系列拖拉机的农业部推广鉴定检验报告复印件，包括：
证据4-1：奔野304-16推广鉴定检验报告，签发日期：1998年6月19日；
证据4-2：奔野280推广鉴定检验报告，签发日期：1998年7月6日；
证据4-3：奔野300推广鉴定检验报告，签发日期：2000年2月24日；
证据4-4：奔野354-12推广鉴定检验报告，签发日期：2002年4月23日；
证据4-5：奔野404-2推广鉴定检验报告，签发日期：2003年10月9日；
证据4-6：奔野280推广鉴定检验报告，签发日期：2004年6月7日；
证据4-7：奔野320推广鉴定检验报告，签发日期：2004年6月8日；
证据4-8：奔野454-2推广鉴定检验报告，签发日期：2005年7月4日；
证据4-9：奔野484-2推广鉴定检验报告，签发日期：2005年12月2日；
证据4-10：奔野480推广鉴定检验报告，签发日期：2006年9月21日；
证据4-11：奔野354-12推广鉴定检验报告，签发日期：2006年9月21日。
证据5：奔野系列拖拉机的浙江省推广鉴定检测报告复印件，包括：
证据5-1：奔野284推广鉴定检测报告，签发日期：2005年10月13日；
证据5-2：奔野300推广鉴定检测报告，签发日期：2005年10月13日；
证据5-3：奔野304-2推广鉴定检测报告，签发日期：2005年10月13日；
证据5-4：奔野350推广鉴定检测报告，签发日期：2005年10月13日；
证据5-5：奔野400推广鉴定检测报告，签发日期：2005年10月13日；
证据5-6：奔野420推广鉴定检测报告，签发日期：2005年10月13日；
证据5-7：奔野450推广鉴定检测报告；
证据6：奔野350-3新疆维吾尔自治区推广鉴定报告复印件，签发日期：2006年11月8日。
证据7：奔野484-2农业部农业机械推广鉴定申请表复印件，签章日期为：2005年7月31日。
证据8：奔野系列拖拉机的农业部农业机械推广鉴定委托表复印件，包括：
证据8-1：奔野280推广鉴定委托表，签章日期为：2004年3月27日；
证据8-2：奔野320推广鉴定委托表，签章日期为：2004年3月27日；
证据8-3：奔野454-2推广鉴定委托表，签章日期为：2004年11月6日。
证据9：奔野系列拖拉机的浙江省农业机械推广鉴定申请表复印件，包括：
证据9-1：奔野284推广鉴定申请表，签章日期为：2005年9月1日；
证据9-2：奔野300推广鉴定申请表，签章日期为：2005年9月1日；

证据9-3：奔野304-2推广鉴定申请表，签章日期为：2005年9月1日；

证据9-4：奔野350推广鉴定申请表，签章日期为：2005年9月1日；

证据9-5：奔野400推广鉴定申请表，签章日期为：2005年9月1日；

证据9-6：奔野420推广鉴定申请表，签章日期为：2005年9月1日；

证据9-7：奔野450推广鉴定申请表，签章日期为：2005年9月1日。

证据10：农业机械推广鉴定相关规定复印件，包括：

证据10-1：《关于实施2001年部级农业机械推广鉴定项目计划的通知》，农机鉴［2001］15号文件；

证据10-2：《关于实施2004年部级农业机械推广鉴定项目计划的通知》，农机鉴［2004］13号文件；

证据10-3：《浙江省省级农业机械推广鉴定申请细则》，浙农机［2007］27号文件；

证据10-4：《农业机械试验鉴定办法》，中华人民共和国农业部令第54号；

证据10-5：《农业机械推广鉴定通则》TZ4-2006。

证据11：（2008）京长安内经证字第13479号公证书。

证据12：（2008）京长安内经证字第13480号公证书。

请求人在请求书中认为：（1）与本专利相似的外观设计被在先公开的出版物公开。证据1、证据2和证据3中的各份证据均为公开出版物，出版日期早于本专利的申请日，公开出版物上均发表了与本专利的外观设计相同或者相似的产品，例如出版物中所示奔野354-12的拖拉机的外观与本专利外观相近似；（2）证据4与证据5为农业部和浙江省推广鉴定的检验和检测报告，报告均形成于本专利的申请日之前，所有的报告中均记载了与本专利外观设计相同或者相似的产品图片，由证据10中的相关规定可知在先销售是申请推广鉴定的必要条件，因此证据4与证据10的结合、证据5与证据10的结合证明了在申请日前，采用与本专利相同或相似设计的产品已经在国内公开销售过；（3）证据6为新疆维吾尔自治区的推广鉴定报告，该报告形成于本专利的申请日之前，证明与本专利相似外观设计的产品已经公开销售；（4）证据7与证据9为农业部和浙江省农业机械鉴定站的推广鉴定申请表，申请表均形成于本专利的申请日之前，由证据10中的相关规定可知在先销售是申请推广鉴定的必要条件，因此证据7与证据4中的图片、证据10中相关规定的结合，证据9与证据4中的相关图片、证据10中相关规定的结合，可以得出，采用与本专利相同或者相似外观设计的产品已经在本专利的申请日前公开销售了；（5）证据8为农业部农业机械推广鉴定委托表，证据8与证据4中公开发表的图片、证据10中相关规定的结合可以证明采用与本专利相同或者相似外观设计的产品已经在申请日前在国内公开销售了；（6）与本专利相似外观设计的产品已经在国内公开使用。证据11与证据12为两份公证书，公证了购于本专利申请日前的与本专利外观设计相似的拖拉机，由此证明了在申请日前已经有采用相似的外观设计的产品在国内公开使用了。

经形式审查合格，专利复审委员会受理了无效宣告请求，并于2009年2月23日将无效宣告请求书及其附件的副本转送给专利权人，要求其在指定期限内陈述意见。

针对请求人的无效宣告请求，专利权人于2009年3月22日提交了意见陈述书，专利权人认为：本专利外观设计总结了近20年来拖拉机外观设计中采用的色彩为油漆调色涂装喷漆工艺，由于油漆喷涂不抗冲击，存在很多缺陷，本外观设计中拖拉机整机覆盖件采用国内首创的涂塑工艺和耐高温的喷漆材料克服了上述问题，适用于拖拉机应用的新设计，符合专利法第23条的规定。专利权人同时提交了下列附件，但未说明各个附件使用方式。

附件1：宁波兴野拖拉机制造有限公司与宁波斯诺柯箱柜有限公司技术合作协议复印件1页；

附件 2：宁波斯诺柯箱柜有限公司为宁波兴野拖拉机制造有限公司产品拖拉机覆盖件进行喷塑加工的检验报告复印件 1 页；

附件 3：中国玉石塑粉有限公司产品检验单复印件 1 页。

专利复审委员会于 2009 年 3 月 31 日将上述专利权人的意见陈述转送给请求人，并同时向双方当事人发出了口头审理通知书，定于 2009 年 5 月 12 日对本案进行口头审理。

口头审理如期进行。专利权人缺席口头审理。请求人对合议组成员无回避请求。请求人提交了证据 1 中证据 1-1、证据 11、证据 12 的原件，出示了证据 1 中证据 1-2 至证据 1-6、证据 2、证据 3、证据 4、证据 5、证据 6 所示的文件的原件。请求人明确无效理由是本专利不符合专利法第 23 条规定，具体理由与意见陈述书相同。另外请求人对专利权人提交附件 1~3 的真实性有异议。

2009 年 5 月 26 日请求人提交了意见陈述书，其具体意见与请求书内容和口头审理意见相同。

在双方当事人提交的意见陈述及口头审理的基础上，合议组经合议，认为本案事实清楚，可以依法作出本审查决定。

二、决定的理由

1. 关于证据

根据请求人提交的各种证据组合的无效宣告请求理由，合议组首先审查证据 1-1 中公开的图片是否与本专利外观设计相同或者相近似。证据 1-1 为《拖拉机与农用运输车》2004 年第 6 期的封面 1、封面 2 和目次页，ISSN 号码为 1006-0006，2004 年 12 月出版。经过核实原件，专利权人未对该证据真实性提出异议，且证据 1-1 属于公开出版物，合议组认可其真实性。证据 1-1 公开日期为 2004 年 12 月，早于本专利申请日 2007 年 6 月 26 日。请求人使用证据 1-1 封面第 2 页中图片所示奔野 354-12 拖拉机为在先设计。

2. 法律依据

专利法第 23 条规定：授予专利权的外观设计，应当同申请日以前在国内外出版物上公开发表过或者国内公开使用过的外挂设计不相同和不相近似，并不得与他人在先取得的合法权利相冲突。

本专利授权文本中公开了拖拉机的五面视图和立体图，省略仰视图，未要求保护色彩（下称被比设计）。被比设计拖拉机主体由驾驶座、机罩、车轮、挡泥板、车灯等构成。该拖拉机的前端为机头，机头上覆有机罩，机罩的前端面板呈矩形，前端面板上部三分之一为一矩形框，矩形框内有左右对称两个车灯，两车灯中间位置处有一装饰图案，前端面板下部三分之二为一个呈矩形风窗，风窗上布有两排纵向的长条形透风孔；机罩的侧面为一多边形，该多边形的上部类似矩形，并延伸至驾驶室，下部类似梯形并与上部相接，下部侧面版的长度约为上部面板长度的四分之一，侧面板梯形部分上分布有横向的凸起；该拖拉机机头下方有左右二前轮，右轮上方有立式排气管，所述排气管中部较粗，两端较细，排气管的出口高于驾驶室；驾驶座位于拖拉机的中部略微靠后的位置；方向盘稍高于机罩并略带倾斜；驾驶座左右挡泥板上沿平直；挡泥板下有左右后轮，后轮直径显著大于前轮；前后轮轮胎上有明显人字花纹（详见被比设计附图）。

在先设计仅有一幅立体视图，图示拖拉机主体由驾驶座、机罩、车轮、挡泥板、车灯等构成。该拖拉机的前端为机头，机头上覆有机罩，机罩的前端面板呈矩形，前端面板上部三分之一为一矩形框，矩形框内有左右对称两个车灯，两车灯中间位置处有一装饰图案，前端面板下部三分之二为一个呈矩形风窗，风窗上布有两排纵向的长条形透风孔；前端面板下面有一矩形保护罩；机罩的侧面为一多边形，该多边形的上部类似矩形，并延伸至驾驶室，下部类似梯形并与上部相接，下部侧面版的长度约为上部面板长度的四分之一，侧面板上梯形部分上分布横向的凸起；该拖拉机机头下方有左右二前轮，右轮上方有立式排气管，所述排气管中部较粗，两端较细，排气管的出口高于驾驶室；驾驶座位于拖拉机的中部略微靠后的位置；方向盘稍高于机罩并略带倾斜；驾驶座右挡泥板上沿平直；挡泥板下有右后轮，后轮直径显著大于前轮；前后轮轮胎上有明显人字花纹。在先设计没有公开其后面的视图（详见在先设计附图所示）。

可以看出，两者的相同点在于：拖拉机主体均由驾驶座、机罩、车轮、挡泥板、车灯等构成。机头上均覆有机罩，机罩的前端面板呈矩形，矩形框内有左右对称两个车灯，两车灯中间位置处有一装饰图案，风窗上布有两排纵向的长条形透风孔；两者拖拉机机罩的侧面均为一多边形，该多边形的上部类似矩形，并延伸至驾驶室，下部类似梯形并与上部相接，侧面板上梯形部分上分布横向的凸起；两者拖拉机右轮上方有立式排气管，所述排气管中部较粗，两端较细，排气管的出口高于驾驶室，驾驶座均位于拖拉机的中部略微靠后的位置，方向盘稍高于机罩并略带倾斜，驾驶座右挡泥板上沿平直，挡泥板下有后轮，后轮直径显著大于前轮，前后轮轮胎上有明显人字花纹。

根据审查指南第四部分第五章第 5. 5. 3 节有关“如果被比设计中对应于在先设计图片或者照片未公开的内容仅仅是该类产品的惯常设计并且不受一般消费者关注，例如在先设计图片或者照片未公开的部分是货车车厢的后挡板，而当被比设计中货车车厢的后挡板仅仅是该类产品的惯常设计时，则不影响对二者进行整体观察、综合判断”的规定，在先设计未公开后视图不影响对二者进行整体观察、综合判断。而根据审查指南第四部分第五章第 4 节第（1）点中有关“使用时容易看到部位的设计变化相对于不容易看到或者看不到部位的设计变化，通常对整体视觉效果更具有显著的影响”的规定可知，虽然在先设计没有公开后面的视图，但由于拖拉机后面为连接性的功能性的设计，且不受一般消费者关注，故其他面设计部位的变化通常对整体视觉效果更具有显著的影响。

在先设计虽然仅仅公开了一幅立体视图，没有公开拖拉机右侧视图，但一般来说机壳的设计是左右对称的，故不影响对二者进行整体观察、综合判断。

将被比设计与在先设计比较可以看出，被比设计和在先设计的差别在于：在先设计在机罩前端面板下有一矩形保护罩，被比设计没有，而通过对被比设计和在先设计整体观察、综合判断，上述差别属于细微差别，对于产品外观设计的整体视觉效果不具有显著的影响，故被比设计与在先设计相近似，不符合专利法第 23 条的规定。

3. 关于专利权人的意见

专利权人在意见陈述书认为本外观设计中拖拉机整机覆盖件采用国内首创的涂塑工艺和耐高温的喷漆材料，合议组认为这并不能说明本专利外观设计没有被在先设计公开，另外专利权人在意见陈述书中提交的附件 1~3 由于没有原件，且专利权人未就其相关证明事项进行说明，故合议组不考虑其提交的附件，因此，专利权人的上述意见合议组不予支持。

三、决定

宣告 200730121310. X 号外观设计专利全部无效。

当事人对本决定不服的，可以根据专利法第 46 条第 2 款的规定，自收到本决定之日起三个月内向北京市第一中级人民法院起诉。根据该款的规定，一方当事人起诉后，另一方当事人应当作为第三人参加诉讼。

主视图

后视图

左视图

右视图

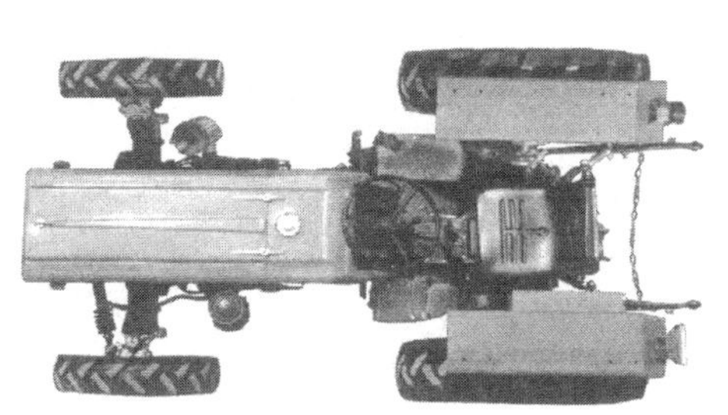

俯视图

立体图

被比设计附图

在先设计附图

桌上型万年历计算器（AQ716）

无效宣告请求审查决定（第13701号）

决　　定　　号　第13701号
决　　定　　日　2009年7月16日
发明创造名称　桌上型万年历计算器（AQ716）
外观设计分类号　18-01
无效宣告请求人　广州迅拓电子科技有限公司
专　利　权　人　深圳市阳梅电子有限公司
专　　利　　号　200630190184.9
申　　请　　日　2006年11月14日
授权公告日　2008年5月7日
合议组组长　吴赤兵
主　　审　　员　王美芳
参　　审　　员　王　红

法　律　依　据　专利法实施细则第13条第1款
决　定　要　点

请求人认为本专利的授予不符合专利法实施细则第13条第1款的规定，依据的证据为专利权人的另一项外观设计专利。专利权人提交了自申请日起放弃另一项专利权的书面声明，专利局已予以登记和公告。由于另一项专利权视为自始不存在，故请求人提出无效宣告请求的理由不成立。

一、案由

本无效宣告请求涉及国家知识产权局于2008年5月7日授权公告的200630190184.9号外观设计专利，使用该外观设计的产品名称是“桌上型万年历计算器（AQ716）”，其申请日是2006年11月14日，专利权人是深圳市阳梅电子有限公司。

针对上述外观设计专利权（下称本专利），广州迅拓电子科技有限公司（下称请求人）于2009年3月5日向专利复审委员会提出无效宣告请求，其理由是本专利不符合专利法第9条和专利法实施细则第13条第1款的规定。请求人提交了如下附件：

附件1：200630005993.8号外观设计专利的著录项目及图片复印件共1页；

附件2：本专利的著录项目及图片复印件共1页；

附件3：广东省广州市中级人民法院应诉通知书复印件共1页。

请求人认为：附件1显示的专利申请日早于本专利的申请日，且两者分类相同，整体造型和局部造型都完全相同，本专利权的授予不符合专利法第 9 条和专利法实施细则第 13 条第 1 款的规定，属于重复授权的情形，应宣告本专利无效。

专利复审委员会根据无效宣告请求审查程序的规定受理了该无效宣告请求，并于 2009 年 3 月 5 日将请求人的无效宣告请求文件转送专利权人，通知其在指定期限内陈述意见。

2009 年 2 月 10 日，专利复审委员会收到专利权人针对上述无效宣告请求提交的意见陈述书。专利权人认为：本专利与请求人提供的在先设计进行对比，既不相同，也不相近似，不构成重复授权，符合专利法及其实施细则的规定。

专利复审委员会成立合议组对本案进行审理，于 2009 年 3 月 30 日向双方当事人发出合议组成员告知通知书，并于 2009 年 4 月 9 日发出口头审理通知书，定于 2009 年 5 月 13 日对本案进行口头审理。双方当事人在指定期限内均未对合议组成员提出回避请求。

口头审理如期举行，双方均委托代理人参加口头审理。专利权人对附件 1 的真实性没有异议。由于附件 1 不适用专利法第 9 条的规定，请求人当庭放弃作为无效宣告请求理由的专利法第 9 条。对于本专利与附件 1 显示的产品外观设计是否相同和相近似，请求人认为：二者的不同属于局部细微差别，且部分差别位于产品背面，使用时不容易被看到，二者属于相近似的外观设计；专利权人认为：二者的差异明显，消费者容易区分，且不同的设计使得产品具备了不同的功能，二者不相同也不相近似。

2009 年 5 月 20 日，专利权人提交放弃专利权声明，声明自申请日起放弃 200630005993. 8 号外观设计专利权。经审查，专利局准予放弃，并将此声明于 2009 年 7 月 15 日在 25 卷 28 号专利公报上予以公告。

在上述审理的基础上，合议组经合议，认为本案事实清楚，依法作出本审查决定。

二、决定的理由

基于请求人提出的无效宣告请求的理由，合议组依据专利法实施细则第 13 条第 1 款的规定进行审查。专利法实施细则第 13 条第 1 款规定：“同样的发明创造只能被授予一项专利权。”

请求人提交的附件 1 为 200630005993. 8 号外观设计专利的著录项目及图片复印件，使用该外观设计的产品名称是“十位数计算器（AQ336）”，经核实，该附件所示内容真实。该专利的申请日是 2006 年 2 月 21 日，公告日是 2009 年 1 月 21 日，其申请日早于本专利申请日 2007 年 1 月 4 日，公告日晚于本专利申请日，专利权人均为深圳市阳梅电子有限公司，可以作为评价本专利是否符合专利法实施细则第 13 条第 1 款规定的证据。

由于专利权人提交自申请日起放弃 200630005993. 8 号外观设计专利权的声明，专利局准予放弃，并于 2009 年 7 月 15 日在专利公报上予以公告，因此，200630005993. 8 号外观设计专利权视为自始不存在。由于上述请求人提交的附件 1（证据）已不存在，因此其提出的请求宣告本专利权无效的理由不成立。

三、决定

维持 200630190184. 9 号外观设计专利权有效。

当事人对本决定不服的，可以根据专利法第 46 条第 2 款的规定，自收到本决定之日起三个月内向北京市第一中级人民法院起诉。根据该款的规定，一方当事人起诉后，另一方当事人应当作为第三人参加诉讼。

395

桶

无效宣告请求审查决定（第 13702 号）

决　定　号　第 13702 号
决　定　日　2009 年 07 月 21 日
发明创造名称　桶
外观设计分类号　09-02
无效宣告请求人　黄志宝
专　利　权　人　ENOC 国际销售有限公司
专　利　号　200530012562. X
申　请　日　2005 年 1 月 22 日
授权公告日　2006 年 3 月 8 日
合议组组长　吴赤兵
主　审　员　王美芳
参　审　员　雷　婧
附　图　2 页

法律依据　专利法第 23 条
决定要点

本专利与在先设计在形状和图案方面存在显著差异，对一般消费者而言，这些差异对二者的整体视觉效果具有显著的影响，因此二者属于不相同且不相近似的外观设计。

一、案由

本无效宣告请求涉及国家知识产权局于 2006 年 3 月 8 日授权公告的 200530012562. X 号外观设计专利，使用该外观设计的产品名称是“桶”，其申请日是 2005 年 1 月 22 日，专利权人是 ENOC 国际销售有限公司。

针对上述外观设计专利权（下称本专利），黄志宝（下称请求人）于 2009 年 2 月 20 日向专利复审委员会提出无效宣告请求，其理由是本专利不符合专利法第 23 条的规定。请求人提交了如下附件：

附件 1：本专利的著录项目及图片复印件共 1 页；

附件 2：02329479. 5 号外观设计专利的著录项目及图片复印件共 1 页。

请求人认为：本专利与附件 2 显示的产品属于同类产品，外观设计基本相同，不同之处仅是背侧把手及把手下面装饰性凹陷有所不同，从整体视觉效果看不具有显著影响，总体上给消费者留下相近似的外观设计印象，是近似的外观设计。本专利权的授予不符合专利法第 23 条的规定，应宣告本专利无效。

专利复审委员会根据无效宣告请求审查程序的规定受理了该无效宣告请求，并于 2009 年 4 月 30 日将请求人的无效宣告请求文件转送专利权人，通知其在指定期限内陈述意见。

专利复审委员会成立合议组对本案进行审理，并于 2009 年 5 月 13 日向双方当事人发出合议组成员告知通知书和口头审理通知书，定于 2009 年 6 月 23 日对本案进行口头审理。双方当事人在指定期限内均未对合议组成员提出回避请求。

专利复审委员会于 2009 年 5 月 25 日收到请求人提交的无效宣告请求口头审理通知书回执，请求人明确表示不能参加口头审理。

专利复审委员会于 2009 年 6 月 5 日收到专利权人提交的意见陈述书。专利权人认为：本专利与附件 2 显示的产品外观设计在容易看到的部位存在多处明显的差别，这些差别对于产品外观设计的整体视觉效果具有显著的影响。请求人提到的相近似的设计内容要么属于惯常设计，要么处于不易看到的部位，属于在整体观察、综合判断中被次要考虑的因素。因此二者属于不相同也不相近似的外观设计，本专利符合专利法第 23 条的规定。

口头审理如期举行，仅有专利权人一方委托代理人出庭，请求人未出席口头审理，合议组依法进行缺席审理。专利权人详细分析了本专利和在先设计的不同之处，包括桶身的整体形状、把手位置及其与桶身的结合设计、出油嘴与桶身的结合方式等。专利权人认为：两侧扁平的设计对于油桶而言是惯常设计，二者在此处虽然相近似，但属于次要点，不构成显著影响；由于桶的放置位置，底部相似的形状、对称的条状花纹是次要的。因此，本专利与在先设计不相似。专利权人还请求合议组以本次口头审理的陈述意见为准，该意见已包括前述书面陈述意见。

在上述审理的基础上，合议组经合议，认为本案事实清楚，依法作出本审查决定。

二、决定的理由

1. 法律依据

基于请求人提出的无效宣告请求的理由，合议组依据专利法第 23 条的规定进行审查。

专利法第 23 条规定：授予专利权的外观设计，应当同申请日以前在国内外出版物上公开发表过或者国内公开使用过的外观设计不相同和不相近似，并不得与他人在先取得的合法权利相冲突。

2. 证据认定

请求人提交的附件 1 是本专利的著录项目及图片复印件，用于说明本专利情况。

请求人提交的附件 2 为 02329479. 5 号外观设计专利的著录项目及图片复印件，使用该外观设计的产品名称是润滑剂包装桶，经合议组核实，该附件所示内容真实。该专利的公告日是 2003 年 2 月 5 日，早于本专利的申请日 2005 年 1 月 22 日，属于在本专利申请日之前公开的外观设计，附件 2 可以作为评价本专利是否符合专利法第 23 条规定的证据。

3. 外观设计对比

附件 2 公开了一款包装桶的外观设计（下称在先设计），本专利是桶的外观设计，二者的用途相同，属于相同类别的产品，具有可比性，故对本专利与在先设计作如下对比：

本专利的图片包括主视图、后视图、左视图、右视图、俯视图（放大）和仰视图（放大）。其所示产品可分为三部分——桶身、把手和出油嘴，其整体形状块面丰富，线条刚硬。（1）桶身形状：桶身两侧扁平，靠近把手一端先逐渐内凹，接近边缘处又呈现棱状凸起；从主视图看，其腰部两侧的不对称凹槽将桶身分为上下两部分，把手下方桶身呈两级台阶状，两级“台阶”的左侧外轮廓均略向左上方扩展，桶身的右侧外轮廓竖直；桶身底面带有两列对称的条状花纹。（2）把手形状：把手位于桶侧的中上部，把手与桶身的上下两个连接处均突出于桶身，其上沿呈水平并高于桶身，把手整体近似“［”形。(3) 出油嘴形状：出油嘴与桶身交界处有一个倾斜台面，出油嘴的上沿与把手上沿平齐（详见本专利附图）。

在先设计公开了主视图、后视图、左视图、右视图、俯视图、仰视图和立体图。其公开的产品可分为三部分——桶身、把手和出油嘴，其整体形状圆滑，且带有图案。(1) 桶身形状：桶身两侧扁平；从主视图看，桶身左侧呈圆弧状，外轮廓竖直；桶身右侧由出油嘴处向右下方倾斜，至桶身中部出现一个状似“（”的凹陷；桶身下部为整个桶身最宽处，右侧外轮廓竖直；桶身底面带有两列对称的条状花纹。(2) 把手形状：把手位于桶侧的中部，在桶身凹陷处与桶身相连，其外沿与倾斜的桶身侧面连成一条倾斜的弧线。(3) 出油嘴形状：出油嘴为整个桶的最高点，与桶身交界处为一个水平台面。(4) 桶身图案：两个扁平侧面均带有两组花纹——位于把手一侧的条状花纹和位于桶身上端的三角形花纹（详见在先设计附图）。

将本专利与在先设计相比较可以看出，二者存在相似之处：底部相似，桶身两侧均扁平。二者同时具有以下明显差异：(1) 二者桶身形状不相同：本专利为上下两段式设计，在先设计为一体式设计；本专利的桶身靠近把手一端先逐渐内凹，接近边缘处又呈现棱状凸起，在先设计的桶身则无凹凸变化；本专利把手一侧的桶壁呈圆弧状，而在先设计无把手一侧的桶壁呈圆弧状。(2) 二者的把手设计不同：本专利的把手位于桶侧的中上部，其上沿与出油嘴上沿平齐，在先设计的把手则位于桶侧的中部；本专利的把手突出于桶身，整体近似“［”形，在先设计的把手外缘与桶身侧面外缘共同构成一条倾斜的弧线。(3) 二者的出油嘴设计不同：本专利的出油嘴与桶身的交界处有一个倾斜台面，出油嘴的螺纹口下方有一个下沿倾斜的台柱，使得出油嘴整体较高，在先设计的出油嘴与桶身的交界处则为一个水平台面，出油嘴只有螺纹口部分，整体较低矮。(4) 二者的桶身图案不同：本专利桶身无图案，在先设计两个扁平侧面均带有上述两组花纹。

合议组认为：对一般消费者而言，二者在整体形状和图案方面存在上述明显差异，这些差异对二者的整体视觉效果更具有显著的影响。因此，二者属于不相同且不相近似的外观设计。

综上所述，本专利与在先设计不相同且不相近似，请求人提交的证据不能支持其无效宣告请求的理由。

三、决定

维持 200530012562. X 号外观设计专利权有效。

当事人对本决定不服的，可以根据专利法第 46 条第 2 款的规定，自收到本决定之日起三个月内向北京市第一中级人民法院起诉。根据该款的规定，一方当事人起诉后，另一方当事人应当作为第三人参加诉讼。

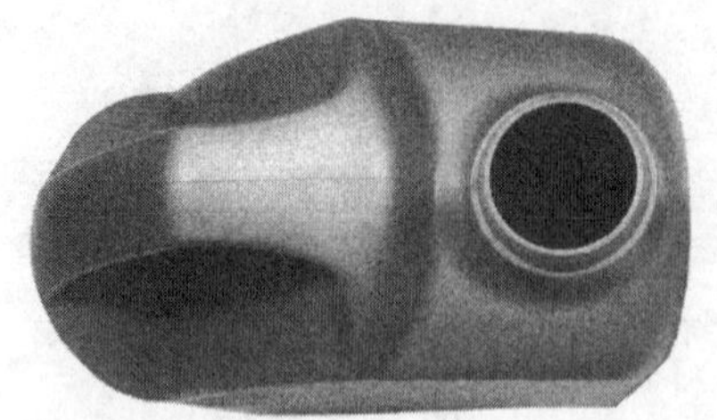
俯视图（放大）

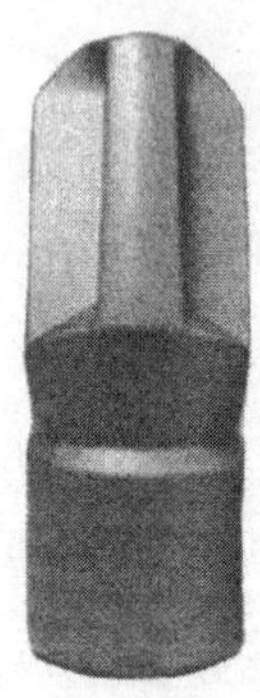
左视图

主视图

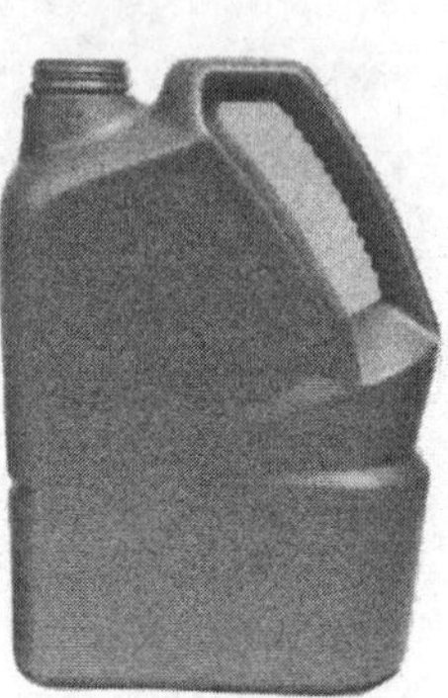
后视图

右视图

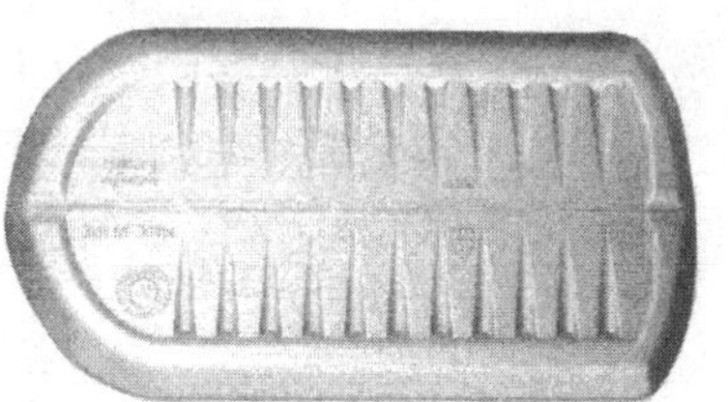
仰视图（放大）

本专利附图

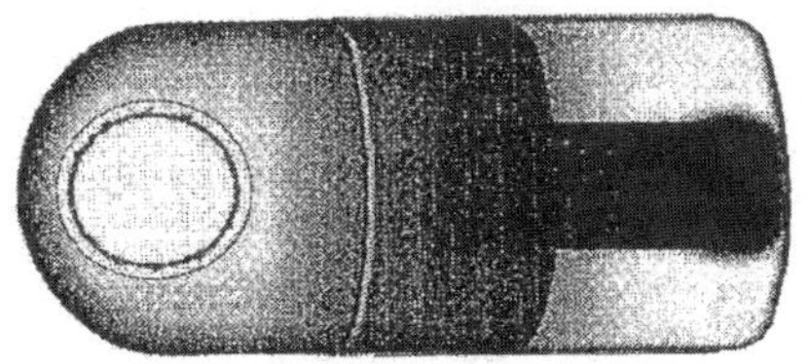

俯视图

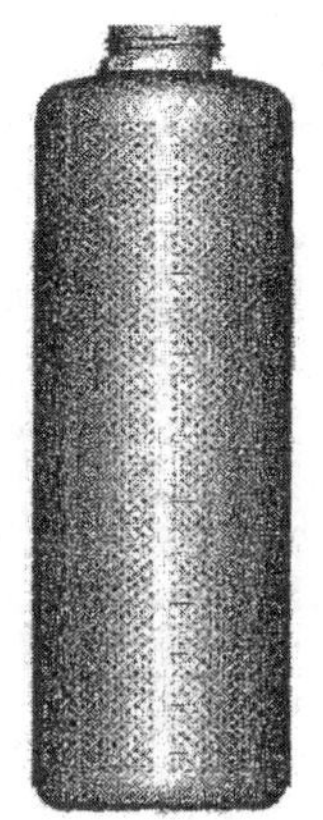

左视图

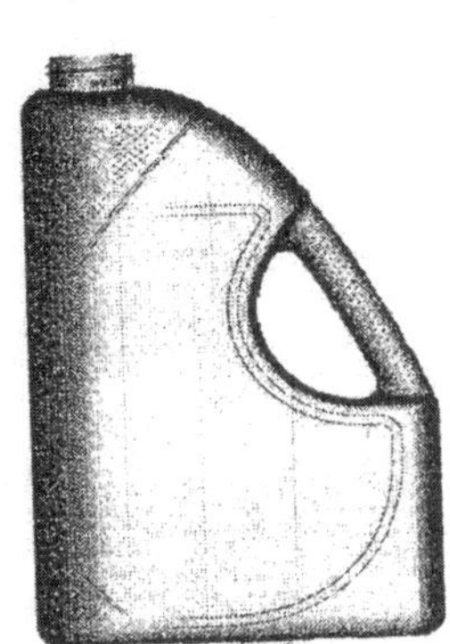

主视图

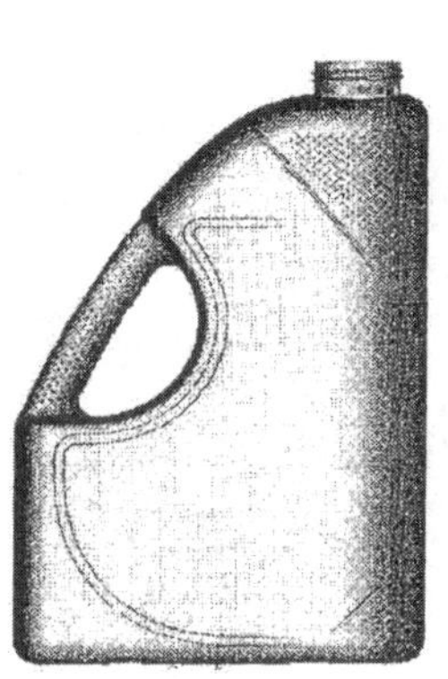

后视图

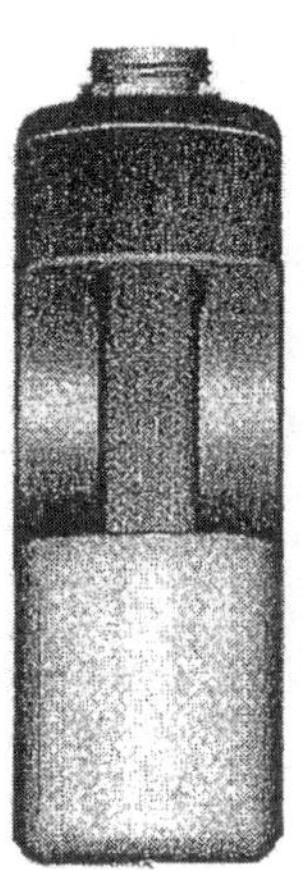

右视图

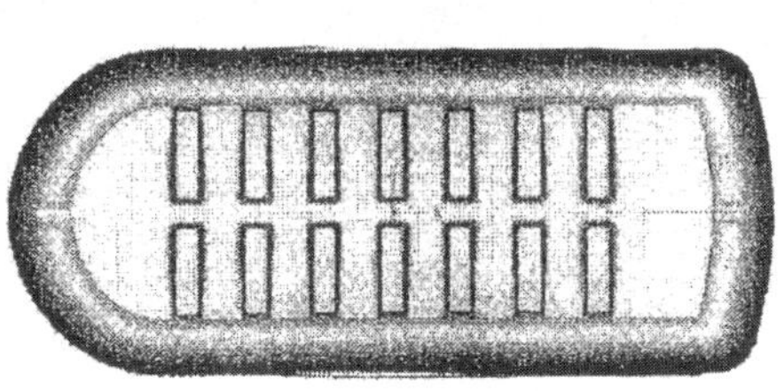

仰视图

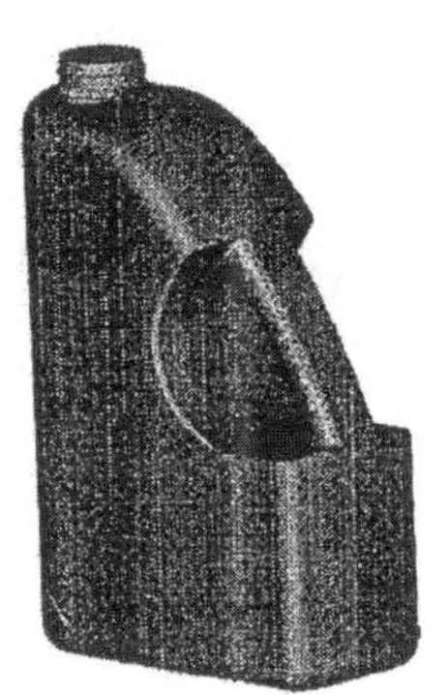

立体图

在先设计附图

标 贴

无效宣告请求审查决定（第 13703 号）

决 定 号 第 13703 号
决 定 日 2009 年 7 月 16 日
发明创造名称 标贴
外观设计分类号 19-08
无效宣告请求人 广东加多宝饮料食品有限公司
专 利 权 人 王付生
专 利 号 200730145854.X
申 请 日 2007 年 4 月 19 日
授权公告日 2008 年 4 月 2 日
合议组组长 吴赤兵
主 审 员 王美芳
参 审 员 李巍巍
附 图 1 页

法 律 依 据 专利法第 23 条
决 定 要 点

在先公开专利的当前法律状态并不能改变其在本专利申请日前已公开的事实。

从整体观察，本专利与其申请日前在中国外观设计专利公报中公开的在先设计具有相近似的整体形状、图案布局和较为醒目的纵向文字“王老吉”，使得二者的整体视觉印象相近似，二者图案中“王老吉”等纵向大字的列数和个别文字的差异及其他小字排列设计的差异等，均属于局部细微差别，不足以对整体视觉效果产生显著影响，二者属于相近似的外观设计。

一、案由

本无效宣告请求涉及国家知识产权局于 2008 年 4 月 2 日授权公告的 200730145854.X 号外观设计专利，使用该外观设计的产品名称是“标贴”，其申请日是 2007 年 4 月 19 日，专利权人是王付生。

针对上述外观设计专利权（下称本专利），广东加多宝饮料食品有限公司（下称请求人）于 2009 年 3 月 19 日向专利复审委员会提出无效宣告请求，其理由是本专利不符合专利法第 23 条的规定。请求人提交了如下附件：

附件 1：本专利的著录项目及图片打印件共 1 页；

附件 2：96305519.4 号外观设计专利的著录项目及图片打印件共 1 页；

附件3：95318534.6号外观设计专利的著录项目及图片打印件共1页。

请求人认为：本专利与附件2和附件3显示的产品外部形状相同，整体图案均为由横向条纹分隔成的深浅变化的横向图案，中部较浅的宽条状图案内有纵向排列的“王老吉”较大字体，共同构成了二者相近似的醒目的视觉效果，二者之间的不同仅在于局部的细微差异，对整体视觉效果不足以产生显著影响。因此，本专利与附件2和附件3显示的外观设计相近似，本专利权的授予不符合专利法第23条的规定，应宣告本专利无效。

专利复审委员会根据无效宣告请求审查程序的规定受理了该无效宣告请求，并于2009年4月13日将请求人的无效宣告请求文件转送专利权人，通知其在指定期限内陈述意见。

专利复审委员会于2009年4月30日向双方当事人发出合议组成员告知通知书，双方当事人在指定期限内均未对合议组成员提出回避请求。

专利复审委员会于2009年5月18日和2009年5月19日收到专利权人提交的意见陈述书及相关附件。5月18日收到的意见陈述书与5月19日收到的相同，5月18日收到的附件则包括5月19日收到的附件，因此，以5月18日收到的意见陈述书和附件为准。专利权人提交的附件除包括与请求人提交的附件相同的三个外观设计专利著录项目及图片打印件外，还包括如下反证：

反证1：淮安王老吉乳业食品有限公司的企业法人营业执照及副本复印件共2页；

反证2：《糖酒招商专刊》广告业务合同复印件共1页；

反证3：《糖烟酒周刊》刊登广告合同单复印件共1页；

反证4：《食品商桥》DM广告刊登合同书复印件共1页。

专利权人认为：本专利由三片红底白字结合构成，附件2和附件3显示的外观设计由二片黄字红底结合而成，且本专利有很大的三个拼音“wanglaoji”组成，本专利与附件2和附件3显示的外观设计不相近似。另外，附件2和附件3是两个无效专利，不能对抗有效文书；专利权人于2003年注册淮安王老吉乳业食品有限公司，并对该外观作出大量宣传并连续使用至今。

在上述审理的基础上，合议组经合议，认为本案事实清楚，依法作出本审查决定。

二、决定的理由

1. 法律依据

基于请求人提出的无效宣告请求的理由，合议组依据专利法第23条的规定进行审查。

专利法第23条规定：“授予专利权的外观设计，应当同申请日以前在国内外出版物上公开发表过或者国内公开使用过的外观设计不相同和不相近似，并不得与他人在先取得的合法权利相冲突。”

2. 证据认定

请求人提交的附件2为96305519.4号外观设计专利的著录项目及图片打印件，使用该外观设计的产品名称是“罐贴”，经合议组核实，该附件所示内容真实。该专利的公告日是1997年7月2日，早于本专利的申请日2007年4月19日，属于在本专利申请日之前公开的外观设计。

专利权人认为：96305519.4号外观设计专利已失效，无效专利不能对抗有效文书。合议组认为：该专利的当前法律状态并不能改变其在本专利申请日前已公开的事实，所以专利权人的主张不成立。

专利权人提交的反证1为淮安王老吉乳业食品有限公司的企业法人营业执照及副本复印件，与本案没有关联；专利权人提交的反证2至反证4分别为中山加多宝食品有限公司在《糖酒招商专刊》、《糖烟酒周刊》和《食品商桥》刊登广告的合同复印件，与请求人以附件2证明的事实无关，不能推翻96305519.4号外观设计专利在本专利申请日前已公开的事实。

因此，附件2可以作为评价本专利是否符合专利法第23条规定的证据。

3. 外观设计对比

附件2公开了一款罐贴的外观设计（下称在先设计），本专利是标贴的外观设计，二者的用途相同，属于相同类别的产品，具有可比性，故对本专利与在先设计作如下对比：

本专利的图片包括主视图，简要说明记载了“平面产品，省略其他视图”。其所示产品的形状为长方形；图案整体分为上中下三部分，上下两部分均较窄；上部与中部由一条横线分开，上部接近中间处还有一条横线，两条横线中间有一行小字；中部所占比例较大，均匀地排列着三组纵向大字“王老吉”和“wanglaoji”，在每组“王老吉”的右侧均有数列小字；下部与中部由一条横线分开，下部有左右两行小字（详见本专利附图）。

在先设计公开了主视图，简要说明记载了“请求保护色彩”。其公开的产品的形状为长方形；图案整体分为上中下三部分，上下两部分均较窄。上部下沿处有一行小字；中部排列着两组纵向文字“王老吉”和“凉茶”，在每组“王老吉”的左边，有三列小字，在每组“王老吉”的右边，有两列和数行小字，在每组“王老吉”的下方，各有一行小字；下部和中部由一条横线分开（详见在先设计附图）。

将本专利与在先设计相比较，二者的整体形状相同，整体图案布局和较为醒目的纵向文字“王老吉”相似。虽然二者图片均显示了色彩，但本专利的简要说明中并未注明请求保护色彩，故不对二者的色彩进行比较。二者不同之处在于：本专利中部的纵向大字有三列，在先设计中部的纵向大字有两列，每列文字中除“王老吉”三字外的其他文字不同，本专利的是“wanglaoji”，在先设计的是“凉茶”；二者中部其他小字的排列设计不同。合议组认为：从整体观察，二者相似的整体形状、整体图案布局及醒目的纵向文字“王老吉”已形成相近似的整体视觉印象，上述不同之处仅属于局部细微差别，对于产品外观设计的整体视觉效果不具有显著影响。因此，二者属于相近似的外观设计。

综上所述，在本专利申请日以前已有与其相近似的外观设计在出版物上公开发表过，本专利不符合专利法第23条的规定。

鉴于已经得出本专利不符合专利法第23条规定的结论，合议组对请求人提出的其他证据不再予以评述。

三、决定

宣告200730145854. X号外观设计专利权全部无效。

当事人对本决定不服的，可以根据专利法第46条第2款的规定，自收到本决定之日起三个月内向北京市第一中级人民法院起诉。根据该款的规定，一方当事人起诉后，另一方当事人应当作为第三人参加诉讼。

主视图

本专利附图

主视图

在先设计附图

397

玻璃水壶（8）

无效宣告请求审查决定（第13709号）

决　定　号　第13709号
决　定　日　2009年7月23日
发明创造名称　玻璃水壶（8）
外观设计分类号　07-01
无效宣告请求人　深圳市康嘉福实业发展有限公司
专　利　权　人　詹争辉
专　利　号　200730133785.0
申　请　日　2007年5月22日
授权公告日　2008年5月7日
合议组组长　李巍巍
主　审　员　钟　华
参　审　员　王美芳
附　　　图　2页

法律依据　专利法第23条
决定要点
本专利与其申请日前公开的外观设计相近似，不符合专利法第23条的规定。

一、案由

本无效宣告请求涉及国家知识产权局于2008年5月7日授权公告的、名称为“玻璃水壶（8）”的200730133787.0号外观设计专利（下称本专利），其申请日为2007年5月22日，专利权人为詹争辉。

针对本专利，深圳市康嘉福实业发展有限公司（下称请求人）于2009年3月27日向专利复审委员会提出无效宣告请求，其理由是在本专利申请日前已经公开发表过与本专利相近似的外观设计，因此本专利不符合专利法第23条的规定，同时本专利也不符合专利法实施细则第13条第1款的规定，请求人同时提交如下附件作为证据：

附件1：公告号为CN3483839的外观设计专利电子公开文本2页；

附件2：本专利电子公开文本1页。

经形式审查合格，专利复审委员会依法受理了上述无效宣告请求，并于2009年4月23日将无效宣告请求书及相关文件的副本转给专利权人，要求其在指定的期限内答复。专利权人逾期未陈述意见。

2009年5月14日，专利复审委员向双方当事人发出合议组成员告知通知书，双方当事人在指定期限内未请求合议组人员回避。

至此，合议组认为本案事实已经调查清楚，可以作出如下审查决定。

二、决定的理由

1. 法律依据

专利法第 23 条规定：授予专利权的外观设计，应当同申请日以前在国内外出版物上公开发表过或者国内公开使用过的外观设计不相同和不相近似，并不得与他人在先取得的合法权利相冲突。

2. 证据的认定

附件 1 和附件 2 为中国外观设计电子公开文本，经合议组核实，其内容真实，可以作为本案的定案依据。附件 1 为公告号为 CN3483839 的外观设计专利电子公开文本，其公开日为 2005 年 11 月 2 日，早于本专利申请日 2007 年 5 月 22 日，故其上记载的外观设计属于在本专利申请日前公开的外观设计（下称在先设计），可用以评述本专利是否符合专利法第 23 条的规定。

3. 本专利是否符合专利法第 23 条的规定

本专利为玻璃水壶的外观设计，在先设计为茶壶的外观设计，两者所属产品的种类相同，因此可以进行外观设计近似性比较。

本专利授权图片包括主视图、后视图、左视图、右视图、俯视图，简要说明记载省略仰视图。本专利所示玻璃水壶由壶体、壶盖、壶提把组成，壶体主体为圆柱形的回转体、上端与壶体颈部连接处为弧线形、下端为弧形倒角，壶体中央有花朵图案；壶体主体的一侧连接有弧线弯曲、上小下大的壶嘴，壶体颈部为短圆柱形，颈部上端连接稍大于壶颈部的碟状壶口，壶口内放置有一壶盖；壶体颈部包有一连接条，颈部外侧对称设置有连接端头，两连接端头连接着大圆弧形壶提把。该玻璃水壶除壶盖、壶提把、壶体颈部外包的连接带及连接端头外，壶体各部分均透明（详见本专利附图）。

在先设计公开了主视图、左视图、右视图、仰视图、俯视图，简要说明记载后视图与主视图对称、省略后视图。其所示茶壶由壶体、壶盖、壶提把组成，壶体主体为圆台形的回转体、上端与壶体颈部连接处为弧线形、下端近似斜线倒角；壶体主体的一侧连接有弧线弯曲、上小下大的壶嘴，壶体颈部为短圆柱形，颈部上端连接稍大于壶颈部的碟状壶口，壶口内放置有一壶盖，壶盖中央连接着提钮；壶体颈部包有一金属条，颈部外侧对称设置有连接端头，两连接端头连接着大圆弧形壶提把。该玻璃水壶除壶盖、壶提把、壶体颈部外包的金属带及连接端头外（详见在先设计附图）。

将本专利与在先设计对比，两者的整体形状、各主要部件的形状及位置关系均近似，两者的不同之处在于：本专利壶体下端为弧形倒角，在先设计为斜线倒角；两者壶嘴的弯曲形状略有不同；本专利壶体中央有图案，在先设计的壶体上无图案；本专利壶体透明，在先设计未公开壶体是否透明。对此，合议组认为：对于一般消费者而言，本专利与在先设计的上述形状上的区别均属于局部的细微差别，不足以对产品的整体视觉效果产生显著的影响；在两者整体形状近似及各部分的形状及位置关系均近似的情况下，壶体表面有无图案也不足以对两者的整体视觉效果产生显著的影响；两者壶体是否采用透明材料对整体视觉效果没有显著影响。因此，本专利与在先设计构成相近似的外观设计，本专利不符合专利法第 23 条的规定。

鉴于上述评述已经得出本专利不符合专利授权条件的结论，合议组对请求人的其他无效宣告理由不再予以评述。

三、决定

宣告 200730133785.0 号外观设计专利权全部无效。

根据专利法第 46 条第 2 款的规定，当事人对本决定不服的，自收到本决定之日起三个月内向北京市第一中级人民法院起诉，根据该款规定，一方当事人起诉后，另一方当事人应当作为第三人参加诉讼。

主视图

后视图

左视图

右视图

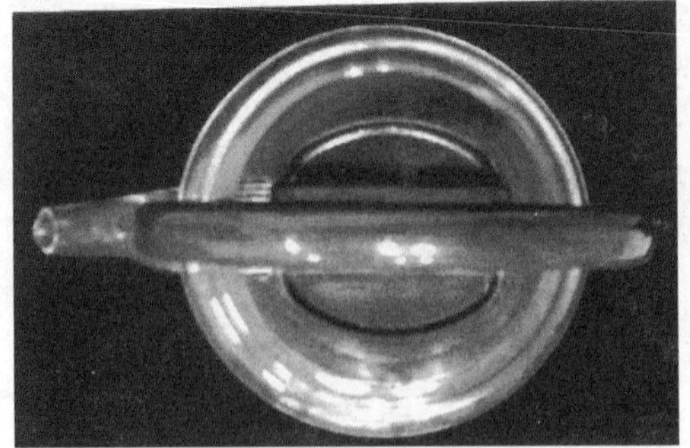
俯视图

本专利附图

主视图
使用状态主视图
左视图
右视图
俯视图
仰视图
使用状态左视图
使用状态右视图
使用状态俯视图
使用状态仰视图

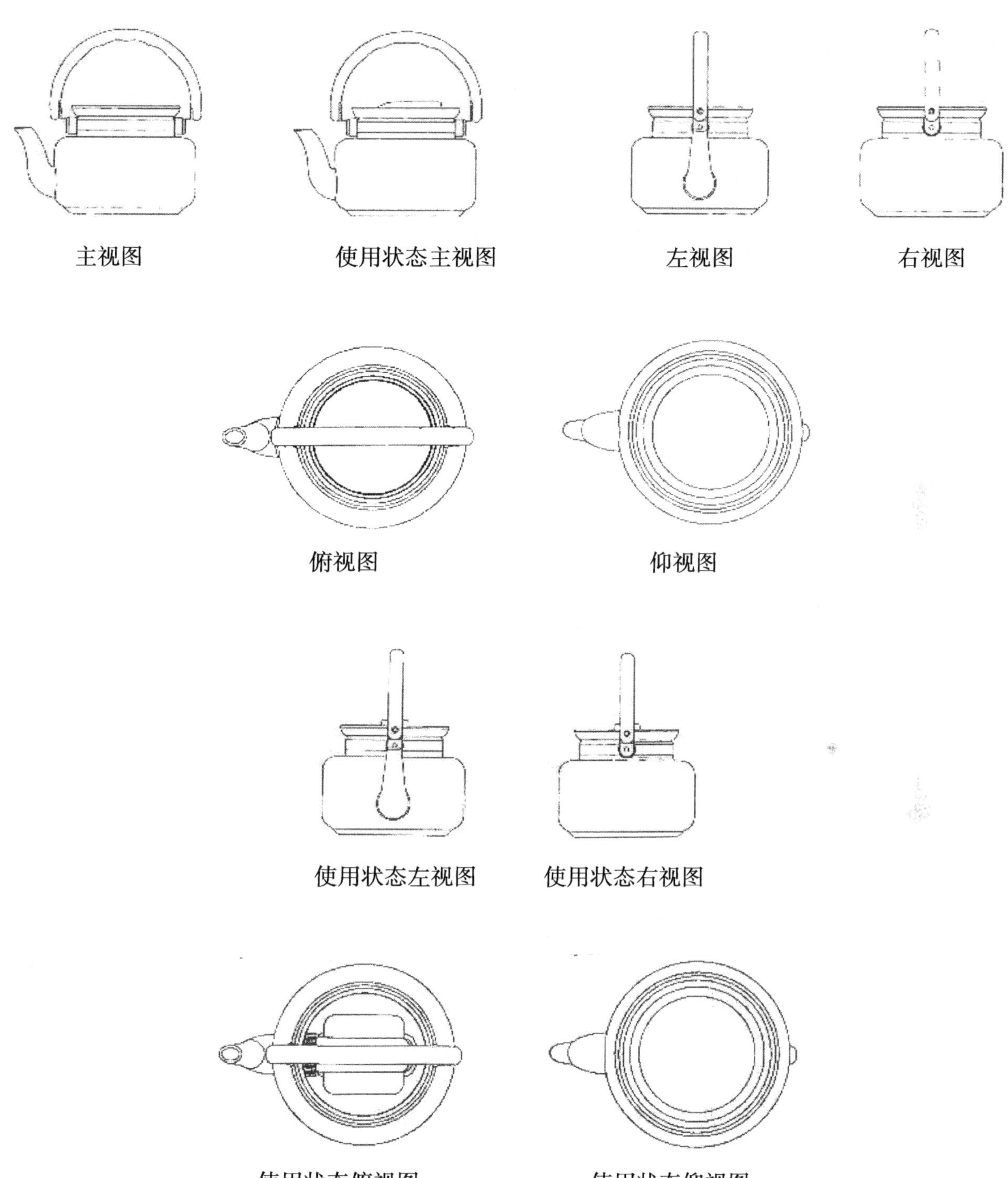

在先设计附图

398

玻璃水壶（10）

无效宣告请求审查决定（第13710号）

决　　定　　号　第13710号
决　　定　　日　2009年7月23日
发明创造名称　玻璃水壶（10）
外观设计分类号　07-01
无效宣告请求人　深圳市康嘉福实业发展有限公司
专　利　权　人　詹争辉
专　　利　　号　200730133787.X
申　　请　　日　2007年5月22日
授权公告日　2008年3月19日
合议组组长　李巍巍
主　　审　　员　钟　华
参　　审　　员　王美芳
附　　　　　图　2页

法　律　依　据　专利法第23条
决　定　要　点
本专利与其申请日前公开的外观设计相近似，不符合专利法第23条的规定。

一、案由

本无效宣告请求涉及国家知识产权局于2008年3月19日授权公告的、名称为“玻璃水壶（10）”的200730133787.X号外观设计专利（下称本专利），其申请日为2007年5月22日，专利权人为詹争辉。

针对本专利，深圳市康嘉福实业发展有限公司（下称请求人）于2009年3月27日向专利复审委员会提出无效宣告请求，其理由是在本专利申请日前已经公开发表过与本专利相近似的外观设计，因此本专利不符合专利法第23条的规定，同时本专利也不符合专利法实施细则第13条第1款的规定，请求人同时提交如下附件作为证据：

附件1：公告号为CN3255969的外观设计专利电子公开文本1页；

附件2：本专利电子公开文本1页。

经形式审查合格，专利复审委员会依法受理了上述无效宣告请求，并于2009年4月23日将无效宣告请求书及相关文件的副本转给专利权人，要求其在指定的期限内答复。专利权人逾期未陈述意见。

2009年5月14日，专利复审委员会向双方当事人发出合议组成员告知通知书，双方当事人在指定期限内未请求合议组人员回避。

至此，合议组认为本案事实已经调查清楚，可以作出如下审查决定。

二、决定的理由

1. 法律依据

专利法第23条规定："授予专利权的外观设计，应当同申请日以前在国内外出版物上公开发表过或者国内公开使用过的外观设计不相同和不相近似，并不得与他人在先取得的合法权利相冲突。"

2. 证据的认定

附件1和附件2为中国外观设计电子公开文本，经合议组核实，其内容真实，可以作为本案的定案依据。附件1为公告号为CN3255969的外观设计专利电子公开文本，其公开日为2002年9月25日，早于本专利申请日2007年5月22日，故其上记载的外观设计属于在本专利申请日前公开的外观设计（下称在先设计），可用以评述本专利是否符合专利法第23条的规定。

3. 本专利是否符合专利法第23条的规定

本专利为玻璃水壶的外观设计，在先设计为茶壶的外观设计，两者所属产品的种类相同，因此可以进行外观设计近似性比较。

本专利授权图片包括主视图、后视图、左视图、右视图、俯视图，简要说明记载"仰视图不常见，没有设计要点，省略仰视图"。本专利所示玻璃水壶由壶体、壶盖、壶提把组成，壶体主体为圆柱形的回转体、上端与壶体颈部连接处为弧线形、下端为略外突的弧线形，壶体主体的一侧连接有弧线弯曲、上小下大的壶嘴，壶体颈部为短圆柱形，颈部上端连接稍大于壶颈部的碟状壶口，壶口内放置有一壶盖，壶盖为外凸圆弧面、中央连接着提钮。壶体颈部包有一金属条，颈部外侧对称设置有连接端头，两连接端头连接着大圆弧形壶提把。该玻璃水壶除壶盖、壶提把、壶体颈部外包的金属带及连接端头外，壶体各部分均透明（详见本专利附图）。

在先设计公开了主视图、左视图、右视图、仰视图、俯视图，简要说明记载"后视图与主视图对称、省略后视图，产品本体为透明体"。其所示茶壶由壶体、壶盖、壶提把组成，壶体主体为圆台形的回转体、上端与壶体颈部连接处为弧线形、下端带有弧形倒角。壶体主体的一侧连接有弧线弯曲、上小下大的壶嘴，壶体颈部为圆柱形，颈部上端连接稍大于壶颈部的碟状壶口，壶口内放置有一壶盖，壶盖为外凸圆弧面、中央连接着提钮。壶体颈部包有一金属条，颈部外侧对称设置有连接端头，两连接端头连接着大圆弧形壶提把。该玻璃水壶除壶盖、壶提把、壶体颈部外包的金属带及连接端头外，壶体部分均透明（详见在先设计附图）。

将本专利与在先设计对比，两者的整体形状、各主要部件的形状及位置关系均近似，壶体均透明，两者的不同之处在于：本专利壶体主体呈圆柱体，在先设计整体呈圆台状；本专利颈部较短、在先设计颈部稍长；两者提手的弯曲略有不同；本专利的壶盖上的提钮占壶盖面的比例较大，而在先设计则较小；本专利的壶提把较在先设计细。对此，合议组认为：在先设计的壶体主体虽然呈圆台状、但上下比例相差不明显，而本专利的壶体主体虽然呈圆柱形、但其下端略突出，同时本专利与在先设计的壶体主体的上、下端均为弧线形，故对于一般消费者而言，两者的壶体主体整体形状是近似的；本专利与在先设计的其余区别均属于局部的细微差别，也不足以对产品的整体视觉效果产生显著的影响，因此本专利与在先设计构成相近似的外观设计，本专利不符合专利法第23条的规定。

鉴于上述评述已经得出本专利不符合专利授权条件的结论，合议组对请求人的其他无效宣告理由不再予以评述。

三、决定

宣告 200730133787. X 号外观设计专利权全部无效。

根据专利法第 46 条第 2 款的规定，当事人对本决定不服的，自收到本决定之日起三个月内向北京市第一中级人民法院起诉，根据该款规定，一方当事人起诉后，另一方当事人应当作为第三人参加诉讼。

主视图

后视图

左视图

右视图

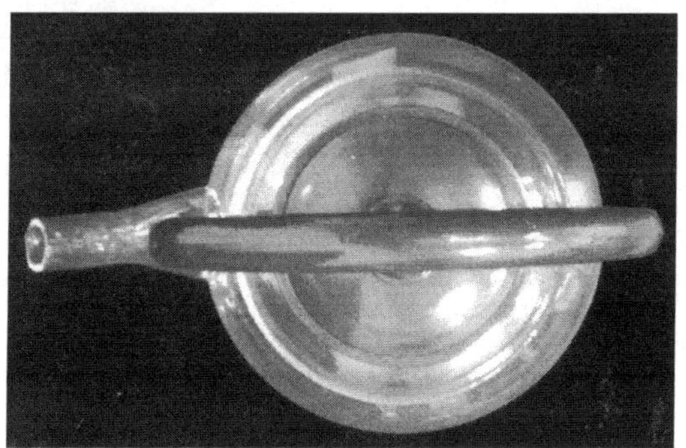
俯视图

本专利附图

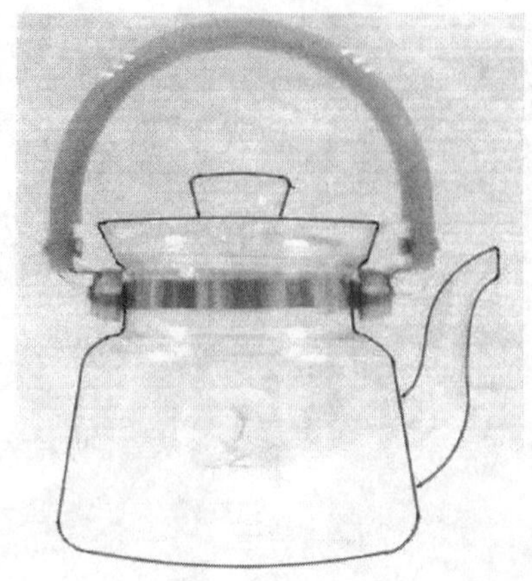

主视图

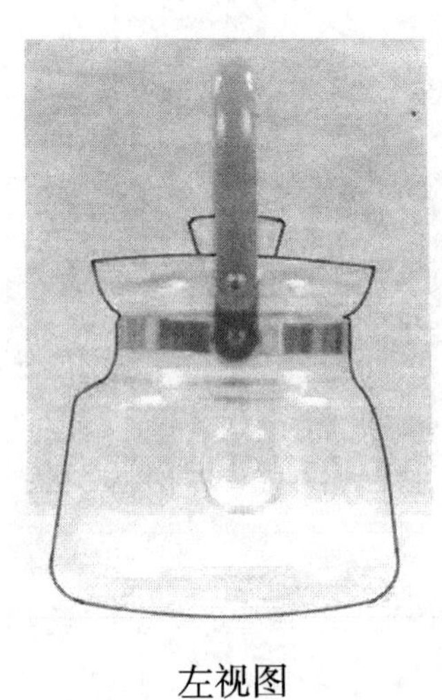

左视图

右视图

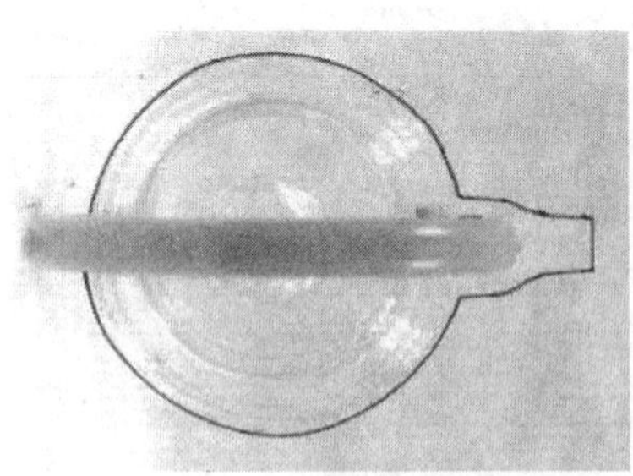

俯视图

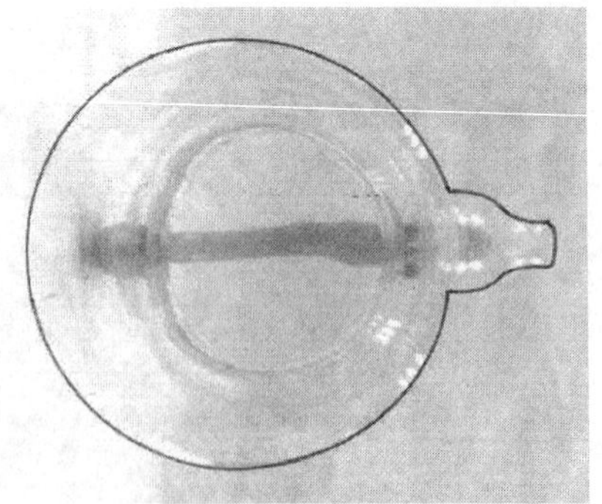

仰视图

在先设计附图

399

玻璃水壶（1）

无效宣告请求审查决定（第13711号）

决　　定　　号　第13711号
决　　定　　日　2009年7月23日
发明创造名称　玻璃水壶（1）
外观设计分类号　07-01
无效宣告请求人　深圳市康嘉福实业发展有限公司
专　利　权　人　詹争辉
专　　利　　号　200730133664.6
申　　请　　日　2007年5月17日
授　权　公　告　日　2008年5月7日
合　议　组　组　长　李巍巍
主　　审　　员　钟　华
参　　审　　员　王美芳
附　　　　　图　2页

法　律　依　据　专利法第23条
决　定　要　点
本专利与其申请日前公开的外观设计相近似，不符合专利法第23条的规定。

一、案由

本无效宣告请求涉及国家知识产权局于2008年5月7日授权公告的、名称为“玻璃水壶（1）”的200730133664.6号外观设计专利（下称本专利），其申请日为2007年5月17日，专利权人为詹争辉。

针对本专利，深圳市康嘉福实业发展有限公司（下称请求人）于2009年3月27日向专利复审委员会提出无效宣告请求，其理由是在本专利申请日前已经公开发表过与本专利相近似的外观设计，因此本专利不符合专利法第23条的规定，同时本专利也不符合专利法实施细则第13条第1款的规定，请求人同时提交如下附件作为证据：

附件1：公告号为CN3388501的外观设计专利电子公开文本1页；

附件2：本专利电子公开文本1页。

经形式审查合格，专利复审委员会依法受理了上述无效宣告请求，并于2009年4月23日将无效宣告请求书及相关文件的副本转给专利权人，要求其在指定的期限内答复。专利权人逾期未陈述意见。

2009 年 5 月 14 日，专利复审委员会于向双方当事人发出合议组成员告知通知书，专利权人在指定期限内未请求合议组人员回避。

2009 年 6 月 11 日，专利复审委员会收到请求人的意见陈述书，请求人不申请合议组人员回避，同时表示如专利复审委员会举行口头审理，则希望能在广东省对本案及请求人另案提出的三个无效宣告请求同时进行。

至此，合议组认为本案事实已经调查清楚，可以作出如下审查决定。

二、决定的理由

1. 法律依据

专利法第 23 条规定："授予专利权的外观设计，应当同申请日以前在国内外出版物上公开发表过或者国内公开使用过的外观设计不相同和不相近似，并不得与他人在先取得的合法权利相冲突。"

2. 证据的认定

附件 1 和附件 2 为中国外观设计电子公开文本，经合议组核实，其内容真实，可以作为本案的定案依据。附件 1 为公告号为 CN3388501 的外观设计专利电子公开文本，其公开日为 2004 年 9 月 1 日，早于本专利申请日 2007 年 5 月 17 日，故其上记载的外观设计属于在本专利申请日前公开的外观设计（下称在先设计），可用以评述本专利是否符合专利法第 23 条的规定。

3. 本专利是否符合专利法第 23 条的规定

本专利为玻璃水壶的外观设计，在先设计为茶壶的外观设计，两者所属产品的种类相同，因此可以进行外观设计近似性比较。

本专利授权图片包括主视图、后视图、左视图、右视图、俯视图，简要说明记载省略仰视图。本专利所示玻璃水壶由壶体、壶盖、壶提把组成。壶体主体为圆台形的回转体、其与壶体颈部连接处为弧线形，其下端带弧形倒角，壶体中央有橘子图案；壶体主体的一侧连接有弧线弯曲、上小下大的壶嘴；壶体颈部为短圆柱形，颈部上端连接稍大于壶颈部的碟状壶口，壶口内放置有一壶盖；壶体颈部外包有一连接条，颈部外侧对称设置有连接端头，两连接端头连接着大圆弧形壶提把。该玻璃水壶除壶盖、壶提把、壶体颈部外的连接条及连接端头外，壶体各部分均透明（详见本专利附图）。

在先设计公开了主视图、后视图、左视图、右视图、仰视图、俯视图。其所示茶壶由壶体、壶提把组成，无壶盖。壶体主体为圆台形的回转体、其与壶体颈部连接处为弧线形，其下端带弧形倒角，壶体中央有小花图案。壶体主体的一侧连接有弧线弯曲、上小下大的壶嘴，壶体颈部为短圆柱形，颈部上端连接稍大于壶颈部的碟状壶口。壶体颈部外包有一连接条，颈部外侧对称设置有连接端头，两连接端头连接着圆弧形壶提把。该玻璃水壶除壶提把、壶体颈部外包的连接条及连接端头外，壶体部分均透明（详见在先设计附图）。

将本专利与在先设计对比，两者的整体形状、各主要部件的形状及位置关系均近似，壶体均透明，两者的不同之处在于：两者壶嘴的弯曲略有不同；壶体上的图案不同。对此，合议组认为：对于一般消费者而言，本专利壶盖的设计并无特别之处，从主、后、左、右视图看均仅能见一提钮，从俯视图看仅为大小和壶口相应的圆形，故在本专利与在先设计整体形状，其壶体、壶提把的形状及位置关系均近似的情况下，两者有无壶盖的区别不能给两者带来显著的影响；对于一般消费者而言，壶嘴形状的区别属于局部的细微差别，不足以对产品的整体视觉效果产生显著的影响；在两者整体形状近似及各部分的形状及位置关系均近似的情况下，上述图案的区别不足以对两者的整体视觉效果产生显著的影响。因此，本专利与在先设计构成相近似的外观设计，本专利不符合专利法第 23 条的规定。

鉴于上述评述已经得出本专利不符合专利授权条件的结论，合议组对请求人的其他无效宣告理由不再予以评述。

三、决定

宣告 200730133664.6 号外观设计专利权全部无效。

根据专利法第 46 条第 2 款的规定，当事人对本决定不服的，自收到本决定之日起三个月内向北京市第一中级人民法院起诉，根据该款规定，一方当事人起诉后，另一方当事人应当作为第三人参加诉讼。

主视图

后视图

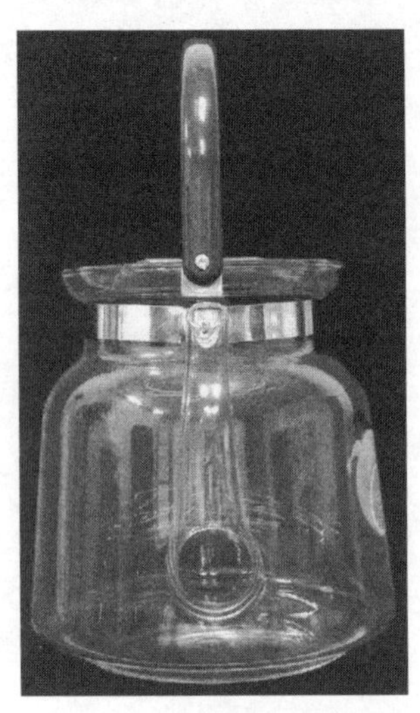
左视图

右视图

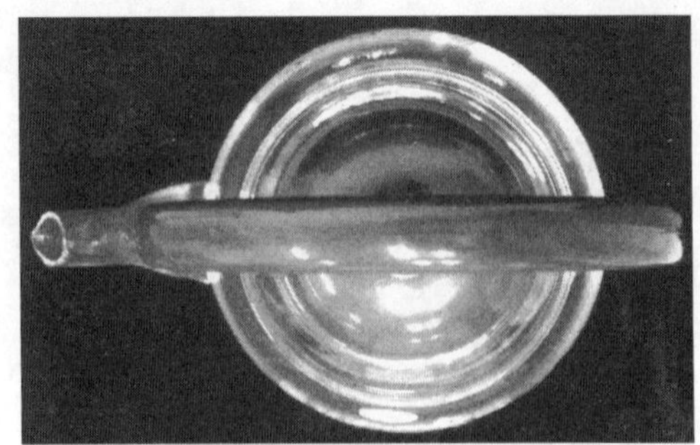
俯视图

本专利附图

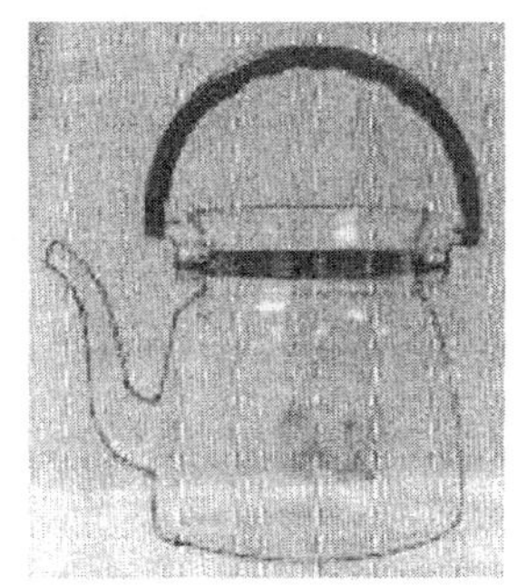
主视图

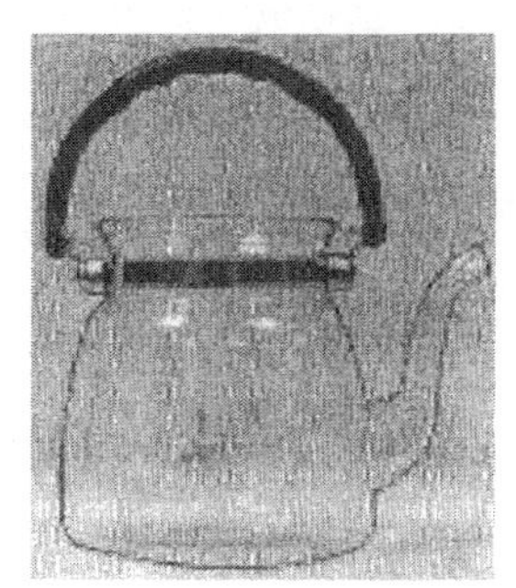
后视图

左视图

右视图

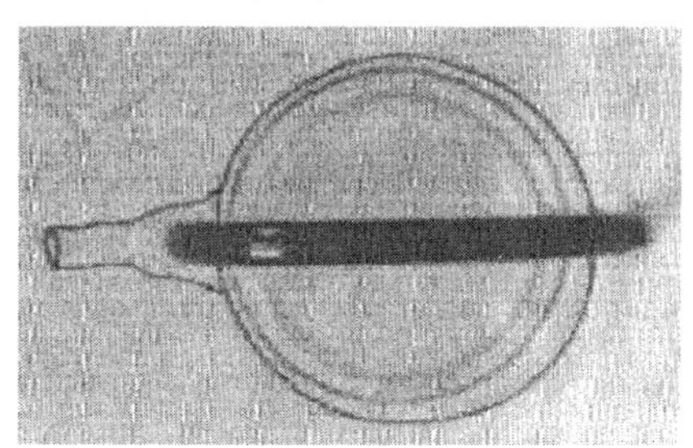
俯视图

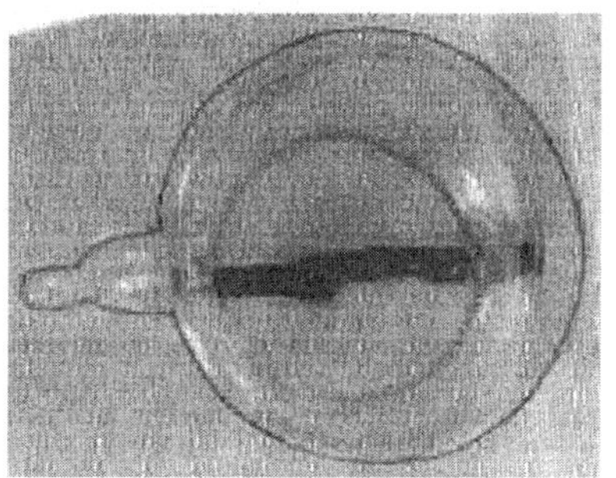
仰视图

在先设计附图

玻璃水壶（5）

无效宣告请求审查决定（第13712号）

决　定　号　第13712号
决　定　日　2009年7月23日
发明创造名称　玻璃水壶（5）
外观设计分类号　07-01
无效宣告请求人　深圳市康嘉福实业发展有限公司
专利权人　詹争辉
专　利　号　200730133782.7
申　请　日　2007年5月22日
授权公告日　2008年3月19日
合议组组长　李巍巍
主　审　员　钟　华
参　审　员　王美芳
附　　图　2页

法律依据　专利法第23条
决定要点
本专利与其申请日前公开的外观设计相近似，不符合专利法第23条的规定。

一、案由

本无效宣告请求涉及国家知识产权局于2008年3月19日授权公告的、名称为“玻璃水壶（5）”的200730133782.7号外观设计专利（下称本专利），其申请日为2007年5月22日，专利权人为詹争辉。

针对本专利，深圳市康嘉福实业发展有限公司（下称请求人）于2009年3月27日向专利复审委员会提出无效宣告请求，其理由是在本专利申请日前已经公开发表过与本专利相近似的外观设计，因此本专利不符合专利法第23条的规定，同时本专利也不符合专利法实施细则第13条第1款的规定，请求人同时提交如下附件作为证据：

附件1：公告号为CN3390063的外观设计专利电子公开文本1页；

附件2：本专利电子公开文本1页。

经形式审查合格，专利复审委员会依法受理了上述无效宣告请求，并于2009年4月23日将无效宣告请求书及相关文件的副本转给专利权人，要求其在指定的期限内答复。专利权人逾期未陈述意见。

2009年5月14日，专利复审委员会于向双方当事人发出合议组成员告知通知书，双方当事人在指定期限内未请求合议组人员回避。

至此，合议组认为本案事实已经调查清楚，可以作出如下审查决定。

二、决定的理由

1. 法律依据

专利法第 23 条规定：授予专利权的外观设计，应当同申请日以前在国内外出版物上公开发表过或者国内公开使用过的外观设计不相同和不相近似，并不得与他人在先取得的合法权利相冲突。

2. 证据的认定

附件 1 和附件 2 为中国外观设计电子公开文本，经合议组核实，其内容真实，可以作为本案的定案依据。附件 1 是公告号为 CN3390063 的外观设计专利、名称为茶壶（15），其公开日为 2004 年 9 月 8 日，早于本专利申请日 2007 年 5 月 22 日，故其上记载的外观设计属于在本专利申请日前公开的外观设计（下称在先设计），可用以评述本专利是否符合专利法第 23 条的规定。

3. 本专利是否符合专利法第 23 条的规定

本专利为玻璃水壶的外观设计，在先设计为茶壶的外观设计，两者所属产品的种类相同，因此可以进行外观设计近似性比较。

本专利授权图片包括主视图、后视图、左视图、右视图、俯视图，简要说明记载省略仰视图。本专利所示玻璃水壶由壶体、壶盖、壶提把组成。壶体主体为圆台形的回转体、下端带有弧形倒角，壶体上有文字组成的图案；壶体主体的一侧连接有弧线弯曲、上小下大的壶嘴，壶体颈部为短圆柱形，颈部上端连接稍大于壶颈部的碟状壶口，壶口内放置有一壶盖，壶盖中央连接着提钮；壶体颈部外包有一连接条，颈部外侧对称设置有连接端头，两连接端头连接着圆弧形壶提把。该玻璃水壶除壶盖、壶提把、壶体颈部外的连接条及连接端头外，壶体各部分均透明（详见本专利附图）。

在先设计公开了主视图、后视图、左视图、右视图、仰视图、俯视图。其所示茶壶由壶体、壶提把组成，无壶盖。壶体主体为圆台形的回转体、下端带有弧线形倒角，壶体上有花卉图案；壶体主体的一侧连接有弧线弯曲、上小下大的壶嘴，壶体颈部为短圆柱形，颈部上端连接稍大于壶颈部的碟状壶口。壶体颈部外包有一连接条，颈部外侧对称设置有连接端头，两连接端头连接着圆弧形壶提把；该玻璃水壶除壶提把、壶体颈部外包的连接条及连接端头外，壶体部分均透明（详见在先设计附图）。

将本专利与在先设计对比，两者的整体形状、其壶体、壶提把的形状及位置关系均近似，壶体均透明，两者的不同之处在于：两者壶嘴的弯曲略有不同；本专利有壶盖，而在先设计则无壶盖；两者壶体上的图案不同。对此，合议组认为：对于一般消费者而言，本专利壶盖的设计并无特别之处，从主、后、左、右视图看均仅能见一提钮，从俯视图看仅为大小和壶口相应的圆形，故在本专利与在先设计整体形状，其壶体、壶提把的形状及位置关系均近似的情况下，两者有无壶盖的区别不能给两者带来显著的影响；同时，两者的其余形状上的区别均属于局部的细微差别，也不足以对产品的整体视觉效果产生显著的影响；在两者整体形状近似及各部分的形状及位置关系均近似的情况下，上述图案的区别不足以对两者的整体视觉效果产生显著的影响。因此，本专利与在先设计构成相近似的外观设计，本专利不符合专利法第 23 条的规定。

鉴于上述评述已经得出本专利不符合专利授权条件的结论，合议组对请求人的其他无效宣告理由不再予以评述。

三、决定

宣告 200730133782. 7 号外观设计专利权全部无效。

根据专利法第 46 条第 2 款的规定，当事人对本决定不服的，自收到本决定之日起三个月内向北京市第一中级人民法院起诉，根据该款规定，一方当事人起诉后，另一方当事人应当作为第三人参加诉讼。

主视图

后视图

左视图

右视图

俯视图

本专利附图

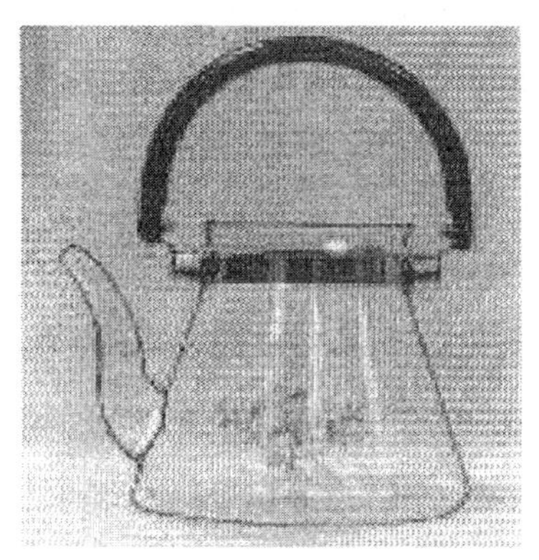

主视图

后视图

左视图

右视图

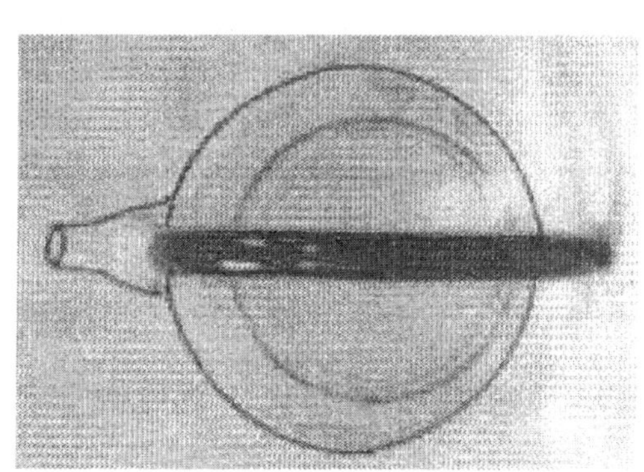

俯视图

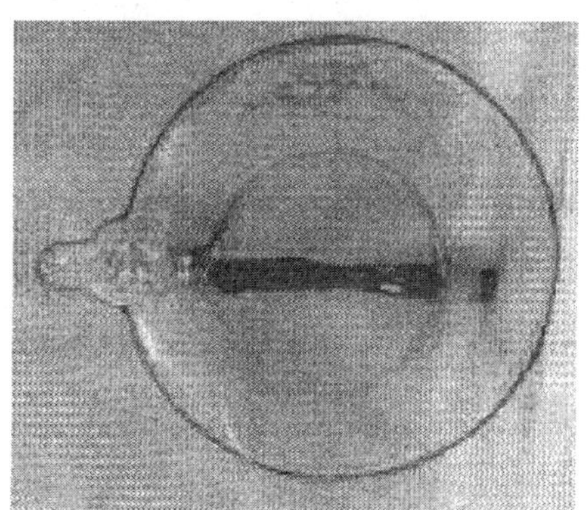

仰视图

在先设计附图

401

雨靴（801 系列）

无效宣告请求审查决定（第 13719 号）

决　　定　　号 第 13719 号
决　　定　　日 2009 年 7 月 24 日
发明创造名称 雨靴（801 系列）
外观设计分类号 02-04
无效宣告请求人 南昌市海洋塑胶有限公司，南昌香华实业有限公司
专　利　权　人 胡孝明
专　　利　　号 200730135370.7
申　　请　　日 2007 年 4 月 28 日
授 权 公 告 日 2007 年 8 月 15 日
合 议 组 组 长 张雪飞
主　　审　　员 尹春霞
参　　审　　员 雷　婧
附　　　　　图 2 页

法　律　依　据 专利法第 23 条
决　定　要　点

本专利与在先设计的差别或为局部细微差别，或为在使用状态下视觉不易见的部位产生的差别，均不足以对整体视觉效果产生显著影响。

一、案由

本无效宣告请求涉及国家知识产权局于 2007 年 8 月 15 日授权公告的 200730135370.7 号外观设计专利，使用该外观设计的产品名称是“雨靴（801 系列）”，其申请日是 2007 年 4 月 28 日，专利权人为胡孝明。

（一）第一次无效宣告请求

针对上述外观设计专利权（下称本专利），南昌市海洋塑胶有限公司（下称第一请求人）于 2008 年 12 月 22 日向专利复审委员会提出无效宣告请求，其依据的事实和理由是：本专利在其申请日前已在国内公开发表和公开使用过，丧失了新颖性，不符合专利法第 23 条的规定，应予宣告无效。第一请求人同时提交了如下附件作为证据：

附件（一）1：朱香莲、邓优优出具的证言及身份证复印件，共 3 页，宣传画册彩色复印件，共 12 页；

附件（一）2：朱香华、邓优优、陈细根、周兰英、余彪、周作鹏出具的证言复印件，共8页；

附件（一）3：邓保国出具的证言及雨靴图片复印件，共2页；

附件（一）4：请求人声称在不同厂家购买本专利外观设计雨靴的付款证明及银行卡存款业务（回单），共1页；

附件（一）5：重庆市梁平县龙祥雨鞋厂运输被请求专利外观设计雨靴的运输合同，共1页。

第一请求人认为：附件（一）1表明，本专利在申请日前就已在国内出版物上公开发表；

附件（一）2、附件（一）4、附件（一）5表明，本专利在申请日前就已在国内公开销售；附件（一）3表明，本专利在申请日前就已在国内公开使用，因此本专利不符合专利法第23条的规定，应予宣告无效。

专利复审委员会经形式审查合格后受理了该无效宣告请求，并于2008年12月24日将无效宣告请求书及其附件的副本转送专利权人，通知其在指定期限内陈述意见，并告知专利权人如逾期不答复，不影响专利复审委员会的审理。

2009年1月15日，第一请求人补充提交意见陈述书，说明将请求日提交的附件与补充附件汇总一起按附件类别分组编写了证据目录，并说明证据的证明目的和理由。附件名称如下：

补充附件（一）1-1：加盖“南昌市海洋塑胶有限公司”公章的企业法人营业执照副本复印件，共1页；

补充附件（一）1-2：加盖“南昌市海洋塑胶有限公司”公章的组织机构代码证副本复印件，共1页；

补充附件（一）2-1：重庆沙坪坝区鑫雄峰鞋业的宣传画册彩色复印件，共12页；

补充附件（一）2-2：朱香莲、邓优优出具的证言及身份证复印件，共3页；

补充附件（一）2-3：余彪、周作鹏出具的证言复印件，共2页；

补充附件（一）2-4：周兰英、陈细根出具的证言复印件，共1页；

补充附件（一）2-5：邓优优出具的证言复印件，共1页；

补充附件（一）2-6：朱香华出具的证言及银行存款业务回单复印件，共2页；

补充附件（一）2-7：（2009）乐证字第008号公证书复印件，共4页；

补充附件（一）2-8：邓保国出具的证言及雨靴图片复印件，共2页；

补充附件（一）3-1：货物运输合同及谭世龙、周兴英出具证言复印件，共1页；

补充附件（一）3-2：周兴英出具证言复印件，共1页；

补充附件（一）3-3：银行卡存款业务回单、周兴英出具证言及产品照片复印件，共2页；

补充附件（一）3-4：周兰英、陈细根出具的证言复印件，共1页；

补充附件（一）3-5：邓优优出具的证言复印件，共1页；

补充附件（一）3-6：朱香华出具的证言复印件，共1页；

补充附件（一）4-1：定购合同书及模具图复印件，共4页；

补充附件（一）4-2：（2009）浙台商证字第58号公证书复印件，共3页；

补充附件（一）5-1：相关专利侵权纠纷的网络立案查询打印件，共4页；

补充附件（一）6-1：重庆沙坪坝区鑫雄峰鞋业的改版宣传画册复印件，共15页。

第一请求人以上述附件的结合证明本专利在申请日前就以多种形式向公众公开。

专利复审委员会于2009年2月19日向双方当事人发出《无效宣告请求口头审理通知书》，定于2009年3月30日进行口头审理。同时随口头审理通知书将第一请求人于2009年1月15日提交的补充意见及附件转送专利权人，要求其在口头审理当庭陈述意见。

第一请求人于2009年3月6日再次提交补充理由及附件，说明证明目的及理由，其所提交的附件如下：

第一组（一）：刊载该外观雨鞋的网页打印件，共2页；

第二组（一）：本专利著录项目及图片复印件，共1页；

第三组（一）：200430051083.4号外观设计专利著录项目及图片复印件，共1页；

第四组（一）：4-1、邓杰军出具证言及身份证复印件，共2页；4-2、吴建平出具的证言及身份证复印件，共2页；4-3、牟超出具的证言及身份证复印件，共2页；4-4、程小红出具的证言及身份证复印件，共2页；4-5、赵加权出具的证言及身份证复印件，共2页；4-6、王金成出具的证言及身份证复印件，共2页；

第五组（一）：台州模具有限公司出具的证明复印件，共3页；

第六组（一）：6-1、周小兰（周兰英）送货单及货物运输协议复印件，共3页；6-2、胡桂生的证言及相关送货单和银行存款业务回单复印件，共6页；

第七组（一）：7-1、天龙牌系列雨鞋经销合同复印件及谭世忠证明复印件，共2页；7-2、朱香华的进货记录复印件，共1页；

第八组（一）：谭世忠“关于在2007年12月14日侵犯知识产权调解协议书”的说明复印件，共2页。

第一请求人说明提交以上附件与之前提交的附件一并形成证据链能直接指明本案的实质问题，更能证明请求人的主张。

口头审理如期举行，双方当事人均委托代理人出庭，均对对方出庭人员的身份和资格无异议，对合议组成员也无回避请求。

口头审理中，合议组当庭告知第一请求人，其于2009年3月6日提交的补充理由及附件已经超期，合议组不予考虑。第一请求人放弃附件（一）1至附件（一）5作为证据。第一请求人当庭提交了补充附件（一）2-1、附件（一）2-2、附件（一）3-2、附件（一）6-1的原件，作为出版物公开的证据。专利权人当庭核实上述原件，认可上述附件的原件与复印件一致。专利权人对附件（一）2-1的真实性没有异议，对公开性有异议；对附件（一）2-2、附件（一）3-2的证人证言，对其证人身份的真实性没有异议，但认为证人应出庭质证。第一请求人当庭提交了附件（一）2-3至附件（一）2-8的原件，作为使用公开的证据。专利权人当庭核实上述原件，认可上述附件的原件与复印件一致。但认为上述附件从形式上只是证人的证言，证人未出庭作证，且相关证人与本案有直接利害关系，对其证言不应予以采信。请求人当庭提交了附件（一）3-1至附件（一）3-5、附件（一）4-1、附件（一）4-2的原件，并说明附件（一）3-6的原件在法官处。专利权人当庭核实上述原件，认可上述附件的原件与复印件一致，但对上述附件的真实性均有异议，并提交了反证一份作为证据，内含户成员信息4页，南昌市脱水机厂出具的证言1页，南昌市惠民菜市场出具的证言1页，结婚体检证明1页，重庆市第五中级人民法院民事裁定书1页，侵犯知识产权调解协议书1页。合议组说明附件（一）5-1与本案没有关联，不予审理。口头审理中，合议组及双方当事人对请求人的证人朱香华、谭世忠进行了询问。朱香华说明其于2007年1月到鑫雄峰公司拿了型号为（801）的雨靴50件，是本案专利权人接待的。谭世忠说明其代表谭世龙及周兴英出庭作证，网站于2007年2月公布了与本专利近似的产品。同时，合议组告知谭世忠在口头审理后7日提交合格的委托书，否则视为其当庭证言无效。

专利复审委员会于2009年3月31日收到专利权人针对第一请求人于2009年1月15日提交的第一次补充意见陈述及附件提交的意见陈述书。专利权人认为，附件（一）2-1至附件（一）2-8不能证明本专利在申请日前公开宣传和销售；附件（一）3-1至附件（一）3-6不能证明本专利在申请日前生产和销售；附件（一）4-1、附件（一）4-2不能证明与本专利有关的模具在申请日前存在；附件（一）5-1能够说明专利权人正当维权的权利得到法院支持的情况；附件（一）6-1不能作为反证。因此第一请求人提交的证据缺乏真实性、关联性，没有证明力，请求维持本专利有效。

2009年3月31日第一请求人向专利复审委员会提交了证人周兴英、谭世龙出具的委托书，说明委托谭世忠代周兴英、谭世龙出席口头审理，接受询问。

专利复审委员会于2009年4月2日将专利权人于2009年3月30日当庭提交的反证及专利复审委员会于2009年3月31日收到的意见陈述书转送第一请求人，通知其在指定期限内陈述意见。同日向专利权人发出无效宣告请求审查通知书，告知专利权人已将其2009年3月30日当庭提交的反证转送第一请求人。

第一请求人于2009年4月21日针对专利复审委员会于2009年4月2日发出的转送文件通知书提交意见陈述。请求人在意见陈述书中坚持原有观点，认为专利权人提供的事实和理由均不能证明具有本专利外观的雨靴在申请日前没有销售过，专利权人提供的证据完全没有证明力，应宣告本专利无效。同时附具（2009）洪豫证经字第140号公证书复印件一份作为证据，以证明2007年1月17日周小兰到鑫雄峰厂购进雨靴。

（二）第二次无效宣告请求

针对上述外观设计专利权（下称本专利），南昌香华实业有限公司（下称第二请求人）于2008年12月24日向专利复审委员会提出无效宣告请求，其依据的事实和理由是：本专利在其申请日前已在国内公开发表和公开使用过，丧失了新颖性，不符合专利法第23条的规定，应予宣告无效。请求人同时提交了如下附件作为证据：

附件（二）1：朱香莲、邓优优出具的证言、身份证复印件，共3页，宣传画册彩色复印件，共12页；

附件（二）2：朱香华、邓优优、陈细根、周兰英、余彪、周作鹏出具的证言复印件，共8页；

附件（二）3：邓保国出具的证言及雨靴图片复印件，共2页；

附件（二）4：请求人声称在不同厂家购买本专利外观设计雨靴的付款证明（银行卡存款业务回单），共1页；

附件（二）5：重庆市梁平县龙祥雨鞋厂运输被请求专利外观设计雨靴的运输合同，共1页。

第二请求人认为：附件（二）1表明，本专利在申请日前就已在国内出版物上公开发表；

附件（二）2、附件（二）4、附件（二）5表明，本专利在申请日前就已在国内公开销售；附件（二）3表明，本专利在申请日前就已在国内公开使用。因此本专利不符合专利法第23条的规定，应予宣告无效。

专利复审委员会经形式审查合格后受理了该无效宣告请求，并于2008年12月24日将无效宣告请求书及其附件的副本转送专利权人，通知其在指定期限内陈述意见，并告知专利权人如逾期不答复，不影响专利复审委员会的审理。

2009年1月15日，第二请求人补充提交意见陈述书，说明将请求日提交的附件与补充附件汇总一起按附件类别分组编写了证据目录，并说明证据的证明目的和理由。附件名称如下：

附件（二）1-1：加盖“南昌香华实业有限公司”公章的企业法人营业执照副本复印件，共1页；

附件（二）1-2：加盖“南昌香华实业有限公司”公章的组织机构代码证副本复印件，共1页；

附件（二）2-1：朱香华的证明复印件，共1页；

附件（二）2-2：银行卡存款业务回单复印件，共1页；

附件（二）2-3：朱香华的证明复印件，共1页；

附件（二）3-1：重庆沙坪坝区鑫雄峰鞋业的宣传画册彩色复印件，共12页；

附件（二）3-2：朱香莲、邓优优出具的证言及身份证复印件，共3页；

附件（二）3-3：余彪、周作鹏出具的证言复印件，共2页；

附件（二）3-4：周兰英、陈细根出具的证言复印件，共1页；

附件（二）3-5：邓优优出具的证言复印件，共1页；

附件（二）3-6：（2009）乐证字第008号公证书复印件，共4页；

附件（二）3-7：邓保国出具的证言及雨靴图片复印件，共2页；

附件（二）4-1：货物运输合同及谭世龙、周兴英出具证言复印件，共1页；

附件（二）4-2：周兴英出具证言复印件，共1页；

附件（二）4-3：银行卡存款业务回单、周兴英出具证言及产品照片复印件，共2页；

附件（二）4-4：周兰英、陈细根出具的证言复印件，共1页；

附件（二）4-5：邓优优出具的证言复印件，共1页；

附件（二）5-1：采购模具合同书复印件，共3页；

附件（二）5-2：（2009）浙台商证字第59号公证书复印件，共3页；

附件（二）6-1：相关专利侵权纠纷的网络立案查询打印件，共4页；

附件（二）7-1：重庆沙坪坝区鑫雄峰鞋业的改版后宣传画册复印件，共16页。

第二请求人以上述附件的结合证明本专利在申请日前就以多种形式向公众公开。

专利复审委员会于2009年1月20日收到专利权人针对无效宣告请求日的副本提交的意见陈述书。专利权人认为：宣传画册本身并没有显示专利权人在2006年11月下旬就发放了包括“801系列”的宣传画册；对于证人证言的真实性均有异议；运输合同仅有货物名称，没有产品规格，不能证明与本专利相同。请求驳回请求人的无效宣告请求。

专利权人于2009年2月18日提交了如下附件作为反驳证据：

反证（二）1-1：加盖“南昌市公安局西湖分局广润门派出所”公章的朱香华户成员信息复印件，共1页；

反证（二）1-2：朱香华与周作鹏婚姻关系材料复印件，共5页；

反证（二）1-3：加盖“南昌市公安局广润门派出所”公章的人口基本信息复印件，共1页；

反证（二）2-1：（2007）渝五中民初字第385号重庆市第五中级人民法院民事裁定书彩色打印件，共1页；

反证（二）2-2：侵犯知识产权调解协议书彩色打印件，共1页；

反证（二）3：重庆市第五中级人民法院查询存款函（回执）及相关银行明细查询单复印件，共6页；

反证（二）4-1：李瑞东出具的证言及身份证复印件，共2页；

反证（二）4-2：卢满凤出具的证言及身份证复印件，共2页；

反证（二）4-3：卢满保出具的证言及身份证复印件，共2页；

反证（二）5：重庆京东明春数码彩印有限公司的证明原件及其所附的宣传画册彩色打印件，共13页。

专利复审委员会于2009年2月19日向双方当事人发出《无效宣告请求口头审理通知书》，定于2009年3月30日进行口头审理。同时随口头审理通知书将第二请求人于2009年1月15日提交的补充意见及附件转送专利权人，将专利复审委员会于2009年1月20日收到的专利权人提交的意见陈述书转送请求人。

专利复审委员会于2009年2月25日将专利权人于2009年2月18日提交的反证转送请求人。

第二请求人于2009年3月6日再次提交补充理由及附件，说明证明目的及理由，其所提交的附件如下：

第一组（二）：含该外观雨鞋的网页打印件，共2页；

第二组（二）：本专利著录项目及图片复印件，共1页；

第三组（二）：200430051083.4号外观设计专利著录项目及图片复印件，共1页；

第四组（二）：4-1、邓杰军出具证言及身份证复印件，共2页；4-2、吴建平出具的证言及身份证复印件，共2页；4-3、牟超出具的证言及身份证复印件，共2页；4-4、程小红出具的证言及身份证复印件，共2页；4-5、赵加权出具的证言及身份证复印件，共2页；4-6、王金成出具的证言及身份证复印件，共2页；

第五组（二）：台州模具有限公司出具的证明复印件，共3页；

第六组（二）：6-1、周小兰（周兰英）送货单及货物运输协议复印件，共3页；6-2、胡桂生出具的证明及相关送货单和银行存款业务回单复印件，共6页；

第七组（二）：7-1、天龙牌系列雨鞋经销合同复印件及谭世忠证明复印件，共2页；7-2、朱香华的进货记录复印件，共1页；

第八组（二）：谭世忠“关于在2007年12月14日侵犯知识产权调解协议书”的说明复印件，共2页。

第二请求人说明提交以上附件与之前提交的附件一并形成证据链能直接指明本案的实质问题，更能证明第二请求人的主张。

口头审理如期举行，双方当事人均委托代理人出庭，均对对方出庭人员的身份和资格无异议，对合议组成员也无回避请求。

口头审理中，合议组当庭告知第二请求人，其于2009年3月6日提交的补充理由及附件已经超期，合议组不予考虑。请求人当庭提交了附件（二）2-1、附件（二）2-2、附件（二）3-2、附件（二）6-1的原件，作为出版物公开的证据。专利权人当庭核实上述原件，认可上述附件的原件与复印件一致。专利权人对附件（二）2-1的真实性没有异议，对公开性有异议；对附件（二）2-2、附件（二）3-2的证人证言，对其身份的真实性没有异议，但认为证人应出庭质证。第二请求人当庭提交了附件（二）2-3至附件（二）2-8的原件，作为使用公开的证据。专利权人当庭核实上述原件，认可上述附件的原件与复印件一致。但认为上述附件从形式上只是证人的证言，证人未出庭作证，且相关证人与本案有直接利害关系，对其证言不应予以采信。第二请求人当庭提交了附件（二）3-1至附件（二）4-2的原件，并说明附件（二）3-6在法官处。专利权人当庭核实上述原件，认可上述附件的原件与复印件一致。专利权人对附件（二）3-1至附件（二）4-2的真实性均有异议。并提交了反证一份作为证据，内含户成员信息4页，南昌市脱水机厂出具的证言1页，南昌市惠民菜市场出具的证言1页，结婚体检证明1页，重庆市第五中级人民法院民事裁定书1页，侵犯知识产权调解协议书1页。合议组说明附件（二）5-1与本案没有关联，不予审理。口头审理中，合议组及双方当事人对第二请求人的证人谭世忠进行了询问。谭世忠说明其代表谭世龙及周兴英出庭作证，网站于2007年2月公布了与本专利近似的产品。同时，合议组告知谭世忠在口头审理后7日提交合格的委托书，否则视为其当庭证言无效。

专利复审委员会于2009年3月31日收到专利权人针对第二请求人于2009年1月15日提交的第

一次补充意见陈述及附件提交的意见陈述书。专利权人认为，附件（二）2-1至附件（二）2-3不能证明本专利在申请日前公开销售；附（二）件3-1至附件（二）3-8不能证明宣传资料在本专利申请日前公开及产品早于申请日前销售和使用；附件（二）4-1至附件（二）4-5不能证明本专利先于申请日前生产销售；附件（二）5-1、附件（二）5-2不能证明请求方的生产模具时间；附件（二）6-1不能作为反证。因此第二请求人提交的证据缺乏真实性、关联性，没有证明力，请求维持本专利有效。

2009年3月31日第二请求人向专利复审委员会提交了证人周兴英、谭世龙出具的委托书，说明委托谭世忠代周兴英、谭世龙出席口头审理，接受询问。

专利复审委员会于2009年4月2日将专利权人于2009年3月30日及专利复审委员会于2009年3月31日收到的专利权人的意见陈述书转送请求人，通知其在指定期限内陈述意见。同日向专利权人发出无效宣告请求审查通知书，告知专利权人已将其2009年3月30日当庭提交的意见陈述转送第二请求人。

第二请求人于2009年4月21日针对专利复审委员会于2009年4月2日发出的转送文件通知书提交意见陈述。请求人在意见陈述书中坚持原有观点，认为专利权人提供的事实和理由均不能证明具有本专利外观的雨靴在申请日前没有销售过，专利权人提供的证据完全没有证明力，应宣告本专利无效。同时附具（2009）洪豫证经字第140号公证书复印件一份作为证据，以证明2007年1月17日周小兰到鑫雄峰厂购进雨靴。

（三）第三次无效宣告请求

针对上述外观设计专利权（下称本专利），第一请求人于2009年4月21日再次向专利复审委员会提出无效宣告请求，其依据的事实和理由是：本专利在其申请日前已在国内公开发表和公开使用过，丧失了新颖性，不符合专利法第23条的规定，应予宣告无效。第一请求人同时提交了如下附件作为证据：

附件（三）1-1：本专利著录项目及图片复印件，共1页；

附件（三）2-1：网络媒体刊载的与本专利相似的雨靴产品照片及相关查询的说明，共3页；

附件（三）2-2：北京万维通港科技有限公司出具的证明复印件，共1页；

附件（三）3-1：200430051083.4号外观设计专利著录项目及图片复印件，共1页；

附件（三）4-1：邓杰军出具证言及身份证复印件，共2页；

附件（三）4-2：吴建平出具的证言及身份证复印件，共2页；

附件（三）4-3：牟超出具的证言及身份证复印件，共2页；

附件（三）4-4：程小红出具的证言及身份证复印件，共2页；

附件（三）4-5：赵加权出具的证言及身份证复印件，共2页；

附件（三）4-6：王金成出具的证言及身份证复印件，共2页；

附件（三）4-7：胡时新出具的证言及身份证复印件，共1页；

附件（三）5-1：台州模具有限公司出具的证明复印件，共3页；

附件（三）6-1：（2009）洪豫证经字第140号公证书及货物运输协议复印件，共5页；

附件（三）6-2：胡桂生出具的证言、送货单及银行存款业务回单复印件，共5页；

附件（三）6-3：李伟宏出具的证言、送货单及银行存款业务回单复印件，共5页；

附件（三）7-1：天龙牌系列雨鞋经销合同及谭世忠出具的证言复印件，共2页；

附件（三）7-2：朱香华的进货记录复印件，共1页。

第一请求人认为：本专利同申请日前在国内出版物上公开发表的外观设计相近似［见附件（三）

3-1]；与网站公开的雨靴外观设计相近似［见附件（三）2-1］；本专利同申请日前在国内公开使用的外观设计相近似［见附件（三）4-1至附件（三）4-7、附件（三）5-1、附件（三）6-1至附件（三）6-3、附件（三）7-1、附件（三）7-2］。因此本专利不符合专利法第二十三条的规定，应予宣告无效。

专利复审委员会经形式审查合格后受理了该无效宣告请求，并于2009年5月11日将无效宣告请求书及其附件的副本转送专利权人，通知其在指定期限内陈述意见，并告知专利权人如逾期不答复，不影响专利复审委员会的审理。

专利复审委员会于2009年5月13日向双方当事人发出合议组成员告知通知书。双方当事人在指定期限内均未对合议组成员提出回避请求。

第一请求人于2009年5月20日补充提交意见陈述书及附件，说明附件的证明目的和理由。附件名称如下（编号续前）：

附件（三）8-1：朱香莲、邓优优出具的证言复印件，共1页；

附件（三）8-2：朱香莲证言中所附的宣传图册，共12页；

附件（三）8-3：附件4-4中程小红证言中所述的宣传画册和发放者胡星的名片复印件，共12页；

附件（三）8-4：胡星与本专利权人的亲属关系的户籍证明复印件，共1页；

附件（三）9-1：周兴英出具的证言复印件，共1页；

附件（三）9-2：（2009）洪城民证字第0222号公证书复印件，共5页；

附件（三）10-1：张治军出具的证言及身份证复印件，共2页；

附件（三）10-2：胡桂生出具的证言复印件，共1页；

附件（三）11-1：谭世忠出具的证言复印件，共2页。

第一请求人认为，本专利在申请日前就以广告宣传册的形式在国内公开；与本专利相近似的雨靴产品在本专利申请日前就在网络媒体上公开；与本专利相同的产品在本专利申请日前就在国内公开销售。

专利权人于2009年5月25日提交意见陈述书。专利权人认为第一次无效宣告请求、第二次无效宣告请求的无效宣告请求口头审理已经终结，因此应对上述两个案件先作出决定，而后再对第三次无效宣告请求另案再审。

专利复审委员会于2009年6月2日将第一请求人于2009年5月20日提交的意见陈述及附件转送专利权人，通知其在指定期限内陈述意见。

专利权人于2009年6月15日针对专利复审委员会于2009年5月11日发出的受理通知书及附件提交意见陈述书。专利权人认为，第一请求人提供的事实和理由均不能成立，其提供的证据严重缺乏真实性、关联性，甚至具有伪造性，没有证明力，应驳回第一请求人的全部请求，作出维持本专利有效的决定。专利权人同时提交如下附件作为反证：

反证（三）1-1：外观设计申请避免重复授权的检索报告复印件，共3页；

反证（三）1-2：检索费发票复印件，共1页；

反证（三）2-1：韩锡富出具的证言及身份证复印件，共1页；

反证（三）2-2：韩仁云、程晓建出具证言原件及模具图复印件，共3页；

反证（三）3：（2009）渝证字第21485号公证书复印件，共13页；

反证（三）4-1：重庆京东明春数码彩印公司出具的证明及营业执照复印件，共2页；

反证（三）4-2：交款凭证复印件，共1页；

反证（三）4-3：印刷的三种产品图册复印件，共33页；

反证（三）5-1：雄狮厂和鑫雄峰厂营业执照复印件，共2页；

反证（三）5-2：原801产品图复印件，共1页；

反证（三）5-3：（2009）渝证字第22143号公证书复印件，共5页；

反证（三）5-4：张春林出具的证言及身份证复印件，共4页；

反证（三）5-5：骆斌锋出具的证言及身份证复印件，共4页；

反证（三）6-1：陈显长出具的证言、身份证、送货单、托运单及付款凭证复印件，共7页；

反证（三）6-2：孙玉彬出具的证言、身份证、送货单及付款凭证复印件，共6页；

反证（三）6-3：青碧蓉出具的证言、身份证、送货单及付款凭证复印件，共7页；

反证（三）6-4：李瑞东出具的证言、身份证、送货单、托运单及付款凭证复印件，共5页；

反证（三）7-1：对朱香华2007年1月22日提供凭证的核查资料复印件，共3页；

反证（三）7-2：户籍成员信息及相关材料复印件，共10页；

反证（三）7-3：周兴英出具的证言复印件，共1页；

反证（三）7-4：施招聪出具的证言复印件，共1页；

反证（三）7-5：采购模具合同复印件，共1页；

反证（三）7-6：订购合同复印件，共2页；

反证（三）8-1：（2007）渝五中民初字第385号《民事裁定书》复印件，共1页；

反证（三）8-2：侵犯知识产权调解协议书复印件，共1页；

反证（三）8-3：（2008）渝五中民初字第218号《民事调解书》复印件，共2页。

专利权人认为，本专利与反证1-1所示的200430051083.4号外观设计专利既不相同，也不近似，不是重复授权；专利权人的模具制作时间及产品图册的印刷时间均是在本专利申请日之后；第一请求人提交的相关证据涉嫌串通，证人之间有利害关系。因此，第一请求人提交的事实和理由均不能成立，应维持本专利权有效。

专利权人于2009年7月1日针对专利复审委员会于2009年6月2日发出的转送文件通知书及附件提交意见陈述书。专利权人认为，第一请求人提供的事实和理由均不能成立，其提供的证据严重缺乏真实性、关联性，甚至具有伪造性，没有证明力，应驳回无效宣告请求人的全部请求，作出维持本专利有效的决定。专利权人同时附具“关于上传图片文件最后修改时间的说明（共10页）”作为反证［反证（三）8-4］，以说明图片文件的最后修改时间的可改变性。

（四）在上述审理的基础上，合议组经合议，认为案件事实清楚，依法作出本审查决定。

二、决定的理由

1. 法律依据

基于两个请求人先后三次提出的无效宣告请求所依据的事实和理由，合议组对本专利是否符合专利法第23条的规定进行审查。

专利法第23条规定：“授予专利权的外观设计，应当同申请日以前在国内外出版物上公开发表过或者国内公开使用过的外观设计不相同和不相近似，并不得与他人在先取得的合法权利相冲突。”

2. 证据认定

第一请求人于2009年4月21日在第三次无效宣告请求书中提交的附件（三）3-1是200430051083.4号外观设计专利著录项目及图片复印件，经合议组核实，该附件所示内容真实。其公告日是2005年1月5日，早于本专利的申请日2007年4月28日，属于在本专利申请日之前公开的外观设计专利，可以用于评述本专利是否符合专利法第23条的规定，适用于本案。

3. 外观设计对比

本专利是雨靴的外观设计，第三次无效宣告请求书中提交的附件（三）3-1所示也是雨靴的外观设计（下称在先设计），二者用途相同，属于相同类别的产品，可以进行相同或相近似比较。

本专利包括主视图、左视图、右视图、仰视图。简要说明载明：（1）后视图与主视图对称，省略后视图；（2）省略俯视图。本专利的雨靴从上至下分为靴筒、靴面，靴底三部分。靴筒呈扁柱状，最上端为一圈纹状上沿，靴筒面的中下部有三条平行的近似波浪状的线条，波浪线的中部向下凹，在下方两条波浪线的凹部有两个小三角形；靴面无任何设计；靴底上端为一圈纹状外沿，鞋跟略带一定厚度，底部有圆形凸起（详见本专利附图）。

在先设计包括主视图、左视图、右视图、俯视图、仰视图、立体图。简要说明载明：后视图与主视图对称，省略后视图。在先设计的雨靴从上至下分为靴筒、靴面，靴底三部分。靴筒呈扁柱状，最上沿呈带状，上沿下间隔一小段为一圈窄亮条，靴筒面的中下部有三条平行的近似波浪状的线条，波浪线的中部向下凹，其中第二条波浪线在中部断开；靴面无任何设计；靴底上端为一圈窄亮条，鞋跟略带一定厚度，底部有波浪形凸起（详见在先设计附图）。

将本专利与在先设计相比较，二者均由靴筒、靴面，靴底三部分组成，各部分的相对位置、形状、图案设计及各部分在整体中所占比例大小均相似。两者不同之处主要在于：靴筒上部的设计不同，本专利最上端为一圈纹状上沿，在先设计上沿呈带状，上沿下间隔一小段为一圈窄亮条；靴筒中部的图案设计不同，本专利靴筒面的中下部有三条平行的近似波浪状的线条，在下方两条波浪线的凹部有两个小三角形，在先设计靴筒面的中下部有三条平行的近似波浪状的线条，波浪线的中部向下凹，其中第二条波浪线在中部断开；靴底的设计不同，本专利靴底上端为一圈纹状外沿，底部有圆形凸起，在先设计靴底上端为一圈窄亮条，底部有波浪形凸起；靴底的凸起排布不同。对此合议组认为，根据整体观察，综合判断的原则，在二者整体构成、各部分形状及比例等均基本相同的情况下，上沿是纹面或是光面的设计属于局部细微变化，且本专利采用了传统网格纹状设计，而窄条是否采用加亮设计是由功能导致的局部变化，靴筒中部的波浪线处设计虽有不同，但其纹路的走向及位置关系均基本一致，对于整体雨靴而言，其视觉效果差别不明显。以上的差别均不足以对整体视觉效果产生显著影响。同时靴底的差别属于在使用状态下不易见到的部分产生的差异，亦不足以对二者的整体外观产生显著影响，因此二者应属于相近似的外观设计。

专利权人于2009年6月15日提交意见陈述书，认为本专利与在先设计不相同也不相近似，并出具“外观设计专利申请避免重复授权的检索报告”作为反证。对此合议组认为，“外观设计专利申请避免重复授权的检索报告”仅为检索人的个人意见，其认定的事实不能影响合议组对相近似判断的认定。因此专利权人的主张不能成立。

专利权人在相应程序中提交的其他反证均与上述相同和相近似的认定无关，亦不能影响上述结论。

此外，专利权人认为第一次无效宣告请求、第二次无效宣告请求的无效宣告请求口头审理已经终结，因此应先对上述两个案件作出决定，而后再对第三次无效宣告请求另案再审。对此合议组认为，虽然第一、第二无效宣告请求的口头审理已经终结，但在合议组未对上述两个无效宣告请求作出审查决定前，第一请求人已提出第三次无效宣告请求，因此合议组对第三次无效宣告请求进行审理，并由此得出本专利有效性的实质性结论，专利复审委员会对三次无效宣告请求的审理程序完整，并无违反法律法规之处，而后针对上述三次针对同一专利权人的无效案件合案作出决定亦无违反法律法规之处，故对专利权人的质疑不予支持。

综上所述，在本专利申请日以前已有与其相近似的外观设计在出版物上公开发表过，本专利不符合专利法第 23 条的规定。

鉴于已经得出两者相近似的结论，合议组对第一请求人、第二请求人提出的其他理由及证据和专利权人在相应程序中提出的反证不再进行评述。

三、决定

宣告 200730135370. 7 号外观设计专利权全部无效。

当事人对本决定不服的，可以根据专利法第 46 条第 2 款的规定，自收到本决定之日起三个月内向北京市第一中级人民法院起诉。根据该款的规定，一方当事人起诉后，另一方当事人应当作为第三人参加诉讼。

仰视图

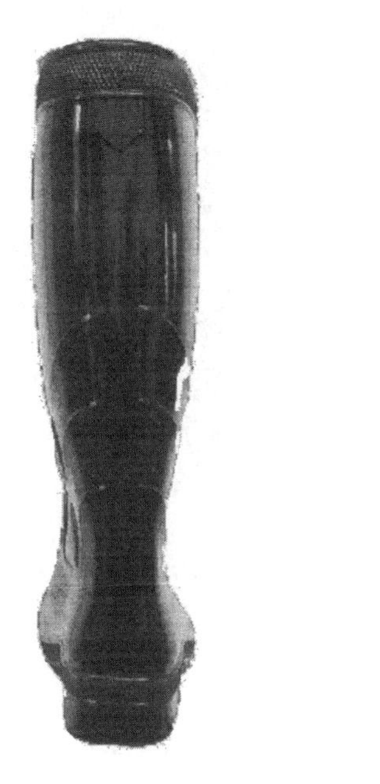

右视图

主视图

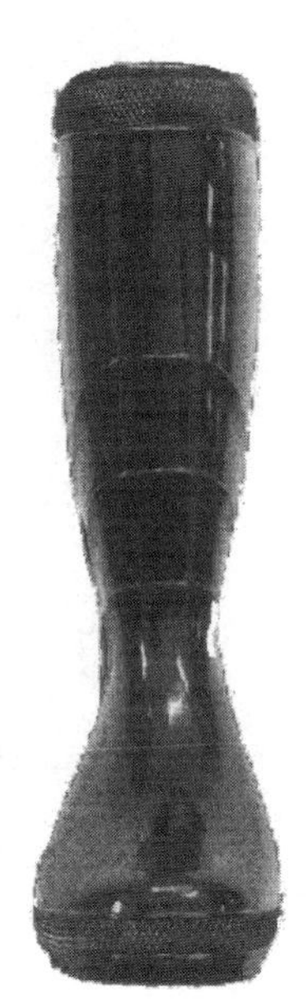

左视图

本专利附图

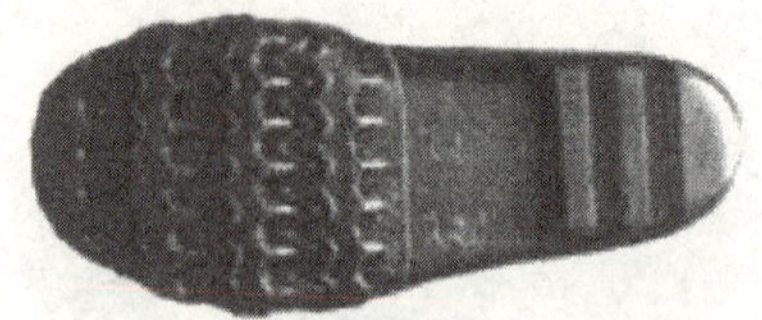

仰视图

右视图

主视图

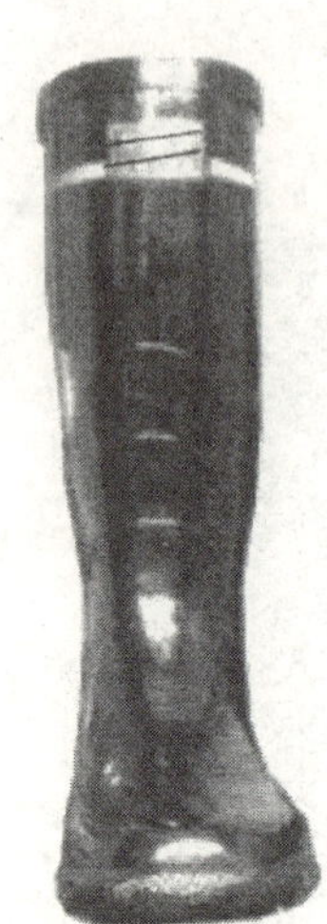

左视图

俯视图　　立体图

在先设计附图

北京市第一中级人民法院
行政判决书

（2009）一中知行初字第 2578 号

原告胡孝明，男，1957 年 2 月 5 日出生，汉族，住重庆市沙坪坝区渝碚路 66 号 21-8。

委托代理人贾开友，重庆三力律师事务所律师。

委托代理人刘小红，女，1959 年 3 月 5 日出生，住重庆市渝中区中山四路渝碚路 81 号。

被告国家知识产权局专利复审委员会，住所地北京市海淀区北四环西路 9 号银谷大厦 10~12 层。

法定代表人张茂于，副主任。

委托代理人雷婧，女，国家知识产权局专利复审委员会审查员。

委托代理人曹铭书，女，国家知识产权局专利复审委员会审查员。

第三人南昌市海洋塑胶有限公司，住所地江西省南昌县小蓝工业园。

法定代表人涂怀勇，董事长。

第三人南昌香华实业有限公司，住所地江西省南昌县小兰工业园富山一路。

法定代表人朱香华，总经理。

上述两第三人之共同委托代理人闵蓉，南昌佳诚专利事务所专利代理人。

原告胡孝明不服被告国家知识产权局专利复审委员会（以下简称专利复审委员会）于 2009 年 7 月 24 日作出的第 13719 号无效宣告请求审查决定（以下简称第 13719 号决定），于 2009 年 10 月 29 日向本院提起诉讼。本院于 2009 年 10 月 29 日受理本案后，依法组成合议庭，通知南昌市海洋塑胶有限公司（以下简称海洋塑胶公司）、南昌香华实业有限公司（简称香华实业公司）作为第三人参加诉讼，并于 2009 年 12 月 11 日依法公开开庭进行了审理。原告胡孝明及其委托代理人贾开友、刘小红，被告专利复审委员会的委托代理人雷婧、曹铭书，第三人海洋塑胶公司、香华实业公司的共同委托代理人闵蓉到庭参加了诉讼。本案现已审理终结。

第 13719 号决定系专利复审委员会根据海洋塑胶公司、香华实业公司的申请，对胡孝明拥有的 200730135370.7 号“雨靴（801 系列）”外观设计专利权（以下简称本专利）进行审查而作出的。该决定认定：

海洋塑胶公司于 2009 年 4 月 21 日提交的附件（三）3-1 是 200430051083.4 号外观设计专利著录项目及图片复印件，经核实所示内容真实。其公告日是 2005 年 1 月 5 日，早于本专利的申请日 2007 年 4 月 28 日，属于在本专利申请日之前公开的外观设计专利，可以用于评述本专利是否符合 2001 年 7 月 1 日起施行的《中华人民共和国专利法》（以下简称 2001 年《专利法》）第二十三条的规定。

本专利是雨靴的外观设计，上述附件（三）3-1（即 200430051083.4 号外观设计专利著录项目及图片复印件）所示也是雨靴的外观设计（简称在先设计），二者用途相同，属于相同类别的产品，可以进行相同或相近似比较。将本专利与在先设计相比较，二者应属于相近似的外观设计。针对胡孝明认为本专利与在先设计不相同也不相近似，并提交“外观设计专利申请避免重复授权的检索报告”作为反证，专利复审委员会认为“外观设计专利申请避免重复授权的检索报告”仅为检索人的个人意见，其认定的事实不能影响专利复审委员会对相近似判断的认定。因此胡孝明的主张不能成立。胡孝明在相应程序中提交的其他反证均与上述相同和相近似的认定无关，亦不能影响上述结论。

虽然，第一、第二无效宣告请求的口头审理已经终结，但在专利复审委员会未对上述两个无效宣告请求作出审查决定前，海洋塑胶公司已提出第三次无效宣告请求，专利复审委员会对第三次无效宣告请求进行审查，并由此作出了实质性结论。专利复审委员会对三次无效宣告请求的审理程序完整，并无违反法律法规之处，而后针对上述三次针对同一专利权人的无效案件合案作出决定亦无违反法律法规之处，故对胡孝明的质疑不予支持。

因此，在本专利申请日以前已有与其相近似的外观设计在出版物上公开发表过，本专利不符合2001年《专利法》第二十三条的规定。鉴于已经得出两者相近似的结论，专利复审委员会对海洋塑胶公司、香华实业公司提出的其他理由及证据和胡孝明在相应程序中提出的反证不再进行评述。综上，专利复审委员会作出第13719号决定，宣告本专利权全部无效。

原告胡孝明诉称：第一，专利复审委员会将前两次专利无效申请合并口头审理后再与未经口头审理的第三次专利无效申请合并，并在未再次进行口头审理的情况下，以未经口头审理的证据作出第13719号决定，没有法律依据。第二，本专利与在先设计显然不同且区别显著。（1）主视图：本专利是三条完整“波浪曲线”，曲线之间有两凸出“桃形”图案，而在先设计是四条曲线，靠上部的两条曲线是断裂的，断裂处有一突出，其上部有一明显的环直线亮光带；（2）右视图：本专利是三条完整“波浪曲线”，在先设计是四条线且成“人”字形，其上部有一明显的环直线亮光带；（3）左视图：本专利是三条完整“波浪曲线”，在先设计是四条完整曲线，其上部有一明显环直线亮光带；（4）仰视图：二者图案完全不一样。本专利产品雨靴，其外形轮廓为公认惯常设计，其靴筒中最大平面部分的设计变化必然成为对整体视觉具有显著影响，在使用状态下也是常见部位具有明显区别。第13719号决定认为“外观设计专利申请避免重复授权检索报告”仅为检索人的个人意见，也是错误的。此外，专利复审委员会同意谭世忠接受证人周兴英的委托而出席口头审理作证，无法律依据，程序有误；第13719号决定第13页第1行载明“专利权人的模具制作时间及产品图册的印刷时间均是在本专利申请日之后”的描述明显错误；专利复审委员会在2009年8月10日才将香华实业公司2009年4月21日的意见陈述书及附件送达我方，剥夺了我方的举证、陈述等相关权利。综上，请求法院判决撤销第13719号决定。

被告专利复审委员会辩称：将本专利与在先设计相比较，二者均由靴筒、靴面，靴底三部分组成，各部分的相对位置、形状、图案设计及各部分在整体中所占比例大小均相似。两者不同之处主要在于：靴筒上部的设计不同，本专利最上端为一圈纹状上沿，在先设计上沿呈带状，上沿下间隔一小段为一圈窄亮条；靴筒中部的图案设计不同，本专利靴筒面的中下部有三条平行的近似波浪状的线条，在下方两条波浪线的凹部有两个小三角形，在先设计靴筒面的中下部有三条平行的近似波浪状的线条，波浪线的中部向下凹，其中第二条波浪线在中部断开；靴底的设计不同，本专利靴底上端为一圈纹状外沿，底部有圆形凸起，在先设计靴底上端为一圈窄亮条，底部有波浪形凸起；靴底的凸起排布不同。根据整体观察，综合判断的原则，在二者整体构成、各部分形状及比例等均基本相同的情况下，上沿是纹面或是光面的设计属于局部细微变化，且本专利采用了传统网格纹状设计，而窄条是否采用加亮设计是由功能导致的局部变化，靴筒中部的波浪线处设计虽有不同，但其纹路的走向及位置关系均基本一致，对于整体雨靴而言，其视觉效果差别不明显。以上的差别均不足以对整体视觉效果产生显著影响。同时靴底的差别属于在使用状态下不易见到的部分产生的差异，亦不足以对二者的整体外观产生显著影响，因此二者应属于相近似的外观设计。第13719号决定认定事实清楚，适用法律法规正确，审理程序合法，审查结论正确，请求法院予以维持。第三人海洋塑胶公司和香华实业公司共同述称：第13719号决定作出程序合法，认定事实清楚，结论正确。胡孝明的诉讼请求没有事实根据和法律依据。请求法院判决维持第13719号决定。

经审理查明：

本专利申请日是2007年4月28日、授权公告日是2007年8月15日，专利号200730135370.7，名称“雨靴（801系列）”外观设计专利权，专利权人系胡孝明。其授权公告文本包括主视图、左视图、右视图、仰视图。本专利的雨靴从上至下分为靴筒、靴面，靴底三部分。靴筒呈扁柱状，最上端为一圈网纹带状上沿，靴筒面的中下部有三条平行的近似波浪状的线条，其线条波谷位于靴筒侧面、波峰位于靴筒正面和后面，在下方两条波浪线的波谷中各有一个小三角形；靴面无任何设计；靴底外周上部为一圈网纹状外沿，靴底接触地面部分有圆形凸起，鞋跟略带一定厚度（详见本专利附图）。在其简要说明中载明：（1）后视图与主视图对称，省略后视图；（2）省略俯视图。

针对本专利，专利复审委员会受理了三次无效宣告请求：

第一，第一次无效宣告请求是海洋塑胶公司于2008年12月22日提出的，其理由是本专利在其申请日前已在国内公开发表和公开使用过，丧失新颖性，不符合2001年《专利法》第二十三条的规定，应予宣告无效。

2009年3月30日，举行口头审理。口头审理中，专利复审委员会、海洋塑胶公司及胡孝明对海洋塑胶公司的证人朱香华、谭世忠进行了询问。谭世忠说明其代表谭世龙及周兴英出庭作证。专利复审委员会告知谭世忠在口头审理后7日提交合格的委托书，否则视为其当庭证言无效。

专利复审委员会于2009年3月31日收到胡孝明的意见陈述书，认为海洋塑胶公司提交的证据缺乏真实性、关联性，没有证明力，请求维持本专利有效。

2009年3月31日海洋塑胶公司向专利复审委员会提交证人周兴英、谭世龙出具的委托书，说明委托谭世忠代周兴英、谭世龙出席口头审理，接受询问。

第二，第二次无效宣告请求是香华实业公司于2008年12月24日提出的，其理由是本专利在其申请日前已在国内公开发表和公开使用过，丧失新颖性，不符合2001年《专利法》第二十三条的规定，应予宣告无效。

2009年3月30日，举行口头审理。口头审理中，专利复审委员会、香华实业公司及胡孝明对香华实业公司的证人谭世忠进行了询问。谭世忠说明其代表谭世龙及周兴英出庭作证。专利复审委员会告知谭世忠在口头审理后7日提交合格的委托书，否则视为其当庭证言无效。

专利复审委员会于2009年3月31日收到胡孝明的意见陈述书，认为香华实业公司提交的证据缺乏真实性、关联性，没有证明力，请求维持本专利有效。

香华实业公司于2009年3月31日向专利复审委员会提交证人周兴英、谭世龙出具的委托书，说明委托谭世忠代周兴英、谭世龙出席口头审理，接受询问。香华实业公司于2009年4月21日提交意见陈述，认为胡孝明提供的事实和理由均不能证明具有本专利外观的雨靴在申请日前没有销售过，胡孝明提供的证据没有证明力，应宣告本专利无效。

第三，第三次无效宣告请求是海洋塑胶公司于2009年4月21日提出的，其理由是本专利在其申请日前已在国内公开发表和公开使用过，丧失新颖性，不符合2001年《专利法》第二十三条的规定，应予宣告无效。海洋塑胶公司同时提交了附件（三）1-1至7-2作为证据，其中附件（三）1-1为200430051083.4号“靴（工矿）”外观设计专利著录项目及图片复印件，专利复审委员会对其真实性进行了核实，所示内容真实。其授权公告日是2005年1月5日，所示内容为雨靴的外观设计（即在先设计），包括主视图、左视图、右视图、俯视图、仰视图、立体图。在先设计的雨靴从上至下分为靴筒、靴面，靴底三部分。靴筒呈扁柱状，最上沿呈无图案窄条带状，上沿下间隔一小段为一圈窄亮条带；靴筒面的中下部有三条近似平行的不规则波浪状线条，靴筒侧面波浪线的中部下凹整体呈现波谷状，第二条波浪线在波谷处消失；靴面无任何设计；靴底外周上部为一圈窄亮条外沿，靴底接触地面部分有波浪形凸起，鞋跟略带一定厚度（详见在先设计附图）。其在简要说明中载明：后视图与主视图对称，省略后视图。海洋塑胶公司认为本专利同申请日前在国内出版物上公开发表的在先设计相近似，不符合2001年《专利法》第二十三条的规定。

专利复审委员会受理了该无效宣告请求，并于2009年5月11日将无效宣告请求书及其附件的副本转送胡孝明，通知其在指定期限内陈述意见，并告知胡孝明如逾期不答复，不影响专利复审委员会审查。专利复审委员会于2009年5月13日向海洋塑胶公司和胡孝明发出合议组成员告知通知。海洋塑胶公司和胡孝明在指定期限内均未提出回避请求。海洋塑胶公司于2009年5月20日补充提交意见陈述书及附件（三）8-1至11-1，认为本专利在申请日前就以广告宣传册的形式在国内公开；与本专利相近似的雨靴产品在本专利申请日前就在网络媒体上公开；与本专利相同的产品在本专利申请日前就在国内公开销售。

胡孝明于2009年5月25日提交意见陈述书，认为上述第一、二次无效宣告请求的口头审理已经终结，因此应对上述两个案件先作出决定，而后再对第三次无效宣告请求另案再审。

专利复审委员会于2009年6月2日将海洋塑胶公司于2009年5月20日提交的意见陈述及附件转送胡孝明，通知其在指定期限内陈述意见。

胡孝明于2009年6月15日针对专利复审委员会于2009年5月11日发出的受理通知书及附件提交意见陈述书认为，海洋塑胶公司提供的事实和理由均不能成立，其提供的证据严重缺乏真实性、关联性，甚至具有伪造性，没有证明力，应驳回海洋塑胶公司的全部请求，作出维持本专利有效的决定，并同时提交反证（三）1-1至8-3，其中反证（三）1-1为“外观设计申请避免重复授权检索报告复印件”。胡孝明认为，本专利与反证（三）1-1所示的在先设计既不相同，也不近似，不是重复授权；海洋塑胶公司提交的相关证据涉嫌串通，证人之间有利害关系。因此，海洋塑胶公司提交的事实和理由均不能成立，应维持本专利权有效。专利复审委员会认为胡孝明在该意见陈述书中还表达了“专利权人的模具制作时间及产品图册的印刷时间均是在本专利申请日之后”的意见。

胡孝明于2009年7月1日针对专利复审委员会于2009年6月2日发出的转送文件通知书及附件提交意见陈述书认为，海洋塑胶公司提供的事实和理由均不能成立，其提供的证据严重缺乏真实性、关联性，甚至具有伪造性，没有证明力，应驳回其全部请求，作出维持本专利有效的决定。胡孝明同时附具“关于上传图片文件最后修改时间的说明”作为反证（三）8-4，以说明图片文件最后修改时间的可改变性。2009年7月24日，专利复审委员会作出第13719号决定，宣告本专利权全部无效。

另查，在本案开庭审理中，胡孝明明确表示对于第13719号决定有关“外观设计专利申请避免重复授权检索报告仅为检索人的个人意见”的认定，不持异议。

上述事实，有专利复审委员会提交的并经庭审质证的本专利授权文本、200430051083.4号外观设计专利著录项目及图片复印件及当事人无争议的陈述等证据在案佐证。

本院认为：

于2008年12月27日修改的《中华人民共和国专利法》（以下简称2009年《专利法》）已于2009年10月1日起施行；于2010年1月9日修改的《中华人民共和国专利法实施细则》（以下简称2010年《专利法实施细则》）已于2010年2月1日起施行；2010年1月21日公布的修订后《专利审查指南》（以下简称2010年《审查指南》）已于2010年2月1日起施行。因此本案审理涉及2001年《专利法》与2009年《专利法》之间、2003年2月1日起施行的《中华人民共和国专利法实施细则》（以下简称2003年专利法实施细则）与2010年《专利法》实施细则之间、2006年7月1日起施行的《审查指南》（以下简称2006年《审查指南》）与2010年审查指南之间的选择适用问题。《中华人民共和国立法法》第八十四条规定，法律、行政法规、地方性法规、自治条例和单行条例、规章不溯及既往，但为了更好地保护公民、法人和其他组织的权利和利益而作的特别规定除外。国家知识产权局据此制定了《施行修改后的专利法的过渡办法》，并于2009年10月1日起施行。对于专利权是否有效的审查，根据该过渡办法，申请日在2009年10月1日前的专利申请以及根据该专利申请授予的专利权适用2001年《专利法》的规定；申请日在2009年10月1日以后（含该日）的专利申请以及根据该专利申请授予的专利权适用2009年专利法的规定。本案属于专利确权行政纠纷，本专利的申请日在2009年10月1日前，因此依据《中华人民共和国立法法》第八十四条之规定，并参照上述过渡办法的相关规定，本案应审查专利复审委员会作出第13719号决定的行政行为是否符合2001年《专利法》、2003年《专利法实施细则》和2006年《审查指南》的规定。

本案的审查焦点内容如下：

一、关于专利复审委员会的审查程序是否违法

虽然第13719号决定系专利复审委员会将海洋塑胶公司、香华实业公司先后三次针对本专利所提无效宣告请求合并审查后作出的。但本案涉及的决定理由部分是针对第三次无效宣告请求。专利复审委员会未就第三次无效宣告请求另行进行口头审理，仅以书面方式对第三次无效宣告请求所涉及的理由和证据进行审查后，宣告本专利无效，该决定内容直接影响到胡孝明的专利权。

依据2003年《专利法实施细则》第六十九条第一款的规定，专利复审委员会根据当事人的请求或者案情需要，可以决定对无效宣告请求进行口头审理。“口头审理”并非是无效宣告请求审查行政程序中的必经程序环节，专利复审委员会可以根据当事人的请求或者案情需要选择适用。本案中，专利复审委员会据以宣告本专利无效的第三次无效宣告请求中的在先设计证据已由胡孝明进行过书面质证；上述在先设计证据是一份同样由国家知识产权局授权外观设计专利的文献，专利复审委员会经书面核实可以查明该证据的真实性；而且胡孝明自收到专利复审委员会转送的第三次无效宣告请求书及相关证据副本起至专利复审委员会作出第13719号决定止，并未向专利复审委员会提出明确的口头审理请求。因此，专利复审委员会未就第三次无效宣告请求进行口头审理，在程序上并不违法。

2006年《审查指南》第四部分第三章第4.5节规定，为了提高审查效率和减少当事人负担，专利复审委员会可以对案件合并审理，合并审理的各无效宣告案件的证据不得相互组合使用。本案中，专利复审委员会就涉及本专利的多个无效宣告请求合并审理，根据其中第三次无效宣告请求中的一份证据作出第13719号决定，并未出现将各无效宣告案件的证据相互组合使用的情况。因此，专利复审委员会的审查程序未违反2006年《审查指南》的上述规定，在程序上并不违法。

至于胡孝明提出专利复审委员会同意谭世忠接受证人周兴英委托出席口头审理作证、对其关于模具制作时间及产品图册印刷时间的描述有误以及专利复审委员会将第二次无效宣告请求中香华实业公司2009年4月21日的意见陈述书及附件延迟送达等，与专利复审委员会在本案中对本专利权效力的审查认定无关。胡孝明主张以此证明专利复审委员会的审查程序违法，缺乏法律依据，本院不予支持。

二、关于本专利是否符合2001年《专利法》第二十三条的规定

2001年《专利法》第二十三条规定：“授予专利权的外观设计，应当同申请日以前在国内外出版物上公开发表过或者国内公开使用过的外观设计不相同和不相近似，并不得与他人在先取得的合法权利相冲突。”

本案的在先设计属于公开出版物，其公告日早于本专利的申请日，且胡孝明对其真实性并未举出有效的反证，因此在先设计所公开的内容可以用来评述本专利是否符合2001年《专利法》第二十三条的规定。

2006年《审查指南》第四部分第五章“外观设计相同和相近似的判断”第4节“判断原则”规

定，如果一般消费者经过对被比设计与在先设计的整体观察可以看出，二者的差别对于产品外观设计的整体视觉效果不具有显著影响，则二者相近似。在确定是否具有显著的影响时，一般还应当综合考虑：（1）使用时容易看到部位的设计变化相对于不容易看到或者看不到部位的设计变化，通常对整体视觉效果更具有显著影响。但有证据表明在不容易看到部位的特定设计对于一般消费者能够产生引人瞩目的视觉效果的情况除外。（2）当产品上某些设计被证明是该类产品公认的惯常设计时，则其余设计的变化通常对整体视觉效果更具有显著的影响。（3）在综合考虑各种因素的情况下，若区别点仅在于局部的细微变化，则其对整体视觉效果不足以产生显著影响……（6）产品的功能、内部结构、技术性能对整体视觉效果不具有显著的影响。本专利与在先设计所涉产品均为雨靴，雨靴产品从上至下一般由靴筒、靴面、靴底三部分组成，靴筒呈扁柱状，鞋跟略带一定厚度，这些内容是该类产品的惯常设计。因此，其余的设计，即靴筒、靴面、靴底各部分在整体中所占比例大小、附着于各部分上的图案设计等变化通常对整体视觉效果更具有显著的影响。此外，靴底接触地面的部位属于使用时不易见到的部分，因此靴底部分设计上的变化明显弱于靴筒、靴面部分设计上的变化对整体视觉效果的影响。

将本专利与在先设计相比较，能够对整体视觉效果具有较显著影响的二者靴筒、靴面，靴底三部分，在整体中所占比例大小均相似；二者靴面均无任何设计。两者不同之处主要在于：靴筒上部边沿的设计不同，虽然二者上边沿均为带状，但本专利为一圈网纹带状上沿，在先设计为无图案窄条带状上沿，其下间隔一小段为一圈窄亮条带；靴筒中下部的图案设计不同，本专利靴筒面的中下部有三条平行的波浪状线条，其波谷位于靴筒侧面、波峰位于靴筒正面和后面，下方两条波浪线的波谷处各有一个小三角形，在先设计靴筒面的中下部有三条近似平行的不规则波浪状线条，靴筒侧面波浪线的中部下凹整体呈现波谷状，第二条波浪线在波谷处消失；靴底的设计不同，本专利靴底外周上部为一圈网纹状外沿，靴底接触地面部分有圆形凸起，在先设计靴底外周上部为一圈窄亮条外沿，靴底接触地面部分有波浪形凸起；二者靴底接触地面部分的凸起排布不同。

对在先设计与本专利进行整体观察、综合判断，二者在靴筒、靴面，靴底三部分在整体中所占比例大小，靴面设计均基本相同的情况下，靴筒上沿或靴底外周上部是纹面或是光面的设计，以及靴筒上部边沿是否增加一圈窄亮条带，均属于局部细微变化或由功能导致的局部变化；二者靴筒中下部均为三条波浪线设计，具体设计细节虽有不同，但其纹路走向、位置关系、视觉效果均相似，对于雨靴产品整体外观而言，其视觉效果差别不显著。同时，由于靴底属于该类产品使用时不容易看到的部分，靴底部分的设计变化，不足以对二者的整体外观产生显著影响。因此，专利复审委员会认定二者属于相近似外观设计的结论正确。

综上所述，专利复审委员会作出的第 13719 号决定的主要证据充分，适用法律正确，程序合法，应予维持。本院依照《中华人民共和国行政诉讼法》第五十四条第（一）项之规定，判决如下：

维持被告国家知识产权局专利复审委员会于二〇〇九年七月二十四日作出的第 13719 号无效宣告请求审查决定。案件受理费 100 元，由原告胡孝明负担（已交纳）。

如不服本判决，各方当事人可于本判决书送达之日起 15 日内，向本院提交上诉状及其副本，并交纳上诉案件受理费 100 元，上诉于北京市高级人民法院。

审　判　长　强刚华
代理审判员　姜庶伟
人民陪审员　牛艳玲
二〇〇九年七月三十日
书　记　员　宋　晖

仰视图

右视图　　主视图　　左视图

本专利附图

仰视图

右视图

主视图

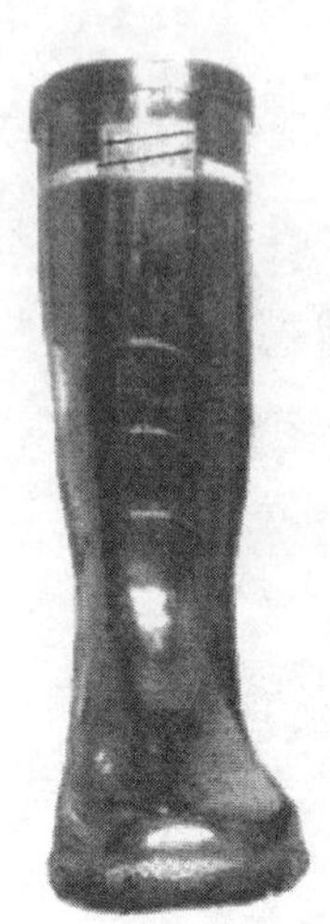

左视图

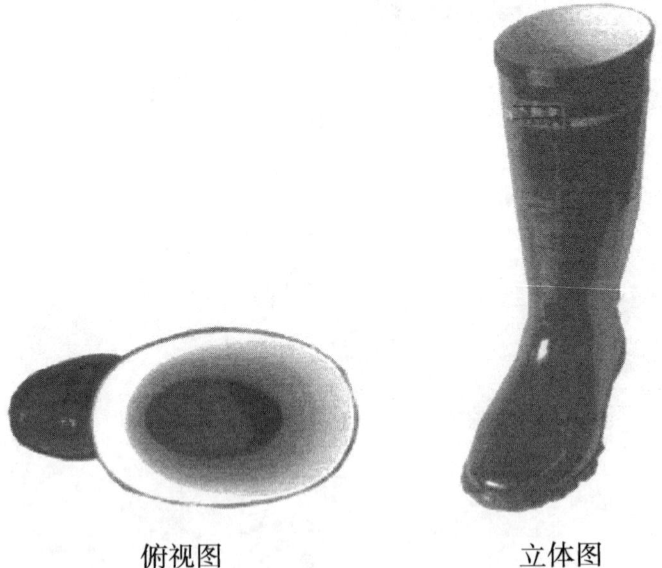

俯视图　　立体图

在先设计附图

402

冰淇淋车

无效宣告请求审查决定（第 13722 号）

决　定　号 第 13722 号
决　定　日 2009 年 7 月 20 日
发明创造名称 冰淇淋车
外观设计分类号 12-13
无效宣告请求人 上海比昂健康生活企业发展有限公司
专 利 权 人 江璨
专　利　号 200730305425. 4
申　请　日 2007 年 9 月 3 日
授权公告日 2008 年 9 月 24 日
合议组组长 张　霞
主　审　员 苏　青
参　审　员 高　亮
附　　　图 2 页

法 律 依 据 专利法第 23 条
决 定 要 点

在本专利申请日以前，已有与其相近似的外观设计在出版物上公开发表过，因此，本专利不符合专利法第 23 条的规定。

一. 案由

本无效宣告请求涉及国家知识产权局于 2008 年 9 月 24 日授权公告的 200730305425. 4 号外观设计专利（下称本专利），该外观设计名称为“冰淇淋车”，申请日为 2007 年 9 月 3 日，专利权人为江璨。

针对本专利权，上海比昂健康生活企业发展有限公司（下称请求人）于 2008 年 12 月 19 日向专利复审委员会提出了无效宣告请求，其理由是本专利不符合专利法第 23 条、专利法实施细则第 2 条第 3 款的规定，请求人同时提交了下列附件：

附件 1：专利号为 ZL200430105040. X 的外观设计专利证书复印件 1 页及其外观设计图片复印件 2 页，授权公告日为 2005 年 8 月 24 日。

请求人在无效宣告请求书中指出：关于专利法第 23 条，本专利所表达的图片为主视图、后视图、左视图、右视图，附件 1 中的使用状态右视参考图和使用状态俯视立体参考图已经公开，两者在本领域普通消费者眼中是属于相似的设计，售货车（包括冰淇淋车）的专利产品都存在两个状态：行驶状态和售货状态，车辆行驶时车门必须关上，在售货状态时，停止车辆必须把车门开着。关于专利法实施细则第2条第3款，本专利仅仅是把附件1中的使用状态视图提出来作为主视图、后视图、左视图和右视图，两者的相似度在90%以上，并且本专利采用了相似的车型尤其是车门打开像翅膀一样的形状，本专利不是新设计，请求将本专利全部无效。

经形式审查合格，专利复审委员会受理了上述无效宣告请求，并于2009年3月9日向双方当事人发出无效宣告请求受理通知书，将请求人提交的无效宣告请求书及其附件清单中所列附件副本转送给了专利权人，要求其在指定期限内答复。

专利复审委员会依法成立合议组对本无效宣告请求进行审查。

合议组于2009年3月31日向双方当事人分别发出了无效宣告请求口头审理通知书，定于2009年5月14日举行口头审理。

针对上述无效宣告请求，专利权人于2009年4月16日提交了意见陈述书，同时提交了下列附件：

附件2-1：本外观设计专利授权公告文本著录项目页复印件共1页。

附件2-2：附件1所涉及外观设计专利的网络打印件共1页。

在上述意见陈述书中，专利权人认为：（1）本专利冰淇淋车是为了售卖冰淇淋专门设计的，从外观设计的申请图案中可以明显看出其中的饮水机、冰淇淋机、冰柜等专门设备，而附件1售货车是为了售卖杂货而设计的，两者不同类分别属于不同的用途，在普通消费者的眼中，根本不会认为是相似的设计，或者把本专利冰淇淋车错认为是附件1售货车的产品。（2）本专利冰淇淋车的设计重点在于冰淇淋车的内部特征，尤其重点突出车辆内部的设备的形状、图像、布局特征等内容，以突出本车是专业售卖冰淇淋的专业车辆，而不是售卖杂货的车辆。（3）车门打开像翅膀一样的车辆设计早在20世纪七八十年代在西方的跑车上就有了在先设计，附件1的翅膀型设计也不是新设计，这种设计常见于电视、电影上的各种跑车的开门方式，而本专利冰淇淋车的设计重点在于车辆内部的布局特征。

合议组于2009年4月28日向请求人转送专利权人于2009年4月16日提交的意见陈述书及其所附附件。

口头审理如期举行，请求人出席了口头审理，专利权人没有出席口头审理。在口头审理中，请求人明确其无效理由为：本专利不符合专利法第23条、专利法实施细则第2条第3款的规定。在口头审理中，请求人充分陈述了意见。合议组明确告知当事人，口头审理之后不再接受双方当事人的任何书面意见陈述和证据。

至此，合议组认为本案事实已经清楚，现依法作出审查决定。

二、决定的理由

1. 法律依据

根据请求人提出的无效宣告请求的理由和提交的证据，本案合议组依据专利法第23条、专利法实施细则第2条第3款的规定对本案进行审理。

专利法第23条规定："授予专利权的外观设计，应当同申请日以前在国内外出版物上公开发表过或者国内公开使用过的外观设计不相同和不相近似，并不得与他人在先取得的合法权利相冲突。"

专利法实施细则第2条第3款："专利法所称外观设计，是指对产品的形状、图案或者其结合以及色彩与形状、图案的结合所作出的富有美感并适于工业应用的新设计。"

2. 关于请求人提交的证据

请求人提交的附件 1 是专利号为 ZL200430105040. X 的外观设计专利证书复印件 1 页及其外观设计图片复印件 2 页，申请日是 2004 年 11 月 19 日，授权公告日为 2005 年 8 月 24 日，授权公告号是 CN3470120D，使用外观设计的产品名称为“售货车”（下称在先设计），专利权人未对其真实性提出异议，经合议组核实，该复印件与原件相符，其证据效力等同于原件。其授权公告日（2005 年 8 月 24 日）在本专利申请日（2007 年 9 月 3 日）之前，对于外观设计专利文献而言，其授权公告日即是公开日，因此，请求人提交的证据属于专利法第 23 条中所规定的申请日以前公开的出版物，可以作为评价本专利是否符合专利法第 23 条的规定的证据使用。

本专利是冰淇淋车，分类号为 12-13，表示专用车辆，比如流动售货车等，在先设计是售货车，分类号是 12-08，表示汽车、公共汽车和货车，由此可见，二者虽然售卖的物品不同，但都是售货车，属于同类产品，可以进行比较。

3. 本专利与在先设计的比较

本专利没有要求保护色彩，其外观设计公报公开了 4 个视图，即主视图、后视图、左视图、右视图。简要说明载明：（1）俯视图与仰视图无保护特征，故省略俯视图与仰视图。（2）本申请中的饮水机、抽屉、霓虹灯箱属于产品内部固定结构，无法拆除。从视图可知，本专利是一个流动性的售货车，由车头、车身和前后车轮等组成。车头为两门单排座，驾驶室正面为近似梯形的挡风玻璃窗，驾驶室两侧各有一个车门，车门上部各有一近似直角梯形的车窗，车门上部的车窗下各设有一矩形把手。车前灯位于发动机箱前部两侧，卧于保险杠上方内侧。车前灯之间是细长的格栅形通风孔。沿保险杠中部的高度，从车的侧部从前至后以及车的后部有一个大致连续的波浪的形状。车身尾部两侧各有一个矩形的尾灯。车身两侧的车门打开像翅膀一样的形状，从打开的一侧车门可以看到，车辆内部安装有冰淇淋机。在打开的车门外部、驾驶室两侧车门、发动机箱表面、车身尾部、4 个车轮侧面均有局部文字（比如“思诺淇冰淇淋”、“snowch icecream”等）或图案（比如五角星或冰淇淋卡通图案等）（详见本专利附图）。

在先设计没有要求保护色彩，其外观设计公报公开了 7 个视图，即主视图、左视图、右视图、俯视图、立体图、使用状态俯视立体参考图、使用状态右视参考图。简要说明载明：后视图与主视图对称，省略后视图。仰视图在使用状态下不易看到，省略仰视图。从视图可知，在先设计是一个流动性的售货车，由车头、车身和前后车轮等组成。车头为两门单排座，驾驶室正面为近似梯形的挡风玻璃窗，驾驶室两侧各有一个车门，车门上部各有一近似直角梯形的车窗，车门上部的车窗下各设有一矩形把手。车前灯位于发动机箱前部两侧，卧于保险杠上方内侧。车前灯之间是细长的格栅形通风孔。沿保险杠中部的高度，从车的侧部从前至后有一个大致连续的波浪的形状。车身尾部两侧各有一个矩形的尾灯。车身两侧的车门打开像翅膀一样的形状。在打开的车门外部、驾驶室两侧车门、挡风玻璃窗顶部、车身尾部、4 个车轮侧面均有局部文字（比如“大众卫生 健康生活”、“Baby BEYOND COFFEE”等）或图案（比如太阳或咖啡杯卡通图案等）（详见在先设计附图）。

本专利与在先设计视觉要点在于产品形状，而由在先设计与本专利图片比较看，二者车辆整体形状基本相同，主要不同点在于：（1）在先设计与本专利的车身上的图案不同；（2）本专利可以看到车辆内部安装有冰淇淋机、饮水机等。

合议组认为，（1）对本案而言，本专利和在先设计均是关于车辆的外观设计，该车辆的整体外观形状是最吸引消费者瞩目的设计，在两者车辆整体形状相同的情况下，仅车身上的图案不同对车辆外观设计的整体视觉效果不具有显著的影响；（2）根据《审查指南》第四部分第五章第 4 节判断原则规定“在确定是否具有显著的影响时，一般还应当综合考虑如下因素：……（6）产品的功能、内部结构、技术性能对整体视觉效果不具有显著的影响。……由产品的功能唯一限定的特定形状对整体视觉效果通常不具有显著的影响”，虽然专利权人强调，本专利冰淇淋车的设计重点在于冰淇淋车的内部特征，尤其重点突出车辆内部的设备的形状、图像、布局特征等内容，以突出本车是专业售卖冰淇淋的专业车辆，但是，根据《审查指南》的上述规定可知，上述产品的功能、内部结构对整体视觉效果不具有显著的影响。由此可见，上述不同不足以使本专利和在先设计在整体上产生显著的视觉差别，故本专利与在先设计为相近似的外观设计。

综上所述，在整体观察的基础上进行综合判断，本案合议组认为，在本专利申请日以前已有与其相近似的外观设计在出版物上公开发表过，请求人提供的证据能够支持其主张，证明本专利不符合专利法第 23 条的规定。对于请求人提出的其他无效理由，合议组不再予以评述。

三、决定

宣告 200730305425. 4 号外观设计专利权全部无效。

当事人对本决定不服的，可以根据专利法第 46 条第 2 款的规定，自收到本决定之日起三个月内向北京市第一中级人民法院起诉。根据该款的规定，一方当事人起诉后，另一方当事人应当作为第三人参加诉讼。

主视图

后视图

左视图

右视图

本专利附图

主视图 P1

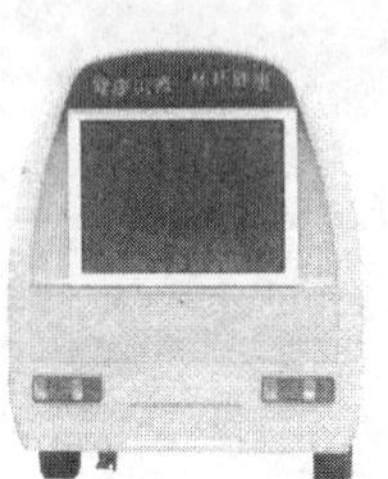

左视图 P1　　右视图 P1

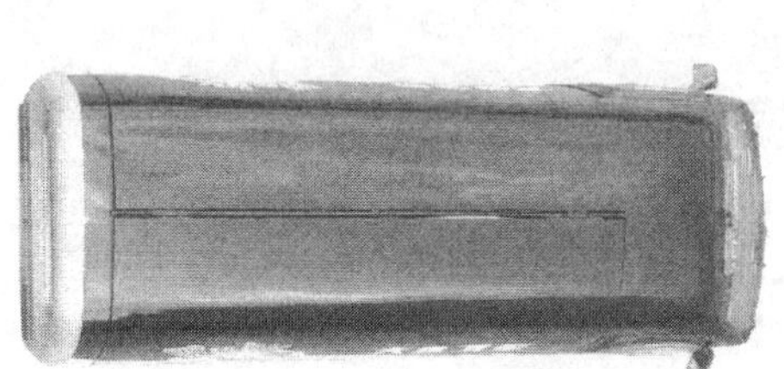

俯视图 P1

立体图 P2

使用状态俯视立体参考图

使用状态右视参考图 P2

在先设计附图

403

枪刷（22T）

无效宣告请求审查决定（第13723号）

决　　定　　号　第13723号
决　　定　　日　2009年7月27日
发明创造名称　枪刷（22T）
外观设计分类号　04-01
无效宣告请求人　宁波市鄞州福兴制刷厂，宁波市鄞州坚兴刷业有限公司
专　利　权　人　唐岳芬
专　　利　　号　200530103753.7
申　　请　　日　2005年1月25日
授　权　公　告　日　2005年9月21日
合　议　组　组　长　李　卉
主　　审　　员　郭　琼
参　　审　　员　左　一
附　　　　图　2页

法　律　依　据　专利法第23条
决　定　要　点

在外观设计相同和相近似的判断中，如果本专利和在先设计在局部细微的差别和采用由产品的功能唯一限定的特定形状而产生的差别等均对整体视觉效果不具有显著的影响，则二者相近似。

一、案由

本无效宣告请求涉及国家知识产权局于2005年9月21日授权公告的200530103753.7号外观设计专利（下称本专利），使用该外观设计的产品名称是"枪刷（22T）"，其申请日是2005年1月25日，授权公告日是2005年9月21日，专利权人是唐岳芬。

1. 关于第一无效宣告请求

针对上述外观设计专利权，宁波市鄞州福兴制刷厂（下称第一请求人）于2008年4月24日向专利复审委员会提出了无效宣告请求。其理由是本专利不符合专利法实施细则第13条第1款和专利法第23条的规定，应予宣告全部无效。第一请求人同时提交了如下附件：

附件1是国家知识产权局网站上下载的200530103746.7号，名称为"枪刷（12T）"的中国外观设计专利授权公告的打印件，共1页，其授权公告日为2005年9月21日，申请（专利权）人为唐岳芬；

附件2是授权日为1944年10月31日的2361395号美国专利公报部分内容复印件及相关部分的中文译文，共4页；

附件3是授权日为1919年3月11日的1296719号美国专利公报部分内容复印件及相关部分的中文译文，共3页；

附件4是授权日为1978年5月23日的Des. 247936号美国外观设计专利公报复印件及相关部分的中文译文，共3页；

附件5是授权日为1942年11月10日的Des. 134303号美国外观设计专利公报复印件及相关部分的中文译文，共3页。

第一请求人认为，本专利与附件1所示专利权人同日申请的枪刷（12T）的外观设计属于相近似的外观设计，构成同样的发明创造，本专利不符合专利法实施细则第13条第1款的规定；同时本专利与附件2~5所示在先公开的多项专利均属于相同或者相近似的外观设计，本专利不符合专利法第23条的规定。

经形式审查合格，专利复审委员会受理了该无效宣告请求，并于2008年5月19日向第一请求人和专利权人发出无效宣告请求受理通知书，并将第一请求人的无效宣告请求书及其附件的副本转送专利权人。

专利权人于2008年6月17日提交意见陈述书，认为本专利与附件1~5所示外观设计均属于不相同且不相近似的外观设计，应维持本专利有效。另外，专利权人认为第一请求人提出的附件1已在专利复审委员会在先作出的第10752号无效宣告请求审查决定书中评述过，本案第一请求人就相同证据和理由再次提出，违反了“一事不再理”原则；专利权人同时提交了第10752号无效宣告请求审查决定书复印件共10页作为反证。

2. 关于第二无效宣告请求

针对上述外观设计专利权，宁波市鄞州坚兴刷业有限公司（下称第二请求人）于2009年1月16日向专利复审委员会提出了无效宣告请求。其理由是本专利不符合专利法实施细则第13条第1款和专利法第23条的规定，应予宣告全部无效。第二请求人同时提交了如下证据：

证据1是公开（公告）日为2005年9月21日的200530103748.6号外观设计专利的著录项目及图片复印件共8页，其申请日为2005年1月25日，申请（专利权）人为唐岳芬，名称为“枪刷（410T）”；

证据2是公开（公告）日为2005年9月21日的200530103749.0号外观设计专利的著录项目及图片复印件共8页，其申请日为2005年1月25日，申请（专利权）人为唐岳芬，名称为“枪刷（357T）”；

证据3是公开（公告）日为2005年9月21日的200530103751.8号外观设计专利的著录项目及图片复印件共8页，其申请日为2005年1月25日，申请（专利权）人为唐岳芬，名称为“枪刷（45T）”；

证据4是公开（公告）日为2005年9月21日的200530103746.7号外观设计专利的著录项目及图片复印件共8页，其申请日为2005年1月25日，申请（专利权）人为唐岳芬，名称为“枪刷（12T）”；

证据5是公开（公告）日为2005年9月21日的200530103754.1号外观设计专利的著录项目及图片复印件共8页，其申请日为2005年1月25日，申请（专利权）人为唐岳芬，名称为“枪刷（17T）”；

证据6是授权日为1942年11月10日的Des. 134303号美国外观设计专利公报复印件及相关部分

的中文译文，共3页；

证据7是授权公告日为1978年5月23日公开的Des. 247936号美国外观设计专利公报复印件及相关部分的中文译文，共3页；

证据8是授权公告日为2004年8月25日的03206889.1号中国实用新型专利的公告文本复印件，共2页；

证据9是公告日为1992年11月18日的92222752.7号中国实用新型专利申请的公开文本复印件，共6页；

证据10是授权公告日为1996年9月24日的5557871号美国专利公报复印件及相关部分的中文译文，共3页；

证据11是授权日为1945年7月10日公开的2379962号美国专利公报复印件及相关部分的中文译文，共4页；

证据12是授权日为1944年10月31日公开的2361395号美国专利公报复印件及相关部分的中文译文，共3页；

证据13是授权日为1919年3月11日公开的1296719号美国专利公报复印件及相关部分的中文译文，共3页。

第二请求人认为，本专利与证据1至证据5所示专利权人同日申请的多项有关枪刷的外观设计均属于相近似的外观设计，构成同样的发明创造，本专利不符合专利法实施细则第13条第1款的规定；同时本专利与证据6~13所示在先公开的多项专利均属于相同或者相近似的外观设计，本专利不符合专利法第23条的规定。

经形式审查合格，专利复审委员会受理了该无效宣告请求，并于2009年3月9日向第二请求人和专利权人发出无效宣告请求受理通知书，并将第二请求人的无效宣告请求书及其附件的副本转送专利权人。

专利复审委员会于2009年4月9日收到专利权人提交的意见陈述书，专利权人质疑证据1~13的真实性和合法性，并认为本专利与证据1~13所示外观设计与本专利相比均属于不相同且不相近似的外观设计，应维持本专利有效。另外，专利权人认为第二请求人提出的部分证据已在专利复审委员会在先作出的第10752号无效宣告请求审查决定书中评述过，本案第二请求人就相同证据和理由再次提出，违反了“一事不再理”原则；专利权人同时提交了第10752号无效宣告请求审查决定书复印件10页作为反证。

专利复审委员会依法成立成立合议组对第一、二请求人分别针对本专利的无效宣告请求进行审理，并于2009年5月26日向第一、二请求人及专利权人三方当事人发出了无效宣告请求口头审理通知书，定于2009年7月16日举行口头审理，同时分别将专利权人于2008年6月17日提交的意见陈述书及其附件清单中所列附件副本转给第一请求人，以及将专利权人于2009年4月9日提交的意见陈述书及其附件清单中所列附件副本转给了第二请求人。

2009年7月16日口头审理如期举行，各方当事人均出席了口头审理，且第一和第二请求人均委托了同一公民代理人出席了口头审理，各方当事人对合议组成员变更无异议，对合议组成员无回避请求。各方当事人对对方当事人出庭人员身份无异议。第一请求人和第二请求人明确第一请求人的附件1对应于第二请求人的证据4，第一请求人的附件2对应于第二请求人的证据12，第一请求人的附件3对应于第二请求人的证据13，第一请求人的附件4对应于第二请求人的证据7，第一请求人的附件5对应于第二请求人的证据6，且上述证据附件的使用和理由是一致的，第一请求人和第二请求人（以下统称请求人）当庭提交了专利复审委员会第11510号、第13005号和第13555号无效宣告请求审查决定书复印件，表示仅供合议组参考。在口头审理中，专利权人对请求人提交的证据 1~13 的真实性有异议，对请求人提交的多篇美国专利文献的相关部分的中文译文的准确性无异议，专利权人说明请求人提交的证据 1 所示外观设计专利权已被宣告无效，自始不存在。请求人声明放弃证据 8、9，采用证据 7、10、12、13 证明螺纹连接是枪刷领域的公知常识、公知设计；证据 6 采用图 1、图 2 分别与本专利比较，证据 11 采用图 1、图 7 分别与本专利比较，证据 6、证据 11 证明本专利不符合专利法第 23 条的规定；在证据 1 被确实无效且法律上被认为自始的情况下，放弃证据 1。针对其他理由和证据，双方当事人均坚持请求书和意见陈述书中的观点。专利权人认为从证据 6 和证据 11 的附图所示的外观可见两者的上部差别是很大的，而且证据 6 和证据 7 也未体现枪刷产品的配装连接关系；请求人认为枪刷和枪杆的连接采用螺纹连接属于公知常识，证据 6、11 的附图中从低端也可以看到是螺纹连接，证据 6 或 11 和本专利的差别仅仅在于螺纹的长短，根据整体观察综合判断的原则，该差别属于细微差别，对于产品外观设计的整体视觉效果不具有显著的影响。对于专利权人认为的刷毛长短导致整体效果不同的问题，请求人认为刷毛的长短是受枪筒直径唯一限定的。

在上述审理的基础上，合议组经合议，认为本案事实清楚，依法作出本审查决定。

二、决定的理由

1. 法律依据

基于请求人提出的无效宣告请求的理由和证据，合议组首先依据专利法第 23 条的规定进行审理。

专利法第 23 条规定："授予专利权的外观设计，应当同申请日以前在国内外出版物上公开发表过或者国内公开使用过的外观设计不相同和不相近似，并不得与他人在先取得的合法权利相冲突。"

2. 证据认定

请求人提交的证据 6 是授权日为 1942 年 11 月 10 日的 Des. 134303 号美国外观设计专利公报复印件及相关部分的中文译文；专利权人质疑其真实性，认为其打印形式与一般中国外观设计专利授权公告的打印形式不同，认可中文译文的准确性。针对证据 6 所示的专利文献信息，合议组经核实，确认其内容真实，确系在本专利申请日以前公开的美国专利文献，且公开日早于本专利申请日，可以作为本专利的在先设计证据使用。

3. 相近似性对比

本专利使用外观设计的产品是"枪刷（22T）"，证据 6 使用外观设计的产品是"枪筒清洁工具"（下称在先设计），二者用途相同，属于相同类别的产品，可以进行外观设计相同和相近似比较。

本专利包括主视图、后视图、左视图、右视图、俯视图、仰视图和立体图。如图所示，枪刷整体呈圆柱体，枪刷顶部为一环形；枪刷中心为两条相扭转缠绕的杆构成的杆件，两条杆中夹持有紧密排列的刷毛，该刷毛向外延伸并沿杆扭转缠绕的方向形成整齐的螺旋面形状；枪刷末端顺序排列有多面柱体或棱柱体、圆柱体，最末端具有螺纹（详见本专利附图）。

如在先设计附图所示，枪筒清洁工具的前端是一枪刷，所述枪刷的整体呈圆柱体，枪刷顶部为一环形；枪刷中心为两条相扭转缠绕的杆，两条杆中夹持有紧密排列的刷毛，该刷毛向外延伸并沿杆扭转缠绕的方向形成整齐的螺旋面形状；枪刷末端为圆柱体、最末端具有螺纹（详见在先设计附图）。

本专利与在先设计相同之处在于：二者顶端为环形，枪刷中心均为两条相扭转缠绕的杆，两条杆中夹持有紧密排列的刷毛，该刷毛向外延伸并沿杆扭转缠绕的方向形成整齐的螺旋面形状，枪刷末端有圆柱体、最末端具有螺纹。

本专利与在先设计不同之处在于：本专利末端还具有多面柱体或棱柱体，而在先设计没有，二者在螺纹连接头处的设计有所不同；且本专利枪刷的刷毛长度与螺旋扭转杆的比例小于在先设计。合议组认为：从整体视觉观察，虽然二者存在上述不同点，但二者均为柱状的螺纹连接头设计，本专利的多面柱体或棱柱体设计相对于整体枪刷而言属于局部的细微设计变化，对二者的整体视觉效果不具有显著的影响，且对于本专利所示的枪刷产品而言，其刷毛的长度要受枪管内径的严格限定，因此本专利与在先设计在刷毛长度比例上的区别是基于本专利采用了由产品的功能唯一限定的特定形状而产生的，对整体视觉效果亦不具有显著的影响，且在先设计的枪刷整体上也呈较为细长的效果，故二者应属于相近似的外观设计。

综上所述，在本专利申请日以前已有与其相近似的外观设计在国内外出版物上公开发表过，本专利不符合专利法第 23 条的规定。

鉴于已得出上述结论，本决定对请求人提出的其他理由和证据不再予以评述。

三、决定

宣告 200530103753. 7 号外观设计专利权全部无效。

当事人对本决定不服的，可以根据专利法第 46 条第 2 款的规定，自收到本决定之日起三个月内向北京市第一中级人民法院起诉。根据该款的规定，一方当事人起诉后，另一方当事人应当作为第三人参加诉讼。

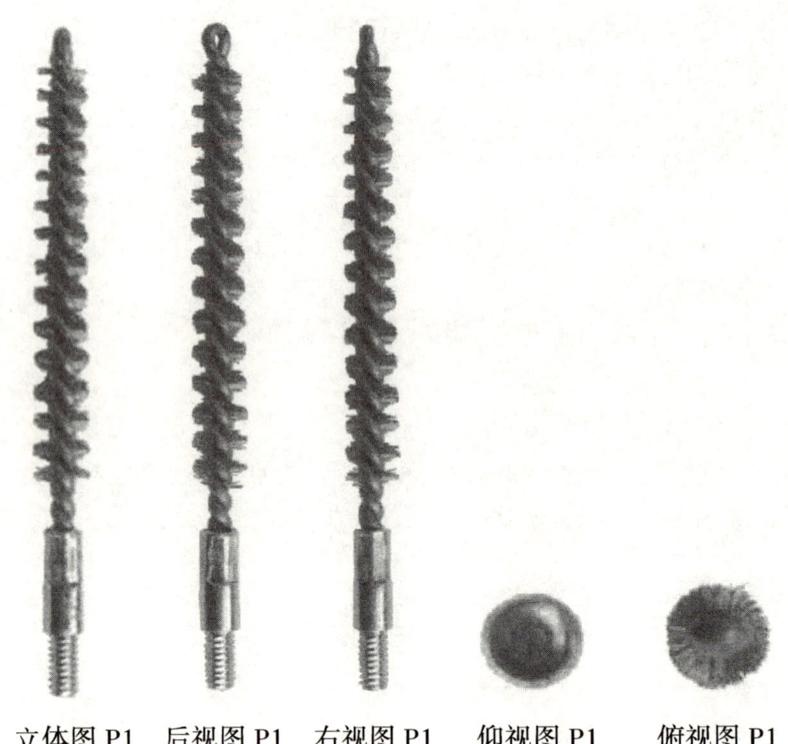

立体图 P1　后视图 P1　右视图 P1　仰视图 P1　俯视图 P1

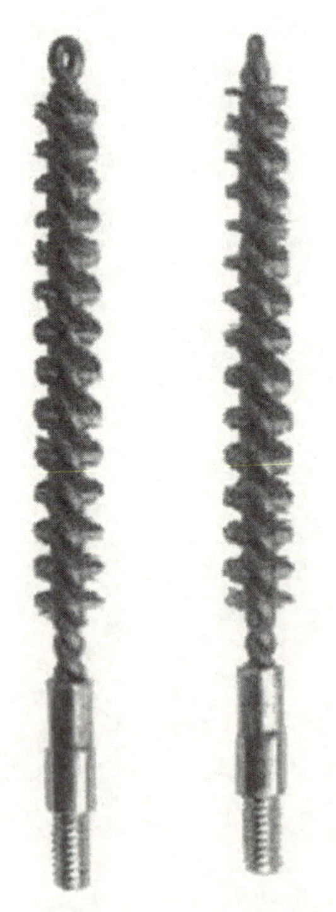

主视图 P1　左视图 P1

本专利附图

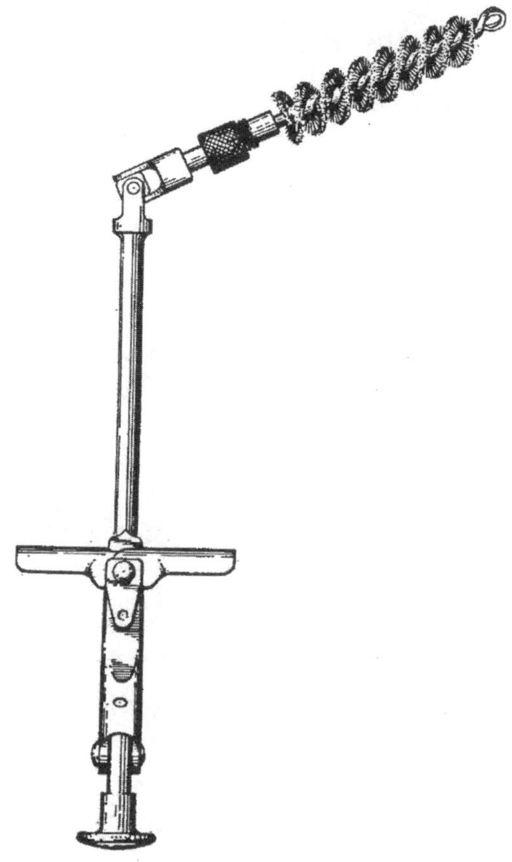

在先设计附图

北京市第一中级人民法院
行政判决书

（2009）一中知行初字第2451号

原告唐岳芬，女，1970年7月20日出生，汉族，住浙江省宁波市鄞州区洞桥镇王家桥村6组42号。

委托代理人张文忠，男，宁波市天晟知识产权代理有限公司专利代理人。

被告国家知识产权局专利复审委员会，住所地北京市海淀区北四环西路9号银谷大厦10~12层。

法定代表人张茂于，副主任。

委托代理人郭琼，女，国家知识产权局专利复审委员会审查员。

委托代理人曹铭书，女，国家知识产权局专利复审委员会审查员。

第三人宁波市鄞州福兴制刷厂（个人独资企业），住所地浙江省宁波市鄞州区钟公庙街道新林村。

投资人李兴祥，厂长。

委托代理人叶万东，男，1973年12月9日出生，住北京市朝阳区北湖甲1号森嘉公司。

第三人宁波市鄞州坚兴刷业有限公司，住所地浙江省宁波市鄞州区钟公庙街道新林村。

法定代表人李月兰，总经理。

委托代理人叶万东，男，1973年12月9日出生，住北京市朝阳区北湖甲1号森嘉公司。

原告唐岳芬不服被告国家知识产权局专利复审委员会（以下简称专利复审委）于2009年7月27日作出的第13723号无效宣告请求审查决定（以下简称第13723号决定），在法定期限内向本院提起行政诉讼。本院于2009年10月13日受理后，依法组成合议庭，并依法通知与第13723号决定存在法律上利害关系的宁波市鄞州福兴制刷厂（以下简称福兴厂）、宁波市鄞州坚兴刷业有限公司（以下简称坚兴公司）作为本案第三人参加诉讼。2009年11月19日，本院依法公开开庭审理了本案。原告唐岳芬的委托代理人张文忠，被告专利复审委的委托代理人郭琼、曹铭书，第三人福兴厂与坚兴公司的共同委托代理人叶万东到庭参加了诉讼。本案现已审理终结。

2009年7月27日，被告专利复审委依照第三人福兴厂、坚兴公司分别针对专利权人为原告唐岳芬、产品名称为“枪刷（22T）”的第200530103753.7号外观设计专利（以下简称本专利）提出的无效宣告请求，作出第13723号决定认定：

（1）关于证据。原告对对比文件6的真实性提出质疑，认为其打印形式与一般中国外观设计专利授权公告的打印形式不同，认可中文译文的准确性。针对对比文件6所示的专利文献信息，被告经核实，确认其内容真实，确系在本专利申请日以前公开的美国专利文献，且公开日早于本专利申请日，可以作为本专利的在先设计证据使用。

（2）相近似性对比。

从整体视觉观察，本专利与对比文件6的产品“枪筒清洁工具”（以下简称在先设计）均为柱状的螺纹连接头设计，本专利的多面柱体或棱柱体设计相对于整体枪刷而言属于局部的细微设计变化，对二者的整体视觉效果不具有显著的影响，且对于本专利所示的枪刷产品而言，其刷毛的长度要受枪管内径的严格限定，因此本专利与在先设计在刷毛长度比例上的区别是基于本专利采用了由产品的功能唯一限定的特定形状而产生的，对整体视觉效果亦不具有显著的影响，且在先设计的枪刷整体上也呈较为细长的效果，故二者应属于相近似的外观设计。因此，在本专利申请日以前已有与其相近似的外观设计在国内外出版物上公开发表过，本专利不符合2001年起施行的《中华人民共和国专利法》（以下简称2001年《专利法》）第二十三条的规定。

鉴此，对第三人提出的其他理由和证据不再予以评述。综上，被告作出第13723号决定，宣告本专利权全部无效。

原告唐岳芬诉称：首先，仅仅就在先设计的一幅整体图，根本无法确定第13723号决定中所述的在先设计的整体形状，被告没有根据客观的图片进行直接判断，而是参入了主观上的因素。在使用上，在先设计的产品是前后往复运动来实现对枪膛的清洁，其目的是通过刷毛的刮力将留在枪膛内腔的火药清洁掉，而不能对膛线中残留的火药清洁干净。至于位于在先设计图片前面的刷毛部分如何连接和配装的，仅仅从图片中无法客观地、毫无疑义地看出。故在先设计与本专利明显不相同或者不相近似。其次，第13723号决定认定"本专利与在先设计在刷毛长度比例上的区别是基于本专利采用了由产品的功能唯一限定的特定形状而产生的"错误。本专利是一个三维的外观设计，其刷毛夹持在相扭转的金属杆内，呈自然过渡的螺旋面，刷毛头经过细致的加工，成为非常整齐的螺旋线，美观实用，其并非由产品的功能唯一限定的特定形状。根据整体观察和综合判断的原则，本专利与在先设计的形状与图案既不相同也不近似。因此，原告请求法院撤销第13723号决定。

被告专利复审委辩称：首先，在先设计所示的"枪筒清洁工具"的前端是一枪刷，其附图中所示枪刷与枪筒清洁工具其他部分的连接处由螺纹部分连接，由生活常识可推知拆御后的枪刷形状；且由在先设计附图可知枪刷的整体呈圆形，枪刷顶部为一环形，枪刷中心为两条相扭转缠绕的杆，两条杆中夹持有紧密排列的刷毛，该刷毛向外延伸并沿杆扭转缠绕的方向形成整齐的螺旋面形状等结构。本专利与在先设计的整体结构形状和布局相近似，两者之间的差别属于局部的细微差别，这些差别对二者整体视觉效果不产生显著影响。其次，关于"由产品的功能唯一限定的特定形状"在第13723号决定中是指"对于本专利所示的枪刷产品而言，其刷毛的长度要受枪管内径的严格限定，因此，本专利与在先设计在刷毛长度比例上的区别是基于本专利采用了由产品的功能唯一限定的特定形状而产生的，对整体视觉效果亦不具有显著的影响"，即强调的是"刷毛的长度是由枪管内径的尺寸决定，而并非是枪刷的整体形状"，更详细的分析已经在第13723号决定中有充分论述。因此，被告请求法院维持第13723号决定。

第三人福兴厂与坚兴公司未向本院提交书面意见，诉讼中表示同意被告意见，请求法院维持第13723号决定。

本院经审理查明：

本专利的申请日是2005年1月25日，授权公告日是2005年9月21日。本专利包括主视图、后视图、左视图、右视图、俯视图、仰视图和立体图；枪刷整体呈圆柱体，枪刷顶部为一环形；枪刷中心为两条相扭转缠绕的杆构成的杆件，两条杆中夹持有紧密排列的刷毛，该刷毛向外延伸并沿杆扭转缠绕的方向形成整齐的螺旋面形状；枪刷末端顺序排列有多面柱体或棱柱体、圆柱体、最末端具有螺纹（详见本专利附图）。

针对本专利权，第三人福兴厂于2008年4月24日向被告专利复审委提出了无效宣告请求。其理由是本专利不符合《中华人民共和国专利法实施细则》（以下简称《专利法实施细则》）第十三条第一款和2001年《专利法》第二十三条的规定，应予宣告全部无效。福兴厂同时提交了包括对比文件6在内的5份附件作为证据，并提交了书面的无效理由。

被告专利复审委受理上述无效宣告请求后，于2008年5月19日向第三人福兴厂和原告唐岳芬发出无效宣告请求受理通知书，并将第三人福兴厂提交的上述材料进行了转文。

针对第三人福兴厂提出的无效理由及证据，原告唐岳芬于 2008 年 6 月 17 日提交了书面的意见陈述书，其认为第三人福兴厂提出的附件 1 已在被告专利复审委在先作出的第 10752 号无效宣告请求审查决定书中评述过，第三人福兴厂在本案中就相同证据和理由再次提出无效请求，违反了“一事不再理”原则。原告唐岳芬同时提交了第 10752 号无效宣告请求审查决定书复印件共 10 页作为反证。

针对本专利权，第三人坚兴公司于 2009 年 1 月 16 日向被告专利复审委提出无效宣告请求。其理由是本专利不符合《专利法实施细则》第十三条第一款和 2001 年《专利法》第二十三条的规定，应予宣告全部无效。第三人坚兴公司同时提交了包括对比文件 6 在内的 13 份证据，这 13 份证据同时包括了第三人福兴厂向被告专利复审委提交的 5 份证据。此外，第三人坚兴公司同时提交了书面的无效理由。

对比文件 6 是授权日为 1942 年 11 月 10 日的 Des. 134303 号美国外观设计专利公报复印件及相关部分的中文译文。如在先设计附图所示，枪筒清洁工具的前端是一枪刷，所述枪刷的整体呈圆柱体，枪刷顶部为一环形；枪刷中心为两条相扭转缠绕的杆，两条杆中夹持有紧密排列的刷毛，该刷毛向外延伸并沿杆扭转缠绕的方向形成整齐的螺旋面形状；枪刷末端为圆柱体、最末端具有螺纹（详见在先设计附图）。

被告专利复审委受理该无效宣告请求后，于 2009 年 3 月 9 日向第三人坚兴公司和原告唐岳芬发出无效宣告请求受理通知书，并将第三人坚兴公司提交的材料进行了转文。2009 年 4 月 9 日，被告专利复审委收到原告唐岳芬提交的意见陈述书。此外，原告唐岳芬还认为第三人坚兴公司提出的部分证据已在被告专利复审委在先作出的第 10752 号无效宣告请求审查决定书中评述过，本案坚兴公司就相同证据和理由再次提出，违反了“一事不再理”原则。原告唐岳芬同时提交了第 10752 号无效宣告请求审查决定书复印件 10 页作为反证。

被告专利复审委分别将原告唐岳芬于 2008 年 6 月 17 日、2009 年 4 月 9 日提交的意见陈述书及其附件清单中所列附件副本进行了转文。

2009 年 7 月 16 日，原告唐岳芬、第三人福兴厂与坚兴公司均参加了被告举行的口头审理，且第三人福兴厂和坚兴公司委托的是同一代理人。各方当事人对被告专利复审委变更后的合议组成员无回避请求，对对方当事人出庭人员身份无异议。第三人福兴厂和坚兴公司当庭提交了被告专利复审委第 11510 号、第 13005 号和第 13555 号无效宣告请求审查决定书复印件，表示仅供参考。在口头审理中，两第三人进一步明确了作为对比文件的证据的使用方式及无效的理由，原告唐岳芬对前述问题亦发表了意见。

在上述事实的基础上，被告专利复审委于 2009 年 7 月 27 日作出第 13723 号决定，原告不服，在法定期限内向本院提起行政诉讼。

庭审中，原告明确表示对于第 13723 号决定的下列内容不持异议：第 13723 号决定作出的行政程序；第 13723 号决定“案由”部分记载的内容；第 13723 号决定关于证据的认定。

上述事实有第 13723 号决定、本专利授权公告文本、对比文件 6、庭审笔录及当事人的陈述等证据在案佐证。

本院认为：参照国家知识产权局令第 53 号《施行修改后的专利法的过渡办法》第二条的规定，修改前的《专利法》（即 2001 年《专利法》）的规定适用于申请日在 2009 年 10 月 1 日前（不含该日）的专利申请以及根据该专利申请授予的专利权；修改后的《专利法》（即现行《专利法》）的规定适用于申请日在 2009 年 10 月 1 日以后（含该日）的专利申请以及根据该专利申请授予的专利权。本专利的申请日为 2005 年 1 月 25 日，因此，本案应当适用 2001 年《专利法》。

对于第 13723 号决定中原告明确表示不持异议的部分，本院经审查，对其合法性予以确认。在此基础上，本案的争议焦点在于：（1）第 13723 号决定对于在先设计的描述是否准确。（2）本专利相对于在先设计是否属于相同或相近似的外观设计。

（1）由在先设计公开的图片可知，其所示的“枪筒清洁工具”的前端是一枪刷，其附图中所示枪刷与枪筒清洁工具其他部分的连接处由螺纹部分连接，由生活常识可推知拆御后的枪刷形状；且由在先设计附图可知枪刷的整体呈圆形，枪刷顶部为一环形，枪刷中心为两条相扭转缠绕的杆，两条杆中夹持有紧密排列的刷毛，该刷毛向外延伸并沿杆扭转缠绕的方向形成整齐的螺旋面形状等结构。因此，第 13723 号决定关于在先设计的描述正确。

（2）由本专利与在先设计各自公开的内容可知，二者相同之处在于：二者顶端为环形，枪刷中心均为两条相扭转缠绕的杆，两条杆中夹持有紧密排列的刷毛，该刷毛向外延伸并沿杆扭转缠绕的方向形成整齐的螺旋面形状，枪刷末端有圆柱体、最末端具有螺纹。二者的不同之处在于：本专利末端还具有多面柱体或棱柱体，而在先设计没有，二者在螺纹连接头处的设计有所不同；且本专利枪刷的刷毛长度与螺旋扭转杆的比例小于在先设计。

从整体视觉观察，虽然二者存在上述不同点，但二者均为柱状的螺纹连接头设计，本专利的多面柱体或棱柱体设计相对于整体枪刷而言属于局部的细微设计变化，对二者的整体视觉效果不具有显著的影响。虽然本专利枪刷的刷毛长度与螺旋扭转杆的比例小于在先设计，但该设计对二者的整体视觉效果并不具有显著的影响，且在先设计的枪刷整体上也呈较为细长的效果。因此，被告认定本专利与在先设计属于相近似的外观设计正确。

综上，第 13723 号决定认定事实清楚，适用法律正确，程序合法，本院应予维持。原告的诉讼理由缺乏事实及法律依据，其诉讼请求本院不予支持。依照《中华人民共和国行政诉讼法》第五十四条第（一）项之规定，本院判决如下：

维持被告国家知识产权局专利复审委员会作出的第 13723 号无效宣告请求审查决定。

案件受理费 100 元，由原告唐岳芬负担（已交纳）。

如不服本判决，各方当事人可于本判决书送达之日起 15 日内，向本院递交上诉状，并按对方当事人人数提出副本，同时预交上诉案件受理费 100 元，上诉于北京市高级人民法院。上诉人在上诉期满后七日内未预交上诉费，又不提出缓交申请的，按自动撤回上诉处理。

审 判 长 赵 静
代理审判员 司品华
代理审判员 周丽婷
二〇〇九年十二月二十日
书 记 员 高晓旭

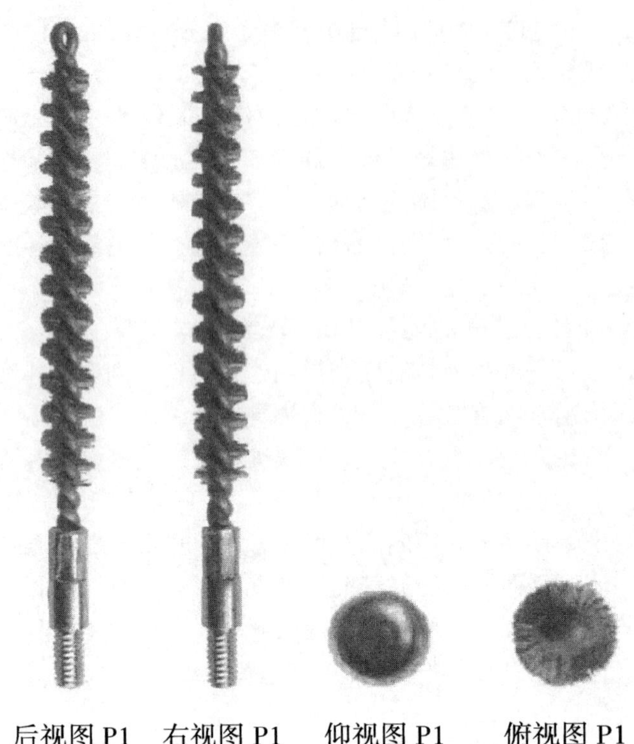

后视图 P1　右视图 P1　仰视图 P1　俯视图 P1

立体图 P1　主视图 P1　左视图 P1

本专利附图

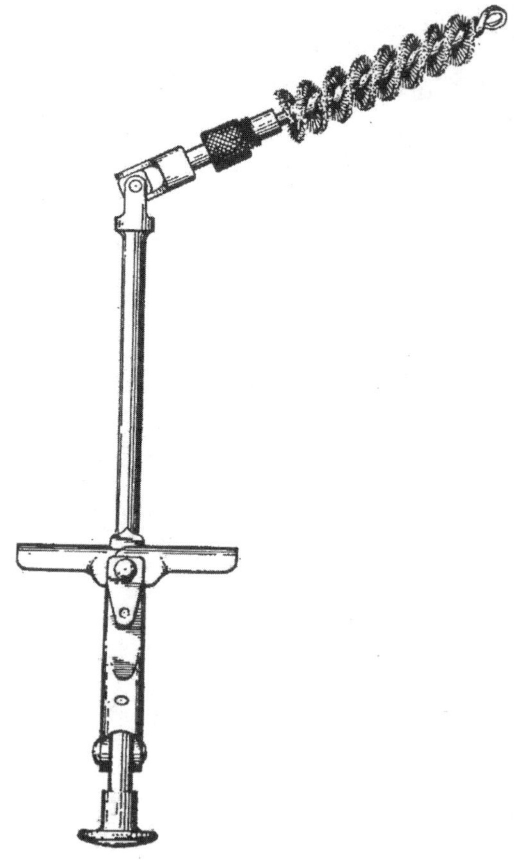

在先设计附图

挂件（牛）

无效宣告请求审查决定（第 13725 号）

决　　定　　号　第 13725 号
决　　定　　日　2009 年 7 月 24 日
发明创造名称　挂件（牛）
外观设计分类号　11-02
无效宣告请求人　温州铁人轻工电子有限公司
专　利　权　人　刘王新
专　　利　　号　200730117818.2
申　　请　　日　2007 年 5 月 24 日
授权公告日　2008 年 4 月 16 日
合议组组长　李　卉
主　　审　　员　张　霞
参　　审　　员　张　巍
附　　　　图　2 页

法　律　依　据　专利法第 9 条
决　定　要　点
本专利与他人在先申请在后公开的外观设计属于相近似的外观设计，因而其不符合专利法第 9 条的规定。

一、案由

本无效宣告请求涉及国家知识产权局于 2008 年 4 月 16 日授权公告的、名称为“挂件（牛）”的 200730117818.2 号外观设计专利（下称本专利），其申请日是 2007 年 5 月 24 日，专利权人是刘王新。

针对本专利，温州铁人轻工电子有限公司（下称请求人）于 2009 年 1 月 13 日向专利复审委员会提出无效宣告请求，理由是本专利不符合专利法第 9 条、专利法实施细则第 13 条第 1 款的规定，并提交了如下附件作为证据：

附件 1：专利号为 200730158993.6 的中国外观设计专利图片（含著录项目信息）网络打印件 1 页，其优先权日为 2006 年 12 月 22 日，申请日为 2007 年 6 月 19 日，授权公告日为 2008 年 7 月 30 日，专利权人为凯克兰德设计有限公司。

请求人认为：附件 1 公开的专利产品具有照明功能的同时兼具挂件装饰品的功能，本专利的功能用途中也兼具照明和装饰的功能，二者属于相近似类别的产品，同时，附件1所示外观设计与本专利的产品其牛整体形状几乎相同，二者牛鼻孔内均设有LED灯，牛头顶上均设有按钮，因此，本专利与其申请日之前申请的附件1的外观设计构成相近似，本专利不符合专利法第9条和专利法实施细则第13条第1款的规定，应予以宣告无效。

经形式审查合格，专利复审委员会受理了该无效宣告请求，于2009年2月23日向双方当事人发出了无效宣告请求受理通知书，并将无效宣告请求书及其附件的副本转给了专利权人。

专利权人于2009年4月8日提交了意见陈述书，专利权人认为：附件1与本专利的分类号、名称、用途和功能均不相同，无可比性，且二者在整体黑白色块分布和牛鼻的设计并不相同，因此，本专利与附件1是两个完全不同的外观设计。

专利复审委员会于2009年5月25日向双方当事人发出了口头审理通知书，定于2009年7月14日在专利复审委员会举行口头审理，并随口头审理通知书将专利权人于2009年4月8日提交的意见陈述书转给了请求人。

口头审理如期举行，双方当事人均出席了口头审理。在口头审理过程中，双方当事人对合议组成员无回避请求，对对方出庭人员身份无异议。专利权人对附件1的真实性无异议。请求人明确无效宣告请求理由为本专利不符合专利法第9条以及专利法实施细则第13条第1款的规定。专利权人认为专利法第9条和专利法实施细则第13条是要求不同的设计，本案两者从图案、色块分布、设计风格等比较显然是不同的设计。针对相近似性判断，双方当事人均各自坚持书面观点。

在上述审理的基础上，合议组认为本案事实已经清楚，可以依法作出本无效宣告请求审查决定。

二、决定的理由

1. 法律依据

基于请求人提出无效宣告请求所依据的理由和证据，合议组首先对本专利是否符合专利法第9条的规定进行审查。

专利法第9条规定：“两个以上的申请人分别就同样的发明创造申请专利的，专利权授予最先申请的人。”

2. 证据认定

请求人提交的附件1是专利号为200730158993.6的中国外观设计专利图片（含著录项目信息）网络打印件1页，专利权人对其真实性无异议，该外观设计专利的优先权日为2006年12月22日，申请日为2007年6月19日，授权公告日为2008年7月30日，专利权人为凯克兰德设计有限公司，属于他人在本专利申请日前申请、在本专利申请日之后授权公告的外观设计专利，因此可作为评价本专利是否符合专利法第9条规定的证据使用。

3. 本专利是否符合专利法第9条的规定

本专利为牛形挂件，其外观设计分类号为11-02，附件1为牛形主光灯（下称在先设计），其外观设计分类号为26-02，专利人认为两者分类号、名称、用途、功能均不同，因此不属于同一种类的产品，不能进行比较。对此，合议组认为，首先，审查指南第四部分第五章第6.2.1节明确规定：“只有对于相同或者相近类别的产品，才可能存在外观设计相近似的情况。所谓相近类别的产品是指用途相近的产品。例如，玩具和小摆设的用途是相近的，两者属于相近类别的产品。应当注意的是，当产品具有多种用途时，如果其中部分用途相同，而其他用途不同，则二者应属于相近类别的产品”。其次，根据审查指南第四部分第五章第6.1节的规定，在确定产品的类别时，可以参考产品的名称、国际外观设计分类表以及产品货架分类，以其用途确定产品的类别。国际外观设计分类表中，分类号11-02为小装饰品，桌子、壁炉台和墙的装饰，花瓶和花盆，分类号26-02为手电、手提灯和灯笼，二者均属于小型日常生活用品，小装饰品通常用于佩戴和装饰，而异形手提灯产品在用于照明的同时也可兼具装饰的功能，因而类属于小装饰品的本专利与类属于手提灯的在先设计均具有装饰的用途，因此，考虑到两外观设计的用途，合议组认为，本专利的牛形挂件与在先设计的牛形主光灯部分用途相同，应属于相近类别的产品。在此基础上，可以将两个外观设计进行对比以判断两者是否构成相近似。

将本专利与在先设计相似性比较如下：

本专利是一款牛形挂件。如图所示，该牛形挂件的整体形状大体为四肢直立、头部前伸、两耳侧伸、尾部下垂的奶牛，奶牛的下腹部有向下突起的乳房，乳房上有四个奶头，牛头顶部有圆柱形突起，脖子下方和乳房后侧有螺钉孔，牛尾部有一通孔，牛头顶部、鼻梁、下巴、一只耳朵、牛尾末端上有深色图案，牛身上也不均匀分布有深色图案（详见本专利附图）。

在先设计是一款牛形主光灯。如图所示，该牛形挂件的整体形状大体为四肢直立、头部前伸、两耳侧伸、尾部下垂的奶牛，奶牛的下腹部有向下突起的乳房，乳房上有四个奶头，牛头顶部有圆柱形突起，牛尾部有一通孔，牛头两侧、下巴、两只耳朵、牛尾末端上有深色图案，牛身上也不均匀分布有深色图案（详见在先设计附图）。

将本专利与在先设计进行比较，二者的整体形状均大体为四肢直立、头部前伸、两耳侧伸、尾部下垂的奶牛，奶牛的下腹部有向下突起的乳房，乳房上有四个奶头，牛头顶部有圆柱形突起，牛尾部有一通孔，二者不同之处主要在于：本专利牛脖子下方和乳房后侧有螺钉孔，在先设计没有此设计；本专利和在先设计在牛头和牛身上的深色图案的具体分布不同；另外，本专利与在先设计在眼睛、耳朵、头部、乳房等部位也有细微的差异。对此，合议组认为，本专利与在先设计均为立体外观设计产品，立体产品本身的形状和图案是一般消费者较注意的部分，针对本专利和在先设计同样取材于奶牛的设计构思和基本形状设计，虽然二者在是否有螺钉孔以及牛头部和牛身体上深色图案的具体分布的设计上有所不同，但是二者在是否有螺钉孔的设计上的区别以及在眼睛、耳朵、头部、乳房等部位的细微差异对于二者类似奶牛的整体外观设计而言属于局部细微差别，不足以导致二者的整体外观设计产生显著的视觉差异，且作为二者取材对象的奶牛身体上的深浅图案一般都是随机分布的，而本专利的站立奶牛的主要外观结构已为在先设计所公开，因此牛头部和身体上具体部位深色图案的分布的差别对二者的整体视觉效果并不具有显著的影响，综合上述分析判断，二者应属于相近似的外观设计。

对于专利权人提出的专利法第9条应适用不同的设计的意见，合议组认为，审查指南第四部分第七章第1节已明确规定："专利法第9条和专利法实施细则第13条第1款所述的'同样的发明创造'，对于发明和实用新型而言，是指要求保护的发明或者实用新型相同，有关判断原则适用本指南第二部分第三章第6.1节的规定；对于外观设计而言，是指外观设计相同或者相近似，所述相同或者相近似的判断适用本部分第五章的规定"，因此合议组对专利权人的上述意见不予接受。

由于同样的发明创造对于外观设计而言是指两项外观设计相同或者相近似，因此，综上所述，本专利与在先设计属于同样的发明创造，故本专利不符合专利法第9条的规定。

鉴于本专利不符合专利法第9条的规定的无效宣告请求的理由成立，对于其他无效宣告请求的理由不再进行评述。

三、决定

宣告200730117818.2号外观设计专利权全部无效。

当事人对本决定不服的，可以根据专利法第46条第2款的规定，自收到本决定之日起三个月内向北京市第一中级人民法院起诉。根据该款的规定，一方当事人起诉后，另一方当事人应当作为第三人参加诉讼。

主视图

后视图

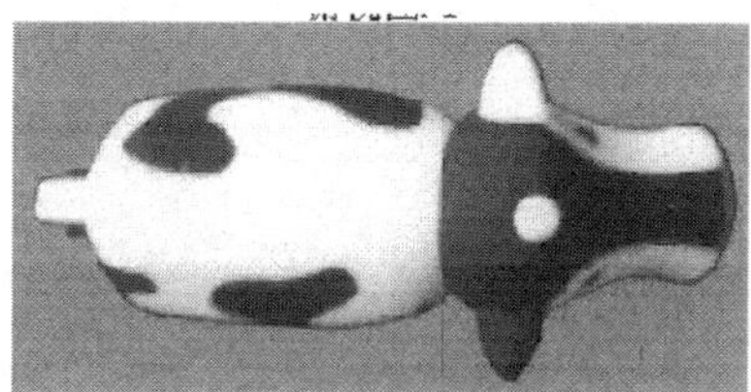
俯视图

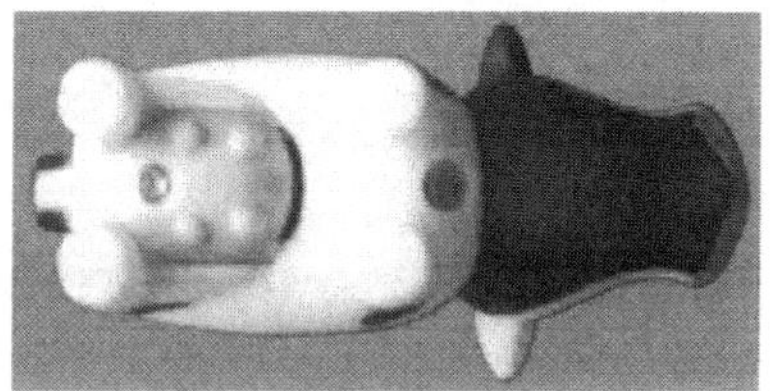
仰视图

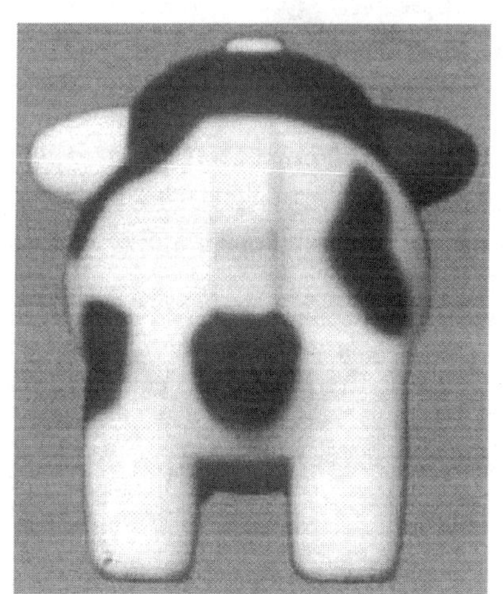
左视图

右视图

本专利附图

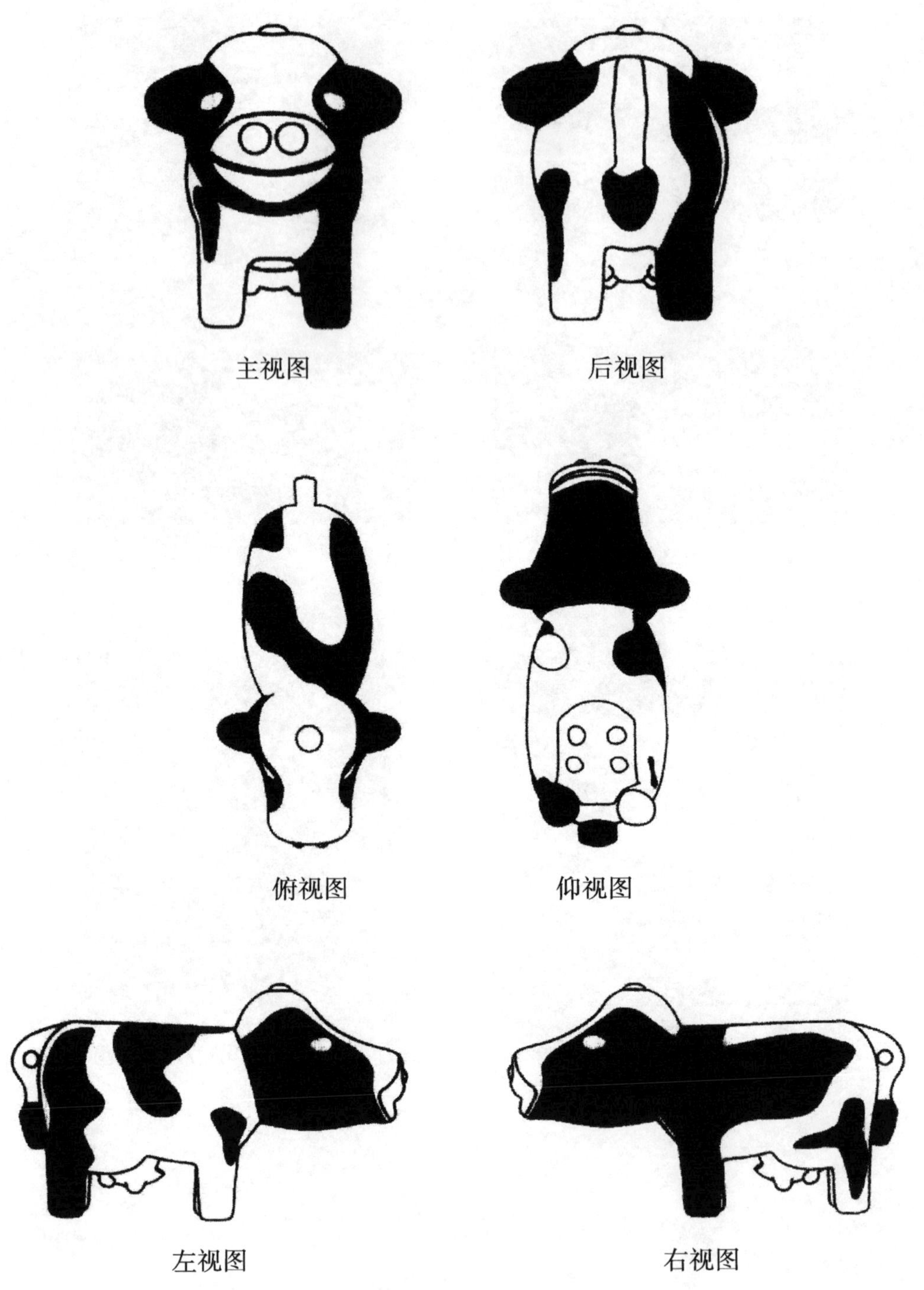

在先设计附图

405

汽　车

无效宣告请求审查决定（第 13732 号）

决　定　号　第 13732 号
决　定　日　2009 年 7 月 10 日
发明创造名称　汽车
外观设计分类　12—08
无效宣告请求人　本田技研工业株式会社
专　利　权　人　赵志刚
专　利　号　200330112403.8
申　请　日　2003 年 10 月 8 日
授权公告日　2004 年 6 月 9 日
合议组组长　熊　婷
主　审　员　孙治国
参　审　员　詹靖康
附　　　图　2 页

法　律　依　据　专利法第 23 条
决　定　要　点

请求人履行的公证认证手续确认其提交的证据为相关杂志的真实复印件，请求人提交的原件与该证据的内容一致，同时该证据还得到其他证据的佐证，足以确认其真实性，因此，对该证据应予以采信。

一、案由

本无效宣告请求案涉及国家知识产权局于 2004 年 6 月 9 日授权公告、名称为“汽车”的 200330112403.8 号外观设计专利（下称本专利），申请日为 2003 年 10 月 8 日，专利权人为赵志刚。

针对本专利，本田技研工业株式会社（下称请求人）于 2004 年 11 月 24 日向专利复审委员会提出无效宣告请求，其依据的事实和理由以及所提交的证据如下：

附件 1：专利无效宣告程序授权委托书，1 份，共 1 页；

附件 2：本专利的外观设计专利公报复印件，2 份，共 2 页；

附件 3：本专利的外观设计专利申请图，2 份，共 4 页；

附件 4：经公证、认证的杂志《摩托车发烧友》的副刊《新型车辆速报第 290 号“新型 CR-V 大全”》，2 份，共 200 页；

附件 5：参考资料：各部名称说明图。

请求人在无效宣告请求书中认为：本专利与附件 4 第 7、45、59 页中的在先设计相比，两者的不同点不能对产品的整体视觉效果产生显著影响，本专利与附件 4 中的在先设计相近似，因而不符合专利法第 23 条的规定。

经形式审查合格，专利复审委员会依法受理了上述无效宣告请求，并于 2005 年 2 月 25 日向请求人和专利权人发出无效宣告请求受理通知书，并将请求人提交的无效宣告请求书及其附件清单中所列附件的副本转送给专利权人，要求其在指定的期限内答复，同时依法成立合议组对本无效宣告请求案进行审理。

专利权人于 2005 年 4 月 18 日对上述无效宣告请求受理通知书进行答复，专利权人主要认为：请求人未提供附件 4 的中文译文，故请求人无法对该证据进行质证。从整体观察、综合判断的角度看，本专利与请求人所提供的任何在先设计均属于既不相同也不相近似的外观设计。

请求人于 2009 年 4 月 15 日提交了如下附件（编号续前）：

附件 6：附件 4 的封面页、封二页、第 6/7 页、第 45 页、第 59 页的中文译文，共 5 页。

附件 7：专利复审委员会第 11845 号无效宣告请求审查决定，共 11 页。

附件 8：（2008）一中行初字第 1520 号决定书，共 18 页。

附件 9：（2008）京方圆内经证字第 05663 号公证书及相关附件，共 17 页。

合议组于 2009 年 5 月 5 日向双方当事人发出无效宣告请求口头审理通知书，定于 2009 年 6 月 2 日在专利复审委员会进行口头审理。

口头审理按期举行，双方当事人均到庭参加口头审理，在口头审理过程中双方当事人对合议组成员无回避请求，对对方出庭人员身份没有异议。合议组当庭将附件 6~9 转交给专利权人，专利权人核实后认为附件 6~9 的原件与复印件一致，但对附件 4 的真实性有异议，认为其公证认证手续并未证明该证据的真实性；认为附件 6~9 的提交超出了审查指南规定的举证期限，不应接受。请求人当庭提交了附件 4 中所述杂志的原件、附件 9 中所述公证书的原件，并认为附件 4 的内容主要是杂志的前后封面、前后封面主要是记载了本杂志的详细的出版日期实物号等信息，能够证明这个证据是公开出版物，并且明确附件 4 中第 7、45、49 和 51 页左下角的图作为一个在先设计使用，本专利相对于前述的在先设计不符合专利法第 23 条的规定。合议组当庭告知专利权人本无效宣告请求的提出日为 2004 年 11 月 24 日，对请求人提交的新证据的审查应适用 2001 年 10 月 18 日公布的审查指南的规定，因此对附件 6~9 予以接受；专利权人可以在口头审理结束后的一个月内就请求人当庭提交的附件 3 的中文译文和附件 6 陈述意见。此外，专利权人还认为请求人使用的四页中的图片并不能证明是同一个在先设计，将它们组合后与本专利进行对比并不符合外观设计专利单独对比的原则，而且本专利与附件 4 中的在先设计既不相同也不相近似。

专利权人于 2009 年 6 月 29 日提交了意见陈述书。专利权人认为：（1）从附件 4 的页码编号上看是从前向后编码共 22 页，另一个是从后向前编码共 57 页，同一个页码有 20 多个重复。附件 4 的图片并非来自于同一个文件，更谈不到是一个型号的车型选择。因此附件 4 并不是一个独立的出版物，请求人违反了外观设计的单独对比原则。（2）从请求人提供的 5 页中文译文中清楚地记载了三种不同车型，每个车型都有自己的不同的外观造型。现有的译文并不能说明所列举对比文献均属同一个外观设计。(3）请求人证据明显的是公证对象错误。

至此，合议组认为本案事实清楚，依法作出审查决定。

二、决定的理由

1. 法律依据

基于请求人提出无效宣告请求所依据的理由和证据，合议组对本专利是否符合专利法第 23 条的规定进行审查。

专利法第 23 条规定，授予专利权的外观设计，应当同申请日以前在国内外出版物上公开发表过或者国内公开使用过的外观设计不相同和不相近似，并不得与他人在先取得的合法权利相冲突。

2. 证据认定

请求人提交的附件 4 是日本杂志“汽车发烧友”副刊“新车型速报”第 290 期相关页复印件及其公证认证书原件，请求人提交了相应的杂志原件和中文译文。专利权人对附件 4 中杂志的真实性有异议，认为公证认证手续并未就该杂志的真实性作出确认，公证的对象错误；未对译文的准确性提出异议。

请求人提交的附件 9 为（2008）京方圆内经证字第 05663 号公证书，同时提交相应网页的中文译文。专利权人认为附件 9 的提交超出举证期限，不应接受；其中涉及的信息来源于国外网站，属域外证据，须履行相应的公证认证手续，且不能证明附件 4 的杂志的真实性；未对译文的准确性提出异议。

对于附件 9，合议组认为，本无效宣告请求的提出日为 2004 年 11 月 24 日，对请求人提交的新证据的审查应适用 2001 年 10 月 18 日公布的审查指南的规定，请求人提交附件 9 用于佐证附件 4 涉及的杂志为公开发行的出版物，该证据可以接受；附件 9 涉及的网站是在我国境内即可访问的知名网站，相关杂志在网络上被公开拍卖的事实已经我国公证机关的公证形成公证书，故，附件 9 的真实性和译文的准确性可以确认，该证据应予以采信。

对于附件 4，合议组认为其中的公证认证书已经确认请求人提交的确为日本杂志“汽车发烧友”副刊“新车型速报”第 290 期相关页的真实复印件，在请求人提交的该杂志原件的封面、出版信息页和封底载有的“汽车发烧友副刊（新车型速报『新型 CRV 大全』第 290 期，平成 13 年 11 月 9 日出版，发行单位：株式会社三荣书房，主页 URL http：//www. sun-a. com，定价 420 日元（邮资 310 日元），ISBN4-87904-460-1”等信息与附件 4 的相关内容一致并相互印证，该杂志的封面、出版信息页、第 8 页和第 9 页的内容与附件 9 公证的事实一致并相互印证；由此，可确认该杂志为公开发行的出版物。因此，请求人对附件 4 履行了必要的公证认证手续。未违背相关的法律规定，合议组对专利权人的异议不予支持，对附件 4 的真实性和译文的准确性予以确认，对该证据予以采信。

附件 4 中汽车发烧友副刊（新车型速报『新型 CRV 大全』第 290 期的出版日期为 2001 年 11 月 9 日（平成 13 年 11 月 9 日），早于本专利的申请日（2003 年 5 月 27 日），其属于专利法第 23 条规定的公开出版物，适用本案。

3. 关于相同、相近似的对比

本专利与附件 4 汽车发烧友副刊（新车型速报『新型 CRV 大全』第 290 期中所示“Modulo”标识的均为 Performa 型汽车，二者属于相同类别的产品，可以进行相同、相近似性对比。

由于没有证据表明附件 4 第 45 页左上角其上标有③④⑤⑥的图以及其上标有⑦的图不是一个车型，因此合议组将这两个图作为在先设计与本专利比较如下：

本专利“汽车”为一种运动型休闲车。从其主视图看，车前脸有倒梯形的网状进气格栅，中间有“双环”标志；车发动机盖上有倒“八”字的压线在该网状格栅两侧设计有大弧线的三角形前大灯；前机盖中间有一条加强筋；在车前脸下部的保险杠有两块较大的凸起，在两凸起的中间有一矩形进气孔，孔内有横条状格栅；保险杠凸起左右两侧有带黑边的灯；前风挡玻璃有黑边；该风挡玻璃两侧下部有圆角方形平滑弧面的倒车镜；车顶部显示有行李架。从右视图看（该视图与左视图对称），该车侧面显示为三窗两门的设计；其车门整体从上至下呈弧面设计；两门体下部的防撞条呈弧面扁长条状；在门下部的车身边缘有一黑白相间的棍状防护杠；该车车轮的圆形轮毂为内凹的“五分岔”

花形；车顶部显示有行李架；车顶后部设计有一导流板；车侧面后窗玻璃有一圈黑边。从俯视图看，车顶部显示有一天窗，四条加强筋和行李架；其车顶尾部还有一导流板。从后视图看，其车身由顶部两侧弧形向下整体呈“鼓”形；车身上半部两侧设计有长条弧形尾灯；其后窗玻璃有一圈黑边，其顶部中间有一高位刹车灯；车后挂有备胎；后箱门把手均为横拉式；车后底部有一较宽的保险杠防护底板，其中间有五个长条凸起。从左、右、后视图看，该车车门把手为长圆扣扳式和椭圆长条把（详见本专利附图）。

从在先设计中可以看出，在先设计车前脸有倒梯形的进气格栅，中间有“H”标志；车发动机盖上有倒“八”字的压线；在该格栅两侧设计有大弧线的前大灯；在车前脸下部的保险杠有两块较大的凸起；保险杠凸起左右两侧有灯；前风挡玻璃两侧下部各有一个圆角方形平滑弧面的倒车镜；在车前脸靠近左侧大灯处设有一大致呈马蹄形的后视镜；该车侧面显示为三窗两门的设计；其车门整体从上至下呈弧面设计；两门体下部的防撞条呈弧面扁长条状；该车车轮的圆形轮毂为外凸的五星形轮毂；车顶部显示有一天线；其车身的左右两侧对称，车身由顶部两侧弧形向下整体呈“鼓”形；车身上半部两侧设计有长条弧形尾灯；后箱门把手为横拉式；车后挂有备胎；车后底部有一较宽的保险杠防护底板，其中间有五个长条凸起。该车车门把手为横拉式（详见在先设计附图）。

将本专利与在先设计相比，两者的主要相同点为均采用三窗两门的设计；车发动机盖上均有倒“八”字的压线，车前脸上部均有呈倒梯形的进气格栅，其中间有一条较窄的横条，横条中间为厂商标志，该格栅两侧均有呈弧线的三角形前大灯，格栅和大灯下部均为中间向上凸出、呈倒梯形、较宽的前保险杠，该保险杠中间均有一放置号牌的长方形区域，两侧为灯；车后部的下半部有较宽大的保险杠；车上部两侧均设有长条略带弧形的尾灯，后箱门把手均为横拉式。两者的区别主要在于：本专利两侧车门把手为扣板式，在先设计为横拉式；本专利车轮呈内凹的“五分岔”形轮毂，在先设计呈外凸的五星形轮毂；在先设计车前脸靠近左侧大灯处设有一大致呈马蹄形的后视镜，本专利则无；本专利车顶部有五条加强筋，并显示有行李架和一天窗，车顶尾部还有一导流板，但从现有图片中无法确定在先设计是否存在加强筋、行李架、天窗和导流板；本专利顶部中间有一高位刹车灯，在先设计则无；本专利前机盖中间有一条加强筋，在先设计则无。合议组认为，本专利与在先设计的整体形状基本相同，尤其是在车前部的车灯、进气格栅、保险杠，中部和尾部尾灯、保险杠的设计相近似的情况下，二车呈现出整体相近似的视觉效果，本专利与在先设计存在的上述区别均为局部细微差异，其不足以对二者整体的视觉效果产生显著影响，因此，二者属于相近似的外观设计。

综上所述，在本专利的申请日前已经有与之相近似的外观设计在出版物上公开发表过，本专利不符合专利法第 23 条的规定。

鉴于本专利与在先设计相比较已得出二者相近似的结论，故在本决定中对请求人提出的其他证据不再作出评述。

三、决定

宣告 200330112403.8 号外观设计专利全部无效。

当事人对本决定不服的，可以根据专利法第 46 条第 2 款的规定，自收到本决定之日起三个月内向北京市第一中级人民法院起诉。根据该款的规定，一方当事人起诉后，另一方当事人应当作为第三人参加诉讼。

俯视图

后视图

立体图

右视图

主视图

本专利附图

左视图

本专利附图（续）

在先设计附图

406

床头柜（HB888）

无效宣告请求审查决定（第13741号）

决 定 号 第13741号
决 定 日 2009年7月29日
发明创造名称 床头柜（HB888）
外观设计分类号 06-03
无效宣告请求人 深圳市安东尼奥家具有限公司
专 利 权 人 王亚清
专 利 号 200630064652.8
申 请 日 2006年6月30日
授权公告日 2007年6月13日
合议组组长 张雪飞
主 审 员 李巍巍
参 审 员 雷 婧

法 律 依 据 专利法第23条
决 定 要 点

请求人提交的证据6~8、证据10~12均与证据1不能形成较为完整的证据体系，且仅凭证据1不能证明其内第8页所附图片所显示的床头柜在本专利申请日之前在国内公开销售的事实，合议组对该在先销售事实不予以认定。

一、案由

本无效宣告请求涉及国家知识产权局于2007年6月13日授权公告的200630064652.8号外观设计专利，使用该外观设计的产品名称是“床头柜（HB888）”，其申请日是2006年6月30日，专利权人是王亚清。

针对上述外观设计专利权（下称本专利），深圳市安东尼奥家具有限公司（下称请求人）于2009年2月20日向专利复审委员会提出无效宣告请求，其理由是本专利不符合专利法第22条第2款和第3款的规定，不具有新颖性和创造性，应予宣告无效。请求人同时提交了如下证据附件：

证据1是深圳市龙岗区坪地嘉顺家私厂的《个体工商户营业执照》复印件1页和《嘉顺家私》产品宣传册复印件16页，其上均盖有“深圳市龙岗区坪地嘉顺家私厂”的印章；

证据2是深圳市通天河企业形象设计有限公司和深圳市龙岗区坪地嘉顺家私厂签订的“2006第013号”《合同书》复印件1页；

证据3是盖有“深圳市通天河企业形象设计有限公司财务专用章”的第1000607号《收据》复

印件 1 页；

证据 4 是深圳市通天河企业形象设计有限公司的企业基本信息网络查询打印页 1 页；

证据 5 是清远市清城区新城世纪家具广场的《个体工商户营业执照》复印件 1 页；

证据 6 是深圳市龙岗区坪地嘉顺家私厂和清远市清城区新城世纪家具广场签订的《销售合同》复印件 1 页；

证据 7 是盖有“深圳市龙岗区坪地嘉顺家私厂”印章的第 0001201 号、第 0001202 号和第 0001203 号《送货单》复印件共 2 页；

证据 8 是盖有“深圳市龙岗区坪地嘉顺家私厂财务专用章”的第 0200944 号和第 0200934 号《收据》复印件共 1 页；

证据 9 是广州市花都区新华东骏家私广场的《个体工商户营业执照》复印件 1 页；

证据 10 是深圳市龙岗区坪地嘉顺家私厂和广州市花都区新华东骏家私广场签订的《销售合同》复印件 2 页；

证据 11 是盖有“深圳市龙岗区坪地嘉顺家私厂”印章的第 0001216 号、第 0001217 号和第 0001218 号《送货单》复印件共 2 页；

证据 12 是盖有“深圳市龙岗区坪地嘉顺家私厂财务专用章”的第 0200941 号和第 0200948 号《收据》复印件共 1 页。

请求人认为，证据 1～12 能够证明深圳市龙岗区坪地嘉顺家私厂在本专利申请日以前即已生产、宣传与本专利外观设计相近似的产品并将该产品分别销售给清远市清城区新城世纪家具广场和广州市花都区新华东骏家私广场的事实。

专利复审委员会受理了该无效宣告请求，并于 2009 年 3 月 18 日将请求人的无效宣告请求文件转送专利权人。

专利复审委员会成立合议组对本案进行审理，并于 2009 年 4 月 20 日向请求人发出合议组成员告知通知书。

2009 年 5 月 4 日，专利复审委员会向双方当事人发出口头审理通知书，定于 2009 年 6 月 17 日进行口头审理，并告知请求人提出的无效请求理由不属于针对外观设计专利权的法律条款，并基于其提出的证据和具体意见陈述，向其释明了专利法第 23 条。

针对请求人提出的无效宣告请求，专利权人于 2009 年 4 月 26 日提交了意见陈述书，认为请求人没有充分证据证明与本专利相同或者相近似的外观设计在先在出版物上公开发表过和在国内公开使用过，应维持本专利有效。其中专利权人质疑证据 1 中产品宣传册不是公开出版物；质疑证据 2、证据 3 的真实性及其与证据 1 的关联性；质疑证据 6～8、证据 10～12 的真实性、关联性和所涉及产品的具体内容。

2009 年 5 月 8 日，专利复审委员会将专利权人提交的意见陈述书转送请求人，告知其可在口头审理中陈述意见。

口头审理如期举行，双方当事人均委托代理人出席。双方对对方出庭人员的身份和资格无异议，对合议组成员均无回避请求。

在口头审理中，请求人将无效请求理由变更为专利法第 23 条，并声明证据 1～12 均用于证明在先使用公开的事实；其当庭提交了证据 1 中产品宣传册、证据 2、证据 3、证据 6～8 和证据 10～12 的原件以及证据 1 中营业执照、证据 5 和证据 9 的盖章确认件，并坚持原有观点。

专利权人当庭核实了证据原件及盖章确认件，其质疑证据 1～12 的真实性和关联性，说明请求人与深圳市龙岗区坪地嘉顺家私厂实为一体，且清远市清城区新城世纪家具广场和广州市花都区新华东骏家私广场均与深圳市龙岗区坪地嘉顺家私厂有业务往来。

在相同和相近似的判断方面，专利权人认为请求人指定的图片所示外观设计与本专利除抽屉图案不一样外，其他大致相同。请求人认为二者为相近似的外观设计。

口头审理结束后，请求人于2009年7月8日提交了意见陈述书，针对证据1中产品宣传册补充提交了盖有“坪地镇图书馆”印章的产品宣传册原件。

在上述审理的基础上，合议组经合议，认为本案事实清楚，依法作出本审查决定。

二、决定的理由

基于请求人提出的无效宣告请求的理由和证据，合议组依据专利法第23条的规定进行审理。

专利法第23条规定：“授予专利权的外观设计，应当同申请日以前在国内外出版物上公开发表过或者国内公开使用过的外观设计不相同和不相近似，并不得与他人在先取得的合法权利相冲突。”

针对请求人于口头审理结束后提交的盖有“坪地镇图书馆”印章的《嘉顺家私》产品宣传册原件，合议组认为：根据专利法实施细则第66条以及审查指南第四部分第三章第4.3.1节的规定，请求人在提出无效宣告请求之日起一个月后补充证据的，专利复审委员会一般不予考虑，例外的情形之一为请求人在口头审理辩论终结前提交用于完善证据法定形式的公证书、原件等证据、并在该期限内结合该证据具体说明相关无效宣告理由，而请求人在口头审理结束后提交的上述证据原件已超出了法定期限且不属于例外的情形，因此本案不予考虑。

请求人提交的证据1是深圳市龙岗区坪地嘉顺家私厂的《个体工商户营业执照》盖章确认件和盖有“深圳市龙岗区坪地嘉顺家私厂”印章的《嘉顺家私》产品宣传册；证据2是深圳市通天河企业形象设计有限公司和深圳市龙岗区坪地嘉顺家私厂签订的“2006第013号”《合同书》；证据3是盖有“深圳市通天河企业形象设计有限公司财务专用章”的第1000607号《收据》；证据4是深圳市通天河企业形象设计有限公司的企业基本信息网络查询打印页；证据5是清远市清城区新城世纪家具广场的《个体工商户营业执照》盖章确认件；证据6是深圳市龙岗区坪地嘉顺家私厂和清远市清城区新城世纪家具广场签订的《销售合同》；证据7是盖有“深圳市龙岗区坪地嘉顺家私厂”印章的第0001201号、第0001202号和第0001203号《送货单》；证据8是盖有“深圳市龙岗区坪地嘉顺家私厂财务专用章”的第0200944号和第0200934号《收据》；证据9是广州市花都区新华东骏家私广场的《个体工商户营业执照》盖章确认件；证据10是深圳市龙岗区坪地嘉顺家私厂和广州市花都区新华东骏家私广场签订的《销售合同》；证据11是盖有“深圳市龙岗区坪地嘉顺家私厂”印章的第0001216号、第0001217号和第0001218号《送货单》；证据12是盖有“深圳市龙岗区坪地嘉顺家私厂财务专用章”的第0200941号和第0200948号《收据》。

针对上述证据，合议组认为：第一，基于证据1和证据5所示营业执照的盖章确认件以及证据4所示来源于深圳市工商行政管理局（物价局）网站下载的企业查询信息，显示出深圳市龙岗区坪地嘉顺家私厂和清远市清城区新城世纪家具广场等两家工商户以及深圳市通天河企业形象设计有限公司的实体均是真实存在的。

第二，证据1中产品宣传册上印制有“深圳市龙岗区嘉顺家私厂”的名称和“深圳市龙岗区坪地坪西第一工业区”的地址，并加盖有“深圳市龙岗区坪地嘉顺家私厂”的印章，显示出该产品宣传册的合法来源；且证据2所示合同书显示出深圳市通天河企业形象设计有限公司（甲方）为深圳市龙岗区坪地嘉顺家私厂（乙方）印制家具画册，交货、付款期限为2006年3月15日，与证据1中产品宣传册记载的“06年3月印制（第一版）摄影、设计深圳通天河”等字样相吻合，其上记载的合同项目、规格和页数等信息也均与证据1中产品宣传册相吻合；同时证据3所示《收据》显示出深圳市通天河企业形象设计有限公司于2006年3月15日收取“深圳嘉顺家私厂”支付的画册款，其上记载的名称、单位、数量、单价和金额等信息也均与证据2所示合同书相吻合；上述证据相互关联、相互印证，佐证了证据1中产品宣传册的真实性。

第三，证据6所示销售合同显示出“清远市清城区新城世纪家具广场（买方）”（简写为清远世纪家具广场）于2006年3月5日向“深圳市龙岗区坪地嘉顺家私厂（卖方）”订购家具，发货、付款期限为2006年3月25日；证据7所示《送货单》显示出“深圳市龙岗区坪地嘉顺家私厂”于2006年3月25日送货至“清远世纪家具广场”，其上记载的货号、名称、规格、数量、单价和金额等信息均与证据6所示销售合同相吻合；证据8所示《收据》显示出“深圳市龙岗区坪地嘉顺家私厂”分别于2006年3月5日和2006年3月25日收取“清远世纪家具广场”支付的订金和货款，其上记载的两笔款额均与证据6所示销售合同记载的相关款项相吻合，虽然上述订货、送货和付款等一系列销售证据相互关联、相互印证，能够证明其内所涉及的相关家具产品在本专利申请日（2006年6月30日）以前在国内公开销售使用的事实，但证据1中产品宣传册第8页记载的“DH-25床头柜”的产品货号与证据6所示销售合同以及证据7所示《送货单》中均记载有深圳市龙岗区坪地嘉顺家私厂生产的“DH-25床头柜B”的产品货号不一致，合议组认为，在没有其他证据佐证的情况下，证据1与证据6~8无法形成较为完整的证据体系，因此，证据6~8不能证明证据1第8页所示的“DH-25床头柜”在本专利申请日之前在国内公开销售的事实。

第四，证据10所示销售合同显示出“广州市花都区新华东骏家私广场（买方）”于2006年3月16日向“深圳市龙岗区坪地嘉顺家私厂（卖方）”订购家具，发货、付款期限为2006年4月7日；证据11所示《送货单》（№ 0001216、№ 0001217、№ 0001218）显示出“深圳市龙岗区坪地嘉顺家私厂”于2006年4月7日送货至“花都东骏家私广场”，其上记载的货号、名称、规格、数量、单价和金额等信息均与证据10所示销售合同相吻合；证据12所示《收据》显示出“深圳市龙岗区坪地嘉顺家私厂”分别于2006年3月16日和2006年4月7日收取“花都东骏家私广场”支付的订金和货款，虽然其上记载的两笔款额均与证据10所示销售合同记载的相关款项相吻合，但№ 0001216号送货单中的年月有涂改痕迹，且证据10所示销售合同以及证据11所示《送货单》中记载的“深圳市龙岗区坪地嘉顺家私厂”生产的产品“DH-25床头柜B”货号与证据1产品宣传册第8页中记载深圳市龙岗区坪地嘉顺家私厂“DH-25床头柜”的产品货号不一致，合议组认为，在没有其他证据佐证的情况下，证据1和证据10~12无法形成完整的证据体系，因此，不能证明证据1第8页所示“DH-25床头柜”即为证据10和证据11中所记载的“DH-25床头柜B”，因此，证据10~12不能证明证据1第8页所示的“DH-25床头柜”在本专利在申请日之前已在国内公开销售的事实。

第五，请求人提交的上述证据没有形成较为完整的证据体系证明证据1中产品宣传册第8页显示的“DH-25床头柜”产品在本专利申请日以前在国内公开销售使用的事实。在证据6~8、证据10~12均与证据1不能形成较为完整的证据体系的情况下，仅凭证据1既不能证明“DH-25床头柜”即为“DH-25床头柜B”，也不能证明其在本专利申请日前已经公开销售的事实。因此，合议组对证据1产品宣传册第8页显示的“DH-25床头柜”产品在本专利申请日以前在国内公开销售的事实不予以认定。

综上所述，请求人提交的证据均不能支持其无效宣告请求的理由。

请求人针对其提出的无效宣告请求的主张，有责任向专利复审委员会提交充分的证据，如果其提交的证据均不足以支持其无效宣告请求理由，应承担对其不利的法律后果。

三、决定

维持200630064652.8号外观设计专利权有效。

当事人对本决定不服的，可以根据专利法第46条第2款的规定，自收到本决定之日起三个月内向北京市第一中级人民法院起诉。根据该款的规定，一方当事人起诉后，另一方当事人应当作为第三人参加诉讼。

北京市第一中级人民法院
行政判决书

（2009）一中知行初字第 2704 号

原告深圳市安东尼奥家具有限公司，住所地广东省深圳市龙岗区坪地街道坪西区社区越发工业区 6 号 B 栋。

法定代表人刘永源，经理。

委托代理人吴振煌，男，1982 年 7 月 5 日出生，汉族，深圳市安东尼奥家具有限公司职员，住福建省福清市融城镇校园新村。

被告国家知识产权局专利复审委员会，住所地北京市海淀区北四环西路 9 号银谷大厦 10~12 层。

法定代表人张茂于，副主任。

委托代理人沙柏青，国家知识产权局专利复审委员会审查员。

委托代理人杨存吉，国家知识产权局专利复审委员会审查员。

第三人王亚清，女，1962 年 3 月 26 日出生，汉族，住广东省中山市民众镇浪网居委会阳光大道 18 号。

委托代理人尹文涛，中山市科创专利代理有限公司专利代理人。

委托代理人谢自安，中山市科创专利代理有限公司专利代理人。

原告深圳市安东尼奥家具有限公司（以下简称安东尼奥公司）不服被告国家知识产权局专利复审委员会（以下简称专利复审委员会）作出的第 13741 号无效宣告请求审查决定（以下简称第 13741 号决定），于法定期限内向本院提起诉讼。本院于 2009 年 11 月 9 日受理后，依法组成合议庭，并通知王亚清作为第三人参加本案诉讼。本院于 2009 年 12 月 8 日公开开庭审理了本案。原告安东尼奥公司的委托代理人吴振煌，被告专利复审委员会的委托代理人沙柏青、杨存吉，第三人王亚清的委托代理人尹文涛、谢自安到庭参加了诉讼。本案现已审理终结。

第 13741 号决定系被告专利复审委员会就原告安东尼奥公司针对第三人王亚清所拥有的专利号为 200630064652.8、名称为“床头柜（HB888）”的外观设计专利权（以下简称本专利）所提出的无效宣告请求而作出的，专利复审委员会认定的主要理由如下：

第一，基于证据 1 和证据 5 所示营业执照的盖章确认件以及证据 4 所示来源于深圳市工商行政管理局（物价局）网站下载的企业查询信息，显示出深圳市龙岗区坪地嘉顺家私厂（以下简称嘉顺家私厂）和清远市清城区新城世纪家具广场（以下简称新城广场）等两家工商户以及深圳市通天河企业形象设计有限公司（以下简称通天河公司）的实体均真实存在。

第二，证据 1 中产品宣传册上印制有“深圳市龙岗区嘉顺家私厂”的名称和“深圳市龙岗区坪地坪西第一工业区”的地址，并加盖有“深圳市龙岗区坪地嘉顺家私厂”的印章，显示出该产品宣传册的合法来源；且证据 2 所示合同书显示出通天河公司（甲方）为嘉顺家私厂（乙方）印制家具画册，交货、付款期限为 2006 年 3 月 15 日，与证据 1 中产品宣传册记载的“06 年 3 月印制（第一版）摄影、设计深圳通天河”等字样相吻合，其上记载的合同项目、规格和页数等信息也均与证据 1 中产品宣传册相吻合；同时证据 3 所示《收据》显示出通天河公司于 2006 年 3 月 15 日收取“深圳嘉顺家私厂”支付的画册款，其上记载的名称、单位、数量、单价和金额等信息也均与证据 2 所示合同书相吻合；上述证据相互关联、相互印证，佐证了证据 1 中产品宣传册的真实性。

第三，证据6所示销售合同显示出“新城广场（买方）”于2006年3月5日向“嘉顺家私厂（卖方）”订购家具，发货、付款期限为2006年3月25日；证据7所示《送货单》显示出“嘉顺家私厂”于2006年3月25日送货至“新城广场”，其上记载的货号、名称、规格、数量、单价和金额等信息均与证据6所示销售合同相吻合；证据8所示《收据》显示出“嘉顺家私厂”分别于2006年3月5日和2006年3月25日收取“新城广场”支付的订金和货款，其上记载的两笔款额均与证据6所示销售合同记载的相关款项相吻合，虽然上述订货、送货和付款等一系列销售证据相互关联、相互印证，能够证明其内所涉及的相关家具产品在本专利申请日（2006年6月30日）以前在国内公开销售使用的事实，但证据1中产品宣传册第8页记载的“DH-25床头柜”的产品货号与证据6所示销售合同以及证据7所示《送货单》中均记载有嘉顺家私厂生产的“DH-25床头柜B”的产品货号不一致，在没有其他证据佐证的情况下，证据1与证据6~8无法形成较为完整的证据体系，因此，证据6~8不能证明证据1第8页所示的“DH-25床头柜”在本专利申请日之前在国内公开销售的事实。

第四，证据10所示销售合同显示出“广州市花都区新华东骏家私广场（以下简称新华广场，买方）”于2006年3月16日向“嘉顺家私厂（卖方）”订购家具，发货、付款期限为2006年4月7日；证据11所示《送货单》（№ 0001216、№ 0001217、№ 0001218）显示出“嘉顺家私厂”于2006年4月7日送货至“新华广场”，其上记载的货号、名称、规格、数量、单价和金额等信息均与证据10所示销售合同相吻合；证据12所示《收据》显示出“嘉顺家私厂”分别于2006年3月16日和2006年4月7日收取“新华广场”支付的订金和货款，虽然其上记载的两笔款额均与证据10所示销售合同记载的相关款项相吻合，但№ 0001216号送货单中的年月有涂改痕迹，且证据10所示销售合同以及证据11所示《送货单》中记载的“嘉顺家私厂”生产的产品“DH-25床头柜B”货号与证据1产品宣传册第8页中记载的嘉顺家私厂“DH-25床头柜”的产品货号不一致，在没有其他证据佐证的情况下，证据1和证据10~12无法形成完整的证据体系，因此，不能证明证据1第8页所示“DH-25床头柜”即为证据10和证据11中所记载的“DH-25床头柜B”，因此，证据10至证据12不能证明证据1第8页所示的“DH-25床头柜”在本专利在申请日之前已在国内公开销售的事实。

第五，安东尼奥公司提交的上述证据没有形成较为完整的证据体系证明证据1中产品宣传册第8页显示的“DH-25床头柜”产品在本专利申请日以前在国内公开销售使用的事实。在证据6~8、证据10~12均与证据1不能形成较为完整的证据体系的情况下，仅凭证据1既不能证明“DH-25床头柜”即为“DH-25床头柜B”，也不能证明其在本专利申请日前已经公开销售的事实。因此，专利复审委员会对证据1产品宣传册第8页显示的“DH-25床头柜”产品在本专利申请日以前在国内公开销售的事实不予以认定。

综上所述，安东尼奥公司提交的证据均不能支持其无效宣告请求的理由。专利复审委员会作出第13741号决定，维持本专利有效。

原告安东尼奥公司不服第13741号决定，其诉称：(1) 原告于2009年2月20日向专利复审委员会提出了6项无效宣告请求，该6项请求针对的均系第三人拥有的家具系列外观设计专利。专利复审委员会作出的第13743、13744、13745号无效宣告请求审查决定已经将专利权人拥有的其他三项家具外观设计专利宣告无效，而第13741号决定却维持了本专利，该决定错误。被告没有考虑到原告另外提出的5项无效宣告请求，没有综合考虑到该系列案件的整体证据体系。本案中，证据1产品宣传画册中第8页的产品货号为“DH—25床B床头柜梳妆台”，由于床头柜是与床搭配的床头柜，因此在销售合同中将此产品表述为“DH—25床头柜B”符合常理。同时，上述销售合同、送货单均是先写型号（DH-25），再依次写出各货物的名称，因此可知该销售合同、送货单销售的“DH-25床头柜B”与其他产品是同一型号序列的产品。“DH-25床头柜”与其他产品是属于同一本画册的内容，专利复审委员会既然已经认定证据 1 产品宣传画册中的产品餐边柜、梳妆台、床等早在第三人申请专利前就已经存在对外公开、销售的事实，而作为同一系列的产品和同一画册的内容，必然是都已经公开。(2) 本案及其他 5 个外观设计专利纠纷案，实际上只涉及一个图案，是一个外观图案应用在 6 个不同的家具中而产生的 6 个专利号。第三人实际上只对家具中的雕花、图案申请专利，而家具的整体外观功能是属于公知知识，并不享有专利权。专利复审委员会已经宣告其他 3 个外观设计专利权无效，即已经宣告第三人对家具中的雕花、图案专利权无效。因此作为将同一雕花、图案应用在另外家具中的床头柜专利也应被宣告无效。综上，第 13741 号决定认定事实错误，在本专利申请之前，已经有与其外观相近似的产品在国内公开销售使用过，本专利不符合《中华人民共和国专利法》(以下简称《专利法》) 第二十三条的规定。原告安东尼奥公司请求法院判决撤销第 13741 号决定。

被告专利复审委员会答辩称坚持第 13741 号决定的认定意见，其认为该决定认定事实清楚、适用法律正确、审理程序合法，审查结论正确，原告的起诉理由不能成立。被告请求本院依法驳回原告的请求并判决维持第 13741 号决定。

第三人王亚清述称其同意第 13741 号决定的认定意见，其请求本院判决维持第 13741 号决定。

本院经审理查明：

本专利是专利号为 200630064652.8、名称为“床头柜 (HB888)”的外观设计专利 (其附图见本判决书附后)，其申请日为 2006 年 6 月 30 日，授权公告日为 2007 年 6 月 13 日，专利权人为王亚清。

针对本专利，安东尼奥公司于 2009 年 2 月 20 日向专利复审委员会提出无效宣告请求，其理由是本专利不符合《专利法》第二十二条第二款和第三款的规定，不具有新颖性和创造性。安东尼奥公司同时提交了如下证据附件：

证据 1 是嘉顺家私厂的《个体工商户营业执照》复印件 1 页和《嘉顺家私》产品宣传册复印件 16 页，其上均盖有“深圳市龙岗区坪地嘉顺家私厂”的印章；

证据 2 是通天河公司和嘉顺家私厂签订的“2006 第 013 号”《合同书》复印件 1 页；

证据 3 是盖有“深圳市通天河企业形象设计有限公司财务专用章”的第 1000607 号《收据》复印件 1 页；

证据 4 是通天河公司的企业基本信息网络查询打印页 1 页；

证据 5 是新城广场的《个体工商户营业执照》复印件 1 页；

证据 6 是嘉顺家私厂和新城广场签订的《销售合同》复印件 1 页；

证据 7 是盖有“深圳市龙岗区坪地嘉顺家私厂”印章的第 0001201 号、第 0001202 号和第 0001203 号《送货单》复印件共 2 页；

证据 8 是盖有“深圳市龙岗区坪地嘉顺家私厂财务专用章”的第 0200944 号和第 0200934 号《收据》复印件共 1 页；

证据 9 是新华广场的《个体工商户营业执照》复印件 1 页；

证据 10 是嘉顺家私厂和新华广场签订的《销售合同》复印件 2 页；

证据 11 是盖有“深圳市龙岗区坪地嘉顺家私厂”印章的第 0001216 号、第 0001217 号和第 0001218 号《送货单》复印件共 2 页；

证据 12 是盖有“深圳市龙岗区坪地嘉顺家私厂财务专用章”的第 0200941 号和第 0200948 号《收据》复印件共 1 页。(上述证据分别简称为证据 1~12)

专利复审委员会受理了该无效宣告请求，并告知安东尼奥公司其提出的无效请求理由不属于针对外观设计专利权的法律条款，并基于其提出的证据和具体意见陈述，向其释明了《专利法》第二十三条。

专利复审委员会于2009年6月17日进行了口头审理，安东尼奥公司及王亚清均委托代理人出席了口头审理并发表了相关意见。在口头审理中，安东尼奥公司将无效理由变更为《专利法》第二十三条，并出示了证据1中《嘉顺家私》企业宣传册，证据2、3、证据6~8及证据10~12的原件，同时出示了证据1中企业营业执照、证据5及证据9的盖章确认件。

专利复审委员会经过审查，于2009年7月29日作出第13741号决定。原告不服，向本院提起行政诉讼。

本院另查明，证据1《嘉顺家私》产品宣传册第8页中有其生产产品的相关图片，其中包括名称为"DH-25床头柜"的产品。证据6为家顺家私厂与新城广场于2006年3月5日签订的购销合同，其中包含有名称为"DH-25床头柜B"的产品。证据7中编号为No.0001202号的送货单中记载有名称为"DH-25床头柜B"的产品。证据10为家顺家私厂与新华广场于2006年3月16日签订的《销售合同》，其中包含有名称为"DH-25床头柜B"的产品。证据11中编号为No.0001217号的送货单中记载有名称为"DH-25床头柜B"的产品。

安东尼奥公司在无效宣告口头审理中表示其向专利复审委员会提交的证据1~12均用以证明与本专利相同或相近似的外观设计在先使用公开（生产、销售），在本案庭审中原告对此表示无异议。

2009年7月29日，专利复审委员会针对本案第三人王亚清拥有的第200630067164.2号"床（HB888）"、第200630066829.8号"梳妆台（HB888）"、第200630066826.4号"餐边柜（HD888）"外观设计专利分别作出第13743、13744、13745号无效宣告请求审查决定（分别简称第13743、13744、13745号决定），上述无效宣告请求的请求人均为本案原告安东尼奥公司。上述决定书分别单独认定证据1第3、4连页中的"DH-25床A"产品、证据1第7、8连页中的"DH-25梳妆台、DH-25梳妆镜"产品、证据1第12页"DH-25备餐柜、DH-25备餐镜"产品由嘉顺家私厂在2006年3月公开销售过。

以上事实，有第13741、13743、13744、13745号决定，本专利授权公告文本，安东尼奥公司向专利复审委员会提交的证据1~12，口头审理记录表及庭审笔录在案佐证。

本院认为：

一、关于本案法律适用的问题。

于2008年12月27日修改的《专利法》（以下简称2009年《专利法》）已于2009年10月1日起施行，因此本案审理涉及2001年《专利法》与2009年《专利法》之间的选择适用问题。《中华人民共和国立法法》第八十四条规定，法律、行政法规、地方性法规、自治条例和单行条例、规章不溯及既往，但为了更好地保护公民、法人和其他组织的权利和利益而作的特别规定除外。国家知识产权局据此制定了《施行修改后的专利法的过渡办法》，并于2009年10月1日起施行。对于专利权是否有效的审查，根据该过渡办法，申请日在2009年10月1日前的专利申请以及根据该专利申请授予的专利权适用2001年《专利法》的规定；申请日在2009年10月1日以后（含该日）的专利申请以及根据该专利申请授予的专利权适用2009年《专利法》的规定。本案属于专利确权行政纠纷，本专利的申请日在2009年10月1日前，因此依据《中华人民共和国立法法》第八十四条的上述规定，并参照上述过渡办法的相关规定，本案应适用2001年《专利法》进行审理。

二、关于本案的焦点问题。

本案的争议焦点为安东尼奥公司向专利复审委员会提交的证据1《嘉顺家私》第8页中的"DH-25床头柜"产品在本专利申请日之前是否公开使用或销售过。

原告主张，其提交的证据1《嘉顺家私》中的产品为配套的系列家具外观设计，专利复审委员会已经认定该系列家具中其他产品在先销售的事实，因此本案中涉及的“DH-25床头柜”在先公开销售的事实也应予以确认。对此本院认为，首先，原告主张上述产品已经在先公开销售，应当提供证据予以证明。证据1《嘉顺家私》产品宣传册第8页显示的产品名称为“DH-25床头柜”，而证据6、7、10和11中显示的产品名称均为“DH-25床头柜B”，二者的产品名称并不相同，在原告未提供其他证据予以佐证的情况下，在案证据不能形成完整的证据链证明证据1中的“DH-25床头柜”就是证据6、7、10和11中的“DH-25床头柜B”。其次，专利复审委员会作出的第13743、13744、13745号决定系分别针对本案第三人所拥有的其他外观设计专利而作出，上述无效宣告审查决定与本案并无法律上的直接关联，且上述无效宣告请求审查决定亦分别仅单独认定证据1中的“DH-25床A”、“DH-25梳妆台、DH-25梳妆镜”及“DH-25备餐柜、DH-25备餐镜”产品存在在先销售的事实，而并未认定证据1中的产品系成系列出售。因此，上述无效宣告请求审查决定不能直接证明证据1中的“DH-25床头柜”在专利申请日之前公开销售过。原告的前述诉讼主张缺乏事实依据，本院不予支持。

原告另主张本专利所保护的是该设计中包含的雕花及图案，在含有相同雕花及图案的其他外观设计专利已经被宣告无效的情况下，本专利也应予无效。对此本院认为，《中华人民共和国专利法实施细则》第二条第三款规定：“专利法所称外观设计，是指对产品的形状、图案或者其结合以及色彩与形状、图案的结合所作出的富有美感并适于工业应用的新设计。”因此，外观设计专利的保护不能脱离具体的产品。在本专利所涉产品与其他外观设计专利所涉产品不相同亦不相类似的情况下，即便使用相同图案的其他专利已经被宣告无效，亦不能说明本专利不符合《专利法》第二十三条的规定。原告的前述诉讼主张缺乏事实和法律依据，本院不予支持。

原告另主张证据1中的其他产品已经被认定在先公开，因此，证据1中的“DH-25床头柜”产品也应被认定为在本专利申请日之前已经公开。对此本院认为，原告在无效宣告口头审理中表示其向专利复审委员会提交的证据1~12系用以证明有与本专利相同或相似的外观设计在本专利申请日之前公开生产和销售过，其并未主张将证据1作为本专利已被其申请日之前的出版物所公开的依据。原告的上述理由缺乏事实依据，本院亦不予采纳。

综上，第13741号决定认定事实清楚，适用法律正确，程序合法，本院予以维持。原告的诉讼理由不能成立，本院不予支持。据此，依照《中华人民共和国行政诉讼法》第五十四条第（一）项之规定，本院判决如下：

维持被告国家知识产权局专利复审委员会作出的第13741号无效宣告请求审查决定。

案件受理费100元，由原告深圳市安东尼奥家具有限公司负担（已交纳）。

如不服本判决，各方当事人可在本判决书送达之日起15日内向本院提交上诉状及副本，并交纳上诉案件受理费100元，上诉于北京市高级人民法院。

审　判　长　芮松艳

代理审判员　殷　悦

人民陪审员　郝志国

二〇〇九年十二月二十三日

书　记　员　陈文煊

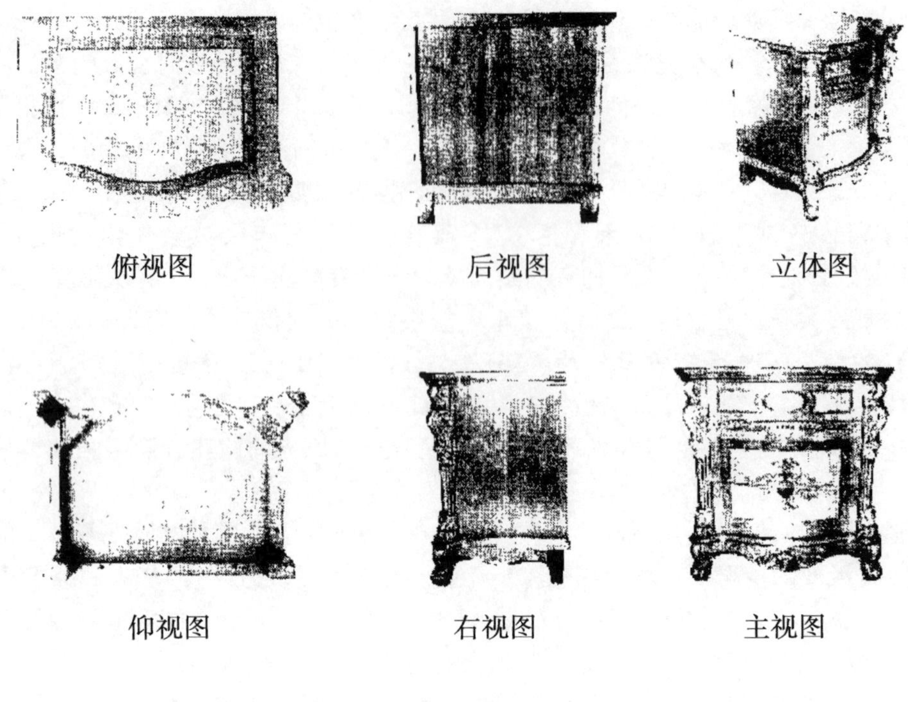

俯视图　后视图　立体图

仰视图　右视图　主视图

左视图

本专利附图